Droit de la commande publique et droit de la concurrence de l'Union européenne

Etude sur une dynamique commune

Vincent Bridoux

Avant-propos d'Anne-Sophie Choné-Grimaldi et Christian Bovet
Préface de Catherine Prieto et Stéphane Rodrigues

Concurrences, 2021

UNIVERSITÉ PARIS I PANTHÉON-SORBONNE
ECOLE DOCTORALE DE DROIT DE LA SORBONNE

Droit de la commande publique et droit de la concurrence de l'Union européenne

Etude sur une dynamique commune

THÈSE POUR L'OBTENTION DU GRADE DE DOCTEUR EN DROIT
Présentée et soutenue publiquement le 9 décembre 2019
Vincent BRIDOUX

Sous la direction de Madame la Professeure Catherine PRIETO et de Monsieur Stéphane RODRIGUES

Membres du jury

M. **Stéphane BRACONNIER**
Professeur à l'Université Paris II Panthéon-Assas

M. **Olivier GUÉZOU**
Professeur à l'Université Versailles-Saint-Quentin-en-Yvelines (Rapporteur)

M. **Stéphane DE LA ROSA**
Professeur à l'Université Paris-Est-Créteil

M. **Francesco MARTUCCI**
Professeur à l'Université Paris II Panthéon-Assas (Rapporteur)

Mme **Catherine PRIETO**
Professeure à l'Université Paris I Panthéon-Sorbonne (directrice de recherche)

M. **Stéphane RODRIGUES**
Maître de conférences HDR à l'Université Paris I Panthéon-Sorbonne (directeur de recherche)

ISBN 979-10-94201-45-9

Ouvrages Concurrences

La version électronique de ces ouvrages est disponible sur le site concurrences.com.

Mélanges

Herbert Hovenkamp – The Dean of American Antitrust Law, *Nicolas Charbit, Sébastien Gachot (ed.), 2020*

Albert Foer – A Consumer Voice in the Antitrust Arena, *Nicolas Charbit, Sonia Ahmad (ed.), 2020*

Richard Whish – Taking Competition Law Outside the Box, *Nicolas Charbit, Sonia Ahmad (ed.), 2020*

Frédéric Jenny – Standing Up for Convergence and Relevance in Antitrust, Vol. I & II, *Nicolas Charbit, Sonia Ahmad (ed.), 2019*

Wang Xiaoye – The Pioneer of Competition Law in China, *Adrian Emch, Wendy Ng (ed.), 2019*

Douglas H. Ginsburg – An Antitrust Professor on the Bench, Vol. I & II, *Nicolas Charbit, Ellie Yang (ed.), 2018*

Ian S. Forrester – A Scot Without Borders, Vol. I & II, *Assimakis Komninos et al. (ed.), 2015*

William E. Kovacic: An Antitrust Tribute, Vol. I & II, *Nicolas Charbit et al. (ed.), 2013 & 2014*

Thèses

Le droit de la commande et le droit de la concurrence de l'Union européenne, *Vincent Bridoux, 2021*

Essays in Industrial Organization: Competition and Regulation in Network Industries, *Jean-Marc Zogheib, 2021*

La faute lucrative en droit de la concurrence, *Godefroy de Moncuit de Boiscuillé, 2020*

The Role of Media Pluralism in the Enforcement of EU Competition Law, *Konstantina Bania, 2019*

Les accords de report d'entrée (Pay-for-delay), *Walid Chaiehloudj, 2019*

Buyer Power in EU Competition Law, *Ignacio Herrera Anchustegui, 2017*

Google, la presse et les journalistes, *Guillaume Sire, 2015*

L'Union européenne et le droit international des subventions, *Loïc Wagner, 2015*

Pratiques

Global Dictionary of Competition Law, *Deborah Healey, William Kovacic, Pablo Trevisan, Richard Whish (ed.), 2021*

Dictionnaire de droit de la concurrence, *Muriel Chagny (ed.), 2021*

Competition Law Climate Change & Environmental Sustainability, *Simon Holmes, Dirk Middelschulte, Martijn Snoep (ed.), 2021*

Perspectives on Antitrust Compliance, *Anne Riley, Andreas Stephan, Anny Tubbs (ed.), 2021*

Information Exchange and Related Risks: A Practical Guide, *Eric Meiring, Marcio Dias Soares (ed.), 2021*

State Aid & National Enforcement, *Jacques Derenne, Denis Jouve, Christophe Lemaire, Francesco Martucci (ed.), 2021*

Les pratiques commerciales déloyales, *Erwann Kerguelen, Jean-Louis Fourgoux, Leyla Djavadi, 2021*

La réparation des préjudices causés par les pratiques anticoncurrentielles, *Rafael Amaro, Jean-François Laborde, 2ème édition, 2020*

Merger Control in Latin America: A Jurisdictional Guide, *Paulo Burnier da Silveira & Pamela Sittenfeld (ed.), 2020*

Competition Inspections under EU Law – A Practitioner's Guide, *Nathalie Jalabert-Doury, 2020*

Competition Digest – A Synthesis of EU, US and National Leading Cases, 4th ed., *Frédéric Jenny (ed.), 2020*

Gun Jumping in Merger Control, A Jurisdictional Guide, *Catriona Hatton, Yves Comtois, Andrea Hamilton (ed.), 2019*

Grands arrêts du droit de la concurrence – Régulations, *Francesco Martucci (ed.), 2019*

Grands arrêts du droit de la concurrence – Distribution & Pratiques commerciales déloyales, *Nicolas Ferrier & Frédéric Buy (ed.), 2019*

Choice – A New Standard for Competition Analysis?, *Paul Nihoul et al., 2016*

Ouvrages Généraux

Women & Antitrust – Voices from the Field, Vol. I & II, *Evelina Kurgonaite & Kristina Nordlander (ed.), 2020*

Petit manuel (irrévérencieux) d'économie, *Emmanuel Combe, 2018*

A quoi sert la concurrence ?, *Martine Behar-Touchais et al. (ed.), 2014*

Colloques

Antitrust in Emerging and Developing Countries, Vol I & II, *Eleanor Fox, Harry First (ed.), 2015 & 2016*

Global Antitrust Law – Current Issues in Antitrust Law and Economics, *Douglas Ginsburg, Joshua Wright (ed.), 2015*

Competition Law on the Global Stage: David Gerber's Global Competition Law in Perspective, *David Gerber, 2014*

AVERTISSEMENTS

Cet ouvrage est tiré d'une thèse de doctorat soutenue le 9 décembre 2019 à l'Université Paris 1 Panthéon-Sorbonne devant un jury composé de M. Stéphane Braconnier (professeur à l'Université Paris 2 Panthéon-Assas), M. Olivier Guézou (professeur à l'Université de Versailles Saint-Quentin-en-Yvelines), M. Stéphane de La Rosa (professeur à l'Université Paris-Est Créteil), M. Francesco Martucci (professeur à l'Université Paris 2 Panthéon-Assas), Mme Catherine Prieto (professeure à l'Université Paris 1 Panthéon-Sorbonne) et M. Stéphane Rodrigues (maître de conférences HDR à l'Université Paris 1 Panthéon-Sorbonne).

L'ouvrage a été très légèrement modifié afin que son « appareil scientifique » soit autant que possible actualisé.

L'auteur déclare par ailleurs qu'il n'y a pas de conflit d'intérêts associé à cette publication. Les opinions émises dans cet ouvrage sont propres à leur auteur. L'École de droit de la Sorbonne (Université Paris 1 Panthéon-Sorbonne) ne leur apporte ni approbation ni improbation. L'ouvrage a remporté le prix de thèse Concurrences 2020 décerné par le jury présidé par la professeure Anne-Sophie Choné-Grimaldi (Université Paris-Nanterre) et composé de M. David Bosco (professeur à l'Université Aix-Marseille), M. Christian Bovet (professeur à l'Université de Genève), Mme Emmanuelle Claudel (professeure à l'Université Paris 2 Panthéon-Assas) et M. Jacques Steenbergen (président de l'Autorité belge de la concurrence et professeur à l'Université de Leuven).

SOMMAIRE

AVANT-PROPOS

La règlementation sur les marchés publics est multiple, à des niveaux différents qui complexifient en partie les activités des entreprises intervenant dans ce vaste secteur économique. L'Accord OMC sur les marchés publics, révisé en 2012, chapeaute, dans l'Union européenne, un groupe de directives et de règlements dont nous nous bornerons à citer ici les Directives 2014/24 sur la passation des marchés publics, 2014/23 sur les concessions et 2014/25 relative à la passation de marchés par des entités opérant dans les secteurs de l'eau, de l'énergie, des transports et des services postaux. Le droit national s'est chargé de la mise en œuvre de ces normes, et le Code français de la commande publique, entré en vigueur le 1er avril 2019 en est la parfaite illustration. La pratique des autorités administratives et de la concurrence s'est développée dans ce large cadre et, le plus souvent, a favorisé la compréhension de de ces domaines du droit.

C'est dire que l'auteur de cette thèse aurait pu construire son travail sur et autour de cet ensemble réglementaire et jurisprudentiel, se servant par exemple des nombreuses références à la concurrence dans la Directive 2014/24 pour faire le lien entre le droit des marchés publics et celui de la concurrence : après tout, ne voyons-nous pas apparaître dans le premier paragraphe de cette directive l'objectif bien établi voire classique que « la passation des marchés publics [doit être] ouverte à la concurrence » ; de même, l'art. 57 par. 4 de ce texte permet à un pouvoir adjudicateur d'exclure d'une procédure de marché public un opérateur économique qui « a conclu des accords avec d'autres opérateurs économiques en vue de fausser la concurrence » (let. d) ou qui a participé à la préparation d'une telle procédure et aurait créé de ce fait une distorsion de la concurrence (let. f). Une compilation bien ordonnée de tout cela aurait satisfait plus d'un doctorant et, probablement, de nombreux praticiens.

Vincent Bridoux a cependant opté pour une mise en perspective plus originale de la « dynamique commune » – mais aussi « sinueuse » – née de la rencontre entre ces deux droits. Qu'on ne s'y trompe pas, sa présentation et son analyse de ceux-ci sont détaillées et très bien structurées, soutenues par une bibliographie solide et une excellente casuistique ; un index vient encore appuyer ces efforts et assistera chaque lecteur dans l'exploitation de cet ouvrage. Il en résulte un livre dont la forme élégante reflète tout à fait la qualité du fond. La distinction entre les pratiques collusives intragroupes et extra-groupe était naturellement attendue ; le traitement de l'application limitée de la prohibition des ententes aux accords intragroupes apporte un éclairage particulièrement intéressant, tant sur le plan scientifique que pratique. L'étude des pratiques unilatérales - et l'on soulignera en particulier la pertinence des développements sur la prédation - contribue également à cette systématisation, ce d'autant que l'approche choisie vise aussi bien les entreprises privées que les personnes publiques.

Le chapitre consacré au « droit de la commande publique saisi par le droit des aides d'État » mérite à notre sens une mention particulière dans la mesure où, d'une part, il est le résultat d'une réflexion à la fois juridique et économique sur ce thème et, d'autre part, il tend à rapprocher ces deux groupes de normes ; l'interaction de ces différents procédés de recherche conduit naturellement à l'énoncé de conclusions convaincantes, dignes d'alimenter de nouveaux développements dans ces matières désormais bien reliées. Quant au second titre, il parachève cette étude convaincante, en mettant en exergue les rapports entre le droit (général) de la concurrence et le droit (spécial) de la commande publique : classicisme et originalité peuvent à leur tour se rejoindre.

Anne-Sophie CHONÉ-GRIMALDI
Professeure à l'Université Paris Nanterre

Christian BOVET
Professeur à l'Université de Genève

PRÉFACE

À celles et ceux pour qui le droit de l'Union européenne est l'illustration du dépassement de la distinction entre droit privé et droit public, nous ne pouvons que recommander la lecture de la thèse de M. Vincent Bridoux, que les éditions Concurrences ont choisi de publier ici et qui porte sur une étude croisée des droits européens de la commande publique et de la concurrence. Comme on a pu le souligner, « *c'est le concept même d'un droit public national dérogatoire au droit commun qui se trouve fréquemment mis à mal par les obligations imposées aux États membres, notamment en matière de transparence, d'aides d'État et de concurrence* » (J. Van Meerbeeck, « Droit public et droit privé : ni *summa* ni *divisio* ? », in *La distinction entre droit privé et droit public – Pertinence, influences croisées et questions transversales*, J. Van Meerbeeck, P.-O. de Broux, T. Léonard et Bruno Lombaert (coor.), Anthemis, 2019, spéc. p. 37). La dynamique commune que met en exergue M. Bridoux entre droit de la commande publique et droit de la concurrence au sein de l'Union européenne fait ainsi écho à ce constat.

Soutenue le 9 décembre 2019 à l'université Paris 1 Panthéon-Sorbonne, la thèse de M. Bridoux révèle tout d'abord les qualités de l'auteur, présentant à la fois un solide profil de publiciste et une bonne maîtrise du droit privé, mais surtout une réelle culture juridique européenne dans le domaine de la régulation par le droit de la concurrence.

M. Bridoux s'emploie à mettre en évidence les interactions entre droit de la commande publique et droit de la concurrence au sein de la construction européenne. Il est vrai que, comme a eu l'occasion de l'indiquer la Cour de justice de l'Union européenne, la coordination au niveau de l'Union européenne des procédures de passation des marchés publics vise non seulement à supprimer les entraves à la libre circulation (jurisprudence *Université de Cambridge*, aff. C-380/99), mais aussi à permettre une ouverture du marché des produits et services à la concurrence (jurisprudence *Telaustria*, aff. C-324/98). C'est ce qui permet à l'auteur, dans un chapitre liminaire insistant sur l'inspiration ordolibérale du droit de la commande publique, de qualifier ce dernier de « *droit spécial de la concurrence* ».

Pour s'en justifier, M. Bridoux présente, dans une première partie, « *les complémentarités sous-jacentes* » entre ces deux droits. D'une part, le droit de la commande publique défend les objectifs du droit de la concurrence, en particulier au titre de la protection de la structure concurrentielle des marchés et de la préservation de leur bon fonctionnement. D'autre part, les autorités de concurrence déploient une « *vigilance renforcée* » à l'égard de la discipline des marchés publics, et ce d'autant plus que l'efficacité de cette dernière est menacée par l'hétérogénéité des pratiques anticoncurrentielles. À cet égard, les développements consacrés aux abus de position dominante collective lors de la mise en concurrence et à ceux des titulaires sortants de contrats publics sont particulièrement riches de leçons.

Une telle filiation d'objectifs ne va cependant pas sans susciter de tension. Mais M. Bridoux nous explique, au cœur de la seconde partie, que les confrontations entre le droit de la commande publique et le droit de la concurrence se révèlent être « *maîtrisées* ».

Cette affirmation s'appuie sur un double raisonnement : d'une part, le droit de la concurrence encadre le droit de la commande publique du fait tout à la fois de son application progressive aux personnes et contrats publics et de la conciliation avec le contrôle des aides d'État ; d'autre part, en parallèle, le droit de la concurrence est suppléé par le droit de la commande publique, en ce sens que ce dernier participe à la régulation des interventions des opérateurs publics et à celle de la puissance d'achat, là où l'emprise du droit de la concurrence peut se montrer plus limitée.

Ayant ainsi mis en valeur l'enrichissement réciproque des deux branches du droit de l'Union en faveur de l'ordre public concurrentiel, M. Bridoux ne s'arrête pas là et formule un certain nombre de propositions, dont la plupart nous paraissent innovantes, à l'instar de celle appelant à une dématérialisation accrue des achats publics, même si la Commission européenne s'est déjà inscrite dans cette approche, et surtout de celle visant à encourager la réparation des acheteurs publics victimes de comportements anticoncurrentiels, dans le sillage de la directive 2014/104/UE.

L'ouvrage de Vincent Bridoux vient finalement combler une lacune dans la doctrine, aucune étude systématique du sujet abordé n'ayant été entreprise depuis longtemps, notamment à l'aune du droit de l'Union européenne. Il contribue au renouvellement de la recherche juridique sur l'encadrement des procédures de passation des marchés publics et démontre que le pari d'étudier à la fois le droit public et le droit privé peut être relevé avec succès.

Catherine PRIETO
Professeur à l'École de droit de la Sorbonne

Stéphane RODRIGUES
Maître de conférences (HDR) à l'École de droit de la Sorbonne

À mon père.

REMERCIEMENTS

Mes premiers remerciements s'adressent à mes directeurs de thèse, Mme la professeure Catherine Prieto et M. Stéphane Rodrigues, qui ont accepté de diriger mes recherches. Les précieux conseils qu'ils m'ont délivrés tout au long de ce travail, leur rigueur, et la confiance qu'ils m'ont accordée, ont été essentiels à ma réflexion et au développement de mes travaux.

Je tiens ensuite à remercier les membres du jury de m'avoir offert l'honneur de lire cette thèse et d'en discuter.

J'exprime toute ma gratitude à Agathe pour sa patience, son énergie, son soutien indéfectible lors de ces cinq années d'élaboration de ma thèse. Sa présence m'a été indispensable. Je suis heureux qu'elle m'accompagne pour de nouvelles et grandes aventures une fois cette thèse achevée.

Je remercie ma mère qui, par ma naissance, a grandement contribué à la réalisation de ces travaux. Je la remercie pour son soutien sans faille malgré toutes nos épreuves.

Merci à mon oncle Philippe et à ma tante Josette, qui m'ont toujours soutenu et aidé depuis mon arrivée à Paris.

Un grand merci à l'ensemble de ma famille et plus particulièrement à Annie, Martine, Noëlla, Sophie et Serge pour leurs encouragements depuis ma tendre jeunesse.

Je tiens également à remercier chaleureusement Myriam pour son aide précieuse dans la relecture attentive de ma thèse.

Je remercie chaleureusement mes amis pour leur présence quotidienne et notamment mes partenaires de Cujas, Emmanuel, Grégory, Yoann et Arthur. Je tiens en outre à remercier mes fidèles compagnons : Benjamin pour ses fantastiques traductions, Anthony pour sa proximité, Alexis pour son humour, Tuyen pour sa gentillesse et Joseph pour tout le reste.

TABLE DES ABRÉVIATIONS

aff.	affaire
AJDA	*Actualité juridique – droit administratif*
Aut. conc.	Autorité de la concurrence
BJCP	*Bulletin juridique des contrats publics*
BOCCRF	*Bulletin officiel de la concurrence, de la consommation et de la répression des fraudes*
Bull.	*Bulletin des arrêts de la Cour de cassation*
CA	cour d'appel
CAA	cour administrative d'appel
Cah. dr. eur.	*Cahiers de droit européen*
Cass. com.	Cour de cassation, chambre commerciale
Cons. conc.	Conseil de la concurrence
Cons. const.	Conseil constitutionnel
CCP	code de la commande publique
CE	Conseil d'État
CGCT	code général des collectivités territoriales
chron.	chronique
CJCE	Cour de justice des Communautés européennes
CJEG	*Cahiers juridiques de l'électricité et du gaz*
CJUE	Cour de justice de l'Union européenne
CMLR	*Common Market Law Review*
CMP	*Contrats et marchés publics*
CNUCED	Conférence des Nations unies sur le commerce et le développement
comm.	commentaire
Contrats, conc., consom.	*Contrats, concurrence, consommation*
CP-ACCP	*Contrats publics - L'actualité de la commande et des contrats publics*
Dr. adm.	*Droit administratif*
EBLR	*European Business Law Review*
ECLR	*European Competition Law Review*
éd.	édition
égal.	également
ELJ	*European Law Journal*
ELR	*European Law Review*
Fasc.	fascicule
Gaz. Pal.	*La Gazette du Palais*
Ibid.	*Ibidem*, au même endroit
JDE	*Journal de droit européen*
JDI	*Journal de droit international*
JO	*Journal officiel* (France)
JOCE	*Journal officiel des Communautés européennes*
JORF	*Journal officiel de la République française*

JOUE	*Journal officiel de l'Union européenne*
LPA	*Les Petites Affiches*
obs.	observations
OCDE	Organisation de coopération et de développement économiques
op. cit.	*opere citato*, œuvre précitée
p. / pp.	page / pages
PCLR	*Public Contract Law Journal*
PPLR	*Public Procurement Law Review*
pt / pts	point / points
RDI	*Revue de droit immobilier*
RDP	*Revue de droit public*
RDUE	*Revue de droit de l'Union européenne*
Rec.	*Recueil Lebon*
RE	*Revue d'économie industrielle*
Rev. conc. cons.	*Revue de la concurrence et de la consommation*
Rev. internationale de la conc.	*Revue internationale de la concurrence*
RFDA	*Revue française de droit administratif*
RFD	*Revue française de droit constitutionnel*
RIDC	*Revue internationale de droit comparé*
RIDE	*Revue internationale de droit économique*
RJC	*Revue de jurisprudence commerciale*
RJEP	*Revue juridique de l'économie publique*
RLC	*Revue Lamy de la concurrence*
RLCT	*Revue Lamy des collectivités territoriales*
RLDA	*Revue Lamy droit des affaires*
RM	*Revue du marché commun*
RMCUE	*Revue du marché commun et de l'Union européenne*
RTD com.	*Revue trimestrielle de droit commercial et de droit économique*
RTDE	*Revue trimestrielle de droit européen*
s.	suivants
T. conf.	Tribunal des conflits
TFUE	Traité sur le fonctionnement de l'Union européenne
trad.	traduction
TPICE	Tribunal de première instance des Communautés européennes
Trib. UE	Tribunal de l'Union européenne
TUE	Traité sur l'Union européenne
v.	voir
vol.	volume

« — Dans ce monde, un homme, seul, n'est rien.
Et il n'y a pas d'autre monde. Y a que celui-ci.
– Vous avez tort, sergent. J'ai vu un autre monde.
Quelquefois je me dis que je l'ai seulement imaginé. »

TERRENCE MALICK, *La Ligne rouge*

INTRODUCTION

1. **Droit de la commande publique et droit de la concurrence : des piliers du droit économique européen.** Le droit de la commande publique et le droit de la concurrence de l'Union européenne sont aujourd'hui deux droits économiques emblématiques dont l'influence européenne est sans égale. Il s'agit incontestablement des « *deux blocs* »[1], des droits dominants au sommet du droit économique européen. Le droit de la concurrence a progressivement été érigé comme pierre angulaire de la construction européenne et comme gardien de « l'économie sociale de marché » selon la formule de l'article 3, paragraphe 3, TUE. Ce rôle central, voire « indispensable »[2], est aujourd'hui confirmé dans les faits, comme l'illustre la récente offensive de la Commission européenne sur les rescrits fiscaux[3] ou encore son bras de fer avec le géant Google, qui s'est soldé par des amendes d'un montant encore inédit[4]. En parallèle, le droit de la commande publique est également doté d'un champ d'application impressionnant. Il encadre en effet une part significative de l'économie européenne et fournit ainsi l'un des outils de régulation les plus ambitieux de l'Union européenne. Selon les dernières données fournies par la Commission européenne pour 2017, la commande publique représente 14 % du produit intérieur brut (ci-après « PIB ») européen[5], soit une

---

1 A. Sánchez-Graells, *Public Procurement and the EU Competition Rules*, 2e éd., Oxford, Hart Publishing, 2015, p. 4 (traduction libre de l'auteur). Dans le même sens à propos du droit de la commande publique européen, S. de La Rosa, *Droit européen de la commande publique*, Bruxelles, Bruylant, 2017, p. 1.

2 L. Idot, « Brèves réflexions de juriste sur le droit de la concurrence au XXIe siècle », in *À quoi sert la concurrence ?*, M. Behar-Touchais, N. Charbit, R. Amaro (dir.), Paris, Concurrences, 2014, p. 679.

3 Sur ce thème, C. Prieto, « Les rescrits fiscaux sous l'emprise de la prohibition des aides d'État », *Concurrences* n° 2-2017, art. n° 84013 ; F. Pezet, « Les rulings fiscaux au crible du droit des aides d'État : une jurisprudence en construction », *Revue européenne et internationale de droit fiscal*, 2017, n° 1, pp. 69-75 ; L. Idot, « Décisions fiscales anticipées et régime d'aides », *Europe*, 2019, n° 4, comm. 160, pp. 28-29.

4 Comm. eur., déc. du 17 juin 2017, *Google Search (Shopping)*, aff. AT.39740, *JOUE* n° C 9 du 12 janvier 2018, pp. 11-14 ; comm. N. Banasevic, B. Marques, A. Portuese, *Concurrences* n° 2018, art. n° 86714, pp. 25-37 ; C. Bach, *Option Droit & Affaires*, 2017, n° 361, p. 4 ; I. De Silva, *Recueil Dalloz*, 2017, n° 28, p. 1648 ; D. Bosco, *Contrats, conc., consom.* 2017, n° 10, p. 28 ; Comm. eur., déc. du 18 juillet 2018, *Google Android*, aff. AT.40099, *JOUE* n° C 445 du 10 décembre 2018 ; comm. D. Roskis, *JCP E* 2019, n° 20, pp. 9-10 ; Comm. eur., déc. du 20 mars 2019, *AdSense*, aff. AT.40411, *JOUE* n° C 369 du 3 novembre 2020, pp. 6-10, comm. D. Roskis, *JCP E* 2019, n° 20, pp. 9-10 ; M. Eben, « Fining Google: a missed opportunity for legal certainty? », *ECJ*, 2018, Vol. 14, n° 1, pp. 129-151. Sur ces récentes affaires, C. Prieto, « Stratégies mises en œuvre par les entreprises pour exercer une influence sur les décisions », Colloque « Les méthodes de l'Union européenne », 8-9 novembre 2018, actes à paraître, Université de Rennes 1, p. 16. 16 p.

5 Comm. eur., Communication « Faire des marchés publics un outil efficace au service de l'Europe », COM(2017) 572 final, p. 2. Généralement les chiffres oscillent entre 14 et 16 %, comme l'illustre la fiche mise en ligne par le Parlement européen. En ce sens, v. http://www.europarl.europa.eu/factsheets/fr/sheet/34/marches-publics (consulté le 17/02/2021) ; Comm. eur., « Measurement of impact of cross-border penetration in public procurement », 2017, 180 p. ; Comm. eur., « Orientations sur la participation des soumissionnaires et des produits de pays tiers aux marchés publics de l'UE », C(2019) 5494 final, p. 3.

somme de plus de 1 300 milliards d'euros[6]. Ces chiffres, proches de la moyenne de 13 % des États de l'Organisation de coopération et de développement économiques (ci-après « OCDE »)[7], connaissent quelques variations en fonction des États membres. Alors que les chiffres de la France et de l'Allemagne sont proches des 15 % du PIB, l'Irlande dépasse péniblement les 7 %, contre 20 % pour les Pays-Bas[8]. De tels chiffres expliquent l'intérêt croissant de l'Union européenne pour ce domaine[9].

2. **Le droit de la concurrence de l'Union européenne : un instrument du marché intérieur.** Alors que le droit de la commande publique et le droit de la concurrence de l'Union européenne ne présentent, au premier abord, aucun lien dans le traité, les deux sont pourtant des outils permettant d'assurer l'achèvement du marché intérieur. Ainsi, la suppression de la mention « *concurrence libre et non faussée* » dans l'article 3 TUE à l'occasion du traité de Lisbonne n'a en réalité pas bouleversé le positionnement du droit de la concurrence[10]. Les professeurs Prieto et Bosco rappellent en effet que, depuis le traité de Rome, le droit de la concurrence ne dispose que d'une « *valeur instrumentale* »[11] pour assurer l'effectivité du marché intérieur[12]. Ce dernier n'est d'ailleurs qu'un outil au service d'autres finalités poursuivies par le traité, à l'instar d'« *une croissance économique équilibrée* »[13]. Cette fonction

---

6 Comm. eur., Direction du marché intérieur, chiffres disponibles sur https://ec.europa.eu/growth/single-market/public-procurement_en (consulté le 17/02/2021). Cela fait du marché européen des marchés publics le plus important du monde. En ce sens, Comm. eur., Communication conjointe au Parlement européen, au Conseil européen et au Conseil sur les relations UE-Chine – Une vision stratégique, JOIN(2019) 5 final, p. 8.

7 OCDE, Government at a Glance 2017, « Public procurement ». Statistiques disponibles sur https://stats.oecd.org (consulté le 17/02/2021).

8 *Ibid.*

9 R. Noguellou, « Contrats publics et aides d'État », in *L'identité du droit de l'Union européenne : Mélanges en l'honneur de Claude Blumann*, Bruxelles, Bruylant, 2015, p. 448 ; L. Richer, *L'Europe des marchés publics. Marchés publics et concessions en droit communautaire*, 2009, Paris, LGDJ, pt 1, p. 1 ; S. Braconnier, *Précis du droit de la commande publique*, Paris, Le Moniteur, 6e éd., 2019, p. 53 ; R. Drago, « Marchés publics et concurrence », in *Droit public de la concurrence*, J.-M. Rainaud, R. Cristini (dir.), Paris, Economica, 1987, p. 199 ; G. Kalflèche, « Des marchés publics à la commande publique : l'évolution du droit des marchés publics », thèse Université Paris 2 Panthéon-Assas, 2004, pt 551, p. 444 ; Comm. eur., Communication « Faire des marchés publics un outil efficace au service de l'Europe », *op. cit.*, conclusions.

10 Sur ce point, Comm. eur., « Rapport sur la politique de concurrence 2010 », 2011, pt 18 ; G. Della Cananea, « La liberté de concurrence dans l'Union européenne : Une tradition constitutionnelle commune ? » in *Le Gouvernement économique européen*, J.-B. Auby, P. Idoux (dir.), Bruxelles, Bruylant, 2017, p. 151 et s.

11 C. Prieto, D. Bosco, *Droit européen de la concurrence. Ententes et abus de position dominante*, Bruxelles, Bruylant, 2013, pt 169, pp. 159-160. Dans le même sens, C. Prieto, « La culture européenne de concurrence », *Droit 21*, 2002, ER 007, pt 34.

12 Dans sa déclaration du 9 mai 1950, Robert Schuman opposait déjà l'intégration européenne aux cartels internationaux. Déclaration disponible sur https://europa.eu/european-union/about-eu/symbols/europe-day/schuman-declaration_fr (consulté le 17/02/2021). Dans le même sens, v. Rapport Spaak du 21 avril 1956 : « *Le marché commun ne conduirait pas par lui-même à la répartition la plus rationnelle des activités si les fournisseurs gardaient la possibilité d'approvisionner les utilisateurs à des conditions différentes, en particulier suivant leur nationalité ou le pays de leur résidence. C'est dans ces termes que se pose le problème de la discrimination* », disponible sur https://www.cvce.eu/object-content/-/object/52a08e74-02f5-4912-a667-2ea34b9dcdea (consulté le 18/02/2021) ; Comm. eur., « XIe Rapport sur la politique de concurrence », 1980, p. 9 ; Comm. eur., « VIIe Rapport annuel sur la politique de concurrence », 1978, p. 9 ; J. Almunia, « Concurrence, innovation et croissance : Perspective européenne », in *À quoi sert la concurrence ?*, M. Behar-Touchais, N. Charbit, R. Amaro (dir.), *op. cit.*, pp. 146-147.

13 Art. 3 TUE. Sur ce point, v. J. Vandamme, M. Guerrin, *La réglementation de la concurrence dans la C.E.E.*, Paris, PUF, 1974, p. 4 ; C. Prieto, « La culture européenne de concurrence », *op. cit.*, pt 44.

instrumentale du droit de la concurrence, largement admise par la doctrine[14], est confirmée par l'article 119 TFUE[15] mais également par le protocole n° 27 relatif au marché intérieur et à la concurrence. Ce protocole précise « *que le marché intérieur tel qu'il est défini à l'article 3 du traité sur l'Union européenne comprend un système garantissant que la concurrence n'est pas faussée* ». À ce titre, le professeur Picod évoque le droit de la concurrence comme « *un objectif refoulé au service du marché intérieur* »[16]. En effet, celui-ci perd toute effectivité si des entreprises restaurent, par l'intermédiaire de comportements anticoncurrentiels, les frontières pourtant supprimées par les libertés de circulation[17]. Ainsi, la Commission européenne souligne régulièrement le rôle protecteur confié au droit de la concurrence, dont la fonction est « *d'empêcher que l'unité du marché commun ne soit remise en cause par des actions qui ont pour effet de rétablir les barrières internes abolies ou de privilégier certains agents économiques* »[18] et ainsi « *préserver l'intégrité du marché*

14 D. Bailey, L.-E. John (dir.), *Bellamy & Child: European Union Law Competition*, 8ᵉ éd., Oxford, Oxford University Press, 2018, pt 1.018, p. 8 ; A. Decocq, G. Decocq, *Droit de la concurrence. Droit interne et droit de l'Union européenne*, 8ᵉ éd., Paris, LGDJ, 2018, pt 28, p. 35 ; D. Mainguy, M. Depincé, *Droit de la concurrence*, 2ᵉ éd., Paris, LexisNexis, 2015, pt 23, p. 26 ; G. Vallindas, *Droit européen des concentrations*, Bruxelles, Bruylant, 2017, p. 252 et s. ; C. Gavalda, B. Lecourt, G. Parleani, *Droit des affaires de l'Union européenne*, 7ᵉ éd., LexisNexis, 2014, pt 445 p. 315 ; P. Bonassies, « Les fondements du droit communautaire de la concurrence : la théorie de la concurrence-moyen », in *Études dédiées à Alex Weill*, Paris, Dalloz-Litec, 1983, pp. 51-67 ; N. Petit, *Droit européen de la concurrence*, 2ᵉ éd., 2018, Paris, LGDJ, p. 45 ; J.-F. Bellis, *Droit européen de la concurrence*, 2ᵉ éd., Bruxelles, Bruylant, 2017, p. 3 ; M. Waelbroeck, A. Frignani, *Commentaire J. Mégret. Le droit de la CE*, tome 4, *Concurrence*, 2ᵉ éd., Bruxelles, Éditions de l'Université de Bruxelles, 1997, pt 3, p. 8 ; L. Zevounou, *Les usages de la notion de concurrence en droit*, Paris, LGDJ, 2012, pp. 37 et 62 ; D. Reymond, *Action antidumping et droit de la concurrence dans l'Union européenne*, Bruxelles, Bruylant, 2015, pt 8, p. 41 ; A. Sánchez-Graells, *Public Procurement and the EU Competition Rules*, 2ᵉ éd. *op. cit.*, pp. 3 et 99 ; P. Kunzlik, « Neoliberalism and the European Public Procurement Regime », *Cambridge Yearbook of European Legal Studies*, vol. 15, Cambridge, Cambridge University Press, 2013, pp. 298-299 ; C.-D. Ehlermann, « The Contribution of EC Competition Rules to the Single Market », *CMLR*, vol. 29, 1992, p. 257.

15 Art. 119 TFUE : « *1. Aux fins énoncées à l'article 3 du traité sur l'Union européenne, l'action des États membres et de l'Union comporte, dans les conditions prévues par les traités, l'instauration d'une politique économique fondée sur l'étroite coordination des politiques économiques des États membres, sur le marché intérieur et sur la définition d'objectifs communs, et conduite conformément au respect du principe d'une économie de marché ouverte où la concurrence est libre. 2. Parallèlement, dans les conditions et selon les procédures prévues par les traités, cette action comporte une monnaie unique, l'euro, ainsi que la définition et la conduite d'une politique monétaire et d'une politique de change uniques dont l'objectif principal est de maintenir la stabilité des prix et, sans préjudice de cet objectif, de soutenir les politiques économiques générales dans l'Union, conformément au principe d'une économie de marché ouverte où la concurrence est libre.* »

16 F. Picod, « Le statut du droit de la concurrence dans le marché intérieur en vertu des nouveaux traités », in *De Rome à Lisbonne : les juridictions de l'Union européenne à la croisée des chemins. Mélanges en l'honneur de Paolo Mengozzi*, M. Teresa D'Alessio, V. Kronenberger, V. Placco (dir.), Bruxelles, Bruylant, 2013, p. 410.

17 En ce sens, CJUE, 4 octobre 2011, *Football Association Premier League Ltd*, aff. C-403/08, EU:C:2011:631, pt 139 ; comm. L. Idot, *Europe*, 2011, n° 12, p. 480 ; M. Aubert, E. Broussy F. Donnat, *AJDA*, 2011, pp. 2344-2346 ; F. Lutz, *RDUE*, 2012, n° 1, pp. 163-171 ; F. Donnat, *RJEP*, 2012, n° 699, p. 12 ; M. Prinsley, G. Sproul, *RDAI*, 2012, pp. 357-362 ; N. Kroes, « Avant-propos », in « Rapport sur la politique de concurrence 2005 », 2006, p. 3 ; Comm. eur., « Rapport sur la politique de concurrence 2004 », 2005, p. 14.

18 Comm. eur., « Huitième Rapport sur la politique de concurrence », 1979, p. 9 ; L. Warlouzet, « La politique de la concurrence en Europe : enjeux idéologiques », Working Paper, 2014, p. 2. Disponible sur https://laviedesidees.fr/La-politique-de-la-concurrence-en.html (consulté le 18/02/2021). Sur ce point, v. égal. L. Boy, « L'ordre concurrentiel : essai de définition d'un concept », in *L'ordre concurrentiel. Mélanges en l'honneur d'Antoine Pirovano*, Paris, Éditions Frison-Roche, 2003, p. 45.

intérieur »[19]. Cette fonction ne se limite pas aux seuls articles 101 et 102 TFUE[20], mais s'applique également au contrôle des concentrations[21], à l'article 106 TFUE[22] et aux contrôles des aides d'État[23], la segmentation du marché pouvant revêtir une dimension privée comme publique[24]. Dès lors, le droit de la concurrence est « *l'auxiliaire indispensable de la pérennité de ce marché unique* »[25], comme le précise Damien Reymond dans sa récente thèse de doctorat.

3. **Le droit de la commande publique : une composante du marché intérieur.** Si le droit de la concurrence apparaît comme un « *instrument indispensable* »[26] pour la réalisation du marché intérieur, le droit de la commande publique revêt également une importance stratégique. Le deuxième rapport de la Commission européenne sur la mise en œuvre du livre blanc sur l'achèvement du marché intérieur de 1987 qualifiait déjà ce domaine de « *secteur clé* »[27] dont l'absence d'ouverture à la concurrence « *constitue l'un des obstacles les plus évidents et les plus anachroniques à l'achèvement du marché intérieur* »[28] et donc d'une « *importance* »[29] majeure pour l'intégration européenne. Ce rôle a été récemment

---

19 Comm. eur., « Rapport sur la politique de concurrence 2017 », 2018, pp. 26-27. Dans le même sens, Comm. eur., « Rapport sur la politique de concurrence 2011 », 2012, p. 16. Sur ce point, J.-C. Roda, *Droit de la concurrence*, Paris, Dalloz, 2019, p. 11.

20 *Ibid.*, Comm. eur., « Rapport sur la politique de concurrence 2013 », 2014, pp. 3-5 ; Comm. eur., « Rapport sur la politique de concurrence 2004 », *op. cit.*, p. 26 ; Comm. eur., « Rapport sur la politique de concurrence 1998 », 1999, p. 24 ; Comm. eur., « Rapport sur la politique de concurrence 1995 », 1996, p. 23 ; Comm. eur., « Cinquième Rapport annuel sur la politique de concurrence », 1976, p. 8.

21 Comm. eur., « Rapport sur la politique de concurrence 2006 », 2007, p. 3 ; Comm. eur., « Rapport sur la politique de concurrence 1989 », 1990, p. 14 ; Comm. eur., « Rapport sur la politique de concurrence 1987 », 1988, p. 15.

22 Comm. eur., « Rapport sur la politique de concurrence 1997 », 1998, p. 56.

23 Comm. eur., « Rapport sur la politique de concurrence 2013 », *op. cit.*, pp. 2 et 9.

24 Comm. eur., « Rapport sur la politique de concurrence 2012 », 2013, p. 1 ; Comm. eur., « Rapport sur la politique de concurrence 2009 », 2010, p. 4 ; Comm. eur., « Rapport sur la politique de concurrence 2010 », *op. cit.*, p. 5 ; Comm. eur., « Rapport sur la politique de concurrence 2002 », 2003, p. 6 ; M. Monti, « Avant-propos », in « Rapport sur la politique de concurrence 2000 », 2001, p. 4 ; Comm. eur., « Rapport sur la politique de concurrence 1993 », 1994, p. 30 ; Comm. eur., « Rapport sur la politique de concurrence 1992 », 1993, p. 50 ; Comm. eur., « Document de travail des services de la Commission accompagnant le Rapport sur la politique de concurrence 2016 », 2017, p. 41 ; Comm. eur., « Rapport sur la politique de concurrence 2001 », 2002, p. 45 ; Comm. eur. « Rapport sur la politique de concurrence 1995 », *op. cit.*, p. 15 ; Comm. eur., « Rapport sur la politique de concurrence 1990 », 1991, p. 11 ; Comm. eur., « Rapport sur la politique de concurrence 1986 », 1987, pp. 14-15 ; Comm. eur., « Rapport sur la politique de concurrence 1978 », 1979, p. 9 ; Comm. eur., « Sixième Rapport annuel sur la politique de concurrence », 1977, p. 9.

25 D. Reymond, *Action antidumping et droit de la concurrence dans l'Union européenne*, *op. cit.*, pt 8, p. 41. Dans le même sens, v. J. Stuyck, « Libre circulation et concurrence : les deux piliers du marché commun », in *Mélanges en hommage à Michel Waelbroeck*, vol. II, Bruxelles, Bruylant, 1999, p. 1477 ; J. Baquero Cruz, *Between Competition and Free Movement: The Economic Constitutional Law of the European Community*, Oxford, Hart Publishing, 2002, pp. 85-104 ; K. Mortelmans, « Towards Convergence in the Application of the Rules on Free Movement and on Competition? », *CMLR*, vol. 38, n° 3, 2001, p. 613.

26 Comm. eur., « Rapport sur la politique de concurrence 1994 », 1995, p. 20. V. égal. K. Wauters, « A New Generation of Public Procurement Directives: Background, Objectives and Results », in *EU Directive 2014/24 on Public Procurement: A new turn for competition in public markets?*, Y. Marique, K. Wauters (dir.), Bruxelles, Larcier, 2016, p. 25.

27 Comm. eur., « Deuxième Rapport sur la mise en œuvre du livre blanc sur l'achèvement du marché intérieur », 1987, pt 49.

28 *Ibid.*, pt 50.

29 *Ibid.*

confirmé par l'exécutif européen à l'occasion de la Stratégie pour le marché intérieur de 2015[30]. Or, on observe que, paradoxalement, le droit de la commande publique n'est pas mentionné par les traités en dépit de son importance[31]. Il est en réalité saisi par les dispositions relatives à la libre circulation[32]. La professeure Bréchon-Moulènes parlait à cet égard de « *politique d'encerclement* »[33] du droit de la commande publique par les libertés fondamentales du traité. L'avocat général Stix-Hackl, quant à elle, souligne que les bases juridiques du droit de la commande se limitent aux seules libertés de circulation et « *ne se réfèrent pas expressément à la concurrence* »[34]. Le droit de la commande publique européen est ainsi animé par l'ambition d'achever le marché intérieur, point sur lequel s'accorde l'essentiel de la doctrine[35]. Récemment encore la Commission soulignait que la « *mise en*

---

30 Comm. eur., Communication « Améliorer le marché unique : de nouvelles opportunités pour les citoyens et les entreprises », COM(2015) 550 final, pp. 15-16 ; Comm. eur., Communication « Faire des marchés publics un outil efficace au service de l'Europe », *op. cit.*, pp. 1-4 ; Parlement eur., « Contribution to Growth: European Digital Single Market. Delivering improved rights for European citizens and businesses », 2019, p. 29.

31 S. Arrowsmith, *The Law of Public and Utilities Procurement: Regulation in the EU and UK*, vol. 1, 3e éd., Londres, Sweet & Maxwell/ Thomson Reuters, 2014, pt 4.01, p. 237 ; G. Skovgaard Ølykke, *Abnormally Low Tenders: With an Emphasis on Public Tenderers*, Copenhague, DJØF Publishing, 2010, p. 53 ; A.-L. Durviaux, *Logique de marché et marché public en droit communautaire. Analyse critique d'un système*, Bruxelles, Larcier, 2006, pt 355, pp. 379-380 ; J.-F. Brisson, *Les fondements juridiques du droit des marchés publics*, Paris, Groupe Imprimerie Nationale, 2005, p. 17.

32 *Ibid.* ; F. Martucci, « Les objectifs politiques de la commande publique en droit de l'Union européenne », in *La commande publique, un levier pour l'action publique ?*, E. Muller (dir.), Paris, Dalloz, 2018, p. 75 et s. ; S. Chavarochette-Boufferet, « L'interprétation des directives de l'Union sur les marchés publics par la Cour de justice », thèse Université Paris 1 Panthéon-Sorbonne, 2013, p. 608 ; J. A. Winter, « Public procurement in the ECC », *CMLR*, vol. 28, no 4, 1991, p. 741 ; F. Wess, « The Law of Public Procurement in EFTA and the EEC: The Legal Framework and Its Implementation », *Yearbook of European Law*, vol. 7, n° 1, 1987, p. 83 ; F. Souty, *Les collectivités locales et le droit de la concurrence. Efficacité économique, réglementation et services publics locaux*, Paris, Dexia éditions, 2005 p. 35 ; D. Dero-Bugny, « Marchés publics et concessions. Principes fondamentaux des traités », *JurisClasseur Europe Traité*, fasc. n° 1050, 2015, pt 14 et s. et 26 et s.

33 M. Bréchon-Moulènes, « Rapport introductif », in *La concession de service public face au droit communautaire*, Paris, Sirey, 1992, p. 3. V. égal. S. de La Rosa, *Droit européen de la commande publique*, *op. cit.*, pt 12, pp. 17-18.

34 Conclusions de l'avocat général C. Stix-Hackl présentées le 1er juillet 2004, aff. C-247/02, EU:C:2004:399, pt 30.

35 Dans ce sens, S. Braconnier, *Précis du droit de la commande publique*, 6e éd., *op. cit.*, p. 53 ; J.-F. Brisson, *Les fondements juridiques du droit des marchés publics*, *op. cit.*, pp. 17 et 33 ; S. de La Rosa, *Droit européen de la commande publique*, *op. cit.*, pts 3-4, pp. 5-7 ; S. Arrowsmith, *The Law of Public and Utilities Procurement: Regulation in the EU and UK*, vol. 1, 3e éd., *op. cit.*, pt 4 .01, p. 237 ; M. Ubaud-Bergeron, *Droit des contrats administratifs*, 2e éd., Paris, LexisNexis, 2017, pt 71, p. 41 ; P. W. Jessen, B. O. Gram Mortensen, M. Steinicke, K. E. Sørensen, *Regulating Competition in the EU*, Alphen aan den Rijn, Wolters Kluwer, 2016, p. 557 ; M. Trybus, « Public Contracts in European Union Internal Market Law: Foundations and Requirements », in *Droit comparé des contrats publics*, R. Noguellou, U. Stelkens (dir.), Bruxelles, Bruylant, 2010, p. 85 et s. ; S. Braconnier, *Droit public de l'économie*, 2e éd., Paris, PUF, 2017 , p. 88 ; S. de La Rosa, « La lutte contre la fraude et le droit européen de la commande publique », in *La fraude et le droit de l'Union européenne*, D. Berlin, F. Martucci, F. Picod (dir.), Bruxelles, Bruylant, 2017, p. 215 ; E. Wauters, « La concurrence dans les marchés publics : au regard des principes généraux d'égalité de traitement et de transparence », master Université catholique de Louvain, 2014, p. 4 ; C. H. Bovis, *EU Public Procurement Law*, 2e éd., Cheltenham, Edward Elgar Publishing, 2012, pp. 11-58 ; G. Guillermin, C. Hen, « Le droit communautaire des marchés publics », *RMCUE*, n° 373, 1993, pp. 852-862 ; L. Richer, *L'Europe des marchés publics. Marchés publics et concessions en droit communautaire*, *op. cit.*, pt 85 et s., p. 36 et s. ; Allocution de B. Gosselin lors de la Journée d'études et d'information de Lille du 19 juillet 1989, « Concurrence et commande publique à l'horizon 1992 », Ministère de l'Économie, des Finances et du Budget, Service de la communication et des relations avec le public, 1989, p. 77 ; F. Lichère, « L'influence du droit communautaire sur le droit des contrats publics », in *Droit*

place d'un marché unique des marchés publics est l'une des avancées majeures du marché intérieur »[36]. Grith Skovgaard Ølykke ajoute à cet effet que le droit de la commande publique a pour fonction d'introduire la demande publique au sein du marché intérieur[37]. Selon le professeur Martucci, cela peut s'expliquer par le fait que les marchés publics ou concessions ont « *pour objet une activité économique [,] que ce soit la livraison d'un bien ou la délivrance d'un service [,] ce qui explique le lien avec les libertés de circulation* »[38].

4. Le droit dérivé est d'ailleurs explicite sur cette étroite relation avec le marché intérieur. Les directives « marchés publics »[39] et la directive « concessions »[40] ont ainsi pour base juridique les articles 53, paragraphe 1, TFUE (liberté d'établissement), 63 TFUE (libre circulation des services) et 114 TFUE (rapprochement des législations). Elles rappellent également dans leur considérant 1 la nécessité d'établir une passation des contrats respectueuse des libertés de circulation, ou encore l'intérêt de cette harmonisation pour le marché intérieur[41]. De tels fondements expliquent la consécration par la Cour de justice de la libre circulation comme « *objectif principal des règles communautaires en matière de marchés publics* »[42].

---

administratif européen, J.-B. Auby, J. Dutheil de la Rochère, Bruxelles, Bruylant, 2007, p. 946 ; G. Kalflèche, « Des marchés publics à la commande publique : l'évolution du droit des marchés publics », *op. cit.*, pt 553, p. 446 ; N. Michel, *Les marchés publics dans la jurisprudence européenne : exposé systématique des arrêts et ordonnances de la Cour de justice des Communautés européennes*, Fribourg, Éditions universitaires Fribourg, 1995, p. 1 ; C. Bovis, *The Liberalisation of Public Procurement and its Effects on the Common Market*, Abingdon-on-Thames, Routledge, 2019, 304 p. ; J.-F. Brisson, *Les fondements juridiques du droit des marchés publics*, *op. cit.* ; M. R. H. Uttley, K. Hartley, « Public Procurement in the Single European Market: Policy and Prospects », *European Business Review*, vol. 94, n° 2, 1994, pp. 3-7 ; M. Trybus, « European Union Law and Public Procurement », University of Birmingham, *Institute of European Law Working Papers* n° 05/2017, p. 3 et s. Disponible sur http://epapers.bham.ac.uk/3052/1/IEL_Working_Paper_05-2017_-_Trybus.pdf (consulté le 18/02/2021).

36 Comm. eur., « Orientations sur la participation des soumissionnaires et des produits de pays tiers aux marchés publics de l'UE », *op. cit.*, p. 3.

37 G. Skovgaard Ølykke, *Abnormally Low Tenders: With an Emphasis on Public Tenderers*, *op. cit.*, p. 77 ; v. égal. CE, *Rapport public 2002. Jurisprudence et avis de 2001 – Collectivités publiques et concurrence*, Paris, La Documentation française, p. 286.

38 F. Martucci, « Les objectifs politiques de la commande publique en droit de l'Union européenne », *op. cit.*, p. 76.

39 Directive 2014/24/UE du Parlement européen et du Conseil du 26 février 2014 sur la passation des marchés publics et abrogeant la directive 2004/18/CE, considérant 1, *JOUE* n° L 94 du 28 mars 2014, pp. 65-242 ; directive 2014/25/UE du Parlement européen et du Conseil du 26 février 2014 relative à la passation de marchés par des entités opérant dans les secteurs de l'eau, de l'énergie, des transports et des services postaux et abrogeant la directive 2004/17/CE, considérant 1, *JOUE* n° L 94 du 28 mars 2014, pp. 243-374.

40 Directive 2014/23/UE du Parlement européen et du Conseil du 26 février 2014 sur l'attribution de contrats de concession, considérant 1, *JOUE* n° L 94 du 28 mars 2014, pp. 1-64. À propos de la directive « concessions », v. en ce sens S. de La Rosa (dir.), *L'encadrement des concessions par le droit européen de la commande publique*, Paris, Société de législation comparée, 2014, 217 p. ; H. Hoepffner, « La nouvelle directive Concessions : sécuriser le cadre juridique des concessions et préserver la liberté des concédants : une conciliation impossible ? », *Europe*, 2014, n° 6, pp. 9-16 ; du même auteur, « La nouvelle directive Marchés publics : simple consolidation des acquis ou véritable modernisation ? », *Europe*, 2014, n° 5, pp. 5-13 ; G. Eckert, « La directive sur l'attribution de contrats de concession ou l'affermissement du droit de la commande publique », *RJEP*, 2014, n° 722, pp. 3-12 ; dossiers spéciaux : « La nouvelle directive "concession" », in *CP-ACCP*, 2014, n° 141 ; ; « Directives marchés, du nouveau sans renouveau », *AJDA*, n° 15, 2014, p. 831 et s.

41 *Ibid.* V. égal. directive 2014/25/UE, *op. cit.*, considérant 2 ; directive 2014/23/UE, *op. cit.*, considérants 3 et 4.

42 Pour une illustration récente, CJCE, 9 juin 2009, *Commission c/ Allemagne*, aff. C-480/06, EU:C:2009:357, pt 47 ; comm. J.-D. Dreyfus, S. Rodrigues, *AJDA*, 2009, pp. 1717-1721 ; E. Broussy, F. Donnat, C. Lambert,

De la même façon, malgré une base juridique spécifique[43], la directive 2009/81/CE « sécurité-défense »[44] confirme l'intérêt d'une harmonisation européenne des règles de passation des achats publics de sécurité et de défense afin de « *réaliser un véritable marché européen de l'équipement en matière de défense* »[45].

5. **Le droit de la commande publique : une composante perfectible du marché intérieur.** Considérer que le droit de la commande publique reste perfectible, pour le marché intérieur, pourrait de prime abord paraître disproportionné, en raison de l'intérêt ancien que porte l'Union européenne à ce domaine. Pour autant, dans les faits, les institutions européennes rappellent régulièrement les difficultés à achever le marché intérieur de la commande publique. L'Union européenne a rapidement souhaité harmoniser les règles relatives aux marchés publics[46], puis dernièrement, celles relatives aux concessions, en raison du poids économique de la commande publique mais aussi de leur utilisation par les États membres à des fins protectionnistes[47]. Ce comportement crée un cloisonnement artificiel du marché, connu sous le nom d'« effet frontière »[48], et conduit à une ouverture effective du marché guère satisfaisante[49]. Selon le Parlement européen, moins de 2 % des marchés publics sont

---

AJDA, 2009, pp. 1540-1542 ; D. Simon, *Europe*, 2009, n° 8, pp. 23-24 ; A. Chaminade, *JCP G*, 2010, n° 363, pp. 662-664.

43 La directive s'appuie sur les articles 47, paragraphe 2, 55 et 95 du traité CE.

44 Directive 2009/81/CE du Parlement européen et du Conseil du 13 juillet 2009 relative à la coordination des procédures de passation de certains marchés de travaux, de fournitures et de services par des pouvoirs adjudicateurs ou entités adjudicatrices dans les domaines de la défense et de la sécurité, *JOUE* n° L 216 du 20 août 2009, pp. 76-136 considérants 2 à 4.

45 *Ibid.*, considérant 3.

46 Directive 71/305/CEE du Conseil, du 26 juillet 1971, portant coordination des procédures de passation des marchés publics de travaux, *JOCE* n° L 185 du 16 août 1971, pp. 5-14 ; directive 77/62/CEE du Conseil, du 21 décembre 1976, portant coordination des procédures de passation des marchés publics de fournitures, *JOCE* n° L 13 du 15 janvier 1977, pp. 1-14. Sur une approche historique des directives relatives à la commande publique, v. en ce sens S. de La Rosa, *Droit européen de la commande publique*, *op. cit.*, pts 84-100, pp. 85-99.

47 En ce sens, CJCE, 3 octobre 2000, *University of Cambridge*, aff. C-380/98, EU:C:2000:529, pt 17 : « *Il s'ensuit que l'objectif des directives est d'exclure à la fois le risque qu'une préférence soit donnée aux soumissionnaires ou candidats nationaux lors de toute passation de marché effectuée par les pouvoirs adjudicateurs et la possibilité qu'un organisme financé ou contrôlé par l'État, les collectivités territoriales ou d'autres organismes de droit public se laisse guider par des considérations autres qu'économiques [...]* » ; comm. A. Brown, *PPLR*, 2001, p. NA27-NA30 ; P. Soler-Couteaux, *CMP*, 2001, n° 1, pp. 13-14. Sur le protectionnisme et la commande publique, v. not. J.-Y. Chérot, *Droit public économique*, 2e éd., Paris, Economica, 2007, pt 455, p. 638 ; Comm. eur., « Rapport sur la politique de concurrence 1992 », *op. cit.*, p. 50 ; P. Flamme, M.-A. Flamme, C. Dardenne, *Les marchés publics européens et belges. L'irrésistible européanisation du droit de la commande publique*, 2e éd., Bruxelles, Larcier, 2009, p. 9 ; Allocution de B. Gosselin lors de la Journée d'études et d'information de Lille du 19 juillet 1989, « Concurrence et commande publique à l'horizon 1992 », *op. cit.*, p. 84 et s. ; S. Arrowsmith, *The Law of Public and Utilities Procurement: Regulation in the EU and UK*, vol. 1, 3e éd., *op. cit.*, pt 1.01, p. 1 ; A. Sánchez-Graells, *Public Procurement and the EU Competition Rules*, 2e éd., *op. cit.*, p. 3 ; M. Lestienne, P. Marlier, « Les commandes publiques, instruments de la politique économique ? », *Courrier hebdomadaire du CRISP*, 1980/11-12 (n° 876-877), p. 30.

48 M. Crozet, F. Trionfetti, « Effets-frontières entre les pays de l'Union européenne : le poids des politiques d'achats publics », *Économie internationale*, 2002/1-2 (n° 89-90), pp. 189-208 ; D. Pîrvu, C. Bâldan, « Access to the EU Public Procurement Market: Are There Disparities Based on the Origin of Economic Operators? », *Journal of Economic Issues*, vol. 47, n° 3, 2013, pp. 765-780; M. Lestienne, P. Marlier, « Les commandes publiques, instruments de la politique économique ? », *op. cit.*, p. 15 et s. ; v. égal. K. Miyagiwa, « Oligopoly and Discriminatory Government Procurement Policy », *American Economic Review*, vol. 81, n° 5, 1991, pp. 1320-1328.

49 Sur l'ouverture du marché, v. en ce sens M.-A. Flamme, P. Flamme, « Vers l'Europe des marchés publics ? », *RMC*, 1988, n° 320, pp. 455-479 ; M. Mougeot, F. Naegelen, « La libéralisation des marchés publics en 1992 »,

aujourd'hui attribués à des entreprises d'autres États membres, alors que le taux de pénétration de l'économie est proche des 30 % sur les marchés classiques[50]. Plus inquiétant encore, ces résultats n'ont quasiment pas évolué depuis les premières directives « marchés publics »[51]. La Commission européenne chiffre d'ailleurs la valeur de ces marchés transfrontaliers à seulement 3,5 % de la valeur totale des marchés publics[52]. Or, la dernière refonte des directives « marchés publics » en 2014 ambitionnait d'assurer l'achèvement du marché intérieur de la commande publique[53]. Dans cette perspective, celles-ci ont renforcé une nouvelle fois le rôle de la concurrence dans ce processus[54]. Les chiffres présentés par la Cour des comptes européenne soulignent, quant à eux, qu'un tel achèvement permettrait de réaliser entre 36,5 et 66,5 milliards d'euros d'économies[55]. De la même façon, l'intégration du droit de la concurrence dans le droit de la commande publique est également génératrice de gains économiques substantiels pour les acheteurs publics et autorités concédantes[56]. Il est donc nécessaire de renforcer une telle convergence. Cela étant, le marché intérieur, finalité liée au seul droit de l'Union européenne, n'est pas le seul point de convergence entre ces deux matières.

REI, 1990, vol. 52, n° 1, pp. 52-68; M. Mougeot, F. Naegelen, « Éléments d'analyse théorique de l'ouverture des marchés publics », Ministère de la Recherche et de la Technologie, 1991 ; M. Mougeot, F. Naegelen, « L'ouverture des marchés publics dans la Communauté Économique Européenne », *Politiques et management public*, 1992, vol. 10, n° 2, pp. 61-80.

50 Parlement eur., Fiche technique sur l'Union européenne : Marchés publics. Disponible sur http://www.europarl.europa.eu/factsheets/fr/sheet/34/marches-publics (page consultée le 18/02/2021) ; Comm. eur., « Résumé de l'évaluation de l'incidence et de l'efficacité de la législation de l'Union européenne en matière de marchés publics », 2011, p. 15 ; S. Braconnier, *Précis du droit de la commande publique*, *op. cit.*, p. 53 ; J.-F. Brisson, *Les fondements juridiques du droit des marchés publics*, *op. cit.*, p. 31. Pour davantage de précisions sur les taux de pénétration de l'économie du secteur public, v. en ce sens Comm. eur., « Measurement of impact of cross-border penetration in public procurement », *op. cit.* ; J. Ulff-Møller Nielsen, L. Gottlieb Hansen, « The EU Public Procurement Regime – Does It Work? », *Intereconomics*, vol. 36, n° 5, 2001, p. 255 ; B. Herz, X.-L. Varela-Irimia, « Border Effects in European Public Procurement », *MPRA Paper* n° 80138, 2017. Disponible sur https://mpra.ub.uni-muenchen.de/80138/1/MPRA_paper_80138.pdf (consulté le 25/02/2021), 45 p.

51 Parlement eur., « Les Marchés Publics dans la Communauté européenne », Dossiers d'Études et de Documentation, 1991, p. 7 ; M. Mougeot, F. Naegelen, « L'ouverture des marchés publics dans la Communauté Économique Européenne », *op. cit.*, p. 67 ; M. Emerson, *1992 : La nouvelle économie européenne. Une évaluation des effets économiques potentiels de l'achèvement du marché intérieur de la CEE*, Bruxelles, CEE, 1988, 235 p.

52 Comm. eur., Communication « Faire des marchés publics un outil efficace au service de l'Europe », *op. cit.*, note 11, p. 4.

53 Comm. eur., Livre vert sur la modernisation de la politique de l'UE en matière de marchés publics, « Vers un marché européen des contrats publics plus performant », COM(2011) 15 final, 27 janvier 2011, p. 28. V. égal. Comm. eur., Recommandation 29 juin 2009 concernant des mesures visant à améliorer le fonctionnement du marché unique (2009/524/CE), *JOUE* n° L 176 du 7 juillet 2009, pp. 17-26.

54 Comm. eur., Livre vert sur la modernisation de la politique de l'UE en matière de marchés publics, « Vers un marché européen des contrats publics plus performant », *op. cit.*, p. 4 ; L. Richer, « La concurrence concurrencée : à propos de la directive 2014/24 du 26 février 2014 », *CMP*, 2015, n° 2, pp. 7-11 ; S. Braconnier, « La typologie des contrats publics d'affaires face à l'évolution du champ d'application des nouvelles directives », *AJDA*, 2014, n° 14, p. 833 et s. ; du même auteur, « Nouvelles directives marchés publics et concessions – Petite révolution et grandes évolutions », *JurisClasseur Contrats et marchés publics*, fasc. n° 1, 2014, pt 2.

55 Cour des comptes européenne, Rapport spécial n° 10/2015 : « Les problèmes liés aux marchés publics dans le cadre des dépenses de cohésion de l'UE nécessitent des efforts supplémentaires », 2015, p. 10. Sur ce point v. égal. W. S. Atkins, « The "Cost of Non-Europe" in Public Sector Procurement », *Research on the « Cost of Non-Europe »*, vol. 5, 1988, 273 p.

56 En ce sens, A. Sánchez-Graells, « Public Procurement: A 2015 Updated Overview of EU and National Case Law », 2015, p. 1. Disponible sur https://ssrn.com/abstract=2613076 (consulté le 18/02/2021).

6. **Droit de la commande publique et droit de la concurrence : entre commun profit et bien-être du consommateur.** Les objectifs liés à l'achèvement du marché intérieur sont des finalités contemporaines du droit de la concurrence et du droit la commande publique ; celles-ci s'expliquent par la dimension européenne de ces matières. Or, originellement, leurs finalités dépassent largement une telle problématique. La Commission européenne souligne que le droit de la concurrence se caractérise par deux finalités distinctes : l'élaboration du marché intérieur et le développement du bien-être du consommateur[57]. La Cour de justice confirme cette dernière finalité dans son arrêt *TeliaSonera Sverige* lorsqu'elle souligne que de « *telles règles ont précisément pour objectif d'éviter que la concurrence ne soit faussée au détriment de l'intérêt général, des entreprises individuelles et des consommateurs, contribuant ainsi au bien-être dans l'Union* »[58].

7. Les pratiques anticoncurrentielles des entreprises s'illustrent depuis l'Antiquité par l'élaboration de « *coalition[s] contre l'intérêt général* »[59] dont la fonction principale consiste à surenchérir les prix des denrées. L'École de Fribourg a en effet mis en exergue la nécessité d'un « *processus construit* »[60] autour de principes juridiques protecteurs de la concurrence effective en opposition à un « *processus naturel* »[61] de gestion de la concurrence inexorablement défait par les pratiques anticoncurrentielles. De la même façon, les articles 106 et 107 TFUE visent à prévenir les collusions entre les pouvoirs publics et les entreprises pouvant bénéficier de droits exclusifs ou d'avantages économiques injustifiés au détriment du bien-être du consommateur. Le droit de la concurrence, en veillant sur la concurrence par les mérites, écarte les pertes de bien-être du consommateur issues des comportements des entreprises mais aussi des autorités publiques, ces pertes pouvant affecter le surplus du consommateur, lequel découle du prix, de la qualité, de l'innovation, de la diversité ou encore de la quantité des produits et services sur le marché[62]. Il préserve également l'État de droit contre les risques de captures des pouvoirs publics par le pouvoir économique[63].

8. Le droit de la commande publique n'est pas étranger à cette finalité de bien-être collectif malgré ses spécificités[64]. Le professeur Mestre identifie au sein du droit de la commande publique la poursuite d'une finalité de « commun profit »[65], logique construite en France dès le XIIIe siècle[66]. En ce sens, le droit

---

57 Comm. eur., « Rapport sur la politique de concurrence 2010 », *op. cit.*, pt 9, p. 4.

58 CJUE, 17 février 2011, *TeliaSonera Sverige*, aff. C-52/09, EU:C:2011:83, pt 22 ; comm. C. Prieto, J.-C. Roda, *JDI*, 2011, pp. 553-564 ; L. Idot, *Europe*, 2011, n° 4, pp. 21-23 ; J. Philippe, *Gaz. Pal.*, 2011, n° 259-260, Jur., pp. 23-24. Dans le même sens, Comm. eur., « Rapport sur la politique de concurrence 2011 », *op. cit.*, p. 2 ; Comm. eur., « Rapport sur la politique de concurrence 1995 », *op. cit.*, pt 3.

59 C. Prieto, « Stratégies mises en œuvre par les entreprises pour exercer une influence sur les décisions », *op. cit.*, pt 3.

60 *Ibid.*, pt 6.

61 *Ibid.*

62 Comm. eur., « Rapport sur la politique de concurrence 2010 », *op. cit.*, pt 18.

63 C. Prieto, « Stratégies mises en œuvre par les entreprises pour exercer une influence sur les décisions », *op. cit.*, pts 4 et 5.

64 A. Sánchez-Graells, « More Competition-Oriented Public Procurement to Foster Social Welfare », présenté lors de l'International Public Procurement Conference, Séoul, 26-28 août 2010, 30 p.

65 J.-L. Mestre, *Introduction historique au droit administratif français*, Paris, PUF, 1985, p. 100.

66 *Ibid.*

de la commande publique transcende la seule activité d'achat *stricto sensu* en raison de ses effets collectifs évidents notamment pour le bon fonctionnement des services publics, mais aussi par l'« *utilisation optimale des deniers publics* »[67] qu'il recherche par l'intermédiaire de la mise en concurrence. En effet, comme l'affirme le Conseil d'État, dans son rapport *Collectivités publiques et concurrence*, la « *concurrence apparaît ainsi, en tant que garantie de la meilleure efficacité dans l'utilisation des ressources, être un élément de l'intérêt général* »[68]. Les bénéfices recherchés pour l'acheteur public ou l'autorité concédante se répercutent donc nécessairement sur l'usager mais aussi sur le contribuable. De même, l'encadrement procédural mis en place par le droit de la commande publique permet de garantir la concurrence par les mérites et finalement l'égalité des opérateurs économiques contre les risques de corruption ou de fraude. Dès lors, ces deux matières poursuivent des finalités complémentaires étroitement liées par leur quête réciproque de satisfaction de l'intérêt général et finalement du bien-être collectif, comme en témoigne d'ailleurs leur ouverture progressive envers les politiques horizontales, finalités qu'il conviendra de préciser lors de nos développements ultérieurs.

9. **Annonce du plan.** Cette étude a pour finalité de s'intéresser aux différentes interactions entre le droit de la commande publique et le droit de la concurrence de l'Union européenne, sans pour autant fournir une liste exhaustive de leurs nombreux points de rencontre. La démarche poursuivie vise à fournir une étude sur leurs relations, leurs mécanismes de convergence, et ainsi à rechercher l'existence d'une vision commune. À cette fin, il convient de préciser préalablement l'objet de l'étude et plus particulièrement le périmètre des recherches effectuées (§ 1). Une telle analyse sera suivie des choix méthodologiques retenus (§ 2). Enfin, dans le cadre de la dernière partie de l'introduction, la problématique sera présentée (§ 3).

§ 1. Objet de l'étude

10. Une étude centrée sur les interactions entre le droit de la commande publique et le droit de la concurrence de l'Union européenne suppose, au préalable, de définir avec

---

67 Directive 2004/18/CE du Parlement européen et du Conseil du 31 mars 2004 relative à la coordination des procédures de passation des marchés publics de travaux, de fournitures et de services, *JOUE* n° L 134 du 30 avril 2004, pp. 114-240, considérant 13. V. égal. Comm. eur., Livre vert sur la modernisation de la politique de l'UE en matière de marchés publics, « Vers un marché européen des contrats publics plus performant », *op. cit.*, p. 4 ; Comm. eur., communiqué IP/17/3543 du 3 octobre 2017, « Accroître l'impact des investissements publics grâce à des marchés publics efficients et professionnels ». Disponible sur http://europa.eu/rapid/press-release_IP-17-3543_fr.pdf (consulté le 20/02/2021) ; OCDE, « Recommandation du Conseil sur les Principes applicables à la gouvernance publique des partenariats public-privé », 2012, pt 4 ; C. Lajoye, *Droit des marchés publics*, 5e éd., Paris, Gualino, 2012, p. 16. Sur ce point, v. égal. Cons. const., déc. n° 2003-473 DC du 26 juin 2003, *Loi habilitant le Gouvernement à simplifier le droit*, considérant 10.

68 CE, *Rapport public 2002. Jurisprudence et avis de 2001 – Collectivités publiques et concurrence*, *op. cit.*, p. 219. V. égal. J.-M. Sauvé, « La concurrence, composante de l'intérêt général », in *À quoi sert la concurrence ?*, M. Behar-Touchais, N. Charbit, R. Amaro (dir.), *op. cit.*, pp. 685-700 ; A. Sánchez-Graells, « More Competition-Oriented Public Procurement to Foster Social Welfare », *op. cit.*, p. 1 ; S. Chavarochette-Boufferet, « L'interprétation des directives de l'Union sur les marchés publics par la Cour de justice », *op. cit.*, p. 188 ; C. Cabanes, B. Neveu, *Droit de la concurrence dans les contrats publics*, Paris, Le Moniteur, 2008, p. 98.

précision la portée desdites matières. Pour ce faire, il importe alors de s'interroger sur le sens donné au droit de la commande publique de l'Union européenne (A), au droit de la concurrence de l'Union européenne (B), puis, à l'issue de cette présentation, d'exposer l'intérêt de cette étude (C).

A. Le droit de la commande publique de l'Union européenne

11. **Un contenu discuté.** Les textes, qu'ils soient européens ou nationaux, n'offrent pas de définition de référence du droit de la commande publique. Pour saisir son contenu, il est nécessaire de se tourner vers la doctrine, laquelle s'avère également partagée sur le sujet[69]. Cette étude n'a pas vocation à proposer une définition novatrice du droit de la commande publique, mais se fonde sur les définitions existantes les plus adaptées pour les axes de recherche envisagés. Dans sa thèse de doctorat, le professeur Kalflèche définit le contrat de la commande publique comme le « *contrat à titre onéreux par lequel une personne morale de droit public ou une personne privée qui est, soit contrôlée par une ou plusieurs personnes publiques, soit qui a en charge des deniers publics, se procure pour elle-même ou pour les usagers du service public dont elle a la responsabilité des biens corporels ou des services* »[70]. Le professeur Delaunay définit quant à lui la commande publique par « *l'action consistant pour les pouvoirs publics, de manière indifférente à leur statut, à passer commande de biens et de services pour l'exécution de services publics* »[71].

12. La fonction du droit de la commande publique est justement d'offrir un cadre juridique cohérent englobant des sous-catégories de contrats avec leurs propres spécificités juridiques[72]. Or, la principale difficulté repose précisément sur la détermination du périmètre de la commande publique, terme parfois utilisé avec l'achat public comme simple synonyme de marchés publics ou, à l'inverse, comme un terme regroupant une pluralité de contrats. Deux approches distinctes peuvent ainsi être adoptées quant à la portée de la notion de commande publique : l'une restrictive et l'autre extensive. La première est fondée sur les seuls marchés publics européens et nationaux, les concessions et les anciens contrats de partenariat[73]. Le droit de la commande publique embrasse, selon le professeur Kalflèche, les principes généraux qui s'appliquent à de tels contrats et les dispositions spéciales de chacune de ces catégories[74]. Ainsi, sous l'influence du droit européen, le droit

---

69 F. Martucci, « Les objectifs politiques de la commande publique en droit de l'Union européenne », *op. cit.*, p. 75 ; F. Linditch (dir.), *Guide de l'achat public*, Paris, LexisNexis, 2013, pt 30, p. 12.

70 G. Kalflèche, « Des marchés publics à la commande publique : l'évolution du droit des marchés publics », *op. cit.*, pt 402, p. 476.

71 B. Delaunay, *Droit public de la concurrence*, 2e éd., Paris, LGDJ, 2018, pt 676, p. 356.

72 G. Kalflèche, « Des marchés publics à la commande publique : l'évolution du droit des marchés publics », *op. cit.*, pt 701 et s., p. 543 et s.

73 *Ibid.*, pt 605, p. 477.

74 *Ibid.* Dans le même sens, v. X. Bezançon, P. Cossalter, C. Cucchiarini, J. Fournier de Laurière, *Guide de la commande publique*, 4e éd., Paris, Le Moniteur, 2017, p. 13 ; L. Idot, « Commande publique et droit de la concurrence : Un autre regard », *Concurrences* n° 1-2008, art. n° 15216, p. 52 et s. ; S. Guinchard, T. Debard, *Lexique des termes juridiques*, 26e éd., Paris, Dalloz, 2018, pp. 207-208.

de la commande publique gravite autour de « *deux catégories principales* »[75] : les marchés publics et les concessions. Cette analyse a été récemment confirmée par les professeurs Martucci et Eckert[76]. Quant à la seconde approche, elle intègre également les contrats d'occupation domaniale en raison de leurs modalités de mise en concurrence et de leur nature publique.[77].

13. **Marchés publics et concessions.** En dépit de l'hétérogénéité des définitions de la doctrine, l'approche européenne au cœur de cette étude confirme une limitation de la commande publique aux marchés publics et aux concessions. La doctrine majoritaire confirme que la logique européenne s'articule autour de ces deux catégories de contrats[78]. Cette « *logique dualiste marchés/concessions* »[79] a d'ailleurs été récemment confirmée en droit interne avec l'article L2 du code de la commande publique.

14. Partant, la typologie française, nettement plus étoffée[80], ne sera pas au cœur des développements. Ces derniers suivront la typologie bicéphale du droit européen. En effet, la référence aux classifications nationales présente un risque de contradictions, comme l'a rappelé la Cour des comptes européenne dans son rapport sur les partenariats public-privé[81]. La professeure Nicinski ajoute que les autres catégories de contrats, à l'image des partenariats public-privé, sont qualifiées au cas par cas de marché ou de concession[82], solution retenue par la Commission européenne dès 2004 dans son livre vert sur les partenariats public-privé et le droit communautaire des marchés publics et des concessions[83]. Toutefois, rappelons que, depuis l'ordonnance n° 2015-899 du 23 juillet 2015 relative aux marchés publics, les contrats de partenariat, connus désormais sous l'appellation « marchés de partenariat », sont en droit français qualifiés de marchés publics[84]. Ils seront donc saisis comme tels

---

75 S. Braconnier, *Précis du droit de la commande publique*, *op. cit.*, p. 75.

76 F. Martucci, « Les objectifs politiques de la commande publique en droit de l'Union européenne », *op. cit.*, p. 75 ; G. Eckert, « La commande publique, un levier pour l'action publique ? Perspectives générales », in *La commande publique, un levier pour l'action publique ?*, E. Muller (dir.), *op. cit.*, p. 1.

77 F. Linditch (dir.), *Guide de l'achat public*, *op. cit.*, pt 30, p. 12.

78 B. Delaunay, *Droit public de la concurrence*, 2e éd., *op. cit.*, pt 676, p. 356 ; S. de La Rosa, *Droit européen de la commande publique*, *op. cit.*, p. 3 ; S. Braconnier, *Précis du droit de la commande publique*, *op. cit.*, p. 75 ; F. Martucci, « Les objectifs politiques de la commande publique en droit de l'Union européenne », *op. cit.*, p. 75 ; S. de La Rosa, « La lutte contre la fraude et le droit européen de la commande publique », *op. cit.*, p. 215.

79 S. Braconnier, « La typologie des contrats publics d'affaires face à l'évolution du champ d'application des nouvelles directives », *op. cit.*, p. 833.

80 *Ibid.*

81 Cour des comptes européenne, Rapport spécial n° 09/2018 : « Les partenariats public-privé dans l'UE : de multiples insuffisances et des avantages limités », 2018, note 16, pp. 23-24.

82 S. Nicinski, *Droit public des affaires*, 7e éd., Paris, LGDJ, 2019, pt 1166, pp. 717-718.

83 Comm. eur., Livre vert sur les partenariats public-privé et le droit communautaire des marchés publics et des concessions, COM(2004) 327 final, 30 avril 2004, pt 9. V. égal. F. Brenet, « Les PPP confrontés au droit communautaire des marchés publics et des concessions », *JCP A*, 2004, p. 2518 ; A. Cabannes, « Livre Vert sur le PPP : une "couche" supplémentaire au millefeuille des contrats publics », *CP-ACCP*, 2004, n° 6, p. 68 ; A. Tessier, « Le Livre vert de la Commission européenne sur les partenariats public-privé et le droit communautaire des marchés publics et des concessions », *BJCP*, 2004, n° 37, p. 419 ; E. Sitbon, « Le livre vert de la Commission européenne », *Droit et Ville*, n° 60/2005, p. 219.

84 Ordonnance n° 2015-899 du 23 juillet 2015 relative aux marchés publics, article 67. Désormais article L1112-1 du CCP : « *Un marché de partenariat est un marché public qui a pour objet de confier à un opérateur économique ou à un groupement d'opérateurs économiques une mission globale ayant pour objet la construction,*

dans le cadre de ces recherches. Par conséquent, dans cette étude, le droit européen de la commande publique embrasse « *le cœur du corpus juridique européen en matière de commande publique* »[85] avec les directives 2014/24/UE, 2014/25/UE et 2014/23/UE, mais également la directive 2009/81/CE « sécurité-défense », laquelle fait d'ailleurs suite au livre vert sur les marchés publics de la défense[86]. En parallèle, les exclusions prévues par ces textes sont retenues dans le cadre de cette analyse. Ainsi, les contrats exclus par les articles 7 à 12 de la directive 2014/24/UE, 18 à 23 de la directive 2014/25/UE, 10 à 17 de la directive 2014/23/UE et des articles 11 à 13 de la directive 2009/81/CE n'entrent pas dans le champ de cette étude.

15. **Les notions de marchés publics et concessions.** Sans surprise, l'axe européen de ces recherches impose de reprendre les définitions clés des directives « marchés publics » et « concessions ». Le droit dérivé définit les marchés publics comme des « *contrats à titre onéreux conclus par écrit entre un ou plusieurs opérateurs économiques et un ou plusieurs pouvoirs adjudicateurs et ayant pour objet l'exécution de travaux, la fourniture de produits ou la prestation de services* »[87]. Les marchés des entités adjudicatrices, qui ne sont juridiquement pas des marchés publics mais des « *marchés de fournitures, de travaux et de services* » au sens de l'article 2 de la directive 2014/25/UE, reprennent la définition des marchés publics portée par la directive 2014/24/UE. En parallèle, le droit de la commande publique distingue la concession de travaux, qui est « *un contrat conclu par écrit et à titre onéreux par lequel un ou plusieurs pouvoirs adjudicateurs ou entités adjudicatrices confient l'exécution de travaux à un ou à plusieurs opérateurs économiques, la contrepartie consistant soit uniquement dans le droit d'exploiter les ouvrages qui font l'objet du contrat, soit dans ce droit accompagné d'un prix* »[88], de la concession de service. Celle-ci est définie comme « *un contrat conclu par écrit et à titre onéreux par lequel un ou plusieurs pouvoirs adjudicateurs ou entités adjudicatrices confient la prestation et la gestion de services autres que l'exécution de travaux visée au point a) à un ou à plusieurs opérateurs économiques, la contrepartie consistant soit uniquement dans le droit d'exploiter les services qui font l'objet du contrat, soit dans ce droit accompagné d'un prix* »[89].

16. **Précisions sur l'exclusion des conventions d'occupation domaniales.** Les récentes obligations de publicité et de mise en concurrence préalable qui ont été imposées aux personnes publiques pour les contrats d'occupation domaniale ont permis de rappeler

la transformation, la rénovation, le démantèlement ou la destruction d'ouvrages, d'équipements ou de biens immatériels nécessaires au service public ou à l'exercice d'une mission d'intérêt général et tout ou partie de leur financement. Le titulaire du marché de partenariat assure la maîtrise d'ouvrage de l'opération à réaliser ». Sur ce point : S. Braconnier, *Précis du droit de la commande publique*, *op. cit.*, pp. 141-146 ; S. de La Rosa, *Droit européen de la commande publique*, *op. cit.*, pts 192 à 198, pp. 181-187.

85 S. Braconnier, *Précis du droit de la commande publique*, *op. cit.*, p. 57. Sur le même point, S. de La Rosa, « Les contrats de concession à l'épreuve du droit de l'Union ou le renouvellement d'une figure de la commande publique », in *L'encadrement des concessions par le droit européen de la commande publique*, S. de La Rosa (dir.), *op. cit.*, p. 9.

86 Comm. eur., Livre vert « Les marchés publics de la défense », COM(2004) 608 final, 23 septembre 2004 ; Parlement eur., Résolution du Parlement européen sur le Livre vert sur les marchés publics de défense (2005/2030(INI)), *JOUE* n° C 280E du 18 novembre 2006, pp. 463-467.

87 Directive 2014/24/UE, *op. cit.*, article 2, paragraphe 5.

88 Directive 2014/23/UE, *op. cit.*, article 5, paragraphe 1, a.

89 Directive 2014/23/UE, *op. cit.*, article 5, paragraphe 1, b.

la distinction juridique, parfois délicate, entre ces contrats et les contrats de la commande publique[90]. En effet, dans le cadre de l'arrêt *Promoimpresa*[91], la Cour de justice distingue les contrats régis par la directive 2006/123/CE relative aux services dans le marché intérieur et ceux encadrés par la directive 2014/23/UE[92]. L'arrêt précise que dans le cadre de la directive « services », les contrats ne portent pas « *sur une prestation de services déterminée par l'entité adjudicatrice, mais sur l'autorisation d'exercer une activité économique dans une zone domaniale* »[93]. La Cour rappelle également le considérant 15 de la directive 2014/23/UE. Celui-ci précise que les contrats ayant pour objet le droit d'exploiter le domaine ou des ressources publics pour des opérateurs économiques ne sauraient relever de son champ d'application[94]. La professeure Noguellou relève ainsi que, dans la cadre d'une concession de service, le critère de distinction sera l'existence d'une « *prestation [qui] est commandée par la personne publique* »[95]. Ledit critère est d'ailleurs développé par l'avocat général Maciej Szpunar. Il indique qu'une « *concession de services est notamment caractérisée par le fait que l'autorité confie l'exercice d'une activité de service, normalement un service dont la prestation incomberait à cette autorité, au concessionnaire, en l'obligeant ainsi à prester le service déterminé* »[96]. En effet, le rapport économique mais aussi la philosophie de la concession et de la convention d'occupation domaniale sont manifestement différents[97]. Alors que dans le cadre des marchés publics ou des concessions les acheteurs publics revêtent la qualité de demandeurs sur le marché[98], ils bénéficient à cette occasion d'une « prestation »[99]. La situation s'inverse dans le cadre des contrats portant sur l'occupation du domaine public[100]. Les personnes publiques endossent dans cette situation la qualité d'offreurs sur le marché. Partant, il ne s'agit pas proprement dit d'une commande publique, comme l'a d'ailleurs précisé Didier Casas dans ses conclusions sur la décision *Decaux*[101].

---

90 Ordonnance n° 2017-562 du 19 avril 2017 relative à la propriété des personnes publiques, *JORF* n° 0093 du 20 avril 2017, texte n° 8.

91 CJUE, 14 juillet 2016, *Promoimpresa Srl*, aff. jtes C-458/14 et C-67/15, EU:C:2016:558 ; comm. R. Noguellou, *AJDA*, 2016, n° 38, pp. 2176-2179 ; G. Marchiafava, *Le droit maritime français*, 2017, n° 790, pp. 349-361 ; M. Morin, *Le droit maritime français*, n° 789, pp. 279-280 ; F. Lombard, *RTD com.*, 2017, n° 1, pp. 51-54 ; J. Martin, G. Pellissier, *JCP A*, 2017, n° 5, pp. 27-28 ; F. Llorens, P. Soler-Couteaux, *CMP*, 2017, n° 3, pp. 11-38 ; des mêmes auteurs, *CMP*, 2018, n° 1, pp. 1-2.

92 *Ibid.*, pt 45 de l'arrêt. Directive 2006/123/CE du Parlement européen et du Conseil du 12 décembre 2006 relative aux services dans le marché intérieur, *JOUE* n° L 376 du 27 décembre 2006, pp. 36-68 et directive 2014/23/UE, *op. cit.*

93 Pt 47 de l'arrêt.

94 Pt 48 de l'arrêt.

95 R. Noguellou, « L'attribution des autorisations domaniales : feu l'arrêt Jean-Bouin… », *AJDA*, 2016, n° 38, p. 2177.

96 Conclusions de l'avocat général M. Szpunar présentées le 25 février 2016, aff. jtes C-458/14 et C-67/15, EU:C:2016:122, pt 62.

97 A. Sée, « La régulation du marché en droit administratif : étude critique », thèse Université de Strasbourg, 2010, p. 676.

98 S. Arrowsmith, *The Law of Public and Utilities Procurement: Regulation in the EU and UK*, vol. 1, 3e éd., *op. cit.*, pt 1.01, p. 1.

99 CJUE, 14 juillet 2016, *Promoimpresa Srl*, aff. C-458/14, *op. cit.*, pts 23 et 47.

100 *Ibid.* ; C. Vautrot-Schwarz, « La publicité et la mise en concurrence dans la délivrance des titres d'occupation domaniale », *AJDA*, 2009, n° 11, p. 568.

101 D. Casas, Conclusions sur la décision CE, Ass., 4 novembre 2005, *Decaux*, n° 247298, *Rec.* p. 489 : « *Il est bien évident que l'occupation domaniale ne peut se rattacher à une question de commande publique.* »

B. Le droit de la concurrence de l'Union européenne

17. La pleine compréhension de la notion de droit de la concurrence suppose, au préalable, de s'interroger sur la notion de concurrence, dont elle est un auxiliaire (1). Une fois la concurrence définie, il convient d'expliquer le sens donné au droit de la concurrence et de préciser les notions voisines (2).

1. La notion de concurrence

18. **La concurrence comme condition du bien-être collectif et de la prospérité.** Entreprendre de définir le droit de la concurrence impose nécessairement de s'interroger sur la notion de concurrence à laquelle il se rattache. Cette notion est également fondamentale en droit de la commande publique, du fait de l'étape de la mise en concurrence permettant de sélectionner le candidat le plus méritant[102]. Le professeur Vogel rappelle que le droit de la concurrence est le « *support juridique de la concurrence* »[103]. Or, sa fonction n'est pas aussi anecdotique, puisque la protection juridique offerte par le droit de la concurrence à la concurrence par les mérites permet d'assurer l'effectivité des objectifs de bien-être poursuivis par la concurrence que sont la baisse des prix, la hausse de la qualité, l'innovation et enfin l'allocation optimale des ressources. La notion de concurrence, avant d'être saisie par le droit, embrasse à l'origine une dimension principalement économique, comme le relevait le professeur Galbraith[104]. Toutefois, selon la professeure Behar-Touchais, elle renvoie à un « *système* »[105] et à un « *mode de fonctionnement particulier du marché dans lequel la confrontation d'une multiplicité d'offres et de demandes permet l'établissement du prix à son niveau le plus bas, compte tenu de la rémunération normale des facteurs de production et de l'état de la technologie* »[106]. Les ordolibéraux perçoivent dans la concurrence des bénéfices plus larges que le seul développement économique. Franz Böhm précise à ce titre que la concurrence « *ne promeut pas seulement la croissance de l'économie, […] mais aussi le niveau de la liberté, de l'égalité et de la justice dans le système de l'économie de marché* »[107].

---

102 L. Richer, *L'Europe des marchés publics. Marchés publics et concessions en droit communautaire*, *op. cit.*, pt 641, p. 225 ; B. Delaunay, *Droit public de la concurrence*, 2e éd., *op. cit.*, pt 784, pp. 400-401 ; CE, *Rapport public 2002. Jurisprudence et avis de 2001 – Collectivités publiques et concurrence*, *op. cit.*, p. 281 et s.

103 L. Vogel, « À quoi sert la concurrence pour les entreprises ? », in *À quoi sert la concurrence ?*, M. Behar-Touchais, N. Charbit, R. Amaro (dir.), *op. cit.*, p. 247.

104 J. K. Galbraith, *American Capitalism: The Concept of Countervailing Power*, Boston, Houghton Mifflin, 1952, 222 p., préface. V. égal. J.-M. Rainaud, R. Cristini (dir.), *Droit public de la concurrence*, *op. cit.*, p. 1 ; M. Glais, P. Laurent, *Traité d'économie et de droit de la concurrence*, Paris, PUF, 1983, p. 5 ; G. Clamour, *Intérêt général et concurrence. Essai sur la pérennité du droit public en économie de marché*, Paris, Dalloz, 2006, pt 43, p. 23.

105 M. Behar-Touchais, « Préface », in *À quoi sert la concurrence ?*, M. Behar-Touchais, N. Charbit, R. Amaro (dir.), *op. cit.*, p. 7.

106 M. Bazex, « Problématique générale de l'intervention des opérateurs publics dans une économie de concurrence », Intervention au colloque Secteur public et concurrence, *LPA*, 1988, n° spéc. 100, p. 5. V. égal. A. Bienaymé, « CONCURRENCE, économie », *Encyclopædia Universalis*, édition en ligne ; P. Kunzlik, « Neoliberalism and the European Public Procurement Regime », *op. cit.*, pp. 298-299 ; J.-J. Burst, R. Kovar, *Droit de la concurrence*, Paris, Economica, 1981, p. 1 ; J.-C. Roda, *Droit de la concurrence*, *op. cit.*, pp. 2-3.

107 J. Drexl, « La Constitution économique européenne – L'actualité du modèle ordolibéral », *RIDE*, 2011, n° 4, p. 436.

19. La concurrence est par ailleurs, comme le rappelle le Conseil d'État dans son rapport public *Collectivités publiques et concurrence* de 2002, vectrice de « liberté »[108] sur le marché. La finalité poursuivie par cette compétition économique est « *la conquête et la conservation d'une clientèle, d'une portion de marché* »[109], les bénéfices étant notamment une augmentation de l'efficacité économique et de l'innovation issue d'une politique de démarcation sur le marché[110]. Pour ce faire, les opérateurs économiques vont, en intégrant le processus concurrentiel, chercher à « *éliminer de la scène économique ou à y réduire le rôle d'autres agents économiques se livrant à des activités similaires* »[111], élimination possible, car fondée sur les seuls mérites des opérateurs économiques[112]. Or, dans le cadre d'un système de marché, comme dans le cadre du marché intérieur, la concurrence devient une « condition »[113] pour atteindre les objectifs de bien-être poursuivis. En effet, l'effectivité de tels objectifs dépend d'une compétition loyale entre les entreprises dépourvue de tout abus de pouvoir économique ou de collusions entre les pouvoirs publics et certaines entreprises[114]. Elle apparaît comme un « aiguillon »[115], poussant les opérateurs économiques à lutter contre l'incertitude de leur position sur le marché en renforçant leur compétitivité mais également en luttant contre « *le maintien ou la création de rentes injustifiées* »[116]. Cela se matérialise concrètement par la construction depuis plusieurs décennies d'une culture européenne de concurrence propice à préserver l'État de droit mais aussi les bénéfices pour le bien-être du consommateur[117].

---

108 CE, *Rapport public 2002. Jurisprudence et avis de 2001 – Collectivités publiques et concurrence*, *op. cit.*, p. 220.

109 Y. Serra, *La non-concurrence en matière commerciale, sociale et civile. Droit interne et communautaire*, Paris, Dalloz, 1991, pt 1 ; M.-A. Sabirau-Perez, *Secteur public et concurrence*, Perpignan, Presses universitaires de Perpignan, 1998, p. 15 ; C. L. de Leyssac, « Concurrence, compétition, régulation », in *À quoi sert la concurrence ?*, M. Behar-Touchais, N. Charbit, R. Amaro (dir.), *op. cit.*, pp. 71-73.

110 L. Zevounou, *Les usages de la notion de concurrence en droit*, *op. cit.*, pt 19, p. 7 ; L. Vogel, *Traité de droit commercial*, 18 éd., Paris, LGDJ, 2001, pp. 561-562 ; M. Waelbroeck, A. Frignani, *Commentaire J. Mégret. Le droit de la CE*, tome 4, *Concurrence*, 2e éd., *op. cit.*, pt 5, p. 9 ; E. Combe, « La concurrence : Quelques pistes pour sortir des idées reçues », in *À quoi sert la concurrence ?*, M. Behar-Touchais, N. Charbit, R. Amaro (dir.), *op. cit.*, p. 52 ; CE, *Rapport public 2002. Jurisprudence et avis de 2001 – Collectivités publiques et concurrence*, *op. cit.*, p. 220.

111 J.-C. Muller, *De la concurrence : un essai de démythification*, Paris, Éditions Cujas, 1969, p. 113.

112 *Ibid.*

113 P. Bonassies, « L'influence des concepts communautaires sur le droit français », in *Droit public de la concurrence*, J.-M. Rainaud, R. Cristini (dir.), *op. cit.*, p. 106.

114 Ce point fera l'objet de nombreux développements dans le chapitre liminaire.

115 M. Waelbroeck, A. Frignani, *Commentaire J. Mégret. Le droit de la CE*, tome 4, *Concurrence*, 2e éd., *op. cit.*, pt 5, p. 9 ; P.-Y. Geoffard, « Concurrence en santé : marché des soins, marché de l'assurance », *Regards croisés sur l'économie*, 2009, n° 5, p. 128 ; R. Lallement, V. Wisnia-Weil, « Concurrence et innovation : quelles politiques pour favoriser le développement des entreprises ? », *Horizons stratégiques*, 2007/2, n°4, p. 157 ; C.-T. Barreau, « Le rôle du droit de la concurrence en droit communautaire », in *Concurrence et protection sociale en Europe*, P. Hassenteufel, S. Hennion-Moreau (dir.), Rennes, Presses universitaires de Rennes, 2004, p. 18 ; M. Behar-Touchais, « Préface », in *À quoi sert la concurrence ?*, M. Behar-Touchais, N. Charbit, R. Amaro (dir.), *op. cit.*, p. 7.

116 E. Combe, « La concurrence : Quelques pistes pour sortir des idées reçues », *op. cit.*, p. 51.

117 Sur ce point C. Prieto, « La culture européenne de concurrence », *op. cit.* ; C. Prieto, « La culture de concurrence : Une quête de sens et d'action », in *À quoi sert la concurrence ?*, M. Behar-Touchais, N. Charbit, R. Amaro (dir.), *op. cit.*, pp. 719-725 ; J. Steenbergen, « Concurrence : Effet utile sans culture de concurrence ? », in *À quoi sert la concurrence ?*, M. Behar-Touchais, N. Charbit, R. Amaro (dir.), *op. cit.*, pp. 727-733 ;

2. La notion de droit de la concurrence de l'Union européenne

20. **Une définition complexe à établir.** Définir le droit de la concurrence n'est pas chose aisée. Dès 1981, les professeurs Kovar et Burst soulignaient la complexité de cette entreprise[118]. Ce droit apparaît à première vue comme étiré entre une diversité de concepts propres au droit privé, au droit public, voire parfois extérieurs à la science juridique. L'étendue des domaines concernés complexifie naturellement l'élaboration d'une définition. En effet, comme le précise Marc van der Woude, actuel Présidentvice-président du Tribunal de l'Union européenne, la difficulté à saisir le droit de la concurrence peut s'expliquer par sa nature économique et la nécessité pour le juriste de « *s'investir dans l'étude des sciences économiques* »[119]. Par ailleurs, offrir une définition au droit de la concurrence nécessite de s'interroger non pas sur son contenu mais sur ses finalités[120], sur sa logique. En effet, comme nous le verrons avec précisions dans notre chapitre liminaire, malgré des racines anciennes en France[121], la culture européenne de la concurrence prend sa source dans les écrits des ordolibéraux[122]. L'École de Fribourg sous la République de Weimar a rappelé l'urgence de recourir au droit de la concurrence afin de préserver la libre concurrence et ses bénéfices pour l'intérêt général[123]. En effet, outre la protection des avantages allocatifs de la concurrence par les mérites, le droit de la concurrence a également pour finalité de protéger l'État de droit contre la capture des pouvoirs publics[124]. De telles finalités sont perceptibles au travers des deux dimensions du droit de la concurrence. Ce dernier revêt une fonction « défensive »[125] du marché mais également une fonction « offensive »[126], en favorisant l'accès à celui-ci ; la finalité de ces fonctions étant de garantir la concurrence par les mérites et les bénéfices en termes de bien-être.

21. En dépit des différentes définitions du droit de la concurrence, chacune d'elles se rattache à une réalité économique, actuelle ou potentielle, à un cap à poursuivre : celui du maintien de la concurrence effective. La difficulté à saisir ce droit tient également à l'importance des projections et modélisations dans ce domaine, comme l'illustre à merveille le droit des concentrations. David Bailey et Laura Elizabeth

F. Jenny, « À la recherche de la culture de concurrence », in *À quoi sert la concurrence ?*, M. Behar-Touchais, N. Charbit, R. Amaro (dir.), *op. cit.*, pp. 701-710 ; A. Perrot, V. Blonde, « La politique de la concurrence et les intérêts stratégiques de l'Union européenne », *Concurrences* n° 3-2019, art. n° 91095, pp. 2-4.

118 J.-J. Burst, R. Kovar, *Droit de la concurrence*, *op. cit.*, p. 18. V. égal. J.-C. Roda, *Droit de la concurrence*, *op. cit.*, p. 1.

119 M. van der Woude, « Préface », in *Dictionnaire européen de la concurrence*, M. Melloni, Bruxelles, Larcier, 2018, p. 7

120 J.-J. Burst, R. Kovar, *Droit de la concurrence*, *op. cit.*, p. 1.

121 C. Prieto, D. Bosco, *Droit de la concurrence. Ententes et abus de position dominante*, *op. cit.*, pt 40 et s., p. 44 et s.

122 C. Prieto, « La culture de concurrence : Une quête de sens et d'action », *op. cit.*, p. 720.

123 C. Prieto, D. Bosco, *Droit de la concurrence. Ententes et abus de position dominante*, *op. cit.*, pt 93, p. 88 ; D. J. Gerber, *Law and Competition in Twentieth Century Europe: Protecting Prometheus*, Oxford, Oxford University Press, 2001, 501 p.

124 *Ibid.* Sur les réflexions en ce sens lors de l'élaboration du Sherman Act, v. H. Kempf, « Comprendre le Sherman antitrust Act de 1890 (Les origines de la politique concurrentielle fédérale américaine) », *Cahiers d'économie politique*, 1992, n° 20-21, pp. 187-211 ; E. Combe, *La politique de la concurrence*, 3ᵉ éd., Paris, La Découverte, 2016, p. 6.

125 L. Vogel, « À quoi sert la concurrence pour les entreprises ? », *op. cit.*, p. 247 et s.

126 *Ibid.*

John définissent ainsi le droit de la concurrence comme la somme des « *règles légales voulue pour protéger le processus concurrentiel* »[127], analyse proche de celles des professeurs André et Georges Decocq. Ces derniers le définissent comme la somme des règles dont « *l'objet est le maintien de la libre concurrence entre entreprises sur le marché* »[128]. De ce fait, ils opèrent une distinction entre le droit de la concurrence et le droit européen des affaires en dépit d'une même finalité d'ouverture à la concurrence et « *d'efficience économique* »[129]. Le droit européen des affaires rassemble en effet les « *dispositions qui se flattent d'instaurer la concurrence* »[130] et intègre en son sein le droit de la concurrence[131]. Le professeur Bernitz perçoit quant à lui le droit de la concurrence comme l'une des pièces « *du droit du marché* »[132] dont la fonction est d'encadrer les activités économiques et les relations entre concurrents mais aussi d'établir des mécanismes de protection pour les consommateurs.

22. **Choix retenu : une approche consensuelle.** La complexité à définir le droit de la concurrence et la variété des solutions existantes engendrent naturellement des doutes sur le périmètre des normes incluses dans ce domaine. En effet, comme l'observent le professeur Mainguy et Malo Depincé, le droit de la concurrence peut couvrir trois approches distinctes[133]. On relève tout d'abord une approche large, qui embrasse l'ensemble des normes qui permettent de contrôler les opérateurs économiques. Celle-ci inclut notamment des éléments propres aux droits pénal, civil, et administratif. On retrouve ensuite, à l'inverse, une approche restrictive, qui permet de réduire le droit de la concurrence aux seules fonctions régulatrices de celui-ci[134]. Elle regroupe en son sein l'encadrement des comportements anticoncurrentiels prévus aux articles 101 et 102 TFUE, la régulation concurrentielle des États membres prévue aux articles 106 à 109 TFUE et enfin les fonctions préventives du droit de la concurrence avec le règlement (CE) n° 139/2004 relatif au contrôle des concentrations[135]. Une solution intermédiaire existe, elle permet

---

127 D. Bailey, L. E. John (dir.), *Bellamy & Child: European Union Law Competition*, 8e éd., *op. cit.*, pt 1.008, p. 4 (traduction libre de l'auteur).

128 A. Decocq, G. Decocq, *Droit de la concurrence. Droit interne et droit de l'Union européenne*, 8e éd., *op. cit.*, pt 1, p. 21. Dans le même sens, L. Iordache, « The Single Market and EU Competition Law – Two Pillars of the European Union », *Global Economic Observer*, vol. 2, n° 1, 2014, p. 117.

129 C. Gavalda, B. Lecourt, G. Parleani, *Droit des affaires de l'Union européenne*, 7e éd., *op. cit.*, pt 22, p. 18 ; A. Decocq, G. Decocq, *Droit de la concurrence. Droit interne et droit de l'Union européenne*, 8e éd., *op. cit.*, pt 28, p. 35 ; A. Decocq, G. Decocq, *Droit européen des affaires*, 2e éd., Paris, LGDJ, 2010, pt 1, p. 14.

130 A. Decocq, G. Decocq, *Droit de la concurrence. Droit interne et droit de l'Union européenne*, 8e éd., *op. cit.*, pt 21, p. 1.

131 L. Vogel, *Droit européen des affaires*, 2e éd., Paris, Dalloz, 2019, pt 49, p. 69 ; C. Gavalda, B. Lecourt, G. Parleani, *Droit des affaires de l'Union européenne*, 7e éd., *op. cit.*, pt 22, p. 18 ; L. Vogel, J. Vogel, *Le Droit européen des affaires*, 3e éd., Paris, Dalloz, 2011, p. 3 et s.

132 U. Bernitz, « Harmonisation et coordination de la législation du marché en nation de droit du marché » *RTDE*, 1971, p. 1. Pour une approche comparable, D. Mainguy, M. Depincé, *Droit de la concurrence*, 2e éd., *op. cit.*, pt 23, p. 26 ; M.-A. Sabirau-Perez, *Secteur public et concurrence*, *op. cit.*, p. 14.

133 D. Mainguy, M. Depincé, *Droit de la concurrence*, 2e éd., *op. cit.*, pt 32, p. 35.

134 Notons qu'une conception encore plus restrictive limite le droit de la concurrence aux seules règles applicables aux entreprises et écarte ainsi les articles 106 à 109 TFUE. Pour illustration, N. Petit, *Droit européen de la concurrence*, 2e éd., *op. cit.* ; S. Nicinski, *Droit public de la concurrence*, Paris, LGDJ, 2005, p. 13.

135 Règlement (CE) n° 139/2004 du Conseil du 20 janvier 2004 relatif au contrôle des concentrations entre entreprises, *JOUE* n° L 24 du 29 janvier 2004, pp. 1-22.

d'intégrer l'ensemble des matières qui luttent directement ou indirectement contre les distorsions de la concurrence. Une telle approche inclut au surplus les règles de consommation et de non-discrimination. Cette solution a été parfois suivie par la Commission européenne. Ainsi, à l'occasion de ses premiers rapports annuels sur la politique de concurrence, le droit de la consommation a intégré le champ d'application du droit de la concurrence[136].

23. Dans le cadre de cette étude, nous nous limiterons à la définition restrictive du droit de la concurrence. Deux justifications peuvent être avancées. D'une part, il est souhaitable de se limiter aux règles de droit de la concurrence présentées comme telles par les traités européens. Cela permet ainsi d'écarter le droit de la consommation voire les règles relatives à la libre circulation dont les problématiques avec le droit de la commande publique sont d'une nature spécifique. D'autre part, une partie significative de la doctrine ainsi que la Commission européenne retiennent désormais un tel périmètre[137]. Par conséquent, le droit de la concurrence sera limité aux dispositions des articles 101 à 109 TFUE, 3 TUE et enfin au règlement (CE) n° 139/2004. Il faudrait néanmoins ajouter le droit dérivé et le droit souple relatifs auxdites dispositions. L'ensemble de ces règles de régulation, qui s'appliquent tant aux entreprises qu'aux États membres, permet d'offrir un cadre idoine pour cette étude. Partant, le droit de la concurrence apparaît comme un bloc qu'il convient implique de saisir dans son intégralité.

24. **La politique de concurrence.** La Commission européenne et la doctrine spécialisée en droit de la concurrence emploient régulièrement la notion de politique de concurrence. Les rapports annuels sur la politique de concurrence de la Commission européenne, outils essentiels pour comprendre les progrès et innovations dans ce domaine, peuvent en témoigner. Alors que la politique de concurrence est parfois employée comme succédané du droit de la concurrence, en raison d'un contenu finalement identique[138], il convient de préciser les subtilités de cette notion. En effet, comme son nom l'indique, la politique de concurrence ne s'attache pas *stricto sensu* aux normes juridiques relatives à la concurrence mais à la mise en

---

136 V. not. Comm. eur., « Premier rapport annuel sur la politique de concurrence », 1972 ; Comm. eur., « Quatrième rapport annuel sur la politique de concurrence », 1975.

137 L. Vogel, *Traité de droit économique*, tome 1, *Droit de la concurrence – Droits européen et français*, Paris, Bruylant, 2e éd., 2018, 1835 p. ; C. Prieto, « Droit européen de la concurrence : Champ d'application », *JurisClasseur Europe Traité*, fasc. n° 1400, 2014 ; E. Combe, *La politique de la concurrence*, 3e éd., *op. cit.*, p. 19 ; A. Decocq, G. Decocq, *Droit de la concurrence. Droit interne et droit de l'Union européenne*, 8e éd., *op. cit.*, pt 1, p. 21 ; D. Bailey, L. E. John (dir.), *Bellamy & Child: European Union Law Competition*, 8e éd., *op. cit.*, pt 1.008, p. 4 ; M. Melloni, *Dictionnaire européen de la concurrence*, *op. cit.* ; R. Blasselle, *Traité de droit européen de la concurrence*, 4 tomes, Paris, Publisud, 2002 à 2008 ; M. Waelbroeck, A. Frignani, *Commentaire J. Mégret. Le droit de la CE*, tome 4, *Concurrence*, 2e éd., *op. cit.*, 1098 p. Ce choix de périmètre est confirmé par la Commission européenne dans l'ensemble de ses rapports annuels sur la politique de concurrence depuis 1975 ; L. Richer, « Droit des marchés publics et droit de la concurrence : un objectif, deux systèmes », *CP-ACCP*, 2010, n° 99, p. 26.

138 E. Combe, *La politique de la concurrence*, 3e éd., *op. cit.*, p. 20 ; J.-F. Pons, « Marché commun, marché unique et politique européenne de la concurrence de 1957 à 2007 », *Revue d'économie financière*, 2007, n° 88, p. 171 ; C. Degryse, *Dictionnaire de l'UE*, 4e éd., Bruxelles, Larcier, 2011, p. 726 ; S. Braconnier, *Droit public de l'économie*, 2e éd., *op. cit.*, p. 19 ; D. Reymond, *Action antidumping et droit de la concurrence dans l'Union européenne*, *op. cit.*, pt 8, p. 41 ; Comm. eur., « Septième Rapport annuel sur la politique de concurrence », *op. cit.*, p. 9.

œuvre concrète de celles-ci par les institutions et juridictions européennes, voire, plus largement, à la ligne politique européenne de protection et de promotion de la concurrence[139].

C. Intérêt de l'étude

25. Le droit de la commande publique et le droit de la concurrence passionnent. La recherche demeure riche et dynamique. Toutefois, les travaux portant sur les interactions entre ces deux branches du droit économique demeurent assez rares malgré leur proximité évidente (1) d'où la nécessité d'étudier leurs points de convergence (2).

1. Une proximité manifeste

26. **Une convergence progressive.** Le droit de la commande publique et le droit de la concurrence présentent un niveau de convergence aujourd'hui croissant. Leur relation, régulièrement comparée à celle d'un « couple »[140], présente comme dans toutes relations étroites des intermittences et de fortes individualités. Noël Diricq évoque ainsi « *un couple infernal, c'est-à-dire intime, ancien, indissociable et tant de fois inconciliable, et vivant surtout sur tellement d'équivoque* »[141]. Or, ces deux matières se sont longtemps ignorées avant de se rapprocher grâce au droit européen[142]. Le professeur Richer évoque à cette occasion « *une vie parallèle* »[143] entre ces deux matières alors que Stéphane Destours perçoit une simple cohabitation sans réelle rencontre[144]. Albert Sánchez-Graells rappelle quant à lui que ces deux domaines ont été pendant longtemps « *séparés dans des compartiments étanches* »[145]. Une telle ignorance réciproque peut s'expliquer par des fondements juridiques complètement autonomes, réduisant naturellement les points de jonction potentiels. De la même façon, ces deux branches du droit se caractérisent par des interventions sur le marché de natures distinctes[146], les fameux « deux systèmes »

---

139 M. Wise, « Droit et politique de la concurrence dans l'Union européenne », *Revue de l'OCDE sur le droit et la politique de la concurrence*, vol. 9, n° 1, 2007, p. 10 ; D. Bailey, L. E. John (dir.), *Bellamy & Child: European Union Law Competition*, 8e éd., *op. cit.*, pt 1.016, p. 7.

140 N. Diricq, Propos conclusifs sur l'atelier de la concurrence Commande publique et concurrence du 5 juin 2002 ; ; E. Berkani, « Droit de la concurrence et commande publique : État des lieux d'un vieux couple », *Concurrences* n° 1-2007, art. n° 13045, pp. 58-67.

141 N. Diricq, Propos conclusifs sur l'atelier de la concurrence Commande publique et concurrence du 5 juin 2002, *op. cit.*

142 En ce sens, K. Kuźma, W. Hartung, *Combating Collusion in Public Procurement: Legal Limitations on Joint Bidding*, Edward Elgar Publishing, 2020, p. 1

143 L. Richer, « Droit des marchés publics et droit de la concurrence : un objectif, deux systèmes », *op. cit.*, p. 26 ; B. Delaunay, *Droit public de la concurrence*, 2e éd., *op. cit.*, pt 782, p. 398. V. égal. P. W. Jessen, B. O. Gram Mortensen, M. Steinicke, K. E. Sørensen, *Regulating Competition in the EU*, *op. cit.*, p. 7

144 S. Destours, « Le droit de la concurrence, source du droit des marchés publics ? », in *Le nouveau droit des marchés publics*, F. Lichère (dir.), Lyon, L'Hermès, 2004, p. 41.

145 A. Sánchez-Graells, « Public Procurement: A 2015 Updated Overview of EU and National Case Law », *op. cit.*, p. 1 (traduction libre de l'auteur). V. égal. les conclusions de C. Bergeal sur l'avis CE du 8 novembre 2000, *Société Jean-Louis Bernard Consultants*, *Rec.* p. 497 : « *Cette nouvelle articulation entre droit de la concurrence et droit de la passation des marchés publics oblige à redéfinir les rapports de deux droits qu'on analysait jusqu'à présent comme séparés.* »

146 P. W. Jessen, B. O. Gram Mortensen, M. Steinicke, K. E. Sørensen, *Regulating Competition in the EU*, *op. cit.*, p. 595.

évoqués une nouvelle fois par le professeur Richer[147]. Le droit de la commande publique et le droit de la concurrence interviennent à des stades distincts du processus économique. Le droit de la concurrence intervient principalement postérieurement à la réalisation de comportements anticoncurrentiels, qu'ils soient privés ou publics. Ce rôle d'arbitre permet de garantir la loyauté et les mérites sur le marché. Le droit de la commande publique se positionne parallèlement afin d'organiser l'accès aux marchés de la commande publique. Le professeur Roux présage d'ailleurs la lente transformation du droit de la commande publique en un « *droit de l'offre* »[148]. Toutefois, leurs actions respectives présentent nécessairement des effets croisés rendant difficilement tenable le maintien d'une telle ignorance réciproque.

27. **Un rapprochement inéluctable.** Le professeur Guézou souligne que la conservation d'un « *dogme* » propre à ces deux matières est cependant contrebalancée par leur développement, qui est réalisé dans le « *même substrat* »[149], le « *même biotope* »[150], à savoir le marché[151]. En effet, ces deux matières baignent dans un espace économique « *centré sur un marché ouvert à la concurrence* »[152], comme le rappelle le professeur Clamour. L'ambition de cette ouverture du marché demeure dans les deux cas la satisfaction de l'intérêt général, comme finalement l'essentiel des règles de droit public[153]. En effet, même si le droit de la commande publique a pour objet la satisfaction de l'acheteur, la finalité poursuivie demeure la bonne réalisation des missions de service public existantes ainsi que la protection des ressources publiques. Le droit de la concurrence vise également la satisfaction de l'intérêt général en offrant des conditions de libertés optimales pour les opérateurs économiques et à terme pour l'ensemble des individus[154]. Ainsi, une telle finalité se focalise en droit européen

---

147 L. Richer, « Droit des marchés publics et droit de la concurrence : un objectif, deux systèmes », *op. cit.*, p. 26 ; B. Delaunay, *Droit public de la concurrence*, 2e éd., *op. cit.*, pt 782, p. 398.

148 C. Roux, « La personne publique, candidate à la commande publique », *AJDA*, 2013, n° 15, p. 855.

149 O. Guézou, « Contrats publics et politique de la concurrence », *RFDA*, 2014, n° 4, p. 632.

150 *Ibid.*

151 Sur ce point, B. Stirn, « Droit public et droit de la concurrence », in *Le droit de l'entreprise dans ses relations externes à la fin du XXe siècle. Mélanges en l'honneur de Claude Champaud*, Dalloz, 1997, p. 555 et s.

152 G. Clamour, *Intérêt général et concurrence. Essai sur la pérennité du droit public en économie de marché*, *op. cit.*, p. 1.

153 Sur ce point, v. J. Chevallier, « L'intérêt général dans l'Administration française », *IRAS*, vol. 41, n° 4, 1975, pp. 327; CE, *Rapport public 1999. Jurisprudence et avis de 1998 – L'intérêt général*, 1999, La Documentation française, p. 271 ; D. Linotte, « Recherches sur la notion d'intérêt général en droit administratif français », thèse Université Bordeaux I, 1975, p. 15 ; M.-H. Frayssinet, « La notion d'intérêt général en droit administratif », thèse Université Toulouse 1, 2000 ; J.-M. Pontier, « Le droit administratif et l'utopie », *AJDA*, 2004, p. 1001 ; B. Tardivel, « Recherche sur le finalisme en droit administratif français », thèse Université Montpellier 1, 2002, p. 94 et s. V. égal. M. Amilhat, *La notion de contrat administratif. L'influence du droit de l'Union européenne*, Bruxelles, Bruylant, 2014, pt 307, p. 186 ; T. Kirat, « Économie et droit. De l'analyse économique du droit à de nouvelles alliances ? », *Revue économique*, vol. 49, n°4, 1998, pp. 1057-1087 ; R. de Bellescize, *Droit administratif général*, 7e éd., 2019, Issy-les-Moulineaux, Gualino, 2019, pp. 29-30 ; D. Berlin, « Les actes de la puissance publique et le droit de la concurrence », *AJDA*, 1995, n°4, pp. 259-273.

154 G. Clamour, *Intérêt général et concurrence. Essai sur la pérennité du droit public en économie de marché*, *op. cit.* ; L. Vogel, « Intérêt général et concurrence : la guerre ou la paix ? », in *L'intérêt général. Mélanges en l'honneur de Didier Truchet*, Paris, Dalloz, 2015, pt 4, pp. 667-677 ; L. Idot, « L'intérêt général : limite ou pierre angulaire du droit de la concurrence », *JDE*, 2007, n° 142, pp. 225-231 ; M. Bazex, « Les modalités de la prise en considération de l'intérêt général non économique par l'autorité de la concurrence », *Dr. adm.*, 2006, n° 10, pp. 19-21; C. Prieto, D. Bosco, *Droit européen de la concurrence. Ententes et abus*

autour de la notion de bien-être du consommateur[155]. Cela étant, outre les éléments d'ordre théorique, la problématique de la mise en concurrence offre un espace de « *chevauchement* »[156] entre ces deux matières. En effet, comme le rappelait déjà le professeur Drago en 1987, l'influence européenne sur le droit de la commande publique se matérialise autour de « *deux concepts* »[157] cardinaux : la négociation et la concurrence[158]. Or, en ciblant aussi explicitement ce dernier point, le droit de la commande publique consacre *de facto* la supériorité du système d'économie de marché libre et non faussée[159]. Cela s'explique par les bénéfices attendus en termes de prix, de qualité et d'innovation. À ce titre, la Commission européenne rappelle régulièrement que la « *concurrence est le meilleur stimulant de l'activité économique* »[160]. Cela peut justifier que le droit de la commande publique fasse de la concurrence un « *élément fondamental* »[161], selon l'expression du professeur Delaunay. Toutefois, le caractère non faussé du marché suppose, en parallèle, l'action préventive et corrective du droit de la concurrence. De ce fait, un lien indissociable entre le droit de la commande publique et le droit de la concurrence émerge naturellement.

28. **Une même fonction régulatrice du marché.** Les droits de la commande publique et de la concurrence partagent également une même fonction de régulation et d'encadrement du marché[162]. Celle-ci concerne tant les personnes publiques que les opérateurs privés. En effet, le droit de la concurrence régule les pratiques des entreprises mais également celles des États membres et personnes publiques en général, susceptibles d'occasionner des restrictions ou distorsions de la concurrence. Pour ce faire, un large éventail de mesures est prévu aux articles 101 à 109 TFUE. En parallèle, le droit de la commande publique revêt également une fonction régulatrice complémentaire de celle du droit de la concurrence[163]. Le droit de la commande publique régule en

---

de position dominante, *op. cit.*, pt 198, pp. 185-186, pts 203-210, pp. 189-199, pts 229-230, pp. 221-224 ; A. Decocq, G. Decocq, *Droit de la concurrence. Droit interne et droit de l'Union européenne*, 8ᵉ éd., *op. cit.*, p. 23 ; J. Méadel, « La liberté de la concurrence et l'intérêt général », in *À quoi sert la concurrence ?*, M. Behar-Touchais, N. Charbit, R. Amaro (dir.), *op. cit.*, pp. 647-652 ; C. Munro, « Competition Law and Public Procurement: Two Sides of the Same Coin? », *PPLR*, 2006, nº 6, p. 352 ; C. Prieto, « La culture européenne de concurrence », *op. cit.*

155 Ce point fait l'objet de nombreux développements dans le cadre de la Partie I, Titre I, Chapitre 2.

156 P. W. Jessen, B. O. Gram Mortensen, M. Steinicke, K. E. Sørensen, *Regulating Competition in the EU*, *op. cit.*, p. 594 (traduction libre de l'auteur). V. égal. E. Mouriesse, *La quasi-régie en droit public français*, Paris, Mare & Martin, 2017, p. 397 ; A.-L. Durviaux, *Logique de marché et marché public en droit communautaire. Analyse critique d'un système*, *op. cit.*, pt 487, pp. 537-541.

157 R. Drago, « Marchés publics et concurrence », *op. cit.*, p. 199. V. égal. G. Kalflèche, « Des marchés publics à la commande publique : l'évolution du droit des marchés publics », *op. cit.*, pt 551, p. 444 ; G. Le Chatelier, « Quelques réflexions sur le droit européen et les contrats publics », *CP-ACCP*, 2003, nº 27, p. 48 ; M. Ubaud-Bergeron, *Droit des contrats administratifs*, 2ᵉ éd., *op. cit.*, pt 71, p. 41.

158 V. égal. B. Stirn, « Droit public et droit de la concurrence », *op. cit.*, p. 564.

159 G. Kalflèche, « Des marchés publics à la commande publique : l'évolution du droit des marchés publics », *op. cit.*, pt 553, p. 446. En ce sens, M. Amilhat, *La notion de contrat administratif. L'influence du droit de l'Union européenne*, *op. cit.*, pt 299 et s., p. 182 et s.

160 Comm. eur., « First report on Competition Policy », 1971, p. 11. Pour des illustrations plus récentes, v. en ce sens Comm. eur., « Rapport sur la politique de concurrence 2015 », 2016, p. 1 ; Comm. eur., « Rapport sur la politique de concurrence 2016 », *op. cit.*, p. 1 ; Comm. eur., « Rapport sur la politique de concurrence 2000 », *op. cit.*, p. 21.

161 B. Delaunay, *Droit public de la concurrence*, 2ᵉ éd., *op. cit.*, pt 675, p. 355.

162 A. Sánchez-Graells, *Public Procurement and the EU Competition Rules*, 2ᵉ éd., *op. cit.*, p. 4.

163 P. W. Jessen, B. O. Gram Mortensen, M. Steinicke, K. E. Sørensen, *Regulating Competition in the EU*, *op. cit.*, p. 7. Dans le même sens, L. Idot, « Commande publique et droit de la concurrence : Un autre regard », *op. cit.*,

effet le comportement des acheteurs publics et autorités concédantes, lorsque ces derniers sollicitent le marché pour répondre à des besoins en matière de fournitures, services ou travaux. Ces règles ne se limitent pas aux seuls acheteurs publics, elles s'appliquent également aux opérateurs économiques souhaitant candidater ou déposer une offre en organisant les conditions et procédures à suivre[164]. Par conséquent, le droit de la commande publique régule les mécanismes d'offres et de demandes sur les marchés de la commande publique[165].

29. **L'influence du droit de la concurrence sur le droit de la commande publique.** Malgré son caractère « *hégémonique* »[166], le droit de la concurrence ne domine pas le droit de la commande publique. Le droit de la concurrence revêt plus exactement une fonction de modèle, de garant capable d'influencer et de guider le droit de la commande publique. Il permet à des normes et réflexes juridiques *a priori* inconnus du droit public d'intégrer le droit de la commande publique[167]. Cette « *influence [...] diffuse* »[168] permet au droit de la commande publique de reproduire progressivement la logique du droit de la concurrence et explique notamment l'intérêt croissant dont fait l'objet le droit de la concurrence[169]. En avance sur les considérations d'ouverture du marché et de concurrence effective, celui-ci apparaît inévitablement comme un « référentiel »[170]. Rémy Schwartz, dans ses conclusions sur la décision *SA Caen Distribution*, relève que le droit de la concurrence « *irradie tout le droit de la commande publique* »[171]. Cette nouvelle relation avec les personnes publiques a conduit à démontrer que le droit de la concurrence est un « *droit transversal* »[172] qui dépasse les clivages traditionnels entre le droit public et le droit privé[173]. Cette entrée de plus en plus fréquente du

---

pt 3 ; A. Sánchez-Graells, « Public procurement: An overview of EU and national case law », *e-Competitions*, mai 2014, art. n° 40647, p. 1 ; J.-P. Dahys, « La mise en place du dispositif de lutte contre la corruption et les fraudes dans les marchés publics », thèse Université Paris 2 Panthéon-Assas, 1998 , p. 9

164 O. Guézou, « Contrats publics et politique de la concurrence », *op. cit.*, p. 636.

165 O. Guézou, « Contrats publics et régulation concurrentielle », in *Dictionnaire des régulations 2016*, M. Bazex, G. Eckert, R. Lanneau, C. Le Berre, B. du Marais, A. Sée (dir.), Paris, LexisNexis, 2015, p. 218.

166 G. Godiveau, S. Leclerc, *Droit du marché intérieur de l'Union européenne*, Issy-les-Moulineaux, Gualino, 2016, p. 252, pt 291. Dans le même sens, A. Pirovano, « L'expansion de l'ordre concurrentiel dans les pays de l'Union européenne », in *L'Algérie en mutation : les instruments du passage à l'économie de marché*, R. Charvin, A. Guesmi (dir.), Paris, L'Harmattan, 2001, p. 137.

167 S. Braconnier, *Précis du droit des marchés publics*, 2e éd., Paris, Le Moniteur, 2007, p. 31. Plus largement, F. Brunet, « Marché et autorité normative », in *Droit et Marché*, S. Dormont, T. Perroud (dir.), Paris, LGDJ, 2015, pp. 65-78.

168 S. Chavarochette-Boufferet, « L'interprétation des directives de l'Union sur les marchés publics par la Cour de justice », *op. cit.*, p. 185.

169 B. Delaunay, *Droit public de la concurrence*, 2e éd., *op. cit.*, pt 39, p. 35 ; F. Lichère, « Règles de concurrence et marchés publics », *JCP A*, 2007, n° 44, pp. 36-42.

170 B. Delaunay, *Droit public de la concurrence*, 2e éd., *op. cit.*, pts 196-197.

171 R. Schwartz, Conclusions sur la décision CE, 30 juillet 2003, *SA Caen Distribution*, n° 227838, *AJDA*, 2003, p. 2037 ; v. égal. M. Karpenschif, « Rapport introductif », *JCP A*, 2007, n° 44, pp. 21-25 ; P. Lignières, « Le droit public des affaires, ses fondations pour l'avenir », in *Droit et économie : interférences et interactions. Études en l'honneur du professeur Michel Bazex*, Litec, 2009, pt 18, p. 207.

172 B. Delaunay, *Droit public de la concurrence*, 2e éd., *op. cit.*, pt 44, p. 37. V. égal. L. Idot, « La distinction droit public-droit privé a-t-elle une pertinence en droit de la concurrence ? », *RJC*, 2014, n° 6, pp. 434-443 ; M. Malaurie-Vignal, *Droit de la concurrence interne et européen*, 6e éd., Paris, Sirey, 2014, p. 14 ; M.-A. Sabirau-Perez, *Secteur public et concurrence*, *op. cit.*, p. 16 ; J.-C. Roda, *Droit de la concurrence*, *op. cit.*, p. 2.

173 Il convient de rappeler qu'en France l'étude des marchés publics est traditionnellement rattachée au droit public, ce qui n'est pas systématiquement le cas à l'étranger. En ce sens, R. Noguellou, « Propos introductifs », in

droit de la concurrence dans la sphère publique a de surcroît conduit à la naissance d'un domaine de recherche spécifique : le droit public de la concurrence[174]. Le renforcement du rôle du droit de la concurrence s'explique également par l'européanisation du droit de la commande publique mais aussi par l'opposabilité finalement récente du droit de la concurrence, laquelle s'est matérialisée en France notamment par la décision du Conseil d'État *Société Million et Marais*[175]. Cette dernière a permis au « *droit de la commande publique, en particulier* »[176] de « *rejoindre l'univers de la concurrence* »[177] selon la formule du professeur Autin.

2. Une proximité à étudier

30. **L'engouement pour les études croisées.** Depuis plusieurs années, la recherche en droit de la concurrence se confronte régulièrement à des études croisées avec des domaines parents ou d'autres branches du droit. De telles recherches permettent de décloisonner le droit de la concurrence mais aussi de le repositionner au sein de l'ordre juridique européen. De même, cela permet d'offrir des pistes de réflexion ou de potentielles réformes afin d'accroître son efficacité globale. À titre d'illustration, les relations entre le droit de la concurrence et l'action antidumping

---

R. Noguellou, U. Stelkens (dir.), Bruxelles, Bruylant, 2010, pt 2.2, pp. 8-10.

174 Sur ce point, J.-M. Rainaud, R. Cristini (dir.), *Droit public de la concurrence*, *op. cit.* ; M. Bazex, « Le droit public de la concurrence », *RFDA*, 1998, p. 781 ; B. Delaunay, *Droit public de la concurrence*, 2e éd., *op. cit.* ; S. Nicinski, *Droit public de la concurrence*, *op. cit.* ; B. du Marais, *Droit public de la régulation économique*, Paris, Presses de Sciences Po et Dalloz, 2004, p. 141 ; L. Grard, « Les dimensions de la sphère publique en droit de la concurrence. Conclusions », *RJC*, 2015, n° 1, p. 114 ; S. Nicinski, « Les évolutions du droit administratif de la concurrence », *AJDA*, 2004, p. 751 ; C. H. Bovis, *EU Public Procurement Law*, 2e éd., *op. cit.*, p. 22 ; F. Lichère, « Règles de concurrence et marchés publics », *op. cit.*, pp. 36-37 ; F. Bottini, « Modèle, contre-modèle, anti-modèle ? À propos du phénomène d'"économicisation du droit" parti des États-Unis », in *Néolibéralisme et américanisation du droit*, F. Bottini (dir.), Paris, Mare & Martin, 2019, p. 33.

175 CE, Sect., 3 novembre 1997, *Société Million et Marais*, n° 169907, *Rec.* p. 406 ; concl. J.-H. Stahl, *AJDA*, 1997, p. 945 ; comm. O. Guézou, *RDP*, 1998, p. 256 ; Y. Gaudemet, *Dr. adm.*, 1997, comm. n° 372 ; M. Long, P. Weil, G. Braibant, P. Delvolvé, B. Genevois, *Les grands arrêts de la jurisprudence administrative*, 21e éd., Paris, Dalloz, 2017, n° 94, pp. 673-683 ; B. Lasserre, « Seize ans après *Million et Marais*. Les riches heures du contrôle de légalité des actes administratifs au regard des règles de concurrence », *AJDA*, 2014, n° 2, pp. 110-112. Sur l'opposabilité du droit de la concurrence au droit de la commande publique ; S. Braconnier, *Précis du droit de la commande publique*, *op. cit.*, pp. 46-51 ; S. Nicinski, *Droit public des affaires*, 7e éd., *op. cit.*, pt 896 et s., p. 515 et s. ; L. Richer, *L'Europe des marchés publics. Marchés publics et concessions en droit communautaire*, *op. cit.*, pt 289 à 310 ; L. Richer, F. Lichère, *Droit des contrats administratifs*, 10e éd., Paris, LGDJ, 2016, pt 416 et s., p. 222 et s. ; F. Lichère, « L'influence du droit communautaire sur le droit français des contrats publics », *LPA*, 2007, n° 79, p. 29 et s. ; L. Idot, « Commande publique et droit de la concurrence : Un autre regard », *op. cit.*, p. 59 ; M. Amilhat, *La notion de contrat administratif. L'influence du droit de l'Union européenne*, *op. cit.*, pt 261, p. 161 ; M. Kenny, *The Transformation of Public and Private in EC Competition Law*, Berne, Stämpfli Verlag, 2002, 332 p. ; H. Schepel, « The Public/Private Divide in Secondary Community Law: A Footnote to the European Economic Constitution », in *Cambridge Yearbook of European Legal Studies*, vol. 8, 2017, pp. 259-272 ; W. Sauter, H. Schepel, *State and Market in European Union Law: The Public and Private Spheres of the Internal Market before the EU Courts*, Cambridge, Cambridge University Press, 2009, p. 19 et s. et p. 49 et s. Plus largement, sur l'opposabilité du droit de la concurrence sur les personnes publiques : T. conf., 6 juin 1989, *Ville de Pamiers*, n° 02578, *Rec.* p. 293 ; T. conf., 4 novembre 1991, *CAMIF*, n° 02676, *Rec.* p. 476 ; T. conf., 18 octobre 1999, *Aéroports de Paris et Air France*, n° 03174, *Rec.* p. 469 ; CE, Sect., 22 novembre 2000, *Société L&P Publicité SARL*, n° 223645, *Rec.* p. 525 ; CE, Sect., 26 mars 1999, *Société EDA*, n° 202260, *Rec.* p. 740 ; T. conf., 4 mai 2009, *Sté Éditions Jean-Paul Gisserot*, n° 09-03.714, *Rec.* p. 582.

176 S. Braconnier, *Précis du droit de la commande publique*, *op. cit.*, p. 46.

177 J.-L. Autin, « Personnes publiques et concurrence », *Cahiers de droit de l'entreprise*, 1994, n° 3, p. 4.

ou encore le droit de la propriété intellectuelle ont récemment fourni des travaux remarquables[178]. Le droit de la commande publique est également touché par cette multiplication des études croisées, comme en témoignent récemment la thèse de Guillaume Cantillon[179] ou encore les travaux du professeur Delzangles sur les relations entre la commande publique et l'environnement[180].

31. **Une thématique en plein essor.** La réflexion autour des interactions entre le droit de la commande publique et le droit de la concurrence ne cesse de croître ces dernières années. Une telle thématique, gravitant initialement autour de la notion de concurrence et non de celle de droit de la concurrence, s'avère logique en raison de l'intérêt stratégique du droit de la concurrence dans le processus d'achat public[181]. Or, depuis une décennie, les chercheurs confrontent désormais régulièrement le droit de la commande publique avec le droit de la concurrence. Outre les brillants articles des professeurs Idot et Richer ainsi que celui d'Elias Berkani[182], deux thèses novatrices dans ce domaine de recherche sont à mentionner. D'abord, la thèse du professeur Guézou, « Les comportements anticoncurrentiels dans la passation des marchés publics »[183], se concentre sur le contentieux de la concurrence lié aux marchés publics et à ses subtilités. Puis, plus récemment, la thèse d'Albert Sánchez-Graells, *Public Procurement and the EU Competition Rules*[184], a ouvert la voie d'une interrogation plus globale de la doctrine anglo-saxonne sur les interactions réciproques entre ces deux matières. De la même façon, il est désormais presque inconcevable de consulter un manuel de référence en droit de la commande publique dépourvu d'une présentation des liens entre cette matière et le droit de la concurrence[185]. Les professeurs Jessen, Gram Mortensen, Sørensen

---

178 D. Reymond, *Action antidumping et droit de la concurrence dans l'Union européenne*, *op. cit.* ; J. Gstalter, *Droit de la concurrence et droits de propriété intellectuelle. Les nouveaux monopoles de la société de l'information*, Bruxelles, Bruylant, 2012, 1023 p. V. égal. les études comparatives suivantes : C. Mongouachon, *Abus de position dominante et secteur public. L'application par les autorités de concurrence du droit des abus de position dominante*, Bruxelles, Bruylant, 2012, 804 p. ; L. Driguez, *Droit social et droit de la concurrence*, Bruxelles, Bruylant, 2006, 868 p. ; M. Chagny, *Droit de la concurrence et droit commun des obligations*, Paris, Dalloz, 2004, 1132 p.

179 G. Cantillon, « Concurrence et objectifs de politiques publiques en droit des marchés publics : le droit des marchés publics et la régulation », thèse Université Paris 1 Panthéon-Sorbonne, 2015, 466 p.

180 H. Delzangles, « Commande publique et environnement, jusqu'où peut-on aller ? », *RJE*, 2015, n° 1, pp. 13-40.

181 À titre d'illustration, v. la thèse de P. Reis, *La concurrence et les marchés publics*, Paris, Atelier national de reproduction des thèses, 1999, 447 p. ; A. Laguerre, *Concurrence dans les marchés publics*, Paris, Berger-Levrault, 1989, 152 p. ; S. Fourati, « La mise en concurrence dans les marchés publics : essai de comparaison des droits français et tunisien », thèse Université Paris 2 Panthéon-Assas, 2006, 441 p. ; L. Richer, « La concurrence concurrencée : à propos de la directive 2014/24 du 26 février 2014 », *op. cit.*

182 L. Idot, « Commande publique et droit de la concurrence : Un autre regard », *op. cit.*, pp. 52-63 ; L. Richer, « Droit des marchés publics et droit de la concurrence : un objectif, deux systèmes », *op. cit.*, pp. 26-29 ; E. Berkani, « Droit de la concurrence et commande publique : État des lieux d'un vieux couple », *op. cit.*

183 O. Guézou, « Les comportements anticoncurrentiels dans la passation des marchés publics », thèse Université Paris 10, 1998, 729 p.

184 A. Sánchez-Graells, *Public Procurement and the EU Competition Rules*, 2e éd., *op. cit.*

185 S. Braconnier, *Précis du droit de la commande publique*, *op. cit.*, pp. 46-51 ; O. Guézou, *Traité de contentieux de la commande publique*, 2e éd., Paris, Le Moniteur, 2018, pp. 607, 720. L. Richer, F. Lichère, *Droit des contrats administratifs*, 10e éd., *op. cit.*, pt 416 et s., pp. 222-230 ; S. Arrowsmith, *The Law of Public and Utilities Procurement: Regulation in the EU and UK*, vol. 1, 3e éd., *op. cit.*, pts 4.95 à 4.119, pp. 317-337; L. Richer, *L'Europe des marchés publics. Marchés publics et concessions en droit communautaire*, *op. cit.*, pp. 289-293 ; J.-F. Brisson, *Les fondements juridiques du droit des marchés publics*, *op. cit.*, p. 25 et s. ; L. Rapp, P. Terneyre (dir.), *Le Lamy, droit public des affaires*, Paris, Wolters Kluwer, 2018, pt 1440 et s., p. 656 et s.

et Steinicke expliquent cet attrait récent par l'intérêt naturel de la doctrine pour ces domaines[186]. Néanmoins, en dépit d'un tel intérêt, cet angle de recherche demeure globalement « sous-exploité »[187] par les chercheurs.

32. **La nécessité d'une étude dans ce domaine.** La complexité de la relation entre ces deux matières et leurs logiques différentes imposent de dépasser les lectures matière par matière, pour s'interroger sur leurs interactions globales[188]. De même, en se focalisant sur leurs relations, l'étude se concentre sur des zones de convergence purement juridiques entre deux branches du droit distinctes. Alors qu'une étude fondée sur le droit de la commande publique et la concurrence s'attache à étudier l'effet concurrentiel du droit de la commande publique, ses lacunes ou moyens de perfectionnement, point qui sera nécessairement abordé à l'occasion de cette étude, une recherche centrée sur le droit de la commande publique et sur le droit de la concurrence embrasse une dimension particulière en raison de l'étude de branches juridiques distinctes. Cela justifie que le contentieux de la passation des contrats de la commande publique ne fasse pas partie de l'étude. Or, à ce jour, la recherche portant sur la relation entre le droit de la commande publique et le droit de la concurrence demeure nettement plus rare dans la doctrine juridique mais aussi économique[189].

33. Albert Sánchez-Graells souligne l'importance « *d'une intégration plus étroite* »[190] entre le droit de la commande publique et le droit de la concurrence de l'Union européenne. L'étude proposée, loin de se limiter à une synthèse des travaux existants, ambitionne d'utiliser ces derniers comme des tremplins vers une analyse fouillée et enrichie des apports, loin d'être négligeables, des directives « marchés publics » et « concessions ». Par ailleurs, une telle étude globale, la première

---

186 P. W. Jessen, B. O. Gram Mortensen, M. Steinicke, K. E. Sørensen, *Regulating Competition in the EU*, *op. cit.*, p. 595.

187 A. Sánchez-Graells, *Public Procurement and the EU Competition Rules*, 2e éd., *op. cit.*, p. 7 ; C. Munro, « Competition Law and Public Procurement: Two Sides of the Same Coin? », *op. cit.*, p. 352 ; S. Arrowsmith, *The Law of Public and Utilities Procurement*, 2e éd., Sweet & Maxwell, 2005, pp. 62-72, 431-432 et 955.

188 P. W. Jessen, B. O. Gram Mortensen, M. Steinicke, K. E. Sørensen, *Regulating Competition in the EU*, *op. cit.*, p. 595.

189 Pour des exemples de travaux portant sur le droit de la commande publique et la concurrence : I. Hasquenoph, « Contrats publics et concurrence »,Paris, Dalloz, 2021, 940 p. ; N. Caldwell, H. Walker, C. Harland, L. Knight, J. Zheng, T. Wakeley, « Promoting Competitive Markets: The Role of Public Procurement », *Journal of Purchasing and supply management*, vol. 11, n° 5-6, 2005, pp. 242-251 ; S. Saussier, C. Staropoli, A. Yvrande-Billon, « Public–Private Agreements, Institutions, and Competition: When Economic Theory Meets Facts », *Review of Industrial Organization*, vol. 35, n° 1-2, 2009, pp. 1-18 ; Y. Marique, K. Wauters (dir.), *EU Directive 2014/24 on Public Procurement: A new turn for competition in public markets?*, *op. cit.* ; A. Sánchez-Graells, « More Competition-Oriented Public Procurement to Foster Social Welfare », in *Towards New Horizons in Public Procurement*, K. V. Thai (dir.), Boca Raton, PrAcademics Press, 2011, p. 105 ; J. Cayrel, « Une évaluation des effets de l'allotissement sur les coûts d'exploitation dans le secteur des transports publics urbains », master Université Paris 1 Panthéon-Sorbonne, 2006, 76 p. ; L. Baumstark, N. Puccio, W. Roy, C. Ménard, A. Yvrande-Billon, « Risques et avantages de l'allotissement dans les transports publics urbains de voyageurs », Rapport n° 06 MT E007, 2007, 186 p. Disponible sur http://www.bv.transports.gouv.qc.ca/mono/0987700.pdf (consulté le 18/02/2021) ; J. Piechucka, « Essays in competition policy and public procurement », thèse Université Paris 1 Panthéon-Sorbonne, 2018, 179 p. La thèse d'Albert Sánchez-Graells aborde tout au long de sa démonstration l'impact concurrentiel du droit de la commande publique ; v. en ce sens A. Sánchez-Graells, *Public Procurement and the EU Competition Rules*, *op. cit.*

190 A. Sánchez-Graells, « Public procurement: An overview of EU and national case law », *op. cit.*, p. 1 (traduction libre de l'auteur).

en langue française, permet de mettre en avant la doctrine française sur un sujet d'importance majeure, sujet malheureusement dominé par les chercheurs anglo-saxons en dépit de la qualité de la doctrine française dans ces deux domaines. En parallèle, certaines problématiques très peu abordées par les chercheurs francophones feront l'objet d'une analyse minutieuse, à l'instar de la qualification d'achats publics en aide d'État ou encore de la puissance d'achat public.

§ 2. Choix méthodologiques retenus

34. **Le droit de la commande publique européen comme priorité.** Le droit de la commande publique et le droit de la concurrence européen ont en commun d'inspirer. Cette inspiration est perceptible dans tous les systèmes juridiques et dans toutes les catégories de normes existantes. Ainsi, au niveau européen, les directives « marchés publics » et « concessions » font naturellement figure de textes de référence pour cette étude. Il convient d'y ajouter la directive « marchés publics de défense »[191], pouvant servir à illustrer certaines problématiques spécifiques[192]. La compréhension de ces textes suppose une association avec la jurisprudence de la Cour de justice, dont le rôle en matière d'interprétation mais aussi de création du droit est une nouvelle fois crucial, comme l'illustre la coopération public-public[193]. Le droit souple est, en parallèle, à l'origine d'une riche documentation[194]. La Commission européenne fournit à cet effet de nombreuses lignes directrices, communications ou livres verts présentant une importance significative pour ce sujet, comme le confirme le livre vert sur la modernisation de la politique de l'UE en matière de marchés publics, « Vers un marché européen des contrats publics plus performant »[195] de 2011 ou, plus récemment, la communication « Faire des marchés publics un outil efficace au service de l'Europe »[196].

35. **Le droit de la commande publique national : une source subsidiaire.** Le droit de la commande publique national, sans être l'objet de cette étude, offre également des apports substantiels pouvant étayer notre analyse. En effet, malgré des directives toujours plus précises réduisant la marge d'appréciation du législateur,

191 Directive 2009/81/CE, relative à la coordination des procédures de passation de certains marchés de travaux, de fournitures et de services par des pouvoirs adjudicateurs ou entités adjudicatrices dans les domaines de la défense et de la sécurité, *op. cit.*

192 La directive 2007/66/CE du Parlement européen et du Conseil du 11 décembre 2007 modifiant les directives 89/665/CEE et 92/13/CEE du Conseil en ce qui concerne l'amélioration de l'efficacité des procédures de recours en matière de passation des marchés publics, *JOUE* n° L 335 du 20 décembre 2007, pp. 31-46, ne sera donc pas centrale dans cette étude. Celle-ci se concentre exclusivement sur des aspects contentieux des marchés publics.

193 Sur ce point, v. S. Chavarochette-Boufferet, « L'interprétation des directives de l'Union sur les marchés publics par la Cour de justice », *op. cit.*

194 Sur la notion de droit souple, v. not. CE, *Étude annuelle 2013. Le droit souple*, La Documentation française, 2013, 297 p. ; J. Iliopoulos-Strangas, J.-F. Flauss (dir.), *La soft law des organisations européennes*, Baden-Baden, Nomos Stämpfli, 2012, 427 p. ; B. Lavergne, « La justiciabilité du droit souple devant le juge administratif français et le juge de l'Union européenne », *RDUE*, 2017, n° 2, pp. 73-112 ; F. Brunet, « Marché et autorité normative », *op. cit.*, p. 72.

195 Comm. eur., Livre vert sur la modernisation de la politique de l'UE en matière de marchés publics, « Vers un marché européen des contrats publics plus performant », *op. cit.*, 58 p.

196 Comm. eur., Communication « Faire des marchés publics un outil efficace au service de l'Europe », *op. cit.*

plusieurs éléments du droit national peuvent fournir des solutions ou perspectives intéressantes, lorsque le droit de l'Union reste silencieux ou insuffisamment développé. La jurisprudence administrative pourra prendre à ce titre une place déterminante dans des parties spécifiques de l'étude telles que celle consacrée à l'application du droit des pratiques anticoncurrentielles aux acheteurs publics dont l'application concrète repose quasi exclusivement sur les juridictions administratives[197]. Du reste, le droit souple issu du Conseil d'État ou encore des institutions françaises sera un outil déterminant, comme en atteste le rapport public du Conseil d'État *Collectivités publiques et concurrence* de 2002[198]. Par conséquent, dans le cadre de cet ouvrage dont l'objet n'est pas de proposer une étude comparative entre droit national et européen, le droit de la commande publique national n'aura qu'un rôle de support lorsque le droit de l'Union européenne demeure peu expressif. Il n'en demeure pas moins que la doctrine administrative disposera d'une place prépondérante en raison de la richesse des travaux dans ce domaine.

36. **Le droit de la concurrence européen comme source centrale.** Au même titre que le droit de la commande publique, cette étude se concentrera sur la dimension européenne du droit de la concurrence et ses sources. Celles-ci sont de trois natures distinctes : le droit primaire, le droit dérivé avec notamment, pour ne citer que lui, le règlement (CE) n° 139/2004 relatif au contrôle des concentrations, et enfin le droit souple. Ce dernier présente une importance cruciale, en offrant à certaines occasions de rares références au droit de la commande publique à l'instar de la Communication relative à la notion d'« aide d'État » visée à l'article 107, paragraphe 1, du traité sur le fonctionnement de l'Union européenne[199] du 19 juillet 2016 ou encore au « paquet Almunia »[200]. En revanche, l'Autorité de la concurrence et sa pratique décisionnelle bénéficieront d'une place essentielle. Un tel positionnement n'affecte pas l'objet de

---

197 Plus largement sur la relation entre le juge administratif et le raisonnement concurrentiel, v. en ce sens N. Mouy, « L'utilisation des concepts économiques de l'analyse concurrentielle par le juge administratif », *JCP A*, 2007, n° 44, pp. 65-68.

198 CE, *Rapport public 2002. Jurisprudence et avis de 2001 – Collectivités publiques et concurrence*, *op. cit.*, pp. 215-457.

199 Comm. eur., Communication relative à la notion d'« aide d'État » visée à l'article 107, paragraphe 1, du traité sur le fonctionnement de l'Union européenne, *JOUE* n° C 262 du 19 juillet 2016, pp. 1-50 ; comm. S. Rodrigues, *Concurrences* n° 4-2016, art. n° 82002, pp. 194-195.

200 Comm. eur., Communication relative à l'application des règles de l'Union européenne en matière d'aides d'État aux compensations octroyées pour la prestation de services d'intérêt économique général, n° 2012/C 8/02 et 8/03, *JOUE* n° C 8 du 11 janvier 2012, pp. 4-14 ; règlement (UE) n° 360/2012 de la Commission du 25 avril 2012 relatif à l'application des articles 107 et 108 du traité sur le fonctionnement de l'Union européenne aux aides *de minimis* accordées à des entreprises fournissant des services d'intérêt économique général, *JOUE* n° L 114 du 26 avril 2012, pp. 8-13 ; Comm. eur., déc. du 20 décembre 2011 relative à l'application de l'article 106, paragraphe 2, du traité sur le fonctionnement de l'Union européenne aux aides d'État sous forme de compensations de service public octroyées à certaines entreprises chargées de la gestion de services d'intérêt économique général, *JOUE* n° L 7 du 11 janvier 2012, pp. 3-10. À propos du « paquet Almunia », v. en ce sens M. Karpenschif, « Du paquet Monti/Kroes au paquet Almunia : le financement des SIEG simplifié et sécurisé ? », *JCP A*, 2012, n° 1, pp. 46-52 ; M. Karpenschif, « Financement des SIEG : le "paquet Almunia" entre continuité et innovations », *RLDA*, 2012, n° 71, pp. 66-67 ; G. Kalflèche, J.-G. Sorbara, « Les compensations de service public du Paquet Almunia, une obscure clarté », *Europe*, 2012, n° 6, pp. 4-9 ; A. Borchtch, « Champ d'application *ratione temporis* du "Paquet Almunia" de la Commission européenne dans le domaine des aides d'État attribuées aux entreprises chargées de la gestion de SIEG », *CMP*, 2013, n° 6, pp. 8-11.

cette étude puisque, en vertu de l'article 5 du règlement (CE) n° 1/2003 relatif à la mise en œuvre des règles de concurrence prévues aux articles 81 et 82 du traité[201] (désormais articles 101 et 102 TFUE), l'Autorité de la concurrence est compétente pour appliquer les articles 101 et 102 TFUE aux cas individuels, application qu'elle ne se prive pas d'effectuer dans le cadre de ses décisions portant sur la commande publique. Ainsi, en raison des seuils de compétence, l'Autorité de la concurrence se retrouve mécaniquement en première position pour sanctionner les comportements restrictifs de la concurrence et abus de position dominante qui affectent l'effectivité du droit de la commande publique. Partant, il convient de lui accorder une place déterminante en raison de son action évidente en faveur du rapprochement entre le droit de la commande publique et le droit de la concurrence.

37. **L'apport significatif de l'OCDE.** Le droit international, en dépit de ses avancées sur le thème des marchés publics dans le cadre de l'Organisation mondiale du commerce (ci-après « OMC »)[202], reste toutefois peu influent en raison notamment de son absence d'effet direct. Néanmoins, si le droit de l'OMC est écarté de cette étude, les « *instruments juridiques* »[203] de droit souple de l'OCDE présentent un intérêt indispensable malgré leur absence d'effet contraignant. En effet, les travaux de cette organisation présentent une avancée certaine sur des thématiques entrant directement dans le cadre de cette étude. L'OCDE a ainsi offert une lecture novatrice du droit de la commande publique en conditionnant rapidement son efficacité économique à sa bonne relation avec le droit de la concurrence. À titre d'illustration, le rapport consécutif à la table ronde « Collusion and Corruption in Public Procurement »[204], le rapport « Public Procurement. The Role of Competition Authorities in Promoting Competition »[205] ou plus récemment la « Recommandation du Conseil sur la lutte contre les soumissions concertées dans les marchés publics »[206] insistent sur la nécessité de décloisonner le droit de la commande publique. Dès lors, en entamant une telle démarche, les travaux de l'OCDE entrent logiquement dans notre perspective de recherche.

38. **L'apport des juridictions financières.** Les problématiques concurrentielles du droit de la commande publique ne sont pas exclusivement traitées par la Cour de justice, les juridictions nationales ou encore les autorités nationales de concurrence. Les juridictions financières s'intéressent également à ces enjeux, en raison

---

201 Règlement (CE) n° 1/2003 du Conseil du 16 décembre 2002 relatif à la mise en œuvre des règles de concurrence prévues aux articles 81 et 82 du traité, *JOCE* n° L 1 du 4 janvier 2003 pp. 1-25.

202 Sur ce point : E. Clerc, *L'ouverture des marchés publics : effectivité et production juridique. Étude comparée des solutions au titre de l'accord OMC sur les marchés publics, du droit communautaire et des nouvelles réglementations suisses*, Fribourg, Éditions universitaires Fribourg, 1997, 668 p. ; A. Leborgne, *Les marchés publics dans le cadre de l'OMC*, Éditions universitaires européennes, 2012, 608 p. ; S. Arrowsmith, *Government Procurement in the WTO*, Rijn, Kluwer Law International, 2003, 481 p. ; S. Braconnier, *Précis du droit de la commande publique*, *op. cit.*, p. 65 et s.

203 La formule est utilisée par l'OCDE elle-même dans son *Recueil*, en ce sens, https://legalinstruments.oecd.org/fr/ (consulté le 18/02/2021).

204 OCDE, « Collusion and Corruption in Public Procurement », 2010, 507 p.

205 OCDE, « Public Procurement. The Role of Competition Authorities in Promoting Competition », 2007, 213 p.

206 OCDE, « Recommandation du Conseil sur la lutte contre les soumissions concertées dans les marchés publics », 2012, 18 p.

notamment de leur impact direct ou indirect sur les finances publiques[207]. Pour ce faire, l'efficience du droit de la commande publique est analysée minutieusement. À titre d'illustration, la Cour des comptes européenne a récemment publié un rapport critique sur les partenariats public-privé[208], ou encore un rapport sur l'accès aux marchés publics[209]. Ce travail est également porté par la Cour des comptes, laquelle fournit de nombreux travaux sur l'encadrement concurrentiel de la commande publique[210]. Ces derniers trouvent, une nouvelle fois, leur place dans cette étude.

39. **La place de la doctrine européenne.** Malgré l'importance quantitative et qualitative de la doctrine française pour la réalisation de cette étude, la doctrine anglo-saxonne présente également des atouts non négligeables. En effet, comme évoqué précédemment, l'étude croisée du droit de la commande publique et du droit de la concurrence est aujourd'hui un thème très dynamique ; les nombreux travaux d'Albert Sánchez-Graells[211], d'Ignacio Herrera Anchustegui[212] ou encore ceux du professeur Weishaar[213], pour ne citer qu'eux, ne cessent de le rappeler. Partant, il convient de leur accorder une place particulière. Néanmoins, même si la posture défendue par ces auteurs adopte le point de vue libéral de cette étude, celle-ci ne manquera pas de relever leurs désaccords potentiels. La doctrine anglo-saxonne présente en outre l'intérêt de s'être interrogée sur des problématiques encore globalement ignorées par la doctrine francophone à l'instar de la puissance d'achat

207 E. Douat, « Le contrôle des marchés publics par le juge financier », in *Le nouveau droit des marchés publics*, F. Lichère (dir.), *op. cit.*, pp. 117-128.

208 Cour des comptes européenne, Rapport spécial n° 09/2018 : « Les partenariats public-privé dans l'UE : de multiples insuffisances et des avantages limités », *op. cit.*

209 Cour des comptes européenne, Rapport spécial n° 17/2016 : « Les institutions de l'UE peuvent faire davantage pour faciliter l'accès à leurs marchés publics », 2016, 83 p.

210 À titre d'illustration, Cour des comptes, « Les partenariats public-privé des collectivités territoriales : des risques à maîtriser », in « Rapport annuel de 2015 », tome I, pp. 147-207 ; Cour des comptes, « La mutualisation des moyens départementaux de la sécurité civile », 2013, 66 p. ; Cour des comptes, « Les achats hospitaliers. Communication à la commission des affaires sociales et à la mission d'évaluation et de contrôle des lois de financement de la sécurité sociale de l'Assemblée nationale », 2017, 127 p.

211 À titre d'illustration A. Sánchez-Graells, *Public Procurement and the EU Competition Rules*, 2e éd., *op. cit.* ; v. égal., du même auteur : « 'Screening for Cartels' in Public Procurement: Cheating at Solitaire to Sell Fool's Gold? », *Journal of European Competition Law and Practice*, vol. 10, n° 4, 2019, pp. 199-211, disponible sur https://papers.ssrn.com/sol3/papers.cfm?abstract_id=3382270 (consulté le 18/02/2021) ; « Public Procurement and Competition: Some Challenges Arising from Recent Developments in EU Public Procurement Law », in *Research Handbook on EU Public Procurement Law*, C. Bovis (dir.), Cheltenham, Edward Elgar Publishing, pp. 423-451 ; « Prevention and Deterrence of Bid Rigging: A Look from the New EU Directive on Public Procurement », in *Integrity and Efficiency in Sustainable Public Contracts: Balancing Corruption Concerns in Public Procurement Internationally*, G. Racca, C. Yukins (dir.), Bruxelles, Bruylant, 2014, pp. 171-198.

212 I. Herrera Anchustegui, A. Sánchez-Graells, « Impact of public procurement aggregation on competition. Risks, rationale and justification for the rules in Directive 2014/24 », *University of Leicester School of Law Research Paper* n° 14-35, 2014, 27 p. ; I. Herrera Anchustegui, « Centralizing public procurement and competitiveness in Directive 2014/24 », University of Bergen, 2015, 25 p. Disponible sur https://papers.ssrn.com/sol3/papers.cfm?abstract_id=2633445 (consulté le 25/02/2021).

213 S. E. Weishaar, *Cartels, Competition and Public Procurement: Law and Economics Approaches to Bid Rigging*, Cheltenham, Edward Elgar, 2013, 330 p. ; du même auteur : « Procurement Reforms and Bid Rigging: Mixed Blessings or our Happily Ever After? », in *State Aid and Public Procurement in the European Union*, S. Schoenmaekers, W. Devroe, N. Philipsen (dir.), Mortsel, Intersentia, 2014, pp. 101-114 ; « Bid rigging: tensions between competition law and public procurement law », Working Paper présenté à la conférence Academisch Genootschap Aanbesteden, Amsterdam, Pays-Bas, 18 juin 2014.

des acheteurs publics. Dans de telles circonstances, celle-ci devient inévitablement un support scientifique déterminant.

40. **L'apport des sciences économiques.** Une étude fondée sur le droit de la commande publique et le droit de la concurrence de l'Union européenne ne peut se priver des sciences économiques, au risque de perdre en rigueur scientifique et naturellement en intérêt. Alors que le Président du Tribunal, Marc van der Woude, s'inquiétait du manque d'intérêt des juristes pour les sciences économiques[214], cette étude prend délibérément la direction opposée en accordant une place non négligeable aux économistes, dont l'intérêt pour les considérations concurrentielles de la commande publique n'est plus à démontrer. Les travaux des professeurs Saussier et Tirole peuvent à eux seuls en témoigner[215]. Cet axe de recherche se prête très bien à une analyse juridique mais aussi économique et confirme une nouvelle fois la convergence entre le monde du droit et celui de l'économie[216]. En effet, ces droits de nature économique poursuivent des objectifs théorisés préalablement par les économistes comme l'efficience économique[217].

§ 3. Problématique

41. Plonger dans les interactions entre le droit de la commande publique et le droit de la concurrence de l'Union européenne peut, au regard de l'importance des problématiques suscitées, qu'elles soient juridiques ou économiques, conduire aisément à réaliser un traité ou plusieurs travaux de doctorat distincts. Il est donc impératif d'identifier un fil directeur permettant de donner sens à cette étude. Ainsi, l'identification d'une dynamique commune à ces deux matières (A) permet, en dépit des difficultés de la tâche (B), de mettre en évidence la convergence entre ces deux branches du droit.

A. Une dynamique commune

42. S'interroger sur l'existence d'une dynamique commune au droit de la commande publique et au droit de la concurrence dans l'ordre juridique européen nécessite, en amont, de préciser le sens à donner à deux notions clés : dynamique et commune. La notion de dynamique revêt deux acceptions distinctes mais complémentaires, comme le rapporte le *Dictionnaire de l'Académie française*[218] ou en encore le *Trésor de la langue française*[219] : tout d'abord, une définition

---

214 M. van der Woude, « Préface », in *Dictionnaire européen de la concurrence*, M. Melloni, *op. cit.*, p. 7.

215 S. Saussier, J. Tirole, « Renforcer l'efficacité de la commande publique », *Les notes du conseil d'analyse économique*, 2015, n° 22, 12 p. ; S. Saussier, « L'accès des PME aux marchés publics : une analyse économique », in *Les PME et le droit de la concurrence : analyse critique, comparative et prospective*, Y. Chaput (dir.), Paris, LexisNexis, Litec, 2009, pp. 341-360 ; S. Saussier, P. T. Tran, « L'efficacité des contrats de partenariat en France : une première évaluation quantitative », *REI*, 2012/4, n° 140, pp. 81-110.

216 Sur ce point, S. Schweitzer, L. Floury (dir.), *Droit et Économie. Des divergences aux convergences*, Paris, Dalloz, 2019, 214 p.

217 Ce point est développé au sein de la Partie I, Titre I, Chapitre 2.

218 *Dictionnaire de l'Académie française*, 9e éd., version numérique. Disponible sur https://academie.atilf.fr/9/ (consulté le 18/02/2021).

219 *Trésor de la langue française informatisé*. Disponible sur http://atilf.atilf.fr/ (consulté le 18/02/2021).

physique, relative aux « *rapports entre les forces et les mouvements* »[220], puis une définition non scientifique, qui se rapporte à un « *processus d'évolution interne résultant de forces en interaction* »[221]. Cette seconde définition présente plusieurs intérêts majeurs. Elle insiste sur l'existence de forces, de tensions multiples permettant *in fine* d'aboutir à une évolution globale, à un résultat concret. Ainsi, la rencontre, voire le choc, entre le droit de la commande publique et le droit de la concurrence de l'Union européenne les conduirait à tenir un axe de convergence, une orientation « *partagé[e]* »[222] qui leur est propre[223]. Alors même que ces matières disposent d'objectifs identiques, voire complémentaires, tels que l'achèvement du marché intérieur, comme cela a été développé précédemment, cette étude ambitionne de démontrer qu'il n'existe qu'une seule véritable dynamique commune animant ces deux matières : celle de la poursuite d'un ordre public concurrentiel dans le but d'assurer le bon fonctionnement du marché, notion qu'il conviendra de définir sans attendre dans nos propos liminaires. La poursuite d'un tel ordre public concurrentiel permet en effet de garantir les bénéfices collectifs attendus par un marché fonctionnant sur la base d'une concurrence libre et non faussée.

B. Une dynamique sinueuse

43. Pour autant, identifier cette dynamique commune peut s'avérer complexe, voire périlleux. En effet, malgré des complémentarités évidentes tant philosophiques que juridiques, comme en témoigne l'étape incontournable de la mise en concurrence, la quête de ces espaces d'interactions permettant d'identifier une telle dynamique se révèle difficile. Elle nécessite en outre de dépasser les zones de complémentarités évidentes entre ces matières et ainsi de s'interroger sur leurs confrontations potentielles, puis d'observer les différents espaces dans lesquels ces deux matières se heurtent, se bousculent, afin de distinguer leurs mécanismes correctifs communs. L'objectif est d'identifier l'existence de cette fameuse dynamique commune dans des espaces dans lesquels, *a priori*, ces deux matières devraient s'opposer. On pense nécessairement à des domaines comme les aides d'État ou encore la puissance d'achat public. Or, dans de telles circonstances, le droit de la commande publique et le droit de la concurrence poursuivent la même finalité, à savoir le maintien de la concurrence effective. De leur coopération dépend finalement l'intégration des marchés[224].

44. Afin d'établir et d'identifier l'existence d'une telle dynamique commune au droit de la commande publique et au droit de la concurrence de l'Union européenne, deux étapes peuvent être distinguées : tout d'abord, l'existence de complémentarités sous-jacentes entre ces deux matières et, ensuite, la présence d'espaces de confrontations maîtrisées entre celles-ci.

---

220 *Dictionnaire de l'Académie française*, 9e éd., *op. cit.*

221 *Ibid.* Dans le même sens, v. la définition proposée par le *Trésor de la langue française informatisé*, *op. cit.*

222 *Trésor de la langue française*, *op. cit.*, définition du mot « commun ».

223 *Dictionnaire de l'Académie française*, 9e éd., *op. cit.*, définition du mot « commun ».

224 A. Sánchez-Graells, « Public Procurement : A 2015 Updated Overview of EU and National Case Law », *op. cit.*, p. 1.

45. En premier lieu, en dépit de leur relative ignorance réciproque, le droit de la commande publique et le droit de la concurrence de l'Union européenne poursuivent en parallèle des objectifs identiques ou auxiliaires leur permettant *in fine* de garantir la concurrence par les mérites sur le marché. Les objectifs et finalités du droit de la concurrence, qu'ils soient fondés sur la protection de la structure du marché ou encore l'efficience économique, sont également poursuivis, certes plus discrètement, par le droit de la commande publique. La finalité poursuivie reste une nouvelle fois la protection et le développement d'une concurrence effective sur le marché. Les objectifs du droit de la commande publique sont, de la même façon, défendus par le droit de la concurrence afin d'offrir toutes les conditions nécessaires pour assurer l'effectivité du droit de la commande publique. Cette défense mutuelle participe manifestement à cette dynamique commune tendant à assurer un ordre public concurrentiel sur le marché (Partie I).

46. En second lieu, en dépit de leurs similitudes dans certains domaines, la doctrine souligne régulièrement l'existence de zones de confrontations potentielles entre ces deux matières. Or, une analyse minutieuse permet d'établir une nouvelle fois leurs influences croisées, lesquelles sont tournées vers la défense d'un ordre public concurrentiel afin de bénéficier des avantages d'une concurrence libre et non faussée à l'instar de la prospérité économique, de l'innovation ou encore d'une allocation optimale des ressources. Plus concrètement, le droit de la concurrence fixe en pratique des bornes s'appliquant également au droit de la commande publique[225], aux acheteurs publics et autorités concédantes dans le but d'éviter toutes distorsions de la concurrence non appréhendées par le droit de la commande publique. En parallèle, dans le cadre de sa mission régulatrice du marché, domaine pouvant échapper au champ d'application du droit de la concurrence, le droit de la commande publique évolue unilatéralement afin d'intégrer des mécanismes de protection de la concurrence effective (Partie II).

47. **Annonce du chapitre liminaire.** Il convient néanmoins, avant d'entrer dans le cœur de cette étude, de s'interroger au préalable sur la proximité philosophique plus ancienne entre le droit de la commande publique et le droit de la concurrence. L'apport substantiel de l'École de Fribourg dans la théorisation du droit de la concurrence et plus particulièrement dans ses fonctions de lutte contre les accaparements et la capture des pouvoirs publics a fortement influencé la construction du droit européen de la concurrence[226]. Le modèle que proposent les ordolibéraux gravite autour d'une constitution économique qui se compose de plusieurs principes structurants. Or, en observant les finalités d'une telle approche, on constate que le droit de la commande publique n'est pas étranger à celle-ci. Ce dernier apparaît d'ailleurs comme un élément à part entière du modèle juridique ordolibéral en raison notamment de la protection qu'il accorde à l'État de droit et à la concurrence par les mérites. Celle-ci se matérialise principalement au sein des principes fondamentaux du droit de la commande publique. Ce chapitre liminaire donnera également l'occasion de s'interroger avec plus de précisions sur la nature de l'ordre public concurrentiel défendu avec vigueur par l'École de Fribourg.

---

225 G. Le Chatelier, « Quelques réflexions sur le droit européen et les contrats publics », *op. cit.*, p. 48.
226 C. Prieto, « La culture européenne de concurrence », *op. cit.*

Chapitre liminaire
Le droit de la commande publique européen : un écho à l'ordolibéralisme

48. **La recherche d'une convergence intellectuelle.** Les interactions entre le droit de la commande publique et le droit de la concurrence sont nombreuses. Loin de se résumer à des accointances matérielles, leurs relations intègrent également une dimension philosophique profonde, souvent négligée ou tout simplement ignorée. Ce constat s'intègre parfaitement dans l'observation de leur objectif partagé – la protection d'un ordre public concurrentiel –, que ces deux branches du droit semblent poursuivre depuis leurs origines afin d'obtenir les bénéfices en termes de bien-être collectif issus de la concurrence effective. Une telle finalité permet de mettre en évidence leurs complémentarités. Alors que le droit de la concurrence, dans le cadre de la lutte contre les pratiques anticoncurrentielles, se focalise sur les abus de pouvoir économique qui résultent d'ententes ou d'abus de position dominante, le droit de la commande publique apparaît quant à lui comme un droit spécial de la concurrence qui se limite à une partie du marché, celle des marchés publics et des concessions.

49. **Une convergence dans la pensée ordolibérale.** Tandis que les écrits ordolibéraux se concentrent essentiellement sur le droit privé[227] et abordent le droit public principalement sur les questions de l'encadrement des pouvoirs de l'État, le droit de la commande publique semble *a priori* exclu de la pensée de l'École de Fribourg. Cela étant, en analysant attentivement leur réflexion globale sur la démocratie économique qui se matérialise par leur modèle de constitution économique, on constate que le droit public n'est pas étranger à leurs questionnements. Le droit de la commande publique, avec sa fonction régulatrice du marché et sa proximité avec le droit de la concurrence[228], caractérise à lui seul la proximité du droit public économique avec la philosophie ordolibérale[229]. Une telle théorie mérite toutefois d'être étayée avec soin afin de démontrer, une nouvelle fois, l'étroite relation entre le droit de la commande publique et le droit de la concurrence. Pour ce faire, il convient de confronter le droit de la commande publique avec le cadre intellectuel d'origine du droit de la concurrence européen, et notamment la modélisation de constitution économique proposée

---

227 C. Prieto, D. Bosco, *Droit européen de la concurrence. Ententes et abus de position dominante*, *op. cit.*, pt 101, p. 93

228 F. Martucci, « Constitution économique et concurrence : En quête d'une matrice constitutionnelle du droit de la concurrence », *RJC*, 2014, n° 6, p. 445.

229 J.-B. Auby, P. Idoux, « Introduction générale », in *Le Gouvernement économique européen*, J.-B. Auby, P. Idoux (dir.), *op. cit.*, p. XXI.

par les ordolibéraux. En effet, cette dernière constitue selon Reine Wakote « *le but ultime de la démarche des ordolibéraux* »[230] afin de contribuer au bien-être collectif.

50. La doctrine admettant largement l'influence ordolibérale lors de la rédaction du traité de Rome et des dispositions du droit de la concurrence[231], il n'est pas nécessaire de s'interroger outre mesure sur l'existence d'une constitution économique *stricto sensu* au sein de l'ordre juridique de l'Union européenne[232]. Ce chapitre introductif examine en revanche plus spécifiquement la convergence intellectuelle entre le modèle proposé par les ordolibéraux et le droit de la commande publique.

51. **Plan du chapitre liminaire.** La démonstration d'une convergence entre le droit de la concurrence et la pensée ordolibérale nécessite de s'interroger tout d'abord sur leur modèle de constitution économique, lequel offre une place déterminante au droit de la concurrence (Section 1). Puis, il convient d'observer que le droit de la commande publique, avec notamment ses principes fondamentaux, poursuit également l'une des finalités maîtresses de l'ordolibéralisme, à savoir la protection de l'ordre public concurrentiel dans le but de préserver le bien-être collectif (Section 2).

---

230 R. Wakote, « Hans Großmann-Doerth, un cofondateur méconnu de l'École de Fribourg », in *L'ordolibéralisme, aux origines de l'École de Fribourg-en-Brisgau*, H. Rabault (dir.), Paris, L'Harmattan, 2016, p. 147.

231 L. Simonin, « Ordolibéralisme et intégration européenne », *Revue d'Allemagne et des Pays de langue allemande*, vol. 33, 2001, pp. 65-88 ; O. Stefan, A. Van Waeyenberge, « L'évolution du droit européen de la concurrence : défis et transformation de la méthode communautaire », *Cah. dr. eur.*, 2013, n° 2, p. 397 ; F. Denord, A. Schwartz, « L'économie (très) politique du traité de Rome », *Politix*, vol. 23, n° 89, 2010, pp. 35-56 ; C. Prieto, D. Bosco, *Droit européen de la concurrence. Ententes et abus de position dominante*, *op. cit.*, pt 166, p. 157 ; H. P. Ipsen, *Europäisches Gemeinschaftsrecht*, Tübingen, Mohr Siebrek, 1972, p. 160 ; J. Schwarze, « Verfassungsentwicklung in der Europäischen Gemeinschaft », in *Eine Verfassung für Europa*, J. Schwarze, R. Bieber, Tübingen, Bücher, 1984, p. 23 et s. ; H. Rabault, « Pour introduire à l'ordolibéralisme », in *L'ordolibéralisme, aux origines de l'École de Fribourg-en-Brisgau*, H. Rabault (dir.), *op. cit.*, p. 24 ; C. Mongouachon, « L'ordolibéralisme. Contexte historique et contenu dogmatique », in *L'ordolibéralisme, aux origines de l'École de Fribourg-en-Brisgau*, H. Rabault (dir.), *op. cit.*, p. 29 ; S. Cassese, *La nuova costituzione economica*, 2e éd., Rome, Laterza, 2012, p. 3 ; J. Schwarze, *La naissance d'un ordre constitutionnel européen. L'interaction du droit constitutionnel national et européen*, Bruxelles, Bruylant, 2001, 572 p. ; J. Verhoeven, « Préface », in *Fondements du droit constitutionnel européen*, I. Pernice, Paris, Éditions A. Pedone, 2004, 94 p. ; J. Drexl, « La Constitution économique européenne – L'actualité du modèle ordolibéral », *op. cit.*, p. 425 ; K. Lenaerts, « La constitutionnalisation de l'ordre juridique de l'Union européenne », in *En hommage à Francis Delpérée : itinéraires d'un constitutionnaliste*, Bruxelles, Bruylant, 2007, 1790 p. ; L. Zevounou, « Le concept de concurrence en droit », thèse Université Paris 10, 2010, p. 391 ; C. Mongouachon, « L'ordolibéralisme : Contexte historique et contenu dogmatique », *Concurrences* n° 4-2011, art. n° 38770, pt 13, p. 73 ; A. Pirovano, « L'expansion de l'ordre concurrentiel dans les pays de l'Union européenne », *op. cit.*, p. 19 ; R. Rabault, « La constitution économique de la France », *RFDC*, n° 44, 2000, p. 707, spéc. p. 723 ; D. J. Gerber, « Law and the Abuse of Economic Power in Europe », *Tulane Law Review*, vol. 62, 1987, p. 57 et s. ; D. J. Gerber, *Law and Competition in Twentieth Century Europe: Protecting Prometheus*, *op. cit.* ; H. Schweitzer, « The History, Interpretation and Underlying Principles of Section 2 Sherman Act and Article 82 EC », in *European Competition Law Annual 2007: A Reformed Approach to Article 82 EC*, C.-D. Ehlermann, M. Marquis (dir.), Cambridge, Hart Publishing, 2008, pp. 119-164. Pour une approche critique récente de cette relation, F. de Cecco, *State Aid and the European Economic Constitution*, Cambridge, Hart Publishing, 2013, p. 13 et s. ; P. Commun, *Les Ordolibéraux. Histoire d'un libéralisme à l'allemande*, Paris, Les Belles Lettres, 2016, pp. 327-349 ; T. Schrepel, *L'innovation prédatrice en droit de la concurrence*, Bruxelles, Bruylant, 2018, pp. 44-56 ; I. Herrera Anchustegui, *Buyer Power in EU Competition Law*, Paris, Concurrences, 2017, pt 181, p. 77 ; M. Schmoeckel, *Rechtsgeschichte der Wirtschaft*, Tübingen, Mohr Siebeck , 2008, pp. 269-270.

232 Ce point fait l'objet de nombreuses analyses ; à titre d'illustrations : F. Martucci, « Constitution économique et concurrence : En quête d'une matrice constitutionnelle du droit de la concurrence », *op. cit.*, pp. 444-455 et s. ; J. Drexl, « La Constitution économique européenne – L'actualité du modèle ordolibéral », *op. cit.*, pp. 419-454 ; L.-J. Constantinesco, « La constitution économique de la République fédérale allemande », *Revue économique*, vol. 11, n° 2, 1960, pp. 266-290.

Section 1
Le droit de la concurrence : pierre angulaire de la constitution économique

52. Selon les ordolibéraux, la concurrence constitue la notion fondamentale de la constitution économique. Elle apparaît en effet comme la principale matérialisation des libertés individuelles dans le domaine économique. L'École de Fribourg a néanmoins pour spécificité de souligner la fragilité de la concurrence sur le marché. Ce faisant, elle se démarque du libéralisme manchestérien en renouvelant la pensée libérale (§ 1). Or, afin de garantir l'effectivité de la concurrence sur les marchés et ainsi éviter qu'elle ne soit confisquée tant pas les autorités publiques que par les opérateurs économiques, les ordolibéraux insistent sur la nécessité de mettre en œuvre une constitution économique, dans laquelle le droit de la concurrence tient un rôle essentiel (§ 2).

§ 1. Le renouvellement du libéralisme

53. La compréhension de la constitution économique nécessite avant toute chose de s'interroger sur l'originalité de la doctrine portée par l'École de Fribourg et, plus spécialement, sur sa conception innovante du libéralisme. En effet, les ordolibéraux entreprennent de rénover une pensée libérale qui était jusqu'alors perdue dans l'impasse du « laissez-faire » (A). L'effectivité du modèle qu'ils proposent repose sur un acteur singulier, l'État, dont le rôle dans l'économie semblait jusqu'alors incompatible avec la pensée libérale. Il s'avère pourtant être l'une des clés de voûte de la démocratie économique défendue par l'École de Fribourg (B).

A. La rénovation du cadre intellectuel

54. **L'ordolibéralisme : une « *troisième voie* »[233] économique et politique.** Les préceptes ordolibéraux interviennent comme une réaction intellectuelle aux régimes autoritaires mais également aux excès du libéralisme manchestérien[234]. Ce modèle se caractérise, selon l'expression de Claire Mongouachon, par « *l'interventionnisme*

---

233 J.-M. Ycre, « Les sources catholiques de l'ordolibéralisme allemand : Röpke et la pensée catholique allemande », in *L'ordolibéralisme allemand : aux sources de l'économie sociale de marché*, P. Commun (dir.), CIRAC, 2003, p. 163 ; I. Berh (dir.), *Langue, économie, entreprise : le travail des mots*, Presses Sorbonne Nouvelle, 2007, pp. 50 et 51 ; F. Denord, « Néo-libéralisme et "économie sociale de marché" : les origines intellectuelles de la politique européenne de la concurrence (1930-1950) », *Histoire, économie & société*, 2008, n° 1, p. 4 ; H. Uterwedde, « L'ordolibéralisme, un compromis allemand », *Alternative économique*, n° 54, 2012, p. 54.

234 C. Mongouachon, « L'ordolibéralisme. Contexte historique et contenu dogmatique », *op. cit.*, p. 35 ; H. Rabault, « L'idée de "constitution économique" chez Walter Eucken », in *L'ordolibéralisme, aux origines de l'École de Fribourg-en-Brisgau*, H. Rabault (dir.), *op. cit.*, p. 106 ; W. Eucken, *Grundsätze der Wirtschaftspolitik*, Tübingen, 1952, rééd. par Francke und Mohr Verlag, 2004, p. 18 ; F. Maier-Rigaud, « On the Normative Foundations of Competition Law – Efficiency, Political Freedom and the Freedom to Compete », in *The Goals of Competition Law*, D. Zimmer (dir.), *op. cit.*, p. 139 et s.

ordonné »[235] qu'il préconise. Trois régimes distincts sont clairement différenciés lors du colloque Lippmann en 1938[236], conférence introduisant les théories ordolibérales dans la communauté scientifique. En premier lieu est identifié un système dirigiste régulant l'activité économique ; le mécanisme traditionnel de l'offre et de la demande est ainsi étroitement contrôlé par le pouvoir politique. Dans un tel modèle, il n'existe pas d'espace pour la liberté économique des individus. Celle-ci est supplantée par une gestion administrative de l'économie. En deuxième lieu est décrit un système de marché non régulé. *A priori* bénéfique pour le développement de la concurrence, en raison de l'absence de contrôles et de barrières sur le marché, ce dernier introduit nécessairement un risque de cannibalisme entre les opérateurs économiques. La liberté excessive laissée aux entreprises peut leur servir à écarter la liberté de leurs concurrents[237].

55. La critique ordolibérale envers le libéralisme manchestérien se concentre d'ailleurs essentiellement sur l'inaction totale de l'État dans la régulation des comportements sur le marché[238], une dégénération de la concurrence entraînant des abus[239], une concentration croissante de l'économie[240], puis, enfin, l'érection du « laissez-faire » en principe économique incontestable[241]. Enfin, en troisième lieu, est distingué un libéralisme « *assagi* »[242], selon la formule du professeur Baudin, assurant un interventionnisme qui se limite à maintenir une concurrence effective et ainsi à veiller au maintien des libertés économiques contre les abus potentiels du pouvoir de marché[243]. Pour ce faire, les opérateurs économiques seront soumis à une série de dispositions juridiques permettant d'assurer une telle régulation[244].

---

235 C. Mongouachon, « Ordolibéralisme *versus* néolibéralisme : antagonismes idéologiques et conséquences pratiques en droit européen de la concurrence », in *Droit et Marché*, S. Dormont, T. Perroud (dir.), *op. cit.*, p. 28.

236 Cité par F. Denord, « Néo-libéralisme et "économie sociale de marché" : les origines intellectuelles de la politique européenne de la concurrence (1930-1950) », *op. cit.*, p. 26.

237 F. Maier-Rigaud, « On the Normative Foundations of Competition Law – Efficiency, Political Freedom and the Freedom to Compete », *op. cit.*, p. 144 et s.

238 H. Rabault, « La constitution économique de la France », *op. cit.*, p. 720 ; H. Rabault, « Naissance de la notion ordolibérale de "*constitution économique*" », in *L'ordolibéralisme, aux origines de l'École de Fribourg-en-Brisgau*, H. Rabault (dir.), *op. cit.*, p. 193.

239 A. Rüstow, propos cité par F. Denord, « Néo-libéralisme et "économie sociale de marché" : les origines intellectuelles de la politique européenne de la concurrence (1930-1950) », *op. cit.*, p. 27 et s. ; F. Bilger, *La pensée économique libérale dans l'Allemagne contemporaine*, Paris, Centre d'études politiques et civiques, 1966, p. 74 ; W. Lippmann, *La cité libre*, Paris, Librairie de Médicis, 1938, p. 242. Il est intéressant de constater que Walter Lippmann illustre les risques d'abus économiques par le monopole de la Compagnie néerlandaise des Indes, concession octroyée par les autorités néerlandaises, *op. cit.*, p. 263.

240 Allocution de W. Röpke, portant sur « Le déclin du libéralisme est-il dû à des causes endogènes ? », in *Le colloque Lippmann : aux origines du néo-libéralisme. Précédé de Penser le « néo-libéralisme »*, S. Audier, 2e éd. revue et augmentée, Lormont, Le Bord de l'eau, 2012, p. 433.

241 W. Lippmann, *La cité libre*, *op. cit.*, p. 226 ; F. Bilger, *La pensée économique libérale dans l'Allemagne contemporaine*, *op. cit.*, pp. 74 et 75. Sur la consécration dudit « laissez-faire » en principe, v. J. S. Mill, *Principles of Political Economy*, Londres, John W. Parker, 1848, vol. II, livre V, chap. XI. V. égal. J.-J. Burst, R. Kovar, *Droit de la concurrence*, *op. cit.*, p. 2.

242 Allocution de M. Baudin, in *Le colloque Lippmann : aux origines du néo-libéralisme. Précédé de Penser le « néo-libéralisme »*, S. Audier, *op. cit.*, p. 427.

243 Allocution de L. Rougier, in *Le colloque Lippmann : aux origines du néo-libéralisme. Précédé de Penser le « néo-libéralisme »*, S. Audier, *op. cit.*, p. 415 ; v. aussi J.-M. Sauvé, « La concurrence, composante de l'intérêt général », *op. cit.*, p. 686.

244 Allocution de A. Rüstow relative aux « Causes psychologiques et sociologiques, causes politiques et idéologiques du déclin du libéralisme », in *Le colloque Lippmann : aux origines du néo-libéralisme. Précédé de Penser le*

56. **La science juridique au cœur du modèle ordolibéral.** La priorité des ordolibéraux consiste à veiller à la protection des libertés individuelles contre les risques d'abus de pouvoir économique, qu'ils soient privés ou publics[245]. En effet, les libertés individuelles et les libertés économiques sont à leurs yeux indissociables. Or, comme le précise le professeur Rabault, le modèle ordolibéral « *met le droit au centre de l'économie* »[246], fonction pensée par le juriste Hans Grossmann-Doerth[247]. Par ailleurs, comme le relève Leonhard Miksch, la constitution économique, fondée sur des principes éthiques, combine des lois naturelles avec des lois juridiques[248]. Elle permet, à cette occasion, d'instituer un point de rencontre obligé entre l'économie et le droit[249]. De surcroît, l'interaction entre ces deux matières permet d'écarter le fatalisme et le relativisme ambiants lors de la première partie du XXe siècle[250]. En effet, l'historicisme, porté notamment par Savigny[251], avait substantiellement affaibli la science juridique en la reléguant à un rôle de figurant en écartant, *de facto*, l'existence d'un droit naturel[252]. La participation de la science juridique à la défense du modèle prôné par l'École de Fribourg apparaît, par conséquent, comme un apport normatif qui permet d'assister le marché vers son fonctionnement optimal. En parallèle, il permet de contrecarrer les critiques de la doctrine fataliste[253]. C'est là l'importance du cadre juridique, défendu principalement par

---

« *néo-libéralisme* », S. Audier, *op. cit.*, p. 470 ; W. Lippmann, *La cité libre*, *op. cit.*, pp. 158 et 229 ; M. Karm, « L'Europe à l'économie du politique. Les contributions des premiers néo-libéraux aux projets de gouvernance économique de l'Europe. Paradigmes doctrinaux et implications politiques (1938-1958) : Institutionnalisation, intervention restauratrice et régulation du marché, planisme libéral, fédération et communautés des nations », thèse Université Paris 2 Panthéon-Assas, 2005, p. 281.

245 W. Eucken, *Grundsätze der Wirtschaftspolitik*, *op. cit.*, p. 272 ; F. de Cecco, *State Aid and the European Economic Constitution*, *op. cit.*, p. 11; C. Mongouachon, « Ordolibéralisme *versus* néolibéralisme : antagonismes idéologiques et conséquences pratiques en droit européen de la concurrence », *op. cit.*, pp. 25 et 27 ; J.-D. Weisz, « Aux fondements du modèle économique allemand : l'ordolibéralisme, l'économie de marché et la légitimation de l'activité économique de l'État en Allemagne », in *L'État en Allemagne. La République fédérale après la réunification*, A.-M. Le Gloannec (dir.), Paris, Presses de Sciences Po, 2001, pp. 183-201 ; C. Mongouachon, « L'ordolibéralisme. Contexte historique et contenu dogmatique », *op. cit.*, pp. 32-36 ; L. Miksch, « Die sittliche Bedeutung der inneren Koordination », *Ordo*, vol. 3, 1950, p. 70 ; H. Rabault, « L'idée de "constitution économique" chez Walter Eucken », *op. cit.*, p. 92.

246 H. Rabault, « Pour introduire à l'ordolibéralisme », *op. cit.*, p. 22.

247 C. Mongouachon, « L'ordolibéralisme. Contexte historique et contenu dogmatique », *op. cit.*, p. 31.

248 L. Miksch, « Die sittliche Bedeutung der inneren Koordination », *op. cit.*, pp. 65-66.

249 C. Mongouachon, « Les débats sur la Constitution économique en Allemagne », n° 90, *RFDC*, 2012, p. 303 ; C. Le Berre, « Les "fondements économiques" du droit de la concurrence », in *Droit et économie : interférences et interactions. Études en l'honneur du professeur Michel Bazex*, pp. 187-202.

250 C. Prieto, D. Bosco, *Droit européen de la concurrence. Ententes et abus de position dominante*, *op. cit.*, pt 97, p. 90 ; F. Bilger, *La pensée économique libérale dans l'Allemagne contemporaine*, Paris, LGDJ, 1964, p. 123 et s..

251 F.-C. von SAvigny, *Vom Beruf unserer Zeit für Gesetzgebung und Rechtswissenschaft*, 1re éd., 1814 : « *le droit croît avec la nation, se développe tout au long et finalement dépérit de la même façon que la nation perd son identité spécifique* » cité par A. Peacock, H. Willgerodt (dir.), *Germany's Social Market Economy: Origins and Evolution*, Londres, Macmillan, 1989, p. 7 et s. (traduction libre de l'auteur).

252 C. Vimbert, *La tradition républicaine en droit public français*, Paris, LGDJ, 1992, p. 290 ; L. Ferry, A. Renaut, *Des droit de l'homme à l'idée républicaine*, Paris, PUF, 1992, p. 167 ; K. Popper, *Misère de l'historicisme*, Paris, Plon, 1956, 196 p. ; W. Eucken, F. Böhm, H. Grossmann-Doerth, « Unsere Aufgabe », in *Ordnung der Wirtschaft*, Stuttgart-Berlin, W. Kohlhammer, 1937, pp. VII-XXI.

253 M.-L. Dussart, *Constitution et économie*, Paris, Dalloz, 2015, p. 93 ; F. Bilger, *La pensée économique libérale dans l'Allemagne contemporaine*, *op. cit.*, p. 73 ; A. Peacock, H. Willgerodt (dir.), *Germany's Social Market Economy: Origins and Evolution*, *op. cit.*, p. 16 et s.

Franz Böhm et Hans Grossmann-Doerth, qui vise à garantir le fonctionnement normal du marché et à guider en ce sens les actions des opérateurs économiques[254].

57. **Les opérateurs économiques : une potentielle menace pour les libertés individuelles.** La protection des droits fondamentaux apparaît comme la manifestation de craintes à l'égard de l'appareil étatique et administratif. Celles-ci trouvent leur origine dans la faculté de l'État d'abuser de ses prérogatives lors de l'exercice de ses compétences. La consécration des droits fondamentaux établit alors une frontière que l'action étatique ne peut ignorer. Or, la constitution économique, en se concentrant notamment sur le pouvoir économique des entreprises, vise à protéger les libertés individuelles des abus de pouvoir économique privés comme publics. Les craintes de comportements liberticides ne se résument plus à la seule sphère étatique, mais intègrent également les pouvoirs privés comme de potentiels obstacles au libre exercice des libertés[255]. Cette menace se reflète principalement dans la lutte contre la monopolisation de l'économie. Le pouvoir de marché peut en effet « capturer »[256] l'autorité publique et ainsi supprimer *de facto* le fonctionnement des institutions. Les ordolibéraux construisent d'ailleurs leur pensée autour du précédent allemand et de la chute de la république de Weimar en particulier[257]. Le pouvoir économique construit sur la base d'une cartellisation à grande échelle de l'économie allemande a rapidement conduit les entreprises détentrices d'un tel pouvoir à soutenir financièrement et matériellement l'accession au pouvoir du NSDAP en raison des craintes de révoltes ouvrières mais aussi de l'intérêt financier du réarmement de l'Allemagne[258].

58. **Un champ d'application élargi au droit public.** La méfiance des ordolibéraux à l'égard des abus de marché concerne également le secteur public[259]. Eucken relevait qu'un *« état de droit n'existe vraiment que lorsque le système de droit public et privé contient un système de droit économique »*[260]. La constitution économique

---

254 F. Denord, « Néo-libéralisme et "économie sociale de marché" : les origines intellectuelles de la politique européenne de la concurrence (1930-1950) », *op. cit.*, p. 28.

255 W. Eucken, *Die Grundlagen der Nationalökonomie*, Berlin, Springer-Verl, 1950, 279 p. ; W. Eucken, « Staatliche Strukturwandlungen und die Krisis des Kapitalismus », in *Weltwirtschaftliches Archiv*, n° 36, 1932, pp. 297-321 ; R. Wakote, « Hans Großmann-Doerth, un cofondateur méconnu de l'École de Fribourg », *op. cit.*, p. 145 et s. ; F. Maier-Rigaud, « On the Normative Foundations of Competition Law – Efficiency, Political Freedom and the Freedom to Compete », *op. cit.*, p. 137.

256 C. Prieto, D. Bosco, *Droit européen de la concurrence. Ententes et abus de position dominante*, *op. cit.*, pt 101, p. 93.

257 Collectif, *Livre Brun. Les criminels de guerre et nazis en Allemagne occidentale*, Dresde, Éditions Zeit im Bild, Conseil national du front national de l'Allemagne démocratique, centre de documentation des archives nationales de la R.D.A., 1965, p. 19 : « *Bien avant 1933, les monopoles de l'armement ont préparé la dictature hitlérienne.* » Emil Kirdorf, dirigeant du consortium de la houille en Rhénanie-Westphalie écrit : « *[E]n 1927, j'ai rencontré le Führer pour la première fois… Reconnaissant que seule la politique d'Adolf Hitler conduirait au but, je me suis mis par la suite entièrement à la disposition de son mouvement.* »

258 V. aussi C. Prieto, « Stratégies mises en œuvre par les entreprises pour exercer une influence sur les décisions », *op. cit.*, pt 6.

259 Plus largement sur l'ordre public économique et le droit public, G. Farjat, *L'ordre public économique*, Paris, LGDJ, 1961, pts 90-96, pp. 80-84 ; J.-V. Maublanc, « L'ordre public économique », in *L'ordre public*, E. Berry, D. Gantschnig, L. Gatti, A. Lauba, J.-V. Maublanc, D. Veillon (dir.), Poitiers, Presses universitaires juridiques, 2019, pp. 253-266.

260 W. Eucken, *Grundsätze der Wirtschaftspolitik*, *op. cit.*, p. 48. Dans le même sens, M. Vestager, « Comment la concurrence peut renforcer la confiance dans nos sociétés », discours prononcé à New York le 20 septembre 2017, DGConcurrence.

permet précisément, comme nous le verrons en détail par la suite, d'établir un point de contact entre le droit économique et le droit public[261]. Ce dernier doit également porter les principes fondamentaux de la constitution économique au sein du droit public afin d'en garantir la pleine effectivité. Le droit public est en effet un facteur de potentielles menaces pour les libertés économiques à l'instar des monopoles publics, droits exclusifs, voire des traitements inégaux des entreprises par les pouvoirs publics.

59. **La réflexion ancienne des publicistes sur les bénéfices de la concurrence : l'héritage de Jean Domat.** En dépit des apports innombrables des ordolibéraux dans la théorisation de la concurrence et l'importance d'établir des règles de concurrence, la France demeure le point d'origine intellectuelle de la culture de concurrence en Europe avec notamment les travaux de Jean Domat[262]. Ce dernier présente l'intérêt de synthétiser et d'étayer les travaux passés[263]. Dès le XVIIe siècle, influencé par les travaux de Boisguilbert et de l'école physiocrate[264], Domat théorise les préjudices des accaparements pour l'intérêt général. Pour ce faire, dans *Les quatre livres du droit public*, il examine les causes naturelles de variation des prix des denrées en identifiant notamment l'abondance, la demande et les conditions de transport[265]. Or, il constate qu'en parallèle de ces causes naturelles, la cherté des produits peut être artificiellement manipulée par les monopoles et complots des commerçants. Il observe en effet que l'augmentation des prix peut résulter également du « *crédit que pourraient avoir [...] certains marchands qui conviendraient qu'eux seuls vendraient une chose, et qu'ils ôteraient aux autres la liberté de pouvoir débiter la même, ce qui serait contre l'intérêt public et blesserait la loi divine* »[266].

60. Alors que, dans le cas des augmentations de prix naturelles, Domat s'oppose à toute intervention sur les prix et défend la loi de l'offre et de la demande, y compris en période de disette[267], il se montre nettement plus ferme lorsqu'elles sont consécutives à une entente ou à un monopole. Il invite à appliquer en vertu des lois de police des marchés « *de grandes peines contre ceux qui commettent ce crime* »[268] et rappelle le « *devoir général des marchands* »[269] de ne pas mettre en œuvre de complots ou de monopoles afin d'augmenter les prix. Il parle d'ailleurs dans de telles circonstances « *des intelligences contre l'intérêt public* »[270]. Dès lors,

---

261 C. Mongouachon, « Les débats sur la Constitution économique en Allemagne », *op. cit.*, p. 303.

262 R.-F. Vœltzel, *Jean Domat, 1625-1696*, thèse Université de Nancy, Librairie du Recueil Sirey, 1936, 319 p.

263 C. Prieto, D. Bosco, *Droit européen de la concurrence. Ententes et abus de position dominante*, *op. cit.*, pt 40, pp. 44-45 ; B. Baudelot, *Un grand jurisconsulte du XVIIe siècle : Jean Domat*, Paris, Rousseau et Cie, 1938, p. 177 et s.

264 G. Faccarello, *Aux origines de l'économie politique libérale : Pierre de Boisguilbert*, Paris, Anthropos, 1986, 312 p. Plus largement sur Jean Domat, B. Baudelot, *Un grand jurisconsulte du XVIIe siècle : Jean Domat*, *op. cit.*, 220 p.

265 J. Domat, *Les quatre livres du droit public*, Université de Caen, Centre de philosophie politique et juridique, 1989, p. 145. Disponible sur Gallica : http://gallica.bnf.fr/ark:/12148/bpt6k54683/f1.image.r=Domat,%20Jean.langFR (consulté le 18/02/2021).

266 *Ibid.*, p. 145.

267 *Ibid.*, pp. 146-147. Il défend toutefois la faculté pour les autorités de recourir à l'interdiction d'exporter les denrées en période de crise.

268 *Ibid.*, p. 147.

269 *Ibid.*

270 *Ibid.*, Livre III, Titre XII, 1.

l'apport de Domat est triple : il appréhende les mécanismes de fonctionnement de l'économie, admet les bénéfices de la libre concurrence pour le bien commun, et propose de sanctionner les atteintes à la libre concurrence issues des accaparements. Partant, sa réflexion pose les fondations de la culture de la concurrence, qui ne sera poursuivie que trois siècles plus tard en Europe avec les ordolibéraux. En effet, l'absence de reprise des travaux de Domat sous la période pourtant charnière de la Révolution française laissa malheureusement le XIXe siècle aux mains de l'École de Manchester et de sa défiance envers le droit de la concurrence[271].

B. L'adaptation du rôle de l'État

61. **Un rôle actif.** La doctrine ordolibérale, héritière du libéralisme classique, entreprend de développer une analyse nouvelle et atypique, en accordant un rôle actif à l'État. Or, comme le relevait le professeur Castillejo à l'occasion du colloque Lippmann, le « *problème juridique de l'État domine tous les autres* »[272]. En effet, le libéralisme manchestérien a progressivement écarté toutes possibilités d'intervention de l'État, en se fondant notamment sur l'idée d'une liberté absolue des acteurs économiques. Toutefois, cette conception dénature le libéralisme en n'offrant aucune garantie du maintien des libertés économiques. Une telle passivité de l'État, voire sa capture par le pouvoir économique,[273] était, selon le professeur Rüstow, un facteur de dégénérescence de la concurrence en raison de la confiscation de son rôle de régulateur au profit du marché et donc de ses opérateurs les plus puissants[274].

62. **L'État de droit et les règles de concurrence.** La garantie d'une démocratie économique contre la « *perversion de l'État de droit* »[275] par les entreprises détentrices d'un pouvoir de marché pose deux types d'intervention de la part de l'État. D'une part, celui-ci apporte un cadre juridique idoine incluant notamment des principes fondamentaux. Ce faisant, il revêt fonction d'architecte, de créateur de la norme juridique, la seule à même de garantir l'État de droit au sein du marché. Une telle démarche, défendue notamment par Eucken et Böhm dans leur *Manifesto* de 1936[276], vise à établir un cadre juridique et institutionnel protecteur de la libre concurrence[277]. Devant la nécessité des règles

---

271 C. Prieto, « Stratégies mises en œuvre par les entreprises pour exercer une influence sur les décisions », *op. cit.*, pt 17 ; C. Prieto, D. Bosco, *Droit européen de la concurrence. Ententes et abus de position dominante*, *op. cit.*, pt 65, p. 66 et pt 69, p. 70.

272 Allocution de J. Castillejo, « Les problèmes théoriques et pratiques du retour du libéralisme », séance du 30 août 1938, in *Le colloque Lippmann : aux origines du néo-libéralisme. Précédé de Penser le « néo-libéralisme »*, S. Audier, *op. cit.*, p. 493.

273 Plus largement sur la capture, v. G. Stigler, « The Theory of Economic Regulation », *Bell Journal of Economics and Management Science*, vol. 2, n° 1, 1971, pp. 3-21.

274 A. Rüstow, cité par F. Denord, « Néo-libéralisme et "économie sociale de marché" : les origines intellectuelles de la politique européenne de la concurrence (1930-1950) », *op. cit.*, pp. 37-41.

275 C. Prieto, « Stratégies mises en œuvre par les entreprises pour exercer une influence sur les décisions », *op. cit.*, pt 5.

276 F. Böhm, W. Eucken, H. Grossmann-Doerth, *The Ordo Manifesto of 1936*, in *Germany's Social Market Economy: Origins and Evolution*, A. Peacock, H. Willgerodt (dir.), *op. cit.*, p. 15 et s.

277 E. N. Megay, « Anti-Pluralist Liberalism: The German Neoliberals », *Political Science Quarterly*, vol. 85, n° 3, 1970, p. 430 ; F. Denord, « Néo-libéralisme et "économie sociale de marché" : les origines intellectuelles de la politique européenne de la concurrence (1930-1950) », *op. cit.*, p. 27 et s.

permettant de garantir le fonctionnement concurrentiel du marché, le droit de la concurrence se positionne naturellement comme un rouage essentiel de cet « *ordre concurrentiel de l'économie* »[278]. Il fixe un code de conduite à respecter pour les opérateurs économiques à l'instar d'un « code de la route » pour les automobilistes[279]. Le professeur Rabault, quant à lui, identifie dans le droit de la concurrence le moyen « *de repérer les influences les plus visibles de l'ordolibéralisme* »[280]. Cela étant, comme l'observent Jacques Vandamme et Maurice Guerrin, « *la concurrence ne va pas se développer spontanément dans la vie économique* »[281]. Une telle protection juridique impose l'intervention de l'État dans sa fonction de constitutionnaliste ou de législateur, sous réserve que celui-ci bénéficie d'un mandat démocratique effectif[282]. En effet, une telle fonction est légitime seulement si l'État jouit d'une indépendance totale vis-à-vis des intérêts économiques privés[283].

63. D'autre part, comme le recommandait Hans Grossmann-Doerth[284], la seconde fonction de l'État consiste à identifier et sanctionner les dérives et abus de marché des opérateurs économiques[285]. Elle permet de rendre effectif l'encadrement juridique mis en place. À cet égard, il convient de relever que l'État de droit est préservé par une différenciation des pouvoirs intervenant dans l'exécution et dans la sanction de ces règles juridiques. Ces fonctions incombent respectivement aux pouvoirs exécutif et judiciaire. Un tel arbitrage permet de maintenir le libre jeu de la concurrence sur le marché et ses bénéfices en termes de bien-être[286]. Néanmoins, les ordolibéraux considèrent que les fonctions régulatrices de la concurrence et l'interventionnisme des États doivent être strictement délimités[287].

---

278 C. Prieto, « Stratégies mises en œuvre par les entreprises pour exercer une influence sur les décisions », *op. cit.*, pt 6.

279 L. Rougier, *Les Mystiques économiques. Comment l'on passe des démocraties libérales aux États totalitaires*, Paris, Médicis, 1938, p. 88.

280 H. Rabault, « Pour introduire à l'ordolibéralisme », *op. cit.*, p. 24.

281 J. Vandamme, M. Guerrin, *La réglementation de la concurrence dans la C.E.E.*, *op. cit.*, p. 104.

282 F. Denord, « Néo-libéralisme et "économie sociale de marché" : les origines intellectuelles de la politique européenne de la concurrence (1930-1950) », *op. cit.*, p. 28 ; J.-J. Sueur, « La notion de constitution économique », in *Les métamorphoses du droit. Hommage à Jean-Marie Rainaud*, Paris, L'Harmattan, 2009, p. 416 et s.

283 F. Denord, « Néo-libéralisme et "économie sociale de marché" : les origines intellectuelles de la politique européenne de la concurrence (1930-1950) », *op. cit.*, p. 28 et s. Sur ce point v. égal. B. Walpen, Y. Steiner, « L'apport de l'ordolibéralisme allemand au renouveau libéral et son éclipse (1930-1960) », colloque Charles Gide pour l'étude de la pensée économique « Y a-t-il des lois en économie ? », Lille 22-24 septembre 2005, pp. 3-5 ; M.-L. Dussart, *Constitution et économie*, Paris, *op. cit.*, pp. 96-97.

284 R. Wakote, « Hans Großmann-Doerth, un cofondateur méconnu de l'École de Fribourg », *op. cit.*, pp. 138-141.

285 F. Maier-Rigaud, « On the Normative Foundations of Competition Law – Efficiency, Political Freedom and the Freedom to Compete », *op. cit.*, p. 137 ; M. Vestager, « Concurrence et État de droit », discours devant l'Association européenne des juges, Copenhague, le 10 mai 2019, DG Concurrence.

286 L.-J. Constantinesco, « La constitution économique de la République fédérale allemande », *op. cit.*, p. 297 ; J. Drexl, « La Constitution économique européenne – L'actualité du modèle ordolibéral », *op. cit.*, p. 433 et s. ; M.-L. Dussart, *Constitution et économie*, *op. cit.*, p. 97 ; allocution de A. Rüstow relative aux « Causes psychologiques et sociologiques, causes politiques et idéologiques du déclin du libéralisme », in *Le colloque Lippmann : aux origines du néo-libéralisme. Précédé de Penser le « néo-libéralisme »*, S. Audier, *op. cit.*, p. 470.

287 Allocution de L. Von Mises, portant sur « Les problèmes théoriques et pratiques du retour du libéralisme », in *Le colloque Lippmann : aux origines du néo-libéralisme. Précédé de Penser le « néo-libéralisme »*, S. Audier, *op. cit.*, p. 494 ; O. Stefan, A. Van Waeyenberge, « L'évolution du droit européen de la concurrence : défis et transformation de la méthode communautaire », *op. cit.*, p. 398.

64. **Des pouvoirs régulateurs strictement définis.** La délimitation stricte des pouvoirs des États est une question ancienne. Benjamin Constant écrivait : « *Le gouvernement, en dehors de sa sphère, ne doit avoir aucun pouvoir ; dans sa sphère, il ne saurait en avoir trop*[288]. » C'est pourquoi, Hans Grossmann-Doerth souligne l'importance d'un « *État fort* »[289] afin « *d'imposer sa volonté* »[290] mais aussi pour qu'il puisse demeurer « *libre face à l'économie* »[291]. L'effectivité du projet de démocratie économique suppose, à l'instar du régime démocratique, de délimiter les pouvoirs de l'État afin de préserver l'autonomie de la volonté individuelle[292]. Dès 1943, le professeur Röpke[293] s'interrogeait sur l'importance d'encadrer strictement le pouvoir d'action de l'État dans la sphère économique afin de préserver la concurrence par les mérites. En effet, comme le relève la professeure Prieto, la pensée ordolibérale conçoit la concurrence « *comme un processus construit par le droit et non comme un processus naturel* »[294]. Néanmoins, celle-ci s'avère menacée par deux risques distincts qu'il convient donc de réguler : tout d'abord, les risques inhérents aux comportements de l'État sur le marché, puis les risques de capture de l'État par des intérêts privés.

65. **Prévenir l'étouffement de la concurrence par les pouvoirs publics.** La nécessité d'offrir à l'État la capacité de réguler la sphère économique passe notamment par la régulation de ses propres capacités d'action dans le domaine économique[295]. Le professeur Bilger relève à ce titre que l'État « *doit avoir une politique économique conforme à la constitution [économique] et à son esprit* »[296]. Ainsi, l'encadrement juridique des pouvoirs de l'État dans la sphère économique doit permettre de garantir la concurrence. L'interdiction des comportements anticoncurrentiels des entreprises serait insuffisante sans la régulation en parallèle des agissements des pouvoirs publics sur le marché. Une liberté économique illimitée de l'État poserait naturellement les mêmes difficultés qu'une liberté illimitée des opérateurs économiques. L'État pourrait aisément étouffer le développement d'une concurrence par les mérites et ses bénéfices en termes de bien-être collectif. Or, de telles craintes sont mises en exergue dans les traités européens[297]. L'article 106 TFUE, en encadrant drastiquement l'action des pouvoirs publics envers les entreprises publiques, les entreprises dotées de droits exclusifs ou spéciaux et les entreprises chargées d'un service économique d'intérêt général, se prémunit contre le dévoiement de la concurrence par les pouvoirs publics. Ces derniers peuvent ainsi priver le consommateur des bienfaits d'une concurrence

---

288 B. Constant, cité par, W. Röpke, *La crise de notre temps*, Genève, Éditions de la Baconnière, 1945, p. 127.

289 H. Grossmann-Doerth, *Selbstgeschaffenes Recht der Wirtschaft*, *op. cit.*, p. 27 (traduction libre de l'auteur).

290 *Ibid.*

291 *Ibid.*

292 Allocution de L. Rougier, in *Le colloque Lippmann : aux origines du néo-libéralisme. Précédé de Penser le « néo-libéralisme »*, S. Audier, *op. cit.*, pp. 481-482 ; M. Streit, W. Mussler, « The Economic Constitution of the European Community : From "Rome" to "Maastricht" », *ELJ*, vol. 1, n° 1, 1995, p. 9 ; V. Steiner, B. Walpen, « L'apport de l'ordolibéralisme au renouveau libéral, puis son éclipse », *Carnets de bord*, n° 11, 2006, p. 95.

293 W. Röpke, *La crise de notre temps*, *op. cit.*, p. 251.

294 C. Prieto, « Stratégies mises en œuvre par les entreprises pour exercer une influence sur les décisions », *op. cit.*, pt 5. V. aussi M. Foucault, *Naissance de la biopolique. Cours au Collège de France, 1978-1979*, Paris, EHESS-Gallimard-Seuil, 2004, pp. 123-124.

295 F. de Cecco, *State Aid and the European Economic Constitution*, *op. cit.*, p. 12.

296 F. Bilger, *La pensée économique libérale dans l'Allemagne contemporaine*, *op. cit.*, p. 163

297 N. Petit, *Droit européen de la concurrence*, 2e éd., *op. cit.*, pt 8, p. 29.

effective en favorisant un opérateur économique précis sans satisfaire la demande sur le marché[298], voire en sclérosant durablement le marché sur plusieurs décennies[299]. De la même façon, comme l'observe Joaquín Almunia à propos du contrôle des aides d'État, « *il ne serait pas dans l'intérêt collectif européen – ni dans celui des contribuables – de permettre des "courses aux subventions" qui favoriseraient les États ayant la plus forte marge de manœuvre budgétaire* »[300]. La concurrence par les mérites peut en effet être supprimée par l'État accordant un avantage économique injustifié à certaines entreprises.

66. **Prévenir la capture des pouvoirs publics par la puissance économique.** La limitation des pouvoirs économiques des États répond ensuite aux craintes de captation de ceux-ci au profit d'intérêts privés. En effet, l'École de Fribourg s'est construite autour de la condamnation de la capture de l'État de droit par les principales industries allemandes sous la République de Weimar. La collusion entre ces dernières et les pouvoirs publics a permis de dévoyer la mise en œuvre de la réglementation allemande sur les cartels et finalement de priver la population allemande des bénéfices économiques d'une concurrence effective[301]. Devant les troubles sociaux récurrents de l'Allemagne de l'entre-deux-guerres, cette même puissance économique portera le NSDAP au pouvoir en contrepartie d'un accaparement complet du système normatif en matière de droit des obligations et droit des sociétés[302] – cette collusion allant jusqu'à l'irréparable avec l'exploitation économique des atrocités nazies[303]. L'École du Public Choice a également mis en exergue la capture des pouvoirs publics aux dépens de l'intérêt général par l'intermédiaire du lobbying des syndicats ou des industriels[304]. En parallèle, les intérêts privés des élus ou agents publics peuvent également primer sur le bien collectif dans le cas de la corruption[305].

67. Devant le risque accru de capture ou de cooptation des pouvoirs publics[306], la pensée ordolibérale souligne l'importance d'établir un encadrement juridique.

---

298 CJCE, 23 avril 1991, *Höfner*, aff. C-41/90, EU:C:1991:161, pt 21 ; comm. M.-A. Hermitte, *JDI*, 1992, pp. 467-470 ; P. J. Slot, *CMLR*, 1991, pp. 964-988.

299 Trib. UE, 20 septembre 2012, *DEI c/ Commission*, aff. T-169/08, EU:T:2012:448 ; comm. L. Idot, *Europe*, 2012, n° 11, pp. 34-35. CJUE, 17 juillet 2014, *Commission c/ DEI*, aff. C-553/12 P, EU:C:2014:2083 ; comm. L. Idot, *Europe*, 2014, n° 10, p. 40 ; C. Robin, *RLC*, 2015, n° 42, pp. 42-43 ; S. Roset, *Europe*, 2017, n° 12, p. 42.

300 J. Almunia, « Concurrence, innovation et croissance : Perspective européenne », *op. cit.*, p. 150.

301 G. Amato, *Antitrust and the Bounds of Power: The Dilemma of Liberal Democracy in the History of Market*, Oxford, Hart Publishing, 1997, 144 p.

302 C. Prieto, « Stratégies mises en œuvre par les entreprises pour exercer une influence sur les décisions », *op. cit.*, pt 5 et s. ; C. Prieto, D. Bosco, *Droit européen de la concurrence. Ententes et abus de position dominante*, *op. cit.*, pt 209, p. 198.

303 C. Prieto, « Stratégies mises en œuvre par les entreprises pour exercer une influence sur les décisions », *op. cit.*, pt 6 ; C. Prieto, D. Bosco, *Droit européen de la concurrence. Ententes et abus de position dominante*, *op. cit.*, pp. 89 à 99, pp. 132 à 143, pp. 179 à 188.

304 G. Stigler, « The Theory of Economic Regulation », *op. cit.*

305 A. Maurois, « Préface », in *La cité libre*, W. Lippmann, *op. cit.*, p. 9 ; W. Röpke, *La crise de notre temps*, *op. cit.*, p. 127.

306 Ce motif justifie selon le professeur Röpke le développement d'une administration apolitique dans le domaine des questions économiques. W. Röpke, *La crise de notre temps*, *op. cit.*, Partie II, chap. I « Contradictions et impasses » ; M. Karm, « L'Europe à l'économie du politique. Les contributions des premiers néo-libéraux aux projets de gouvernance économique de l'Europe. Paradigmes doctrinaux et implications politiques (1938-1958) : Institutionnalisation, intervention restauratrice et régulation du marché, planisme libéral, fédération et communautés des nations », *op. cit.*, p. 680.

Le droit « *n'est pas considéré ici comme un instrument entre les mains d'une politique au pouvoir mais doit constituer un instrument contre les abus commis par le pouvoir* »[307]. Il en résulte, de concert avec la répression pénale, la mise en œuvre d'une régulation du comportement des acteurs publics dans laquelle figurent conjointement le droit de la concurrence et le droit de la commande publique. Le contrôle des aides d'État permet d'éviter l'attribution d'avantages économiques injustifiés, alors que l'encadrement offert par le droit de la commande publique vise justement à garantir la concurrence par les mérites grâce à des procédures spécifiques et le respect des principes fondamentaux de la commande publique. Dès lors, le droit de la concurrence et le droit de la commande publique contribuent à lutter contre la capture des pouvoirs publics par la puissance économique et à garantir les bénéfices de la concurrence par les mérites en termes de bien-être collectif.

§ 2. La nécessite d'une constitution économique

68. Après s'être interrogé sur les apports de la pensée ordolibérale dans le renouvellement du libéralisme, il convient d'analyser avec précision l'encadrement juridique qu'elle propose avec la constitution économique. Pour ce faire, il est nécessaire de comprendre le sens, souvent confus, donné à cette constitution économique (A)puis de répertorier son contenu matériel (B). Enfin, il convient de voir.la protection de l'ordre public concurrentiel offerte par le droit de la concurrence (C).

A. La définition de la constitution économique

69. **Une nécessité : la protection des libertés et du bien-être collectif. Il est impossible de comprendre** la constitution économique souhaitée par les ordolibéraux sans la mettre en perspective avec le climat politique et économique de l'Allemagne des années 1930. La réflexion ordolibérale s'est bâtie autour de la lente disparition de l'État de droit en Allemagne. La collusion entre le pouvoir économique et le NSDAP a permis l'arrivée au pouvoir d'Hitler, chargé de rétablir l'ordre et d'éloigner le spectre du communisme. En contrepartie, la capture des pouvoirs publics par les *konzerns* et la cartellisation grandissante de l'économie allemande ont conduit à évincer toute concurrence par les mérites et par conséquent à priver le peuple allemand des bénéfices économiques de la libre concurrence. Dès lors, les ordolibéraux ont compris la relation étroite entre la démocratie politique et la démocratie économique[308]. La sauvegarde de l'État de droit nécessite une protection de ces deux volets et donc la mise en place d'une constitution économique. Celle-ci

---

[307] O. Stefan, A. Van Waeyenberge, « L'évolution du droit européen de la concurrence : défis et transformation de la méthode communautaire », *op. cit.*, pp. 398-399. V. égal. O. De Schutter, « Réalisme juridique, institutionnalisme et Ordoliberalen. Une contribution à l'histoire intellectuelle des rapports entre le droit et l'économie », *Annales d'études européennes de l'Université catholique de Louvain, 1998-1999*, Bruxelles, Bruylant, 1999, p. 20.

[308] Sur cette relation, v. égal. B. Russell, « La démocratie politique peut-elle s'adapter aux problèmes de 1950 ? », *Politique étrangère*, 1950, n° 1, p. 6.

a pour fonction de prémunir l'État de droit contre la construction de la puissance économique et ses abus pouvant aller jusqu'à la capture du pouvoir politique[309]. L'intérêt général doit en effet toujours prévaloir sur les intérêts privés, que ce soit dans le cadre politique ou économique. Partant, le choix d'une constitution économique vise justement à encadrer le pouvoir politique de ses éventuels excès et ainsi à compléter les garde-fous institutionnels classiques.

70. **Un modèle intellectuel.** La constitution économique proposée par la doctrine ordolibérale représente un modèle qui ne nécessite pas nécessairement un encadrement juridique constitutionnel. Cette « *armature de principes de droit privé* »[310], mais également de droit public, a pour finalité de contraindre les opérateurs économiques, quelles que soient leurs natures, à se conformer aux impératifs d'un ordre public concurrentiel. La notion de constitution économique a été définie initialement dans *Ordo Manifesto*[311] comme une « *décision politique générale concernant la façon dont la vie économique de la nation doit être structurée, et qui devra servir de guide dans les décisions de droit public et privé* »[312]. Le professeur Constantinesco précise quant à lui qu'il s'agit d'un « *système cohérent et ordonné qui intègre facteurs et fonctions économiques, selon des normes et principes donnant un sens à la vie économique d'une communauté* »[313], alors que le professeur Martucci définit la constitution économique comme « *l'ensemble des dispositions constitutionnelles ayant pour objet l'économie* »[314]. Ce dernier rappelle d'ailleurs la fonction de modèle de la constitution économique en soulignant l'absence de reconnaissance d'une telle constitution dans la jurisprudence européenne, notamment dans le cadre de l'arrêt *Echirolles*[315].

71. **Discussions sur la nature des normes de la constitution économique.** En dépit de la souplesse offerte par le modèle de l'École de Fribourg, la doctrine s'est rapidement interrogée sur la nature juridique exacte de ce cadre

---

309 C. Prieto, « Stratégies mises en œuvre par les entreprises pour exercer une influence sur les décisions », *op. cit.*, pt 5 et s.

310 C. Prieto, D. Bosco, *Droit européen de la concurrence. Ententes et abus de position dominante*, *op. cit.*, pt 101, p. 93.

311 Titre attribué postérieurement par H. Rieter, M. Schmolz, « The ideas of German ordo-liberalism 1939–45: pointing the way to a new economic order», *The European Journal of the History of Economic Thought*, vol. 1, n° 1, 1993, p. 96.

312 W. Eucken, F. Böhm, H. Grossmann-Doerth, *The Economic Order*, cité par F. de Cecco, *State Aid and the European Economic Constitution*, *op. cit.*, p. 12. Traduction proposée par S. Audier, *Le colloque Lippmann : aux origines du néo-libéralisme. Précédé de Penser le « néo-libéralisme »*, *op. cit.*, p. 181 ; F. Böhm, W. Eucken, H. Grossmann-Doerth, « Unsere Aufgabe », reproduit in *Grundtexte zur Freiburger Tradition der Ordnungspolitik*, N. Goldschmidt, M. Wohlgemuth (dir.), Mohr Siebeck, 2008, p. XIX.

313 L.-J. Constantinesco, « La constitution économique de la République fédérale allemande », *op. cit.*, p. 268.

314 F. Martucci, « Constitution économique et concurrence : En quête d'une matrice constitutionnelle du droit de la concurrence », *op. cit.*, p. 444.

315 *Ibid.*, p. 445. En ce sens, CJCE, 3 octobre 2000, *Échirolles*, aff. C-9/99, EU:C:2000:532, pt 25 : « *S'agissant des articles 3 A, 102 A et 103 du traité, qui se réfèrent à la politique économique, laquelle doit être menée dans le respect du principe d'une économie de marché ouverte où la concurrence est libre (articles 3 A et 102 A), ils constituent des dispositions qui n'édictent pas à la charge des États membres des obligations claires et inconditionnelles pouvant être invoquées par les particuliers devant les juridictions nationales. En effet, il s'agit d'un principe général qui exige pour son application des appréciations économiques complexes qui relèvent de la compétence du législateur ou de l'administration nationale* » ; comm. D. Simon, *Europe*, 2000, n° 12, p. 14.

« constitutionnel ». En raison des craintes d'abus de pouvoir de l'État, les normes potentiellement présentes au sein de ce modèle se sont alors limitées aux règles juridiques générales et impersonnelles, s'appliquant sans distinction à toutes les entreprises[316]. Les décisions individuelles sont par nature exclues d'un modèle voué à s'appliquer à l'ensemble des acteurs de la vie économique. Or, comme l'observe le professeur Constantinesco, la structure économique fondamentale d'un État et sa structure constitutionnelle sont intimement liées[317]. Il existe entre les deux une « *interdépendance des ordres économique et juridique* »[318]. En effet, dès 1950, le professeur Miksch relevait la nécessité d'un encadrement juridique suffisamment fort pour garantir l'ordre public concurrentiel[319]. A ce titre, seul le droit est capable d'offrir la « *coordination* »[320] nécessaire à l'ordre public économique. Le professeur Martucci relève toutefois que les débats sur la constitution économique se sont rapidement concentrés sur la faculté d'intégrer des dispositions non constitutionnelles. Il distingue ainsi un courant doctrinal se limitant aux dispositions constitutionnelles pour composer la constitution économique, un courant construit autour d'une conception matérielle de celle-ci[321].

72. Les professeurs Prieto et Bosco soulignent quant à eux que la constitution économique s'articule autour d'une « *analogie* »[322] avec des dispositions constitutionnelles. En effet, aux premières heures de l'ordolibéralisme, Franz Böhm s'était rapidement interrogé sur la faculté à dépasser le cadre constitutionnel au sens juridique, insuffisant à l'époque pour garantir la libre concurrence, pour y intégrer des normes de droit privé et donc sur la législation[323]. Il embrasse à cette occasion une analyse « *substantielle* »[324] de la norme juridique, car Franz Böhm percevait l'ordonnance allemande sur le commerce comme une composante de la constitution économique. Les finalités de cette dernière entraient pleinement dans le périmètre normatif des principes constituants prônés par l'École de Fribourg. L'approche substantielle a pour principal intérêt d'offrir la souplesse nécessaire à ce modèle et de se focaliser sur les normes les plus adaptées à la protection de l'ordre économique. À défaut d'être constitutionnelles, celles-ci peuvent en effet

316 C. Mongouachon, « Pour une concurrence régulée : l'apport de Leonhard Miksch », in *L'ordolibéralisme, aux origines de l'École de Fribourg-en-Brisgau*, H. Rabault (dir.), *op. cit.*, p. 172.

317 L.-J. Constantinesco, « La constitution économique de la République fédérale allemande », *op. cit.*, p. 266 et s.

318 J. Walther, « Prométhée enchaîné ou la puissance maîtrisée. Le "lien génétique" entre droit privé et concurrence dans l'œuvre de Franz Böhm (1895-1977) », in *L'ordolibéralisme, aux origines de l'École de Fribourg-en-Brisgau*, H. Rabault (dir.), *op. cit.*, p. 109.

319 L. Miksch, « Versuch eines liberalen Programms », 1949, in *Grundtexte zur Freiburger Tradition der Ordnungsökonomik*, N. Goldschmidt, M. Wohlgemuth (dir.), *op. cit.*, pp. 163-170.

320 C. Mongouachon, « Pour une concurrence régulée : l'apport de Leonhard Miksch », *op. cit.*, pp. 170-171.

321 F. Martucci, « Constitution économique et concurrence : En quête d'une matrice constitutionnelle du droit de la concurrence », *op. cit.*, p. 444.

322 C. Prieto, D. Bosco, *Droit européen de la concurrence. Ententes et abus de position dominante*, *op. cit.*, pt 101, p. 93.

323 J. Walther, « Prométhée enchaîné ou la puissance maîtrisée. Le "lien génétique" entre droit privé et concurrence dans l'œuvre de Franz Böhm (1895-1977) », *op. cit.*, p. 110.

324 *Ibid.* ; C. Prieto, D. Bosco, *Droit européen de la concurrence. Ententes et abus de position dominante*, *op. cit.*, pt 141, p. 136 ; L.-J. Constantinesco, « La constitution économique de la République fédérale allemande », *op. cit.*, pp. 267-268.

s'appuyer sur la législation[325], voire sur des règles coutumières[326]. Or, en dépit des nombreux intérêts d'une approche réduite aux dispositions de nature constitutionnelle[327], nous rejoignons la souplesse offerte par l'approche ordolibérale consistant en des encadrements juridiques suffisamment structurants pour assurer le maintien d'un ordre public concurrentiel. Cela étant, en pratique, les normes concernées vont le plus souvent revêtir une nature constitutionnelle ou, dans le cadre du droit de l'Union européenne, prendre la forme de dispositions de droit primaire. Ainsi, une partie de la doctrine qualifie sans surprise le droit de la concurrence de norme de la constitution économique de l'Union européenne[328].

B. Le contenu matériel de la constitution économique

73. L'innovation majeure de l'École de Fribourg est d'avoir proposé une série de principes constituants (*konstituierenden Prinzipien*) et de principes régulateurs au cœur de la constitution économique. Les professeurs Bosco et Prieto observent que de tels principes forment une « *armature de principes juridiques pour protéger le droit privé* »[329]. Ils ambitionnent d'offrir une structure permettant d'écarter la nécessité d'intervenir sur le marché[330]. Walter Eucken a d'ailleurs précisé que de tels principes s'avèrent « *indispensable[nt] afin de constituer l'ordre concurrentiel* »[331]. Partant, ces principes englobent de nombreux domaines distincts : la politique monétaire[332], l'ouverture concurrentielle des marchés, la liberté contractuelle, la propriété privée[333], la responsabilité des opérateurs économiques[334] puis, enfin, la continuité des actions gouvernementales[335]. Parmi ces nombreux principes, deux méritent tout particulièrement d'être analysés dans le cadre de cette étude en raison de leur logique concurrentielle évidente : le principe de concurrence complète (1) et le principe de liberté contractuelle (2).

---

325 C. Mongouachon, « Pour une concurrence régulée : l'apport de Leonhard Miksch », *op. cit.*, p. 172. V. par analogie B. Delaunay, *Droit public de la concurrence*, 2e éd., *op. cit.*, pt 29, p. 30.

326 H. Rabault, « Naissance de la notion ordolibérale de "*constitution économique*" », *op. cit.*, p. 200.

327 F. Martucci, « Constitution économique et concurrence : En quête d'une matrice constitutionnelle du droit de la concurrence », *op. cit.*, p. 444 ; Journée d'étude sur « La Constitution économique de l'État. L'ordre constitutionnel économique (1958-2008) », *LPA*, 22 janvier 2009, n° 16 ; F. Martucci, C. Mongouachon (dir.), *La constitution économique. En hommage au Professeur Guy Carcassonne*, actes du colloque organisé par le Centre de Recherches sur le Droit Public de l'Université Paris Ouest Nanterre La Défense, Paris, La Mémoire du Droit, 2015.

328 N. Petit, *Droit européen de la concurrence*, 2e éd., *op. cit.*, pt 75, p. 46. V. égal. sur ce point B. Delaunay, *Droit public de la concurrence*, 2e éd., *op. cit.*, pt 28.

329 C. Prieto, D. Bosco, *Droit européen de la concurrence. Ententes et abus de position dominante*, *op. cit.*, pt 101, p. 93.

330 *Ibid.*

331 W. Eucken, *Grundsätze der Wirtschaftspolitik*, *op. cit.*, p. 90. Traduction réalisée par R. Fèvre, « L'ordolibéralisme (1932-1950) : une économie politique du pouvoir », thèse Université de Lausanne et Université Paris 1 Panthéon-Sorbonne, 2017, p. 260. Sur ce point, v. égal. W. Möschel, « Competition Policy from an Ordo Point of View », in *German Neo-Liberals and the Social Market Economy*, A. Peacock, H. Willgerodt (dir.), 1989, p. 156.

332 F. Bilger, *La pensée économique libérale dans l'Allemagne contemporaine*, *op. cit.*, p. 255 et s. ; C. Prieto, D. Bosco, *Droit européen de la concurrence. Ententes et abus de position dominante*, *op. cit.*, pt 102, p. 94.

333 W. Eucken, *Grundsätze der Wirtschaftspolitik*, *op. cit.*, p. 253.

334 *Ibid.*

335 *Ibid.*

1. Le principe de concurrence complète : le rôle cardinal du droit de la concurrence

74. **Le rôle actif de l'État.** Le principe de concurrence complète (*vollständiges Wettbewerb*)[336] est présenté par Eucken comme le point cardinal de la constitution économique. Ce principe se matérialise par la protection offerte à la liberté d'accès aux marchés et s'oppose naturellement au développement de pouvoirs de marché capables de réduire les libertés économiques[337]. Il correspond, selon les professeurs Prieto et Bosco, au second grand principe de la constitution économique[338]. Le professeur Chevallier ajoute que l'État revêt à cette occasion une fonction de « *garant de l'ordre concurrentiel* »[339]. De l'application de ce principe découlent deux obligations distinctes pour l'État, l'une négative et l'autre positive[340].

75. **Une obligation négative.** En premier lieu, ledit principe interdit à l'État et aux pouvoirs publics en général de contribuer à la formation de pouvoirs économiques capables d'abus économiques, c'est-à-dire de « *préserver [le marché] de droits exclusifs, de privilèges ou de toutes sortes de réservations aménagées par le gouvernement* »[341]. Cette obligation négative recouvre également la neutralité concurrentielle des personnes publiques lors de leurs « *politique[s] ordonnatrice[s]* »[342] tendant à satisfaire leurs besoins. Cette dernière dimension s'applique particulièrement au domaine des marchés publics du fait de ses « *effets directs sur la vie économique* »[343]. Cette fonction régulatrice confiée aux États se manifeste concrètement par la mise en œuvre du droit de la concurrence[344], lequel revêt donc une importance majeure. La professeure Prieto souligne en effet que « *l'économie de marché est un leurre si elle n'est pas protégée contre le pouvoir de marché* »[345].

---

336 La traduction « *principe de concurrence complète* » est proposée par C. Mongouachon, « L'ordolibéralisme. Contexte historique et contenu dogmatique », *op. cit.*, p. 45 ; R. Fèvre, « L'ordolibéralisme (1932-1950) : une économie politique du pouvoir », *op. cit.*, p. 262.

337 Dans ce sens, H. Rabault, « L'idée de "constitution économique" chez Walter Eucken », *op. cit.*, p. 92 ; P. Akman, The Concept of Abuse in EU Competition Law: Law and Economic Approaches, Oxford, Hart Publishing, 2015, p. 58.

338 C. Prieto, D. Bosco, *Droit européen de la concurrence. Ententes et abus de position dominante*, *op. cit.*, pt 102, p. 94 ; C. Mongouachon, « Ordolibéralisme *versus* néolibéralisme : antagonismes idéologiques et conséquences pratiques en droit européen de la concurrence », *op. cit.*, p. 29.

339 J. Chevallier, « État et ordre concurrentiel. Rapport introductif », in *L'ordre concurrentiel. Mélanges en l'honneur d'Antoine Pirovano*, *op. cit.*, p. 61.

340 R. Fèvre, « L'ordolibéralisme (1932-1950) : une économie politique du pouvoir », *op. cit.*, p. 262.

341 En ce sens F. Bilger, *La pensée économique libérale dans l'Allemagne contemporaine*, *op. cit.*, p. 158 et s. ; C. Mongouachon, « L'ordolibéralisme : Contexte historique et contenu dogmatique », *op. cit.*, pt 13, p. 73. Les auteurs prévoient, toutefois, la possibilité d'exceptions liées aux pouvoirs régaliens à l'instar du monopole d'émission monétaire par les banques centrales. Sur ce point, W. Eucken, *Grundsätze der Wirtschaftspolitik*, *op. cit.*, p. 264 ; M. Karm, « L'Europe à l'économie du politique. Les contributions des premiers néo-libéraux aux projets de gouvernance économique de l'Europe. Paradigmes doctrinaux et implications politiques (1938-1958) : Institutionnalisation, intervention restauratrice et régulation du marché, planisme libéral, fédération et communautés des nations », *op. cit.*, p. 691 ; J. Chevallier, « État et ordre concurrentiel. Rapport introductif », *op. cit.*, p. 66.

342 F. Bilger, *La pensée économique libérale dans l'Allemagne contemporaine*, *op. cit.*, p. 181.

343 *Ibid.*

344 En ce sens, C. Mongouachon, « L'ordolibéralisme. Contexte historique et contenu dogmatique », *op. cit.*, pp. 42-43.

345 C. Prieto, « L'Europe et le droit de la concurrence : des malentendus aux mérites reconnus », *JCP G*, 2007, n° 12, pt 7.

76. **Une obligation positive.** En second lieu, l'État est assujetti à une obligation positive de maintenir, voire d'établir sur l'ensemble des marchés, les mécanismes permettant à l'ensemble des entreprises d'intégrer la compétition[346]. Cette fonction interviendra notamment dans le cadre des missions de régulation qui incombent aux pouvoirs publics[347]. On retrouve parfaitement l'idée de protection de l'égalité des opérateurs économiques, héritière de la pensée de Kant et de Rousseau selon laquelle « *l'égalité compte autant que la liberté* »[348]. Marie Blanchard insiste sur la complicité entre la notion d'égalité et celle de concurrence, la notion d'égalité étant « *inhérente à la notion même de concurrence* »[349] et donc une « *exigence fondamentale en droit de la concurrence* »[350].

77. **La garantie de prix concurrentiels sur le marché.** Comme le relève le professeur Bilger dans sa thèse, Walter Eucken et ses disciples ont proposé de fonder la constitution économique autour d'un principe fondamental portant sur « *la réalisation d'un système de prix de concurrence parfaite* »[351]. Un tel mécanisme fondé sur les prix permet de contribuer au maintien de la structure concurrentielle du marché mais aussi de favoriser une allocation optimale des ressources, en établissant une plus juste répartition des moyens de production[352]. Ce principe est d'ailleurs perçu par Böhm comme un rouage essentiel à la coordination des individus et comme un impératif au dynamisme des transactions sur le marché[353], la régulation des prix étant l'une des principales caractéristiques des modèles liberticides. Partant, un modèle véritablement libéral ne saurait reprendre le contrôle des prix. De la même façon, le professeur Röpke identifiait ce principe comme moyen de réguler les capacités d'intervention de l'État sur le marché. Dès lors que l'intrusion publique affecte la juste « formation des prix », elle est présumée contraire au libre jeu de la concurrence[354].

2. Le principe de liberté contractuelle : une liberté étendue aux personnes publiques

78. Eucken qualifiait également la liberté contractuelle de principe constituant de la constitution économique[355]. À travers cette liberté, la doctrine souhaite supprimer

---

[346] L. Azoulay, « L'ordre concurrentiel et le droit communautaire », in *L'ordre concurrentiel. Mélanges en l'honneur d'Antoine Pirovano*, *op. cit.*, p. 296 et s.

[347] J. Chevallier, « État et ordre concurrentiel. Rapport introductif », *op. cit.*, p. 63.

[348] C. Mongouachon, « L'ordolibéralisme : Contexte historique et contenu dogmatique », *op. cit.*, p. 74 ; v. égal. L. Miksch, « Walter Eucken », *Kyklos*, vol. 4, n° 4, 1950, pp. 279-290.

[349] M. Blanchard, « L'égalité de traitement entre entreprises en droit communautaire de la concurrence », thèse Université Paris 2 Panthéon-Assas, 2004, p. 12.

[350] *Ibid.*, p. 18

[351] W. Eucken, *Grundsätze der Wirtschaftspolitik*, *op. cit.*, p. 254. Du même auteur, « Die Wettbewerbsordnung und ihre Verwirklichung », *ORDO*, vol. 2, 1949, cité par F. Bilger, *La pensée économique libérale dans l'Allemagne contemporaine*, *op. cit.*, p. 153 et s. ; F. Martucci, « Constitution économique et concurrence », in *La constitution économique. En hommage au Professeur Guy Carcassonne*, F. Martucci, C. Mongouachon (dir.), *op. cit.*, p. 24.

[352] *Ibid.* Ce point fera l'objet de développement dans la Partie I, Titre I, Chapitre 2.

[353] F. Böhm, cité par A. Peacock, H. Willgerodt (dir.), *Germany's Social Market Economy: Origins and Evolution*, *op. cit.*, p. 53.

[354] W. Röpke, *La crise de notre temps*, *op. cit.*, p. 240.

[355] W. Eucken, *Grundsätze der Wirtschaftspolitik*, *op. cit.*, p. 253. C. Prieto, D. Bosco, *Droit européen de la concurrence. Ententes et abus de position dominante*, *op. cit.*, pt 102, p. 94.

l'ensemble des obstacles affectant la fluidité des échanges et le dynamisme concurrentiel. Or, pour être effectif, ce principe nécessite d'être transposé également aux personnes publiques[356]. La doctrine souhaite aussi écarter les risques que le contrat soit utilisé comme un instrument de domination du marché par les entreprises. L'objectif étant de garantir aux acheteurs publics et autorités concédantes une réelle liberté contractuelle contre les risques de pressions de l'État et d'entreprises déjà présentes sur le marché, telles que les anciens titulaires de marchés publics ou de concessions[357].

79. Le droit administratif consacre depuis fort longtemps ce principe de liberté contractuelle au sein du droit de la commande publique à travers le principe de « *libre choix du cocontractant* », selon la formule employée par les auteurs du *Traité des contrats administratifs*[358]. Ce principe, lorsqu'il est appliqué aux personnes publiques, leur permet également de sélectionner le mode contractuel le plus à même de répondre à leurs besoins. Or, malgré cette liberté, les contrats, qu'ils soient privés ou publics, doivent se soumettre aux impératifs de l'ordre public concurrentiel. À ce titre, le professeur Kalflèche relève, dans sa thèse, que le droit de la commande publique « *encadre [les contrats] bien plus strictement que ne le fait le droit privé* »[359].

C. Le droit de la concurrence comme garant de l'ordre public concurrentiel

80. Après avoir examiné la notion ordolibérale de constitution économique puis son contenu, il convient de préciser les finalités poursuivies par ces différentes normes. Les professeurs Prieto et Bosco rappellent ainsi que la constitution économique a pour fonction de soumettre les opérateurs économiques à un ordre public concurrentiel[360], ambition à ce jour largement attribuée, au sein de l'Union européenne, au droit de la concurrence[361]. La constitution économique n'est pas

---

356 Rappelons qu'en droit interne cette liberté a valeur constitutionnelle ; en ce sens, Cons. const., déc. n° 2000-437 DC du 19 décembre 2000, *Loi de financement de la sécurité sociale pour 2001*, considérant 37.

357 V. en ce sens nos développements dans la Partie I, Titre II, Chapitre 2, Section 3, § 3.

358 A. de Laubadère, F. Moderne, P. Delvolvé, *Traité des contrats administratifs*, Paris, LGDJ, 1984, pt 629, p. 654 ; B. Delaunay, *Droit public de la concurrence*, 2e éd., *op. cit.*, pt 703 p. 369 ; L. Rapp, P. Terneyre (dir.), *Le Lamy, droit public des affaires*, Paris, Wolters Kluwer, 2012, pt 2615, p. 1129 ; L. Richer, *Droit des contrats administratifs*, 9e éd., Paris, LGDJ, 2014, pt 223 et s., p. 135 et s. Pour une illustration de la consécration de ce principe à l'échelle nationale, v. CE, 22 février 1983, *Union des transports publics urbains et régionaux*, n° 34027, *Rec.* p. 33 ; comm. J.-M. Auby, *RDP*, 1984, p. 212 ; Cons. const., déc. n° 2006-543 DC du 30 novembre 2006, *Loi relative au secteur de l'énergie* ; comm. J.-Y. Gadhoun, *RDP*, 2007, p. 845 ; R. de Bellescize, *RFDA*, 2007, p. 1163.

359 G. Kalflèche, « Des marchés publics à la commande publique : l'évolution du droit des marchés publics », *op. cit.*, pt 570, p. 457.

360 C. Prieto, D. Bosco, *Droit européen de la concurrence. Ententes et abus de position dominante*, *op. cit.*, pt 101, p. 93.

361 C. Prieto, « L'Europe et le droit de la concurrence : des malentendus aux mérites reconnus », *op. cit.*, pt 1 ; E. Putman, « Droit de la concurrence et ordre concurrentiel », in *L'ordre concurrentiel. Mélanges en l'honneur d'Antoine Pirovano*, *op. cit.*, p. 515 et s. ; M. Leitão Marques, « L'accès aux marchés non réglementés et l'ordre concurrentiel », in *L'ordre concurrentiel. Mélanges en l'honneur d'Antoine Pirovano*, *op. cit.*, p. 556 ; J.-Y. Chérot, « Le droit communautaire de la concurrence fonde-t-il un ordre concurrentiel ? Essai sur la notion d'entreprise et d'activité économique dans la jurisprudence de la Cour », in *L'ordre concurrentiel. Mélanges*

la seule construction doctrinale caractéristique de la pensée ordolibérale. L'ordre public économique[362] est fréquemment employé dans la littérature de ce mouvement (1). Ce dernier permet notamment d'isoler l'ordre économique *stricto sensu* des ordres politiques et sociaux[363]. Or, parmi les composantes de l'ordre public économique, il convient d'observer avec attention l'ordre public concurrentiel, lequel occupe d'ailleurs une place essentielle dans cette étude (2). L'une des ambitions de nos travaux est alors de démontrer progressivement la poursuite commune de cet « *ordre public concurrentiel* »[364] par le droit de la concurrence et le droit de la commande publique.

1. La notion d'ordre public économique

81. **Définition de l'ordre public économique.** La constitution économique vise, il convient de le rappeler, à établir un ordre public économique par l'intermédiaire de normes juridiques spécifiques[365]. Au même titre que l'ordre public traditionnel « *correspondant au minimum de conditions qui apparaissent indispensables pour garantir [l'] exercice des libertés et droits fondamentaux* »[366], l'ordre public économique apparaît comme un « *système cohérent et ordonné qui intègre facteurs et fonctions économiques, selon des normes et principes donnant un sens à la vie économique* »[367] et qui régit la structure et le fonctionnement de l'économie[368]. Dans un article récent, Jean-Victor Maublanc précise que l'ordre public économique ambitionne « *d'assurer la stabilité [du] marché, l'équilibre, la recherche d'harmonie de l'économie* »[369]. Walter Eucken avait identifié que l'efficacité économique du marché dépend d'un ordre économique la structurant[370]. Ce dernier

en l'honneur d'Antoine Pirovano, *op. cit.*, pp. 563-577 ; Y. Serra, « Non-concurrence et ordre concurrentiel ou la non-concurrence au service de l'ordre concurrentiel », in *L'ordre concurrentiel. Mélanges en l'honneur d'Antoine Pirovano*, *op. cit.*, 579 ; F. Riem, « Droits de la concurrence et ordre concurrentiel », in *L'ordre concurrentiel. Mélanges en l'honneur d'Antoine Pirovano*, *op. cit.*, pp. 635-660.

362 La paternité de l'expression en droit français est généralement imputée au professeur Farjat in *L'ordre public économique*, *op. cit.* V. égal. l'influence de G. Ripert, « L'ordre économique et la liberté contractuelle », in *Recueil d'études sur les sources du droit en l'honneur de François Gény*, tome 2, Paris, Sirey, 1977, pp. 352-353.

363 C. Prieto, D. Bosco, *Droit européen de la concurrence. Ententes et abus de position dominante*, *op. cit.*, pt 139, p. 134 ; L. Boy, « L'ordre concurrentiel : essai de définition d'un concept », *op. cit.*, p. 35 et s.

364 C. Prieto, « L'Europe et le droit de la concurrence : des malentendus aux mérites reconnus », *op. cit.*, pt 1 ; A.-S. Choné-Grimaldi, G. Godiveau, « L'entreprise, interface des rapports entre l'Union européenne et les États membres : le droit antitrust », *RJC*, 2014, n° 6, p. 468.

365 F. Böhm, *Die Ordnung der Wirtschaft als Geschichtliche Aufgabe und rechtsschöpferiche Leistung*, 1937, cité par C. Mongouachon, « Les débats sur la Constitution économique en Allemagne », *op. cit.*, p. 305.

366 P.-L. Frier, J. Petit, *Droit administratif*, 12e éd., Paris, LGDJ, 2018, pt 480, p. 322. Sur le lien entre l'ordre public et l'ordre concurrentiel : L. Boy, « L'ordre concurrentiel : essai de définition d'un concept », *op. cit.*, p. 36 ; M. Salah, « Les transformations de l'ordre public économique, vers un ordre public régulatoire », in *Philosophie du droit et droit économique. Quel dialogue ? Mélanges en l'honneur de Gérard Farjat*, Paris, Éditions Frison-Roche, 1999, p. 274. Sur la difficulté à définir cette notion, J.-V. Maublanc, « L'ordre public économique », *op. cit.*, p. 255.

367 L.-J. Constantinesco, « La constitution économique de la République fédérale allemande », *op. cit.*, p. 268.

368 F. Martucci, « Constitution économique, quelques fragments de doctrine française », in *La constitution économique. En hommage au Professeur Guy Carcassonne*, F. Martucci, C. Mongouachon (dir.), *op. cit.*, p. 38.

369 J.-V. Maublanc, « L'ordre public économique », *op. cit.*, p. 257. V. aussi R. Drago, « Avant-propos », in Cour de cassation, *Rapport public 2013*, La Documentation française, p. 9.

370 W. Eucken, *Grundsätze der Wirtschaftspolitik*, *op. cit.*, C. Prieto, D. Bosco, *Droit européen de la concurrence. Ententes et abus de position dominante*, *op. cit.*, pt 100, p. 92.

permet selon le professeur Marcou d'établir un « *espace normatif qui forme le cadre juridique de l'exercice des libertés, avec des restrictions variables selon les domaines en fonction de la gravité des atteintes à l'ordre public ou du risque de leur réalisation* »[371]. L'ordre public économique permet également de garantir « *l'harmonie* »[372] entre les opérateurs du marché. En effet, un tel ordre « *n'a rien [...] de naturel ni de spontané* »[373], mais résulte plus précisément de « *décisions politiques et d'actes juridiques* »[374]. Cela s'oppose donc à la démarche néo-libérale fondée sur un « laissez-faire » dévoyé, dont la passivité ne permet pas de mettre en œuvre un tel ordre public économique.

82. **L'ordre public concurrentiel : élément de l'ordre public économique.** La distinction entre l'ordre public économique et l'ordre public concurrentiel fait régulièrement l'objet de discussions au sein de la doctrine, ces deux notions pouvant être appréhendées comme des synonymes[375] ou comme deux notions bien distinctes. Or, malgré leur proximité, l'ordre public concurrentiel et l'ordre public semblent pouvoir être différenciés, ainsi que de récents travaux l'ont mis en lumière[376]. Le professeur Pez souligne en effet que l'ordre public concurrentiel est « *la première composante de l'ordre public économique* »[377], son « *noyau dur* »[378]. Celui-ci se concentre précisément sur la « *protection du fonctionnement concurrentiel du marché* »[379]. L'ordre public économique embrasse une fonction régulatrice qui dépasse la seule concurrence, en appréhendant de nombreux domaines comme les communications électroniques[380], l'audiovisuel, l'énergie ou encore le fonctionnement du marché financier[381]. La notion d'ordre public

---

371 G. Marcou, « L'apparition du droit du marché et l'ordre public économique », in *Droit et Marché*, S. Dormont, T. Perroud (dir.), *op. cit.*, p. 7. Du même auteur, « L'ordre public économique aujourd'hui. Un essai de redéfinition », in *Annales de la régulation 2009*, T. Revet, L. Vidal (dir.), Paris, Éditions de l'IRJS, 2009, pp. 79-103.

372 M.-C. Vincent-Legoux, *L'ordre public. Étude de droit comparé interne*, Paris, PUF, 2001, pp. 17 et 20.

373 G. Marcou, « L'apparition du droit du marché et l'ordre public économique », *op. cit.*, pp. 5-6 ; H. Rabault, « L'idée de "constitution économique" chez Walter Eucken », *op. cit.*, p. 71 ; W. Eucken, *Grundsätze der Wirtschaftspolitik*, *op. cit.*, p. 195.

374 G. Marcou, « L'apparition du droit du marché et l'ordre public économique », *op. cit.*, pp. 5-6 Dans le même sens, C. Mongouachon, « Ordolibéralisme *versus* néolibéralisme : antagonismes idéologiques et conséquences pratiques en droit européen de la concurrence », *op. cit.*, p. 24.

375 G. Marcou, « L'ordre public économique aujourd'hui. Un essai de redéfinition », *op. cit.*, p. 91, p. 95 et s. ; J.-V. Maublanc, « L'ordre public économique », *op. cit.*, pp. 254-255.

376 C. Vautrot-Schwarz, « L'ordre public économique », in *L'ordre public*, C.-A. Dubreuil (dir.), Paris, Éditions Cujas, 2012, p. 187 ; du même auteur, « Police et régulation », in *La police administrative*, C. Vautrot-Schwarz (dir.), Paris, PUF, 2014, p. 55.

377 T. Pez, « L'ordre public économique », *Les Nouveaux Cahiers du Conseil constitutionnel*, 2015, n° 49, p. 45. Dans le même sens, M.-A Frison-Roche, « Les différentes natures de l'ordre public économiques », *Arch. phil. dr.*, 2015, n° 58, p. 105 ; A. Camus, « L'ordre public concurrentiel », in *L'ordre public économique*, A. Laget-Annamayer (dir.), Paris, LGDJ, 2018, p. 266 ; P. Reis, « Ordre public économique et pouvoirs privés économiques : le droit de la concurrence cœur de l'ordre public économique », *RIDE*, 2019, n° 1, p. 17.

378 J.-V. Maublanc, « L'ordre public économique », *op. cit.*, p. 258.

379 T. Pez, « L'ordre public économique », *op. cit.*, p. 45 ; v. égal. P. Reis, « Ordre public économique et pouvoirs privés économiques : le droit de la concurrence cœur de l'ordre public économique », *op. cit.*, p. 17 ; F. Martucci, « Constitution économique et concurrence : En quête d'une matrice constitutionnelle du droit de la concurrence », *op. cit.*, p. 453.

380 T. Pez, « L'ordre public économique », *op. cit.*, pt 23.

381 La notion « d'ordre public économique » est utilisée notamment par l'Autorité des marchés financiers. En ce sens, AMF, Décision de la commission des sanctions du 17 mars 2005 à l'encontre de la banque X, SAN-

concurrentiel revêt cependant une signification essentiellement doctrinale[382]. Cette observation est corroborée par la lecture de la jurisprudence européenne, laquelle utilise exclusivement la notion d'ordre public économique, y compris dans le cadre de pratiques anticoncurrentielles[383]. L'utilisation de la notion d'ordre public concurrentiel permet toutefois de gagner en précision, en se focalisant sur les problématiques purement concurrentielles de la constitution économique. Dès lors, dans le cadre de cette étude, l'ordre public concurrentiel désigne la composante de l'ordre public économique chargée de préserver et développer le fonctionnement concurrentiel des marchés. À cette fin, il se fonde sur un volet régulateur mais aussi répressif[384]. Le droit de la concurrence, en raison de sa mission de protection de la concurrence « *effective et efficiente* »[385] sur le marché, entre naturellement dans le champ de l'ordre public concurrentiel.

2. L'ordre public concurrentiel comme pilier du modèle ordolibéral

83. **Une innovation ordolibérale.** La principale proposition de l'École de Fribourg a été de défendre un ordre public économique fondé autour d'un ordre concurrentiel dont la fonction serait de garantir la concurrence par les mérites et ses bienfaits collectifs. La constitution économique proposée par les ordolibéraux entend préserver la dynamique concurrentielle sur le marché et écarter la possibilité d'abus de pouvoir économique de la part des opérateurs économiques[386]. La concurrence apparaissait pour Franz Böhm comme un « fondement moral »[387]. Cette quête de concurrence effective permet d'ailleurs de matérialiser cette « troisième voie » entre autoritarisme et libéralisme manchestérien. Or, comme le relevait la professeure Boy, la concurrence est une logique de l'ordre public économique ayant vocation à garantir les libertés par l'intermédiaire du droit de la concurrence[388].

2005-07, pp. 6-7 ; AMF, « L'application du principe du principe ne bis in idem dans la répression des abus de marché. Proposition de réforme », 2015, p. 11.

382 La seule utilisation à ce jour de la notion d'« ordre public concurrentiel » dans le contentieux européen se limite à des conclusions. En ce sens, conclusions de l'avocat général Y. Bot présentées le 2 avril 2009, aff. jtes C-322/07 P, C-327/07 P et C-338/07 P, EU:C:2009:216, pt 106 : « *Premièrement, dans l'arrêt attaqué, le Tribunal semble méconnaître la nature du droit en cause en privilégiant l'efficacité de l'action de la Commission et l'ordre public concurrentiel.* »

383 À titre d'illustration, CJUE, 27 avril 2017, *FSL Holdings NV*, aff. C-469/15 P, EU:C:2017:308, pt 66 ; comm. L. Idot, *Europe*, 2017, n°6, pp. 29-30 ; CJCE, 8 décembre 2011, *KME Germany e.a*, aff. C-389/10 P, EU:C:2011:816, pt 126 ; comm. G. Muguet-Poullennec, *RLC*, 2012, n° 32, pp. 57-78 ; L. Idot, *Europe*, 2012, n° 2, p. 30 ; A. Lacresse, *Concurrences* n° 1-2012, art. n° 42297, pp. 181-182 ; N. Tuominem, *RDUE*, 2011, n° 4, pp. 753-758 ; CJCE, 7 janvier 2004, *Aalborg Portland e.a.*, aff. jtes C-204/00 P, C-205/00 P, C-211/00 P, C-213/00 P, C-217/00 P et C-219/00 P, EU:C:2004:6, pt 91 ; comm. C. Prieto, *JDI*, 2004, pp. 614-616 ; L. Idot, *Europe*, 2004, n° 3, pp. 23-24. Les juridictions françaises et l'Autorité de la concurrence sont également familières avec cette notion. À titre d'illustration : Cass. com., 19 octobre 2009, arrêt n° 910 FS-P+B.

384 A. Camus, « L'ordre public concurrentiel », *op. cit.*, p. 267.

385 *Ibid.*, p. 271.

386 W. Eucken, « Die Wettbewerbsordnung und ihre Verwirklichung », *op. cit.*, p. 1 ; F. Böhm, « Kartellauflösung und Konzerntflechtung. Spezialistenaufgabe oder Schicksalsfrage? »,*Süddeuttsche-Zeitung*, 1947, pp. 495-505.

387 C. Mongouachon, « Ordolibéralisme *versus* néolibéralisme : antagonismes idéologiques et conséquences pratiques en droit européen de la concurrence », *op. cit.*, p. 25 ; C. Mongouachon, « L'ordolibéralisme. Contexte historique et contenu dogmatique », *op. cit.*, p. 40.

388 L. Boy, « L'ordre concurrentiel : essai de définition d'un concept », *op. cit.*, p. 35 ; C. Prieto, « La culture européenne de concurrence », *op. cit.*, pt 39 ; C. Gavalda, B. Lecourt, G. Parleani, *Droit des affaires de l'Union*

Ce résultat explique l'orientation profondément concurrentielle de l'ordre économique, défendue par les ordolibéraux[389]. En effet, Eucken observait qu'en dépit de la pluralité des ordres publics économiques envisageables[390], l'ordre public concurrentiel était le seul capable de garantir l'ensemble des libertés individuelles. L'erreur initiale des partisans du « laissez-faire » a précisément été de confondre liberté économique et ordre public économique, sans intégrer de mécanisme régulateur[391]. Ce point avait initialement été mis en avant par le professeur Rougier lors du colloque Lippmann. Dès 1938, il défendait l'importance d'établir un ordre légal protecteur des différentes libertés des individus afin de maintenir un véritable cadre économique libéral[392]. Un tel ordre suppose en effet d'instaurer un cadre de liberté, limité exclusivement « *par l'espace de liberté qui appartient aux autres* »[393].

84. Pour ce faire, les principes constituants promus dans la constitution économique, tels que le principe de concurrence complète, ont pour ambition d'établir un cadre juridique permettant de garantir un système pleinement libéral, et, plus exactement, de garantir que la concurrence sur le marché soit fondée sur les mérites des entreprises et non sur leurs entraves potentielles[394]. Les professeurs Prieto et Bosco soulignent à ce titre que l'ordre public concurrentiel intervient justement « *pour empêcher une concurrence débridée qui profiterait aux plus forts et aux manipulateurs, leur permett[ant] de se constituer des rentes de situation ou de confisquer l'accès au marché, [et] d'engendrer […] des baisses de qualité* »[395]. De la même façon, le professeur Chevallier observe que « *l'État [est] surplombé par l'ordre concurrentiel* »[396] afin notamment de prévenir sa capture par des intérêts purement privés.

85. **L'intérêt général comme finalité de l'ordre public concurrentiel.** La volonté de protéger l'ordre public concurrentiel n'apparaît pas comme une fin en soi chez les auteurs ordolibéraux mais plutôt comme le seul moyen de garantir les bénéfices économiques[397], humains et techniques de la libre concurrence. Les professeurs Bosco et Prieto observent à ce titre que l'intérêt général est « *la raison d'être*

---

européenne, 7e éd., *op. cit.*, pt 445, p. 315. Dans le même sens, E. Combe, *La politique de la concurrence*, 3e éd., *op. cit.*, p. 21 ; T. Pez, « L'ordre public économique », *op. cit.*, p. 43 ; P.-M. Cosmovici, « La concurrence en droit national et en droit communautaire », *RIDC*, 1993, vol. 45, n° 2, p. 402 et s.

389 W. Eucken, *Die Grundlagen der Nationalökonomie*, 9e éd., Berlin, Springer, 1989 (1re éd. 1939), 279 p. ; J. Drexl, « La Constitution économique européenne – L'actualité du modèle ordolibéral », *op. cit.*, p. 422.

390 W. Eucken cité par C. Mongouachon, « Ordolibéralisme *versus* néolibéralisme : antagonismes idéologiques et conséquences pratiques en droit européen de la concurrence », *op. cit.*, pp. 23-24.

391 F. Bilger, *La pensée économique libérale dans l'Allemagne contemporaine*, *op. cit.*, p. 137.

392 Allocation de L. Rougier, in *Le colloque Lippmann : aux origines du néo-libéralisme. Précédé de Penser le « néo-libéralisme »*, S. Audier, *op. cit.*, p. 428

393 W. Eucken, *Grundsätze der Wirtschaftspolitik*, *op. cit.*, p. 27. Traduction proposée par C. Mongouachon, « L'ordolibéralisme : Contexte historique et contenu dogmatique », *op. cit.*, pt 19, p. 74. V. égal. M.-C. Vincent-Legoux, *L'ordre public. Étude de droit comparé interne*, *op. cit.*, p. 348 et s. et 453 et s. ; G. Clamour, *Intérêt général et concurrence. Essai sur la pérennité du droit public en économie de marché*, *op. cit.*, pt 165 et s., p. 93 et s.

394 C. Prieto, « La culture de concurrence : Une quête de sens et d'action », *op. cit.*, p. 722 ; C. Prieto, « La culture européenne de concurrence », *op. cit.*, pt 3.

395 C. Prieto, D. Bosco, *Droit européen de la concurrence. Ententes et abus de position dominante*, *op. cit.*, pt 143, p. 137.

396 J. Chevallier, « État et ordre concurrentiel. Rapport introductif », *op. cit.*, p. 59 et s.

397 La Cour de justice, dans son arrêt *Roquette*, évoque le « *bien-être économique dans la Communauté* ». En ce sens, CJCE, 22 octobre 2002, *Roquette Frères SA*, aff. C-94/00, EU:C:2002:603, pt 42 ; comm. J.-M. Belorgey,

des règles de concurrence »[398]. La Cour de justice, dans son arrêt *TeliaSonera*, souligne d'ailleurs que les règles de concurrence ont « *précisément pour objectif d'éviter que la concurrence ne soit faussée au détriment de l'intérêt général, des entreprises individuelles et des consommateurs, contribuant ainsi au bien-être dans l'Union* »[399]. Le choix manifeste des rédacteurs des traités européens de fonder le marché intérieur sur la libre concurrence démontre les bénéfices attendus par ce « *mode d'organisation économique* »[400]. La professeure Idot observe quant à elle que l'apport des règles de concurrence pour l'intérêt général se caractérise par sa fonction régulatrice du marché en préservant la concurrence effective sur le marché[401], mais aussi en l'ouvrant à la concurrence[402]. Cette finalité commune au droit de la concurrence et au droit de la commande publique de l'Union européenne illustre leur quête réciproque en faveur du bien-être des Européens.

86. **Le droit de la concurrence comme garant de l'ordre public concurrentiel.** La constitution économique proposée par les ordolibéraux entend préserver la dynamique concurrentielle sur le marché et écarter la possibilité d'abus de pouvoir économique de la part des opérateurs économiques[403]. Eucken ajoutait quant à lui que le droit de la concurrence constitue l'un des « *principes régulateurs* »[404] de la constitution économique en raison de sa fonction pour garantir l'ordre public concurrentiel[405]. De la même façon, les professeurs Waelbroeck et Frignani observent le rôle protecteur de la « *démocratie économique* »[406] du droit de la concurrence. Cette fonction est aujourd'hui pleinement assurée par le droit de la concurrence avec les articles 101 et 102 TFUE[407]. Par ailleurs, le respect de la libre concurrence par les mérites ne se limite pas aux excès des seules personnes privées, mais fait également l'objet d'une « *réception* » en droit public[408]. Cela se matérialise avec les articles 106 et 107 du traité et par l'utilisation

---

S. Gervasoni, C. Lambert, *AJDA*, 2003, pp. 378-380 ; S. Poillot-Peruzzetto, *Contrats, conc., consom.* 2002, n° 30, pp. 27-29.

398 C. Prieto, D. Bosco, *Droit européen de la concurrence. Ententes et abus de position dominante*, *op. cit.*, pt 210, p. 198. V. aussi, L. Idot, « L'intérêt général : limite ou pierre angulaire du droit de la concurrence », *op. cit.*, p. 225 ; L. Vogel, « Intérêt général et concurrence : la guerre ou la paix ? », *op. cit.*, pp. 667-678. J.-M. Sauvé, « La concurrence, composante de l'intérêt général », *op. cit.*, pp. 685-700 ; G. Clamour, *Intérêt général et concurrence. Essai sur la pérennité du droit public en économie de marché*, *op. cit.*

399 CJUE, 17 février 2011, *TeliaSonera Sverige*, aff. C-52/09, *op. cit.*, pt 22 ; Trib. UE, 22 mars 2012, *Slovak Telekom*, aff. jtes T-458/09 et T-171/10, EU:T:2012:145, pt 38 ; comm. L. Idot, *Europe*, 2012, n° 5, p. 199 ; C. Mathonnière, *RLDA*, 2012, n° 71, pp. 53-54.

400 L. Idot, « L'intérêt général : limite ou pierre angulaire du droit de la concurrence », *op. cit.*, p. 225. Rappelons que la relation entre le marché intérieur et la concurrence est prévue par le protocole n° 27 du traité. V. égal. P. Delvolvé, « Les libertés économiques », *RFDA*, 2017, n° 1, pp. 33-41.

401 *Ibid.*, pt 38.

402 *Ibid.*, pt 39.

403 W. Eucken, « Die Wettbewerbsordnung und ihre Verwirklichung », *op. cit.*, p. 1 ; F. Böhm, « Kartellauflösung und Konzerntflechtung. Spezialistenaufgabe oder Schicksalsfrage? », *op. cit.*, pp. 495- 505.

404 W. Eucken, *Grundsätze der Wirtschaftspolitik*, *op. cit.*, p. 253.

405 C. Mongouachon, « L'ordolibéralisme. Contexte historique et contenu dogmatique », *op. cit.*, p. 43.

406 M. Waelbroeck, A. Frignani, *Commentaire J. Mégret. Le droit de la CE*, tome 4, *Concurrence*, 2e éd., *op. cit.*, pt 16, p. 21. En ce sens, v. égal. C. Prieto, D. Bosco, *Droit européen de la concurrence. Ententes et abus de position dominante*, *op. cit.*, pt 105, p. 98.

407 C. Prieto, « Mise en œuvre des articles 101 et 102 TFUE dans la sphère privée », *JurisClasseur Europe Traité*, fasc. n° 1455, 2015, pt 59. V. égal. A. Camus, « L'ordre public concurrentiel », *op. cit.*, p. 264.

408 M. Bazex, « Le droit public de la concurrence », *op. cit.*, p. 781 et s.

globale des règles de concurrence par le juge administratif[409]. La protection de l'ordre public concurrentiel ne peut néanmoins se limiter aux seules règles de la concurrence. Aurélien Camus observe à ce titre que la construction du marché intérieur a permis « *d'initier le rapprochement* »[410] entre le droit de la concurrence et le droit de la commande publique autour des impératifs de protection de l'ordre public concurrentiel.

Section 2
Le droit de la commande publique : volet de la constitution économique

87. Après avoir étudié l'importance que revêt le droit de la concurrence dans la constitution économique, il convient de s'interroger sur la possibilité d'y intégrer le droit de la commande publique. Le professeur Martucci souligne que la concurrence « *ne s'épuise pas dans le seul droit de la concurrence* »[411] mais s'exprime manifestement dans le cadre du droit de la commande publique. La pensée ordolibérale justifiait la possibilité d'établir des règles spéciales de la concurrence en raison des différences et caractéristiques des marchés en cause[412]. C'est précisément la fonction du droit de la commande publique d'offrir un encadrement juridique adapté aux spécificités de la demande publique. Le droit de la concurrence et le droit de la commande publique peuvent ainsi se rejoindre au sein de la « *constitution concurrentielle* » identifiée par le professeur Martucci[413]. Deux arguments permettent de soutenir que le droit de la commande publique intègre naturellement le modèle de constitution économique ordolibéral. Tout d'abord, le droit de la commande publique est régulièrement qualifié de droit spécial de la concurrence (§ 1). Ensuite, les principes fondamentaux du droit de la commande publique sont manifestement l'une des matérialisations du principe de concurrence complète défendu par l'École de Fribourg (§ 2).

§ 1. Le droit de la commande publique comme droit spécial de la concurrence

88. Le droit de la commande publique et le droit de la concurrence partagent une fonction régulatrice du marché. Or, cette fonction a été pendant plusieurs siècles dévolue au seul droit de la commande publique, faisant de lui une expression,

---

409 A. Camus, « L'ordre public concurrentiel », *op. cit.*, p. 264.

410 *Ibid.*, pp. 273-274.

411 F. Martucci, « Constitution économique et concurrence : En quête d'une matrice constitutionnelle du droit de la concurrence », *op. cit.*, p. 455.

412 C. Mongouachon, « Pour une concurrence régulée : l'apport de Leonhard Miksch », *op. cit.*, p. 186.

413 F. Martucci, « Constitution économique et concurrence : En quête d'une matrice constitutionnelle du droit de la concurrence », *op. cit.*, p. 455. Dans le même sens, E. Mouriesse, *La quasi-régie en droit public français*, *op. cit.*, pt 179, p. 141.

certes limitée, du droit de la concurrence (A). Ce dernier partage d'ailleurs avec le droit de la commande publique une logique, voire une substance commune tournée vers la concurrence effective (B).

A. Le droit de la commande publique : première expression du droit de la concurrence

89. **Le droit de la concurrence : un droit contemporain.** Historiquement, la réflexion autour de la concurrence est marquée par un paradoxe. D'une part, les auteurs, dès l'Antiquité, ont observé que des comportements privés étaient susceptibles de renchérir les prix des marchandises par l'intermédiaire d'un accaparement[414]. Ce constat a conduit les pouvoirs publics à la plus grande fermeté pour sanctionner de tels comportements[415]. Ce type de législations était courant en droit romain, féodal, mais aussi avec de nombreuses limites dans le code pénal de 1810 et son article 419. D'autre part, malgré le constat ancien que le dynamisme de la concurrence pouvait être affecté par le comportement de certains opérateurs économiques et une meilleure compréhension de la construction des prix[416], les réflexions concurrentielles se sont longtemps limitées à la seule sphère philosophique et littéraire[417]. Elle n'a ainsi pas fait l'objet d'une consécration au sein des législations. Celles-ci ont, durant des siècles, favorisé la mise en place d'une monopolisation publique et d'une distribution publique comme seule réponse au risque de pénuries[418]. Or, ce mécanisme

---

[414] Démosthène, « Discours contre Dionysodore », in *Les Plaidoyers civils de Démosthène*, traduit du grec par R. Dareste, Paris, Éditions Plon, 1875, XIX ; A. Jardé, *Les céréales dans l'Antiquité grecque. I. La production*, Paris, Éditions de Boccard, 1925, p. 166 et s.

[415] H. Babled, *Droit romain : De la Cura Annonae chez les Romains*, Paris, A. Rousseau, 1892, p. 159 ; C. Prieto, D. Bosco, *Droit européen de la concurrence. Ententes et abus de position dominante*, *op. cit.*, pt 6, p. 20.

[416] Xénophon, *Les revenus* in *Œuvres complètes*, traduction établie par E. Tablot, Paris, Hachette, 1889, chap. IV, pt 6 ; C. G. Maniatis, « Operationalization of the Concept of Just Price in the Byzantine Legal, Economic and Political System », *Byzantion*, vol. 71, n° 1, 2001, pp. 131-193 ; R. Descat, « La cité grecque et la fraude », in *Fraude, contrefaçon et contrebande de l'Antiquité à nos jours*, collectif, Genève, Droz, 2006, p. 616 ; Cicéron, *Verrines*, § XCVIII ; J. Domat, *Les quatre livres du droit public*, *op. cit.*, p. 145. Ce dernier précise à ce titre que, « *[p]our prévenir la cherté que pourraient causer ceux qui se rendraient les maîtres des grains par des monopoles, c'est-à-dire en achetant une grande quantité pour les vendre seuls et les renchérir, les lois ont établi de grandes peines contre ceux qui commettent ce crime, comme il sera expliqué en son lieu* » (p. 147). Il ajoute : « *Ainsi, c'est de certains marchands ou artisans qu'on achète les choses les plus nécessaires, qu'on ne peut consommer qu'après le travail qui en donne l'usage, comme le pain, et quelques autres choses semblables, qu'ils renchérissent souvent, quoique les choses qu'ils mettent en usage ne soient pas renchéries à proportion du prix qu'ils y mettent. Et il y a aussi de ces marchands et artisans qui font des amas de grains et autres marchandises par la même vue de les enchérir ; c'est à ces abus, qu'on peut mettre au nombre des crimes, qu'il a été pourvu par les lois, pour les réprimer, et tenir de ces sortes de choses à leur juste prix* » (pp. 147-148).

[417] Aristote, *Les politiques*, livre VII, chap. 6, 1327 a ; du même auteur, *Éthique de Nicomaque*, Paris, Flammarion, 2004, 560 p.

[418] L. Migeotte, « Les cités grecques : une économie à plusieurs niveaux », in *L'économie antique, une économie de marché ?*, Y. Roman, J. Delaison (dir.), Paris, Éditions de Boccard, 2008, p. 180 ; H. Francotte, « Le pain à bon marché et le pain gratuit dans les cités grecques », in *Mélanges Paul Nicole*, éditeur non identifié, 1905, pp. 135-157 ; W. H. Waddington, *Édit de Dioclétien établissant le maximum dans l'Empire romain*, Paris, Firmin Didot, 1864, p. 5 ; C. Coquelin, G.-U. Guillaumin, *Dictionnaire de l'économie politique*, tome I, 3e éd., Paris, Librairie de Guillaumin et Cie, 1864, p. 302 ; M. Pierson, *L'intendant de Lorraine, de la mort de Stanislas à la Révolution française*, Université de Nancy, 1958, p. 238.

a systématiquement réduit la concurrence sur le marché en freinant le libre-échange et en posant de nouveaux obstacles pour le développement de l'offre[419]. En parallèle, des pénuries se sont régulièrement reproduites malgré les alertes des premiers auteurs libéraux[420].

90. En dépit des développements aboutis de Jean Domat sur les comportements anticoncurrentiels et notamment sur le rôle du droit pour encadrer les monopoles et coalitions[421], les principes juridiques dont il a proposé la mise en œuvre pour protéger l'intérêt général des comportements anticoncurrentiels ne trouveront pas d'écho dans la législation française[422]. En effet, la Révolution française a échoué à transposer rigoureusement la pensée de Domat au sein du droit pénal et commercial, laissant tomber dans l'oubli la construction de la culture de la concurrence française. Il faudra attendre le Sherman Act de 1890 pour les États-Unis puis les traités CECA et de Rome en Europe pour établir durablement un cadre juridique protecteur des libertés économiques et rappeler les risques de comportements anticoncurrentiels pour le bien-être collectif[423].

91. **Le droit de la commande publique : un modèle concurrentiel ancien.** Comme le rappelait le professeur Drago en 1987, le droit de la commande publique est historiquement la première expression du droit de la concurrence, avant même la naissance de ce dernier[424]. En effet, le recours à la mise en concurrence pour répondre à la demande publique est extrêmement ancien, l'adjudication devient ainsi la « *règle procédurale générale* » dès la République romaine[425]. Théodore Mommsen relevait que ce choix procédural des magistrats romains était motivé par son efficacité économique. Il indique, à propos de l'adjudication, que « *c'est seulement par cette voie que la concurrence peut être provoquée et l'exigence légale de la mise aux enchères être satisfaite* »[426] pour expliquer la généralisation de telles procédures. L'Antiquité romaine se caractérise ainsi par l'utilisation de la publicité pour dynamiser les concurrents potentiels et obtenir les prix les plus bas[427]. Cette logique démontre une réelle appréhension de la logique allocative de la concurrence. Celle-ci sera

---

419 Sur les obstacles antiques, v. en ce sens Plutarque, *Vie de Solon et Parallèle de Solon et de Publicola*, traduction établie par D. Ricard, Paris, Éditions J. Delalain, 1848, pt 24. Plus largement, v. J. Rougé, *Recherches sur l'organisation du commerce maritime en Méditerranée sous l'Empire romain*, Paris, S.E.V.P.E.N., Imprimerie nationale, 1966, p. 466 ; C. Prieto, D. Bosco, *Droit européen de la concurrence. Ententes et abus de position dominante*, *op. cit.*, pt 6 et s., pp. 20-21 ; A. Monnier, *Histoire de l'assistance dans les temps anciens et modernes*, Paris, Guillaumin et Cie, 1856, p. 31. F. Gauthier, « De Mably à Robespierre : un programme économique égalitaire 1775-1793 », *Annales historiques de la Révolution française*, 1985, n° 261, pp. 265-289.

420 P. de Boisguilbert, « Détail de la France, Factum de la France », in *Économistes financiers du XVIIIe siècle*, Paris, Guillaumin et Cie, 1843, pp. 180-181 ; H. Denis, *Histoire de la pensée économique*, Paris, PUF, 1966, p. 150 ; *Œuvres de Turgot et documents le* concernant, tome I, Paris, F. Alcan, 1913, p. 385.

421 J. Domat, *Les quatre livres du droit public*, *op. cit.*, pp. 147-148.

422 C. Prieto, D. Bosco, *Droit européen de la concurrence. Ententes et abus de position dominante*, *op. cit.* pt et s. 72, p. 72 et s.

423 *Ibid.*, pt 108 et s. et pt 157 et s., p. 100 et s. et p. 150 et s. ; C. Prieto, « La culture européenne de concurrence », *op. cit.*, pt 29.

424 R. Drago, « Marchés publics et concurrence », *op. cit.*, p. 199. V. égal. B. Stirn, « Droit public et droit de la concurrence », *op. cit.*, p. 557.

425 G.-A. Castier, *Les sociétés de publicains*, Faculté de droit de Douai, 1884, p. 8.

426 T. Mommsen, *Le droit public romain,* tome IV, Paris, Diffusion de Boccard, 1896 , p. 135.

427 M.-F. Malapert, *Histoire de la législation des travaux publics*, Paris, Librairie générale de l'architecture, 1880, p. 4 ; G.-A. Castier, *Les sociétés de publicains*, *op. cit.*, p. 33.

d'ailleurs reprise et développée sous l'Ancien Régime[428]. Ainsi, parmi les textes précurseurs du droit de la commande publique actuel figure le règlement de 1508 sous Louis XII, consacrant, des décennies avant Sully ou Colbert, l'usage de la publicité et de la mise en concurrence lors de l'adjudication des fermes fiscales. L'importance de ce texte est d'ailleurs soulignée par Xavier Bezançon lorsqu'il qualifie ce règlement de « *première réglementation de la concurrence* »[429], en raison des importantes obligations de publicité qu'il édicte et de leur précision[430]. La concurrence au sein des marchés publics sera, par la suite, fortement développée sous Colbert notamment par l'édit de juillet 1689[431]. L'externalisation défendue par Colbert et Vauban sera conservée principalement avec le recours aux concessions afin de moderniser progressivement le pays[432]. Cette logique, toujours présente aujourd'hui au sein du droit de la commande publique, illustre sa stabilité afin de bénéficier des avantages économiques de la concurrence.

92. **La reconnaissance d'un « droit spécial de la concurrence »[433].** Les interrogations relatives aux liens qui unissent le droit de la commande publique et le droit de la concurrence sont anciennes. Ainsi dès 1987, le professeur Drago a classé le droit de la commande publique comme l'une des branches du droit public de la concurrence[434]. Le professeur Blasselle, en se fondant sur l'objectif de concurrence effective du droit de la commande publique, confirme cette relation[435]. De la même

---

428 F. Monnier, *Les marchés de travaux publics dans la généralité de Paris au XVIIIe siècle*, tome XI, Paris, LGDJ, 1984, p. 169 ; H. Hulot, J.-F. Berthelot, P.-A. Tissot, A. Bérenger, *Corpus Iuris Civilis*, vol. 7, Metz, Éditions de Metz, 1803-1811, p. 598, titre XVI ; A.-J.-L. Jourdan, Decrusy, F.-A. Isambert, A.-H. Taillandier (dir.), *Recueil général des anciennes lois françaises depuis l'an 420 jusqu'à la Révolution de 1789*, Paris, Plon, 1833 ; A.-S. Condette-Marcant, *Bâtir une généralité : Le droit des travaux publics dans la généralité d'Amiens au XVIIIe siècle*, Vincennes, Institut de la gestion publique et du développement économique, Comité pour l'histoire économique et financière de la France, 2014, p. 198.

429 X. Bezançon, *Les services publics en France. Du Moyen Âge à la Révolution*, Paris, Presses de l'École nationale des ponts et chaussées, 1995, p. 386.

430 A.-J.-L. Jourdan, Decrusy, F.-A. Isambert, A.-H. Taillandier (dir.), *Recueil général des anciennes lois françaises depuis l'an 420 jusqu'à la Révolution de 1789*, Berlin-Le-Prieur, Plon, 1827, p. 538.

431 Ce texte est aujourd'hui perdu. En ce sens A.-S. Condette-Marcant, *Bâtir une généralité : Le droit des travaux publics dans la généralité d'Amiens au XVIIIe siècle*, *op. cit.*, p. 202.

432 H. Vérin, *La gloire des ingénieurs. L'intelligence technique du XVIe au XVIIIe siècle*, Paris, Albin Michel, 1993, 456 p. Sur l'externalisation, Vauban, « Premier Mémoire sur Toulon », in *Histoire des divers agrandissements et des fortifications de la ville de Toulon, accompagnée d'un Mémoire inédit du maréchal de Vauban*, O. Teissier, Paris, J. Dumaine, 1873, 153 p.

433 L'expression « droit spécial de la concurrence » pour faire référence au droit de la commande publique est employée par plusieurs ouvrages. À titre d'illustration, L. Rapp, P. Terneyre (dir.), *Le Lamy, droit public des affaires*, Paris, Wolters Kluwer, 2017, n° 1465, pt 1527, p. 616. Le professeur Delaunay use, quant à lui, de la notion de « droit public spécial de la concurrence » en opposition au « droit privé spécial de la concurrence » in B. Delaunay, *Droit public de la concurrence*, 2e éd., *op. cit.*, pt 682 et s., p. 361 et s. Sur ce thème, v. égal. O. Guézou, « Droit de la concurrence et droit des marchés publics : vers une notion transversale de mise en libre concurrence », *CP-ACCP*, 2003, n° 20, p. 45 ; O. Guézou, « Contrats publics et régulation concurrentielle », *op. cit.*, pt 494, pp. 222-223. Dans le même sens, E. Berkani, « Droit de la concurrence et commande publique : État des lieux d'un vieux couple », *op. cit.*, pt 67 ; V.-A. Pirovano, « Les transformations de l'ordre privé économique : l'exemple des réseaux de distribution sélective », in *Philosophie du droit et droit économique. Quel dialogue ? Mélanges en l'honneur de Gérard Farjat*, *op. cit.*, p. 211 et s.

434 R. Drago, « Marchés publics et concurrence », *op. cit.*, p. 198. V. sur ce point E. Berkani, « Droit de la concurrence et commande publique : État des lieux d'un vieux couple », *op. cit.*, pt 3, p. 58.

435 R. Blasselle, *Traité de droit européen de la concurrence*, tome II B, Paris, Publisud, 2005, spéc. ch. 3 : « Marchés publics, concessions et partenariats public-privé ».

façon, la thèse du professeur Clamour comprend une notion extensive du droit de la concurrence permettant d'intégrer en son sein le droit de la commande publique. Il indique en effet que « *le droit de la concurrence se présente alors comme un ensemble de règles dont l'objet tient à la fois en la conservation des libertés économiques et en la protection du fonctionnement harmonieux du marché* »[436]. La notion de droit spécial de la concurrence permet de souligner leur proximité philosophique tout en rappelant l'autonomie juridique dont jouit le droit de la commande publique. Nos propos introductifs ont souligné en effet que le droit de la commande publique européen ne s'appuie que sur des dispositions relatives au marché intérieur, et non sur le droit de la concurrence *stricto sensu*.

93. Le professeur Delaunay précise, en outre, que c'est le « *droit de la mise en concurrence* »[437] qui, s'imposant aux acheteurs publics, permet de qualifier le droit de la commande publique de « *droit spécial de la concurrence* »[438]. Du reste, il rappelle que l'obligation de mise en concurrence est « *le point de contact le plus évident dans ce que le droit de la mise en concurrence est précisément destiné à éviter que des pratiques anticoncurrentielles soient commises dans la commande publique* »[439]. Elias Berkani s'interroge quant à lui sur la possibilité de voir dans le droit de la commande publique un droit de la concurrence prenant en compte « *les exigences spécifiques de l'intervention des personnes publiques* »[440]. Enfin, pour le professeur Chevallier, l'obligation de mise en concurrence correspond justement à la matérialisation de la soumission de l'État à l'ordre public concurrentiel afin de garantir les bénéfices de la concurrence par les mérites[441].

---

436 G. Clamour, *Intérêt général et concurrence. Essai sur la pérennité du droit public en économie de marché*, *op. cit.*, pt 185, p. 101. Dans le même sens, B. Goldman, L. Vogel, « Concurrence », in *Encyclopædia Universalis*, *op. cit.*

437 B. Delaunay, *Droit public de la concurrence*, 2e éd., *op. cit.*, pt 688, p. 364. Dans le même sens, O. Guézou, « Droit de la concurrence et droit des marchés publics : vers une notion transversale de mise en libre concurrence », *op. cit.*, p. 43 et s.

438 *Ibid.* V. égal. sur ce point D. Casas, « Les personnes publiques et les règles de concurrence : vers l'égale concurrence ? », *Cahiers de la fonction publique*, 2001, n° 4 p. 19 ; CA Paris, 14 décembre 1989, *BOCCRF* n° 27 du 22 décembre 1989 ; comm. *Marchés publics*, 1990, n° 258, p. 31 : « *[L]e recours à la procédure d'appel d'offres par nature concurrentiel, manifeste son intention de rechercher la hiérarchie des prix comme un élément déterminant de sa décision.* ».

439 B. Delaunay, *Droit public de la concurrence*, 2e éd., *op. cit.*, pt 660, p. 325 et pt 664, p. 327. Sur ce point v. égal. L. Rapp, P. Terneyre (dir.), *Le Lamy, droit public des affaires*, Paris, Wolters Kluwer, 2015, pt 1465, p. 591 ; S. Nicinski, *Droit public de la concurrence*, *op. cit.*, p. 54 ; O. Guézou, « Droit de la concurrence et droit des marchés publics : vers une notion transversale de mise en libre concurrence », *op. cit.*, p. 130 et s. ; Y. Gaudemet, « L'achat de biens et services par les collectivités publiques », in Colloque « Pouvoirs publics et concurrence : L'achat de biens et services par les collectivités publiques » (3e table ronde – Paris, 7 mai 2010), *Concurrences* n° 3-2010, art. n° 32296, p. 35 ; J.-F. Brisson, « Les offres du secteur public marchand », in *Le nouveau droit des marchés publics*, F. Lichère (dir.), *op. cit.*, p. 151 ; E. Berkani, « Droit de la concurrence et commande publique : État des lieux d'un vieux couple », *op. cit.*, pt 18 et s., p. 61 et s. ; J. Caillosse, « Personnes publiques et concurrence : quels enjeux théoriques ? », *AJDA*, 2016, n° 14, p. 768.

440 E. Berkani, « Droit de la concurrence et commande publique : État des lieux d'un vieux couple », *op. cit.*, pt 67, p. 67.

441 J. Chevallier, « État et ordre concurrentiel. Rapport introductif », *op. cit.*, pp. 68-70. Dans le même sens, G. Quiot, « Ordre concurrentiel et service public », in *L'ordre concurrentiel. Mélanges en l'honneur d'Antoine Pirovano*, Paris, Éditions Frison-Roche, 2003, p. 97 ; B. Stirn, « Droit public et droit de la concurrence », *op. cit.*, p. 557.

B. Une substance concurrentielle analogue

94. **Le rôle de l'État : une dichotomie perceptible au sein du droit de la commande publique.** Le droit de la commande publique se caractérise par l'ambivalence de sa fonction. En effet, il régule l'action des pouvoirs publics en raison des règles spécifiques qu'il met en œuvre pour les marchés publics et concessions[442]. Parmi ses finalités principales figure le développement d'une structure concurrentielle afin d'écarter l'émergence de pouvoirs de marché de la part d'entreprises candidates[443]. Cela permet de protéger les acheteurs publics et autorités concédantes du comportement des opérateurs économiques. En parallèle, la régulation offerte par le droit de la commande publique vise également à encadrer les comportements de ces mêmes acheteurs publics et autorités concédantes. À cette occasion, le droit de la commande publique dévoile le rôle dichotomique de l'État dans ce secteur[444]. Ce dernier réunit une fonction régulatrice pour protéger les acheteurs publics et une fonction normative en édictant les règles qu'il devra lui-même respecter lors des procédures de mise en concurrence[445]. Ce mécanisme ressemble étroitement au double rôle de l'État dans la mise en place du droit de la concurrence. Il apparaît en effet comme garant du respect de telles règles, mais aussi comme un auteur potentiel de violations de celles-ci.

95. **La protection d'une concurrence par les mérites.** Le droit de la commande publique, en tant que droit spécial de la concurrence, adopte la « *dimension objective* »[446] du droit de la concurrence. Celle-ci vise, selon le professeur Clamour, à « *protéger […] la structure concurrentielle globale du marché* »[447] et son fonctionnement harmonieux. Le professeur Richer souligne, sur ce point, que le droit de la commande publique « *a en commun avec le droit de la concurrence qu'il cherche à faire prévaloir la concurrence par les mérites* »[448]. Or, la concurrence par les mérites apparaît comme cruciale dans la pensée ordolibérale puisqu'elle constitue le seul type de concurrence légitime, en opposition avec la « *concurrence par l'exclusion* »[449] ou

---

[442] O. Guézou, « Contrats publics et politique de la concurrence », *op. cit.*, p. 641 ; P. W. Jessen, B. O. Gram Mortensen, M. Steinicke, K. E. Sørensen, *Regulating Competition in the EU*, *op. cit.*, p. 7.

[443] Ce point est développé dans le cadre de la Partie I, Titre I, Chapitre 1.

[444] F. de Cecco, *State Aid and the European Economic Constitution*, *op. cit.*, p. 162 ; W. Sauter, « The Economic Constitution of the European Union », *Columbia Journal of European Law*, vol. 4, n° 1, 1998, pp. 27 et 47.

[445] A. Sánchez-Graells, « Transparency and competition in public procurement: a comparative view on their difficult balance », in *Transparency in EU Procurements: Disclosure Within Public Procurement and During Contract Execution*, K.-M. Halonen, R. Caranta, A. Sánchez-Graells (dir.), Edward Elgar Publishing, 2019, p. 33 et s.

[446] G. Clamour, *Intérêt général et concurrence. Essai sur la pérennité du droit public en économie de marché*, *op. cit.*, pt 242 et s., p. 134 et s. V. aussi E. Alandari, « Le droit économique de la France. Au carrefour des droits », in *Au carrefour des droits. Mélanges en l'honneur de Louis Dubouis*, Paris, Dalloz, 2002, p. 248.

[447] G. Clamour, *Intérêt général et concurrence. Essai sur la pérennité du droit public en économie de marché*, *op. cit.*, pt 242 et s., p. 134 ; L. Idot, « La liberté de concurrence en France », *LPA*, 2000, n° 59, p. 8 ; R. Blasselle, *Traité de droit européen de la concurrence*, tome I, Paris, Publisud, 2002, p. 10.

[448] L. Richer, *L'Europe des marchés publics. Marchés publics et concessions en droit communautaire*, *op. cit.*, p. 225 ; B. Delaunay, *Droit public de la concurrence*, 2e éd., *op. cit.*, pt 690, p. 365. Sur l'importance de la concurrence par les mérites dans la pensée ordolibérale, v. C. Mongouachon, « L'ordolibéralisme : Contexte historique et contenu dogmatique », *op. cit.*, p. 76 et s.

[449] H. C. Nipperdey, « Wettbewerb und Existenzvernichtung », *Kartell-Rundschau*, 1930, n° 128 ; F. Böhm, *Wettbewerb und Monopolkamf*, Berlin, Heymanns, 1964 ; J. Walther, « Prométhée enchaîné ou la puissance maîtrisée. Le "lien génétique" entre droit privé et concurrence dans l'œuvre de Franz Böhm (1895-1977) », *op. cit.*, p. 123.

« *par l'entrave* »[450]. Les apports du droit de la commande publique en faveur d'un « *ordre concurrentiel* »[451] permettent selon le professeur de La Rosa d'identifier sa présence au sein de la constitution économique européenne[452]. Les professeurs Jessen, Mortensen, Sørensen et Steinicke reprennent cette analogie avec l'ordolibéralisme en raison de la fonction régulatrice du droit de la commande publique[453]. Or, pour garantir la concurrence par les mérites, il importe de promouvoir le développement d'une concurrence effective mais aussi de prévenir les risques de corruption entre les décideurs publics et certains opérateurs économiques.

96. **La prévention de la corruption.** Dans le cadre du droit de la commande publique, les procédures de passation visent à rendre effective la concurrence par les mérites et s'opposent ainsi à la corruption et aux fraudes[454]. Ce point est corroboré par le Groupe d'États contre la corruption (ci-après GRECO), organe du Conseil de l'Europe. En effet, il souligne expressément que l'adoption de procédures de passation transparentes est un des « *principes directeurs pour la lutte contre la corruption* » en ce qu'elle favorise une concurrence loyale et décourage les corrupteurs[455]. En effet, ces derniers peuvent, au même titre que les pratiques anticoncurrentielles, briser l'élan de la libre concurrence et d'une sélection des offres fondée sur les seuls mérites des opérateurs économiques[456]. La corruption prive l'attribution du contrat public de toutes considérations concurrentielles et entraîne, par sa répétition, le développement de rentes illégales en faveur des entreprises corruptrices[457]. De telles dérives constituent, selon la professeure Rose-Ackerman, autant d'obstacles à une allocation effective des ressources et engendrent *in fine* de sérieuses distorsions à la concurrence[458]. Cette analyse est d'ailleurs confirmée par l'article 24 de la directive 2014/24/UE[459]. Régis Lanneau

---

450 C. Prieto, D. Bosco, *Droit européen de la concurrence. Ententes et abus de position dominante*, *op. cit.*, pt 103, p. 94.

451 S. de La Rosa, *Droit européen de la commande publique*, *op. cit.*, pt 4, p. 7.

452 *Ibid.*

453 P. W. Jessen, B. O. Gram Mortensen, M. Steinicke, K. E. Sørensen, *Regulating Competition in the EU*, *op. cit.*, p. 7.

454 R. Lanneau, « L'analyse économique de la constitution économique », in *La constitution économique. En hommage au Professeur Guy Carcassonne*, F. Martucci, C. Mongouachon (dir.), *op. cit.*, p. 64. Sur la prévention de la corruption par le droit de la commande publique, v. en ce sens Agence française anticorruption, « Guide de l'achat public. Maîtriser le risque de corruption dans le cycle de l'achat public », 2020, 159 p.

455 Conseil de l'Europe, Résolution (97)24 portant les vingt principes directeurs pour la lutte contre la corruption, 6 novembre 1997, principe 14.

456 S. Williams-Elegbe, *Fighting Corruption in Public Procurement: A Comparative Analysis of Disqualification or Debarment Measures*, Oxford, Hart Publishing, 2012, p. 7 et s. ; J. S. Nye, « Corruption and Political Development: A Cost-Benefit Analysis », *American Political Review*, vol. 61, n° 2, 1967, p. 417 ; D. Della Porta, Y. Mény, « Propos introductif », in *Démocratie et corruption en Europe*, D. Della Porta, Y. Mény (dir.), Paris, La Découverte, 1995, p. 12 et s.

457 R. D. Tollison, « Rent Seeking: A Survey », *Kyklos*, vol. 35, n° 4, 1982, pp. 575-602 ; G. Tullock, *The Economics of Special Privilege and Rent Seeking*, Houten, Springer, 2013, 104 p. ; J. Cartier-Bresson, « L'économie de la corruption. De la définition d'un marché de la corruption à l'étude de ses formes organisationnelles : un premier bilan des analyses économiques de la corruption », in *Démocratie et corruption en Europe*, D. Della Porta, Y. Mény (dir.), *op. cit.*, p. 149.

458 S. Rose-Ackerman, *Corruption and Government: Causes, Consequences and Reform*, Cambridge University Press, 1999, p. 30.

459 Directive 2014/24/UE du Parlement européen et du Conseil du 26 février 2014 sur la passation des marchés publics et abrogeant la directive 2004/18/CE, *op. cit.*, article 24 : « *Les États membres veillent à ce que*

perçoit d'ailleurs dans cette lutte du droit de la commande publique contre les rentes issues de la corruption une expression de la constitution économique en prévenant l'accaparement de marchés publics par certains opérateurs économiques[460].

97. **Un droit promoteur de concurrence.** La Cour de justice a souligné à plusieurs occasions la poursuite d'un « *intérêt supérieur* »[461] par le droit de la commande publique. Ainsi, dans son arrêt *Commission c/ France* du 26 septembre 2000, le juge européen a précisé, à propos des règles de publicité dans les procédures de passation des marchés publics, qu'elles « *visent à promouvoir le développement, au plan communautaire, d'une concurrence effective dans le domaine des marchés publics [...], en assurant que les soumissionnaires potentiels provenant des autres États membres soient en mesure de répondre aux différentes offres dans des conditions comparables à celles des soumissionnaires nationaux* »[462]. De surcroît, l'instauration d'une « *réelle concurrence* »[463] dans la commande publique passe par « *l'ouverture à la concurrence non faussée dans tous les États membres* »[464] suscitée par des règles de procédure adaptées[465]. Leur existence permet, *de facto*, de développer une « *concurrence effective* »[466] au sein des différents marchés pertinents qui composent la commande publique. De la même façon, la jurisprudence *Altmark*[467] permet de prendre en considération le respect des règles de passation de la commande publique comme « *preuve suffisante de respect de la concurrence* »[468]. Le mécanisme mis en place par cet arrêt pose une présomption de concurrence non faussée, reposant essentiellement sur la mise en œuvre du droit de la commande publique[469].

---

les pouvoirs adjudicateurs prennent les mesures appropriées permettant de prévenir, de détecter et de corriger de manière efficace des conflits d'intérêts survenant lors des procédures de passation de marché, afin d'éviter toute distorsion de concurrence et d'assurer l'égalité de traitement de tous les opérateurs économiques. »

460 R. Lanneau, « L'analyse économique de la constitution économique », *op. cit.*, p. 64.

461 G. Clamour, *Intérêt général et concurrence. Essai sur la pérennité du droit public en économie de marché*, *op. cit.*, pt 242 et s., p. 134 et s.

462 CJCE, 26 septembre 2000, *Commission c/ France*, aff. C-225/98, EU:C:2000:494, pt 34 ; comm. C. Lambert, *AJDA*, 2000, pp. 1058-1059.

463 Conclusions de l'avocat général S. Alber présentées le 14 mars 2000, aff. C-225/98, EU:C:2000:121, pt 29.

464 CJCE, 11 janvier 2005, *Stadt Halle et RPL Lochau*, aff. C-26/03, EU:C:2005:5, pt 44 ; comm. B. Kotschy, *RDUE*, 2005, n° 4, pp. 845-853 ; B. Du Marais, *Concurrences* n° 2-2005, pp. 143-144, Art. n° 1033 ; C. Boiteau, *JCP G*, 2005, I 145, E. Meisse, *Europe*, 2005, n° 3, p. 20 ; G. Marchegiani, *RMCUE*, 2006, pp. 47-57 ; J.-M. Belorgey, C. Stéphane, C. Lambert, *AJDA*, 2005, pp. 1113-1114. V. égal. les conclusions de l'avocat général C. Stix-Hackl présentées le 23 septembre 2004 sous la même affaire, EU:C:2004:553, pt 56.

465 M. Guibal, « Grandeurs et servitudes de la concurrence », *CP-ACCP*, 2003, n° 20, p. 2; G. Clamour, *Intérêt général et concurrence. Essai sur la pérennité du droit public en économie de marché*, *op. cit.*, pt 557 et s., p. 329 et s.

466 CJCE, 16 septembre 1999, *Fracasso et Leitschutz*, aff. C-27/98, EU:C:1999:420, pts 26 et 31 ; comm. D. Ritleng, *Europe*, 1999, n° 11, p. 18 ; CJCE, 27 novembre 2001, *Lombardini et Mantovani*, aff. jtes C-285/99 et C-286/99, EU:C:2001:640, pt 34 ; CJCE, 12 décembre 2002, *Universale-Bau e.a.*, aff. C-470/99, EU:C:2002:746, pt 89 ; comm. M. Dischendorfer, *PPLR*, 2003, pp. NA34-NA40 ; CJCE, 7 octobre 2004, *Sintesi SpA*, aff. C-247/02, EU:C:2004:593, pt 35 et s. ; comm. M. Nicolella, *Gaz. Pal.*, 2005, I Jur., pp. 36-37 ; J.-M. Belorgey, C. Stéphane, C. Lambert, *AJDA*, 2005, pp. 36-37.

467 Cette jurisprudence fait l'objet d'une analyse attentive aux points 640 à 657.

468 B. du Marais, « Le droit de la commande publique est-il un droit de la concurrence ? », *Gaz. Pal.*, 2007, n° 84-86, pp. 2-6.

469 Ce point fait l'objet d'un large développement dans la Partie I, Titre I, Chapitre 2, Section 2.

§ 2. Les principes fondamentaux du droit de la commande publique comme expression du principe de concurrence complète

98. Le modèle ordolibéral propose notamment de consacrer le principe de concurrence complète comme l'un des principes essentiels de la constitution économique. Le droit de la commande publique n'est pas étranger à ce principe ordolibéral. Ce dernier trouve une résonnance particulière au sein des principes fondamentaux du droit de la commande publique. Les professeurs Auby et Idoux observent que de tels principes sont manifestement présents dans la constitution économique européenne[470]. En effet, en s'inscrivant dans une démarche de promotion des libertés économiques, ces principes entrent nécessairement dans la finalité de protection de l'ordre public concurrentiel prônée par les ordolibéraux[471]. De la même façon, le professeur Guézou et Didier Casas observent que les principes du droit de la commande publique témoignent d'un lien très fort avec le droit de la concurrence[472]. Ces principes s'inscrivent dans une « *approche constitutionnelle* » en encadrant les actions des acheteurs publics et autorités concédantes sur l'ensemble du territoire européen[473].

99. Les principes du droit de la commande publique revêtent également une fonction démocratique, comme en atteste la Commission européenne lorsqu'elle précise qu'ils « *visent principalement à assurer aux opérateurs économiques la pleine jouissance des libertés fondamentales* »[474]. À ce titre, le Conseil d'État indiquait déjà en 1948, dans sa décision *Bourgade*, que les « *règles de concurrence et d'égalité des soumissionnaires [...] sont de l'essence de l'adjudication* »[475]. En effet, les traditionnels principes généraux du droit de la commande publique que sont le libre accès, l'égalité de traitement et la transparence semblent transposer[476] les ambitions de la pensée ordolibérale[477]. En pratique, de tels principes préservent la concurrence effective sur les marchés de la commande publique[478]. Le professeur

---

470 J.-B. Auby, P. Idoux, « Introduction générale », in *Le Gouvernement économique européen*, J.-B. Auby, P. Idoux (dir.), *op. cit.*, p. XXI.

471 D. Zimmer (dir.), *The Goals of Competition Law*, *op. cit.*, p. 66 et s.

472 O. Guézou, « Contrats publics et politique de la concurrence », *op. cit.* ; D. Casas, « Les personnes publiques et les règles de concurrence : vers l'égale concurrence ? », *op. cit.*, p. 19.

473 J.-B. Auby, P. Idoux, « Introduction générale », in *Le Gouvernement économique européen*, J.-B. Auby, P. Idoux (dir.), *op. cit.*, p. XXI.

474 Comm. eur., Livre vert sur la modernisation de la politique de l'UE en matière de marchés publics, « Vers un marché européen des contrats publics plus performant », *op. cit.*, p. 4. V. aussi J.-B. Auby, P. Idoux, « Introduction générale », in *Le Gouvernement économique européen*, J.-B. Auby, P. Idoux (dir.), *op. cit.*, p. XXI.

475 CE, 9 juillet 1948, *Bourgade*, n° 68956 et 68957 , *Rec.* pp. 314-315.

476 S. de La Rosa, « Les principes fondamentaux de la commande publique devant la Cour de justice : le développement d'un contentieux de "deuxième génération" », in *La commande publique, un levier pour l'action publique ?*, E. Muller (dir.), *op. cit.*, p. 89.

477 Sur l'importance du libre accès pour l'ordre public concurrentiel, en ce sens, M. M. Leitão Marques, « L'accès aux marchés non réglementés et l'ordre concurrentiel », *op. cit.*, p. 556.

478 A. Camus, « L'ordre public concurrentiel », *op. cit.*, p. 273. Sur la fonction régulatrice des principes de la commande publique, en ce sens, A. Sée, « La régulation du marché en droit administratif : étude critique », *op. cit.*, pt 863, p. 440.

Azoulay souligne d'ailleurs qu'ils contribuent à mettre en place les « *garanties procédurales* »[479] nécessaires au libre accès au marché, alors que le professeur Braconnier y voit un moyen d'assurer l'efficacité économique de la commande publique[480]. Un tel constat ne permet pas, pour autant, de présenter lesdits principes comme des fruits du droit de la concurrence, en raison notamment de la chronologie de leur émergence[481]. Cependant, l'étroite relation entre ces derniers et le principe ordolibéral de concurrence complète démontre une nouvelle fois que le droit de la commande publique peut, à juste titre, être qualifié de « droit spécial de la concurrence ». Ce faisant, il convient d'étudier le triptyque traditionnel des principes de la commande publique (A) puis de s'intéresser à l'émergence progressive du principe de concurrence (B).

A. Les principes de liberté d'accès, d'égalité de traitement et de transparence : des principes concurrentiels interdépendants

100. Le principal intérêt des principes du droit de la commande publique consiste, selon le professeur Chérot, à garantir l'efficacité du droit de la commande publique malgré les carences potentielles de la réglementation[482]. Ils permettent ainsi d'assurer le respect des « *impératifs concurrentiels* »[483] au sein du droit de la commande publique. Par ailleurs, ils présentent une interdépendance certaine en s'associant autour d'un objectif commun, à savoir l'accroissement de la concurrence lors des procédures de la commande publique[484]. Dès lors, ils participent activement à l'ambition européenne d'achèvement du marché intérieur[485]. La professeure Nicinski confirme à cette occasion leur fonction complémentaire. Le principe de libre accès demeure, selon elle, le « *pilier d'un système de libre concurrence* »[486] (1), le principe d'égalité de traitement est quant à lui le « *garant de la libre concurrence* »[487] (2) tandis que le principe de transparence permet une ouverture suffisante du marché (3).

---

479 L. Azoulay, « L'ordre concurrentiel et le droit communautaire », *op. cit.*, p. 305 et s. Toutefois, celui-ci ne cite pas le principe d'égalité de traitement mais le supplante par celui d'accès effectif au juge.

480 S. Braconnier, *Précis du droit de la commande publique*, *op. cit.*, p. 21. V. égal. S. de La Rosa, « Les principes fondamentaux de la commande publique devant la Cour de justice : le développement d'un contentieux de "deuxième génération" », *op. cit.*, p. 89 et s.

481 R. Drago, « Marchés publics et concurrence », *op. cit.*, p. 199.

482 J.-Y. Chérot, *Droit public économique*, 2e éd., *op. cit.*, pt 498, p. 722.

483 D. Guinard, « De l'effectivité du droit de la concurrence dans le droit de la commande publique. Regard récent sur la sélection des candidats par les pouvoirs adjudicateurs », *CMP*, 2011, n° 2, p. 13.

484 C. Lajoye, *Droit des marchés publics*, 6e éd., Paris, Gualino, 2017, pt 184, p. 166. Pour une illustration de leur interaction, CJUE, 17 février 2011, *Commission c/ Chypre*, aff. C-251/09, EU:C:2011:84, pt 37 et s. ; comm. M. Meister, *Europe*, 2011, n° 4, p. 19.

485 CJCE, 7 décembre 2000, *Telaustria*, aff. C-324/98, EU:C:2000:669, pt 60 ; comm. L. Richer, *AJDA*, 2001, pp. 110-112 ; M.-Y. Benjamin, *Dr. adm.*, 2001, n° 85 ; B. Cantier, *LPA*, 2001, n° 85, pp. 13-17 ; M. Dischendorfer, *PPLR*, 2001, pp. NA57-NA63. Sur ce point, v. F. Martucci, « Les objectifs politiques de la commande publique en droit de l'Union européenne », *op. cit.*, pp. 76-77.

486 S. Nicinski, *Droit public de la concurrence*, *op. cit.*, p. 55. V. égal. S. Saussier, J. Tirole, « Renforcer l'efficacité de la commande publique », *op. cit.*, p. 5.

487 *Ibid.*

1. Le principe de libre accès à la commande publique : fondement de l'ouverture de la concurrence

101. **Un outil de la démocratie économique.** Au même titre que la démocratie qui, dans son sens moderne, suppose la possibilité pour tous citoyens de participer aux élections, la démocratie économique suppose notamment que tout opérateur économique puisse librement participer aux procédures de mise en concurrence[488]. Le libre accès à la commande publique correspond au premier principe de la commande publique. Celui-ci fait directement écho au principe ordolibéral de concurrence complète et plus particulièrement à l'ouverture du marché qu'il défend. En effet, comme le précise la Cour de justice, le principe de libre accès à la commande publique se conjugue avec l'objectif principal de la commande publique « *[d]'ouverture à la concurrence non faussée [...] la plus large possible dans les États membres* »[489].

102. **Obligations positives et négatives pour les États membres.** Le libre accès à la commande publique impose deux obligations pour les États membres. D'une part, l'obligation positive de permettre à tout opérateur économique de l'espace européen de concourir librement à une procédure d'adjudication. Cela se retrouve à travers l'obligation de publicité. Puis, d'autre part, l'obligation négative de ne pas affecter la possibilité pour lesdits opérateurs de participer aux procédures de passation. Christophe Lajoye perçoit dans cette dimension négative une obligation pour l'acheteur public ou l'autorité concédante de ne « *pas créer ou laisser s'installer un milieu non concurrentiel* »[490]. En pratique, une telle obligation se concrétise par le strict encadrement des exigences pouvant être imposées par les acheteurs publics lors de la sélection des candidats. L'objectif est de favoriser une compétition maximale et d'écarter, *a contrario*, les exigences de capacités financières, techniques ou professionnelles disproportionnées pouvant restreindre significativement l'accès à la commande publique. Cela étant, ce principe n'est pas, à lui seul, suffisant pour donner toute l'effectivité nécessaire au principe ordolibéral de concurrence complète. En effet, le principe de libre accès suppose, au demeurant, le concours des principes d'égalité de traitement et de transparence, comme le précise, d'ailleurs, la Cour de justice dans son arrêt *Manova*[491].

---

488 K. Wauters, « A New Generation of Public Procurement Directives: Background, Objectives and Results », *op. cit.*, p. 33 ; C. Prieto, « La culture européenne de concurrence », *op. cit.*, pts 10-11.

489 CJCE, 13 décembre 2007, *Bayerischer Rundfunk e.a.*, aff. C-337/06, EU:C:2007:786, pt 39 : « *Pour ce qui est plus particulièrement des marchés publics de services, la Cour a mis en exergue ce même objectif principal, à savoir la libre circulation des services et l'ouverture à la concurrence non faussée et la plus large possible dans les États membres (voir, en ce sens, arrêt du 11 janvier 2005, Stadt Halle et RPL Lochau, C-26/03, Rec. p. I -1, points 44 et 47)* » ; comm. E. Broussy, F. Donnat, C. Lambert, *AJDA*, 2008, p. 249 ; E. Meisse, *Europe*, 2008, n° 2, p. 22 ; CJUE, 5 avril 2017, *Borta*, aff. C-298/15, EU:C:2017:266, pt 48 ; comm. S. de La Rosa, « L'influence grandissante des principes fondamentaux de la commande publique. À propos de l'arrêt Borta UAB », *Revue des affaires européennes*, 2017, n° 2, pp. 343-351.

490 C. Lajoye, *Droit des marchés publics*, 6e éd., *op. cit.*, pt 175, p. 154.

491 CJUE, 10 octobre 2013, *Manova*, aff. C-336/12, EU:C:2013:647, pt 28 : « *Parmi les objectifs principaux des règles du droit de l'Union en matière de marchés publics figure celui d'assurer la libre circulation des services et l'ouverture à la concurrence non faussée dans tous les États membres. Pour la poursuite de ce double objectif, le droit de l'Union applique notamment le principe d'égalité de traitement des soumissionnaires ou des candidats et l'obligation de transparence qui en découle* » ; comm. M. Aubert, E. Broussy, H. Cassagnabère,

2. Le principe d'égalité de traitement : garant de la concurrence non faussée

103. Le principe d'égalité de traitement apparaît comme un principe directeur du droit de la commande publique puisqu'il demeure un facteur essentiel pour l'égalité des chances[492] (a). Mais celui-ci présente également une portée particulière en droit de la commande publique (b).

a. Un facteur de l'égalité des chances

104. **Une aspiration traditionnelle du droit de la concurrence.** La proximité entre droit de la concurrence et égalité des chances est identifiée depuis fort longtemps. Walter Lippmann centrait cette relation autour de l'allocation optimale des ressources[493]. L'égalité des chances amplifie en effet les forces du marché et facilite la circulation des ressources entre les opérateurs économiques[494]. Marie Blanchard a repris cette position dans sa thèse. Selon elle, le droit de la concurrence cherche à garantir l'égalité des chances des différentes entreprises présentes sur le marché[495]. Elle seule est capable de garantir le développement de la concurrence effective[496]. Cette interprétation est corroborée par la Cour de justice dans son arrêt *GB-Inno-BM*, dans lequel elle retient qu'un « *système de concurrence non faussée tel que celui prévu par le traité ne peut être garanti que si l'égalité des chances entre les différents opérateurs économiques est assurée* »[497]. En effet, l'égalité des chances correspond à un droit

---

AJDA, 2013, pp. 2313-2314. Dans le même sens, CJUE, 10 juillet 2014, *Impresa Pizzarotti*, aff. C-213/13, EU:C:2014:2067, pt 63 : « *À cet égard, il importe de souligner que ladite réglementation contient des règles essentielles du droit de l'Union en ce qu'elle vise à assurer l'application des principes d'égalité de traitement des soumissionnaires et de transparence aux fins d'une ouverture à la concurrence non faussée dans tous les États membres* » ; comm. D. Simon, *Europe*, 2014, n° 10, pp. 18-19. V. égal. CJCE, 10 janvier 2008, *Commission c/ Portugal*, aff. C-70/06, EU:C:2008:3, pt 40 ; comm. A. Rigaux, *Europe*, 2008, n° 3, pp. 12-14 ; CJCE, 16 décembre 2008, *Michaniki*, aff. C-213/07, EU:C:2008:731, pt 55 ; comm. E. Broussy, F. Donnat, C. Lambert, *AJDA*, 2009 pp. 252-254 ; C. Le Berre, *Concurrences*, n° 1-2009, art. n° 23616, pp. 211-213 ; CJUE, 17 février 2011, *Commission c/ Chypre*, aff. C-251/09, *op. cit.*, pts 37 à 39.

492 P. W. Jessen, B. O. Gram Mortensen, M. Steinicke, K. E. Sørensen, *Regulating Competition in the EU*, *op. cit.*, p. 585.

493 Ce point est développé dans la Partie I, Titre I, Chapitre 2.

494 W. Lippmann, *La cité libre*, *op. cit.*, p. 278 : « *Sous un régime de chances égales, une inégalité flagrante des revenus [...] ne pourrait pas exister.* »

495 M. Blanchard, « L'égalité de traitement entre entreprises en droit communautaire de la concurrence », *op. cit.*, p. 13. V. égal. J.-J. Biolay, *Du principe de non-discrimination dans les relations commerciales en droit français et communautaire*, Paris, Sirey, 1982, p. 11 ; C. Prieto, « La culture européenne de concurrence », *op. cit.*, pt 3 ; H. Hovenkamp, *Federal Antitrust Policy: The Law of Competition and Its Practice*, 2e éd, St Paul, West Group, 1999, p. 51.

496 S. Robin-Olivier, *Le principe d'égalité en droit communautaire. Étude à partir des libertés économiques*, Aix-en-Provence, Presses universitaires d'Aix-Marseille, 1999, p. 93.

497 CJCE, 13 décembre 1991, *RTT c/ GB-Inno-BM SA*, aff. C-18/88, EU:C:1991:474, pt 25 ; comm. C. Bolze, *RTD com.* 1993, pp. 436-439 ; CJCE, 19 mars 1991, *République française c/ Commission*, aff. C-202/88, EU:C:1991:120, pt 5 ; comm. A. Mattera, *RDUE*, 1991, n° 3, pp. 245-2501 ; CJCE, 27 octobre 1993, *Lagauche*, aff. jtes C-46/90 et C-93/91, EU:C:1993:852, pt 44 ; comm. L. Hancher, *CMLR*, 1994, pp. 857-873. La formule semble perfectionner la solution proposée par la Cour de justice, dont notamment CJCE, 17 juillet 1959, *S.A.F.E.*, aff. C-42/58, EU:C:1959:20, p. 406 : « *[T]oute intervention ayant pour but ou pour effet de fausser artificiellement et substantiellement le jeu de la concurrence doit être considérée comme discriminatoire et incompatible avec le traité [...].* »

d'opportunité sur le marché[498], à un « *moteur* », selon la formule de la professeure Frison-Roche[499]. De la même façon, le professeur de Leyssac relevait qu'il est « *incontestable que sans le minimum d'égalité qui permet à chaque opérateur d'estimer qu'il a une chance de l'emporter dans la compétition, personne ne prendra le départ de la course* »[500].

105. **De l'égalité des chances à l'égale concurrence.** Cela étant, la relation entre égalité de traitement et égalité des chances n'est pas évidente à déterminer. Il convient de rejeter l'approche consistant à qualifier le principe d'égalité de traitement comme synonyme de l'égalité des chances. L'égalité des chances, en tant qu'« *exigence fonctionnelle d'une concurrence non faussée* »[501], se rapporte, pour partie, à la « *liberté d'accès aux marchés* » en tant que mécanisme de mobilisation des agents économiques, selon la thèse de Jean-Marc Louis[502]. Par conséquent, le principe d'égalité de traitement intervient comme support fonctionnel visant à garantir l'égalité des chances à l'occasion de la sélection des candidatures et des offres. L'égalité des chances, quant à elle, est plus globale. Elle tend à une mobilisation optimale des opérateurs du marché lors des procédures de mise en concurrence dans la commande publique[503]. Le professeur Delaunay perçoit d'ailleurs un glissement progressif du principe d'égalité vers l'égale concurrence, que ce soit entre opérateurs privés ou entre opérateurs privés et publics[504]. Le droit européen se caractérise en effet par son indifférence à la nature juridique des candidats aux procédures de passation[505]. L'essentiel consiste à garantir que les candidats ne bénéficient pas d'un avantage ou de facilités leur permettant de rendre inopérant l'objectif de concurrence effective.

106. **La proximité avec l'égale concurrence : confirmation prétorienne.** L'arrêt *Universale-Bau* insiste sur l'importance du principe d'égalité de traitement dans l'établissement d'un marché propice à garantir l'égalité des chances des opérateurs économiques. Il précise « *que la procédure d'attribution d'un marché public doit respecter, à tous ses stades, notamment celui de la sélection des candidats dans une procédure restreinte, tant le principe d'égalité de traitement des soumissionnaires potentiels que celui de la transparence, afin que tous disposent des mêmes chances dans la formulation des termes de leurs demandes de participation ou de leurs offres* »[506]. La jurisprudence *Fabricom* est encore plus explicite lorsqu'elle

---

498 J.-M. Louis, « Le principe d'égalité en droit des affaires », thèse Université Paris 1 Panthéon-Sorbonne, 1998, p. 57

499 M.-A Frison-Roche « Le poids des idées dans la répartition des compétences entre juges judiciaire et administratif en matière de concurrence au regard de la loi du 8 février 1995 », *Gaz. Pal.*, 30 juin-1er juillet 1996, p. 3.

500 C. L. de Leyssac, G. Parleani, *Droit du marché,*: Paris, PUF, 2002, p. 122.

501 M. Blanchard, « L'égalité de traitement entre entreprises en droit communautaire de la concurrence », *op. cit.*, p. 17. L'auteur parle également d'une « *exigence fondamentale en droit de la concurrence* », p. 18.

502 J.-M. Louis, « Le principe d'égalité en droit des affaires », *op. cit.*, p. 57.

503 *Ibid.*, p. 64.

504 B. Delaunay, *Droit public de la concurrence*, 2e éd., *op. cit.*, pts 179-180, pp. 116-117. V. égal. J. Chevallier, « État et ordre concurrentiel. Rapport introductif », *op. cit.*, p. 71.

505 Ce point est développé avec précision dans la Partie II, Titre II, Chapitre 1, Section 1.

506 CJCE, 12 décembre 2002, *Universale-Bau e.a.*, aff. C-470/99, *op. cit.*, pt 93 ; CJCE, 25 avril 1996, *Commission c/ Belgique*, aff. C-87/94, EU:C:1996:161, pt 54 ; comm. M. Fernandez, M. José, *PPLR*, 1996, pp. CS133-CS139. V. égal. CJUE, 17 février 2011, *Commission c/ Chypre*, aff. C-251/09, *op. cit.*, pt 37.

indique, à propos d'un candidat ayant participé aux travaux préparatoires d'un marché public, que « *tous les soumissionnaires doivent disposer des mêmes chances dans la formulation des termes de leurs offres* »[507]. Partant, le principe d'égalité de traitement apparaît effectivement comme une norme visant à assurer l'effectivité de l'égalité des chances au sein de la commande publique. Ce principe participe nécessairement à la mise en œuvre du principe de concurrence complète en raison notamment de son importance pour développer la concurrence sur le marché[508].

b. La portée du principe d'égalité de traitement au sein du droit de la commande publique

107. **Un principe fondamental de l'Union européenne.** La qualification par la professeure Arrowsmith de l'égalité de traitement de « *principe fondamental de l'Union européenne* »,[509] ou encore de principe général du traité[510], repose essentiellement sur l'analyse proposée par la jurisprudence *Ruckdeschel e.a*[511] et confirmée, ultérieurement, par la Commission européenne[512]. Ledit principe « *veut que les situations comparables ne soient pas traitées de manière différente, à moins qu'une différenciation ne soit objectivement justifiée* »[513]. Dès lors, toutes les formes de discriminations sont proscrites. Néanmoins, il convient de remarquer que le principe de non-discrimination est « *seulement une expression spécifique* »[514] du principe d'égalité de traitement. La distinction entre les deux principes est d'ailleurs expressément rappelée par les directives « marchés publics »[515]. Le principe d'égalité de traitement

507 CJCE, 3 mars 2005, *Fabricom SA*, aff. jtes C-21/03 et C-34/03, EU:C:2005:127, pt 29 ; comm. F. Kauff-Gazin, *Europe*, 2005, n° 5, p. 20 ; J.-M. Belorgey, S. Gervasoni, C. Lambert, *AJDA*, 2005, pp. 1114-1115 ; M. Nicolella, *Gaz. Pal.*, 2006, n° 102-103, I Jur., pp. 29-30.

508 CJCE, 22 juin 1993, *Commission c/ Danemark*, aff. C-243/89, EU:C:1993:257, pt 33 ; comm. M.-C. Boutard-Labarde, *JDI*, 1994, pp. 499-450.

509 S. Arrowsmith, *The Law of Public and Utilities Procurement*, Londres, Thomson. Sweet & Maxwell, 2010, pt 4.16, p. 198 (traduction libre de l'auteur) ; T. Tridimas, *The General Principles of EC Law*, Oxford University Press, 1999, chap. 2, n° 88 ; R. Hernu, « Le principe d'égalité et le principe de non-discrimination dans la jurisprudence de la CJUE », *Les Cahiers du Conseil constitutionnel*, 2020, n° 4, 7 p.

510 CJUE, 22 octobre 2015, *Impresa Edilux et SICEF*, aff. C-425/14, EU:C:2015:721, pt 25 ; comm. F. Gazin, *Europe*, 2018, n° 4, p. 27.

511 CJCE, 19 octobre 1977, *Ruckdeschel e.a.*, aff. C-117/76, EU:C:1977:160, pt 7 et s. ; CJUE, 19 décembre 2012, *Ordine degli Ingegneri della Provincia di Lecce e.a*, aff. C-159/11, EU:C:2012:817, pt 23 ; comm. D. Poupeau, *AJDA*, 2012, p. 2407 ; M. Aubert, E. Broussy, H. Cassagnabère, *AJDA*, 2013, pp. 338-340 ; D. Simon, *Europe*, 2013, n° 2, pp. 32-33 ; A. Sée, *Concurrences* n° 2-2013, art. n° 52156, pp. 183-185 ; CJUE, 16 mai 2015, *Enterprise Focused Solutions*, aff. C-278/14, EU:C:2015:228, pt 16 ; comm. A. Bouveresse, *Europe*, 2015, n° 6, pp. 35-36.

512 Comm. eur., Communication interprétative de la Commission sur les concessions en droit communautaire, *JOCE* n° C 121 du 29 avril 2000, pp. 2-13, pt 3.1.1. Celle-ci se fonde sur l'arrêt CJCE, 8 octobre 1980, *Überschär*, aff. C-810/79, EU:C:1980:228, pt 16.

513 CJCE, 8 octobre 1980, *Überschär*, aff. C-810/79, *op. cit.*, pt 16.

514 Comm. eur., Communication interprétative de la Commission sur les concessions en droit communautaire, *op. cit.*, pt 3.1.1.

515 Directive 2014/24/UE, *op. cit.*, considérant 1 : « *La passation de marchés publics par les autorités des États membres ou en leur nom doit être conforme aux principes du traité sur le fonctionnement de l'Union européenne, notamment la libre circulation des marchandises, la liberté d'établissement et la libre prestation de services, ainsi qu'aux principes qui en découlent comme l'égalité de traitement, la non-discrimination, la reconnaissance mutuelle, la proportionnalité et la transparence.* » V. égal. : directive 2014/25/UE, *op. cit.*, considérant 2 ; directive 2014/23/UE, *op. cit.*, considérant 4.

constitue le fondement, la « *base* »[516], voire « *l'essence* »[517] de ces directives selon l'expression des juges européens. Alors que le principe de non-discrimination s'oppose exclusivement aux ruptures de l'égalité fondées sur la nationalité de l'entreprise candidate, le principe de l'égalité de traitement transcende cet objectif en assurant aux compétiteurs, quels qu'ils soient, un traitement équivalent, impartial et dépourvu de toute discrimination[518]. Dès lors, comme le précise la professeure Robin-Olivier dans sa thèse, le principe d'égalité de traitement appartient aux règles européennes de concurrence et se traduit notamment dans le cadre des « *interventions publiques susceptibles de rompre l'égalité entre les entreprises* »[519].

108. **L'application du principe d'égalité de traitement dans le droit de la commande publique.** Le principe d'égalité de traitement trouve de nombreuses applications dans le cadre du droit de la commande publique, et plus particulièrement lors de la mise en concurrence[520]. La Cour de justice en fait d'ailleurs expressément état. L'objectif consiste à maintenir une saine compétition entre les candidats[521]. Au stade de la mise en concurrence, la crainte résulte du risque de « *distorsions de concurrence* »[522] en raison d'un comportement inégalitaire des acheteurs publics. Ce risque se traduit, en pratique, par de nombreuses obligations s'imposant à ces derniers[523]. Ainsi, à titre d'illustration, un candidat ne saurait bénéficier du droit de modifier son offre à la suite de l'écoulement du délai de présentation des offres[524]. De la même façon, accepter l'offre d'un soumissionnaire nonobstant sa non-conformité avec le cahier des charges est constitutif d'une violation du principe d'égalité de traitement[525].

3. Le principe de transparence : instrument fonctionnel d'ouverture à la concurrence

109. **La corrélation avec le principe d'égalité de traitement.** Le principe d'égalité de traitement se caractérise par son expansionnisme. Or, la jurisprudence

---

516 CJCE, 18 juin 2002, *HI*, aff. C-92/00, EU:C:2002:379, pt 45 : « *Il ressort en outre de la jurisprudence de la Cour que le principe d'égalité de traitement, qui constitue la base des directives relatives aux procédures de passation des marchés publics, implique une obligation de transparence afin de permettre de vérifier son respect* » ; comm. S. Marciali, *Revue des affaires européennes*, 2002, pp. 921-929 ; CJCE, 12 décembre 2002, *Universale-Bau e.a.*, aff. C-470/99, *op. cit.*, pt 90 et s. ; CJCE, 19 juin 2003, *GAT*, aff. C-315/01, EU:C:2003:360, pt 73 ; comm. D. Ritleng, *Europe*, 2003, comm. n° 321, p. 20 ; Trib. UE, 31 janvier 2013, *Espagne c/ Commission*, aff. T-235/11, EU:T:2013:49, pt 46 ; Trib. UE, 31 janvier 2013, *Espagne c/ Commission*, aff. T-540/10, EU:T:2013:47, pt 43.

517 CJCE, 22 juin 1993, *Commission c/ Danemark*, aff. C-243/89, *op. cit.*, pt 33 ; comm. M.-C. Boutard-Labarde, *JDI*, 1994, pp. 499-500.

518 C. Lajoye, *Droit des marchés publics*, 6e éd., *op. cit.*, pt 186, p. 167.

519 S. Robin-Olivier, *Le principe d'égalité en droit communautaire. Étude à partir des libertés économiques*, *op. cit.*, p. 89 et s. V. égal. J.-Y. Chérot, *Droit public économique*, 2e éd., *op. cit.*, pt 55 et s., p. 498 et s., p. 83 et 721 et s.

520 En droit interne, v. Cons. const., déc. n° 2003-473 DC du 26 juin 2003, *Loi habilitant le Gouvernement à simplifier le droit.*

521 L. Richer, « Droit des marchés publics et droit de la concurrence : un objectif, deux systèmes », *op. cit.*, p. 28 ; E. Wauters, « La concurrence dans les marchés publics : au regard des principes généraux d'égalité de traitement et de transparence », *op. cit.*, p. 18.

522 CJUE, 22 octobre 2015, *Impresa Edilux et SICEF*, aff. C-425/14, *op. cit.*, pt 28.

523 CJCE, 27 novembre 2001, *Impresa Lombardini SpA*, aff. C-285/99, *op. cit.*, pt 37.

524 CJCE, 25 avril 1996, *Commission c/ Belgique*, aff. C-87/94, *op. cit.*, pts 55 et 56 ; F. Lagondet, *Europe*, 1996, comm. n° 243, pp. 9-10.

525 CJCE, 22 juin 1993, *Commission c/ Danemark*, aff. C-243/89, *op. cit.*, pt 35.

souligne à certaines occasions que le principe de transparence « *découle* »[526] du principe d'égalité de traitement[527]. La transparence des procédures et la publicité qui en résulte contribuent directement à assurer l'égalité entre les opérateurs économiques[528], en leur offrant les informations nécessaires à leur participation aux procédures de mise en concurrence. La Cour de justice précise à ce titre que ces deux principes émanent respectivement des articles 49 et 56 TFUE[529], voire plus largement des règles relatives au marché intérieur[530]. Plus récemment, elle a rappelé que le principe de transparence a « *essentiellement pour but de garantir l'absence de risque de favoritisme et d'arbitraire de la part du pouvoir adjudicateur* »[531].

110. Toutefois, en dépit des différentes formules employées par la Cour, ces deux principes restent étroitement liés afin d'assurer « *une ouverture à la concurrence non faussée dans tous les États membres* »[532]. Cette corrélation est expressément

---

[526] CJUE, 19 décembre 2012, *Ordine degli Ingegneri della Provincia di Lecce e.a*, aff. C-159/11, *op. cit.*, pt 23 ; CJUE, 16 avril 2015, *Enterprise Focused Solutions*, aff. C-278/14, *op. cit.*, pt 16 ; comm. A. Bouveresse, *Europe*, 2015, n° 6, pp. 35-36. La Cour de justice attribue parfois la paternité du principe de transparence au principe de non-discrimination. En ce sens, CJCE, 18 novembre 1999, *Unitron Scandinavia A/S et 3-S A/S*, aff. C-275/98, EU:C:1999:567, pt 31 : « *[L]e principe de non-discrimination en raison de la nationalité ne saurait être interprété restrictivement. Il implique, notamment, une obligation de transparence afin de permettre au pouvoir adjudicateur de s'assurer de son respect* » ; comm. A. Brown, *PPLR*, 2000, pp. CS45-CS46.

[527] Sur les différents aspects de la notion de transparence en droit européen de la commande publique, v. en ce sens K.-M. Halonen, « Many faces of transparency in public procurement », in *Transparency in EU Procurements: Disclosure Within Public Procurement and During Contract Execution*, K.-M. Halonen, R. Caranta, A. Sánchez-Graells (dir.), *op. cit.*, pp. 8-32 ; T. Blay, « Disclosure rules within public procurement procedures and during contract implementation in France », in *Transparency in EU Procurements: Disclosure Within Public Procurement and During Contract Execution*, K.-M. Halonen, R. Caranta, A. Sánchez-Graells (dir.), *op. cit.*, p. 155 et s.

[528] CJCE, 7 décembre 2000, *ARGE*, aff. C-94/99, EU:C:2000:677, pt 24 ; comm. Y. Claisse, *LPA*, 2001, n° 56, pp. 16-20 ; CJCE, 16 octobre 2003, *Traunfellner*, aff. C-421/01, EU:C:2003:549, pt 29 ; comm. D. Simon, *Europe*, 2003, n° 12, p. 15 ; T. Gliozzo, *AJDA*, 2004, pp. 153-154 ; CJCE, 16 décembre 2008, *Michaniki*, aff. C-213/07, *op. cit.*, pt 55 ; CJCE, 25 avril 1996, *Commission c/ Belgique*, aff. C-87/94, *op. cit.*, pt 56 ; comm. F. Lagondet, *Europe*, 1996, n° 6, pp. 9-10. V. égal. A.-L. Durviaux, *Logique de marché et marché public en droit communautaire. Analyse critique d'un système*, *op. cit.*, pt 357, pp. 381-382 ; K.-M. Halonen, « Many faces of transparency in public procurement », *op. cit.*, p. 17 et s.

[529] CJCE, 21 juillet 2005, *Coname*, aff. C-231/03, EU:C:2005:487 ; comm. L. Idot, *Europe*, 2005, n° 338, pp. 23-24 ; CJCE, 13 novembre 2007, *Commission c/ Irlande*, aff. C-507/03, EU:C:2007:676, pt 29 ; comm. E. Meisse, *Europe*, 2008, n° 14 p. 21 ; D. Mcdgowan, *PPLR*, 2008, pp. NA48-NA52 ; CJUE, 11 décembre 2014, *Azienda sanitaria locale n. 5 « Spezzino »*, aff. C-113/13, EU:C:2014:2440 ; comm. V. Michel, *Europe*, 2015, n° 2, pp. 28-29 ; CJUE, 28 janvier 2016, *CASTA e.a.*, aff. C-50/14, EU:C:2016:56, pt 41 ; comm. D. Simon, *Europe*, 2016, n° 3, p. 5.

[530] CJUE, 10 octobre 2013, *Manova*, aff. C-336/12, *op. cit.*, pt 28 ; L. Vogel, *Traité de droit économique*, tome 4, *Droit européen des affaires*, Paris, Bruylant, 2015, pt 289 et s., p. 588 et s. ; S. Arrowsmith, *The Law of Public and Utilities Procurement, Vol. 2* 3e éd., *op. cit.*, pt 4.61, p. 191.

[531] CJUE, 5 décembre 2013, *Nordecon AS*, aff. C-561/12, EU:C:2013:793, pt 36 ; comm. M. Meister, *Europe*, 2014, n° 2, p. 32 ; CJUE, 29 mars 2012, *SAG ELV Slovensko e.a.*, aff. C-599/10, EU:C:2012:191, pt 25 ; comm. M. Meister, *Europe*, 2012, n° 5, p. 192 ; A.-L. Durviaux, *RTDE*, 2013, p. 36.

[532] CJUE, 10 juillet 2014, *Impresa Pizzarotti*, aff. C-213/13, *op. cit.*, pt 63 ; comm. D. Simon, *Europe*, 2014, n° 10, pp. 18-19 ; directive 89/665/CEE du Conseil, du 21 décembre 1989, portant coordination des dispositions législatives, réglementaires et administratives relatives à l'application des procédures de recours en matière de passation des marchés publics de fournitures et de travaux, *JOCE* n° L 395 du 30 décembre 1989, pp. 33-35, considérant préliminaire : « *[C]considérant que l'ouverture des marchés publics à la concurrence communautaire nécessite un accroissement substantiel des garanties de transparence et de non-discrimination et qu'il importe, pour qu'elle soit suivie d'effets concrets, qu'il existe des moyens de recours efficaces et rapides en cas de violation du droit communautaire en matière de marché public ou des règles nationales transposant ce droit [...].* »

établie par la Cour de justice dans sa jurisprudence *Telaustria*. Elle y précise que le principe d'égalité de traitement « *implique, notamment, une obligation de transparence qui permet au pouvoir adjudicateur de s'assurer que ledit principe est respecté* »[533]. Cette formule a été d'ailleurs confirmée, par la suite, dans l'arrêt *Universale-Bau*[534]. En effet, l'égalité de traitement entre les candidats ne peut être réellement mise en œuvre sans la transparence des procédures de passation et d'attribution de marchés. Ces procédures contribuent directement à s'assurer de la neutralité de l'autorité adjudicatrice, et donc à garantir l'égalité entre les différents candidats. Toutefois, malgré ce lien évident entre ces deux principes, l'article 18 de la directive 2014/24/UE consacre la pleine autonomie du principe de transparence[535].

111. **L'obligation fondamentale de la mise en concurrence.** Le droit de la concurrence et le droit de la commande publique ont en commun d'être les domaines d'expression privilégiés du principe de transparence en droit européen[536]. Ainsi, en droit de la commande publique, le principe de transparence se manifeste principalement à l'étape de la mise en concurrence[537]. La Cour de justice, à l'occasion de son arrêt *Beentjes*, précise qu'en « *vue de satisfaire à l'objectif de la directive d'assurer le développement d'une concurrence effective dans le domaine des marchés publics, les critères et conditions qui régissent chaque marché doivent faire l'objet d'une publicité adéquate de la part des pouvoirs adjudicateurs* »[538]. Le professeur Lichère observe que l'extension de la transparence au sein du droit de la commande publique se révèle être la principale empreinte du droit européen dans ce domaine[539]. Ce dernier se matérialise également par des procédures de passation et des règles d'attribution des achats publics[540]. L'effet recherché est une

---

533 CJCE, 7 décembre 2000, *Telaustria*, aff. C-324/98, *op. cit.*, pt 61 ; CJCE, 18 juin 2002, *HI*, aff. C-92/00, *op. cit.*, pt 46 ; comm. S. Marciali, *Revue des affaires européennes*, 2002, pp. 921-929.

534 CJCE, 12 décembre 2002, *Universale-Bau e.a.*, aff. C-470/99, *op. cit.*, pt 91. V. égal. CJCE, 13 octobre 2005, *Parking Brixen*, aff. C-458/03, EU:C:2005:605, pt 50 ; comm. B. Kotschy, *Revue du droit de l'Union européenne*, 2005, n° 4, pp. 845-853 ; E. Meisse, *Europe*, 2005, n° 411, pp. 18-19 ; A. Brown, *PPLR*, 2006, pp. NA40-NA47.

535 V. égal. l'article 36 de la directive 2014/25/UE, *op. cit.* ; article 3 de la directive 2014/23/UE, *op. cit.* ; article 4 de la directive 2009/81/CE, *op. cit.* V. annexe n° 1.

536 J.-M. Communier, « Le principe de transparence : réflexions sur sa qualification et sa portée », in *Le droit de l'Union européenne en principes. Liber amicorum en l'honneur de Jean Raux*, Rennes, Éditions Apogée, 2006, p. 261 ; A.-L. Durviaux, *Logique de marché et marché public en droit communautaire. Analyse critique d'un système*, *op. cit.*, pt 357, p. 382. Sur la transparence et le droit de la concurrence, J.-C. Roda, *Droit de la concurrence*, *op. cit.*, pp. 195-204 ; F. Riem, *La notion de transparence dans le droit de la concurrence*, Paris, L'Harmattan, 2002, 502 p.

537 J.-F. Brisson, *Les fondements juridiques du droit des marchés publics*, *op. cit.*, pp. 102-103 ; C. Maugüé, « La portée de l'obligation de transparence dans les contrats publics », in *Mouvement du droit public : du droit administratif au droit constitutionnel, du droit français aux autres droits : Mélanges en l'honneur de Franck Moderne*, D. de Béchillon, P. Cambot, H. Charles, J.-Y. Chérot (dir.), Paris, Dalloz, 2004, pp. 609-626 ; E. Mouriesse, *La quasi-régie en droit public français*, *op. cit.*, pt 621, pp. 403-404 ; K. Wauters, « A New Generation of Public Procurement Directives: Background, Objectives and Results », *op. cit.*, p. 35 ; S. de La Rosa, *Droit européen de la commande publique*, *op. cit.*, pt 58 et s. ; A. Sánchez-Graells, « Transparency and competition in public procurement: a comparative view on their difficult balance », *op. cit.*, p. 33 et s.

538 CJCE, 20 septembre 1988, *Gebroeders Beentjes BV*, aff. C-31/87, EU:C:1988:422, pt 21.

539 F. Lichère, « L'influence du droit communautaire sur le droit des contrats publics », *op. cit.*, p. 949 et s. Son application est d'ailleurs plus large ; v. en ce sens la directive 2007/66/CE, *op. cit.*, considérant 3 ; J.-M. Communier, « Le principe de transparence : réflexions sur sa qualification et sa portée », *op. cit.*, p. 261.

540 N. Symchowicz, P. Proot, *Partenariats public-privé et montages contractuels complexes*, 3e éd., Paris, Le Moniteur, 2012, p. 487 ; A. Sée, « La régulation du marché en droit administratif : étude critique », *op. cit.*,

nouvelle fois de dynamiser la concurrence sur le marché et d'assurer l'achèvement du marché intérieur[541]. L'ouverture de la concurrence est en effet dépendante de l'existence de procédures de passation accessibles et intelligibles pour les candidats[542]. Elle consiste à « *introduire une plus grande visibilité dans [les] contrats publics* », selon la formule de Christine Maugüé[543].

112. De la même façon, le principe de transparence dévoile largement sa portée à l'occasion de la publicité des différents marchés publics ou concessions. L'arrêt *Telaustria* souligne à ce titre l'importance dudit principe, lequel « *consiste à garantir, en faveur de tout soumissionnaire potentiel, un degré de publicité adéquat permettant une ouverture du marché des services à la concurrence ainsi que le contrôle de l'impartialité des procédures d'adjudication* »[544]. Il présente en outre l'avantage d'accroître substantiellement le nombre d'offres présentées aux acheteurs publics et autorités concédantes. Dès lors, ledit principe devient une norme fonctionnelle au service de l'ouverture à la concurrence. Du reste, il poursuit, à l'instar des autres principes fondamentaux, la quête ordolibérale d'une ouverture de la concurrence en assurant « *l'impartialité des procédures* »[545] et une « *opportunité raisonnable, pour les soumissionnaires non établis dans l'État membre de l'entité adjudicatrice, de soumettre des offres* »[546].

B. Le principe de concurrence : un principe protecteur grandissant

113. **Un principe émergeant en droit de la commande publique.** Alors que le contentieux européen fait régulièrement appel aux principes traditionnels du droit de la commande publique, le recours au principe de concurrence est relativement discret, en dépit de son importance fondamentale pour l'effectivité du droit de la commande publique[547]. Cette analyse est d'ailleurs corroborée par l'hétérogénéité de la sémantique utilisée par la jurisprudence européenne.

---

pt 873, p. 444 ; S. Chavarochette-Boufferet, « L'interprétation des directives de l'Union sur les marchés publics par la Cour de justice », *op. cit.*, p. 412.

541 CJCE, 10 janvier 2008, *Commission c/ Portugal*, aff. C-70/06, *op. cit.*, pt 40 ; comm. A. Rigaux, *Europe*, 2008, n° 3 pp. 12-14 ; F. Lichère, « L'influence du droit communautaire sur le droit des contrats publics », *op. cit.*, p. 949 ; R. Caranta « Transparence et concurrence », in *Droit comparé des contrats publics*, R. Noguellou, U. Stelkens (dir.), *op. cit.*, p. 145 et s.

542 C. Lajoye, *Droit des marchés publics*, 6e éd., *op. cit.*, pt 187, p. 168 ; K.-M. Halonen, « Many faces of transparency in public procurement », *op. cit.*, p. 17 et s.

543 C. Maugüé, « La portée de l'obligation de transparence dans les contrats publics », *op. cit.*, p. 610.

544 CJCE, 7 décembre 2000, *Telaustria*, aff. C-324/98, *op. cit.*, pt 62 : « *Cette obligation de transparence qui incombe au pouvoir adjudicateur consiste à garantir, en faveur de tout soumissionnaire potentiel, un degré de publicité adéquat permettant une ouverture du marché des services à la concurrence ainsi que le contrôle de l'impartialité des procédures d'adjudication* » ; v. égal. pts 60-61 ; comm. L. Richer, *AJDA*, 2001, pp. 110-112 ; M.-Y. Benjamin, *Dr. adm.*, 2001, n° 85.

545 Conclusions de l'avocat général N. Fennelly présentées le 18 mai 2000, aff. C-324/98, EU:C:2000:270, pt 47.

546 *Ibid.*

547 O. Guézou, « Contrats publics et régulation concurrentielle », *op. cit.*, pt 493, p. 222 ; D. Renders (dir.), *Principes élémentaires du droit des marchés publics*, Bruxelles, Larcier, 2018, pp. 27-30. Dans le même sens, J.-F. Brisson, *Les fondements juridiques du droit des marchés publics*, *op. cit.*, p. 103 ; CNUCED, « Politique de concurrence et marchés publics », 27 avril 2012, pt 59 : « *C'est pourquoi il est important d'établir un système de passation des marchés publics qui soit fondé sur le principe de la concurrence et qui tende à promouvoir*

Désigné initialement comme « *principe de l'économie de marché* »[548], le principe intègre rapidement la notion même de concurrence. Néanmoins, en fonction des arrêts, il est qualifié de « *principe de concurrence libre et loyale* »[549], de principe « *de la libre concurrence* »[550], voire de principe de « *saine concurrence* »[551].

114. **Une consécration récente en droit dérivé.** La notion de « principe de concurrence » semble désormais l'emporter dans les usages contentieux et doctrinaux[552]. L'évolution engagée n'est d'ailleurs pas étrangère à l'introduction progressive dudit principe dans la régulation des activités économiques des personnes publiques[553]. Elle s'est pourtant développée avec sa consécration au sein des directives « marchés publics ». Albert Sánchez-Graells soutient en effet que la dernière refonte des directives « marchés publics », et plus particulièrement l'article 18 de la directive 2014/24/UE relatif aux principes de la passation des marchés, consacre le principe de concurrence au sein du droit dérivé[554]. Le professeur Richer y

---

celle-ci, et d'organiser les appels d'offres de manière à attirer des soumissionnaires représentant un éventail suffisamment large de fournisseurs potentiels. »

548 CJCE, 18 mars 1980, *Valsabbia*, aff. C-154/78, EU:C:1980:81, pt 80 ; comm. P. Reuters, *RTDE*, 1980, pp. 415-427. Sur ce point, v. G. Della Cananea, « La liberté de concurrence dans l'Union européenne : Une tradition constitutionnelle commune ? », in *Le Gouvernement économique européen*, J.-B. Auby, P. Idoux (dir.), *op. cit.*, p. 145.

549 CJUE, 18 décembre 2014, *Azienda Ospedaliero-Universitaria di Careggi-Firenze*, aff. C-568/13, EU:C:2014:2466, pt 51 ; comm. E. Daniel, *Europe*, 2015, n° 2, pp. 30-31 ; E. Broussy, H. Cassagnabère, C. Gänser, *AJDA*, 2015, p. 334 ; CJCE, 16 décembre 2008, *Michaniki*, aff. C-213/07, *op. cit.*, pt 24. V. égal. conclusions de l'avocat général P. Léger présentées le 15 juin 2000, aff. C-94/99, EU:C:2000:330, pt 7.

550 CJCE, 27 novembre 2001, *Lombardini et Mantovani*, aff. jtes C-285/99 et C-286/99, *op. cit.*, pt 76. Rappelons que cette formule est déjà utilisée par le Conseil d'État au XIXe siècle ; en ce sens CE, 9 janvier 1868, *Aucoc*, *Rec.* p. 13 et s.

551 Conclusions de l'avocat général D. R.-J. Colomer présentées le 27 novembre 2007, aff. jtes C-147/06 et C-148/06, EU:C:2007:711.

552 Conclusions de l'avocat général C. Stix-Hackl présentées le 1er juillet 2004, aff. C-247/02, EU:C:2004:399, pt 32 et s. Sur la construction dudit principe dans la jurisprudence administrative, v. en ce sens D. Linotte, « Existe-t-il un principe général du droit de la libre concurrence », *AJDA*, 2005, n° 28, pp. 1549-1553 ; K. Karjalainen, K. Kemppainen, « The involvement of small- and medium-sized enterprises in public procurement: Impact of resource perceptions, electronic systems and enterprise size », *Journal of Purchasing & Supply Management*, vol. 14, n° 4, 2008, p. 230.

553 A. J. Menéndez, « A European Union founded on capital? The fundamental norms organising public power in the European Union », in *La constitution matérielle de l'Europe*, C. Jouin (dir.), Paris, Pedone, 2019, p. 155 ; conclusions de C. Bergeal sur l'avis CE du 8 novembre 2000, *Société Jean-Louis Bernard Consultants*, *op. cit.* Ce point fait l'objet de plus amples développements dans la Partie II, Titre II, Chapitre 1.

554 A. Sánchez-Graells, *Public Procurement and the EU Competition Rules*, 2e éd., *op. cit.*, p. 215 et s. ; A. Sánchez-Graells, « More Competition-Oriented Public Procurement to Foster Social Welfare », *op. cit.* ; J. Lynch, *Public Procurement: Principles, Categories and Methods*, LeanPub, 2013, p. 15 ; J. Perniaux, « PME, marchés publics et principe de concurrence à l'aune de la nouvelle réforme européenne : le renforcement de l'accès, de la participation et du poids des petites et moyennes entreprises dans la passation des marchés publics », mémoire Université catholique de Louvain, 2015, p. 22. La directive 2014/25 reprend également ce principe à son article 36. Des auteurs ont initialement identifié la présence du principe de concurrence dans la dernière ligne du considérant 2 de la directive 2004/18/CE : « *La passation de marchés conclus dans les États membres pour le compte de l'État, des collectivités territoriales et d'autres organismes de droit public doit respecter les principes du traité, notamment les principes de la libre circulation des marchandises, de la liberté d'établissement et de la libre prestation de services, ainsi que les principes qui en découlent, comme l'égalité de traitement, la non-discrimination, la reconnaissance mutuelle, la proportionnalité et la transparence. Toutefois, en ce qui concerne les marchés publics dépassant un certain montant, il est recommandé d'élaborer des dispositions en matière de coordination communautaire des procédures nationales de passation de ces marchés qui soient fondées sur ces principes de manière à garantir leurs effets ainsi qu'une mise en*

voit quant à lui une mise sur le même plan que les principes traditionnels de la commande publique[555]. Après le rappel des principes traditionnels du droit de la commande publique, l'article dispose expressément qu'un « *marché [public] ne peut être conçu dans l'intention de le soustraire au champ d'application de la présente directive ou de limiter artificiellement la concurrence. La concurrence est considérée comme artificiellement limitée lorsqu'un marché est conçu dans l'intention de favoriser ou de défavoriser indûment certains opérateurs économiques* ». Partant, le principe de concurrence semble déployer une portée particulièrement large[556], en recouvrant la protection de la « *concurrence en tant qu'institution* » selon l'expression de l'avocat général Stix-Hackl[557]. Or, comme le relève Laurent Rieben dans sa thèse, la notion de concurrence en tant qu'institution présente deux atouts essentiels : garantir une concurrence suffisante sur le marché[558] et protéger le marché des comportements économiques abusifs[559].

115. **Le maintien d'un marché concurrentiel.** Le principe de concurrence, à l'instar des principes traditionnels du droit de la commande publique, participe pleinement à la réalisation des objectifs de la constitution économique et plus particulièrement à son principe de concurrence complète[560]. La Cour de justice souligne en effet qu'il y a « *lieu d'interpréter les dispositions communautaires en matière de marchés publics selon un critère fonctionnel permettant d'éviter le contournement du principe fondamental de la concurrence effective* »[561]. L'Inspection des finances a d'ailleurs récemment souligné que le droit de la commande publique est aujourd'hui « *irrigué* »[562] par le principe de concurrence. Il préserve notamment le bien-être collectif en évitant de « *porter atteinte à l'efficacité de la concurrence* »[563]. Il impose de sélectionner la procédure de passation la plus adaptée pour bénéficier de l'ensemble des capacités du marché[564]. Le professeur Kalflèche relève que, dans de

---

concurrence effective des marchés publics. Par conséquent, ces dispositions de coordination devraient être interprétées conformément aux règles et principes précités ainsi qu'aux autres règles du traité. » En ce sens, G. Skovgaard Ølykke, *Abnormally Low Tenders: With an Emphasis on Public Tenderers*, *op. cit.*, p. 76 et s.

555 L. Richer, « La concurrence concurrencée : à propos de la directive 2014/24 du 26 février 2014 », *op. cit.*, p. 7.

556 S. Destours, « Le droit de la concurrence, source du droit des marchés publics ? », *op. cit.*, p. 39.

557 Conclusions de l'avocat général C. Stix-Hackl présentées le 1er juillet 2004, aff. C-247/02, *op. cit.*, pt 36. Sur ce point v. égal. : CJCE, 29 juin 2006, *SGL Carbon AG*, aff. C-308/04 P, EU:C:2006:433, pt 24 ; comm. B. Kotschy, *RDUE*, 2006, n° 3, pp. 712-723 ; L. Idot, *Europe*, 2006, n° 250, p. 22 ; conclusions de l'avocat général J. Kokott présentées le 23 février 2006, aff. C-95/04 P, EU:C:2006:133, pt 68. Les professeurs Richer et Lichère tempèrent cependant la portée dudit principe ; en ce sens L. Richer, F. Lichère, *Droit des contrats administratifs*, 10e éd., *op. cit.*, pt 836, p. 417.

558 Sur ce point v. égal. G. Skovgaard Ølykke, *Abnormally Low Tenders: With an Emphasis on Public Tenderers*, *op. cit.*, p. 76 et s.

559 L. Rieben, *La validité des contrats de distribution sélective et exclusive en droit communautaire, américain et suisse de la concurrence*, Genève, Librairie Droz, 2000, p. 30 et s. V. égal. L. Zevounou, « Le concept de concurrence en droit », *op. cit.*, p. 12.

560 G. Skovgaard Ølykke, *Abnormally Low Tenders: With an Emphasis on Public Tenderers*, *op. cit.*, p. 76 et s.

561 CJCE, 23 décembre 2009, *CoNISMa*, aff. C-305/08, EU:C:2009:807, pt 22 ; comm. M. Meister, *Europe*, 2010, n° 2, p. 23.

562 Inspection des finances, « Revues de dépenses – La fonction achats des collectivités territoriales », 2016, p. 1.

563 Conclusions de l'avocat général P. Léger présentées le 11 novembre 2004, aff. jtes C-21/03 et C-34/03, EU:C:2004:709, pt 29. Sur ce point, v. égal. F. Lichère, « Règles de concurrence et marchés publics », *op. cit.*, pt 13.

564 Parlement eur., Rapport du 27 juin 2018 sur le paquet relatif à la stratégie en matière de passation des marchés publics, 2017/2278(INI), p. 4.

telles circonstances, le principe de concurrence intervient justement pour concilier « *la libre concurrence et l'égalité et, d'autre part, la liberté contractuelle* »[565] des acheteurs publics et autorités adjudicatrices.

116. **Des applications nombreuses.** La notion de concurrence, telle qu'elle est utilisée par ce principe, répond à une définition matérielle large en proposant une protection de la structure concurrentielle des marchés pertinents qui composent la commande publique. Le principe de concurrence irrigue en effet les directives « marchés publics » et « concessions ». Il participe à l'encadrement des procédures de passation ainsi que des obligations portant notamment sur la définition des besoins, les délais ainsi que la sélection des candidatures et des offres[566]. Il bénéficie, à ce titre, de l'assistance des autres principes de la commande publique. Néanmoins, la traduction du principe de concurrence dans le droit dérivé ne suffit pas, à elle seule, à garantir toute son effectivité. Son rôle normatif intervient dans un second temps lorsqu'il guide le juge dans son rôle d'interprétation[567]. Il permet en outre de limiter la marge d'appréciation des autorités nationales lors de la transposition des directives européennes[568].

117. L'utilisation contentieuse du principe de concurrence semble donc se concentrer sur l'ouverture effective du marché, comme l'illustre la jurisprudence. Ainsi, dans l'arrêt *Michaniki*, la Cour de justice a usé de ce principe afin d'éviter l'exclusion automatique des candidatures d'entreprises de médias d'information ou celles liées à de telles entreprises. L'objectif affiché était de prévenir les risques de pressions sur les autorités adjudicatrices. Or, la Cour de justice, après avoir combiné le principe de transparence avec celui de concurrence, a jugé la réglementation grecque susceptible de fausser et d'altérer la concurrence[569]. De la même façon, les avocats généraux qualifient ce principe comme l'un des« *principes fondamentaux du droit communautaire des marchés publics* »[570]. Ce dernier est employé notamment pour garantir l'effectivité de l'ouverture des marchés[571] ou encore pour éviter le détournement des procédures à des fins anticoncurrentielles[572]. Finalement, comme le précise le professeur Guézou, le principe de concurrence offre au droit de la

565 G. Kalflèche, « Des marchés publics à la commande publique : l'évolution du droit des marchés publics », *op. cit.*, pt 938, p. 715.

566 Conclusions de l'avocat général C. Stix-Hackl présentées le 1er juillet 2004, aff. C-247/02, *op. cit.*, pts 36 à 38 : « *En troisième lieu, le principe de concurrence est destiné à protéger la concurrence en tant qu'institution. Le principe de concurrence se manifeste dans des dispositions concrètes des directives sur les marchés publics. Parmi ces dispositions figurent, d'une part, des dispositions relatives aux différents types de procédures de passation autorisés et à leur déroulement, en particulier quant aux délais à respecter au cours des différentes phases de la procédure ainsi qu'à l'interdiction de négociations ultérieures. Parmi les expressions concrètes du principe de concurrence se trouvent, d'autre part, les dispositions relatives à la description de la prestation, surtout aux spécifications techniques, les dispositions concernant la sélection qualitative des entreprises ainsi que les dispositions régissant les critères d'attribution, en cause en l'espèce.* »

567 A. Sánchez-Graells, *Public Procurement and the EU Competition Rules*, 2e éd., *op. cit.*, p. 215.

568 *Ibid.*

569 CJCE, 16 décembre 2008, *Michaniki*, aff. C-213/07, *op. cit.*, pt 60 et s.

570 Conclusions de l'avocat général C. Stix-Hackl présentées le 1er juillet 2004, aff. C-247/02, *op. cit.*, pt 33.

571 Conclusions de l'avocat général D. R.-J. Colomer présentées le 27 novembre 2007, aff. jtes C-147/06 et C-148/06, *op. cit.*, pts 47, 57 et s. ; conclusions de l'avocat général J. Mazák présentées le 3 septembre 2009, aff. C-305/08, EU:C:2009:512, pt 41.

572 Conclusions de l'avocat général J. Kokott présentées le 13 mars 2008, aff. C-454/06, EU:C:2008:167, pt 91.

commande publique les moyens de dépasser le droit de la concurrence dans le but de saisir largement les comportements susceptibles d'affecter la concurrence effective sur le marché[573].

118. **Le maintien d'un marché loyal.** Le principe de concurrence appréhende également la lutte contre les restrictions de la concurrence[574], finalité traditionnelle du droit de la concurrence. Son objectif est double. Tout d'abord, il s'agit de préserver l'effectivité de la concurrence entre les candidats en écartant les offres issues de collusions et de comportements unilatéraux mais aussi celles d'entreprises qui ont participé à la rédaction des appels d'offres en question. Ensuite, comme le précise le professeur Lichère, le principe de concurrence préserve la loyauté des procédures de mise en concurrence contre les risques issus des acheteurs publics et autorités concédantes[575]. Ces derniers peuvent en effet dénaturer la procédure mise en œuvre en abusant d'une position monopsonique[576], en favorisant une pratique anticoncurrentielle ou encore[577] en ne protégeant pas suffisamment les informations stratégiques des candidats. De tels comportements affectent nécessairement la loyauté des transactions et *in fine* la concurrence effective[578].

119. **Un principe structurant.** En dépit d'une large portée matérielle, le principe de concurrence apparaît également comme un principe directeur de la commande publique. Il offre d'ailleurs au droit de la commande publique une nouvelle assise concurrentielle. Ainsi, comme le relève le professeur Brisson, ce principe a progressivement orienté les principes d'égalité et de liberté d'accès vers l'ouverture du marché aux candidatures des personnes publiques[579]. En effet, l'étape délicate de l'interprétation des principes fondamentaux peut s'avérer préjudiciable pour la concurrence effective. Dès lors, le principe de concurrence permet de garantir la protection de la concurrence par les mérites lors de la mise en œuvre du droit de la commande publique et de ses principes traditionnels. À titre d'illustration, le juge européen interdit la mise en place d'une présomption irréfragable interdisant l'accès à la commande publique à certaines catégories d'entrepreneurs, quand bien même une telle réglementation serait prise pour assurer l'effectivité des principes de transparence et d'égalité de traitement. Le principe de concurrence est donc intervenu précisément dans le but d'éviter la mise en place d'une mesure délétère pour la concurrence et d'interdire la généralisation d'une telle réglementation[580]. Partant, il cherche à garantir que les autres principes fondamentaux poursuivent

---

573 O. Guézou, « Contrats publics et régulation concurrentielle », *op. cit.*, pt 492, p. 222. Ce point fera l'objet de développements dans la Partie II.

574 Conclusions de l'avocat général C. Stix-Hackl présentées le 1er juillet 2004, aff. C-247/02, *op. cit.*, pt 32 et s.

575 F. Lichère, « Règles de concurrence et marchés publics », *op. cit.*, pt 10 et s.

576 Un tel moyen a été soulevé devant la Cour de justice à l'occasion de l'affaire *FENIN*, CJCE, 11 juillet 2006, aff. C-205/03 P, EU:C:2006:453 ; comm. C. Prieto, *JDI*, 2007, pp. 668-671 ; L. Idot, *Europe*, 2006, n° 288, pp. 22-23 ; J. Philippe, T. Janssens, *Gaz. Pal.*, 2006, n° 305-308, pp. 11-12 ; R. Kreisberger, *PPLR*, 2006, pp. NA214-NA216. Ce point fait l'objet de nombreuses précisions dans la suite de cette étude ; v. Partie II, Titre II, Chapitre 2.

577 Conclusions de l'avocat général S. Alber présentées le 1er février 2001, aff. C-340/99, EU:C:2001:74, pt 74. Conclusions de l'avocat général C. Stix-Hackl présentées le 1er juillet 2004, aff. C-247/02, *op. cit.*, pt 35.

578 E. Berkani, « Droit de la concurrence et commande publique : État des lieux d'un vieux couple », *op. cit.*, pt 47, p. 64.

579 J.-F. Brisson, « Les offres du secteur public marchand », *op. cit.*, p. 155.

580 CJCE, 16 décembre 2008, *Michaniki*, aff. C-213/07, *op. cit.*, pt 24.

une finalité de protection de l'ordre public concurrentiel afin d'obtenir les bénéfices de la libre concurrence en matière de bien-être collectif. L'arrêt *CoNISMa* illustre également cette problématique. Les principes d'égalité de traitement et de transparence étaient soulevés pour légitimer une mesure nationale excluant certains organismes publics des procédures d'adjudication. Dans un souci d'ouverture de la concurrence, la Cour s'est opposée à une telle réglementation. Cette dernière constituait une distorsion de la concurrence en raison de la limitation du nombre d'opérateurs autorisés à soumissionner et limitait en parallèle la faculté de collaboration entre les entités publiques et privées[581].

---

[581] CJCE, 23 décembre 2009, *CoNISMa*, aff. C-305/08, *op. cit.*, pts 38 à 44.

Conclusion du Chapitre liminaire

120. **La constitution économique : un outil démocratique.** L'intérêt majeur de la pensée ordolibérale pour la concurrence s'explique par son analyse étoffée des risques pesant sur la démocratie. L'émergence du IIIe Reich a démontré à ces auteurs l'interdépendance entre le régime démocratique et la démocratie économique. La liberté politique offerte aux individus ne doit pas, dans l'espace économique, se matérialiser par une liberté absolue offerte aux entreprises. Les abus des entreprises dotées d'un pouvoir de marché peuvent en effet anéantir les libertés économiques de leurs concurrents mais également se répercuter sur le fonctionnement démocratique des institutions. Devant un tel constat, les ordolibéraux ont interpellé les économistes et juristes sur l'importance d'une constitution économique pour garantir les libertés sur le marché. Celle-ci intervient comme un complément indispensable à la Constitution traditionnelle, dont la fonction est d'encadrer les pouvoirs et institutions de l'État. La constitution économique intervient comme un socle de règles fondamentales permettant de réguler le marché et d'écarter les abus économiques privés comme publics. Elle permet notamment de garantir l'effectivité des libertés économiques dans la sphère de compétition des entreprises. Dès lors, parmi les nombreuses normes nécessaires pour établir une constitution économique, le droit de la concurrence se positionne comme un élément fondamental.

121. **Le droit de la concurrence comme défenseur du bien commun.** Le droit de la concurrence était qualifié par le professeur Pirovano de « *droit constitutionnel du marché* »[582] en raison de l'importance offerte à cette matière par les traités européens. En effet, le droit de la concurrence agit comme la « magna carta *de la libre concurrence* »[583]. Il préserve le marché des rivalités excessives pouvant contrarier la concurrence effective et engendrer *in fine* une perte de bien-être pour le consommateur. La concurrence par les mérites, en raison de ses bénéfices sur les prix, la qualité et l'innovation, demeure une source essentielle de prospérité. Or, les ordolibéraux constatent que le maintien de tels bénéfices nécessite la mise en place d'un droit spécifique chargé de la protection de la libre concurrence. Déjà, au XVIIe siècle, Domat appelait à utiliser la police des marchés contre les complots et monopoles des commerçants visant l'intérêt public. L'apport des ordolibéraux consiste à établir un lien entre la liberté économique et la liberté individuelle. Le droit de la concurrence, en préservant les marchés contre les abus des pouvoirs économiques, protège également la démocratie contre les risques de capture des pouvoirs publics par la puissance économique. L'importance des règles de la concurrence conduit d'ailleurs le professeur Martucci à identifier « *une matrice constitutionnelle du droit de la concurrence* »[584] au sein de l'ordre

582 A. Pirovano, cité par E. Putman, « Droit de la concurrence et ordre concurrentiel », *op. cit.*, p. 517.

583 U.S. Supreme Court, 29 mars 1972, *United States v. Topco Associates., Inc.*, 405 U.S. 596 (1972), n° 70-82 (traduction libre de l'auteur). Sur ce point, v. égal. E. Putman, « Droit de la concurrence et ordre concurrentiel », *op. cit.*, p. 517.

584 F. Martucci, « Constitution économique et concurrence : En quête d'une matrice constitutionnelle du droit de la concurrence », *op. cit.*, p. 444 et s.

juridique européen. La présence des articles 101 et 102 TFUE mais aussi des articles 106 et 107 TFUE au sein du droit primaire vise justement à garantir cette assise constitutionnelle. Ces dispositions veillent en effet sur l'intérêt général en sanctionnant les pratiques anticoncurrentielles des entreprises, tout en prohibant, en parallèle, les principales distorsions de la concurrence occasionnées par les personnes publiques. Cela étant, la fonction de protection de la concurrence par les mérites n'est pas exclusive au droit de la concurrence ; le droit de la commande publique l'accompagne également dans cette fonction.

122. **Le droit de la commande publique comme allié essentiel du droit de la concurrence.** En dépit de l'intérêt privilégié des ordolibéraux pour le droit privé, le droit de la commande publique ne saurait demeurer étranger à leur modèle de constitution économique. Jean Domat avait déjà perçu trois siècles plus tôt le rôle clé du droit public dans la préservation de la libre concurrence en raison des mesures de police à mettre en place. Le droit de la commande publique offre notamment de telles garanties. La mise en concurrence des opérateurs économiques permet de préserver la concurrence par les mérites au sein des marchés pertinents dans lesquels s'applique le droit de la commande publique. Ce dernier rejoint également l'approche ordolibérale. En effet, les finalités du droit de la commande publique en faveur de l'efficacité économique et de la concurrence effective épousent le principe de concurrence complète développé par l'École de Fribourg[585]. Le professeur Dubreuil relève d'ailleurs que les principes fondamentaux du droit de la commande publique permettent « *d'instituer et de garantir une concurrence libre et non faussée sur les marchés* »[586].

123. La consécration récente par le droit dérivé du principe de concurrence renforce une telle dynamique au sein du droit de la commande publique. En outre, de tels principes, en assurant l'égalité de traitement des candidats et la transparence des procédures, préviennent la corruption et la capture des acheteurs publics par les opérateurs économiques. Une telle protection de la concurrence par les mérites permet de qualifier le droit de la commande publique de droit spécial de la concurrence. En effet, les dispositions du traité relatives à la concurrence et le droit européen de la commande publique visent tous deux à préserver la concurrence effective et les libertés économiques des accaparements et des collusions des entreprises avec les pouvoirs publics.

124. **L'étude de convergences matérielles.** Ce chapitre liminaire a eu pour finalité de présenter les points de convergence philosophiques entre le droit de la concurrence et le droit de la commande publique. Ceux-ci intègrent une même démarche en faveur du maintien de la libre concurrence. Il convient néanmoins de dépasser la stricte démarche théorique pour analyser dans les faits les interactions matérielles entre ces deux matières et ainsi confirmer les complémentarités qui viennent d'être observées.

---

585 C. H. Bovis, *EU Public Procurement Law*, 2e éd., *op. cit.*, p. 26.

586 C.-A. Dubreuil, *Droit des contrats administratifs*, Paris, PUF, 2018, pt 148, p. 73.

PARTIE I

LES COMPLÉMENTARITÉS SOUS-JACENTES ENTRE LE DROIT DE LA COMMANDE PUBLIQUE ET LE DROIT DE LA CONCURRENCE DE L'UNION EUROPÉENNE

125. **Des convergences nombreuses.** Traditionnellement, la doctrine se focalise sur l'obligation de mise en concurrence comme élément de jonction entre le droit de la commande publique et le droit de la concurrence[587]. Toutefois, leur complémentarité ne peut se résumer à ce seul point de rencontre, malgré son caractère fondamental. Comme précisé antérieurement, le droit de la commande publique et le droit de la concurrence partagent, dans l'Union européenne, un même objectif cardinal : l'achèvement du marché intérieur[588]. Dans cette intention, ils embrassent nécessairement la logique libérale d'ouverture effective du marché au sein de l'espace européen[589]. De la même façon, ces deux matières tendent à préserver le bien-être dans l'Union européenne par l'intermédiaire d'une protection de la concurrence par les mérites. Une telle proximité ne peut se limiter à la seule concurrence effective, elle implique une démarche globale portant sur la structure du marché, l'efficacité économique, voire la prévention et la répression des comportements anticoncurrentiels. Or, dans les faits, le droit la commande publique et le droit de la concurrence semblent poursuivre une logique de marché similaire.

126. **Notion de complémentarité.** Le *Dictionnaire de l'Académie française* définit la complémentarité par le « *caractère de ce qui est complémentaire* »[590], c'est-à-dire qui « *sert à compléter* »[591] ou encore qui « *complète un autre objet de même nature* »[592]. L'axe de cette étude se réfère à cette dernière acception. En effet, le droit de la commande publique et le droit de la concurrence partagent une même nature, celle d'instrument au service du marché intérieur et du bien-être dans l'Union[593]. Faisant partie d'un même ensemble, d'un même corps de règles, du moins au sens du droit européen, leurs interactions ne se limitent pas à des jonctions peu perceptibles ; ces deux matières s'assistent, se protègent mutuellement afin d'assurer la protection de l'ordre public concurrentiel.

127. **Des complémentarités sous-jacentes.** Les interactions entre le droit de la commande publique et le droit de la concurrence se caractérisent cependant par leur nature sous-jacente. D'un point de vue linguistique, cet adjectif renvoie à un « *[é]lément impliqué dans la structure profonde ou les structures intermédiaires et qui n'est pas manifesté sous cette forme* »[594]. Ainsi, comme plusieurs auteurs l'ont précisé, les droits de la commande publique et de la concurrence ont naturellement tendance à s'ignorer mutuellement et ainsi à mener des « *vie[s]*

---

587 R. Drago, « Marchés publics et concurrence », *op. cit.*, p. 199 ; B. Delaunay, *Droit public de la concurrence*, 2e éd., *op. cit.*, pt 675, p. 355 ; G. Kalflèche, « Des marchés publics à la commande publique : l'évolution du droit des marchés publics », *op. cit.*, pt 551, p. 444 ; G. Le Chatelier, « Quelques réflexions sur le droit européen et les contrats publics », *op. cit.*, p. 48 ; M. Ubaud-Bergeron, *Droit des contrats administratifs*, 2e éd., *op. cit.*, pt 71, p. 41.

588 V. nos pts 1 à 6.

589 G. Kalflèche, « Des marchés publics à la commande publique : l'évolution du droit des marchés publics », *op. cit.*, pt 553, p. 446 ; M. Amilhat, *La notion de contrat administratif. L'influence du droit de l'Union européenne*, *op. cit.*, pt 299 et s., p. 182 et s.

590 *Dictionnaire de l'Académie française*, 9e éd., *op. cit.*, définition de « complémentarité ».

591 *Ibid.*, définition de « complémentaire ».

592 *Ibid.*

593 S. Chavarochette-Boufferet, « L'interprétation des directives de l'Union sur les marchés publics par la Cour de justice », *op. cit.*, p. 196.

594 *Trésor de la langue française*, *op. cit.*, définition de « sous-jacent ».

parallèle[s] »[595]. Cela s'explique, selon Albert Sánchez-Graells, par leur nature extrêmement cloisonnée[596]. Or, en dépit de ces cloisonnements, leurs interactions existent bel et bien et se caractérisent par leur discrétion. Ces complémentarités sous-jacentes nécessitent désormais d'être présentées, exposées afin de rappeler la dynamique commune à ces deux matières en faveur de l'ordre public concurrentiel.

128. **Des complémentarités guidées par la quête commune d'un ordre public concurrentiel.** Les complémentarités entre ces deux matières poursuivent systématiquement la même finalité : garantir l'ordre public concurrentiel afin de préserver notamment les bénéfices collectifs de la concurrence par les mérites. Le droit de la commande publique et le droit de la concurrence se fournissent ainsi une assistance réciproque. La relation qui en résulte présente à ce titre un aspect symbiotique. En effet, le droit de la commande publique assiste réellement le droit de la concurrence dans la réalisation de ses principaux objectifs et finalités tenant principalement au bon fonctionnement du marché[597]. Réciproquement, le droit de la concurrence intervient pour garantir l'effectivité des objectifs du droit de la commande publique, tels que la concurrence effective ou encore la protection des deniers publics[598]. Toutefois, le caractère sous-jacent de ces complémentarités peut également s'expliquer par sa nature parfois involontaire. Alors qu'une démarche volontaire de protection apparaît évidente lorsque le droit de la commande publique bloque la candidature d'un opérateur économique coupable de restrictions de la concurrence, ou encore lorsque le droit de la concurrence consacre le principe de juste appréciation de la concurrence pour l'acheteur public, cette démarche peut s'avérer individualiste en certaines occasions. Ainsi, lorsque le droit de la commande publique protège le développement d'une concurrence effective, il participe par la même occasion à la réalisation d'une structure de marché concurrentielle, objectif poursuivi par le droit de la concurrence. Dès lors, l'association entre ces deux matières devient obligatoire pour qu'ellesréalisent pleinement leurs objectifs.

129. **Plan de la partie.** La dynamique commune à ces deux matières se matérialise tout d'abord lorsque le droit de la commande publique assure la défense des objectifs du droit de la concurrence (Titre I), puis à l'inverse, lorsque le droit de la concurrence veille à l'effectivité des objectifs du droit de la commande publique (Titre II). À ces occasions, ils participent respectivement à la promotion d'une concurrence libre et non faussée et préservent les bénéfices qui en résultent.

---

595 L. Richer, « Droit des marchés publics et droit de la concurrence : un objectif, deux systèmes », *op. cit.*, p. 26 ; B. Delaunay, *Droit public de la concurrence*, 2e éd., *op. cit.*, pt 782, p. 398. V. égal. S. Destours, « Le droit de la concurrence, source du droit des marchés publics ? », *op. cit.*, p. 41 ; P. W. Jessen, B. O. Gram Mortensen, M. Steinicke, K. E. Sørensen, *Regulating Competition in the EU*, *op. cit.*, p. 7.

596 A. Sánchez-Graells, « Public Procurement: A 2015 Updated Overview of EU and National Case Law », *op. cit.*, p. 1.

597 G. Kalflèche, « Secteur public et concurrence : la convergence des droits. À propos des droits de la concurrence et de la commande publique », *AJDA*, 2007, p. 2420.

598 Comm. eur., « Communication sur les outils de lutte contre la collusion dans les marchés publics et orientations sur la manière d'appliquer le motif d'exclusion y relatif », *JOUE* n°C 91 du 18 mars 2021, pt. 1.1.

TITRE I

LA DÉFENSE DES OBJECTIFS DU DROIT DE LA CONCURRENCE PAR LE DROIT DE LA COMMANDE PUBLIQUE

130. **Le droit de la concurrence : des objectifs pluriels.** L'identification des objectifs du droit européen de la concurrence n'est pas une tâche aisée[599]. Ce travail, qui fait l'objet de nombreux débats entre les auteurs[600], se caractérise par la pluralité de réponses proposées par la doctrine[601]. Le droit de la concurrence est ainsi chargé de multiples objectifs ou finalités, tels que la croissance économique et l'emploi[602], le développement d'une politique industrielle[603], la sélection loyale des opérateurs économiques[604], l'innovation[605], la protection des petites et moyennes

---

599 J.-C. Roda, *Droit de la concurrence*, *op. cit.*, p. 1.

600 A. Sánchez-Graells, *Public Procurement and the EU Competition Rules*, 2e éd., *op. cit.*, p. 87 ; N. Petit, *Droit européen de la concurrence*, 2e éd., *op. cit.*, pt 114, p. 81 ; C. Prieto, « Pouvoir de marché et liberté des entreprises, les fondements de la politique de concurrence », *Recueil Dalloz*, 2006, p. 1603 et s.

601 C. Gavalda, B. Lecourt, G. Parleani, *Droit des affaires de l'Union européenne*, 7e éd., *op. cit.*, p. 315 et s., pt 445 ; N. Petit, *Droit européen de la concurrence*, 2e éd., *op. cit.*, pt 135, p. 91 ; R. Van den Bergh, P. Camesasca, *European Competition Law and Economics: A Comparative Perspective*, 2e éd., Londres, Sweet & Maxwell, 2006, p. 6.

602 Comm. eur., « Document de travail des services de la Commission accompagnant le Rapport de la Commission sur la politique de la concurrence », 2011, p. 2 ; J. Almunia, « Concurrence, innovation et croissance : Perspective européenne », *op. cit.*, pp. 145-151 ; E. Muller (dir.), *La commande publique, un levier pour l'action publique ?*, *op. cit.*

603 Comm. eur., « XXIIIe Rapport sur la politique de concurrence , 1994, p. 233 ; L. Parret, « The Multiple Personalities of EU Competition Law: Time for a Comprehensive Debate on its Objectives », in *The Goals of Competition Law*, D. Zimmer (dir.), *op. cit.*, p. 69 ; J. Galloway, « The pursuit of national champions: the intersection of competition law and industrial policy », *ELCR*, vol. 28, n° 3, 2007, p. 172 ; C. Gavalda, B. Lecourt, G. Parleani, *Droit des affaires de l'Union européenne*, 7e éd., *op. cit.*, p. 315, pt 445 ; M. Waelbroeck, A. Frignani, *Commentaire J. Mégret. Le droit de la CE*, tome 4, *Concurrence*, 2e éd., *op. cit.*, pt 11, pp. 15-16 ; J. Zijlstra, B. Goudzwaard, « Politique économique et problèmes de concurrence dans la CEE et dans les pays membres de la CEE », Commission des Communautés européennes, Collection « Études », série concurrence, n° 2, 1966, 68 p. ; P. Verloren van Themaat, « Competition and Planning in the EEC and Members States », *CMLR*, 1970, vol. 7, n° 3, p. 311 ; A. Jacquemin, « Politique de concurrence ou politique industrielle au sein de la Communauté économique européenne », *Études internationales*, 1971, vol. 2, n° 2, p. 303 ; M.-A. Hermitte, « La doctrine économique de la Commission de la CEE : d'une politique économique à une politique industrielle », *CLUNET*, 1983, n° 3, p. 409.

604 E. Pfister, « Les PME face au droit de la concurrence », actes du colloque du 22 juin 2011, *RLC*, 2011, n° 29, p. 169 ; E. Combe, *La politique de la concurrence*, 3e éd., *op. cit.*, p. 3, N. Petit, *Droit européen de la concurrence*, 2e éd., *op. cit.*, pt 115 et s., pp. 81-82. Le préambule du TFUE mentionne par ailleurs la « *loyauté dans la concurrence* ».

605 R. Whish, D. Bailey, *Competition Law*, 8e éd., Oxford University Press, 2015, p. 5 ; Comm. eur., Lignes directrices sur les restrictions verticales, *JOUE* n° C 130 du 19 mai 2010, pp. 1-46, pts 97 et 127 ; V. Daskalova, « Consumer Welfare in EU Competition Law: What Is It (Not) About? », *CLR*, vol. 11, n° 1, 2015, p. 148.

entreprises (ci-après PME)[606], l'efficience économique[607], la protection de la structure du marché[608], le bien-être du consommateur[609], le développement d'un processus de marché concurrentiel[610], le maintien des libertés économiques des opérateurs économiques[611] et enfin l'élimination des pratiques anticoncurrentielles du marché[612].

131. **Un cadre scientifique divisé.** Si la maximisation du bien-être du consommateur semble aujourd'hui privilégiée par la doctrine[613] et la Commission européenne comme finalité du droit de la concurrence[614], les moyens qui doivent être mis en œuvre par celui-ci afin d'atteindre cette finalité ne font pas toujours l'unanimité. En effet, l'École de Harvard, selon laquelle le droit de la concurrence doit se concentrer sur la défense du pluralisme des opérateurs économiques sur le marché, s'oppose fermement à l'émergence d'un pouvoir de marché issu d'un monopole ou d'un oligopole[615]. Selon ce courant intellectuel, une telle structure de marché perturbe tout d'abord l'allocation optimale des ressources en occasionnant des « *pertes sèches* »[616] pour les consommateurs, au profit des détenteurs du

---

606 F. Lévêque, « Caractéristiques des PME et droit de la concurrence : le regard de l'économiste », in *Les PME et le droit de la concurrence : analyse critique, comparative et prospective*, Y. Chaput (dir.), *op. cit.*, pt 48, p. 33 ; M.-C. Boutard-Labarde, « PME et droit de la concurrence », *LPA*, 1995, n° 152, p. 40 ; J.-Y. Chérot, *Droit public économique*, 2e éd., *op. cit.*, pt 462, p. 650 ; C. Gavalda, B. Lecourt, G. Parleani, *Droit des affaires de l'Union européenne*, 7e éd., *op. cit.*, pt 445, p. 316 ; M. Waelbroeck, A. Frignani, *Commentaire J. Mégret. Le droit de la CE*, tome 4, *Concurrence*, 2e éd., *op. cit.*, pt 15, pp. 20-21.

607 Ce point fera l'objet de développements substantiels au sein du Chapitre 2.

608 *Ibid.*

609 Comm. eur., « Rapport sur la politique de concurrence 2010 », 2011, p. 8 et s. ; Comm. eur., « XXVIe Rapport sur la politique de concurrence 1996 », 1997, pt 3 ; D. Mainguy, M. Depincé, *Droit de la concurrence*, 2e éd., *op. cit.*, pt 37, pp. 39-40 ; Comm. eur., Communication du 11 septembre 1996, « Les services d'intérêt général en Europe », COM(96) 443 final, pt 15 ; C. Gavalda, B. Lecourt, G. Parleani, *Droit des affaires de l'Union européenne*, 7e éd., *op. cit.*, pt 445, p. 316.

610 M. Depincé, *Droit de la concurrence*, 2e éd., *op. cit.*, pt 35, pp. 38-39 ; I. Herrera Anchustegui, *Buyer Power in EU Competition Law*, *op. cit.*, pt 951, p. 408.

611 D. Zimmer, « The Basic Goal of Competition Law: To Protect the Opposite Side of the Market », in *The Goals of Competition Law*, D. Zimmer (dir.), *op. cit.*, p. 495 et s. ; C. Prieto, « Pouvoir de marché et liberté des entreprises, les fondements de la politique de concurrence », *op. cit.*, p. 1603 et s. ; P. Nihoul, « Preface », in *EU Directive 2014/24 on Public Procurement: A new turn for competition in public markets?*, Y. Marique, K. Wauters (dir.), *op. cit.*, p. 5.

612 P.-M. Cosmovici, « La concurrence en droit national et en droit communautaire », *op. cit.*, p. 402 et s. ; L. Richer, « Droit des marchés publics et droit de la concurrence : un objectif, deux systèmes », *op. cit.*, p. 27 ; conclusions de l'avocat général C. Stix-Hackl présentées le 1er juillet 2004, aff. C-247/02, *op. cit.*, pt 34 et s. ; N. Petit, *Droit européen de la concurrence*, 2e éd., *op. cit.*, pt 4 et s., p. 24 et s. ; F. Souty, *Les collectivités locales et le droit de la concurrence. Efficacité économique, réglementation et services publics locaux*, *op. cit.*, p. 234.

613 D. Bosco, C. Prieto, *Droit européen de la concurrence. Ententes et abus de position dominante*, *op. cit.*, pt 216, pp. 205-206 ; P. Lowe, « Consumer Welfare and Efficiency – New Guiding Principles of Competition Policy? », Munich, 13th International Conference on Competition and 14th European Competition Day, allocution du 27 mars 2007.

614 M. Monti, « Competition for Consumers' Benefit », Amsterdam, allocution 22 du octobre 2004 ; N. Kroes, « Consumers at the heart of EU competition policy », BEUC, Strasbourg, allocution du 22 avril 2008.

615 A. I. Gavil, W. E. Kovacic, J. B. Baker, *Antitrust Law in Perspective: Cases, Concepts, and Problems in Competition Policy*, Eagan, Thomson/West, 2002, p. 22 ; E. Combe, *Économie et politique de la concurrence*, Paris, Dalloz, 2005, p. 27 s. ; C. Prieto, « Pouvoir de marché et liberté des entreprises, les fondements de la politique de concurrence », *op. cit.*, p. 1603 et s. ; J. Tirole, *Économie du bien commun*, 2016, Paris, PUF, p. 470. Sur la relation entre le pouvoir de marché et les oligopoles. v. A. Cournot, *Recherches sur les principes mathématiques de la théorie des richesses*, Paris, Hachette, 1838, 198 p.

616 D. Bosco, C. Prieto, *Droit européen de la concurrence. Ententes et abus de position dominante*, *op. cit.*, pt 216, p. 206.

pouvoir de marché[617]. Le développement d'un tel pouvoir occasionne également un risque d'affaiblissement des libertés économiques[618]. L'orientation structuraliste de l'École de Harvard est cependant contestée par l'École de Chicago, laquelle se focalise sur une poursuite galvaudée et excessive de l'efficience économique[619]. Le principal défaut de ce courant est en effet d'intégrer les monopoles comme éléments porteurs d'efficience économique, sans reconnaître leurs limites évidentes. Partant, selon l'École de Chicago, les interventions des autorités de concurrence devraient être fondées sur la seule protection de l'efficience économique et non pas sur celle de la structure concurrentielle du marché. L'analyse proposée est ainsi en rupture totale avec celle portée par l'École structuraliste. Cela étant, si la défense de la structure du marché apparaît déterminante, c'est principalement pour permettre d'assurer un bon fonctionnement du marché et de garantir ainsi les bénéfices d'une concurrence libre et non faussée pour le consommateur.

132. **Recherche d'un positionnement théorique.** Avant d'introduire nos développements, il est impératif de se prononcer au préalable sur l'orientation scientifique des prochains chapitres. Les approches ordolibérale et structuraliste seront centrales, en raison de leurs intérêts pour les libertés économiques et la lutte contre les abus de pouvoir économique[620]. La protection de la concurrence effective poursuivie par l'École de Harvard apparaît ainsi comme le moyen essentiel du droit de la concurrence d'assurer le bon fonctionnement du marché. Pour autant, ce dernier, matérialisé en droit européen de la concurrence par le bien-être du consommateur, correspond à une traduction juridique de la notion d'efficience utilisée par les sciences économiques. En revanche, les excès de l'École de Chicago, utilisés notamment pour affaiblir la réglementation sur le droit de la concurrence[621], ne pourront être retenus dans le cadre de cette étude.

133. **Des convergences profondes entre le droit de la concurrence et le droit de la commande publique.** Le bon fonctionnement du marché n'est d'ailleurs pas étranger au droit de la commande publique, dont l'ambition consiste à assurer l'efficacité de l'achat public. Par conséquent, l'objet de ce titre est d'étudier la place des objectifs cardinaux du droit de la concurrence au sein du droit de la commande publique. Ces objectifs ou finalités, pourtant intrinsèquement associés au droit de la concurrence, trouvent un écho particulier au sein du droit de la commande publique. Ce dernier participe en effet à la protection et au développement d'une concurrence effective dans près de 20 % de l'économie européenne[622].

---

617 *Ibid.*, pt 291, p. 290.

618 R. H. Bork, *The Antitrust Paradox: A Policy at War With Itself*, New York, Basic Books, 1978, 462 p. ; R. A. Posner, « The Chicago School of Antitrust Analysis », *University of Pennsylvania Law Review*, vol. 127, 1979, pp. 925-948 ; C. Prieto, « Pouvoir de marché et liberté des entreprises, les fondements de la politique de concurrence », *op. cit.*, p. 1603 et s.

619 D. Bosco, C. Prieto, *Droit européen de la concurrence. Ententes et abus de position dominante*, *op. cit.*, pt 123, p. 116 ; A. Sánchez-Graells, *Public Procurement and the EU Competition Rules*, 2e éd., *op. cit.*, p. 89 ; R. H. Bork, *The Antitrust Paradox: A Policy at War With Itself*, 2e éd., New York, The Free Press, 1993, p. XI.

620 V. en ce sens les développements du Chapitre liminaire.

621 D. Bosco, C. Prieto, *Droit européen de la concurrence. Ententes et abus de position dominante*, *op. cit.*, pt 124, pp. 117-118.

622 Cour des comptes européenne, Rapport spécial n° 17/2016 : « Les institutions de l'UE peuvent faire davantage pour faciliter l'accès à leurs marchés publics » *op. cit.*, p. 8.

Le dynamisme concurrentiel qui est poursuivi a vocation à garantir l'efficacité de la commande publique et, *in fine*, le bien-être collectif. Dès lors, le droit de la commande publique reprend, à son échelle, certaines logiques défendues initialement par le droit de la concurrence.

134. **Plan du Titre I.** Ainsi, parmi les multiples objectifs et finalités affichés ou discutés du droit de la concurrence, il est intéressant de constater que trois semblent être tout particulièrement défendus par le droit de la commande publique. Il s'agit tout d'abord de la défense d'une structure concurrentielle des marchés (Chapitre 1), laquelle permet de garantir le bon fonctionnement du marché et donc d'assurer l'efficacité de l'achat public (Chapitre 2). Enfin, pour protéger durablement un tel résultat, il est impératif en parallèle de prévenir le développement de comportements anticoncurrentiels. Or cette fonction traditionnelle du droit de la concurrence est également assurée par le droit de la commande publique (Chapitre 3).

Chapitre 1
La protection de la structure concurrentielle des marchés

135. **Une démarche proactive du droit de la concurrence.** L'approche structuraliste, portée dans les années 1950 aux États-Unis par le professeur Bain[623] et le doyen Mason[624], illustre la démarche proactive du droit de la concurrence. Sans se limiter à la seule sanction des pratiques anticoncurrentielles, le droit de la concurrence revêt un rôle actif dans le maintien, voire le développement, d'une concurrence effective sur le marché[625]. Le Tribunal de l'Union européenne, dans son arrêt *Intel*[626], illustre une nouvelle fois l'importance de la structure du marché pour le droit de la concurrence. Il précise notamment que « *non seulement l'élimination d'un concurrent est susceptible d'avoir des répercussions sur la structure de la concurrence dans le marché commun, mais qu'un comportement susceptible d'affaiblir le seul concurrent important de la requérante au niveau mondial, en lui barrant l'accès aux canaux de vente les plus importants, comme le comportement en cause en l'espèce, est également capable d'avoir des répercussions sur la structure de la concurrence effective dans le marché commun* ». La structure du marché définit en effet l'espace sur lequel a lieu la compétition. Or, comme nous aurons l'occasion de le démontrer, une grande partie de la doctrine européenne rejoint la lecture structuraliste défendue par l'École de Harvard, et conduit par conséquent le droit de la concurrence de l'Union européenne à embrasser une telle posture.

136. **Un intérêt découvert par le droit européen de la commande publique.** Le droit de la commande publique, par l'intermédiaire de l'étape de la mise en concurrence, nécessite une présence active des opérateurs économiques sur le marché afin d'assurer l'efficacité de l'achat public. L'intérêt récent pour la dématérialisation des procédures a pour ambition de stimuler la concurrence en élargissant le nombre d'opérateurs économiques qui déposeront une offre[627].

---

623 J. S. Bain, *Barriers to New Competition: Their Character and Consequences in Manufacturing Industries*, Cambridge, Harvard University Press, 1956, 329 p.

624 E. Mason, *Economic Concentration and the Monopoly Problem*, Cambridge, Harvard University Press, 1957, 411 p. Sur l'histoire de cette école, A. Alcouffe, « Histoire des faits industriels et histoire de l'économie industrielle », in *Traité d'économie industrielle*, R. Arena, L. Benzoni, J. de Bandt, P.-M. Romani, 2e éd., Paris, Economica, 1991, pp. 2-12.

625 M. Vestager, « Protéger les consommateurs de l'exploitation », discours prononcé lors de la conférence Chillin'Competition, Bruxelles, 21 novembre 2016, DG Concurrence.

626 Trib. UE, 12 juin 2014, *Intel*, aff. T-286/09, EU:T:2014:547, pt 275 ; comm. L. Idot, *Europe*, 2014, n° 8-9, p. 29 ; F. Marty, *Concurrences* n° 3-2016, art. n° 80338, pp. 79-82.

627 Comm. eur., Livre vert de la Commission européenne du 18 octobre 2010 sur le développement des marchés publics électroniques dans l'UE, COM(2010) 571 final, p. 6. V. égal. Comm. eur., Communication « Faire des marchés publics un outil efficace au service de l'Europe », *op. cit.*, p. 6 ; V. Eiró, « E-procurement: The Portuguese Experience », *PPLR*, 2016, n° 1 pp. NA5-NA17.

Le résultat d'une concurrence exacerbée est positif d'un point de vue qualitatif, mais également économique[628]. Les directives européennes entrent, à ce titre, dans une démarche pleinement structuraliste. Cette dernière est progressivement devenue l'une des priorités du droit de la commande publique, par l'intermédiaire de l'objectif de concurrence effective[629]. Ainsi, dans le cadre de cette étude, la concurrence effective fera référence à l'état d'un marché pertinent structurellement compétitif et dont l'absence de distorsions, intentionnelle ou non, permet d'assurer le bon fonctionnement du marché. Cet intérêt du droit de la commande publique pour la concurrence effective s'explique notamment à l'échelle européenne par son rôle déterminant dans l'achèvement du marché intérieur. En effet, comme nous l'avons précisé dans nos propos introductifs, le droit européen de la commande publique est un instrument du marché intérieur, une composante de celui-ci. L'achèvement du marché intérieur nécessite une participation active des opérateurs économiques transfrontaliers et, par conséquent, une concurrence effective sur le marché. Les résultats, à ce jour décevants, de l'ouverture du marché dans ce secteur démontrent l'importance de développer la concurrence dans la commande publique[630].

137. **Plan du Chapitre 1.** Il convient dès à présent de démontrer l'existence d'une ambition commune à ces deux branches du droit européen, fondées sur le développement et le maintien d'une structure de marché concurrentielle (Section 1). L'analyse empirique permet d'ailleurs d'observer une telle affinité au sein des politiques du droit de la concurrence et du droit de la commande publique à l'égard des petites et moyennes entreprises (ci-après PME) (Section 2).

Section 1
Une ambition commune au droit de la concurrence et au droit de la commande publique

138. La protection de la structure concurrentielle des marchés est perçue, par les structuralistes, comme une garantie essentielle d'une concurrence effective. Le professeur Combe souligne que, dans le cadre du modèle de concurrence pure et parfaite, le bien-être du consommateur est à son maximum[631]. Or, le postulat principal sur lequel repose un tel modèle est précisément l'atomicité de la demande et de l'offre[632]. La diversité des opérateurs est source de dynamisme au sein du marché et permet donc une allocation optimale des ressources. L'approche structuraliste semble plébiscitée par le droit européen de la concurrence plus particulièrement

---

628 *Ibid.*

629 V. *infra* pt 151 et s.

630 V. *supra* pt 5 et s.

631 E. Combe, *Économie et politique de la concurrence*, *op. cit.*, p. 33.

632 *Ibid.*

avec l'ouverture effective des marchés (§ 1). Une telle démarche, présente historiquement au sein du droit de la concurrence, anime également le droit de la commande publique (§ 2).

§ 1. Le maintien d'une structure concurrentielle du marché comme objectif fondamental du droit de la concurrence européen

139. L'approche structuraliste, portée dans les années 1950 aux États-Unis par le professeur Bain[633] et le doyen Mason[634], offre une démarche proactive au droit de la concurrence (A), laquelle a trouvé un écho favorable au sein de l'Union européenne. Le droit européen de la concurrence semble en effet suivre les préceptes juridiques et scientifiques de l'École de Harvard[635] (B).

A. Présentation de l'approche structuraliste

140. **Une structure concurrentielle fondée sur la liberté d'accès au marché.** Précédemment nos développements ont donné l'occasion de souligner l'importance, pour les ordolibéraux, d'introduire la liberté d'accès au marché comme élément fondamental de la constitution économique[636]. L'importance de l'accès au marché, et plus particulièrement le maintien de son caractère accessible, se retrouve dans la lecture structuraliste du droit de la concurrence, dont le modèle présente une certaine familiarité avec la concurrence pure et parfaite[637]. En effet, la principale crainte des auteurs de l'École de Harvard est l'utilisation par un opérateur en situation de monopole de son pouvoir de marché. Un tel usage écarterait à long terme les « *challengers* »[638] de ce marché. Le droit de la concurrence, en protégeant la structure du marché, veille sur la faculté pour les concurrents de contester le marché et préserve par la même occasion les intérêts des consommateurs[639].

141. **Le paradigme SCP : structure-comportement-performance.** Le modèle SCP, emblématique de la lecture structuraliste, présente l'originalité d'établir un « *lien causal entre concentration et pouvoir de marché* »[640]. La structure du marché,

---

633 J. S. Bain, *Barriers to New Competition: Their Character and Consequences in Manufacturing Industries*, *op. cit.*

634 E. Mason, *Economic Concentration and the Monopoly Problem*, *op. cit.* Sur l'histoire de cette école, A. Alcouffe, « Histoire des faits industriels et histoire de l'économie industrielle », *op. cit.*, pp. 2-12.

635 M. Glais, « Les fondements d'une politique de la concurrence », *Cahiers français*, n° 313, 2003, p. 20 ; v. égal. sur ce point A. Portuese, *Le principe d'efficience économique dans la jurisprudence européenne*, Paris, Publibook, 2014, p. 317 ; M. Steiner, *Economics in Antitrust Policy: Freedom to Compete vs. Freedom to Contract*, Boca Raton, Dissertation.com, 2007, p. 64.

636 V. *supra*, chapitre liminaire.

637 L. Boy, « L'abus de pouvoir de marché : contrôle de la domination ou protection de la concurrence ? », *RIDE*, 2005, n° 1, p. 31.

638 D. Bosco, C. Prieto, *Droit européen de la concurrence. Ententes et abus de position dominante*, *op. cit.*, p. 171.

639 P. Kunzlik, « Neoliberalism and the European Public Procurement Regime », *op. cit.*, p. 342.

640 E. Combe, *Économie et politique de la concurrence*, *op. cit.*, p. 42 et s. ; E. Combe, *La politique de la concurrence*, 3ᵉ éd., *op. cit.*, pp. 15-16.

qu'elle soit fortement concurrentielle, oligopolistique ou monopolistique, affecte nécessairement les comportements et stratégies qu'auront les opérateurs économiques. Or, ces comportements vont à leur tour entraîner différents types de performances sur le marché. Ainsi, une structure monopolistique peut entraîner le développement de politiques commerciales propices à la fermeture du marché et se caractériser, sur le plan des performances, par une forte profitabilité pour l'entreprise en position dominante[641]. En revanche, un marché fortement concurrentiel favorise les innovations[642] et la diminution des prix[643]. La structure du marché est donc essentielle, en ce qu'elle détermine le comportement des entreprises, puis leurs performances. La seule analyse de la structure concurrentielle du marché suffit alors à déterminer l'existence d'un pouvoir de marché[644].

142. **Le maintien d'une concurrence effective.** La préservation d'une structure concurrentielle permet de maintenir une concurrence effective et efficace sur le marché. Elle apparaît comme un objectif essentiel du droit de la concurrence[645], en tant que garant des libertés économiques et de la prospérité[646]. En effet, cette condition est impérative pour préserver le processus concurrentiel[647], réduire les prix et augmenter l'offre disponible sur le marché[648]. Le protocole n° 27 annexé aux traités européens affirme d'ailleurs que « *l'Union européenne comprend un système garantissant que la concurrence n'est pas faussée* ». Le droit de la concurrence entreprend notamment une démarche en faveur du maintien d'une concurrence effective lorsqu'il sanctionne les comportements anticoncurrentiels. Ainsi la Cour de justice souligne-t-elle régulièrement que les règles européennes de concurrence « *ont précisément pour objectif d'éviter que la concurrence ne soit faussée au détriment de l'intérêt général, des entreprises individuelles et des consommateurs, contribuant ainsi au bien-être dans l'Union* »[649]. Or, garantir une concurrence efficace nécessite généralement de dynamiser le nombre des opérateurs présents sur le marché[650] sans affecter l'éviction naturelle des « *concurrents moins efficaces*

---

641 L. Zevounou, *Les usages de la notion de concurrence en droit*, *op. cit.*, pt 1007, p. 989 ; C. Kaysen, D. F. Turner, *Antitrust Policy: An Economic and Legal Analysis*, Cambridge, Harvard University Press, 1959, 345 p.

642 A. Perrot, « Politiques de la concurrence, régulation et croissance : les choix de l'Europe et des États-Unis », *Les Cahiers du Cercle*, n° 3, 2003, p. 78.

643 Ministère de l'Économie, des Finances et du Budget, « Concurrence et commande publique à l'horizon 1992 », Journée d'études et d'information, Lille, le 19 janvier 1989, Service de la communication et des relations avec le public, 1989, p. 107.

644 D. Bosco, C. Prieto, *Droit européen de la concurrence. Ententes et abus de position dominante*, *op. cit.*, pt 294, p. 291.

645 J.-J. Burst, R. Kovar, *Droit de la concurrence*, *op. cit.*, p. 1.

646 M. Van der Groeben cité par C. Gavalda, B. Lecourt, G. Parleani, *Droit européen des affaires de l'Union européenne* , 7e éd., *op. cit*, pt 445, p. 315.

647 D. Zimmer, « The Basic Goal of Competition Law: To Protect the Opposite Side of the Market », *op. cit.*, pp. 486-501. En ce sens, CJCE, 16 décembre 1975, *Suiker Unie e.a.*, aff. jtes C-40 à C-48, 50, C-54 à C-56, C-111, C-113 et C-114-73, EU:C:1975:174, pt 173 ; comm. J.-P. Dubois, *Droit et pratique du commerce international*, 1976, pp. 335-340.

648 R. Whish, D. Bailey, *Competition Law*, 8e éd., *op. cit.*, p. 1 et s. ; J. Madill, A. Mexis, « Consumer at the heart of EU Competition Policy », *Competition Policy Newsletter*, n° 1, 2009, p. 27.

649 CJCE, 22 octobre 2002, *Roquette Frères*, aff. C-94/00, *op. cit.*, pt 42 ; comm. E. Chevrier, *Recueil Dalloz*, 2002, Jur., pp. 3205-3206 ; S. Poillot-Peruzzetto, *Contrats, conc., consom.* 2002, n° 30, pp. 27-29. CJUE, 17 février 2011, *TeliaSonera Sverige*, aff. C-52/09, *op. cit.*, pt 22.

650 J. Houssiaux, « Préface », in *L'entreprise et son pouvoir de marché*, J. Jacquemin (dir.), Louvain, Librairie universitaire , 1967, p. IX.

et donc moins intéressants pour les consommateurs du point de vue notamment des prix, du choix, de la qualité ou de l'innovation »[651].

143. **Le maintien de la pluralité des opérateurs économiques sur le marché.** La démarche du droit européen de la concurrence, afin de prévenir les risques d'utilisation par les opérateurs économiques de leur pouvoir de marché, insiste sur l'importance de préserver un marché structurellement concurrentiel[652]. Une telle conception est aujourd'hui dominante au sein du droit européen de la concurrence, dont l'un des objectifs est la protection de la « *concurrence en tant que telle* »[653]. Or la pluralité des entreprises sur le marché permet, d'une part, d'assurer le dynamisme de celui-ci[654] et, d'autre part, de réduire les risques de pratiques anticoncurrentielles[655]. Cette pluralité des concurrents apparaît par conséquent comme garante du processus concurrentiel[656] et peut justifier des mesures ayant pour objet de maintenir la rivalité sur les marchés[657], ou encore la surveillance accrue des entreprises en position dominante[658]. Une simple lutte tarifaire peut affecter considérablement la structure de la concurrence en réduisant substantiellement le nombre d'opérateurs présents sur le marché, en faveur d'une concentration progressive de ce dernier[659]. L'ambition des structuralistes est donc de garantir un minimum de dynamisme et de concurrence, qu'elle soit actuelle ou potentielle[660]. La concurrence effective ne doit donc pas se limiter à une simple étape temporelle mais se maintenir durablement sur les marchés. Dès lors, le droit de la concurrence « *dépasse la "conception comportementaliste" [pour] celle d'une structure particulière du marché* »[661].

B. Une approche empruntée expressément par le droit européen de la concurrence

144. **L'adoption de la lecture structuraliste par les textes européens.** Le droit européen de la concurrence présente depuis son origine une forte proximité intellectuelle avec l'École structuraliste. Le professeur Petit voit dans l'article 102 TFUE et le protocole n° 27 un témoignage évident de cette proximité[662]. Leur rencontre se cristallise

---

651 CJUE, 27 mars 2012, *Post Danmark*, aff. C-209/10, EU:C:2012:172, pt 22 ; comm. L. Idot, *Europe*, 2012, comm. n° 5, p. 196.

652 C. Boutayeb, *Droit matériel de l'Union européenne*, 3e éd., Paris, LGDJ, 2014, p. 208.

653 Conclusions de l'avocat général J. Kokott présentées le 23 février 2006, aff. C-95/04 P, *op. cit.*, pt 68.

654 C. Prieto, « Les PME face au droit de la concurrence », actes du colloque du 22 juin 2011, *op. cit.*, p. 171.

655 M. Glais, *Économie industrielle : les stratégies concurrentielles des firmes*, Paris, Litec, 1992, p. 237 et s. ; L. Zevounou, *Les usages de la notion de concurrence en droit*, *op. cit.*, pt 1009, p. 989.

656 C. Prieto, « Pouvoir de marché et liberté des entreprises, les fondements de la politique de concurrence », *op. cit.*, pt 11, p. 1603 et s.

657 Sur la critique de cette conception du droit de la concurrence : A. Sánchez-Graells, *Public Procurement and the EU Competition Rules*, *op. cit.*, p. 95.

658 L. Zevounou, *Les usages de la notion de concurrence en droit*, *op. cit.*, pt 1007, p. 989 ; N. Goldschmidt, « Alfred Müller-Armack et Ludwig Erhard : le libéralisme social de marché », in *Histoire du libéralisme en Europe*, P. Nemo, J. Petitot (dir.), Paris, PUF, 2006, pp. 953-983.

659 L'exemple du secteur ferroviaire américain lors du dernier quart du XIXe siècle est emblématique. Sur ce sujet, A. Picard, *Traité des chemins de fer : économie politique, commerce, finances, administration, droit, études comparées sur les chemins de fer étrangers*, tome I, Paris, J. Rothschild, 1887, pp. 172 et 191.

660 M. Glais, « Les fondements d'une politique de la concurrence », *op. cit.*, p. 20.

661 *Ibid.*

662 N. Petit, *Droit européen de la concurrence*, 2e éd., *op. cit.*, pt 136, pp. 92-93.

notamment autour de la notion de pouvoir de marché[663]. Celle-ci, pourtant absente du droit primaire, est utilisée régulièrement par la Commission européenne afin de qualifier des pratiques anticoncurrentielles fondées sur les articles 101 et 102 TFUE[664]. Le contrôle des concentrations est d'ailleurs emblématique de l'orientation structuraliste du droit de la concurrence. L'article 2, paragraphe 3, du règlement (CE) n° 139/2004 du 20 janvier 2004 relatif au contrôle des concentrations énonce ainsi que « *[l]es concentrations qui entraveraient de manière significative une concurrence effective dans le marché commun ou une partie substantielle de celui-ci, notamment du fait de la création ou du renforcement d'une position dominante, doivent être déclarées incompatibles avec le marché commun* »[665]. Le contrôle des concentrations vise notamment à déterminer « *leur effet sur la structure de concurrence* »[666]. L'orientation structuraliste du droit européen de la concurrence est d'ailleurs confirmée par la jurisprudence de la Cour de justice.

145. **L'adoption de l'approche structuraliste par la Cour de justice.** La position structuraliste de la Cour de justice est ancienne. Dès 1975, la jurisprudence *Metro I* adopte explicitement une analyse structuraliste[667]. Le juge européen a rappelé son approche à l'occasion du contentieux *Microsoft*[668]. Le Tribunal a en effet précisé dans la décision rendue « *qu'il est de jurisprudence constante que l'article 82 CE [102 TFUE] vise non seulement les pratiques susceptibles de causer un préjudice direct aux consommateurs, mais également celles qui leur causent un préjudice indirect en portant atteinte à une structure de concurrence effective* »[669]. La jurisprudence présente la

---

663 D. Zimmer, « L'abus de pouvoir de marché : contrôle de pouvoir de marché ou protection de la concurrence ? », *op. cit.*, pp. 27-50.

664 Comm. eur., Communication de la Commission sur la définition du marché en cause aux fins du droit communautaire de la concurrence, *JOCE* n° C 372 du 9 décembre 1997, pp. 5-13 ; Comm. eur., Lignes directrices concernant l'application de l'article 81, paragraphe 3, du traité, *JOUE* n° C 101 du 27 avril 2004, pp. 97-118 ; règlement (CE) n° 2790/1999 de la Commission, du 22 décembre 1999, concernant l'application de l'article 81, paragraphe 3, du traité à des catégories d'accords verticaux et de pratiques concertées, *JOCE* n° L 336 du 22 décembre 1999, pp. 21-25, considérants 7 et 13 ; règlement (CE) n° 772/2004 de la Commission du 27 avril 2004 concernant l'application de l'article 81, paragraphe 3, du traité à des catégories d'accords de transfert de technologie, *JOUE* n° L 123 du 27 avril 2004, pp. 11-17, considérant 6 ; règlement (UE) n° 330/2010 de la Commission du 20 avril 2010 concernant l'application de l'article 101, paragraphe 3, du traité sur le fonctionnement de l'Union européenne à des catégories d'accords verticaux et de pratiques concertées, *JOUE* n° L 102 du 23 avril 2010, pp. 1-7, considérant 7 ; règlement (UE) n° 1217/2010 de la Commission du 14 décembre 2010 relatif à l'application de l'article 101, paragraphe 3, du traité sur le fonctionnement de l'Union européenne à certaines catégories d'accords de recherche et de développement, *JOUE* n° L 335 du 18 décembre 2010, pp. 36-42, considérant 4 ; règlement (UE) n° 1218/2010 de la Commission du 14 décembre 2010 relatif à l'application de l'article 101, paragraphe 3, du traité sur le fonctionnement de l'Union européenne à certaines catégories d'accords de spécialisation, *JOUE* n° L 335 du 18 décembre 2010, pp. 43-47, considérant 3.

665 Nous pouvons noter la différence de rédaction entre cet article et l'article 2 du règlement (CEE) n° 4064/89 du Conseil, du 21 décembre 1989, relatif au contrôle des opérations de concentration entre entreprises, *JOCE* n° L 395 du 30 décembre 1989, pp. 1-12. Ce dernier imposait l'existence d'une position dominante.

666 Règlement (CE) n° 139/2004 du Conseil du 20 janvier 2004 relatif au contrôle des concentrations entre entreprises, *op. cit.*, considérant 6 ; v. égal. l'article 1er dudit règlement.

667 CJCE, 25 octobre 1977, *Metro SB-Großmärkte GmbH & Co. KG c/ Commission des Communautés européennes*, aff. C-26-76, EU:C:1977:167, pt 20 ; comm. T. Hartley, *ELR*, 1978, pp. 209-212.

668 TPICE, 17 septembre 2007, *Microsoft Corp.*, aff. T-201/04, EU:T:2007:289, pt 664 ; comm. C. Prieto, *Recueil Dalloz*, 2007, pp. 2884-2889 ; J. Gstalter, *RTDE*, 2007, pp. 742-762 ; F. Lévêque, *RLC*, 2008, n° 14, p. 22-26.

669 *Ibid.* V. égal. sur ce point les arrêts CJCE, 13 février 1979, *Hoffmann-La Roche c/ Commission*, aff. C-85/76, EU:C:1979:36, pt 125 ; comm. T. J. Bennett, *ELR*, 1979, pp. 210-220 ; TPICE, 7 octobre 1999, *Irish Sugar plc*, aff. T-228/97, EU:T:1999:246, pt 232 ; comm. L. Idot, *Europe*, 1999, comm. n° 420, p. 15 ; CJCE, 4 juin 2009,

vision structuraliste comme principale source de concurrence sur le marché. La Cour souligne également, dans le cadre de l'arrêt *T-Mobile*, que « *l'article 81 CE [désormais 101 TFUE] vise, à l'instar des autres règles de concurrence énoncées dans le traité, à protéger non pas uniquement les intérêts directs des concurrents ou des consommateurs, mais la structure du marché et, ce faisant, la concurrence en tant que telle* »[670]. L'avocat général Kokott va beaucoup plus loin dans ses conclusions sur l'arrêt *British Airways*. Elle note que le droit de la concurrence « *n'est pas destiné uniquement et en premier lieu à protéger les intérêts directs des concurrents ou des consommateurs, mais la structure du marché et, ce faisant, la concurrence en tant que telle (en tant qu'institution), laquelle est de toute façon déjà affaiblie par la présence de l'entreprise dominante sur le marché* »[671]. Dès lors, selon son raisonnement, la seule présence d'une position dominante porte atteinte à la concurrence effective[672], solution empruntée à la jurisprudence en matière d'abus de position dominante dont l'orientation structuraliste est évidente[673]. Une telle orientation n'est toutefois pas exclusive au droit de la concurrence. Le droit de la commande publique est également très sensible à la question de la structure concurrentielle des marchés.

§ 2. Le droit de la commande publique comme vecteur de développement de la structure concurrentielle des marchés

146. La démarche dynamique portée par l'École de Harvard, en comparaison avec l'attitude attentiste des libéraux manchestériens ou de l'École de Chicago, a offert un rôle actif au droit de la concurrence. Celui-ci est perceptible dans le cadre de

---

T-Mobile Netherlands BV e.a., aff. C-8/08, EU:C:2009:343, pt 32 ; comm. M. Debroux, *Concurrences* n° 2-2009, art. n° 26001, pp. 101-102 ; L. Idot, *Europe*, 2009, comm. n° 323, pp. 33-34 ; CJCE, 6 octobre 2009, *GlaxoSmithKline Services Unlimited*, aff. C-501/06 P, EU:C:2009:610, pt 63 ; comm. L. Idot, *Europe*, 2009, comm. n° 463, p. 29 ; C. Prieto, *Revue des contrats*, 2010, pp. 106-110 ; CJCE, 15 mars 2007, *British Airways*, aff. C-95/04 P, EU:C:2007:166, pt 106 ; comm. L. Idot, *Europe*, 2007, comm. n° 142, p. 19 ; C. Prieto, *JDI*, 2007, pp. 659-662.

670 CJCE, 4 juin 2009, *T-Mobile Netherlands BV e.a.*, aff. C-8/08, *op. cit.*, pt 38.

671 Conclusions de l'avocat général J. Kokott présentées le 23 février 2006, aff. C-95/04 P, *op. cit.*, pt 68. V. égal. sur ce point A. Jones, B. Sufrin, *EU Competition Law: Text, Cases, and Materials*, 4e éd., Oxford, Oxford University Press, 2011, p. 51.

672 La démarche proposée par lesdites conclusions n'est pas sans rappeler la position de la Cour de justice lors de l'application de la lecture combinée des articles 106 et 102 TFUE et plus particulièrement celle offerte dans l'arrêt *Corbeau*. V. Partie II, Titre I, Chapitre 1, Section 1.

673 CJCE, 13 février 1979, *Hoffmann-La Roche c/ Commission*, aff. C-85/76, *op. cit.*, pt 91 : « *[L]a notion d'exploitation abusive est une notion objective qui vise les comportements d'une entreprise en position dominante qui sont de nature à influencer la structure d'un marché où, à la suite précisément de la présence de l'entreprise en question, le degré de concurrence est déjà affaibli et qui ont pour effet de faire obstacle, par le recours à des moyens différents de ceux qui gouvernent une compétition normale des produits ou services sur la base des prestations des opérateurs économiques, au maintien du degré de concurrence existant encore sur le marché ou au développement de cette concurrence [.]* » Cette analyse est reprise par la Cour, en ce sens CJCE, 9 novembre 1983, *Michelin*, aff. C-322/81, EU:C:1983:313, pt 70 ; comm. P. Laurent, *Gaz. Pal.*, 1984, Jur., pp. 337-339 ; CJCE, 11 décembre 1980, *L'Oréal*, aff. C-31/80, EU:C:1980:289, pt 27 ; comm. C.-F. Durand, *CMLR*, 1982, pp. 332-340 ; CJCE, 3 juillet 1991, *Akzo*, aff. C-62/86, EU:C:1991:286, pt 69 ; comm. L. Vogel, *Contrats, conc., consom.* 1991, n° 11, pp. 11-12 ; CJUE, 16 juillet 2015, *Huawei Technologies Co. Ltd*, aff. C-170/13, EU:C:2015:477, pt 45 ; comm. L. Idot, *Europe*, 2015, comm. n° 10, pp. 28-29 ; CJUE, 6 octobre 2015, *Post Danmark A/S*, aff. C-23/14, EU:C:2015:651, pt 26 ; comm. L. Idot, *Europe*, 2015, n° 12, pp. 39-40.

la lutte contre les pratiques anticoncurrentielles. Le rôle du droit de la concurrence peut également être préventif, quand il intervient à l'occasion des opérations de concentration. Or, le droit de la commande publique est également un support juridique essentiel au développement d'une concurrence effective sur les marchés, notamment par l'intermédiaire de son objectif de concurrence. Ce « *droit de l'offre* »[674], selon l'expression du professeur Lichère, « *cherche depuis son origine, à aviver la concurrence* »[675]. La recherche d'une concurrence effective à l'occasion de la mise en concurrence intègre naturellement une démarche structuraliste (A.). Une telle démarche du droit de la commande publique est d'ailleurs manifeste dans le cadre des marchés publics de défense, qui serviront d'illustration à notre démonstration (B.).

A. L'exigence d'une concurrence dynamique en droit de la commande publique

147. La notion de concurrence est fortement utilisée en droit de la commande publique. Cette notion présente cependant plusieurs sens en fonction des dispositions du droit de la commande publique auxquelles elle se rattache (1). L'ouverture à la concurrence fait l'objet d'une attention particulière en raison de sa capacité à accroître les offres présentées et donc le choix disponible pour l'acheteur public ou l'autorité concédante (2). Par conséquent, la volonté de mobiliser les concurrents permet d'identifier un objectif de concurrence effective au sein du droit de la commande publique (3).

1. La notion de concurrence en droit de la commande publique : une notion polysémique

148. **Les différents usages de la notion de concurrence dans les directives « marchés publics » et « concessions » : taxinomie du professeur Kunzlik.** La notion de concurrence au sein du droit la commande publique, actuellement prépondérante dans les directives relatives à la commande publique, est loin de faire l'unanimité sur le sens à lui accorder. Le professeur Kunzlik a ainsi entrepris une classification des différents sens de la notion de concurrence[676]. Cinq références distinctes sont identifiées dans ses recherches[677] : celles relatives à la concurrence effective, aux distorsions de la concurrence, aux nouvelles procédures de passation, à l'exclusion du secteur de la téléphonie en raison d'une concurrence déjà suffisante[678] et, enfin,

---

[674] F. Lichère, « L'influence du droit communautaire sur le droit des contrats publics », *op. cit.*, p. 947.

[675] S. Chavarochette-Boufferet, « L'interprétation des directives de l'Union sur les marchés publics par la Cour de justice », *op. cit.*, p. 405.

[676] P. Kunzlik, « Neoliberalism and the European Public Procurement Regime », *op. cit.*, p. 337. V. égal. A.-L. Durviaux, *Logique de marché et marché public en droit communautaire. Analyse critique d'un système*, *op. cit.*, p. 420.

[677] Celles-ci sont fondées sur la directive 2004/17/CE du Parlement européen et du Conseil du 31 mars 2004 portant coordination des procédures de passation des marchés dans les secteurs de l'eau, de l'énergie, des transports et des services postaux, *JOUE* n° L 134 du 30 avril 2004, p. 1–113, et la directive 2004/18/CE, *op. cit.*

[678] Directive 2004/18/CE, *op. cit.*, considérant 21 ; O. Guézou, « Contrats publics et politique de la concurrence », *op. cit.*, p. 635.

aux ateliers n'étant pas dans des conditions normales de concurrence[679]. Nous ne rependrons que cinq de ces acceptions au sein de notre étude.

149. **Les différentes déclinaisons de la notion de concurrence dans les directives « marchés publics » et « concessions » : taxinomie retenue.** La lecture des différentes directives permet de dégager quatre déclinaisons de la notion de concurrence[680]. Cette notion est tout d'abord très régulièrement employée dans le sens de concurrence effective, laquelle renvoie elle-même tant à l'ouverture à la concurrence, à la prévention des distorsions de concurrence en raison des procédures de passation qu'à la garantie d'une concurrence loyale entre les candidats. En effet, les textes reprennent très régulièrement la notion de concurrence « *effective* »[681], « *réelle* »[682] ou « *véritable* »[683]. Or, pour être effective, la concurrence doit être réalisée sur un marché accessible et ouvert aux opérateurs économiques[684]. De même, la mise en œuvre des procédures de mise en concurrence ne doit pas réduire ou fausser la concurrence sur le marché[685]. La mise en concurrence s'est d'ailleurs progressivement muée en obligation de résultat, comme le remarque le professeur Linditch[686]. De telles conditions apparaissent comme des impératifs pour que la concurrence sur ces marchés puisse être qualifiée d'effective. Les directives emploient également la notion de « *concurrence loyale* »[687]. Cette expression renvoie à la concurrence par les mérites sans pratiques déloyales de la part des autres candidats. Contrairement à la concurrence effective prévenant les distorsions de concurrence, cette déclinaison de la notion de concurrence vise uniquement les comportements imputables aux candidats, mais participe également au développement d'une concurrence effective dans le domaine du droit de la commande publique.

150. La troisième déclinaison de la notion de concurrence fait référence aux règles du droit de la concurrence[688]. Dans sa quatrième déclinaison, la notion de concurrence est tout simplement un synonyme de compétition sur le marché[689]. Enfin, plus rarement, la notion de concurrence est utilisée pour cibler les marchés présentant

---

679 Directive 2014/24/UE, *op. cit.*, considérant 36.

680 Il s'agit des seules références à la concurrence et non pas celles relatives à la mise en concurrence.

681 Directive 2014/23/UE, *op. cit.*, considérant 73, articles 37 et 38 ; directive 2014/24/UE, *op. cit.*, considérant 90 ; directive 2014/25/UE, *op. cit.*, considérants 70 et 95 ; directive 2009/81/CE, *op. cit.*, considérants 58 et 69.

682 Directive 2014/23/UE, *op. cit.*, article 37 ; directive 2014/24/UE, *op. cit.*, articles 58 et 80 ; directive 2014/25/UE, *op. cit.*, article 97.

683 Directive 2009/81/CE, *op. cit.*, considérant 63 et article 38 ; directive 2014/25/UE, *op. cit.*, article 82.

684 Directive 2014/23/UE, *op. cit.*, considérants 8, 41 et 67 ; directive 2014/24/UE, *op. cit.*, considérants 1, 63, 68, 74 et 78, articles 42 et 67 ; directive 2014/25/UE, *op. cit.*, considérants 2, 43, 47, 71, 77, 78 et 83 ; directive 2009/81/CE, *op. cit.*, considérants 18 et 38, article 18.

685 Directive 2014/23/UE, *op. cit.*, considérants 38, 45, 51, 52 et 67, articles 35 et 38 ; directive 2014/24/UE, *op. cit.*, considérants 31 32, 49, 50, 57, 59, 61, 74, 79 et 96, articles 18, 24, 30, 40, 41 et 57 ; directive 2014/25/UE, *op. cit.*, considérants 39, 59, 61, 97 et 101, articles 36, 42, 48, 51, 58 et 59 ; directive 2009/81/CE, *op. cit.*, considérants 39, 48, 49 et 55, articles 27, 29, 48 et 52.

686 L. Linditch, *Le droit des marchés publics*, 6e éd., Paris, Dalloz, 2015, p. 28.

687 Directive 2014/23/UE, *op. cit.*, article 40 ; directive 2014/24/UE, *op. cit.*, articles 50 et 79 ; directive 2014/25/UE, *op. cit.*, articles 70, 75 et 96 ; directive 2009/81/CE, *op. cit.*, considérant 56, articles 30 et 35.

688 Directive 2014/23/UE, *op. cit.*, considérants 6 et 70 ; directive 2014/24/UE, *op. cit.*, considérants 7 et 101 ; directive 2014/25/UE, *op. cit.*, considérants 9, 48 et 106, articles 34 et 35.

689 Directive 2014/23/UE, *op. cit.*, considérants 3, 41 et 46 ; directive 2014/25/UE, *op. cit.*, considérants 44, 45, 49 et 138 ; directive 2009/81/CE, *op. cit.*, considérant 48, article 21. Sur ce point, O. Guézou, « Les comportements anticoncurrentiels dans la passation des marchés publics », *op. cit.*, pt 174, p. 168.

des caractéristiques concurrentielles spécifiques. On pense aux activités exclues du champ d'application de la directive en raison de leur exposition à la concurrence[690] ou, à l'inverse, les activités monopolistiques[691]. Il convient d'y ajouter les marchés réservés, en raison de leurs conditions spéciales de concurrence[692].

2. L'ouverture à la concurrence : étape primordiale de l'objectif de concurrence effective

151. **L'ouverture à la concurrence : un objectif autonome du droit de la commande publique.** Le droit de la commande publique participe activement à l'ouverture de ce pan économique à la compétition[693]. Pour ce faire, les directives relatives à la commande publique encouragent vivement, depuis leur origine[694], l'ouverture à la concurrence du secteur de la commande publique[695]. Cet objectif, souvent présenté comme un moyen de parvenir au développement du marché intérieur, semble pourtant autonome. En effet, malgré l'apport décisif de l'ouverture à la concurrence de la commande publique pour l'achèvement du marché intérieur[696], les textes et la jurisprudence paraissent distinguer ces deux objectifs. Ainsi, le premier considérant de la directive 2014/24/UE précise que l'harmonisation des procédures de passation des marchés publics a pour but de garantir que les « *principes [du marché intérieur] soient respectés en pratique et que la passation des marchés publics soit ouverte à la concurrence* ». L'usage de la conjonction de coordination « et » signale l'énumération de plusieurs objectifs. Partant, cela confirme que l'ouverture à la concurrence est un objectif supplémentaire et autonome. D'ailleurs, les directives 2014/23/UE et 2014/25/UE s'accordent pour « *prévoir une coordination minimale des procédures nationales d'attribution sur la base des principes du traité sur le fonctionnement de l'Union européenne, de manière à garantir l'ouverture des concessions à la concurrence* »[697]. L'autonomie entre ces deux objectifs s'explique également par l'absence de lien historique entre l'ouverture à la concurrence et le marché intérieur.

---

690 Directive 2014/23/UE, *op. cit.*, article 16 ; directive 2014/25/UE, *op. cit.*, articles 35 et 36.

691 Directive 2014/23/UE, *op. cit.*, article 31 ; directive 2014/24/UE, *op. cit.*, article 32 ; directive 2014/25/UE, *op. cit.*, article 50.

692 Directive 2014/24/UE, *op. cit.*, considérant 36 ; directive 2009/81/CE, *op. cit.*, considérant 35.

693 M. Mougeot, F. Naegelen, « Marchés publics et théorie économique : un guide de l'acheteur », *Revue d'économie politique*, vol. 107, no 1, 1997, p. 11.

694 Directive 92/50/CEE du Conseil, du 18 juin 1992, portant coordination des procédures de passation des marchés publics de services, *JOCE* n° L 209 du 24 juillet 1992, pp. 1-24, considérant 20 ; directive 93/36/CEE du Conseil, du 14 juin 1993, portant coordination des procédures de passation des marchés publics de fournitures, *JOCE* n° L 199 du 9 août 1993, pp. 1-53, considérant 14 ; directive 93/37/CEE du Conseil, du 14 juin 1993, portant coordination des procédures de passation des marchés publics de travaux, *JOCE* n° L 199 du 9 août 1993, pp. 54-83, considérant 10.

695 Directive 2014/24/UE, *op. cit.*, considérant 1. V. égal. E. Delacour, « Les sources du droit des marchés publics et des délégations de service public », *LPA*, 2000, n° 23, p. 4.

696 R. D. Anderson, W. E. Kovacic, « Competition Policy and International Trade Liberalisation: Essential Complements to Ensure Good Performance in Public Procurement Markets », *PPLR*, 2009, n° 2, pp. 79 et 86 ; G. Skovgaard Ølykke, *Abnormally Low Tenders: With an Emphasis on Public Tenderers*, *op. cit.*, p. 65 ; M. Steinicke, « Public Contracts Through Procurement – Can There Still Be State Aid? », in *The Pros and Cons of Competition in/by the Public Sector*, Swedish Competition Authority, 2009, p. 145.

697 Directive 2014/23/UE, *op. cit.*, considérant 8 ; directive 2014/25/UE, *op. cit.*, considérant 2 : « *En vue de garantir l'ouverture à la concurrence des marchés passés par les entités opérant dans les secteurs de l'eau, de l'énergie, des transports et des services postaux, il convient d'élaborer des dispositions pour coordonner les procédures de passation des marchés lorsque ceux-ci dépassent une certaine valeur.* »

La concurrence effective a été tout au long des siècles un élément déterminant pour assurer l'efficacité de l'achat public, alors que l'achèvement du marché intérieur demeure une problématique contemporaine.

152. **L'ouverture à la concurrence : un objectif combiné au marché intérieur selon la jurisprudence.** La jurisprudence de la Cour de justice fait expressément état de l'importance de la concurrence effective. Elle offre une lecture originale des textes en combinant la libre circulation et l'ouverture à la concurrence non faussée comme « *objectif principal des règles communautaires en matière de marchés publics* »[698]. Dans un tel modèle, l'ouverture à la concurrence doit nécessairement être combinée avec les principes et libertés qui découlent du marché intérieur afin de former un objectif unique. Cette lecture combinée présente néanmoins l'inconvénient de rendre peu limpide la consistance exacte de cet objectif. Celui-ci pourrait finalement faire référence à la non-discrimination ou encore à l'égalité de traitement entre les candidats européens[699]. Pour autant, la concurrence effective ne peut se résumer aux seules situations transfrontalières. Le droit de la commande publique, comme nous l'avons vu précédemment[700], prône depuis son origine l'ouverture à la concurrence.

153. **L'ouverture à la concurrence : un objectif autonome et structurel selon la jurisprudence.** La jurisprudence européenne ne présente pas à ce jour de parfaite homogénéité concernant l'autonomie de l'objectif d'ouverture à la concurrence. Cela étant, à de nombreuses reprises, la Cour de justice présente cette finalité comme distincte du marché intérieur[701]. Ce positionnement, fort appréciable, a pour mérite d'offrir une portée plus large à cet objectif. La Cour indique ainsi que « *l'un des objectifs des règles communautaires en matière de marchés publics est l'ouverture à la concurrence la plus large possible* »[702]. Le droit de la commande

---

698 CJCE, 20 septembre 1988, *Gebroeders Beentjes BV*, aff. C-31/87, *op. cit.*, pt 21 ; CJCE, 7 décembre 2000, *Telaustria*, aff. C-324/98, *op. cit.*, pt 3 du dispositif ; CJCE, 11 janvier 2005, *Stadt Halle et RPL Lochau*, aff. C-26/03, *op. cit.*, pt 44 ; CJCE, 11 mai 2006, *Carbotermo*, aff. C-340/04, EU:C:2006:308, pt 58 ; comm. E. Meisse, *Europe*, 2006, n° 7, pp. 19-20 ; CJCE, 14 février 2008, *Varec SA*, aff. C-450/06, EU:C:2008:91, pt 34 ; comm. V. Michel, *Europe*, 2008, n° 103, pp. 10-11 ; CJCE, 13 décembre 2007, *Bayerischer Rundfunk e.a*, aff. C-337/06, *op. cit.*, pt 39 ; comm. E. Meisse, *Europe*, 2008, n° 2, p. 22 ; CJCE, 19 juin 2008, *Pressetext Nachrichtenagentur GmbH*, aff. C- 454/06, EU:C:2008:351, pt 31 ; comm. B. du Marais, A. Sakon, *Concurrences* n° 4-2008, art. n° 22318, pp. 154-156 ; H. Hoepffner, *RFDA*, 2011, pp. 98-111 ; CJCE, 9 juin 2009, *Commission c/ Allemagne*, aff. C-480/06, EU:C:2009:357, pt 47 ; comm. S. Rodrigues, J.-D. Dreyfus, *AJDA*, 2009, pp. 1717-1721 ; D. Simon, *Europe*, n° 307, pp. 23-24 ; CJUE, 8 mai 2014, *Technische Universität Hamburg-Harburg*, aff. C-15/13, EU:C:2014:303, pt 22 ; comm. M. Meister, *Europe*, 2014, n° 7, pp. 27-28 ; Y. Simonnet, *AJDA*, 2014, pp. 2004-2006 ; J. Chaminade, *JCP G*, 2010, n° 363, pp. 662-664.

699 P. Cassia, « Contrats publics et principe communautaire d'égalité de traitement », *RTDE*, 2002, pp. 413 et 420 : « *[L]e principe communautaire d'égalité contribue à assurer le développement d'une concurrence effective dans l'attribution et l'exécution des contrats publics [...].* »

700 V. *supra* Chapitre liminaire.

701 K. Wauters, « A New Generation of Public Procurement Directives: Background, Objectives and Result », *op. cit.*, p. 26.

702 CJCE, 23 décembre 2009, *CoNISMa*, aff. C-305/08, *op. cit.*, pt 37. En ce sens, v. égal. CJUE, 13 octobre 2012, *Swm Costruzioni 2 et Mannocchi Luigino*, aff. C-94/12, EU:C:2013:646, pt 33 ; comm. A. Bouveresse, *Europe*, 2013, n° 12, p. 37 ; M. Aubert, E. Broussy, H. Cassagnabère, *AJDA*, 2013, pp. 2313-231 ; CJUE, 10 octobre 2013, *Manova*, aff. C-336/12, *op. cit.*, pt 28 ; comm. M. Aubert, E. Broussy, H. Cassagnabère, *AJDA*, 2013, pp. 2313-2314 ; CJUE, 11 décembre 2014, *Azienda sanitaria locale n. 5 « Spezzino »*, aff. C-113/13, *op. cit.*, pt 51 ; CJUE, 28 janvier 2016, *CASTA e.a.*, aff. C-50/14, *op. cit.*, pt 55 ; conclusions de l'avocat général C. Stix-Hackl, présentées le 23 septembre 2004, aff. C-26/03, EU:C:2004:553, pt 56.

publique se concentre ainsi sur une ouverture structurelle des achats publics à la concurrence afin de faire intervenir un maximum d'opérateurs sur le marché[703]. La Cour de justice remarque l'importance d'une concurrence élargie dans ce secteur. Celle-ci est en effet « *envisagée non pas uniquement au regard de l'intérêt communautaire en matière de libre circulation des produits et des services, mais également dans l'intérêt propre du pouvoir adjudicateur impliqué, qui disposera ainsi d'un choix élargi* »[704]. L'avocat général Niilo Jääskinen met d'ailleurs en exergue la dimension structuraliste de cet objectif dans ses conclusions sur l'affaire *Swm Costruzioni 2 SpA*. Selon l'interprétation qu'il propose, l'objectif d'ouverture à la concurrence du droit de la commande publique vise à offrir un accès aux marchés publics à « *tous les opérateurs économiques, quelle que soit leur taille* »[705] ou quelle que soit leur nature juridique publique ou privée.

3. La concurrence effective : objectif essentiel du droit de la commande publique

154. **Un objectif consacré par le droit européen.** L'ambition du droit de la commande publique, d'établir une concurrence effective lors des procédures d'achat public, est aujourd'hui clairement reconnue, comme le relève explicitement l'avocat général Stix-Hackl dans ses conclusions sur l'arrêt *Sintesi SpA*. Celle-ci observe que les directives « marchés publics » mentionnent systématiquement « *l'objectif de développement d'une concurrence effective dans le domaine des marchés publics* »[706]. L'avocat général Poiares Maduro confirme cette interprétation dans ses conclusions sur l'arrêt *Commission c/ République hellénique*, dans lesquelles il souligne que « *les règles régissant les marchés publics ont notamment pour objectif de développer une concurrence effective sur le marché* »[707]. Il fonde son analyse sur la formule employée par la Cour de justice dans son arrêt *Commission c/ Italie*. Cette dernière y précise que les directives « marchés publics » ont vocation « *à éliminer les pratiques qui restreignent la concurrence en général* »[708]. Les directives relatives à la commande publique ont en effet toujours porté en elles une dimension proconcurrentielle[709]. Albert Sánchez-Graells présente d'ailleurs la concurrence

---

703 S. Arrowsmith, *The Law of Public and Utilities Procurement*, vol. 2, 2018, p. 129 ; P. Trepte, *Regulating Procurement: Understanding the Ends and Means of Public Procurement Regulation*, Oxford, Oxford University Press, 2004, p. 352.

704 CJCE, 23 décembre 2009, *CoNISMa*, aff. C-305/08, *op. cit.*, pt 37.

705 Conclusions de l'avocat général N. Jääskinen présentées le 28 février 2013, aff. C-94/12, EU:C:2013:130, pt 33.

706 Conclusions de l'avocat général C. Stix-Hackl présentées le 1er juillet 2004, aff. C-247/02, *op. cit.*, pt 31 : « *Les trois directives classiques sur les marchés publics – ainsi que d'autres – possèdent cependant un autre point de rattachement avec la concurrence. Ainsi, le préambule de chacune d'elles mentionne expressément l'objectif de développement d'une concurrence effective dans le domaine des marchés publics.* » V. égal. les conclusions de l'avocat général C. Stix-Hackl présentées le 11 juillet 2002, aff. C-57/01, EU:C:2002:450, pt 63.

707 Conclusions de l'avocat général M. Poiares Maduro présentées le 17 décembre 2008, aff. C-250/07, EU:C:2008:734, pt 11. La présence d'un tel objectif est également dans ses conclusions présentées le 8 octobre 2008, aff. C-213/07, EU:C:2008:544, pt 16.

708 CJCE, 21 février 2008, *Commission c/ Italie*, aff. C-412/04, EU:C:2008:102, pt 2 ; comm. E. Bernard, *Europe*, 2008, comm. n° 120, pp. 22-23 ; E. Broussy, F. Donnat, C. Lambert, *AJDA*, 2008, pp. 879-880.

709 G. Boncompagni, « Appalti Pubblici e Concorrenza », in *Antitrust fra Diritto Nazionale e Diritto Communitario*, E. A. Raffaelli (dir.), Giuffrè, 1996, pp. 189-213.

comme la finalité principale du droit de la commande publique[710]. La concurrence effective permet principalement d'accroître le choix pour les acheteurs publics et donne aux marchés pertinents qui composent la commande publique une véritable assise concurrentielle[711]. Le droit de la commande publique permet, quant à lui, de mobiliser les opérateurs économiques capables de répondre efficacement à la demande publique. Ce rôle actif est régulièrement mis en évidence par la Cour de justice depuis l'arrêt *Beentjes*[712]. Selon elle, les directives « marchés publics » visent à « *assurer le développement d'une concurrence effective dans le domaine des marchés publics* »[713]. Les principes du droit de la commande publique concourent à cet objectif, comme l'a encore récemment souligné la jurisprudence *eVigilo*[714].

155. **Un objectif directeur des principes fondamentaux du droit de la commande publique.** L'existence d'un objectif de concurrence effective est également perceptible au travers des principes fondamentaux du droit de la commande publique. L'Autorité de la concurrence le constate dans un récent avis[715], soulignant notamment que « *l'objectif de concurrence impose ainsi aux autorités publiques de réaliser l'égalité entre les candidats* »[716]. Cette analyse est partagée

---

710 A. Sánchez-Graells, *Public Procurement and the EU Competition Rules*, 2e éd., *op. cit.*, p. 102 ; A. Sánchez-Graells, « Public procurement: An overview of EU and national case law », *op. cit.*, p. 2 ; v. égal. A.-L. Durviaux, *Logique de marché et marché public en droit communautaire. Analyse critique d'un système*, *op. cit.*, p. 217 ; M. Guibal, « Grandeurs et servitudes de la concurrence », *op. cit.*, p. 3 ; S. Brown, « APEC Developments. Non-Binding Principles of Value for Money and Open and Effective Competition », *PPLR*, 1999, p. CS16 ; S. Schiavo-Campo, H. M. McFerson, *Public Management in Global Perspective*, Abingdon-on-Thames, Routledge, 2008, pp. 251-253 ; CNUCED, « Politique de concurrence et marchés publics », *op. cit.*, pts 28 et 29 ; K. Kuźma, W. Hartung, *Combating Collusion in Public Procurement: Legal Limitations on Joint Bidding*, *op. cit.*, p. 1.

711 T. Kirat, F. Marty, L. Vidal, « Au croisement de l'économie de la réglementation et du droit comparé : l'efficacité de la réglementation des marchés publics en France et aux États-Unis », in *Droit comparé des contrats publics*, R. Noguellou, U. Stelkens (dir.), *op. cit.*, p. 235.

712 CJCE, 20 septembre 1988, *Gebroeders Beentjes BV*, aff. C-31/87, *op. cit.*, pt 35.

713 *Ibid.*, pt 21 ; CJCE, 22 juin 1989, *Fratelli Costanzo SpA*, aff. C-103/88, EU:C:1989:256, pt 12 ; comm. D. Simon, *JDI*, 1990, pp. 456-458 ; CJCE, 22 juin 1993, *Commission c/ Danemark*, aff. C-243/89, *op. cit.*, pt 33 ; comm. M.-C. Boutard-Labarde, *JDI*, 1994, pp. 499-500 ; CJCE, 16 septembre 1999, *Fracasso et Leitschutz*, aff. C-27/98, *op. cit.*, pt 26 ; comm. D. Ritleng, *Europe*, 1999, n° 11, p. 18 ; O. Lesobre, 2000, *LPA*, n° 27, pp. 14-15 ; CJCE, 12 juillet 2001, *Ordine degli Architetti*, aff. C-399/98, EU:C:2001:401, pt 52 ; CJCE, 27 novembre 2001, *Lombardini et Mantovani*, aff. jtes C-285/99 et C-286/99, *op. cit.*, pt 34 ; TPICE, 26 février 2002, *Esedra SPRL*, aff. T-169/00, EU:T:2002:40, pt 202 ; CJCE, 17 septembre 2002, *Concordia Bus Finland*, aff. C-513/99, EU:C:2002:495, pt 81 ; comm. A. Ménéménis, *Dr. adm.*, 2002, n° 174 ; R. Ballester, *RDUE*, 2002, n° 4, pp. 835-838 ; G. Noël, *JCP G*, 2003, II, p. 10003 ; CJCE, 12 décembre 2002, *Universale-Bau e.a.*, aff. C-470/99, *op. cit.*, pt 89 ; CJCE, 7 octobre 2004, *Sintesi SpA*, aff. C-247/02, *op. cit.*, pt 35 ; CJCE, 18 janvier 2007, *Auroux e.a*, aff. C-220/05, EU:C:2007:31, pt 52 ; comm. B. du Marais, C. Tréheux, *Concurrences* n° 2-2007, art. n° 13533, pp. 184-186 ; CJCE, 15 octobre 2009, *Hochtief AG*, aff. C-138/08, EU:C:2009:627, pt 47 ; comm. M. Meister, *Europe*, 2009, n° 12, pp. 25-26.

714 CJUE, 12 mars 2015, *eVigilo Ltd*, aff. C-538/13, EU:C:2015:166, pt 33 : « *Le principe d'égalité de traitement entre les soumissionnaires, qui a pour objectif de favoriser le développement d'une concurrence saine et effective entre les entreprises participant à un marché public, impose que tous les soumissionnaires disposent des mêmes chances dans la formulation des termes de leurs offres et implique donc que celles-ci soient soumises aux mêmes conditions pour tous les compétiteurs (voir, en ce sens, arrêts Commission/CAS Succhi di Frutta, C-496/99 P, EU:C:2004:236, point 110, et Cartiera dell'Adda, C-42/13, EU:C:2014:2345, point 44)* » ; comm. E. Daniel, *Europe*, 2015, n° 5, pp. 19-20. V. égal. CJCE, 29 avril 2004, *CAS Succhi di Frutta SpA*, aff. C-496/99 P, EU:C:2004:236, pt 110 ; comm. E. Meisse, *Europe*, 2004, comm. n° 229, p. 35.

715 Aut. conc., avis n° 16-A-05 du 15 février 2016, relatif à la demande d'avis de la commune de Saint-Germain-en-Laye en ce qui concerne la conformité du traitement des offres « non conformes » en matière de commande publique au regard des règles de concurrence.

716 *Ibid.*, pt 81.

par Albert Sánchez-Graells, qui perçoit dans cet objectif un mécanisme de contrôle du comportement des acheteurs publics[717]. Or, les principes d'égalité de traitement, de liberté d'accès ou de transparence cherchent notamment à offrir aux acheteurs publics les moyens de mobiliser efficacement la concurrence[718]. Le professeur Chérot identifie d'ailleurs un objectif de protection de la concurrence au sein des principes fondamentaux de la commande publique[719]. Le professeur Caranta, quant à lui, associe le principe de transparence et la concurrence pour former un « *principe de transparence-concurrence* »[720]. Un objectif naturel de concurrence existe donc bien au sein du droit de la commande publique.

156. **Un objectif limité aux marchés pertinents de la commande publique.** La portée des jurisprudences développées précédemment est souvent résumée comme démontrant la capacité du droit de la commande publique à développer la concurrence effective sur le marché. Cette présentation est pour le moins partielle, et occulte la précision apportée par la Cour lorsque celle-ci indique que le droit de la commande publique vise à « *assurer le développement d'une concurrence effective dans le domaine des marchés publics* ». Cette précision est éclairée par une autre formule proposée par la Cour de justice, dans son arrêt *Lombardini*. Elle y fait référence à l'ouverture de « *ces marchés [marchés publics de travaux]* »[721] à la concurrence. Il en ressort que le rôle proconcurrentiel du droit de la commande publique s'exerce uniquement dans les différents marchés pertinents de la commande publique. Sur ces marchés atypiques, c'est au droit de la commande publique d'offrir les moyens de développer la concurrence et ainsi de servir d'appui au droit de la concurrence. Les acheteurs publics se cantonnent à ce titre au rôle d'exécutants des règles de droit. À l'inverse des marchés privés, la commande publique donne un rôle actif aux acheteurs publics et autorités concédantes. Ces derniers, en fonction de la procédure de mise en concurrence utilisée et de ses modalités, peuvent facilement faire varier l'intensité de la concurrence sur ces marchés pertinents en l'étendant géographiquement ou encore en ciblant de nouveaux concurrents de taille plus limitée. Or, pour obtenir une mobilisation élargie, la publicité occupe un rôle fondamental.

157. **La publicité des achats publics : « *pivot* »[722] d'une concurrence effective.** La publication des avis de marché est décisive pour mobiliser efficacement la concurrence lors des procédures de mise en concurrence. La professeure Skovgaard Ølykke affirme en effet que le principal moyen d'assurer la concurrence effective dans le secteur de la commande publique consiste en l'augmentation du nombre de candidats[723]. Une telle augmentation passe nécessairement par une publicité

---

717 A. Sánchez-Graells, *Public Procurement and the EU Competition Rules*, 2e éd., *op. cit.*, p. 108.

718 Aut. conc., avis n° 16-A-05 du 15 février 2016, *op. cit.*, pt 75 et s.

719 J.-Y. Chérot, *Droit public économique*, 2e éd., *op. cit.*, pt 462, p. 650.

720 R. Caranta, « Transparence et concurrence », in *Droit comparé des contrats publics*, R. Noguellou, U. Stelkens (dir.), *op. cit.*, p. 166.

721 CJCE, 27 novembre 2001, *Impresa Lombardini SpA*, aff. C-285/99, *op. cit.*, pt 34 ; v. égal. CJCE, 12 décembre 2002, *Universale-Bau e.a.*, aff. C-470/99, *op. cit.*, pt 89 ; CJCE, 12 juillet 2001, *Ordine degli Architetti*, aff. C-399/98, *op. cit.*, pt 52.

722 L. Richer, *L'Europe des marchés publics. Marchés publics et concessions en droit communautaire*, *op. cit.*, pt 498, p. 172.

723 G. Skovgaard Ølykke, *Abnormally Low Tenders: With an Emphasis on Public Tenderers*, *op. cit.*, p. 350.

idoine. En effet, cette dernière a vocation à informer l'ensemble des opérateurs économiques de l'ouverture d'un nouveau marché[724]. Elle représente à ce titre une « *condition pour la concurrence* »[725], comme le remarque Bernard Stirn[726]. Or pour que ce nouveau marché pertinent soit véritablement concurrentiel, la publication doit mobiliser et informer efficacement les éventuels candidats[727]. Les obligations de publicité permettent d'imposer juridiquement aux acheteurs publics et autorités concédantes d'intégrer au sein de leurs procédures de passation une démarche structurellement concurrentielle[728]. Une publicité défectueuse limite substantiellement le périmètre de la compétition aux entreprises détenant l'information et donne lieu à des interrogations en matière de transparence et de protectionnisme local[729]. Un « *degré de publicité adéquat* »[730] est donc requis en fonction de l'importance économique du contrat. À titre d'illustration, une concession de transport nécessite une publicité à l'échelle européenne afin de mobiliser suffisamment de concurrents. Le rôle structuraliste du droit de la commande publique, avec notamment l'étape de la publication, est donc évident.

B. La construction d'un marché concurrentiel : l'exemple des marchés publics de défense

158. Les marchés publics de défense sont une illustration typique des difficultés concurrentielles de certains marchés pertinents de la commande publique. Or, le droit de la commande publique, et plus particulièrement la directive 2009/81/CE[731], intervient dans un secteur souffrant d'une structure concurrentielle limitée (1) dans le but de dynamiser la concurrence disponible (2).

---

724 S. Arrowsmith, « The Purpose of the EU Procurement Directives: Ends, Means and the Implications for National Regulatory Space for Commercial and Horizontal Procurement Policies », in *Cambridge Yearbook of European Legal Studies*, vol. 14, 2012, p. 17 ; O. Guézou, « Contrats publics et politique de la concurrence », *op. cit.*, p. 636 ; Cons. conc., avis n° 00-A-16 du 14 juin, Demande d'avis du conseil général du Loiret sur les conditions de consultation des entreprises dans le cadre de la passation de marchés d'acquisition de matériels informatiques.

725 Y. Marique, « Changes during performance. A case for revising the extension of competition », in *EU Directive 2014/24 on Public Procurement: A new turn for competition in public markets?*, Y. Marique, K. Wauters (dir.), *op. cit.*, p. 211.

726 B. Stirn, *Vers un droit public européen*, 2e éd., Paris, LGDJ, 2015, p. 141.

727 V. en ce sens Cons. conc., avis n° 04-A-19 du 21 octobre 2004, Occupation du domaine public pour la distribution de journaux gratuits ; L. Richer, *L'Europe des marchés publics. Marchés publics et concessions en droit communautaire*, *op. cit.*, pt 498, p. 172.

728 L. Richer, « La concurrence concurrencée : à propos de la directive 2014/24 du 26 février 2014 », *op. cit.*, p. 7 et s. ; CE, *Rapport public 2002. Jurisprudence et avis de 2001 – Collectivités publiques et concurrence*, *op. cit.*, p. 221.

729 CJCE, 7 décembre 2000, *Telaustria*, aff. C-324/98, *op. cit.*, pt 62 ; conclusions de l'avocat général N. Fennelly présentées le 18 mai 2000 sur cette même affaire, pt 44. La Cour des comptes européenne a récemment déterminé que la majorité des erreurs des pouvoirs adjudicateurs lors de l'étape de la mise en concurrence interviennent au stade de la publicité. En ce sens, Cour des comptes européenne, Rapport spécial n° 10/2015 : « Les problèmes liés aux marchés publics dans le cadre des dépenses de cohésion de l'UE nécessitent des efforts supplémentaires », *op. cit.*, p. 52 ; « Concurrence et commande publique à l'horizon 1992 », Journée d'études et d'information, Lille, 19 janvier 1989, *op. cit.*, p. 118.

730 CJCE, 7 décembre 2000, *Telaustria*, aff. C-324/98, *op. cit.*, pt 62.

731 Directive 2009/81/CE du Parlement européen et du Conseil du 13 juillet 2009 relative à la coordination des procédures de passation de certains marchés de travaux, de fournitures et de services par des pouvoirs adjudicateurs ou entités adjudicatrices dans les domaines de la défense et de la sécurité, *op. cit.*

1. Une structure concurrentielle atone : une caractéristique des marchés publics de défense

159. **Un marché structurellement limité : état des lieux.** Le marché européen des biens et services de défense se caractérise par une structure concurrentielle inefficace pour sa survie et son développement, en raison d'une économie de la défense aujourd'hui globalisée[732]. Thierry Kirat identifie trois raisons expliquant cette faible concurrence[733]. La sclérose du marché européen se manifeste tout d'abord par une quasi-fermeture du marché des États membres. Cela entraîne la duplication des capacités de recherche et de production à travers l'Union. De plus, seul un marché présentant une taille rationnelle est capable de générer des économies d'échelle bénéfiques pour les États membres, en réduisant les prix d'achat, mais aussi pour les industriels. Ces derniers peuvent ainsi accroître leurs bénéfices et renforcer leurs capacités de production et d'innovation. Enfin, le marché européen de la défense souffre d'un individualisme certain des États membres. Les nombreuses craintes soulevées par la libéralisation du secteur, notamment en matière d'emploi et de souveraineté, segmentent le marché au profit d'une préférence nationale pourtant contre-productive[734]. Les relations parfois trop étroites entre les autorités publiques et les industriels contribuent également à cette fragmentation artificielle du marché[735].

160. **Du monopsone contrarié au monopole bilatéral.** Le marché des biens et services de défense présente également la singularité d'être un « *marché exclusif* », selon la formule empruntée à Albert Sánchez-Graells[736]. Le professeur Drago précise que dans de telles circonstances « *l'existence et le développement des fournisseurs sont liés à l'existence et au développement des marchés publics* »[737]. En effet, la commande publique demeure la seule demande dans ce secteur et constitue de ce fait un monopsone[738]. Ainsi, plus de 90 % de la demande en matière de défense est composée des acteurs étatiques, le reste étant constitué d'autorités publiques décentralisées[739]. La concentration de la demande dans la sphère publique s'explique, selon le professeur Kennedy, par le monopole de la violence légitime réservé à l'État[740].

---

732 K. Hartley, « The Future of European Defense Policy: An Economic Perspective », *Defense and Peace Economics*, vol. 14 n° 2, 2003, pp. 107-115.

733 T. Kirat, « Les marchés publics de la défense et concurrence : quelles perspectives pour un marché européen des équipements de défense ? », in *La modernisation du droit de la concurrence*, G. Canivet (dir.), Paris, LGDJ, 2006, p. 439 et s.

734 Comm. eur., Livre vert « Les marchés publics de la défense », *op. cit.*, p. 4.

735 M. Trybus, *European Defense Procurement Law: International and National Procurement Systems as Models for a Liberalised Defense Procurement Market in Europe*, Alphen aan den Rijn, Kluwer Law International, 1999, p. 9.

736 A. Sánchez-Graells, *Public Procurement and the EU Competition Rules*, 2e éd., *op. cit.*, pp. 43-47.

737 R. Drago, « Marchés publics et concurrence », *op. cit.*, p. 200.

738 J.-B. Maris, *La structuration du marché européen de l'armement*, Paris, L'Harmattan, 2012, p. 390 ; M. Trybus, *European Defense Procurement Law: International and National Procurement Systems as Models for a Liberalised Defense Procurement Market in Europe*, *op. cit.*, p. 10 et s. ; Comm. eur., Livre vert « Les marchés publics de la défense », *op. cit.*, p. 5.

739 C. Paulin, H. Masson, « Le marché de défense : concept et réalité », *Notes de la FRS*, 2005, p. 2.

740 G. Kennedy, *The Economics of Defence*, Londres, Faber & Faber, 1975, pp. 128 et 129. Cette théorie est corroborée par Martial Foucault dans sa thèse « Biens collectifs et sécurité extérieure : analyse économique de la politique européenne de défense », Université Paris 1 Panthéon-Sorbonne, 2004, 309 p. Sur ce thème v. égal. M. Weber, *Le savant et le politique*, Paris, Éditions 10 X 18, 2002 (première édition 1959), 224 p.

161. Si le monopsone bénéficie de l'avantage qui découle de l'unicité de la demande, ce n'est pas le cas du « *monopsone contrarié* »[741]. Dans le premier cas de figure, la demande unique fait face à de nombreuses offres. Dans le second, en revanche, le marché pertinent présente un nombre d'offres réduit. Un marché qui se limite à un seul demandeur et à une offre unique prend la forme d'un « *monopole bilatéral* »[742]. Cette forme est la plus communément admise pour le marché des biens et services de défense[743]. L'incapacité d'étendre le marché mène nécessairement à cette structure, seule capable de maintenir l'existence d'opérateurs privés et de gérer la rareté de la demande. Le phénomène de concentration dans le secteur de la défense est d'ailleurs représentatif de l'inadaptation du nombre d'industriels présents[744]. Le marché européen étant encore relativement cloisonné aux différents marchés nationaux, les espaces économiques des États membres ne présentent pas un périmètre économique suffisant pour permettre de développer la concurrence.

162. **Un déficit concurrentiel notoire.** La doctrine est actuellement unanime pour considérer que le marché européen de défense ne présente pas la qualité d'un marché structurellement concurrentiel[745]. Les effets en sont d'ailleurs multiples pour les pouvoirs adjudicateurs. Le nombre très limité d'opérateurs économiques, voire le monopole de certaines entreprises sur certains matériels de défense, excluent toute « *régulation des coûts* »[746] de la part des acheteurs publics. Ces derniers ne peuvent utiliser des prix de référence en guise de comparaison de ceux pratiqués sur le marché. Le manque de transparence en matière de coût, de qualité et de productivité risque de générer des rentes pour les opérateurs économiques. Or, ce phénomène, relevé initialement par la doctrine anglo-saxonne[747], s'accentue inévitablement dans les environnements fermés à la concurrence. La directive 2009/81/CE[748] marque une avancée majeure du droit de la commande publique dans ce domaine, en cherchant à dynamiser la structure de la concurrence dans ces secteurs.

2. La directive 2009/81/CE : un outil de développement de la structure concurrentielle du marché

163. **L'objectif de développement progressif de la concurrence.** La directive 2009/81/CE s'inscrit dans le processus traditionnel de libéralisation de l'économie européenne par l'introduction de concurrence dans un secteur qui était

---

741 C. Paulin, H. Masson, « Le marché de défense : concept et réalité », *op. cit.*, p. 2.

742 *Ibid.*

743 *Ibid.*, G. Kennedy, *The Economics of Defence*, *op. cit.*, p. 129.

744 M. Trybus, *European Defense Procurement Law: International and National Procurement Systems as Models for a Liberalised Defense Procurement Market in Europe*, *op. cit.*, p. 85.

745 En ce sens v. not. C. Chardigny, *Contrats et marchés publics de défense*, 2e éd., Bruxelles, Bruylant, 2013, p. 38 ; T. Kirat, D. Bayon, *Les marchés publics de la défense : Droit du contrat public, pratique administrative et enjeux économiques*, Bruxelles, Bruylant, 2006, p. 117 et s. ; B. Heuninckx, « Security of Supply and Offsets in Defence Procurement: What's New in the EU? », *PPLR*, 2014, n° 2, p. 33 et s.

746 Traduction libre de la formule « *cost regulation* » employée par T. Kirat, D. Bayon, *Les marchés publics de la défense : Droit du contrat public, pratique administrative et enjeux économiques*, *op. cit.*, p. 4.

747 *Ibid.*

748 Directive 2009/81/CE du Parlement européen et du Conseil du 13 juillet 2009 relative à la coordination des procédures de passation de certains marchés de travaux, de fournitures et de services par des pouvoirs adjudicateurs ou entités adjudicatrices dans les domaines de la défense et de la sécurité, *op. cit.*

jusqu'alors complètement cloisonné. En effet, « *historiquement la concurrence n'a jamais été le régulateur de l'industrie et des marchés d'équipements de défense* »[749]. Le développement de ce marché échappait aux règles traditionnelles du marché au profit d'un rôle accru des pouvoirs publics. La Commission européenne précise à ce titre que la directive vise « *à mettre en place des conditions de concurrence homogènes, au niveau européen, pour les marchés publics passés dans ce domaine* »[750]. De surcroît, une « *concurrence loyale et ouverte* »[751] dans ce secteur apparaît comme un préalable indispensable pour « *assurer le bon fonctionnement du marché européen de la défense* »[752]. Cela étant, la naissance d'un marché concurrentiel tel qu'inspiré par la directive 2009/81/CE se traduit par une adaptation spécifique des règles de la commande publique. La flexibilité caractéristique du texte doit, paradoxalement, fournir un espace propice au développement de la concurrence.

164. **La consécration d'un texte spécifique.** De nombreuses carences juridiques des textes antérieurs se traduisaient par un manque d'effectivité du marché européen des biens et services de défense. Tout d'abord, les États membres usaient et abusaient de l'article 346 TFUE. Cela étant, ce reproche ne permet pas d'expliquer l'ampleur de l'immobilisme des États membres. Les spécificités économiques et matérielles de ce marché ont été malheureusement trop longtemps ignorées par la Commission européenne. Ceci s'explique principalement par la naïveté avec laquelle ce secteur a été traité par l'exécutif européen. La réunion des procédures de passation entre marchés publics traditionnels et ceux de défense au sein de la directive 2004/18/CE n'a pas offert la formule juridique requise pour ce secteur. La transparence souhaitée s'est rapidement révélée excessive. Elle a eu pour résultat une inapplication globale du texte pour ce type de marchés publics. En effet, les biens et services de défense imposent, par nature, des standards de protection de la confidentialité, des procédures et des critères d'attribution singuliers qui n'ont pu être pris en compte par la directive 2004/18/CE[753]. À l'inverse, la directive 2009/81/CE donne une réponse efficace à ces principaux problèmes soulignés par la doctrine en apportant un « *instrument spécifique* »[754] à de tels marchés. Cette consécration d'un régime exorbitant pour les marchés publics de défense permet d'offrir un cadre juridique adapté à l'émergence de la concurrence.

---

749 T. Kirat, D. Bayon, *Les marchés publics de la défense : Droit du contrat public, pratique administrative et enjeux économiques*, *op. cit.*, p. 117.

750 Comm. eur., « Rapport de la Commission au Parlement européen et au Conseil sur la transposition de la directive 2009/81/CE relative aux marchés publics dans les domaines de la défense et de la sécurité », COM(2012) 565 final, p. 2.

751 *Ibid.*

752 *Ibid.*

753 B. Heuninckx, « Defence Procurement in the EU: Time to Listen to the Wake-up Calls », *Business Law International*, vol. 7, n° 2, 2006, p. 208 ; A. Georgopoulos, « Defence Procurement and EU Law », *ELR*, vol. 30, n° 4, p. 559 ; B. Schmitt, « Defence procurement in the European Union: The current debate », Paris, EU Institute for Security Studies, 2005, p. 14 et s. ; M. Trybus, « Defence Procurement: The New Public Sector Directive and Beyond », *PPLR*, 2004, n° 4, p. 198 ; J.-B. Maris, *La structuration du marché européen de l'armement*, *op. cit.*, p. 399.

754 Comm. eur., Livre vert « Les marchés publics de la défense », *op. cit.*, p. 10.

L'ouverture progressive à la concurrence transfrontalière devrait favoriser le développement d'un marché structurellement concurrentiel, tout en conservant ses particularismes économiques mais également juridiques.

Section 2
Une ambition confirmée par des politiques structuralistes communes : l'exemple des petites et moyennes entreprises

165. **La notion de PME.** L'analyse précédente a permis de démontrer la démarche intrinsèquement structuraliste du droit de la concurrence et du droit de la commande publique. Cette démarche théorique se confirme dans la pratique. La problématique des petites et moyennes entreprises (ci-après PME) trouve notamment un écho manifeste dans ces deux matières et plus largement dans la politique économique européenne, comme en atteste la stratégie de Lisbonne[755]. Il convient au préalable de reprendre la première définition des PME présentée en 2003 par la Commission européenne : une PME est une entreprise composée de « *moins de 250 personnes et dont le chiffre d'affaires annuel n'excède pas 50 millions d'euros ou dont le total du bilan annuel n'excède pas 43 millions d'euros* »[756].

166. **PME et structure concurrentielle de marché.** La volonté de conserver un tissu dynamique de petites et moyennes entreprises traduit une démarche éminemment structuraliste[757]. À ce titre, les professeurs Prieto et Bosco relèvent que « *[d]ans le domaine de la politique européenne de concurrence, l'idée générale est que les PME profitent de la préservation d'une structure concurrentielle des marchés* »[758]. Le droit européen de la concurrence n'est pas le seul droit à entreprendre une telle approche[759]. Le droit de la commande publique semble poursuivre en parallèle un objectif de soutien des opérateurs économiques les plus fragiles afin de maintenir la structure concurrentielle des marchés. Si le droit de la concurrence s'inscrit dans une telle démarche depuis son origine (§ 1), le droit de la commande publique développe progressivement une orientation favorable aux PME, notamment depuis la dernière refonte des directives européennes « marchés publics » (§ 2).

---

755 Comm. eur., Communication « Europe 2020 – Une stratégie pour une croissance intelligente, durable et inclusive », COM(2010) 2020 final, 3 mars 2010.

756 Comm. eur., Recommandation du 6 mai 2003 concernant la définition des micro, petites et moyennes entreprises, *JOUE* n° L 124 du 20 mai 2003, pp. 36-41, article 2.

757 C. Gavalda, B. Lecourt, G. Parleani, *Droit des affaires de l'Union européenne*, 7e éd., *op. cit.*, pt 445, p. 316.

758 D. Bosco, C. Prieto, *Droit européen de la concurrence. Ententes et abus de position dominante*, *op. cit.*, pt 483, p. 420.

759 C. L. de Leyssac, « PME et règles de protection du marché : le regard du juriste », in *Les PME et le droit de la concurrence : analyse critique, comparative et prospective*, Y. Chaput (dir.), *op. cit.*, p. 56 et s.

§ 1. La protection des mérites des petites et moyennes entreprises par le droit de la concurrence européen

167. La protection des PME est récurrente dans la poursuite des objectifs du droit de la concurrence[760]. Elle se traduit notamment par une certaine souplesse accordée à ces entreprises lors de la mise en œuvre des règles de concurrence[761]. Cet intérêt figure comme l'un des héritages de la philosophie ordolibérale. La professeure Prieto rappelle que cette école conçoit la libre concurrence comme un instrument au service de l'accès aux marchés pour les PME en s'opposant aux monopoles et cartels[762]. L'objectif est de maintenir une structure de marché concurrentielle afin de permettre aux PME d'exprimer leurs mérites. « *L'usage libéral du droit antitrust envers les PME* »[763] s'identifie dans deux domaines juridiques spécifiques selon la professeure Boutard-Labarde : les ententes et les aides d'État[764]. Cette faveur du droit de la concurrence pour les PME s'explique notamment par l'importance concurrentielle de telles entreprises (A) et justifie la mise en place d'un certain nombre de tempéraments lors de l'application des articles 101 (B) et 107 TFUE (C).

A. Les motivations proconcurrentielles de la protection des PME

168. **Maintenir des marchés structurellement concurrentiels.** La prise en compte explicite des PME par le droit de la concurrence vise à maintenir une concurrence dynamique et dense sur les marchés. Cette « *préoccupation* »[765] semble évidente lorsque la Commission européenne observe que « *le soutien aux PME a pour objet de sauvegarder la structure concurrentielle du marché* »[766]. Cette catégorie d'entreprises apparaît en effet comme le principal « *acteur de la concurrence* »[767] capable de renforcer une organisation de marché compétitive[768].

---

760 L. Parret, « The Multiple Personalities of EU Competition Law: Time for a Comprehensive Debate on its Objectives », *op. cit.*, p. 72.

761 Cette prise en compte des PME n'est pas limitée au droit de la concurrence ; l'article 153, paragraphe 2, b, TFUE en fait expressément état dans le domaine de la politique sociale.

762 C. Prieto, « L'Europe et le droit de la concurrence : des malentendus aux mérites reconnus », *op. cit.*, pt 5.

763 Comm. eur., « Rapport annuel sur la politique de concurrence », 1981, p. 34 (traduction libre de l'auteur).

764 M.-C. Boutard-Labarde, « PME et droit de la concurrence », *op. cit.*, pp. 43-44 ; Comm. eur., « Rapport annuel sur la politique de concurrence », 1985, pt 15.

765 D. Bosco, C. Prieto, *Droit européen de la concurrence. Ententes et abus de position dominante*, *op. cit.*, pt 483, p. 420.

766 Comm. eur., « Rapport annuel sur la politique de concurrence », 1977, p. 10 ; v. égal. Parlement eur., Résolution du 16 février 1978, citée par ce même rapport de la Commission, pp. 10-11. Sur le même point : OCDE, « General Cartel Bans: Criteria for Exemption for Small and Medium-sized Enterprises », 1996, p. 9.

767 R. Becker, « Les PME face au droit de la concurrence », actes du colloque du 22 juin 2011, *op. cit.*, p. 169.

768 Comm. eur., « Rapport annuel sur la politique de concurrence », 1987, pt 23. V. égal. S. Laraia, « "Bidding Market" Defence in Competition Investigation », *CLJ*, 2006, n° 2, p. 89 ; P. Szilágyi, « Bidding Markets and Competition Law in the European Union and the United Kingdom – Part 1 », *ECLR*, vol. 29, n° 1, 2008, p. 28 et s.

En effet, les PME se caractérisent par leur flexibilité[769] et leur capacité de renouvellement,[770] qui sont des « *élément[s] essentiel[s] et majeur[s] d'un contexte concurrentiel sain* »[771]. De plus, l'importance économique des PME ne peut être ignorée. Leurs efforts en matière de compétitivité et de productivité rejaillissent sur l'ensemble des autres entreprises et notamment les grands groupes lors des externalisations[772]. Dès lors, la protection du « *bien-être* »[773] de ces « *animateurs irremplaçables du jeu concurrentiel* »[774] revient à protéger la vitalité des marchés[775].

169. **Des entreprises porteuses d'innovations sur les marchés.** Les PME sont également un incroyable vivier en matière d'innovation et de progrès technique, en raison de leur nombre, de leur dynamisme et de la flexibilité de leur création, qui est particulièrement adaptée au lancement de nouveaux produits. L'article 179 TFUE établit lui-même une étroite corrélation entre la recherche et les PME. Or la capacité d'innovation des PME participe directement à l'émergence de nouveaux marchés, « *ce qui en fait une source majeure de concurrence sur les marchés et un des moteurs des changements structurels* »[776]. Le large périmètre d'action de ces entreprises leur permet notamment d'occuper des « *niches de marchés [...] sur des domaines porteurs* »[777]. Par conséquent, le soutien aux PME apparaît logiquement comme un des volets majeurs poursuivis par la politique de concurrence[778].

170. **Limiter les imperfections du marché.** La prise en compte régulière des PME par le droit de la concurrence s'inscrit dans une démarche plus large, une « *prise de conscience des difficultés des PME* »[779] selon les termes du professeur Bazex. Les PME, en raison de leur taille et de leur poids réduits sur le marché, subissent de nombreuses contraintes que ne connaissent pas

---

769 Comm. eur., « Rapport annuel sur la politique de concurrence », 1985, pt 15.

770 Comm. eur., « Rapport annuel sur la politique de concurrence », 1991, pt 165.

771 *Ibid.* V. égal. Comm. eur., « Rapport annuel sur la politique de concurrence », 1992, pt 78.

772 Comm. eur., Livre blanc « Croissance, compétitivité, emploi. Les défis et les pistes pour entrer dans le XXIe siècle », 1994, p. 14 ; Comm. eur., « Rapport annuel sur la politique de concurrence », 1991, pt 165.

773 Comm. eur., « Rapport annuel sur la politique de concurrence », 1986, p. 38.

774 P. Gaches, « Les PME face au droit de la concurrence », actes du colloque du 22 juin 2011, *op. cit.*, p. 177.

775 Ce thème est discuté lors de la Deuxième journée franco-allemande de la concurrence, Bonn, 22 septembre 2006. Actes publiés dans *Concurrences* n° 2-2007, art. n° 13609, pp. 63-89.

776 Comm. eur., « Rapport annuel sur la politique de concurrence », 1991, pt 165. Sur ce point v. égal. Comm. eur., Lignes directrices relatives aux aides d'État visant à promouvoir les investissements en faveur du financement des risques, *JOUE* n° C 19 du 22 janvier 2014, pp. 4-34, considérant 6 ; règlement (CE) n° 1/2004 de la Commission du 23 décembre 2003 concernant l'application des articles 87 et 88 du traité aux aides d'État accordées aux petites et moyennes entreprises actives dans la production, la transformation et la commercialisation de produits agricoles, *JOUE* n° L 1 du 3 janvier 2004, pp. 1-16, considérant 6.

777 Comm. eur., Livre blanc « Croissance, compétitivité, emploi. Les défis et les pistes pour entrer dans le XXIe siècle », *op. cit.*, p. 89. Sur l'importance de la concurrence dans le processus d'innovation M. Behar-Touchais, « Préface », in *À quoi sert la concurrence ?*, M. Behar-Touchais, N. Charbit, R. Amaro (dir.), *op. cit.*, pp. 18-19 ; J. Almunia, « Concurrence, innovation et croissance : Perspective européenne », *op. cit.*, *op. cit.*, pp. 145-151.

778 Comm. eur., « Rapport annuel sur la politique de concurrence », 1994, p. 333.

779 M. Bazex, « L'accès des PME à la commande publique : une analyse juridique », in *Les PME et le droit de la concurrence : analyse critique, comparative et prospective*, Y. Chaput (dir.), *op. cit.*, p. 311. V. égal. P. Nihoul, « Preface », in *EU Directive 2014/24 on Public Procurement: A new turn for competition in public markets?*, Y. Marique, K. Wauters (dir.), *op. cit.*, p. 5.

les grandes entreprises ou les groupes d'entreprises[780]. La Commission européenne a pris rapidement conscience de la situation délicate dans laquelle se trouvent les PME européennes, en soulignant l'existence d'« *imperfections du marché* »[781] les affectant particulièrement. Parmi ces « imperfections », on identifie notamment un accès au crédit réduit[782], une trésorerie limitée[783], une lourde fiscalité[784], un soutien financier des pouvoirs publics réduit[785], une sensibilité accrue à la concentration des marchés[786] et aux fluctuations du marché[787] ou encore le poids des contraintes environnementales[788]. Bruno Lasserre relève que cette approche pragmatique du droit de la concurrence se fonde sur une crainte de développement de pouvoir de marché[789]. Le professeur de Leyssac précise quant à lui que l'aide apportée aux PME par le droit de la concurrence permet de maintenir les fondements d'un marché libre et concurrentiel fondé sur la « *loi des meilleurs* »[790] et non pas sur la « *loi du plus fort* »[791]. Le droit de la concurrence cherche ainsi à ce que les règles du marché soient fondées sur les mérites et que l'exclusion du marché ne résulte pas des imperfections structurelles défavorables à une certaine catégorie d'opérateurs économiques.

171. **Une catégorie d'entreprises sensible aux pratiques anticoncurrentielles.** Les imperfections naturelles du marché ne sont pas les seuls obstacles au développement efficace des PME. Ces dernières sont également particulièrement vulnérables face aux comportements anticoncurrentiels. Les PME apparaissent, après le consommateur, comme les principales victimes des abus de position dominante en raison de la puissance économique de certains groupes qui est utilisée à leur encontre[792]. La Commission européenne désigne d'ailleurs l'article 102 TFUE comme un « *instrument de défense qui leur est offert contre*

---

780 Comm. eur., « Rapport annuel sur la politique de concurrence », 1985, pt 15 ; OCDE, « General Cartel Bans: Criteria for Exemption for Small and Medium-sized Enterprises », *op. cit.*, p. 8.

781 Règlement (CE) n° 364/2004 de la Commission du 25 février 2004 modifiant le règlement (CE) n° 70/2001 en ce qui concerne l'extension de son champ d'application aux aides à la recherche et au développement, *JOUE* n° L 63 du 28 février 2004, pp. 22-29, considérant 5.

782 *Ibid.*, B. Lasserre, « Les PME face au droit de la concurrence », actes du colloque du 22 juin 2011, *op. cit.*, p. 149 ; E. Pfister, « Les PME face au droit de la concurrence », *op. cit.*, p. 168.

783 Comm. eur., « De grands projets pour les petites entreprises », éd. 2011, p. 4 et 8.

784 Comm. eur., « Rapport annuel sur la politique de concurrence 1985 », 1986, pt 15 ; B. Lasserre, « Les PME face au droit de la concurrence » *op. cit.*, p. 149.

785 Comm. eur., « Rapport annuel sur la politique de concurrence 1985 », *op. cit.*, pt 15.

786 Comm. eur., « Rapport annuel sur la politique de concurrence », 1990, pt 19.

787 Comm. eur., Communication de la Commission au Parlement européen, au Conseil, Comité économique et social européen et au Comité des régions – « Think Small First » : Priorité aux PME – Un « Small Business Act » pour l'Europe, COM(2008) 394 final, 25 juin 2008, p. 105.

788 *Ibid.*

789 B. Lasserre, « Les PME face au droit de la concurrence », *op. cit.*, p. 150.

790 C. L. de Leyssac, « PME et règles de protection du marché : le regard du juriste », *op. cit.*, p. 48. V. égal. en ce sens P. Catala, « Les lois du marché », in *Le contrat au début du XXIe siècle : études offertes à Jacques Ghestin*, Paris, LGDJ, 2001, p. 201.

791 *Ibid.*

792 Comm. eur., « Rapport annuel sur la politique de concurrence 2014 », 2015, p. 17 ; Comm. eur., « Rapport annuel sur la politique de concurrence 1985 », *op. cit.*, pt 15. Pour une illustration contentieuse, v. Comm. eur., déc. 85/609/CEE du 14 décembre 1985 relative à une procédure d'application de l'article 86 du traité CEE, *ECS/AKZO Chemie*, aff. IV/30.698, *JOCE* n° L 374 du 31 décembre 1985, pp. 1-27.

les grandes entreprises »[793]. Les PME sont également particulièrement victimes des accords de collaboration de recherche et de développement. Ces accords peuvent, en pratique, organiser le pillage des résultats de recherches des PME au profit de grands groupes[794].

172. **Des mécanismes incitatifs à distinguer des actions positives.** Les différentes actions entreprises par la politique de concurrence visant à protéger et à développer les PME ne sont pas assimilables à des actions positives comme ils en existent aux États-Unis, à l'instar du Small Business Act[795]. Bien qu'il soit utilisé *« de manière à favoriser [...] les petites et moyennes entreprises qui ont une faible position de marché »*[796], le droit de la concurrence intègre uniquement des mécanismes juridiques destinés à permettre la sauvegarde, le développement et le soutien des PME. La Commission européenne est en effet attentive à ce que ce type de mécanismes ne soit pas qualifié de discrimination positive. D'une part, elle refuse de porter atteinte au principe d'égalité, principe fondamental dans la pensée ordolibérale[797]. D'autre part, la promotion des PME, sans être dérogatoire[798], aspire précisément à dynamiser la concurrence. Par conséquent, ces mesures visent uniquement la concurrence effective, et la défense des PME n'est qu'un moyen pour atteindre cet objectif en protégeant leurs opportunités économiques[799]. La Commission européenne souligne enfin la contre-productivité économique de l'action positive. Elle prend l'exemple des marchés publics dans lesquels ces démarches *« augmentent les frais administratifs, protègent l'inefficacité économique, faussent la concurrence et découragent la modernisation et l'accroissement de la productivité »*[800].

---

793 Comm. eur., « PME et concurrence », 1991, p. 26

794 D. Bosco, C. Prieto, *Droit européen de la concurrence. Ententes et abus de position dominante*, *op. cit.*, pt 960, p. 721 ; règlement (UE) n° 1217/2010 de la Commission du 14 décembre 2010 relatif à l'application de l'article 101, paragraphe 3, du traité sur le fonctionnement de l'Union européenne à certaines catégories d'accords de recherche et de développement, *op. cit.*, considérant 6.

795 Sur ce point, L. Richer, G. Cantillon, *Achat public et économie des territoires*, LGDJ, 2017, pp. 15-22.

796 Comm. eur., « Rapport annuel sur la politique de concurrence », 1979, p. 11.

797 V. *supra* pt 76 et s. ; M. Nossereau, « L'appréhension des petites et moyennes entreprises par le droit communautaire des affaires », thèse Université Paris 2 Panthéon-Assas, 1999, p. 272 ; Comm. eur., Communication sur les Aspects sociaux et régionaux des marchés publics, COM(89) 400, adoptée par la Commission le 22 septembre 1989, *JOCE* n° C 311 du 12 décembre 1989, pp. 7-20 ; « Concurrence et commande publique à l'horizon 1992 », Journée d'études et d'information, Lille, 19 janvier 1989, *op. cit.*, p. 65.

798 G. O'Brien, « Les dispositions communautaires visant à faciliter l'accès des PME aux marchés publics », in « L'ouverture des marchés publics européens et les petites et moyennes entreprises », journée d'étude de la CEDECE, Perpignan, 28 mai 1993, *RMCUE* 1993, n° 373, p. 870 et s. ; M. Nossereau, « L'appréhension des petites et moyennes entreprises par le droit communautaire des affaires », *op. cit.*, p. 482 ; Comm. eur., « Rapport sur la réalisation des objectifs du programme d'action pour les PME » du 29 février 1987, cité par M. Nossereau, « L'appréhension des petites et moyennes entreprises par le droit communautaire des affaires », *op. cit.*, p. 482.

799 L. Parret, « The Multiple Personalities of EU Competition Law: Time for a Comprehensive Debate on its Objectives », *op. cit.*, p. 66.

800 Comm. eur., Communication, « Promotion de la participation des PME aux marchés publics dans la communauté », *op. cit.*, pt 13. COM(90) 166 du 7 mai 1990.

B. Collusions et petites et moyennes entreprises : une application raisonnée de l'article 101 TFUE

173. **Les seuils *de minimis* : une opportunité pour les PME.** La finalité initiale des seuils *de minimis* n'est pas d'avantager ou de favoriser les PME. Mais ils répondent à une volonté ancienne[801] de la Commission européenne et, avant elle, de la Cour de justice[802] d'apporter aux opérateurs économiques un minimum de sécurité juridique sur les seuils de sensibilité et d'affectation du commerce entre États membres[803]. Pour ce faire, l'exécutif européen a adopté un seuil sous lequel il n'y a pas d'affectation du commerce, seuil fixé actuellement à 5 % des parts de marché et à 40 millions d'euros de chiffre d'affaires[804]. Les PME apparaissent comme les destinataires privilégiés des textes relatifs aux accords d'importance mineure puisqu'elles bénéficient directement de ce type de mesures[805]. La Commission européenne indique d'ailleurs que les PME sont « *rarement en mesure d'affecter sensiblement le commerce entre États membres* »[806]. De tels seuils permettent selon la professeur Boutard-Labarde d'opérer « *une soustraction au droit de la concurrence* »[807]. Par ailleurs, la bienveillance du droit de la concurrence envers les PME s'exprime également dans la directive 2014/104/UE relative à certaines règles régissant les actions en dommages et intérêts en droit national pour les infractions aux dispositions

---

801 C. Gavalda, B. Lecourt, G. Parleani, *Droit des affaires de l'Union européenne*, 7e éd., *op. cit.*, pt 508, p. 353 ; Comm. eur., « Rapport annuel sur la politique de concurrence 1993 », 1994, pt 22. De telles communications ont été prises à partir de 1970 : Comm. eur., Communication de la Commission, du 27 mai 1970, concernant les accords d'importance mineure qui ne sont pas visés par les dispositions de l'article 85 paragraphe 1 du traité instituant la C.E.E., *JOCE* n° C 64 du 2 juin 1970, pp. 1-2 ; Communication de la Commission, du 19 décembre 1977, concernant les accords d'importance mineure qui ne sont pas visés par les dispositions de l'article 85 paragraphe 1 du traité instituant la Communauté économique européenne, *JOCE* n° C 313 du 29 décembre 1977, pp. 3-4 ; Communication de la Commission, du 3 septembre 1986, concernant les accords d'importance mineure qui ne sont pas visés par les dispositions de l'article 85 paragraphe 1 du traité instituant la Communauté économique européenne, *JOCE* n° C 231 du 12 septembre 1986, pp. 2-4.

802 CJCE, 9 juillet 1969, *Völk*, aff. C-5/69, EU:C:1969:35, pt 7 : « *[Q]ue ces conditions [objet ou effet d'empêcher, de restreindre ou de fausser la concurrence] doivent être entendues par référence au cadre réel où se place l'accord ; que, dès lors, un accord échappe à la prohibition de l'article 85 lorsqu'il n'affecte le marché que d'une manière insignifiante, compte tenu de la faible position qu'occupent les intéressés sur le marché des produits en cause ; qu'il est donc possible qu'un accord d'exclusivité même avec protection territoriale absolue, compte tenu de la faible position des intéressés sur le marché des produits en cause dans la zone faisant l'objet de la protection absolue, échappe à l'interdiction prévue à l'article 85, paragraphe 1* » ; comm. J. Van Damme, *CDE*, 1970, pp. 63-87. Dans le même sens, Comm. eur., déc. 68/318/CEE, du 17 juillet 1968, relative à une procédure au titre de l'article 85 du traité C.E.E., *S.O.C.E.M.A.S*, aff. IV/129, *JOCE* n° L 201 du 12 août 1968, pp. 4-7.

803 C. Gavalda, B. Lecourt, G. Parleani, *Droit des affaires de l'Union européenne*, 7e éd., *op. cit.*, pt 508, p. 353.

804 Comm. eur., Lignes directrices relatives à la notion d'affectation du commerce figurant aux articles 81 et 82 du traité, *JOUE* n° C 101 du 27 avril 2004, pp. 81-96, pts 44 à 57 ; Comm. eur., Communication concernant les accords d'importance mineure qui ne restreignent pas sensiblement le jeu de la concurrence au sens de l'article 101, paragraphe 1, du traité sur le fonctionnement de l'Union européenne (communication *de minimis*), *JOUE* n° C 291 du 30 août 2014, pp. 1-4.

805 Comm. eur., « Rapport annuel sur la politique de concurrence 2014 », *op. cit.*, p. 16.

806 Comm. eur., Communication concernant les accords d'importance mineure qui ne restreignent pas sensiblement le jeu de la concurrence au sens de l'article 101, paragraphe 1, du traité sur le fonctionnement de l'Union européenne (communication *de minimis*), *op. cit.*, note 5. V. égal. Comm. eur., Lignes directrices relatives à la notion d'affectation du commerce figurant aux articles 81 et 82 du traité, *op. cit.*, pt 50.

807 M.-C. Boutard-Labarde, « PME et droit de la concurrence », *op. cit.*, p. 40.

du droit de la concurrence des États membres et de l'Union européenne[808]. Son article 11 prévoit en effet une dérogation sur la responsabilité solidaire au profit des PME.

174. **Un droit de coordination économique offert aux PME.** La bienveillance du droit de la concurrence envers les PME est ancienne. L'intérêt principal est de leur permettre de se coordonner sur le marché afin de rompre avec leurs difficultés financières, organisationnelles et matérielles en renforçant leur compétitivité et leur productivité[809]. Cette orientation caractérise une « *attention particulière* »[810] de la Commission européenne, consciente de la nécessité d'offrir des moyens d'adaptation aux PME[811]. En effet, une coordination entre les PME favorise notamment leur développement respectif, comme le précise le commissaire européen Antonio Cardoso[812]. De surcroît, dès 1967, le droit dérivé indique qu'une telle coordination représente « *souvent le seul moyen pour les petites et moyennes entreprises d'affronter la concurrence sur le marché* »[813]. La Commission européenne signale d'ailleurs l'intérêt qu'elle porte à la coordination des PME et souhaite la « *faciliter* »[814], comme le révèle notamment sa communication relative aux accords, décisions, et pratiques concertées concernant la coopération entre entreprises. Le choix d'une orientation du droit de la concurrence manifestement favorable aux PME était déjà indiqué par l'exécutif européen lors de sa communication du 27 mai 1970 concernant les accords d'importance mineure qui ne sont pas visés par les dispositions de l'article 85 paragraphe 1 du traité instituant la C.E.E. Il soulignait qu'il est « *important de promouvoir la coopération entre les entreprises dans la mesure où elle est économiquement souhaitable et ne soulève pas d'objection au regard de la politique de concurrence* »[815].

---

808 Directive 2014/104/UE du Parlement européen et du Conseil du 26 novembre 2014 relative à certaines règles régissant les actions en dommages et intérêts en droit national pour les infractions aux dispositions du droit de la concurrence des États membres et de l'Union européenne, *JOUE* n° L 349 du 5 décembre 2014, pp. 1-19

809 Comm. eur., Communication relative aux accords, décisions, et pratiques concertées concernant la coopération entre entreprises, *JOCE* n° C 75 du 29 juillet 1968, p. 3, considérant 1.

810 M.-C. Boutard-Labarde, « PME et droit de la concurrence », *op. cit.*, p. 40.

811 M. Nossereau, « L'appréhension des petites et moyennes entreprises par le droit communautaire des affaires », *op. cit.*, p. 440.

812 A. Cardoso, « Préface », in « PME et concurrence. Un guide pratique », Comm. eur., 1993, p. 12.

813 Règlement n° 67/67/CEE de la Commission, du 22 mars 1967, concernant l'application de l'article 85 paragraphe 3 du traité à des catégories d'accords d'exclusivité, *JOCE* n° 57 du 25 mars 1967, pp. 849-852, considérant 6 ; v. égal. Comm. eur., « Second Rapport annuel sur la politique de concurrence », 1973, p. 19 ; règlement (CEE) n° 2821/71 du Conseil du 20 décembre 1971 concernant l'application de l'article 85 paragraphe 3 du traité à des catégories d'accords, de décisions et de pratiques concertées, *JOCE* n° L 285 du 29 décembre 1971, pp. 46-48. V. égal. OCDE, « General Cartel Bans: Criteria for Exemption for Small and Medium-sized Enterprises », *op. cit.*, p. 8.

814 Comm. eur., Communication relative aux accords, décisions, et pratiques concertées concernant la coopération entre entreprises, *op. cit.*, considérant 1.

815 Comm. eur., Communication du 27 mai 1970 concernant les accords d'importance mineure qui ne sont pas visés par les dispositions de l'article 85 paragraphe 1 du traité instituant la C.E.E., *op. cit.* ; Communication de la Commission, du 3 septembre 1986, concernant les accords d'importance mineure qui ne sont pas visés par les dispositions de l'article 85 paragraphe 1 du traité instituant la Communauté économique européenne, *op. cit.*

C. Aides d'État et petites et moyennes entreprises : une application favorable de l'article 107 TFUE

175. **La prohibition des aides d'État comme bénéfice pour les PME : l'exemple du *ruling fiscal*.** La prohibition des aides d'État, en instaurant une neutralité des personnes publiques sur les marchés, intègre une perspective manifestement égalitariste. Dans les faits, les aides d'État peuvent également profiter aux grosses entreprises en raison d'une capture des pouvoirs publics, ou encore aux entreprises en difficulté qui sont trop grosses pour faire faillite, lesquelles exigent une intervention financière rapide des autorités. Or, la Commission européenne justifie dans son rapport annuel sur la politique de concurrence de 2015 la lutte engagée contre les avantages fiscaux déloyaux par sa volonté de préserver les PME[816]. Dans les différentes affaires se référant à ce type de pratiques[817], de grosses entreprises bénéficient de réductions fiscales substantielles par l'intermédiaire de montages fiscaux « *complexes et artificiels* »[818], alors même que les PME sont systématiquement « *imposées sur leurs bénéfices réels* »[819]. Le droit des aides d'État participe dans de telles circonstances à rétablir « *l'équité sociale* »[820] entre les PME et les multinationales.

176. **Les seuils *de minimis* en matière d'aides d'État.** Malgré la propension du droit des aides d'État à couvrir l'ensemble des activités économiques européennes, les aides *de minimis* échappent à cet impérialisme juridique. Les règlements *de minimis*, et plus particulièrement le dernier en date du 18 décembre 2013[821], écartent la qualification d'aide au sens de l'article 107 TFUE pour les aides inférieures au plafond de 200 000 euros par période de trois exercices fiscaux. Les financements publics concernés sont les aides visant une entreprise unique[822]. Or, sans s'appliquer uniquement aux PME, principe d'égalité oblige, les seuils *de minimis* permettent d'offrir des marges de manœuvre aux États membres pour apporter des aides rapides notamment pour les PME[823]. La souplesse proposée par

---

816 Comm. eur., « Rapport annuel sur la politique de concurrence 2015 », 2016, p. 15 ; Comm. eur., Document de travail des services de la Commission accompagnant le document : Rapport de la Commission au Parlement européen, au Conseil, au Comité économiques et social européen et au Comité des régions sur la politique de concurrence 2015, 2016, p. 63.

817 Comm. eur. : déc. du 21 octobre 2015, *State aid implemented by the Netherlands to Starbucks*, SA.38374, *JOUE* n° L 83 du 29 mars 2017, pp. 38-116 ; déc. du 21 octobre 2015, *State aid which Luxembourg granted to Fiat*, SA.38375, *JOUE* n° L 351 du 22 décembre 2016, pp. 1-67 ; déc. Aide d'État, *Aide présumée en faveur de McDonald's*, SA.38945, *JOUE* n° C 258 du 15 juillet 2016, pp. 11-48 ; déc. (UE) 2017/1283 de la Commission du 30 août 2016 concernant l'aide d'État SA.38373 octroyée par l'Irlande en faveur d'Apple, *JOUE* n° L 187, 19 juillet 2017, pp. 1-110.

818 Comm. eur., « Rapport annuel sur la politique de concurrence 2015 », *op. cit.*, p. 15.

819 *Ibid.*

820 *Ibid.*, p. 63.

821 Règlement (UE) n° 1407/2013 de la Commission du 18 décembre 2013 relatif à l'application des articles 107 et 108 du traité sur le fonctionnement de l'Union européenne aux aides *de minimis*, *JOUE* n° L 352 du 24 décembre 2013, pp. 1-8. V. égal. règlement (UE) n° 1408/2013 de la Commission du 18 décembre 2013 relatif à l'application des articles 107 et 108 du traité sur le fonctionnement de l'Union européenne aux aides *de minimis* dans le secteur de l'agriculture, *JOUE* n° L 352 du 24 décembre 2013, pp. 9–17.

822 *Ibid.*, article 3.

823 Comm. eur., « Handbook on Community state aid rules for SMEs, including temporary state aid measures to support access to finance in the current financial and economic crisis », 2009. Disponible sur http://ec.europa.eu/competition/state_aid/studies_reports/sme_handbook.pdf (consulté le 20/02/2021).

ce régime a donc vocation à s'adresser essentiellement à cette catégorie d'entreprises[824]. On retrouve un système analogue dans le cadre des aides offertes aux entreprises fournissant des services d'intérêt économique général dont le seuil *de minimis* est fixé à 500 000 euros[825].

177. **Les orientations volontaristes de la Commission européenne.** Le droit des aides d'État offre également des mécanismes de financements publics intéressant tout particulièrement les PME. Les textes illustrent une « *politique volontariste et spécifique que la Commission mène depuis plusieurs années dans ce domaine* »[826]. La démarche structuraliste de telles aides est d'ailleurs explicite, en ce qu'elle vise à préserver un tissu de PME conséquent sur le marché[827]. Le texte emblématique illustrant cette démarche est le règlement (CE) n° 70/2001 de la Commission du 12 janvier 2001 concernant l'application des articles 87 et 88 du traité CE aux aides d'État en faveur des petites et moyennes entreprises[828]. Celui-ci donne les moyens aux pouvoirs publics d'apporter une assistance financière au développement des PME, pour lesquelles l'accès aux moyens de financement bancaires est souvent difficile[829], en accordant une exemption à cette catégorie d'entreprises[830]. Cela s'accompagne de nombreux textes spécifiques qui bénéficient directement aux PME[831], tels que le règlement général d'exemption n° 800/2008/CE[832]. Le professeur Chérot relève à cet égard que l'orientation du droit des aides d'État est « *un des éléments parmi les plus importants de la recherche d'un Small*

---

824 Comm. eur., « Rapport annuel sur la politique de concurrence 2014 », *op. cit.*, p. 16 ; Comm. eur., Communication « Encadrement communautaire des aides d'État aux petites et moyennes entreprises », *JOCE* n° C 213 du 23 juillet 1996, pp. 4-9, pt 2.2.

825 Règlement (UE) n° 360/2012, *op. cit.* article 2.

826 Comm. eur., « Rapport annuel sur la politique de concurrence », 1993, pt 78.

827 *Ibid.* V. égal. J.-Y. Chérot, *Droit public économique*, 2 éd., *op. cit.*, pt 455, p. 638.

828 Règlement (CE) n° 70/2001 de la Commission du 12 janvier 2001 concernant l'application des articles 87 et 88 du traité CE aux aides d'État en faveur des petites et moyennes entreprises, *JOCE* n° L 10 du 13 janvier 2001, p. 33-42 ; règlement (CE) n° 364/2004, *op. cit.* V. égal. Comm. eur., Communication « Encadrement communautaire des aides d'État aux petites et moyennes entreprises », 1996, *op. cit.* ; Comm. eur., Communication « Encadrement communautaire des aides d'État aux petites et moyennes entreprises », *JOCE* n° C 213 du 19 août 1992, pp. 2-9.

829 Règlement (CE) n° 70/2001, *op. cit.*, considérant 5 ; J. Tirole, *Économie du bien commun*, *op. cit.*, pp. 493-495.

830 En ce sens, v. le règlement (CE) n° 994/98 du Conseil du 7 mai 1998 sur l'application des articles 92 et 93 du traité instituant la Communauté européenne à certaines catégories d'aides d'État horizontales, *JOCE* n° L 142 du 14 mai 1998, pp. 1-4.

831 Règlement (CE) n° 1/2004, *op. cit.* ; Comm. eur., Lignes directrices concernant les aides d'État visant à promouvoir les investissements en capital-investissement dans les petites et moyennes entreprises, *JOUE* n° C 194 du 18 août 2006, pp. 2-21 ; Comm. eur., Lignes directrices relatives aux aides d'État visant à promouvoir les investissements en faveur du financement des risques, *op. cit.* ; Comm. eur., Communication « Encadrement des aides d'État à la recherche, au développement et à l'innovation », *JOUE* n° C 198 du 27 juin 2014, pp. 1-29 ; Communication de la Commission sur l'application des articles 87 et 88 du traité CE aux aides d'État sous forme de garanties, *JOUE* n° C 155 du 20 juin 2008, pp. 10-22 ; Comm. eur., Rectificatif à la communication de la Commission sur l'application des articles 87 et 88 du traité CE aux aides d'État sous forme de garanties, *JOUE* n° C 244 du 25 septembre 2008, p. 32. La fragilité des PME a également été soulignée à l'occasion de la crise économique liée à l'épidémie de Covid-19. En ce sens, Comm. eur., Communication « Encadrement temporaire des mesures d'aide d'État visant à soutenir l'économie dans le contexte actuel de la flambée de COVID-19 », *JOUE* n° C 91I du 20 mars 2020, pp. 1-9, pts 4, 9, 11 et 18.

832 Règlement (CE) n° 800/2008 de la Commission du 6 août 2008 déclarant certaines catégories d'aide compatibles avec le marché commun en application des articles 87 et 88 du traité, *JOUE* n° L 214 du 9 août 2008, pp. 3-47.

Business Act »[833]. Les interrogations portant sur un Small Business Act européen se retrouvent également dans le cadre du droit de la commande publique. Ce dernier apparaît comme une branche du droit essentielle à sa réussite.

§ 2. La protection des mérites des petites et moyennes entreprises par le droit de la commande publique

178. **Un intérêt récemment confirmé par les directives « marchés publics » et « concessions ».** La prise en compte par le droit de la concurrence de l'importance des PME pour le développement de la concurrence effective sur le marché n'est pas propre à cette matière. Le droit de la commande publique introduit également des mécanismes juridiques incitatifs en faveur des PME[834]. Le professeur Lichère souligne à ce titre que la directive 2014/24/UE cite vingt-sept fois les PME, alors que sa version antérieure ne comportait qu'une seule référence à ce type d'entreprises[835]. L'intérêt de la dernière réforme des directives « marchés publics » pour les PME est donc une évidence[836].Les institutions européennes semblent avoir la volonté d'accentuer cette prise en compte des PME à l'avenir, comme en atteste encore récemment le Parlement européen[837]. De la même façon, dès 2011, le Parlement européen et le Conseil soulignaient l'importance d'un cadre européen harmonisé en matière de concessions afin d'ouvrir l'accès à de tels contrats aux PME[838].

---

833 J.-Y. Chérot, « Politique des PME, aides d'État et politique de concurrence », in *Les PME et le droit de la concurrence : analyse critique, comparative et prospective*, Y. Chaput (dir.), *op. cit.*, p. 272.

834 CE, *Rapport public 2008. Jurisprudence et avis de 2007 – Le contrat, mode d'action publique et de production de normes*, 2008, p. 19 ; Sénat, Rapport d'information de M. Martial Bourquin, fait au nom de la MCI sur la commande publique, « Passer de la défiance à la confiance : pour une commande publique plus favorable aux PME », n° 82, tome I, 2015, 217 p. ; L. Stoléru, « L'accès des PME aux marchés publics », Rapport au président de la République, 2007, 32 p. ; J.-B. Betbèze, C. Saint-Étienne, « Une stratégie PME pour la France : favoriser l'essor des gazelles entreprises moyennes en forte croissance », Conseil d'analyse économique, rapport n° 61, 2016, 166 p. ; F. Lichère, « L'accès des PME dans la Directive 2014/24/UE », in *EU Directive 2014/24 on Public Procurement: A new turn for competition in public markets?*, Y. Marique, K. Wauters (dir.), *op. cit.*, p. 109.

835 *Ibid.* ; L. Richer, « La concurrence concurrencée : à propos de la directive 2014/24 du 26 février 2014 », *op. cit.*, pt 44 ; « Concurrence et commande publique à l'horizon 1992 », Journée d'études et d'information, Lille, 19 janvier 1989, *op. cit.*, pp. 63-64 ; L. Richer, G. Cantillon, *Achat public et économie des territoires*, *op. cit.*, pp. 37-50. V. égal. Parlement européen, Rapport du 27 juin 2018 sur le paquet relatif à la stratégie en matière de passation des marchés publics, *op. cit.*

836 A.-L. Durviaux, « La passation des marchés publics dans la directive 2014/24/UE : amplification et réduction », in *EU Directive 2014/24 on Public Procurement: A new turn for competition in public markets?*, Y. Marique, K. Wauters (dir.), *op. cit.*, p. 41 ; F. Allaire, « L'accès des petites et moyennes entreprises à la commande publique », in *La commande publique, un levier pour l'action publique ?*, E. Muller (dir.), *op. cit.*, pp. 139-140 ; J. Perniaux, « PME, marchés publics et principe de concurrence à l'aune de la nouvelle réforme européenne : le renforcement de l'accès, de la participation et du poids des petites et moyennes entreprises dans la passation des marchés publics », *op. cit.*, p. 71.

837 Parlement eur., « Contribution to Growth: European Digital Single Market. Delivering improved rights for European citizens and businesses », *op. cit.*, pp. 7 et 28.

838 Proposition de directive du Parlement européen et du Conseil sur l'attribution de contrats de concession, COM(2011) 897 final, pt 1. V. égal. Comm. eur., Communication « L'Acte pour le marché unique, Douze leviers pour stimuler la croissance et renforcer la confiance, "Ensemble pour une nouvelle croissance" », COM(2011) 206 final, 13 avril 2011, pt 2.12.

179. **Une démarche structuraliste du droit de la commande publique.** Ces orientations sont en symbiose avec les orientations structuralistes du droit européen de la concurrence. La professeure Arrowsmith précise que cette fonction du droit de la commande publique vise à promouvoir la structure concurrentielle du marché[839]. Ces deux matières perçoivent les PME comme les acteurs économiques essentiels au dynamisme du marché et des remparts structurels contre sa monopolisation[840]. Cela permet en outre aux acheteurs publics et autorités concédantes de bénéficier des atouts concurrentiels des PME en matière de prix, de qualité des produits, ainsi que des innovations qu'elles proposent. Pour autant, le Conseil d'État, depuis sa jurisprudence *Société Wanner Isofi*[841], écarte systématiquement la mise en œuvre de discrimination positive à destination de telles entreprises afin de garantir les mérites des opérateurs économiques. Le droit de la commande publique accompagne ainsi la démarche du droit de la concurrence en faveur de ces entreprises[842] dont la protection devient une priorité européenne[843]. Concrètement, on retrouve une prise en compte réelle des difficultés des PME à accéder à la commande publique (A), puis une série d'adaptations des procédures de mise en concurrence afin de renforcer la présence des PME sur les marchés qui sont associés à la commande publique (B).

A. La sous-représentation des PME sur le marché de la commande publique

180. **Une position économique déséquilibrée.** Le poids économique et social des PME est aujourd'hui crucial dans une Union européenne frappée par plusieurs années consécutives de crise économique. En effet, comme le relève la Commission européenne, les PME représentent plus de 55 % du chiffre d'affaires des entreprises

---

839 S. Arrowsmith, *The Law of Public and Utilities Procurement: Regulation in the EU and UK*, 3e éd., vol. 2, *op. cit.*, pt 4-107, p. 325.

840 Certains auteurs soulignent que ces politiques en faveur des PME sont contraires aux principes d'égalité de traitement et de concurrence et à l'article 107 TFUE. V. not. I. Herrera Anchustegui, « Centralizing public procurement and competitiveness in Directive 2014/24 », *op. cit.* ; M. Burgi, « Small and Medium-Sized Enterprises and Procurement Law – European Legal Framework and German Experiences », *PPLR*, 2007, n° 4, pp. 284-294 ; A. Sánchez-Graells, « Public Procurement and State Aid: Reopening the Debate? », *PPLR*, 2012, n° 6, pp. 205-212 ; A. Sánchez-Graells, « Bringing the "Market Economy Agent" Principle to Full Power », *ECLR*, vol. 33, 2012, pp. 35-39 ; B. Heuninckx, « Defence Procurement: The Most Effective Way to Grant Illegal State Aid and Get Away With it … Or is it? », *CMLR*, vol. 46, n° 1, 2009, pp. 191-211.

841 CE, 13 mai 1987, *Société Wanner Isofi Isolation*, n° 39120, *Rec.* p. 171 : « *Considérant que, quel que soit l'intérêt général qui s'y attache, la répartition équilibrée des marchés entre les petites, les moyennes et les grandes entreprises n'est pas au nombre des objectifs que les dispositions du code des marchés publics visent à atteindre ; qu'en recommandant aux responsables des marchés d'écarter les candidatures de certaines entreprises au seul motif que leur chiffre d'affaires serait trop important au regard du montant des marchés, la directive ministérielle du 15 décembre 1977 a pour effet d'introduire une discrimination qui n'est pas en rapport avec l'objet de la réglementation des marchés publics, et de porter ainsi une atteinte injustifiée à l'égalité de traitement qui doit être assurée entre les entreprises candidates à la présentation d'une offre ; qu'il suit de là que la société requérante est fondée à soutenir que c'est à tort que, par le jugement attaqué, le tribunal administratif de Grenoble a rejeté les conclusions de sa demande tendant à l'annulation de la décision du directeur départemental de l'équipement et de la décision ministérielle confirmant implicitement ladite décision [.]* »

842 B. Lasserre, « Les PME face au droit de la concurrence », *op. cit.*, p. 149.

843 Comm. eur., communiqué IP/17/3543 du 3 octobre 2017, *op. cit.* L'amélioration de l'accès des PME est l'une des six priorités retenues par la Commission européenne.

européennes[844], 99,8 % des entreprises de l'Union[845], 45 % des exportations[846] et 67 % des emplois[847]. Or, paradoxalement, leur place prépondérante dans l'économie européenne ne se retrouve pas sur les marchés de la commande publique[848]. La valeur des marchés publics dépassant les seuils européens qui leur ont été confiés n'est que de 42 % en 2005[849]. Ce constat peut s'expliquer notamment par des procédures de passation trop complexes, par un déficit d'information ou par l'absence de moyens de candidater efficacement. À cela s'ajoutent nécessairement les frais matériels[850] et humains d'une participation à une procédure de mise en concurrence[851]. La récente étude européenne sur les principales dispositions législatives qui affectent le quotidien des PME fait de nombreuses références au droit de la commande publique. Les principales organisations représentant les PME estiment que l'encadrement des procédures est un problème majeur pour 88 % d'entre elles[852]. Ce point explique probablement que seulement 30 % des PME aient déjà participé à une procédure de passation[853].

181. **Une source de concurrence recherchée sur les marchés de la commande publique.** Devant le déséquilibre criant entre la place économique des PME et celle qu'elles occupent dans la commande publique, la question d'une carence concurrentielle dans ce secteur se pose tout naturellement. De tels chiffres démontrent la difficulté pour les acheteurs publics à mobiliser pleinement les forces économiques présentes sur le marché. De même, l'émergence d'un véritable marché intérieur de la commande publique ne peut être effective sans renforcer l'accès des PME[854]. Au surplus, cela permet de réduire l'influence des entreprises dominantes et régulièrement présentes sur le marché en présentant de nouveaux fournisseurs

---

844 Comm. eur., Livre vert sur la modernisation de la politique de l'UE en matière de marchés publics, « Vers un marché européen des contrats publics plus performant », *op. cit.*, p. 29 ; GHK and Technopolis, « Evaluation of SMEs' Access to Public Procurement Market in the EU », 2014, p. 5.

845 *Ibid.*, Comm. eur., « De grands projets pour les petites entreprises », *op. cit.*, p. 4.

846 Eurostat, communiqué de presse 177/2017 du 21 novembre 2017, « Semaine européenne des PME 2017. Les PME dans l'Union européenne génèrent la moitié du commerce intra-UE de biens. Avec un poids légèrement plus élevé dans les importations ». Disponible sur http://ec.europa.eu/eurostat/documents/2995521/8467304/6-21112017-AP-FR.pdf/3c2a5037-f383-4b12-8933-93ebc97e9563 (consulté le 20/02/2021).

847 Comm. eur., « De grands projets pour les petites entreprises », *op. cit.*, p. 4. V. égal. Observatoire économique de la commande publique, « Étude sur la sous-traitance dans les marchés publics », 2020, p. 19 et s.

848 S. Saussier, « L'accès des PME aux marchés publics : une analyse économique », *op. cit.*, p. 341 ; G. O'Brien, « Les dispositions communautaires visant à faciliter l'accès des PME aux marchés publics », *op. cit.*, p. 870.

849 GHK and Technopolis, « Evaluation of SMEs' Access to Public Procurement Market in the EU », *op. cit.*, p. 5. L'étude démontre un relatif équilibre dans ces chiffres depuis plusieurs années. V. égal. Comm. eur., Communication « Think Small First » : Priorité aux PME – Un « Small Business Act » pour l'Europe, *op. cit.*

850 R. H. Coase, « The Nature of the Firm », *Economica*, vol. 4, n° 16, 1937, p. 386 ; O. E. Williamson, « Franchise bidding for natural monopoly—in general and with respect to CATV », *Bell Journal of Economics*, vol. 7, n° 1, 1976, p. 73 et s.

851 Comm. eur., « Livre vert sur les marchés publics dans l'Union européenne : Pistes de réflexion pour l'avenir », 1996, p. 2.

852 Comm. eur., « Results of the public consultation on the TOP10 most burdensome legislative acts for SMEs », 2015, 22 p.

853 S. Arrowsmith, *The Law of Public and Utilities Procurement: Regulation in the EU and UK*, 3e éd., vol. 2, *op. cit.*, pt 3.48, p. 169.

854 Comm. eur., Livre vert sur la modernisation de la politique de l'UE en matière de marchés publics, « Vers un marché européen des contrats publics plus performant », *op. cit.*, p. 28.

aux acheteurs publics et autorités concédantes[855]. Partant, les PME constituent un gisement concurrentiel qui doit être exploité pleinement afin d'offrir un choix élargi et des prix réduits[856]. L'effet sur la structure de la concurrence d'une participation accrue des PME est régulièrement souligné et rejoint l'ambition poursuivie par le droit de la concurrence.

182. **Les spécificités d'une organisation de marché artificielle.** La mise en valeur des PME au sein du droit de la commande publique répond également aux spécificités des marchés pertinents qui composent la commande publique. Le professeur Saussier indique que le droit de la commande publique a pour originalité d'organiser une « *concurrence pour l'obtention des marchés* »[857]. Pour ce faire, le droit de la commande publique érige des « *mécanismes de substitutions, ce qu'il fait sous la forme de définition de procédures de passation* »[858]. Le professeur Guézou remarque que, dans le cadre de la commande publique, c'est l'acheteur lui-même qui « *déclenche et fait fonctionner les mécanismes de marché* »[859]. Cet encadrement juridique, certes artificiel, donne pour obligation aux acheteurs publics et autorités concédantes de construire un marché sur lequel va s'exercer une concurrence effective et qui doit représenter au maximum les forces du marché. Les procédures qui encadrent ces marchés apparaissent comme des instruments capables de dynamiser efficacement la concurrence disponible. Elles permettent, en outre, d'« *assurer aux opérateurs économiques la pleine jouissance des libertés fondamentales dans le domaine des marchés publics* »[860] en garantissant l'organisation d'un espace de compétition ouvert et transparent. Néanmoins, cet espace de concurrence requiert des aménagements afin d'être pleinement accessible aux PME et de leur permettre ainsi de bénéficier d'une structure pleinement concurrentielle.

183. **Une structure concurrentielle renforcée.** La concurrence est souvent résumée comme le simple résultat recherché par le droit de la commande publique et non comme « *une règle de fond qui structure un comportement* »[861]. Toutefois, le processus concurrentiel dans le droit de la commande publique intègre manifestement la dynamique structuraliste du droit de la concurrence en tenant compte notamment des PME. Le professeur Richer souligne à ce titre que le droit de la commande publique entreprend une prise en compte des effets structurels de l'achat public[862]. Or, l'importance des PME dans cette matière révèle une démarche évidente de protection des marchés[863]. Cette analyse est d'ailleurs confirmée par la Commission

---

855 *Ibid.*, p. 29.

856 *Ibid.*, p. 4. V. égal. les considérants 2 et 47 de la Directive 2014/24/UE, *op. cit.* ; Comm. eur., Communication « Marchés publics, Aspects régionaux et sociaux », 22 septembre 1989, COM(89) 400 final, *JOCE* n° C 311 du 12 décembre 1989, pp. 7-20, pt 71 et s.

857 S. Saussier, « L'accès des PME aux marchés publics : une analyse économique », *op. cit.*, p. 345.

858 L. Richer, *L'Europe des marchés publics. Marchés publics et concessions en droit communautaire*, *op. cit.*, p. 225.

859 O. Guézou, « Contrats publics et politique de la concurrence », *op. cit.*, p. 635.

860 Comm. eur., Livre vert sur la modernisation de la politique de l'UE en matière de marchés publics, « Vers un marché européen des contrats publics plus performant », *op. cit.*, p. 4.

861 J.-F. Brisson, *Les fondements juridiques du droit des marchés publics*, *op. cit.*, p. 25.

862 L. Richer, « La concurrence concurrencée : à propos de la directive 2014/24 du 26 février 2014 », *op. cit.*, pt 37.

863 *Ibid.*

européenne, selon laquelle le droit de la commande publique implique d'intégrer en son sein la problématique des PME afin que « *le caractère anticoncurrentiel de ces structures [de marché] ne se consolide ou ne s'aggrave* »[864].

184. L'existence même du droit de la commande publique sert au développement de marchés structurellement concurrentiels. La directive 2014/23/UE sur l'attribution des concessions relève que l'absence de cadre juridique harmonisé sur ces contrats « *provoque des distorsions dans le fonctionnement du marché intérieur. De ce fait, des opérateurs économiques, et notamment de petites et moyennes entreprises (PME), sont privés de leurs droits au sein du marché intérieur et voient leur échapper d'importantes opportunités commerciales* »[865]. Partant, la perte d'opportunités économiques et matérielles affecte le bon développement des PME sur le marché intérieur et favorise involontairement l'émergence de pouvoirs de marché. L'ouverture économique offerte par le droit de la commande publique soutient par conséquent une structure concurrentielle des marchés. Néanmoins, de nombreux secteurs de la commande publique souffrent d'une structure concurrentielle déficiente, à l'exemple des marchés dont le montant est très important ou encore de ceux dans lesquels la demande est essentiellement publique[866]. Ces difficultés nécessitent la mise en place de mécanismes correctifs afin d'ouvrir la structure concurrentielle de ces marchés.

185. **Le droit de la commande publique comme pilier d'un Small Business Act européen.** La mise en place d'un Small Business Act sur la base du modèle américain n'a pas trouvé d'écho favorable au sein de l'Union européenne[867]. La rupture évidente d'égalité qui en résulterait est principalement responsable de la recherche d'une solution alternative, d'un compromis européen favorable aux PME mais qui préserve en parallèle la « neutralité »[868] du droit de la commande publique. La jurisprudence du Conseil d'État témoigne régulièrement du rejet des mécanismes de discrimination positive en faveur des PME[869]. La Commission

---

[864] Comm. eur., « Code européen des bonnes pratiques facilitant l'accès des PME aux marchés publics », 2008, p. 31.

[865] Directive 2014/23/UE, *op. cit.*, considérant 1.

[866] Comm. eur., Livre vert sur la modernisation de la politique de l'UE en matière de marchés publics, « Vers un marché européen des contrats publics plus performant », *op. cit.*, p. 31. La faible mobilisation concurrentielle peut d'ailleurs conduire à la suspension de la procédure, v. en ce sens directive 2009/81/CE, *op. cit.*, article 38.

[867] Le rapport du sénateur O. Cadic au nom de la délégation sénatoriale aux entreprises, « Pour une France libre d'entreprendre », présenté le 16 mai 2018, regrette toutefois qu'il « *manque toujours un accès privilégié des PME à la commande publique* », p. 168.

[868] F. Allaire, « L'accès des petites et moyennes entreprises à la commande publique », *op. cit.*, p. 141 ; J.-D. Dreyfus, « La neutralité de la réglementation des marchés publics doit être garantie », *AJDA*, n° 29, 2007, pp. 1593-1603. Pour une illustration de discrimination positive en faveur des PME jugée illégale par la Commission européenne, v. communiqué IP/14/807 du 10 juillet 2014, « Marchés publics : la Commission traduit la Grèce devant la Cour de justice pour non-respect des règles de l'UE dans le secteur de la construction », http://europa.eu/rapid/press-release_IP-14-807_fr.htm (consulté le 20/02/2021), saisine de la Cour de justice d'un recours en manquement contre la Grèce.

[869] CE, 13 mai 1987, *Société Wanner Isofi Isolation*, n° 39120, *op. cit.* ; comm. P. Terneyre, *Dr. adm.*, 1987, p. 431 ; F. Llorens, *RDP*, 1988, p. 1420 ; CE, 9 juillet 2007, *Syndicat Entreprises générales de France-Bâtiment travaux publics (EGF-BTP)*, n° 297711, *Rec.* p. 298 : « *Considérant qu'en autorisant les pouvoirs adjudicateurs, dans le cadre des procédures d'appel d'offres restreint, de marché négocié et de dialogue compétitif, à fixer un nombre minimal de petites et moyennes entreprises admises à présenter une offre, les dispositions des articles 60, 65 et 67 du code des marchés publics, applicables respectivement aux trois procédures précitées,*

européenne, soutenue par le Parlement européen[870], s'est donc appuyée sur des mécanismes incitatifs, à destination des États membres et des différentes institutions européennes, afin de renforcer la place des PME au sein du marché intérieur. Ce Small Business Act européen ouvre la voie à l'adaptation des techniques du droit de la concurrence, notamment en matière d'aides d'État[871]. Le droit de la commande publique est de la même façon un élément fondamental du Small Business Act[872]. La communication de la Commission européenne intitulée « Un "Small Business Act" pour l'Europe » attire l'attention sur l'importance de « *veiller tout particulièrement à améliorer [l'] accès [des PME] aux marchés publics* »[873]. Faisant suite à cette communication, la Commission européenne a publié le « Code européen des bonnes pratiques facilitant l'accès des PME aux marchés publics »[874] pour mettre en œuvre les principales mesures dégagées par le Small Business Act européen[875]. Le rôle central de l'accès aux marchés publics a d'ailleurs été confirmé à l'occasion de la seconde communication de la Commission européenne sur cette thématique[876].

B. Les mécanismes incitatifs du droit de la commande publique en faveur des PME

186. **Les seuils de publicité et de mise en concurrence en droit français : une faveur pour les PME.** À l'instar des seuils *de minimis* en droit de la concurrence, l'utilisation des seuils de publicité et de mise en concurrence en droit de la commande publique peut bénéficier directement aux PME[877]. En droit français, en vertu de l'article R. 2122-8 du code de la commande publique, les marchés publics dont la valeur est estimée à moins de 25 000 euros hors taxes sont dispensés de publicité et de mise en concurrence[878]. Paradoxalement, la mise en place d'un tel seuil vise

---

conduisent nécessairement à faire de la taille des entreprises un critère de sélection des candidatures ; qu'un tel critère qui n'est pas toujours lié à l'objet du marché revêt un caractère discriminatoire et méconnaît le principe d'égal accès à la commande publique [.] » Comm. J.-D. Dreyfus, *AJDA*, 2007, pp. 1383 et 1593 ; E. Royer, *Dr. adm.*, 2007, p. 2033 ; J.-D. Dreyfus, *RDI*, 2007, p. 423 ; D. Ritleng, A. Bouveresse, J.-P. Kovar, *RTDE*, 2008, p. 835.

870 Parlement eur., Résolution du 12 mai 2011 sur le réexamen du Small Business Act, P7_TA(2011)0235.

871 J.-P. de La Laurencie, « Quelle place pour le droit de la concurrence dans le Small Business Act français et communautaire ? », in *Les PME et le droit de la concurrence : analyse critique, comparative et prospective*, Y. Chaput (dir.), *op. cit.*, p. 211 et s. ; Comm. eur., Lignes directrices relatives aux aides d'État visant à promouvoir les investissements en faveur du financement des risques, *op. cit.*

872 C. Boutayeb, *Droit matériel de l'Union européenne*, 5e éd., Paris, LGDJ, 2019, pt 1259, p. 535.

873 Comm. eur., Communication « Think Small First » : Priorité aux PME – Un « Small Business Act » pour l'Europe, *op. cit.*, p. 21 ; Parlement eur., Résolution du 12 mai 2011 sur le réexamen du Small Business Act, *op. cit.*, pt 22.

874 Comm. eur., « Code européen des bonnes pratiques facilitant l'accès des PME aux marchés publics », *op. cit.*

875 Comm. eur., Communication « Think Small First » : Priorité aux PME – Un « Small Business Act » pour l'Europe, *op. cit.*, pt V.

876 Comm. eur., Communication, « Réexamen du "Small Business Act" pour l'Europe », COM(2011) 078 final, 23 février 2011 ; v. not. pt 2.1 et principe n° 5.

877 Le rapport Bourquin a ainsi proposé de faire passer le seuil de mise en concurrence de 25 000 euros à 40 000 euros pour renforcer la place des PME dans la commande publique. Sur ce point, Sénat, Rapport d'information, « Passer de la défiance à la confiance : pour une commande publique plus favorable aux PME », *op. cit.*, p. 10.

878 Sur ce point, v. G. Clamour, « Relèvement à 25 000 euros du seuil de procédure adaptée », *CMP*, 2015, n° 11, pp. 15-16.

à favoriser la concurrence et plus particulièrement celle des PME. En effet, cette mesure poursuit, d'une part, un objectif financier pour les acheteurs publics, qui est de réduire les frais et coûts de publicité pour les marchés publics à faible montant. Le Conseil d'État, dans sa décision *Perez*, confirme la possibilité de réduire ce formalisme « *dans les seuls cas où il apparaît que de telles formalités sont impossibles ou manifestement inutiles notamment en raison de l'objet du marché, de son montant ou du degré de concurrence dans le secteur considéré* »[879]. D'autre part, comme l'a rappelé le gouvernement français avant la récente hausse des seuils de publicité, celle-ci est en « *pleine cohérence avec le plan "Tout pour l'emploi dans les TPE et les PME" […] de simplifier l'accès à la commande publique des petites et moyennes entreprises et très petites entreprises* »[880]. La réduction du formalisme dans ce domaine est donc perçue comme un gage pour les PME d'obtention plus aisée des marchés publics.

187. Le positionnement adopté par les autorités françaises, parfaitement cohérent avec les orientations européennes[881], surprend cependant, car il envisage la publicité, gage suprême de concurrence, comme un obstacle pour les PME lors de l'attribution des marchés. On préserve donc les marchés d'une concurrence visiblement trop agressive pour les PME[882]. Le droit de la commande publique tempère cependant la portée de cette absence de publicité ; le pouvoir adjudicateur doit veiller « *à choisir une offre pertinente, à faire une bonne utilisation des deniers publics et à ne pas contracter systématiquement avec un même opérateur économique lorsqu'il existe une pluralité d'offres susceptibles de répondre au besoin* »[883]. De même, pour les contrats publics présentant un intérêt pour le marché intérieur, les acheteurs publics et autorités concédantes restent tenus de respecter les principes du traité[884].

188. **Fonction concurrentielle de l'allotissement.** Le professeur Braconnier définit l'allotissement comme le « *procédé par lequel l'acheteur public fractionne un marché en plusieurs lots, chacun donnant lieu à la conclusion d'un marché distinct*

---

879 CE, 10 février 2010, *Perez*, n° 329100, *Rec.* p. 17 ; comm. F. Melleray, *Dr. adm.*, 2010, n° 4, p. 30.

880 Conseil des ministres, Compte rendu du 16 septembre 2015, disponible sur http://www.gouvernement.fr/conseil-des-ministres/2015-09-16/le-relevement-a-25-000-euros-du-seuil-de-formalites-pour-les (consulté le 20/02/2021) ; Gouvernement, Plan tout pour l'emploi dans les TPE et PME, 2015, mesure n° 9, p. 17, disponible sur https://www.gouvernement.fr/sites/default/files/document/document/2015/06/dossier_de_presse_tout_pour_lemploi.pdf

881 Parlement eur., Résolution du Parlement européen du 18 mai 2010 sur l'évolution de la passation de marchés publics, 2009/2175(INI), pt 19 et s. ; Comm. eur., Livre vert sur la modernisation de la politique de l'UE en matière de marchés publics, « Vers un marché européen des contrats publics plus performant », *op. cit.*, pp. 28-29.

882 G. O'Brien, « Les dispositions communautaires visant à faciliter l'accès des PME aux marchés publics », *op. cit.*, p. 874 ; G. Salette, « L'ouverture des marchés publics européens aux PME : aspect économique », *RMCUE*, 1993, n° 373, pp. 877-878.

883 Article R. 2122-8 du code de la commande publique.

884 CJCE, 7 décembre 2000, *Telaustria*, aff. C-324/98, *op. cit.*, pt 60 et s. ; CJCE, 3 décembre 2001, *Bent Mousten Vestergaard*, aff. C-59/00, EU:C:2001:654, pt 20 et s. ; comm. R. Klages, *RDUE*, 2002, n° 1, pp. 157-159 ; CJCE, 21 juillet 2005, *Coname*, aff. C-231/03, *op. cit.*, pt 20 et s. ; Comm. eur., Communication interprétative relative au droit communautaire applicable aux passations de marchés non soumises ou partiellement soumises aux directives « marchés publics », *JOUE* n° C 179 du 1er août 2006, pp. 2-7.

avec son titulaire »[885]. Cette technique a manifestement une dimension structuraliste en élargissant la concurrence présente sur le marché[886]. L'allotissement est d'ailleurs souvent présenté comme le moyen le plus « *radical* »[887] et le « *plus efficace* »[888] pour renforcer l'ouverture de la commande publique aux PME[889]. En effet, ces dernières sont, pour l'essentiel d'entre elles, incapables de remporter les marchés publics de taille importante à l'inverse des grands groupes capables de fournir les moyens financiers et matériels requis. La division d'un marché public en lots permet d'accroître l'accès aux marchés pour les PME[890]. L'accessibilité comprend un volet quantitatif, relatif à des tailles de lots qui sont adaptées pour les PME, et un volet qualitatif, lequel permet d'utiliser au maximum les spécialités de telles entreprises[891]. La participation accrue des PME est, du reste, le principal objectif de ce mécanisme propre au droit de la commande publique[892]. Il donne concrètement un moyen de renforcer la présence des PME dans ce secteur mais permet également aux acheteurs publics d'élargir la concurrence sur le marché, et donc d'obtenir des baisses de prix. En outre, son principal avantage, par rapport à la sous-traitance, est de permettre aux PME d'être directement titulaires du marché public et donc de participer directement à la compétition pour son obtention.

189. **Une fonction confirmée par le droit positif.** La refonte récente des directives « marchés publics » a donné l'occasion de revenir sur le régime juridique de l'allotissement. La réforme entreprise est en accord avec l'orientation de la Commission européenne dans son livre vert de 2011 visant à intégrer véritablement les PME au sein du marché intérieur de la commande publique[893]. La directive, sans reprendre

---

885 S. Braconnier, *Précis du droit de la commande publique*, *op. cit.*, p. 303 ; S. Braconnier, *Précis du droit des marchés publics*, 4e éd., Paris, Le Moniteur, 2012, p. 269 ; S. Nicinski, *Droit public des affaires*, 7e éd., *op. cit.*, pt 10482, p. 655 ; CE 30 juin 2004, *OPHLM Nantes-Habitat*, no 261472. *Rec.* p. 765 ; comm. *AJDA*, 2004, p. 1893.

886 S. Braconnier, *Précis du droit de la commande publique*, *op. cit.*, p. 303 ; S. Braconnier, *Précis du droit des marchés publics*, 4e éd., *op. cit.*, p. 269 ; F. Scanvic, « L'allotissement au cœur de la commande publique », *CP-ACCP*, 2006, no 58, p. 48 et s. ; Comm. eur., Livre vert sur la modernisation de la politique de l'UE en matière de marchés publics, « Vers un marché européen des contrats publics plus performant », *op. cit.*, p. 31.

887 S. Saussier, « L'accès des PME aux marchés publics : une analyse économique », *op. cit.*, p. 353.

888 S. Braconnier, « Nouvelles directives marchés publics et concessions – Petite révolution et grandes évolutions », *op. cit.*, pt 78.

889 F. Lichère, « L'accès des PME dans la Directive 2014/24/UE », *op. cit.*, p. 111. L'article L. 2131-1 du code de la commande publique énonce d'ailleurs : « *Afin de susciter la plus large concurrence, les acheteurs procèdent à une publicité préalable à l'attribution du marché dans les conditions et sous réserve d'exceptions définies par décret en Conseil d'État, en fonction de l'objet du marché, de la valeur estimée hors taxe du besoin ou de l'acheteur concerné* » ; F. Allaire, « L'accès des petites et moyennes entreprises à la commande publique », *op. cit.*, pp. 148-150.

890 S. Arrowsmith, *The Law of Public and Utilities Procurement: Regulation in the EU and UK*, 3e éd., vol. 2 *op. cit.*, pt 6.158, p. 387.

891 Comm. eur., « Code européen des bonnes pratiques facilitant l'accès des PME aux marchés publics », *op. cit.*, p. 7.

892 Comm. eur., Communication « Marchés publics, Aspects régionaux et sociaux », *op. cit.*, pt 71 et s. ; G. O'Brien, « Les dispositions communautaires visant à faciliter l'accès des PME aux marchés publics », *op. cit.*, p. 874 ; S. Braconnier, « Nouvelles directives marchés publics et concessions – Petite révolution et grandes évolutions », *op. cit.*, pt 78 ; S. Braconnier, « PME et marchés publics : quelques réflexions sur les régimes préférentiels existant à l'étranger », *CP-ACCP*, 2008, no 77, p. 45.

893 Comm. eur., Livre vert sur la modernisation de la politique de l'UE en matière de marchés publics, « Vers un marché européen des contrats publics plus performant », *op. cit.*, p. 4 ; directive 2014/24/UE, *op. cit.*, considérant 124.

totalement l'obligation d'allotir propre au droit français[894], encourage toutefois les pouvoirs adjudicateurs à user de cette technique. L'article 46 de la directive impose de motiver les raisons pour lesquelles les acheteurs publics n'ont pas alloti leurs marchés publics. De même, afin d'éviter la concentration de l'ensemble des lots au sein d'une seule entreprise, le pouvoir adjudicateur peut limiter le nombre de lots susceptible d'être accordé à une même entreprise. Enfin, l'« *innovation majeure* »[895] de ce texte est d'offrir aux États membres la possibilité d'imposer l'allotissement des marchés publics[896].

190. **La sous-traitance : une intégration indirecte des PME sur le marché.** L'allotissement n'est pas suffisant pour normaliser la position des PME au sein de la commande publique. Le droit de la commande publique offre également la possibilité de recourir à un second mécanisme qui permet d'accroître la participation des PME lors des marchés publics : la sous-traitance[897]. En droit français, la loi n° 75-1334 du 31 décembre 1975 relative à la sous-traitance nous offre une définition complète de ce mécanisme[898], définition désormais reprise à l'article L. 2193-2 du code de la commande publique. Il s'agit d'une « *opération par laquelle un entrepreneur confie par un sous-traité, et sous sa responsabilité, à une autre personne appelée sous-traitant l'exécution de tout ou partie du contrat d'entreprise ou d'une partie du marché public conclu avec le maître de l'ouvrage* »[899]. Or, ce « *phénomène* »[900] est « *encouragé* »[901] depuis de nombreuses années par le droit européen[902] malgré certaines réticences des acheteurs publics[903].

---

894 S. Nicinski, *Droit public des affaires*, 7e éd., *op. cit.*, pt 1082, p. 655 ; S. Braconnier, « Nouvelles directives marchés publics et concessions – Petite révolution et grandes évolutions », *op. cit.*, pt 78 ; L. Givord, A. Scaillierez, « L'allotissement et les nouvelles directives européennes », *CP-ACCP*, juin 2015, n° 155, p. 55.

895 S. Braconnier, « Nouvelles directives marchés publics et concessions – Petite révolution et grandes évolutions », *op. cit.*, pt 79.

896 Directive 2014/24/UE, *op. cit.*, article 46, paragraphe 4.

897 R. Drago, « Marchés publics et concurrence », *op. cit.*, p. 203.

898 S. Nicinski, *Droit public des affaires*, 7e éd., *op. cit.*, pt 1148, p. 707 ; F. Moderne, *La sous-traitance des marchés publics : essai sur une institution hybride*, Paris, Dalloz, 1995, p. 3.

899 Article 1er de la loi n° 75-1334 du 31 décembre 1975 relative à la sous-traitance. La directive 2009/81/CE, *op. cit.*, article 1, définit quant à elle le contrat de sous-traitance comme « *un contrat à titre onéreux conclu par écrit entre un adjudicataire d'un marché et un ou plusieurs opérateurs économiques tiers aux fins de la réalisation du marché en question et ayant pour objet des travaux, la fourniture de produits ou la prestation de services* ».

900 F. Moderne, *La sous-traitance des marchés publics*, *op. cit.*, p. VII. Sur la notion de sous-traitance, v. not. Observatoire économique de la commande publique, « Étude sur la sous-traitance dans les marchés publics », *op. cit.*, pp. 6 et 33 à 37.

901 *Ibid.*

902 Comm. eur., Communication du 7 août 1989, « Le développement de la sous-traitance dans la Communauté », COM(89) 402 final ; Conseil, déc. n° 89/4908/CEE du 28 juillet 1989 relative à l'amélioration de l'environnement des entreprises et à la promotion du développement des entreprises, en particulier des petites et moyennes entreprises, dans la Communauté, *JOCE* n° L 239 du 16 août 1989, pp. 33-34 ; Conseil, Résolution du Conseil du 26 septembre 1989 relative au développement de la sous-traitance dans la Communauté, *JOCE* n° C 254 du 7 octobre 1989, p. 1 ; Comm. eur., Communication du 17 janvier 1992, « Vers un marché européen de la sous-traitance », SEC(91) 1286 final ; Comm. eur., Communication du 1er juin 1992 sur les différents types de participations des PME aux marchés publics, citée par F. Moderne, *La sous-traitance des marchés publics*, *op. cit.*, p. VIII ; M. Boizard, « Sous-traitance », *Répertoire Dalloz*, 1992 ; J. Djoudi, « La sous-traitance dans le contexte européen », *Recueil Dalloz Sirey*, 1992, p. 215 et s. ; J. Amiel-Donat, « La sous-traitance des marchés publics », *RMCUE*, 1993, n° 373, p. 881 et s.

903 C. Gavalda (dir.), *La sous-traitance de marchés de travaux et de services*, Paris, Economica, 1978, p. 119.

Il permet en effet de faire participer les PME à l'exécution de marchés publics sans pour autant qu'elles soient titulaires du contrat ou soient impliquées lors de la procédure de mise en concurrence[904]. La sous-traitance donne ainsi un accès indirect à ce type d'entreprises pour des marchés publics d'envergure trop importante[905]. Ce mécanisme intègre manifestement une analyse corrective du marché en modifiant des situations concurrentielles inégales entre PME et entreprises de grande taille[906]. La sous-traitance apporte d'ailleurs plusieurs avantages pour les PME. Elle leur permet, tout d'abord, d'obtenir de nouvelles commandes régulières, porteuses d'avantages financiers non négligeables, mais également de nouvelles références essentielles dans l'éventualité où ces entreprises présenteraient ensuite une candidature individuelle à des marchés publics[907].

191. **Le recours encouragé à la sous-traitance sous l'empire des directives « marchés publics ».** La sous-traitance, malgré les critiques existantes sur le risque de pression du titulaire du contrat sur les coûts[908], est aujourd'hui, avec l'allotissement, le principal outil d'ouverture de la commande publique aux PME[909]. Le droit européen encourage vivement les pouvoirs adjudicateurs à recourir à cette méthode, notamment depuis les directives « marchés publics » de 2014[910]. L'article 71 de la directive 2014/24/UE donne la faculté aux États membres d'imposer aux pouvoirs adjudicateurs de demander aux soumissionnaires la part du marché qu'ils ont l'intention de sous-traiter. La directive « concessions » reprend cette possibilité en son article 42[911]. De même, dans certaines circonstances, les États membres peuvent imposer aux acheteurs publics ou autorités concédantes de demander au cocontractant une liste des sous-traitants présents pour l'exécution du contrat[912]. Enfin, le paiement direct du sous-traitant par les pouvoirs adjudicateurs est autorisé par la directive « marchés publics »[913]. Cela sécurise en partie les PME contre le risque de retards ou de non-paiement de la part des titulaires des marchés.

---

904 Sur l'efficacité économique de la sous-traitance, v. A. Wambach, G. Von Grawert-May, « On the Economics of Subcontracting », in *The Economics of Public Procurement*, G. Piga, K. V. Thai (dir.), New York, Palgrave, 2007, pp. 115-132.

905 L. Richer, « La concurrence concurrencée : à propos de la directive 2014/24 du 26 février 2014 », *op. cit.*, pt 42 ; Comm. eur., Communication « Marchés publics, Aspects régionaux et sociaux », *op. cit.*, pt 71 et s. ; Comm. eur., Communication du 1er juin 1992 sur les différents types de participations des PME aux marchés publics, *op. cit.*, pt 28 ; Comm. eur., Livre vert sur la modernisation de la politique de l'UE en matière de marchés publics, « Vers un marché européen des contrats publics plus performant », *op. cit.*, p. 29 ; S. Arrowsmith, *The Law of Public and Utilities Procurement: Regulation in the EU and UK*, 3e éd., vol. 2, *op. cit.*, pt 19.63, p. 1292.

906 J. Amiel-Donat, « La sous-traitance des marchés publics », *op. cit.*, pp. 881-883.

907 Comm. eur., « Code européen des bonnes pratiques facilitant l'accès des PME aux marchés publics », *op. cit.*, p. 21.

908 *Ibid.*, p. 10 ; A. Bizaguet, *Les petites et moyennes entreprises*, Paris, PUF, 1991, p. 100.

909 Sur l'importance de la sous-traitance, v. en ce sens CJUE, 5 avril 2017, *Borta*, aff. C-298/15, *op. cit.*, pt 49. V. égal. Observatoire économique de la commande publique, « Étude sur la sous-traitance dans les marchés publics », *op. cit.*

910 S. Braconnier, « Nouvelles directives marchés publics et concessions – Petite révolution et grandes évolutions », *op. cit.*, pt 137.

911 V. égal. Directive 2009/81/CE, *op. cit.*, article 21.

912 Directive 2014/24/UE, *op. cit.*, article 71, paragraphe 5 ; directive 2014/23/UE, *op. cit.*, article 42, paragraphe 3.

913 Directive 2014/24/UE, *op. cit.*, article 71, paragraphe 3.

192. **Le recours encouragé à la sous-traitance sous l'empire de la directive « marchés publics de défense ».** Malgré l'effort de l'Union européenne pour étoffer les dispositions relatives à la sous-traitance au sein des directives « marchés publics »[914], celles-ci restent quantitativement inférieures à celles proposées par la directive 2009/81/CE. Cette dernière est en effet le texte le plus abouti en la matière. Elle permet d'imposer au soumissionnaire de sous-traiter jusqu'à 30 % de la valeur du marché. La directive régit également avec précision l'ensemble des règles juridiques applicables aux contrats de sous-traitance en distinguant, d'une part, les contrats de sous-traitance passés par les adjudicataires de marchés publics qui ne sont pas des pouvoirs adjudicateurs ou des entités adjudicatrices[915] et, d'autre part, les contrats de sous-traitance passés par des adjudicataires retenus qui sont des pouvoirs adjudicateurs ou des entités adjudicatrices[916]. L'objectif poursuivi par de telles dispositions est, selon Dominik Eisenhut, de sécuriser l'approvisionnement européen et de protéger le tissu industriel de la défense des États membres[917]. Les PME interviennent donc comme la catégorie d'entreprises la plus à même de répondre favorablement à ce type de besoins[918].

193. **La possibilité de regroupement des PME.** Les limites techniques et matérielles des PME réduisent inévitablement leur capacité à présenter des offres sérieuses ou tout simplement à envisager la présentation d'une offre pour certains marchés publics. Le droit de la commande publique leur donne néanmoins la capacité de se regrouper afin de réunir leurs différentes compétences au sein d'une seule et même offre, l'objectif étant d'offrir aux PME des opportunités nouvelles pour des marchés qui sont *a priori* réservés aux opérateurs économiques qui ont de plus grandes capacités[919]. Par conséquent, le droit de la commande publique reconnaît qu'un groupement d'entreprises peut revêtir un intérêt proconcurrentiel[920]. Au stade de la passation, celui-ci accorde à ces groupements la possibilité de présenter une offre sans que ce groupement ait à revêtir de forme juridique particulière[921]. La souplesse qui leur est offerte permet d'éviter de décourager les PME au stade de la mise en concurrence. Toutefois, les acheteurs publics pourront, si le contrat est accordé à un tel groupement, exiger que celui-ci prenne une forme juridique déterminée si

---

914 S. Braconnier, « Nouvelles directives marchés publics et concessions – Petite révolution et grandes évolutions », *op. cit.*, pt 137.

915 Directive 2009/81/CE, *op. cit.*, article 50 et s.

916 Directive 2009/81/CE, *op. cit.*, article 54 et s.

917 D. Eisenhut, « Offsets in defence procurement: a strange animal - at the brink of extinction? », *ELR*, vol. 38, n° 3, 2013, pp. 393-403.

918 Conseil européen, Conclusions des 19 et 20 décembre 2013, EUCO 217/13, pt 20 ; European Defence Agency, « Guidelines Facilitating SMEs' Access to the Defence Market », 2015, p. 3.

919 Comm. eur., « Code européen des bonnes pratiques facilitant l'accès des PME aux marchés publics », *op. cit.*, p. 8. Sur l'importance pour les entreprises d'établir des alliances afin de bénéficier de l'ouverture européenne des marchés publics, v. en ce sens « Concurrence et commande publique à l'horizon 1992 », Journée d'études et d'information, Lille, 19 janvier 1989, *op. cit.*, pp. 56-57.

920 Cons. conc., avis n° 99-A-16 du 26 octobre 1999, Demande d'avis du Conseil général du Nord sur les procédures de mise en concurrence relatives à l'attribution de la gestion déléguée des services de transports interurbains et scolaires, *BOCCRF* n° 13 du 5 décembre 2000 ; S. Chavarochette-Boufferet, « L'interprétation des directives de l'Union sur les marchés publics par la Cour de justice », *op. cit.*, p. 198.

921 Directive 2014/23/UE, *op. cit.*, article 26, paragraphe 2 ; directive 2014/24/UE, *op. cit.*, article 19, paragraphe 2 ; directive 2014/25/UE, *op. cit.*, article 37, paragraphe 2 ; directive 2009/81/CE, *op. cit.*, article 5, paragraphe 2.

cela est nécessaire à la bonne exécution dudit contrat[922]. Pour accompagner cette faculté, la Commission européenne a instauré un régime juridique particulièrement adapté à la commande publique et aux PME[923] : le groupement économique d'intérêt européen[924].

194. **Des mécanismes incitatifs efficaces.** Les PME occupent actuellement une place centrale dans le droit de la commande publique, celle d' acteurs essentiels toujours plus plébiscités. Sans adopter la démarche américaine qui inscrit la discrimination positive dans le droit fédéral de la commande publique, le droit européen présente des résultats encore plus efficaces. Ce paradoxe est relevé par le professeur Saussier[925]. Alors que le Small Business Act américain prévoit de réserver aux PME les marchés publics fédéraux inférieurs à un million de dollars, ce qui porte le seuil des marchés publics attribués à des PME à 23 %[926], l'Union européenne présente de meilleurs résultats avec 42 % des marchés publics attribués à de telles entreprises[927]. La prise en compte de la sous-traitance porte ce chiffre à 60 %[928]. Ces résultats, certes inférieurs au poids économique des PME, reflètent malgré tout l'efficacité des instruments européens afin d'accroître la structure concurrentielle sur les marchés de la commande publique.

---

922 *Ibid.*

923 Comm. eur., Communication « Participation des groupements européens d'intérêt économique (GEIE) aux marchés publics et à des programmes financés par des fonds publics », *JOCE* n° C 285 du 20 septembre 1997, pp. 17-24 ; Comm. eur., Communication du 11 mars 1998, « Les marchés publics dans l'Union européenne », COM(1998)143 final, note 16, p. 20 ; C. Saint-Alary-Houin, « Le groupement européen d'intérêt économique. Instrument de coopération dans les marchés de travaux », *RMCUE*, 1993, n° 373, pp. 884-890 ; G. Guillermin, « L'ouverture des marchés publics européens et les petites et moyennes entreprises », *RMCUE*, 1993, 373, pp. 851-895 ; G. O'Brien, « Les dispositions communautaires visant à faciliter l'accès des PME aux marchés publics », *op. cit.*, p. 874 ; M. Nossereau, « L'appréhension des petites et moyennes entreprises par le droit communautaire des affaires », *op. cit.*, p. 272 ; S. Clavel, « Groupement européen d'intérêt économique », *Répertoire Dalloz*, 2012, pt 1.

924 Règlement (CEE) n° 2137/85 du Conseil du 25 juillet 1985 relatif à l'institution d'un groupement européen d'intérêt économique (GEIE), *JOCE* n° L 199 du 31 juillet 1985, pp. 1-9. V. égal. la Proposition de règlement (CEE) du Conseil relatif à l'institution d'un groupement européen de coopération (GEC), présentée par la Commission au Conseil le 21 décembre 1973, *JOCE* n° C 14 du 15 février. 1974, pp. 30-35 ; Résolution portant avis du Parlement européen sur la proposition de la Commission des Communautés européennes au Conseil concernant un règlement relatif à l'institution d'un groupement européen de coopération (GEC), *JOCE* n° C 163 du 11 juillet 1977, pp. 17-18.

925 S. Saussier, « L'accès des PME aux marchés publics : une analyse économique », *op. cit.*, p. 342.

926 Hors sous-traitance.

927 En France, 58 % des marchés sont confiés à des PME pour seulement 28 % de leur montant total. OCDE, « Études économiques de l'OCDE : France », 2015, p. 125.

928 OCDE, « Études économiques de l'OCDE : France », 2009, p. 100.

Conclusion du Chapitre 1

195. **Droit de la commande publique et droit de la concurrence : des droits structuralistes.** Nos précédents propos ont permis de matérialiser la convergence entre ces deux matières, à travers leur intérêt commun pour une structure de marché concurrentielle. Le droit de la concurrence bâtit un réel attachement à la prévention des risques de pratiques anticoncurrentielles par l'intermédiaire d'une structure de marché dynamique, comme en atteste d'ailleurs le paradigme SCP. Une telle structure de marché l'intéresse également en elle-même, en raison de ses bienfaits et apports pour le bien-être du consommateur. En parallèle, le droit de la commande publique partage cette même ambition mais de façon plus individualiste. En effet, le droit de la commande publique a vocation à régulerla demande publique, les bienfaits générés par une structure de marché concurrentielle permettent ainsi aux acheteurs publics de bénéficier de nombreux avantages économiques tels que des prix attractifs, une qualité améliorée ou encore des produits innovants.

196. **La nouvelle prise de conscience structuraliste du droit de la commande publique.** La récente refonte des directives portant sur la commande publique a constitué le creuset d'une prise de conscience grandissante de l'Union européenne sur l'importance de développer la concurrence effective lors des procédures de mise en concurrence[929]. L'intérêt évident porté à la participation des PME entre pleinement dans cette réflexion[930]. Le droit de la commande publique cherche, de manière pragmatique, à générer la concurrence la plus large possible et à bousculer en permanence le *statu quo*, voire l'immobilisme dans ce secteur. De surcroît, la souplesse accordée aux acheteurs publics pour recourir à la négociation entre explicitement dans cette démarche d'extension du cadre concurrentiel du marché. Cela permet notamment de dynamiser les candidatures transfrontalières et participe naturellement au développement du marché intérieur de la commande publique[931].

197. **De nouvelles pistes de progrès dans l'ouverture de la concurrence effective.** Les efforts indéniables du droit de la commande publique pour bénéficier du potentiel économique du marché intérieur s'avèrent cependant encore perfectibles. La Cour des comptes européenne souligne que l'achèvement du marché intérieur de la commande publique pourrait générer entre 36,5 et 66,5 milliards d'euros d'économies pour les seuls acheteurs publics[932]. Or, il est insupportable

---

929 Comm. eur., Livre vert sur la modernisation de la politique de l'UE en matière de marchés publics, « Vers un marché européen des contrats publics plus performant », *op. cit.*, pt 3.2. V. égal. S. Braconnier, « La typologie des contrats publics d'affaires face à l'évolution du champ d'application des nouvelles directives », *op. cit.*, p. 833 et s.

930 L. Richer, « La concurrence concurrencée : à propos de la directive 2014/24 du 26 février 2014 », *op. cit.*, pt 44.

931 Directive 2014/24/UE, considérant 42 : « *Il est absolument nécessaire que les pouvoirs adjudicateurs disposent de plus de souplesse pour choisir une procédure de passation de marchés prévoyant des négociations. Un recours accru à ces procédures est également susceptible de renforcer les échanges transnationaux, étant donné que l'Évaluation a montré que les offres transnationales obtiennent un taux de réussite particulièrement élevé dans le cas de marchés passés par une procédure négociée avec publication préalable.* »

932 Cour des comptes européenne, Rapport spécial n° 10/2015 : « Les problèmes liés aux marchés publics dans le cadre des dépenses de cohésion de l'UE nécessitent des efforts supplémentaires », *op. cit.*, p. 10.

que l'autocensure des candidats potentiels réduise la concurrence dans un marché comme celui de la commande publique, domaine dans lequel l'achat économiquement efficace revêt une importance collective majeure, à savoir la satisfaction de l'intérêt général. La période récente marquée par l'austérité budgétaire illustre également l'importance de saisir toutes les sources d'économies disponibles sur le marché[933].

198. L'intérêt croissant de la Commission européenne pour le marché intérieur du numérique s'avère d'ailleurs une piste déterminante[934]. Le numérique présente l'avantage de repousser les frontières et obstacles géographiques. Le droit de la commande publique doit saisir cette opportunité d'accroître la structure concurrentielle, et ainsi de bénéficier des tarifs les plus attractifs. En dépit des efforts réalisés en ce sens, il est impératif de renforcer au maximum la mobilisation des opérateurs économiques. Cela passe nécessairement par une publicité adaptée et des interfaces numériques lisibles et claires pour les opérateurs économiques. L'OCDE recommande vivement, afin de renforcer la concurrence effective dans les marchés publics, de simplifier au maximum les procédures[935]. Cet axe, déjà adopté par les directives de 2014[936], implique néanmoins un suivi attentif et des innovations régulières de la part des institutions européennes. De la même façon, la faculté, certes encore symbolique, de publier un résumé d'avis de préinformation, de marché, de concession ou d'attribution de marché ou de concession dans d'autres langues que celles de l'acheteur public peut se révéler être une piste intéressante pour dynamiser l'intérêt transfrontalier des opérateurs économiques[937]. Il convient par conséquent de poursuivre une réflexion attentive sur les bénéfices de tels mécanismes, pour envisager leur extension et leur perfectionnement à l'avenir.

199. Parmi les effets bénéfiques d'une structure concurrentielle du marché figure l'efficacité économique. Or, le bon fonctionnement du marché, finalité traditionnelle du droit de la concurrence, est également poursuivi par le droit de la commande publique. Partant, une telle étude implique d'offrir une analyse étayée de cette complémentarité entre le droit de la concurrence et le droit de la commande publique.

---

933 Sur la thématique budgétaire, J.-F. Boudet, C. Lequesne Roth (dir.), *Les administrations publiques à l'épreuve de leur dette*, Paris, Mare & Martin, 2019, 330 p.

934 Pour une illustration récente de cet intérêt, Comm. eur., Communication « Upgrading the Single Market: more opportunities for people and business », COM(2015) 550 final, 28 octobre 2015, 23 p.

935 OCDE, « Recommandation du Conseil de l'OCDE sur les marchés publics », 2015, pt IV.

936 S. Braconnier, « Nouvelles directives marchés publics et concessions – Petite révolution et grandes évolutions », *op. cit.*, pt 86 ; A.-L. Durviaux, « La passation des marchés publics dans la directive 2014/24/UE : amplification et réduction », *op. cit.*, p. 41.

937 Article 53 de la directive 2014/24/UE, *op. cit.* ; article 71 de la directive 2014/25/UE, *op. cit.* ; article 33 de la directive 2014/23/UE, *op. cit.*

Chapitre 2
La préservation du bon fonctionnement des marchés

200. **La finalité du droit de la concurrence.** Si le droit de la concurrence ambitionne de maintenir la structure concurrentielle des marchés, c'est également parce qu'une telle structure participe activement à la réalisation de la fonction essentielle du droit de la concurrence, à savoir le bon fonctionnement du marché. Elle permet en effet à l'ensemble des entreprises d'exprimer leurs mérites et dynamise le processus concurrentiel. Or, pour caractériser le bon fonctionnement du marché, la science économique a recourt à l'examen de l'efficience économique. Malgré la place particulière des thèses de l'École de Harvard au sein du droit européen, l'efficience économique, notion qui a été galvaudée par l'École de Chicago[938], trouve un écho favorable au sein des articles 101 et 102 TFUE[939]. La concurrence était d'ailleurs selon les ordolibéraux, et Böhm en particulier, un moyen essentiel de garantir le bien-être collectif[940]. Le professeur Tirole précise que l'une des traductions majeures de la concurrence sur le marché est très précisément l'efficacité[941], position également défendue par l'Autorité de la concurrence[942].

201. **L'efficience : une notion économique.** La notion d'efficience comprend trois acceptions distinctes, comme le rappelle le professeur Combe[943]. L'efficience allocative permet de réduire les coûts de transaction et d'augmenter le surplus total sur la base de l'optimum de Pareto[944]. Derrière ce terme se dissimule l'idée d'une « *justice distributive* »[945]

---

938 C. Mongouachon, « Ordolibéralisme *versus* néolibéralisme : antagonismes idéologiques et conséquences pratiques en droit européen de la concurrence », *op. cit.*, p. 29. Sur ce point, R. A. Posner, *Antitrust Law: An Economic Perspective*, 2e éd., Chicago, University of Chicago Press, 2001, 304 p. ; R. H. Bork, *The Antitrust Paradox: A Policy at War With Itself*, 2e éd. *op. cit.* ; C. Mongouachon, « L'ordolibéralisme. Contexte historique et contenu dogmatique », *op. cit.*, p. 29 ; L. Warlouzet, « La politique de la concurrence en Europe : enjeux idéologiques », *op. cit.*, p. 7.

939 N. Petit, *Droit européen de la concurrence*, 2e éd., *op. cit.*, pt 125 et s., pp. 87-91 ; I. Herrera Anchustegui, *Buyer Power in EU Competition Law*, *op. cit.*, pt 951, p. 408 ; F. van Doorn, *The Law and Economics of Buyer Power in EU Competition Policy*, The Hague, Eleven International Publishing, 2015, p. 174.

940 En ce sens v. nos développements lors du Chapitre liminaire, Section 1 ; C. Mongouachon, « Ordolibéralisme *versus* néolibéralisme : antagonismes idéologiques et conséquences pratiques en droit européen de la concurrence », *op. cit.*, p. 25.

941 J. Tirole, *Économie du bien commun*, *op. cit.*, p. 473. V. égal. R. Lanneau, « Néolibéralisme, droit et marchés », in *Droit et Marché*, S. Dormont, T. Perroud (dir.), *op. cit.*, p. 57.

942 Cons. conc., « Rapport annuel 1991 », p. XXVII.

943 E. Combe, *Économie et politique de la concurrence*, *op. cit.*, pt 11, pp. 36-37. V. égal. A. Portuese, *Le principe d'efficience économique dans la jurisprudence européenne*, *op. cit.*, p. 27.

944 *Ibid.*, T. C. Koopmans, *Three Essays on the State of Economic Science*, Eastford, Martino Fine Books, 2013, p. 29.

945 B. Haudeville, « La finalité de la politique de la concurrence, promouvoir l'efficacité ou l'équité ? », *Rev. conc. cons.*, 1995, n° 85, p. 47.

et d'une utilisation efficace des ressources[946]. Leur emploi est maximisé afin de répondre au mécanisme de marché[947]. Le consommateur bénéficie à cette occasion de réductions tarifaires et d'une amélioration globale de la qualité[948]. L'efficience productive permet, quant à elle, d'atteindre un équilibre en matière de production. Enfin, l'efficience dynamique est relative à l'optimisation du bien-être social par l'intermédiaire de la création de nouveaux produits, de services et d'innovations. Or, comme le précise le professeur Haudeville, l'efficience économique se rattache essentiellement à l'analyse économique et en particulier aux travaux de Walras et Pareto[949].

202. **L'efficience : une notion juridique.** Le professeur Martucci identifie dans l'arrêt *Pringle* la consécration d'un « *objectif supérieur* »[950] d'efficacité pour les États membres[951]. Pour de nombreux auteurs, l'efficience économique correspond principalement à la finalité du droit de la concurrence[952]. La protection du bon fonctionnement du marché permet en effet de préserver la concurrence par les mérites, et ainsi d'écarter les inefficiences issues des accaparements de la puissance économique ou de la capture des pouvoirs publics[953]. Or, la reprise de la notion d'efficience par le droit témoigne de l'intégration des problématiques propres aux sciences économiques, voire à l'analyse économique du droit[954], laquelle s'emploie

---

946 A. Bienaymé, « La finalité économique de la réglementation sur la concurrence », in « Atelier de réflexion sur la concurrence du 16 mars 1995 », *Rev. conc. cons.*, p. 50; D. Pilat, « Concurrence, productivité et efficience », *Revue économique*, 1996, n° 27, p. 123.

947 Bienaymé, « La finalité économique de la réglementation sur la concurrence », *op. cit.*, , p. 46.

948 F. Jenny, « Droit européen de la concurrence et efficience économique », *RE*, 1993, n° 63, p. 193 ; E. Gellhorn, *Antitrust Law and Economics in a Nutshell*, West Publishing Company, 1984, I.

949 B. Haudeville, « La finalité de la politique de la concurrence, promouvoir l'efficacité ou l'équité ? », *op. cit.*, p. 46 ; L. Kornhauser, *L'analyse économique du droit. Fondements juridiques de l'analyse économique du droit*, Paris, Michel Houdiard Éditeur, 2010, p. 144.

950 CJUE, ass. plén., 27 novembre 2012, *Pringle*, aff. C-370/12, EU:C:2012:756, pt 135 : « *Or, il ressort des travaux d'élaboration de ce dernier traité que l'article 125 TFUE vise à assurer que les États membres respectent une politique budgétaire saine (voir le projet de traité portant révision du traité instituant la Communauté économique européenne en vue de la mise en place d'une Union économique et monétaire, Bulletin des Communautés européennes, supplément 2/91, p. 22 et 52). En effet, l'interdiction énoncée à l'article 125 TFUE garantit que les États membres restent soumis à la logique du marché lorsqu'ils contractent des dettes, celle-ci devant les inciter à maintenir une discipline budgétaire. Le respect d'une telle discipline contribue à l'échelle de l'Union à la réalisation d'un objectif supérieur, à savoir le maintien de la stabilité financière de l'Union monétaire* » ; comm. F. Martucci, *RTDE*, 2013 p. 239 ; L. Coutron, *RTDE*, 2013, p. 311 ; G. Nafilyan, *RTDE*, 2015, pp. 579-592 ; F. Picod, *JCP*, 2012, n° 50, p. 2260 ; D. Simon, *Europe*, 2013, n° 1, pp. 17-20 ; S. Thomas, *RDUE*, 2013, n° 1, pp. 198-206.

951 F. Martucci, « Les objectifs politiques de la commande publique en droit de l'Union européenne », *op. cit.*, p. 87.

952 C. Prieto, D. Bosco, *Droit européen de la concurrence. Ententes et abus de position dominante*, *op. cit.*, pt 801, p. 629 ; N. Petit, *Droit européen de la concurrence*, 2e éd., *op. cit.*, pt 125, p. 87 ; R. Van den Bergh, P. Camesasca, *European Competition Law and Economics: A Comparative Perspective*, 2e éd., *op. cit.*, p. 5 ; L. Idot, « Brèves réflexions de juriste sur le droit de la concurrence au XXIe siècle », *op. cit.*, p. 680 ; F. Jenny, « Droit européen de la concurrence et efficience économique », *op. cit.*, p. 193 ; E. Gellhorn, *Antitrust Law and Economics in a Nutshell*, *op. cit.*, I ; A. Schaub, « La politique européenne de concurrence : objectifs et règles », *LPA*, 2001, n° 220, p. 11 ; C. Prieto, « La culture européenne de concurrence », *op. cit.*, pt 14.

953 Sur les inefficiences consécutives aux pratiques anticoncurrentielles, E. Combe, *Économie et politique de la concurrence*, *op. cit.*, pts 11 et 45.

954 E. Mackaay, S. Rousseau, *Analyse économique du droit*, 2e éd., Paris, Dalloz, 2008, pt 707, p. 191 ; T. Kirat, *Économie du droit*, Paris, La Découverte, 2012, p. 63. V égal. R. A. Posner, *Economic Analysis of Law*, Boston, Little, Brown & Cie, 1972, p. 98 ; B. Deffains, E. Langlais (dir.), *Analyse économique du droit. Principes, méthodes, résultats*, Bruxelles, De Boeck, 2009, p. 380 et s.

à mesurer les effets des règles juridiques sur le bien-être. Le droit ne demeure ainsi pas étranger à l'efficience économique. La Cour de justice consacre implicitement la portée de celle-ci dans le cadre de son arrêt *TeliaSonera Sverige*, lorsqu'elle précise, à propos du droit de la concurrence, que de « *telles règles ont précisément pour objectif d'éviter que la concurrence ne soit faussée au détriment de l'intérêt général, des entreprises individuelles et des consommateurs, contribuant ainsi au bien-être dans l'Union* »[955]. C'est donc le bien-être qui fait figure de traduction juridique de l'efficience économique[956]. Les professeurs Prieto et Bosco identifient dans cette jurisprudence la « *valorisation des règles de concurrence qui traitent des dysfonctionnements des marchés* »[957]. Les objectifs de l'Union européenne visés à l'article 3 TUE – que sont notamment la croissance économique, le plein emploi, une économie sociale de marché compétitive, la promotion du progrès scientifique et technique et le progrès social – sont rendus possibles par la garantie de l'efficience économique mise en œuvre par la libre concurrence et la protection de celle-ci[958].

203. **Plan du Chapitre 2.** L'efficience économique, notion à l'origine exclusivement économique, a progressivement irrigué la science juridique, et le droit de la concurrence de l'Union européenne en particulier (Section 1). Le droit de la commande publique se saisit également de cette problématique, par l'intermédiaire notamment de l'efficacité de l'achat public (Section 2).

Section 1
La préservation de l'efficience économique comme finalité du droit de la concurrence

204. La poursuite de l'efficience économique est traditionnellement considérée comme étant un objectif majeur[959], voire la finalité du droit de la concurrence[960]. Celle-ci

---

955 CJUE, 17 février 2011, *TeliaSonera Sverige*, aff. C-52/09, *op. cit.*, pt 22. Dans le même sens, Comm. eur., « Rapport sur la politique de concurrence 2011 », *op. cit.*, p. 2 ; Comm. eur., « XXVIe Rapport sur la politique de concurrence 1996 », 1997, pt 3.

956 Dans le même sens L. Kornhauser, *L'analyse économique du droit. Fondements juridiques de l'analyse économique du droit*, *op. cit.*, p. 143.

957 C. Prieto, D. Bosco, *Droit européen de la concurrence. Ententes et abus de position dominante*, *op. cit.*, pt 198, p. 185.

958 C. Prieto, « La culture européenne de concurrence », *op. cit.*, pt 45 ; F. Jenny, « Competition Policy Objectives », in *European Competition Law and Policy Annual 1997: Objectives of Competition Policy*, C.-D. Ehlermann L. L. Laudati (dir.), Oxford, Hart Publishing, 1998, p. 29.

959 Conclusions de l'avocat général N. Wahl présentées le 20 octobre 2016, aff. C-413/14 P, EU:C:2016:788, pt 43 : « *L'objectif d'une efficacité [des règles de concurrence] accrue a pour corollaire logique qu'une importance essentielle est accordée aux effets anticoncurrentiels d'une pratique donnée.* »

960 G. Clamour, *Intérêt général et concurrence. Essai sur la pérennité du droit public en économie de marché*, *op. cit.*, pt 224, p. 121 ; M.-C. Boutard-Labarde, G. Canivet, *Droit français de la concurrence*, Paris, LGDJ, 1994, p. 2 ; F. Jenny, « Droit européen de la concurrence et efficience économique », *op. cit.*, p. 193 ; F. Jenny, « Pratiques verticales, restrictives, concurrence et efficience » *JCP E*, 1989, n°4, p. 5 ; B. Haudeville, « La finalité de la politique de la concurrence, promouvoir l'efficacité ou l'équité ? », *op. cit.*, p. 4 ; F. Souty,

peut prendre plusieurs formes notamment celle de la lutte contre les pratiques anticoncurrentielles ou encore de la recherche de gains d'efficacité. Or, ces manifestations ont systématiquement vocation à protéger et à développer le bien-être du consommateur. Deux segments du droit de la concurrence européen font tout particulièrement état de cet intérêt juridique pour l'efficience économique, à savoir la prohibition des pratiques anticoncurrentielles (§ 1) et le contrôle des concentrations (§ 2).

§ 1. Efficience économique et pratiques anticoncurrentielles

205. Devant les difficultés à transposer une notion purement économique à la science juridique, le droit européen de la concurrence a traduit les apports et finalités de l'efficience économique par la notion de bien-être du consommateur[961]. Cette dernière est perceptible notamment dans les articles 101, paragraphe 1, et 102 TFUE, dont la finalité est de garantir le bon fonctionnement du marché. L'interdiction des ententes et abus de position dominante ambitionne ainsi de préserver le bien-être du consommateur, par l'intermédiaire, entre autres, d'une allocation optimale des ressources (A). Cette quête du bien-être du consommateur se traduit également, de manière secondaire, par la mise en place de mécanismes d'exemptions pour les entreprises, afin de se prémunir contre d'éventuelles pertes de bien-être pour le consommateur qui pourraient résulter d'un « *excès d'analyse formelle* »[962] (B).

A. Le droit des pratiques anticoncurrentielles : une garantie fondamentale pour le bien-être du consommateur

206. **Une finalité ancienne du droit de la concurrence : l'allocation optimale des ressources.** La relation entre le droit de la concurrence et l'efficacité économique est ancienne. Dès le XVIIe siècle, Jean Domat établissait un lien entre la cherté des marchandises et les pratiques anticoncurrentielles. Il observait ainsi dans *Les quatre livres du droit public* que la cherté des grains pouvait s'expliquer par la rareté occasionnée par les aléas agricoles et climatiques, les difficultés

Les collectivités locales et le droit de la concurrence. Efficacité économique, réglementation et services publics locaux, *op. cit.*, pp. 233-234 ; D. Roux, S. Peney, « Concurrence : La théorie économique confrontée à l'opinion publique », in *À quoi sert la concurrence ?*, M. Behar-Touchais, N. Charbit, R. Amaro (dir.), *op. cit.*, p. 75 et s. ; N. Tosics, N. Gaál, « Public procurement and State aid control — the issue of economic advantage », *Competition Policy Newsletter*, 2007, n° 3, p. 15.

961 C. Prieto, D. Bosco, *Droit européen de la concurrence. Ententes et abus de position dominante*, *op. cit.*, pts 212 et 216, pp. 201 et 206.

962 C. Prieto, « La généralisation de l'analyse fondée sur les effets (ententes et abus de position dominante) », AFEC, 8 février 2007, pt 4, p. 2. Disponible sur https://www.courdecassation.fr/IMG/File/pdf_2007/08-02-2007/08-02-2007_prieto.pdf (consulté le 20/02/2021). V. égal. K. Van Miert, « Role of Competition in Modern Economies », Danish Competition Council, 10 novembre 1997. Discours disponible sur http://ec.europa.eu/competition/speeches/text/sp1997_061_en.html (consulté le 20/02/2021).

du transport mais aussi « *par le crédit que pourraient avoir de certains marchands qui conviendraient qu'eux seuls vendraient une chose, et qu'ils ôteraient aux autres la liberté de pouvoir débiter la même, ce qui serait contre l'intérêt public et blesserait la loi divine* »[963]. Ce constat est confirmé plusieurs siècles plus tard par l'École de Fribourg. La concurrence apparaît ainsi pour Böhm comme le meilleur moyen de garantir l'efficacité économique[964]. La défense de l'ordre public concurrentiel permet de préserver les effets bénéfiques pour la collectivité d'une concurrence fondée sur les seuls mérites[965]. Ainsi, en « *protégeant l'individu contre l'exploitation économique par les monopoles* »[966], le droit de la concurrence veille sur une distribution efficace des richesses[967] et contribue ainsi à une allocation optimale des ressources[968]. Une telle relation s'explique par la maîtrise par le droit de la concurrence de l'exercice du pouvoir de marché, lequel s'avère porteur d'inefficiences allocatives en captant les avantages des consommateurs[969].

207. **Le bien-être du consommateur comme traduction juridique de l'efficacité économique.** Les professeurs Bosco et Prieto observent que la « *quête d'efficacité* » économique du droit de la concurrence européen se traduit juridiquement par la poursuite du bien-être du consommateur[970]. La Commission européenne confirme cette relation lorsqu'elle indique que le droit de la concurrence « *protèg[e] la concurrence [...] comme moyen d'accroître le bien-être du consommateur et [d']assurer une répartition efficace des ressources* »[971]. Or, malgré les critiques

---

963 J. Domat, *Les quatre livres du droit public*, *op. cit.*, Livre I, Titre VII, section IV, p. 145.

964 C. Mongouachon, « Ordolibéralisme *versus* néolibéralisme : antagonismes idéologiques et conséquences pratiques en droit européen de la concurrence », *op. cit.*, p. 25. V. égal. C. Mongouachon, « L'ordolibéralisme. Contexte historique et contenu dogmatique », *op. cit.*, p. 42.

965 En ce sens, v. nos développements du Chapitre liminaire.

966 J. Drexl, « La Constitution économique européenne – L'actualité du modèle ordolibéral », *op. cit.*, p. 431.

967 *Ibid.* ; R. Blasselle, *Traité de droit européen de la concurrence*, tome I, *op. cit.*, p. 7.

968 Comm. eur., « Rapport sur la politique de concurrence 2000 », *op. cit.*, pt 1 ; C. L. de Leyssac, C. Parleani, *Droit du marché*, *op. cit.* , p. 5 ; C. Prieto, « La culture européenne de concurrence », *op. cit.*, pt 42, p. 35 ; D. Bailey, L. E. John (dir.), *Bellamy & Child: European Union Law Competition*, 8e éd., *op. cit.*, pt 1.016, p. 7 ; Jean-Paul II, encyclique *Centesimus Annus*, 1991, cité par E. Perrot, « Concurrence : un point de vue catholique », in *À quoi sert la concurrence ?*, M. Behar-Touchais, N. Charbit, R. Amaro (dir.), *op. cit.*, p. 90 ; J. Brodney, « The Economic Goals of Antitrust: Efficiency, Consumer Welfare, and Technological Progress », *New York University Law Review*, n° 62, 1987, p. 1020 ; N. Petit, *Droit européen de la concurrence*, 2e éd., *op. cit.*, pt 126, p. 87 ; L. Kornhauser, *L'analyse économique du droit. Fondements juridiques de l'analyse économique du droit*, *op. cit.*, p. 144 et s.

969 C. Prieto, « L'Europe et le droit de la concurrence : des malentendus aux mérites reconnus », *op. cit.*, pts 1 et 7.

970 C. Prieto, D. Bosco, *Droit européen de la concurrence. Ententes et abus de position dominante*, *op. cit.*, pts 213 et 216, pp. 202 et 206 ; M. Monti, « Avant-propos », in « Rapport sur la politique de concurrence 2000 », *op. cit.*, p. 7 ; P. Evans, « Bien-être et importance du consommateur en matière de droit et de politique de la concurrence », in *À quoi sert la concurrence ?*, M. Behar-Touchais, N. Charbit, R. Amaro (dir.), *op. cit.*, p. 281 ; F. Marty, « Le critère du bien-être du consommateur comme objectif exclusif de la politique de concurrence. Une mise en perspective sur la base de l'histoire de l'antitrust américain », *RIDE*, 2014, n° 4, p. 471 ; J.-Y. Art, « Quelques réflexions sur les limites de la concurrence et des règles qui la protègent », in *À quoi sert la concurrence ?*, in M. Behar-Touchais, N. Charbit, R. Amaro (dir.), *op. cit.*, p. 473 ; C. Prieto, « L'Europe et le droit de la concurrence : des malentendus aux mérites reconnus », *op. cit.*, pt 7 ; O. Fréget, « Le respect de la concurrence libre et non faussée est-il une finalité ou un moyen ? », *Concurrences* n° 3-2016, art. n° 80007, p. 1.

971 Comm. eur., Lignes directrices concernant l'application de l'article 81, paragraphe 3, du traité, *op. cit.*, pt 13. V. égal. Comm. eur., « Rapport sur la politique de concurrence 2011 », *op. cit.*, p. 11

persistantes sur l'intelligibilité de cette notion[972], la doctrine semble unanime pour déceler derrière le bien-être du consommateur la notion économique de surplus du consommateur[973]. Le surplus du consommateur existe lorsque le prix payé par celui-ci est plus faible que le prix maximum qu'il aurait accepté de payer pour tel produit ou service[974]. Le surplus total des consommateurs correspond quant à lui au bien-être du consommateur au sens du droit de la concurrence[975]. En se concentrant sur cette notion de bien-être du consommateur, le droit européen allie continuité philosophique et pragmatisme économique. En effet, à l'inverse du surplus global, qui embrasse le surplus des consommateurs et celui des producteurs, l'objectif de protection du bien-être du consommateur permet de se concentrer sur les seuls effets sur ce dernier, lesquels seraient peu perceptibles s'ils étaient noyés dans une analyse fondée sur le surplus global[976]. L'erreur majeure de l'École de Chicago consiste précisément à ne pas distinguer le surplus du consommateur et le surplus global[977]. De plus, se focaliser sur l'analyse du bien-être du consommateur est nécessairement plus aisé qu'une prise en compte du bien-être globale[978]. Elle permet notamment de dépasser le seul critère prix pour appréhender la qualité, l'innovation, la quantité ou encore la diversité des biens ou services[979].

208. **Le bien-être du consommateur : finalité reconnue du droit des pratiques anticoncurrentielles.** À l'occasion de la modernisation de la politique de concurrence entreprise par le commissaire européen Karel Van Miert, la Commission européenne a confirmé la finalité originelle du droit de la concurrence au service d'une allocation optimale des ressources, et lui a offert une traduction plus palpable par l'intermédiaire de la notion de bien-être du consommateur[980]. En effet, comme

---

972 C. Bertin, E. Le Noan, « Faut-il sauver le bien-être du consommateur ? », *Concurrences* n° 1-2019, art. n° 88866, p. 2 ; H. Hovenkamp, « Antitrust in 2018: The Meaning of Consumer Welfare Now », *Penn Wharton Public Policy Initiative Issue Brief*, vol. 6, n° 8, 2018.

973 N. Petit, *Droit européen de la concurrence*, 2e éd., *op. cit.*, pt 126, p. 87 ; C. Prieto, D. Bosco, *Droit européen de la concurrence. Ententes et abus de position dominante*, *op. cit.*, pt 216, p. 206 ; M. Monti, « Competition for Consumers' Benefit », *op. cit.* ; N. Kroes, « Consumers at the heart of EU competition policy », *op. cit.* ; Comm. eur., « Rapport sur la politique de concurrence 2008 », 2009, pts 355 et 370.

974 N. Petit, *Droit européen de la concurrence*, 2e éd., *op. cit.*, pt 391, pp. 198-199 ; A. Marshall, *Principles of Economics*, 1890 ; C. Bertin, E. Le Noan, « Faut-il sauver le bien-être du consommateur ? », *op. cit.*, p. 4.

975 N. Petit, *Droit européen de la concurrence*, 2e éd., *op. cit.*, pt 391, pp. 198-199

976 M. Vestager, « Un marché qui fonctionne pour les consommateurs », discours devant le Forum international sur le droit de la concurrence de l'UE, Bruxelles, le 12 mars 2018, DG Concurrence ; C. Prieto, D. Bosco, *Droit européen de la concurrence. Ententes et abus de position dominante*, *op. cit.*, pt 216, p. 206. Sur ce point v. égal. J. Drexl, L. Idot, J. Monéger (dir.), *Economic Theory and Competition Law*, Cheltenham, Edward Elgar Publishing, 2009, 269 p. ; J. Drexl, W. Kerber, R. Podszun (dir.), *Competition Policy and the Economic Approach: Foundations and Limitations*, Cheltenham, Edward Elgar Publishing, 2011, 349 p.

977 Sur la prise en compte par l'École de Chicago du surplus global, en ce sens : F. Marty, « Le critère du bien-être du consommateur comme objectif exclusif de la politique de concurrence. Une mise en perspective sur la base de l'histoire de l'antitrust américain », *op. cit.*, p. 478 ; H. Hovenkamp, « Distributive Justice and Consumer Welfare in Antitrust », *Working Paper*, University of Pennsylvania Carey Law School , 2011, 23 p. Disponible sur https://papers.ssrn.com/sol3/papers.cfm?abstract_id=1873463 (consulté le 20/02/2021) ; N. Petit, *Droit européen de la concurrence*, 2e éd., *op. cit.*, pt 125 et s., p. 87 et s.

978 *Ibid.* C. Bertin, E. Le Noan, « Faut-il sauver le bien-être du consommateur ? », *op. cit.*, p. 4.

979 Comm. eur., « Rapport sur la politique de concurrence 2010 », *op. cit.*, pt 18 ; C. Bertin, E. Le Noan, « Faut-il sauver le bien-être du consommateur ? », *op. cit.*, p. 4.

980 K. Van Miert, « Les enjeux économiques, sociaux et politiques de la concurrence en Europe », discours, Arlon, 1997, DG Concurrence : « *D'un point de vue strictement téléologique, la mise en œuvre d'une politique de concurrence comporte une dimension sociale majeure, puisqu'au travers de l'allocation optimale des ressources,*

le relèvent les professeurs Prieto et Bosco, l'approche par les effets fait désormais du bien-être du consommateur la « *clé de voûte de la politique européenne rénovée* »[981]. Celui-ci devient selon la Commission européenne « *la première préoccupation* »[982] du droit de la concurrence. Une telle finalité irrigue l'action européenne en matière d'interdiction des pratiques anticoncurrentielles[983]. La Cour de justice, dans son arrêt *TeliaSonera Sverige*, souligne, comme précisé précédemment, que de « *telles règles ont précisément pour objectif d'éviter que la concurrence ne soit faussée au détriment de l'intérêt général, des entreprises individuelles et des consommateurs, contribuant ainsi au bien-être dans l'Union* »[984]. L'avocat général Bot ajoute d'ailleurs à propos des dispositions de l'article 101 TFUE qu'elles « *permettent d'assurer l'établissement d'une concurrence saine et efficace sur le marché commun en prohibant les accords anticoncurrentiels et participent, par conséquent, à l'accomplissement des missions confiées à l'Union. D'autre part, elles permettent de veiller au bien-être du consommateur en le protégeant de certaines pratiques des entreprises* »[985]. De la même façon, l'article 102 TFUE permet d'éviter que des pratiques unilatérales aient un « *effet défavorable sur le bien-être des consommateurs, que ce soit sous l'effet de prix plus élevés que ceux qui auraient autrement été appliqués ou d'une autre manière, telle que la limitation de la qualité ou la réduction du choix pour les consommateurs* »[986]. Or, la protection du bien-être du consommateur, et plus largement du bon fonctionnement du marché, est également perceptible dans le cadre des justifications mises en place par le droit de la concurrence.

B. Les mécanismes de mise en balance : des garanties complémentaires pour le bien-être du consommateur

209. **Un mécanisme secondaire.** La prohibition des ententes et des abus de position dominante prévue par les articles 101, paragraphe 1, et 102 TFUE permet, dans l'immense majorité des affaires, de contribuer à l'efficacité économique

---

le consommateur demeure le bénéficiaire final d'un processus qui conduit à l'innovation, à la multiplicité de l'offre et à la réduction des prix sur le marché » ; N. Kroes, « Concurrence, politique de la concurrence et consommateurs », discours prononcé lors de l'Assemblée générale du Bureau européen des unions de consommateurs, Bruxelles, 16 novembre 2006, DG Concurrence ; C. Prieto, « Abus de position dominante – Abus », *JurisClasseur Europe Traité*, fasc. n° 1440, 2014 pt 10.

981 C. Prieto, D. Bosco, *Droit européen de la concurrence. Ententes et abus de position dominante*, *op. cit.*, pt 216, p. 206.

982 Commission européenne, « XXXIIIe Rapport sur la politique de concurrence 2003 (2000) », 2004, p. 18.

983 La protection de bien-être du consommateur est également fondamentale dans le cadre du contrôle des aides d'État (ex. : Comm. eur., « Rapport sur la politique de concurrence 2016 », *op. cit.*, p. 6) et le contrôle des concentrations (ex. : Comm. eur., « Rapport sur la politique de concurrence 2011 », *op. cit.*, p. 13).

984 CJUE, 17 février 2011, *TeliaSonera Sverige*, aff. C-52/09, *op. cit.*, pt 22. Dans le même sens, Comm. eur., « Rapport sur la politique de concurrence 2011 », *op. cit.*, p. 2 ; Comm. eur., « XXVIe Rapport sur la politique de concurrence 1996 », 1997, pt 3.

985 Conclusions de l'avocat général Y. Bot présentées le 26 octobre 2010, aff. C-352/09 P, EU:C:2010:635, pt 171. Dans le même sens, N. Kroes, « Avant-Propos », in Comm. eur., « Rapport annuel sur la politique de concurrence 2007 », 2008, p. 3.

986 Comm. eur., Communication « Orientations sur les priorités retenues par la Commission pour l'application de l'article 82 du traité CE aux pratiques d'éviction abusives des entreprises dominantes », *JOUE* n° C 45 du 24 février 2009, pp. 7-20, pt 19.

en protégeant le bien-être du consommateur contre les pratiques anticoncurrentielles. La maximisation du bien-être du consommateur passe également par l'intégration des éventuels effets positifs de certaines pratiques, lorsque de tels effets dépassent les effets négatifs du comportement en cause. La modernisation de la politique de concurrence basée sur les effets a manifestement renforcé cette dynamique, notamment par l'intermédiaire des textes de droit souple[987]. Le règlement (CE) n° 1/2003, en passant d'un régime d'autorisation à un régime d'exception légale, offre ainsi une application directe à l'article 101, paragraphe 3, TFUE[988]. Malgré cette ouverture, il n'en demeure pas moins que les mécanismes de justification s'avèrent dans les faits particulièrement difficiles à mettre en œuvre. La Commission européenne, dans ses lignes directrices concernant l'application de l'article 81, paragraphe 3, émet des réserves sur la possibilité concrète de bénéficier d'une telle justification dans le cadre de restrictions par objet[989]. Dès lors, l'article 101, paragraphe 3, semble en toute hypothèse concerner principalement les restrictions par effet, malgré la difficulté à réunir les conditions requises.

210. Les ententes peuvent en effet échapper à l'application de l'article 101, paragraphe 1, TFUE si elles « *contribuent à améliorer la production ou la distribution des produits ou à promouvoir le progrès technique ou économique, tout en réservant aux utilisateurs une partie équitable du profit qui en résulte* »[990], sous réserve cependant d'imposer des restrictions qui sont indispensables, ou encore de ne pas offrir la possibilité pour ces entreprises d'éliminer durablement la concurrence[991]. En protégeant le bien-être du consommateur, cette exemption, prévue à l'article 101, paragraphe 3, TFUE, fait directement référence à l'efficacité économique[992]. Ces mécanismes de mise en balance, inédits dans le Sherman Act, caractérisent ainsi la politique européenne de la concurrence[993].

---

987 D. Bosco, C. Prieto, *Droit européen de la concurrence. Ententes et abus de position dominante*, *op. cit.*, pt 617, p. 523.

988 L. Idot, « Le règlement n° 1/2003 : vers une fédéralisation, une communautarisation ou une renationalisation du droit de la concurrence ? », in *Les dynamiques du droit européen en début du siècle. Études en l'honneur de Jean-Claude Gautron*, Paris, Pedone, 2004.

989 Comm. eur., Lignes directrices concernant l'application de l'article 81, paragraphe 3, du traité, *op. cit.*, pt 46 : « *L'article 81, paragraphe 3, n'exclut pas a priori certains types d'accords de son champ d'application. Par principe, tous les accords restrictifs qui remplissent cumulativement les quatre conditions de l'article 81, paragraphe 3, bénéficient de l'exemption. Toutefois, il est fort peu probable que de graves restrictions de la concurrence puissent remplir les conditions de l'article 81, paragraphe 3. En général, ces restrictions sont interdites par des règlements d'exemption par catégorie ou qualifiées de restrictions caractérisées dans les lignes directrices et les communications de la Commission. D'ordinaire, les accords de cette nature ne remplissent pas les deux premières conditions (au moins) de l'article 81, paragraphe 3. Ils ne créent pas d'avantages économiques objectifs et ne bénéficient pas aux consommateurs. À titre d'exemple, un accord horizontal de fixation des prix limite la production, entraînant ainsi une mauvaise répartition des ressources, outre qu'il opère un transfert de valeur du consommateur au producteur, puisqu'il se traduit par des prix plus élevés sans générer la moindre contrepartie pour les consommateurs du marché en cause. Du reste, ce type d'accords ne remplit généralement pas non plus le critère du caractère indispensable, c'est-à-dire la troisième condition.* »

990 Article 101, paragraphe 3, TFUE. V. égal. Comm. eur., Lignes directrices concernant l'application de l'article 81, paragraphe 3, du traité, *op. cit.*, pt 38 et s.

991 Article 101, paragraphe 3, TFUE. V. égal. Comm. eur., Lignes directrices concernant l'application de l'article 81, paragraphe 3, du traité, *op. cit.*, pt 73 et s., et 105 et s.

992 D. Bosco, C. Prieto, *Droit européen de la concurrence. Ententes et abus de position dominante*, *op. cit.*, pt 615, p. 522.

993 *Ibid.*, pt 618, p. 524.

211. **Les gains d'efficacité qualitatifs.** Cette catégorie renvoie aux accords, contrats ou pratiques concertées permettant à plusieurs opérateurs économiques d'améliorer la qualité des produits et services. Les lignes directrices de la Commission européenne concernant l'application de l'article 81, paragraphe 3, du traité[994] présentent les gains qualitatifs potentiels. Ainsi, le progrès technique d'un tel accord peut enrichir le marché de nouvelles références, de produits de meilleure qualité[995] ou innovants[996]. Les accords portant sur la production peuvent faciliter l'entrée sur le marché ou encore réduire les coûts. Les accords relatifs à la recherche et au développement permettent l'émergence de produits innovants en réunissant les capacités de plusieurs entreprises[997], lesquels seraient, sans ces accords, nettement plus complexes à développer. Les accords de licence facilitent quant à eux la diffusion de nouvelles technologies sur le marché. De même, les accords de distribution favorisent la qualité de la diffusion, sa rapidité et la satisfaction du consommateur[998].

212. **Les gains d'efficacité quantitatifs.** Les gains d'efficacité quantitatifs, à l'inverse des gains qualitatifs, se rapportent aux transformations qui portent sur le processus de production[999]. Les apports quantitatifs peuvent par ailleurs reposer sur la conjugaison des actifs de plusieurs entreprises afin de réduire significativement leurs coûts de production[1000]. De même, la réduction des coûts peut résulter d'économies d'échelle[1001]. De tels gains d'efficacité peuvent aussi prendre la forme d'accords de planification de production d'économies de gamme[1002]. Ces efficiences, fondées sur la capacité productive des entreprises, demeurent aussi importantes que les gains d'efficacité qualitatifs. La Commission européenne n'établit d'ailleurs pas de préférence entre les différents gains d'efficacité, en raison de l'avantage économique qu'ils génèrent[1003].

---

994 Comm. eur., Lignes directrices concernant l'application de l'article 81, paragraphe 3, du traité, *op. cit.* V. égal. en ce sens Comm. eur., « Rapport sur la politique de concurrence 2005 », *op. cit.*, pt 718.

995 À titre d'illustration, Comm. eur., déc. 78/194/CEE du 23 décembre 1977, *Jaz-Peter*, aff. IV/26.437, *JOCE* n° L 61 du 3 mars 1978, pp. 17-21 ; déc. 80/234/CEE du 5 décembre 1979, *Présure*, aff. IV/29.011, *JOCE* n° L 51 du 25 février 1980, pp. 19-27 ; déc. 88/330/CEE du 5 mai 1988, *Bayer/BP Chemicals*, aff. IV/32.075, *JOCE* n° L 150 du 16 juin 1988, pp. 35-43.

996 Comm. eur., Lignes directrices concernant l'application de l'article 81, paragraphe 3, du traité, *op. cit.*, pt 70. À titre d'illustration, Comm. eur., déc. 77/781/CEE du 23 novembre 1977, *GEC-Weir Sodium Circulators*, aff. IV/29.428, *JOCE* n° L 327 du 20 décembre 1977, pp. 26-37 ; déc. 83/668/CEE du 5 décembre 1983, *VW-Man*, aff. IV/29.329, *JOCE* n° L 376 du 31 décembre 1983, pp. 11-16 ; déc. 83/669/CEE du 8 décembre 1983, *Carbon Gas Technologie*, aff. IV/29.955, *JOCE* n° L 376 du 31 décembre 1983, pp. 17-21 ; déc. 86/405/CEE du 14 juillet 1986, *Fibres optiques*, aff. IV/30.320, *JOCE* n° L 236 du 22 août 1986, pp. 30-44 ; déc. 87/100/CEE, du 17 décembre 1986, *Mitchell Cotts/Sofiltra*, aff. IV/31.340, *JOCE* n° L 41 du 11 février 1987, pp. 31-37 ; déc. 88/330/CEE du 5 mai 1988, *Bayer/BP Chemicals*, aff. IV/32.075, *op. cit.*

997 Pour des illustrations de l'apport économique de telles mesures, Comm. eur., déc. 79/298/CEE du 17 janvier 1979, *Beecham/Parke-Davis*, aff. IV/28.796, *JOCE* n° L 70 du 21 mars 1979, pp. 11-21 ; déc. 83/669/CEE du 8 décembre 1983, *Carbon Gas Technologie*, aff. IV/29.955, *op. cit.* ; déc. 94/771/CEE du 11 novembre 1994, *Olivetti-Digital*, aff. IV/34.410, *JOCE* n° L 309 du 2 décembre 1994, pp. 24-31.

998 En ce sens, v. Comm. eur., déc. 1999/573/CE du 20 mai 1999, *Cégétel + 4*, aff. IV/36.592, *JOCE* n° L 218 du 18 août 1999, pp. 14-23.

999 Comm. eur., Lignes directrices concernant l'application de l'article 81, paragraphe 3, du traité, *op. cit.*, pt 64.

1000 *Ibid.*, pt 65.

1001 *Ibid.*, pt 66.

1002 *Ibid.*, pts 67 et 68.

1003 J. Faull, A. Nikpay, *The EC Law of Competition*, 2e éd., Oxford, Oxford University Press, 2007, p. 302; B. Van Rompuy, *Economic Efficiency: The Sole Concern of Modern Antitrust Policy? Non-efficiency Considerations under Article 101 TFEU*, Alphen aan den Rijn, Wolters Kluwer, 2012, p. 259.

213. **Une lecture perfectible des gains d'efficacité : l'arrêt *GlaxoSmithKline*[1004].** En raison de la rédaction équivoque des lignes directrices concernant l'application de l'article 101, paragraphe 3, du traité, certaines infractions caractérisées ne pouvaient pas bénéficier de l'exemption prévue par le traité. Tel était le cas des restrictions par objet, la Commission européenne ayant précisé qu'elles ne pouvaient bénéficier des règlements d'exemption par catégories[1005]. Elle avait ajouté à cette occasion qu'« *il est fort peu probable que de graves restrictions de la concurrence puissent remplir les conditions de l'article 81, paragraphe 3* »[1006]. Or, une telle formulation laissait supposer l'existence de restrictions *per se* en droit de l'Union européenne[1007]. La Cour de justice a saisi l'occasion de l'affaire *GlaxoSmithKline* pour éclaircir le périmètre d'application de l'article 101, paragraphe 3, TFUE. En l'espèce, un accord opérait une distinction entre les prix appliqués aux grossistes en fonction des conditions de revente postérieures. En dépit du risque existant dans un tel accord, l'arrêt reproche à la Commission européenne de ne pas avoir suffisamment examiné l'existence de gains d'efficacité, comme le soulevait l'entreprise. La prise en compte de tels gains d'efficacité concerne par conséquent l'ensemble des pratiques collusives[1008].

214. **Une évolution pragmatique de l'article 101, paragraphe 3 : l'exemple de l'environnement.** La prise en compte de l'efficience économique par l'article 101 TFUE donne également l'occasion de se saisir de problématiques contemporaines, telles que la protection de l'environnement[1009]. Le bon fonctionnement du marché ne saurait se résumer aux seuls bénéfices économiques mais appréhende des éléments extra-économiques. Le bien-être du consommateur embrasse d'autres éléments que la seule dimension tarifaire, ce dont témoigne l'article 101, paragraphe 3, TFUE. En dépit d'une rédaction centrée sur le progrès technique ou économique, cet article offre également une assise aux politiques horizontales de l'Union européenne. Dans sa décision *CECED*, la Commission européenne intègre la protection de l'environnement et le développement des ressources renouvelables comme un élément d'efficience économique, du fait notamment de la réduction des externalités négatives issues des coûts sociaux de la pollution[1010]. L'efficience économique bénéficie de ce fait d'une interprétation suffisamment large et pragmatique en intégrant les différents objectifs du traité.

1004 CJCE, 6 octobre 2009, *GlaxoSmithKline Services Unlimited*, aff. C-501/06 P, *op. cit.*

1005 Comm. eur., Lignes directrices concernant l'application de l'article 81, paragraphe 3, du traité, *op. cit.*, pt 23.

1006 *Ibid.*, pt 46.

1007 D. Bosco, C. Prieto, *Droit européen de la concurrence. Ententes et abus de position dominante*, *op. cit.*, pt 895, p. 683.

1008 *Ibid.*, pt 895, p. 684 ; V. Rose, D. Bailey (dir.), *Bellamy & Child: European Union Law of Competition*, 7e éd., Oxford, Oxford University Press, 2013, pt 3.023, p. 187 ; L. Idot, « Objet anticoncurrentiel et entrave au commerce parallèle », *Europe*, 2009, n° 12, p. 29.

1009 Sur les interactions complexes entre le développement durable et le droit de la concurrence, v. en ce sens le dossier « Politique de concurrence – modèle économique – développement durable – enjeux », *Concurrences* n° 4-2020, art. n° 97257, pp. 26-65.

1010 Comm. eur., déc. 2000/475/CE du 24 janvier 1999, *CECED*, aff. IV.F.1/36.718, *JOCE* n° L 187 du 26 juillet 2000, pp. 47-54, pt 55 et s. ; A.-L. Durviaux, *Logique de marché et marché public en droit communautaire. Analyse critique d'un système*, *op. cit.*, p. 247.

215. **Un modèle repris pour l'article 102 TFUE.** Malgré l'absence de dispositions analogues à l'article 101, paragraphe 3, TFUE au sein de l'article 102 TFUE, la jurisprudence européenne a progressivement offert la faculté à une entreprise en position dominante « *d'invoquer des motifs de nature à justifier les pratiques qu'elle adopte* »[1011], ouvrant ainsi les débats sur une transposition prétorienne des exemptions prévues par l'article 101, paragraphe 3, aux abus de position dominante. Les « Orientations sur les priorités retenues par la Commission pour l'application de l'article 82 du traité CE aux pratiques d'éviction abusives des entreprises dominante » précisent avec soin les conditions pour bénéficier d'une justification, position qui a été confirmée par la Cour de justice[1012]. La Commission européenne fait référence à l'efficience économique et au bien-être du consommateur lorsqu'elle précise « *qu'une entreprise dominante peut aussi justifier des pratiques aboutissant à évincer les concurrents par des gains d'efficacité d'une ampleur suffisante pour qu'il soit peu probable que les consommateurs en subissent un préjudice net* »[1013]. À cette fin, elle reprend l'approche introduite par l'article 101, paragraphe 3, en l'adaptant aux différents types d'abus.

216. Le mécanisme, dont la justification concrète paraît toutefois difficile pour les entreprises concernées[1014], se concentre notamment sur la démonstration de nécessités objectives et de gains d'efficacité. Pour ce critère en particulier, l'approche générale de la Commission gravite autour de l'article 101, paragraphe 3, en imposant que les gains d'efficacité soient liés aux comportements abusifs, qu'ils présentent davantage d'effets positifs que d'effets négatifs sur la concurrence et le bien-être du consommateur, que les restrictions soient indispensables, et que le comportement en cause n'élimine pas la concurrence effective en supprimant tout ou une partie des sources de concurrence actuelles ou potentielles[1015].

§ 2. Efficience économique et contrôle des concentrations

217. L'efficience économique tient désormais un rôle important dans le contrôle des concentrations, en tant que principal argument des entreprises souhaitant réunir leurs activités[1016]. La Commission européenne rappelle ainsi que le contrôle des concentrations préserve également le bien-être du consommateur en recherchant un équilibre pour le marché[1017]. Cette composante du droit de la concurrence se caractérise par un refus initial d'intégrer les gains d'efficacité

1011 TPICE, 30 septembre 2003, *Atlantic Container Line AB*, aff. T-191/98, EU:T:2003:245, pt 1113 ; comm. L. Idot, *Europe*, n° 411, pp. 22-23.

1012 CJUE, 17 février 2011, *TeliaSonera Sverige*, aff. C-52/09, *op. cit.*, pt 79 ; CJUE, 27 mars 2012, *Post Danmark*, aff. C-209/10, *op. cit.*, pt 40.

1013 Comm. eur., Communication « Orientations sur les priorités retenues par la Commission pour l'application de l'article 82 du traité CE aux pratiques d'éviction abusives des entreprises dominantes », *op. cit.*, pt 30.

1014 C. Prieto, « Abus de position dominante – Abus », *op. cit.*, pt 130.

1015 Comm. eur., Communication « Orientations sur les priorités retenues par la Commission pour l'application de l'article 82 du traité CE aux pratiques d'éviction abusives des entreprises dominantes », *op. cit.*, pt 30.

1016 E. Combe, *La politique de la concurrence*, 3e éd., *op. cit.*, p. 111.

1017 Comm. eur., « Rapport sur la politique de concurrence 2011 », *op. cit.*, p. 13.

lors du contrôle des concentrations en raison d'une analyse structurelle stricte (A). Ce choix radical a progressivement laissé place à une prise en compte de tels gains (B).

A. Le rejet initial des gains d'efficacité

218. **Le rejet initial des gains d'efficacité : le règlement (CEE) nº 4064/89[1018].** La première mouture des règles européennes sur le contrôle des concentrations maintenait une démarche essentiellement structuraliste[1019]. L'article 2 dudit règlement confirmait « *la nécessité de préserver et de développer une concurrence effective dans le marché commun, au vu notamment de la structure de tous les marchés en cause et de la concurrence réelle ou potentielle d'entreprises situées à l'intérieur ou à l'extérieur de la Communauté* ». Ce texte ne faisait aucune référence à une possible prise en compte, lors du contrôle d'une concentration, des gains d'efficacité pouvant résulter de l'opération. La légitimation économique potentielle de la concentration semblait ignorée par le droit de la concurrence[1020]. Or, la position européenne en la matière s'est avérée à contre-courant de l'approche des économistes mais également de celle de la jurisprudence, plus ouverte aux arguments sur l'efficience[1021].

219. **La prise en compte progressive des gains d'efficacité.** Les gains d'efficacité ont progressivement été intégrés au processus de contrôle des concentrations par la pratique de la Commission européenne et de la Cour de justice. L'intérêt d'une lecture flexible de l'article 2 du règlement (CEE) nº 4064/89 était d'ouvrir une marge de manœuvre à l'analyse économique des opérations de concentration. La Commission européenne, principale instigatrice de cet assouplissement, a ainsi ouvert la voie au bilan économique par quatre décisions[1022]. La décision *AT&T* lui a donné l'occasion de souligner l'existence d'une complémentarité potentielle entre les entreprises permettant d'ériger des « *synergies* »[1023] et de « *commercialiser des appareils de télécommunications technologiquement plus avancés à un coût inférieur* »[1024]. Toutefois, dans cette décision, le progrès technique avancé avait été perçu négativement par l'exécutif européen en raison d'un risque de position dominante. La Commission avait d'ailleurs paradoxalement validé la concentration, car les entreprises ne pouvaient démontrer l'exactitude des progrès annoncés et allaient nécessairement faire échouer la concentration, écartant ainsi le risque de

---

1018 Règlement (CEE) nº 4064/89 du Conseil, du 21 décembre 1989, relatif au contrôle des opérations de concentration entre entreprises, *JOCE* nº L 395 du 30 décembre 1989, pp. 1-12

1019 A. Portuese, *Le principe d'efficience économique dans la jurisprudence européenne*, *op. cit.*, p. 315.

1020 L. Vogel, *Droit de la concurrence et concentration économique : étude comparative*, Paris, Economica, 1988, p 149

1021 N. Petit, *Droit européen de la concurrence*, 2e éd., *op. cit.*, pt 480, p. 228 ; M. K. Perry, R. H. Porter, « Oligopoly and the Incentive for Horizontal Merger », *American Economic Review*, vol. 75, nº 1, 1985, pp. 219-227 ; J. Farrell, C. Shapiro, « Horizontal Mergers: An Equilibrium Analysis », *American Economic Review*, vol. 80, nº 1, 1990, pp. 107-126.

1022 F. Jenny, « Droit européen de la concurrence et efficience économique », *op. cit.*, p. 197.

1023 Comm. eur., déc. du 18 janvier 1991, *AT&T/NCR*, aff. IV/M.050, *JOCE* nº C 16 du 24 janvier 1991, p. 20, pt 28.

1024 *Ibid.*

développement d'un pouvoir de marché[1025]. L'efficience économique entra dans le contrôle des concentrations mais servit donc paradoxalement à renforcer une lecture structuraliste des textes[1026]. La décision *Aérospatiale-Alenia/de Havilland* du 2 octobre 1991 a appréhendé pour la première fois les gains d'efficacité de manière plus détaillée. Les gains d'efficacité qui étaient présentés par les compagnies n'ont pas été jugés illégitimes par la Commission. Celle-ci se focalisa plus particulièrement sur les risques de constitution d'un monopole pour se prononcer contre cette concentration[1027].

B. Une consécration progressive

220. **La prise en compte effective des gains d'efficacité.** Les références régulières à l'efficience économique dans les décisions de la Commission européenne et la jurisprudence ont consacré empiriquement la recherche d'efficacité économique, dans le processus de contrôle des concentrations[1028]. Plusieurs affaires ont consacré la reconnaissance par la jurisprudence européenne des arguments portant sur l'efficience économique des concentrations. Aurélien Portuese met ainsi en exergue que le juge européen a progressivement encouragé la Commission européenne à associer des raisonnements propres à l'analyse économique en matière de concentrations[1029] par exemple dans l'arrêt *Airtours*[1030], démarche rapidement suivie par l'exécutif européen[1031].

221. **La consécration des gains d'efficacité par le règlement (CE) n° 139/2004.** L'absence de référence à l'efficience économique dans l'ancien corpus réglementaire a été corrigée à l'occasion du règlement (CE) n° 139/2004[1032]. Cette consécration est sans aucun doute le résultat de l'influence de la jurisprudence et de la pratique décisionnelle de la Commission européenne. L'article 2 dudit règlement prévoit que l'appréciation de la Commission peut tenir compte de « *l'évolution du progrès technique et économique* ». Ce critère d'évaluation n'est pas pensé comme un élément d'analyse autonome mais comme un facteur « *destiné à mesurer l'impact de l'opération sur la concurrence* »[1033]. Les gains

---

1025 *Ibid.*, pt 30 ; en ce sens v. égal. la déc. du 28 juin 1991, *Dräger/IBM/HMP*, aff. IV/M.101, *JOCE* n° C 236 du 11 septembre 1991, p. 6, pt 18.

1026 F. Jenny, « Droit européen de la concurrence et efficience économique », *op. cit.*, pp. 199-200 ; C. Starck, « Case note Delta Air Lines/Pan Am », *EEC Merger Control Reporter*, 1992, pp. 377-380.

1027 Comm. eur., déc. du 2 octobre 1991, *Aérospatiale-Alenia/de Havilland*, aff. IV/M.053, *JOCE* n° L 334 du 5 décembre 1991, pp. 42-61.

1028 M. Steiner, *Economics in Antitrust Policy: Freedom to Compete vs. Freedom to Contract*, *op. cit.*, p. 77.

1029 A. Portuese, *Le principe d'efficience économique dans la jurisprudence européenne*, *op. cit.*, p. 327 ; N. Petit, *Droit européen de la concurrence*, 2e éd., *op. cit.*, pt 1365, p. 552.

1030 TPICE, 6 juin 2002, *Airtours*, aff. T-342/99, EU:T:2002:146, pt 139 ; comm. J.-M. Thouvenin, *RMCUE*, 2002, pp. 482-485 ; H. Haupt, *ECLR*, 2002, pp. 434-444. V. égal. TPICE, 22 octobre 2002, *Schneider Electric SA*, aff. T-310/01, EU:T:2002:254 ; TPICE, 25 octobre 2002, *Tetra Laval BV*, aff. T-5/02, EU:T:2002:264 ; TPICE, 20 novembre 2002, *Lagardère*, aff. T-251/00, EU:T:2002:278.

1031 Comm. eur., déc. *Piaggio/Aprilia*, aff. COMP/M.3570, *JOUE* n° C 252 du 12 octobre 2004, pp. 2-3 ; déc. du 15 juillet 2005, *Procter & Gamble/Gillette*, aff. COMP/M.3732, *JOUE* n° C 239 du 29 septembre 2005, p. 12 ; déc. *Korsnäs/AssiDomän Cartonboard*, aff. COMP/M.4057, *JOUE* n° C 209 du 31 août 2006, p. 12.

1032 Règlement (CE) n° 139/2004 du Conseil du 20 janvier 2004 relatif au contrôle des concentrations entre entreprises, *JOUE* n° L 24 du 29 janvier 2004, pp. 1-22.

1033 L. Vogel, *Traité de droit économique*, tome 1, *Droit de la concurrence – Droits européen et français*, *op. cit.*, pt 335, p. 656.

d'efficacité peuvent ainsi contrebalancer les effets négatifs du renforcement d'une position dominante ou sa création[1034]. Toutefois, de tels gains devront avantager le consommateur, résulter directement de la concentration et ne pas constituer un obstacle à la concurrence[1035].

222. **La confirmation par le droit souple.** La consécration par le règlement (CE) n° 139/2004 des gains d'efficacité ne détaille pas véritablement la mise en œuvre du bilan d'efficience économique. À cette fin, la Commission européenne a édicté deux lignes directrices sur l'appréciation des concentrations horizontales[1036] et des concentrations non horizontales[1037]. Celles-ci indiquent avec précision le raisonnement suivi par l'exécutif européen dans la mise en œuvre du bilan concurrentiel. Les gains d'efficacité peuvent donc servir à compenser un effet potentiellement négatif sur la concurrence. Néanmoins, de telles lignes directrices précisent les conditions de l'article 2 du règlement (CE) n° 139/2004 pour approuver les gains d'efficacité. Parmi les avantages pour le consommateur pouvant résulter de la concentration, les lignes directrices mentionnent la baisse des prix en raison de gains qualitatifs[1038], des produits nouveaux, des services améliorés, voire la réduction du risque d'ententes sur le marché[1039]. Les gains d'efficacité présentés doivent également être une cause directe de la concentration. Enfin, les gains d'efficacité annoncés doivent être vérifiables afin d'attester d'un bilan concurrentiel positif[1040]. Ces précisions, dégagées dès février 2004, ont été confirmées lors de la publication des lignes directrices relatives aux concentrations non horizontales[1041].

Section 2
La préservation de l'efficacité de l'achat public comme finalité du droit de la commande publique

223. La recherche de l'efficience économique n'est pas propre au droit de la concurrence. Le droit de la commande publique intègre en son sein cette finalité caractéristique du droit de la concurrence, comme le souligne le professeur

---

1034 Règlement (CE) n° 139/2004 du Conseil du 20 janvier 2004 relatif au contrôle des concentrations entre entreprises, *op. cit.*, considérant 29.

1035 *Ibid.*, article 2.

1036 Comm. eur., Lignes directrices sur l'appréciation des concentrations horizontales au regard du règlement du Conseil relatif au contrôle des concentrations entre entreprises, *JOUE* n° C 31 du 5 février 2004, pp. 5-18.

1037 Comm. eur., Lignes directrices sur l'appréciation des concentrations non horizontales au regard du règlement du Conseil relatif au contrôle des concentrations entre entreprises, *JOUE* n° C 265 du 18 octobre 2008, pp. 6-25.

1038 Comm. eur., Lignes directrices sur l'appréciation des concentrations horizontales au regard du règlement du Conseil relatif au contrôle des concentrations entre entreprises, *op. cit.*, pts 80-81.

1039 *Ibid.*, pt 82.

1040 *Ibid.*, pt 86 et s. Sur l'interprétation du caractère vérifiable de la mesure, Trib. UE, 6 juillet 2010, *Ryanair Holdings*, aff. T-342/07, EU:T:2010:280 ; comm. L. Idot, *Europe*, 2010, n° 10, pp. 28-30.

1041 Comm. eur., Lignes directrices sur l'appréciation des concentrations non horizontales au regard du règlement du Conseil relatif au contrôle des concentrations entre entreprises, *op. cit.*, pt 53.

Wauters[1042] ou plus récemment le Parlement européen[1043], l'OCDE[1044] ou encore la Cour des comptes[1045]. En effet, le rôle du droit de la commande publique, au même titre que le droit de la concurrence sur les marchés ordinaires, consiste à assurer le bon fonctionnement du marché lors des commandes publiques[1046]. Séverine Chavarochette-Boufferet relève dans sa thèse de doctorat que l'efficience économique dans ce domaine s'explique par le processus de libre rencontre entre l'offre et la demande, qui est organisé par le droit de la commande publique[1047]. Le Conseil d'État affirme à ce titre que « *le droit de la commande publique a pour objet de faire peser une contrainte sur l'acheteur public pour qu'il achète au meilleur rapport qualité-prix* »[1048]. Ce dernier ajoute que la concurrence effective recherchée par le droit de la commande publique « *apparaît ainsi, en tant que garantie de la meilleure efficacité dans l'utilisation des ressources* »[1049]. Albert Sánchez-Graells précise que le droit de la commande publique participe pleinement à la recherche d'une allocation optimale des ressources[1050]. Pour ce faire, la sélection de l'offre économiquement la plus avantageuse se fera au travers d'une série de critères permettant d'identifier l'offre la plus économiquement

---

1042 K. Wauters, « A New Generation of Public Procurement Directives: Background, Objectives and Result », *op. cit.*, p. 25 ; C. Krönke, « Economic Viability as a Principle of German public Procurement Law », in *La commande publique, un levier pour l'action publique ?*, E. Muller (dir.), *op. cit.*, pp. 17-24 ; F. Martucci, « Les objectifs politiques de la commande publique en droit de l'Union européenne », *op. cit.*, p. 87 ; P. Wang, R. Cavallo Perin, D. Casalini, « Addressing purchasing agreements between public sector entities: what can the WTO learn from the EU's experience », in *The WTO Regime on Government Procurement: Challenge and Reform*, S. Arrowsmith, R. D. Anderson (dir.), Cambridge, Cambridge University Press, 2011, p. 225 ; D. Ivarsson, « Principles of public procurement: the basis for good performance », World Bank Presentation, Istanbul, May 27-30, 2014, p. 8. Disponible sur http://www.worldbank.org/content/dam/Worldbank/Event/ECA/public-procurement-forum10-eca/tr-procurement-daniel-ivarsson.pdf (consulté le 20/02/2021) ; M. Almeida do Amaral, « Analysis of the Principle of Administrative Efficiency Applied to Public Procurement in Brazil », George Washington University, 2011, 51 p.

1043 Parlement eur., « Contribution to Growth: European Digital Single Market. Delivering improved rights for European citizens and businesses », *op. cit.*, pp. 11-12.

1044 OCDE, « Recommandation du Conseil de l'OCDE sur les marchés publics », *op. cit.*, pt VII, p. 10.

1045 Cour des comptes, « Les partenariats public-privé des collectivités territoriales : des risques à maîtriser », *op. cit.*, pp. 170-173.

1046 I. Herrera Anchustegui, « Centralizing public procurement and competitiveness in Directive 2014/24 », *op. cit.*, p. 2 ; P. Smith, D. Mayston, « Measuring Efficiency in the Public Sector », *Omega, The International Journal of Management Science*, vol. 15, n° 3, 1987, pp. 181-189 ; J. Ruggiero, « On the measurement of technical efficiency in the public sector », *European Journal of Operational Research*, vol. 90, n° 3, 1990, pp. 553-565 ; L. Anwandter, T. Ozuna, « Can public sector reforms improve the efficiency of public water utilities? », *Environment and Development Economics*, vol. 7, n° 4, 2002, pp. 687-700 ; H. Rantanen, H. Kulmala, A. Lönnqvist, P. Kujansivu, « Performance measurement systems in the Finnish public sector », *International Journal of Public Sector Management*, vol. 20, n° 5, 2007, pp. 415-433 ; A. Afonso, L. Schuknecht, V. Tanzi, « Public sector efficiency: evidence for new EU member states and emerging markets », *Applied Economics*, vol. 42, n° 7, 2010, pp. 2147-2164 ; F. Bottini, « Modèle, contre-modèle, anti-modèle ? À propos du phénomène d'"économicisation du droit" parti des États-Unis », *op. cit.*, pp. 30-31.

1047 S. Chavarochette-Boufferet, « L'interprétation des directives de l'Union sur les marchés publics par la Cour de justice », *op. cit.*, p. 188 et 193.

1048 CE, *Rapport public 2002. Jurisprudence et avis de 2001 – Collectivités publiques et concurrence*, *op. cit.*, p. 329. V. égal. le discours de B. Gosselin, in « Concurrence et commande publique à l'horizon 1992 », Journée d'études et d'information, Lille, 19 janvier 1989, *op. cit.*, p. 78.

1049 CE, *Rapport public 2002. Jurisprudence et avis de 2001 – Collectivités publiques et concurrence*, *op. cit.*, p. 219.

1050 A. Sánchez-Graells, « More Competition-Oriented Public Procurement to Foster Social Welfare », *op. cit.*, p. 1.

efficace. Ce qui est théorisé et recherché par le droit de la concurrence se retrouve ainsi progressivement consacré par le droit européen de la commande publique. L'Autorité de la concurrence perçoit, quant à elle, un « *objectif synthétique* »[1051] commun à ces deux matières. Cela se traduit par la consécration de l'efficacité économique au sein du droit de la commande publique (§ 1) notamment au stade de la sélection des offres économiquement les plus avantageuses (§ 2).

§ 1. La consécration de l'efficacité économique au sein du droit de la commande publique

224. L'accent contemporain mis sur l'efficacité de la commande publique intègre à l'évidence la démarche du droit de la concurrence relative à l'efficience économique, ou plus largement au bien-être du consommateur[1052]. La Commission européenne a d'ailleurs rappelé en 2017 que la modernisation récente des directives « marchés publics » pose un cadre permettant « *de parvenir à un meilleur rapport coût/efficacité pour les deniers publics, d'obtenir de meilleurs résultats pour l'ensemble de la société et sur le plan d'autres objectifs de politique publique, tout en améliorant l'efficience des dépenses publiques* »[1053]. Elle utilise également l'efficacité économique comme argument pour justifier l'harmonisation des règles en matière de concessions[1054]. Cette relation, encore récemment mise en exergue par le professeur Braconnier[1055], démontre une nouvelle fois la proximité entre ces deux matières. Le professeur Llorens a pour sa part présenté l'efficacité économique comme un « *objectif prioritaire* »[1056] du droit de la commande publique. Les liens entre l'efficience économique et l'efficacité de la commande publique s'articulent notamment autour de l'objectif d'utilisation optimale des ressources publiques (A). Plusieurs dispositions procédurales du droit de l'Union européenne confirment d'ailleurs cette recherche d'efficience (B).

A. Un objectif dérivé de l'utilisation optimale des ressources publiques

225. **L'utilisation efficace des deniers publics comme objectif du droit de la commande publique.** La référence à la protection des deniers publics est récente en droit européen de la commande publique. En effet, les premières directives relatives à la coordination des procédures de passation des marchés publics restaient

---

1051 Aut. conc., avis n° 16-A-05 du 15 février 2016, *op. cit.*, pt 75.

1052 C. Boutayeb, *Droit matériel de l'Union européenne*, 5e éd., *op. cit.*, pt 1262, p. 536.

1053 Comm. eur., Communication « Faire des marchés publics un outil efficace au service de l'Europe », *op. cit.*, p. 3. V. égal., Parlement eur., Rapport du 27 juin 2018 sur le paquet relatif à la stratégie en matière de passation des marchés publics, *op. cit.*, p. 4 ; OCDE, Réformes économiques *Objectif croissance* « Rapport intermédiaire », 2018, p. 47 ; Comm. eur., Communication interprétative relative au droit communautaire applicable aux passations de marchés non soumises ou partiellement soumises aux directives « marchés publics », *op. cit.*, introduction.

1054 Proposition de Directive du Parlement européen et du Conseil sur l'attribution de contrats de concession, *op. cit.*, pt 1.

1055 S. Braconnier, *Précis du droit de la commande publique*, *op. cit.*, p. 471.

1056 F. Llorens, « La commande publique en quête d'efficacité », in *La commande publique, un levier pour l'action publique ?*, E. Muller (dir.), *op. cit.*, p. 214.

silencieuses sur la relation entre la baisse de la dépense publique et l'utilisation des règles de la commande publique. La première mention en a été faite par la directive 2004/18/CE, qui consacre par la même occasion l'approche introduite par la Cour de justice[1057]. La directive 2004/18/CE souligne la corrélation entre la concurrence dans la commande publique et l'« *utilisation optimale des deniers publics* »[1058]. La dernière refonte des directives « marchés publics » précise à nouveau cette interaction[1059]. En effet, le droit de la commande publique, en intégrant un mécanisme de marché, participe à « *l'utilisation optimale des fonds publics* »[1060], ce que confirme par ailleurs la directive « concessions »[1061]. Le livre vert de la Commission européenne sur la modernisation de la politique de l'UE en matière de marchés publics de 2011 précise la nécessité pour le droit de la commande publique « *d'optimiser le résultat des passations de marché (c'est-à-dire d'obtenir le meilleur rapport qualité-prix)* »[1062] afin de « *rentabiliser les dépenses publiques* »[1063]. Un tel « *objectif [...] complémentaire* »[1064] traduit en droit de la commande publique l'efficience allocative en vue d'une utilisation efficace des ressources publiques[1065]. Elle permet également de consacrer cet objectif comme un « *pilier essentiel* »[1066] du droit de la commande publique et d'en faire un « *droit au service de la performance* »[1067].

226. **L'efficience économique comme source d'utilisation optimale des deniers publics.** La référence au terme « optimale » par les directives européennes renvoie

---

1057 V. en ce sens les conclusions de l'avocat général M. Jacobs présentées le 10 mai 2001, aff. C-19/00, EU:C:2001:266, pt 33 : « *Le principal objet de la réglementation de la passation des marchés publics en général est de garantir que les fonds publics soient dépensés honnêtement et efficacement [...].* »

1058 Directive 2004/18/CE, *op. cit.*, considérant 13. V. égal. C. Lajoye, *Droit des marchés publics*, 5e éd., *op. cit.*, p. 16. Sur ce point, v. égal. Cons. const., déc. n° 2003-473 DC du 26 juin 2003, *Loi habilitant le Gouvernement à simplifier le droit*, considérant 10.

1059 Ce point est mis en exergue par la Commission dans son livre vert sur la modernisation de la politique de l'UE en matière de marchés publics, « Vers un marché européen des contrats publics plus performant », *op. cit.*, p. 4.

1060 Directive 2014/24/UE, *op. cit.*, considérant 2 ; directive 2014/25/UE, *op. cit.*, considérant 4. Sur ce thème, v. S. Braconnier, *Précis du droit de la commande publique*, *op. cit.*, p. 53 ; P. W. Jessen, B. O. Gram Mortensen, M. Steinicke, K. E. Sørensen, *Regulating Competition in the EU*, *op. cit.*, p. 559 ; T. Kirat, F. Marty, L. Vidal, « Au croisement de l'économie de la réglementation et du droit comparé : l'efficacité de la réglementation des marchés publics en France et aux États-Unis », *op. cit.*, p. 235 ; M. Amilhat, *La notion de contrat administratif. L'influence du droit de l'Union européenne*, *op. cit.*, pt 308, p. 187 ; J. Sventurato, « La notion de commande publique », mémoire Université Paris 2 Panthéon-Assas, 2003, p. 12 et s.

1061 Directive 2014/23/UE, *op. cit.*, considérant 3.

1062 Comm. eur., Livre vert sur la modernisation de la politique de l'UE en matière de marchés publics, « Vers un marché européen des contrats publics plus performant », *op. cit.*, p. 4.

1063 *Ibid.*

1064 *Ibid.*

1065 C. Boutayeb, *Droit matériel de l'Union européenne*, 5e éd., *op. cit.*, pt 1266, p. 545. V. égal. F. Lichère, « L'influence du droit communautaire sur le droit des contrats publics », *op. cit.*, p. 967 ; Inspection des finances, « Revues de dépenses – La fonction achats des collectivités territoriales », *op. cit.*, Annexe n° IV, p. 2.

1066 M. Guibal, « À la recherche du nouveau code des marchés publics », *JCP G*, 2001, n° 24, pt 2, p. 1153. V. égal. F. Lichère, « L'influence du droit communautaire sur le droit des contrats publics », *op. cit.*, p. 947 ; A. Wiesbrock, « An Obligation for Sustainable Procurement? Gauging the Potential Impact of Article 11 TFEU on Public Contracting in the EU », *Legal Issues of Economic Integration*, vol. 40, n° 2, 2013, p. 122.

1067 M. Grimandi, « La recherche de performance dans les procédures d'attribution des contrats de la commande publique », in *La performance en droit public et science politique*, J.-E. Gicquel (dir.), Rennes, Presses universitaires de Rennes, 2019, p. 45.

nécessairement à « *l'efficacité du jeu des mécanismes du marché* »[1068], comme le remarquent les professeurs Guézou et Braconnier[1069], et plus spécifiquement à l'optimum de Pareto. L'objectif est d'atteindre un seuil de bien-être productif maximal. Ainsi, dans le domaine de la dépense publique, ressource rare et limitée, le droit de la commande publique fournit un moyen de dépenser efficacement. L'OCDE témoigne d'ailleurs de cette relation étroite dans sa « Recommandation du Conseil sur les Principes applicables à la gouvernance publique des partenariats public-privé », dans laquelle elle incite à opter pour le critère de l'optimisation de la dépense publique lors du choix de recours à de tels montages[1070]. Ainsi, à titre d'illustration, l'augmentation de 1 % de l'efficacité dans la commande publique permettrait d'économiser plus de 3 milliards d'euros par an en France[1071].

227. Elżbieta Bieńkowska, commissaire pour le marché intérieur, l'industrie, l'entrepreneuriat et les PME, reconnaît cette étroite relation en indiquant que le droit de la commande publique est un « *instrument stratégique pour obtenir un meilleur rapport coût/efficacité pour l'argent des contribuables* »[1072]. Le droit de la commande publique contribue par ailleurs à gérer efficacement les ressources publiques[1073]. On retrouve cette idée dans la directive « concessions ». Le recours à ces montages contractuels concessifs permet d'intégrer l'efficacité économique d'opérateurs économiques spécialisés afin d'optimiser la dépense publique[1074]. Dès lors, l'externalisation de services ou travaux permet, sous réserve de compétences particulières de l'autorité délégante, de renforcer l'efficacité de la dépense publique. La maîtrise de celle-ci, lors des opérations d'achat, rejoint nécessairement l'efficience économique. Le processus concurrentiel apparaît par conséquent comme la clé de l'efficience économique de l'achat public.

228. **La concurrence comme source d'efficience.** De tout temps, la mise en concurrence lors des procédures de passation des contrats publics fut assimilée, à juste titre, à un facteur essentiel de réduction des coûts pour les personnes publiques. Le Conseil d'État, dans son rapport *Collectivités publiques et concurrence*, affirme que la « *concurrence apparaît ainsi, en tant que garantie de la meilleure efficacité dans l'utilisation des ressources, être un élément de l'intérêt général* »[1075].

1068 O. Guézou, « Contrats publics et politique de la concurrence », *op. cit.*, p. 636.

1069 *Ibid.*, S. Braconnier, *Précis du droit de la commande publique*, *op. cit.*, p. 53 ; v. égal. M.-A. Brossay, P. De Baecke, « L'acheteur public : prévenir, détecter et gérer les pratiques anticoncurrentielles », *CP-ACCP*, 2010, n° 99, p. 41.

1070 OCDE, « Recommandation du Conseil sur les Principes applicables à la gouvernance publique des partenariats public-privé », *op. cit.*, pt 4 et s.

1071 R. Lanneau, « Rapport : Le Conseil d'Analyse économique propose 10 mesures visant à renforcer l'efficacité de la commande publique », *Concurrences* n° 3-2015, art. n° 75250, pp. 186-189.

1072 Comm. eur., communiqué IP/17/3543 du 3 octobre 2017, *op. cit.* V. égal. S. Chavarochette-Boufferet, « L'interprétation des directives de l'Union sur les marchés publics par la Cour de justice », *op. cit.*, p. 502.

1073 Comm. eur., Communication « Marchés publics, Aspects régionaux et sociaux », *op. cit.*, pt 20. V. égal. Proposition de directive du Parlement européen et du Conseil sur l'attribution de contrats de concession, *op. cit.*, pt 1.

1074 Directive 2014/23/UE, *op. cit.*, considérant 1.

1075 CE, *Rapport public 2002. Jurisprudence et avis de 2001 – Collectivités publiques et concurrence*, *op. cit.*, p. 219. V. égal. S. Chavarochette-Boufferet, « L'interprétation des directives de l'Union sur les marchés publics par la Cour de justice », *op. cit.*, p. 188 ; C. Cabanes, B. Neveu, *Droit de la concurrence dans les contrats publics*, *op. cit.*, p. 98.

L'objectif de réduction des dépenses publiques constitue encore l'une des aspirations modernes du droit de la commande publique avec l'innovation, le développement durable ou encore l'égalité d'accès[1076]. La concurrence dans ce domaine permet de réduire sensiblement le coût des achats[1077]. L'encadrement européen des marchés publics aurait ainsi provoqué une baisse globale des prix de l'ordre de 30 % pour les acheteurs publics[1078]. À titre d'illustration, la concurrence suscitée par le recours systématique aux marchés électroniques a permis de réduire de 18 % les montants des marchés hospitaliers portugais de 2009 à 2010[1079]. L'OCDE estime d'ailleurs que la dématérialisation des procédures est une source déterminante de l'efficacité de la commande publique[1080]. De la même façon, la généralisation des procédures dématérialisées a permis des économies de l'ordre de 10 à 45 % du montant des marchés publics britanniques[1081]. Selon l'OCDE, la réduction de seulement 1 % du montant des marchés publics permettrait de réduire les dépenses de 43 milliards d'euros pour l'ensemble des États membres de l'organisation. Partant, le droit de la commande publique apparaît comme un « *élément déterminant de la gestion des collectivités publiques* »[1082], rôle qui est naturellement décuplé en période de difficultés budgétaires[1083].

B. La pluralité des dispositions procédurales propres à favoriser l'efficience économique

229. **Le recours à l'achat groupé : une méthode plébiscitée par le droit européen.** À l'instar de la grande distribution, coutumière du recours aux centrales d'achat, les acheteurs publics ont progressivement été encouragés par les directives « marchés publics » à recourir à de tels mécanismes d'optimisation[1084]. Le renforcement

---

1076 A. Sánchez-Graells, *Public Procurement and the EU Competition Rules*, 2e éd., *op. cit.*, p. 97 et s.

1077 Pour une critique de cette position, v. Y. Marique, « Changes during performance. A case for revising the extension of competition », *op. cit.*, p. 215.

1078 Comm. eur., communiqué IP/04/149 du 3 février 2004, « Marchés publics : les dispositions communautaires permettent aux contribuables de réaliser de fortes économies, mais des gains plus importants sont encore possibles » ; S. Braconnier, *Précis du droit de la commande publique*, *op. cit.*, pp. 53-54.

1079 Comm. eur., Livre vert sur le développement des marchés publics électroniques dans l'UE, *op. cit.*, p. 6. V. égal. Comm. eur., Communication « Faire des marchés publics un outil efficace au service de l'Europe », *op. cit.*, p. 6 ; V. Eiró, « E-procurement : The Portuguese Experience », *PPLR*, *op. cit.*

1080 OCDE, « Recommandation du Conseil de l'OCDE sur les marchés publics », *op. cit.*, pt VIII, p. 10. V. égal. A. Raynouard, « La dématérialisation des procédures de la commande publique », in *Le nouveau droit des marchés publics*, F. Lichère (dir.), *op. cit.*, pp. 57-85 ; M. Grimandi, « La recherche de performance dans les procédures d'attribution des contrats de la commande publique », *op. cit.*, p. 55-56 ; M. Amilhat, « Les enjeux de la dématérialisation des marchés publics », *CMP*, 2014, n° 6, pp. 60-62.

1081 *Ibid.*

1082 F. Adam, O. Ferrand, R. Rioux, *Finances publiques*, 3e éd., Paris, Presses de Sciences Po et Dalloz, 2010, p. 383.

1083 Cour des comptes européenne, Rapport spécial n° 10/2015 : « Les problèmes liés aux marchés publics dans le cadre des dépenses de cohésion de l'UE nécessitent des efforts supplémentaires », *op. cit.*, p. 10 ; Comm. eur., Communication « Faire des marchés publics un outil efficace au service de l'Europe », *op. cit.*, p. 2.

1084 Y. Simonnet, « Centrales d'achat, en quête de précisions », *CMP*, 2015, n° 10, p. 34 ; O. Laffitte, « Centrales d'achats : un levier incontournable d'efficacité de la commande publique », *CP-ACCP*, 2014, n° 149, p. 26 ; M. Grimandi, « La recherche de performance dans les procédures d'attribution des contrats de la commande publique », *op. cit.*, p. 43. Ce point fait l'objet de développements spécifiques, en ce sens v. Partie II, Titre II, Chapitre 2, Section 2.

de l'efficacité de la commande publique est recherché, comme l'observent les professeurs Saussier et Tirole[1085]. Plusieurs volets distincts permettent d'assurer un tel objectif. Tout d'abord, la concentration des achats, que ce soit par l'intermédiaire d'une centrale d'achat ou d'un groupement d'achat, offre des réductions de coûts liées aux économies d'échelles[1086] mais renforce également la concurrence[1087]. Elle permet par ailleurs de bénéficier de l'expérience des centrales d'achat spécialisées dans ce genre d'opérations. Cela favorise en outre la rapidité des opérations d'achat et la réduction des contentieux relatifs aux procédures de passation[1088]. Ces mécanismes améliorent ainsi « *l'efficience des organisations publiques* »[1089] en offrant des capacités professionnelles aux pouvoirs adjudicateurs dépourvus d'une expertise dans ce domaine.

230. **Le recours à l'achat groupé : un mécanisme renforcé par le droit européen.** La refonte de 2014 renforce substantiellement l'intérêt européen pour ce mécanisme, pour lequel les précédentes directives « marchés publics » faisaient preuve d'un intérêt relatif. Désormais, les articles 2 et 37 de la directive 2014/24/UE encadrent le recours aux centrales d'achat[1090]. L'attribution par les pouvoirs adjudicateurs d'un marché à une centrale d'achat ne nécessite pas de mise en concurrence[1091], ce qui facilite naturellement le recours à l'achat groupé. De la même façon, la législation européenne permet aux acheteurs publics de recourir aux centrales d'achat afin d'obtenir la fourniture de services auxiliaires[1092] tels que les missions de « *conseil sur le déroulement ou la conception des procédures de passation de marchés publics* »[1093]. Enfin, le renforcement de l'efficience de la commande publique passe également par l'utilisation de centrales transfrontalières[1094] afin de tirer profit des meilleures centrales d'achat disponibles sur le marché[1095].

231. **De l'offre anormalement basse à l'offre excessive.** L'encadrement des offres anormalement basses par le droit de la commande publique porte en son sein[1096], outre la prévention des comportements anticoncurrentiels, une dimension propre à l'efficience économique. Catherine Prébissy-Schnall insiste sur la proximité entre l'offre anormalement basse et l'efficience économique. En effet, une telle offre,

---

1085 S. Saussier, J. Tirole, « Strengthening the Efficiency of Public Procurement », *Les notes du conseil d'analyse économique*, 2015, n° 22, pp. 11-12.

1086 S. Ranjineh, « Le recours aux achats groupés de véhicules de transport en commun », *CP-ACCP*, 2015, n° 154, p. 53 ; N. Ricci, « Les achats centralisés et groupés », *CP-ACCP*, 2015, n° 158, p. 48 ; S. Braconnier, *Précis du droitde la commande publique, 6e éd.,*, *op. cit.*, p. 211 ; O. Laffitte, « Centrales d'achats : un levier incontournable d'efficacité de la commande publique », *op. cit.*, p. 29 ; S. Saussier, J. Tirole, « Renforcer l'efficacité de la commande publique », *op. cit.*, p. 11 ; Ministère de l'Economie, des Finances et de la relance, Direction des affaires juridiques, Fiche « La mutualisation des achats », 2019, p. 1.

1087 Directive 2009/81/CE, *op. cit.*, considérant 23.

1088 S. Ranjineh, « Le recours aux achats groupés de véhicules de transport en commun », *op. cit.*, p. 53.

1089 N. Ricci, « Les achats centralisés et groupés », *op. cit.*, p. 48.

1090 V. égal. directive 2014/25/UE, *op. cit.*, article 55.

1091 Directive 2014/24/UE, *op. cit.*, article 37, paragraphe 4 ; directive 2014/25/UE, article 55, paragraphe 4 ; directive 2009/81/CE, *op. cit.*, article 10.

1092 Directive 2014/24/UE, *op. cit.*, article 37, paragraphe 4 ; directive 2014/25/UE, *op. cit.*, article 55, paragraphe 4.

1093 Directive 2014/24/UE, *op. cit.*, article 2, paragraphe 15.

1094 Directive 2014/24/UE, *op. cit.*, article 39 ; directive 2014/25/UE, *op. cit.*, article 57.

1095 Y. Simonnet, « Centrales d'achat, en quête de précisions », *op. cit.*, p. 36.

1096 Directive 2014/24/UE, *op. cit.*, article 69 ; v. égal. directive 2014/25/UE, *op. cit.*, article 84.

en raison des risques sérieux d'inexécution, altère naturellement l'objectif d'efficacité de l'achat public en ne reflétant pas une réalité du marché[1097]. Ce raisonnement sur l'efficacité est aisément transposable aux offres anormalement basses issues d'un comportement anticoncurrentiel. Sur la base du modèle de l'offre anormalement basse et du droit des marchés publics canadiens[1098], Pascal Moreau propose la mise en place d'un contrôle des offres excessives[1099]. La finalité de ce contrôle est une nouvelle fois de garantir l'efficacité de l'achat public en réservant le droit d'exclure, sous réserve du respect du contradictoire, les offres attestant de marges anormales. La proposition présente une proximité manifeste avec la notion de marge anormale en matière de concessions. Des marges anormalement élevées dans de tels contrats sont régulièrement pointées du doigt[1100]. En effet, une concession se caractérise par l'existence d'un risque d'exploitation et par une durée du contrat fixée qui « *n'excède pas le temps raisonnablement escompté par le concessionnaire pour qu'il recouvre les investissements réalisés pour l'exploitation des ouvrages ou services avec un retour sur les capitaux investis, compte tenu des investissements nécessaires pour réaliser les objectifs contractuels spécifiques* »[1101]. Par conséquent, une marge excessive du concessionnaire laisse présumer une mauvaise évaluation de la durée du contrat et du risque d'exploitation[1102]. Ainsi, tant l'offre anormalement basse que le projet de contrôle des offres excessives renvoient manifestement à l'efficacité de la commande publique[1103].

§ 2. La sélection des offres économiquement les plus efficientes

232. La sélection des offres est une étape procédurale essentielle. Elle doit permettre de confier l'exécution des marchés publics ou concessions aux soumissionnaires les plus à même de répondre aux besoins des personnes publiques. L'efficience économique est nécessairement présente puisque ce sera l'offre la plus compétitive et la plus efficace qui sera sélectionnée. Cette étape, décisive pour le processus

---

1097 C. Prébissy-Schnall, « Efficacité de la commande publique et offre anormalement basse », *Contrats, conc., consom.* 2011, n° 4, pp. 31-32. V. sur ce point particulier, TA Lille, 25 janvier 2011, *Société Nouvelle SAEE*, n° 0800408, inédit au *Rec.*

1098 Articles 7.441 et 7.445 du « Guide des approvisionnements » du ministère des Travaux publics et des Services gouvernementaux canadiens.

1099 P. Moreau, « Pour une meilleure efficacité des achats publics : la notion d'offre excessive », *JCP A*, 2015, n° 45, pp. 25-30.

1100 *Ibid.*, J.-B. Vila, « Recherches sur la notion d'amortissement en matière de contrats administratifs », thèse Université Toulouse Capitole 1, 2009, 477 p. ; du même auteur, « Recherches sur le rôle de l'amortissement pour rationaliser la rémunération du cocontractant. Cas des délégations de services publics et des partenariats public-privé », *CMP*, 2010, n° 5, pp. 6-15 ; Aut. conc., avis n° 14-A-13 du 17 septembre 2014 sur le secteur des autoroutes après la privatisation des sociétés concessionnaires, p. 18 ; CRC Saint-Martin, avis n° 2014-0126, *Contrat de délégation de service public d'assainissement collectif et non collectif. Collectivité de Saint-Martin*, p. 8.

1101 Directive 2014/23/UE, *op. cit.*, article 18 et considérant 52.

1102 En ce sens, conclusions de B. Dacosta sur la déc. CE, 11 août 2009, *Société Maison Comba*, n° 303517, *Rec.* p. 833, citées par P. Guellier, « Les modalités de détermination de la durée initiale des conventions de DSP », *CP-ACCP*, 2012, n° 127, p. 67.

1103 Sur le lien entre l'offre anormalement basse et l'offre excessive, v. en ce sens CAA Versailles, 10 mai 2021, *Société l'Ile des Médias*, n° 18VE00552, inédit au *Rec.*

d'achat, est donc encadrée avec soin par le droit européen. Elle marque l'importance d'utiliser la procédure la plus adaptée afin d'assurer un résultat économiquement efficient[1104]. Le processus de sélection de l'offre économiquement la plus avantageuse comporte plusieurs options pour assurer l'efficacité économique de l'opération (A) et admet en parallèle la prise en compte de politiques horizontales afin d'apprécier l'efficience économique de l'achat public (B).

A. La sélection de l'offre économiquement la plus avantageuse

233. **La notion d'offre économiquement la plus avantageuse.** La révision récente des directives « marchés publics » a donné l'occasion de remodeler la signification de l'offre économiquement la plus avantageuse. Sous l'empire des directives 2004/17/CE et 2004/18/CE[1105], l'offre économiquement la plus avantageuse faisait référence au « *mode d'évaluation des offres* »[1106] fondé sur une pluralité de critères de sélection[1107]. Désormais, cette notion ne se rapporte plus à une méthode de sélection mais à l'ensemble des offres retenues par les autorités adjudicatrices[1108]. La sélection de l'offre économiquement la plus avantageuse vise, selon Maxime Jacob, à faire « *émerger, au moyen de l'achat, la solution présente sur le marché qui répond le mieux au besoin de l'acheteur* »[1109]. Le législateur européen souhaitait notamment apporter une clarification des notions fondamentales portant sur la sélection des offres[1110]. Outre la sémantique utilisée, la directive établit une proximité évidente entre l'offre économiquement la plus avantageuse et l'efficience économique, en précisant que l'offre sélectionnée est « *la meilleure solution sur le plan économique parmi celles proposées* »[1111]. Ainsi, l'offre économiquement la plus avantageuse correspond à l'offre soumise la plus efficace pour l'acheteur public et dont la sélection se fonde sur des considérations économiques[1112]. Elle traduit

---

1104 C. Krönke, « Economic Viability as a Principle of German public Procurement Law », *op. cit.*, p. 19. V. égal. Part 1. 102-2 (b) (1) du U.S. Federal Acquisition Regulation System.

1105 Directive 2004/17/CE, *op. cit.*, article 55 ; directive 2004/18/CE, *op. cit.*, article 53.

1106 S. Braconnier, « Nouvelles directives marchés publics et concessions – Petite révolution et grandes évolutions », *op. cit.*, pt 102.

1107 *Ibid.*

1108 Directive 2014/24/UE, *op. cit.*, considérant 89.

1109 M. Jacob, P. Ravenel, J.-P. Fourcade, A. Pasquier-Desvignes, *L'offre économiquement la plus avantageuse*, Paris, Le Moniteur, 2007, p. 13.

1110 *Ibid.*

1111 *Ibid.*

1112 CJCE, 10 novembre 1998, *BFI Holding*, aff. C-360/96, EU:C:1998:525, pt 43 ; comm. F. Gazin, *Europe*, 1999 comm. n° 28, pp. 17-18 ; CJCE, 3 octobre 2000, *The University of Cambridge*, aff. C-380/98, *op. cit.*, pt 17 ; comm. A. Brown, *PPLR*, 2001, pp. NA27-NA30 ; CJCE, 1er février 2001, *Commission c/ France*, aff. C-237/99, EU:C:2001:70, pt 42 ; comm. J.-M. Belorgey, S. Gervasoni, C. Lambert, *AJDA*, 2001, pp. 946-949 ; CJCE, 27 novembre 2001, *Impresa Lombardini*, aff. C-285/99, *op. cit.* pt 36 ; CJCE, 12 décembre 2002, *Universale-Bau*, aff. C-470/99, *op. cit.*, pt 52 ; comm. M. Dischendorfer, *PPLR*, 2003, pp. NA34-NA40 ; CJCE, 27 février 2003, *Adolphe Truley*, aff. C-373/00, EU:C:2003:110, pt 42 ; comm. M. Karpenschif, *Dr. adm.*, 2004, pp. 526-533. CJCE, 13 décembre 2007, *Bayerischer Rundfunk e.a.*, aff. C-337/06, *op. cit.*, pt 36 ; comm. E. Meisse, *Europe*, 2008, n° 44, p. 22 ; CJCE, 10 avril 2008, *Ing. Aigner*, aff. C-393/06, EU:C:2008:213, pt 37 ; comm. E. Bernard, *Europe*, 2008, n° 187, pp. 19-20 ; CJUE, 26 septembre 2013, *France c/ Commission*, aff. C-115/12 P, EU:C:2013:596, pt 20 ; Trib. UE, 16 septembre 2013, *Espagne c/ Commission*, aff. T-402/06, EU:T:2013:445, pt 64 ; comm. S. Roset, *Europe*, 2013, n° 11 p. 50

selon le professeur Guézou « *la sanction finale des mécanismes du marché et des efforts des concurrents* »[1113]. Toutefois, l'efficacité économique de l'offre doit être comprise sur la base de critères préalablement sélectionnés par l'acheteur public[1114]. Ce dernier peut ainsi utiliser un critère unique ou une pluralité de critères qui impacteront naturellement le résultat final de la mise en concurrence.

234. **Le meilleur rapport qualité-prix.** La notion de « meilleur rapport qualité-prix » renvoie à la méthode de sélection sur la base de plusieurs critères, qui était antérieurement la définition de l'offre économiquement la plus avantageuse[1115]. Ce rapport qualité-prix, notion familière chez le consommateur, est cependant une notion autonome en droit de la commande publique. Elle vise en effet la méthode de sélection des offres fondée sur une pluralité de critères, qui intègrent nécessairement celui du coût[1116], ainsi que d'autres, basés sur la qualité au sens large, à l'instar du type de matériaux utilisés, de la qualité esthétique, de la valeur technique, du coût d'utilisation, de l'assistance, des différents délais de livraison ou d'exécution, voire des caractéristiques environnementales, sociales et innovantes. L'ensemble de ces critères doit permettre de traduire la rationalité économique de l'opération[1117]. Cette rénovation terminologique permet d'éclaircir les formules du droit de la commande publique et de les associer avec le vocabulaire traditionnellement employé par les consommateurs, les acheteurs publics n'étant en réalité qu'une catégorie exorbitante de consommateurs[1118]. De la même façon, chercher le meilleur ratio qualité-prix renvoie selon le professeur Guibal à l'efficience économique qui est poursuivie par le droit de la concurrence[1119].

235. **Le rapport coût-efficacité : un critère unique encadré.** La sélection des offres sur le seul critère du prix est une solution traditionnellement admise par le droit de la commande publique. L'attention offerte au critère prix démontre son importance aux yeux des acheteurs publics mais également du législateur. Le prix est en effet le critère qui, pris isolément, est le plus à même de démontrer l'efficacité économique d'une offre. Néanmoins, la Cour de justice a précisé dans son arrêt *Sintesi* que le choix des critères de sélection doit être apte à assurer une concurrence effective[1120]. Le choix du seul critère prix n'est ainsi pas envisageable pour une opération complexe, qui nécessite l'utilisation de critères supplémentaires[1121]. Le recours au seul critère prix est donc possible

---

1113 O. Guézou, « Contrats publics et politique de la concurrence », *op. cit.*, p. 636.

1114 M. Guibal, « Les critères d'attribution », in *Le nouveau droit des marchés publics*, F. Lichère (dir.), *op. cit.*, p. 89.

1115 Directive 2014/24/UE, *op. cit.*, considérants 49, 89, 90, 91 et 92 ; directive 2014/25/UE, *op. cit.*, considérants 95, 96, 97 et 59.

1116 *Ibid.*

1117 L. Richer, *L'Europe des marchés publics. Marchés publics et concessions en droit communautaire*, *op. cit.*, p. 265.

1118 À titre d'illustration sur le refus de qualifier les acheteurs de consommateurs au sens du code de commerce, v. récemment CAA Paris, 22 janvier 2021, *Société Orféa Acoustique*, n° 18PA03106, inédit au *Rec.*

1119 M. Guibal, « Les critères d'attribution », *op. cit.*, p. 86 et s. Sur ce point, v. aussi Parlement eur., « Contribution to Growth: European Digital Single Market. Delivering improved rights for European citizens and businesses », *op. cit.*, p. 24.

1120 CJCE, 7 octobre 2004, *Sintesi SpA*, aff. C-247/02, *op. cit.*, pt 40 et s.

1121 B. du Marais, *Droit public de la régulation économique*, *op. cit.*, p. 373.

dans le cadre d'opérations simples et homogènes[1122]. Les directives donnent d'ailleurs la possibilité aux États membres d'interdire ou de limiter l'utilisation d'une sélection sur le seul critère du prix pour certaines catégories de pouvoirs adjudicateurs ou entités adjudicatrices ainsi que pour certains types de marchés[1123]. L'objectif étant de garantir la concurrence effective dans la procédure de sélection mais également d'orienter les acheteurs publics vers l'aspect qualitatif des offres[1124].

236. **Le rapport coût-efficacité : un critère unique confirmé.** Les récentes directives « marchés publics » confirment la possibilité de recourir au critère du prix comme critère unique de sélection. Dans de telles circonstances, l'analyse est fondée sur un rapport coût-efficacité.[1125] La sélection est donc réalisée sur la base d'une analyse du seul prix ou plus largement du coût de l'opération, et peut notamment prendre en compte le coût du cycle de vie[1126]. La précision apportée permet ainsi de dépasser le seul prix de l'opération pour analyser le coût global du marché. L'article 68 de la directive 2014/24/UE précise d'ailleurs la notion de cycle de vie du produit[1127], laquelle peut couvrir différents coûts de vie d'un produit, d'un service ou d'un ouvrage à l'instar des coûts d'acquisition, coûts d'utilisation tels que la consommation énergétique, la maintenance, ou encore le recyclage.

237. **La notion d'avantage économique global consacrée par la directive 2014/23/UE.** L'offre économiquement la plus avantageuse est une notion spécifique aux marchés publics. La directive « concessions » emploie quant à elle la notion d'« *avantage économique global* »[1128] et entre par conséquent dans la logique d'efficience économique souhaitée par le droit de la commande publique[1129]. Pour déterminer l'offre présentant le plus grand avantage global pour l'autorité délégante, la directive 2014/23/UE prévoit l'utilisation de critères relatifs à la concession en cause, dont notamment des critères sociaux, environnementaux ou liés à l'innovation[1130]. Or, l'ensemble de ces critères, même par nature extra-économiques, permet de mesurer « *la valeur de l'offre du point de vue du pouvoir adjudicateur ou de l'entité adjudicatrice et [...] de constater un avantage économique global* »[1131] et ainsi d'évaluer l'efficacité économique de l'offre en fonction des besoins de l'autorité délégante.

1122 L. Richer, *L'Europe des marchés publics. Marchés publics et concessions en droit communautaire*, *op. cit.*, p. 277.

1123 Directive 2014/24/UE, *op. cit.*, article 67 ; directive 2014/25/UE, *op. cit.*, article 82.

1124 Directive 2014/24/UE, *op. cit.*, considérant 90.

1125 *Ibid.*, considérant 90 et article 67.

1126 Sur ce point, P. Cossalter, « Le coût du cycle de vie, nouveau Graal des acheteurs publics ? », *CMP*, 2014, n° 6, pp. 44-47 ; S. de La Rosa, *Droit européen de la commande publique*, *op. cit.*, pts 374-376, pp. 322-323.

1127 Le cycle de vie est également appréhendé par la directive 2014/23/UE, *op. cit.*, considérant 64.

1128 Directive 2014/23/UE, *op. cit.*, article 41. Sur ce point, G. Clamour, « Le nouveau droit des concessions », *Dr. adm.*, 2016, n° 3, pp. 13-21.

1129 Parlement eur., « Contribution to Growth: European Digital Single Market. Delivering improved rights for European citizens and businesses », *op. cit.*, p. 24.

1130 Directive 2014/23/UE, *op. cit.*, article 41.

1131 *Ibid.*, considérant 73.

B. L'intégration de critères sociaux et environnementaux comme source d'efficience économique

238. **Lecture antérieure du critère social : un critère additionnel.** L'utilisation de critères sociaux a été l'objet de nombreux contentieux et débats en droit de la commande publique[1132]. En effet, les acheteurs publics ont rapidement souhaité intégrer de telles considérations lors de la sélection des offres. Cette problématique est apparue concomitamment avec le chômage de masse et explique notamment l'utilisation de critères liés au retour à l'emploi. La Cour de justice avait initialement été invitée à se prononcer sur la compatibilité avec le droit dérivé de procédures de passation recourant à des critères sociaux[1133]. À cet égard, l'arrêt *Beentjes* a précisé que l'exclusion d'un candidat sur la base d'un tel motif n'était pas nécessairement incompatible avec la directive, mais qu'elle pouvait potentiellement enfreindre le principe de non-discrimination en raison de la nationalité, dans le cas où une telle condition n'aurait pu être remplie ou l'aurait été difficilement par un candidat transfrontalier[1134]. La solution proposée par la Cour semblait privilégier une qualification du critère social en tant que critère additionnel[1135]. Or, sa nature additionnelle l'exclut *de facto* de la liste des critères permettant de sélectionner l'offre économiquement la plus avantageuse[1136]. La Commission européenne admettait cependant qu'un critère social permette d'identifier l'offre économiquement la plus avantageuse, dans la mesure où ce critère comportait un avantage économique pour l'acheteur public[1137] ou encore s'il traduisait un avantage qualitatif[1138]. Partant, l'utilisation de critères sociaux semblait, jusqu'à la clarification de 2014, « *prohiber les critères sociaux sans rapport avec les produits et prestations demandés* »[1139].

239. **Lecture antérieure du critère environnemental : un critère extra-économique.** La consécration prétorienne du critère environnemental est intervenue à l'occasion de l'arrêt *Concordia Bus Finland*, dans lequel la Cour de justice a approuvé

1132 A.-L. Durviaux, F. Navez, « Marchés publics et paradigme concurrentiel : état du droit », *Marchés publics & économie sociale. Les dossiers d'ASBL actualités*, 2006, n° 2, pp. 15-66.

1133 L'importance de la jurisprudence relative aux critères d'attribution était d'ailleurs visée explicitement par le considérant 1er de la directive 2004/18/CE, *op. cit.* : « *La présente directive est fondée sur la jurisprudence de la Cour de justice, en particulier la jurisprudence relative aux critères d'attribution [...].* »

1134 CJCE, 20 septembre 1988, *Gebroeders Beentjes BV*, aff. C-31/87, *op. cit.*, pt 28 et s.

1135 *Ibid.*, CJCE, 26 septembre 2000, *Commission c/ France*, aff. C-225/98, *op. cit.*, pt 52 ; conclusions de l'avocat général S. Alber présentées le 14 mars 2000, aff. C-225/98, *op. cit.*, pt 52 ; comm. C. Lambert, *AJDA*, 2000, pp. 1058-1059 ; Comm. eur., Communication interprétative sur le droit communautaire applicable aux marchés publics et les possibilités d'intégrer des aspects sociaux dans lesdits marchés, *JOCE* n° C 333 du 28 novembre 2001, pp. 27-41, pt 58 et s.

1136 L. Richer, *L'Europe des marchés publics. Marchés publics et concessions en droit communautaire*, *op. cit.*, p. 282.

1137 Comm. eur., Communication interprétative sur le droit communautaire applicable aux marchés publics et les possibilités d'intégrer des aspects sociaux dans lesdits marchés, *op. cit.*, pt 45.

1138 *Ibid.*, pts 49 et 50.

1139 S. Braconnier, *Précis du droit des marchés publics*, 4e éd., *op. cit.*, p. 326 ; F. Dieu, « Les considérations sociales et environnementales dans la nouvelle directive Marchés du 26 février 2014 », *BJCP*, 2014, n° 96, p. 332 ; P. Idoux, « Les considérations sociales et environnementales », *RFDA*, n° 2, p. 262 et s. V. égal. sur ce point CJUE, 10 mai 2012, *Commission c/ Pays-Bas*, aff. C-368/10, EU:C:2012:284, pts 89 et 90 ; comm. M. Meister, *Europe*, 2007, n° 7, p. 277 ; S. Robin-Olivier, *RTDE*, 2013, p. 410.

la possibilité d'intégrer des critères environnementaux afin de déterminer l'offre économiquement la plus avantageuse, sous réserve que ces critères soient liés à l'objet du marché et de ne pas contrarier les principes fondamentaux du traité[1140]. En outre, le recours à de tels critères ne doit pas offrir à l'acheteur une liberté inconditionnée de choix et être objectivement quantifiable[1141]. Les critères écologiques peuvent donc faire partie des critères d'identification de l'offre économiquement la plus avantageuse, sans pour autant revêtir de caractère purement économique[1142]. Cela s'explique principalement par leur intérêt qualitatif[1143]. De tels critères ne sont néanmoins pas dépourvus de toute dimension économique et ne peuvent donc être comparés avec les critères esthétiques[1144]. L'avocat général Mischo souligne que les critères de référence pour déterminer l'offre économiquement la plus avantageuse ne doivent pas tous présenter une nature économique. La sélection réside dans la somme de critères multiples.

240. **La consécration des efficiences économiques du critère environnemental.** L'article 67 de la directive 2014/24/UE intègre explicitement les critères environnementaux en tant que catégorie de critères qualitatifs propres à caractériser le meilleur rapport qualité-prix[1145]. Or, l'évaluation du coût du cycle de vie permet d'intégrer au droit positif la dimension économique de ces critères environnementaux. En effet, le coût du cycle de vie peut couvrir les coûts relatifs aux externalités environnementales, à l'instar des pollutions générées par le produit ou service, de son extraction ou de sa fabrication[1146], ou encore les coûts d'émissions de gaz à effet de serre ou d'autres émissions polluantes[1147]. La prise en compte des externalités environnementales suppose néanmoins une évaluation effective, non discriminatoire et accessible, ce qui rend nécessairement peu aisée son utilisation[1148]. Mais la référence aux externalités présente l'avantage d'intégrer les critères environnementaux sur une base d'efficience dynamique.

241. De la même façon, la sélection de produits « propres » ou à consommation énergétique réduite permet, selon le Parlement européen, d'assurer des gains d'efficacité pour les exploitants de services de transports ainsi que pour les constructeurs[1149].

1140 CJCE, 17 septembre 2002, *Concordia Bus Finland*, aff. C-513/99, *op. cit.*, pt 64.

1141 *Ibid.*, pt 66. Le Tribunal a récemment précisé qu'il « *n'est donc pas requis qu'un critère d'attribution porte sur une caractéristique intrinsèque d'un produit, c'est-à-dire un élément qui s'incorpore matériellement dans celui-ci* », en ce sens Trib. UE, 10 février 2021, *Sophia Group*, aff. T-578/19, EU:T:2021:77, pt.93.

1142 A.-L. Durviaux, F. Navez, « Marchés publics et paradigme concurrentiel : état du droit », *op. cit.*, pp. 29-31.

1143 Comm. eur., Orientations sur la participation des soumissionnaires et des produits de pays tiers aux marchés publics de l'UE, *op. cit.*, p. 22.

1144 Conclusions de l'avocat général J. Mischo présentées le 13 décembre 2001, aff. C-513/99, EU:C:2001:686, pt 104.

1145 L'utilisation du critère environnemental est également autorisée dans le cadre de la directive 2014/23/UE, article 41. V. égal. Comm. eur., Reflection Paper « Towards a Sustainable Europe by 2030 », 2019, p. 16.

1146 Directive 2014/24/UE, *op. cit.*, considérant 96. Cela n'est pas sans rappeler la directive 2009/33/CE du Parlement européen et du Conseil du 23 avril 2009 relative à la promotion de véhicules de transport routier propres et économes en énergie, *JOUE* n° L 120 du 15 mai 2009, pp. 5-12, laquelle prône une prise en compte élargie des différents coûts liés à la pollution dans les marchés publics de véhicules de transport. En ce sens v. les considérants 8 et 10.

1147 Directive 2014/24/UE, *op. cit.*, article 68.

1148 *Ibid.*

1149 Parlement eur., Proposition révisée de directive du Parlement européen et du Conseil relative à la promotion de véhicules de transport routier propres et économes en énergie, COM (2007) 817 final – COD 2005/0283.

Une utilisation accrue de telles technologies est aussi une source d'efficience productive pour les concessionnaires de réseaux de transports collectifs. Les coûts d'exploitation sont donc réduits et favorisent l'investissement ou la réduction des tarifs pour les usagers. De la même façon, une demande accrue pour ce type de produits peut encourager les constructeurs à investir dans de telles innovations et ainsi harmoniser les technologies à l'échelle européenne[1150]. La relation est donc étroite entre les outils mis en place par le droit de la commande publique et de futurs gains d'efficacité productive et dynamique. L'efficience économique n'ignore pas les considérations environnementales et sociales mais peut les intégrer dans son analyse, comme le fait d'ailleurs le droit de la concurrence[1151]. La critique fréquente consistant à dénier toute dimension économique au critère environnemental résulte donc d'un raccourci trompeur.

242. **La consécration de l'efficience allocative du critère social.** Malgré une ouverture relative par la directive 2004/18/CE[1152], c'est la directive 2014/24/UE qui consacre explicitement le critère social comme critère d'attribution d'un marché public[1153]. Cette consécration, porteuse de sécurité juridique, ne modifie pas l'analyse offerte par la Cour de justice dans son arrêt *Commission c/ Pays-Bas*, dans lequel elle précise qu'« *il n'est pas requis qu'un critère d'attribution porte sur une caractéristique intrinsèque d'un produit, c'est-à-dire un élément qui s'incorpore matériellement dans celui-ci* »[1154]. La directive 2014/23/UE transpose de surcroît cette possibilité aux contrats de concessions[1155]. Les critères sociaux ne sont pas éloignés des questions propres à l'efficience. Ils peuvent en effet générer des gains de productivité en fonction du personnel utilisé et avec une possible rémunération horaire réduite. De même, ils peuvent offrir, d'une part, des gains d'efficacité allocative en traitant avec des fournisseurs habituellement exclus de la commande publique ou, d'autre part, des gains d'efficience dynamique, en générant la création de nouveaux produits ou services.

243. **Analyse critique de l'approche néo-libérale sur les critères sociaux et environnementaux.** La prise en compte d'intérêts extra-économiques par les droits économiques est fortement contestée par la doctrine néo-libérale, qui confond, selon le professeur Kunzlik, le rapport qualité-prix et la maximisation économique[1156]. De tels intérêts extra-économiques s'écarteraient des objectifs d'efficience recherchés notamment par le droit de la concurrence. En effet, selon

---

1150 Comm. eur., Livre vert « Vers une nouvelle culture de la mobilité urbaine », COM(2007) 551 final, 25 septembre 2007, § 2.2 ; directive 2009/33/CE, *op. cit.*, considérants 16 et 36.

1151 O. Guézou, « Contrats publics et politique de la concurrence », *op. cit.*, p. 639. V. *supra*, pt 214.

1152 Directive 2004/18/CE, *op. cit.*, considérant 46 ; F. Dieu, « Les considérations sociales et environnementales dans la nouvelle directive Marchés du 26 février 2014 », *op. cit.*, p. 329.

1153 Directive 2014/24/UE, *op. cit.*, article 67.

1154 CJUE, 10 mai 2012, *Commission c/ Pays-Bas*, aff. C-368/10, *op. cit.*, pt 91.

1155 Directive 2014/23/UE, *op. cit.*, article 41.

1156 P. Kunzlik, « Neoliberalism and the European Public Procurement Regime », *op. cit.*, p. 299 et s. ; v. égal. P. Kunzlik, « The 2014 Public Procurement Package – One-step forward and two back for Green and Social Procurement? », in *EU Directive 2014/24 on Public Procurement: A new turn for competition in public markets?*, Y. Marique, K. Wauters (dir.), *op. cit.*, p. 144 ; S. Arrowsmith, « The Purpose of the EU Procurement Directives: Ends, Means and the Implications for National Regulatory Space for Commercial and Horizontal Procurement Policies », *op. cit.*, p. 25 et s. ; M. Grimandi, « La recherche de performance dans les procédures d'attribution des contrats de la commande publique », *op. cit.*, pp. 50-53.

Albert Sánchez-Graells, la prise en compte de tels éléments prive l'acheteur public, et le consommateur en général, d'une analyse cohérente et systématique de l'état du marché[1157]. Or, l'intérêt des droits de la concurrence et de la commande publique pour l'environnement semble pourtant confirmer une approche centrée sur l'efficience économique et le bien-être du consommateur. En effet, les externalités négatives, telles que la pollution, ainsi que les dépenses sociales, sont facilement quantifiables et ne demeurent pas à l'écart des questions économiques. Les critères liés à l'esthétique ou aux conditions de livraison, alors même qu'ils sont moins sujets à critique, présentent pourtant une dimension économique manifestement réduite. L'utilisation de critères environnementaux ou sociaux ne revient donc pas à confier aux acheteurs publics des objectifs dans de tels domaines, mais leur offre plutôt des moyens de répondre à leurs besoins et aussi de s'assurer de l'efficience économique de certains produits[1158].

244. Le professeur Guézou observe que ce type de mécanismes permet d'ouvrir de nouveaux marchés pertinents en raison des offres « *qui ne sont pas substituables [à] celles des entreprises classiques* »[1159]. De la même façon, l'utilisation d'un critère social parmi une pluralité de critères ne conduit pas *de facto* à renchérir sensiblement un contrat, même si l'efficience économique de l'opération semble *a priori* difficile à démontrer. Ces contrats peuvent même s'avérer avoir des effets positifs à l'échelle macro-économique[1160]. La critique d'une perte d'efficience, courante en matière de marchés publics, est pourtant silencieuse quand de tels choix sont suivis par une partie des consommateurs sur le marché traditionnel. Le marché ne devrait donc pas subir de bouleversement majeur mais s'adapter progressivement à ces innovations juridiques.

245. De même, la critique d'un risque accru d'arbitraire doit être tempérée[1161]. En effet, la rigueur dans la détermination et la fixation de tels critères rend ceux-ci aussi objectifs que les autres critères traditionnellement admis. Le choix des critères environnementaux ou sociaux doit permettre de « *prendre en considération la nature et les spécificités de tels marchés, pris isolément, en choisissant pour chacun d'eux le critère le plus apte à assurer la libre concurrence et à garantir ainsi que la meilleure offre sera retenue* »[1162]. Les réserves de la Cour de justice tenant au maintien des principes du traité servent d'ultime garde-fou vis-à-vis d'un protectionnisme social ou environnemental[1163], malgré des risques dans le cadre de produits issus de cycles courts ou de marchés publics dans les régions particulièrement affectées par le chômage de masse[1164].

1157 A. Sánchez-Graells, *Public Procurement and the EU Competition Rules*, 2e éd., *op. cit.*, p. 97 (traduction libre de l'auteur).

1158 Sur la critique de tels critères, S. Saussier, J. Tirole, « Renforcer l'efficacité de la commande publique », *op. cit.*, p. 7.

1159 O. Guézou, « Contrats publics et politique de la concurrence », *op. cit.*, p. 640.

1160 *Ibid.*

1161 S. Saussier, J. Tirole, « Renforcer l'efficacité de la commande publique », *op. cit.*, p. 7.

1162 CJCE, 7 octobre 2004, *Sintesi SpA*, aff. C-247/02, *op. cit.*, pt 40.

1163 Sur cette thématique, L. Richer, G. Cantillon, *Achat public et économie des territoires*, *op. cit.*, 168 p.

1164 Sur ce point, v. les risques de qualification des contrats de la commande publique en aide d'État illégale ; en ce sens Partie II, Titre I, Chapitre 2.

Conclusion du Chapitre 2

246. **L'efficience économique comme condition du bien-être.** Si l'efficience économique revêt une aussi grande importance, tant pour le droit de la concurrence que pour le droit de la commande publique, c'est parce qu'il s'agit précisément du résultat recherché pour assurer le bon fonctionnement du marché. À cette occasion, l'« aiguillon »[1165] qu'est la concurrence encourage les opérateurs économiques à fournir leur maximum, à innover pour satisfaire le consommateur, pour conserver ou encore développer leur position sur le marché. De tels efforts se matérialisent par la baisse des prix, une hausse de la qualité ou encore l'émergence de produits ou services innovants. Le droit de la commande publique utilise ce ressort à travers la mise en concurrence afin de bénéficier au maximum des avantages de l'économie de marché. Une telle recherche caractérise l'esprit du droit de la commande publique mais également celui du droit de la concurrence lorsqu'il se focalise sur le bien-être du consommateur.

247. **Pluralité des efficiences économiques.** Le droit de la concurrence comme le droit de la commande publique se heurtent depuis plusieurs années à la notion même d'efficience économique. L'intégration au sein du droit de la commande publique de politiques secondaires et notamment d'objectifs environnementaux, voire sociaux, laisse une partie de la doctrine perplexe quant à l'existence de résultats économiquement efficaces dans ce type de situations[1166]. Or, dans de telles circonstances, l'efficience économique s'inscrit dans la recherche de la satisfaction des politiques horizontales en intégrant notamment les externalités économiques. Celles-ci impactent finalement la collectivité dans son ensemble, en raison de leurs effets sur l'environnement ou sur la sphère sociale. Ces enjeux, parfaitement saisis par les politiques publiques et les traités européens, entrent naturellement dans le champ du droit de la concurrence et du droit de la commande publique en raison de leur ambition de satisfaire le bien-être collectif. Il n'est donc pas invraisemblable de tenir compte de telles externalités négatives lorsque l'acheteur public interroge le marché.

248. L'acheteur public dispose également de la liberté de se limiter à une recherche d'efficience économique purement tarifaire lorsqu'il se fonde sur le seul critère prix. Ces deux types d'efficience ne doivent pas s'opposer mais constituer des alternatives disponibles pour l'acheteur public. Ce dernier doit rester libre de déterminer son besoin, voire d'adopter une certaine démarche politique, sous réserve de respecter la concurrence par les mérites lors des procédures de mise en concurrence. Alors que l'objectif de protection des deniers publics s'avère essentiel aujourd'hui, le professeur Martucci observe que le droit de l'Union, sur la base

---

[1165] M. Waelbroeck, A. Frignani, *Commentaire J. Mégret. Le droit de la CE*, tome 4, *Concurrence*, 2e éd., *op. cit.*, pt 5, p. 9 ; P.-Y. Geoffard, « Concurrence en santé : marché des soins, marché de l'assurance », *op. cit.*, p. 128 ; R. Lallement, V. Wisnia-Weil, « Concurrence et innovation : quelles politiques pour favoriser le développement des entreprises ? », *op. cit.*, p. 157 ; C.-T. Barreau, « Le rôle du droit de la concurrence en droit communautaire », *op. cit.*, p. 18 ; M. Behar-Touchais, « Préface », in *À quoi sert la concurrence ?*, M. Behar-Touchais, N. Charbit, R. Amaro (dir.), *op. cit.*, p. 7.

[1166] V. *supra*, pt 238 et s.

de l'article 3 TUE, poursuit également l'objectif de réaliser une économie sociale de marché dans laquelle on peut aisément intégrer les politiques horizontales du droit de la commande publique[1167]. Le Sénat a d'ailleurs encore récemment souligné l'insuffisance du seul critère prix pour offrir la qualité nécessaire pour les acheteurs publics[1168]. Dans de telles circonstances, l'élément essentiel demeure d'interroger le marché à travers une mise en concurrence effective afin de mettre en compétition les opérateurs capables de répondre à un tel besoin.

1167 F. Martucci, « Les objectifs politiques de la commande publique en droit de l'Union européenne », *op. cit.*, pp. 86 et 87.

1168 Sénat, Rapport du sénateur Fabien Gay sur la qualité des steaks hachés distribués dans le cadre du Fonds européen d'aide aux plus démunis (FEAD), 2019, p. 13 et s.

Chapitre 3
La prévention des pratiques anticoncurrentielles par le droit de la commande publique

249. **Une fonction traditionnelle du droit de la concurrence.** Protéger le marché des pratiques anticoncurrentielles est sans aucun doute l'objectif prioritaire du droit de la concurrence[1169]. Le bon fonctionnement du marché et la préservation du bien-être du consommateur dépendent en effet de l'absence de comportements anticoncurrentiels sur le marché. La prohibition des ententes et abus de position dominante vise alors à fixer des limites aux entreprises afin de préserver la concurrence par les mérites. Pour ce faire, le droit de la concurrence offre une double protection. Il garantit, d'une part, les libertés économiques des entreprises[1170]. Celles-ci ne sont pas absolues, mais limitées afin de préserver une saine compétition entre les concurrents. Il assure, d'autre part, que la compétition soit exercée de façon loyale[1171]. La mise en place de stratégies commerciales faussant la concurrence ne peut alors être tolérée. Lorsque les entreprises faussent la concurrence, elles capturent à cette occasion les bénéfices qui devraient normalement revenir aux consommateurs. La prospérité économique, le progrès social, la croissance économique et la compétitivité s'en trouvent nécessairement affectés. Le droit de la concurrence cherche, dès lors, à assurer la protection de la concurrence effective sur le marché[1172]. La commissaire européenne Vestager observe à ce titre la fonction dissuasive des règles de concurrence[1173]. Or, cet objectif de prévention est également couvert, en amont, par le droit de la commande publique[1174].

1169 L. Richer, « Droit des marchés publics et droit de la concurrence : un objectif, deux systèmes », *op. cit.*, p. 27.

1170 M. Behar-Touchais, « Introduction », in *À quoi sert la concurrence ?*, M. Behar-Touchais, N. Charbit, R. Amaro (dir.), *op. cit.*, p. 20 ; J.-M. Sauvé, « La concurrence, composante de l'intérêt général », *op. cit.*, p. 686 et s. ; C. L. de Leyssac, « Concurrence, compétition, régulation », *op. cit.*, p. 70 et s. ; N. Petit, *Droit européen de la concurrence*, 2e éd., *op. cit.*, pt 121 et s., p. 84 et s., p. 51 ; R. Aron, *Introduction à la philosophie politique. Démocratie et révolution*, Paris, Éditions de Fallois, 1997, 253 p.

1171 C. Prieto, « La culture de concurrence : Une quête de sens et d'action », *op. cit.*, p. 720 ; C. Prieto, « La culture européenne de concurrence », *op. cit.*, pt 42, p. 36 ; E. Pfister, « Les PME face au droit de la concurrence », *op. cit.*, p. 169 ; C. Gavalda, B. Lecourt, G. Parleani, *Droit des affaires de l'Union européenne*, 7e éd., *op. cit.*, p. 315 et s., pt 445 ; B.-E. Hawk, « Un tour d'horizon du droit et de la politique de concurrence », *Cahiers de droit de l'entreprise*, 1992, n°5, p. 9 ; D. Reymond, *Action antidumping et droit de la concurrence dans l'Union européenne*, *op. cit.*, p. 125 et s.

1172 V. Rose, D. Bailey (dir.), *Bellamy & Child: European Union Law of Competition*, 8e éd., *op. cit.*, pt 1.014, p. 7 et s.

1173 M. Vestager, « Fixer des priorités dans l'Antitrust », discours, CGLC, Bruxelles, le 1er février 2016, DG Concurrence.

1174 O. Guézou, « Les comportements anticoncurrentiels dans la passation des marchés publics », *op. cit.*, pt 280, p. 260.

Ce dernier reprend en son sein des raisonnements propres au droit de la concurrence afin de protéger le marché et d'assurer l'efficacité de l'achat public[1175].

250. **La nécessité d'un cadre préventif au sein du droit de la commande publique.** L'existence d'ententes lors des procédures de mise en concurrence prive les acheteurs publics de l'efficience économique qu'ils recherchent. Or, les sanctions des pratiques anticoncurrentielles par le droit de la concurrence interviennent généralement plusieurs années après la réalisation du dommage, voire jamais si ceux-ci ne sont pas décelés ou trop tardivement[1176]. En effet, de nombreux comportements de ce type échappent malheureusement à toutes sanctions, faute de preuves ou de saisines des autorités de concurrence. Cela implique alors l'intégration, au sein du droit de la commande publique, de réflexes propres au droit de la concurrence visant à prévenir des comportements collusifs.

251. **La nécessité d'une application rigoureuse du droit de la commande publique.** L'OCDE ainsi qu'une partie de la doctrine précisent l'importance d'appliquer rigoureusement le droit de la commande publique pour prévenir les comportements anticoncurrentiels, à défaut de quoi la mise en place d'ententes est facilitée[1177]. Cela implique une prise de conscience de la part du droit de la commande publique mais surtout des acheteurs publics et autorités concédantes. À cet égard, Elias Berkani précise que le droit de la commande publique se caractérise par la gestion, *a priori*, des comportements anticoncurrentiels afin de réduire les risques[1178]. Le droit de la concurrence, droit « *quasi répressif* »[1179], intervient quant à lui *a posteriori*[1180]. Dans les faits, le droit de la commande publique s'applique comme un support du droit de la concurrence dans la prévention des ententes et des abus de position

---

1175 M.-A. Brossay, P. De Baecke, « L'acheteur public : prévenir, détecter et gérer les pratiques anticoncurrentielles », *op. cit.*, p. 41.

1176 Les délais de prescription en droit européen sont prévus par le règlement (CEE) n° 2988/74 du Conseil, du 26 novembre 1974, relatif à la prescription en matière de poursuites et d'exécution dans les domaines du droit des transports et de la concurrence de la Communauté économique européenne, *JOCE* n° L 319 du 29 novembre 1974, pp. 1-3.

1177 OCDE, « Public Procurement. The Role of Competition Authorities in Promoting Competition », *op. cit.*, p. 7 ; A. Sánchez-Graells, « Distortions of Competition Generated by the Public (Power) Buyer: A Perceived Gap in EC Competition Law and Proposals to Bridge It », Working Paper, University of Oxford, p. 13 ; G. J. Stigler, « A Theory of Oligopoly », *The Journal of Political Economy*, vol. 72, n° 1, 1964, pp. 44-48 ; R. P. McAfee, J. McMillan, « Bidding Rings », *American Economic Review*, vol. 82, n° 3, 1992, p. 579 ; D. Konstadakopoulos, « The Linked Oligopoly Concept in the Single European Market: Recent Evidence from Public Procurement », *PPLR*, 1995, pp. 213 et 216 ; G. L. Albano, « Preventing Collusion in Procurement », in *Handbook of Procurement*, N. Dimitri, G. Piga, G. Spagnolo (dir.), Cambridge, Cambridge University Press, 2006, pp. 347, 351-352, 357-358 et 371 ; R. D. Blair, D. Kaserman, *Antitrust Economics*, Oxford, Oxford University Press, 2008, p. 188 ; P. D. Klemperer, « Competition Policy in Auctions and "Bidding Markets" », in *Handbook of Antitrust Economics*, P. Buccirossi (dir.), Cambridge, MIT Press, 2008, pp. 584 et 590-597 ; Office of Fair Trading, « Assessing the Impact of Public Sector Procurement on Competition », 2004, 224 p., (https://www.dotecon.com/assets/images/oftmain.pdf).

1178 E. Berkani, « Droit de la concurrence et commande publique : État des lieux d'un vieux couple », *op. cit.*, pt 15, p. 60.

1179 *Ibid.* ; L. Idot, « Commande publique et droit de la concurrence : Un autre regard », *op. cit.*, pt 9 ; OCDE, Forum mondial sur la concurrence, « Lutte contre la corruption et promotion de la concurrence », Contribution de la France, 2014, pt 6, p. 2, disponible sur http://www.oecd.org/officialdocuments/publicdisplaydocumentpdf/?cote=DAF/COMP/GF/WD(2014)52&docLanguage=Fr (consulté le 20/02/2021).

1180 E. Berkani, « Droit de la concurrence et commande publique : État des lieux d'un vieux couple », *op. cit.*, pt 15, p. 60

dominante. Il favorise à ce titre le « *maintien d'une saine concurrence* »[1181] sur les marchés. Ainsi, le développement de la concurrence effective intervient précisément pour générer des gains d'efficacité mais aussi, comme nous le verrons, pour réduire les risques de collusion.

252. **Plan du Chapitre 3.** Le droit de la commande publique développe des mécanismes pertinents qui permettent de réduire l'émergence de pratiques anticoncurrentielles. À ce titre, l'on retrouve une telle dimension dans le cadre de la prévention des ententes lors des procédures de mise en concurrence (Section 1) et de la prévention des pratiques unilatérales dans le cadre de l'interdiction des offres anormalement basses (Section 2).

Section 1
La prévention des ententes lors des procédures de mise en concurrence

253. Les acheteurs publics et autorités concédantes jouent un rôle crucial dans la prévention des pratiques anticoncurrentielles, et plus particulièrement des ententes. La mise en concurrence intervient précisément comme étape clé dans ce dispositif de prévention. Ainsi, on retrouve cette dynamique lors du choix de la procédure de mise en concurrence (§ 1) et également à l'occasion de la sélection des candidatures et des offres (§ 2).

§ 1. La prévention des ententes lors du choix de la procédure de mise en concurrence

254. La lutte contre les pratiques collusives peut intervenir par le développement de la compétition lors de la mise en concurrence (A) ainsi que par l'utilisation des procédures de passation les plus adaptées à l'émergence d'une concurrence plurielle et loyale (B).

A. Le développement d'une concurrence effective : un outil fondamental

255. **La prévention des ententes à travers une compétition renforcée.** L'ambition du droit de la commande publique, d'assurer le développement d'une concurrence effective, favorise la contestabilité des marchés. La caractéristique d'une entente, notamment dans les marchés publics, est, selon le professeur Weishaar, le contrôle des nouveaux entrants[1182]. L'accroissement du nombre de concurrents

---

1181 Comm. eur., Livre vert sur la modernisation de la politique de l'UE en matière de marchés publics, « Vers un marché européen des contrats publics plus performant », *op. cit.*, p. 34.

1182 S. E. Weishaar, *Cartels, Competition and Public Procurement: Law and Economics Approaches to Bid Rigging*, *op. cit.*, pp. 94-96.

apparaît ainsi comme le moyen le plus efficace de réduire les comportements collusifs[1183]. Par conséquent, un marché sur lequel la compétition est importante ou régulièrement renouvelée restreint sensiblement la possibilité pour des entreprises de contrôler le marché[1184]. Le bon fonctionnement d'une entente suppose, dans le cadre de la commande publique, un nombre limité de participants à l'accord anticoncurrentiel, lequel se compose généralement de cinq candidats pour les appels d'offres et de trois pour les procédures négociées ou les dialogues compétitifs[1185]. Le développement de la concurrence effective participe donc directement à la prévention des pratiques collusives[1186].

256. **La nécessité de candidatures suffisantes.** L'importance d'une concurrence dynamique se retrouve également dans l'encadrement des procédures de passation. Le droit européen de la commande publique fait plusieurs références au nombre suffisant de soumissionnaires lors de la mise en concurrence. La concurrence générée dans le cadre d'une procédure de passation assure l'efficacité de l'achat public mais écarte également le spectre d'une concurrence faussée par des accords anticoncurrentiels. Une telle crainte sous-tend visiblement la rédaction des directives sans pour autant être explicite. La directive 2009/81/CE affirme dans son article 38 que lorsque les pouvoirs adjudicateurs ou entités adjudicatrices « *estiment que le nombre de candidats appropriés est trop restreint pour assurer une véritable concurrence, ils peuvent suspendre la procédure* »[1187]. Ce système permet indirectement de réduire les risques de collusion sur des marchés sclérosés ou statiques. De même, comme le rappelle la Commission européenne dans son livre vert sur les partenariats public-privé et le droit communautaire des marchés publics et des concessions, les différentes procédures imposent un « *nombre minimal de candidats* »[1188]. Un seuil minimal de candidats permet, en principe, d'assurer un minimum de dynamisme lors des procédures de mise en concurrence.

257. **La dématérialisation des communications.** L'utilisation des ressources électroniques par les acheteurs publics accroît sensiblement la circulation des informations pour les opérateurs économiques lors d'une procédure de mise en concurrence[1189]. Elle réduit en outre l'effet frontière dans ce secteur, en diminuant les inégalités

---

1183 B. Caillaud, « Ententes et capture dans l'attribution des marchés publics », in *Enchères et gestion publique*, E. Cohen, M. Mougeot (dir.), Paris, La Documentation française, 2001, note 21, p. 227 ; J. Bulow, P. Klemperer, « Auctions versus Negotiations », *American Economic Review*, vol. 86, n° 1, 1996, pp. 180-194 ; OCDE, Competition Committee, « Competition and Procurement. Keys Findings », 2011, p. 53 ; CNUCED, « Politique de concurrence et marchés publics », *op. cit.*, pt 45.

1184 *Ibid.*, OCDE, « Recommandation du Conseil sur la lutte contre les soumissions concertées dans les marchés publics », *op. cit.*, première recommandation, p. 2 ; OCDE, « Lutte contre les soumissions concertées dans les marchés publics », Rapport sur l'implémentation de la Recommandation de l'OCDE, 2016, p. 13 ; OCDE, Lignes directrices pour la lutte contre les soumissions concertées dans les marchés publics, « Pour une dépense optimisée des fonds publics par les gouvernements », 2009, https://www.oecd.org/fr/daf/concurrence/ententes/42340181.pdf (consulté le 20/02/2021), p. 6.

1185 S. E. Weishaar, *Cartels, Competition and Public Procurement: Law and Economics Approaches to Bid Rigging*, *op. cit.*, pp. 94-96.

1186 Cons. conc., avis n° 04-A-19 du 21 octobre 2004, *op. cit.*, pt 13 et s.

1187 Dans une moindre mesure, v. directive 2014/23/UE, *op. cit.*, article 37 ; directive 2014/24/UE, articles 65 et 66.

1188 Comm. eur., Livre vert sur les partenariats public-privé et le droit communautaire des marchés publics et des concessions, *op. cit.*, pt 33.

1189 Comm. eur., Livre vert sur le développement des marchés publics électroniques dans l'UE, *op. cit.*

naturelles entre opérateurs nationaux et transfrontaliers en raison de la baisse de coûts de procédures, des frais et des délais de communication ainsi qu'en facilitant l'accès aux avis de mise en concurrence. Les directives « marchés publics » encouragent à ce titre la communication électronique, qui deviendra obligatoire à l'issue d'une « *période transitoire de trente mois* »[1190]. Or, l'OCDE souligne régulièrement l'importance de la dématérialisation des communications dans la lutte contre les collusions. Celle-ci réduit considérablement les risques de rencontres entre les soumissionnaires, ce qui préserve leur confidentialité et les empêche de pouvoir organiser une entente[1191].

258. **L'imprévisibilité de l'achat public comme facteur de réduction des collusions.** La fragilité du secteur de la commande publique tient également à la rigidité du processus d'achat. La répétition et la régularité des achats publics et des quantités demandées facilitent significativement la capacité des opérateurs économiques à s'organiser par des ententes de répartition des marchés publics[1192]. Le lancement des procédures de mise en concurrence doit donc tenir compte de ces faiblesses caractéristiques de la commande publique, en modifiant ponctuellement les quantités achetées notamment à l'occasion des marchés publics de fournitures[1193]. La jurisprudence du Conseil d'État a d'ailleurs autorisé un pouvoir adjudicateur à déroger à l'obligation d'allotir afin d'éliminer un risque de collusions entre les candidats à un marché public[1194].

B. Le choix des procédures de passation les plus adaptées

259. **Le recours à des procédures ouvertes ou restreintes.** Le droit de la commande publique intègre un large éventail d'outils qui facilitent le développement de la concurrence. Les acheteurs publics peuvent ainsi dynamiser une compétition réduite ou statique en renforçant la publicité et sa portée[1195]. Cela permet d'intégrer facilement de nouveaux opérateurs. De telles pratiques sont essentielles

---

1190 Directive 2014/24/UE, *op. cit.*, considérants 52 et 72 ; directive 2014/25/UE, *op. cit.*, considérants 63 et 81.

1191 OCDE, « Lutte contre les soumissions concertées dans les marchés publics », Rapport sur l'implémentation de la Recommandation de l'OCDE, *op. cit.*, p. 13 ; OCDE, « Recommandation du Conseil sur la lutte contre les soumissions concertées dans les marchés publics », *op. cit.*, pp. 3 et 14 ; OCDE, Lignes directrices pour la lutte contre les soumissions concertées dans les marchés publics, « Pour une dépense optimisée des fonds publics par les gouvernements », *op. cit.*, p. 9 ; OCDE, « Collusion and Corruption in Public Procurement », *op. cit.*, p. 12.

1192 Comm. eur., « Communication sur les outils de lutte contre la collusion dans les marchés publics et orientations sur la manière d'appliquer le motif d'exclusion y relatif », *op. cit.*, Annexe, pt.2 ;Comm. eur., Livre vert sur la modernisation de la politique de l'UE en matière de marchés publics, « Vers un marché européen des contrats publics plus performant », *op. cit.*, p. 34 ; OCDE, « Public Procurement. The Role of Competition Authorities in Promoting Competition », *op. cit.*, p. 14 ; M.-A. Brossay, P. De Baecke, « L'acheteur public : prévenir, détecter et gérer les pratiques anticoncurrentielles », *op. cit.*, p. 42.

1193 OCDE, Lignes directrices pour la lutte contre les soumissions concertées dans les marchés publics, « Pour une dépense optimisée des fonds publics par les gouvernements », *op. cit.*, p. 7.

1194 CE, 27 octobre 2011, *Département des Bouches-du-Rhône*, n° 350935, *Rec.* tables, p. 1251 ; comm. G. Eckert, *CMP*, n° 12, pp. 16-17.

1195 S. E. Weishaar, *Cartels, Competition and Public Procurement: Law and Economics Approaches to Bid Rigging*, *op. cit.*, p. 89 et s.

pour les marchés publics à répétition, qui sont particulièrement sensibles aux collusions[1196]. De la même façon, l'utilisation de procédures de mise en concurrence ouvertes renforce le nombre de compétiteurs mais accroît, en parallèle, la possibilité de collusion en raison des opportunités de communication entre concurrents[1197]. La procédure restreinte peut, quant à elle, rendre structurellement plus aisée la réalisation d'une entente[1198]. Partant, le choix d'ouvrir ou de restreindre la procédure doit être fait en fonction du marché en cause et des risques. L'emploi d'une procédure ouverte dans un marché qui présente un nombre limité de concurrents permet de réduire significativement le risque d'entente[1199]. À l'inverse, si la concurrence est jugée suffisante, les acheteurs publics peuvent recourir à une procédure restreinte pour éviter la mise en place de pratiques collusives entre les candidats. Le cas par cas est donc la règle de conduite à privilégier[1200]. La souplesse du droit de la commande publique dans le choix d'une procédure ouverte ou restreinte permet tout naturellement de donner aux acheteurs publics les moyens de prévenir de tels agissements.

260. **L'effet préventif des procédures négociées.** L'usage de la négociation a toujours suscité la crainte d'accroître les risques de corruption et de favoritisme. Les procédures plus formalistes, telles que l'appel d'offres, assurent plus de transparence et de rigueur. Néanmoins, elles affectent simultanément la capacité pour les acheteurs à apporter de la souplesse lors des procédures de mise en concurrence. Un excès de formalisme réduit également leur faculté à prévenir les ententes dans les marchés à risque. Le recours à des procédures négociées leur offre un gage de sécurité supplémentaire en réduisant la possibilité de communication entre les candidats au profit d'un renforcement de la communication entre eux et les entreprises candidates[1201]. La négociation permet de fixer les modalités du marché, son prix et de minimiser par conséquent l'influence des concurrents. L'intérêt pour les soumissionnaires d'établir un accord collusif est donc considérablement réduit par le développement d'une négociation confidentielle entre l'acheteur public et les différents offrants[1202].

261. **La promotion des procédures négociées.** Les modifications apportées aux directives « marchés publics » ont promu, selon le professeur Braconnier, les procédures négociées au sein du droit de la commande publique[1203]. Ainsi le partenariat

---

1196 OCDE, Lignes directrices pour la lutte contre les soumissions concertées dans les marchés publics, « Pour une dépense optimisée des fonds publics par les gouvernements », *op. cit.*, p. 3.

1197 OCDE, Competition Committee, « Competition and Procurement. Keys Findings », *op. cit.*, pp. 16, 17 et 41.

1198 O. Guézou, « Les comportements anticoncurrentiels dans la passation des marchés publics », *op. cit.*, pt 209, p. 195.

1199 S. Arrowsmith, *The Law of Public and Utilities Procurement: Regulation in the EU and UK*, 3e éd., vol. 2, *op. cit.*, pt 7.3, p. 422.

1200 O. Guézou, « Les comportements anticoncurrentiels dans la passation des marchés publics », *op. cit.*, pt 211, p. 196.

1201 OCDE, Lignes directrices pour la lutte contre les soumissions concertées dans les marchés publics, « Pour une dépense optimisée des fonds publics par les gouvernements », *op. cit.*, pp. 8 et 9 ; Comm. eur., Livre vert sur la modernisation de la politique de l'UE en matière de marchés publics, « Vers un marché européen des contrats publics plus performant », *op. cit.*, p. 34.

1202 OCDE, « Public Procurement. The Role of Competition Authorities in Promoting Competition », *op. cit.*, p. 20

1203 S. Braconnier, « Nouvelles directives marchés publics et concessions – Petite révolution et grandes évolutions », *op. cit.*, pt 81. V. égal. S. de La Rosa, « La place de la négociation dans la conclusion des contrats de commande publique », *AJ Contrats d'affaires – Concurrence – Distribution*, 2016, pp. 323-326.

d'innovation[1204] et la procédure concurrentielle avec négociation[1205], créés à cette occasion, sont-ils venus s'ajouter aux procédures préexistantes telles que le dialogue compétitif[1206], particulièrement adapté aux contrats complexes[1207], et la procédure négociée sans publication préalable[1208] ou avec publication préalable[1209]. La large palette de procédures avec négociation offerte par le droit dérivé, dont le but est principalement d'assurer une flexibilité accrue dans la commande publique et de renforcer la concurrence, joue également un rôle actif dans la prévention des ententes.

§ 2. La prévention des ententes lors de la sélection des candidatures et des offres

262. L'étape de la sélection des candidatures permet d'opérer un filtrage des opérateurs économiques, et de sélectionner ceux qui seront admis à présenter une offre. Cette étape charnière illustre la responsabilisation des acheteurs publics lors de la mise en concurrence (A) ainsi que l'intégration des risques de collusion lors de la sélection des candidatures et des offres (B).

A. La responsabilisation des acheteurs publics lors de la mise en concurrence

263. **Un marché cible des pratiques anticoncurrentielles.** À l'occasion des précédents développements, nous avons démontré le caractère artificiel de la structure de la concurrence sur les marchés de la commande publique. Le dynamisme de la compétition dépend essentiellement de la qualité de la mise en concurrence. Cette caractéristique des marchés entraîne également des faiblesses en matière de défense contre les comportements anticoncurrentiels. En effet, les marchés sur lesquels la concurrence est structurellement limitée risquent nécessairement de voir apparaître des pratiques collusives de la part des opérateurs économiques

---

1204 Directive 2014/24/UE, *op. cit.*, article 31 ; directive 2014/25/UE, *op. cit.*, article 49. Sur cette nouvelle procédure, E. Pourcel, « Le partenariat d'innovation, de vraies fausses novations contractuelle et procédurale ? », *CMP*, 2015, n° 4, pp. 13-19 : T. Dal Farra, « La consécration des partenariats d'innovation dans les nouvelles directives relatives aux marchés publics », *BJCP*, 2014, n° 95, pp. 254-258 ; P. Pintat, A. N'Gouah-Beaud, « Le partenariat d'innovation : une procédure à suivre », *CP-ACCP*, 2014, n° 143, pp. 46-50 ; L. Linditch, « Le projet de directives marchés et les nouvelles procédures de passation : procédure concurrentielle et partenariat d'innovation. Seconde partie : les partenariats d'innovation », *JCP A*, 2012, n° 34, pp. 30-32.

1205 Directive 2014/24/UE, *op. cit.*, article 29 ; L. Linditch, « Le projet de directives marchés et les nouvelles procédures de passation : procédure concurrentielle et partenariat d'innovation. Première partie : la procédure concurrentielle avec négociation », *JCP A*, 2012, n° 34, pp. 25-29 ; A.-L. Durviaux, « La passation des marchés publics dans la directive 2014/24/UE : amplification et réduction », *op. cit.*, p. 62.

1206 Directive 2014/24/UE, *op. cit.*, article 30 ; directive 2014/25/UE, *op. cit.*, article 48 ; directive 2009/81/CE, *op. cit.*, article 27.

1207 B. Delaunay, *Droit public de la concurrence*, 2ᵉ éd., *op. cit.*, pt 813, p. 407.

1208 Directive 2014/24/UE, *op. cit.*, article 32 ; directive 2014/25/UE, *op. cit.*, article 50 ; directive 2009/81/CE, *op. cit.*, article 28.

1209 Directive 2014/25/UE, *op. cit.*, article 47 ; directive 2009/81/CE, *op. cit.*, article 26.

récurrents[1210]. Ce phénomène est exacerbé dans les secteurs qui présentent naturellement peu de concurrents, tels que la construction, la gestion des déchets et la fourniture d'électricité[1211]. De surcroît, le droit de la commande publique a pour originalité de régir juridiquement les relations économiques sur les marchés. Or, de telles règles ne permettent pas de corriger automatiquement les risques de collusion, et peuvent même les augmenter[1212]. L'acheteur public, dans l'usage qu'il fait du droit de la commande publique, constitue donc l'acteur essentiel dans la prévention des pratiques collusives[1213].

264. **Un devoir de prévention imposé par les objectifs du droit de la commande publique.** Nos précédents développements ont mis en évidence que le droit de la commande publique impose aux acheteurs publics, en premier lieu, de s'attacher à ce que les candidatures et les offres déposées soient représentatives d'une concurrence effective et, en second lieu, que l'offre choisie soit celle qui est la plus économiquement efficace. Ce faisant, Albert Sánchez-Graells souligne que les acheteurs publics ont un « *devoir de s'assurer que les contrats publics reflètent au maximum les conditions normales du marché* »[1214]. De ce fait, le droit de la commande publique intervient comme support du droit de la concurrence, en encourageant le processus concurrentiel[1215]. L'OCDE désigne d'ailleurs le droit des marchés publics comme le « *point d'articulation entre la lutte anti-corruption et la lutte contre la collusion* »[1216]. Cette caractéristique est perceptible dans les directives relatives à la commande publique, dont l'une des fonctions est précisément « *d'éliminer les pratiques qui restreignent la concurrence* »[1217]. Pour atteindre

---

1210 O. Guézou, « Les comportements anticoncurrentiels dans la passation des marchés publics », *op. cit.*, pt 171, p. 164.

1211 Comm. eur., Livre vert sur la modernisation de la politique de l'UE en matière de marchés publics, « Vers un marché européen des contrats publics plus performant », *op. cit.*, note 66, p. 31 ; B. Caillaud, « Ententes et capture dans l'attribution des marchés publics », *op. cit.*, p. 225 et s.

1212 B. Caillaud, « Ententes et capture dans l'attribution des marchés publics », *op. cit.*, pp. 215-244 ; J. Cayrel, « Une évaluation des effets de l'allotissement sur les coûts d'exploitation dans le secteur des transports publics urbains », *op. cit.*, p. 11.

1213 O. Guézou, « Droit de la concurrence et droit des marchés publics : vers une notion transversale de mise en libre concurrence », *op. cit.*, p. 44 ; Cons. conc., avis n° 00-A-25 du 20 novembre 2000, Projet de décret portant réforme du code des marchés publics, *BOCCRF* n° 1 du 23 janvier 2001 ; P. Szilágyi, « Bidding Markets and Competition Law in the European Union and the United Kingdom – Part 1 », *op. cit.*, p. 21.

1214 A. Sánchez-Graells, « More Competition-Oriented Public Procurement to Foster Social Welfare », in *Towards New Horizons in Public Procurement*, K. V. Thai (dir.), *op. cit.*, p. 105 (traduction libre de l'auteur).

1215 A. Sánchez-Graells, *Public Procurement and the EU Competition Rules*, 2e éd., *op. cit.*, p. 5 ; G. Skovgaard Ølykke, *Abnormally Low Tenders: With an Emphasis on Public Tenderers*, *op. cit.*, p. 296.

1216 OCDE, Forum mondial sur la concurrence, « Lutte contre la corruption et promotion de la concurrence », *op. cit.*, p. 2 ; M.-A. Brossay, P. De Baecke, « L'acheteur public : prévenir, détecter et gérer les pratiques anticoncurrentielles », *op. cit.*, p. 41 et s.

1217 Conclusions de l'avocat général C. Stix-Hackl présentées le 1er juillet 2004, aff. C-247/02, *op. cit.*, pt 32. V. égal. CJCE, 18 juin 2002, *HI*, aff. C-92/00, *op. cit.*, pts 42 et 43 ; comm. S. Marciali, *Revue des affaires européennes*, 2002, pp. 921-929 ; CJCE, 14 novembre 2002, *Felix Swoboda GmbH*, aff. C-411/00, EU:C:2002:660, pt 33 ; comm. A. Brown, *PPLR*, 2003, pp. NA28-NA33 ; CJCE, 20 octobre 2005, *Commission c/ France*, aff. C-264/03, EU:C:2005:620, pt 60 ; comm. E. Meisse, *Europe*, 2005, n° 12, p. 19 ; CJCE, 13 novembre 2007, *Commission c/ Irlande*, aff. C-507/03, *op. cit.*, pt 28 ; comm. E. Meisse, *Europe*, 2008, n° 14, p. 21 ; CJCE, 21 février 2008, *Commission c/ Italie*, aff. C-412/04, *op. cit.*, pt 2 ; CJCE, 19 mai 2009, *Assitur*, aff. C-538/07, EU:C:2009:317, pt 25 ; comm. E. Bernard, *Europe*, 2009, n° 7, p. 13, E. Broussy, C. Lambert, F. Donnat, *AJDA*, 2009, p. 1543 ; directive 92/50/CEE, *op. cit.*, considérant 20.

ces objectifs, les acheteurs publics doivent nécessairement utiliser le droit de la commande publique de manière à éviter autant que possible les risques d'ententes[1218].

265. **Un devoir de prévention imposé par le principe de concurrence.** L'avocat général Stix-Hackl, dans ses conclusions sur l'arrêt *Sintesi*, intègre le principe de concurrence en droit de la commande publique comme un moyen de lutter contre les ententes dans ce secteur économique. Ce rôle protecteur « *vise les relations des entreprises entre elles, c'est-à-dire entre candidats ou soumissionnaires. Une demande d'approvisionnement doit faire l'objet d'une concurrence parallèle entre eux* »[1219]. Le principe de concurrence issu initialement de la jurisprudence, puis consacré par l'article 18 de la directive 2014/24/UE[1220], impose donc que la compétition dans la commande publique soit fondée sur la loyauté et sur une véritable concurrence entre les entreprises[1221]. Ce même texte impose également aux acheteurs publics de mettre en place une concurrence non faussée et d'être particulièrement vigilants sur les marchés qui présentent des risques d'ententes.

B. Analyse des risques d'ententes lors de la sélection des candidatures et des offres

266. Le droit de la commande publique offre aux acheteurs publics une pluralité de mécanismes leur permettant d'exclure des candidatures et des offres en raison de risques de pratiques anticoncurrentielles. Les exclusions mises en place par l'article 57 de la directive 2014/24/UE appréhendent ainsi les fautes professionnelles graves (1), les potentiels accords qui faussent la concurrence (2), ou les entreprises contrôlées (3).

1. Exclusion pour faute professionnelle grave

267. **Une faculté offerte aux acheteurs publics.** L'article 57 de la directive 2014/24/UE offre différents motifs d'exclusion des soumissionnaires pouvant jouer à l'occasion de la sélection des candidatures des entreprises admises à présenter leurs offres[1222]. La première catégorie de motifs regroupe les exclusions obligatoires, en raison notamment d'une condamnation du candidat pour participation à une organisation criminelle, à une infraction terroriste, à une condamnation pour corruption, ou encore, si l'acheteur public a connaissance d'un manquement

---

1218 O. Guézou, « Les comportements anticoncurrentiels dans la passation des marchés publics », *op. cit.*, pt 245, p. 234.

1219 Conclusions de l'avocat général C. Stix-Hackl présentées le 1er juillet 2004, aff. C-247/02, *op. cit.*, pt 34.

1220 V. *supra* pts 113-119.

1221 Les principes de transparence et d'égalité sont également mis en avant sur cette problématique ; en ce sens, J. Béjot, « Les conditions d'application du droit de la concurrence aux contrats publics », *CP-ACCP*, 2010, n°99, p. 31.

1222 Directive 2014/24/UE, *op. cit.*, article 57. V. égal. directive 2014/23/UE, *op. cit.*, article 38, considérant 70 ; directive 2009/81/CE, *op. cit.*, considérant 65. La directive 2014/25/UE offre davantage de souplesse aux États membres pour reprendre les dispositions de l'article 57 de la directive 2014/24/UE ; en ce sens, v. l'article 80 de la directive 2014/25/UE. Sur ce point, A.-L. Durviaux, « La passation des marchés publics dans la directive 2014/24/UE : amplification et réduction », *op. cit.*, p. 49 et s.

du candidat à ses obligations relatives au paiement d'impôts ou de cotisations de sécurité sociale. La seconde catégorie d'exclusions permet aux acheteurs publics d'exclure ou donne la possibilité aux États membres d'imposer l'exclusion des soumissionnaires à l'occasion notamment de fautes professionnelles graves.

268. **La violation des règles de concurrence comme faute professionnelle grave.** L'article 57, paragraphe 4, c) donne la faculté aux États membres d'exclure ou d'imposer aux acheteurs d'exclure d'une procédure de passation un opérateur économique qui a commis une « *faute professionnelle grave qui remet en cause son intégrité* »[1223]. Le considérant 101 de la directive 2014/24/UE précise la teneur de cette faute professionnelle grave qui peut démontrer l'absence de fiabilité d'un candidat[1224]. Celle-ci peut se matérialiser par des manquements aux obligations environnementales ou sociales, ainsi que par la « *violation de règles de concurrence* »[1225]. Le professeur Bien insiste sur le caractère éphémère de la mesure, laquelle ne perdurera pas dès lors que l'opérateur économique aura démontré son intégrité[1226]. Pour cela, l'article 57, paragraphe 6, établit une procédure permettant à l'entreprise de prouver sa fiabilité à travers la réparation des fautes commises. Dans le cadre de la violation des règles de concurrence, cette réparation peut se limiter à l'amende consécutive à la mise en œuvre publique, mais également intégrer le versement de dommages-intérêts pour les victimes des pratiques anticoncurrentielles[1227]. La formulation de l'article 57 relatif à « *une indemnité en réparation de tout préjudice causé par l'infraction pénale ou la faute* »[1228] semble intégrer le paiement de l'amende décidée par les autorités de concurrence ainsi que les réparations civiles. Cette mesure d'auto-réhabilisation concerne également la participation d'un opérateur économique à une procédure de clémence[1229].Malgré l'existence d'un tel outil au sein du droit dérivé, nous pouvons regretter que celui-ci n'ait pas été suivi en droit français, qui se limite à la seule possibilité d'exclure des candidats lors de potentiels accords faussant la concurrence.

2. Exclusion pour de potentiels accords faussant la concurrence

269. **L'encadrement par la directive 2014/24/UE.** Parmi les motifs listés par l'article 57, paragraphe 4, d) de la directive figure désormais explicitement

---

1223 Directive 2014/24/UE, *op. cit.*, article 57, paragraphe 4, c. ; directive 2014/25/UE, *op. cit.*, article 80 ; directive 2014/23/UE, *op. cit.*, article 38, paragraphe 7, c. Ce motif est d'ailleurs expressément mis en avant par l'Antimonopoly Office of the Slovak Republic dans son Rapport annuel de 2019, pp. 21, 51 et 67. https://www.antimon.gov.sk/data/att/2108.pdf (consulté le 20/11/2020).

1224 Directive 2014/24/UE, *op. cit.*, considérant 101 ; directive 2014/25/UE, *op. cit.*, considérant 106 ; directive 2014/23/UE, *op. cit.*, considérant 70.

1225 *Ibid.*

1226 F. Bien, M. Welzenbach , « Allemagne : Le Tribunal régional de Potsdam déclare nulle la clause, contenue dans les conditions d'attribution d'un marché public, qui stipule des dommages et intérêts forfaitaires à hauteur de 15 % du montant du marché en cas de violation des règles du droit de la concurrence, tandis que le Tribunal régional de Berlin, dans une affaire similaire, fonde le calcul des dommages et intérêts sur une telle clause », *Concurrences* n° 2-2016, art. n° 79529, p. 220.

1227 *Ibid.;* Comm. eur., « Communication sur les outils de lutte contre la collusion dans les marchés publics et orientations sur la manière d'appliquer le motif d'exclusion y relatif », *op. cit.*, pt. 5.1.

1228 Directive 2014/23/UE, *op. cit.*, article 38, paragraphe 9, alinéa 2.

1229 Comm. eur., « Communication sur les outils de lutte contre la collusion dans les marchés publics et orientations sur la manière d'appliquer le motif d'exclusion y relatif », *op. cit.*, pt. 5.4.

la circonstance dans laquelle « *le pouvoir adjudicateur dispose d'éléments suffisamment plausibles pour conclure que l'opérateur économique a conclu des accords avec d'autres opérateurs économiques en vue de fausser la concurrence* »[1230]. Avant la refonte des directives « marchés publics », les ententes pouvaient être saisies uniquement sur la base de la faute grave en matière professionnelle sur le fondement de l'article 45 de la directive 2004/18/CE[1231]. La faculté laissée par le droit européen d'exclure un soumissionnaire participant à une collusion a été reprise par le droit français[1232]. La formulation est d'ailleurs plus précise que celle utilisée par le droit dérivé. Les pouvoirs adjudicateurs peuvent ainsi exclure les candidatures des « *personnes à l'égard desquelles l'acheteur dispose d'éléments suffisamment probants ou constituant un faisceau d'indices graves, sérieux et concordants pour en déduire qu'elles ont conclu une entente avec d'autres opérateurs économiques en vue de fausser la concurrence* »[1233]. Cette exclusion peut ainsi s'appliquer à la très grande diversité des pratiques collusives dans le secteur privé ou ciblant la commande publique[1234], dont notamment les offres similaires[1235], voire les offres de groupements d'opérateurs économiques injustifiés[1236]. Par conséquent, le droit de la commande publique met à la disposition des acheteurs publics des mécanismes leur permettant d'exclure des entreprises reconnues coupables de pratiques anticoncurrentielles, mais aussi d'écarter les entreprises dont le comportement semble accréditer l'existence d'un accord faussant la concurrence.

270. **Une sanction autonome des comportements anticoncurrentiels.** Ce mécanisme permet de prévenir l'attribution de contrats à des entreprises membres d'une collusion, alors même qu'aucune décision judiciaire ou administrative n'a encore confirmé l'existence d'une telle pratique[1237]. L'intérêt est double. Tout d'abord, le droit de la commande publique donne ainsi un moyen aux acheteurs publics

---

1230 Sur les modifications des motifs d'exclusion, v. en ce sens S. Braconnier, « Nouvelles directives marchés publics et concessions – Petite révolution et grandes évolutions », *op. cit.*, pt 88 et s. Sur l'application dudit article 57, paragraphe 4, d), K. Kuźma, W. Hartung, *Combating Collusion in Public Procurement: Legal Limitations on Joint Bidding*, *op. cit.*

1231 S. Arrowsmith, *The Law of Public and Utilities Procurement: Regulation in the EU and UK*, 3e éd., vol. 2, *op. cit.*, pt 12.37, p. 754. Pour une illustration récente : CJUE, 4 juin 2019, *Consorzio Nazionale Servizi*, aff. C-425/18, EU:C:2019:476 ; comm. R. Noguellou, *CMP*, 2019, n° 8 et 9, p. 30 ; E. Muller, *ACCP*, 2019, n° 200, p. 8

1232 En ce sens, v. les articles L. 2141-9 et L. 3123-3 du code de la commande publique. Ces mécanismes sont d'ailleurs encouragés par l'OCDE ; en ce sens : OCDE, Lignes directrices pour la lutte contre les soumissions concertées dans les marchés publics, « Pour une dépense optimisée des fonds publics par les gouvernements », *op. cit.*, p. 10.

1233 Pour une application contentieuse récente, v. not. TA Grenoble, Ordonnance du 3 mars 2017, *Société Millet Paysage environnement*, n° 1700852, inédit au *Rec.* ; TA Grenoble, Ordonnance du 3 mars 2017, *Société Tarvel*, n° 1700948, inédit au *Rec.*

1234 Comm. eur., « Communication sur les outils de lutte contre la collusion dans les marchés publics et orientations sur la manière d'appliquer le motif d'exclusion y relatif », *op. cit.*, pt. 5.4.

1235 À titre d'illustration, DGCCRF, déc. de septembre 2020, Pratiques relevées dans le secteur des travaux de voirie et de signalisation à Saint Martin.

1236 K. Kuźma, W. Hartung, *Combating Collusion in Public Procurement: Legal Limitations on Joint Bidding*, *op.cit.* V. égal. nos développements, Partie I, Titre II, Chapitre 2, Section 2.

1237 Pour une illustration contentieuse, TA Rouen, 28 avril 2000, *Entreprise Jean Lefebvre Normandie*, n° 000697, inédit au *Rec.* ; comm. C. Bréchon-Moulènes, *AJDA*, 2000, p. 842.

de réagir face à une entente évidente. Certes, le moyen est limité, mais il a pour mérite d'exister et de cibler ce type de comportements. De plus, l'exclusion d'un soumissionnaire à un marché public permet d'illustrer le rôle de soutien du droit de la commande publique envers le droit de la concurrence. Partant, ce mécanisme introduit, selon Albert Sánchez-Graells, « *un instrument spécifique et important de prévention et de dissuasion des offres concertées* »[1238].

271. **L'irrégularité des offres collusives.** Les directives « marchés publics » intègrent également la problématique des ententes au stade de la sélection des offres. Le droit dérivé qualifie d'irrégulières les offres « *qui comportent des éléments manifestes de collusion* »[1239]. Une offre présentée dans de telles circonstances peut désormais être écartée par le pouvoir adjudicateur. Ce dernier n'est pas contraint, même si l'offre en question constitue l'offre économiquement la plus avantageuse, d'attribuer le marché public à l'entreprise présente au sein d'une entente. L'utilisation du terme « manifeste » semble cependant restreindre la marge d'appréciation des pouvoirs adjudicateurs en comparaison avec l'énoncé en matière d'exclusion des candidatures. La jurisprudence devrait, à l'avenir, apporter plus de précisions sur la liberté dont bénéficient les acheteurs publics. Qualifier de telles offres d'irrégulières permet en outre d'envisager ensuite la mise en place d'une procédure concurrentielle avec négociation ou d'un dialogue compétitif pour les marchés passés sous l'empire de la directive 2014/24/UE[1240], à la condition que lors de la procédure initiale, l'acheteur public n'ait obtenu que des offres irrégulières ou inacceptables[1241].

3. La possibilité d'exclure les entreprises contrôlées : le précédent *Assitur*

272. La Cour de justice a précisé dans son arrêt *Michaniki* que les motifs d'exclusion prévus par la directive sont exhaustifs. Néanmoins, les États membres peuvent ajouter des motifs d'exclusions si ces derniers sont réalisés dans le but d'assurer l'effectivité des principes de la commande publique[1242]. Ainsi, à l'occasion de l'arrêt *Assitur*[1243], le juge européen s'est prononcé sur la législation italienne qui interdisait, de manière absolue, la participation simultanée à un appel d'offres d'entreprises lorsque l'une était contrôlée par l'autre. La mesure nationale avait

---

1238 A. Sánchez-Graells, « Public Procurement and Competition: Some Challenges Arising from Recent Developments in EU Public Procurement Law », *op. cit.*, p. 432 (traduction libre de l'auteur).

1239 Directive 2014/24/UE, *op. cit.*, articles 26 et 35 ; directive 2014/25/UE, *op. cit.*, article 53.

1240 Pour les marchés publics de défense, la directive 2009/81/CE et son article 28 prévoient la possibilité d'une procédure négociée sans publication d'un avis de marché.

1241 Directive 2014/24/UE, *op. cit.*, article 26 et considérant 44.

1242 CJCE, 16 décembre 2008, *Michaniki*, aff. C-213/07, *op. cit.*, pt 49. V. égal. CJCE, 3 mars 2005, *Fabricom SA*, aff. jtes C-21/03 et C-34/03, *op. cit.*, pts 25 à 36 ; CJUE, 15 juillet 2010, *Bâtiments et Ponts Construction SA*, aff. C-74/09, EU:C:2010:431, pt 43 ; comm. M. Meister, *Europe*, 2010, n° 10, pp. 22-23 ; CJUE, 13 décembre 2012, *Forposta SA*, aff. C-465/11, EU:C:2012:801, pt 39 ; comm. A. Bouveresse, *Europe*, 2013, n° 2, pp. 33-34.

1243 CJCE, 19 mai 2009, *Assitur*, aff. C-538/07, *op. cit.* ; comm. E. Broussy, F. Donnat, C. Lambert, *AJDA*, 2009, p. 1543 ; E. Bernard, *Europe*, 2009, n° 272, p. 13. V. égal. CJUE, 23 décembre 2009, *Serrantoni*, aff. C-376/08, EU:C:2009:808, pt 33 ; M. Meister, *Europe*, 2010, n° 2, p. 21 ; F. Gazin, *Europe*, 2018, n° 4, p. 27 ; CJUE, 22 octobre 2015, *Impresa Edilux et SICEF*, aff. C-425/14, *op. cit.*, pt 36 et s. ; comm. F. Gazin, *Europe*, 2018, n° 4, p. 27.

pour ambition d'écarter les risques de collusion entre entreprises liées, de protéger le principe de concurrence et l'effectivité de l'article 101 TFUE[1244]. Toutefois, selon la Cour, le caractère irréfutable de l'interdiction n'était pas compatible avec le droit de l'Union. En effet, l'impossibilité pour les entreprises de démontrer l'absence de risques de collusion « *réduirait [...] considérablement la concurrence* »[1245]. *A contrario*, la jurisprudence admet l'utilisation d'un tel mécanisme afin de prévenir les ententes, sous réserve que ladite exclusion puisse être contestée par les candidats et respecte le principe de proportionnalité.

Section 2
La prévention des pratiques unilatérales : l'exemple des offres anormalement basses

273. Malgré une intervention non négligeable du droit de la commande publique dans la prévention des pratiques collusives, celui-ci reste particulièrement discret dans la prévention des abus de position dominante. En effet, les différentes directives ne mentionnent pas explicitement ce type de comportements anticoncurrentiels et se concentrent essentiellement sur les ententes. Cela s'explique notamment par la difficulté à saisir les pratiques unilatérales sur le fondement d'un droit autre que le droit de la concurrence. Toutefois, l'encadrement des offres anormalement basses dans le cadre des marchés publics embrasse, pour partie, l'ambition de prévenir ce type de comportements de la part des candidats. Il se centre en effet sur les prix prédateurs, seule pratique unilatérale pouvant être saisie par le droit de la commande publique. Il convient, par conséquent, d'analyser en quoi les offres anormalement basses sont un outil de prévention des stratégies tarifaires anticoncurrentielles (§ 1), puis de s'intéresser à la proximité de la qualification d'offres anormalement basses avec celle de prix prédateurs (§ 2).

§ 1. Un outil de prévention des stratégies tarifaires

274. L'intégration d'un mécanisme propre aux marchés publics, permettant de rejeter des offres en raison de leur prix particulièrement bas, rejoint la volonté du droit de la commande publique d'assurer une concurrence effective sur les marchés (A). Or les offres anormalement basses présentent une proximité saisissante avec les prix prédateurs (B).

1244 Pt 17 de l'arrêt ; conclusions de l'avocat général J. Mazák présentées le 10 février 2009, aff. C-538/07, EU:C:2009:71, pt 16.

1245 CJCE, 19 mai 2009, *Assitur*, aff. C-538/07, *op. cit.*, pt 28 ; v. égal. pt 40 des conclusions.

A. La notion d'offre anormalement basse : une notion éminemment concurrentielle

275. **L'absence de définition de l'offre anormalement basse.** La doctrine relève de manière unanime que le droit de la commande publique européen ou national ne propose pas de définition de l'offre anormalement basse[1246]. Ce constat est d'ailleurs confirmé par la Cour de justice dans son arrêt *Lombardini*[1247]. Le silence des textes renforce nécessairement la difficulté pour les commentateurs et les praticiens à saisir cette notion. L'article 69 de la directive 2014/24/UE se limite à préciser que « *[l]es pouvoirs adjudicateurs exigent que les opérateurs économiques expliquent le prix ou les coûts proposés dans l'offre lorsque celle-ci semble anormalement basse eu égard aux travaux, fournitures ou services* »[1248] et fixe les moyens de détermination d'une telle offre.

276. **Une définition doctrinale axée sur le risque d'inexécution du contrat.** L'absence de définition dans le droit dérivé ou les droits nationaux impose aux auteurs de proposer une définition de la notion d'offre anormalement basse. La professeure Arrowsmith la définit ainsi comme une « *offre qui, du fait de ses termes particulièrement favorables, soulève des soupçons sur la capacité pour l'opérateur économique d'effectuer légalement ses engagements et/ou une crainte que cet opérateur cherchedes paiements supplémentaires ou que l'offre soitaffectée pas des aides d'État illégales* »[1249]. Le groupe de travail de la Commission européenne sur les offres anormalement basses souligne quant à lui que de telles offres ne fournissent « *pas de marge pour un niveau de profits normaux et pour lesquels le soumissionnaire ne peut pas expliquer son prix sur la base d'économies issues de la méthode de construction ou de la solution technique choisie, ni des conditions exceptionnellement favorables dont dispose le soumissionnaire, ni de l'originalité des travaux proposés* »[1250].

277. Une telle définition révèle que la principale crainte est qu'un pouvoir adjudicateur, en retenant une offre particulièrement basse, attribue un marché public à un soumissionnaire incapable d'exécuter correctement ses obligations contractuelles[1251].

1246 S. Arrowsmith, *The Law of Public and Utilities Procurement: Regulation in the EU and UK*, 3e éd., vol. 2, *op. cit.*, pt 7.252, p. 802 ; A. Sánchez-Graells, *Public Procurement and the EU Competition Rules*, 2e éd., *op. cit.*, p. 324 ; C. H. Bovis, *EU Public Procurement Law*, 2e éd., *op. cit.*, p. 253 ; G. Skovgaard Ølykke, *Abnormally Low Tenders: With an Emphasis on Public Tenderers*, *op. cit.*, p. 131 ; Swedish Competition Authority, « Abnormally low tenders: pricing strategies and efficient assessment by contracting authorities and courts/the complaints board », 2015, p. 5.

1247 CJCE, 27 novembre 2001, *Lombardini et Mantovani*, aff. jtes C-285/99 et C-286/99, *op. cit.*, pt 67 : « *En ce qui concerne la seconde modalité mentionnée au point 60 du présent arrêt, il est constant que la directive ne définit pas la notion d'offre anormalement basse et, a fortiori, ne détermine pas le mode de calcul d'un seuil d'anomalie. Cette tâche incombe dès lors aux différents États membres.* » V. égal. les conclusions de l'avocat général C. O. Lenz présentées le 25 avril 1989, aff. C-103/88, EU:C:1989:166, pt 14.

1248 V. égal. directive 2014/25/UE, *op. cit.*, article 84 ; directive 2009/81/CE, *op. cit.*, article 49.

1249 S. Arrowsmith, *The Law of Public and Utilities Procurement: Regulation in the EU and UK*, 3e éd., vol. 2, *op. cit.*, pt 7.252, p. 802 (traduction libre de l'auteur).

1250 Comm. eur., « Working Group on Abnormally Low Tenders », cité par A. Megremis, « Abnormally Low Tenders: Objectifying Detection », thèse Delf University of Technology, 2013, p. 24 (traduction libre de l'auteur).

1251 G. Skovgaard Ølykke, *Abnormally Low Tenders: With an Emphasis on Public Tenderers*, *op. cit.*, p. 222 ; P. Moreau, « Pour une meilleure efficacité des achats publics : la notion d'offre excessive », *op. cit.*, p. 27 et s.

Cela génère deux risques. L'exécution du marché pourrait tout d'abord être défectueuse, de mauvaise qualité[1252], voire fragiliser économiquement le candidat ayant déposé une telle offre[1253]. De plus, la facture initiale pourrait être augmentée ultérieurement notamment en raison de la signature d'un avenant[1254]. L'approche présentée semble donc percevoir les offres anormalement basses comme un mécanisme permettant de garantir la bonne exécution des marchés publics. Dès lors, la concurrence effective sur les marchés ne semble pas *a priori* être leur fondement initial.

278. **Une définition doctrinale axée sur la protection de la concurrence effective.** En dépit des difficultés à saisir la portée de la notion de concurrence effective, l'avocat général Colomer a indiqué dans ses conclusions sur l'arrêt *Lombardini* que le « *concept d'offre anormalement basse est une notion très précise, qui doit être déterminée pour chaque marché en fonction de l'objet spécifique que constitue sa prestation* »[1255]. Il s'interroge ensuite sur l'importance de déterminer si l'offre en cause est le résultat d'une concurrence libre et licite[1256]. De nombreux auteurs sont encore plus explicites sur l'intérêt concurrentiel de cette mesure. Selon Peter Trepte, l'interdiction des offres anormalement basses vise à défendre la concurrence contre le risque de distorsions tarifaires des candidats[1257]. De surcroît, la directive 2014/24/UE indique que les offres anormalement basses « *pourraient reposer sur des hypothèses ou des pratiques techniquement, économiquement ou juridiquement contestables* », dans lesquelles figurent naturellement les comportements anticoncurrentiels des candidats[1258]. Récemment, la Commission européenne a elle-même souligné que pour « *les acheteurs publics, savoir distinguer, vérifier et rejeter les offres anormalement basses sert à garantir des conditions de concurrence équitables* »[1259].

279. La professeure Skovgaard Ølykke précise que la définition historique de l'offre anormalement basse est axée sur une dimension concurrentielle[1260]. En effet, la demande de vérification de telles offres, prévue initialement par la directive 71/305/CEE[1261], est concomitante à l'instauration par ladite directive de l'objectif de

---

1252 C. H. Bovis, *EU Public Procurement Law*, 2e éd., *op. cit.*, p. 24.

1253 G. Skovgaard Ølykke, *Abnormally Low Tenders: With an Emphasis on Public Tenderers*, *op. cit.*, p. 6.

1254 P. Zavoli, « Appel d'offres », *JurisClasseur Contrats et marchés publics*, fasc. n° 637, 2009, pt 299 et s.

1255 Conclusions de l'avocat général D. R.-J. Colomer présentées le 5 juin 2001, aff. jtes C-285/99 et C-286/99, EU:C:2001:314, pt 35.

1256 *Ibid.*, pts 48 à 51.

1257 P. Trepte, *Regulating Procurement: Understanding the Ends and Means of Public Procurement Regulation*, *op. cit.*, p. 244 ; R. W. Craig, *Procurement Law for Construction and Engineering: Works and Services*, Hoboken, Wiley-Blackwell, 1999, pp. 692-693 ; J. Golden, « Abnormally Low Tenders in Public Sector Procurement », Society of the Construction Law, Belfast, 2013, p. 5 ; A. Megremis, « Abnormally Low Tenders: Objectifying Detection », *op. cit.*, p. 24.

1258 Directive 2014/24/UE, *op. cit.*, considérant 103. En ce sens, v. égal. Cons. conc., avis n° 96-A-08 du 2 juillet 1996, Propositions formulées dans un rapport portant sur la réforme du droit de la commande publique, *BOCCRF* n° 8 du 29 avril 1997, p. 307.

1259 Comm. eur., Orientations sur la participation des soumissionnaires et des produits de pays tiers aux marchés publics de l'UE, *op. cit.*, p. 13.

1260 G. Skovgaard Ølykke, *Abnormally Low Tenders: With an Emphasis on Public Tenderers*, *op. cit.*, pp. 21 et s. et 61. Sur ce point, v. égal. J. M. Hebly, *European Public Procurement: Legislative History of the 'Utilities' Directive 2004/17/EC*, Alphen aan den Rijn, Wolters Kluwer, 2008, 1749 p.

1261 Directive 71/305/CEE, *op. cit.*, article 29.

concurrence effective au sein du droit de la commande publique[1262]. La professeure Arrowsmith rejoint cette thèse en admettant qu'un comportement anticoncurrentiel ou une aide d'État illégale puissent être à l'origine d'une offre anormalement basse[1263]. Par conséquent, en accordant une surveillance étroite à de telles offres, le droit de la commande publique s'assure que la concurrence effective sur les marchés est préservée de pratiques unilatérales des candidats à un marché public.

B. La proximité conceptuelle avec les prix prédateurs

280. **La notion de prix prédateurs.** Les prix prédateurs sont en droit européen l'un des abus de position dominante prohibés par l'article 102 TFUE[1264]. La stratégie tarifaire des entreprises en position dominante peut, selon les professeurs Bosco et Prieto, restreindre la concurrence par trois moyens distincts : l'exploitation tarifaire des clients, l'éviction des concurrents ou la discrimination[1265]. Les prix prédateurs intègrent la catégorie des stratégies d'éviction à l'instar des ciseaux tarifaires ou des remises de fidélité. Or, lorsqu'une entreprise dominante a recours à des prix prédateurs, elle procède en deux temps. Dans un premier temps, elle connaît une période de perte en raison de prix « *excessivement bas* »[1266] : le sacrifice. Puis, dans un second temps, elle profite d'une période de récupération des pertes qui fait suite à l'élimination ou à la réduction de la concurrence. La liberté des prix, principe fondamental dans la constitution économique ordolibérale[1267], trouve ainsi une limitation, relevée explicitement par la Cour de justice dans son arrêt *Akzo*. Elle précise que l'article 102 TFUE « *interdit à une entreprise dominante d'éliminer un concurrent et de renforcer ainsi sa position en recourant à des moyens autres que ceux qui relèvent d'une concurrence par les mérites. Dans cette perspective, toute concurrence par les prix ne peut, toutefois, être considérée comme légitime* »[1268].

281. **Les prix prédateurs : une stratégie tarifaire d'éviction.** L'élément fondamental présenté dans le cadre de l'affaire *Akzo* est la volonté de l'entreprise de conserver, voire de consolider, sa position dominante sur le marché en écartant la concurrence existante ou potentielle par l'intermédiaire d'une politique tarifaire prédatrice[1269]. La démonstration d'une menace d'éviction est donc essentielle pour qualifier un prix de prédateur. La Cour de justice se fonde sur cet élément pour ne pas imposer la preuve de la récupération des pertes à l'occasion de l'arrêt *Tetra Pak*[1270].

1262 *Ibid.*, considérant 9 : « *Considérant que le développement d'une concurrence effective dans le domaine des marchés publics nécessite une publicité communautaire des avis de marchés établis par les pouvoirs adjudicateurs des États membres [...].* »

1263 S. Arrowsmith, *The Law of Public and Utilities Procurement*, 2e éd., *op. cit.*, pt 7.141, p. 535.

1264 J.-L. Albert, « La sanction par les autorités de la concurrence : prix et pratiques anticoncurrentielles prohibés », in *La fixation de ses prix : quelle liberté pour l'entreprise* ?, G. Virassamy (dir.), Paris, L'Harmattan, 2011, p. 167.

1265 D. Bosco, C. Prieto, *Droit européen de la concurrence. Ententes et abus de position dominante*, *op. cit.*, pt 1237, p. 908.

1266 *Ibid.*, pt 1258, p. 923.

1267 V. *supra* pt 77.

1268 CJCE, 3 juillet 1991, *Akzo*, aff. C-62/86, *op. cit.*, pt 70.

1269 P. Roth, V. Rose (dir.), *Bellamy & Child: European Union law of Competition*, *op. cit.*, pt 10.070, p. 793 ; M. Volle, *Prédation et Prédateurs*, Paris, Economica, 2008, p. 75.

1270 CJCE, 14 novembre 1996, *Tetra Pak International SA*, aff. C-333/94 P, EU:C:1996:436, pt 44 ; TPICE, 30 janvier 2007, *France Télécom SA*, aff. T-340/03, EU:T:2007:22, pt 72 ; comm. S. Destours, *RLC*, 2007, n° 11, pp. 53-54 ; C. Prieto, *Revue des contrats*, 2007, pp. 776-781 ; M. P. Negrinotti, *RDUE*, 2007, n° 3, pp. 735-746.

Elle oblige néanmoins à démontrer l'existence d'un sacrifice de la part de l'entreprise dominante, lequel est la pierre angulaire de la qualification d'un prix prédateur[1271] alors que l'existence d'un plan d'éviction semble quant à elle présumée[1272]. L'étude de l'impact des comportements de l'entreprise en position dominante est donc fondamentale, comme le rappelle la Commission européenne dans ses « Orientations sur les priorités retenues par la Commission pour l'application de l'article 82 du traité CE » (désormais 102 TFUE)[1273].

282. **Une définition de la prédation restrictive en droit français.** L'article L. 420-5, alinéa 1er, du code du commerce affirme que « *[s]ont prohibées les offres de prix ou pratiques de prix de vente aux consommateurs abusivement bas par rapport aux coûts de production, de transformation et de commercialisation, dès lors que ces offres ou pratiques ont pour objet ou peuvent avoir pour effet d'éliminer d'un marché ou d'empêcher d'accéder à un marché une entreprise ou l'un de ses produits* ». La définition proposée, en usant de la formule de prix « *abusivement bas* », réduit la distinction déjà difficile entre cette pratique unilatérale et l'offre anormalement basse. Toutefois, en mentionnant explicitement un prix ou une pratique de vente « *aux consommateurs* », le texte semble exclure toute relation entre ces deux notions respectivement propres au droit de la concurrence, et au droit de la commande publique[1274]. En effet, l'Autorité de la concurrence refuse systématiquement de qualifier les pouvoirs adjudicateurs de consommateurs au sens du code de commerce[1275]. Dès lors, malgré la proximité sémantique entre ces deux notions, celles-ci ne peuvent être utilisées l'une en appui de l'autre lors d'un même litige. Ce constat démontre uniquement que l'utilisation de ces textes n'est pas cumulative ; elle n'écarte en aucune façon la proximité et la parenté

1271 E. Elhauge, « Defining Better Monopolization Standards », *Stanford Law Review*, vol. 56, 2003, p. 274 ; Comm. eur., Communication « Orientations sur les priorités retenues par la Commission pour l'application de l'article 82 du traité CE aux pratiques d'éviction abusives des entreprises dominantes », *op. cit.*, pt 63

1272 D. Bosco, C. Prieto, *Droit européen de la concurrence. Ententes et abus de position dominante*, *op. cit.*, pt 1262, p. 928. La doctrine est partagée sur cette obligation ; en ce sens, OCDE, « Predatory Foreclosure », 2004, p. 76 et s. ; D. Ridyard, « Exclusionary Pricing and Price Discrimination Abuses under Article 82 – An Economic Analysis », *ECLR*, vol. 23, n° 6, 2002, p. 286 et s.

1273 Comm. eur., Communication « Orientations sur les priorités retenues par la Commission pour l'application de l'article 82 du traité CE aux pratiques d'éviction abusives des entreprises dominantes », *op. cit.*, pt 68 : « *Outre les facteurs déjà mentionnés au point 20, la Commission examinera d'une manière générale si, et en quoi, les agissements présumés réduisent la probabilité que les concurrents exercent une concurrence. Ainsi, par exemple, si l'entreprise dominante dispose de meilleures informations sur les coûts ou d'autres conditions du marché ou est capable de fausser les signaux du marché relatifs à la rentabilité, elle peut adopter un comportement prédateur afin d'influencer les prévisions des entrants potentiels et, partant, les dissuader d'entrer sur le marché visé. Si ce comportement et ses effets probables se font sentir sur de nombreux marchés et/ou à chaque nouvelle entrée, il pourra être démontré que l'entreprise dominante cherche à acquérir une réputation d'entreprise prédatrice. Lorsque le concurrent ciblé est tributaire d'un financement externe, de fortes baisses des prix ou tout autre comportement prédateur de l'entreprise dominante pourraient influer négativement sur ses résultats, ce qui pourrait sérieusement compromettre son accès au financement à l'avenir.* »

1274 P. Moreau, « Pour une meilleure efficacité des achats publics : la notion d'offre excessive », *op. cit.*, p. 27 et s.

1275 À titre d'illustration, Aut. conc., déc. n° 09-D-20 du 11 juin 2009, Situation de la concurrence dans le secteur des travaux de voirie et d'entretien routier en région Rhône-Alpes ; Cons. conc., déc. n° 07-D-38 du 15 novembre 2007 relative à une demande de mesures conservatoires dans le secteur de la boulangerie industrielle; CA Paris, 14 novembre 2000, *Syndicats des exploitants indépendants des réseaux d'eau et d'assainissement*, *BOCCRF* n° 14 du 30 décembre 2000 ; *JCP E*, 2000, n° 50, p. 1980. V. égal. CAA Paris, 22 janvier 2021, *Société Orféa Acoustique*, n° 18PA03106, *op. cit.*

entre les prix prédateurs et les offres anormalement basses. Sans se confondre, une offre d'un soumissionnaire « *peut être appréhendée sur le fondement de deux dispositions distinctes* », comme l'observe le professeur Kovar[1276].

283. **La saisie potentielle des prix prédateurs par le droit de la commande publique.** Malgré la distinction nette, en droit interne, entre les offres anormalement basses et les prix prédateurs en raison de leurs champs d'application cloisonnés, ces deux notions présentent néanmoins une proximité saisissante qui démontre leur étroite relation. Le professeur Delaunay affirme ainsi que ces deux notions « *paraissent se faire distinctement écho* »[1277]. En effet, l'analyse des offres anormalement basses contrôle nécessairement les entreprises qui usent d'une stratégie tarifaire dans le but de réduire la concurrence lors d'un marché public. Même si toutes les offres anormalement basses ne constituent pas des prix prédateurs, l'ensemble des prix prédateurs peut être théoriquement saisi par la notion d'offre anormalement basse issue du droit de la commande publique. Partant, une offre anormalement basse risque naturellement de dissimuler un prix prédateur[1278].

284. La professeure Skovgaard Ølykke observe ainsi qu'une telle offre peut être utilisée par une entreprise dominante afin d'exclure ses concurrents, de conserver un marché public ou encore de signaler sa puissance économique aux concurrents les plus dynamiques ou à ceux qui sont récemment arrivés sur le marché[1279]. Une offre anormalement basse peut également cacher une très forte compétition sur un marché ou des offres de dernière chance pour des entreprises en baisse d'activité. Elle peut enfin être une offre non sérieuse ou une simple erreur du candidat. Dans ces deux derniers cas, la prédation n'est pas caractérisée ni caractérisable. Par ailleurs, ce mécanisme permet de prévenir les ententes lors des procédures de mise en concurrence. La présence d'une offre *a priori* anormalement basse, qui serait en réalité parfaitement loyale, peut en effet révéler l'existence d'une entente parmi

---

1276 J.-P. Kovar, « Contrats publics – Prix abusivement bas : L'Autorité de la concurrence rappelle que l'interdiction des prix abusivement bas n'est pas applicable à la passation des contrats publics (*Travaux de voirie et d'entretien routier en région Rhône-Alpes*) », *Concurrences* n° 3-2009, art. n° 27916, p. 2 de la note.

1277 B. Delaunay, *Droit public de la concurrence*, 2e éd., *op. cit.*, pt 690, p. 365. V. égal. M. Reis, « Marchés publics et ordre concurrentiel : ordre concurrentiel et logiques sociale et environnementale dans la passation des marchés publics », in *L'ordre concurrentiel. Mélanges en l'honneur d'Antoine Pirovano*, *op. cit.*, pp. 145-166 ; P. Reis, *La concurrence et les marchés publics*, Villeneuve-d'Ascq, Presses universitaires du Septentrion, 2001, p. 141 et s. ; J.-P. Jouguelet, « L'achat de biens et services par les collectivités publiques », in Colloque « Pouvoirs publics et concurrence : L'achat de biens et services par les collectivités publiques », *op. cit.*, p. 37 ; O. Guézou, « Les comportements anticoncurrentiels dans la passation des marchés publics », *op. cit.*, note 1261, p. 306.

1278 G. Skovgaard Ølykke, *Abnormally Low Tenders: With an Emphasis on Public Tenderers*, *op. cit.*, p. 6 ; A. Cox, « Implementing public procurement policy: public and private obstacles to the creation of the single market », *PPLR*, 1992, p. 144 ; G. Alexandersson, S. Hultén, « High and Low Bids in Tenders : Strategic Pricing and Other Bidding Behaviour in Public Tenders of Passenger Railway Services », *Annals of Public and Cooperation Economics*, vol. 78, n° 2, 2007, p. 169.

1279 G. Skovgaard Ølykke, *Abnormally Low Tenders: With an Emphasis on Public Tenderers*, *op. cit.*, p. 115. Sur la pratique du « *signalling* », de l'avertissement des concurrents, v. en ce sens S. Bishop, M. Walker, *The Economics of EC Competition Law: Concepts, Application and Measurement*, Londres, Sweet & Maxwell, 2002, p. 222 ; M. Motta, *Competition Policy: Theory and Practice*, Cambridge, Cambridge University Press, 2004, p. 411 ; A. Megremis, « Abnormally Low Tenders: Objectifying Detection », *op. cit.*, p. 31 ; B. Walker, « Monitoring and Motivation in Principal-Agent Relationships: Some Issues in the Case of Local Authority Services », *Scottish Journal of Political Economy*, vol. 47, n° 5, 2000, p. 533.

les autres soumissionnaires[1280]. Ce constat illustre l'importance d'une distinction sémantique entre ces deux concepts[1281].

285. **Une position dominante : un élément accessoire dans l'offre anormalement basse.** La différence fondamentale entre ces deux concepts juridiques est l'obligation, en droit de la concurrence, d'identifier une position dominante pour qualifier un prix de prédateur. En revanche, la détention d'un pouvoir de marché, en droit des marchés publics, n'est pas un préalable nécessaire à la qualification d'offre anormalement basse[1282]. L'offre d'une entreprise avec des parts de marché réduites peut parfaitement être qualifiée d'offre anormalement basse. Cela étant, le droit européen ne prohibe pas les ventes à perte quand elles ne sont pas réalisées à des fins d'éviction ou d'élimination de la concurrence, à la différence des droits français et irlandais, lesquels les perçoivent comme une pratique restrictive de concurrence[1283]. La Commission européenne juge ainsi disproportionnée l'interdiction absolue de la vente à perte[1284]. Il existe donc un hiatus entre le droit de la concurrence et celui de la commande publique sur ce point précis.

286. Or, ce choix opéré par le droit de la commande publique se fonde sur une volonté d'une compétition loyale à l'écart de toutes stratégies tarifaires. Il permet de garantir une concurrence fondée sur les seuls mérites des entreprises à présenter des offres proposant une qualité optimale et un prix réduit[1285]. Cette quête de loyauté semble préserver notamment les PME les plus fragiles ne pouvant vendre à perte des produits ou services pourtant très compétitifs[1286]. Ce système permet en outre de réduire le risque de captation de la commande publique par les groupes présentant des capacités financières solides et capables par conséquent de réaliser des ventes à perte sans difficulté[1287]. Le professeur Blaise précise à ce titre que l'effet d'éviction du marché est susceptible d'intervenir sans position dominante de l'entreprise en cause[1288]. Le choix du droit européen de la commande publique est donc une nouvelle fois celui de la concurrence effective et des mérites des opérateurs économiques.

1280 Cons. conc., avis n° 96-A-08 du 2 juillet 1996, *op. cit.* ; Aut. conc., déc. n° 12-D-02 du 12 janvier 2012, Pratiques mises en œuvre dans le secteur de l'ingénierie des loisirs, de la culture et du tourisme.

1281 G. Skovgaard Ølykke, *Abnormally Low Tenders: With an Emphasis on Public Tenderers*, *op. cit.*, p. 278 et s.

1282 *Ibid.*, p. 11 ; G. Alexandersson, S. Hultén, « Predatory Bidding in Competitive Tenders: A Swedish Case Study », *European Journal of Law and Economics*, vol. 22, 2006, p. 80.

1283 L. Vogel, *Traité de droit économique*, tome 1, *Droit de la concurrence – Droits européen et français*, *op. cit.*, p. 1147 et s.

1284 Comm. eur., « Communication de la Commission relative aux promotions des ventes dans le marché intérieur », COM(2001) 546 final, 2 octobre 2001, p. 11.

1285 J.-C. Aurousseau, « Allocution d'ouverture », in « Concurrence et commande publique à l'horizon 1992 », Journée d'études et d'information, Lille, 19 janvier 1989, *op. cit.*, p. 88.

1286 G. Skovgaard Ølykke, *Abnormally Low Tenders: With an Emphasis on Public Tenderers*, *op. cit.*, p. 280 ; P. Nasse, « Concurrence et PME : Protection de la concurrence ou protection des PME », in « PME et pratiques prohibées en-deçà du seuil de dominance (Deuxième journée franco-allemande de la concurrence, Bonn, 22 septembre 2006) », *Concurrences* n° 2-2007, art. n° 13609, p. 72.

1287 G. Alexandersson, S. Hultén « High and Low Bids in Tenders : Strategic Pricing and Other Bidding Behaviour in Public Tenders of Passenger Railway Services », *op. cit.*, pp. 171-174 et 189. Sur ce point, CJCE, 3 juillet 1991, *Akzo*, aff. C-62/86, *op. cit.*, pt 72 ; comm. L. Vogel, *Contrats, conc., consom.* 1991, n° 11, pp. 11-12 ; C. Bolze, *RTD com.*, 1992, pp. 310-313.

1288 J.-B. Blaise, R. Desgorces, *Droit des affaires. Commerçants, concurrence, distribution*, 8e éd., Paris, LGDJ, 2015, pt 817, p. 89.

§ 2. La proximité dans la qualification des prix prédateurs et des offres anormalement basses

287. Le travail de qualification d'un prix prédateur ou d'une offre anormalement basse se caractérise par une analyse économique poussée, dont l'objectif est de déterminer si les prix de vente et les montants des offres sont inférieurs aux coûts de production. L'existence d'un sacrifice pour l'entreprise est donc primordiale pour qualifier ces prix d'anticoncurrentiels. On retrouve cette même difficulté dans la démonstration des pertes pour les offres anormalement basses. Il convient dès lors d'analyser les méthodes d'examen d'un prix prédateur en droit de la concurrence (A) puis d'envisager la transposition de tels procédés au sein du droit de la commande publique (B).

A. L'évaluation du prix prédateur par le droit de la concurrence

288. **Le test *Akzo* : une solution prétorienne.** La qualification de prix prédateur comporte une réelle difficulté : l'élaboration d'un examen capable de déterminer l'existence d'un tel abus. L'analyse du prix implique d'examiner des éléments comptables et micro-économiques complexes. Il importe donc d'établir un test limpide, ce qui a été réalisé à l'occasion de l'affaire *Akzo*[1289] sur la base notamment des travaux des professeurs Areeda et Turner[1290]. En l'espèce, la Cour de justice a proposé deux méthodes alternatives fondées sur les coûts pour qualifier de prix prédateurs les prix pratiqués par une entreprise dominante.

289. **La consécration de deux tests alternatifs.** L'originalité du test *Akzo* est de comprendre deux méthodes d'examen, et non une seule[1291]. Le premier test dégagé par le juge européen est la comparaison du prix pratiqué avec la moyenne des coûts variables de l'entreprise. Si ce prix est inférieur à la moyenne des coûts variables, le sacrifice est constitué par la totalité des coûts fixes et une partie des coûts variables moyens[1292]. Dans un tel cas de figure, l'abus ne nécessite pas de démontrer l'existence d'un plan d'éviction[1293]. Le second test consiste à apprécier si les prix de vente sont inférieurs à la moyenne des coûts totaux, à savoir les coûts fixes et les coûts variables. La qualification de prix prédateurs impose dans ce cas d'établir la preuve d'un plan d'éviction[1294]. Il est donc plus aisé de recourir à la première méthode du test *Akzo*, ce qu'illustre la jurisprudence de la Cour de justice, qui a recouru à de nombreuses reprises à ce test[1295].

1289 CJCE, 3 juillet 1991, *Akzo*, aff. C-62/86, *op. cit.*

1290 P. Areeda, D. F. Turner, « Predatory Pricing and Related Practices under Section 2 of the Sherman Act », *Harvard Law Review*, vol. 88, n° 4, 1975, pp. 697-733.

1291 CJCE, 14 novembre 1996, *Tetra Pak International SA*, aff. C-333/94 P, *op. cit.*, pt 41.

1292 *Ibid.*, pt 71.

1293 *Ibid.*, D. Bosco, C. Prieto, *Droit européen de la concurrence. Ententes et abus de position dominante*, *op. cit.*, pt 1262, p. 927.

1294 CJCE, 3 juillet 1991, *Akzo*, aff. C-62/86, *op. cit.*, pt 62.

1295 CJCE, 2 avril 2009, *France Télécom*, aff. C-202/07 P, EU:C:2009:214, pt 109 et s. ; comm. A.-L. Sibony, *Concurrences* n° 2-2009, art. n° 26021, pp. 112-116 ; L. Idot, *Europe*, 2009, n° 242, pp. 30-31 ; R. Wagner, *RDUE*, 2009, n° 2, pp. 327-335 ; CJUE, 27 mars 2012, *Post Danmark*, aff. C-209/10, *op. cit.*

290. **Le test retenu par la Commission européenne.** Les orientations de la Commission européenne de 2009 relatives aux priorités retenues pour l'application de l'article 82 du traité CE aux pratiques d'éviction abusives des entreprises dominantes appliquent la logique de la jurisprudence *Akzo*, tout en apportant certaines précisions sur les coûts à comparer avec le prix de vente[1296]. En effet, l'examen de la moyenne des coûts variables est supplanté par celui du coût marginal moyen à long terme (ci-après CMMLT), lequel retient notamment les coûts fixes sur la période retenue. Un prix pratiqué qui ne couvre pas le CMMLT est le seul, en principe, à révéler le risque d'éviction d'un concurrent aussi efficace[1297]. La Commission européenne peut observer en outre si l'entreprise dominante détient plus d'informations sur les coûts du marché que ses concurrents, ce qui pourrait ainsi dissuader des nouveaux entrants sur le marché en cause. En revanche, si le prix pratiqué est inférieur au coût évitable moyen (ci-après CEM), qui ne comprend que les coûts fixes pour la période retenue, l'existence d'un sacrifice est présumée[1298]. Dans de telles circonstances, la Commission européenne peut tenir compte de la situation du marché et du comportement viable et rationnel attendu par l'entreprise en position dominante[1299]. Elle peut également s'appuyer sur « *des preuves directes, consistant en des documents de l'entreprise dominante démontrant clairement une stratégie prédatrice, tels qu'un plan détaillé prévoyant un sacrifice dans le but d'évincer un concurrent, d'empêcher des concurrents d'entrer sur le marché ou de prévenir l'apparition d'un nouveau marché, ou en des éléments démontrant l'existence de menaces concrètes d'agissements prédateurs* »[1300]. La démonstration d'une éviction sur la base de l'analyse du CEM est donc envisageable pour la Commission européenne, mais plus complexe à établir que sur le fondement du CMMLT[1301].

B. L'évaluation des offres anormalement basses par le droit de la commande publique

291. **Le silence sur les critères d'analyse.** L'ancien encadrement des offres anormalement basses en droit de la commande publique n'a pas été accompagné d'un effort de transparence sur la méthode à employer pour les identifier. Les États membres jouissent encore d'une certaine liberté pour établir de telles méthodes[1302]. Cela étant, le silence des textes a tout d'abord conduit la Cour de justice à encadrer la pratique des acheteurs publics, en leur imposant une obligation

---

1296 Sur la différence entre la démarche prétorienne et celle de la Commission, v. en ce sens G. Skovgaard Ølykke, *Abnormally Low Tenders: With an Emphasis on Public Tenderers*, *op. cit.*, p. 261.

1297 Comm. eur., Communication « Orientations sur les priorités retenues par la Commission pour l'application de l'article 82 du traité CE aux pratiques d'éviction abusives des entreprises dominantes », *op. cit.*, pt 67.

1298 *Ibid.*, pt 64.

1299 *Ibid.*, pt 65.

1300 *Ibid.*, pt 66.

1301 L. Vogel, *Traité de droit économique*, tome 1, *Droit de la concurrence – Droits européen et français*, *op. cit.*, pp. 311-312.

1302 Comm. eur., Orientations sur la participation des soumissionnaires et des produits de pays tiers aux marchés publics de l'UE, *op. cit.*, p. 15.

d'objectivité et l'absence de discrimination dans le mode de calcul employé[1303]. Puis, le législateur européen a procédé à de modestes ajouts. L'article 69 de la directive 2014/24/UE précise ainsi que les « *pouvoirs adjudicateurs exigent que les opérateurs économiques expliquent le prix ou les coûts proposés dans l'offre lorsque celle-ci semble anormalement basse eu égard aux travaux, fournitures ou services* », sans fournir pour autant de méthodes d'analyse.

292. **Le transfert du test *Akzo* au droit de la commande publique.** En recourant à une méthodologie fondée sur celle du droit de la concurrence, les acheteurs publics se saisissent d'un test pratique particulièrement adapté aux différentes stratégies tarifaires, et dont le mode de fonctionnement est validé par la Cour de justice, la Commission européenne et la doctrine. De plus, le recours à ce test en droit de la concurrence offre une méthode rassurante et solide. La professeure Skovgaard Ølykke propose par conséquent de transposer « *l'approche par la couverture des coûts* »[1304] du droit de la concurrence vers le droit de la commande publique. Les règles de concurrence et celles du droit de la commande publique peuvent ainsi suivre une méthodologie commune et éviter toutes contradictions[1305].

293. **Description du test appliqué aux offres anormalement basses : modèle de la professeure Skovgaard Ølykke.** La transposition de la méthode d'identification du prix prédateur aux offres anormalement basses se fonde sur une analyse en trois temps, selon le modèle de la professeure Skovgaard Ølykke[1306]. Il s'agit en premier lieu, pour le pouvoir adjudicateur, de déterminer le coût total attendu, sur le fondement de la valeur estimée du marché telle que prévue par l'article 5 de la directive 2014/24/UE. Le recours à la valeur estimée doit être privilégié par rapport à la moyenne des offres présentées[1307]. Celle-ci protège le pouvoir adjudicateur d'un risque d'entente lors de la procédure de passation et semble d'ailleurs encouragée par l'Autorité de la concurrence[1308]. Pour ce faire, le pouvoir adjudicateur peut recourir à une méthode mathématique afin de déterminer le seuil d'anomalie[1309] sous réserve de ne pas introduire une formule d'exclusion mathématique[1310]. Ainsi, si une offre présentée est inférieure à cette valeur, il convient de recourir à l'article 69 de la directive[1311] et d'utiliser ses dispositions liées aux méthodes de production du produit ou du service pour justifier une telle offre. Le pouvoir adjudicateur examine alors

---

1303 CJCE, 27 novembre 2001, *Lombardini et Mantovani*, aff. jtes C-285/99 et C-286/99, *op. cit.*, pt 69.

1304 G. Skovgaard Ølykke, *Abnormally Low Tenders: With an Emphasis on Public Tenderers*, *op. cit.*, p. 251 (traduction libre de l'auteur).

1305 *Ibid.*, p. 295.

1306 *Ibid.*, p. 265.

1307 La comparaison avec les autres offres présentées est admise par le juge européen sous réserve d'être modifiable en fonction du marché en cause ; en ce sens : CJCE, 22 juin 1989, *Fratelli Costanzo SpA*, aff. C-103/88, *op. cit.* ; CJCE, 16 octobre 1997, *Hera SpA*, aff. C-304/96, EU:C:1997:496 ; CJCE, 27 novembre 2001, *Lombardini et Mantovani*, aff. jtes C-285/99 et C-286/99, *op. cit.*, pt 68 et s. En droit interne v. not. CAA Marseille, 12 juin 2006, *SARL Stand Azur*, n° 03MA02139, inédit au *Rec.*

1308 Cons. conc., avis n° 96-A-08 du 2 juillet 1996, *op. cit.* ; déc. n° 99-D-64 du 26 octobre 1999, Pratiques relevées lors de la passation d'un marché de construction d'un atelier mécano-plastique à Auray dans le Morbihan, *BOCCRF* n° 2 du 8 février 2000.

1309 CJCE, 27 novembre 2001, *Lombardini et Mantovani*, aff. jtes C-285/99 et C-286/99, *op. cit.*, pt 73.

1310 CJCE, 22 juin 1989, *Fratelli Costanzo SpA*, aff. C-103/88, *op. cit.*, pt 18 ; CJCE, 15 mai 2008, *SECAP SpA*, aff. C-147/06, EU:C:2008:277, pt 15 ; comm. E. Broussy, C. Lambert, F. Donnat, *AJDA*, 2008, pp. 1541-1542.

1311 V. égal. directive 2009/81/CE, *op. cit.*, article 49.

si le marché public en question permet, *a priori*, d'entrer dans une spécificité de production prévue par ledit article, ainsi que par exemple l'économie du procédé de fabrication, du procédé de construction ou des solutions techniques proposées.

294. Dans un deuxième temps, si le doute persiste, le pouvoir adjudicateur peut appliquer l'article 69 afin d'exiger des explications de la part du soumissionnaire. Ce dernier peut justifier ses tarifs sur la base de la liste fournie par la directive mais également sur d'autres éléments. La jurisprudence européenne a précisé dans son arrêt *Lombardini* que la liste des explications énoncée par l'article 69 n'est pas exhaustive[1312]. La justification ne peut cependant concerner que des éléments sur lesquels l'entrepreneur dispose d'une marge d'action[1313].

295. En troisième lieu, si le prix proposé est inférieur aux coûts variables, l'offre doit nécessairement être qualifiée d'anormalement basse, à moins d'être justifiée par une aide d'État compatible avec le marché intérieur[1314]. Le test *Akzo* souligne le risque évident d'éviction de la concurrence quand les prix pratiqués sont inférieurs aux coûts variables[1315]. En effet, les éléments d'explication présentés par le droit dérivé, qui tiennent essentiellement aux techniques de production, permettent de justifier une réduction des coûts fixes mais non une réduction des coûts variables. Ainsi, la marge sur coûts variables doit d'être supérieure aux coûts fixes. Or seul un apport en liquidité publique, compatible avec l'article 107 TFUE, permet de justifier une telle différence.

296. **L'application restreinte du test.** La transposition du modèle de la couverture des prix en droit de la commande publique nécessite plusieurs précisions. En effet, ce test n'est pas à la portée de l'ensemble des pouvoirs adjudicateurs, l'évaluation des coûts variables nécessitant des compétences spécifiques et des moyens substantiels. L'emploi global de ce modèle ne peut donc servir qu'à un nombre restreint de pouvoirs adjudicateurs et cibler des contrats financièrement sensibles comme les travaux publics, les marchés de défense et les marchés de renouvellement d'une flotte de véhicules ou de transport. Le modèle peut également aisément être utilisé par les juges ou par les autorités de concurrence lors d'un contentieux. Néanmoins, la première partie du test relative aux coûts totaux peut facilement être employée par l'ensemble des acheteurs publics.

297. **L'aménagement du test *Akzo* pour le droit de la commande publique.** Plusieurs aménagements liés aux spécificités du droit de la commande publique doivent être apportés au test *Akzo*. Tout d'abord, la période prise en compte lors du test de couverture de prix en droit de la commande publique doit correspondre à la durée du contrat pour constater l'existence d'une perte[1316]. La période appréciée reste donc limitée à celle de l'application du droit de la commande publique, de la passation à la fin de l'exécution du marché. De plus si, en matière de fournitures et de travaux, le modèle concurrentiel du test *Akzo* est parfaitement applicable[1317],

---

1312 CJCE, 27 novembre 2001, *Lombardini et Mantovani*, aff. jtes C-285/99 et C-286/99, *op. cit.*, pt 83.

1313 Conclusions de l'avocat général D. R.-J. Colomer présentées le 5 juin 2001, aff. jtes C-285/99 et C-286/99, *op. cit.*, p. 48.

1314 G. Skovgaard Ølykke, *Abnormally Low Tenders: With an Emphasis on Public Tenderers*, *op. cit.*, p. 286.

1315 W. J. Baumol, « Predation Criteria in the Swedish Postal Zone Price Case – A Reply », *ECLR*, vol. 21, n° 4, 2000, p. 228.

1316 G. Skovgaard Ølykke, *Abnormally Low Tenders: With an Emphasis on Public Tenderers*, *op. cit.*, p. 265.

1317 *Ibid.*

en matière de marchés publics de services en revanche, la notion de coût variable moyen et coût total moyen est supplantée par celle de coût variable et coût total[1318]. L'intégration des coûts de passation lors du contrôle, qui sont des coûts propres à la commande publique, est quant à elle l'objet d'interrogations. La doctrine dominante semble pencher pour l'absence de prise en compte de tels coûts, ce qui peut toutefois être discuté[1319]. Les coûts de passation sont bien évidemment un élément essentiel pour les soumissionnaires, notamment pour les contrats intéressant les PME, mais ils ne permettent pas de mesurer l'efficacité économique d'une offre, ce qui justifie leur mise à l'écart lors de l'évaluation des coûts.

298. **Le contrôle du rejet des offres anormalement basses : l'absence de rejet automatique.** Le droit dérivé et la jurisprudence imposent aux pouvoirs adjudicateurs d'offrir aux candidats l'occasion de justifier leurs prix[1320]. La Cour de justice a, de longue date, refusé le rejet automatique des offres anormalement basses[1321]. La place réservée au principe du contradictoire vise à préserver la concurrence effective sur le marché. Celui-ci permet de protéger l'égalité[1322] entre les candidats des risques d'arbitraire des pouvoirs adjudicateurs[1323], ainsi que l'efficacité de l'achat public en conservant les offres les plus compétitives et innovantes du marché[1324]. L'avocat général Colomer précise sur ce point qu'un rejet automatique des offres renforce le risque de pratiques concertées au sein de l'achat public. En effet, « *un concurrent risquant d'être éliminé à cause d'une entente entre les autres est désavantagé, et il le sera plus encore si, de surcroît, on ne lui donne pas la possibilité de s'exprimer* »[1325].

299. De la même façon, l'élimination automatique d'un concurrent réduirait *de jure* la concurrence sur le marché[1326]. Le contradictoire préserve donc l'objectif de concurrence effective du droit de la commande publique[1327]. Si l'obligation qui s'impose aux acheteurs publics de demander des explications au candidat sur son offre est évidente tant dans la jurisprudence que dans le droit dérivé, l'obligation de rejeter cette offre l'est nettement moins. L'article 69 de la directive 2014/24/UE souligne qu'à l'issue du

---

1318 *Ibid.*, p. 267.

1319 *Ibid.*, p. 267 et s. ; D. W. Carlton, J. M. Perloff, *Modern Industrial Organization*, 4e éd., Londres, Pearson, 2005, p. 29.

1320 Pour une illustration récente en contentieux administratif, v. CAA Paris, 22 janvier 2021, *Société Orféa Acoustique*, n° 18PA03106, *op. cit.*

1321 CJCE, 10 février 1982, *Transporoute*, aff. C-76/81, EU:C:1982:49, pt 18 ; comm. C. Greenwood, *Business Law Review*, 1984, pp. 51-53 ; CJCE, 22 juin 1989, *Fratelli Costanzo SpA*, aff. C-103/88, *op. cit.*, pt 26 ; CJCE, 27 novembre 2001, *Lombardini et Mantovani*, aff. jtes C-285/99 et C-286/99, *op. cit.*, pt 49 ; TPICE, 25 février 2003, *Renco SpA*, aff. T-4/01, EU:T:2003:37, pt 48 ; P. Braun, *PPLR*, pp. NA116-NA119 ; TPICE, 6 juillet 2005, *TQ3 Travel Solutions Belgium SA*, aff. T-148/04, EU:T:2005:274, pts 49-50 ; comm. J.-Y. Chérot, *Concurrences* n° 1-2006, art. n° 943, pp. 169-170 ; L. Idot, *Europe*, 2006, n° 2, p. 27 ; TPICE, 21 mai 2008, *Belfass*, aff. T-495/04, EU:T:2008:160, pt 88.

1322 CE, *Rapport public 2002. Jurisprudence et avis de 2001 – Collectivités publiques et concurrence*, *op. cit.*, p. 184.

1323 CJCE, 10 février 1982, *Transporoute*, aff. C-76/81, *op. cit.*, pt 17 ; CJCE, 22 juin 1989, *Fratelli Costanzo SpA*, aff. C-103/88, *op. cit.*, pt 17 ; CJUE, 29 mars 2012, *SAG ELV Slovensko e.a.*, aff. C-599/10, *op. cit.*, pt 38 ; comm. M. Meister, *Europe*, 2012, n° 5, p. 192 ; A.-L. Durviaux, *RTDE*, 2013, p. 36.

1324 S. Arrowsmith, *The Law of Public and Utilities Procurement*, 2e éd., *op. cit.*, pt 7.140 p. 534.

1325 Conclusions de l'avocat général D. R.-J. Colomer présentées le 27 novembre 2007, aff. jtes C-147/06 et C-148/06, *op. cit.*, pt 52.

1326 L'article 69 vise en ce sens les dispositions de l'article 18.2.

1327 *Ibid.*

processus contradictoire le pouvoir adjudicateur « *peut rejeter l'offre* » si les éléments de clarification ne sont pas suffisants pour expliquer la faiblesse du prix. Le texte n'impose donc pas de devoir général de rejet des offres anormalement basses, même sans explication acceptable[1328], ce que regrette la professeure Arrowsmith[1329], ce qui semble d'ailleurs corroboré par la lecture des considérants de ladite directive[1330]. Ce n'est que lorsque le caractère anormalement bas de l'offre s'explique par des infractions à des obligations environnementales, sociales et relatives au droit du travail, que la directive fait obligation au pouvoir adjudicateur de la rejeter[1331, 1332]. On peut également déplorer que l'obligation de rejeter l'offre d'un candidat ne s'applique pas également à la violation des règles de concurrence, bien que la difficulté à établir une telle violation puisse légitiment expliquer une telle souplesse du législateur européen. De même, cette difficulté peut justifier la jurisprudence relativement discrète dans le domaine des offres anormalement basses[1333].

300. **Le contrôle du rejet des offres anormalement basses : un examen en deux étapes.** Le Tribunal, dans son arrêt *European Dynamics Luxembourg*, propose une appréciation de l'offre anormalement basse en deux temps[1334]. Tout d'abord, il revient à l'acheteur public d'apprécier si le prix ou le coût proposé dans une offre « apparaît » « anormalement bas »[1335]. À ce stade, l'acheteur public doit uniquement vérifier si l'offre qui lui est présentée contient « *un indice de nature à éveiller le soupçon* »[1336] sur un éventuel caractère anormalement bas. L'arrêt en donne une illustration, avec le cas dans lequel l'offre proposée est « *considérablement inférieur[e] [aux] autres offres soumises ou au prix habituel du marché* »[1337]. Si l'acheteur public identifie de tels indices, celui-ci « *doit procéder [...] à la vérification [...] de l'offre* »[1338] en se fondant sur les explications présentées par le candidat pour procéder ou non au rejet de l'offre.

1328 Directive 2014/24/UE, *op. cit.*, article 69, paragraphe 3. V. en ce sens, TPICE, 25 février 2003, *Renco SpA*, aff. T-4/01, *op. cit.*

1329 S. Arrowsmith, *The Law of Public and Utilities Procurement: Regulation in the EU and UK*, 3e éd., vol. 2, *op. cit.*, p. 813.

1330 Directive 2014/24/UE, *op. cit.*, considérant 103 : « *Si le soumissionnaire ne peut pas fournir d'explication satisfaisante, le pouvoir adjudicateur devrait être autorisé à rejeter son offre.* »

1331 Il convient de relever que sous l'empire du règlement délégué (UE) n° 1268/2012 de la Commission du 29 octobre 2012 relatif aux règles d'application du règlement (UE, Euratom) n° 966/2012 du Parlement européen et du Conseil relatif aux règles financières applicables au budget général de l'Union, le Tribunal a imposé le rejet des offres anormalement basses. En ce sens, Trib. UE, 4 juillet 2017, *European Dynamics Luxembourg e.a. c/ Agence de l'Union européenne pour les chemins de fer*, aff. T-392/15, EU:T:2017:462, pts 87-89 ; comm. M. Zupanc, *Podjetje in delo*, 2018, n° 3-4, pp. 532-560.

1332 S. Braconnier, « Nouvelles directives marchés publics et concessions – Petite révolution et grandes évolutions », *op. cit.*, pt 98 ; S. Arrowsmith, *The Law of Public and Utilities Procurement: Regulation in the EU and UK*, 3e éd., vol. 2, *op. cit.*, p. 814.

1333 G. Skovgaard Ølykke, *Abnormally Low Tenders: With an Emphasis on Public Tenderers*, *op. cit.*, p. 185.

1334 Trib. UE, 4 juillet 2017, *European Dynamics Luxembourg e.a. c/ Agence de l'Union européenne pour les chemins de fer*, aff. T-392/15, *op. cit.*, pts 87-89. Pour une confirmation du mécanisme, v. en ce sens Trib. UE, 16 mai 2019, *Transtec*, aff. T-228/18, EU:T:2019:336, pts 73-75.

1335 Trib. UE, 4 juillet 2017, *European Dynamics Luxembourg e.a. c/ Agence de l'Union européenne pour les chemins de fer*, aff. T-392/15, *op. cit.*, pt 88.

1336 *Ibid.*

1337 *Ibid.*

1338 *Ibid.* pt 89.

Conclusion du Chapitre 3

301. **Une nouvelle manifestation du rôle de droit spécial de la concurrence du droit de la commande publique.** Le droit de la commande publique, en tant que droit régulateur sur le marché de la commande publique, s'affirme comme droit spécial de la concurrence lorsqu'il élabore des mécanismes de prévention des pratiques anticoncurrentielles. Nos développements ont ainsi mis en évidence que le droit de la commande publique a deux objectifs. Tout d'abord, lorsqu'il offre la possibilité aux acheteurs publics d'exclure les offres d'entreprises potentiellement membres d'une entente, ou celles d'entreprises ayant violé les règles de concurrence, il s'inscrit dans une fonction instrumentale à l'égard du droit de la concurrence. Il affermit et confirme, sur le marché spécifique de la commande publique, une sanction établie précédemment par le droit de la concurrence[1339].

302. Puis, en parallèle, d'autres mécanismes, comme l'offre anormalement basse, sont mis en place de manière parfaitement autonome, sans se fonder sur une décision du droit de la concurrence. La fonction d'un tel mécanisme n'est pas de sanctionner, mais de prémunir l'acheteur public contre un comportement potentiellement anticoncurrentiel ou inefficient. De cette façon, le droit de la commande publique propose un dispositif de protection complémentaire de celui qui est offert par le droit de la concurrence. Il embrasse à cette occasion une fonction de droit spécial de la concurrence en raison de son champ d'application limité.

303. **Pistes d'évolutions du droit de la commande publique.** En s'inscrivant dans une démarche quasi répressive, le droit de la commande publique subit l'influence immédiate du droit de la concurrence. Or, comme le souligne la Conférence des Nations unies sur le commerce et le développement (ci-après CNUCED), la procédure de passation doit être « *fondé[e] sur le principe de la concurrence* »[1340] afin d'obtenir « *un nombre suffisant d'offres concurrentielles* »[1341]. Dans cette perspective, il importe de garantir au maximum la loyauté des offres présentées. Toutefois, la trop grande souplesse offerte aux États membres, avec la faculté de ne pas systématiquement exclure des entreprises sanctionnées pour pratiques anticoncurrentielles, fragilise le rôle préventif du droit de la commande publique. Ce dernier ne peut ainsi exprimer sa pleine capacité de prévention. En effet, il est impératif d'envoyer un signal fort aux opérateurs économiques, en imposant d'exclure toute candidature d'une entreprise sanctionnée définitivement pour des pratiques anticoncurrentielles. Ces dernières, en faussant les résultats de la mise en concurrence, privent le droit de la commande publique de son effectivité. Par conséquent, il est crucial, afin de confirmer la convergence entre le droit de la commande publique et le droit de la concurrence, de signaler l'importance

---

1339 Sur les interrogations relatives à la compatibilité de ces exclusions avec les droits fondamentaux, v. en ce sens T. Dal Farra, « Les exclusions générales et automatiques des marchés publics sont-elles conformes au Traité sur l'Union européenne et à la Constitution ? », *BJCP*, n° 74, 2011, pp. 2-11.

1340 CNUCED, « Politique de concurrence et marchés publics », *op. cit.*, pt 59.

1341 *Ibid.*

du respect des règles de concurrence. L'obligation d'exclure de telles candidatures permettrait de rappeler cette proximité entre ces deux branches du droit.

304. En outre, nos précédents développements établissent la proximité entre l'offre anormalement basse et les prix prédateurs. Néanmoins, une telle offre reste en pratique perçue uniquement comme un moyen de lutter contre des offres trop alléchantes et donc périlleuses pour les acheteurs publics. Le droit dérivé devrait à l'avenir rappeler le lien entre ce mécanisme propre au droit de la commande publique et l'article 102 TFUE. Il serait souhaitable d'imposer aux acheteurs publics le rejet des offres issues d'une pratique unilatérale, obligation qui existe déjà lorsque le caractère anormalement bas d'une offre résulte d'une violation des obligations prévues par le droit de l'environnement, le droit social ou encore le droit du travail. La confirmation de cette proximité entre l'offre anormalement basse et l'article 102 TFUE, loin d'être symbolique, permettrait de fixer un cadre d'analyse des offres anormalement basses fondé sur le droit européen de la concurrence, démarche proposée au cours de ce chapitre.

Conclusion du Titre I

305. **Des objectifs partagés en faveur du bien-être dans l'Union européenne.** Traditionnellement, le maintien et le développement d'une structure de marché concurrentielle, ou encore la lutte contre les pratiques anticoncurrentielles, sont identifiés comme des objectifs caractéristiques du droit de la concurrence. La finalité recherchée par le droit de la concurrence à travers ces objectifs est de garantir le bien-être du consommateur. Ce dernier est possible uniquement lorsque la concurrence est libre et non faussée. Le droit de la commande publique partage également de ces ambitions. Le professeur Guibal observe à ce titre que le droit de la commande publique « *intègre parfaitement les impératifs et contraintes* »[1342] du droit de la concurrence ; il partage les « *impératifs* »[1343] du droit de la concurrence avec la nécessité d'une concurrence effective sur le marché. Alors que le droit de la concurrence préserve le bon fonctionnement du marché, notamment par l'intermédiaire d'une structure de marché concurrentielle et d'instruments spécifiques comme le contrôle des concentrations, le droit de la commande publique consacre quant à lui l'objectif de concurrence effective, vers lequel tend l'étape décisive de la mise en concurrence. Pour être effective, cette dernière suppose une réelle mobilisation des acteurs du marché afin d'obtenir des offres réellement compétitives. De la même façon, l'efficacité économique apparaît comme un impératif partagé par ces deux matières. La recherche d'une concurrence effective par le droit de la commande publique constitue ainsi une assurance d'efficacité de l'achat public, alors que le droit de la concurrence utilise la notion de bien-être du consommateur pour traduire juridiquement l'efficience économique.

306. Les « *contraintes* »[1344] du droit de la concurrence sont également partagées par le droit de la commande publique. En effet, la concurrence par les mérites et l'efficacité économique dépendent notamment du respect des règles de concurrence par les entreprises. Le droit de la concurrence, et plus particulièrement les articles 101 et 102 TFUE, est chargé de protéger le marché de tels comportements. Le droit de la commande publique embrasse, certes dans une moindre mesure, une telle fonction à l'occasion de la mise en concurrence. Il dispose en effet d'outils qui lui permettent d'exclure les candidatures des opérateurs économiques soupçonnés d'être membres d'une entente ou encore les candidatures d'entreprises sanctionnées pour de telles pratiques. Ces outils permettent de protéger les acheteurs publics contre de tels risques. Ils permettent également au droit de la concurrence d'avoir un écho au sein de la commande publique et d'étendre la portée des sanctions des autorités de concurrence.

307. **Des convergences grandissantes.** La défense des objectifs du droit de la concurrence par le droit de la commande publique devrait en outre se renforcer ces prochaines années. En effet, plusieurs indices laissent supposer le renforcement futur de tels points de convergence. Ainsi, la volonté européenne d'achever le marché

1342 M. Guibal, « Grandeurs et servitudes de la concurrence », *op. cit.*, p. 2.

1343 *Ibid.*

1344 *Ibid.*

intérieur de la commande publique impose de développer la concurrence transfrontalière, de mobiliser l'ensemble des opérateurs sur le marché et d'augmenter la participation des PME aux procédures de mise en concurrence[1345]. À cette volonté s'ajoute la situation financièrement délicate des acheteurs publics et autorités concédantes, laquelle nécessite de renforcer l'efficience économique de la commande publique. Le droit de la commande publique devra donc s'interroger et perfectionner ses mécanismes afin de mobiliser une plus grande concurrence sur le marché. La dématérialisation des procédures constitue à ce titre un moyen décisif pour parfaire les dispositifs existants et explique l'intérêt de la dernière refonte des directives « marchés publics »[1346] pour ce domaine. La Commission européenne indiquait dès 2010, dans son livre vert sur le développement des marchés électroniques dans l'Union européenne, que la dématérialisation des marchés publics est une « *source d'améliorations considérables du point de vue de l'efficience des achats publics, de leur gestion globale et du fonctionnement des marchés qu'ils représentent* »[1347]. Le recours à la dématérialisation des procédures devrait ainsi se développer rapidement au sein du droit de la commande publique mais surtout dans la pratique des acheteurs publics, afin de renforcer la structure concurrentielle du marché mais également l'efficacité de l'achat public.

308. **Une défense réciproque.** Alors que la défense des objectifs du droit de la concurrence par le droit de la commande publique permet d'illustrer la fonction de droit spécial de la concurrence de ce dernier, le droit de la concurrence défend en parallèle les objectifs du droit de la commande publique. L'effectivité de ce dernier est en effet conditionnée par l'existence d'un marché dépourvu de pratiques anticoncurrentielles. Le rôle répressif du droit de la concurrence et les innovations juridiques qu'il propose afin de s'adapter aux spécificités de la commande publique lui permettent d'assister véritablement le droit de la commande publique dans la réussite de ses fonctions. Il convient par conséquent d'analyser l'action du droit de la concurrence dans la protection des objectifs du droit de la commande publique.

1345 V. *supra*, Partie I, Titre I, Chapitre 1, Section 2.

1346 Directive 2014/24/UE, *op. cit.*, considérant 52 et article 22 ; directive 2014/25/UE, *op. cit.*, considérant 63 et article 40. Sur ce point v. S. Braconnier, « La typologie des contrats publics d'affaires face à l'évolution du champ d'application des nouvelles directives », *op. cit.*, pp. 832-833 ; S. de La Rosa, *Droit européen de la commande publique*, *op. cit.*, pt 407, p. 346 ; B. Koebel, « Dématérialisation des marchés publics et accès des entreprises à la commande publique », *CMP*, 2018, n° 12, p. 52 ; A. Labetoule, S. Le Cadet, A. Bardoux, « Panorama des principales nouveautés de la réforme du droit des marchés publics : ce qu'il faut retenir », *JCP A*, 2016, n° 20, pp. 29-37 ; M. Amilhat, « Les enjeux de la dématérialisation des marchés publics », *op. cit.*, p. 60 et s.

1347 Comm. eur., Livre vert sur le développement des marchés publics électroniques dans l'UE, *op. cit.*, p. 2.

TITRE II

LA DÉFENSE DES OBJECTIFS DU DROIT DE LA COMMANDE PUBLIQUE PAR LE DROIT DE LA CONCURRENCE

309. **Le droit de la commande publique : des objectifs pluriels.** Comme c'est le cas pour le droit de la concurrence, les textes et la doctrine attribuent généralement une pluralité d'objectifs au droit de la commande publique. Les différents objectifs mis en évidence, qui sont généralement économiques, parfois secondaires, voire contradictoires[1348], varient en fonction du droit de la commande publique considéré. Ainsi, les droits de la commande publique nationaux peuvent viser des objectifs protectionnistes assumés ou déguisés en raison d'un « effet frontière », selon la formule des professeurs Crozet et Trionfetti[1349]. Le droit de la commande publique de l'Union européenne, quant à lui, adopte naturellement des objectifs propres au développement et à la protection du marché intérieur. Or, ces divisions intègrent également les débats plus contemporains entre les keynésiens et les libéraux.

310. **Un cadre scientifique divisé entre keynésianisme et libéralisme.** Les objectifs du droit de la commande publique poursuivent, plus largement, une ambition de protection de l'intérêt général. Une telle vocation, comparable à celle poursuivie par le droit de la concurrence, suscite cependant des divisions doctrinales significatives. La pensée keynésienne appréhende le droit de la commande publique comme un vecteur d'interventionnisme dans l'économie. L'achat public peut masquer un « *outil détourné de protection commerciale* »[1350] en faveur des entreprises nationales, régionales ou locales, voire être un outil de relance économique[1351]. Selon la doctrine keynésienne, la demande publique en biens et services est, avec la réduction de la fiscalité et une politique de dévaluation monétaire, l'une des trois options essentielles

---

1348 OCDE, « Recommandation du Conseil de l'OCDE sur les marchés publics », *op. cit.*, pt V, p. 9.

1349 M. Crozet, F. Trionfetti, « Effets-frontières entre les pays de l'Union européenne : le poids des politiques d'achats publics », *op. cit.*, p. 189 ; M. Lestienne, P. Marlier, « Les commandes publiques, instruments de la politique économique ? », *op. cit.*, p. 15 et s.

1350 M. Crozet, F. Trionfetti, « Effets-frontières entre les pays de l'Union européenne : le poids des politiques d'achats publics », *op. cit.*, p. 190.

1351 S. Braconnier, « Performance et procédures d'attribution des contrats publics », in *Performance et droit administratif*, N. Albert (dir.), Paris, LexisNexis Litec, 2010, p. 157.

pour la reprise économique lors des périodes de récession[1352]. Un tel pouvoir permet aux personnes publiques de maintenir, voire d'accroître, la demande dans les secteurs économiques les plus affectés par la réduction de la demande globale ou la récession[1353]. L'interventionnisme keynésien peut également justifier que la commande publique serve à la mise en place d'une politique industrielle[1354], de développement régional[1355] ou encore au développement de certaines technologies telles que les produits et services durables[1356]. Pour ce faire, la masse considérable des achats publics permet de « *jouer un réel effet levier sur certains modes de production* »[1357]. La mise en place de politiques horizontales relève manifestement de cette école de pensée. La dernière réforme du droit de la commande publique consacre d'ailleurs de tels objectifs au sein du droit dérivé. La directive 2014/24/UE permet désormais aux acheteurs publics de « *mieux utiliser l'instrument des marchés publics au service d'objectifs sociétaux communs* »[1358].

311. Or, cette perte volontaire de neutralité de l'achat public n'est pas suivie par l'approche néo-libérale. Selon elle, le droit de la commande publique poursuit uniquement une démarche d'efficacité économique en vue de bénéficier des fruits du marché intérieur. Nos précédents développements ont permis de démontrer que cette recherche d'efficacité économique vise à optimiser la dépense publique en faveur des produits, services et travaux présentant le meilleur rapport qualité-prix[1359]. Ce fondement originel du droit de la commande publique se focalise exclusivement sur le résultat de l'opération pour la personne publique et sur les bénéfices qu'elle pourra tirer de la mise en concurrence.

1352 Y. Lu, « The Contribution of Public Procurement to U.S. Federal Government's Rescue of the Late 2000s Economic Recession », 5th International Public Procurement Conference, Seattle, 2012, p. 5 ; T. A. Knoop, *Recessions and Depressions: Understanding Business Cycles*, 2e éd., Santa Barbara, Praeger, 2009, 290 p. ; J. M. Keynes, *The General Theory of Employment, Interest and Money*, New York, Harcourt, Brace & World, 1936, 403 p.

1353 M. Lestienne, P. Marlier, « Les commandes publiques, instruments de la politique économique ? », *op. cit.*, p. 10 et 11 ; C. Jeanrenaud, « Public Procurement and Economic Policy », *Annals of Public and Cooperative Economics*, vol. 55, n° 2, 1984, p. 154 ; A. Sánchez-Graells, *Public Procurement and the EU Competition Rules*, 2e éd., *op. cit.*, p. 53 ; C. Bouthevillain, G. Dufrénot, P. Frouté, L. Paul, *Les politiques budgétaires dans la crise*, Louvain-la-Neuve, De Boeck, 2013, p. 51.

1354 M. Lestienne, P. Marlier, « Les commandes publiques, instruments de la politique économique ? », *op. cit.*, p. 3. La corrélation entre le développement industriel et le protectionnisme lors des achats publics a été soulignée par la théorie Singer-Prebisch pour les pays en développement. Inonder les marchés émergents de produits étrangers conduit *de facto* à leur faire perdre leurs capacités de production nationale. En ce sens, H. Singer, « The Terms of Trade Fifty Years Later – Convergence and Divergence », *The South Letter*, vol. 30, n° 1, 1998 ; M. A. Yülek, T. K. Taylor (dir.), *Designing Public Procurement Policy in Developing Countries: How to Foster Technology Transfer and Industrialization in the Global Economy*, Berlin, Springer Science & Business Media, 2011, p. 59 et s.

1355 C. Jeanrenaud, « Public Procurement and Economic Policy », *op. cit.*, p. 153.

1356 A. Sánchez-Graells, « Truly Competitive Public Procurement as a Europe 2020 Lever: What Role for the Principle of Competition in Moderating Horizontal Policies? », *European Public Law*, vol. 22, n° 2, 2016, pp. 377-394 ; G. Cantillon, *Code de l'achat durable. Commande publique & développement durable*, Saint-Denis, Éditions Weka, 2010, 386 p. ; P. Schiesser, G. Cantillon, *L'achat public durable*, Paris, Le Moniteur, 2007, 255 p. Le Conseil d'analyse économique relève que la commande publique est un « *levier d'action* » dans la recherche ; v. en ce sens *Financer la R&D*, rapport sous la direction de J.-P. Betbèze, Paris, La Documentation française, 2005, p. 106.

1357 P. Schiesser, G. Cantillon, *L'achat public* durable, *op. cit.*, p. 25.

1358 Directive 2014/24/UE, *op. cit.*, considérant 2.

1359 V. *supra* pt 234.

312. **Choix du positionnement théorique : l'efficacité de la commande publique comme finalité du droit de la commande publique.** Le positionnement libéral du droit de la commande publique offre, comme nous l'avons mis en lumière dans le titre précédent, une approche intellectuelle comparable à celle confiée par les ordolibéraux au droit de la concurrence européen, celui de la concurrence par les mérites. Elle bénéficie en outre d'une solide assise historique et juridique, que ce soit en droit interne ou en droit européen. Par conséquent, il est nécessaire que les objectifs retenus soient ceux traditionnellement admis par le droit européen : l'utilisation optimale des deniers publics, la lutte contre la corruption[1360], le développement du marché intérieur[1361] et, enfin, le développement d'une concurrence effective[1362]. En effet, ce choix est justifié principalement par la poursuite d'un objectif plus global qui nécessite la combinaison de tous les autres objectifs : l'efficacité de la commande publique[1363]. Ainsi, les objectifs de concurrence effective et d'utilisation optimale des ressources publiques constituent finalement des instruments de l'efficacité de la commande publique[1364]. De même, comme nous l'avons démontré dans le chapitre précédent, les politiques horizontales du droit de la commande publique peuvent également avoir pour ambition l'efficience économique[1365].

313. **Une efficacité conditionnée.** Or, pour que le droit de la commande publique puisse être réellement effectif et atteindre ses objectifs, le droit de la concurrence doit le préserver des comportements des candidats susceptibles de faire échouer le processus de mise en concurrence[1366]. Albert Sánchez-Graells observe à ce titre que le droit de la commande publique est dépendant de l'action du droit de la concurrence sur le marché[1367]. Cela peut s'expliquer par la vocation du droit de la concurrence de protéger le commerce et les mérites des entreprises contre les pratiques anticoncurrentielles[1368]. Par pratiques anticoncurrentielles, nous entendons

---

1360 Comm. eur., Livre vert sur la modernisation de la politique de l'UE en matière de marchés publics, « Vers un marché européen des contrats publics plus performant », *op. cit.*, p. 52 et s. ; S. Arrowsmith, *The Law of Public and Utilities Procurement: Regulation in the EU and UK*, 3e éd., vol. 1, *op. cit.*, pt 1-05, pp. 6 et 7 ; S. Arrowsmith, J. Linarelli, D. Wallace, *Regulating Public Procurement: National and International Perspectives*, Alphen aan den Rijn, Wolters Kluwer, 2000, pp. 32-61 ; A. Sánchez-Graells, *Public Procurement and the EU Competition Rules*, 2e éd., *op. cit.*, p. 115 et s. ; C.-A. Dubreuil, *Droit des contrats administratifs*, *op. cit.*, pt 148, p. 73.

1361 Comm. eur., Livre vert sur la modernisation de la politique de l'UE en matière de marchés publics, « Vers un marché européen des contrats publics plus performant », *op. cit.*, p. 6 ; S. de La Rosa, *Droit européen de la commande publique*, *op. cit.*, p. 16 et s. ; S. Arrowsmith, *The Law of Public and Utilities Procurement: Regulation in the EU and UK*, 3e éd., vol. 1, *op. cit.*, pt 3-03, p. 150 et s. ; P. T. Madsen, « Re-opening the Debate on the Lack of Impact of EU Tenders on the Openness of Public Procurement », *PPLR*, 2002, n° 5, p. 265 ; W. S. Atkins, « The "Cost of Non-Europe" in Public Sector Procurement », *op. cit.*

1362 V. *supra*, Partie I, Titre I, Chapitre 2, Section 2.

1363 E. Berkani, « Droit de la concurrence et commande publique : État des lieux d'un vieux couple », *op. cit.*, pt 12, p. 60 ; A. Sánchez-Graells, *Public Procurement and the EU Competition Rules*, 2e éd., *op. cit.*, p. 113 et s.

1364 R. D. Anderson, W. E. Kovacic, A. C. Müller, « Promoting Competition and Deterring Corruption in Public Procurement Markets: Synergies with Trade Liberalisation », *PPLR*, 2017, n° 2, propos introductifs.

1365 V. *supra* Partie I, Titre I, Chapitre 2.

1366 P. Szilágyi, « Bidding Markets and Competition Law in the European Union and the United Kingdom – Part 1 », *op. cit.*, pp. 16-17.

1367 A. Sánchez-Graells, « Public procurement: An overview of EU and national case law », *op. cit.*, p. 2.

1368 B. Delaunay, *Droit public de la concurrence*, 2e éd., *op. cit.*, pp. 27-28.

les comportements sanctionnés par les dispositions des articles 101 et 102 TFUE[1369], dont la combinaison forme « *le cœur du droit de la concurrence* » selon la formule du professeur Delaunay[1370]. Ce domaine correspond selon lui à une « *police des marchés* »[1371]. Le droit de la commande publique, nonobstant des outils préventifs, ne peut à lui seul écarter les risques d'ententes ou d'abus de position dominante. Son rôle se limite en effet à celui d'une police des achats publics. La lutte contre les pratiques anticoncurrentielles des candidats participe alors directement à l'utilisation efficace des deniers publics, comme le précise l'OCDE dans ses lignes directrices pour la lutte contre les soumissions concertées dans les marchés publics, « Pour une dépense optimisée des fonds publics par les gouvernements »[1372]. Dans ce document, l'OCDE établit une relation évidente entre l'inefficience économique du droit de la commande publique et les pratiques collusives. Dès lors, l'effectivité du droit de la commande publique dépend du respect des règles de concurrence par les opérateurs économiques qui participent aux procédures de passation[1373].

314. **La place déterminante de l'Autorité de la concurrence.** Une analyse minutieuse de l'action du droit de la concurrence et des autorités de concurrence dans le domaine du droit de la commande publique conduit, en raison des seuils de compétences, à accorder une place significative à l'action de l'Autorité de la concurrence. Celle-ci se retrouve en effet en première ligne pour sanctionner les ententes, qui atteignent rarement les seuils de compétence européens, comme l'observe d'ailleurs le professeur Richer[1374]. Or, comme nous l'avons évoqué[1375], cette autorité se fonde également ses décisions sur le droit européen. Par conséquent, en dépit de la discrétion de la Commission européenne et de la Cour de justice, le droit européen demeure au cœur de cette analyse.

315. **Plan du Titre II.** L'étude du contentieux et de la doctrine permet de comprendre le rôle décisif du droit de la concurrence dans la réalisation des objectifs du droit de la commande publique. Les autorités de concurrence ont d'ailleurs totalement intégré ce rôle protecteur de l'effectivité du droit de la commande publique. Ces dernières font, à ce titre, preuve d'une vigilance renforcée dans ce domaine (Chapitre 1). Cela peut s'expliquer par l'hétérogénéité des pratiques anticoncurrentielles qui altèrent l'effectivité du droit de la commande publique (Chapitre 2).

1369 L'article 107 TFUE, qui ne vise pas les pratiques anticoncurrentielles des entreprises, fera l'objet de développements dans la Partie II, Titre I, Chapitre 2 de cette étude

1370 B. Delaunay, *Droit public de la concurrence*, 2e éd., *op. cit.*, pt 47, p. 40.

1371 *Ibid.* V. égal. A. Decocq, G. Decocq, *Droit de la concurrence. Droit interne et droit de l'Union européenne*, 8e éd., *op. cit.*, pt 8, p. 32 ; N. Petit, *Droit européen de la concurrence*, 2e éd., *op. cit.*, pt 30 et s., pp. 39-40 ; C. Prieto, D. Bosco, *Droit européen de la concurrence. Ententes et abus de position dominante*, *op. cit.*, pt 303 et s., p. 299 et s.

1372 OCDE, Lignes directrices pour la lutte contre les soumissions concertées dans les marchés publics, « Pour une dépense optimisée des fonds publics par les gouvernements », *op. cit.* ; P. Szilágyi, « Bidding Markets and Competition Law in the European Union and the United Kingdom – Part 1 », *op. cit.*, pp. 16-17 ; P. Klemperer, « Auction Theory: A Guide to the Literature », *Journal of Economic Surveys*, vol. 13, n° 3, 1999, p. 240.

1373 CNUCED, « L'utilité de la politique de la concurrence pour les consommateurs », 29 avril 2014, pt 16 ; Comm. eur., « Communication sur les outils de lutte contre la collusion dans les marchés publics et orientations sur la manière d'appliquer le motif d'exclusion y relatif », *op. cit.*, Annexe, pt.1.

1374 L. Richer, *L'Europe des marchés publics. Marchés publics et concessions en droit communautaire*, *op. cit.*, pt 842, p. 291.

1375 V. *supra*, pt 36.

Chapitre 1
La vigilance renforcée des autorités de concurrence à l'égard du droit de la commande publique

316. **Une vigilance indispensable.** Le professeur Vogel a mis en évidence la double fonction du droit de la concurrence, l'une défensive et l'autre offensive[1376]. La prohibition des pratiques anticoncurrentielles incarne parfaitement cette fonction défensive. Leur interdiction et la répression qui en résulte imposent aux entreprises d'adopter des comportements loyaux et bénéfiques pour le bien-être dans l'Union. Ce rôle d'arbitre se double d'une fonction de « *protection* »[1377] des consommateurs. Or, lorsque les acheteurs publics et autorités concédantes usent du droit de la commande publique, ils ont vocation à satisfaire leurs besoins. Partant, ils interrogent le marché afin d'y trouver l'offre la plus économiquement efficace. La réponse du marché peut toutefois s'avérer faussée en raison des comportements anticoncurrentiels des opérateurs économiques. Au même titre que les consommateurs sur le marché traditionnel, les acheteurs publics et autorités concédantes comptent alors sur le droit de la concurrence pour veiller au bon fonctionnement du marché.

317. **Une vigilance renforcée.** Ce chapitre conduit à démontrer l'existence d'une vigilance renforcée, c'est-à-dire d'une attention accentuée des autorités de concurrence, sur les marchés de la commande publique. Ce renforcement s'illustre par les nombreuses références à ce domaine dans les documents de travail et la pratique décisionnelle de l'Autorité de la concurrence ; il s'illustre également lorsque cette dernière adapte son raisonnement juridique pour renforcer la fonction défensive du droit de la concurrence, eu égard aux fragilités constatées sur le marché de la commande publique.

318. **Une vigilance partagée par les acteurs de la concurrence.** Si l'essentiel des éléments de ce chapitre émane de l'Autorité de la concurrence, d'autres acteurs de la concurrence accordent, certes plus discrètement, une attention particulière aux marchés de la commande publique. C'est le cas de la Commission européenne. De la même façon, les juridictions judiciaires compétentes pour ce type de contentieux jouent un rôle décisif en consacrant dans leur jurisprudence les techniques et mécanismes mis en place par l'Autorité de la concurrence pour

---

1376 L. Vogel, « À quoi sert la concurrence pour les entreprises ? », *op. cit.*, p. 247 et s.

1377 Comm. eur., « Rapport sur la politique de concurrence 2017 », *op. cit.*, p. 2 ; B. Lehaire, « La protection du consommateur par le droit de la concurrence : analyse civiliste et pratique des positions canadienne et européenne », *RIDE*, 2016, n° 3, pp. 289-313 ; K. J. Cseres, *Competition Law and Consumer Protection*, Alphen aan den Rijn, Wolters Kluwer, 2005, p. 29 ; H. Vedder, « Competition Law and Consumer Protection: How Competition Law can be Used to Protect Consumers even Better – or Not? », *EBLR*, vol. 17, n° 1, 2006, p. 86.

défendre l'effectivité du droit de la commande publique. La Cour de justice, plus modestement, contribue également à ce mouvement.

319. **Plan du Chapitre 1.** Le soin accordé par le droit de la concurrence à la préservation de l'efficacité du droit de la commande publique se fonde sur plusieurs motifs liés aux spécificités économiques de ce domaine (Section 1). L'intérêt pour le droit de la commande publique se concrétise notamment, dans la pratique des autorités de concurrence, par l'utilisation du principe de juste appréciation de la concurrence par l'acheteur public (Section 2).

Section 1
Les fondements de l'intérêt du droit de la concurrence pour le droit de la commande publique

320. Le droit de la concurrence, et plus spécialement la pratique des autorités de concurrence, semble accorder une attention particulière aux risques de pratiques anticoncurrentielles mis en œuvre lors de procédures de mise en concurrence. Cela se traduit par une délimitation spécifique des marchés en cause lors des marchés publics et concessions (§ 1). De la même façon, les comportements anticoncurrentiels dans ce secteur semblent affecter plus sensiblement l'intérêt général et l'ordre public concurrentiel en raison d'une violation cumulative des règles de la concurrence et du droit de la commande publique. (§ 2)

§ 1. Des spécificités dans la qualification des marchés en cause

321. L'appréciation portée par les autorités de concurrence sur les différents marchés en cause de la commande publique traduit l'application des méthodes de qualification traditionnellement admises par le droit de la concurrence (A) adaptées aux particularités concurrentielles du droit de la commande publique (B).

A. La délimitation du marché en cause en droit européen de la concurrence

322. **La notion de marché en cause.** La notion de marché, définie par la théorie économique comme étant « *le point de rencontre, réel ou abstrait, des offres et des demandes relatives à un même bien ou service dont résulte un prix* »[1378], a un écho important en matière d'analyse concurrentielle, sans pour autant que

[1378] J.-P. Lorriaux, *Économie politique contemporaine*, 5e éd., Paris, Economica, 1994, p. 375. V. égal. P. Boustany, « La notion de marché en droit européen de la concurrence », thèse Université Paris 2 Panthéon-Assas, 2004, p. 244.

cette notion fasse l'objet d'une définition unique en droit de l'Union européenne[1379]. L'originalité du droit de la concurrence est de forger une définition de marché distincte de celle proposée par les économistes[1380]. Alors que la jurisprudence européenne semble « *concevoir le marché comme le lieu où s'effectuent les échanges économiques* »[1381], la détermination d'un marché en cause permet, selon la Commission européenne, de délimiter « *le périmètre à l'intérieur duquel s'exerce la concurrence entre entreprises* »[1382]. Celui-ci « *comprend tous les produits et/ou services que le consommateur considère comme interchangeables ou substituables en raison de leurs caractéristiques, de leur prix et de l'usage auquel ils sont destinés* »[1383]. Lionel Zevounou précise dans sa thèse qu'il existe une distinction nette entre les notions de marché pertinent et de marché en cause. Alors que le marché pertinent est un « *concept de la science économique* »[1384] qui intègre le modèle théorique de concurrence pure et parfaite, le marché en cause « *constitue une forme de transposition dans l'interprétation des normes* »[1385]. Or, malgré cet éclaircissement, la pratique décisionnelle et la jurisprudence usent régulièrement de la notion de marché pertinent comme synonyme de marché en cause[1386].

323. **Une étape préalable essentielle.** À l'occasion des enquêtes de concurrence, la délimitation du marché en cause constitue un préalable indispensable[1387]. Elle donne la possibilité de « *définir les contours de la concurrence potentielle* »[1388] et ainsi de déterminer l'espace dans lequel des violations de la concurrence sont supposées avoir été commises. De même, comme le remarque Philippe Boustany dans sa thèse de doctorat, la délimitation du marché en cause permet de mesurer la contestabilité du marché et peut ainsi écarter les craintes d'une atteinte à la concurrence

---

1379 P. Maddalon, *La notion de marché dans la jurisprudence de la Cour de justice des Communautés européennes*, Paris, LGDJ, 2007, p. 270.

1380 C. Gavalda, B. Lecourt, G. Parleani, *Droit des affaires de l'Union européenne*, 7e éd., *op. cit.*, pt 476, p. 337.

1381 *Ibid.*

1382 Comm. eur., Communication de la Commission sur la définition du marché en cause aux fins du droit communautaire de la concurrence, *op. cit.*, pt 2. V. égal. Cons. conc., « Rapport annuel 2001 – Études thématiques : Le marché pertinent », 2002 ; R. Blasselle, *Traité de droit européen de la concurrence*, tome 1, *op. cit.*, pp. 463-482 ; M.-C. Boutard-Labarde, G. Canivet, *Droit français de la concurrence*, *op. cit.*, p. 7 ; M.-C. Boutard-Labarde, D. Bureau, « La détermination du marché pertinent », *RJDA*, 1993, n° 11, p. 743 ; D. Engelhard, « Le marché pertinent en droit de la concurrence », thèse Université Paris 10 Nanterre, 1998 ; M Glais, « Définition du marché de référence dans le droit de la concurrence », *Rev. internationale de la conc.*, 1993, n° 171, p. 30 ; J.-L. Lesquins, « Innovation et délimitation des marchés pertinents », *Rev. conc. consom.*, 1995, n° 83, p. 22.

1383 *Ibid.*, pt 7.

1384 L. Zevounou, *Les usages de la notion de concurrence en droit*, *op. cit.*, pt 640, p. 254.

1385 *Ibid.*

1386 *Ibid.*, note 114 ; Cons. conc., « Le marché pertinent », *op. cit.* ; CJUE, 26 janvier 2017, *Villeroy & Boch SAS*, aff. C-644/13 P, EU:C:2017:59 ; Comm. L. Idot, *Europe*, 2017, n° 03 , pp. 23-24 ; CJUE, 23 avril 2015, *LG Display Co. Ltd*, aff. C-227/14 P, EU:C:2015:258 ; comm. L. Idot, *Europe*, 2015, n° 6, p. 38 ; CJUE, 22 octobre 2015, *AC-Treuhand AG*, aff. C-194/14 P, EU:C:2015:717 ; comm. C. Prieto, *Jurisprudence de la CJUE 2015*, F. Picod (dir.), Bruxelles, Bruylant, 2015 ; L. Idot, *Europe*, 2015, n° 12, pp. 37-38 ; M. Debroux, *Concurrences* n° 1-2016, art. n° 77702, pp. 80-81 ; CJUE, 6 octobre 2015, *Post Danmark A/S*, aff. C-23/14, *op. cit.*

1387 P. Boustany, « La notion de marché en droit européen de la concurrence », *op. cit.*, p. 58 ; P. Maddalon, « Concurrence et marché pertinent », in *Le rôle politique de la Cour de justice de l'Union européenne*, L. Clément-Wilz, Bruxelles, Bruylant, 2018, pp. 227-231.

1388 Cons. conc., avis n° 97-A-18 du 8 juillet 1997, Demande d'avis du ministre délégué aux finances et au commerce extérieur concernant l'application de l'article 10-1 de l'ordonnance au secteur du disque, *BOCCRF* n° 97/16 n° 16 du 17 septembre 1997, pp. 639-644.

de la part de monopoles ou d'oligopoles[1389]. À l'instar de la Cour de justice dans son arrêt *Michelin*, les autorités de concurrence doivent nécessairement « *prendre en considération les conditions de concurrence et la structure de la demande et de l'offre sur le marché* »[1390]. Partant, la détermination du marché permet d'intégrer le comportement en cause dans une logique répressive en « *délimitant le champ matériel de l'infraction* »[1391]. En matière de pratiques unilatérales, la Cour de justice a jugé que cette étape était d'une « *importance fondamentale* »[1392] afin d'établir l'existence d'une position dominante sur le marché. Dans le cadre des comportements collusifs, son utilisation n'est pas prépondérante[1393]. Elle permet toutefois d'appréhender le nombre d'opérateurs présents sur le marché, d'examiner l'effet concret des ententes sur les consommateurs et de déterminer si « *la condition prévue à l'article 85, paragraphe 3, point b), pour bénéficier d'une exemption de l'application de l'article 85, paragraphe 1, est remplie* »[1394]. L'intérêt de cette délimitation reste donc essentiel[1395] pour déterminer « *l'espace sur lequel s'appliquera le droit de la concurrence* »[1396].

324. **Les difficultés à établir un cadre de qualification constant.** Les méthodes de détermination du marché en cause présentent l'inconvénient de devoir se fonder sur des critères économiques parfois difficilement applicables. Le choix du critère

---

1389 P. Boustany, « La notion de marché en droit européen de la concurrence », *op. cit.*, p. 222. Sur la théorie du marché contestable, v. en ce sens, W. J. Baumol, J. Panzar, R. Willig, *Contestable Markets and the Theory of Industry Structure*, New York, Harcourt Brace Jovanovich, 1982, 575 p.

1390 CJCE, 9 novembre 1983, *Michelin*, aff. C-322/81, *op. cit.*, pt 37 ; comm. P. Laurent, *Gaz. Pal.*, 1984, pp. 337-339 ; W. L. Snijders, *CMLR*, 1986, pp. 193-205. V. égal. TPICE, 6 octobre 1994, *Tetra Pak c/ Commission*, aff. T-83/91, EU:T:1994:246, pt 63 ; comm. L. Idot, *Europe*, 1994, comm. n° 471, pp. 16-17. Sur la notion de « *condition de concurrence* », v. J. Zachmann, *Le contrôle communautaire des concentrations*, Paris, LGDJ, 1994, p. 225.

1391 L. Zevounou, *Les usages de la notion de concurrence en droit*, *op. cit.*, p. 254 ; X. J. Baumol, « Contestable Markets: An Uprising in the Theory of Industry Structure », *American Economic Review*, vol. 72, n° 1, 1982, pp. 1-15.

1392 CJCE, 11 décembre 1980, *L'Oréal*, aff. C-31/80, *op. cit.*, pt 25 ; comm. C.-F. Durand, *CMLR*, 1982, pp. 332-340 ; CJCE, 11 décembre 2008, *Kanal 5 et TV 4*, aff. C-52/07, EU:C:2008:703, pt 19 ; comm. L. Idot, *Europe*, 2009, n° 2, pp. 39-40 ; C. Prieto, *JDI*, 2009, pp. 700-702.

1393 L. Bidaud, *La délimitation du marché pertinent en droit français de la concurrence*, Paris, Litec, 2001, p. 21 ; TPICE, 14 décembre 2006, *Raiffeisen Zentralbank Österreich AG*, aff. jtes T-259/02 à T-264/02 et T-271/02, EU:T:2006:396, pt 172 : « *[L]a définition du marché en cause ne joue pas le même rôle selon qu'il s'agit d'appliquer l'article 81 CE ou l'article 82 CE. En effet, dans le cadre de l'application de l'article 81 CE, c'est pour déterminer si l'accord, la décision d'association d'entreprises ou la pratique concertée en cause est susceptible d'affecter le commerce entre États membres et a pour objet ou pour effet d'empêcher, de restreindre ou de fausser le jeu de la concurrence à l'intérieur du marché commun qu'il faut définir le marché en cause. C'est la raison pour laquelle, dans le cadre de l'application de l'article 81, paragraphe 1, CE, les griefs formulés à l'encontre de la définition du marché retenue par la Commission ne sauraient revêtir une dimension autonome par rapport à ceux relatifs à l'affectation du commerce entre États membres et à l'atteinte à la concurrence* » ; comm. E. Barbier de La Serre, *RLC*, 2007, n° 11, pp. 32-33 ; L. Idot, *Europe*, 2007, n° 2, pp. 22-24.

1394 Comm. eur., Communication de la Commission sur la définition du marché en cause aux fins du droit communautaire de la concurrence, *op. cit.*, pt 11.

1395 N. Petit, *Droit européen de la concurrence*, 2e éd., *op. cit.*, pt 866 et s., p. 382 et s. ; G. Bernini, R. Bernhardt, *Trente ans de droit communautaire*, Luxembourg, Office des publications officielles des Communautés européennes, 1982, p. 359 ; C. Prieto, D. Bosco, *Droit européen de la concurrence. Ententes et abus de position dominante*, *op. cit.*, p. 307, pt 314.

1396 D. Mainguy (dir.), *Dictionnaire de droit du marché : concurrence, distribution, consommation*, Paris, Ellipses, 2008, p. 222.

de détermination représente un préalable essentiel, dont l'identification a été particulièrement complexe[1397]. En effet, à l'occasion de l'arrêt *United Brands*, le juge européen n'expose pas clairement les indices lui permettant de mesurer le marché en cause. Ainsi, par exemple, la qualification de la position dominante d'une entreprise, définie comme « *le pouvoir de faire obstacle au maintien d'une concurrence effective sur le marché en cause en lui fournissant la possibilité de comportements indépendants dans une mesure appréciable vis-à-vis des concurrents, de ses clients et, finalement, des consommateurs* »[1398], permet de définir le marché en cause[1399]. La possibilité offerte à une entreprise d'utiliser son pouvoir de marché démontrait clairement que le marché en cause était composé d'une entreprise en position dominante en raison de ses importantes parts de marché. La méthode d'identification employée a pour mérite de se référer « *aux préférences du consommateur* »[1400] en usant de tests de substituabilité ou d'interchangeabilité[1401].

325. **L'approche retenue par la communication de 1997.** Malgré ces débats doctrinaux, la pratique européenne a progressivement intégré les parts des marchés des entreprises comme un critère d'identification du marché en cause[1402]. Cette démarche, esquissée dans l'arrêt *Völk*[1403], a été confirmée par la Commission européenne dans sa communication du 27 mai 1970 concernant les accords d'importance mineure qui ne sont pas visés par les dispositions de l'article 85, paragraphe 1, du traité instituant la C.E.E.[1404]. Les risques d'arbitraire d'une telle orientation poussèrent la Commission à y intégrer des critères qualitatifs. La communication de 1997 relative à la définition du marché en cause établit une distinction entre,

---

1397 L. Zevounou, *Les usages de la notion de concurrence en droit*, *op. cit.*, pt 668 et s., p. 264 et s. ; C. Prieto, D. Bosco, *Droit européen de la concurrence. Ententes et abus de position dominante*, *op. cit.*, p. 314, p. 307.

1398 CJCE, 14 février 1978, *United Brands c/ Commission*, aff. C-27/76, EU:C:1978:22, pt 64 ; comm. P. Delannay, *RTDE*, 1978, pp. 294-302 ; A. Christoyannopoulos, *CDE*, 1978, pp. 617-633.

1399 L. Zevounou, *Les usages de la notion de concurrence en droit*, *op. cit.*, pt 670 et s., pp. 264-265.

1400 *Ibid.*

1401 CJCE, 21 février 1973, *Continental Can*, aff. C-6/72, EU:C:1973:22, pt 14 ; CJCE, 13 février 1979, *Hoffmann-La Roche c/ Commission*, aff. C-85/76, *op. cit.*, pt 3 ; comm. J. de Richemont, *RTDE*, 1973, pp. 463-491 ; L. Anselme-Rabinovitch, *Revue de la banque*, 1973, pp. 622-624 ; L. Focsaneanu, *RMC*, 1973, pp. 145-159 ; A. Jacquemin, « Entreprises étrangères et politique européenne de concurrence », *RTDE*, 1973, pp. 420-423 ; J. Guyénot, *LPA*, 1973, n° 31, pp. 3-4 ; J. Guyénot, *Gaz. Pal.*, 1973, III Doct. pp. 352-354 ; F.-C. Jeantet, *JCP E*, 1973, II, p. 11086 ; J. Vandamme, *CDE*, 1974, pp. 112-126. Sur la distinction entre les notions d'interchangeabilité et de substituabilité, la thèse de Laila Bidaud précise que l'interchangeabilité tiendrait compte des éléments « *physiques ou techniques des produits considérés. L'interchangeabilité a également trait à l'usage de ces produits ; on parlera alors d'interchangeabilité fonctionnelle. C'est ce qui ressort par exemple de la formulation de la Cour de justice dans l'affaire Continental Can. Alors que l'élasticité croisée de la demande, qui constitue la source originelle de la notion de substituabilité, se rapporte, comme on l'a indiqué, plus spécifiquement à la variation des prix et des quantités* »– in L. Bidaud, *La délimitation du marché pertinent en droit français de la concurrence*, *op. cit.*, p. 256. V. égal. P. Boustany, « La notion de marché en droit européen de la concurrence », *op. cit.*, p. 434 et s.

1402 L. Zevounou, *Les usages de la notion de concurrence en droit*, *op. cit.*, pt 671 et s., p. 265 ; N. Petit, *Droit européen de la concurrence*, 2e éd., *op. cit.*, pt 905 et s., p. 395 et s.

1403 CJCE, 9 juillet 1969, *Völk*, aff. C-5/69, *op. cit.*, pt 7 ; comm. J. Van Damme, *CDE*, 1970, pp. 63-87.

1404 Comm. eur., Communication de la Commission, du 27 mai 1970, concernant les accords d'importance mineure qui ne sont pas visés par les dispositions de l'article 85 paragraphe 1 du traité instituant la C.E.E., *op. cit.* V. égal., Comm. eur., Communication « Orientations sur les priorités retenues par la Commission pour l'application de l'article 82 du traité CE aux pratiques d'éviction abusives des entreprises dominantes », *op. cit.*, pt 13 et s., CJCE, 3 juillet 1991, *Akzo*, aff. C-62/86, *op. cit.*, pt 60 ; Trib. UE, 29 mars 2012, *Telefónica SA et Telefónica de España*, aff. T-336/07, EU:T:2012:172, pt 150.

d'une part, une délimitation fondée sur les qualités du produit et, d'autre part, la dimension géographique du marché. L'analyse doit donc combiner ces deux éléments afin de dégager le marché en cause[1405]. La distinction proposée n'est finalement que la reprise de l'ordre formalisé par l'arrêt *United Brands*[1406].

326. **L'établissement des principes de base de la définition de marché en cause.** Préalablement aux développements sur les éléments d'appréciation du marché en cause, la Commission européenne précise qu'il existe des principes de base lors de la définition du marché. Ces derniers permettent de mesurer les contraintes concurrentielles existantes[1407]. La mise en œuvre de tests d'élasticité apparaît comme la principale orientation choisie par la communication de la Commission de 1997. Celle-ci définit la substituabilité du côté de la demande comme « *un exercice mental présupposant une variation légère, mais durable, des prix relatifs et évaluant les réactions probables des clients* »[1408]. La substituabilité du côté de l'offre reprend la méthode de l'élasticité de la demande mais se positionne quant à elle sur la recherche « *d'une pression concurrentielle en examinant cette fois-ci directement les autres fournisseurs* »[1409]. Enfin, dans une certaine mesure, la Commission européenne peut également ajouter une analyse fondée sur la concurrence potentielle en fonction des contraintes qui peuvent peser sur l'entreprise en cause. Une telle analyse ne peut néanmoins intervenir que postérieurement à la détermination des parts de marché de l'entreprise, et s'il existe des raisons de craindre un impact sur la concurrence[1410].

327. **L'analyse du produit.** La Commission européenne a mis en place une série de critères qualitatifs permettant d'identifier la dimension du produit lors de la délimitation du marché en cause. Or, comme le remarque le professeur Maddalon dans sa thèse de doctorat, la délimitation du produit en cause correspond systématiquement à la première étape parce que « *la zone géographique n'a pas d'existence en dehors de ce produit* »[1411]. Pour ce faire, il convient d'identifier les spécificités du produit et du secteur, puis d'utiliser des critères empiriques supplémentaires basés sur les informations disponibles sur le marché. L'objectif est de démontrer, par l'intermédiaire des caractéristiques et des usages du produit, l'ensemble des substituabilités éventuelles[1412]. La Commission européenne peut, en outre,

---

1405 Comm. eur., Communication de la Commission sur la définition du marché en cause aux fins du droit communautaire de la concurrence, *op. cit.*, pt 9 ; P. Maddalon, *La notion de marché dans la jurisprudence de la Cour de justice des Communautés européennes*, *op. cit.*, p. 169 ; L. Idot, J.-B. Blaise, « Chronique concurrence », *RTDE*, 1995, p. 50 ; C. L. de Leyssac, G. Parleani, *Droit du marché*, *op. cit.*, p. 173 ; C. Gavalda, B. Lecourt, G. Parleani, *Droit des affaires de l'Union européenne*, 7e éd., *op. cit.*, pts 478-480, pp. 337-339.

1406 CJCE, 14 février 1978, *United Brands c/ Commission*, aff. C-27/76, *op. cit.*, pt 10 et s.

1407 Comm. eur., Communication de la Commission sur la définition du marché en cause aux fins du droit communautaire de la concurrence, *op. cit.*, pt 13.

1408 *Ibid.*, pt 15.

1409 C. Prieto, D. Bosco, *Droit européen de la concurrence. Ententes et abus de position dominante*, *op. cit.*, pt 332, p. 317.

1410 Comm. eur., Communication de la Commission sur la définition du marché en cause aux fins du droit communautaire de la concurrence, *op. cit.*, pt 24.

1411 P. Maddalon, *La notion de marché dans la jurisprudence de la Cour de justice des Communautés européennes*, *op. cit.*, p. 169.

1412 Comm. eur., Communication de la Commission sur la définition du marché en cause aux fins du droit communautaire de la concurrence, , *op. cit.*, pt 36.

se fonder sur d'autres éléments afin de dépasser les limites d'une analyse centrée sur l'interchangeabilité fonctionnelle ou sur les caractéristiques du produit, à savoir une preuve de substitution récente, des tests quantitatifs, une prise en compte du point de vue des consommateurs et des concurrents, la préférence des clients, l'existence de barrières et coûts associés à un transfert de la demande vers des produits de substitution potentiels, les différentes catégories de clients, et enfin des discriminations tarifaires. La souplesse accordée par la Commission européenne dans le choix des éléments d'analyse renforce, selon Lionel Zevounou, son pouvoir discrétionnaire lors de la détermination du pouvoir de marché[1413]. Celle-ci peut en effet employer cette large palette de critères afin de définir sa solution vers celle qu'elle juge la plus appropriée. Elle a néanmoins pour mérite d'offrir un cadre d'analyse transparent, élément primordial pour l'auto-évaluation des entreprises[1414].

328. **L'analyse des zones géographiques.** La méthode utilisée par la Commission européenne en matière d'analyse du produit est reprise dans le cadre du volet géographique. On retrouve derrière cette analyse la recherche d'une concurrence « *homogène* »[1415] au travers d'un espace géographique déterminé. Celle-ci peut d'ailleurs primer sur l'analyse du produit dans certaines hypothèses liées notamment à la desserte des transports[1416]. En outre, le lien singulier entre le marché géographique et l'existence d'une position dominante pousse le professeur Verloren van Themaat à qualifier le marché géographique de « *notion fonctionnelle* »[1417]. En pratique, la Commission européenne examine principalement les différentes parts de marché des entreprises, les écarts de prix sur la base des marchés nationaux, du marché européen puis de l'Espace économique européen (ci-après EEE)[1418]. Cette étape nécessite de prendre en compte l'état de la demande, afin d'examiner l'hypothèse de particularismes locaux, ainsi que les capacités d'implantations des concurrents sur le marché en fonction des coûts, des réseaux de distribution nécessaires, de la réglementation ou encore de l'existence d'un monopole sur le marché[1419]. Elle peut également tenir compte des courants d'échanges. La communication de 1997 reprend les différentes catégories de données pouvant être utilisées par la Commission européenne afin de déterminer la dimension géographique du marché. Celles-ci comprennent l'existence de déplacements antérieurs de la demande vers d'autres zones géographiques, les caractéristiques fondamentales

---

1413 L. Zevounou, *Les usages de la notion de concurrence en droit*, *op. cit.*, pt 677, p. 268 ; L. Idot, *Europe*, 1998, n° 2, p. 24.

1414 C. Prieto, D. Bosco, *Droit européen de la concurrence. Ententes et abus de position dominante*, *op. cit.*, pt 325, p. 314.

1415 Comm. eur., Communication de la Commission sur la définition du marché en cause aux fins du droit communautaire de la concurrence, *op. cit.*, pts 8 et 29.

1416 TPICE, 19 mai 1994, *Air France c/ Commission*, aff. T-2/93, EU:T:1995:55 ; Comm. eur., déc. du 17 décembre 2008, *KLM/Martinair*, aff. COMP/M.5141, *JOUE* n° C 51 du 4 mars 2009, pp. 4-8 ; Comm. eur., déc. du 11 février 2004, *Air France/KLM*, aff. COMP/M.3280, *JOUE* n° C 60 du 9 mars 2004, p. 5.

1417 P. Verloren van Themaat, « L'économie à travers le prisme du juriste », *RIDE*, 1989, n° 2, pp. 133-162.

1418 Comm. eur., Communication de la Commission sur la définition du marché en cause aux fins du droit communautaire de la concurrence, *op. cit.*, pt 28 et s. V. égal. les conclusions de l'avocat général Y. Bot présentées le 26 mars 2009, aff. jtes C-125/07 P, C-133/07 P, C-135/07 P et C-137/07 P, EU:C:2009:192, pts 171-177.

1419 *Ibid.*, pt 30.

de la demande, l'opinion des clients et des concurrents, la localisation des achats lors de l'enquête, le courant des échanges et enfin les entraves et coûts liés à la réorientation des commandes vers des entreprises situées dans d'autres zones[1420].

B. La délimitation des marchés en cause relatifs aux procédures de mise en concurrence

329. La détermination du marché en cause lors de procédures de mise en concurrence suit traditionnellement le périmètre de l'appel d'offres (1). Néanmoins, le pragmatisme de l'Autorité de la concurrence l'a conduite à consacrer plusieurs exceptions afin de protéger efficacement la commande publique des pratiques anticoncurrentielles dont elle est victime (2).

1. Le principe de l'appel d'offres comme marché en cause

330. **Un marché de référence singulier.** La détermination du marché en cause dans le cadre de procédures d'achats publics s'effectue de deux façons. Tout d'abord, comme l'indique le professeur Guézou, le marché de référence s'articule autour du contrat lui-même[1421]. Cela s'explique par le fait que le contrat public est la traduction juridique d'une situation économique atypique. En effet, l'appel d'offres est le point de rencontre entre, d'une part, la demande de l'acheteur public et, d'autre part, les offres des différents opérateurs économiques[1422]. Dès lors, un marché public ou une concession concentrent mécaniquement la totalité de la demande présente sur ce marché de référence. La concurrence sera quant à elle limitée aux entreprises qui présentent des offres. L'entrée sur le marché se matérialise par la seule participation aux procédures de mise en concurrence, ce qui écarte par conséquent la nécessité de procéder à une analyse de la substituabilité des produits ou services[1423], les offres étant réputées substituables[1424]. Le marché

1420 *Ibid.*, pts 44-52.

1421 O. Guézou, « Contrats publics et politique de la concurrence », *op. cit.*, p. 637 ; O. Guézou, « Les comportements anticoncurrentiels dans la passation des marchés publics », *op. cit.*, pt 23, p. 32.

1422 Aut. conc., « Rapport annuel 2013 – Étude thématique : les marchés locaux », 2014, p. 69 et s. ; déc. n° 10-D-10 du 10 mars 2010, Pratiques relevées à l'occasion d'un appel d'offres du conseil général des Alpes-Maritimes pour des travaux paysagers d'aménagement d'un carrefour routier, pt 29 ; déc. n° 10-D-03 du 20 janvier 2010, Pratiques relevées dans le secteur des marchés publics de profilage des fossés passés par la Communauté Urbaine de Lille, pt 155 ; déc. n° 09-D-18 du 2 juin 2009, Pratiques mises en œuvre à l'occasion de la constitution du groupement momentanée d'entreprises RTM-Veolia en vue de sa candidature à la délégation de service public de la CUMPM pour l'exploitation du réseau de tramway de la ville de Marseille, pt 39 ; déc. n° 09-D-10 du 27 février 2009, Pratiques mises en œuvre dans le secteur du transport maritime entre la Corse et le continent, pt 106 ; déc. n° 08-D-24 du 22 octobre 2008, Saisine concernant l'affermage de la distribution d'eau et de l'assainissement à Saint-Jean-d'Angély, pt 19, *BOCCRF* n° 10 du 31 décembre 2008, pp. 976-978 ; déc. n° 06-D-08 du 24 mars 2006, Pratiques mises en œuvre dans le cadre de marchés publics de construction de trois collèges dans le département de l'Hérault, pt 52, *BOCCRF* n° 1 du 26 janvier 2007, pp. 269-276 ; déc. n° 05-D-58 du 3 novembre 2005, Pratiques relevées dans le secteur de l'eau potable en Île-de-France, pt 66, *BOCCRF* n° 4 du 14 mars 2006 ; CA Paris, 14 janvier 2003, *SA Bouygues et autres*, NOR : ECOC0300016X, *BOCCRF* n° 2 du 27 février 2003.

1423 L. Bidaud, *La délimitation du marché pertinent en droit français de la concurrence*, *op. cit.*, pp. 398-400.

1424 CA Paris, 19 septembre 1990, *Société Herlicq et autres*, *BOCCRF* n° 21 du 26 septembre 1990 ; Cass. com., 8 décembre 1992, *Établissements Phibor et autres*, n° 90-20.258, 90-20.271, 90-20.273, 90-20.282, 90-20.286, 90-20.287, 90-20.306, 90-20.314, 90-20.350, 90-20.351, 90-20.352, *BOCCRF* n° 22 du 18 décembre 1992.

de référence sera donc parfaitement autonome, et indifférent aux caractéristiques propres aux produits ou services sur le marché des acheteurs privés[1425]. La cour d'appel de Paris justifie une telle démarche par « *la spécificité, par rapport à toute autre clientèle, de la clientèle des acheteurs publics [...] tenue à un ensemble de règles contraignantes, pour le fournisseur comme pour elle-même* »[1426]. Ainsi, c'est l'existence même du droit de la commande publique qui justifie la singularité de la méthode de détermination du marché en cause. L'encadrement juridique qu'il instaure et la régulation concurrentielle qui en résulte impliquent forcément d'intégrer ces spécificités. Ces marchés se singularisent en outre par leur nature « *éphémèr[e]* »[1427] ou « *instantané[e]* »[1428] selon les formules employées par l'Autorité de la concurrence. L'existence du marché en cause est nécessairement limitée par le marché public ou la concession auquel il se rapporte et disparaît à l'issue de la mise en concurrence[1429].

331. **La transposition du principe aux lots d'un même marché public.** La méthode analytique fondée sur le croisement de la demande et des offres lors d'un appel d'offres s'applique également aux lots des marchés allotis. Chacun d'eux sera, en principe, qualifié de marché en cause. L'identification de lots montre la nécessité pour l'acheteur public de scinder ledit marché public en fonction des spécificités techniques ou temporelles notamment[1430], dans le but d'assurer une plus grande efficacité de l'achat public[1431]. La diversité des prestations et l'absence de substituabilité ont encouragé l'Autorité de la concurrence vers un tel choix[1432]. La solution proposée est d'ailleurs en harmonie avec le droit de la commande publique. L'article 46, paragraphe 3, de la directive 2014/24/UE énonce en effet que l'attribution d'un lot induit la signature d'un contrat distinct[1433]. Un marché public composé de plusieurs lots entraîne donc, sous réserve de l'attribution de tous les lots au même opérateur économique, la signature de plusieurs contrats[1434]. Cette méthode d'analyse permet d'examiner la sincérité d'une offre en la comparant à celles proposées dans des lots similaires.

332. **Un marché en cause structurellement sensible aux pratiques anticoncurrentielles.** La logique suivie par l'Autorité de la concurrence, qui consiste à fonder la délimitation du marché de référence sur l'appel d'offres, permet de mesurer son intérêt pour ce type de procédures. Un tel procédé facilite tout d'abord

---

1425 O. Guézou, « Droit de la concurrence et droit des marchés publics : vers une notion transversale de mise en libre concurrence », *op. cit.*, p. 46.

1426 CA Paris, 31 octobre 1994, *UGAP c/ CAMIF*, RG 1993/09481 ; comm. L. Vogel, *Contrats, conc., consom.* 1995, n° 2, pp. 8-9 ; CA Paris, 13 janvier 1998, *UGAP c/ CAMIF* ; comm. S. Grandvuillemin, *JCP G*, 1998, n° 52, II, 10217.

1427 Aut. conc., déc. n° 09-D-18 du 2 juin 2009, *op. cit.*, pt 40.

1428 Aut. conc., « Rapport annuel 2013 – Étude thématique : les marchés locaux », *op. cit.*, p. 70.

1429 Cons. conc., déc. n° 09-D-10 du 27 février 2009, *op. cit.*, pt 106.

1430 S. Braconnier, *Précis du droit des marchés publics*, 4e éd., *op. cit.*, p. 272.

1431 *Ibid.*

1432 Cons. conc., déc. n° 92-D-31 du 28 avril 1992, Pratiques relevées lors des marchés publics conclus par la ville de Volvic et le conseil général du Puy-de-Dôme, à l'occasion de la construction d'un complexe polyvalent et de l'hôtel du département à Clermont-Ferrand, *BOCCRF* n° 14 du 31 juillet 1992, p. 242.

1433 Directive 2014/24/UE, *op. cit.*

1434 *Ibid.* Sur ce point, O. Guézou, « Les comportements anticoncurrentiels dans la passation des marchés publics », *op. cit.*, pt 24, p. 33 ; S. Braconnier, « Nouvelles directives marchés publics et concessions – Petite révolution et grandes évolutions », *op. cit.*, pt 79 ; S. Braconnier, *Précis du droit de la commande publique*, *op. cit.*, p. 303.

la détermination du marché en cause puisqu'il dispense d'étudier les autres procédures analogues. Or, en qualifiant l'appel d'offres de marché en cause, l'acheteur public se retrouve nécessairement en situation de monopsone, que ce soit tant « *en termes de produits que du point de vue de sa délimitation géographique* »[1435]. Ce monopsone est d'ailleurs en partie à l'origine des obligations de mise en concurrence et de transparence qui lui incombent. La réduction de la demande à un seul opérateur économique donne la possibilité à l'Autorité de la concurrence de sanctionner plus sévèrement les pratiques anticoncurrentielles du secteur[1436]. En effet, dans une telle structure de marché, le comportement anticoncurrentiel affecte *de facto* l'ensemble de la demande. Il en résulte une certaine gravité dans la pratique mise en œuvre. Une entente lors d'un marché public ne laisse ainsi aucune chance à l'acheteur public de réaliser un achat économiquement efficace.

2. Les exceptions fonctionnelles à l'appel d'offres comme marché en cause

333. **Le choix d'un marché en cause global.** La délimitation du marché de référence lors des achats publics peut, à certaines occasions, dépasser l'échelon de l'appel d'offres. Le choix opéré par l'Autorité de la concurrence se caractérise notamment par son pragmatisme en la matière. Elle peut définir un marché de référence plus large afin d'appréhender les « *stratégie[s] globale[s]* »[1437] qui affectent particulièrement le secteur de l'achat public. Une entente lors d'un appel d'offres peut en effet être limitée à une procédure en particulier, ou viser plus largement certaines catégories de marchés en fonction d'un produit, d'un service[1438] ou encore d'un secteur géographique[1439]. Dans de telles circonstances, il est naturel d'élargir le marché en cause de façon à appréhender avec précision la pratique collusive mise en place et ses effets. Une telle souplesse dans la qualification du marché de référence permet ainsi de sanctionner plus sévèrement les stratégies globales susceptibles d'écarter durablement la concurrence lors des achats publics.

334. **La réunion des lots dans un marché global.** À l'instar des différents marchés publics ou concessions pouvant être intégrés dans un même marché en cause, les lots qui portent sur le même marché public peuvent également être réunis. En effet, comme le remarque le professeur Guézou dans sa thèse, des comportements anticoncurrentiels commis sur un lot peuvent affecter la concurrence sur l'offre globale

---

1435 Aut. conc., « Rapport annuel 2013 – Étude thématique : les marchés locaux », *op. cit.*, p. 69. Le Conseil de la concurrence use de la formule de « *demandeur unique* ». En ce sens déc. n° 95-D-76 du 29 novembre 1995, Pratiques constatées à l'occasion de marchés de grands travaux dans le secteur du génie civil, *BOCCRF* n° 7 du 15 mai 1996, p. 174. V. égal. O. Guézou, « Les comportements anticoncurrentiels dans la passation des marchés publics », *op. cit.*, pt 23, p. 32.

1436 V. *infra* pt 346.

1437 Aut. conc., « Rapport annuel 2013 – Étude thématique : les marchés locaux », *op. cit.*, p. 69.

1438 Cass. com., 8 décembre 1992, *Établissements Phibor et autres*, *op. cit.* ; Cons. conc., déc. n° 89-D-42 du 12 décembre 1989, Pratiques d'entente relevées dans le secteur de l'équipement électrique, in Cons. conc., « Troisième rapport d'activité », 1989, p. 145,

1439 CA Paris, 14 janvier 2003, *SA Bouygues et autres*, *op. cit.* ; Cons. conc., déc. n° 05-D-38 du 5 juillet 2005, Pratiques mises en œuvre sur le marché du transport public urbain de voyageurs, pt 128, *BOCCRF* n° 4 du 14 mars 2006 ; comm. A. Yvrande-Billon, *RE*, 2009, n° 127, pp. 113-130.

et plus particulièrement sur son prix[1440]. La cour d'appel de Paris souligne d'ailleurs qu'en « *supprimant la concurrence sur une partie du marché, les entreprises qui se sont concertées ont faussé la concurrence sur l'ensemble du marché public* »[1441].

335. **Une flexibilité adaptée aux ententes de répartition de marché.** Le choix d'un marché en cause global, regroupant une pluralité de marchés publics, est fréquent. La Cour de cassation l'encourage lorsque « *l'entente [est] organisée à un échelon plus vaste que chacun des marchés considérés et prod[uit] des effets sur ces marchés, en ce qu'elle conduit les entreprises qui y sont présentes à s'en répartir illicitement les parts* »[1442]. L'Autorité de la concurrence emploie régulièrement cette méthode de détermination du marché en cause à l'occasion d'affaires relatives à des répartitions de marchés publics[1443]. Ainsi, dans la décision n° 07-D-15 du 9 mai 2007 relative à des pratiques mises en œuvre dans les marchés publics relatifs aux lycées d'Île-de-France, portant sur une entente globale qui avait été mise en place afin de se répartir les marchés de la région Île-de-France, l'Autorité de la concurrence prend pour référence l'ensemble des marchés de travaux portant sur les lycées. Elle souligne, selon une formulation classique, qu'il « *résulte de ce qui précède que l'ensemble des marchés de travaux qui ont eu lieu entre 1990 et 1996, en exécution du programme pluriannuel de rénovation et d'extension du parc des lycées d'Île-de-France voté par la région à la fin des années 1980, qui présentent la particularité d'être tous des commandes de la région, de porter sur des immeubles de même finalité et d'intéresser les entreprises du BTP de la région Île-de-France, constitue un marché pertinent au sens de l'article L. 420-1 du code de commerce* »[1444].

336. **Une flexibilité adaptée aux pratiques unilatérales.** L'importance de la délimitation des marchés de référence à l'occasion d'enquêtes portant sur des abus de position dominante ne présente pas de singularités particulières dans le domaine de la commande publique. L'Autorité de la concurrence précise régulièrement l'intérêt d'une telle analyse[1445]. Ainsi, dans le cadre de pratiques unilatérales susceptibles d'être intervenues lors d'un marché public ou d'une concession, la délimitation d'une position dominante ne peut s'apprécier sur un seul appel d'offres mais doit au contraire être déterminée sur la base des autres marchés sur lesquels intervient l'entreprise en cause. La logique, une nouvelle fois très pragmatique, est donc différente de celle proposée dans le cadre des ententes, laquelle se concentre sur

---

1440 O. Guézou, « Les comportements anticoncurrentiels dans la passation des marchés publics », *op. cit.*, pt 24, p. 33.

1441 CA Paris, 1er décembre 1992, cité par O. Guézou, « Les comportements anticoncurrentiels dans la passation des marchés publics », *op. cit.*, note 75, p. 34.

1442 Cass. com., 13 juillet 2004, n° 03-11.280, 03-11.430, 03-11.431, 03-11.433, 03-11.492, 03-11.512, 03-11.513, 03-11.516, 03-11.517, 03-11.618, *Bull.* 2004 IV n° 163, p. 175 ; CA Paris, 14 janvier 2003, *SA Bouygues et autres*, *op. cit.* ; Cons. conc., déc. n° 05-D-69 du 15 décembre 2005, Pratiques anticoncurrentielles relevées dans le secteur des travaux routiers en Seine-Maritime, pt 165.

1443 *Ibid*; Cons. conc., déc. n° 05-D-69 du 15 décembre 2005, *op. cit.*, pt 165.

1444 Cons. conc., déc. n° 07-D-15 du 9 mai 2007, Pratiques mises en œuvre dans les marchés publics relatifs aux lycées d'Île-de-France, pt 273, *BOCCRF* n° 5 du 31 juillet 2007, pp. 922-964. Pour d'autres illustrations : Cons. conc., déc. n° 05-D-69 du 15 décembre 2005, *op. cit.*, pt 165 ; déc. n° 06-D-08 du 24 mars 2006, *op. cit.*, pt 52.

1445 Cons. conc., déc. n° 07-D-41 du 28 novembre 2007, Pratiques s'opposant à la liberté des prix des services proposés aux établissements de santé à l'occasion d'appels d'offres en matière d'examens anatomo-cyto-pathologiques, pt 109 ; déc. n° 05-D-27 du 15 juin 2005, Pratiques relevées dans le secteur du thon blanc, pt 28, *BOCCRF* n° 4 du 14 mars 2006.

l'appel d'offres comme marché pertinent. L'abus de position dominante lors d'une commande publique peut résulter en effet d'une position dominante acquise plus largement sur un produit ou un secteur géographique. C'est ainsi que l'Autorité de la concurrence considère qu'« *il peut être pertinent de retenir non pas le marché particulier résultant de la rencontre d'un appel d'offres et des soumissions déposées en réponse, mais le marché plus général sur lequel sont actifs l'ensemble des opérateurs susceptibles de répondre à l'appel d'offres concerné* »[1446].

337. **Le recours à la concurrence par comparaison.** L'absence de concurrence effective sur un marché public ou un lot spécifique peut affecter la délimitation du marché de référence. L'Autorité de concurrence peut employer à cette occasion le mécanisme de concurrence par comparaison (*yardstick competition*) afin de s'affranchir des limites factuelles de l'affaire. Cette méthode est d'ailleurs traditionnellement admise dans l'évaluation des monopoles[1447]. Cela permet de comparer l'offre en cause avec des offres faites sur des marchés ou lots similaires. La décision n° 10-D-05 du 27 janvier 2010 relative à des pratiques mises en œuvre dans le secteur des transports sanitaires dans le département des Deux-Sèvres en fait clairement état pour les marchés publics qui ne présentent pas suffisamment d'offres. En effet, l'Autorité de la concurrence rappelle qu'il est opportun dans une telle situation de recourir à la comparaison de l'offre proposée avec celles portant sur un autre marché public ou lot comparable et ainsi d'écarter les offres dont le montant leur semble anormal[1448]. Or, un tel mécanisme implique de dépasser le principe du marché en cause cloisonné au seul appel d'offres et de s'emparer d'offres comparables. La démarche proposée illustre le pragmatisme de l'Autorité de la concurrence dans la définition des marchés de référence dans le domaine de la commande publique.

§ 2. Des risques d'atteintes graves à l'objectif d'efficacité de la commande publique

338. Pour que le pouvoir adjudicateur réalise un achat public efficace, il est impératif que l'effectivité du droit de la commande publique soit garantie[1449]. Le droit de la concurrence intègre cette responsabilité spécifique et intervient précisément pour ce faire (A), grâce à des mécanismes de protection adaptés (B).

1446 Aut. conc., déc. n° 12-D-06 du 26 janvier 2012, Pratiques mises en œuvre dans le secteur des agrégats et des marchés aval à Saint-Pierre-et-Miquelon, pt. 157 ; déc. n° 10-D-31 du 12 novembre 2010, Pratiques mises en œuvre sur le marché des services de capacité, pt 94 ; Cons. conc., déc. n° 09-D-10 du 27 février 2009, *op. cit.*, pts 109-111 ; déc. n° 01-D-66 du 10 octobre 2001, Pratiques mises en œuvre par la société France Télécom à l'occasion d'une offre sur mesure conclue en 1998, *BOCCRF* n° 1 du 21 janvier 2002.

1447 E. Sage, « La concurrence par comparaison (Yardstick Competition) théorie et application. Une proposition pour le secteur de l'eau en France », thèse Université Paris 9 Paris-Dauphine, 1999, 431 p. ; A. Chtourou, Évaluation de l'efficacité d'un monopole : concurrence par comparaison et méthode DEA, Université Paris 2 Panthéon-Assas, 70 p.

1448 Aut. conc., déc. n° 10-D-05 du 27 janvier 2010, Pratiques mises en œuvre dans le secteur des transports sanitaires dans le département des Deux-Sèvres, pt 47 ; Aut. conc., « Rapport annuel 2010 – Pratique de l'Autorité de la concurrence », 2011 p. 148. Sur le mécanisme de la concurrence par comparaison, v. not. A. Shleifer, « A Theory of Yardstick Competition », *The RAND Journal of Economics*, vol. 16, n° 3, 1985, pp. 319-327 ; P.-A. Juven, « Concurrence par comparaison et transformations quasi-marchandes. L'hôpital public aux prises avec la tarification à l'activité », *Revue de la régulation*, 2015, n° 17, 13 p.

1449 A. Sánchez-Graells, « Public procurement: An overview of EU and national case law », *op. cit.*, p. 3.

A. Le droit de la concurrence comme support indispensable à l'effectivité du droit de la commande publique

339. **L'efficacité de la commande publique comme « objectif synthétique » du droit de la commande publique.** Parmi les nombreux objectifs du droit de la commande publique, l'efficacité de la commande publique apparaît comme étant celui qui est le plus soutenu par le droit de la concurrence. L'Autorité de la concurrence, dans son avis n° 16-A-05 du 15 février 2016 relatif à la demande d'avis de la commune de Saint-Germain-en-Laye met en exergue l'efficacité de la commande publique, qu'elle désigne comme « *l'objectif synthétique* »[1450] du droit de la commande publique. Celui-ci fait la synthèse entre l'objectif de protection des deniers publics et celui de développement d'une concurrence effective. Ces deux objectifs, interdépendants, ne peuvent être véritablement cloisonnés[1451]. De même, l'Autorité de la concurrence relève que l'objectif d'efficacité de la commande publique « *rejoint l'objectif d'efficience économique poursuivi par le droit de la concurrence et peut être considéré comme un cas particulier de cet objectif plus général* »[1452]. Ce faisant, le droit de la concurrence, en tant que gardien de l'efficacité économique, rejoint nécessairement cette mission de protection de l'efficacité de la commande publique. Il contribue à ce titre à garantir les fonctions du droit de la commande publique dans le maintien de l'ordre public concurrentiel.

340. **Le rôle protecteur du droit de la concurrence.** La relation entre, d'une part, l'efficacité de la commande publique et, d'autre part, l'existence d'un marché dépourvu de comportements anticoncurrentiels découle d'un raisonnement logique. Les marchés, quels qu'ils soient, ont besoin de la protection du droit de la concurrence. Le professeur Clamour le qualifie à ce titre de « *droit pour la concurrence* »[1453]. Il s'agit donc d'un droit protecteur. Les règles de concurrence « *constituent ainsi les conditions de possibilité d'un marché concurrentiel* »[1454]. L'Autorité de la concurrence souligne à ce titre que « *la libre expression des choix [...] joue un rôle crucial dans l'économie de marché en ce sens qu'elle oriente, si elle n'est pas mise en échec par des pratiques anticoncurrentielles émanant des offreurs, les ressources vers les emplois qui sont les plus appréciés et permet ainsi d'[assurer] l'efficience [...] économique* »[1455]. Les règles de la commande publique, nonobstant des progrès significatifs dans la prévention des pratiques anticoncurrentielles[1456], s'adressent avant tout aux acheteurs publics et autorités concédantes. Le respect de la concurrence sur le marché est donc appréhendé

1450 Aut. conc., avis n° 16-A-05 du 15 février 2016, *op. cit.*, pt 75 ; Cons. conc., avis n° 00-A-25 du 20 novembre 2000, *op. cit.*, p. 2.

1451 Comm. eur., Communication « Marchés publics, Aspects régionaux et sociaux », *op. cit.*, pt 20.

1452 Aut. conc., avis n° 16-A-05 du 15 février 2016, *op. cit.*, pt 75 ; Cons. conc., avis n° 00-A-25 du 20 novembre 2000, *op. cit.*, p. 2.

1453 G. Clamour, *Intérêt général et concurrence. Essai sur la pérennité du droit public en économie de marché*, *op. cit.*, pt 174, p. 97.

1454 *Ibid.*, pt 176, p. 98.

1455 Cons. conc., « Cinquième rapport d'activité », 1991, p. XXVII.

1456 V. *supra*, Partie I, Titre I, Chapitre 3.

du point de vue des demandeurs. On cherche indirectement à protéger le marché et les candidats des distorsions de la concurrence occasionnées par ces mêmes demandeurs. L'intervention du droit de la concurrence permet alors de compléter la démarche du droit de la commande publique, et ainsi de protéger les acheteurs publics des éventuels comportements anticoncurrentiels des candidats[1457].

341. **Une efficacité dépendante du respect des règles de concurrence.** L'objectif d'efficacité de la commande publique dépend tout d'abord du processus de mise en concurrence qui est organisé. Le droit de la commande publique permet de mobiliser au maximum la concurrence disponible afin de réaliser un achat public efficace[1458]. Or, pour atteindre un tel résultat, il est impératif que les candidats ne mettent pas en œuvre de pratiques anticoncurrentielles. À défaut, la procédure de mise en concurrence se retrouve incontestablement privée de son effectivité[1459]. Dans de telles circonstances, le choix du titulaire du contrat public ne sera plus fondé sur ses mérites mais sera tronqué, soit parce qu'un opérateur économique abuse de sa position dominante, soit parce qu'un groupe de candidats organise artificiellement le fonctionnement du marché.

342. **Une dépendance confirmée par la doctrine.** La relation étroite entre l'effectivité du droit de la commande publique et le droit de la concurrence fait également l'objet de nombreux commentaires depuis plusieurs années. La mise en concurrence, qui est « *par nature concurrentielle* »[1460], perd toute effectivité dans un environnement anticoncurrentiel. L'Autorité de la concurrence écrit, à ce titre, que « *l'efficacité de la commande publique ne peut être assurée qu'à la condition que le marché fonctionne selon les règles de la concurrence* »[1461]. Une telle analyse est d'ailleurs régulièrement corroborée par l'OCDE, selon laquelle l'objectif d'efficacité de la commande publique est illusoire face aux ententes et abus des offreurs[1462]. C'est plus spécialement l'objectif d'utilisation optimale des deniers

---

1457 CE, *Rapport public 2002. Jurisprudence et avis de 2001 – Collectivités publiques et concurrence*, *op. cit.*, p. 328.

1458 E. Berkani, « Droit de la concurrence et commande publique : État des lieux d'un vieux couple », *op. cit.*, pt 12, p. 60.

1459 DGCCRF, Instruction générale du 13 novembre 2006 relative aux missions et à l'organisation des services de la direction générale de la concurrence, de la consommation et de la répression des fraudes, *BOCCRF* n° 9 du 28 novembre 2006, § 1.2.1.1.3 ; A. Louvaris, « Les contrats des collectivités territoriales et le droit de la concurrence », *CMP*, 2007, n° 5, pt 54, p. 38.

1460 CA Paris, 14 décembre 1989, *op. cit.* ; comm. *Marchés publics*, 1990, n° 248, p. 31. V. égal. M. Mougeot, F. Naegelen, « Marchés publics et théorie économique : un guide de l'acheteur », *op. cit.*, pp. 5-6 ; G. Clamour, *Intérêt général et concurrence. Essai sur la pérennité du droit public en économie de marché*, *op. cit.*, pt 175 et s., p. 98.

1461 Aut. conc., avis n° 16-A-05 du 15 février 2016, *op. cit.*, pt 79.

1462 OCDE, Lignes directrices pour la lutte contre les soumissions concertées dans les marchés publics, « Pour une dépense optimisée des fonds publics par les gouvernements », *op. cit.*, p. 1 ; OCDE, « Collusion and Corruption in Public Procurement », *op. cit.*, p. 293 ; OCDE, « Public Procurement. The Role of Competition Authorities in Promoting Competition », *op. cit.*, p. 11. V. égal. E. Berkani, « Droit de la concurrence et commande publique : État des lieux d'un vieux couple », *op. cit.*, pt 22, p. 61 ; O. Guézou, « Droit de la concurrence et droit des marchés publics : vers une notion transversale de mise en libre concurrence », *op. cit.*, p. 46 ; B. Caillaud, « Ententes et capture dans l'attribution des marchés publics », in *Enchères et gestion publique*, in E. Cohen, M. Mougeot (dir.), Paris, La Documentation française, 2001, p. 3 ; O. Guézou, « Les comportements anticoncurrentiels dans la passation des marchés publics », *op. cit.*, pt 7, p. 23 ; O. Guézou, « Contrats publics et politique de la concurrence », *op. cit.*, p. 637.

publics, composante de l'objectif d'efficacité de la commande publique, qui est systématiquement affecté[1463].

343. **Un risque d'achat économiquement inefficace.** Afin de respecter l'objectif d'utilisation optimale des deniers publics qui leur est imposé, les acheteurs publics et autorités concédantes doivent, comme nous l'avons vu précédemment, obtenir le meilleur rapport qualité-prix présent sur le marché. Ce ratio qualité-prix est déterminé au moyen des différents critères qualitatifs employés par l'acheteur public. Toutefois, ce dernier perd nécessairement le bénéfice de ce ratio lorsqu'il ne cherche pas à mobiliser une concurrence effective lors de son achat, ou lorsque la mise en concurrence est victime de pratiques anticoncurrentielles[1464]. Dans une telle situation, l'offre qui remporte le marché public ou la concession n'est certainement pas la plus efficace économiquement[1465]. La valeur de l'offre ne reflète pas les véritables capacités du marché ; elle est au contraire construite artificiellement par certains opérateurs économiques. La qualité est également affectée, en raison de l'impossibilité pour l'acheteur public de se fournir chez un autre candidat[1466] ou en privant ce dernier de tout intérêt à proposer une offre de meilleure qualité[1467]. L'incertitude de l'attribution du marché est en effet la principale motivation des entreprises candidates « *à faire le maximum d'efforts en termes de qualité et de prix pour obtenir le marché* »[1468]. De la même façon, les comportements anticoncurrentiels au sein de la commande publique génèrent systématiquement des surprix qui sont supportés directement par l'acheteur et donc le contribuable.

344. **La formation de prix supraconcurrentiels : un obstacle à l'efficacité de la commande publique.** Alors que l'inefficacité qualitative de l'achat public en présence de comportements anticoncurrentiels, bien que régulièrement attestée, soit plus délicate à systématiser, l'inefficacité financière est quant à elle évidente. Les acteurs de la concurrence observent généralement des prix

---

1463 P. de Lanzac, G. Dezobry, « Ententes et marchés publics : La problématique des offres distinctes adressées par une société mère et sa filiale non autonome », *Concurrences* n° 1-2012, art. n° 41511, pt 2 ; C.-A. Dubreuil, *Droit des contrats administratifs*, *op. cit.*, pt 148, p. 73.

1464 CNUCED, « L'utilité de la politique de la concurrence pour les consommateurs », *op. cit.*, pt 4.

1465 Trib. UE, 13 juillet 2011, *General Technic-Otis Sàrl*, aff. jtes T-141/07, T-142/07, T-145/07 et T-146/07, EU:T:2011:363, pt 142 ; comm. L. Idot, Europe, *Europe*, 2011, n° 10, pp. 34-35 ; Trib. UE, 13 juillet 2011, *Schindler Holding Ltd*, aff. T-138/07, EU:T:2011:362, pt 205 ; comm. L. Idot, *Europe*, 2011, n° 10, pp. 34-36 ; Comm. eur., déc. du 21 février 2007, *Ascenseurs et escaliers mécaniques*, aff. COMP/E-1/38.823, *JOUE* n° C 75 du 26 mars 2008, pp. 19-24, pt 658 ; P. de Lanzac, G. Dezobry, « Ententes et marchés publics : La problématique des offres distinctes adressées par une société mère et sa filiale non autonome », *op. cit.*, pt 2.

1466 À titre d'illustration, Cons. conc., déc. n° 07-D-49 du 19 décembre 2007, Pratiques mises en œuvre par les sociétés Biotronik, Ela Medical, Guidant, Medtronic et Saint Jude Medical dans le cadre de l'approvisionnement des hôpitaux en défibrillateurs cardiaques implantables, *BOCCRF* n° 3 du 23 avril 2008, pp. 384-408.

1467 OCDE, Lignes directrices pour la lutte contre les soumissions concertées dans les marchés publics, « Pour une dépense optimisée des fonds publics par les gouvernements », *op. cit.*, p. 1 ; J. Moore, « Discretion and Manipulation in Public Procurement: Evidence from France », thèse Université Paris 1 Panthéon-Sorbonne, 2013, p. 79 et s. Pour une illustration récente relative à la commande publique, v. en ce sens Aut. conc., déc. n° 13-D-09 du 17 avril 2013, Pratiques mises en œuvre sur le marché de la reconstruction des miradors du centre pénitentiaire de Perpignan, pt 102 et s. ; comm. P. Cadieu, *RLCT*, 2013, n° 91, 19 p.

1468 Aut. conc., « Rapport annuel 2009 – Études thématiques : Concurrence et contrat », 2010, p. 65.

moyens supérieurs de 20 % à 30 % aux prix du marché[1469]. Les professeurs Connor et Lande soulignent, dans leur étude commune, que les collusions dans l'Union européenne génèrent en moyenne des prix supraconcurrentiels qu'ils chiffrent entre 28 et 54 % selon les secteurs en cause[1470]. L'analyse des contentieux permet de confirmer la moyenne proposée, allant de 20 à 30 %[1471]. Celle-ci n'est d'ailleurs pas propre à la France, nous la retrouvons régulièrement dans des affaires qui concernent d'autres États membres[1472]. Cette moyenne s'explique par l'obligation pour les entreprises candidates de fixer un plafond dans les prix qui seront proposés aux acheteurs publics. Un excès d'avidité peut en effet compromettre le maintien de la collusion et attirer l'attention des autorités de concurrence. De même, face à des prix abusifs, les acheteurs publics peuvent tout simplement renoncer à leur achat ou organiser une nouvelle procédure de passation. Les membres de l'entente ont donc tout intérêt à limiter les prix qu'ils proposent et ainsi pérenniser leurs méfaits dans le temps.

345. Il arrive néanmoins que les prix proposés soient particulièrement élevés en comparaison de ceux du marché. Ainsi, l'Autorité de concurrence a pu examiner des dossiers dans lesquels les offres dépassent allégrement les prix du marché

1469 OCDE, « Collusion and Corruption in Public Procurement », *op. cit.*, p. 449 ; OCDE, « Les ententes injustifiables. Troisième rapport sur la mise en œuvre de la recommandation de 1998 », 2005, p. 27 ; Aut. conc., « Rapport annuel 2013 – Pratique de l'Autorité de la concurrence », 2014, p. 128 ; DIRECCTE Hauts-de-France, « Ententes anticoncurrentielles et administrations publiques », 2015, disponible sur https://www.economie.gouv.fr/dgccrf/pratiques-anticoncurrentielles-ententes-anticoncurrentielles-et-boycott-anticoncurrentiel); DGCCRF, Communication « Veiller à la concurrence dans la commande publique », 2015, disponible sur https://www.economie.gouv.fr/dgccrf/concurrence/Veiller-a-la-concurrence-dans-la-commande-publique (consulté le 20/02/2021) ; L. M. Froeb, R. Koyak, G. J. Werden, « What is the effect of bid-rigging on prices? », *Economics Letters*, vol. 42, n° 4, 1993, pp. 419-423 ; J. Moore, « Discretion and Manipulation in Public Procurement: Evidence from France », *op. cit.*, p. 23. Pour une analyse générale de l'impact des comportements anticoncurrentiels sur la formation des prix et les abus d'exploitation tarifaire, v. en ce sens C. Prieto, D. Bosco, *Droit européen de la concurrence. Ententes et abus de position dominante*, *op. cit.*, pts 1227 à 1257, pp. 908-923 ; M. C. Levenstein, V. Y. Suslow, « What Determines Cartel Success? », *Journal of Economic Literature*, vol. 44, n° 1, 2006, p. 79 et s. ; R. D. Anderson, W. E. Kovacic, A. C. Müller, « Promoting Competition and Deterring Corruption in Public Procurement Markets: Synergies with Trade Liberalisation », *op. cit.*, § 3.

1470 J. M. Connor, R. H. Lande, « The Size of Cartel Overcharges: Implications for US and EC Fining Policies », *Antitrust Bulletin*, vol. 51, n° 4, 2006, p. 983.

1471 Aut. conc., déc. n° 11-D-02 du 26 janvier 2011, Pratiques mises en œuvre dans le secteur de la restauration des monuments historiques ; comm. L. Tolot, *RLC*, 2011, n° 28 ; Cons. conc., déc. n° 06-D-13 du 6 juin 2006, Pratiques mises en œuvre dans le cadre d'un marché public de travaux pour la reconstruction du stade Armand Cesari à Furiani, *BOCCRF* n° 1 du 26 janvier 2007, pp. 311-318 ; Cons. conc., déc. n° 05-D-69 du 15 décembre 2005, *op. cit.* ; déc. n° 01-D-14 du 4 mai 2001, Pratiques relevées lors de marchés de fabrication et de mise en œuvre d'enrobés bitumineux sur les routes départementales de l'Isère, *BOCCRF* n° 10 du 24 juillet 2001 ; déc. n° 00-D-53 du 18 janvier 2001, Pratiques relevées dans les marchés des travaux de revêtement de sols et de peinture dans le Finistère, *BOCCRF* n° 2 du 23 février 2001 ; déc. n° 99-D-08 du 2 février 1999, Pratiques mises en œuvre par l'Académie d'architecture dans le secteur du bâtiment et des travaux publics, *BOCCRF* n° 8 du 30 avril 1999 ; déc. n° 01-D-02 du 6 mars 2001, Pratiques mises en œuvre sur le marché des enrobés bitumineux de la communauté urbaine de Bordeaux, *BOCCRF* n° 6 du 24 avril 2001.

1472 À titre d'illustration, Comm. eur., « Annual report on competition policy. Application of competition rules in the Member States », 2005, p. 44 ; OCDE, « Les ententes injustifiables. Troisième rapport sur la mise en œuvre de la recommandation de 1998 », *op. cit.*, pp. 23 et 26.

de 40 %[1473] voire de 200 %[1474]. Les chiffres proposés sont d'ailleurs à mettre en perspective avec les statistiques de chances de succès des offres collusives. John Moore dans sa thèse étudie avec précision cette question. Il conclut que, dans 80 % des cas, les offres collusives remportent les marchés publics[1475]. Ces derniers, en raison de l'organisation en amont des candidats, ont donc statistiquement peu de chances d'échapper à l'entente. Les surprix ont par ailleurs naturellement tendance à se réduire dans le cadre de marchés disputés avec des concurrents extérieurs à la collusion[1476]. Toutefois, les offres anticoncurrentielles conservent leur faculté d'obtenir le marché et *in fine* de supprimer l'utilisation optimale des deniers publics.

B. Le droit de la concurrence comme vecteur de l'effectivité du droit la commande publique

346. Le droit de la concurrence ne limite pas son action à l'égard des contrats de la commande publique à la seule sanction des pratiques anticoncurrentielles dont ils sont les cibles. Celui-ci adapte, en amont, ses méthodes d'action, ainsi que l'illustrent par exemple les seuils *de minimis*, qui ne peuvent s'appliquer aux marchés publics (1). De la même façon, le droit de la concurrence a conscience des risques économiques particulièrement graves issus des comportements anticoncurrentiels qui visent la commande publique (2).

1. L'inapplication des seuils de sensibilité aux restrictions de la concurrence portant sur les marchés publics

347. **Le mécanisme traditionnel des seuils de sensibilité.** Le droit de la concurrence, qu'il soit européen ou national, systématise le recours aux seuils *de minimis* afin d'écarter les accords anticoncurrentiels d'importance mineures La Cour de justice intègre la « *question de l'effet sensible* »[1477] des pratiques anticoncurrentielles dès 1969 et son arrêt *Völk*[1478]. Celui-ci apporte des précisions significatives sur l'application de l'article 85 du traité CEE (désormais 101 TFUE), puisque désormais un « *accord échappe à la prohibition de l'article 85 lorsqu'il n'affecte le marché que d'une manière insignifiante, compte tenu de la faible position qu'occupent les intéressés sur le marché des produits en cause ; [...] il est donc possible qu'un accord d'exclusivité même avec protection territoriale absolue, compte tenu*

1473 Cons. conc., déc. n° 06-D-13 du 6 juin 2006, *op. cit.*

1474 Cons. conc., déc. n° 98-D-33 du 3 juin 1998, Pratiques mises en œuvre à l'occasion de la passation de marchés publics de voirie et réseaux divers dans le département de l'Hérault, *BOCCRF* n° 17 du 15 septembre 1998, p. 498 ; déc. n° 01-D-67 du 19 octobre 2001, Pratiques relevées à l'occasion de la passation de marchés publics de travaux routiers dans le département des Bouches-du-Rhône, *BOCCRF* n° 1 du 21 janvier 2002. La Commission européenne donne une moyenne de 60 % de la hausse des prix, en ce sens Comm. eur., « Communication sur les outils de lutte contre la collusion dans les marchés publics et orientations sur la manière d'appliquer le motif d'exclusion y relatif », *op. cit.*, pt. 1.1.

1475 J. Moore, « Discretion and Manipulation in Public Procurement: Evidence from France », *op. cit.*, p. 87.

1476 *Ibid.*, p. 91 et s.

1477 N. Petit, *Droit européen de la concurrence*, 2e éd., *op. cit.*, pt 707, p. 323.

1478 CJCE, 9 juillet 1969, *Völk*, aff. C-5/69, *op. cit.*, pt 7 ; comm. J. Van Damme, *CDE*, 1970, pp. 63-87 ; E. Steindorff, *CMLR*, 1970, pp. 83-86.

de la faible position des intéressés sur le marché des produits en cause dans la zone faisant l'objet de la protection absolue, échappe à l'interdiction prévue à l'article 85, paragraphe 1 »[1479]. La position des juges européens a ultérieurement été confirmée et étayée par la Commission européenne, grâce à un mécanisme de présomptions. La communication de la Commission de 2001 concernant les accords d'importance mineure qui ne restreignent pas sensiblement le jeu de la concurrence au sens de l'article 81, paragraphe 1, établit ainsi un système fondé sur les parts de marché des entreprises[1480]. Dès lors, les accords conclus par des opérateurs économiques concurrents existants ou potentiels, dont les parts de marché ne dépassent pas les 10 %, sont présumés ne pas restreindre sensiblement la concurrence. La présomption ne s'applique cependant pas aux restrictions caractérisées[1481]. En droit interne, un système équivalent est prévu par l'article L. 464-6-1 du code de commerce, malgré de nombreux débats sur son opportunité[1482]. L'article L. 464-6-2 du même code prévoit quant à lui des exceptions aux seuils de sensibilité pour certaines catégories d'accords particulièrement restrictifs.

348. **Un mécanisme inapplicable aux contrats passés sous l'empire du droit des marchés publics.** Le droit de la concurrence intègre en son sein l'impératif d'efficacité de la commande publique, en consacrant une exception spécifique lors de l'utilisation des seuils *de minimis*. En effet, la plupart des ententes qui affectent les achats publics sont le fait d'entreprises ayant des parts de marché réduites. Par conséquent, une application classique des seuils de sensibilité pourrait conduire à soustraire de nombreux comportements restrictifs à des sanctions de la part des autorités de concurrence. Le droit de la concurrence perdrait ainsi de son effectivité dans ce domaine. Cela étant, le professeur Guézou relève précisément que de nombreuses ententes qui affectent les marchés publics sont prohibées *per se*[1483]. En effet, les collusions qui fixent artificiellement le prix des offres, ou celles qui visent à opérer un partage géographique des marchés publics, entrent naturellement dans les restrictions caractérisées au sens de la communication de 2001 et dans la liste d'accords de l'article L. 464-6-2 du code de commerce. Toutefois, le secteur des marchés publics se caractérise par la diversité des pratiques anticoncurrentielles utilisées à son encontre. Les exceptions aux seuils de sensibilité, qu'ils soient européens ou nationaux, comportent inexorablement des failles. À titre d'illustration, la communication d'informations entre concurrents, comportement très répandu lors des appels d'offres, pourrait échapper à des poursuites malgré son impact direct sur la mise en concurrence. Par conséquent, les limites posées par les seuils *de minimis* semblent insuffisantes dans le domaine de la commande publique.

1479 *Ibid.*

1480 Comm. eur., Communication concernant les accords d'importance mineure qui ne restreignent pas sensiblement le jeu de la concurrence au sens de l'article 101, paragraphe 1, du traité sur le fonctionnement de l'Union européenne (communication *de minimis*), *op. cit.*, pt 7 et s.

1481 *Ibid.*, pt 11. En ce sens v. égal. les développements de la Cour de justice dans son arrêt du 13 décembre 2012, *Expedia*, aff. C-226/11, EU:C:2012:795 ; comm. L. Idot, *Europe*, 2013, n° 2, p. 38 ; J. Probst, F. Lütz, *RDUE*, 2012, n° 4, pp. 748-753.

1482 L. Vogel, *Traité de droit économique*, tome 1, *Droit de la concurrence – Droits européen et français*, *op. cit.*, pt 725, p. 1316 ; L. Vogel, *Droit français de la concurrence*, , Paris, Bruylant, 2004 : LawLex, pt 131.

1483 V. égal. O. Guézou, « Les comportements anticoncurrentiels dans la passation des marchés publics », *op. cit.*, pt 363, p. 330.

349. Par ailleurs, l'article 101 TFUE est difficilement applicable à ce secteur en raison de son champ d'application. Celui-ci appréhende les accords « *susceptibles d'affecter le commerce entre États membres et qui ont pour objet ou pour effet d'empêcher, de restreindre ou de fausser le jeu de la concurrence à l'intérieur du marché intérieur* »[1484]. Or, l'on peine à retrouver de telles conditions dans le cadre des ententes affectant les appels d'offres, la plupart d'entre elles étant réduites à un échelon local. Le droit interne de la concurrence se retrouve ainsi en première ligne pour faire face à de tels comportements anticoncurrentiels.

350. **Précision du droit de la concurrence français.** Afin d'échapper aux blocages qui résultent des seuils de sensibilité et au regard surtout de la nécessité d'établir au cas par cas l'opportunité de lever la présomption, le droit de la concurrence français consacre explicitement l'inapplication des seuils de sensibilité aux contrats passés sous l'empire du droit de la commande publique. L'article L. 464-6-1 du code de commerce prévoit explicitement que les seuils *de minimis* « *ne visent pas des contrats passés en application du code des marchés publics* ». Selon Joseph Vogel, cette mention « *reflète l'attention particulière portée à ce domaine* »[1485], qui n'est au demeurant pas exclusive à la France. On retrouve ainsi un régime similaire en droit polonais de la concurrence[1486]. Son intérêt est d'écarter systématiquement le bénéfice des règles *de minimis* pour cette catégorie de contrats et ceci du fait de leurs spécificités concurrentielles.

2. La prise de conscience des effets concurrentiels graves des collusions au sein de la commande publique

351. **Une gravité confirmée dans les programmes de clémence européens.** L'efficacité du programme de clémence instauré par la Commission européenne n'est aujourd'hui plus à démontrer. La plupart des ententes sanctionnées par la Commission européenne sont désormais le résultat d'une procédure de clémence préalable[1487]. Ce moyen de « *détection réactive* »[1488], selon la formule empruntée au professeur Petit, illustre le pragmatisme du droit de la concurrence[1489].

[1484] Le droit marocain vise ainsi explicitement les ententes qui frappent la commande publique dans son Dahir n° 1-14-116 du 2 ramadan 1435 portant promulgation de la loi n° 104-12 relative à la liberté des prix et de la concurrence, *BO* n° 6280 du 7 août 2014, article 6 : « *[R]épartir les marchés, les sources d'approvisionnement ou les marchés publics.* »

[1485] L. Vogel, « Peut-on échapper au droit de la concurrence grâce à la règle *de minimis* ? » in « Accords *de minimis* : Faut-il les sanctionner ? », *Concurrences* n° 1-2013, art. n° 50246, pt 17. V. égal. O. Guézou, « Les comportements anticoncurrentiels dans la passation des marchés publics », *op. cit.*, pt 363, p. 330.

[1486] OCDE, « Collusion and Corruption in Public Procurement », *op. cit.*, p. 293.

[1487] N. Petit, *Droit européen de la concurrence*, 2e éd., *op. cit.*, pt 1771, p. 697 ; A. Stephan, « The Direct Settlement of EC Cartel Cases», *International and Comparative Law Quarterly*, vol. 58, n° 3, 2009, pp. 627-654.

[1488] N. Petit, *Droit européen de la concurrence*, 2e éd., *op. cit.*, pt 1763, p. 695 ; discours de N. Kroes du 13 octobre 2006, SPEECH/06/595.

[1489] Parmi les nombreuses études consacrées à la procédure de clémence, v. J.-C. Roda, *La clémence en droit de la concurrence. Étude comparative des droits américains et européens*, Aix-en-Provence, Presses universitaires d'Aix-Marseille, 2008, 573 p. ; F. Mélin, *Les programmes de clémence en droit de la concurrence. Droit français et droit communautaire*, Issy-les-Moulineaux, Joly éditions, 2010, 297 p. ; C. Monnier-Schlumberger, « De la détection à la sanction des cartels : une évaluation économique de la politique antitrust communautaire », thèse Université Paris 1 Panthéon-Sorbonne, 2009, 307 p. ; C. Roux, « Confessions multiples : une analyse économique du rôle des programmes de Clémence dans la lutte contre les ententes parallèles », Université

La clémence encourage la dénonciation des ententes par les entreprises elles-mêmes avec, en contrepartie, l'immunité ou une réduction significative des amendes en fonction de l'ordre de dénonciation et de la qualité des preuves apportées[1490]. Or, la communication de la Commission européenne sur l'immunité d'amendes et la réduction de leur montant dans les affaires portant sur des ententes de 2006 révèle une nouvelle fois l'intérêt du droit de la concurrence pour les comportements anticoncurrentiels pratiqués lors de commandes publiques. En effet, à l'occasion du rappel de son champ d'application, ladite communication présente les « *soumissions concertées lors de marchés publics* »[1491] comme les plus graves violations de l'article 101 TFUE[1492]. Dans sa version de 2002, elle utilisait la formule moins rigoureuse de « *truquage d'appels d'offres* »[1493]. En signalant expressément la gravité de ce type de comportements, la Commission européenne démontre la prise en compte du lourd impact des pratiques anticoncurrentielles au sein de la commande publique.

352. **Des risques de perturbations de l'intérêt général.** La nécessité d'une réponse du droit de la concurrence face aux comportements collusifs qui ciblent la commande publique s'impose notamment pour assurer l'efficacité de l'achat public. Néanmoins, l'intérêt d'une « *attention spécifique* »[1494] dépasse le champ de la commande publique et bénéficie plus largement à l'ensemble de l'économie[1495]. En effet, priver les acheteurs publics et autorités concédantes de capacités de sélection par les mérites entraîne nécessairement deux effets macro-économiques majeurs. Tout d'abord, la perturbation du marché entraîne des risques pour l'exécution même des services publics en raison d'un rapport qualité-prix préjudiciable[1496]. La gravité du dommage à l'économie de telles pratiques collusives est d'ailleurs mise en exergue

Paris 1 Panthéon-Sorbonne, 2005, 48 p. ; D. Voillemot, *Gérer la clémence*, Bruxelles, Bruylant, 2005, 123 p. ; P. Buccirossi, G. Spagnolo, « Antitrust sanction policy in the presence of leniency programs », in « L'efficacité des sanctions contre les cartels : Une perspective économique », *Concurrences*, n° 4-2006, art. n° 12588, pp. 25-30 ; L. Idot, « Les procédures de clémence en droit de la concurrence », in *La clémence et le droit*, J.-M. Jude (dir.) Paris, Economica, 2011, pp. 105-130 ; P. Lowe, « La lutte contre les cartels et la politique de clémence », in « Politique de clémence et lutte contre les cartels (Forum de concurrence européen) », *Concurrences* n° 3-2006, art. n° 1557, pp. 73-75 ; A. Winkler, « La nouvelle politique communautaire de clémence », in *Le nouveau droit communautaire de la concurrence*, F. Brunet, G. Canivet (dir.), Paris, LGDJ, 2008, pp. 399-441.

1490 Comm. eur., Communication sur l'immunité d'amendes et la réduction de leur montant dans les affaires portant sur des ententes, *JOUE* n° C 298 du 8 décembre 2006, pp. 17-22.

1491 *Ibid.*, pt 1.

1492 V. sur ce point, J. Buhart, *Leniency Regimes: Jurisdictional Comparisons*, 4e éd., Londres, Thomson Reuters, 2012, p. 123 ; I. Van Bael, *Due Process in EU Competition Proceedings*, Alphen aan den Rijn, Wolters Kluwer, 2011, p. 258.

1493 Comm. eur., Communication sur l'immunité d'amendes et la réduction de leur montant dans les affaires portant sur des ententes, *JOCE* n° C 45 du 19 février 2002, pp. 3-5, pt 1. La référence était absente dans la communication de la Commission concernant la non-imposition d'amendes ou la réduction de leur montant dans les affaires portant sur des ententes, *JOCE* n° C 207 du 18 juillet 1996, pp. 4-6.

1494 O. Guézou, « Les comportements anticoncurrentiels dans la passation des marchés publics », *op. cit.*, pt 171, pp. 164-165.

1495 Cons. conc., déc. n° 05-D-26 du 9 juin 2005, Marchés de travaux publics réalisés dans le département de la Meuse, pt 168 et s. *BOCCRF* n° 4 du 14 mars 2006 ; Cons. conc., déc. n° 07-D-29 du 26 septembre 2007, Pratiques mises en œuvre dans le cadre de marchés publics d'installation électrique lancés par l'établissement public du musée et du domaine national de Versailles, .

1496 A.-L. Durviaux, *Logique de marché et marché public en droit communautaire. Analyse critique d'un système*, *op. cit.*, p. 32 ; O. Guézou, « Contrats publics et régulation concurrentielle », *op. cit.*, pt 488, p. 220.

par l'Autorité de la concurrence dans son communiqué du 16 mai 2011[1497]. La qualité du service, notamment lors des concessions, affecte directement l'usager, que ce soit sur le service qui lui est proposé ou son coût[1498]. De même, le risque de surprix affecte nécessairement la marge d'action des autorités publiques, déjà fortement perturbée par la crise des finances publiques[1499].

353. **La crainte d'une banalisation des pratiques anticoncurrentielles.** L'effet des comportements anticoncurrentiels dépasse également les seuls marchés en cause et donc la commande publique en général[1500]. L'Autorité de la concurrence insiste régulièrement sur le risque de banalisation des pratiques anticoncurrentielles, notamment quand elles sont le fruit d'une entente entre les principales entreprises d'un secteur. Ainsi, à l'occasion de sa décision n° 13-D-09 du 17 avril 2013 relative à des pratiques mises en œuvre sur le marché de la reconstruction des miradors du centre pénitentiaire de Perpignan, l'Autorité de la concurrence précise que le comportement des membres de l'entente, qui sont «*familier[s] des procédures d'appels d'offres, est de nature à induire un risque de banalisation et d'entraînement à l'égard d'entreprises de moindre importance, notamment des petites et moyennes entreprises locales (PME) agissant souvent dans le cadre de contrats de sous-traitance avec des entreprises plus importantes* »[1501].

354. Les collusions peuvent influencer les autres entreprises du secteur par deux moyens. D'une part, les entreprises, dont principalement les PME, peuvent observer que la plupart des marchés de leurs secteurs sont remportés par des entreprises membres d'une collusion. Ce constat peut les inciter à intégrer une entente afin d'obtenir des contrats publics[1502]. D'autre part, elles peuvent généraliser, dans le secteur particulier de la commande publique, l'idée selon laquelle la mise en concurrence n'est pas la seule étape nécessaire à l'attribution d'un achat public et que l'étape impérative est la mise en place en amont de pratiques collusives.

1497 Aut. conc., communiqué du 16 mai 2011 relatif à la méthode de détermination des sanctions pécuniaires, pt 26.

1498 *Ibid.* À titre d'illustration, Aut. conc., déc. n° 10-D-05 du 27 janvier 2010, *op. cit.* ; déc. n° 95-D-66 du 17 octobre 1995, Pratiques constatées lors d'un marché public de voirie de la communauté urbaine du Mans, *BOCCRF* n° 1 du 24 janvier 1996, p. 5 ; déc. n° 19-D-11 du 29 mai 2019, Pratiques mises en œuvre dans le secteur de la commercialisation de réactifs et consommables pour laboratoires hospitaliers sur le territoire de la Guyane, pt 101 et s.

1499 Aut. conc., « 25 ans », 2012, p. 41, disponible sur https://www.autoritedelaconcurrence.fr/sites/default/files/2019-05/livre_25ans.pdf (consulté le 20/04/2021). À titre d'illustration, Cons. conc., déc. n° 03-D-01 du 14 janvier 2003, Comportement de sociétés du groupe L'Air liquide dans le secteur des gaz médicaux, *BOCCRF* n° 12 du 8 octobre 2003 ; déc. n° 07-D-49 du 19 décembre 2007, *op. cit.*

1500 Aut. conc., déc. n° 16-D-02 du 27 janvier 2016, Pratiques mises en œuvre dans le secteur du transport scolaire par autocar dans le Bas-Rhin, pt 193.

1501 Aut. conc., déc. n° 13-D-09 du 17 avril 2013, *op. cit.* pt 169. V. égal. Cons. conc., déc. n° 07-D-40 du 23 novembre 2007, Pratiques ayant affecté l'attribution de marchés publics de collecte des déchets ménagers dans le département des Vosges, pt 53, *BOCCRF* n° 7 du 15 septembre 2008 ; comm. A. Ronzano, *Concurrences* n° 1-2008, art. n° 54973 ; Cons. conc., déc. n° 06-D-13 du 6 juin 2006, *op. cit.*, pt 68. La formule est également reprise par la cour d'appel de Paris dans ses arrêts du 4 février 2003, *op. cit.*, du rapport annuel du Conseil de la concurrence de 2004, p. 487, et du 30 avril 2002, RG 2001/20113, CA Paris, 30 avril 2002, *BOCCRF* n° 10 du 24 juin 2002.: NOR : ECOC0200165X.

1502 Cass. com., 24 mars 1998, n° 96-14.845, *BOCCRF* n° 7 du 2 mai 1998, p. 192 ; Cons. conc., déc. n° 93-D-47 du 3 novembre 1993, Pratiques constatées lors de marchés d'aménagement paysager dans le département des Bouches-du-Rhône, *BOCCRF* n° 20 du 31 décembre 1993, p. 358, p. 9 ; O. Guézou, « Les compor tements anticoncurrentiels dans la passation des marchés publics », *op. cit.*, pt 352, p. 321.

Enfin, les collusions dans la commande publique peuvent contaminer d'autres secteurs économiques. Le principe de transparence, trait caractéristique du droit de la commande publique, peut d'ailleurs faciliter la mise en place d'une collusion lors d'un appel d'offres[1503]. De telles collusions peuvent alors s'avérer être un tremplin vers des collusions sur le marché privé.

355. **La crainte de contagion sur les marchés privés.** La délimitation nette des marchés de référence privés et publics perd de son intérêt dans le contentieux de la concurrence. L'Autorité de la concurrence intègre plus largement les effets des pratiques anticoncurrentielles sur l'économie, sans se limiter à leurs impacts sur le marché en cause. En effet, une entente persistante dans un marché public peut progressivement affecter d'autres achats publics[1504], voire se développer sur les marchés privés. Le rapport annuel de l'Autorité de concurrence de 2014 souligne à ce titre que « *certaines pratiques revêtent un caractère d'exemplarité tel que le dommage est susceptible de s'étendre à l'ensemble d'un secteur, voire au-delà, en particulier lors de pratiques mises en œuvre dans le cadre d'appels d'offres* »[1505]. Ce risque est perceptible principalement dans les secteurs ayant de fortes capacités de déversement entre les marchés privés et publics, tels que la construction[1506]. Néanmoins, le risque de généralisation de l'entente porte le plus souvent sur d'autres marchés publics, notamment dans le cadre d'une entente généralisée[1507]. L'extension de celle-ci déjà ancrée sur un secteur ou une collectivité spécifique n'impose pas nécessairement d'effort particulier de la part des membres de la collusion. Les méthodes et pratiques peuvent facilement se transposer à d'autres marchés ou territoires sur lesquels les membres de l'entente sont actifs.

Section 2
Un intérêt consacré par le principe de juste appréciation de la concurrence pour l'acheteur public

356. Après avoir observé l'intérêt consacré au droit de la commande publique par le droit de la concurrence, il est opportun de s'intéresser à l'une des manifestations emblématiques de la protection offerte par les autorités de concurrence à l'effectivité du droit de la commande publique : le principe de juste appréciation

---

1503 T. Dahan, « Le porte-monnaie du contribuable », in *À quoi sert la concurrence ?*, M. Behar-Touchais, N. Charbit, R. Amaro (dir.), *op. cit.*, p. 320.

1504 Cons. conc., déc. n° 07-D-15 du 9 mai 2007, *op. cit.*, pt 139 et s.

1505 Aut. conc., « Rapport annuel 2014 », 2015, p. 71.

1506 Cons. conc., déc. n° 07-D-02 du 23 janvier 2007, Pratiques ayant affecté l'attribution de marchés publics et privés dans le secteur de l'élimination des déchets en Seine-Maritime, *BOCCRF* n° 3 du 18 avril 2007, pp. 635-644 ; déc. n° 01-D-14 du 4 mai 2001, *op. cit.*

1507 Cons. conc., déc. n° 06-D-07 du 21 mars 2006, Pratiques mises en œuvre dans le secteur des travaux publics dans la région Île-de-France, BOCCRF n° 1 du 26 janvier 2007, pp. 201-269 ; comm. A. Ronzano, *Concurrences* n° 2-2006, art. n° 55381.

de la concurrence par l'acheteur public[1508]. Il est alors nécessaire d'examiner, dans un premier temps, la portée de ce principe très présent en droit français de la concurrence (§ 1), puis, dans un second temps, de démontrer sa présence dans le contentieux européen de la concurrence (§ 2).

§ 1. La définition du principe de juste appréciation de la concurrence par l'acheteur public

357. Le principe de juste appréciation de la concurrence par l'acheteur public caractérise une démarche dynamique du droit de la concurrence en faveur de l'effectivité du droit de la commande publique. Une telle protection cherche à maximiser la concurrence sur le marché de la commande publique (A) et se déploie concrètement dans une dimension positive (B) et une dimension négative (C), comme l'observe le professeur Guézou[1509].

A. La fonction concurrentielle du principe

358. **Un principe théorisé par le professeur Guézou.** Le principe de juste appréciation de la concurrence par l'acheteur public a pour particularité d'être le fruit des travaux de recherche du professeur Guézou. Ce dernier théorise les différents aspects de ce principe dans sa thèse de doctorat[1510]. Ce principe, caractéristique du contentieux national de la concurrence, s'articule autour d'une analyse minutieuse de la pratique de l'Autorité de la concurrence. Le professeur Guézou dégage à ce titre le principe de juste appréciation de la concurrence par l'acheteur public et les particularismes qui lui sont propres. Au regard de la filiation intellectuelle de ce principe et de ses nombreuses confirmations, il est impératif de préciser le sens à conférer à ce principe spécifique au contentieux de la concurrence portant sur la commande publique.

359. **Un principe protecteur de l'ordre public concurrentiel.** Comme son nom l'indique, le principe de juste appréciation de la concurrence par l'acheteur public impose que les commandes publiques soient réalisées au sein d'un marché reposant sur les principes d'une économie de marché libre et non faussée. Sa finalité consiste à permettre au droit de la commande publique d'assurer l'efficacité de l'achat public par l'intermédiaire d'une véritable concurrence lors des procédures de passation. Ce principe caractérise par ailleurs la démarche du droit de la concurrence[1511]. En effet, même si le droit de la concurrence protège *de facto* les consommateurs, sa finalité reste de garantir le bon fonctionnement du marché, lequel est protégé par l'intermédiaire de l'ordre public

---

1508 O. Guézou, « Les comportements anticoncurrentiels dans la passation des marchés publics », *op. cit.*, pt 167, p. 162 et s.

1509 *Ibid*

1510 *Ibid.*

1511 *Ibid.*, pt 168, p. 163.

concurrentiel. Le principe de juste appréciation de la concurrence reprend ce schéma intellectuel en ne veillant pas directement sur les acheteurs publics, mais défend plus particulièrement l'effectivité du droit de la commande publique[1512]. Ce dernier est, comme nous l'avons précédemment développé, garant d'un tel ordre dans l'espace économique de la commande publique. Par conséquent, il s'agit d'une véritable « *inscription de la mise en concurrence dans le droit de la concurrence* »[1513]. Le principe de juste appréciation de la concurrence se compose à cet égard d'une dimension positive et d'une dimension négative à l'égard des opérateurs économiques candidats[1514].

B. La dimension positive du principe de juste appréciation de la concurrence

360. **Un corollaire du principe fondamental de transparence.** La première dimension du principe de juste appréciation de la concurrence correspond aux exigences de transparence des offres des candidats. À cet égard, ce principe implique une démarche positive de la part des opérateurs économiques. En effet, comme nous l'avons précisé dans nos précédents développements, le droit de la commande publique intègre véritablement une démarche structuraliste afin d'assurer le développement d'une concurrence effective sur le marché[1515]. Le droit de la commande publique impose à cet égard un panel d'obligations auxquelles doivent se conformer les acheteurs publics, telles que les principes fondamentaux de la commande publique[1516]. Le principe de transparence, tel que prévu par l'article 76 de la directive 2014/24/UE, rappelle à ce titre l'importance de la transparence au stade des procédures de mise en concurrence[1517]. Cette obligation permet de garantir les opérateurs économiques contre les comportements arbitraires des acheteurs publics ou autorités concédantes[1518]. Le droit de la commande publique, en imposant de telles obligations aux acheteurs publics, sème les garanties d'une mobilisation efficace de la concurrence. La contrepartie immédiate pour les candidats lors des mises en concurrence est d'offrir un maximum de transparence sur les offres qu'ils présentent.

1512 *Ibid.*, pt 181, p. 173.

1513 O. Guézou, « Droit de la concurrence et droit des marchés publics : vers une notion transversale de mise en libre concurrence », *op. cit.*, p. 45.

1514 O. Guézou, « Les comportements anticoncurrentiels dans la passation des marchés publics », *op. cit.*, pt 167, p. 162.

1515 V. *supra*, Partie I, Titre I, Chapitre 1, Section 2.

1516 Aut. conc., avis n° 16-A-05 du 15 février 2016, *op. cit.*, pts 66 et 77 ; comm. A. Ronzano, *Concurrences* n° 2-2016, n° 79593.

1517 V. égal. l'article 3 de la directive 2014/23/UE *op. cit.* ; directive 2009/81/CE, *op. cit.*, considérant 70.

1518 CJUE, 29 mars 2012, *SAG ELV Slovensko e.a.*, aff. C-599/10, *op. cit.*, pt 25 ; comm. M. Aubert, E. Broussy, F. Donnat, *AJDA*, 2012, pp. 1001-1002 ; M. Meister, *Europe*, n° 5, p. 192 ; A.-L. Durviaux, *JDE*, 2012, n° 191, pp. 218-219 ; CJUE, 5 décembre 2013, *Nordecon AS*, aff. C-561/12, *op. cit.*, pt 36 ; comm. M. Meister, *Europe*, 2014, n° 2, p. 32 ; CJCE, 12 décembre 2002, *Universale-Bau*, aff. C-470/99, *op. cit.*, pts 92-93 ; CJCE, 7 décembre 2000, *Telaustria*, aff. C-324/98, *op. cit.*, pt 62 ; comm. M.-Y. Benjamin, *Dr. adm.*, 2001, n° 85 ; M. Dischendorfer, *PPLR*, 2001, pp. NA57-NA63 ; CJCE, 25 avril 1996, *Commission c/ Belgique*, aff. C-87/94, *op. cit.*, pt 54 ; comm. F. Lagondet, *Europe*, 1996, n° 6, pp. 9-10 ; J. M. Fernandez Martin, *PPLR*, 1996, pp. CS133-CS139.

361. **Un droit à la transparence des offres consacré en droit de la concurrence.** La décision du Conseil de la concurrence (désormais Autorité de la concurrence) n° 89-D-42 relative à des pratiques d'entente relevées dans le secteur de l'équipement électrique fait expressément état d'un droit à la transparence pour les acheteurs publics. Elle indique que « *la procédure [de mise en concurrence] ainsi critiquée a essentiellement pour objet d'organiser la compétition entre les entreprises sur la base de l'autonomie et de la transparence des offres ; que pour ce motif, le maître d'ouvrage a droit à une information claire et complète sur les compétiteurs et sur les propositions qu'ils présentent ; que dès lors, toute pratique d'entente préalable tendant à organiser l'attribution du marché, loin de pouvoir être expliquée ou justifiée par la procédure d'appel d'offres, lui est manifestement contraire* »[1519]. L'approche du droit de la concurrence est donc ambitieuse, consacrant un droit « *à une information claire et complète* »[1520] pour les acheteurs publics. Ce droit se fonde non pas sur le droit de la commande publique, mais sur la prohibition des ententes. La décision n° 89-D-42 souligne en l'occurrence que le droit à l'information dont bénéficient les autorités adjudicatrices vise la nature réelle des « *compétiteurs et sur les propositions qu'ils présentent* »[1521]. Cette formule doit être interprétée comme un droit pour les acheteurs publics à connaître la pression concurrentielle présente sur le marché. Elle emprunte une démarche assurément pragmatique. En effet, un tel droit à l'information sera systématiquement violé lors de pratiques collusives des entreprises candidates. La concertation préalable des candidats, le recours à des offres de couverture, les pratiques concertées d'éviction de concurrents ou de simples échanges d'informations privent inévitablement les acheteurs publics du bénéfice de ce droit d'information sur la nature de la concurrence, et d'un juste pouvoir d'appréciation lors de la sélection de l'offre économiquement la plus avantageuse.

C. La dimension négative du principe de juste appréciation de la concurrence

362. **Une consécration ancienne par le droit français de la concurrence.** La dimension négative du principe de juste appréciation de la concurrence précède historiquement la dimension positive dudit principe. En effet, dès 1978, la Commission de la concurrence (désormais Autorité de la concurrence) relève son existence dans son avis du 28 septembre 1978 relatif à des pratiques anticoncurrentielles dans le secteur de la restauration des monuments historiques en Poitou-Charentes, en Aquitaine et dans les Pays de la Loire[1522]. Elle distingue à cette occasion deux éléments qui tombent sous l'interdiction des pratiques collusives, à savoir, d'une part, l'entente

---

1519 Cons. conc., déc. n° 89-D-42 du 12 décembre 1989, *op. cit.*, in Cons. conc., « Troisième rapport d'activité », 1989, annexe n° 49, p. 154. V. égal. CA Paris, 28 mai 2015, RG 2014/09272.

1520 *Ibid.* V. égal. O. Guézou, « Les comportements anticoncurrentiels dans la passation des marchés publics », *op. cit.*, pt 178, p. 170.

1521 *Ibid.*

1522 Comm. conc., avis du 28 septembre 1978, Pratiques anticoncurrentielles dans le secteur de la restauration des monuments historiques en Poitou-Charentes, en Aquitaine et dans les Pays de la Loire, *BOCC-BOSP* n° 4 du 23 février 1983, p. 68 ; *RMP*, 1983, n° 193, pp. 30-32.

des candidats ayant en l'espèce conduit à une désignation préalable du futur titulaire du marché public et, d'autre part, les pratiques « *ayant pour effet de tromper les maîtres d'ouvrage sur la réalité et l'étendue de la concurrence* »[1523].

363. **L'interdiction de tromper l'acheteur public sur la réalité de la concurrence.** Depuis 1978, la dimension négative du principe de juste appréciation interdit aux opérateurs économiques de tromper les acheteurs publics sur la réalité de la pression concurrentielle. En effet, comme le précise le Conseil de la concurrence dans sa décision du 28 juin 1994 relative à des pratiques mises en œuvre à l'occasion d'un appel d'offres pour les travaux d'aménagement des bassins de rétention de la Lironde sur le site de Port-Marianne, une telle manœuvre occasionne des distorsions de concurrence[1524]. La mise en concurrence est faussée en raison d'une tromperie sur la « *réalité* » et l'« *étendue de la concurrence* »[1525]. Un tel comportement prive naturellement l'acheteur public des bénéfices du droit de la commande publique. La jurisprudence, en employant l'expression « *la réalité et l'étendue de la concurrence* »[1526], fait ainsi référence à l'objectif de concurrence effective du droit de la commande publique.

364. **La protection de l'objectif de concurrence effective du droit de la commande publique.** L'utilisation du principe de juste appréciation de la concurrence par l'acheteur

---

1523 *Ibid.* V. égal. Cons. conc., déc. n° 2000-D-38 du 20 septembre 2000, Pratiques relevées dans le secteur de la restauration de monuments historiques en Île-de-France, *BOCCRF* n° 13 du 5 décembre 2000.

1524 Cons. conc., déc. n° 94-D-39 du 28 juin 1994, Pratiques mises en œuvre à l'occasion d'un appel d'offres pour les travaux d'aménagement des bassins de rétention de la Lironde sur le site de Port-Marianne, à Montpellier, p. 6, *BOCCRF* n° 16 du 16 septembre 1994, p. 392.

1525 *Ibid.* V. égal. Cons. conc., déc. n° 89-D-34 du 25 octobre 1989, Pratiques relevées dans le secteur des travaux routiers, in Cons. conc., « Troisième rapport d'activité » 1989, p. 101 ; déc. n° 94-D-38 du 21 juin 1994, Pratiques relevées à l'occasion d'un marché de travaux d'assainissement à Saint-Tropez (Var), p. 3, *BOCCRF* n° 15 du 23 août 1994, p. 386 ; déc. n° 94-D-19 du 15 mars 1994, Situation de la concurrence dans le secteur du déménagement à Bordeaux, p. 13, *BOCCRF* n° 10 du 24 juin 1994, p. 241 ; déc. n° 95-D-25 du 4 avril 1995, Pratiques constatées dans le secteur de la collecte des ordures ménagères, p. 7, *BOCCRF* n° 8 du 16 juin 1995, p. 213 ; déc. n° 96-D-37 du 28 mai 1996, Pratiques relevées lors d'un appel d'offres pour des équipements électromécaniques d'une station de pompage située à la sortie Toulon-Est de l'autoroute A 57, p. 4, *BOCCRF* n° 12 du 27 juillet 1996, p. 376 ; déc. n° 98-D-33 du 3 juin 1998, *op. cit.*, p. 128 ; déc. n° 01-D-67 du 19 octobre 2001, *op. cit.* ; déc. n° 02-D-48 du 29 juillet 2002, Pratiques relevées sur des marchés de VRD dans les arrondissements de Cambrai, Valenciennes et Avesnes sur Helpe, p. 15, *BOCCRF* n° 14 du 30 septembre 2002 ; Cons. conc., déc. n° 05-D-69 du 15 décembre 2005, *op. cit.*, pt 217 ; déc. n° 11-D-07 du 24 février 2011, Pratiques mises en œuvre dans le secteur des travaux de peinture d'infrastructures métalliques, pt 147 ; comm. A. Ronzano, *Concurrences* n° 2-2011, art. n° 52831 ; Cons. conc., déc. n° 09-D-10 du 27 février 2009, *op. cit.*, pt 199 ; comm. R. Kovar, *Concurrences* n° 2-2009, art. n° 26099, p. 215 ; déc. n° 10-D-04 du 26 janvier 2010, Pratiques mises en œuvre dans le secteur des tables d'opération, pts 125 et 129, Comm. conc., « Rapport annuel », 1980, p. 100 ; CA Paris, 18 novembre 2003, RG 2003/04154, NOR : ECOC0300442x, *BOCCRF* n° 2 du 12 mars 2004 ; CA Paris, 2 juillet 1996, *BOCCRF* n° 13 du 20 août 1996 ; CA Paris, 30 avril 2002, *op. cit.* ; Cons. conc., déc. n° 04-D-03 du 18 février 2004, Pratiques relevées lors d'un appel d'offres lancé par la direction régionale des douanes à Marseille pour la mise en conformité électrique de la cité de la Joliette, *BOCCRF* n° 5 du 4 mai 2004 ; déc. n° 04-D-50 du 3 novembre 2004, Pratiques mises en œuvre lors d'appels d'offres organisés par le syndicat intercommunal d'assainissement de la vallée des Lacs (88), *BOCCRF* n° 1 du 21 janvier 2005. V. également Comm. eur., « Communication sur les outils de lutte contre la collusion dans les marchés publics et orientations sur la manière d'appliquer le motif d'exclusion y relatif », *op. cit.*, pt. 1.1.

1526 Aut. conc., déc. n° 18-D-19 du 24 septembre 2018, Pratiques mises en œuvre dans le secteur des travaux d'éclairage public en Ardèche, pt 115.

public est fondée sur l'objectif de concurrence effective du droit de la commande publique. Cet objectif est fondamental pour assurer l'efficacité des achats publics. La référence à la réalité de la concurrence se rapporte aux manœuvres « *ayant pour objet ou pouvant avoir pour effet de faire croire au maître de l'ouvrage qu'il existe entre elles une concurrence effective* »[1527]. L'existence même de la concurrence est artificielle. Or, comme l'indique le professeur Guézou, une telle simulation porte sur les conditions d'incertitude et d'autonomie sur le marché[1528]. L'Autorité de la concurrence confirme régulièrement cette position. En effet, ce type de manœuvres est susceptible de « *fausser le jeu de la concurrence en faisant croire [aux acheteurs publics] que leurs offres étaient indépendantes* »[1529].

365. De la même façon, « l'étendue » de la concurrence, qui est parfois remplacée par la notion d'« intensité »[1530], renvoie à la compétition normalement attendue sur le marché. La mise en concurrence s'efforce de mobiliser au maximum les opérateurs économiques afin de garantir un achat public économiquement efficace. Cette étroite relation entre la concurrence effective et l'efficacité de la commande publique est d'ailleurs rappelée par la cour d'appel de Paris dans son arrêt du 28 mars 2013. Le juge précise à cette occasion que l'atteinte à la concurrence « *ne garantit plus à l'acheteur public la sincérité de l'appel d'offres et la bonne utilisation de l'argent public* »[1531]. Une telle logique est confirmée à l'occasion de son arrêt du 3 novembre 2009, dans lequel la cour d'appel de Paris affirme que « *toute limitation de cette incertitude affaiblit la concurrence entre les offreurs et pénalise l'acheteur public, obligé à payer un prix plus élevé que celui qui aurait résulté d'une concurrence non faussée* »[1532]. La « *demande idéale* »[1533] qui est organisée par le droit de la commande publique ne peut tolérer la moindre perturbation de la concurrence[1534].

1527 Comm. conc., avis du 13 février 1976, *Travaux routiers en Bretagne* ; in Comm. conc., « Rapport annuel », 1980, p. 100.

1528 O. Guézou, « Les comportements anticoncurrentiels dans la passation des marchés publics », *op. cit.*, pt 179, p. 171. V. sur ce point, Cons. conc., « Troisième rapport d'activité », *op. cit.* p. XXI.

1529 Cons. conc., déc. n° 92-D-31 du 28 avril 1992, *op. cit.*, p. 7. V. égal. : déc. n° 03-D-07 du 4 février 2003, Pratiques relevées lors de la passation de marchés d'achat de panneaux de signalisation routière verticale par des collectivités locales, pt 76, *BOCCRF* n° 7 du 16 juin 2003 ; déc. n° 10-D-04 du 26 janvier 2010, *op. cit.*, pt 129 ; déc. n° 10-D-10 du 10 mars 2010, *op. cit.*, pt 39 ; CA Paris, 18 novembre 2003, RG 2003/04154, *op. cit.*

1530 À titre d'illustration, CA Paris, 30 avril 2002, *op. cit.* ; CA Paris, 18 novembre 2003, RG 2003/04154, *op. cit.* ; Aut. conc., déc. n° 10-D-05 du 27 janvier 2010, *op. cit.*, pt 72 ; déc. n° 10-D-04 du 26 janvier 2010, *op. cit.*, pt 125 ; Cons. conc., déc. n° 07-D-01 du 17 janvier 2007, Pratiques mises en œuvre dans le cadre de marchés publics de travaux de canalisations dans le département du Morbihan, *BOCCRF* n° 3 du 18 avril 2007, pp. 625-635 ; déc. n° 05-D-69 du 15 décembre 2005, *op. cit.*, pt 217 ; avis n° 03-A-14 du 25 juillet 2003, Demande d'avis présentée par la fédération du bâtiment et des travaux publics de Haute-Savoie sur un bordereau de prix unitaires dans le cadre de la passation de marchés d'eau et d'assainissement de la Haute-Savoie, pt 27, *BOCCRF* n° 4 du 26 avril 2005.

1531 CA Paris, 28 mars 2013, RG 2011/20125, *BOCCRF* n° 4 du 29 avril 2013. V. égal. CA Paris, 11 octobre 2012, RG 2011/03298, *BOCCRF* n° 9 du 23 octobre 2012 ; Cons. conc., déc. n° 08-D-33 du 16 décembre 2008, Pratiques mises en œuvre à l'occasion d'appels d'offres de la ville d'Annecy et du conseil général de Haute-Savoie pour le transport par autocar, pt 94, *BOCCRF* n° 1 du 5 février 2009.

1532 CA Paris, 3 novembre 2009, RG 2009/01024, *BOCCRF* n° 10 du 13 novembre 2009.

1533 O. Guézou, « Les comportements anticoncurrentiels dans la passation des marchés publics », *op. cit.*, pt 170, p. 164.

1534 Aut. conc., « Rapport annuel 2009 – Études thématiques : Concurrence et contrat », *op. cit.*, p. 66 ; CNUCED, « Politique de concurrence et marchés publics », *op. cit.*, pt 59.

366. **La protection de l'ordre public économique.** La jurisprudence confirme à de nombreuses reprises que le principe de juste appréciation de la concurrence poursuit notamment l'objectif de préservation de l'ordre public économique. La Cour de cassation souligne à cet égard dans son arrêt *Sade* du 24 mars 1998 que « *la tromperie de l'acheteur public érigé en système perturbe le secteur où elle est pratiquée et porte une atteinte grave à l'ordre public économique* »[1535]. Cette notion d'atteinte « grave » utilisée par la Cour de cassation n'est pas réellement développée. Il semble toutefois que la double violation des règles essentielles à l'ordre public concurrentiel, que sont le droit de la concurrence et le droit de la commande publique, explique cette formulation. L'énoncé de la Cour de cassation est d'ailleurs confirmé par l'Autorité de la concurrence. Elle associe désormais la violation du principe de juste appréciation de la concurrence par l'acheteur public à une affectation de l'ordre public économique[1536]. Cette solution est d'ailleurs reprise à l'occasion de la décision n° 07-D-15 du 9 mai 2007 relative à des pratiques mises en œuvre dans les marchés publics relatifs aux lycées d'Île-de-France[1537].

367. **Le lien établi entre principe de juste appréciation et pratiques anticoncurrentielles.** L'utilisation du principe de juste appréciation de la concurrence, et plus spécifiquement de sa dimension négative, contribue également à la qualification d'entente. En effet, la manœuvre destinée à tromper un acheteur public ou une autorité concédante sur l'existence d'une concurrence effective conduit nécessairement à un achat public inefficace. La cour d'appel de Paris établit un parallèle entre la qualification de collusion et la violation du principe de juste appréciation de la concurrence dans son arrêt du 2 juillet 1996. La cour précise que « *la concertation avait un objet anticoncurrentiel dès lors qu'il s'agissait de faire échec à la procédure d'appel d'offres* »[1538] et prive ainsi « *de leur contenu et de leur efficacité les règles édictées par ledit code* »[1539]. Par conséquent, l'arrêt relève que la violation du principe de juste appréciation de la concurrence par les entreprises candidates est constitutive d'une pratique collusive. L'entente, quelle que soit sa forme, se formalise autour des manœuvres destinées à tromper l'acheteur public sur l'intensité réelle de la concurrence.

368. L'Autorité de la concurrence a précisé dans son étude thématique de 2009 que la restriction de la concurrence est constituée par les « *manœuvres occultes des entreprises perturbant l'appel d'offres* »[1540] et la mise en concurrence[1541]. Dès lors, la violation du principe de juste appréciation de la concurrence entraîne

---

1535 Cass. com., 24 mars 1998, n° 96-14.845, *op. cit.* V. égal. Cass. crim., 6 mai 2015, n° 14-80.256, inédit ; CA Paris, 24 juin 2008, RG 2006/06913, *BOCCRF* du 15 septembre 2008.

1536 Aut. conc., déc. n° 11-D-07 du 24 février 2011, *op. cit.*, pt 147 ; déc. n° 11-D-02 du 26 janvier 2011, *op. cit.*, pt 634 ; déc. n° 10-D-05 du 27 janvier 2010, *op. cit.*, pt 72 ; déc. n° 09-D-03 du 21 janvier 2009, Pratiques mises en œuvre dans le secteur du transport scolaire et interurbain par autocar dans le département des Pyrénées-Orientales, pt 115, *BOCCRF* n° 2 du 18 février 2009 ; déc. n° 08-D-15 du 2 juillet 2008, Pratiques mises en œuvre dans le secteur de rénovation de chaufferies en Saône-et-Loire, pt 117, *BOCCRF* n° 8 du 10 octobre 2008, pp. 797-806.

1537 Cons. conc., déc. n° 07-D-15 du 9 mai 2007, *op. cit.*, pt 478.

1538 CA Paris, 2 juillet 1996, *op. cit.*

1539 *Ibid.*

1540 Aut. conc., « Rapport annuel 2009 – Études thématiques : Concurrence et contrat », *op. cit.*, p. 64 et s.

1541 *Ibid.*

une restriction par objet ou par effet[1542]. Son utilisation facilite la qualification d'ententes[1543]. Ce faisant, le droit de la concurrence semble sur ce point établir une interaction directe avec le droit de la commande publique. En effet, la restriction de la concurrence se fonde sur la manœuvre destinée à falsifier le résultat de la mise en concurrence et du processus concurrentiel[1544]. Cette manœuvre « *n'est donc pas seulement anticoncurrentielle en termes de stricte libre concurrence, mais aussi de mise en concurrence* »[1545]. L'Autorité de la concurrence use ainsi de concepts propres au droit de la commande publique afin de déterminer une violation des règles de concurrence[1546]. Le droit de la commande publique n'apparaît donc pas comme un simple support, mais adopte un rôle essentiel dans la qualification d'une entente lors d'un appel d'offres.

§ 2. Le positionnement du principe de juste appréciation de la concurrence en droit européen

369. Le principe de juste appréciation de la concurrence par l'acheteur public, principe régulièrement employé en droit français de la concurrence, trouve également un écho en droit européen de la concurrence. Son existence découle en effet du principe de concurrence libre et non faussée garanti par le droit primaire (A). Le contentieux européen de la concurrence illustre l'utilisation du principe de juste appréciation de la concurrence et plus particulièrement de sa dimension négative (B).

A. Un accessoire du principe de concurrence

370. **La valeur du principe de concurrence : une disposition de droit primaire.** Depuis le traité de Rome[1547], le principe de concurrence libre et non faussée figurait comme objectif de l'Union européenne. L'influence de la France a conduit malheureusement à la suppression de cette référence explicite au sein de l'article 3 TUE[1548]. Le marché intérieur demeure aujourd'hui l'unique référence aux ambitions économiques de l'Union. Toutefois, le droit primaire maintient ses objectifs en matière de politique de concurrence. En effet, le traité de Lisbonne a ajouté le protocole n° 27, qui énonce que « *le marché intérieur tel qu'il est défini à l'article 3 du traité sur l'Union européenne comprend un système garantissant*

[1542] Le contentieux de la concurrence peut ainsi utiliser les deux formules simultanément ou alternativement. En ce sens v. not. CA Paris, 2 juillet 1996, *op. cit.* ; CA Paris, 18 novembre 2003, RG 2003/04154, *op. cit.* ; Comm. conc., avis du 28 septembre 1978, *op. cit.*, comm. *RMP* n° 193, p. 30.

[1543] O. Guézou, « Contrats publics et politique de la concurrence », *op. cit.*, p. 637 et s.

[1544] Cons. conc., déc. n° 05-D-38 du 5 juillet 2005, *op. cit.*, pt 314.

[1545] O. Guézou, « Les comportements anticoncurrentiels dans la passation des marchés publics », *op. cit.*, pt 180, p. 172.

[1546] *Ibid.* ; O. Guézou, « Droit de la concurrence et droit des marchés publics : vers une notion transversale de mise en libre concurrence », *op. cit.*, p. 45.

[1547] Sur l'analyse historique de ces dispositions du traité, v. N. Petit, *Droit européen de la concurrence*, 2e éd., *op. cit.*, pt 75, p. 46.

[1548] L. Warlouzet, « La France, la construction européenne et les limites de la conversion à la "libre concurrence" (1945-1992) », *Parlement[s], Revue d'histoire politique*, 2007, n° 3, p. 25 ; C. Prieto, D. Bosco, *Droit européen de la concurrence. Ententes et abus de position dominante*, *op. cit.*, pt 197, p. 183.

que la concurrence n'est pas faussée ». L'article 51 TUE précise, quant à lui, que les protocoles et annexes du traité ont la même valeur que celui-ci et sont par conséquent des dispositions de droit primaire. Les modifications, principalement d'ordre « *cosmétique* »[1549] selon Damien Broussolle, ne devraient pas affecter la politique de concurrence, le retrait de l'article 3 TUE étant compensé par d'autres dispositions du traité[1550].

371. **Une valeur confirmée par la jurisprudence.** La Cour de justice, sans avoir repris explicitement la formule des arrêts *Eco Swiss*[1551] et *Courage*[1552], confirme sa position initiale lors de son arrêt *Commission c/ Italie* du 17 novembre 2011[1553]. L'affaire, relative aux aides d'État, donne l'opportunité aux juges européens de se prononcer sur la valeur des dispositions du protocole n° 27 après une première tentative discrète[1554]. L'arrêt rappelle « *le caractère fondamental des dispositions du traité en matière de concurrence [...] lesquelles constituent l'expression de l'une des missions essentielles conférées à l'Union européenne. Au jour où la Cour apprécie l'opportunité et le montant de la présente astreinte, ce caractère fondamental ressort de l'article 3, paragraphe 3, TUE, à savoir l'établissement d'un marché intérieur, ainsi que du protocole n° 27 sur le marché intérieur et la concurrence, lequel, en application de l'article 51 TUE, fait partie intégrante des traités, et aux termes duquel le marché intérieur comprend un système garantissant que la concurrence n'est pas faussée* »[1555]. Selon Ben Van Rompuy, la reprise d'une telle formulation par la Cour justice apporte deux importantes clarifications. D'une part, elle indique la volonté des juges de maintenir le caractère fondamental du principe de concurrence libre et non faussée. D'autre part, elle confirme que le protocole n° 27 est une composante à part entière du droit primaire. Le transfert du principe de concurrence libre et non faussée du traité sur l'Union européenne vers un nouveau protocole n'affecte de ce fait ni sa valeur juridique ni son importance

---

1549 D. Broussolle, « Les métamorphoses du statut de la concurrence dans les traités européens », *Bulletin de l'Observatoire des politiques économiques en Europe*, 2011, n° 24, p. 39.

1550 F.-X. Priollaud, D. Siritzky, *Le traité de Lisbonne. Textes et commentaire article par article des nouveaux traités européens (TUE-TFUE)*, Paris, La Documentation française, 2008, p. 236 ; J. Basedow, « La concurrence est-elle menacée en Europe ? », *Recueil Dalloz*, 2008, p. 272.

1551 CJCE, 1er juin 1999, *Eco Swiss*, aff. C-126/97, EU:C:1999:269, pt 36 ; comm. L. Idot, *Europe*, 1999, comm. n° 302, pp. 21-22 : « *Toutefois, l'article 81 CE constitue, conformément à l'article 3, sous g), du traité CE [devenu, après modification, article 3, paragraphe 1, sous g), CE], une disposition fondamentale indispensable pour l'accomplissement des missions confiées à la Communauté et, en particulier, pour le fonctionnement du marché intérieur. L'importance d'une telle disposition a amené les auteurs du traité à prévoir expressément au deuxième paragraphe de l'article 81 CE que les accords et décisions interdits en vertu de cet article sont nuls de plein droit.* »

1552 CJCE, 20 septembre 2001, *Courage Ltd*, aff. C-453/99, EU:C:2001:465, pt 20 ; comm. L. Idot, *Europe*, 2001, comm. n° 330, pp. 12-13 ; G. A. Cumming, *ELR*, 2002, pp. 199-204.

1553 CJUE, 17 novembre 2011, *Commission c/ Italie*, aff. C-496/09, EU:C:2011:740 ; comm. A. Rigaux, *Europe*, 2012, n° 1, p. 8 ; J.-Y. Chérot, *Concurrences* n° 1-2012, art n° 42217, pp. 161-162.

1554 CJUE, 17 février 2011, *TeliaSonera Sverige*, aff. C-52/09, *op. cit.*, pt 22 : « *En effet, de telles règles [de concurrence] ont précisément pour objectif d'éviter que la concurrence ne soit faussée au détriment de l'intérêt général, des entreprises individuelles et des consommateurs, contribuant ainsi au bien-être dans l'Union (voir, en ce sens, arrêt du 22 octobre 2002, Roquette Frères, C- 94/00, Rec. p. I-9011, point 42)* » ; comm. C. Prieto, J.-C. Roda, *JDI*, 2011, pp. 553-564 ; L. Idot, *Europe*, 2011, n° 4, pp. 21-23.

1555 CJUE, 17 novembre 2011, *Commission c/ Italie*, aff. C-496/09, *op. cit.*, pt 60. V. égal. les conclusions de l'avocat général J. Kokott présentées le 14 avril 2011, aff. C-109/10 P, EU:C:2011:256, note 115.

pour l'Union européenne[1556]. Cette jurisprudence atteste ainsi du caractère symbolique des modifications faites à l'article 3 TUE[1557].

372. **Un principe « *ordonnateur de l'action publique* »[1558].** L'étude de Damien Broussolle consacrée à l'évolution progressive de la politique européenne de concurrence l'a conduit à qualifier le principe de concurrence libre et non faussée, tel que prévu par le protocole n° 27, de « *principe ordonnateur de l'action publique* »[1559]. En effet, au terme de son analyse, il distingue une lente extension du principe de concurrence, d'un rôle originellement limité à celui d'« *auxiliaire de l'action de l'État* »[1560], à un principe consacrant les mérites d'un système de marché libre et non faussé. À l'origine, le traité de Rome et les institutions européennes limitèrent la portée du principe de concurrence à celui de la concurrence loyale et comme un « *prolongement du libre-échange* »[1561]. La modération initiale du traité entérinait « *un compromis* »[1562] entre les conceptions françaises et allemandes. La première était encore fortement attachée au dirigisme, reliquat d'une conception traditionnellement colbertiste[1563]. La seconde, encore sous l'influence de l'ordolibéralisme, saluait les vertus de la concurrence.

373. Néanmoins, loin de rester limité aux seules pratiques anticoncurrentielles, le principe de concurrence non faussée a rapidement acquis une nouvelle dimension au sein du traité. La politique de concurrence a de ce fait généralisé la récupération des aides d'État illégales en 1985, par la simple exécution effective des dispositions du traité[1564]. Cette dynamique est également contemporaine à l'adoption du règlement (CEE) n° 4064/89 relatif au contrôle des opérations de concentration[1565]. La position de la concurrence dans les politiques de l'Union européenne a été d'ailleurs accrue à l'occasion du traité de Maastricht. Son article 3 A précise que « *l'action des États membres et de la Communauté comporte, dans les conditions et selon les rythmes prévus par le présent traité, l'instauration d'une politique économique […] conduite conformément au respect du principe d'une économie de marché ouverte où la concurrence est libre* ». La formule utilisée, ajoutant le terme « libre », démontre que les politiques économiques des États membres et de l'Union ne peuvent entrer en opposition avec un système de marché concurrentiel

---

1556 B. Van Rompuy, « The Impact of the Lisbon Treaty on EU Competition Law: A Review of Recent Case Law of the EU Courts », *CPI Antitrust Chronicle*, vol. 1, 2011, p. 5 et 6. Disponible sur https://www.competitionpolicyinternational.com/assets/0d358061e11f2708ad9d62634c6c40ad/Van-RompuyDEC-111.pdf (consulté le 20/02/2021).

1557 F.-X. Priollaud, D. Siritzky, *Le traité de Lisbonne. Textes et commentaire article par article des nouveaux traités européens (TUE-TFUE)*, *op. cit.*, p. 236.

1558 D. Broussolle, « Les métamorphoses du statut de la concurrence dans les traités européens », *op. cit.*, p. 39.

1559 *Ibid.*

1560 *Ibid.*

1561 *Ibid.*, p. 34.

1562 N. Petit, *Droit européen de la concurrence*, 2e éd., *op. cit.*, pt 75, p. 46.

1563 C. Prieto, D. Bosco, *Droit européen de la concurrence. Ententes et abus de position dominante*, *op. cit.*, pt 165 et s., pp. 156-159 ; D. Broussolle, « Les métamorphoses du statut de la concurrence dans les traités européens », *op. cit.*, p. 33 et s.

1564 E. Combe, J. Fayolle, F. Milewski, « La politique industrielle communautaire », *Revue de l'OFCE*, 1993, n° 43, p. 414.

1565 Règlement (CEE) n° 4064/89 du Conseil, du 21 décembre 1989, relatif au contrôle des opérations de concentration entre entreprises, *JOCE* n° L 395 du 30 décembre 1989, pp. 1-12.

libre et ouvert. Cette dimension ambitieuse de la politique de la concurrence se greffe sur les mesures européennes destinées à achever le marché intérieur à l'image des mesures concernant les secteurs de l'énergie[1566], des transports[1567] ou encore de la commande publique, lesquels présentent une relation évidente avec le développement d'une concurrence libre et non faussée[1568].

374. **Le principe de juste appréciation de la concurrence : un auxiliaire du principe de concurrence.** Le droit de la commande publique européenne illustre parfaitement l'introduction du principe de concurrence libre et non faussée dans un domaine économique traditionnellement maîtrisé par les États membres. La prise de contrôle progressive du droit de la commande publique par l'Union européenne lui permet de renforcer la dynamique concurrentielle dans ce secteur particulier et d'intégrer en son sein l'objectif de concurrence effective. La jurisprudence *Acoset* rappelle l'intérêt du droit de la commande publique dans le maintien du principe de concurrence libre et non faussée à travers des échanges libéralisés, efficaces et dépourvus de distorsions de la concurrence[1569]. La portée dudit principe est d'ailleurs interprétée largement par la Cour de justice.

375. Le juge européen affirme régulièrement que tous les comportements des opérateurs économiques qui affectent leur autonomie sur le marché s'opposent au principe de concurrence libre et non faussée[1570]. Selon la professeure Durviaux, une telle analyse s'applique également à l'ensemble des distorsions de concurrence occasionnées lors des procédures de mise en concurrence. Elle souligne dans sa thèse de doctorat que le principe de concurrence tel qu'il est prévu par le droit primaire établit un lien net entre le droit de la concurrence et le droit de la commande publique[1571]. En effet, les dispositions du protocole n° 27 interdisent l'existence de distorsions de la concurrence lors des achats publics. Or, le principe de juste appréciation de la concurrence par les acheteurs publics rejoint ainsi les objectifs du principe de concurrence non faussée prévu par le droit primaire. Il prohibe notamment les manœuvres et stratégies d'entreprises

---

1566 Directive 96/92/CE du Parlement européen et du Conseil du 19 décembre 1996 concernant des règles communes pour le marché intérieur de l'électricité, *JOCE* n° L 027 du 30 janvier 1997, pp. 20-29 ; directive 98/30/CE du Parlement européen et du Conseil du 22 juin 1998 concernant des règles communes pour le marché intérieur du gaz naturel, *JOCE* n° L 204 du 21 juillet 1998, pp. 1-12.

1567 À titre d'illustration, v. la directive 91/440/CEE du Conseil, du 29 juillet 1991, relative au développement de chemins de fer communautaires, *JOCE* n°L 237 du 24 août 1991, pp. 25-28.

1568 Conclusions de l'avocat général P. Maduro présentées le 24 avril 2008, aff. C-347/06, EU:C:2008:245, pt 22.

1569 CJCE, 15 octobre 2009, *Acoset SpA*, aff. C-196/08, EU:C:2009:628, pt 56 : « *Il ressort de la jurisprudence que l'attribution d'un marché public à une entreprise d'économie mixte sans mise en concurrence porterait atteinte à l'objectif de concurrence libre et non faussée et au principe d'égalité de traitement, dans la mesure où une telle procédure offrirait à une entreprise privée présente dans le capital de cette entreprise un avantage par rapport à ses concurrents (arrêts Stadt Halle et RPL Lochau, précité, point 51, ainsi que du 10 novembre 2005, Commission/Autriche, C-29/04, Rec. p. I-9705, point 48)* » ; comm. D. Simon, *Europe*, 2009, n°12, p. 24 ; J.-M. Pastor, *AJDA*, 2009, p. 1922.

1570 Trib. UE, 14 mars 2013, *Fresh Del Monte Produce*, aff. T-587/08, EU:T:2013:129, pt 345 ; comm. E. Barbier de La Serre, *RLC*, 2010, n° 24, pp. 55-56 ; Trib. UE, 14 mars 2013, *Dole Food Company, Inc.*, aff. T-588/08, EU:T:2013:130, pt 292 ; comm. L. Idot, *Europe*, 2013, n° 5, pp. 25-27. L'analyse est également reprise explicitement en matière d'aides d'État. En ce sens, conclusions de l'avocat général A. La Pergola présentées le 9 juillet 1998, aff. C-342/96, EU:C:1998:341.

1571 A.-L. Durviaux, *Logique de marché et marché public en droit communautaire. Analyse critique d'un système*, *op. cit.*, p. 355.

destinées à tromper les acheteurs publics sur le résultat de la mise en concurrence. Il veille également au maintien de l'autonomie des candidats au même titre que le principe de concurrence libre et non faussée dans les arrêts *Fresh Del Monte Produce* et *Dole Food Company*[1572].

376. De même, le professeur Guézou identifie dans la liberté d'accès à la commande publique, principe fondamental du droit de la commande publique, l'une des expressions du principe de juste appréciation de la concurrence. La liberté d'accès offerte aux opérateurs économiques implique, en parallèle, l'existence d'une concurrence non faussée pour l'acheteur public[1573]. Les deux veillent à garantir l'accès aux procédures de mise en concurrence afin d'assurer que les opérations d'achat public soient économiquement efficaces. Partant, le principe de juste appréciation de la concurrence revêt les caractéristiques d'un auxiliaire au principe de concurrence, principe auxiliaire spécialement adapté aux pratiques collusives réalisées lors de procédures de mise en concurrence.

B. L'utilisation du principe de juste appréciation de la concurrence en droit européen

377. **Un contentieux limité.** Il est opportun, avant même de s'intéresser aux références à ce principe par la Cour de justice et la Commission, de préciser la limite structurelle de l'utilisation de ce principe en droit européen. En effet, comme le précise la professeure Arrowsmith, le droit européen de la concurrence est très rarement applicable aux ententes mises en place lors d'un appel d'offres[1574]. Les seuils *de minimis* et ceux relatifs à l'affectation sensible du commerce entre les États membres excluent *de facto* la majorité de ces affaires[1575]. Il en résulte que le contentieux européen présente naturellement peu de cas d'utilisation du principe de juste appréciation de la concurrence. La structuration du principe est donc nécessairement limitée, en comparaison de celle offerte en droit français de la concurrence. Dès lors on constate que l'emploi du principe de juste appréciation de la concurrence en droit européen s'articule uniquement autour de sa dimension négative. Or, au même titre que le droit français, le droit européen poursuit l'ambition de protéger l'effectivité du droit de la commande publique.

378. **La décision 92/204/CEE : première consécration européenne du principe de juste appréciation de la concurrence.** En dépit des faibles opportunités de consécration du principe de juste appréciation, la Commission européenne fait référence depuis plusieurs décennies à ce qui semble constituer la dimension négative du principe. En effet, à l'occasion de la décision 92/204/CEE du 5 février 1992, *Industrie de la construction*

[1572] Trib. UE, 14 mars 2013, *Fresh Del Monte Produce*, aff. T-587/08, *op. cit.*, pt 345 ; Trib. UE, 14 mars 2013, *Dole Food Company, Inc.*, aff. T-588/08, *op. cit.*, pt 292.

[1573] O. Guézou, « Les comportements anticoncurrentiels dans la passation des marchés publics », *op. cit.*, pt 175, p. 169.

[1574] S. Arrowsmith, *The Law of Public and Utilities Procurement*, 2e éd., *op. cit.*, p. 69.

[1575] P. de Lanzac, G. Dezobry, « Ententes et marchés publics : La problématique des offres distinctes adressées par une société mère et sa filiale non autonome », *op. cit.*, pt 34 ; L. Idot, « Commande publique et droit de la concurrence : Un autre regard », *op. cit.*, pt 7.

aux Pays-Bas[1576], dans laquelle les prix des offres étaient préalablement déterminés par les entreprises du secteur, la Commission européenne utilise explicitement le principe de juste appréciation de la concurrence. Elle précise que l'entente mise en place par les concurrents « *remplace la liberté de choix du maître de l'ouvrage et sa capacité de négociation avec plusieurs offrants par une décision, prise en commun par les soumissionnaires et contraignante pour le maître de l'ouvrage, dans la mesure où elle l'empêche d'élargir le champ de la mise en concurrence aux différents constructeurs ayant soumis une offre* »[1577]. Le jeu de la concurrence s'avère « *totalement illusoire* »[1578] dans de telles circonstances. La manœuvre « *crée en fait, pour l'ayant droit, un monopole temporaire de deux ou cinq ans pour un marché déterminé et empêche, ainsi, la mise en œuvre de la concurrence* »[1579] en limitant « *de manière sensible l'appel à la concurrence entre de nombreux offrants pour un même marché* »[1580]. Ainsi, l'un des effets les plus nocifs de ce type d'entente est de priver les acheteurs publics des bénéfices de la mise en concurrence et donc du droit de la commande publique. Une telle analyse a été récemment confirmée par la décision relative au cartel des *Ascenseurs et escaliers mécaniques*[1581].

379. **La lutte contre la manipulation des appels d'offres.** Le contentieux européen de la concurrence est familier de la dimension négative du principe de juste appréciation. À ce titre, le Tribunal souligne dans sa décision *Prysmian* que la pratique collusive en cause avait pour « *objet la manipulation des procédures d'appel d'offres* »[1582]. L'usage du terme « manipulation » présente une proximité évidente avec la notion de « tromperie » employée généralement en droit français de la concurrence. La mise en échec du droit de la commande publique, et plus particulièrement de son fonctionnement concurrentiel, est d'ailleurs soulignée par les juges européens. L'arrêt *ThyssenKrupp* précise que les stratégies collusives affectant les appels d'offres « *ont artificiellement privé les clients des avantages qu'ils auraient pu espérer obtenir d'un processus d'offre concurrentielle* »[1583]. Le Tribunal reprend à cette occasion la formule utilisée par la Commission européenne dans sa décision *Ascenseurs et escaliers mécaniques* du 21 février 2007[1584]. La jurisprudence européenne semble donc également employer le principe de juste appréciation de la concurrence. Elle souhaite

---

[1576] Comm. eur., déc. 92/204/CEE du 5 février 1992 relative à une procédure d'application de l'article 85 du traité CEE, *Industrie de la construction aux Pays-Bas*, aff. IV/31.572 et 32.571, *JOCE* n° L 92 du 7 avril 1992, pp. 1-30.

[1577] *Ibid.*, pt 93

[1578] *Ibid.*

[1579] *Ibid.*

[1580] *Ibid.*, pt 119.

[1581] Comm. eur., déc. du 21 février 2007, *Ascenseurs et escaliers mécaniques*, aff. COMP/E-1/38.823, *op. cit.*, pt 658. V. égal. A.-L. Durviaux, *Logique de marché et marché public en droit communautaire. Analyse critique d'un système*, *op. cit.*, p. 355.

[1582] Trib. UE, 14 novembre 2012, *Prysmian*, aff. T-140/09, EU:T:2012:597, pt 55 ; comm. L. Idot, *Europe*, 2013, n° 1, pp. 39-40.

[1583] Trib. UE, 13 juillet 2011, **Otis,** , aff. T-141/07, EU:T:2011:363, pt 142 ; comm. L. Idot, *Europe*, 2011, n° 10, pp. 34-36. La formule est confirmée dans les arrêts suivants : Trib. UE, 13 juillet 2011, *General Technic-Otis Sàrl*, aff. T-141/07, *op. cit.*, pt 142 ; Trib. UE, 13 juillet 2011, *Schindler Holding Ltd*, aff. T-138/07, *op. cit.*, pt 205 ; Trib. UE, 13 juillet 2011, *Kone e.a*, aff. T-151/07, EU:T:2011:365, pt 39.

[1584] Comm. eur., déc. du 21 février 2007, *Ascenseurs et escaliers mécaniques*, aff. COMP/E-1/38.823, *op. cit.*, pt 658. V. égal. Comm. eur., déc. 1999/60/CE du 21 octobre 1998, *Conduites précalorifugées*, aff. IV/35.691/E-4, pt 25, *JOCE* n° L 24 du 30 janvier 1999, pp. 1-70.

vraisemblablement préserver l'objectif de concurrence effective poursuivi par le droit de la commande publique[1585].

380. **La volonté de maintenir l'effectivité du droit de la commande publique.** Le maintien de la concurrence effective lors des achats publics n'est pas l'unique motivation du juge européen lorsqu'il utilise le principe de juste appréciation de la concurrence. En effet, la hausse des prix, conséquence immédiate d'une restriction de la concurrence, est également observée par la Cour de justice et la Commission européenne. Ces derniers s'inquiètent de l'inefficience économique du droit de la commande publique en raison des pratiques collusives susceptibles de tromper les acheteurs publics. Outre la présence de prix supérieurs à ceux du marché[1586], la Commission européenne se préoccupe plus globalement de l'affectation de l'intérêt général. La décision du 27 février 2007 en fait d'ailleurs expressément état. Elle remarque en effet que « *certains des projets frauduleux étaient des appels publics financés par des impôts et effectués spécifiquement en vue de recevoir des offres concurrentielles et rentables* »[1587]. La perte d'efficacité du droit de la commande publique est donc explicitement mise en exergue par la Commission européenne.

381. **La volonté de préserver le bien-être collectif.** Sans pour autant faire référence expressément à l'ordre public économique employé par les juridictions françaises, le contentieux européen de la concurrence conserve la même ambition que ces dernières. En effet, la Commission européenne évoque régulièrement la relation entre la protection de l'effectivité économique du droit de la commande publique et l'intérêt général. Dans sa décision du 21 octobre 1998, elle précise que les ententes qui visent les appels d'offres sont constitutives de fraudes, privant de son effectivité le droit de la commande publique « *institué en droit communautaire dans l'intérêt général* »[1588]. Cette observation semble être le résultat des objectifs en matière de concurrence et d'efficacité du droit de la commande publique[1589]. La concurrence générée permet de réaliser les projets publics de manière efficace tant économiquement que qualitativement. La nature même des restrictions dans ce domaine conduit la Commission européenne à les qualifier de « *restrictions à la concurrence les plus préjudiciables étant donné qu'elles faussent cette dernière sur le principal paramètre de la concurrence* »[1590]. La gravité des comportements en cause est d'ailleurs renforcée, une nouvelle fois, par la violation simultanée des règles de concurrence et de la mise en concurrence[1591].

1585 Comm. eur., « XXVIIIe Rapport sur la politique de concurrence 1998 », 1999, p. 387.

1586 En ce sens, conclusions de l'avocat général P. Cruz Villalón présentées le 26 juin 2012, aff. C-199/11, EU:C:2012:388, pt 10.

1587 Comm. eur., déc. du 21 février 2007, *Ascenseurs et escaliers mécaniques*, aff. COMP/E-1/38.823, *op. cit.*, pt 658.

1588 Comm. eur., déc. 1999/60/CE du 21 octobre 1998, *Conduites précalorifugées*, aff. IV/35.691/E-4, *op. cit.*, pt 165.

1589 *Ibid.*

1590 Comm. eur., déc. du 28 janvier 2009 relative à une procédure d'application de l'article 81 du traité et de l'article 53 de l'accord EEE, *Marine hoses*, aff. COMP/39.406, pt 439, *JOUE* n° C 168 du 21 juillet 2009, pp. 6-8.

1591 À titre d'illustration, Cons. conc., déc. n° 05-D-38 du 5 juillet 2005, *op. cit.*, pt 314 et s.

Conclusion du Chapitre 1

382. **La défense effective des objectifs du droit de la commande publique.** L'étude du comportement du droit de la concurrence à l'égard du droit de la commande publique permet de mettre en évidence le pragmatisme dont il fait preuve. La défense des objectifs du droit de la commande publique revêt deux formes. Il s'agit, d'une part, d'une forme de défense volontaire, lorsqu'il permet aux acheteurs publics, *via* notamment le principe de juste appréciation de la concurrence, d'obtenir une concurrence effective sur le marché. Dans de telles circonstances, le droit de la concurrence offre au droit de la commande publique les moyens lui permettant d'atteindre ses objectifs lors des procédures de mise en concurrence. Mais il s'agit également, d'autre part, d'une forme involontaire de défense, lorsque le droit de la concurrence protège indirectement l'effectivité du droit de la commande publique en effectuant sa mission classique de régulation. Ainsi, lorsque le législateur rend inapplicables les seuils *de minimis* aux ententes opérées dans le cadre de la commande publique, il permet au droit de la concurrence de s'adapter à l'ensemble des situations susceptibles de restreindre la concurrence sur le marché. Dès lors, cela ne vise pas directement le droit de la commande publique mais la seule effectivité du droit de la concurrence.

383. **Le maintien de l'ordre public concurrentiel sur le marché.** La surveillance accrue dont fait l'objet le droit de la commande publique résulte de l'isolement et des spécificités de marché de la commande publique. Le droit de la concurrence, conscient de cette situation, s'applique à garantir l'effectivité du droit de la commande publique en établissant une surveillance renforcée mais surtout nécessaire pour ce secteur particulièrement ciblé et sensible aux pratiques anticoncurrentielles. Ce positionnement des acteurs du droit de la concurrence vise également à éviter que ne se développent le noyautage de secteurs entiers de l'économie, tels que les secteurs des travaux publics ou du matériel médical, et le déversement de telles pratiques vers les marchés traditionnels. Cela participe plus largement, comme le relève l'Autorité de la concurrence ou encore la Commission européenne, de la préservation de l'intérêt général et de l'affirmation de la poursuite d'un ordre public concurrentiel. La commande publique, qui représente plus de 14 % du PIB de l'Union européenne[1592], impose une prise de conscience à la hauteur de ce poids économique, ce qui semble être visiblement le cas aujourd'hui. La protection de ce secteur s'avère donc stratégique pour les autorités de concurrence.

1592 V. en ce sens le premier point de cette étude.

Chapitre 2
L'efficacité du droit de la commande publique menacée par l'hétérogénéité des pratiques anticoncurrentielles

384. **Un secteur économique sensible aux pratiques anticoncurrentielles.** Les comportements anticoncurrentiels ne présentent pas de réelles spécificités lorsqu'ils sont commis lors de procédures de mise en concurrence, et ce, malgré les caractéristiques des marchés par enchères[1593]. En revanche, les spécificités de la matière proviennent en particulier de l'assistance qui est offerte par les autorités de concurrence à la préservation de l'efficacité de la commande publique. En effet, celles-ci portent une attention soutenue aux pratiques anticoncurrentielles commises lors de telles procédures[1594]. À titre d'illustration, les ententes dans la commande publique représentent régulièrement plus de 25 % de l'activité de l'Autorité de la concurrence[1595]. Le professeur Caillaud souligne quant à lui que ce chiffre peut atteindre près de 50 % certaines années et touche toute l'Europe[1596]. L'Autorité de la concurrence belge liste ainsi une série d'explications sur la fragilité des acheteurs publics et autorités concédantes[1597]. Outre la masse des achats réalisés, les commandes publiques se caractérisent par une répétition facilement identifiable par les opérateurs économiques. De même, à l'inverse des marchés privés, les commandes publiques sont peu sensibles aux modifications tarifaires en raison notamment des impératifs du service public. Enfin, la transparence prévue par le droit de la commande publique peut paradoxalement faciliter la mise en œuvre d'une entente à l'encontre des appels

---

1593 O. Guézou, « Les comportements anticoncurrentiels dans la passation des marchés publics », *op. cit.*, pt 136, p. 137.

1594 A. Sánchez-Graells, « Public procurement: An overview of EU and national case law », *op. cit.*, p. 1.

1595 L. Idot, « Commande publique et droit de la concurrence : Un autre regard », *op. cit.*, pt 10. Plusieurs chiffres témoignent de cette situation. Ainsi dans le rapport annuel de l'Autorité de la concurrence de 2005, 100 % des décisions portant sur le BTP concernent la passation de contrats publics. Dans son rapport annuel de 2006, 7 décisions et avis dans le domaine du BTP sur 11 portent sur la commande publique. Enfin, dans son rapport annuel de 2007, 5 décisions et avis dans le domaine du BTP sur 6 sont relatifs à des contrats publics de la commande publique.

1596 B. Caillaud, « *Ententes et capture dans l'attribution de marchés publics* », *op. cit.*, p. 1.

1597 Autorité belge de la concurrence, « Collusion dans les marchés publics. Guide pour les acheteurs chargés des marchés publics », 2016, p. 8. Disponible sur https://www.abc-bma.be/sites/default/files/content/download/files/20170131_marches_publics.pdf (consulté le 20/02/2021). V. égal., OCDE, Lignes directrices pour la lutte contre les soumissions concertées dans les marchés publics, « Pour une dépense optimisée des fonds publics par les gouvernements », *op. cit.*, p. 3 et s. ; comm. F. Linditch, *CMP*, 2009, alerte 33.

d'offres[1598]. Cette faiblesse du secteur explique que l'ensemble des autorités spéciales de concurrence consacrent une partie substantielle de leur activité aux commandes publiques[1599].

385. **Un rôle protecteur assumé par le droit de la concurrence.** L'attrait du droit de la concurrence pour le droit de la commande publique s'explique, comme nous l'avons vu précédemment, par la volonté de protéger l'effectivité du droit de la commande publique. Pauline de Lanzac et Guillaume Dezobry insistent sur le rôle essentiel du droit de la concurrence pour obtenir un tel résultat. Selon eux, en l'absence de mécanisme spécifique au droit de la commande publique, le droit de la concurrence « *apparaît comme le seul fondement juridique envisageable* »[1600] pour préserver l'effectivité des procédures de mise en concurrence[1601]. Le droit de la concurrence intervient comme l'unique rempart capable de garantir que les comportements des candidats ne sont pas anticoncurrentiels[1602]. Une telle fonction est pleinement assumée par l'Autorité de la concurrence. Dans son avis *Saint-Germain-en-Laye* de 2016, elle indique ainsi que « *l'efficacité de la commande publique ne peut être assurée qu'à la condition que le marché fonctionne selon les règles de la concurrence* »[1603]. La fonction protectrice qui est confiée au droit de la concurrence l'entraîne nécessairement à se saisir des notions et des spécificités du droit de la commande publique[1604]. En effet, la maîtrise du droit de la commande publique est impérative lors du contrôle des pratiques anticoncurrentielles qui frappent ce secteur. Les restrictions constatées s'illustrent notamment par leur hétérogénéité et leur capacité d'adaptation aux particularismes des procédures prévues par le droit de la commande publique. Le maniement simultané des droits de la concurrence et de la commande publique permet à l'Autorité de la concurrence d'adapter sa pratique décisionnelle afin de garantir l'efficacité du droit de la commande publique.

386. **Plan du Chapitre 2.** Plusieurs domaines du contentieux de la concurrence méritent une attention particulière, à savoir les pratiques collusives qui affectent

---

1598 C. Bovis, *Public Procurement in the European Union*, Londres, Palgrave Macmillan, 2005 , pp. 128-130 ; A. Sánchez-Graells, « The difficult balance between transparency and competition in public procurement: Some recent trends in the case law of the European Courts and a look at the new Directives », *University of Leicester School of Law Research Paper* n° 13-11, 2013, 25 p. ; A. Sánchez-Graells, « Distortions of Competition Generated by the Public (Power) Buyer: A Perceived Gap in EC Competition Law and Proposals to Bridge It », *op. cit.*, p. 14 ; E. de Quesada, « Competition and Transparency in Public Procurement Markets », *PPLR*, 2014, n° 5, pp. 229-244 ; D. Bernheim, M. D. Whinston, « Multimarket Contact and Collusive Behavior », *The RAND Journal of Economics*, vol. 21, n° 1, 1990, pp. 1-26 ; A. Skrzypacz, H. Hopenhayn, « Tacit Collusion in Repeated Auctions », *Journal of Economic Theory*, vol. 114, n° 1, 2004, p. 153 ; W. E. Kovacic, « Bidding Rings and the Design of Anti-Collusive Measures for Auctions and Procurements », in *Handbook of Procurement*, N. Dimitri, G. Piga, G. Spagnolo (dir.), Cambridge, *op. cit.*, pp. 381 et 402 ; R. A. Miller, « Economy, Efficiency and Effectiveness in Government Procurement », *Brooklyn Law Review*, vol. 42, 1975, pp. 215-233.

1599 C. Bovis, *Public Procurement in the European Union*, *op. cit*, pp. 128-130 P. Cramton, J. Schwartz, « Collusive Bidding: Lessons from the FCC Spectrum Auctions », *Journal of Regulatory Economics*, vol. 17, 2000, pp. 229-252.

1600 P. de Lanzac, G. Dezobry, « Ententes et marchés publics : La problématique des offres distinctes adressées par une société mère et sa filiale non autonome », *op. cit.*, pt 6.

1601 O. Guézou, « Contrats publics et régulation concurrentielle », *op. cit.*, pt 488, p. 220.

1602 *Ibid.*

1603 Aut. conc., avis n° 16-A-05 du 15 février 2016, *op. cit.*, pt 79.

1604 S. Braconnier, *Précis du droit de la commande publique*, 6e éd.,, *op. cit.*, p. 428 et s.

la commande publique, qu'il s'agisse de pratiques intragroupes (Section 1) ou de pratiques extragroupes (Section 2). De même, il convient d'examiner la typologie des abus de position dominante qui menacent l'efficacité du droit de la commande publique (Section 3).

Section 1
Les pratiques collusives intragroupes : une indépendance des offres conditionnées

387. La notion d'unité économique est familière en droit de la concurrence[1605], elle permet notamment d'éviter, à certaines occasions, la qualification de collusion au sens de l'article 101, paragraphe 1. Or, dans les faits, cette problématique est vivace dans le contentieux de la concurrence portant sur la commande publique et a offert jusqu'à très récemment des particularismes saisissants. Traditionnellement, l'unité économique permet de dépasser les blocages inhérents à la notion d'autonomie de la personne morale. Depuis l'arrêt *Béguelin Import*[1606], la Cour de justice a manifesté sa méfiance à l'égard de l'autonomie de la personne morale. En effet, une société mère et sa filiale peuvent conserver deux personnalités juridiques distinctes malgré l'absence d'autonomie économique de la filiale. Ce choix n'est d'ailleurs pas caractéristique du droit européen, le droit français de la concurrence reprend une telle logique. Le recours à l'unité économique est donc intervenu notamment pour écarter l'applicabilité de l'article 101, paragraphe 1TFUE entre une société mère et ses filiales (§ 1). Toutefois, l'immunité traditionnellement admise des accords intragroupes en droit de la concurrence a trouvé pendant plusieurs années une exception notable à l'occasion des procédures de mise en concurrence, dont la fonction était de préserver le principe de juste appréciation de l'acheteur public (§ 2).

§ 1. Le principe d'inapplication de la prohibition des ententes aux accords intragroupes

388. Pour saisir le principe d'immunité des accords intragroupes, il convient, dans un premier temps, d'examiner les mécanismes utilisés par la jurisprudence et la pratique de la Commission européenne qui permettent de déterminer l'existence d'une unité économique entre une société mère et sa filiale (A), puis, dans un second temps, d'observer la typologie des accords pouvant bénéficier du principe d'immunité des accords intragroupes (B).

1605 K. Kuźma, W. Hartung, *Combating Collusion in Public Procurement: Legal Limitations on Joint Bidding*, *op. cit.*, p. 88 et s.

1606 CJCE, 25 novembre 1971, *Béguelin Import*, aff. C-22/71, EU:C:1971:113, pts 5 à 9 ; comm. R. Joliet, *RTDE*, 1972, pp. 427-437.

A. La détermination de l'unité économique par le droit de la concurrence

389. **De l'insuffisance de l'autonomie de la personne morale à l'unité économique.** L'utilisation du principe d'autonomie de la personne morale à l'égard d'accords entre une société mère et sa filiale est rapidement apparue comme inappropriée pour qualifier ces accords d'ententes au sens de l'article 101, paragraphe 1, TFUE[1607]. Cela occasionnait nécessairement le risque de qualifier systématiquement les accords intragroupes d'ententes. En effet, l'autonomie juridique d'une filiale ne s'accompagne pas nécessairement d'une autonomie économique[1608]. La dépendance économique d'une filiale envers sa société mère est donc devenue l'élément central pour déterminer l'existence d'une « unité économique », comme en atteste l'arrêt du 25 novembre 1971, *Béguelin Import*[1609]. Ainsi, les accords ou les pratiques entre une société mère et sa filiale qui forment une unité économique ne tombent pas sous l'interdiction de l'article 101, paragraphe 1, TFUE[1610]. Le droit de la concurrence consacre à cette occasion un « *principe d'immunité pour les accords intragroupes* »[1611]. L'unité économique permet d'identifier qu'une seule entreprise au sens de l'article 101 TFUE[1612]. Une collusion est donc impossible dans un tel cas de figure, car ces entreprises ne sont « *pas considérées comme concurrentes même si elles opèrent toutes les deux sur les mêmes marchés de produits et les mêmes marchés géographiques en cause* »[1613]. Cette solution est reprise en droit français de la concurrence[1614].

390. **L'appréciation de l'unité économique par le lien capitalistique.** Proposer un encadrement satisfaisant de la notion d'unité économique a nécessité de nombreuses précisions jurisprudentielles. À cet égard, la Cour de justice a indiqué que l'unité économique devait être appréciée en fonction de l'objet de l'accord. Dès lors, la qualification d'unité économique est réalisée au cas par cas selon

---

1607 F. Chaput, « L'autonomie de la filiale en droit des pratiques anticoncurrentielles », *Contrats, conc., consom.* 2010, n° 1, p. 11.

1608 Certains auteurs ont relevé une forte proximité entre les concepts d'unité économique et de quasi-régie ; en ce sens K. Kuźma, W. Hartung, *Combating Collusion in Public Procurement: Legal Limitations on Joint Bidding*, *op. cit.*, pp. 84-121.

1609 CJCE, 25 novembre 1971, *Béguelin Import*, aff. C-22/71, *op. cit.*, pts 7 et 8 : « *Attendu que l'article 85, paragraphe 1, interdit les ententes lorsqu'elles ont pour objet ou pour effet d'entraver la concurrence ; que, s'agissant d'un contrat de concession de vente exclusive, cette condition fait défaut lorsque pareille concession est en fait partiellement transférée d'une société mère à une filiale qui, bien qu'ayant une personnalité juridique distincte, ne jouit d'aucune autonomie économique [.]* »

1610 CJCE, 31 octobre 1974, *Centrafarm BV*, aff. C-15/74, EU:C:1974:114, pt 41 ; comm. J.-L. Hérin, *RTDC*, 1977, pp. 383-420.

1611 P. de Lanzac, G. Dezobry, « Ententes et marchés publics : La problématique des offres distinctes adressées par une société mère et sa filiale non autonome », *op. cit.*, pts 5 et 8 ; *Mémento pratique. Concurrence – Consommation 2020*, Paris, Éditions Francis Lefebvre, 2019, pt 18240 et s., p. 510 et s.

1612 CJCE, 12 juillet 1984, *Hydrotherm*, aff. C-170/83, EU:C:1984:271, pt 11 ; CJUE, 27 avril 2017, *Akzo Nobel NV*, aff. C-516/15 P, EU:C:2017:314, pt 53 ; CJUE, 11 juillet 2013, *Team Relocations NV*, aff. C-444/11 P, EU:C:2013:464, pt 157.

1613 Comm. eur., Lignes directrices sur l'applicabilité de l'article 101 du traité sur le fonctionnement de l'Union européenne aux accords de coopération horizontale, *JOUE* n° C 11 du 14 janvier 2011, pp. 1-72, pt 11.

1614 V. not. Aut. conc., « Rapport annuel 2012», 2013, p. 178 et s. (https://www.autoritedelaconcurrence.fr/sites/default/files/2019-05/ra_2012_final_df.pdf).

des critères d'analyse strictement définis[1615]. Le juge européen a ainsi consacré en 1984, lors de l'arrêt *AEG*, une présomption d'influence déterminante d'une société mère sur sa filiale fondée sur la détention du capital[1616]. La détention de l'ensemble du capital[1617] ou de sa quasi-totalité[1618] permet au juge de présumer l'existence d'une unité économique entre ces deux entités. Une telle présomption, qui s'applique également lorsque le capital de la filiale est détenu à hauteur de 95 %[1619], peut être difficilement renversée par la société mère[1620]. Celle-ci doit « *apporte[r] des éléments de preuve suffisants de nature à démontrer que sa filiale se comporte de façon autonome sur le marché* »[1621].

391. **L'appréciation de l'unité économique par les liens structurels.** La présomption capitalistique, souvent insuffisante, peut nécessiter d'établir d'autres preuves de l'unité économique, telles que les liens structurels[1622]. Elle impose un examen *in concreto* par le juge afin d'identifier, d'une part, l'existence d'un contrôle effectif et, d'autre part, l'« *exercice effectif de ce contrôle* »[1623]. Dans une telle configuration, l'analyse est globale et ne se limite pas au domaine dans lequel a eu lieu le comportement anticoncurrentiel allégué[1624]. Ainsi, pour déterminer l'existence d'une influence déterminante le juge prend en considération « *l'ensemble des éléments pertinents relatifs aux liens économiques, organisationnels et juridiques qui unissent la filiale à sa société mère* »[1625] et examine également « *la réalité économique* »[1626]. Ce dernier critère semble nous renvoyer vers « *la capacité réelle qu'[a] la société mère [d']influencer le fonctionnement* »[1627] de sa filiale,

---

1615 D. Bosco, C. Prieto, *Droit européen de la concurrence. Ententes et abus de position dominante*, *op. cit.*, pt 369 et s., p. 342 et s. ; A. Deroudille, « La notion d'unité économique en droit de l'Union européenne », *RDUE*, 2016, n° 3-4, p. 561.

1616 CJCE, 25 octobre 1984, *Allgemeine Elektrizitäts-Gesellschaft*, aff. C-107/82, EU:C:1983:293, pt 50 ; comm. C. Buijs, *CMLR*, 1984, pp. 567-579.

1617 *Ibid.*, pt 50.

1618 CJUE, 29 septembre 2011, *Elf Aquitaine*, aff. C-521/09 P, EU:C:2013:644, pt 52 ; CJUE, 3 mai 2012, *Legris Industries SA*, aff. C-289/11 P, EU:C:2012:270, pt 46 ; comm. C. Sarrazin, *Concurrences* n° 3-2012, art. n° 48286, pp. 88-89 ; CJUE, 8 mai 2013, *ENI SpA*, aff. C-508/11, EU:C:2013:289, pt 47 ; comm. L. Idot, *Europe*, 2013, n° 7, pp. 40-44 ; CJUE, 5 mars 2015, *Versalis SpA*, aff. jtes C-93/13 P et C-123/13 P, EU:C:2015:150, pt 41 ; comm. L. Idot, *Europe*, 2015, n° 5 p. 23.

1619 Trib. UE, 7 juin 2011, *Total SA*, aff. T-206/06, EU:T:2011:250, pt 39 ; comm. L. Idot, *Europe*, 2011, n° 8-9, pp. 32-33 ; Trib. UE, 7 juin 2011, *Arkema France*, aff. T-217/06, EU:T:2011:251, pt 37 ; comm. L. Idot, *Europe*, 2011, n° 8-9, pp. 32-33 ; J. Philippe, *Gaz. Pal.*, 2011, n° 259-260, Jur., pp. 20-22.

1620 Sur les difficultés à renverser cette présomption, F. Chaput, « L'autonomie de la filiale en droit des pratiques anticoncurrentielles », *op. cit.*, pt 27.

1621 CJUE, 10 septembre 2009, *Akzo Nobel NV*, aff. C-97/08 P, EU:C:2009:536, pt 61. V. égal. CJCE, 16 novembre 2000, *Stora Kopparbergs Bergslags*, aff. C-286/98 P, EU:C:2000:630, pt 29.

1622 À titre d'illustration, Comm. eur., déc. 94/19/CE du 21 décembre 1993, *Sea Containers*, aff. IV/34.689, *JOCE* n° L 15 du 18 janvier 1994, pp. 8-19, pt 5 et s.

1623 F. Chaput, « L'autonomie de la filiale en droit des pratiques anticoncurrentielles », *op. cit.*, p. 13.

1624 CJUE, 10 septembre 2009, *Akzo Nobel NV*, aff. C-97/08 P, *op. cit.*, pts 53 et 73 à 75 ; CJUE, 26 septembre 2013, *The Dow Chemical Company*, aff. C-179/12 P, EU:C:2013:605, pt 57 ; comm. L. Idot, *Europe*, 2013, n° 11, p. 36.

1625 CJUE, 18 janvier 2017, *Toshiba Corp.*, aff. C-623/15 P, EU:C:2017:21, pt 46 ; comm. L. Idot, *Europe*, 2017, n° 03 , p. 24 ; CJUE, 24 juin 2015, *Fresh Del Monte Produce*, aff. jtes C-293/13 P et C-294/13 P, EU:C:2015:416, pt 76 ; CJUE, 10 septembre 2009, *Akzo Nobel NV*, aff. C-97/08 P, *op. cit.*, pt 74.

1626 CJUE, 18 janvier 2017, *Toshiba Corp.*, aff. C-623/15 P, *op. cit.*, pt 46 ; comm. M. Debroux, *Concurrences* n° 2-2017, art. n° 83784, pp. 85-86 ; L. Idot, *Europe*, 2016, n° 8-9, p. 38

1627 A. Deroudille, « La notion d'unité économique en droit de l'Union européenne », *op. cit.*, p. 563.

notamment dans le cadre de la détermination de sa politique commerciale[1628]. Par conséquent, il n'y aura pas d'unité économique si la filiale bénéficie d'une autonomie dans la détermination de son comportement sur le marché. La Commission européenne considère ainsi qu'une filiale qui dispose d'un dirigeant indépendant et d'administrateurs propres est autonome sur le marché[1629]. En revanche, le fait qu'une filiale n'ait pas respecté les instructions explicites de la société mère lui enjoignant de ne pas rejoindre une entente n'est pas un élément suffisant pour démontrer son autonomie commerciale[1630]. L'analyse des éventuels liens structurels entre elles, un personnel commun par exemple[1631], est donc centrale lors de l'examen de l'unité économique, notamment lorsque le capital n'est pas contrôlé en quasi-totalité[1632]. En outre, la Cour de justice et la Commission européenne peuvent tenir compte de la perception des liens existants par les concurrents, du personnel[1633], ou de l'administration[1634], comme « *indice particulièrement probant de l'intégration économique* »[1635] entre la société mère et sa filiale.

392. Le principe d'immunité des accords intragroupes contrebalancé par la responsabilisation des sociétés mères. La consécration du principe d'immunité entre des accords intragroupes a pour intérêt, à première vue, d'écarter l'applicabilité de l'article 101, paragraphe 1, TFUE. Néanmoins, la notion d'unité économique permet en parallèle de renforcer la mise en œuvre du droit de la concurrence[1636]. En effet, des comportements anticoncurrentiels de filiales peuvent être imputés à leurs sociétés mères. Les professeurs Prieto et Bosco présentent l'unité économique comme un mécanisme permettant aux juges européens de dépasser les limites territoriales du droit de la concurrence européen[1637]. En effet, l'unité économique permet également d'ouvrir la responsabilité d'une société mère pour les pratiques anticoncurrentielles de sa filiale. Une entente mise en place par une filiale sans autonomie commerciale sera donc imputable à sa société mère.

1628 Pour des illustrations en contentieux français de la concurrence, Cons. conc., déc. n° 02-D-67 du 7 novembre 2002, Saisine des sociétés Jean Chapelle et Semavem à l'encontre des sociétés Darty, Caprofem et certains de leurs fournisseurs, *BOCCRF* n° 3 du 28 février 2003 ; Aut. conc., déc. n° 09-D-23 du 30 juin 2009, Pratiques mises en œuvre dans le secteur de la distribution de vêtement prêt-à-porter féminin et d'accessoires ; CA Paris, 20 janvier 2011, RG 2010/08165, *BOCCRF* n° 2 du 23 février 2011.

1629 Comm. eur., déc. 97/624/CE du 14 mai 1997, *Irish Sugar*, aff. IV/34.621, 35.059/F-3, *JOCE* n° L 258 du 22 septembre 1997, pp. 1-34, pt 29.

1630 CJUE, 16 juin 2016, *Evonik Degussa GmbH*, aff. C-155/14 P, EU:C:2016:446, pt 41 ; comm. M. Debroux, *Concurrences* n° 3-2016, art n° 80170, pp. 57-58 ; A. Jaunasse, *RLC*, 2016, n° 53, p. 13 ; L. Idot, *Europe*, 2016, n° 8-9, pp. 38-39.

1631 Trib. UE, 2 juin 2016, *Moreda-Riviere Trefilerías*, aff. jtes T-426/10 à T-429/10, T-438/12 à T-441/12, EU:T:2016:335, pt 154 et s.

1632 *Ibid.*, pt 139 et s.

1633 Comm. eur., déc. 94/19/CE du 21 décembre 1993, *Sea Containers*, aff. IV/34.689, *op. cit.*, pt 7.

1634 CJCE, 16 novembre 2000, *Stora Kopparbergs Bergslags*, aff. C-286/98 P, *op. cit.*, pt 29 ; comm. L. Idot, *Europe*, 2001, n° 1, pp. 21-22.

1635 Trib. UE, 2 juin 2016, *Moreda-Riviere Trefilerías*, aff. jtes T-426/10 à T-429/10, T-438/12 à T-441/12, *op. cit.*, pt 152.

1636 A. Deroudille, « La notion d'unité économique en droit de l'Union européenne », *op. cit.*, p. 564.

1637 D. Bosco, C. Prieto, *Droit européen de la concurrence. Ententes et abus de position dominante*, *op. cit.*, pt 376, p. 346. Pour une illustration contentieuse, v. not. CJCE, 14 juillet 1972, *Imperial Chemicals Industries*, aff. C-48/69, EU:C:1972:70, pt 125 et s. ; comm. M.-P. Piriou, *CDE*, 1973, pp. 50-63 ; E. Colmant, *RMC*, 1973, pp. 15-22 ; B. Goldman, *JDI*, 1973, pp. 925-941.

Cela présente l'avantage d'élargir le champ d'application des règles de concurrence et notamment de renforcer le montant des amendes même si la possibilité de deux amendes distinctes, pour le groupe et la filiale, est également envisageable et particulièrement efficace[1638].

B. La typologie des accords intragroupes bénéficiant du principe d'immunité

393. **Les accords de répartition des tâches intragroupes.** Appliquer l'article 101 TFUE aux accords de répartition des tâches au sein d'un groupe d'entreprises aurait pour principale conséquence de priver les entreprises des bienfaits naturels du regroupement. En effet, le recours à la filialisation offre plusieurs avantages aux sociétés mères. Tout d'abord, celles-ci peuvent accroître leur présence sur le marché en laissant leurs filiales s'implanter sur un marché déterminé, voire se spécialiser dans un domaine précis. Cette fonction implique généralement des ajustements organisationnels. En outre, la Commission européenne, plus pragmatique, indique depuis sa décision *Christiani & Nielsen* du 5 juillet 1969[1639] que les accords de répartition des tâches intragroupes n'ont pas d'objet ou d'effet anticoncurrentiel « *puisque, par définition, celle-ci [la concurrence] n'existe pas à l'intérieur du groupe* »[1640]. La Cour de justice, à l'occasion de l'arrêt *Centrafarm BV*, a repris cette analyse. Elle juge que l'article 101 TFUE n'est pas applicable aux accords intragroupes de répartition des tâches en raison de la présence d'une unité économique[1641], et ce, même si l'accord en cause est susceptible de restreindre l'apparition de concurrents sur le marché.

394. **Les accords de répartition de clients.** La nocivité des accords de répartition de clientèle est régulièrement signalée par la Cour de justice mais également par l'Autorité de la concurrence. Dans son arrêt *ING Pensii*, la Cour rappelle que de tels partages sont des restrictions par objet, et ce, même si le nombre de clients visés est réduit[1642]. Cela s'explique principalement par la coordination dont l'objet est de restreindre significativement le fonctionnement normal du marché[1643]. Or, ces mêmes accords, lorsqu'ils ont lieu au sein d'une seule et même unité économique, bénéficient également de l'immunité intragroupe. La cour d'appel de Paris a ainsi réformé une décision de l'Autorité de la concurrence ayant refusé d'accorder

---

1638 CJCE, 14 juillet 2005, *ThyssenKrupp*, aff. jtes C-65/02 P et C-73/02 P , EU:C:2005:454 ; comm. L. Zivy, *Concurrences* n° 3-2005, art. n° 1057, pp. 118-119 ; L. Idot, *Europe*, n° 346, pp. 26-27.

1639 Comm. eur., déc. 69/195/CEE du 18 juin 1969 relative à une demande d'attestation négative, *Christiani & Nielsen*, aff. IV/22548, *JOCE* n° L 165 du 5 juillet 1969, pp. 12-14.

1640 Conclusions de l'avocat général M. A. Trabucchi présentées le 18 septembre 1974, aff. C-15/74, EU:C:1974:90, p. 1180.

1641 CJCE, 31 octobre 1974, *Centrafarm BV*, aff. C-15/74, *op. cit.*, pt 41 ; comm. J.-L. Hérin, *RTDC*, 1977, pp. 383-420 ; CJCE, 4 mai 1988, *Bodson c/ SA Pompes funèbres des régions libérées*, aff. C-30/87, EU:C:1988:225, pt 19 ; comm. M.-A. Hermitte, *JDI*, 1989, pp. 434-436.

1642 CJUE, 16 juillet 2015, *ING Pensii*, aff. C-172/14, EU:C:2015:484, pt 57 ; comm. L. Idot, *Europe*, 2015, n° 10 p. 30 ; C. Prieto, *Jurisprudence de la CJUE 2015*, *op. cit.*, pp. 501-505.

1643 Conclusions de l'avocat général V. Trstenjak présentées le 4 septembre 2008, aff. C-209/07, EU:C:2008:467, pt 76 ; CJCE, 20 novembre 2008, *Beef Industry*, aff. C-209/07, EU:C:2008:643, pt 34 ; comm. M. Debroux, *Concurrences* n° 4-2008, art. n° 22264, p. 75 ; J. Vialens, *Gaz. Pal.*, 2009, n° 81-83, I Jur., pp. 20-22.

une telle immunité en raison de l'absence d'unité économique[1644]. Le contrôle réalisé par l'Autorité n'avait en l'espèce pas pris en compte le contrôle des sociétés mères sur les organes sociaux de leur filiale et, ce faisant, l'absence d'autonomie commerciale de celle-ci. Dès lors, les accords de répartition de clients sont également couverts par le principe d'immunité des accords intragroupes.

395. **Les accords de représentations commerciales exclusives.** L'affaire *Grundig* a donné l'occasion à la Cour de justice d'écarter l'application de l'article 101 TFUE aux contrats intragroupes. En effet, elle opère une distinction nette entre, d'une part, les accords d'exclusivité qui lient un producteur et son distributeur et, d'autre part, l'intégration par un producteur d'un circuit interne de distribution[1645]. Les premiers sont contestables sur la base de l'article 101, alors que les seconds échappent à cet article. L'arrêt ajoute notamment que l'interdiction prévue par l'article 101 TFUE « *exclut […] la situation d'une entreprise unique intégrant son propre réseau de distribution, il n'en résulte pas pour autant que doive être légalisée, par simple analogie économique, d'ailleurs incomplète, et en contradiction avec ledit texte, la situation contractuelle dérivant d'un accord entre une entreprise de production et une entreprise de distribution* »[1646]. Il faudra cependant démontrer l'existence d'une unité économique entre le représentant de commerce et son commettant[1647].

396. **Les contrats d'agence.** La faculté de qualifier un agent commercial d'unité économique avec son commettant ou, à défaut, de qualifier une collusion, a longtemps été l'objet de débats juridiques[1648]. Par l'intermédiaire de ses lignes directrices sur les restrictions verticales[1649], la Commission européenne a consacré le risque comme critère d'identification du contrat d'agence, excluant l'application de l'article 101 TFUE à ce type de contrats. En effet, les risques financiers ou commerciaux inhérents aux différents contrats, aux investissements ainsi qu'aux autres activités menées sur le même marché de produits permettent de qualifier un accord de contrat d'agence, sous réserve toutefois que l'agent ne supporte pas de tels risques[1650]. À l'inverse, si ce dernier supporte des risques commerciaux ou financiers, l'accord ne sera pas un contrat d'agence et pourra, de ce fait, être qualifié de collusion. Les contrats d'agence limitent traditionnellement le territoire sur lequel l'agent peut réaliser ses ventes, limitent les clients auxquels l'agent peut vendre ses produits et, enfin, délimitent les prix et conditions de vente[1651]. Par conséquent, un accord comprenant de telles dispositions, mais pour lequel la qualification de contrat d'agence serait refusée, s'exposerait inévitablement à une qualification de collusion.

1644 CA Paris, 15 avril 2011, *Manutention dans le port du Havre*, RG 2010/08165.

1645 CJCE, 13 juillet 1966, *Consten et Grundig*, aff. jtes C-56/64 et C-58/64, EU:C:1966:41 ; comm. F.-C. Jeantet, *JCP G*, 1966, p. 202 ; G. Le Tallec, *RTDE*, 1966, pp. 611-622.

1646 *Ibid.*

1647 CJCE, 16 décembre 1975, *Suiker Unie*, aff. jtes C-40 à C-48, 50, C-54 à C-56, C-111, C-113 et C-114/73, *op. cit.*, pt 539 et s. ; comm. P. Krsjak, *Gaz. Pal.*, 1977, III Doct., p. 4.

1648 D. Bosco, C. Prieto, *Droit européen de la concurrence. Ententes et abus de position dominante*, *op. cit.*, pt 375, p. 345.

1649 Comm. eur., Lignes directrices sur les restrictions verticales, *JOUE* n° C 130 du 19 mai 2010, pp. 1-46, pts 12-21 ; Lignes directrices sur les restrictions verticales, *JOCE* n° C 291 du 13 octobre 2000, pp. 3-45, pts 12-20.

1650 *Ibid.*,, pt 14.

1651 *Ibid.*, pt 18.

§ 2. L'application limitée de la prohibition des ententes aux accords intragroupes ciblant les acheteurs publics

397. Le droit de la concurrence a connu, jusqu'à récemment, une exception notable au principe d'immunité des accords intragroupes. Les sociétés mères et leurs filiales formant une unité économique étaient, en droit français, systématiquement poursuivies pour pratiques collusives lorsqu'elles participaient toutes deux à une même procédure de mise en concurrence. L'absence d'autonomie commerciale des filiales entraînait nécessairement une restriction de la concurrence en raison de la tromperie de l'acheteur sur l'effectivité de la concurrence (A). Une telle exception, propre au secteur de la commande publique[1652] et au droit français de la concurrence, apparaissait pourtant justifiée malgré sa récente condamnation par la Cour de justice et l'évolution consécutive de la pratique décisionnelle de l'Autorité de la concurrence (B).

A. L'ancienne qualification d'entente des concertations entre soumissionnaires formant une unité économique

398. **La confirmation systématique du principe d'immunité intragroupe.** Le contentieux de la concurrence relatif aux appels d'offres, loin d'écarter le principe d'immunité des accords intragroupes, rappelle systématiquement l'importance de ce principe tant pour le droit de l'Union européenne que pour le droit français[1653]. L'Autorité de la concurrence reconnaît sans surprise que la prohibition des ententes ne s'applique pas aux entreprises qui forment une seule et même unité économique[1654]. Ce rappel du principe, qui avait déjà lieu lorsque l'Autorité consacrait encore une exception dans le cadre des contrats de la commande publique, démontre que le droit de la concurrence français n'ignorait pas alors l'importance du principe d'immunité des accords intragroupes, mais qu'il posait une exception ferme afin de préserver l'effet utile des procédures de mise en concurrence.

399. **La flexibilité traditionnellement offerte lors de la participation aux appels d'offres d'entreprises autonomes d'un même groupe.** L'Autorité de la concurrence, consciente des liens structurels et des relations inhérentes aux groupes d'entreprises, accorde à de telles sociétés plusieurs mécanismes afin d'éviter les risques de qualification d'entente. En effet, les filiales d'un même groupe, lorsqu'elles sont dotées d'une autonomie commerciale, ne forment pas d'unité

[1652] P. de Lanzac, G. Dezobry, « Ententes et marchés publics : La problématique des offres distinctes adressées par une société mère et sa filiale non autonome », *op. cit.*, pt 5 ; *Mémento pratique. Concurrence – Consommation 2017*, Paris, Éditions Francis Lefebvre, 2016, pt 18265, p. 511 ; O. Guézou, « Les comportements anticoncurrentiels dans la passation des marchés publics », *op. cit.*, pt 187, p. 177.

[1653] À titre d'illustration, Aut. conc., déc. n° 18-D-02 du 19 février 2018, Pratiques mises en œuvre dans le secteur des travaux d'entretien d'espaces verts en Martinique, pt 18 ; M. Debroux, *Concurrences* n° 2-2018, art. n° 86864, p. 73 ; Cons. conc., déc. n° 03-D-01 du 14 janvier 2003, *op. cit.*, pt 123 ; déc. n° 03-D-07 du 4 février 2003, *op. cit.*, pt 64 ; CA Paris, 18 novembre 2003, RG 2003/04154, *op. cit.*

[1654] *Ibid.*

économique avec leur société mère. Toutefois, malgré cette indépendance sur les marchés, le droit de la concurrence français encadre leurs participations collectives aux appels d'offres afin d'assurer l'efficacité économique de leur participation. En premier lieu, la pratique décisionnelle de l'Autorité de la concurrence octroie la possibilité à deux entreprises ayant des liens structurels mais disposant d'une autonomie commerciale de présenter des offres distinctes lors d'un appel d'offres[1655] conformément au principe d'égalité de traitement[1656]. En revanche, si ces entreprises se concertent ou échangent des informations préalablement au dépôt de leurs offres[1657], elles risquent naturellement, en raison de l'absence d'unité économique[1658], des poursuites pour pratiques collusives. Une telle hypothèse n'est guère surprenante. Elle ne fait que confirmer la faculté pour des entreprises d'un même groupe d'être indépendantes sur le marché. L'Autorité de la concurrence souligne à ce titre que « *[l]'offre de la filiale doit être personnelle et indépendante de celle de sa société mère, en faisant appel à des moyens propres (dirigeants, capacité commerciale et de production) pour élaborer, décider et exécuter sa proposition au cas où sa candidature serait retenue* »[1659].

400. En second lieu, l'Autorité de la concurrence, par souci de pragmatisme, autorise les entreprises d'un même groupe à renoncer à leur autonomie commerciale à l'occasion d'un appel d'offres afin de déterminer conjointement quelle entreprise déposera une offre, voire le contenu de cette dernière. Elle consacre par la même occasion un droit pour ces sociétés de s'abstenir de participer aux procédures de mise en concurrence au profit d'une filiale de leur groupe[1660]. Néanmoins, la souplesse offerte à ces entreprises est limitée, dès lors que seule l'une des sociétés du groupe peut déposer une offre[1661]. Cette flexibilité vise deux objectifs : tout d'abord, admettre en pratique la situation particulière d'entreprises qui disposent de liens juridiques et financiers et, ensuite, permettre aux acheteurs publics de bénéficier des offres les plus compétitives. Un excès de rigidité dans ce domaine pourrait conduire à priver les acheteurs publics ou les autorités concédantes d'offres réalisées sur mesure par plusieurs entreprises d'un même groupe, au profit de plusieurs offres économiquement moins efficaces.

1655 Cons. conc., déc. n° 03-D-01 du 14 janvier 2003, *op. cit.*, pt 124 ; déc. n° 03-D-07 du 4 février 2003, *op. cit.*, pt 65. V. égal. CA Paris, 20 novembre 1992, *BOCCRF* n° 1 du 15 janvier 1993, p. 5.

1656 CJUE, 17 mai 2018, *« Ecoservice projektai » UAB*, aff. C-531/16, EU:C:2018:324, pt 23 ; comm. S. Cazet, *Europe*, 2018, n° 7, pp. 25-26 ; S. Smith, *PPLR*, 2018, pp. NA131-NA135.

1657 Cons. conc., déc. n° 06-D-33 du 8 novembre 2006, Pratiques mises en œuvre dans le cadre de marchés de travaux publics de bâtiment dans la région Auvergne, pt 123 et s., *BOCCRF* n° 2 du 22 mars 2007, pp. 496-505.

1658 Conclusions de l'avocat général M. Campos Sánchez-Bordona présentées le 22 novembre 2017, aff. C-531/16, EU:C:2017:883, pts 67 à 69. Cette lecture est également celle de la Commission européenne, comme en atteste le point 41 desdites conclusions. V. égal. sur ce point comm. D. Bosco, « Évolution de l'Autorité sur la possibilité pour des entreprises liées de soumissionner au même appel d'offres », *Contrats, conc., consom.* 2021, n° 1, comm. n° 1111, 5 p.

1659 Cons. conc., avis n° 03-A-02 du 18 mars 2003, Conditions propres à assurer le libre jeu de la concurrence entre les candidats lors d'une procédure de délégation de service public, pt 25, *BOCCRF* n° 7 du 16 juin 2003.

1660 Cons. conc., déc. n° 03-D-01 du 14 janvier 2003, *op. cit.*, pt 125. Il convient de préciser que ce droit d'abstention au profit de sa filiale présente une exception notable en matière de position dominante collective ; v. *infra* pt 469 et s.

1661 *Ibid.* ; Cons. conc., déc. n° 03-D-07 du 4 février 2003, *op. cit.*, pt 66.

401. **Le dépôt de plusieurs offres d'entreprises formant une unité économique comme ancien critère d'identification d'une entente.** L'Autorité de la concurrence admettait en parallèle et depuis plusieurs décennies que le principe d'immunité des accords intragroupes ne pouvait s'appliquer lorsque plusieurs entreprises formant une unité économique présentaient plusieurs offres distinctes à l'occasion d'un appel d'offres[1662]. En effet, le dépôt des offres permet de manifester l'autonomie commerciale des entreprises et l'indépendance des offres déposées malgré les liens existants entre ces sociétés[1663]. Dans ces circonstances, si de telles offres avaient été élaborées en concertation ou à la suite d'échanges entre les entreprises impliquées, « *ces offres [n'étaient] plus indépendantes* »[1664] et elles pouvaient par conséquent avoir un objet ou un effet potentiellement anticoncurrentiel, en trompant l'acheteur public sur l'étendue de la concurrence[1665]. Or, malgré l'opposabilité logique du principe d'immunité des accords intragroupes, l'Autorité de la concurrence précisait que l'unité économique entre les soumissionnaires ne saurait « *conduire à écarter la qualification d'entente anticoncurrentielle* »[1666]. Cette solution avait été d'ailleurs expressément confirmée par la cour d'appel de Paris dans son arrêt du 18 novembre 2003, dans lequel elle indiquait que, « *quels que soient les liens pouvant exister entre elles, les sociétés Signaux Laporte et Crapie étaient tenues de respecter les règles de la concurrence auxquelles elles s'étaient soumises, ce qui excluait qu'elles puissent présenter des offres dont l'indépendance n'était qu'apparente* »[1667]. Cette solution avait été par la suite confirmée notamment dans la jurisprudence *Société Maquet* du 28 octobre 2010[1668].

1662 Com. tech. des ententes, 13 février 1976, *Entreprises de travaux routiers de Bretagne*, in Comm. conc., « Rapport annuel » 1980, p. 100 ; Comm. conc., avis du 14 juin 1979 concernant le marché des compteurs d'eau,; Cons. conc., avis n° 03-A-02 du 18 mars 2003, *op. cit.*

1663 Com. tech. des ententes, 13 février 1976, *Entreprises de travaux routiers de Bretagne, op. cit.*, pt 126 ; Cons. conc., avis n° 99-A-19 du 10 novembre 1999, Demande d'avis M. Philippe Ballu, juge d'instruction près le tribunal de grande instance de Tarbes, et relative à des pratiques recensées lors de la passation de marchés publics par le Syndicat départemental d'électricité des Hautes-Pyrénées, p. 9.

1664 Cons. conc., déc. n° 03-D-01 du 14 janvier 2003, *op. cit.*, pt 126 ; déc. n° 10-D-04 du 26 janvier 2010, *op. cit.*, pt 125. Pour une application récente, v. Aut. conc., déc. n° 18-D-02 du 19 février 2018, *op. cit.*, pt 19 ; Cons. conc., déc. n° 04-D-30 du 7 juillet 2004, Marchés publics de transport scolaire en Haute-Corse, *BOCCRF* n° 9 du 8 novembre 2004.

1665 *Ibid.*

1666 Cons. conc., déc. n° 03-D-07 du 4 février 2003, *op. cit.*, pt 99.

1667 CA Paris, 18 novembre 2003, RG 2003/04154, *op. cit.* v. aussi CA Paris, 18 décembre 2001, *SA Bajus Transports e.a.*, RG 2001/09043, *BOCCRF* n° 3 du 26 février 2002 ; déc. n° 10-D-04 du 26 janvier 2010, *op. cit.*, pt 131 et s.

1668 CA Paris, 28 octobre 2010, *Société Maquet*, RG 2010/03405, *BOCCRF* n° 12 du 22 décembre 2010, p. 13 ; comm. E. Barbier de La Serre, *e-Competitions*, octobre 2010, n° 35247 : « *[C]oncernant les comportements d'entreprises appartenant à un même groupe à l'occasion de procédures de mises en concurrence incriminés par l'article L. 420-1 du code de commerce et par l'article 81 du traité CE devenu l'article 101 du traité TFUE, [...] il est possible pour des entreprises ayant entre elles des liens juridiques ou financiers, mais disposant d'une autonomie commerciale de présenter des offres distinctes et concurrentes à la condition de ne pas se concerter avant le dépôt de ces offres ou de renoncer à cette autonomie à l'occasion de mises en concurrence et de se concerter pour décider quelle sera l'entreprise qui déposera une offre ou de se concerter pour établir cette offre, à la condition de ne déposer qu'une seule offre ; Qu'en revanche, en déposant des offres séparées, des entreprises manifestent leur autonomie commerciale et choisissent ainsi de se présenter lors des appels d'offres comme des entreprises concurrentes et que, dès lors, quels que soient les liens juridiques et financiers les unissant, elles étaient tenues de respecter les règles de la concurrence auxquelles elles s'étaient soumises, ce qui excluait qu'elles puissent présenter des offres dont l'indépendance n'était qu'apparente [...]* »

Par conséquent, la prohibition des ententes lors des appels d'offres s'appliquait pleinement sans opérer de distinction entre les entreprises pourvues ou dépourvues de liens structurels ou capitalistiques.

402. **L'application de la prohibition des ententes limitée aux soumissionnaires liés ne formant pas une unité économique.** Bien que l'arrêt *« Ecoservice projektai » UAB* soit peu loquace, voire maladroit, en ce qui concerne les possibilités restantes d'utiliser le droit de la concurrence lorsque des soumissionnaires liés se sont concertés au cours d'un même appel d'offres, l'inapplication de l'article 101 TFUE est cependant limitée aux concertations de soumissionnaires formant une unité économique[1669]. À l'inverse, des soumissionnaires d'un même groupe dotés d'une autonomie commerciale sont toujours soumis à la prohibition des ententes s'ils se concertent au cours d'un appel d'offres. Les conclusions de l'avocat général Campos Sánchez-Bordona indiquent en effet explicitement que l'inapplication de l'article 101 TFUE est limitée dans le cas d'espèce par l'existence d'une unité économique entre les soumissionnaires. L'Autorité de la concurrence confirme cette solution et indique que les articles 101 TFUE et L. 420-1 du code de commerce sont applicables si l'autonomie commerciale des soumissionnaires est caractérisée. Dès lors, la question de l'application des règles de concurrence aux soumissionnaires liés gravite désormais autour de l'autonomie commerciale réelle et non plus autour de l'autonomie commerciale apparente, qui quant à elle se manifeste par le dépôt d'une offre.

B. Une ancienne exception fondée sur le principe de juste appréciation de la concurrence

403. L'exception qui prévalait jusqu'à récemment avait fait l'objet de critiques de la part de la doctrine, lesquelles étaient annonciatrices de sa disparition. La doctrine semblait pour le moins déconcertée par la mise en place d'une telle exception au principe de l'immunité des accords intragroupes, et ce, malgré l'absence de réelles solutions alternatives et opérationnelles (1). Pour autant, l'exception employée par l'Autorité de la concurrence et les juridictions judiciaires trouvaient de nombreuses justifications, dont notamment le principe de juste appréciation de la concurrence (2).

1. Les critiques traditionnelles de l'exception

404. **La prohibition des ententes : un fondement inadapté.** Récemment encore, des auteurs tels que Guillaume Dezobry et Pauline de Lanzac avaient manifesté des doutes quant à l'utilisation de la prohibition des ententes pour ce type de contentieux. Leur argument essentiel tenait à la rupture qui était apportée à la *« cohérence de la notion d'autonomie »*[1670]. L'examen de l'autonomie d'une filiale conduit à distinguer deux étapes : tout d'abord, l'existence même de l'infraction, puis l'imputabilité du comportement à la société mère si elle forme une unité

1669 Sur ce point, V. Bridoux, « La décision *France AgriMer* : Entre retrait précipité du droit de la concurrence et émancipation forcée du droit de la commande publique », *Concurrences* n° 2-2021, art. n° 99692.

1670 P. de Lanzac, G. Dezobry, « Ententes et marchés publics : La problématique des offres distinctes adressées par une société mère et sa filiale non autonome », *op. cit.*, pt 30 et s.

économique avec sa filiale. Or, l'exception consacrée en matière d'appel d'offres opérait selon eux une rupture entre ces deux étapes. L'autonomie de la filiale au stade de la qualification de l'infraction devait, selon ces mêmes auteurs, être confirmée au stade de l'imputabilité[1671]. Ils fondaient principalement leurs critiques sur la décision nº 11-D-02 de l'Autorité de la concurrence[1672]. Dans cette affaire, l'autorité s'était prononcée sur l'autonomie d'une filiale en raison du dépôt d'une offre individuelle. Néanmoins, lors de l'examen de l'imputabilité, l'Autorité de la concurrence avait utilisé ses standards classiques pour imputer la responsabilité de la pratique anticoncurrentielle à la seule société mère en raison de l'unité économique entre celle-ci et sa filiale.

405. Une telle position prêtait nécessairement à confusion et semait le doute par son manque de clarté. La critique émise à juste titre avait cependant omis deux éléments essentiels. En premier lieu, la distinction proposée dans cette affaire n'écartait pas en en soi l'opposabilité de la prohibition des ententes à de tels comportements. Elle se justifiait très certainement par la volonté d'accroître les sanctions envers les sociétés mères, notamment quand elles sont à l'origine des trucages des appels d'offres. En second lieu, dans plusieurs affaires analogues, l'Autorité de la concurrence avait imputé la pratique collusive aux sociétés mères et également à leurs filiales[1673]. Dans un tel cas de figure, la qualification de l'infraction et son imputabilité n'entraient pas en contradiction.

406. **Une exception longtemps conforme au droit européen.** Le doute quant à la conformité de la pratique française avec le droit européen était également l'objet d'interrogations de la part de certains auteurs[1674]. Ces incertitudes étaient fondées notamment sur l'absence de jurisprudence européenne en la matière, comme l'observait d'ailleurs l'Autorité de la concurrence dans sa décision nº 10-D-04[1675]. Néanmoins, la jurisprudence *Assitur* semblait implicitement autoriser une telle exception, ou du moins l'existence de comportements anticoncurrentiels de la part des soumissionnaires[1676]. Lors de la décision nº 10-D-04, le moyen tenant à la

---

1671 *Ibid.*, pt 31, p. 5.

1672 Aut. conc., déc. nº 11-D-02 du 26 janvier 2011, *op. cit.* ; comm. C. Prébissy-Schnall, *Contrats, conc., consom.* 2011, 5 p.

1673 Cons. conc., déc. nº 03-D-07 du 4 février 2003, *op. cit.* Solution confirmée par la cour d'appel de Paris dans son arrêt du 18 novembre 2003, *op. cit.* ; déc. nº 10-D-04 du 26 janvier 2010, *op. cit.*

1674 P. de Lanzac, G. Dezobry, « Ententes et marchés publics : La problématique des offres distinctes adressées par une société mère et sa filiale non autonome », *op. cit.*, pt 34 et s., p. 5 ; *Mémento pratique. Concurrence – Consommation 2017*, *op. cit.*, pt 18265, p. 511.

1675 Aut. conc., déc. nº 10-D-04 du 26 janvier 2010, *op. cit.*, pt 135 : « *Enfin, s'il est vrai que les juridictions communautaires n'ont pas admis une telle exception s'agissant de l'application de l'article 81 du traité CE, cela résulte du fait qu'elles n'ont jamais eu à connaître de pratiques mises en œuvre par des entreprises liées entre elles ayant pour objet ou pour effet de fausser la procédure d'appel d'offres en présentant des offres séparées dont l'indépendance n'était qu'apparente, et non d'une opposition à la pratique décisionnelle du Conseil de la concurrence et à la jurisprudence des juridictions françaises. L'argument des parties tiré du non-respect de l'article 3 du règlement nº 1/2003 relatif au rapport entre les articles 81 et 82 du traité CE et les droits nationaux de la concurrence ne saurait donc prospérer.* »

1676 CJCE, 19 mai 2009, *Assitur*, aff. C-538/07, *op. cit.*, pt 22 : « *Il est manifeste qu'une mesure législative nationale telle que celle en cause au principal est destinée à écarter toute collusion potentielle entre les participants à une même procédure de passation d'un marché public et à sauvegarder l'égalité de traitement des candidats et la transparence de la procédure* » ; comm. E. Bernard, *Europe*, 2009, nº 7, p. 13 ; E. Broussy, C. Lambert, F. Donnat, *AJDA*, 2009, p. 1543.

violation de l'article 101 TFUE avait en effet été rejeté. L'absence d'exception analogue en droit européen était justifiée par l'Autorité de la concurrence par l'absence de contentieux relatifs aux appels d'offres devant la Cour de justice[1677]. La cour d'appel de Paris, dans son arrêt du 28 octobre 2010, se fondait plus spécialement sur la souplesse offerte aux entreprises membres d'un même groupe lors de la présentation de leurs offres pour écarter la violation du droit primaire[1678]. La faculté offerte à ces entreprises de soumettre des offres distinctes pour les entreprises autonomes, ou encore de renoncer à cette autonomie afin de déposer une offre unique, permettait d'écarter les doutes quant à la conformité avec l'article 101 TFUE. En contrepartie, les entreprises formant une unité économique ne devaient pas participer toutes deux à la procédure de mise en concurrence. En outre, la théorie de l'apparence permettait de rattacher l'approche française avec la pratique européenne en matière d'unité économique.

407. **La théorie de l'apparence comme ancien fondement de conformité avec le droit européen.** La mise en place d'une exception au principe d'immunité des accords intragroupes pouvait également trouver pour fondement la théorie de l'apparence[1679]. D'un point de vue pratique, ce motif pouvait légitimement conduire la Cour de justice à valider l'exception qui était utilisée en droit de la concurrence français. En effet, la théorie de l'apparence n'est pas une spécificité nationale mais trouve un écho dans le contentieux européen de la concurrence. Le juge européen utilise cette théorie notamment pour déterminer l'existence d'une unité économique entre une filiale et sa société mère. Ainsi, la perception de l'unité économique chez des employés peut permettre de caractériser l'absence d'autonomie d'une filiale[1680]. De la même façon, la perception des concurrents doit également être prise en compte[1681]. Partant, cet élément n'était pas étranger à la démarche de l'Autorité de la concurrence. L'analyse faite par les juridictions françaises, en plus de bénéficier de l'avantage d'une longue expérience dans un domaine dans lequel le droit européen ne trouve pas réellement de point d'ancrage, reprenait des méthodes qui pouvaient satisfaire la Cour de justice. L'exception bénéficiait enfin de l'avantage indéniable d'être réellement efficace en sanctionnant des pratiques anticoncurrentielles.

408. **Une exception récemment sanctionnée par le droit européen : l'arrêt *« Ecoservice projektai » UAB*[1682].** Or, en dépit de l'intérêt d'une telle exemption pour la protection de l'efficacité du droit de la commande publique, celle-ci n'a pas réussi à éviter les fourches caudines de la jurisprudence européenne. La Cour de justice, dans son arrêt *« Ecoservice projektai » UAB*, a ainsi récemment refusé de consacrer une exception au principe d'unité économique et donc d'appliquer l'article 101 TFUE aux soumissionnaires formant une unité économique. En effet,

---

1677 *Ibid.*

1678 CA Paris, 28 octobre 2010, RG 2010/03405, *op. cit.* ; comm. E. Barbier de La Serre, *e-Competitions*, octobre 2010, n° 35247.

1679 Aut. conc., déc. n° 10-D-04 du 26 janvier 2010, *op. cit.*, pt 142.

1680 Comm. eur., déc. 94/19/CE du 21 décembre 1993, *Sea Containers*, aff. IV/34.689, *op. cit.*, pt 7.

1681 Trib. UE, 2 juin 2016, *Moreda-Riviere Trefilerías*, aff. jtes T-426/10 à T-429/10, T-438/12 à T-441/12, *op. cit.*, pt 147.

1682 CJUE, 17 mai 2018, *« Ecoservice projektai » UAB*, aff. C-531/16, *op. cit.*

si de telles entreprises ont « *présent[é] des offres coordonnées ou concertées* »[1683], ce comportement est contraire au seul droit de la commande publique « *sans qu'il soit nécessaire d'examiner si la présentation de telles offres constitue aussi un comportement contraire à l'article 101 TFUE* ». Dans cette hypothèse, le droit de la concurrence est ainsi inapplicable au profit du seul droit de la commande publique[1684]. À l'inverse, il demeure applicable pour les soumissionnaires liés ne formant pas une unité économique qui se sont concertés lors d'une procédure de mise en concurrence. L'Autorité de la concurrence, dans sa décision n° 20-D-19 du 25 novembre 2020[1685], afin de tirer les conséquences de la jurisprudence européenne, a ainsi fait évoluer sa pratique décisionnelle en revenant sur la possibilité d'appliquer la prohibition des ententes aux offres de soumissionnaires formant une unité économique[1686].

409. **L'acheteur public, nouveau régulateur des tromperies intragroupes.** La fin de l'exception provoquée par l'arrêt *« Ecoservice projektai » UAB* s'accompagne d'un basculement, pour le traitement de telles offres, du droit de la concurrence au droit de la commande publique. La Cour de justice, tout en refusant d'appliquer l'article 101 TFUE dans ces hypothèses, souligne la nécessité pour les acheteurs publics de se saisir de ces problématiques afin de garantir la transparence et l'égalité des procédures de mise en concurrence. Si des soumissionnaires liés soumettent des offres au cours d'une même procédure d'attribution, ces derniers ne sont pas tenus de déclarer, « *en l'absence de disposition normative expresse ou de condition spécifique dans l'appel d'offres ou dans le cahier des charges régissant les conditions de passation* », les liens qu'ils ont entre eux. *A contrario*, pour se prémunir de telles difficultés, les acheteurs publics et la réglementation nationale peuvent imposer ce type de déclarations aux soumissionnaires, prévenant ainsi les contentieux consécutifs à l'attribution de contrats et facilitant l'examen des offres par les acheteurs. L'arrêt *« Ecoservice projektai » UAB* impose en effet un « *rôle actif* »[1687] aux acheteurs publics pour garantir le principe de concurrence,[1688] notamment lorsqu'ils « *dispose[nt] d'éléments mettant en doute le caractère autonome et indépendant des offres présentées par certains soumissionnaires* »[1689]. Ce rôle implique de vérifier l'autonomie et l'indépendance des offres présentées en « *exigeant des informations supplémentaires* »[1690] de la part de ces soumissionnaires. Par conséquent, la correction du « *risque pour la concurrence* »[1691]

1683 Pt 29 de l'arrêt.

1684 V. égal. CJUE, 8 février 2018, *Lloyd's of London*, aff. C-144/17, EU:C:2018:78 ; comm. E. Daniel, *Europe*, 2018, n° 4, pp. 26-27 ; G. Bitti, *European Procurement & Public Private Partnership Law Review*, 2019, n° 14, pp. 129-133.

1685 Aut. conc., déc. n° 20-D-19 du 25 novembre 2020, Pratiques mises en œuvre dans le secteur des marchés de fourniture de produits alimentaires de l'établissement public national France AgriMer.

1686 *Ibid.*, « Résumé », p. 2.

1687 Conclusions de l'avocat général M. Campos Sánchez-Bordona présentées le 22 novembre 2017, aff. C-531/16, *op. cit.*, pt 74.

1688 *Ibid.*, pt 80.

1689 Pt 40 de l'arrêt.

1690 *Ibid.*

1691 Conclusions de l'avocat général M. Campos Sánchez-Bordona présentées le 22 novembre 2017, aff. C-531/16, *op. cit.*, pt 80.

résultant d'offres de soumissionnaires s'étant concertés et ne formant pas une unité économique est dorénavant entre les seules mains des acheteurs publics. Si l'acheteur doit également éviter toutes distorsions de la part de soumissionnaires d'un même groupe qui sont commercialement autonomes et se sont concertés, le droit de la concurrence peut, dans cette hypothèse seulement, encore s'appliquer afin de sanctionner la collusion mise en œuvre et assister l'acheteur public.

2. Les arguments pour un retour de l'exception

410. **L'exorbitance des mécanismes concurrentiels propres au droit de la commande publique.** L'existence d'une exception au principe d'immunité des accords intragroupes était explicitement affichée par l'Autorité de la concurrence. Ainsi, dans son rapport annuel de 2012, elle faisait expressément état d'une telle « *exception* »[1692] propre aux procédures d'appel d'offres, qu'elle jugeait nécessaire afin de préserver ce secteur économique. En l'occurrence, elle fondait son analyse sur les spécificités des « *mécanismes de concurrence à l'œuvre dans les procédures d'appel d'offres* »[1693]. La décision *Sociétés Yamaha Motor France et MBK* du 15 septembre 2006 apportait des précisions essentielles sur le raisonnement de l'Autorité de concurrence. En effet, l'effectivité du droit de la commande publique suppose, « *à l'égard de la prestation particulière qui est demandée, l'indépendance des offreurs qui formulent des offres distinctes et l'incertitude quant aux offres qui seront déposées* »[1694].

411. L'encadrement de la compétition par les procédures prévues par le droit de la commande publique a notamment pour conséquence de placer l'acheteur public dans la situation d'un « *client captif* »[1695] plus que dans celle d'un acteur actif tel que souligné par l'avocat général Campos Sánchez-Bordona dans ses conclusions sur l'arrêt *« Ecoservice projektai » UAB*. La concurrence sur le marché sera nécessairement affectée si l'indépendance totale des candidats n'est pas garantie[1696]. Cette difficulté ne se retrouve pas sur les marchés classiques. Les coordinations éventuelles d'entreprises d'un même groupe « *ne perturbent normalement pas le mécanisme de formation des prix et le libre choix de l'acheteur entre des offres existant préalablement à la manifestation de son propre besoin* »[1697]. Les achats publics, en raison du caractère artificiel de la mobilisation de la concurrence, imposent que les prix et différentes offres déposées soient le fruit de la concurrence « *au jour le jour de l'offre et de la demande* »[1698].

412. **L'expression de la dimension négative du principe de juste appréciation de la concurrence par l'acheteur public.** La volonté affirmée de l'Autorité de la

---

1692 Aut. conc., « Rapport annuel 2012 », 2013, p. 180.

1693 *Ibid.*

1694 Cons. conc., déc. n° 06-D-26 du 15 septembre 2006, Saisine des sociétés Lamy Moto et Moto Ouest à l'encontre des sociétés Yamaha Motor France et MBK, pt 43, *BOCCRF* n° 1 du 26 janvier 2007, pp. 409-414.

1695 Cons. conc., déc. n° 03-D-01 du 14 janvier 2003, *op. cit.*, pt 183. V. égal. O. Guézou, « Les comportements anticoncurrentiels dans la passation des marchés publics », *op. cit.*, pt 187, p. 178.

1696 Aut. conc., « Rapport annuel 2012 », *op. cit.*, p. 180 ; Cons. conc., déc. n° 06-D-26 du 15 septembre 2006, *op. cit.*, pt 43.

1697 *Ibid.*

1698 *Ibid.*

concurrence et des juridictions judiciaires de préserver l'effectivité du droit de la commande publique passe, comme nous l'avons précédemment développé, par la mise en œuvre du principe de juste appréciation de la concurrence. Néanmoins, selon le professeur Guézou, l'exception faite au principe d'immunité des accords intragroupes n'était que l'expression de la dimension négative du principe de juste appréciation de la concurrence, lequel interdit aux candidats de tromper l'acheteur public[1699]. Cette position était systématiquement illustrée lors de la mise en œuvre de l'exception, qui accordait une place fondamentale à l'indépendance des offres. Le dépôt de plusieurs offres introduit une apparence d'autonomie entre les différentes entreprises qui participent à l'appel d'offres[1700]. L'apparence de concurrence présentée à l'acheteur public a pour conséquence de « *trompe[r] le responsable du marché sur la nature, la portée, l'étendue ou l'intensité de la concurrence* »[1701] et expliquait l'intervention du droit de la concurrence. L'Autorité de la concurrence justifiait d'ailleurs l'utilisation du principe de juste appréciation de la concurrence par la protection de l'effectivité des règles du droit de la commande publique, lesquelles exigent le maintien du secret des offres et l'incertitude des soumissionnaires[1702]. Ce constat est d'ailleurs partagé par la CNUCED dans sa note relative à la politique de concurrence et aux marchés publics[1703].

413. **La nécessité d'utiliser à nouveau le fondement de l'interdiction des ententes.** En dépit de cette récente décision de la Cour de justice qui refuse de consacrer une telle exception au principe de l'unité économique et qui accroît sensiblement la responsabilisation des acheteurs publics, il est impératif de rappeler que le raisonnement qui était retenu par l'Autorité de la concurrence et la jurisprudence judiciaire dans le cadre de cette exception demeurait propre à la commande publique. Elle avait donc pour vocation de s'écarter des schémas traditionnels du droit de la concurrence et de ne pas s'étendre aux marchés traditionnels. Par ailleurs, l'aménagement était caractéristique du pragmatisme du droit de la concurrence. Plusieurs points confirment cette hypothèse. En effet, en simulant l'autonomie des offres, les entreprises ont bénéficié de l'incapacité pour l'acheteur public de mesurer la concurrence réelle sur le marché. La participation à l'appel d'offres a donc pour effet de placer les entreprises dans une situation d'autonomie sur le marché alors même qu'elles ne disposent pas d'une autonomie commerciale. Partant, la manœuvre mise en place par les soumissionnaires se caractérise par une concertation de plusieurs agents économiques visant justement à simuler

---

1699 O. Guézou, « Les comportements anticoncurrentiels dans la passation des marchés publics », *op. cit.*, pt 187, p. 178.

1700 V. Selindy, « La participation à des marchés publics par des entreprises groupées », *CP-ACCP*, 2003, n° 20, p. 50.

1701 Cons. conc., déc. n° 03-D-01 du 14 janvier 2003, *op. cit.*, pt 126.

1702 Aut. conc., déc. n° 10-D-04 du 26 janvier 2010, *op. cit.*, pt 167.

1703 CNUCED, « Politique de concurrence et marchés publics », *op. cit.*, pt 36 : « *Pour qu'il puisse y avoir entente collusoire, la première condition est que les concurrents connaissent les entreprises susceptibles de participer à un appel d'offres spécifique (ou un ensemble d'appels d'offres sur un marché spécifique). Il y aura donc moins de risque de formation d'une entente s'il est pris des mesures pour maintenir chez chaque soumissionnaire une "saine" incertitude quant aux autres participants possibles à l'appel d'offres. En poussant le raisonnement à l'extrême, si les soumissionnaires ne se connaissent pas ils n'auront aucune possibilité d'entrer en communication, et le risque de trucage des offres sera écarté.* »

leur autonomie. Une étude entreprise récemment par la Commission européenne a d'ailleurs indiqué que les acheteurs publics reçoivent en moyenne seulement trois offres au cours de leurs marchés publics[1704]. Ce chiffre témoigne de la nocivité de la tromperie pouvant résulter d'offres concertées au sein d'un groupe et des effets particulièrement délétères pour l'acheteur. Elle produit naturellement des effets anticoncurrentiels auprès des acheteurs publics comme le reconnaît d'ailleurs l'avocat général Campos Sánchez-Bordona dans ses conclusions sur l'arrêt *« Ecoservice projektai » UAB*[1705].

414. Dès lors qu'ils se comportent comme des opérateurs économiques indépendants dans le but de tromper les acheteurs publics, il est nécessaire de traiter de tels soumissionnaires comme des entreprises autonomes et ainsi de les soumettre à la prohibition des ententes. Confier au seul acheteur public la responsabilité d'identifier et d'écarter les offres de soumissionnaires liés paraît en effet naïf et très difficile en pratique en raison des difficultés techniques et de l'expertise qui est nécessaire[1706]. La démonstration de l'unité économique est généralement une tâche particulièrement complexe pour les autorités de concurrence et les magistrats ; demander à l'acheteur d'apporter cette démonstration paraît illusoire.

415. Enfin, notons que Guillaume Dezobry et Pauline de Lanzac soulèvent la possibilité de recourir à l'interdiction des abus de position dominante comme fondement adéquat[1707]. Toutefois, ces derniers soulignent le principal obstacle pour utiliser ce fondement. Pour qualifier un abus de position dominante, il est nécessaire que le groupe en cause dispose d'une position dominante sur le marché. Or, dans la plupart des cas, la tromperie des acheteurs publics n'est pas l'œuvre des entreprises dominantes. Ce fondement conduirait inéluctablement à réduire le nombre de sanctions à l'encontre des entreprises coupables de trucages des offres même s'il rappelle une nouvelle fois le lien entre le droit de la concurrence et le droit de la commande publique. L'utilisation de l'interdiction des ententes présente également l'avantage de renforcer la prévention de tels comportements et l'effectivité des règles de la commande publique. L'article 57, paragraphe 4, d, de la directive 2014/24/UE peut être utilisé à cette occasion pour rejeter les candidatures des entreprises en raison des craintes d'entente. Dès lors, continuer à rejeter l'application de la prohibition des ententes à ce type de situations conduirait à limiter significativement l'application de l'article 57, en la cantonnant aux manœuvres d'entreprises liées qui ne forment pas une unité économique. À l'inverse, cette qualification permettrait d'illustrer la symbiose qui existe entre ces deux branches du droit.

1704 PriceWaterhouseCoopers, Ecorys, ICF GHK, « SMEs' access to public procurement markets and aggregation of demand in the EU », étude commandée par la Commission européenne, 2014, p. 22.

1705 Conclusions de l'avocat général M. Campos Sánchez-Bordona présentées le 22 novembre 2017, aff. C-531/16, *op. cit.*, pt 80

1706 D. Bosco, « Évolution de l'Autorité sur la possibilité pour des entreprises liées de soumissionner au même appel d'offres », *op. cit.*, pt 4. V. sur ce point Comm. eur., « Communication sur les outils de lutte contre la collusion dans les marchés publics et orientations sur la manière d'appliquer le motif d'exclusion y relatif », *op. cit.*, pt. 1.2.

1707 P. de Lanzac, G. Dezobry, « Ententes et marchés publics : La problématique des offres distinctes adressées par une société mère et sa filiale non autonome », *op. cit.*, pt 40.

416. **L'insuffisance du droit de la commande publique.** Certains auteurs se tournaient déjà vers le seul droit de la commande publique comme potentielle alternative au recours au droit de la concurrence et ainsi justifier l'abandon de l'exception française[1708]. Nous ne partageons pas cette position qui consiste à penser que le renforcement de la transparence et la responsabilisation accrue des acheteurs publics suffisent à mettre un terme à la violation du principe de juste appréciation de la concurrence. En effet, même si la transparence dans les procédures de passation peut permettre d'éclairer les relations entre les concurrents, celle-ci n'a jamais permis d'écarter significativement les pratiques anticoncurrentielles de la part des candidats. Le volet répressif n'incombe pas au droit de la commande publique mais au droit de la concurrence, malgré l'opposition de la Cour de justice. Le droit de la commande publique ne permet pas d'établir des sanctions efficaces face à de telles stratégies. D'ailleurs, la jurisprudence montre rapidement ses limites dans l'utilisation du droit de la commande publique pour écarter des comportements qui étaient susceptibles d'être qualifiés d'anticoncurrentiels[1709].

417. À l'inverse, l'interdiction faite à un candidat de déposer une candidature ou une offre à la suite d'un tel comportement doit nécessairement s'accompagner d'une sanction exemplaire, au risque d'être insuffisante et non dissuasive. De même, confier cette mission au seul acheteur public semble audacieux. Outre le message d'impunité envoyé aux entreprises auteurs de telles pratiques, cette solution omet tout simplement la réalité économique de la commande publique. La plupart des acheteurs publics, en raison de la faiblesse de leurs moyens, sont incapables lors de chaque procédure de mise en concurrence de se livrer à une analyse concurrentielle complète, notamment pour déterminer l'existence d'une unité économique entre plusieurs candidats. Ce travail complexe nécessite des compétences et une expérience certaines, ainsi que des moyens considérables. La formation concurrentielle de ces derniers est à ce jour primordiale mais ne suffit pas à garantir l'absence de pratiques anticoncurrentielles de la part des candidats ; ce rôle incombe naturellement au droit de la concurrence.

Section 2
Les pratiques collusives extragroupes : l'effectivité du droit de la commande publique affectée par la diversité des pratiques observées sur les marchés

418. Les spécificités procédurales du droit de la commande publique entraînent, comme nous l'avons vu précédemment, des mécanismes de marché atypiques. Or, malgré ces spécificités, les pratiques collusives s'adaptent efficacement à la commande

---

1708 *Ibid.*, pt 41 et s.

1709 CAA Marseille, 9 décembre 2013, *Syndicat départemental des ordures ménagères de l'Aude et Sté C... Eco Industries*, n° 11MA00438, inédit au *Rec.* ; comm. S. Batot, *CMP*, 2014, n° 2, comm. 61.

publique. Les opérateurs économiques coupables d'entente, qu'ils soient publics ou privés[1710], saisissent avec habileté les faiblesses du droit de la commande publique afin de mettre en œuvre d'importantes collusions dans ce secteur. Il en résulte une forte hétérogénéité des comportements collusifs observés. Ces pratiques restrictives sont facilement appréhendées par le droit de la concurrence. Trois types de comportements extragroupes peuvent être isolés : les échanges d'informations entre les candidats à un appel d'offres (§ 1), les différents mécanismes susceptibles de paralyser le marché, que ce soit par un blocage des prix, des produits et services proposés (§ 2) et, enfin, la mise en place d'offres de couverture permettant d'assurer l'attribution d'un marché à un candidat précis tout en dupant l'acheteur public sur l'effectivité de la mise concurrence (§ 3).

§ 1. Les échanges d'informations entre candidats : entre nocivité propre et accessoire d'un cartel

419. En dépit des particularismes du contentieux de la concurrence relatif à la commande publique, la gestion des échanges d'informations lors des appels d'offres ne présente pas de difficultés particulières pour l'Autorité de la concurrence. Elle reprend à cette occasion les schémas contentieux classiques avec, d'une part, l'identification de la nocivité d'une telle pratique (A) et, d'autre part, la prise en compte du fait que les échanges d'informations préfigurent généralement la formation d'un cartel (B).

A. La nocivité des échanges d'informations entre candidats

420. **La perte d'autonomie comme critère de nocivité consacré par la Cour de justice**. La nature anticoncurrentielle des échanges d'informations est un élément complexe à déterminer. Cela s'explique notamment par l'absence de référence dans le corps des articles 101 TFUE ou L. 420-1 du code de commerce. Les échanges d'informations, en fonction de leur nature, peuvent être qualifiés ou non d'anticoncurrentiels. La jurisprudence européenne a donc établi une grille d'analyse qui permet de contrôler la nocivité de l'échange d'informations. Elle se fonde pour ce faire sur la perte d'incertitude occasionnée par la divulgation d'informations « *faisant connaître les stratégies commerciales des uns et des autres* »[1711].

[1710] Pour une illustration rare d'une entente des deux établissements publics lors d'un appel d'offres d'un groupement d'acheteurs publics, v. en ce sens : DGCCRF, déc. du 6 novembre 2018, Pratiques relevées dans le secteur de la formation professionnelle aux travaux forestiers dans la région Auvergne-Rhône-Alpes ; comm. A. Ronzano, *Concurrences* n° 1-2019, art. n° 88459.

[1711] D. Bosco, C. Prieto, *Droit européen de la concurrence. Ententes et abus de position dominante*, *op. cit.*, pt 718. p. 592. Sur ce point v. CJCE, 28 mai 1998, *John Deere*, aff. C-7/95 P, EU:C:1998:256, pt 90 ; comm. F. Lévêque, *Concurrences* n° 3-2006, art. n° 12035, pp. 33-37 ; S. Poillot-Peruzzetto, *RTD com.*, 1998, pp. 986-987. V. égal. CJCE, 2 octobre 2003, *Thyssen Stahl AG*, aff. C-194/99 P, EU:C:2003:527, pt 81 et s. ; comm. L. Idot, *Europe*, 2003, comm. n° 405, p. 20 ; CJUE, 19 mars 2015, *Dole Food Company*, aff. C-286/13 P, EU:C:2015:184, pt 120 ; comm. L. Idot, *Europe*, 2015, comm. n° 5, p. 22 ;

L'excès de transparence conduit à cette perte d'incertitude et à un alignement progressif des stratégies commerciales[1712].

421. Ainsi, à l'occasion de l'arrêt *Thyssen Stahl AG*, le Tribunal de première instance des Communautés européennes a souligné que des entreprises « *se livrent à une pratique concertée [...] lorsqu'elles participent effectivement à un mécanisme tendant à éliminer l'incertitude quant à leur comportement futur sur le marché et impliquant, nécessairement, que chacune d'elles prenne en compte les informations obtenues de ses concurrents [...]. Il n'est donc pas nécessaire que la Commission démontre que les échanges d'informations en cause ont abouti à un résultat spécifique ou à une mise à exécution sur le marché concerné* »[1713]. Sur ce point, la Cour de justice ajoute que l'« *exigence d'autonomie [...] s'oppose cependant rigoureusement à toute prise de contact direct ou indirect [...] de nature soit à influencer le comportement sur le marché d'un concurrent actuel ou potentiel, soit à dévoiler à un tel concurrent le comportement que l'on est décidé à tenir soi-même sur ce marché ou que l'on envisage d'adopter sur celui-ci, lorsque ces contacts ont pour objet ou pour effet d'aboutir à des conditions de concurrence qui ne correspondraient pas aux conditions normales du marché* »[1714]. La jurisprudence a ensuite précisé son raisonnement lors de plusieurs affaires. L'objet anticoncurrentiel de l'échange d'informations est établi au moyen d'une présomption réfragable que les entreprises qui ont réalisé des échanges ont pris en considération les informations obtenues pour définir leurs comportements sur le marché[1715]. Par conséquent, il incombe auxdites entreprises de démontrer l'absence d'impact des échanges d'informations sur leurs stratégies commerciales.

422. **Le traitement des échanges d'informations lors des appels d'offres : un objet anticoncurrentiel**. L'échange d'informations, lorsqu'il n'est pas l'accessoire d'un cartel, ne présente pas nécessairement un objet ou un effet anticoncurrentiel selon l'Autorité de la concurrence, ainsi qu'il ressort de sa décision n° 13-D-03 du 13 février 2013 relative à des pratiques mises en œuvre dans le secteur du porc charcutier[1716]. Néanmoins, dans le cadre d'échanges d'informations entre entreprises candidates à un appel d'offres, c'est-à-dire dans le cadre d'échanges « *horizontaux* »[1717], l'Autorité de la concurrence aborde la nocivité avec une plus

---

C. Prieto, *Jurisprudence de la CJUE 2015*, *op. cit.*, pp. 485-489. L'importance de l'incertitude avait déjà été soulignée lors de l'arrêt CJCE, 16 décembre 1975, *Suiker Unie*, aff. jtes C-40 à C-48, 50, C-54 à C-56, C-111, C-113 et C-114/73, *op. cit.*, pt 175.

1712 Aut. conc., « Rapport annuel 2009 – Études thématiques : Les échanges d'informations », 2010, p. 107.

1713 TPICE, 11 mars 1999, *Thyssen Stahl AG*, aff. T-141/94, EU:T:1999:48, pt 271 ; comm. L. Idot, *Europe*, 1999, n° 4, pp. 24-27.

1714 CJCE, 4 juin 2009, *T-Mobile Netherlands BV e.a.*, aff. C-8/08, *op. cit.*, pt 33 ; comm. M. Debroux, *Concurrences* n° 2-2009, art. n° 26001, pp. 101-102 ; L. Idot, *Europe*, 2009, comm. n° 323, pp. 33-34 ; P. Wilhelm, E. Provost, *RLDA*, 2009, n° 41, pp. 45-49 ; J. Vialens, *Gaz. Pal.*, 2009, n° 275-276, I Jur., pp. 9-11 ; E. Broussy, F. Donnat, C. Lambert, *Dr. adm.*, 2009, p. 1539.

1715 CJCE, 4 juin 2009, *T-Mobile Netherlands BV e.a*, aff. C-8/08, *op. cit.*, pt 51.

1716 Aut. conc., déc. n° 13-D-03 du 13 février 2013, Pratiques mises en œuvre dans le secteur du porc charcutier, pt 277.

1717 S. Naugès, S. Risser, « Les échanges d'informations proconcurrentiels dans le cadre de la commande publique : Le nécessaire arbitrage entre intérêt public et droit de la concurrence », in « Existe-t-il des échanges d'informations pro-concurrentiels ? », *Concurrences* n° 3-2013, art. n° 53052, p. 6.

grande sévérité[1718]. En effet, dans ce contentieux « *il est établi que des entreprises ont conclu une entente anticoncurrentielle dès lors que la preuve est rapportée [...] qu'elles ont échangé des informations antérieurement à la date où le résultat de l'appel d'offres est connu ou peut l'être* »[1719]. À l'inverse de la Cour de justice, l'Autorité de la concurrence n'apporte pas systématiquement de précision sur l'existence d'un objet ou d'un effet anticoncurrentiel. Elle emploie fréquemment des formules générales qui attestent de l'objet ou de l'effet anticoncurrentiel de telles communications[1720]. Toutefois, dans sa décision n° 10-D-10, l'Autorité précise que les échanges d'informations qui ont lieu lors de la mise en concurrence sont restrictifs par objet, car ils conduisent « *nécessairement à une restriction de concurrence en supprimant ou limitant l'indépendance des entreprises soumissionnaires* »[1721].

423. **La nocivité intrinsèque des échanges d'informations : sensibilité particulière des marchés par appels d'offres.** Les échanges d'informations lors des appels d'offres sont considérés comme intrinsèquement anticoncurrentiels lorsqu'ils portent sur des éléments stratégiques des offres. La nocivité de ces comportements ne dépend pas de l'existence d'un cartel plus global établissant une répartition des marchés, ou de la fixation collective d'un prix minimum. L'Autorité de la concurrence rappelle ainsi que « *de simples échanges d'informations portant sur l'existence de compétiteurs, leur nom, leur importance, leur disponibilité en personnel ou en matériel, leur intérêt ou leur absence d'intérêt pour le marché considéré, ou les prix qu'ils envisagent de proposer, altèrent également le libre*

1718 L. Binet, « Les ententes anticoncurrentielles dans les appels d'offres publics », *CP-ACCP*, 2010, n° 99, pp. 33-34. V. égal. DGCCRF, déc. d'avril 2019, Pratiques relevées dans le secteur de la gestion technique des bâtiments de la Communauté urbaine de Lille ; DGCCRF, déc. du 6 novembre 2018, Pratiques relevées dans le secteur de la formation professionnelle aux travaux forestiers dans la région Auvergne-Rhône-Alpes.

1719 Aut. conc., « Rapport annuel 2013 – Pratique de l'Autorité de la concurrence », *op. cit.*, p. 128. À titre d'illustration : Cons. conc., déc. n° 03-D-21 du 18 avril 2003, Pratiques mises en œuvre dans le secteur des enrobés bitumineux de la région Rhône-Alpes, pt 19, *BOCCRF* n° 12 du 8 octobre 2003 ; déc. 03-D-10 du 20 février 2003, Pratiques constatées lors d'un appel d'offres lancé par le Port autonome de Marseille, pt 39, *BOCCRF* n° 7 du 16 juin 2003 ; Cons. conc., déc. n° 00-D-26 du 21 juin 2000, Pratiques relevées lors d'un marché d'électrification rurale dans le département des Pyrénées-Atlantiques, *BOCCRF* n° 10 du 12 septembre 2000.

1720 Cons. conc., avis n° 03-A-14 du 25 juillet 2003, *op. cit.*, pt 27 ; Cons. conc., déc. n° 07-D-40 du 23 novembre 2007, *op. cit.*, pt 53 ; déc. n° 01-D-31 du 5 juin 2001, Pratiques relevées lors de la passation de marchés d'électrification rurale et d'éclairage public en Vendée, *BOCCRF* n° 10 du 24 juillet 2001 ; déc. n° 04-D-42 du 4 août 2004, Pratiques mises en œuvre dans le cadre du marché de la restauration de la flèche de la cathédrale de Tréguier, *BOCCRF* n° 10 du 9 décembre 2004.

1721 Aut. conc., déc. n° 10-D-10 du 10 mars 2010, *op. cit.*, pt 36 : « *[L]es pratiques d'échange d'informations lors de la passation de marchés publics ont en elles-mêmes un objet anticoncurrentiel car elles conduisent nécessairement à une restriction de concurrence en supprimant ou limitant l'indépendance des entreprises soumissionnaires* » ; comm. P. de Lanzac, G. Dezobry, « Ententes et marchés publics : La problématique des offres distinctes adressées par une société mère et sa filiale non autonome », *op. cit.*, V. égal. Cons. conc., déc. n° 05-D-45 du 22 juillet 2005, Pratiques mises en œuvre lors de la passation d'un marché de rénovation de l'usine d'incinération d'Issy-les-Moulineaux, pt 45, *BOCCRF* n° 4 du 14 mars 2006. Pour une illustration récente, Aut. conc., déc. n° 18-D-19 du 24 septembre 2018, *op. cit.*, pt 74 et s. V. égal. CA Paris, 18 janvier 2000, *Chaillan Frères*, *BOCCRF* n° 3 du 7 mars 2000 ; CA Paris, 24 mai 2005, *Imagin*, *BOCCRF* n° 8 du 20 septembre 2005 ; Cons. conc., déc. n° 03-D-55 du 4 décembre 2003, Marché public passé par le district urbain du pays de Montbéliard pour la réfection de la pelouse d'un stade de football, *BOCCRF* n° 1 du 13 février 2004. Pour une illustration récente, DGCCRF, déc. de septembre 2020, Pratiques relevées dans le secteur des travaux de voirie et de signalisation à Saint Martin ; comm. A. Ronzano, *Concurrences* n° 4-2020, art. n° 96901.

jeu de la concurrence en limitant l'indépendance des offres »[1722]. Cela s'étend aux communications relatives à « *l'intérêt ou l'absence d'intérêt pour le marché considéré* »[1723], ou portant sur « *la réalité du désir d'emporter le marché* »[1724]. La position adoptée n'est pas sans rappeler celle de la jurisprudence européenne. En effet, dans son arrêt *SPO e.a*, le Tribunal souligne « *qu'il est incompatible avec l'article 85, paragraphe 1, du traité pour des entrepreneurs de se concerter sur la manière dont ils entendent répondre à un appel d'offres et ce, même lorsque celui-ci stipule des conditions déraisonnables. En effet, il appartient à chaque entrepreneur de déterminer de manière autonome ce qu'il considère comme raisonnable et comme déraisonnable ainsi que d'en tirer les conséquences pour son propre comportement* »[1725].

424. La pratique semble donc se concentrer sur les informations portant sur la stratégie commerciale, comme l'indique le professeur Guézou[1726]. Or, il faut se réjouir de la fermeté du droit de la concurrence. Le fonctionnement atypique des marchés par enchères impose, à l'inverse des marchés traditionnels, une totale discrétion des entreprises candidates[1727]. Un excès de transparence des entreprises peut en effet conduire certains concurrents à renoncer à participer aux marchés publics. Le marché en cause étant limité à la période de l'appel d'offres, le risque de retrait de concurrents a pour conséquence immédiate d'assécher la concurrence disponible. De la même façon, des échanges d'informations portant ne serait-ce que sur l'identité des candidats peuvent constituer un tremplin pour de futures ententes. Ce risque de perturbations graves de l'effectivité du droit de la commande publique est pris en compte par le droit de la concurrence. Il convient néanmoins de noter que tous les échanges d'informations ne font pas l'objet d'une sanction par le droit de la concurrence. Le droit de la concurrence fait preuve de pragmatisme selon les effets des échanges d'informations et peut, de ce fait, imposer la communication d'informations commerciales stratégiques pour préserver la concurrence effective, telles que des informations tarifaires d'une entreprise en position dominante[1728].

425. **Le traitement des échanges d'informations consécutifs à l'échec d'un groupement de candidatures.** Le choix que peuvent faire des entreprises candidates à un appel d'offres, de se regrouper pour présenter une offre unique, bien que parfaitement autorisé par le droit de la commande publique, entraîne nécessairement des échanges d'informations qui créent des risques évidents en matière

---

1722 Aut. conc., « Rapport annuel 2013 – Pratique de l'Autorité de la concurrence », *op. cit.*, p. 128. V. égal. Cons. conc., avis n° 03-A-14 du 25 juillet 2003, *op. cit.*, pt 27 ; déc. n° 00-D-34 du 18 juillet 2000, Pratiques relevées lors de la passation de plusieurs marchés d'électrification rurale dans le département de l'Eure-et-Loir, p. 18, *BOCCRF* n° 10 du 12 septembre 2000 ; déc. n° 01-D-31 du 5 juin 2001, *op. cit.*, p. 11.

1723 Déc. n° 91-D-33 du 9 juillet 1991, Pratiques d'entente relevées dans le secteur du bâtiment et des travaux publics (Alpes-de-Haute-Provence), p. 4, *BOCCRF* n° 14 du 20 juillet 1991, p. 227.

1724 *Ibid.*

1725 TPICE, 21 février 1995, *SPO e.a.*, aff. T-29/92, EU:T:1995:34, pt 119 ; comm. L. Idot, *Europe*, 1995, n° 4, comm. n° 144, pp. 15-16. V. égal. Comm. eur., déc. du 11 mars 2008, *Services de déménagements internationaux*, aff. COMP/38.543, *JOUE* n° C 188 du 11 août 2009, pp. 16-18, pt 348.

1726 O. Guézou, « Les comportements anticoncurrentiels dans la passation des marchés publics », *op. cit.*, pt 157, p. 154.

1727 *Ibid.*, pt 155, p. 152.

1728 V. *infra* pt 454 et s.

de concurrence lorsque le groupement échoue à se mettre en place. Alors que de tels échanges peuvent être proconcurrentiels lorsqu'ils aboutissent à la formation d'un groupement, un échec de celui-ci peut mener à la situation inverse[1729]. Une jurisprudence trop restrictive pourrait alors dissuader les entreprises de recourir à ces mécanismes offerts par le droit de la commande publique dont la finalité est de renforcer, d'une part, l'efficacité de l'achat public et, d'autre part, d'offrir un accès renforcé à la commande publique. Ainsi, les échanges d'informations sont autorisés dès lors qu'ils ne conduisent pas à fausser la concurrence[1730]. Il en résulte l'impossibilité pour les entreprises ayant échangé des informations commerciales stratégiques de déposer des candidatures individuelles à la suite de l'abandon de leur projet de groupement. La décision du Conseil de la concurrence (désormais Autorité de la concurrence) n° 05-D-17 du 27 avril 2005 en fait état. En l'espèce, le Conseil de la concurrence a considéré que de telles candidatures individuelles ne pouvaient être présentées sans inévitablement former une entente. En effet, les discussions pour former un groupement avaient conduit à des échanges sur les prix pratiqués par les différentes entreprises et ont par conséquent « *irrémédiablement faussé* »[1731] la concurrence entre elles[1732].

426. Une telle position peut paraître sévère à première vue mais s'explique par deux éléments. Tout d'abord, autoriser de tels échanges conduirait nécessairement à offrir aux entreprises une justification solide à tout échange d'informations lors d'un appel d'offres. Il est donc impératif de ne pas fournir un alibi éventuel aux entreprises coupables d'entente lors des appels d'offres. Par ailleurs, l'Autorité de la concurrence précise le comportement attendu par les entreprises souhaitant constituer un groupement. Celles-ci doivent s'assurer que « *les échanges d'informations effectués [...] ne [portent pas] sur des éléments de l'appel d'offres tant que le groupement n'est pas constitué* »[1733]. La formule « éléments de l'appel d'offres », certes peu limpide, doit être entendue comme les informations commerciales stratégiques de l'entreprise qui portent sur l'appel d'offres, telles que le prix, le personnel disponible, la volonté ou la capacité de soumissionner. Dans de telles circonstances, il incombe à l'Autorité de la concurrence et aux juges d'examiner avec attention la nature des échanges réalisés lors des négociations afin d'identifier une perte d'incertitude et donc une entente potentielle[1734].

1729 S. Naugès, S. Risser, « Les échanges d'informations proconcurrentiels dans le cadre de la commande publique : Le nécessaire arbitrage entre intérêt public et droit de la concurrence », *op. cit.*, pp. 7-10. Cons. conc., avis n° 03-A-02 du 18 mars 2003, *op. cit.*

1730 Aut. conc., déc. n° 09-D-18 du 2 juin 2009, *op. cit.*, pt 81 et s. ; comm. A. Ronzano, *Concurrences* n° 3-2009, art. n° 56983.

1731 *Ibid.*, pt 83 ; déc. n° 05-D-17 du 27 avril 2005, Situation de la concurrence dans le secteur des marchés de travaux de voirie en Côte-d'Or, pt 61, *BOCCRF* n° 9 du 28 octobre 2005 ; Cons. conc., déc. n° 00-D-20 du 17 mai 2000, Pratiques relevées lors de marchés d'électrification rurale dans la Somme, *BOCCRF* n° 8 du 25 juillet 2000.

1732 Pour une affaire analogue, v. Cons. conc., déc. n° 01-D-59 du 25 septembre 2001, Pratiques relevées lors de marchés de travaux routiers dans le département du Gard, p. 20, *BOCCRF* n° 16 du 30 octobre 2001.

1733 Cons. conc., déc. n° 06-D-25 du 28 juillet 2006, Pratiques relevées à l'occasion de la restauration du patrimoine campanaire de la cathédrale de Rouen, pt 48, *BOCCRF* n° 1 du 26 janvier 2007, pp. 404-409.

1734 Aut. conc., déc. n° 09-D-18 du 2 juin 2009, *op. cit.*, pt 85.

B. Les échanges d'informations comme instrument de la formation d'un cartel

427. **La typologie de nocivité des échanges d'informations proposée par les professeurs Bosco et Prieto.** Les professeurs Bosco et Prieto distinguent deux types d'effets anticoncurrentiels des échanges d'informations. D'une part, de tels comportements faussent la concurrence en « *facilitant* »[1735] la mise en place d'une entente et en la stabilisant. En effet, les entreprises utilisent généralement l'échange d'informations commerciales stratégiques comme étape préalable à la formation d'un cartel[1736]. Ce mode de fonctionnement est logique. Il s'explique par la volonté des entreprises de connaître leurs concurrents afin d'identifier des intérêts communs à poursuivre dans le cadre d'une entente. La Cour de justice a identifié ce mode de fonctionnement à l'occasion de l'arrêt *Quinn Barlo*, dans lequel une série de discussions portant sur les prix ont précédé la mise en place du cartel des méthacrylates[1737]. D'autre part, les échanges relatifs à des données stratégiques facilitent le maintien de l'entente[1738]. Cela s'explique par une surveillance mutuelle renforcée par la communication des informations commerciales stratégiques. Ce rôle a été mis en exergue par la Cour de justice dans son arrêt *Aalborg Portland,* dans lequel elle indique que « *la circulation d'informations sur les prix, limitée aux membres d'une entente anticoncurrentielle, a pour effet d'augmenter la transparence [pour ces derniers] sur un marché où la concurrence est déjà fortement atténuée et de faciliter la surveillance du respect de l'entente par ses membres* »[1739]. En outre, les échanges d'informations ont également pour effet d'écarter durablement les nouveaux concurrents du marché, car la « *stabilité du cartel* »[1740] lui permet d'écarter durablement toute contestation sur le marché.

428. **Les échanges d'informations : un préalable systématique aux cartels frappant les achats publics.** En observant la pratique décisionnelle de l'Autorité de la concurrence, on constate que les échanges d'informations constituent un élément récurrent des pratiques collusives dans ce secteur. Ils sont, dans l'immense majorité des affaires, un accessoire des ententes qui visent les procédures de mise en concurrence. En effet, à l'instar des marchés traditionnels, la mise en place d'un cartel de partage des marchés publics nécessite au préalable divers échanges portant sur les tarifs et priorités commerciales[1741]. Or, dans le cadre de marchés

---

1735 D. Bosco, C. Prieto, *Droit européen de la concurrence. Ententes et abus de position dominante*, *op. cit.*, pt 718, p. 592.

1736 *Ibid.*, Aut. conc., « Rapport annuel 2009 – Études thématiques : Les échanges d'informations », *op. cit.*, p. 107. À titre d'illustration, Cons. conc., déc. n° 04-D-43 du 8 septembre 2004, Attribution de marchés publics organisés par la commune de Grasse dans le secteur des transports scolaires et périscolaires, pt 118, *BOCCRF* n° 10 du 9 décembre 2004.

1737 CJUE, 30 mai 2013, *Quinn Barlo*, aff. C-70/12 P, EU:C:2013:351, pt 10 ; comm. C. Sarrazin, *Concurrences* n° 3-2013, art. n° 53522, pp. 66-67. V. égal. Tribunal, 27 septembre 2012, *Guardian Industries*, aff. T-82/08, EU:T:2012:494, pt 39 et s. ; comm. L. Idot, *Europe*, 2012, n° 11, p. 38.

1738 Aut. conc., « Rapport annuel 2009 – Études thématiques : Les échanges d'informations », *op. cit.*, p. 107.

1739 CJCE, 7 janvier 2004, *Aalborg Portland e.a.*, aff. jtes C-204/00 P, C-205/00 P, C-211/00 P, C-213/00 P, C-217/00 P et C-219/00 P, *op. cit.*, pt 281 ; comm. L. Idot, *Europe*, 2004, n° 3, comm n° 84.

1740 D. Bosco, C. Prieto, *Droit européen de la concurrence. Ententes et abus de position dominante*, *op. cit.*, pt 718, p. 592.

1741 Cons. conc., déc. n° 01-D-77 du 27 novembre 2001, Secteur du transport scolaire dans le département de l'Indre, *BOCCRF* n° 4 du 28 février 2002.

fonctionnant sur la base d'appels d'offres, certaines informations sont fondamentales, en raison de l'impossibilité pour les concurrents d'avoir accès à de telles données. La circulation de telles informations a pour effet de briser l'incertitude sur le marché.

429. L'absence d'incertitude collective encourage également la mise en place d'une entente de partage des marchés publics en recourant notamment aux offres de couverture[1742], au désistement[1743], ou encore à différents mécanismes destinés à écarter ponctuellement ou durablement de nouveaux concurrents[1744]. La Commission européenne observe un tel risque pour l'effectivité des appels d'offres, à l'occasion de sa décision portant sur le cartel des services de déménagement internationaux[1745]. L'OCDE alerte d'ailleurs sur les risques de tels échanges pour la concurrence. En effet, à l'échelle internationale, la plupart des ententes qui frappent la commande publique sont construites sur la base d'échanges d'informations entre les candidats[1746]. Il s'agit donc, dans la plupart des cas, de la première étape de constitution d'un cartel[1747]. Puis, lorsque celui-ci est établi, l'échange d'informations devient le moyen privilégié de maintenir l'effectivité de l'entente[1748].

§ 2. Le verrouillage du marché : principale source de restrictions de la concurrence

430. La mise en place de mécanismes de verrouillage des marchés constitue l'expression classique des pratiques collusives qui affectent l'efficacité de l'achat public. Cette atteinte à la concurrence touche également l'ensemble des marchés, qu'ils soient publics ou privés. Les méthodes de verrouillage sont également diversifiées en fonction des objectifs poursuivis par les entreprises membres de l'entente. Par conséquent, cette restriction est généralement l'objectif directeur des pratiques collusives (A) et impacte significativement les acheteurs publics en sclérosant les procédures de la commande publique (B).

1742 À titre d'illustration, Cons. conc., déc. n° 08-D-15 du 2 juillet 2008, *op. cit.* ; déc. n° 06-D-07 du 21 mars 2006, *op. cit.* ; CA Paris, 24 juin 2008, RG 2006/06913, *op. cit.* ; Cass. com., 13 octobre 2009, n° 08-18.224, *BOCCRF* n° 10 du 13 novembre 2009 ; Cons. conc., déc. n° 04-D-08 du 30 mars 2004, *Marché de travaux d'assainissement de la commune de Pontacq*, *BOCCRF* n° 9 du 8 novembre 2004.

1743 DGCCRF, déc. de septembre 2020, Pratiques relevées dans le secteur des prestations d'accompagnement vers l'emploi dans le département de la Loire.

1744 À titre d'illustration, Cons. conc., déc. n° 07-D-40 du 23 novembre 2007, *op. cit.* ; déc. n° 05-D-17 du 27 avril 2005, *op. cit.*, pt 119 et s. ; déc. n° 07-D-26 du 26 juillet 2007, Pratiques mises en œuvre dans le cadre de marchés de fourniture de câbles à haute tension, *BOCCRF* n° 2 du 25 mars 2008, pp. 111-120 ; Cons. conc., déc. n° 03-D-47 du 22 octobre 2003, Pratiques mises en œuvre par les ambulanciers de montagne du département des Vosges, *BOCCRF* n° 16 du 17 décembre 2003.

1745 Comm. eur., déc. du 11 mars 2008, *Services de déménagements internationaux*, aff. COMP/38.543, *op. cit.*, pt 356.

1746 OCDE, « Collusion and Corruption in Public Procurement », *op. cit.*, p. 164. V. égal. OCDE, « Public Procurement. The Role of Competition Authorities in Promoting Competition », *op. cit.*, p. 13.

1747 *Ibid.*, pp. 165-166.

1748 OCDE, « Public Procurement. The Role of Competition Authorities in Promoting Competition », *op. cit.*, p. 12.

A. Un objectif directeur des pratiques collusives sur le marché privé

431. **La diversité des mécanismes de verrouillage du marché proposés par le traité.** L'article 101, paragraphe 1, TFUE présente des illustrations de pratiques anticoncurrentielles susceptibles de verrouiller le libre jeu du marché. Ainsi, les pratiques collusives interdites peuvent avoir pour objet ou effet de bloquer artificiellement les prix ou les débouchés, de répartir les marchés entre concurrents ou encore de recourir aux ventes liées afin de paralyser la concurrence sur plusieurs marchés distincts.

432. **La nocivité extrême des restrictions de concurrence par fixation des prix.** La fixation des prix constitue un exemple classique d'entente horizontale. Elle présente l'avantage d'écarter toute compétition tarifaire et entraîne généralement une immobilisation des parts de marché des membres de l'entente. La gravité de cette restriction a conduit les rédacteurs du traité à la faire figurer comme la première illustration des restrictions de concurrence. Cette position n'est guère étonnante au regard de l'importance accordée à la liberté des prix dans la pensée ordolibérale. Celle-ci figure en effet comme principe constituant de la constitution économique qui est défendue par l'École de Fribourg[1749]. Par conséquent, des auteurs comme le professeur Vogel jugent ces ententes comme « *les plus nocives* »[1750] pour la libre concurrence. Ce raisonnement reprend notamment la position de la Commission européenne dans ses lignes directrices relatives aux accords de coopération horizontale. Ces dernières précisent que « *[l]a fixation des prix est un des problèmes de concurrence les plus importants que pose un accord de commercialisation entre concurrents* »[1751]. Plusieurs arguments permettent de l'attester. Tout d'abord, la concurrence par les prix entre les concurrents est rompue. De plus, la Commission observe que les volumes de vente sont également affectés par ce type de montages notamment au travers des mécanismes de répartition des commandes[1752]. Ce haut degré de nocivité justifie que de tels accords aient manifestement un objet anticoncurrentiel[1753].

433. **La fixation des prix comme instrument d'une entente de répartition des marchés.** Le verrouillage des prix sur le marché vise principalement à conserver, d'une part, le chiffre d'affaires des entreprises et, d'autre part, à figer leurs parts de marché respectives. Ce schéma collusif présente par conséquent une proximité évidente avec les cartels de répartition générale des marchés. La professeure Prieto constate d'ailleurs que les ententes de fixation de prix sont souvent l'instrument

---

1749 V. *supra* Chapitre liminaire.

1750 L. Vogel, *Traité de droit économique*, tome 1, *Droit de la concurrence – Droits européen et français*, *op. cit.*, pt 80, p. 180 ; C. Prieto, « Ententes : Restrictions de concurrence », *JurisClasseur*, fasc. n° 1410, 2014, pt 34.

1751 Comm. eur., Lignes directrices sur l'applicabilité de l'article 101 du traité sur le fonctionnement de l'Union européenne aux accords de coopération horizontale, *op. cit.*, pt 234.

1752 *Ibid.*

1753 *Ibid.* Sur ce point, v. Comm. eur., déc. 86/398/CEE du 23 avril 1986, *Polypropylène*, aff. IV/31.149, *JOCE* n° L 230 du 18 août 1986, pp. 1-66 ; Comm. eur., déc. 98/247/CECA du 21 janvier 1998, *Extra d'alliage*, aff. IV/35.814, *JOCE* n° L 100 du 1er avril 1998, pp. 55-71. V. égal. C. Prieto, « Ententes : Restrictions de concurrence », *op. cit.*, pt 34.

d'un objectif global de répartition des marchés[1754]. La jurisprudence européenne présente de nombreuses illustrations de superposition de pratiques de fixation des prix et de répartition des marchés. Ainsi, dans l'affaire portant sur le cartel du polypropylène, le Tribunal et la Cour de justice ont pu observer une telle stratégie[1755]. Dans un premier temps, les membres du cartel ont échangé des informations commerciales afin d'établir une entente. Dans un deuxième temps, différents systèmes de fixation des prix ont été élaborés. Enfin, dans un troisième temps, un système global de répartition des marchés a été mis en place afin de verrouiller totalement le marché. La pratique décrite dans cette affaire, loin d'être inédite, se retrouve dans la plupart des cartels de fixation des prix soumis à la Cour de justice[1756].

434. **Les ententes horizontales de répartition de marché.** Les professeurs Waelbroeck et Frignani définissent les ententes de répartition de marché comme des pratiques visant à « *attribuer à chaque concurrent une zone réservée, dans laquelle aucun autre ne peut entrer, ce qui revient à créer dans cette zone un monopole de fait* »[1757]. Les accords de répartition de marché constituent, selon les lignes directrices relatives aux accords de coopération horizontale, un exemple caractéristique de restriction de concurrence par objet[1758]. Elles représentent l'une des formes d'ententes les plus graves selon la Commission européenne[1759] et la doctrine[1760]. En effet, plusieurs effets majeurs sont à souligner. Le verrouillage des marchés se traduit tout d'abord par une réduction du choix des consommateurs[1761]. Puis, il produit nécessairement une augmentation des prix et une baisse de la production[1762]. Les membres de l'entente bénéficient quant à eux d'une rente de situation exceptionnelle en raison de la monopolisation artificielle du marché[1763].

1754 C. Prieto, « Ententes : Restrictions de concurrence », *op. cit.*, pt 34.

1755 CJCE, 8 juillet 1999, *Anic Partecipazioni SpA*, aff. C-49/92 P, EU:C:1999:356, pt 8 ; Comm. M.-C. Boutard-Labarde, *JCP G*, 1999, I, p. 187 ; L. Idot, *Europe*, 1999, n° 10, comm. n° 345, pp. 18-20 ; C. Prieto, *JDI*, 2000, pp. 500-503 ; TPICE, 17 décembre 1991, *Enichem Anic*, aff. T-6/89, EU:T:1991:74, pt 6 et s. ; comm. C. Bolze, *RTD com.*, 1992, pp. 735-736.

1756 À titre d'illustration, CJCE, 15 octobre 2002, *Limburgse Vinyl Maatschappij*, aff. jtes C-238/99 P, C-244/99 P, C-245/99 P, C-247/99 P, C-250/99 P à C-252/99 P et C-254/99 P, EU:C:2002:582, pt 254 ; CJCE, 28 juin 2005, *Dansk Rørindustri A/S*, aff. jtes C-189/02 P, C-202/02 P, C-205/02 P à C-208/02 P et C-213/02 P, EU:C:2005:408, pt 29 ; comm. P. Arhel, *LPA*, 2005, n° 151, pp. 10-13 ; E. Barbier de La Serre, *RLC*, 2005, n° 4, pp. 21-26 ; C. Prieto, *JDI*, 2006, pp. 699-703 ; CJCE, 29 juin 2006, *Showa Denko KK*, aff. C-289/04 P, EU:C:2006:431, pt 12 et s. ; comm. S. Méar, *RLDA*, 2006, n° 8, p. 53 ; M. Debroux, *Concurrences* n° 3-2006, art. n° 12003, pp. 85-86 ; J. Philippe, *Gaz. Pal.*, 2006, n° 256-257, I Jur., pp. 16-17 ; L. Idot, *Europe*, 2006, n° 8, p. 22 ; CJUE, 16 février 2017, *Hansen & Rosenthal*, aff. C-90/15, EU:C:2017:123.

1757 M. Waelbroeck, A. Frignani, *Commentaire J. Mégret. Le droit de la CE*, tome 4, *Concurrence*, 2e éd., *op. cit.*, pt 574.

1758 Comm. eur., Lignes directrices sur l'applicabilité de l'article 101 du traité sur le fonctionnement de l'Union européenne aux accords de coopération horizontale, *op. cit.*, pts 128 et 160. Pour une illustration d'un accord de répartition qualifié de restriction par objet, en ce sens CJUE, 16 juillet 2015, *ING Pensii*, aff. C-172/14, *op. cit.*

1759 Comm. eur., Lignes directrices pour le calcul des amendes infligées en application de l'article 23, paragraphe 2, sous a), du règlement (CE) n° 1/2003, *JOUE* n° C 210 du 1er septembre 2006, pp. 2-5, pt 23.

1760 N. Petit, *Droit européen de la concurrence*, 2e éd., *op. cit.*, pt 1686, p. 673.

1761 L. Vogel, *Traité de droit économique*, tome 1, *Droit de la concurrence – Droits européen et français*, *op. cit.*, pt 82, p. 185.

1762 *Ibid.*

1763 N. Petit, *Droit européen de la concurrence*, 2e éd., *op. cit.*, pt 1686, p. 673.

Les effets sont donc contraires à ceux qui sont attendus sur un marché concurrentiel. En pratique, la répartition des marchés peut viser des secteurs géographiques précis ou une catégorie précise de clients[1764]. Les répartitions géographiques de marchés ont pour finalité de réserver un secteur à une seule entreprise, à l'abri de toute concurrence extérieure. Les autres membres de l'entente s'engagent à ne pas ou ne plus pénétrer sur cet espace. Ils bénéficient en contrepartie d'une réciprocité sur leurs secteurs géographiques. Ces répartitions peuvent être établies à l'échelle européenne[1765], nationale ou locale en fonction de l'importance de l'entente et de ses membres. La répartition peut également se fonder directement sur la clientèle à se partager au sein de l'entente.

B. Un objectif directeur des pratiques collusives visant les achats publics

435. Au même titre que les marchés traditionnels, les achats publics sont régulièrement frappés par des ententes qui tendent à verrouiller les marchés, que ce soit par la fixation collective des prix ou la répartition des différents appels d'offres. Or, dans de telles circonstances, les verrouillages de marchés visent à priver le droit de la commande publique de son effectivité. Le droit de la concurrence apparaît comme le seul cadre juridique capable de rétablir l'ordre public concurrentiel, tant pour sauvegarder la concurrence globale sur les marchés que pour protéger l'effectivité des procédures de mise en concurrence. Cette assistance du droit de la concurrence s'explique notamment par la pluralité des affaires de verrouillage de marchés qui affectent ce domaine économique (1). De même, les spécificités du droit de la commande publique conduisent les candidats à élaborer des mécanismes de répartition des marchés spécifiques, comme les offres de couverture (2).

1. La commande publique comme cible fréquente des ententes de verrouillage de marchés

436. **Les illustrations dans la pratique décisionnelle de la Commission européenne.** En dépit d'un contentieux quasiment inexistant devant la Cour de justice, les pratiques collusives réalisées lors de commandes publiques ont tout de même donné lieu à quelques illustrations européennes en matière de répartitions de marchés. Dans sa décision du 5 février 1992, *Industrie de la construction aux Pays-Bas*[1766],

---

1764 À titre d'illustration, CJUE, 16 juillet 2015, *ING Pensii*, aff. C-172/14, *op. cit.* ; CJUE, 18 juillet 2013, *The Dow Chemical*, aff. C-499/11 P, EU:C:2013:482 ; CJUE, 26 novembre 2013, *Gascogne*, aff. C-40/12 P, EU:C:2013:768 ; comm. L. Idot, *Europe*, 2014, n° 1, pp. 36-37; CJCE, 3 septembre 2009, *William Prym GmbH & Co*, aff. C-534/07 P, EU:C:2009:505 ; comm. L. Idot, *Europe*, 2009, n° 11, p. 36 ; C. Sarrazin, *Concurrences* n° 4-2009, art. n° 29682, pp. 92-93 ; E. Barbier de La Serre, *RLC*, 2010, n° 22, pp. 77-78 ; CJCE, 8 février 2007, *Groupe Danone*, aff. C-3/06 P, EU:C:2007:88 ; comm. L. Idot, *Europe*, 2007, n° 117, p. 29 ; P. Arhel, *LPA*, 2007, n° 101, pp. 10-12 ; R. Barbier de La Serre, *RLC*, 2007, n° 11, pp. 31-32.

1765 CJCE, 21 septembre 2006, *JCB Service*, aff. C-167/04 P, EU:C:2006:594 ; comm. L. Idot, *Europe*, 2006, n° 332, p. 32 ; Comm. eur., déc. 85/74/CEE du 23 novembre 1984, *Peroxygènes*, aff. IV/30.907, *JOCE* n° L 35 du 7 février 1985, pp. 1-19 ; déc. du 8 juillet 2009, *E.ON/GDF*, aff. COMP/39.401, *JOUE* n° C 248 du 16 octobre 2009, pp. 5-6.

1766 Comm. eur., déc. 92/204/CEE du 5 février 1992, *Industrie de la construction aux Pays-Bas*, aff. IV/31.572 et 32.571, *op. cit.* La décision a fait l'objet de recours ; en ce sens, TPICE, 21 février 1995, *SPO e.a.*, aff. T-29/92, *op. cit.*, comm. L. Idot, *Europe*, 1995, n°4, comm. n° 144, pp. 15-16 ; CJCE, 25 mars 1996, *SPO e.a.*, aff. C-137/95 P, EU:C:1996:130, Comm. M.-A. Hermitte, *JDI*, 1997, pp. 580-581.

la Commission a sanctionné un cartel d'une rare gravité dans le secteur de la construction. En l'espèce, un groupement de 28 associations, représentant plus de 4 000 constructeurs néerlandais et 150 entreprises d'autres États membres, avait pour objectif de désigner le concurrent le plus habilité aux différents chantiers, tout en privant les clients de leur droit de négociation[1767]. En amont, des rencontres étaient régulièrement organisées afin de comparer les prix et de majorer les offres les plus basses. La gravité des faits était d'ailleurs renforcée par une emprise du cartel sur l'ensemble des marchés de travaux publics, mais également par son impact sur le marché privé de la construction.

437. La Commission européenne a observé, en parallèle, la mise en place d'un système empêchant toute concurrence lors des appels d'offres en raison de l'organisation de monopoles pluriannuels sur les différentes adjudications[1768]. L'application généralisée du cartel aux adjudications néerlandaises a conduit la Commission à juger sévèrement la restriction en cause, laquelle « *constitue un effort délibéré pour faire échec à l'un des principaux objectifs du traité, la création d'un marché unique fondé sur le libre jeu de la concurrence* »[1769]. Les décisions *Services de déménagements internationaux* et *Ascenseurs et escaliers mécaniques* confirment à leur tour la capacité de généralisation d'un cartel du marché privé aux commandes publiques. Dans la première affaire, la répartition a affecté pendant dix-neuf ans l'ensemble des marchés, dont les marchés publics[1770] ; dans la seconde, l'impact sur la concurrence a été estimé de vingt-cinq à cinquante ans[1771].

438. **Un suivi régulier et attentif de la Commission européenne.** Les rapports annuels sur la politique de concurrence abordent régulièrement les risques d'atteintes à l'effectivité du droit de la commande publique et, plus particulièrement, à son objectif de concurrence effective. Les exemples de répartition de marchés publics en Europe sont fréquemment relevés par la Commission européenne. Ces comportements, loin d'être ignorés, sont identifiés avec soin, ce qui démontre un intérêt certain de l'exécutif européen pour ce type de restrictions[1772]. En effet, des ententes de répartitions des appels d'offres s'étendent facilement à travers l'Union européenne et paralysent

1767 *Ibid.*, pt 93.

1768 *Ibid.*

1769 *Ibid.*, pt 136.

1770 Comm. eur., déc. du 11 mars 2008, *Services de déménagements internationaux*, aff. COMP/38.543, *op. cit.*, pt 346 et s. La décision a été confirmée par la Cour de justice ; en ce sens : Trib. UE, 16 juin 2011, *Gosselin Group NV*, aff. jtes T-208/08 et T-209/08, EU:T:2011:287 ; comm. L. Idot, *Europe*, 2011, n° 8-9, pp. 33-35 ; CJUE, 11 juillet 2013, *Gosselin Group NV*, aff. C-429/11 P, EU:C:2013:463 ; comm. L. Idot, *Europe*, 2013, n° 10, pp. 31-32 ; CJUE, 11 juillet 2013, *Commission européenne c/ Stichting Administratiekantoor Portielje et Gosselin Group NV*, aff. C-440/11 P, EU:C:2013:514 ; comm. C. Robin, *RLC*, 2013, n° 37, pp. 25 et 30-31 ; L. Idot, *Europe*, 2013, n° 10, pp. 31-32 ; Trib. UE, 16 juin 2011, *Ziegler*, aff. T-199/08, EU:T:2011:285 ; comm. L. Idot, *Europe*, 2011, n° 8-9, pp. 33-35 ; CJCE, 11 juillet 2013, *Ziegler SA*, aff. C-439/11 P, EU:C:2013:513 ; comm. L. Idot, *Europe*, 2013, n° 10, pp. 31-32.

1771 Comm. eur., 21 février 2007, *Ascenseurs et escaliers mécaniques*, aff. COMP/E-1/38.823, *op. cit.* Décision confirmée par la Cour de justice ; en ce sens : CJCE, 24 octobre 2013, *Kone e.a.*, aff. C-510/11 P, EU:C:2013:696 ; comm. L. Idot, *Europe*, 2013, n° 12, pp. 42-43, G. Muguet-Poullennec, *RLC*, 2014, n° 39, pp. 102-108 ; Trib. UE, 13 juillet 2011, *Kone e.a*, aff. T-151/07, *op. cit.*

1772 En ce sens, Comm. eur., « XVIIIe Rapport sur la politique de concurrence », 1988, pt 129 et s., p. 114 ; Comm. eur., « XIIIe Rapport sur la politique de concurrence », 1983, p. 123 ; Comm. eur., « VIe Rapport sur la politique de concurrence », 1976, pt 107, 1977, p. 62.

le marché intérieur[1773]. Elles privent ainsi les directives « marchés publics » et « concessions » de leur objectif de désenclavement des marchés nationaux.

439. **La pluralité des affaires devant l'Autorité de la concurrence.** L'examen des affaires qui portent sur les ententes dans le domaine de la commande publique permet d'observer la pluralité des affaires de répartitions des appels d'offres[1774]. Les pratiques anticoncurrentielles se superposent généralement avec l'échange d'informations, le gel des prix et la répartition des marchés. L'Autorité de la concurrence a ainsi instruit près d'une centaine d'affaires en matière de répartition générale des appels d'offres[1775], de systèmes de couverture entre concurrents et de verrouillage des prix[1776]. La répartition des marchés apparaît d'ailleurs comme la catégorie d'entente la plus à même de violer le principe de juste appréciation de la concurrence. La manœuvre vise en effet à priver l'acheteur public de sa capacité décisionnelle en décidant, en amont, du futur titulaire du contrat public, sous couvert d'une mise en concurrence.

440. **Le cartel des lycées d'Île-de-France : une affaire emblématique.** Le cartel des lycées d'Île-de-France a, lors de sa découverte, particulièrement marqué l'opinion publique. Cela s'explique par la nature de l'infraction, mêlant, d'une part, la corruption d'un grand nombre d'élus et, d'autre part, l'élaboration de systèmes complexes permettant aux principaux grands groupes du BTP et à leurs filiales de priver le marché de toutes libertés économiques. Le cartel était destiné à accaparer les investissements éducatifs. Ce dossier, d'une « *ampleur et d'une complexité exceptionnelles* »[1777] selon le Conseil de la concurrence (désormais Autorité de la concurrence), concernait 88 marchés publics répartis entre différents membres du cartel. Le montant total des marchés publics était de 1,5 milliard d'euros pour une entente d'une durée de sept ans. Celle-ci a ainsi capté près de la moitié du montant des investissements de la région Île-de-France dans le cadre de son programme de rénovation scolaire. Le système de répartition s'organisait autour de « *tour[s] de table* »[1778] destinés à répartir les marchés publics. Les principaux groupes du BTP conservaient les deux tiers des marchés contre un tiers pour les PME[1779].

1773 Comm. eur., « XXVIIIe Rapport sur la politique de concurrence 1998 », 1999, p. 155.

1774 A. Sánchez-Graells, « Distortions of Competition Generated by the Public (Power) Buyer: A Perceived Gap in EC Competition Law and Proposals to Bridge It », *op. cit.*, p. 15 ; K. L. Haberbush, « Limiting the Government's Exposure to Bid Rigging Schemes: A Critical Look at the Sealed Bidding Regime », *PCLJ*, vol. 30, n° 1, 2000, pp. 97-98.

1775 Cons. conc., déc. n° 03-D-54 du 28 novembre 2003, Pratiques relevées sur le marché des énergies renouvelables, *BOCCRF* n° 1 du 13 février 2004 ; déc. n° 03-D-21 du 18 avril 2003, *op. cit.*

1776 À titre d'illustration en matière de répartition d'achats publics, Aut. conc., déc. n° 11-D-02 du 26 janvier 2011, *op. cit.* ; Cons. conc., déc. n° 08-D-33 du 16 décembre 2008, *op. cit.* ; déc. n° 07-D-01 du 17 janvier 2007, *op. cit.* ; déc. n° 06-D-07 du 21 mars 2006, *op. cit.* ; déc. n° 05-D-17 du 27 avril 2005, *op. cit.* ; déc. n° 03-D-21 du 18 avril 2003, *op. cit.* ; déc. n° 99-D-57 du 12 octobre 1999, Pratiques relevées sur des marchés d'études pour la voie de contournement ouest de l'agglomération toulousaine, *BOCCRF* n° 4 du 31 mars 2000. Pour un rejet récent d'une plainte de répartition des marchés, v. en ce sens Aut. conc. déc. n° 19-D-06 du 19 avril 2019, Pratiques dans la passation de marchés publics de travaux d'extension du tramway de Bordeaux ; comm. A. Ronzano, *Concurrences* n° 3-2019, art. n° 9028.

1777 Cons. conc., Communiqué du 9 mai 2007, disponible sur https://www.autoritedelaconcurrence.fr/fr/communiques-de-presse/9-mai-2007-lycees-dile-de-france (consulté le 26/04/2021).

1778 Cons. conc., déc. n° 07-D-15 du 9 mai 2007, *op. cit.*, pt 85.

1779 *Ibid.*, pt 327.

L'assistant à maîtrise d'ouvrage de la collectivité, lui-même membre de l'entente, présélectionnait les entreprises complices. Elles pouvaient ensuite s'échanger les informations relatives à leurs offres, voire déposer des offres de couverture afin de se partager les différents marchés. « *L'extrême gravité des pratiques* »[1780] a conduit la Cour de cassation, dans son arrêt du 13 octobre 2009, à observer dans cette pratique collusive un « *dommage exceptionnel causé à l'économie résultant du surcoût engendré* »[1781].

2. La diversité des méthodes de verrouillage des marchés : de l'offre de couverture à l'éviction des concurrents

441. Les mécanismes collusifs mis en place lors de procédures de mise en concurrence prennent des formes variées[1782]. Si les ententes cherchent principalement à affecter le principe de juste appréciation de la concurrence en trompant l'acheteur public (a), les concurrents aux appels d'offres sont également visés par de telles pratiques anticoncurrentielles (b).

a. Les procédés destinés à tromper l'acheteur public

442. **La notion d'offre de couverture.** Les offres de couverture, désignées également par offres « de complaisance », « *fictive[s]* » ou « *symbolique[s]* »[1783], renvoient, malgré la pluralité des dénominations, vers un comportement spécifique. Cette restriction, propre aux marchés fonctionnant sur la base d'appels d'offres, est à distinguer des offres de principe. Le Conseil de la concurrence (désormais Autorité de la concurrence) précise dans sa décision n° 91-D-33 du 9 juillet 1991 que « *le simple fait de déposer une offre de principe ne constitue pas en soi une pratique anticoncurrentielle, il n'en va pas de même lorsque cette offre est établie en concertation avec une autre entreprise* »[1784]. En effet, une entreprise peut présenter une offre lors d'un appel d'offres sans réel désir d'obtenir le marché. Cela peut s'expliquer par sa volonté de se faire connaître de l'acheteur public par un effet « carte de visite » ou plus simplement pour se familiariser progressivement avec les procédures de mise en concurrence[1785]. Néanmoins, si ce candidat communique son offre de principe ou des éléments de celle-ci à ses concurrents, l'offre déposée sera nécessairement anticoncurrentielle en raison de la perte d'incertitude pour ces derniers[1786]. Or, comme le rappelle l'Autorité belge de la concurrence, pour être

---

1780 Cass. com., 13 octobre 2009, n° 08-18.224, *op. cit.* V. égal. CA Paris, 3 juillet 2008, RG 2007/10671, inédit au *Bull.*

1781 *Ibid.*

1782 Comm. eur., European Anti Fraud Office (OLAF), « Fraud in Public Procurement. A collection of Red Flags and Best Practises », ref. 20/12/2017, pt. 2.1.4.

1783 Autorité belge de la concurrence, « Collusion dans les marchés publics. Guide pour les acheteurs chargés des marchés publics », *op. cit.*, p. 11 ; OCDE, Lignes directrices pour la lutte contre les soumissions concertées dans les marchés publics, « Pour une dépense optimisée des fonds publics par les gouvernements », *op. cit.*, p. 2.

1784 Cons. conc., déc. n° 91-D-33 du 9 juillet 1991, *op. cit.*, p. 4.

1785 À propos des offres « carte de visite », v. Cons. conc., déc. n° 02-D-48 du 29 juillet 2002, *op. cit.* ; Cons. conc., déc. n° 01-D-20 du 4 mai 2001, Pratiques relevées concernant plusieurs marchés de travaux de peinture et d'étanchéité dans le département d'Indre-et-Loire, *BOCCRF* n° 8 du 24 mai 2001.

1786 O. Guézou, « Les comportements anticoncurrentiels dans la passation des marchés publics », *op. cit.*, pt 154, p. 152 ; Cons. conc., « Premier Rapport d'activité », 1987, p. XIX.

qualifiée d'offre de couverture il est impératif que l'offre déposée réponde au moins à l'une des conditions suivantes : un prix délibérément supérieur à celui de son concurrent qui est désigné par l'entente pour remporter le marché ou une offre inacceptable pour l'acheteur public[1787]. À défaut, il s'agira non pas d'une offre de couverture mais d'un échange d'informations.

443. La technique de l'offre de couverture est l'entente la plus fréquemment employée lors des marchés publics. Elle permet de verrouiller efficacement un marché en écartant, d'une part, les doutes de l'acheteur public quant à l'efficacité de la mise en concurrence et, d'autre part, les risques d'une remise en concurrence ; l'acheteur public étant la plupart du temps convaincu que les différentes offres présentées expriment honnêtement les prix du marché. Une telle nocivité conduit les juridictions judiciaires à qualifier cette pratique d'anticoncurrentielle par son objet. La force des ententes par offre de couverture est, comme l'observe l'OCDE, de présenter une offre qui apparaît comme la plus compétitive pour l'acheteur public[1788]. Cela permet au soumissionnaire désigné comme futur titulaire du marché de remporter le marché tout en présentant une offre excessive[1789]. Ainsi, dans sa décision nº 01-D-14 du 4 mai 2001 relative à des pratiques relevées lors de marchés de fabrication et de mise en œuvre d'enrobés bitumineux sur les routes départementales de l'Isère, le Conseil de la concurrence (désormais Autorité de la concurrence) a constaté des surcoûts de l'ordre de 14 %[1790].

444. **La typologie des offres de couverture.** L'Autorité de la concurrence opère une distinction entre deux types d'offres de couverture[1791]. Elle identifie tout d'abord les « *offres de couverture par différenciation formelle des offres* »[1792], qui consistent à établir une offre en apparence concurrentielle mais volontairement non conforme aux exigences du marché public. La non-conformité peut être fondée sur la forme de l'offre ou son contenu. À titre d'exemple, la décision nº 08-D-29 du Conseil de la concurrence (désormais Autorité de la concurrence) a relevé différentes illustrations d'offres manifestement non conformes telles que l'offre sans enveloppe, sans réelles références, ou encore celle proposant un système d'astreinte non conforme[1793]. Ces carences ont naturellement conduit à la non-attribution de l'appel d'offres. Les offres étaient en l'espèce réalisées uniquement pour simuler une concurrence effective et favoriser l'offre de l'entreprise complice.

445. La seconde catégorie est composée des « *offres de couverture par différenciation du prix des offres* »[1794]. La manœuvre vise simplement à déposer une offre à un prix supérieur à celui de l'offre de son complice. Naturellement l'acheteur public va se tourner vers l'offre concurrente qui est en apparence économiquement la

---

1787 Autorité belge de la concurrence, « Collusion dans les marchés publics. Guide pour les acheteurs chargés des marchés publics », *op. cit.*, p. 11 ; OCDE, « Public Procurement. The Role of Competition Authorities in Promoting Competition », *op. cit.*, p. 64.

1788 OCDE, « Collusion and Corruption in Public Procurement », *op. cit.*, pp. 166 et 173.

1789 Aut. conc., « Rapport annuel 2013 – Pratique de l'Autorité de la concurrence », *op. cit.*, p. 130.

1790 Cons. conc., déc. nº 01-D-14 du 4 mai 2001, *op. cit.*

1791 Cons. conc., déc. nº 08-D-29 du 3 décembre 2008, Pratiques relevées dans le secteur des marchés publics d'entretien de menuiserie métallerie serrurerie, pt 101 et s., *BOCCRF* nº 1 du 5 février 2009.

1792 *Ibid.*, pt 103

1793 *Ibid.*

1794 *Ibid.*, pt 104.

plus efficace. Cette différenciation peut être établie sur la facture type[1795] ou sur des rabais plus faibles que ses concurrents[1796]. Dans les faits, l'immense majorité des entreprises qui déposent une offre de couverture recopient l'offre de leur complice en modifiant des éléments stratégiques de leurs offres pour la rendre manifestement excessive ou non conforme[1797]. La méthode, certes moins coûteuse pour les membres de l'entente, facilite néanmoins l'identification de la collusion pour les autorités spéciales de concurrence, voire les acheteurs publics.

446. **La compensation des offres de couverture.** Le verrouillage des marchés, et plus particulièrement la répartition des marchés publics par offres de couverture, impose des mécanismes de compensation entre les membres de l'entente. En effet, le dépôt de telles offres présente un coût financier et un manque à gagner potentiel en raison de la perte du marché. La viabilité de l'entente exige la mise en place de systèmes de compensation efficaces. Celles-ci peuvent prendre trois formes distinctes. En premier lieu, un système généralisé d'offres de couverture peut être institué. Les appels d'offres ultérieurs seront attribués aux entreprises ayant couvert leurs complices. Ce système de rotation, extrêmement nocif, a pour effet de verrouiller les marchés sur de longues périodes[1798]. En deuxième lieu, des compensations financières peuvent être établies afin de dédommager les entreprises qui ont déposé des offres de couverture, cette somme étant financée par le surprix payé par l'acheteur public. On retrouve l'emploi de telles compensations dans le cartel des services de déménagements internationaux, dans lequel un vaste système de « commissions » avait été mis en place[1799]. La compensation financière était incluse dans le montant de l'offre retenue comme « *élément caché du prix final* »[1800]. En dernier lieu, la compensation peut prendre la forme de contrats de sous-traitance offerts aux entreprises complices[1801]. Cette solution est facilement applicable aux ententes regroupant de grosses entreprises et des PME. Ces dernières, à la suite du dépôt d'une offre de couverture, récupèrent *a posteriori* la sous-traitance du marché public ou, pour plus de discrétion, celle d'un autre marché[1802].

1795 Pour des illustrations d'offres de couverture par différenciation des prix des offres : Aut. conc., déc. n° 11-D-02 du 26 janvier 2011, *op. cit.* ; Cons. conc., déc. n° 04-D-50 du 3 novembre 2004, *op. cit.* ; déc. n° 02-D-48 du 29 juillet 2002, *op. cit.* ; déc. n° 00-D-56 du 25 janvier 2001, Situation de la concurrence dans les marchés de fourniture et de pose de glissières de sécurité sur le réseau routier des départements de la Haute-Savoie, de l'Isère et des autoroutes du sud de la France, *BOCCRF* n° 2 du 23 février 2001 ; déc. n° 99-D-57 du 12 octobre 1999, *op. cit.* ; DGCCRF, déc. du 2 juillet 2019, Pratiques relevées dans le secteur du déménagement des militaires en Guadeloupe.

1796 Cons. conc., déc. n° 08-D-29 du 3 décembre 2008, *op. cit.* , pts 104-106.

1797 O. Guézou, « Les comportements anticoncurrentiels dans la passation des marchés publics », *op. cit.*, pt 161, p. 154. À titre d'illustration, Cons. conc., déc. n° 99-D-13 du 17 février 1999, Pratiques relevées lors de la passation de deux marchés de réhabilitation du centre hospitalier de Manosque, *BOCCRF* n° 8 du 30 avril 1999.

1798 Aut. conc., « Rapport annuel 2013 – Pratique de l'Autorité de la concurrence », *op. cit.*, p. 130.

1799 Comm. eur., déc. du 11 mars 2008, *Services de déménagements internationaux*, aff. COMP/38.543, *op. cit.*, pt 167 et 355.

1800 *Ibid.*, pt 299 (traduction libre de l'auteur).

1801 Pour des exemples internationaux, OCDE, « Collusion and Corruption in Public Procurement », *op. cit.*, pp. 41 et 505 ; OCDE, « Public Procurement. The Role of Competition Authorities in Promoting Competition », *op. cit.*, p. 64.

1802 À titre d'illustration, Cons. conc., déc. n° 06-D-07 du 21 mars 2006, *op. cit.* ; déc. n° 01-D-14 du 4 mai 2001, *op. cit.* ; déc. n° 95-D-23 du 14 mars 1995, Pratiques relevées lors de marchés d'aménagements hydrauliques et divers travaux publics dans les régions Provence-Alpes-Côte d'Azur et Languedoc-Roussillon, *BOCCRF* n° 8 du 16 juin 1995, p. 205 ; CA Paris, 24 juin 2008, RG 2006/06913, *op. cit.*

447. **Le boycott des appels d'offres.** Le droit de la concurrence est régulièrement confronté à des affaires de boycott dont la finalité est d'écarter un concurrent efficace[1803], voire un concurrent potentiel[1804], en ayant recours à des moyens de « *rétorsion collective ou en organisant un refus collectif de contracter* »[1805], manœuvre qu'il convient de ne pas confondre avec la collusion par désistement en faveur de son concurrent[1806]. L'effectivité du droit de la commande publique est également victime de boycott visant[1807], cette fois-ci, l'appel d'offres. De telles ententes ambitionnent de faire échouer la procédure de mise en concurrence dans le but de préserver les intérêts financiers et les parts de marché des membres de l'entente. Ce procédé peut être motivé par la volonté de faire échouer un regroupement de commandes entre plusieurs pouvoirs adjudicateurs susceptibles de réduire les prix[1808]. Il s'agit donc d'une rétorsion à l'encontre du droit de la commande publique. De même, le changement de procédure de passation, d'un appel d'offres à une procédure négociée plus favorable pour les entreprises candidates, peut être à l'origine du boycott[1809]. Enfin, la jurisprudence rejette systématiquement l'argument selon lequel le boycott peut être justifié par les risques d'illégalité de l'appel d'offres. En effet, les différents recours propres au droit de la commande publique permettent de garantir la légalité de la mise en concurrence. Il incombe donc aux concurrents de saisir les juridictions compétentes en cas de doutes[1810].

448. **Les stratégies tarifaires à l'encontre des appels d'offres.** Nos précédents développements ont souligné la pluralité des ententes portant sur un verrouillage des prix en matière de commande publique. Ces pratiques collusives, pour le moins classiques[1811], s'accompagnent régulièrement de stratégies tarifaires établies par les ordres professionnels et les syndicats et qui sont destinées à éviter la baisse des prix résultant des procédures de mise en concurrence[1812]. Ce système a été utilisé notamment par le Syndicat national des médecins anatomo-cyto-pathologistes français afin d'interdire aux médecins de consentir à toutes remises lors des appels

---

1803 CJCE, 28 juin 2005, *Dansk Rørindustri A/S*, aff. jtes C-189/02 P, C-202/02 P, C-205/02 P à C-208/02 P et C-213/02 P, *op. cit.* ; comm. E. Barbier de La Serre, *RLC*, 2005, n° 4, p. 75 ; G. Decocq, *RJC*, 2005, pp. 516-526 ; F. Zivy, *Concurrences* n° 3-2005, art. n° 1059, pp. 119-121 ; L. Idot, *Europe*, 2005, n° 7-8, pp. 31-32.

1804 CJUE, 7 février 2013, *Slovenská sporiteľňa*, aff. C-68/12, EU:C:2013:71 ; comm. L. Idot, *Europe*, 2013, n° 4, p. 31 ; C. Robin, *RLC*, 2013, n° 35, pp. 29-30.

1805 L. Vogel, *Traité de droit économique*, tome 1, *Droit de la concurrence – Droits européen et français*, *op. cit.*, pt 84, p. 188.

1806 DGCCRF, déc. de septembre 2020, Pratiques relevées dans le secteur des prestations d'accompagnement vers l'emploi dans le département de la Loire.

1807 Cette pratique peut être rapprochée du refus de vente aux acheteurs publics. En ce sens, Aut. conc., déc. n° 19-D-11 du 29 mai 2019, *op. cit.*, pt 26 et s.

1808 Cons. conc., déc. n° 07-D-49 du 19 décembre 2007, *op. cit.*

1809 Aut. conc., déc. n° 10-D-22 du 22 juillet 2010, Pratiques mises en œuvre dans le secteur des transports sanitaires en Seine-Maritime ; comm. M. Debroux, *Concurrences* n° 4-2010, art. n° 32995, p. 117.

1810 CA Paris, 4 février 1997 : « *Si les architectes estimaient la consultation irrégulière, il leur appartenait de saisir la juridiction administrative compétente, ce qu'ils n'ont pas fait* », citée par le Conseil de la concurrence, déc. n° 07-D-49 du 19 décembre 2007, *op. cit.*, pt 308.

1811 À titre d'illustration, DGCCRF, déc. de juillet 2019, Pratiques relevées dans le secteur de la remise en état de logements dans le département des Bouches-du-Rhône.

1812 À titre d'illustration, Cons. conc., déc. n° 07-D-05 du 21 février 2007, Pratiques mises en œuvre par l'Union française des orthoprothésistes (UFOP) sur le marché de la fourniture d'orthoprothèses, *BOCCRF* n° 4 du 7 juin 2007, pp. 701-708.

d'offres sous peine de poursuites disciplinaires[1813]. Le Conseil de la concurrence soulignait, dans sa décision de 2007, que l'entente avait eu pour effet de priver les médecins de cette spécialité de leur liberté tarifaire sur une durée de six ans[1814]. Cette liberté, pièce essentielle de l'effectivité du droit de la commande publique, était également au cœur de la décision nº 04-D-25 du 23 juin 2004 relative aux pratiques mises en œuvre dans le domaine des honoraires d'architecte dans les marchés de maîtrise d'œuvre en Aquitaine. En l'espèce, une association fondée par l'Ordre des architectes d'Aquitaine dissuadait les architectes de fournir des propositions d'honoraires aux maîtres d'ouvrage lors de la sélection des candidats[1815]. De même, elle contactait directement les pouvoirs adjudicateurs pour leur conseiller de ne pas demander de tels documents à ce stade de la procédure. L'objet de la pratique a été qualifié d'anticoncurrentiel en raison de sa nocivité sur la liberté des honoraires des architectes[1816].

b. Les procédés destinés à évincer les concurrents du marché

449. **Le refus de certification des travaux réalisés à l'étranger : le cloisonnement du marché national.** Le Conseil de la concurrence (désormais Autorité de la concurrence), dans sa décision nº 00-D-84 du 8 février 2001 relative aux identifications professionnelles délivrées par la Fédération nationale des travaux publics (FNTP)[1817], a été contraint d'utiliser les articles 101 TFUE et L. 420-1 du code du commerce à l'encontre d'une entente destinée à cloisonner le marché français des travaux publics. Ce secteur d'activité, qui dépend de la commande publique à plus de 70 %, imposait jusqu'alors un certificat d'identification professionnelle afin de démontrer ses différentes qualifications et expériences professionnelles en matière de travaux publics. Néanmoins, pour la délivrance de celui-ci, la FNTP exigeait une carte professionnelle et ne tenait compte que des travaux réalisés en France sous le contrôle de maîtres d'ouvrage ou maîtres d'œuvre français. Ces restrictions avaient pour conséquence d'écarter les entreprises étrangères du bénéfice d'un certificat d'identification professionnelle. De la même façon, les travaux publics des entreprises françaises réalisés à l'étranger ne pouvaient bénéficier d'un tel certificat. Par conséquent, en raison de l'absence de certificats d'identification, ces deux catégories d'entreprises ne pouvaient apporter la preuve de leurs expériences professionnelles, pourtant essentiellelors des appels d'offres. Le Conseil de la concurrence observe que de telles conditions dans la certification ont pour effet de restreindre la concurrence et de cloisonner le marché. La commande publique, principale cliente du secteur des BTP, était donc privée de la concurrence transfrontalière et d'une partie de la concurrence nationale.

1813 Cons. conc., déc. nº 07-D-41 du 28 novembre 2007, *op. cit.*, pt 130.

1814 *Ibid.*, pt 155.

1815 V. égal. Aut. conc., déc. nº 19-D-19 du 30 septembre 2019, Pratiques mises en œuvre dans le secteur des prestations d'architecte.

1816 Cons. conc., déc. nº 04-D-25 du 23 juin 2004, Pratiques mises en œuvre dans le domaine des honoraires d'architecte dans les marchés de maîtrise d'œuvre en Aquitaine, pt 36, *BOCCRF* nº 9 du 8 novembre 2004. V. pour analogie, Cons. conc., déc. nº 99-D-08 du 2 février 1999, *op. cit.*

1817 Cons. conc., déc. nº 00-D-84 du 8 février 2001, Identifications professionnelles délivrées par la Fédération nationale des travaux publics (FNTP), *BOCCRF* nº 3 du 30 mars 2001.

450. **La stratégie d'éviction du marché par instrumentalisation juridique.** Une entente de répartition de marchés publics peut nécessiter, pour maintenir sa pérennité, la mise en place de moyens d'éviction de ses nouveaux concurrents. Dans sa décision n° 05-D-69 du 15 décembre 2005 relative à des pratiques anticoncurrentielles relevées dans le secteur des travaux routiers en Seine-Maritime, le Conseil de la concurrence (désormais Autorité de la concurrence) a pu observer l'instrumentalisation de plusieurs associations de défense de l'environnement par un cartel dans le but « *d'empêcher ou au moins retarder l'installation* »[1818] d'un concurrent potentiel. En l'espèce, une société d'exploitation d'une centrale d'enrobés bitumineux, la SNME, société détenue par plusieurs entreprises de travaux publics, a financé les actions contentieuses d'associations de défense de l'environnement et de consommateurs afin d'empêcher l'ouverture d'une centrale concurrente. Les différentes entreprises de travaux publics, propriétaires de la SNME, toutes membres d'un cartel de répartition des appels d'offres, souhaitaient préserver le bon fonctionnement de leur entente. Leur contrôle des appels d'offres du département garantissait en effet des surprix de l'ordre de 30 %. La crainte d'une chute des prix, consécutive à l'arrivée de ce nouveau concurrent, a conduit le cartel à faire financer par la SNME de nombreuses actions en justice d'associations afin d'éviter ou de retarder l'installation de cette nouvelle centrale. Or, l'échec de ces recours a permis de constater une réduction des prix de plus de 25 % lors des appels d'offres suivants.

451. **Les groupements d'entreprises abusifs.** Nos développements précédents ont insisté sur l'importance de mettre en place des mécanismes juridiques au sein du droit de la commande publique afin de faciliter l'accès des PME[1819]. La possibilité offerte aux entreprises de se réunir sous la forme d'un groupement présente une fonction proconcurrentielle lorsqu'elle offre l'opportunité à des candidats de concourir à des appels d'offres auxquels ils n'auraient habituellement pu prétendre[1820]. Il s'agit de la démarche poursuivie par le droit de la commande publique, favorable à de tels groupements. Néanmoins, ce mécanisme peut s'avérer anticoncurrentiel notamment si ceux-ci « *provoquent une diminution artificielle du nombre des entreprises candidates, dissimulant une entente anticoncurrentielle […] ou de répartition des marchés* »[1821]. De même, « *l'absence de nécessités techniques et économiques de nature à justifier ces groupements peut faire présumer leur caractère anticoncurrentiel* »[1822].

452. À titre d'illustration, le recours systématique au groupement pour la fourniture d'enrobés bitumineux et de travaux routiers, sans réelles justifications liées aux

1818 Cons. conc., déc. n° 05-D-69 du 15 décembre 2005, *op. cit.*, pt 216.

1819 V. en ce sens Partie II, Titre I.

1820 Cons. conc., déc. n° 04-D-57 du 16 novembre 2004, Marchés publics de travaux de revêtement de chaussées dans le département des Pyrénées-Orientales, pt 31, *BOCCRF* n° 3 du 31 mars 2005.

1821 *Ibid.* ; Cons. conc., déc. n° 95-D-38 du 30 mai 1995, Situation de la concurrence sur le marché de la distribution de matériels frigorifiques ; déc. n° 03-D-19 du 15 avril 2003, Pratiques relevées sur le marché des granulats dans le département de l'Ardèche, pt 43, *BOCCRF* n° 12 du 8 octobre 2003 ; déc. n° 08-D-22 du 9 octobre 2008, Pratiques mises en œuvre par des géomètres-experts dans le cadre de marchés publics du département du Haut-Rhin, pt 109, *BOCCRF* n° 10 du 31 décembre 2008.

1822 *Ibid.*

marchés publics en cause, permet de reconnaître que cette pratique « *repose sur un concours de volontés par lequel les membres du GIE ont renoncé à toute forme de concurrence entre eux* »[1823]. Il en résulte une élimination totale de la concurrence tarifaire entre les membres de ce groupement et une réduction globale des volumes de production[1824]. En effet, un « *groupement réunissant la totalité ou la très grande majorité des offreurs potentiellement actifs sur le marché [...] pourrait être constitutif d'une entente anticoncurrentielle, s'il était établi que la constitution de ce groupement avait mis l'autorité concédante dans l'impossibilité de solliciter des propositions alternatives* »[1825]. En d'autres termes, il est impératif de rechercher si la constitution d'un groupement répond véritablement à la volonté des opérateurs de fonder un partenariat économique.

453. La Cour de justice de l'Association européenne de libre-échange a récemment souligné qu'il était opportun, dans de telles circonstances, d'examiner « *la substance de la coopération, ses objectifs et le contexte économique et juridique* »[1826]. La problématique des groupements offre donc une véritable illustration du rôle complémentaire du droit de la concurrence auprès du droit de la commande publique. Ce dernier offre ainsi les mécanismes juridiques permettant d'assurer une concurrence effective, tandis que le droit de la concurrence intervient pour préserver l'effectivité du droit de la commande publique lorsque ces outils sont dénaturés par des pratiques anticoncurrentielles.

Section 3
Les pratiques unilatérales : adaptation des comportements abusifs aux spécificités du droit de la commande publique

454. L'examen du contentieux de la commande publique devant l'Autorité de la concurrence permet de formuler deux observations en matière d'abus de position dominante. Tout d'abord, le contentieux portant sur des pratiques unilatérales de candidats fait rarement l'objet de décisions, en comparaison de celui portant sur des ententes. Cela s'explique logiquement par un contentieux de la concurrence naturellement plus étoffé pour de telles pratiques tant à l'échelle française qu'européenne[1827]. Par ailleurs, l'essentiel des abus

---

1823 Aut. conc., déc. n° 12-D-06 du 26 janvier 2012, *op. cit.*, pt 181 ; comm. F. Marty, *Concurrences* n° 2-2012, art. n° 45622, pp. 69-71.

1824 *Ibid.*

1825 Cons. conc., déc. n° 01-D-16 du 24 avril 2001, Pratiques relevées à l'occasion de la construction du tramway de Grenoble, *BOCCRF* n° 8 du 24 mai 2001.

1826 EFTA, 22 décembre 2016, *Ski Taxi SA*, E-3/16, pt 101 ; comm. A. Sánchez-Graells, *JECL*, vol. 8, n° 7, 2017, pp. 451-453 (traduction libre de l'auteur).

1827 Les rapports d'activité de l'Autorité de la concurrence de 2006 à 2016 permettent de répertorier 98 sanctions pour entente contre 24 en matière d'abus de position dominante. De la même façon, le site internet de la Commission européenne précise que pour 2015, 69 % des infractions aux règles de la concurrence signalées par le Réseau européen de la concurrence concernent des ententes, 24 % des abus de position dominante et 7 % des infractions mixtes.

de position dominante constatés lors de procédures de mise en concurrence concerne des pratiques non tarifaires. Néanmoins, l'ensemble de ces affaires conduit Claire Mongouachon à remarquer que ce domaine illustre, une nouvelle fois, la « *certaine inclinaison* »[1828] du droit de la concurrence « *en faveur de son application dans le secteur de la commande publique* »[1829]. Le contentieux français de la concurrence permet de distinguer trois catégories de pratiques unilatérales dans ce domaine : les abus tarifaires (§ 1), les abus de position dominante collective (§ 2) et les abus d'anciens attributaires de marchés publics ou concessions (§ 3).

§ 1. Les abus tarifaires à l'encontre des acheteurs publics

455. En dépit d'un contentieux peu développé en la matière, l'effectivité du droit de la commande publique peut être malmenée par des abus tarifaires de candidats en situation de position dominante. L'analyse du contentieux devant l'Autorité de la concurrence permet d'observer deux types d'abus tarifaires pouvant effacer la réussite d'une procédure de mise en concurrence. Il s'agit des rabais de couplage entre plusieurs marchés publics (A) et des abus d'exploitation tarifaire (B).

A. Les rabais de couplage lors de l'attribution d'un marché public

456. **Un abus complexe reconnu par le droit européen de la concurrence.** La pratique décisionnelle de la Commission européenne fait état des « *rabais multiproduits* »[1830] comme étant l'un des différents types d'abus par ventes liées ou groupées. La notoriété de ce type de pratiques unilatérales est due à l'affaire *Michelin I*, dans laquelle la Commission a sanctionné l'attribution de ristournes aux revendeurs de pneus légers et lourds sous réserve pour ces derniers d'atteindre des objectifs de ventes précis[1831]. Dans cette affaire, l'éviction est caractérisée par l'utilisation par l'entreprise Michelin de sa position dominante sur le marché des pneus lourds dans le but de renforcer sa présence sur le marché des pneus légers. Le caractère potentiellement anticoncurrentiel des remises de couplage se fonde justement sur l'avantage accordé aux clients pour l'achat d'un autre produit de l'entreprise en position dominante. L'entreprise use donc de son avantage sur un marché donné pour évincer progressivement ses concurrents sur un marché parallèle en accordant aux clients un avantage

---

1828 C. Mongouachon, *Abus de position dominante et secteur public. L'application par les autorités de concurrence du droit des abus de position dominante*, *op. cit.*, pt 385, p. 245

1829 *Ibid.*

1830 Comm. eur., Communication « Orientations sur les priorités retenues par la Commission pour l'application de l'article 82 du traité CE aux pratiques d'éviction abusives des entreprises dominantes », *op. cit.*, pt 47 et s.

1831 Comm. eur., déc. 81/969/CEE du 7 octobre 1981, relative à une procédure d'application de l'article 86 du traité instituant la Communauté économique européenne, *Bandengroothandel Frieschebrug BV/NV Nederlandsche Banden-Industrie Michelin*, aff. IV/29.491, *JOCE* n° L 353 du 9 décembre 1981, pp. 33-47.

tarifaire[1832]. Cette situation a pour conséquence d'empêcher les clients de choisir librement l'offre la plus efficace sur le marché[1833]. Les orientations de la Commission sur les priorités retenues pour l'application de l'article 82 du traité CE (désormais article 102 TFUE) reconnaissent d'ailleurs les risques d'abus d'éviction de tels comportements[1834]. Elles dressent à ce titre une méthodologie adaptée à l'identification de remises de couplage.

457. **La proximité avec la prédation : le test d'identification des orientations de 2009.** Les rabais accordés lors des remises de couplage entraînent nécessairement des ventes à perte sur le marché lié. La démarche de la Commission européenne souligne en premier lieu qu'il est préférable, afin d'identifier une remise de couplage, d'examiner si les recettes marginales couvrent les coûts marginaux de chacun des produits[1835]. Elle reconnaît toutefois, pour des raisons pratiques, la possibilité d'utiliser un référentiel fondé non pas sur les recettes marginales mais sur les prix marginaux. Il en résulte que si le prix marginal pour chacun des produits est inférieur au coût marginal de moyen à long terme (ci-après CMMLT), la Commission devra intervenir. En effet, cela indique qu'un concurrent aussi efficace est susceptible d'être évincé du marché. En revanche, si les concurrents proposent également des groupes de produits sur le marché, l'analyse de la Commission devra se faire, non plus en différenciant les produits, mais en intégrant globalement le groupe de produits. Dès lors, le référentiel employé sera celui de la prédation. Les deux tests offrent donc une certaine complémentarité. Le premier est adapté à des situations complexes d'éviction tarifaire sur des marchés liés alors que le second appelle une application plus fréquente.

458. **La remise de couplage sur un marché public lié.** En dépit d'un contentieux assez discret en matière de rabais multiproduits, la pratique décisionnelle de l'Autorité de la concurrence permet d'identifier ces remises de couplage comme une menace à l'effectivité du droit de la commande publique. À l'occasion de la décision n° 00-D-47 du 22 novembre 2000 relative aux pratiques mises en œuvre par EDF et sa filiale Citélum sur le marché de l'éclairage public, l'Autorité reconnaît qu'un tel comportement peut aller jusqu'à écarter l'efficacité même de la mise en concurrence en raison des rabais accordés sur le marché principal[1836].

459. En l'espèce, lors de négociations engagées par la ville de Tourcoing pour l'attribution d'un marché de distribution d'électricité à EDF-GDF, marché sur lequel cette dernière est en situation de quasi-monopole, l'entreprise a proposé un rabais significatif pour obtenir le marché public d'éclairage de la ville. Le Conseil de la concurrence (désormais Autorité de la concurrence) a observé que le niveau de l'offre proposée par EDF-GDF, financièrement très intéressante au regard

---

1832 *Ibid.* V. égal. Comm. eur., déc. 2002/180/CE du 5 décembre 2001 relative à une procédure d'application de l'article 82 du traité CE, *La Poste*, aff. COMP/37.859, *JOCE* n° L 61 du 2 mars 2002, pp. 32-53.

1833 CJCE, 9 novembre 1983, *Michelin*, aff. C-322/81, *op. cit.* ; comm. P. Laurent, *Gaz. Pal.*, 1984, I Jur., pp. 337-339 ; W. L. Snijders, *CMLR*, 1986, pp. 193-205.

1834 Comm. eur., Communication « Orientations sur les priorités retenues par la Commission pour l'application de l'article 82 du traité CE aux pratiques d'éviction abusives des entreprises dominantes », *op. cit.*, pt 47.

1835 *Ibid.*, pt 60.

1836 Cons. conc., déc. n° 00-D-47 du 22 novembre 2000, Pratiques mises en œuvre par EDF et sa filiale Citélum sur le marché de l'éclairage public, *BOCCRF* n° 14 du 30 décembre 2000.

des prix moyens du marché, est « *lié par l'obtention par EDF de la concession de distribution publique d'électricité* »[1837]. Toutefois, l'agressivité de l'offre en matière d'éclairage a « *dissuadé la ville de procéder à un appel d'offres pour cette prestation et a permis à l'établissement public [EDF] d'emporter ce marché* »[1838]. La décision, sans faire référence aux remises de couplage, établit une réelle relation entre la concession principale, pour la distribution d'électricité, et la concession liée, celle relative à l'éclairage public. Les négociations portant sur le rabais pour l'offre d'éclairage avaient eu lieu à l'occasion de l'attribution de la concession de distribution d'électricité. La position dominante sur le marché de la distribution d'électricité a donc été utilisée comme tremplin pour pérenniser et enrichir les liens entre EDF et les collectivités territoriales, comme l'a relevé une note interne de l'établissement public lors de l'instruction. Le Conseil de la concurrence a, en outre, qualifié l'offre d'éclairage public de prédatrice[1839]. En effet, le prix pratiqué demeure incomparable à celui généralement proposé sur le marché. Il en résulte que le comportement d'EDF est constitutif d'un abus de position dominante en restreignant l'accès au marché de l'éclairage public.

B. L'exploitation tarifaire de la commande publique

460. **Les débats doctrinaux sur les prix abusifs.** Le sens à accorder à l'article 102 TFUE, et plus particulièrement à l'abus consistant en la fixation de « *prix d'achat ou de vente ou d'autres conditions de transaction non équitables* », est l'objet de nombreux débats doctrinaux, notamment sur la possibilité de sanctionner les prix abusifs sur ce fondement juridique. Le professeur Joliet voyait les prix abusifs comme le principal abus poursuivi par cette disposition du traité[1840]. À l'inverse, une partie de la doctrine, principalement anglo-saxonne, conteste fermement l'application du droit de la concurrence pour sanctionner des prix non équitables. Outre la crainte de contrôle collectiviste des prix[1841], le professeur Evans et Jorge Padilla soulignent qu'une telle qualification est susceptible de réduire l'intérêt des entreprises à investir et innover[1842], les prix élevés étant une juste récompense des mérites des entreprises et un « *élément important du libre marché* »[1843] selon le défunt juge Scalia.

461. **Une consécration de principe par la Cour de justice.** En dépit des débats doctrinaux, la Cour de justice a consacré la possibilité de recourir à l'article 102 TFUE pour sanctionner des prix excessifs. Ainsi, à l'occasion de l'affaire *General Motors*, elle précise, tout en refusant de qualifier d'abus le comportement de l'espèce, que l'article 102 prohibe la « *perception d'un prix exagéré par rapport*

1837 *Ibid.*, p. 14.

1838 *Ibid.*, p. 15.

1839 *Ibid.*, p. 16.

1840 R. Joliet, *Monopolization and Abuse of Dominant Positions. A Comparative Study of the American and European Approaches to the Control of Economic Power*, La Haye, Martinus Nijhoff, 1970, p. 681 et s.

1841 N. Petit, *Droit européen de la concurrence*, 2e éd., *op. cit.*, pt 1059, p. 443.

1842 D. S. Evans, J. Padilla, « Excessive Prices: Using Economics to Define Administrative Legal Rules », *Journal of Competition Law and Economics*, vol. 1, nº 1, 2005, pp. 97-122.

1843 A. Scalia, *Verizon Communications Inc. v. Law Offices of Curtis V. Trinko*, LLP, 540 US 398, 407 (2004) (traduction libre de l'auteur).

à la valeur économique de la prestation fournie, ayant pour effet de freiner les importations parallèles, du fait qu'elle neutraliserait le niveau éventuellement plus favorable des prix pratiqués dans d'autres zones de vente dans la communauté, ou qu'elle conduirait à des transactions non équitables au sens de l'article 86, alinéa 2, lettre a) [désormais article 102 TFUE] »[1844].

462. À la suite de cette affaire, la Cour de justice a élaboré, lors de l'arrêt *United Brands Continental*, un test en deux étapes qui permet de vérifier la présence de prix abusifs. La Cour de justice prend cependant soin de préciser que ce test n'est pas exclusif et laisse donc supposer que d'autres tests pourraient être envisagés[1845]. Pour ce faire, elle prévoit, dans un premier temps, « *qu'il s'agirait alors d'apprécier s'il existe une disproportion excessive entre le coût effectivement supporté et le prix effectivement réclamé* »[1846], puis, dans un second temps, « *dans l'affirmative, d'examiner s'il y a imposition d'un prix inéquitable, soit au niveau absolu, soit par comparaison avec les produits concurrents* »[1847].Or, la difficulté pratique de son utilisation, associée au scepticisme d'une partie de la doctrine, a conduit à une application rarissime de ce test lors des contentieux[1848]. La faculté de qualifier un prix excessif d'abus de position dominante a également été reprise par l'Autorité de la concurrence, dont la pratique cible plus particulièrement les monopoles légaux[1849].

463. **La présence de prix excessifs dans la commande publique.** L'effectivité du droit de la commande publique est naturellement menacée lorsque la mise en concurrence a lieu sur un marché dans lequel un opérateur économique est en position dominante. Ce dernier peut facilement abuser de sa position à l'encontre de l'acheteur public en lui proposant une offre excessive. La thèse de Claire Mongouachon observe que l'Autorité de la concurrence, après avoir saisi la notion de prix excessif, l'a ainsi étendue « *au domaine de la commande publique* »[1850]. En effet, dans le cadre de son avis sur le prix de l'eau en France[1851], elle reconnaît que l'« *application du droit des abus de position dominante aux prix abusivement élevés est délicate* »[1852] ; elle précise cependant la méthodologie permettant de transposer

---

1844 CJCE, 13 novembre 1975, *General Motors*, aff. C-26/75, EU:C:1975:150, pt 12 ; comm. R. Kovar, V. Constantinesco, A. Huet, *JDI*, 1977, pp. 210-216 ; P. Delannay, *Journal des tribunaux*, 1977, pp. 337-341.

1845 La Cour précise qu'un prix excessif peut « *entre autres* » être déterminé sur la base du test qu'elle propose, pt 251 de l'arrêt (CJCE, 14 février 1978, aff. C-27/76, *op. cit.*). Elle ajoute au point 253 « *qu'il peut être conçu d'autres méthodes – et la doctrine économique ne s'est pas fait faute d'en concevoir plusieurs – pour dégager les critères du prix inéquitable d'un produit* ».

1846 *Ibid.*, pt 252.

1847 *Ibid.*

1848 D. Bosco, C. Prieto, *Droit européen de la concurrence. Ententes et abus de position dominante*, *op. cit.*, pt 1240, pp. 910-911 ; N. Petit, *Droit européen de la concurrence*, 2e éd., *op. cit.*, pt 1060, pp. 443-444.

1849 En ce sens, Cons. conc., déc. n° 00-D-27, du 13 juin 2000, *Saisine de l'Union fédérale des consommateurs du Val d'Oise*, *BOCCRF* n° 8 du 25 juillet 2000 ; déc. n° 03-D-18 du 10 avril 2003, Saisine de la société GLEM, *BOCCRF* n° 12 du 8 octobre 2003 ; déc. n° 05-D-15 du 13 avril 2005, Saisine de la société Regal Pat contre la société Électricité de Strasbourg, *BOCCRF* n° 9 du 28 octobre 2005.

1850 C. Mongouachon, *Abus de position dominante et secteur public. L'application par les autorités de concurrence du droit des abus de position dominante*, *op. cit.*, pt 379, p. 240.

1851 Cons. conc., avis n° 00-A-12 du 31 mai 2000, Demande d'avis de la Commission des finances, de l'économie et du plan de l'Assemblée nationale sur le prix de l'eau en France.

1852 *Ibid.*, p. 24.

la démonstration d'un prix abusif au secteur des concessions de distribution de l'eau. En l'espèce, il convient d'entendre le prix excessif « *non comme le prix final facturé à l'usager mais comme l'ensemble des conditions tarifaires proposées par l'entreprise qui répond à un appel à la concurrence* »[1853]. Les éléments essentiels sont donc l'offre et ses conditions tarifaires proposées aux pouvoirs adjudicateurs[1854]. Une telle démarche s'explique par « *le fait que le prix facturé à l'usager étant négocié par la collectivité délégante, le prix manifestement élevé est celui que l'entreprise va obliger la collectivité à imposer parce que celle-ci n'aurait pas d'autre choix, faute de concurrence effective au moment de la sélection du délégataire* »[1855].

464. L'Autorité, statuant sur demande d'avis, ne s'est pas prononcée sur l'existence de prix excessifs dans le cadre des délégations de service public. Toutefois, elle a précisé que lors d'une procédure contentieuse, ce type d'abus peut être déterminé « *lorsque la structure des formules d'actualisation des prix contenues dans les conventions de délégation ne reflète pas celle des coûts mis en œuvre pour assurer le service* »[1856]. Récemment encore, l'Autorité de la concurrence a sanctionné des augmentations tarifaires « *brutales et significatives* »[1857] à l'encontre d'acheteurs publics ou autorités concédantes avec des menaces de s'abstenir de candidater et de résilier des contrats si les établissements publics en cause ne se conformaient pas aux demandes du cocontractant en position dominante.

465. **L'intégration des subventions dans l'évaluation d'une offre abusive.** Régulièrement, les autorités concédantes accordent des subventions à destination des concessionnaires[1858]. Ce système de financement complémentaire n'a pas été affecté par la directive « concessions »[1859] ; il doit néanmoins respecter les dispositions de l'article 107 TFUE[1860]. En effet, la consécration législative du critère du risque d'exploitation permet toujours de recourir aux subventions. Le professeur Braconnier observe que l'analyse du risque doit intégrer les recettes d'exploitation et les éventuelles subventions afin de déterminer le maintien de l'incertitude du concessionnaire[1861]. La subvention est autorisée dès lors que le risque d'exploitation

---

1853 *Ibid.*, p. 23.

1854 À titre d'illustration, Cons. conc., déc. n° 02-D-18 du 13 mars 2002, Pratiques de l'État et de l'Association pour les fouilles archéologiques nationales lors de la passation du marché des fouilles archéologiques préventives du chantier de modification de la route départementale Le Canet-Perpignan, *BOCCRF* n° 8 du 27 mai 2002.

1855 Cons. conc., avis n° 00-A-12 du 31 mai 2000, *op. cit.*, p. 24.

1856 *Ibid.*

1857 Aut. conc., déc. n° 18-D-17 du 20 septembre 2018, Pratiques mises en œuvre dans le secteur de l'élimination des déchets d'activités de soins à risque infectieux en Corse, « résumé des faits ».

1858 Ce point soulève également des difficultés avec l'article 107 TFUE. L'efficacité du droit de la commande publique suppose le recours à cet article et au test *Altmark*. Une analyse approfondie sera proposée dans la Partie II de cette étude, Titre I, Chapitre 2.

1859 Les subventions ne sont pas interdites dans le cadre de la directive « concessions » comme peut en attester l'article 8 de ladite directive.

1860 V. Partie II, Titre I, Chapitre 2. V. égal. R. Cattier, « Subventionner un service public délégué », *AJDA*, 2014, n° 23, pp. 1305-1310.

1861 S. Braconnier, « Nouvelles directives marchés publics et concessions – Petite révolution et grandes évolutions », *op. cit.*, pt 59 ; S. Braconnier, « La typologie des contrats publics d'affaires face à l'évolution du champ d'application des nouvelles directives », *op. cit.*, p. 840 et s. V. égal. Assemblée nationale, 14e législature, Réponse à la question écrite de Jean-Jacques Urvoas au ministre de l'Économie et des Finances, *JO* du 7 janvier 2014, p. 166.

subsiste[1862]. Cette solution est corroborée par la directive 2014/23/UE lors du calcul de la valeur de la concession. Elle est déterminée notamment sur la base des subventions publiques existantes[1863]. Or, c'est précisément dans le cadre d'une délégation de service public qui comportait des subventions que l'Autorité de la concurrence a consacré la possibilité d'intégrer de telles subventions dans l'examen d'une offre excessive au sens du droit de l'article 102 TFUE. En effet, dans le cadre du contentieux portant sur la SNCM, la saisine était fondée sur l'existence d'une subvention excessive demandée par l'entreprise dans le but de proposer une offre globale[1864]. Celle-ci, en position dominante, était la seule susceptible de fournir une offre globale sur le marché ; son comportement pouvait alors être qualifié d'abusif.

466. Or, comme le remarque Claire Mongouachon, le montant de la subvention demandé par la SNCM était « *directement lié à l'importance de son pouvoir de marché* »[1865], élément d'ailleurs explicitement pris en compte par l'Autorité de la concurrence[1866]. En l'absence d'un tel pouvoir, la SNCM aurait naturellement limité sa demande de subvention à ce qui s'avère nécessaire pour assurer la pérennité économique et financière du service. Partant, il est impératif d'intégrer le montant des subventions demandées lors de l'examen de prix excessif. La décision n° 09-D-10 du 27 février 2009 relative à des pratiques mises en œuvre dans le secteur du transport maritime entre la Corse et le continent en fait expressément état. Le Conseil de la concurrence (désormais Autorité de la concurrence) a constaté à cette occasion que les subventions demandées par la SNCM étaient particulièrement élevées. La subvention initiale était d'ailleurs 10 % plus élevée que celle finalement demandée et également 7 % plus importante que celle souhaitée par les concurrents. La baisse des coûts logiquement attendue par l'offre globale était en outre inexistante. La demande de subvention pour l'offre globale demeurait 5 % plus élevée que celle demandée pour les offres ligne par ligne. La décision déduit naturellement que la SNCM « *a fixé un prix supra concurrentiel sans que ce prix reflète les gains d'efficacité attendus d'une offre globale, notamment du fait des économies d'échelle ou d'envergure permis par la possibilité de redéployer plusieurs navires à partir d'un même port* »[1867].

§ 2. Les abus de position dominante collective lors de la mise en concurrence

467. Les cas d'abus de position dominante collective, ponctuels dans le contentieux de la concurrence, sont d'autant plus réduits dans les affaires portant sur des procédures

1862 CE, 5 juin 2009, *Société Avenance-Enseignement et Santé*, n° 298641, mentionné aux tables du *Rec.* p. 1019.

1863 Directive 2014/23/UE, *op. cit.*, article 8, paragraphe 3, c et d.

1864 Cons. conc., déc. n° 07-D-13 du 6 avril 2007, Nouvelles demandes de mesures conservatoires dans le secteur du transport maritime entre la Corse et le continent, *BOCCRF* n° 5 du 31 juillet 2007, pp. 907-911.

1865 C. Mongouachon, *Abus de position dominante et secteur public. L'application par les autorités de concurrence du droit des abus de position dominante*, *op. cit.*, pt 383, p. 244.

1866 Cons. conc., déc. n° 07-D-13 du 6 avril 2007, *op. cit.*, pt 54.

1867 Cons. conc., déc. n° 09-D-10 du 27 février 2009, *op. cit.*, pt 186.

de mise en concurrence. Néanmoins, cette catégorie de pratiques unilatérales, théorisée par le droit européen de la concurrence (A), demeure importante pour saisir les comportements anticoncurrentiels d'entreprises formant une unité économique. Le boycott de sociétés mères au profit de leurs filiales lors de procédures de mise en concurrence le démontre (B).

A. La notion d'abus de position dominante collective

468. **Une position dominante collective.** Malgré la distinction traditionnelle entre abus de position dominante et entente, le droit de la concurrence ne limite pas les pratiques collectives au seul article 101 TFUE. La position dominante peut être collective et justifier l'application de l'article 102 TFUE, notamment en l'absence de collusion entre les différentes entreprises[1868]. La rédaction de cet article ouvre explicitement la voie à une qualification collective d'une position dominante en interdisant « *le fait pour une ou plusieurs entreprises d'exploiter de façon abusive une position dominante* ». Or, la jurisprudence a interprété restrictivement la position dominante collective, en l'appliquant tout d'abord aux seuls groupes d'entreprises[1869], puis, plus largement, aux entreprises qui présentent un lien économique notamment dans le cadre de marché oligopolistique[1870]. La doctrine souligne d'ailleurs la complémentarité entre la qualification des ententes et la position dominante collective. Cette dernière intervient principalement pour traiter des situations de collusions tacites sans preuves suffisantes[1871]. Il en résulte une définition de la position dominante collective qui intègre ces différentes spécificités. Le professeur Avenel précise ainsi qu'un « *oligopole détient une position dominante collective si l'équilibre de marché observé est un équilibre de collusion tacite* »[1872].

469. **La position dominante collective par liens structurels des entreprises.** Le type de relation structurelle entre des entreprises permet d'identifier une position dominante collective. Cela implique une analyse précise des liens économiques existants entre les entreprises[1873]. La relation requise doit se caractériser par une certaine intensité afin de démontrer l'existence de « *liens économiques si étroits*

1868 Sur la porosité entre les ententes et la position dominante collective, v. en ce sens E. Avenel, G. de Muizon, N. Daley, « Position dominante collective : Dépasser les critères *Airtours* en matière de contrôle *a posteriori* des pratiques anticoncurrentielles », *Concurrences* n° 4-2011, art. n° 39884, pp. 41-50 ; F. Marty, « Incertitudes économiques et insécurité juridique : la notion de position dominante collective dans les politiques de concurrence européennes », Document de travail de l'OFCE, 2007, n° 20, p. 4.

1869 CJCE, 6 mars 1974, *Istituto Chemioterapico Italiano S.p.A.* aff. jtes C-6/73 et 7/73, EU:C:1974:18, pt 41 ; R. Kovar, *JDI*, 1976, pp. 228-241.

1870 D. Bosco, C. Prieto, *Droit européen de la concurrence. Ententes et abus de position dominante*, *op. cit.*, pt 1170, p. 851.

1871 E. Avenel, G. de Muizon, N. Daley, « Position dominante collective : Dépasser les critères *Airtours* en matière de contrôle *a posteriori* des pratiques anticoncurrentielles », *op. cit.*, pt 7, p. 42. V. égal. N. Petit, *Oligopoles, collusion tacite et droit communautaire de la concurrence*, Bruxelles, Bruylant, 2008, p. 439 et s. ; C. Levasseur, « Entente ou abus de position dominante collective ? », *Rev. conc. cons.*, 2002, n° 126, pp. 11-15.

1872 *Ibid.*, pt 9, p. 42.

1873 TPICE, 7 octobre 1999, *Irish Sugar plc*, aff. T-228/97, *op. cit.*, pts 28 et 52 et s. ; comm. L. Idot, *Europe*, 1999, n° 12, p. 15 ; P. Arhel, *LPA*, 1999, n° 234, pp. 4-8 ; S. Cristin-Belmont, *Recueil Dalloz*, 2000, Jur., pp. 413-416 ; S. Poillot-Peruzzetto, *RTD com.*, 2000, pp. 500-501 ; v. égal. TPICE, 26 janvier 2005, *Piau*, aff. T-193/02, EU:T:2005:22 ; comm. F. Zivy, *Concurrences* n° 2005, art. n° 1297, p. 90 ; L. Idot, *Europe*, 2005, n° 93, pp. 23-24.

qu'elles [les entreprises] occupent ensemble une position dominante par rapport aux autres opérateurs présents sur le même marché »[1874]. Ce lien peut prendre la forme d'une prise de participation ou encore d'une représentation au sein d'un conseil d'administration[1875]. Ce type de schémas s'applique ainsi plus particulièrement aux marchés oligopolistiques[1876]. La démarche a été confirmée par la Cour de justice dans son arrêt *Cewal*, dans lequel elle indique que l'article 102 TFUE implique qu'une « *position dominante peut être détenue par deux ou plusieurs entités économiques, juridiquement indépendantes l'une de l'autre, à condition que, du point de vue économique, elles se présentent ou agissent ensemble sur un marché spécifique, comme une entité collective* »[1877].

470. **La position dominante par liens contractuels.** À l'occasion de l'affaire dite « Verre plat », le Tribunal a précisé qu'une position dominante collective pouvait être déterminée sur la base de liens contractuels et plus précisément par l'intermédiaire « *d'accord ou de licence [...] leur fournissant la possibilité de comportements indépendants dans une mesure appréciable vis-à-vis de leurs concurrents, de leurs clients et, finalement, des consommateurs* »[1878]. En l'espèce, si des relations contractuelles étaient susceptibles d'accorder un avantage technologique durable à certaines entreprises, la position dominante collective pouvait être constituée. De même, un contrat d'approvisionnement exclusif permet d'établir un lien économique et d'identifier une position dominante collective[1879]. Par conséquent la Cour étoffe les différents types de liens économiques, qu'ils soient structurels ou contractuels, nécessaires pour la qualification d'une position dominante collective.

471. **La position dominante par structure oligopolistique du marché.** À l'occasion de son arrêt *Cewal*, la Cour de justice a observé que la qualification de position dominante collective ne dépendait pas systématiquement de liens économiques entre les entreprises mais pouvait s'attacher à la structure du marché. Elle précise en particulier que « *l'existence d'un accord ou d'autres liens juridiques n'est pas indispensable à la constatation qu'il existe une position dominante collective, constatation qui pourrait résulter d'autres facteurs de corrélation et dépendrait d'une appréciation économique et, notamment, d'une appréciation de la structure du marché en cause* »[1880]. Cette démarche a eu un écho particulier dans le domaine des concentrations lors de l'arrêt *Airtours*. Le Tribunal admet qu'une telle position dominante collective peut être déterminée sur la base de la structure du marché. Pour ce faire, il emploie trois critères cumulatifs : la transparence sur le marché oligopolistique afin de permettre aux opérateurs économiques d'identifier une ligne d'action commune, un risque de représailles des oligopoleurs et, enfin, les faibles

---

1874 *Ibid.*; TPICE, 8 octobre 1996, *Compagnie maritime belge transports SA e.a.*, aff. jtes T-24/93, T-25/93, T-26/93 et T-28/93, EU:T:1996:139, pt 55.

1875 *Ibid.*

1876 D. Bosco, C. Prieto, *Droit européen de la concurrence. Ententes et abus de position*, *op. cit.*, pt 1170, p. 851.

1877 CJCE, 16 mars 2000, *Compagnie maritime belge de transports*, aff. C-395/96 P, EU:C:2000:132, pt 36 ; comm. L. Idot, *Europe*, 2000, n° 5, pp. 16-17 ; S. Poillot-Peruzzetto, *Contrats, conc., consom.*, 2000, n° 113, p. 1 ; C. Prieto, *JDI*, 2001, pp. 665-667.

1878 TPICE, 10 mars 1992, *SIV e.a.*, aff. jtes T-68/89, T-77/89 et T-78/89, EU:T:1992:38, pt 358 ; comm. M.-A. Hermitte, *JDI*, 1993, pp. 458-460.

1879 TPICE, 7 octobre 1999, *Irish Sugar plc*, aff. T-228/97, *op. cit.*

1880 CJCE, 16 mars 2000, *Compagnie maritime belge de transports*, aff. C-395/96 P, *op. cit.*, pt 45.

craintes de perturbation de la ligne d'action commune par les réactions prévisibles des concurrents et consommateurs[1881].

472. L'analyse de ces différents critères implique, selon la Cour de justice, de tenir compte du « *mécanisme économique global d'une hypothétique coordination tacite* »[1882] en lieu et place d'une « démarche mécanique ». En dépit de doutes persistants sur la transposition de la jurisprudence *Airtours* à l'article 102[1883], la terminologie identique qui est utilisée laisse peu de doute sur la possibilité de transposer ce type de position dominante collective au contentieux sur l'article 102 TFUE[1884]. L'arrêt *Piau* semble d'ailleurs confirmer l'applicabilité des critères *Airtours* lors des contentieux portant sur l'article 102 TFUE[1885].

B. L'abstention généralisée de candidater comme abus de position dominante collective

473. **Un mécanisme complémentaire du droit des ententes : une exception au droit d'abstention au profit de la filiale.** En dépit d'une relative discrétion de la jurisprudence européenne dans l'identification d'une position dominante collective lors de contentieux portant sur l'arrêt 102 TFUE, l'Autorité de la concurrence intègre, au surplus des seuls liens économiques, des éléments propres à une structure de marché oligopolistique pour identifier une position dominante collective. Le contentieux de la concurrence portant sur la commande publique donne l'occasion à l'Autorité de la concurrence de confirmer la nuance, souvent subtile, entre collusion tacite et position dominante collective. En effet, comme nous l'avons développé précédemment[1886], le droit de la concurrence autorise les sociétés mères à s'abstenir de candidater lors des appels d'offres au profit de leurs filiales, sous réserve d'une véritable abstention sans dépôt d'offres de couverture. Néanmoins, cette règle connaît une exception dans le cadre des marchés oligopolistiques. La décision n° 02-D-44 du 11 juillet 2002 souligne ce tempérament fondé sur les caractéristiques structurelles du marché en cause[1887]. Dans le cadre d'un marché qui présente une pluralité de concurrents, l'abstention d'une maison mère au profit de sa filiale n'entraîne pas nécessairement un assèchement de la concurrence sur le

---

1881 TPICE, 6 juin 2002, *Airtours*, aff. T-342/99, *op. cit.*, pt 62 ; comm. C. Vilmart, *JCP E*, 2002, pp. 1209-1213 ; P. Arhel, *LPA*, 2002, n° 148, pp. 27-29 ; J.-M. Thouvenin, *RMCUE*, 2002, pp. 482-485. V. égal. TPICE, 25 mars 1999, *Gencor*, aff. T-102/96, EU:T:1999:65, pt 276 ; comm. L. Idot, *Europe*, 1999, n° 5, pp. 4-7.

1882 CJCE, 10 juillet 2008, *Impala*, aff. C-413/06 P, EU:C:2008:392, pt 125 ; comm. L. Idot, *Europe*, 2008, n° 10, p. 31-32 ; F. Chaltiel, C. Berr, S. Francq, C. Prieto, *JDI*, 2009, pp. 703-707 ; J. Philippe, M. Trabucchi, *Gaz. Pal.*, 2009, n° 315-318, I Jur., pp. 23-25.

1883 L. Vogel, *Traité de droit économique*, tome 1, *Droit de la concurrence – Droits européen et français*, *op. cit.*, pt 150, p. 301.

1884 E. Avenel, G. de Muizon, N. Daley, « Position dominante collective : Dépasser les critères *Airtours* en matière de contrôle *a posteriori* des pratiques anticoncurrentielles », *op. cit.*, pp. 41-50.

1885 TPICE, 26 janvier 2005, *Piau*, aff. T-193/02, *op. cit.*, pt 111 ; comm. F. Zivy, *Concurrences* n° 2005, art. n° 1297, p. 90 ; C. Momège, *Concurrences* n° 2-2005, art n° 1299, pp. 90-91 ; P. Ibáñez, *RDUE*, 2005, n° 1, pp. 208-212 ; L. Idot, *Europe*, 2005, n° 3, pp. 23-24.

1886 V. *supra* pt 400 et s.

1887 Cons. conc., déc. n° 02-D-44 du 11 juillet 2002, Situation de la concurrence dans les secteurs de l'eau potable et de l'assainissement, notamment en ce qui concerne la mise en commun des moyens pour répondre à des appels à concurrence, *BOCCRF* n° 14 du 30 septembre 2002.

marché. Elle garantit la transparence et l'effectivité d'une unité économique sur le marché. Or, cette souplesse, indolore sur les marchés dynamiques, affecte brutalement la concurrence dans le cadre de marchés oligopolistiques. Cela s'explique par la position dominante collective qui est susceptible d'écarter toute concurrence sur le marché en cas d'abstention généralisée d'une société mère au profit de sa filiale. Dans une telle perspective, l'identification d'un abus de position dominante collective intervient véritablement comme un complément de l'interdiction des ententes lors du dépôt des candidatures. Ladite décision de l'Autorité de la concurrence a en effet souligné l'impossibilité de démontrer l'existence d'une collusion par le seul parallélisme de comportements[1888].

474. **L'identification d'une position dominante collective : un élément central.** La décision n° 02-D-44 s'est attachée aux critères consacrés par l'arrêt *Airtours* relatifs à la démonstration d'une position dominante collective en citant plus particulièrement la jurisprudence *Gencor*[1889]. L'Autorité de la concurrence consacre, *de facto*, le test *Airtours* dans le cadre du contentieux relatif à l'article L. 420-2 du code de commerce. En l'espèce, la décision a tout d'abord constaté l'existence d'un oligopole restreint. Les trois entreprises visées par l'enquête détenaient plus de 98 % des parts de marché de la distribution de l'eau et de l'assainissement, et présentaient en outre des liens structurels. En effet, CGE et la SLDE possédaient plusieurs filiales en commun. L'Autorité de la concurrence a ensuite relevé que la nature de ce marché et les caractéristiques des concessions avaient pour effet de limiter significativement la contestabilité du marché. Par conséquent, la transparence du marché permettait d'identifier une ligne d'action commune sur le marché.

475. En outre, la décision a observé que les liens économiques entre les deux maisons mères et leur filiale commune avaient pour conséquence d'accroître les risques de représailles sur le marché. Lorsqu'une société mère souhaitait remporter un marché sur ses filiales, l'autre société mère était nécessairement informée de ce projet. Ce schéma entraînait la crainte, lors des futurs appels d'offres, que la seconde société mère, en guise de représailles, cherche à remporter le marché avec ses filiales. Une compétition excessive générait nécessairement une perte de profit pour l'ensemble de l'oligopole[1890]. Ainsi, les comportements des sociétés mères étaient « *parallèles et prévisibles* »[1891]. Enfin, l'Autorité de la concurrence, après avoir relevé l'inélasticité de la demande sur ce marché et l'absence de véritables concurrents, a constaté l'impossibilité de toutes réactions sur le marché

1888 *Ibid.*, p. 17.

1889 TPICE, 25 mars 1999, *Gencor*, aff. T-102/96, *op. cit.*, pt 276 : « *D'ailleurs, sur le plan juridique ou économique, il n'existe aucune raison d'exclure de la notion de lien économique la relation d'interdépendance existant entre les membres d'un oligopole restreint à l'intérieur duquel, sur un marché ayant les caractéristiques appropriées, notamment en termes de concentration du marché, de transparence et d'homogénéité du produit, ils sont en mesure de prévoir leurs comportements réciproques et sont donc fortement incités à aligner leur comportement sur le marché, de façon notamment à maximiser leur profit commun en restreignant la production en vue d'augmenter les prix. En effet, dans un tel contexte, chaque opérateur sait qu'une action fortement concurrentielle de sa part destinée à accroître sa part de marché (par exemple une réduction de prix) provoquerait une action identique de la part des autres, de sorte qu'il ne retirerait aucun avantage de son initiative. Tous les opérateurs auraient donc à subir la baisse du niveau des prix.* »

1890 Cons. conc., déc. n° 02-D-44 du 11 juillet 2002, *op. cit.*, p. 20.

1891 *Ibid.*

de la part des consommateurs ou de concurrents potentiels. Il en résulte que les trois entreprises détenaient une position dominante collective sur le marché de l'eau et de l'assainissement.

476. **La consécration d'un abus de position dominante collective.** La décision n° 02-D-44 s'est également interrogée sur l'existence d'un abus de position dominante collective. L'Autorité de la concurrence s'est fondée sur plusieurs observations du comportement des sociétés mères. En premier lieu, elle a constaté que les sociétés CGE et la SLDE n'ouvraient pas d'agence susceptible de répondre aux appels d'offres à moins de 50 kilomètres des sièges de leurs filiales, alors même qu'elles étaient informées de l'importance de l'implantation locale pour remporter les marchés[1892]. Dans un deuxième temps, la décision étaye son analyse en soulignant que les deux sociétés mères avaient respectivement participé à seulement 10 % et 27 % des appels d'offres sur les territoires concernés. Ce chiffre étonne en raison de leurs taux de participation habituellement de 80 % et au vu de leurs capacités financières, techniques et de leur poids sur le marché. Enfin, l'Autorité de la concurrence a rapidement écarté l'argument selon lequel les marchés en cause présentaient un faible intérêt pour ces deux sociétés. Cet argument apparaît comme « *inopérant dès lors qu'il est démontré que les sociétés mères s'abstiennent, de façon générale, d'entrer en concurrence avec leurs filiales communes* »[1893]. En effet « *en renonçant très largement à répondre aux appels d'offres, en cas de soumission de leurs entreprises communes, les entreprises en cause ont sensiblement limité l'intensité de la concurrence ; [et] cette abstention a eu pour effet, d'une manière générale, d'exclure du jeu de la concurrence, dans les zones d'influence de chacune des entreprises communes en cause, les deux sociétés mères, c'est-à-dire les principaux acteurs des marchés pertinents* »[1894].

§ 3. Les abus de position dominante de titulaires sortants de contrats de la commande publique

477. Les principes fondamentaux de la commande publique imposent d'autoriser un concessionnaire ou le titulaire d'un marché public à pouvoir candidater à sa propre succession[1895]. La jurisprudence fixe cependant des limites pour les concurrents qui ont obtenu un avantage concurrentiel lors de leur participation aux travaux préparatoires d'un appel d'offres[1896]. L'intérêt concurrentiel qui s'attache à autoriser leur participation ne peut dissimuler un risque inéluctable

---

1892 *Ibid.*, p. 21.

1893 *Ibid.*, p. 22.

1894 *Ibid.*

1895 Sur l'importance des principes de la commande publique dans le maintien d'une structure concurrentielle, v., dans ce même titre, Chapitre 1, Section 2.

1896 CJCE, 3 mars 2005, *Fabricom SA*, aff. jtes C-21/03 et C-34/03, *op. cit.* ; comm. F. Kauff-Gazin, *Europe*, 2005, n° 5, p. 20. Pour un équivalent en droit français, CE, 29 juillet 1998, *Garde des Sceaux, Ministre de la Justice c/ Société « Genicorp »*, n° 177952, *Rec.* pp. 1017, 1031, 1098 et 1130.

d'inégalité entre les candidats, comme le souligne le professeur Sestier[1897]. L'avantage évident de l'ancien titulaire sur des aspects essentiels du contrat ne peut toutefois justifier une interdiction générale de soumissionner. En revanche, le droit de la concurrence intervient comme ultime garde-fou en sanctionnant les abus de position dominante des anciens titulaires de contrats de la commande publique susceptibles de priver d'effectivité les procédures de mise en concurrence. Le renouvellement des contrats, et plus particulièrement des concessions, intervient comme l'étape la plus propice à de tels abus[1898]. Ainsi, ces « *inégalités dynamiques* »[1899] peuvent résulter notamment d'une clause dans le contrat de travail des employés (A), voire d'une utilisation abusive de données essentielles (B).

A. Les abus par contrats successifs et clauses abusives

478. **L'affaire *Commune de Bouc-Bel-Air* : l'exemple de l'avenant au contrat de travail des employés du concessionnaire.** En l'espèce, une crèche municipale, dont le délégataire initial était une association, a fait l'objet d'une nouvelle procédure de mise en concurrence par la commune de Bouc-Bel-Air[1900]. À la suite de la déclaration d'intention de la collectivité de procéder à une mise en concurrence, sans accepter une reprise en régie, l'association a procédé à la signature d'un avenant au contrat de travail des employés. Celui-ci stipule que chacun d'eux devra être dédommagé à hauteur de 100 000 euros si la crèche passe sous les 40 salariés et si elle dépasse les 60. En dépit de l'argument de protection des salariés, la fonction réelle de l'avenant était de s'opposer à la mise en concurrence du service de gestion des crèches en instituant une « *"barrière à l'entrée" pour les futurs candidats par le moyen d'un renchérissement dissuasif du coût de reprise des salariés* »[1901]. En effet, les dispositions de l'article L. 1224-1 du code du travail, applicable en matière de succession de concessionnaires, imposent au nouvel employeur de conserver les contrats de travail du personnel de l'entreprise reprise. L'avantage financier prévu par l'avenant au bénéfice des salariés incombait par conséquent au futur concessionnaire. Or, le montant de l'avenant apparaissait pour le moins disproportionné au regard des rémunérations traditionnellement prévues dans ce secteur. L'inapplicabilité de l'avenant à l'association, en raison de ses effectifs, avait donc une vocation nécessairement discriminatoire en s'appliquant uniquement au nouveau concessionnaire[1902].

479. **Les clauses abusives dans les marchés publics.** Le verrouillage du marché peut également être organisé dans le corps même du contrat passé entre l'entreprise dominante et l'acheteur public, ce contrat devenant alors l'instrument du comportement abusif. En effet, ainsi que l'illustre la décision n° 00-D-47 du 22 novembre 2000

1897 J.-F. Sestier, « Le délégataire candidat à sa propre succession », *CP-ACCP*, 2009, n° 88, pp. 62-65.

1898 Cons. conc., déc. n° 06-MC-02 du 27 juin 2006, Demande de mesures conservatoires présentée par la commune de Bouc-Bel-Air, pt 48, *BOCCRF* n° 2 du 22 mars 2007, pp. 463-468.

1899 *Ibid.* J.-F. Sestier, « Le délégataire candidat à sa propre succession », *op. cit.* , p. 63.

1900 Cons. conc., déc. n° 06-MC-02 du 27 juin 2006, *op. cit.*

1901 *Ibid.*, pt 38.

1902 *Ibid.*, pt 60.

relative aux pratiques mises en œuvre par EDF et sa filiale Citélum sur le marché de l'éclairage public[1903], le titulaire du marché public peut introduire des clauses destinées à écarter toute contestabilité du marché. En l'espèce, EDF avait introduit dans une cinquantaine de contrats d'éclairage public une clause de reconduction tacite. La dénonciation du contrat par les pouvoirs adjudicateurs était fixée à des conditions particulièrement restrictives en imposant des délais généralement supérieurs à un an. La nocivité de la pratique, aggravée par des durées de contrats excessives à l'égard des prestations, avait pour effet de rendre « *plus difficile le recours à un autre prestataire* »[1904]. De telles clauses, facilement identifiables par les acheteurs publics, nécessitent donc une attention particulière. Elles peuvent ainsi être écartées au stade de la signature des marchés publics et éviter l'intervention *a posteriori* du droit de la concurrence.

480. **L'abus par vente liée.** Les acheteurs publics peuvent également être confrontés à des situations de ventes liées. Ainsi, dans le cadre de plusieurs appels d'offres, la société Valorena, qui était en position dominante et seule candidate dans la prestation d'élimination de déchets au CHU de Nantes, refusait de réaliser cette prestation avec des chariots à déchets qu'elle ne détenait pas. En imposant de ce fait la location de chariots au centre hospitalier[1905], la société abusait de sa position dominante dans la gestion des déchets pour renforcer sa position dans un secteur distinct.

B. L'abus par utilisation restrictive de données essentielles au marché

481. **Le droit de la propriété intellectuelle : une source exceptionnelle de violation de l'article 102 TFUE.** Si le rôle complémentaire du droit de la concurrence et du droit de la propriété intellectuelle est facilement admis[1906], la question des abus de position dominante par refus de donner accès à ses données protégées par un brevet illustre les points de discussions entre ces deux matières[1907]. À ce titre, le professeur Lévêque observe que depuis plusieurs années le droit de la concurrence « *remédie aux excès et aux dérives du droit de la propriété intellectuelle* »[1908]. Ce dernier peut être source de rentes abusives ou de verrouillages des marchés[1909]. La jurisprudence européenne témoigne du rôle complexe accordé

1903 Cons. conc., déc. n° 00-D-47 du 22 novembre 2000, *op. cit.*

1904 *Ibid.* ;Cons. conc., déc. n° 00-D-47 du 22 novembre 2000, *op. cit.*

1905 Cons. conc., déc. n° 03-D-61 du 17 décembre 2003, Pratiques mises en œuvre sur le marché de la fourniture et de la location de chariots à déchets au CHU de Nantes, *BOCCRF* n° 1 du 13 février 2004.

1906 F. Lévêque, « Droit de la propriété intellectuelle et concurrence », *Le journal de l'école de Paris du management*, 2005, n° 51, p. 25.

1907 T. Schrepel, *L'innovation prédatrice en droit de la concurrence*, *op. cit.*, pt 30, p. 19 ; T. Schrepel, « Réflexions sur la durée optimale des brevets : un régime au service de l'innovation ? », *Propriété industrielle*, 2017, n° 5, pp. 7-14.

1908 F. Lévêque, « Droit de la propriété intellectuelle et concurrence », *op. cit.*, p. 24. V. égal. E. Claudel, « Les droits de propriété intellectuelle confrontés au droit communautaire de la concurrence : l'histoire d'une soumission croissante », *RTD com.*, 2004, p. 460.

1909 *Ibid.* ; T. Schrepel, *L'innovation prédatrice en droit de la concurrence*, *op. cit.*

au droit de la concurrence. Ainsi, à l'occasion de l'affaire *Magill*[1910], la Cour de justice n'a pas hésité à qualifier d'abus de position dominante le refus pour des chaînes de télévision de fournir leurs programmes, car ces derniers constituent une « *matière première indispensable pour créer un guide hebdomadaire de télévision* »[1911]. Or, comme le relève le professeur Vogel, « *ce n'est pas l'exercice du droit de propriété intellectuelle qui était purement et simplement identifié à un abus de position dominante, mais le comportement de l'entreprise dominante considéré comme abusif* »[1912]. Le refus de diffusion de l'information avait pour conséquence de faire « *obstacle à la venue sur le marché d'un produit nouveau* »[1913]. La Cour de justice a par la suite développé son analyse en la fondant sur la théorie des facilités essentielles[1914]. Dans son arrêt *IMS Health* elle indique que « *pour que le refus d'une entreprise titulaire d'un droit d'auteur de donner accès à un produit ou à un service indispensable pour exercer une activité déterminée puisse être qualifié d'abusif, il suffit que trois conditions cumulatives soient remplies, à savoir que ce refus fasse obstacle à l'apparition d'un produit nouveau pour lequel il existe une demande potentielle des consommateurs, qu'il soit dépourvu de justification et de nature à exclure toute concurrence sur un marché dérivé* »[1915].

482. **Le refus d'accès aux données non protégées lors de la mise en concurrence.** L'ancien titulaire d'un contrat de la commande publique peut également détenir des informations essentielles pour les candidats, voire pour l'acheteur public ou l'autorité concédante, lors d'une nouvelle mise en concurrence. La cour d'appel de Paris a ainsi réformé la décision du Conseil de la concurrence (désormais Autorité de la concurrence) portant sur une demande de mesures conservatoires présentée

---

1910 CJCE, 6 avril 1995, *RTE et ITP*, aff. jtes C-241/91 P et C-242/91 P, EU:C:1995:98, pt 53 ; comm. M. Vivant, *JCP G*, 1995, I, p. 3883 ; A. Françon, *RTD com.*, 1995, pp. 606-611 ; TPICE, 10 juillet 1991, *ITP*, aff. T-76/89, EU:T:1991:41 ; comm. A. Françon, *RTD com.*, 1992, pp. 372-376 ; M.-A., Hermitte, *JDI*, 1992, pp. 471-477 ; T. Desurmont, *Revue internationale du droit d'auteur*, 1992, n° 151, pp. 250-272 ; C. Doutrelepont, *CDE*, 1994, pp. 631-648.

1911 CJCE, 6 avril 1995, *RTE et ITP*, aff. jtes C-241/91 P et C-242/91 P, *op. cit.*, pt 53.

1912 L. Vogel, *Traité de droit économique*, tome 1, *Droit de la concurrence – Droits européen et français*, *op. cit.*, pt 163, p. 345. CJCE, 29 février 1968, *Parke*, aff. C-24/67, EU:C:1968:11 : « *[Q]u'il ne pourrait en être autrement que si l'utilisation du brevet devait dégénérer en une exploitation abusive de cette protection* » ; comm. F.-C. Jeantet, *JDI*, 1968, pp. 455-463 ; W. Alexander, *CDE*, 1968, pp. 307-323 ; J. Robert, *Recueil Dalloz*, 1968, Jur., pp. 582-585.

1913 CJCE, 6 avril 1995, *RTE et ITP*, aff. jtes C-241/91 P et C-242/91 P, *op. cit.*, pt 29 ; comm. A. Kerever, *Revue internationale du droit d'auteur*, 1995, n° 165, pp. 166-171 ; C. Carreau, *Europe*, 1995, n° 7, pp. 1-4 ; A. Françon, *RTD com.*, 1995, pp. 606-611 ; L. de Gaulle, *RJDA*, 1995, pp. 735-738 ; J.-B. Blaise, J. Bernard, C. Robin-Delaine, *Revue des affaires européennes*, 1995, n° 3, pp. 107-109 ; H. Calvet, T. Desurmont, *Revue internationale du droit d'auteur*, 1996, n° 167, pp. 2-67.

1914 D. Bosco, C. Prieto, *Droit européen de la concurrence. Ententes et abus de position dominante*, *op. cit.*, pt 1376 et s., p. 1027 et s. Sur l'opportunité d'utiliser la théorie des facilités essentielles en matière de droit de la propriété intellectuelle, S. Genevaz, « Why Antitrust Law Should Not Distinguish Between IP and Other Property Rights », in *Berkeley Technology Law Journal* , vol. 19, n° 2, 2004, pp. 741-784 ; R. Pitofsky, D. Patterson, J. Hooks, « The Essential Facilities Doctrine under US Antitrust Law », *Antitrust L. J.*, vol. 70, n° 2, 2002, p. 443.

1915 CJCE, 29 avril 2004, *IMS Health*, aff. C-418/01, EU:C:2004:257, pt 38 ; comm. L. Idot, *Europe*, 2004, n° 6, p. 27 ; N. Petit, *RDUE*, 2004, n° 1, pp. 108-113 ; S. Poillot-Peruzzetto, *Contrats, conc., consom.* 2004, n° 128, pp. 19-20 ; C. Prieto, *JDI*, 2005, pp. 441-446. Pour une confirmation récente, v. TPICE, 17 septembre 2007, *Microsoft Corp.*, aff. T-201/04, *op. cit.*, pt 332 ; comm. J.-C. Zarka, *Gaz. Pal.*, 2007, n° 292-293, pp. 11-12 ; M. Debroux, *JCP E*, 2007, n° 2304, pp. 23-25 ; M. Debroux, O. Dufour, *LPA*, 2007, n° 190, pp. 3-5 ; C. Prieto, *Concurrences* n° 4-2007, art. n° 14477, pp. 78-82.

par le ministre de l'Économie, des Finances et de l'Industrie concernant des pratiques de la société Suez-Lyonnaise des Eaux à l'occasion du renouvellement de contrats de délégation de service public de l'eau potable de plusieurs communes du département de l'Essonne[1916]. En effet, la société Suez-Lyonnaise des Eaux (SLE), titulaire de plusieurs délégations de service public de production et de distribution d'eau potable, avait refusé de communiquer aux autres candidats ses tarifs pour l'utilisation de ses capacités de production. Une partie des candidats souhaitait soumettre une offre uniquement pour la distribution de l'eau potable. Le refus de la SLE était fondé sur son impossibilité de communiquer des informations essentielles de son offre. Or, la cour d'appel de Paris et la Cour de cassation[1917], après avoir observé que les candidats concurrents n'avaient pas pu négocier le prix de vente en gros de l'eau et que certains avaient renoncé à participer à la procédure de mise en concurrence en raison de ce manque d'information, ont qualifié la pratique en cause d'anticoncurrentielle en raison de l'impossibilité pour les concurrents « *d'élaborer utilement leurs offres* »[1918].

483. L'arrêt de la cour d'appel précise plus particulièrement que « *le refus opposé par la société SLE de communiquer son prix de gros de l'eau aux entreprises avec lesquelles elle était en concurrence pour la distribution de l'eau, constituait une pratique manifestement illicite, susceptible d'être sanctionnée en application de l'article L. 420-2 du code de commerce* »[1919]. La seconde saisine du Conseil de la concurrence (désormais Autorité de la concurrence) semble confirmer, sans réelles précisions, que le réseau d'approvisionnement en eau constitue une facilité essentielle[1920]. Ni la décision ni les arrêts successifs de la cour d'appel de Paris et de la Cour de cassation ne donnent plus de détails sur cet élément. On constate toutefois l'absence d'utilisation du test prévu par la jurisprudence *IMS Health*. En effet, en l'espèce, les juridictions ne se sont pas fondées sur de potentiels droits de propriété intellectuelle de SLE, les données tarifaires n'étant pas protégées, mais sur la théorie des facilités essentielles. La cour d'appel reconnaît l'existence d'une « ressource essentielle » indispensable pour accéder au marché de la délégation de service public de distribution de l'eau potable. Elle écarte également l'argument selon lequel il existait un risque de diffusion d'une composante de son offre, car l'information demandée ne portait que sur un élément particulier de son activité.

484. Enfin, elle souligne que les « *contraintes techniques, juridiques et financières rendent, à court ou à moyen terme, impraticables tous autres moyens d'obtention de l'eau à distribuer* »[1921]. Ce faisant, la cour d'appel reprend les différents éléments de la jurisprudence *Bronner* qui permettent d'identifier une infrastructure essentielle, en l'occurrence que le refus « *soit de nature à éliminer toute*

1916 CA Paris, 29 juin 1998, *BOCCRF* n° 4 du 16 juillet 1998, pp. 393-395 ; Cons. conc., déc. n° 98-MC-04 du 12 mai 1998, Demande de mesures conservatoires présentée par le ministre de l'Économie, des Finances et de l'Industrie concernant des pratiques de la société Suez-Lyonnaise des Eaux à l'occasion du renouvellement de contrats de délégation de service public de l'eau potable de plusieurs communes du département de l'Essonne.

1917 Cass. com., 3 mai 2000, n° 98-18.602, *Bull.* 2000 IV n° 92, p. 82.

1918 *Ibid.*

1919 CA Paris, 29 juin 1998, *op. cit.*

1920 Cons. conc., déc. n° 05-D-58 du 3 novembre 2005, *op. cit.*, pt 134.

1921 CA Paris, 29 juin 1998, *op. cit.*

concurrence sur le marché des quotidiens de la part du demandeur du service et ne puisse être objectivement justifié, mais également que le service en lui-même soit indispensable à l'exercice de l'activité de celui-ci, en ce sens qu'il n'existe aucun substitut réel ou potentiel »[1922]. Ce test, dérivé de la jurisprudence *Magill*[1923], permet en l'espèce d'utiliser une infrastructure mais aussi, plus important encore au stade de la mise en concurrence, d'accéder aux informations essentielles pour « *concourir normalement* »[1924].

485. L'incitation de l'Autorité de la concurrence à favoriser l'accès aux données protégées lors de la mise en concurrence. L'avis n° 10-A-22 du 19 novembre 2010 relatif au projet de lancement par la communauté urbaine de Bordeaux d'un marché de rames de tramway dans le cadre de l'extension de son réseau a donné l'occasion à l'Autorité de la concurrence de développer sa position en matière de compatibilité entre les brevets et la concurrence effective lors des procédures de mise en concurrence[1925]. En 2003, la communauté urbaine de Bordeaux a choisi de mettre en place un réseau de tramways doté de la technologie d'alimentation électrique par le sol (ci-après APS) afin de répondre aux contraintes architecturales des Bâtiments de France. Or, cette technologie brevetée est détenue par Alstom sans réels concurrents. L'extension du réseau bordelais a conduit la communauté urbaine à s'interroger sur l'éventuel abus de position dominante d'Alstom. L'avis relève en premier lieu que la théorie des facilités essentielles ne peut être utilisée. La fourniture de rames et le système d'alimentation ne forment pas deux marchés distincts. De même, l'accès à cette technologie n'est pas strictement nécessaire aux concurrents. En revanche, dans un second temps, elle considère que le système est susceptible de conférer à Alstom une position dominante sur les marchés d'extension du réseau public, car la sélection de la technologie initialement utilisée « *limite en effet les choix technologiques et indirectement celui des rames associées* »[1926].

486. La recherche d'un éventuel abus de la part d'Alstom est complexe pour deux raisons ; d'une part, du fait de la difficulté de l'affaire et plus particulièrement du traitement des brevets d'Alstom, puis d'autre part, l'avis étant fondé sur l'article L. 462-1 du code de commerce[1927], l'Autorité « *ne peut que se prononcer sur*

1922 CJCE, 26 novembre 1998, *Bronner*, aff. C-7/97, EU:C:1998:569, pt 41 ; comm., S. Poillot-Peruzzetto, *Contrats, conc., consom.* 1999, n° 43, pp. 16-17 ; P. Treacy, *ECLR*, 1998, pp. 501-505 ; L. Hancher, *CMLR*, 1999, pp. 1289-1307.

1923 D. Bosco, C. Prieto, *Droit européen de la concurrence. Ententes et abus de position dominante*, *op. cit.*, pt 1373 et s., p. 1024 et s.

1924 CA Paris, 29 juin 1998, *op. cit.*

1925 Aut. conc., avis n° 10-A-22 du 19 novembre 2010, Projet de lancement par la Communauté Urbaine de Bordeaux d'un marché de rames de tramway dans le cadre de l'extension de son réseau ; comm. J.-P. Kovar, *Concurrences* n° 1-2011, art. n° 34389, pp. 224-225.

1926 Aut. conc., avis n° 10-A-22 du 19 novembre 2010, *op. cit.*, pt 107.

1927 « *L'Autorité de la concurrence peut être consultée par les commissions parlementaires sur les propositions de loi ainsi que sur toute question concernant la concurrence. Elle donne son avis sur toute question de concurrence à la demande du Gouvernement. Elle peut également donner son avis sur les mêmes questions à la demande des collectivités territoriales, des organisations professionnelles et syndicales, des organisations de consommateurs agréées, des chambres d'agriculture, des chambres de métiers ou des chambres de commerce et d'industrie, de la Haute Autorité pour la diffusion des œuvres et la protection des droits sur internet, en ce qui concerne les intérêts dont elles ont la charge.* »

des questions de concurrence d'ordre général »[1928] et non sur la violation des articles L. 420-1 et L. 420-2 dudit code. Malgré cette limite, l'Autorité de la concurrence souligne que la mise en concurrence de l'acheteur public ne pourra être effective sans possibilité de fournir la technologie APS ou les données nécessaires pour assurer la compatibilité entre les différentes technologies[1929]. Or, en dépit d'un droit de propriété intellectuelle, elle confirme que l'exercice de ce droit « *ne doit pas interdire de façon injustifiée l'accès au marché à une entreprise concurrente* »[1930]. L'avis précise d'ailleurs que la pratique de l'Autorité de la concurrence favorise tout particulièrement « *l'accès à des données protégées ou non, qui seraient incontournables pour l'exercice de la concurrence* »[1931]. On suppose dès lors qu'un refus peut être qualifié d'abus de position dominante, comme le relèvent Delphine Gobert et Antoine Woimant[1932].

487. Le soin accordé à préserver l'accès au marché s'applique donc à l'ensemble des données essentielles, qu'elles soient protégées ou non par un droit d'auteur. Néanmoins, l'avis n° 10-A-22 favorise en priorité la diffusion des données non protégées. Baudouin Heuninckx encourage une prise en compte globale de la vie du produit lors de la préparation du contrat afin d'éviter des blocages issus de la position dominante d'un opérateur économique[1933]. L'objectif est de renforcer l'accès au marché tout en préservant, en parallèle, l'effectivité de la propriété intellectuelle. La diffusion des droits protégés doit être l'ultime solution. En l'espèce, l'avis préconise la recherche d'un compromis avec la mise en place d'une expertise technique indépendante afin d'élaborer « *la note de spécification des données d'interface entre l'APS au sol et le matériel roulant* »[1934] et la communication de cette note au concurrent retenu avec transfert à ce dernier des risques d'intégration des différents systèmes.

1928 Aut. conc., avis n° 10-A-22 du 19 novembre 2010, *op. cit.*, pt 58.

1929 *Ibid.*, pt 105.

1930 *Ibid.*, pt 109.

1931 *Ibid.*, pt 110.

1932 D. Gobert, A. Woimant, « Les droits d'exclusivité dans le cadre des marchés exclus de mise en concurrence », *CP-ACCP*, 2013, n° 128, p. 50.

1933 B. Heuninckx, « Aggregated procurement under Directive 2014/24/EU: lessons from the defence sector », *PPLR*, 2018, n° 5, pp. 214-216.

1934 Aut. conc., avis n° 10-A-22 du 19 novembre 2010, *op. cit.*, pt 114.

Conclusion du Chapitre 2

488. **Le pragmatisme du droit de la concurrence.** Le droit de la concurrence, à travers plus particulièrement l'activité de l'Autorité de la concurrence et des juridictions françaises, illustre sa forte capacité d'adaptation. En effet, les spécificités des marchés de la commande publique, tenant notamment à la mise en concurrence et au fonctionnement par enchères, conduisent à la mise en œuvre de pratiques anticoncurrentielles spécifiques. Or, pour saisir de tels comportements, le droit de la concurrence adapte ses techniques juridiques traditionnelles pour sanctionner des comportements qui s'avèrent particulièrement nocifs pour l'effectivité du droit de la commande publique. Ainsi, la surveillance accrue dont font l'objet les échanges d'informations, comportements ayant un impact démultiplié lors d'un processus d'enchères, permet de garantir une concurrence effective lors des procédures de mise en concurrence. Dès lors, les acteurs du droit de la concurrence démontrent une véritable capacité à s'adapter aux spécificités du droit de la commande publique et à garantir l'effectivité de celui-ci. À cet égard encore, le droit de la concurrence veille à la protection de l'ordre public concurrentiel en garantissant l'effectivité du droit de la commande publique.

489. **Le droit de la concurrence comme gardien du droit de la commande publique.** L'intérêt du droit de la concurrence pour les pratiques anticoncurrentielles qui frappent la commande publique s'est encore récemment illustré à l'occasion de la présentation par l'Autorité de la concurrence de son rapport d'activité pour l'année 2018. En effet, lors de sa conférence de presse, l'Autorité de la concurrence a précisé ses perspectives pour les années 2019-2020[1935], et y a annoncé le « *[l] ancement d'un chantier pour renforcer la détection des ententes mises en œuvre dans les marchés publics* »[1936]. La teneur exacte dudit chantier est encore inconnue mais l'intention de l'Autorité de la concurrence est de marquer l'importance accordée à ce domaine et sa volonté de renforcer l'efficacité du droit de la concurrence dans la détection de telles pratiques. Il est opportun que cette démarche inscrive également les acheteurs publics et autorités concédantes dans son champ. Ces derniers, en tant que victimes potentielles mais aussi en tant que régulateurs des marchés de la commande publique, doivent systématiquement être associés à de tels travaux. L'objectif est de les informer des meilleures méthodes pour se prémunir de telles pratiques. L'association des acteurs du droit de la concurrence et du droit de la commande publique apparaît comme un moyen majeur pour lutter contre les comportements anticoncurrentiels dans ce secteur[1937]. Or, un tel chantier ne doit cependant pas se limiter à la seule échelle nationale.

490. **Propositions d'améliorations : la piste européenne.** Les seuils posés par le droit de la concurrence réduisent mécaniquement la faculté de la Commission

---

[1935] Aut. conc., Conférence de presse du 9 juillet 2019, « Rapport d'activité – 10 ans : Accompagner la modernisation de l'économie ». https://www.autoritedelaconcurrence.fr/sites/default/files/2019-08/autorite-de-la-concurrence-synthese-2018.pdf.

[1936] *Ibid.*

[1937] Il s'agit finalement de la philosophie poursuivie par l'OCDE dans l'ensemble de ses travaux présentés dans cette étude.

européenne et de la Cour de justice à saisir la problématique des atteintes à la concurrence dans le cadre de la commande publique. Cette compétence, détenue essentiellement par les autorités de concurrence et les juridictions nationales, ne doit pas leur laisser à elles seules le soin d'encadrer le comportement des entreprises. La Commission européenne est en effet parfaitement informée de cette problématique et des difficultés existantes[1938]. Celle-ci devrait à ce titre fournir des orientations ou lignes directrices dans ce domaine en s'inspirant notamment des meilleures pratiques nationales, voire des travaux de l'OCDE. L'objectif consiste principalement à diffuser largement les pratiques qui ont porté leurs fruits, et à commencer par la même occasion leur homogénéisation progressive. De la même façon, cela permettrait aux autorités de concurrence nationales, encore peu coutumières de ces affaires, de se familiariser avec les méthodes les plus adaptées.

491. **La nécessité de revenir sur la jurisprudence *« Ecoservice projektai » UAB*.** Il convient également d'insuffler une nouvelle réflexion européenne autour de la jurisprudence *« Ecoservice projektai » UAB* et de ses conséquences sur les manœuvres dolosives lors des procédures de mise en concurrence. La fin remarquée de l'exception française qui consistait à pouvoir qualifier certains comportements d'ententes au cours d'appels d'offres malgré l'unité économique des soumissionnaires laisse en effet peu de moyens correctifs et dissuasifs pour les acheteurs publics. L'efficacité de cette exception qui était admise tant par l'Autorité de la concurrence que par la jurisprudence judiciaire répondait à une véritable logique concurrentielle et à une nécessité pratique évidente. Partant, il est nécessaire d'adapter rapidement le dispositif existant au sein du droit de la commande publique[1939], voire, dans l'idéal, de revenir sur la solution malheureuse proposée par la Cour de justice en raison de ses effets délétères sur l'efficacité du droit de la commande publique.

1938 Ministère de l'Économie et des Finances, Ministère de l'Action et des Comptes publics, « Rapport à la Commission européenne relatif à l'application de la réglementation en matière de marchés publics pour la période 2014-2016 », 2017, pp. 6 et 27.

1939 Sur ce point, V. Bridoux, « La décision *France AgriMer* : Entre retrait précipité du droit de la concurrence et émancipation forcée du droit de la commande publique », *op. cit.*

Conclusion du Titre II

492. **Droit de la commande publique et droit de la concurrence : un volet préventif et un volet correctif.** Le titre précédent de cette étude a donné l'occasion d'examiner les mécanismes mis en place par le droit de la commande publique pour prévenir les pratiques anticoncurrentielles lors des procédures de mise en concurrence[1940]. L'efficacité de ces outils, en dépit de leur importance pour garantir l'effectivité du droit de la commande publique et la prévention des comportements restrictifs, se révèle cependant limitée face à la ruse des candidats. Il est donc impératif que le droit de la concurrence intervienne pour contrer de tels comportements sur le marché. Pour ce faire, le droit de la concurrence, à travers la pratique décisionnelle de l'Autorité de la concurrence, et plus modestement de la Commission européenne, a développé des outils spécifiques pour protéger le droit de la commande publique[1941]. L'engouement dans ce domaine permet de garantir l'effectivité du droit de la commande publique et les missions d'intérêt général auxquelles il se rattache[1942].

493. **La nécessité d'une obligation de réparation systématique.** Les sanctions prises par l'Autorité de la concurrence à l'encontre des comportements anticoncurrentiels lors des marchés publics et concessions n'embrassent finalement qu'une partie du volet correctif du droit de la concurrence. En effet, de telles sanctions sont infligées dans le cadre de la mise en œuvre publique. Le délai de prescription de l'action publique débute en effet à la signature du contrat si l'offre est retenue, dans l'hypothèse où le contrat détermine « *les caractéristiques essentielles de ce marché, et notamment le prix global à payer* »[1943] ou, à défaut, lors du dépôt de l'offre collusive[1944]. Or, depuis l'arrêt *Courage*[1945], la Cour de justice souligne fréquemment l'importance pour les victimes de telles pratiques d'obtenir réparation afin de garantir l'effet utile des articles 101 et 102 TFUE[1946]. Le législateur européen a confirmé cette importance dans le cadre de la directive 2014/104/UE[1947]. Celle-ci rappelle que l'efficacité du droit de la concurrence suppose d'associer la mise en œuvre publique avec la mise en œuvre privée[1948]. Ce constat est d'ailleurs transposable aux pratiques anticoncurrentielles qui visent les personnes publiques,

---

1940 V. *supra*, Partie I, Titre I, Chapitre 3.

1941 F. Lichère, « Règles de concurrence et marchés publics », *op. cit.*, p. 36

1942 L. Richer, F. Lichère, *Droit des contrats administratifs*, 10e éd., *op. cit.*, pt 430, pp. 229-230 ; M.-A. Brossay, P. De Baecke, « L'acheteur public : prévenir, détecter et gérer les pratiques anticoncurrentielles », *op. cit.*, p. 41 ; DGCCRF, « Commande publique. L'action civile en réparation des victimes de pratiques anticoncurrentielles », *Journal des Maires*, mars 2008, p. 64.

1943 CJUE, 14 janvier 2021, *Kilpailu- ja kuluttajavirasto*, aff. C-450/19, EU:C:2021:10, pt 41.

1944 Cette précision est apportée par l'avocat général Pitruzzella dans ses conclusions sur l'arrêt C-450/19, EU:C:2020:698, pt 47.

1945 CJCE, 20 septembre 2001, *Courage Ltd*, aff. C-453/99, *op. cit.* ; comm. L. Idot, *Europe*, 2001, n° 11, pp. 12-13 ; F. Tuytschaever, F. Wijckmans, *Revue de droit commercial belge*, 2001, pp. 863-864 ; R. Klages, *RDUE*, 2001, n° 4, pp. 1003-1005 ; S. Ramet, *JCP E*, 2002, pp. 1-6.

1946 *Ibid.*, pt 26 et s.

1947 Directive du Parlement européen et du Conseil du 26 novembre 2014 relative à certaines règles régissant les actions en dommages et intérêts en droit national pour les infractions aux dispositions du droit de la concurrence des États membres et de l'Union européenne, *op. cit.*

1948 *Ibid.*, pt 5 et 6. V. égal. « Rapport au Président de la République relatif à l'ordonnance n° 2017-303 du 9 mars 2017 relative aux actions en dommages et intérêts du fait des pratiques anticoncurrentielles », NOR :

contentieux de la réparation qui apparaît aujourd'hui encore sous-utilisé par les victimes de pratiques anticoncurrentielles[1949]. L'OCDE, dans ses recommandations sur les marchés publics, invite expressément les États adhérents à mettre en place des « *stratégies de gestion des risques en vue de leur [...] atténuation* »[1950]. Or, l'obligation faite aux acheteurs publics ou autorités concédantes de demander réparation lorsqu'ils sont victimes de telles pratiques permettrait d'atténuer économiquement les surcoûts payés en raison du nombre actuellement très limité de recours en ce sens[1951]. En outre, la Cour de justice distingue le point de départ de l'action publique[1952], dont le délai est particulièrement strict[1953], du point de départ de l'action en réparation, qui est plus souple et qui débute lorsque l'acheteur a « *connaissance de manière suffisamment certaine de l'étendue des pratiques anticoncurrentielles dont [il] a été victime* »[1954]. La publication d'une décision de l'Autorité de la concurrence ou de la Commission européenne constatant la violation des règles de concurrence peut ainsi constituer le point de départ de la prescription[1955].

494. Le professeur Bien perçoit à ce titre une logique instrumentale du droit de la commande publique dans la mise en œuvre du droit de la concurrence[1956]. Le droit allemand des marchés publics offre ainsi des mécanismes pertinents

---

JUSC1636691P, *JORF* n° 0059 du 10 mars 2017, texte n° 28. V. égal. B. Delaunay, « Le contentieux de la réparation des pratiques anticoncurrentielles », *AJDA*, 2016, pp. 781-789.

1949 Ashurst, « Study on the conditions of claims for damages in case of infringement of EC competition rules », préparée par D. Waelbroeck, D. Slater et G. Even-Shoshan, Étude commandée par la Commission européenne, 2004, 150 p ; J. Adda, R. Amaro, J.-F. Laborde, « Réparation du dommage causé par les ententes devant le juge administratif. Enseignements théoriques et pratiques tirés de l'étude du contentieux », *AJDA*, 2019, p. 320 ; V. Bridoux, « Quelles sont les actions ouvertes à la personne publique victime de la part de son cocontractant de pratiques anti-concurrentielles constitutives d'un dol ayant vicié son consentement ? », *BJCL*, 2020, n° 9, pp. 644-649 ; V. Bridoux, « La hausse des prix résultant d'une pratique anticoncurrentielle permet-elle à la personne publique qui l'a subie de demander une indemnisation alors même qu'elle n'a aucune relation contractuelle avec l'un des membres de l'entente ? », *BJCL*, 2020, n° 12, pp. 910-914.

1950 OCDE, « Recommandation du Conseil de l'OCDE sur les marchés publics », *op. cit.*, pt XI.

1951 F. Linditch, « Ententes et marchés publics », *JurisClasseur Contrats et marchés publics*, fasc. n° 36, 2016, pt 89 ; C. Cabanes, X. Neveu, « L'action du pouvoir adjudicateur en réparation de son préjudice né d'une entente anticoncurrentielle », *CP-ACCP*, 2017, n° 182, p. 67. Plus généralement sur cette problématique, v. C. Prieto, « Intégration de l'indemnisation des victimes dans le cadre de la sphère publique », in *L'intensification de la réparation des dommages issus des pratiques concurrentielles*, M. Behar-Touchais, D. Bosco, C. Prieto (dir.), Paris, IRJS Éditions, 2016, p. 249 et s.

1952 CJUE, 14 janvier 2021, *Kilpailu- ja kuluttajavirasto*, aff. C-450/19, *op. cit.*, pt 38 : « *En outre, les questions du délai de prescription d'une telle action en dommages et intérêts, comme d'une éventuelle action du pouvoir adjudicateur visant à contester la légalité de l'appel d'offres ou à voir résilier le contrat, constituent des questions juridiques distinctes de celles de la date à laquelle une infraction aux règles de la concurrence a pris fin et du délai pendant lequel une sanction à cette infraction peut être infligée avant que la prescription ne soit acquise.* »

1953 *Ibid.*, pt 41.

1954 En ce sens CE, 22 novembre 2019, *SNCF Mobilité*, n° 418645, *Rec.* Tables p. 603 ; comm. S. Braconnier, *RDI*, 2020, p. 83 ; I. Hasquenoph, *RDI*, 2020, p. 382.

1955 Cass. com., 27 janvier 2021, n° S 18-16.279 ; TA Paris, 31 mai 2016, *SNCF Mobilité*, n° 1104965/3-3, inédit au *Rec.* ; TA Paris, 29 juillet 2019, *Région Île-de-France*, n° 1710118/4-1, inédit au *Rec.*

1956 F. Bien, M. Welzenbach , « Allemagne : Le Tribunal régional de Potsdam déclare nulle la clause, contenue dans les conditions d'attribution d'un marché public, qui stipule des dommages et intérêts forfaitaires à hauteur de 15 % du montant du marché en cas de violation des règles du droit de la concurrence, tandis que le Tribunal régional de Berlin, dans une affaire similaire, fonde le calcul des dommages et intérêts sur une telle clause », *op. cit.*, p. 220.

pouvant inspirer le droit européen mais aussi français. Afin de bénéficier d'une réparation substantielle s'ils sont victimes d'une entente, les acheteurs publics allemands intègrent, dans leurs marchés publics, des clauses qui prévoient des dommages et intérêts forfaitaires en cas de violation du droit de la concurrence par l'entreprise cocontractante[1957]. En dépit, des contentieux portant sur le montant des dommages et intérêts prévu dans ces clauses, la jurisprudence allemande et la doctrine semblent s'accorder sur la possibilité et l'importance de les fixer à 5 % du montant global du marché[1958]. La Commission européenne a récemment encouragé la mise en œuvre de telles clauses dans sa *Communication sur les outils de lutte contre la collusion dans les marchés publics et orientations sur la manière d'appliquer le motif d'exclusion y relatif*[1959].

495. **Le bénéfice des innovations de la directive 2014/104/UE.** L'époque est propice à de telles innovations. Alors que la preuve du comportement anticoncurrentiel constituait jusqu'alors un obstacle significatif dans la demande de réparation des personnes publiques[1960], la récente transposition de la directive 2014/104/UE par l'ordonnance du 9 mars 2017 relative aux actions en dommages et intérêts du fait des pratiques anticoncurrentielles facilite grandement les demandes en ce sens, y compris pour les acheteurs publics[1961]. Désormais, une infraction au droit de la concurrence constatée par une décision de l'autorité de concurrence nationale doit être considérée comme une présomption irréfragable de violation. Ce mécanisme facilite l'accès à la preuve[1962]. L'évaluation du préjudice pourrait ainsi être établie sur la base des prix de marchés publics comparables hors comportements anticoncurrentiels[1963].

496. **Le rôle essentiel des juges administratifs dans la réparation des comportements anticoncurrentiels.** La mise en œuvre privée ne saurait affecter la séparation des ordres juridictionnels français. Ainsi, après des doutes quant au juge compétent pour connaître d'une demande de réparation de pratiques anticoncurrentielles portant sur une commande publique, cette compétence a finalement été attribuée au juge administratif. Le Conseil d'État, à l'occasion de sa décision du 19 décembre 2007, *Campenon Bernard*[1964], a ainsi précisé que les « *litiges nés*

1957 *Ibid.*

1958 *Ibid.*, pp. 220-223. V. égal. Oberlandesgericht Karlsruhe, 31 juillet 2013, 6 U 51/12 Kart ; Landgericht Mannheim, 4 mai 2012, 7 O 463/11 Kart.

1959 Comm. eur., « Communication sur les outils de lutte contre la collusion dans les marchés publics et orientations sur la manière d'appliquer le motif d'exclusion y relatif », *op. cit.*, pt. 4.

1960 C. Bergeal, Propos recueillis par Hélène Lemesle, « Commande publique – Que faire lorsqu'on suspecte une entente entre candidats ? La réponse de Catherine Bergeal ». Disponible sur https://www.banquedesterritoires.fr/que-faire-lorsquon-suspecte-une-entente-entre-candidats-la-reponse-de-catherine-bergeal (consulté le 20/02/2021).

1961 V. Bridoux, « Quelles sont les actions ouvertes à la personne publique victime de la part de son cocontractant de pratiques anti-concurrentielles constitutives d'un dol ayant vicié son consentement ? », *op. cit.* ; V. Bridoux, « La hausse des prix résultant d'une pratique anticoncurrentielle permet-elle à la personne publique qui l'a subie de demander une indemnisation alors même qu'elle n'a aucune relation contractuelle avec l'un des membres de l'entente ? », *op. cit.*

1962 C. Cabanes, X. Neveu, « L'action du pouvoir adjudicateur en réparation de son préjudice né d'une entente anticoncurrentielle », *op. cit.*, p. 69.

1963 L'Observatoire économique de la commande publique pourrait tout à fait assister ce dispositif en raison des importantes données de recensement qu'il détient.

1964 CE, 19 décembre 2007, *Campenon Bernard*, n° 268918, *Rec.* p. 507 ; concl. N. Boulouis, *RDP*, 2008, p. 1159 ; comm. S. Braconnier, *RDP*, 2008, p. 148 ; J.-D. Dreyfus, *AJDA*, 2008, p. 814 ; F. Moderne, *RFDA*, 2008,

à l'occasion du déroulement de la procédure de passation d'un marché public relèvent, comme ceux relatifs à l'exécution d'un tel marché, de la compétence des juridictions administratives, que ces litiges présentent ou non un caractère contractuel ». Puis, plus récemment, le Tribunal des conflits a étendu cette compétence du juge administratif aux comportements privés « *susceptibles d'avoir altéré les stipulations d'un contrat administratif* » et ainsi « *causé un préjudice à la personne publique qui a conclu ce contrat* »[1965].

497. Dès lors, le juge administratif adopte une double fonction, celle de juge de la commande publique et celle de juge de l'effet utile du droit de la concurrence. Les acheteurs publics peuvent ainsi, devant le même juge, obtenir la nullité du contrat en cause sur la base d'un recours en contestation de la validité du contrat[1966], puis cumulativement ou alternativement obtenir réparation pour le comportement dolosif constitué par l'entente[1967]. Ainsi, afin de renforcer le caractère dissuasif de la sanction, il semble adapté de privilégier la demande de réparation couplée avec une demande d'annulation du contrat. Cela étant, ce cumul doit être envisagé seulement s'il ne comporte pas d'effets délétères pour l'acheteur au regard du contrat en cause ou des conditions de marché.

498. **Pistes de réformes envisageables : renforcer l'accompagnement des acheteurs victimes.** Outre la nécessité de rendre obligatoires les demandes de réparations à la suite de pratiques anticoncurrentielles dans le domaine de la commande publique, plusieurs autres pistes peuvent encore faciliter la mise en œuvre privée. Tout d'abord, l'Autorité de la concurrence pourrait accompagner les personnes publiques, une fois les sanctions ou condamnations devenues définitives, dans leurs démarches pour obtenir réparation[1968]. Cette mission d'assistance pourrait d'ailleurs faciliter l'information sur de tels comportements en mettant en place

---

p. 109. V. égal. CE, 19 mars 2008, *Société Dumez*, n° 269134, n° 269248, n° 269281, n° 269308 et n° 269312, inédit au *Rec.* ; CAA Paris, 22 avril 2004, *Société Bouygues*, n° 99PA01016, inédit au *Rec.* ; comm. J. Martin, *JCP G*, 2005, II, 10013.

1965 T. conf., 16 décembre 2015, *Région Île-de-France*, n° 4035, *Rec.* p. 513 ; comm. G. Eveillard, *AJDA*, 2016, p. 786 ; M. Ubaud-Bergeron, *CMP*, 2016, comm. n° 49. Pour une illustration récente, v. en ce sens TA Caen, 9 mars 2017, *Département de l'Orne*, n° 1500227, inédit au *Rec.*

1966 CE, Ass. 28 décembre 2009, *Commune de Béziers*, n° 304802, *Rec.* p. 509 ; comm. B. Seiller, *Gaz. Pal.*, 2010, n° 75, p. 13 ; F. Linditch, *JCP A*, p. 2072 ; S.-J. Liéber, D. Botteghi, *AJDA*, 2010, p. 142.

1967 Pour des illustrations récentes de ce contentieux v. en ce sens : CE, 10 juillet 2020, *Société Lacroix Signalisation*, n° 420045, *Rec.* ; CE, 27 mars 2020, *Société Signalisation France c/ Département de la Manche*, n° 420491, *Rec.* ; CE, 27 mars 2020, *Société Lacroix Signalisation c/ Département de l'Orne*, n° 421758, *Rec.* ; CE, 27 mars 2020, *Société Signaux Girod c/ Département de l'Orne*, n° 421833, *Rec.* ; conclusions M. Le Corre, *BJCL*, 2020, n° 5, p. 379 ; comm. B. Poujade, *BJCL*, 2020, n° 5, pp. 388-389. Ces contentieux font suite à la décision de l'Autorité de la concurrence n° 10-D-39 du 22 décembre 2010, Pratiques mises en œuvre dans le secteur de la signalisation routière verticale ; CA Paris, 29 mars 2012, RG 2011/01228 ; Cass. com., 28 mai 2013, n° 12-18.195, 12-18.410, 12-18.577, inédit ; comm. A. Ronzano, *Concurrences* n° 1-2011, art. n° 58051 ; N. Jalabert-Doury, *Concurrences* n° 3-2012, art. n° 48331, pp. 95-96 ; CE, 12 octobre 2020, *Société Mersen et autres*, n° 432981, n° 433477, n° 433563 et n° 433564, mentionné au *Rec.* ; comm. V. Bridoux, *BJCL*, 2020, n° 12, pp. 910- 914 ; CAA Nantes, 22 janvier 2021, *Département de la Loire-Atlantique*, n° 19NT05057, inédit au *Rec.*

1968 Sur le rôle actif des autorités de concurrence devant les juridictions nationales, v. en ce sens F. Bien, « La coopération entre le juge judiciaire et l'Autorité de la concurrence, l'expérience allemande », in *L'intensification de la réparation des dommages issus des pratiques concurrentielles*, M. Behar-Touchais, D. Bosco, C. Prieto (dir.), *op. cit.*, pp. 209-216. Cette coopération a été récemment encouragé par la Commission européenne. En ce sens « Communication sur les outils de lutte contre la collusion dans les marchés publics et orientations sur la manière d'appliquer le motif d'exclusion y relatif », *op. cit.*, pt. 2.3.

des registres avec les noms des entreprises sanctionnées, leur périmètre d'action géographique, le type de pratiques sanctionnées et enfin les dates durant lesquelles ont eu lieu les infractions. L'objectif serait de simplifier au maximum l'accès à l'information pour envisager une demande de réparation.

499. Cette fonction, à défaut d'être prise en charge par l'Autorité de la concurrence, pourrait tout à fait l'être par la Direction générale de la concurrence, de la consommation et de la répression des fraudes (ci-après DGCCRF). En parallèle, si les acheteurs publics ou autorités concédantes ne réalisent pas une telle demande en dépit de l'obligation qui leur serait imposée, deux mécanismes pourraient être mis en place. D'une part, les chambres régionales des comptes pourraient être associées à cette surveillance des demandes de réparation. Cette tâche pourrait tout à fait intégrer le contrôle de gestion des collectivités. Dans le cadre des rapports d'observations définitives, les juridictions financières pourraient ainsi relever qu'aucune demande n'a été faite en dépit des chances de succès de l'opération. L'objectif serait une nouvelle fois d'encourager les personnes publiques à développer un réflexe indemnitaire. D'autre part, il pourrait être envisagé de recourir au modèle mis en place au Japon.

500. **Pistes de réformes envisageables : le modèle japonais.** Dans sa thèse de doctorat *Private Antitrust Litigation in the European Union and Japan*[1969], Simon Vande Walle souligne que les personnes publiques japonaises faisaient initialement preuve d'une absence de volonté à demander réparation lorsqu'elles étaient victimes de pratiques anticoncurrentielles. Pour corriger cet immobilisme, un mécanisme de substitution a été mis en place permettant aux résidents locaux de demander directement réparation pour le compte de leurs collectivités lorsque celles-ci ne forment pas une demande en ce sens. Cette substitution, fondée sur l'article 242-2(1) du Local Autonomy Act, permet à l'origine de demander réparation aux élus coupables de négligence ou de mauvaise gestion des deniers publics. Elle permet par ailleurs depuis 1980 de poursuivre directement les tiers qui ont causé un dommage aux collectivités et s'applique notamment aux pollutions locales et aux ententes qui frappent les marchés publics[1970]. Or, dans les faits, les résidents sont très régulièrement assistés par les « *Citizen Ombudsman* », des organisations locales qui disposent d'un réseau national et des moyens nécessaires pour mener de telles poursuites[1971]. Les dommages-intérêts obtenus sont par la suite reversés aux collectivités victimes sous réserve du paiement des frais de justice des résidents ayant mené l'action réparatoire[1972].

501. Ce système, particulièrement efficace, permet chaque année aux collectivités d'obtenir plusieurs dizaines de millions d'euros de réparation[1973]. Or, en droit français, un tel système pourrait aisément être établi en imposant tout d'abord une obligation de demande de réparation, puis en utilisant une action d'autorisation de plaider au sens de l'article L. 2131-5 du code général des collectivités territoriales[1974].

1969 S. Vande Walle, *Private Antitrust Litigation in the European Union and Japan*, Antwerp, Maklu, 2013, 355 p.

1970 *Ibid.*, p. 94-95.

1971 *Ibid.*

1972 *Ibid.*, p. 100-101.

1973 V. notre annexe n° 1.

1974 Article L. 2132-5 CGCT : « *Tout contribuable inscrit au rôle de la commune a le droit d'exercer, tant en demande qu'en défense, à ses frais et risques, avec l'autorisation du tribunal administratif, les actions qu'il*

Ce mécanisme contentieux, qui fait suite à une « *carence de la collectivité* »[1975], est d'ailleurs applicable pour établir la responsabilité d'une entreprise à l'égard d'une collectivité locale[1976]. Dès lors, il est impératif de mobiliser largement les acteurs publics et autorités concédantes victimes de comportements anticoncurrentiels pour rendre effectives les sanctions établies par l'Autorité de la concurrence et les juridictions judiciaires.

croit appartenir à la commune, et que celle-ci, préalablement appelée à en délibérer, a refusé ou négligé d'exercer. »

1975 C. Broyelle, *Contentieux administratifs*, 6e éd., Paris, LGDJ, 2018, pt 120, p. 102. V. égal. M. Guyomar, B. Seiller, *Contentieux administratif*, 4e éd., Paris, Dalloz, 2017, pt 637, pp. 297-298 ; O. Gohin, F. Poulet, *Contentieux administratif*, 9e éd., Paris, LexisNexis, 2017, pt 274, p. 286.

1976 En ce sens, CE, 7 juin 2006, *Asselin*, n° 286350, *Rec.* p. 286 ; comm. E. Glaser, *RLCT*, 2006, n°16, p. 9 ; P. Terneyre, *RFDA*, 2006, n°4, pp. 877-879 ; X, *Dr. adm.*, 2006, n° 8, note n° 137, p. 32.

Conclusion de la Partie I

502. **Des complémentarités sous-estimées.** La première partie de cette étude a permis de mettre en évidence la nature complémentaire du droit de la commande publique et du droit de la concurrence[1977] au travers des objectifs poursuivis et principalement autour du maintien du bon fonctionnement du marché[1978]. Ces deux matières ont ainsi pour finalité de préserver, mais également de promouvoir, le développement d'une concurrence libre et non faussée. Le maintien de l'ordre public concurrentiel apparaît en filigrane comme outil permettant de garantir un tel résultat. Et ainsi, le droit de la commande publique et le droit de la concurrence se rencontrent discrètement lors de la promotion d'une structure de marché concurrentielle. L'intérêt de ces matières pour les PME peut d'ailleurs à lui seul en attester. De la même façon, la prévention des comportements anticoncurrentiels dans la commande publique intègre des raisonnements du droit de la concurrence pour réduire la nécessité d'une intervention de ce dernier. À titre d'illustration, les exclusions prévues par le droit de la commande publique renforcent l'efficacité des sanctions établies par les autorités de concurrence. Parmi les autres complémentarités méconnues figure l'intérêt du droit de la concurrence, et principalement des autorités de concurrence, pour le droit de la commande publique. Les spécificités de ce marché par enchères nécessitent des adaptations, tant sur la définition du marché pertinent que sur l'appréhension des pratiques anticoncurrentielles dont sont victimes les acheteurs publics et autorités concédantes. Le droit de la concurrence manifeste à cette occasion l'ambition de saisir les spécificités de ce marché et ainsi d'en préserver le bon fonctionnement.

503. **Des complémentarités reconnues.** En parallèle des interactions discrètes entre ces matières, plusieurs points de convergence apparaissent plus distinctement. La poursuite commune d'une concurrence effective vise notamment à assurer l'efficience économique et donc le bien-être du consommateur. Ce dernier est manifestement une finalité commune à ces deux matières. Alors que le droit de la concurrence cherche à offrir une efficience économique à l'ensemble des consommateurs, le droit de la commande publique se focalise naturellement sur le bien-être des seuls acheteurs publics et autorités concédantes. Dans cette perspective, il utilise l'étape décisive de la mise en concurrence. Or, il est évident que l'effectivité de la mise en concurrence nécessite, en amont, un rôle actif du droit de la concurrence et des autorités de concurrence. Les nombreuses sanctions de l'Autorité de la concurrence dans ce secteur participent pleinement à la sécurisation du marché de la commande publique mais signalent aussi aux acheteurs publics et autorités concédantes les pratiques anticoncurrentielles existantes. Cela facilite en outre la prévention de tels comportements et le perfectionnement des procédures de mise en concurrence.

1977 J.-F. Brisson, *Les fondements juridiques du droit des marchés publics*, *op. cit.*, p. 130.

1978 V. *supra* Partie I, Titre I, Chapitre 2.

504. **Des complémentarités limitées.** Le contentieux de la concurrence est l'un des principaux points de rencontre entre le droit de la commande publique et le droit de la concurrence. Néanmoins, en son sein apparaissent également les germes des potentielles oppositions et confrontations entre ces deux matières. L'Autorité de la concurrence en a encore récemment fait état dans son avis relatif à la demande d'avis de la commune de Saint-Germain-en-Laye, en ce qui concerne la conformité du traitement des offres « non conformes » en matière de commande publique au regard des règles de concurrence[1979]. Elle observe qu'il est « *nécessaire que le droit de la commande publique ne comporte pas de dispositions qui seraient porteuses de potentielles distorsions de concurrence entre entreprises. L'objectif de concurrence impose ainsi aux autorités publiques de réaliser l'égalité entre les candidats et, lorsqu'elles commandent des biens et des services, de ne pas introduire de biais anticoncurrentiel dans le fonctionnement du marché, qui serait de nature à porter atteinte à la fois à l'intérêt général et à leurs propres intérêts économiques* ». Les distorsions occasionnées peuvent de ce fait affecter l'effectivité même de la mise en concurrence[1980].

505. Le droit de la commande publique peut également servir d'instrument pour encourager ou inciter des pratiques anticoncurrentielles à l'exemple d'un partage de marchés entre opérateurs économiques[1981]. Une telle situation, qu'elle soit volontaire ou non, peut réduire significativement la concurrence sur le marché. À titre d'illustration, l'achat de rames de tramway par alimentation au sol par la ville de Bordeaux a eu des conséquences concurrentielles qui dépassent allégrement la durée du contrat. En effet, l'absence de références à l'accès aux données protégées dans le contrat initial a *de facto* conforté durablement la position de l'entreprise Alstom sur le marché[1982]. De la même façon, les acheteurs publics ou les autorités concédantes peuvent accorder un avantage économique au titulaire d'une commande publique susceptible d'entrer en conflit avec l'article 107 TFUE. Les complémentarités entre ces deux matières, manifestement très étroites, peuvent donc rencontrer des turbulences. Il convient de s'intéresser aux réponses qu'elles ont elles-mêmes mises en place, lesquelles s'illustrent, une nouvelle fois, par la manifestation d'une dynamique commune concentrée sur le maintien d'un ordre public concurrentiel.

[1979] Aut. conc., avis n° 16-A-05 du 15 février 2016, *op. cit.*, pt 81 et s. V. égal. Cons. conc., avis n° 00-A-25 du 20 novembre 2000, *op. cit.*

[1980] *Ibid.*, pt 82.

[1981] Cons. conc., déc. n° 05-D-19 du 12 mai 2005, Pratiques mises en œuvre dans le cadre des marchés de construction des ouvrages d'art pour la réalisation de l'autoroute A 84, dite « Route des Estuaires », dans le département de la Manche, *BOCCRF* n° 9 du 28 octobre 2005, pt 173.

[1982] Aut. conc., avis n° 10-A-22 du 19 novembre 2010, *op. cit.* Sur ce point, v. D. Gobert, A. Woimant, « Les droits d'exclusivité dans le cadre des marchés exclus de mise en concurrence », *op. cit.*, p. 50.

PARTIE II

LES CONFRONTATIONS MAÎTRISÉES ENTRE LE DROIT DE LA COMMANDE PUBLIQUE ET LE DROIT DE LA CONCURRENCE DE L'UNION EUROPÉENNE

506. **Dépasser les seules complémentarités.** Si le droit de la commande publique et le droit de la concurrence travaillent de concert sur de nombreuses thématiques et s'assistent mutuellement pour atteindre leurs objectifs respectifs, ces deux matières, juridiquement autonomes, peuvent naturellement s'affronter, voire s'opposer, sur certaines problématiques. L'étude d'une dynamique commune à ces deux matières implique nécessairement, pour pouvoir être menée, de se pencher sur leurs zones de confrontations potentielles ou réelles[1983]. La commande publique est en effet soumise tant au droit de la commande publique qu'au droit de la concurrence[1984]. L'application de ce dernier entraîne nécessairement des difficultés, qu'il convient d'observer avec attention.

507. **La notion de confrontation.** Pour comprendre la démarche qui consiste à étudier avec précision les confrontations entre ces deux matières, il est nécessaire de connaître tout d'abord le sens donné à cette notion. Le *Trésor de la langue française* définit la confrontation comme une « *action de confronter [...] pour mettre en évidence les rapports de ressemblance ou de différence sur lesquels fonder son opinion* »[1985]. Le dictionnaire ajoute que cette mise en présence peut être effectuée afin « *de faire s'affronter, s'opposer (des choses)* »[1986], des idées dans le cadre d'un débat, de discussions[1987]. Notre démarche vise justement à confronter les orientations du droit de la concurrence et du droit de la commande publique, à examiner ces points de rencontre qui donnent lieu à d'éventuelles controverses ou contradictions. À l'inverse de la première partie qui cherchait à déterminer s'il existe entre ces matières une démarche naturellement complémentaire et donc positive, la seconde partie adopte quant à elle une démarche négative, en prenant pour points de départ les zones de tensions entre ces deux matières et en cherchant ensuite à tempérer leurs portées et incidences. Or, comme le rappelle le Conseil d'État, la responsabilité d'une opposition entre ces deux matières n'incombe pas au droit de la concurrence, mais au seul droit de la commande publique[1988], ce dernier étant en perpétuelle voie d'assimilation des réflexes du droit de la concurrence. Le professeur Guibal souligne à ce titre que « *l'intégration du droit de la commande publique ne se réalise qu'aux prix de contraintes et de contorsions assez remarquables* »[1989].

508. **Des confrontations directes et indirectes.** Les confrontations analysées sont de deux types. La première catégorie est relative aux confrontations directes entre le droit de la commande publique et le droit de la concurrence, c'est-à-dire aux cas dans lesquels l'usage du droit de la commande publique s'oppose frontalement

---

1983 J.-F. Brisson, *Les fondements juridiques du droit des marchés publics*, *op. cit.*, p. 130 ; M. Bazex, « Le Conseil de la concurrence et les marchés publics », *AJDA*, 1994, numéro spécial, p. 103.

1984 R. Noguellou, « Contrats publics et aides d'État », *op. cit.*, p. 447 ; F. Lichère, « L'influence du droit communautaire sur le droit des contrats publics », *op. cit.*, p. 961 ; M. Trybus, « Public Contracts in European Union Internal Market Law: Foundations and Requirements », *op. cit.*, p. 81.

1985 *Trésor de la langue française informatisé*, *op. cit.*, définition de « confrontation ».

1986 *Ibid.*

1987 *Le Grand Robert de la langue française. Dictionnaire alphabétique et analogique de la langue française*, tome II, 1985, p. 816.

1988 CE, *Rapport public 2002. Jurisprudence et avis de 2001 – Collectivités publiques et concurrence*, *op. cit.*, p. 328 et s.

1989 M. Guibal, « Grandeurs et servitudes de la concurrence », *op. cit.*, p. 3.

au droit de la concurrence. Deux situations sont alors envisageables. Soit le droit de la commande publique contribue directement, voire favorise, la mise en place de comportements anticoncurrentiels de la part d'un opérateur économique[1990]. Soit l'utilisation du droit de la commande publique est susceptible d'être qualifiée d'aide d'État au sens de l'article 107 TFUE. À ce titre, la professeure Idot identifie dans ces confrontations directes des mécanismes d'opposabilité du droit de la concurrence au droit de la commande publique[1991].

509. La seconde catégorie est relative aux confrontations indirectes, à savoir les cas dans lesquels le droit de la commande publique ne risque pas d'introduire une violation des règles de concurrence prévues par le traité, mais menace d'engendrer des distorsions de la concurrence. La notion de distorsion de la concurrence impose la réunion de trois critères, comme le précise le professeur Regul[1992] : la situation de départ doit être considérée comme la situation normale du marché, une intervention extérieure est nécessaire et enfin il existe une élasticité naturelle de l'économie. Par conséquent, une distorsion constitue une modification de l'état normal de l'économie à la suite de l'intervention d'un perturbateur extérieur. Or, pour qu'il y ait distorsion, il faut que cette perturbation ne permette pas de revenir à la situation normale et introduise une déformation durable de l'élasticité de l'économie capable de fausser la concurrence. Le droit de la commande publique est en mesure d'occasionner de telles distorsions, notamment dans le cadre de candidatures publiques à l'occasion des procédures de mise en concurrence[1993], voire dans le cadre de la puissance d'achat public[1994].

510. **Des confrontations maîtrisées par la quête commune d'une concurrence libre et non faussée.** Le choix du verbe « maîtriser » a pour intérêt d'illustrer que les éventuelles mésententes entre le droit de la commande publique et le droit de la concurrence sont contenues, voire atténuées, par la défense réciproque de l'ordre public concurrentiel afin de préserver le bon fonctionnement du marché et ses bénéfices collectifs. Le droit de la concurrence est opposable tant aux opérateurs économiques qu'aux pouvoirs publics[1995]. Le droit de la concurrence,

---

1990 S. Destours, « Le droit de la concurrence, source du droit des marchés publics ? », *op. cit.*, p. 46.

1991 L. Idot, « Commande publique et droit de la concurrence : Un autre regard », *op. cit.*, p. 59 et s. V. égal. J.-M. Sauvé, Allocution d'ouverture du colloque « À quoi sert la concurrence ? », 4 décembre 2014, Assemblée nationale, Paris, p. 5. Allocution disponible sur https://www.conseil-etat.fr/actualites/discours-et-interventions/a-quoi-sert-la-concurrence (consulté le 28/04/2021).

1992 Comm. eur., « Les distorsions globales de la concurrence et leurs répercussions sur le marché commun », études du professeur Rudolf Regul, 1971, p. 11 et s.

1993 E. Berkani, « Droit de la concurrence et commande publique : État des lieux d'un vieux couple », *op. cit.*, pt 56 et s., p. 66 et s. ; A. Ménéménis, « L'avis Fondation Jean Moulin et la commande publique : poursuite de la réflexion », *CP-ACCP*, 2004, n° 36, pp. 65-67 ; A. Sánchez-Graells, *Public Procurement and the EU Competition Rules*, *op. cit.*, p. 245.

1994 S. Arrowsmith, *The Law of Public and Utilities Procurement: Regulation in the EU and UK*, 3e éd., vol. 1, *op. cit.*, pt 4-106, pp. 324-325 ; A. Sánchez-Graells, « Public procurement: An overview of EU and national case law », *op. cit.*, pp. 1-2 et 8 ; A. Sánchez-Graells, « Distortions of Competition Generated by the Public (Power) Buyer: A Perceived Gap in EC Competition Law and Proposals to Bridge It », *op. cit.* ; Ministère de l'Économie, des Finances et du Budget, « Concurrence et commande publique à l'horizon 1992 », *op. cit.*, p. 35.

1995 C. L. de Leyssac, « Concurrence, compétition, régulation », *op. cit.*, p. 48 et s. ; S. Chavarochette-Boufferet, « L'interprétation des directives de l'Union sur les marchés publics par la Cour de justice », *op. cit.*, p. 192 ;

« *droit redouté* »[1996] selon la formule de la professeure Idot, peut ainsi intervenir comme garde-fou, lorsque le droit de la commande publique est susceptible de contrarier les dispositions des articles 101, 102, 106 et 107 du traité. Le droit de la concurrence intervient en conséquence pour préserver la concurrence effective des angles morts concurrentiels du droit de la commande publique. À l'inverse, le droit de la commande publique peut intervenir pour assister les intérêts du droit de la concurrence dans des domaines dans lesquels ce dernier est inapplicable ou d'application limitée, et ainsi préserver l'ordre public concurrentiel[1997]. Le droit de la commande publique témoigne ainsi d'une « *intégration toujours plus importante de la libre concurrence dans le droit des contrats administratifs* »[1998] selon la formule du professeur Guézou. Les impératifs concurrentiels font l'objet d'une prise en compte bienveillante et apaisée de la part du droit de la commande publique[1999]. Selon l'Autorité de la concurrence, c'est l'objectif de concurrence effective du droit de la commande publique qui conduit ce dernier à « *ne pas introduire de biais anticoncurrentiel dans le fonctionnement du marché* »[2000]. Dès lors, la démarche du droit de la commande publique ne s'appuie pas uniquement sur le droit de la concurrence comme source de droit[2001], mais développe de manière autonome des réflexes concurrentiels toujours plus manifestes, permettant progressivement d'établir une convergence réelle avec le droit de la concurrence[2002]. Cette assistance mutuelle pour corriger leurs limites réciproques permet de démontrer une nouvelle fois l'existence d'une dynamique commune à ces deux matières.

511. **Plan de la Partie II.** Deux éléments qui démontrent l'interdépendance et la dynamique commune qui existe entre ces deux matières peuvent être isolés. En effet, on perçoit que le droit de la commande publique est encadré par le droit de la concurrence (Titre I), puis que le droit de la commande publique supplée le droit de la concurrence dans un certain nombre de domaines (Titre II).

F. Raynaud, P. Fombeur, « Les personnes publiques, lorsqu'elles décident de contracter, sont soumises aux obligations de concurrence issues du droit de l'Union », *AJDA*, 1998, p. 553.

1996 L. Idot, « Brèves réflexions de juriste sur le droit de la concurrence au XXIe siècle », *op. cit.*, p. 681.

1997 C. Boutayeb, *Droit matériel de l'Union européenne*, 5e éd., *op. cit.*, pt 923 et s., p. 385 ; M. Bazex, « Le droit public de la concurrence », *op. cit.*, p. 788.

1998 O. Guézou, « Droit de la concurrence et droit des marchés publics : vers une notion transversale de mise en libre concurrence », *op. cit.*, p. 44. V. égal. O. Guézou, « Contrats publics et régulation concurrentielle », *op. cit.*, p. 221 ; G. Clamour, S. Destours, A. Podlinski, « Droit de la concurrence – Droit de la concurrence publique », *JurisClasseur Collectivités territoriales*, fasc. n° 571, 2018, point clé n° 5.

1999 E. Berkani, « Droit de la concurrence et commande publique : État des lieux d'un vieux couple », *op. cit.*, pt 66, p. 67.

2000 Aut. conc., avis n° 16-A-05 du 15 février 2016, *op. cit.*, pt 81.

2001 S. Braconnier, *Précis du droit de la commande publique*, 5e éd., *op. cit.*, p. 49 ; S. Destours, « Le droit de la concurrence, source du droit des marchés publics ? », *op. cit.*, pp. 39-58.

2002 P. Bauby, « Services publics et concurrence : Le pire ou/et le meilleur ? », in *À quoi sert la concurrence ?*, M. Behar-Touchais, N. Charbit, R. Amaro (dir.), *op. cit.*, pp. 609-614.

TITRE I

LE DROIT DE LA COMMANDE PUBLIQUE ENCADRÉ PAR LE DROIT DE LA CONCURRENCE

« Vous voyez toutefois qu'en cette concurrence
Un monarque entre nous met quelque différence. »
CORNEILLE, *Le Cid*, acte I, scène III

512. **La définition d'un cadre concurrentiel.** Le *Dictionnaire de l'Académie française* définit le verbe « encadrer » comme l'action d'« *[e]ntourer un groupe afin de former, de conseiller, de protéger ceux qui le composent* »[2003]. Le droit de la concurrence est doté d'une telle vocation. Cela s'explique, en droit français, par l'opposabilité du droit de la concurrence aux actes administratifs et contrats administratifs[2004]. La décision « *fondat[rice]* »[2005] du Conseil d'État, *Société Million et Marais*[2006], ouvre ainsi la voie à l'examen de la conformité d'une clause d'un contrat de la commande publique avec le droit de la concurrence[2007]. Néanmoins,

---

[2003] *Dictionnaire de l'Académie française*, 9e éd., *op. cit.*, définition du verbe « encadrer ».

[2004] Sur l'historique de cette opposabilité, V. not. Y. Gaudemet, « Conflit de compétence et droit de la concurrence. Sur une équivoque », in *Nouveaux juges, nouveaux pouvoirs ? Mélanges en l'honneur de Roger Perrot*, Paris, Dalloz, 1996, pp. 121-129.

[2005] CE, *Rapport public 2002. Jurisprudence et avis de 2001 – Collectivités publiques et concurrence*, *op. cit.*, p. 248.

[2006] CE, Sect., 3 novembre 1997, *Société Million et Marais*, n° 169907, *Rec.* p. 406 ; concl. J.-H. Stahl, *AJDA*, 1997, p. 945 ; comm. O. Guézou, *RDP*, 1998, p. 256 ; Y. Gaudemet, *Dr. adm.*, 1997, comm. n° 372 ; M. Long, P. Weil, G. Braibant, P. Delvolvé, B. Genevois, *Les grands arrêts de la jurisprudence administrative*, 21e éd., Paris, Dalloz, 2017, n° 94, pp. 673-683 ; B. Lasserre, « Seize ans après *Million et Marais*. Les riches heures du contrôle de légalité des actes administratifs au regard des règles de concurrence », *op. cit.* Sur l'opposabilité du droit de la concurrence au droit de la commande publique : S. Braconnier, *Précis du droit de la commande publique*, *op. cit.*, pp. 46-51 ; S. Nicinski, *Droit public des affaires*, 7e éd., *op. cit.*, pt 897 et s., p. 515 et s. ; L. Richer, *L'Europe des marchés publics. Marchés publics et concessions en droit communautaire*, *op. cit.*, pts 289 à 310 ; L. Richer, F. Lichère, *Droit des contrats administratifs*, 10e éd., *op. cit.*, pt 416 et s., p. 222 et s. ; S. Nicinski, *Droit public de la concurrence*, *op. cit.*, p. 53 et s. ; F. Lichère, « L'influence du droit communautaire sur le droit français des contrats publics », *op. cit.*, p. 29 et s. ; L. Idot, « Commande publique et droit de la concurrence : Un autre regard », *op. cit.*, p. 59 ; M. Amilhat, *La notion de contrat administratif. L'influence du droit de l'Union européenne*, *op. cit.*, pt 261, p. 161 ; M. Kenny, *The Transformation of Public and Private in EC Competition Law*, *op. cit.* ; H. Schepel, « The Public/Private Divide in Secondary Community Law: A Footnote to the European Economic Constitution », *op. cit.*, pp. 259-272 ; W. Sauter, H. Schepel, *State and Market in European Union Law: The Public and Private Spheres of the Internal Market before the EU Courts*, *op. cit.*, p. 19 et s. et p. 49 et s.

[2007] P. Delvolvé, « Conseil d'État et Conseil de la concurrence », in *Le dialogue des juges. Mélanges en l'honneur du président Bruno Genevois*, Paris, Dalloz, 2009, p. 331. Sur la proximité entre la commande publique

avant cette jurisprudence, les autorités publiques étaient déjà assujetties à certaines ramifications du droit de la concurrence avec l'article 106 TFUE relatif aux entreprises publiques et services d'intérêt économique général (ci-après SIEG), et les articles 107 et suivants TFUE relatifs au contrôle des aides d'État[2008]. L'intérêt de la décision *Million et Marais* est finalement d'étendre le spectre du droit de la concurrence et de le rendre opposable aux acheteurs publics et autorités concédantes[2009]. Les dispositions des articles 101 et 102 TFUE et L. 420-1 et L. 420-2 du code du commerce, relatives aux pratiques anticoncurrentielles des entreprises, leur sont depuis applicables. Le droit européen, conscient de la capacité des États membres à avaliser ou favoriser des pratiques anticoncurrentielles, a rapidement développé des techniques juridiques permettant de leur appliquer les articles 101 et 102 TFUE[2010]. Pour ce faire, il utilise notamment une application combinée des articles 101 ou 102 TFUE avec l'article 106 TFUE. La Cour de justice étend ainsi le champ d'application du droit de la concurrence aux comportements des autorités publiques. Partant, l'ensemble des dispositions du droit de la concurrence européen limite les actions des pouvoirs publics, dont notamment celles des acheteurs publics et des autorités concédantes. De telles dispositions viennent compléter l'action des principes fondamentaux de la commande publique dans leur fonction régulatrice du marché, comme le souligne le professeur Chérot[2011]. En parallèle, le droit de la concurrence pose des bornes qui s'appliquent aux stipulations contractuelles mais aussi aux règles de la commande publique. L'autonomie de ces dernières s'avère par conséquent limitée.

513. **Un cadre protecteur de l'ordre public concurrentiel.** L'encadrement du droit de la commande publique offert par le droit de la concurrence poursuit une finalité spécifique, celle d'assurer le maintien de l'ordre public concurrentiel afin de garantir les bénéfices de la concurrence par les mérites. À l'occasion des rencontres ou confrontations entre ces deux matières, il peut s'avérer dans de rares situations que le droit de la commande publique soit susceptible de favoriser ou d'encourager des pratiques anticoncurrentielles ou des distorsions de la concurrence[2012]. Le Conseil d'État, dans son rapport public *Collectivités publiques et concurrence*, souligne d'ailleurs que « *si le droit de la concurrence apparaît incontestablement comme l'allié objectif de l'acheteur public et donc du droit de la commande publique,*

---

et les droits exclusifs, v. en ce sens S. Nicinski, « Les droits exclusifs », *RFDA*, 2018, n° 3, pp. 479-486 ; J. Caillosse, « Personnes publiques et concurrence : quels enjeux théoriques ? », *op. cit.*, pp. 761-768.

2008 E. Wauters, « La concurrence dans les marchés publics : au regard des principes généraux d'égalité de traitement et de transparence », *op. cit.*, pp. 5-6 ; N. Michel, *Les marchés publics dans la jurisprudence européenne : exposé systématique des arrêts et ordonnances de la Cour de justice des Communautés européennes*, *op. cit.*, p. 2 et s. ; L. Dubouis, C. Blumann, *Droit matériel de l'Union européenne*, 7e éd., Paris, LGDJ, 2015, p. 675.

2009 Dans le même sens, S. Chavarochette-Boufferet, « L'interprétation des directives de l'Union sur les marchés publics par la Cour de justice », *op. cit.*, p. 192 ; F. Raynaud, P. Fombeur, « Les personnes publiques, lorsqu'elles décident de contracter, sont soumises aux obligations de concurrence issues du droit de l'Union », *op. cit.*, p. 553.

2010 F. Martucci, « Les objectifs politiques de la commande publique en droit de l'Union européenne », *op. cit.*, p. 78 ; S. Arrowsmith, *The Law of Public and Utilities Procurement: Regulation in the EU and UK*, vol. 1, 3e éd., *op. cit.*, pt 4.03, p. 238.

2011 J.-Y. Chérot, *Droit public économique*, 2e éd., *op. cit.*, pt 501, p. 726.

2012 J.-F. Brisson, *Les fondements juridiques du droit des marchés publics*, *op. cit.*, p. 130 ; S. Destours, « Le droit de la concurrence, source du droit des marchés publics ? », *op. cit.*, p. 41 et s.

la réciproque n'est pas nécessairement vraie »[2013]. Les professeurs Dubouis et Blumann rappellent à ce titre l'importance de recourir au droit de la concurrence en raison de la « *méfiance à l'égard des États membres* » et donc des acheteurs publics ou autorités adjudicatrices[2014]. L'emprise concurrentielle du droit de la commande publique peut également s'avérer trop réduite, voire encore inadaptée, pour réguler de tels comportements. Dans ces circonstances, le droit de la concurrence intervient pour préserver le bon fonctionnement du marché des limites du droit de la commande publique, comme ultime garant d'un système de marché concurrentiel[2015]. De telles limites permettent également au droit de la commande publique de perfectionner son cadre existant et de générer des mécanismes permettant d'éviter l'intervention du droit de la concurrence, tout en préservant les acquis offerts par ce dernier. Le droit de la concurrence apparaît donc comme un « *référentiel* »[2016] pour le droit de la commande publique. Les acheteurs publics et autorités concédantes se retrouvent assujettis à ces deux régimes régulateurs, tous deux au service d'une concurrence libre et non faussée[2017].

514. **Plan du Titre I.** L'encadrement du droit de la commande publique par le droit de la concurrence se matérialise actuellement à travers deux techniques majeures. Il s'agit, d'une part, de l'application combinée des articles 106 et 101 ou 102 TFUE, consacrée par la Cour de justice, qui permet de garantir l'effectivité du droit de la concurrence en dépit des abus ou ententes suscités notamment par les contrats de la commande publique (Chapitre 1). Il s'agit, d'autre part, du contrôle des aides d'État, qui limite également la liberté des acheteurs publics ou autorités concédantes. Ces derniers peuvent, au cours de commandes publiques, accorder des aides d'État incompatibles avec le marché intérieur, sans pour autant que celles-ci soient contraires aux règles de la commande publique. Ce domaine témoigne par ailleurs d'un rapprochement significatif entre ces deux matières comme en atteste notamment la jurisprudence *Altmark*[2018] (Chapitre 2).

2013 CE, *Rapport public 2002. Jurisprudence et avis de 2001 – Collectivités publiques et concurrence*, *op. cit.*, p. 328.

2014 L. Dubouis, C. Blumann, *Droit matériel de l'Union européenne*, 7e éd., *op. cit.*, p. 673.

2015 Dans le même sens, F. Martucci, « Les objectifs politiques de la commande publique en droit de l'Union européenne », *op. cit.*, p. 78.

2016 S. Chavarochette-Boufferet, « L'interprétation des directives de l'Union sur les marchés publics par la Cour de justice », *op. cit.*, p. 196.

2017 J. Béjot, « Les conditions d'application du droit de la concurrence aux contrats publics », *op. cit.*, p. 30.

2018 CJCE, 24 juillet 2003, *Altmark*, aff. C-280/00, EU:C:2003:415.

Chapitre 1
Les contrats de la commande publique saisis par le droit des pratiques anticoncurrentielles

515. **Le droit de la commande publique comme source de comportements anticoncurrentiels.** Nos précédents développements ont permis de démontrer que l'efficacité du droit de la commande publique est continuellement menacée par des comportements anticoncurrentiels de candidats ou d'anciens attributaires de commandes publiques. Néanmoins, les acheteurs publics et autorités concédantes ne sont pas uniquement victimes de ces comportements. Ils peuvent contribuer directement ou indirectement, par leurs négligences ou leurs volontés, à l'émergence d'ententes ou d'abus de position dominante lors de procédures de mise en concurrence[2019]. L'arrêt *Meng* relève ainsi que des mesures étatiques peuvent « *soit impose[r] ou favorise[r] la conclusion d'ententes contraires* »[2020] à l'article 101 TFUE. De la même façon, une mesure publique peut créer « *une situation dans laquelle une entreprise publique ou une entreprise à laquelle [elle] a conféré des droits spéciaux ou exclusifs est amenée, par le simple exercice des droits privilégiés qui lui ont été conférés, à exploiter sa position dominante de façon abusive ou lorsque ces droits sont susceptibles de créer une situation dans laquelle cette entreprise est amenée à commettre de tels abus* »[2021]. Cette situation est paradoxale pour deux raisons. D'une part, l'acheteur public – ou l'autorité concédante – est, en raison de l'inefficacité du droit de la commande publique, victime du comportement anticoncurrentiel occasionné. D'autre part, il n'est pas étranger à ce comportement préjudiciable mais porte une part de responsabilité. Or, dans de telles circonstances, le comportement litigieux de l'acheteur public n'est pas nécessairement interdit par le droit de la commande publique. Ce dernier peut en effet autoriser la pratique en cause et par conséquent entrer en opposition avec le droit de la concurrence[2022].

516. **Les limites de l'opposabilité du droit de la concurrence aux personnes publiques.** L'appréhension de ce type de comportements de l'acheteur public

---

2019 Dans ce sens, conclusions de C. Bergeal sur l'avis CE du 8 novembre 2000, *Société Jean-Louis Bernard Consultants*, *op. cit.* ; J. Sirinelli, « Règles de concurrence et actes des personnes publiques en droit administratif et européen », *RJEP*, 2014, p. 7.

2020 CJCE, 17 novembre 1993, *Meng*, aff. C-2/91, EU:C:1993:885, pt 14 ; comm. L. Idot, *Europe*, 1994, n°1, pp. 17-18 ; L. Cartou, *LPA*, 1994, n° 53, pp. 27-28.

2021 CJUE, 17 juillet 2014, *Commission c/ DEI*, aff. C-553/12 P, *op. cit.* ; comm. L. Idot, *Europe*, 2014, n° 10, p. 40 ; C. Robin, *RLC*, 2015, n° 42, pp. 42-43 ; S. Roset, *Europe*, 2017, n° 12, p. 42 ; Trib. UE, 20 septembre 2012, *DEI c/ Commission*, aff. T-169/08, *op. cit.* ; comm. L. Idot, *Europe*, 2012, n° 11, pp. 34-35

2022 O. Guézou, « Les comportements anticoncurrentiels dans la passation des marchés publics », *op. cit.*, pt 273, p. 255 ; F. Lichère, « L'influence du droit communautaire sur le droit des contrats publics », *op. cit.*, p. 961.

présente de nombreuses difficultés[2023]. Tout d'abord, comme le relève le professeur Guézou, la négligence des pouvoirs adjudicateurs ne peut être directement qualifiée d'entente ou d'abus de position dominante[2024]. En dépit de l'arrêt *Höfner*, lequel précise que « *la notion d'entreprise comprend toute entité exerçant une activité économique, indépendamment du statut juridique de cette entité et de son mode de financement* »[2025], la Cour de justice a refusé, dans son célèbre arrêt *FENIN*[2026], de reconnaître l'exercice d'une activité économique par les pouvoirs adjudicateurs lors d'une procédure d'achat public[2027]. Dans le cadre d'une commande publique, seuls les candidats exercent une activité économique au sens du droit de la concurrence. L'arrêt *Bodson* souligne quant à lui que l'article 101 ne saurait s'appliquer aux concessions, car l'autorité concédante se comporte comme une simple autorité publique. Partant, cette dernière ne saurait être qualifiée d'entreprise au sens du droit de la concurrence[2028]. Les opérateurs économiques, candidats ou titulaires sortants lors d'une procédure de mise en concurrence, sont par conséquent les seules parties au marché public ou à la concession pouvant être sanctionnées sur la base des seuls articles 101 ou 102 TFUE[2029].

517. **L'intervention initiale de la lecture combinée.** Le recours aux lectures combinées des dispositions du droit de la concurrence[2030], entrepris à partir des années 1980 par la jurisprudence européenne, amorce « *une nouvelle approche* »[2031] dans la réalisation du marché intérieur. La lecture combinée, d'une part, des dispositions des articles 101 et 102 TFUE destinées aux entreprises et, d'autre part, de celles visant les États membres comme les articles 106, paragraphe 1, TFUE et 4, paragraphe 3, TUE, offre une nouvelle portée aux règles du droit de la

2023 O. Guézou, « Million et Tropic : histoires parallèles et vie commune », in *Droit et économie : interférences et interactions. Études en l'honneur du professeur Michel Bazex*, *op. cit.*, p. 148.

2024 O. Guézou, « Contrats publics et régulation concurrentielle », *op. cit.*, p. 221 ; J. Sirinelli, « Règles de concurrence et actes des personnes publiques en droit administratif et européen », *op. cit.*, p. 6.

2025 CJCE, 23 avril 1991, *Höfner*, aff. C-41/90, *op. cit.*, pt 21 ; comm. M.-A. Hermitte, *JDI*, 1992, pp. 467-470 ; P. J. Slot, *CMLR*, 1991, pp. 964-988.

2026 TPICE, 4 mars 2003, *FENIN*, aff. T-319/99, EU:T:2003:50, pt 37 ; comm. S. Poillot-Peruzzetto, *Contrats, conc., consom.* 2003, n° 93 pp. 23-24 ; N. Petit, *RDUE*, 2003, n° 2, pp. 515-518 ; V. Louri, *Legal Issues of Economic Integration*, 2005, pp. 87-97 ; R. Kreisberger, *PPLR*, 2006, pp. NA214-NA216 ; M. Krajewski, *ELR*, 2007, pp. 111-124.

2027 V. *infra* pt 847 et s.

2028 CJCE, 4 mai 1988, *Bodson c/ SA Pompes funèbres des régions libérées*, aff. C-30/87, *op. cit.*, pt 18 ; comm. R. Saint-Esteben, *Droit et pratique du commerce international*, 1989, pp. 168-176 ; M.-A. Hermitte, *JDI*, 1989, pp. 434-436 ; v. égal., CJCE, 21 juillet 2005, *Coname*, aff. C-231/03, *op. cit.*, pt 12 ; comm. L. Idot, *Europe*, 2005, n° 10, pp. 23-24 ; E. Broussy, *AJDA*, 2005, pp. 2340-2342 ; B. Kotschy, *RDUE*, 2005, n° 4, pp. 845-853 ; A. Brown, *PPLR*, 2005, pp. NA153-NA159 ; CJCE, 18 mars 1997, *Diego Calì & Figli Srl*, aff. C-343/95, EU:C:1997:160 ; comm. L. Idot, *Europe*, 1997, n° 160, p. 20 ; comm. M.-A. Hermitte, *JDI*, 1998, pp. 538-539 ; CJCE, 14 janvier 1994, *SAT Fluggesellschaft c/ Eurocontrol*, aff. C-364/92, EU:C:1994:7 ; comm. G. Lhuilier, *Recueil Dalloz Sirey*, 1995, p. 34-37.

2029 S. Arrowsmith, *The Law of Public and Utilities Procurement: Regulation in the EU and UK*, 3e éd., vol.2, *op. cit.*, pt 4.101, p. 321.

2030 Les auteurs anglo-saxons évoquent, quant à eux, « *the extension of the dominant position doctrine* ». En ce sens, J. L. Buendia Sierra, *Exclusive rights and state monopolies under EC law: Article 86 (formerly Article 90) of the EC Treaty*, Oxford, Oxford University Press, 1999, p. 169 ; E. Szyszczak, J. Davies, M. Andenæs, T. Bekkedal, *Developments in Services of General Interest*, La Haye, Springer, 2011, p. 84 et s. ; E. Seferidis, « Exclusive Rights under Article 86(1) EC », master thesis, University of Lund, 2006, p. 46.

2031 N. Charbit, *Le droit de la concurrence et le secteur public*, Paris, L'Harmattan, 2002, p. 271.

concurrence. L'action des opérateurs publics tombe ainsi sous le contrôle des règles de concurrence et, en particulier, de la prohibition des pratiques anticoncurrentielles prévue aux articles 101 et 102 TFUE[2032]. Cette application aux opérateurs publics vise principalement à assurer l'harmonisation économique européenne, par l'intermédiaire d'une régulation des comportements des monopoles publics, leur position dominante étant généralement l'héritage des anciens monopoles légaux ou réglementaires confiés à des entreprises publiques. Si l'influence européenne a écarté progressivement ce type de monopole par la voie de la libéralisation sectorielle[2033], la pratique ne restreint pas les monopoles contractuels issus d'une mise en concurrence entre plusieurs candidats à l'obtention de droits exclusifs. À cet égard, on pense notamment aux concessions qui offrent un second souffle à la lecture combinée.

518. **La théorie de l'abus automatique : discussions et disparition.** La mise en œuvre progressive de la lecture combinée de l'article 106 avec les articles 101 ou 102 TFUE a donné naissance à de nombreux débats doctrinaux sur l'existence, en droit de la concurrence, d'abus automatiques de position dominante, voire d'ententes automatiques. La théorie de l'abus automatique vise à écarter les différentes mesures publiques ayant pour objet de confier à leurs destinataires des droits exclusifs ou spéciaux, qui les amènent à abuser automatiquement de leur position dominante. Un second volet de cette théorie tend à prohiber les mesures publiques qui facilitent ou encouragent la réalisation d'ententes[2034]. Selon Jacques-Henri Stahl, une telle théorie est ainsi « *complémentaire du contrôle exercé par le Conseil de la concurrence [désormais Autorité de la concurrence]* »[2035] sur les opérateurs économiques. Toutefois, le renvoi à cette doctrine de l'abus automatique semble inadapté, voire insuffisamment rigoureux, en raison notamment des évolutions jurisprudentielles récentes[2036]. En effet, la Cour de justice n'a jamais explicitement consacré l'existence d'abus ou d'ententes automatiques[2037]. Les professeurs Idot et Delaunay ont ainsi perçu dans l'affaire dite de la « lignite grecque »[2038] l'abandon définitif de cette théorie en droit européen[2039], la nécessité de démontrer l'existence d'un abus étant parfaitement incompatible avec son automaticité. De la même façon, l'utilisation de la théorie de l'abus automatique s'est souvent illustrée par une lecture galvaudée

---

2032 B. Delaunay, *Droit public de la concurrence*, 2e éd., *op. cit.*, pt 358, p. 200 et pt 439, p. 243 ; J. Sirinelli, « Règles de concurrence et actes des personnes publiques en droit administratif et européen », *op. cit.*, p. 10.

2033 D. Moulis, M. Poyet, « Les entreprises publiques françaises sont-elles condamnées par la construction européenne ? », *Revue administrative*, 2003, n° 331, pp. 93-98.

2034 N. Charbit, « L'entente automatique », *Concurrences* n° 2-2006, art. n° 811, pp. 44-60.

2035 J.-H. Stahl, Conclusions sur la décision CE, 3 novembre 1997, *Million et Marais*, *RFDA*, 1997, p. 1228

2036 Le juge administratif utilise néanmoins régulièrement cette notion « d'abus automatique » ; à titre d'illustration, CE, 17 avril 2015, *Conseil national des courtiers de marchandises assermentés et Chambre nationale des huissiers de justice*, n° 373589, inédit au *Rec.*

2037 C. Prieto, « Abus de position dominante. Notion d'abus en droit communautaire », *JurisClasseur Concurrence-Consommation*, fasc. n° 561, 2018, p. 10.

2038 CJUE, 17 juillet 2014, *Commission c/ DEI*, aff. C-553/12 P, *op. cit.*

2039 B. Delaunay, *Droit public de la concurrence*, 2e éd., *op. cit.*, pt 432, p. 239 ; L. Idot, « Coup d'arrêt à la théorie dite de l'abus automatique », *Europe*, 2014, n° 10, p. 40 ; du même auteur, « Abus de position dominante et octroi de droits exclusifs », *Europe*, 2012, n° 11, pp. 34-35. Sur le même point, v. égal. S. Destours, « Pas d'abus automatique de position dominante… faute d'automaticité », *RLC*, 2004, n° 23, pp. 51-76.

des règles de concurrence, reposant notamment sur une hypothétique opposition entre celles-ci et les services publics[2040]. Par conséquent, dans le cadre de ce chapitre nous privilégierons l'emploi de la formule « lecture combinée », dont l'utilisation permet de saisir les pratiques anticoncurrentielles issues, ou facilitées, par les personnes publiques, dont notamment les acheteurs publics ou autorités concédantes[2041].

519. **Plan du Chapitre 1.** Force est de constater que l'ensemble de ces pratiques anticoncurrentielles laisse entrevoir une application dans le champ du droit de la commande publique. L'application de la lecture combinée, encore marginale, tend progressivement à se développer au sein du contentieux et de la doctrine. Elle donne ainsi les moyens au droit de la concurrence de contrôler l'existence de pratiques anticoncurrentielles qui ont pour origine des acheteurs publics ou des autorités concédantes. Elle constitue en outre une sublime illustration d'un abus suscité par la mise en œuvre du droit de la commande publique et pour lequel le droit de la concurrence intervient comme ultime garant de la concurrence par les mérites[2042]. Toutefois, pour saisir l'importance de la lecture combinée, il est essentiel de revenir avec précision sur sa consécration progressive par la Cour de justice (Section 1), puis de s'interroger plus spécialement sur ses applications dans le champ des contrats de la commande publique (Section 2).

Section 1
L'applicabilité progressive du droit des pratiques anticoncurrentielles aux personnes publiques

520. La lecture combinée de l'article 106 TFUE avec les articles 101 ou 102 dudit traité se distingue à bien des égards par sa technicité, voire sa complexité. Néanmoins, en pratique, les fondements juridiques utilisés par la Cour de justice pour réaliser de telles combinaisons se caractérisent par leur hétérogénéité (§ 1). Le développement régulier de la lecture combinée offre concrètement de nombreuses illustrations de l'application de la prohibition des pratiques anticoncurrentielles aux personnes publiques (§ 2), lesquelles ont d'ailleurs donné lieu à la naissance de débats sur la théorie de l'abus automatique.

2040 R. Kovar, « La "peau de chagrin" ou comment le droit communautaire opère la réduction des monopoles publics », *Europe*, 1992, n° 7, p. 4 ; C. Prieto, « Abus de position dominante. Notion d'abus en droit communautaire », *op. cit.*, p. 10 ; K. Van Miert, « Role of Competition in Modern Economies », *op. cit.* ; C. Prieto, D. Bosco, *Droit européen de la concurrence. Ententes et abus de position dominante*, *op. cit.*, pt 212, p. 201.

2041 Pour une illustration de l'emploi de la théorie de l'abus automatique comme synonyme de lecture combinée, v. en ce sens D. Brault, *Politique et pratique du droit de la concurrence en France*, Paris, LGDJ, 2004, pt 932, p. 417 et pt 937, p. 419.

2042 J.-M. Sauvé, « La concurrence, composante de l'intérêt général », *op. cit.*, p. 688.

§ 1. Les fondements de l'applicabilité du droit des pratiques anticoncurrentielles aux personnes publiques

521. La lecture combinée trouve son essence dans un paradoxe majeur du droit européen, celui de maintenir l'effectivité des règles de concurrence tout en autorisant les États membres à maintenir des monopoles et des droits exclusifs (A). Pour ce faire, le mécanisme juridique adopté par la Cour de justice se fonde sur une lecture conjointe de différentes dispositions du traité (B). Leur antagonisme complexifie d'autant plus la tâche du juge européen dans cette délicate mission d'équilibriste.

A. La recherche d'un équilibre entre les règles de concurrence et les droits exclusifs

522. L'équilibre entre le droit de la concurrence et les droits exclusifs s'est bâti en deux étapes. Tout d'abord, la Cour de justice a souligné dans son arrêt *Sacchi* la compatibilité de principe entre les monopoles publics et l'article 106 TFUE (1), puis celle-ci a affiné sa jurisprudence pour veiller à la protection de la structure concurrentielle du marché (2).

1. L'arrêt *Sacchi* : conventionnalité des monopoles publics

523. La solution traditionnelle proposée par les juges européens dans la jurisprudence *Giuseppe Sacchi*[2043] est ambitieuse. Elle propose de conjuguer les dispositions des articles 86 du traité CEE (102 TFUE) et 90 du traité CEE (106 TFUE) avec les droits exclusifs accordés par les États membres. Les interrogations juridiques se déplacent donc de « *l'exercice des droits spéciaux et exclusifs* »[2044] à « *l'existence même de ces droits* »[2045]. En l'espèce, une série de questions préjudicielles du tribunal de Biella interrogeaient la Cour sur la conformité avec le traité d'une mesure nationale soustrayant les émissions de radiodiffusion au jeu normal de la concurrence, et étendant ce monopole à la télévision câblée. De telles émissions tombaient sous le régime des droits exclusifs et ne permettaient pas à d'autres opérateurs économiques d'accéder au marché italien.

524. La Cour de justice confirme, au cours de cette affaire, la solution proposée par l'avocat général Reischl[2046], en opérant une réelle distinction entre le monopole et les

---

2043 CJCE, 30 avril 1974, *Giuseppe Sacchi*, aff. C-155/73, EU:C:1974:40 ; comm. A. Wauters, *Revue de droit international et de droit comparé*, 1975, pp. 316-320.

2044 N. Charbit, *Le droit de la concurrence et le secteur public*, *op. cit.*, p. 257.

2045 *Ibid.* Les conclusions de l'avocat général G. Reischl présentées le 20 mars 1974, aff. C-155/73, EU:C:1974:22, font expressément état de ce développement du spectre de contrôle du juge européen. Celui-ci se demande si « *l'aménagement d'une position dominante sur une partie substantielle du marché commun est illicite, lorsque toute forme de concurrence est supprimée sur le territoire d'un État membre* », p. 442.

2046 Conclusions de l'avocat général G. Reischl, aff. C-155/73, *op. cit.*, p. 443 : « *Quant à l'interprétation de l'article 86, du reste, il apparaît tout de suite, bien entendu, qu'aux termes de cet article, ce ne sont pas les positions dominantes en elles-mêmes qui sont interdites. Par conséquent, ce n'est pas en recourant à l'article 86 que l'on peut certes exiger la suppression de toutes sortes de structures monopolistiques.* »

abus qui peuvent résulter de l'exercice de cette position dominante. L'analyse de la Cour constate, tout d'abord, la possibilité pour les États membres de confier, sur la base de l'article 106 TFUE, des droits exclusifs à certains opérateurs. La conformité de telles mesures avec le traité impose, néanmoins, que ce transfert soit motivé « *pour des considérations d'intérêt public, de nature non économique* »[2047]. Les règles de concurrence peuvent cependant s'appliquer dans le cadre de l'exercice des activités économiques qui résultent de ces droits exclusifs ou spéciaux. La formule de principe dégagée par la Cour, claire et concise, relève que « *l'existence d'un monopole dans le chef d'une entreprise à qui un État membre accorde des droits exclusifs n'est pas, en tant que telle, incompatible avec l'article 86* ». La solution proposée, favorable à l'existence des monopoles publics et des droits exclusifs, a été toutefois rapidement fragilisée par les contentieux ultérieurs.

2. Protection de la structure concurrentielle du marché par la Cour de Justice : l'affaire des marchés de terminaux de télécommunication[2048]

525. Le choix du juge européen d'analyser les droits exclusifs et droits spéciaux, sous l'angle de leurs effets sur la structure des marchés, illustre le changement progressif d'approche de la Cour de justice. La « *révolution* »[2049], ou plutôt l'innovation de la jurisprudence des marchés de terminaux de télécommunication consiste à saisir cette problématique sous l'angle de la structure du marché. Or, force est de constater que la jurisprudence de l'époque articulait encore difficilement les dispositions de l'article 106 et les dispositions générales relatives à la concurrence. Les conclusions de l'avocat général Tesauro[2050] font expressément état de cette complexité. Dans celles-ci, il relève habilement « *la claire obscurité* »[2051] de l'article 106 TFUE à « *concilier l'idée même d'un monopole ou d'une entreprise bénéficiaire de droits exclusifs avec un régime de libre concurrence et de marché commun* »[2052]. Il ajoute, en abordant le paradoxe du projet économique européen, la « *contradiction de fond de l'ensemble du projet communautaire tel qu'il est consigné dans le traité, entre, d'une part, la prévision ponctuelle d'un marché commun et d'un régime de libre concurrence et, d'autre part, le maintien des choix de politique économique par les États membres, sous réserve de coordination* »[2053].

526. En l'occurrence, la Cour de justice a été confrontée à la contestation par plusieurs États membres de la capacité de la Commission à légiférer sur la directive

---

[2047] CJCE, 30 avril 1974, *Giuseppe Sacchi*, aff. C-155/73, pt 14.

[2048] CJCE, 19 mars 1991, *République française c/ Commission*, aff. C-202/88, *op. cit.* ; Comm. M. Bazex, *Gaz. Pal.*, 1991, III Doct., pp. 271-275 ; P. Le Mire, *AJDA*, 1991, pp. 540-545 ; A Mattera, *RMUE*, 1991, n° 3, pp. 245-250 ; M. de Guillenchmidt, J.-C. Bonichot, *LPA*, 1991, n° 62, pp. 26-27 ; A. Fiquet, *Cahiers juridiques de l'électricité et du gaz*, 1992, pp. 43-47 ; D. Nedjar, *RFDA*, 1992, pp. 291-302 ; M.-A. Hermitte, *JDI*, 1992, pp. 463-467.

[2049] F. Blum, « De Sacchi à Franzén en passant par la Crespelle : la jurisprudence récente de l'article 90 », *Gaz. Pal.*, 1999, n° 192-194, p. 1032.

[2050] Conclusions de l'avocat général G. Tesauro, 13 février 1990, aff. C-202/88, EU:C:1990:64.

[2051] *Ibid.*, pt 11.

[2052] *Ibid.*

[2053] *Ibid.*

du 24 juillet 1986[2054] avec pour base légale l'article 90, paragraphe 3, du traité CE. Le texte prévoyait notamment la suppression des droits exclusifs ou spéciaux dans le secteur de l'importation, de la commercialisation, du raccordement, de la mise en service ou de l'entretien des terminaux de télécommunication[2055]. Par ailleurs, afin de prévenir le risque de conflit d'intérêts, la formalisation des spécifications techniques nécessaires et leur contrôle devaient être confiés à une entité indépendante, une entité extérieure des anciens titulaires de droits exclusifs ou spéciaux. Néanmoins, malgré la témérité de la Commission européenne à se saisir seule de cette question, la Cour, « *à la surprise quasi générale* »[2056], a confirmé la légalité de l'action de celle-ci. Elle tranche par la même occasion un conflit « *que le constituant communautaire ne pouvait pas ne pas avoir à l'esprit* »[2057]. L'article 106 TFUE, texte de « *compromis* »[2058] du traité, peut ainsi être utilisé afin de garantir l'effectivité des dispositions relatives au droit de la concurrence.

527. La Cour relève à ce titre « *que même si cet article présuppose l'existence d'entreprises titulaires de certains droits spéciaux et exclusifs, il ne s'ensuit pas pour autant que tous les droits spéciaux et exclusifs sont nécessairement compatibles avec le traité. Cela dépend des différentes règles auxquelles l'article 90, paragraphe 1, renvoie* »[2059]. En l'espèce, les juges européens ne fondaient pas encore leur décision sur une lecture combinée des articles 90 et 86 du traité CE, mais sur les dispositions de l'article 30 du traité[2060], pour juger incompatibles les droits exclusifs de raccordement, de mise en service et d'entretien d'appareils terminaux de télécommunication. De même, la Cour a validé implicitement l'objectif de la Commission européenne de garantir la structure du marché. Cette dernière soulignait la proximité entre de tels droits et des comportements abusifs[2061]. Le choix de la Commission d'imposer la création d'entités indépendantes dans chaque État membre afin d'écarter, *a priori*, le risque de conflit d'intérêts est confirmé par l'arrêt. Selon la Cour, confier une mission d'agrément et de contrôle aux anciens

---

2054 Directive 86/361/CEE du Conseil du 24 juillet 1986 concernant la première étape de la reconnaissance mutuelle des agréments d'équipements terminaux de télécommunications, *JOCE* n° L 217 du 5 août 1986, pp. 21-25.

2055 Les États membres ne contestaient pas le fond de la directive.

2056 F. Blum, « De Sacchi à Franzén en passant par la Crespelle : la jurisprudence récente de l'article 90 », *op. cit.*, p. 1032.

2057 Conclusions de l'avocat général G. Tesauro, 13 février 1990, aff. C-202/88, *op. cit.*, pt 24.

2058 C. Esteva Mosso, « La compatibilité des monopoles de droit du secteur des télécommunications avec les normes de concurrence du Traité CEE », *CDE*, 1993, n° 3-4, p. 446.

2059 CJCE, 19 mars 1991, *République française c/ Commission*, aff. C-202/88, *op. cit.*, pt 22.

2060 Désormais article 34 TFUE.

2061 J. L. Buendia Sierra, *Exclusive rights and state monopolies under EC law: Article 86 (formerly Article 90) of the EC Treaty*, *op. cit.*, p. 161. V. en ce sens le seizième considérant de la directive 90/388/CEE de la Commission, du 28 juin 1990, relative à la concurrence dans les marchés des services de télécommunication *JOCE* n° L 192 du 24 juillet 1990 pp. 10-16 : « *[C]onsidérant que, en outre, les droits exclusifs ou spéciaux octroyés par l'État aux organismes de télécommunications en ce qui concerne la fourniture de certains services de télécommunications ont pour effet que ces organismes : a) excluent du marché ou restreignent l'accès des concurrents au marché des services de télécommunications en limitant ainsi le libre choix des utilisateurs, ce qui est susceptible de limiter le progrès technologique au préjudice des consommateurs ; b) imposent aux utilisateurs du réseau d'avoir recours aux services qui font l'objet des droits exclusifs et subordonnent ainsi la conclusion des contrats d'utilisation du réseau à l'acceptation de prestations supplémentaires qui n'ont pas de liens avec l'objet de ces contrats ; que chacun de ces comportements constitue un abus de position dominante distinct, susceptible d'affecter d'une manière sensible le commerce entre États membres [...].* »

détenteurs de droits exclusifs ou spéciaux entraîne le risque de priver les opérateurs économiques concurrents de la possibilité de remporter des parts de marché en leur octroyant « *un avantage évident* »[2062].

B. Le recours prétorien à une lecture combinée des articles 4, paragraphe 3, TUE, 106, paragraphe 1, 101 et 102 TFUE

528. Alors que les dispositions du droit primaire distinguent clairement les règles de concurrence applicables en fonction des acteurs en cause, la Cour de justice, afin de protéger efficacement la concurrence sur le marché, a adopté une lecture combinée des différents textes du traité. La stratégie interprétative ainsi mise en place a pour ambition de compenser l'inopposabilité des règles de concurrence aux États membres et collectivités publiques. Pour ce faire, deux combinaisons sont possibles, d'une part, l'utilisation de l'article 106 TFUE (1) et, d'autre part, le recours au principe de confiance légitime (2).

1. La lecture combinée des articles 106, paragraphe 1, 101 et 102 TFUE

529. **La qualification juridique des sujets du droit européen de la concurrence.** Le traité reste ambigu sur les personnes assujetties aux normes de concurrence. Selon la lettre des articles 101 et 102 TFUE, ceux-ci semblent, *a priori*, concerner exclusivement les entreprises. Lesdites dispositions se contentent de mentionner « *les entreprises* », ce qui n'est guère étonnant pour une section du traité intitulée « Règles applicables aux entreprises ». Cela étant, l'article 106, paragraphe 1, du traité permet de douter de cette lecture. En effet, celui-ci vise explicitement le comportement des États membres susceptible, à lui seul, d'enfreindre les articles 101 et 102 du traité. Dès lors, l'article 106, paragraphe 1, n'aurait pas de portée juridique s'il se contentait de rappeler aux États membres une obligation qui ne leur est pas applicable[2063]. En réalité, il s'agit d'une « *extension du cadre original des articles 101 et 102 TFUE* »[2064], par laquelle les rédacteurs du traité garantissent la neutralité concurrentielle de l'action normative des États membres. La lecture combinée de l'article 106, paragraphe 1, avec l'un de ces deux articles entraîne, selon José Luis Buendia Sierra[2065], deux conséquences majeures. D'une part, la violation de l'article 106, paragraphe 1, écarterait la responsabilité de l'entreprise. D'autre part, le concours de l'État membre supposerait la mise en place d'une mesure menant en soi les opérateurs économiques à enfreindre

---

[2062] Pt 51 de l'arrêt précité, aff. C-202/88 : « *Il convient de relever qu'un système de concurrence non faussée, tel que celui prévu par le traité, ne peut être garanti que si l'égalité des chances entre les différents opérateurs économiques est assurée. Confier à une entreprise qui commercialise des appareils terminaux la tâche de formaliser des spécifications auxquelles devront répondre les appareils terminaux, de contrôler leur application et d'agréer ces appareils revient à lui conférer le pouvoir de déterminer, à son gré, quels sont les appareils terminaux susceptibles d'être raccordés au réseau public et à lui octroyer ainsi un avantage évident sur ses concurrents.* »

[2063] J. L. Buendia Sierra, *Exclusive rights and state monopolies under EC law: Article 86 (formerly Article 90) of the EC Treaty*, *op. cit.*, p. 149.

[2064] *Ibid.* (traduction libre de l'auteur).

[2065] *Ibid.*

les règles de concurrence. Il convient néanmoins de nuancer la première conséquence soulevée. L'abus peut tout à fait être décuplé par le comportement de l'entreprise, voire sa complicité, notamment si celui-ci résulte de la passivité des pouvoirs publics à prendre des mesures à l'encontre d'un abus existant[2066].

530. **Le maintien de la protection de l'effectivité des règles de concurrence : l'arrêt *Van Eycke*[2067].** Dans l'affaire *Van Eycke*, la Cour amorce et adapte la jurisprudence *INNO c/ ATAB* à l'article 101 TFUE. En effet, l'arrêt rappelle que « *les articles 85 et 86, lus en combinaison avec l'article 5 du traité, imposent aux États membres de ne pas prendre ou maintenir en vigueur des mesures, même de nature législative ou réglementaire, susceptibles d'éliminer l'effet utile des règles de concurrence applicables aux entreprises* »[2068]. La limite initiale à la portée des articles 85 et 86 est donc contournée par l'obligation faite aux États membres de garantir l'effectivité des règles du traité. La Cour use ainsi, « *dans sa fonction créatrice du droit* »[2069], de la théorie de l'effet utile[2070] afin d'étendre l'applicabilité des règles de concurrence. De surcroît, la jurisprudence européenne consacre l'application de cette solution à l'article 101 TFUE[2071], solution qui a été régulièrement confirmée depuis[2072].

531. **Le maintien d'une lecture combinée des articles 106, 101 et 102 TFUE pour les commandes publiques anticoncurrentielles.** S'il est théoriquement possible, le recours à une lecture combinée du droit primaire avec du droit dérivé ne semble toutefois pas, en pratique, adopté par le juge européen, y compris lorsque la pratique anticoncurrentielle est issue d'un contrat de la commande publique. En effet, dans le cadre de l'arrêt *Omnis Group* le juge européen, saisi d'un moyen tendant à constater une pratique anticoncurrentielle prenant source dans un marché public entre Microsoft et le gouvernement roumain, souligne, tout en refusant l'application en l'espèce, que dans de telles circonstances il doit contrôler la mesure sur la base d'une lecture combinée des articles 106 et 101 TFUE[2073]. Par conséquent, dans le cadre d'une pratique anticoncurrentielle issue d'un marché public ou d'une concession, la jurisprudence semble cantonnée à l'utilisation de la lecture combinée des seules dispositions du traité.

2066 V. en ce sens les développements sur les comportements anticoncurrentiels engendrés indirectement par les autorités adjudicatrices.

2067 CJCE, 21 septembre 1988, *Van Eycke c/ ASPA*, aff. C-267/86, EU:C:1988:427 ; comm., A.-B. Hoffman, *ECLR*, 1990, p. 11-27 ; U. Ehricke, *World Competition*, 1990, n° 1, pp. 79-102.

2068 Pt 16 de l'arrêt. V. égal., en ce sens, CJCE, 1er octobre 1987, *Vlaamse Reisbureaus*, aff. C-311/85, EU:C:1987:418 ; comm. M.-C. Boutard, *JCP G*, 1988, II, 20938 ; J.-B. Blaise, *RTDE*, 1987, pp. 671-690 ; N. Koch, *CDE*, 1987, pp. 603-622 ; M.-A. Hermitte, *JDI*, 1988, pp. 525-526 ; P. Montier, *JCP E*, 1988, II, p. 15249 ; H.-V. Amouroux, *Gaz. Pal.*, 1988, II, Som., p. 419 ; CJCE 3 décembre 1987, *BNIC c/ Aubert*, aff. C-136/86, EU:C:1987:524 ; comm. M.-C. Boutard-Labarde, *JCP G*, 1988, II, p. 21143 ; M.-C. Hermitte, *JDI*, 1989, p. 432.

2069 N. Charbit, *Le droit de la concurrence et le secteur public*, *op. cit.*, note 159, p. 55.

2070 Sur cette théorie, v. not. R. Ormand, « La notion de "l'effet utile" des traités communautaires dans la jurisprudence de la Cour de justice des Communautés », thèse Université Paris 1 Panthéon-Sorbonne , 1975, 196 p.

2071 N. Charbit, « L'entente automatique », *op. cit.*, p. 45. Il convient de préciser que la décision *Vlaamse Reisbureaus* marquait, dès 1987, une avancée notable vers la reconnaissance de l'entente automatique. V. en ce sens CJCE, 1er octobre 1987, *Vlaamse Reisbureaus*, aff. C-311/85, *op. cit.* ; comm. J.-B. Blaise, *RTDE*, 1987, pp. 671-690.

2072 V. en ce sens CJCE, 18 juin 1998, *Commission c/ Italie*, dit « *CNSD* », aff. C-35/96, EU:C:1998:303 ; comm. L. Idot, *Europe*, n° 288, 1998, pp. 17-18.

2073 Trib. UE, 30 mai 2013, *Omnis Group*, aff. T-74/11, EU:T:2013:283, pt 15 ; comm. L. Idot, *Europe*, 2013, n° 7, pp. 38-39 ; A.-L. Sibony, *Concurrences* n° 3-2013, art. n° 53964, p. 79.

2. La lecture combinée des articles 4, paragraphe 3, TUE, 101 et 102 TFUE

532. **Le recours initial au principe de coopération loyale : L'arrêt *INNO c/ ATAB*[2074].** Le contrôle de la Cour de justice sur les droits exclusifs et droits spéciaux est, à l'origine, limité à la conformité de ces monopoles avec le traité. Toutefois, la solution proposée par le juge européen se caractérise généralement par une lecture conjointe de l'article 106, paragraphe 1,[2075] et de l'article 101 ou 102 TFUE[2076] sous l'optique de garantir l'effet utile de ces textes. L'arrêt *INNO c/ ATAB* de 1977 relève explicitement de la protection de l'effectivité de l'article 102 TFUE par l'intermédiaire de l'article 106 TFUE mais aussi de l'article 4, paragraphe 3, TUE[2077]. En l'occurrence, la Cour fonde son analyse sur l'obligation qui incombe « *aux États membres de ne pas prendre ou maintenir en vigueur des mesures susceptibles d'éliminer l'effet utile de cette disposition [article 106]* »[2078]. Les entreprises titulaires de droits exclusifs ou spéciaux ne doivent pas priver les règles de concurrence de leur effectivité. L'application associée de ces articles se fonde essentiellement sur les articles 102 TFUE et 4, alinéa 3, TUE dans le cas d'espèce[2079]. La prépondérance de l'article 106, paragraphe 1, n'avait, à cette date, pas encore atteint sa maturation, nonobstant la référence explicite à ce texte. L'objectif principal d'une telle interprétation extensive a été de garantir l'effectivité de la prohibition des abus de position dominante, quelle qu'en soit la forme. La coopération pleine et entière des États est, de ce fait, indispensable afin d'éviter le développement de brèches dans la structure de la concurrence. De la même façon, le professeur Brisson précise que le principe de coopération loyale ne saurait admettre qu'un pouvoir adjudicateur accepte une offre anticoncurrentielle, en raison du maintien de l'effet utile des règles de concurrence[2080].

533. **Un recours récemment confirmé en matière d'entente.** À l'occasion de l'arrêt *CHEZ Elektro Bulgaria*, la Cour de justice a confirmé, une nouvelle fois, la possibilité d'utiliser le principe de confiance légitime, tel qu'il découle de l'article 4, paragraphe 3, à l'encontre d'une entente encouragée par les pouvoirs publics[2081]. Elle reprend l'analyse qu'elle avait proposée dans son arrêt *API*[2082]. En l'espèce, le droit bulgare imposait aux avocats « *de convenir d'une rémunération d'un montant*

2074 CJCE, 16 novembre 1977, *INNO c/ ATAB*, aff. C-13/77, EU:C:1977:185 ; comm. L. Focsanenu, *RMC*, 1986, pp. 281-293.

2075 Article 90 du traité CE à la date de l'arrêt.

2076 En l'espèce, article 86 du traité.

2077 Ancien article 5, alinéa 2, du traité CE. La formulation est distincte avec le nouvel article du TFUE, notamment sur la consécration du principe de coopération loyale, mais ce changement ne devrait pas avoir d'effets significatifs, l'esprit du texte étant préservé.

2078 Pt 31 de l'arrêt.

2079 Pt 37 de l'arrêt.

2080 J.-F. Brisson, *Les fondements juridiques du droit des marchés publics*, *op. cit.*, 2004, p. 25.

2081 CJUE, 23 novembre 2017, *CHEZ Elektro Bulgaria*, aff. jtes C-427/16 et C-428/16, EU:C:2017:890, pt 52 ; comm. G. Decocq, *RJC*, 2018, n° 3, pp. 260-262. V. égal. CJCE, 19 février 2002, *Arduino*, aff. C-35/99, EU:C:2002:97 ; comm. S. De Keer, F. Tuytschaever, *Revue de droit commercial belge*, 2002, pp. 403-407 ; CJCE, 17 novembre 1993, *Meng*, aff. C-2/91, *op. cit.* ; comm. L. Idot, *Europe*, 1994, n° 1, pp. 17-18 ; L. Cartou, *LPA*, 1994, n° 53, pp. 27-28.

2082 CJUE, 4 septembre 2014, *API*, aff. jtes C-184/13 à C-187/13, C-194/13, C-195/13 et C-208/13, EU:C:2014:2147, pt 46 ; comm. J. Grangeon, *RLDA*, 2014, n° 98, pp. 69-70 ; L. Idot, *Europe*, 2014, n° 11, p. 38.

inférieur au montant minimal fixé par un règlement adopté par une organisation professionnelle d'avocats, telle que le Conseil supérieur du barreau »[2083]. Les avocats contrevenants s'exposaient à des poursuites disciplinaires et au remboursement des honoraires perçus. La Cour constate tout d'abord que la réglementation en cause est susceptible de restreindre la concurrence au sens de l'article 101, paragraphe 1, TFUE. Or, en dépit d'une réglementation « *rendant obligatoire une décision d'une association d'entreprises qui a pour objet ou pour effet de restreindre la concurrence ou de restreindre la liberté d'action des parties ou de l'une d'elles* »[2084], la qualification d'entente automatique nécessite une analyse attentive des éléments factuels. Pour ce faire, le juge impose « *de tenir compte du contexte global dans lequel une décision de l'association d'entreprises en cause a été prise ou déploie ses effets, et plus particulièrement de ses objectifs. Il convient, ensuite, d'examiner si les effets restrictifs de la concurrence qui en découlent sont inhérents à la poursuite desdits objectifs* »[2085]. Les restrictions peuvent en effet être « *limitées à ce qui est nécessaire afin d'assurer la mise en œuvre d'objectifs légitimes* »[2086] et donc s'avérer bénéfiques pour l'intérêt général[2087].

§ 2. Les multiples applications du droit des pratiques anticoncurrentielles aux personnes publiques

534. L'applicabilité des articles 101 et 102 TFUE aux personnes publiques par la Cour de justice n'a pas été réalisée aisément. Une telle reconnaissance est intervenue après un certain nombre de décisions essentielles dans le domaine des droits exclusifs. La consécration de la lecture combinée et les interrogations suscitées sur la naissance de la théorie de l'abus automatique (A) n'ont pas empêché la Cour de revenir à plusieurs reprises sur l'applicabilité des articles 101 et 102 TFUE aux personnes publiques et ainsi de mettre un terme à de telles discussions (B).

A. Les discussions initiales sur l'existence d'abus automatiques de position dominante

535. Le développement contentieux et doctrinal de l'abus automatique est généralement scindé entre plusieurs étapes contentieuses et par l'essor d'abus spécifiques qui ont

2083 CJUE, 23 novembre 2017, *CHEZ Elektro Bulgaria*, aff. jtes C-427/16 et C-428/16, *op. cit.*, pt 33.

2084 *Ibid.*, pt 53.

2085 *Ibid.*, pt 54.

2086 *Ibid.*, pt 55.

2087 Sur ce point, v. les arrêts, CJUE, 18 juillet 2013, *Consiglio nazionale dei geologi*, aff. C-136/12, EU:C:2013:489, pt 54 ; comm. ; L. Idot, *Europe*, 2013, n° 10, p. 33 ; CJCE, 15 décembre 1994, *DLG*, aff. C-250/92, EU:C:1994:413, pt 35 ; comm. M.-C. Boutard-Labarde, *JCP G*, 1995, I 3831 ; L. Idot, *Europe*, 1995, n° 2, pp. 14-15 ; L. Cartou, *LPA*, 1995, n° 59, pp. 26-27 ; C. Bolze, *RTD com.*, 1995, pp. 554-558 ; F. Serras, *JCP E*, 1995, n° 7, I 484 ; CJCE, 18 juillet 2006, *Meca-Medina*, aff. C-519/04 P, EU:C:2006:492, pt 47 ; comm. C. Miège, *JCP G*, 2006, II, 10194, pp. 2227-2229 ; B. Cheynel, *RLDA*, 2006, n° 9, p. 51 ; C. Prieto, *JDI*, 2007, pp. 662-664.

préfiguré l'émergence de la théorie de l'abus automatique. Ils se composent essentiellement de nouveaux abus de position dominante propres au domaine des droits exclusifs (1). Ils ont permis à la Cour, par ailleurs, d'introduire intellectuellement et juridiquement l'applicabilité de la prohibition des pratiques anticoncurrentielles aux États membres (2).

1. La découverte prétorienne de nouveaux types d'abus de position dominante

536. La lente évolution de la jurisprudence européenne sur ces problématiques met en évidence la mise en place d'une politique des petits pas dans l'encadrement des droits exclusifs par les règles de concurrence. À cet égard, trois abus spécifiques sont à distinguer : le monopole défaillant (a), le conflit d'intérêts (b) et, enfin, l'extension de position dominante (c).

a. Le monopole défaillant

537. **Le monopole défaillant : l'affaire *Höfner*.** La Cour de justice a amorcé initialement les débats sur la théorie de l'abus automatique par le biais de la prohibition des monopoles défaillants. Cette analyse, avant-gardiste, cible son raisonnement sur la protection de la structure du marché en cause. Dans le cadre de son arrêt de principe *Höfner*[2088], le juge européen était appelé à se prononcer sur l'impossibilité pour le secteur privé de proposer ses services dans le recrutement et le placement de dirigeants d'entreprises. En l'espèce, les juridictions civiles allemandes avaient prononcé la nullité du contrat de recrutement de M. Höfner et M. Elser. L'illégalité dudit contrat découlait du droit exclusif de placement confié à l'office fédéral public[2089]. En premier lieu, la Cour s'est prononcée sur la notion d'entreprise au sens du droit de la concurrence, notion qui « *comprend toute entité exerçant une activité économique, indépendamment du statut juridique de cette entité et de son mode de financement* »[2090]. En second lieu, la lecture combinée des articles 102 et 106 TFUE a permis d'assujettir l'office, pourtant titulaire d'un droit exclusif, aux règles de la concurrence. L'arrêt propose à cette occasion une solution innovante. Celui-ci utilise l'article 106 TFUE, non pas pour contrôler le bien-fondé du droit exclusif, mais son efficacité sur le marché. En l'occurrence, la Cour précise « *que l'application de l'article 86 du traité ne saurait faire échec à la mission particulière impartie à cet office, dès lors que celui-ci n'est manifestement pas en mesure de satisfaire la demande que présente le marché à cet égard et qu'il tolère, en fait, une atteinte à son droit exclusif par ces sociétés* »[2091]. Par conséquent, l'arrêt protège en réalité la mission de placement confiée à cet office, quand bien même ladite mission résulterait d'un droit exclusif. L'existence d'un tel droit n'interdit pas à la Cour d'examiner l'efficacité de l'opérateur exclusif sur le marché.

2088 CJCE, 23 avril 1991, *Höfner*, aff. C-41/90, *op. cit.*

2089 Sur les droits exclusifs, S. Nicinski, « Les droits exclusifs », *op. cit.*, pp. 479-486.

2090 Pt 21 de l'arrêt.

2091 Pt 25 de l'arrêt.

538. La violation des articles 102 et 106 TFUE repose donc sur l'incapacité, pour le titulaire d'un droit exclusif, à répondre efficacement à la demande de placement des cadres et des dirigeants d'entreprises. L'ouverture, par l'office fédéral, d'un bureau spécialisé dans le placement de ces catégories de demandeurs d'emploi ne parvenait pas à répondre à la demande. Seulement 28 % des cadres et dirigeants faisaient l'objet d'un placement[2092]. La Cour reprend ensuite son raisonnement classique de protection de l'effet utile des règles de concurrence. En effet, la Cour ajoute que « *serait incompatible avec les règles du traité toute mesure d'un État membre qui maintiendrait en vigueur une disposition légale créant une situation dans laquelle un office public pour l'emploi serait nécessairement amené à contrevenir aux termes de l'article 86* »[2093]. L'utilisation de l'expression « nécessairement amené » suppose que c'est l'existence même du droit exclusif qui est contraire au droit de la concurrence. Selon la formule de Nicolas Charbit, la Cour de justice ne vise plus « *les conditions d'exercice de ce monopole, mais son principe même* »[2094]. Elle ouvre par conséquent les débats sur l'existence d'abus automatiques[2095]. La responsabilité de la violation dudit droit glisse de l'entreprise vers l'État membre, unique instigateur de cette défaillance structurelle du marché. Dès lors « *l'abus serait alors consubstantiel à la création ou au maintien des monopoles étatiques* »[2096]. Néanmoins, cette affaire ne repose pas sur un abus de position dominante classique. En effet, comme le relève la Cour, l'attitude de l'office fédéral démontre une certaine « *tolérance* »[2097] envers la concurrence privée avec laquelle il signait régulièrement un certain nombre de conventions. L'abus repose donc uniquement sur la carence du titulaire d'un droit exclusif à répondre à la demande du marché[2098]. Ce point a conduit la doctrine à s'interroger sur la témérité d'une telle solution et plus particulièrement sur l'extension de cette solution aux monopoles naturels ou encore aux services publics[2099] « *pour défaut de bonne gestion ou de compétitivité* »[2100].

539. **La réappropriation par la Cour d'une approche instaurée par la Commission européenne.** L'approche de la jurisprudence *Höfner* n'est pas inédite. Celle-ci consacre une analyse entreprise initialement par la Commission européenne à travers deux décisions[2101]. Dans l'affaire dite du « courrier rapide aux Pays-Bas »,

---

2092 Conclusions de l'avocat général F. G. Jacobs présentées le 15 janvier 1991, aff. C-41/90, EU:C:1991:14, pt 14 ; J. L. Buendia Sierra, « Recent trends in application of article 90 », *Competition Policy Newsletter*, 1995, n° 1, p. 34.

2093 Pt 27 de l'arrêt.

2094 N. Charbit, *Le droit de la concurrence et le secteur public*, *op. cit.*, p. 273.

2095 *Ibid.*

2096 *Ibid.*, p. 272.

2097 Pt 9 de l'arrêt.

2098 J. L. Buendia Sierra, *Exclusive rights and state monopolies under EC law: Article 86 (formerly Article 90) of the EC Treaty*, *op. cit.*, p. 164.

2099 D. Brault, « Service public et position dominante : peut-il y avoir abus ? », *LPA*, n° 239, 2004, p. 36.

2100 C. Mongouachon, *Abus de position dominante et secteur public. L'application par les autorités de concurrence du droit des abus de position dominante*, *op. cit.*, p. 520 ; M. Boumediene, *La place de la loi et du contrat dans la garantie du droit à la protection sociale de 1945 à nos jours*, tome 2, Paris, LGDJ, 2004, p. 160.

2101 Comm. eur., déc. 90/16/CEE du 20 décembre 1989 relative à la prestation aux Pays-Bas du service de courrier rapide, *JOCE* n° L 10 du 12 janvier 1990, pp. 47-52 ; Comm. eur., déc. 90/456/CEE du 1er août 1990 relative à la prestation en Espagne de services de courrier rapide international, *JOCE* n° L 233 du 28 août 1990 pp. 19-23. Pour une illustration plus récente, Comm. eur., déc. du 21 décembre 2001, *Consorzio Risposta*, aff. COMP/37.721, *JOCE* n° L 63 du 3 mars 2001, pp. 59-66.

la Commission contestait le maintien du monopole postal à PTT Post BV et la limitation de l'offre qui en résultait pour les consommateurs néerlandais[2102]. De la même façon, la Commission relevait l'incompatibilité du service de courrier rapide espagnol avec les articles 102 et 106 TFUE. En l'espèce, l'opérateur historique limitait ses prestations à un certain nombre d'États membres de l'Union européenne, au Canada et aux États-Unis. De plus, ledit service était réduit aux principales villes espagnoles. La Commission avait conclu qu'un tel monopole écarte, *de facto*, la possibilité pour les entreprises d'intervenir sur ce secteur. L'offre était donc limitée ainsi que le développement technique nécessaire au progrès de ce marché[2103]. Selon Claire Mongouachon, l'application de l'approche fondée sur le monopole défaillant n'est que la reprise « *du concept général de concurrence hypothétique* »[2104] consacré par la jurisprudence *Volvo c/ Veng*[2105], par laquelle la Cour sanctionne le titulaire d'un brevet ne souhaitant plus produire une pièce automobile et refusant aux tiers de produire des pièces de rechange. L'objectif dans ces différentes affaires demeure la protection des intérêts des consommateurs en permettant au marché de répondre par lui-même à leurs besoins.

540. **Les confirmations de la théorie du monopole défaillant.** L'abus « *inédit* »[2106] dégagé par la Cour dans son arrêt *Höfner* n'est pas une solution isolée. La Cour a réitéré sa position à de nombreuses reprises, confirmant de ce fait la véracité de la théorie du monopole défaillant[2107]. Ainsi, l'arrêt *Job Centre*[2108] applique cette doctrine au système italien qui prohibait les activités de placement des salariés. La législation italienne, dans le cas d'espèce, était nettement plus contraignante que la législation allemande dans l'affaire *Höfner*. En effet, le monopole des bureaux publics de placement interdisait, sous peine de sanctions pénales, la fourniture de ce type de services par des tiers, même à titre gracieux. Or, l'activité monopolisée ne permettait pas de répondre à plus de 30 % des besoins du secteur[2109]. À la différence de l'affaire *Höfner*, la tournure de la solution proposée est nettement plus catégorique. La Cour ne se contente pas de renvoyer aux juges nationaux l'application ou non de la théorie du monopole défaillant. Celle-ci relève expressément que les bureaux publics de placement « *risquent de ne pas être en mesure de satisfaire une partie significative de toutes les demandes en prestations* »[2110] et conclut à l'incompatibilité de la législation en cause avec l'article 106 TFUE[2111].

2102 Pt 15 de la décision 90/16/CEE, *op. cit.*

2103 Pt 11 de la décision 90/456/CEE, *op. cit.*

2104 C. Mongouachon, *Abus de position dominante et secteur public. L'application par les autorités de concurrence du droit des abus de position dominante*, *op. cit.*, p. 520.

2105 CJCE, 5 octobre 1988, *Volvo c/ Veng*, aff. C-238/87, EU:C:1988:477 ; comm. F. Picod, *JCP E*, 1989, II, p. 15448 ; G. Bonet, *RTDE*, 1990, pp. 720-726. V. égal. CJCE, 5 octobre 1988, *CICRA e.a. c/ Renault*, aff. C-53/87, EU:C:1988:472 ; comm. F. Picod, *JCP E*, 1989, II, p. 15448 ; M.-A. Hermitte, *JDI*, 1989, pp. 442-444 ; G. Bonet, *JCP G*, 1989, II, p. 21247.

2106 *Ibid.*, p. 519.

2107 N. Charbit, « L'entente automatique », *op. cit.*, p. 47.

2108 CJCE, 11 décembre 1997, *Job Centre*, aff. C-55/96, EU:C:1997:603 ; comm. P. Cabral, *RMUE*, n° 2, 1998, pp. 259-263.

2109 Conclusions de l'avocat général M. B. Elmer, 15 mai 1997, aff. C-55/96, EU:C:1997:246.

2110 Pt 34 de l'arrêt, aff. C-55/96, *op. cit.*

2111 Pt 29 de l'arrêt : « *Par conséquent, serait incompatible avec les règles du traité toute mesure d'un État membre qui maintiendrait en vigueur des dispositions légales créant une situation dans laquelle un bureau public de*

La rigueur de la Cour peut notamment s'expliquer par la possibilité de poursuivre pénalement les contrevenants[2112]. La réponse à la question préjudicielle expose explicitement les conditions permettant aux juges de conclure à la violation des règles de la concurrence. Pour ce faire, la législation ne doit pas faire échec à la satisfaction de la demande, interdire sous peine de sanctions pénales ou administratives l'exercice de ces activités par un concurrent et, enfin, les activités de placement doivent être « *susceptibles de s'étendre à des ressortissants ou aux territoires d'autres États membres* »[2113]. Cette analyse est reprise depuis lors par la Cour de justice, confirmant ainsi l'utilisation régulière de la théorie du monopole défaillant[2114].

b. Abus par conflit d'intérêts

541. **La théorie du conflit d'intérêts : l'affaire *ERT*[2115].** La théorie du conflit d'intérêts, plus audacieuse, veille également à protéger la structure du marché et l'intérêt des consommateurs. En l'espèce, la Cour était confrontée à la législation grecque sur la télévision. Celle-ci accordait au même opérateur un droit exclusif de retransmission et de diffusion. Or, force est de constater que la réponse de la Cour ne se prive pas d'étendre le spectre d'action de la lecture combinée. En effet dans le cadre de l'arrêt *Höfner*, la Cour se limitait à prohiber les dispositions législatives pouvant « *nécessairement amen[er]* » à contrevenir à l'article 106 TFUE. L'arrêt *ERT* marque un nouvel infléchissement du juge dans l'analyse d'une violation des articles 102 et 106 TFUE. Ces deux textes s'opposent au cumul de droits exclusifs de diffusion et retransmission « *lorsque ces droits sont susceptibles de créer une situation dans laquelle cette entreprise est amenée à enfreindre l'article 86 du traité par une politique d'émission discriminatoire en faveur de ses propres programmes* »[2116]. L'expression « nécessairement amené » est supplantée par celle de « susceptible d'être amené » à enfreindre l'article 106 TFUE. La certitude laisse donc place à l'éventualité d'un abus. Le risque d'abus était ici caractérisé par la possibilité pour le titulaire des droits exclusifs d'adopter une « *politique d'émission discriminatoire en faveur de ses propres programmes* »[2117]. Les conclusions de l'avocat général sur cette affaire sont plus explicites. Elles relèvent les « *intérêts divergents* »[2118] des droits exclusifs accordés à l'ERT, tout en précisant le caractère artificiel de ladite position dominante, qui « *ne pourrait manifestement pas se créer elle-même [en] pareille situation* »[2119]. De même, le risque de discrimination à l'encontre des productions

---

placement de main-d'œuvre serait nécessairement amené à contrevenir aux dispositions de l'article 86. »

2112 Pt 35 de l'arrêt.

2113 Réponse de la Cour à la question préjudicielle dans l'affaire C-55/96, *op. cit.*

2114 CJCE, 8 juin 2000, *Carra e.a.*, aff. C-258/98, EU:C:2000:301, pt 13 ; comm. G. Jazottes, M. Luby, S. Poillot-Peruzzetto, *RTD com.*, 2000 pp. 1051-1055 ; CJCE, 14 décembre 1995, *Banchero*, aff. C-387/93, EU:C:1995:439 ; comm. F. Lagondet, *Europe*, 1996, n° 71 pp. 15-16 ; F. Berrod, *RMUE*, n° 1, 1996, pp. 207-210.

2115 CJCE, 18 juin 1991, *ERT c/ DEP*, aff. C-260/89, EU:C:1991:254 ; comm. M.-A. Hermitte, « Chronique de jurisprudence de la Cour de justice des Communautés européennes », *JDI*, 1992, pp. 470-471

2116 Pt 37 de l'arrêt.

2117 Pt 38 de l'arrêt.

2118 Conclusions de l'avocat général C. O. Lenz présentées le 23 janvier 1991, aff. C-260/89, EU:C:1991:26, pt 40.

2119 *Ibid.*

concurrentes « *doit être considéré comme une façon de limiter la production au sens de l'article 86, paragraphe 2, sous b* »[2120] et donc d'affecter le dynamisme des échanges au sein du marché intérieur[2121].

542. **Une théorie à l'appui de l'article 37 TFUE.** La naissance de l'abus par conflit d'intérêts intervient, il faut le signaler, dans le cadre d'un contentieux comportant des interrogations sur la validité du monopole d'ERT avec les dispositions de l'article 37 TFUE[2122]. Les objectifs essentiels dudit article sont de garantir l'approvisionnement et les débouchés du marché tout en écartant, en parallèle, les risques de discrimination. La lutte contre la discrimination est consolidée par le recours à l'article 106 TFUE, lequel permet, sous l'égide de la théorie du conflit d'intérêts, de réagir à la simple éventualité d'un risque de discrimination. La preuve d'un risque dans le cadre de l'article 37 TFUE réduit son périmètre d'utilisation et étend, *de facto*, la marge d'appréciation du juge national. Dès lors, le recours à l'article 106 TFUE permet de dépasser cette limite inhérente à l'article 37 TFUE et d'assurer le juge européen d'une sanction interne de ce monopole. Néanmoins, le comportement concret du juge national n'est pas guidé par l'arrêt. La doctrine s'est d'ailleurs interrogée sur la faculté des juridictions nationales à aménager le monopole ou à en supprimer une partie[2123]. Force est de constater que la suppression de l'un des droits exclusifs semble aujourd'hui privilégiée par les auteurs[2124].

543. **La confirmation de la théorie du conflit d'intérêts : l'affaire *Silvano Raso*[2125].** Saisie sur la compatibilité des articles 102 et 106 TFUE avec la législation italienne accordant aux anciennes compagnies portuaires le droit exclusif de fournir de la main-d'œuvre temporaire aux différents opérateurs utilisant les services des ports et pouvant également fournir des services portuaires, la Cour de Justice reprend habilement la théorie du conflit d'intérêts tout en modifiant, pour partie, la terminologie utilisée dans l'arrêt *ERT*. La Cour explicite son approche sur l'abus par conflit d'intérêts en utilisant expressément cette notion. En effet, l'arrêt énonce que le cumul du droit exclusif avec la possibilité de concurrencer les autres opérateurs sur le marché de la fourniture de services portuaires constitue une « *situation de conflit d'intérêts* »[2126] pour l'ancienne compagnie portuaire. Il ajoute également que « *par le simple exercice de son monopole, [l'entreprise titulaire du droit exclusif] se trouve en effet en mesure de fausser à son profit l'égalité des chances entre les différents opérateurs économiques agissant sur le marché des services portuaires* »[2127]. Les possibilités d'abus résident, selon la Cour, dans le risque d'imposer des prix excessifs à ses concurrents ou encore de mettre

---

2120 *Ibid.*

2121 L'insuffisance de la production d'œuvre télévisuelle aurait également pu être interprétée au regard du monopole défaillant, quoique la solution du conflit d'intérêts semble plus représentative du risque d'abus de la situation d'ERT.

2122 J. L. Buendia Sierra, *Exclusive rights and state monopolies under EC law: Article 86 (formerly Article 90) of the EC Treaty*, *op. cit.*, p. 166.

2123 N. Charbit, *Le droit de la concurrence et le secteur public*, *op. cit.*, p. 274.

2124 F. Blum, A. Logue, *State Monopolies Under EC Law*, Chichester, Wiley, 1998, p. 140.

2125 CJCE, 12 février 1998, *Silvano Raso*, aff. C-163/96, EU:C:1998:54 ; comm. L. Idot, *Europe*, n° 4, 1998, p. 17.

2126 *Ibid.*, pt 28.

2127 *Ibid.*, pt 29.

à leur disposition une main-d'œuvre moins adaptée aux tâches à accomplir[2128]. Les précisions apportées par l'arrêt et notamment le remplacement de la notion de « discrimination » utilisée dans *ERT*, par les termes « égalité des chances » ou « conflit d'intérêts » permettent de faciliter la lecture de la décision et son application. Elles intègrent ainsi une analyse semblable aux pratiques d'éviction abusives. De plus, la Cour souligne expressément qu'il n'est pas nécessaire de constater l'existence d'un abus effectif pour déterminer si une réglementation est contraire aux articles 102 et 106 TFUE[2129]. Elle nourrit ainsi les discussions de l'époque sur l'existence d'abus automatiques.

c. Abus par extension d'une position dominante

544. **Naissance d'un nouvel abus : l'arrêt *RTT c/ GB-Inno-BM*.** Dans une affaire qui comportait plusieurs points de similitudes avec l'affaire des terminaux de télécommunication[2130], la Cour de justice a appliqué pour la première fois la théorie de l'extension de la position dominante. À l'occasion de l'arrêt *RTT c/ GB-Inno-BM*[2131], une série de questions préjudicielles du tribunal de commerce de Bruxelles interrogeait la Cour sur la validité du monopole de la Régie des télégraphes et des téléphones (ci-après la RTT) avec le traité. Celle-ci détenait, depuis la loi du 13 octobre 1930, le monopole de l'établissement et de l'exploitation du réseau téléphonique belge. Un arrêté ministériel du 20 septembre 1978 lui octroyait, en outre, un monopole de fourniture[2132] et d'agrément des appareils téléphoniques. L'étendue dudit monopole était contestée par *GB-Inno-BM*, entreprise concurrente de fourniture d'appareils téléphoniques. Or, la Cour apporte une sérieuse innovation. En effet, celle-ci a tranché le litige sur la base d'un nouveau type d'abus des personnes publiques, à savoir l'extension de position dominante. En réponse au moyen soulevé par la RTT sur l'effectivité de l'abus, la juridiction européenne répond qu'il « *suffit de relever à cet égard que c'est l'extension du monopole de l'établissement et de l'exploitation du réseau téléphonique au marché des appareils téléphoniques, sans justification objective, qui est prohibée comme telle par l'article 86 ou par l'article 90, paragraphe 1, en relation avec l'article 86, lorsque cette extension est le fait d'une mesure étatique. La concurrence ne pouvant être éliminée de cette manière, elle ne peut pas non plus être faussée* »[2133]. L'expression « comme telle » utilisée par la Cour démontre que c'est l'extension d'une position dominante qui est en soi contraire aux règles de concurrence, sous réserve de l'absence de « justification objective ». Dès lors, l'existence de ce droit exclusif s'appuyant, certes, sur un monopole

---

2128 *Ibid.*, pt 30.

2129 *Ibid.*, pt 31 : « *Dans ces conditions, un cadre juridique tel que celui qui résulte de la loi de 1994 doit être considéré comme étant, en lui-même, contraire à l'article 90, paragraphe 1, lu en combinaison avec l'article 86 du traité. À cet égard, il importe peu que la juridiction de renvoi n'ait pas relevé d'abus effectif de l'ancienne compagnie portuaire transformée (arrêt GB-Inno-BM, précité, points 23 et 24).* »

2130 CJCE, *République française c/ Commission*, aff. C-202/88, *op. cit.*

2131 CJCE, 13 décembre 1991, *RTT c/ GB-Inno-BM SA*, aff. C-18/88, *op. cit.* ; comm. B. Deleporte, *Gaz. Pal.*, vol. I, mai-juin 1992, pp. 470-473.

2132 En pratique, la RTT tolère la concurrence pour les appareils secondaires.

2133 Pt 24 de l'arrêt.

établi, constitue de « *manière consubstantielle une violation du droit communautaire* »[2134]. La difficulté réside donc dans l'appréciation des raisons du transfert d'une « *activité auxiliaire* »[2135] au titulaire d'un droit exclusif. En l'occurrence il n'existait pas, selon les juges, de circonstances permettant de justifier l'extension du monopole de RTT. L'arrêt relève également, pour appuyer sa solution, que la vente des appareils téléphoniques « *est une activité qui doit pouvoir être exercée par toute entreprise* »[2136].

545. **La protection de l'égalité des chances des opérateurs économiques.** La solution proposée par la Cour étonne, par son audace et le nouveau souffle qu'elle accorde à la lecture combinée des articles 102 et 106 TFUE. Le recours à cette nouvelle théorie est sans nul doute une volonté des juges de distancier le cadre juridique de la doctrine du conflit d'intérêts[2137]. Éclairé par les conclusions de l'avocat général Darmon[2138], l'arrêt repose non pas sur une analyse des comportements mais sur des effets potentiels des droits exclusifs confiés à la RTT[2139]. De plus, le bouleversement de l'imputabilité des règles de concurrence est fondamental. Dans le cadre du conflit d'intérêts, le risque d'abus repose sur le comportement de l'opérateur en situation d'exclusivité. La théorie de l'extension de position dominante suppose, quant à elle, que la violation soit imputable à l'extension « *sans justification objective* » de la position dominante. La responsabilité de démontrer la nécessité d'une telle extension repose donc sur les pouvoirs publics.

546. La Cour de justice, dans son arrêt *Connect Austria*, sans reprendre la même formulation, fait référence à l'extension d'une position dominante « *à un marché voisin, mais distinct* »[2140] comme susceptible de fausser la concurrence. Or, la théorie de l'extension ou du renforcement d'une position dominante vise principalement à garantir l'égalité des chances sur le marché. L'abus est constitué par cette réduction mécanique de la concurrence sur le marché. L'arrêt *DEI* a d'ailleurs encore récemment fait référence à l'inégalité des chances comme source d'abus de position dominante des personnes publiques. La formule, fréquemment employée par la Cour de justice notamment dans ses arrêts *GB-Inno-BM* et *Connect Austria*, s'appuie sur l'effectivité du droit de la concurrence. En effet, un « *système de concurrence non faussée tel que celui prévu par le traité ne peut être garanti que si l'égalité des chances entre les différents opérateurs économiques*

2134 F. Berrod, « Les monopoles et le droit communautaire », colloque CEDECE, Strasbourg 17-19 octobre 1996 ; E. Soubeyre-Malard, « Les incidences de l'article 86 (devenu l'article 82) sur les articles 85 et 90, paragraphes 1 et 2 (devenus les articles 81 et 86, paragraphes 1 et 2) du traité », thèse Université Paris 2 Panthéon-Assas, vol. 2, 2000, p. 418.

2135 Pt 18 de l'arrêt.

2136 Pt 22 de l'arrêt.

2137 J. L. Buendia Sierra souligne les multiples points de convergence entre ces deux théories et évoque, à propos de l'affaire RTT, un « *conflict of interest variant* », in *Exclusive rights and state monopolies under EC law: Article 86 (formerly Article 90) of the EC Treaty*, *op. cit.*, p. 169.

2138 Conclusions de l'avocat général M. Darmon présentées le 15 mars 1989, aff. C-18/88, EU:C:1989:131.

2139 Pt 33 des conclusions : « *Vous n'avez pas, dans le cadre de la présente procédure préjudicielle, à rechercher si la situation litigieuse doit ou non être qualifiée d'abus de position dominante* » ; J. L. Buendia Sierra, *Exclusive rights and state monopolies under EC law: Article 86 (formerly Article 90) of the EC Treaty*, *op. cit.*, p. 169.

2140 CJCE, 22 mai 2003, *Connect Austria*, aff. C-462/99, EU:C:2003:297, pt 82 ; comm. L. Idot, *Europe*, 2003, n° 7, pp. 20-21.

est assurée »[2141]. L'abus réside donc concrètement dans la mise en place de barrières structurelles d'accès au marché, par l'intermédiaire d'une extension ou d'un renforcement d'une position dominante. Les contraintes structurelles posées par les États membres écartent l'existence d'une égalité effective sur le marché entre les différents opérateurs économiques. La consécration et la confirmation régulière[2142] de cette doctrine ont ouvert la voie vers la jurisprudence *Port de Gênes*[2143], jurisprudence au cœur des débats sur la théorie de l'abus automatique.

2. L'émancipation contentieuse de la lecture combinée

547. **L'arrêt *Port de Gênes* : extension des pratiques anticoncurrentielles potentielles des personnes publiques.** La jurisprudence *Port de Gênes* apparaît aux yeux de certains auteurs comme l'arrêt consacrant la théorie de l'abus automatique[2144], dépassant les nouveaux types d'abus mis en place par la Cour de justice depuis l'arrêt *Höfner*[2145]. En l'espèce, le code de la navigation italien imposait aux entreprises portuaires de recourir aux compagnies portuaires pour l'exécution de leurs opérations. Lesdites compagnies étaient dotées d'un droit exclusif sur les opérations d'embarquement, de débarquement, de transbordement, de dépôt, de mouvement des marchandises et d'utilisation du matériel portuaire. La Cour, analysant les modalités de constitution dudit monopole, a examiné si l'« *intervention des pouvoirs publics à l'égard des entreprises [...] rend obligatoire une pratique d'entreprise interdite par l'article 85 [101 TFUE] ou l'article 86 [102 TFUE], soit la favorise, soit la rend inévitable, ou concède à des entreprises une compétence d'intervention en lieu et place des pouvoirs publics, à des fins de régulation des marchés* »[2146]. L'approche réalisée par le juge écarte toute référence aux nouveaux types d'abus découverts par l'utilisation de la lecture conjointe de l'article 106 avec les articles 101 et 102 TFUE. L'absence de telles références a permis à la lecture combinée de sanctionner un État membre pour violation des règles de la concurrence, sans s'appuyer sur les nouveaux abus mis en place par la jurisprudence européenne. Cette autonomie a conduit à renforcer les interrogations sur la théorie de l'abus automatique[2147]. Or, une telle lecture s'avère pourtant hâtive, au regard des développements fournis par la suite par la Cour de justice.

2141 CJCE, 13 décembre 1991, *RTT c/ GB-Inno-BM SA*, aff. C-18/88, *op. cit.*, pt 25 ; CJCE, 1er juillet 2008, *MOTOE*, aff. C-49/07, EU:C:2008:376, pt 51 ; comm. L. Idot, *Europe*, 2008, n° 8-9, pp. 28-29 ; A.-L. Sibony, *Concurrences* n° 4-2008, art. n° 22221, pp. 87-89 ; CJCE, 22 mai 2003, *Connect Austria*, aff. C-462/99, *op. cit.*, pt 83 ; comm. L. Idot, *Europe*, 2003, n° 7, pp. 20-21.

2142 En ce sens, CJCE, 25 octobre 2001, *Ambulanz Glöckner*, aff. C-475/99, EU:C:2001:577 ; comm. L. Idot, *Europe*, 2001, n° 12, pp. 21-23.

2143 CJCE, 10 décembre 1991, *Merci Convenzionali Porto di Genova / Siderurgica Gabrielli*, aff. C-179/90, EU:C:1991:464 ; comm. M.-A. Hermitte, *JDI*, 1992, pp. 477-479.

2144 N. Charbit, *Le droit de la concurrence et le secteur public*, *op. cit.*, p. 277 ; N. Charbit, « L'entente automatique », *op. cit.*, p. 47.

2145 J. L. Buendia Sierra, *Exclusive rights and state monopolies under EC law: Article 86 (formerly Article 90) of the EC Treaty*, *op. cit.*, p. 167.

2146 Conclusions de l'avocat général W. Van Gerven présentées le 19 septembre 1991, aff. C-179/90, EU:C:1991:347, pt 15.

2147 N. Charbit, *Le droit de la concurrence et le secteur public*, *op. cit.*, p. 277 ; N. Charbit, « L'entente automatique », *op. cit.*, p. 47.

548. **La protection de la structure concurrentielle du marché.** La protection de la structure de la concurrence, appréhendée notamment dans le cadre de l'abus par conflit d'intérêts, est encore plus manifeste dans l'arrêt *Port de Gênes*. L'avocat général Van Gerven retient une approche comparative entre d'une part l'« *intervention des pouvoirs publics, combinée à l'une quelconque des pratiques d'entreprise* »[2148], et d'autre part une pratique d'entreprise unilatérale dont les effets structurels sont similaires[2149]. Dès lors, l'atteinte à la structure de la concurrence résulterait directement du concours de la personne publique dans la réalisation d'un abus. La mise en œuvre des comportements abusifs des entreprises sert donc à conforter la Cour sur la réalité de l'atteinte structurelle. Une telle analyse nécessiterait donc, selon les conclusions, ces deux étapes : l'une publique et l'autre privée. Ainsi la lecture combinée des articles 102 et 106 TFUE ne saurait-elle déresponsabiliser l'entreprise d'un comportement abusif, nonobstant la faute des autorités publiques.

549. Selon l'interprétation jurisprudentielle de l'article 106 TFUE, les abus des entreprises titulaires de droits exclusifs ou spéciaux peuvent prendre la forme de conditions tarifaires non équitables, de limitation du développement technique ou encore de fixation de conditions de prestations inégales entre les partenaires commerciaux[2150]. Et en l'espèce, la Cour relève que les compagnies portuaires de Gênes étaient « *de ce fait, amenées soit à exiger le paiement de services non demandés, soit à facturer des prix disproportionnés, soit à refuser de recourir à la technologie moderne, ce qui entraîn[aient] un accroissement du coût des opérations et un allongement des délais d'exécution de celles-ci, soit à octroyer des réductions de prix à certains utilisateurs avec compensation concomitante de ces réductions par une augmentation des prix facturés à d'autres utilisateurs* »[2151]. Dès lors, les abus potentiels s'avèrent bien identifiés par le juge européen et ne sauraient être qualifiés d'abus automatiques. L'examen attentif de la Cour démontre bien la recherche d'une pratique anticoncurrentielle et ne se résume donc pas à une application aveugle des prohibitions de pratiques anticoncurrentielles.

550. **L'arrêt *Corbeau*[2152] : apogée des discussions sur la théorie de l'abus automatique.** L'arrêt *Corbeau* constitue une étape essentielle, une « *avancée ultime* »[2153] ou plutôt « *le point culminant de l'évolution* »[2154] des interrogations sur la théorie de l'abus automatique. Injustement limitée à l'application de l'article 106, paragraphe 2, TFUE, la jurisprudence *Corbeau* ne se prive pas d'apporter des éléments de modernisation du recours à la lecture combinée des règles de concurrence.

2148 Conclusions de l'avocat général W. Van Gerven présentées le 19 septembre 1991, aff. C-179/90, *op. cit.*, pt 15.

2149 L'analyse de l'attitude des compagnies ferroviaires conduit José Luis Buendia Sierra à pencher vers une solution comportementale plutôt que structurelle, en dépit de l'orientation prise par les conclusions de l'avocat général. En ce sens, v. J. L. Buendia Sierra, *Exclusive rights and state monopolies under EC law: Article 86 (formerly Article 90) of the EC Treaty*, *op. cit.*, p. 170.

2150 Pt 18 de l'arrêt.

2151 Pt 19 de l'arrêt.

2152 CJCE, 19 mai 1993, *Corbeau*, aff. C-320/91, EU:C:1993:198 ; comm. L. Cartou, *LPA*, 1993, n° 147, pp. 22-23 ; R. Kovar, *Europe*, 1994, n° 7, pp. 1-5.

2153 N. Charbit, *Le droit de la concurrence et le secteur public*, *op. cit.*, p. 278.

2154 J. L. Buendia Sierra, *Exclusive rights and state monopolies under EC law: Article 86 (formerly Article 90) of the EC Treaty*, *op. cit.*, p. 173 : « *the culmination of the evolution* » (traduction libre de l'auteur).

À l'occasion de deux questions préjudicielles, la Cour de justice se prononça sur la compatibilité du monopole postal belge avec le traité. En l'occurrence, M. Corbeau exerçait, en dépit du monopole de la régie des postes, un service de collecte postale aux domiciles des expéditeurs et de distribution dans la région de Liège. De tels services ont conduit la régie à saisir le tribunal correctionnel de Liège afin de sanctionner pénalement ce concurrent. Or, pour la Cour : « *L'exclusion de la concurrence ne se justifie cependant pas dès lors que sont en cause des services spécifiques, dissociables du service d'intérêt général, qui répondent à des besoins particuliers d'opérateurs économiques et qui exigent certaines prestations supplémentaires que le service postal traditionnel n'offre pas, telles que la collecte à domicile, une plus grande rapidité ou fiabilité dans la distribution ou encore la possibilité de modifier la destination en cours d'acheminement, et dans la mesure où ces services, de par leur nature et les conditions dans lesquelles ils sont offerts, telles que le secteur géographique dans lequel ils interviennent, ne mettent pas en cause l'équilibre économique du service d'intérêt économique général assumé par le titulaire du droit exclusif*[2155]. »

551. **Des doutes légitimes sur l'existence d'un abus automatique.** Le principe dégagé dans cet arrêt surprend par sa vivacité et son audace. En effet, la solution propose d'interdire les exclusions de la concurrence sur les marchés connexes d'un droit exclusif. Les seules réserves posées par l'arrêt sont relatives à la dissociabilité du service en cause avec le service public et le maintien de la pérennité de l'équilibre financier de ce dernier. De plus, l'arrêt ne fait « *plus référence à un abus, actuel ou futur* »[2156]. Il écarte à ce titre l'une des limites caractéristiques de la théorie, tenant à la démonstration d'un abus effectif ou potentiel[2157]. Avec cette décision, l'abus se situe implicitement dans la prohibition, sans justification objective, de toute concurrence sur un marché dissociable du droit exclusif. Permettre à un État membre d'évincer la concurrence de manière généralisée prive ainsi le marché du dynamisme de la compétition. Le bénéfice du service d'intérêt économique général (ci-après SIEG) pour les usagers ne doit pas conduire, sans nécessité impérieuse telle que l'équilibre financier du service, à priver le consommateur des bienfaits de la concurrence sur les marchés gravitant autour du SIEG. À l'inverse, la mesure étatique d'extension du monopole produirait des « *effets particulièrement délétères sur la concurrence et les échanges* »[2158].

552. Cela étant, la rédaction de l'arrêt conduisait nécessairement à s'interroger sur le maintien en parallèle de la jurisprudence *Sacchi*[2159]. La clémence de la Cour sur les monopoles publics semblait ébranlée, au profit d'une présomption d'illégalité

2155 Pt 19 de l'arrêt.

2156 N. Charbit, *Le droit de la concurrence et le secteur public*, *op. cit.*, p. 278. En ce sens, v. égal. F. Blum, « De Sacchi à Franzén en passant par la Crespelle : la jurisprudence récente de l'article 90 », *op. cit.*, p. 1035.

2157 Conclusions de l'avocat général G. Tesauro présentées le 9 février 1993, aff. C-320/91, EU:C:1993:52, pt 11 : « *Les arrêts ne précisent pas non plus s'il suffit de constater qu'une situation donnée est potentiellement abusive ou s'il y a lieu au contraire de vérifier en tout cas qu'un abus déterminé a été effectivement commis.* »

2158 *Ibid.*, pt 14.

2159 J.-B. Blaise, « Chronique concurrence », *RTDE*, 1995, n° 859. Ce point fut déjà souligné avant l'arrêt *Corbeau* ; en ce sens, R. Kovar, « La "peau de chagrin" ou comment le droit communautaire opère la réduction des monopoles publics », *op. cit.*, p. 1

de l'extension des droits exclusifs. Il y avait donc, sur ce point, un renversement de la charge de la preuve de la compatibilité du monopole avec la libre concurrence[2160]. Cela occasionnait des craintes d'abus automatiques générés par les États membres. Cependant, la position de la Cour, certes plus agressive envers les droits exclusifs, ne balaye pas les apports de la jurisprudence *Sacchi*, dont « *l'héritage [...] est conservé* »[2161] en ce qui concerne le contrôle du comportement des titulaires de droits exclusifs[2162]. Néanmoins, les progrès amorcés par la Cour furent rapidement tempérés et encadrés par la jurisprudence postérieure, conduisant en parallèle à la fin progressive des discussions sur l'existence d'abus automatiques.

B. Le dénouement récent des discussions

553. Les développements approfondis offerts par l'arrêt *Corbeau*, particulièrement rudes sur les droits exclusifs, ont rapidement conduit la Cour de justice à atténuer la portée de cette décision (1) pour déboucher, *in fine*, sur une solution débarrassée des craintes portant sur l'existence d'abus automatiques (2).

1. La disparition progressive de la théorie de l'abus automatique : l'arrêt *La Crespelle*

554. **L'arrêt *La Crespelle*[2163] : symptôme d'un repli jurisprudentiel.** Saisie sur la conformité du monopole des centres d'insémination artificielle en France avec les articles 5, 86 et 90, paragraphe 1, du traité CEE, la Cour de justice a rapidement réduit le champ d'application de la jurisprudence *Corbeau*. La volte-face de la Cour n'était pas étrangère au climat de repli qui caractérisait, à l'époque, la jurisprudence européenne[2164]. L'arrêt *La Crespelle* survient lors de cette « *tendance générale* »[2165] d'interprétation plus restrictive de l'article 106, paragraphe 2, TFUE[2166]. Le repli engagé par la Cour de justice a également affecté la compréhension et la clarté de l'application de la lecture combinée aux personnes publiques. En effet, la démarche suivie par le juge européen se caractérisait par la « *grande complexité dans la manipulation des concepts* »[2167],

---

2160 J. L. Buendia Sierra, *Exclusive rights and state monopolies under EC law: Article 86 (formerly Article 90) of the EC Treaty*, *op. cit.*, p. 176.

2161 F. Blum, « De Sacchi à Franzén en passant par la Crespelle : la jurisprudence récente de l'article 90 », *op. cit.*, p. 1033.

2162 V. not. le point 11 de l'arrêt.

2163 CJCE, 5 octobre 1994, *Centre d'insémination de la Crespelle c/ Coopérative de la Mayenne*, aff. C-323/93, EU:C:1994:368 ; comm. L. Idot, *Europe*, 1994, n° 12, p. 18 ; F. Gazin, D. Simon, *Europe*, 1994, n° 12, pp. 10-11.

2164 L'arrêt est en effet contemporain de la jurisprudence CJCE, 24 novembre 1993, *Keck et Mithouard*, aff. jtes C-267/91 et C-268/91 , EU:C:1993:905 ; comm. A. Mattera, *RMUE*, 1993, n° 4, pp. 195-196 ; R. Sacre, *Journal des tribunaux / droit européen*, 1994, p. 14 ; P. Le Mire, *AJDA*, 1994, pp. 58-60 ; A. Rigaux, D. Simon, *Europe*, 1994, n° 1, pp. 11-12.

2165 J. L. Buendia Sierra, *Exclusive rights and state monopolies under EC law: Article 86 (formerly Article 90) of the EC Treaty*, *op. cit.*, p. 176 : « *general tendency* » (traduction libre de l'auteur).

2166 *Ibid.* ; L. Idot, *Europe*, 1994, n° 12, p. 18 : « *Cet arrêt paraît confirmer la dernière tendance de la Cour à interpréter moins largement les dispositions de l'article 90, apparue à propos du § 2* » ; R. Kovar, « La Cour de justice et les entreprises chargées de la gestion d'un service d'intérêt économique général. Un pas dans le bon sens vers une dérégulation réglée », *Europe*, 1994, n° 7-8, pp. 1-5.

2167 A.-L. Sibony, A. Défossez, « Libre circulation des marchandises (janvier 2007 – septembre 2008) », *RTDE*, 2008, n° 4, p. 899.

sans pour autant trancher définitivement sur la stabilité de la jurisprudence relative à la lecture combinée.

555. Le retrait des apports de la jurisprudence *Corbeau* : un contrôle structurel supplanté par un examen comportemental. L'offensive contre les monopoles publics lancée au cours de l'année 1991, dont l'arrêt *Corbeau* représente l'apogée, fut « *remise en cause* »[2168] à l'occasion de l'arrêt *La Crespelle*. En effet, la législation française du 28 décembre 1966[2169] sur l'élevage a encadré l'insémination artificielle des animaux et a conféré à ce titre des droits exclusifs à 51 centres d'insémination. Le législateur a permis à de tels centres d'exiger des éleveurs le paiement de frais supplémentaires lors d'une demande de semence provenant d'un autre centre de production. La Cour était donc une nouvelle fois appelée à se prononcer sur l'éventualité d'un abus des pouvoirs publics. À cette occasion, l'arrêt opère un revirement de la charge de la preuve réalisée initialement avec la jurisprudence *Corbeau*. Elle impose pour utiliser la lecture combinée « *d'examiner si une telle pratique constitutive de l'abus allégué est la conséquence directe de la loi* »[2170]. Or, en l'occurrence « *la loi se limite à permettre aux centres de mise en place d'exiger des éleveurs qui leur demandent de fournir des semences provenant de centres de production différents le paiement des frais supplémentaires résultant de ce choix* »[2171] et « *ne les amène [donc] pas à exiger des frais disproportionnés et à ainsi abuser de leur position dominante* »[2172]. Une telle analyse substitue l'examen de la structure de la concurrence à celui du comportement des centres d'insémination. Or selon Françoise Blum, avec une approche associée à la jurisprudence *Corbeau*, la Cour « *aurait ainsi pu considérer que le droit exclusif des centres régionaux avait pour effet de réduire la concurrence en restreignant la production ou les débouchés et elle aurait pu se demander si cette restriction de concurrence était nécessaire à l'accomplissement d'une mission de service d'intérêt général* »[2173].

556. De même, la Cour n'a pas cherché à vérifier si, tout d'abord, la fourniture de semences d'autres régions ou d'autres États membres constituait un marché dissociable du service des centres d'insémination, ni ensuite, si l'extension de ce service à ce monopole était justifiée pour des raisons d'intérêt général. La perception du droit exclusif a donc été complètement bouleversée une année seulement après la jurisprudence *Corbeau*. La professeure Idot relève que la position de la Cour est potentiellement justifiée par l'absence, en l'espèce, de difficultés pour les centres locaux d'insémination à répondre à la demande des éleveurs[2174]. Or une telle orientation de la Cour de justice est assimilée à juste titre à un « *refus de la théorie de l'abus automatique* »[2175]. Les professeurs Prieto et Bosco relèvent que le caractère

---

2168 N. Charbit, *Le droit de la concurrence et le secteur public*, *op. cit.*, p. 280.

2169 Loi n° 66-1005 du 28 décembre 1966 sur l'élevage, *JORF* n° 299 du 29 décembre 1966, p. 11619.

2170 Pt 20 de l'arrêt.

2171 *Ibid.*

2172 Pt 21 de l'arrêt.

2173 F. Blum, « De Sacchi à Franzén en passant par la Crespelle : la jurisprudence récente de l'article 90 », *op. cit.*, p. 1035.

2174 L. Idot, note sous l'arrêt, *op. cit.*, p. 18.

2175 J.-Y. Chérot, *Droit public économique*, Paris, Economica, 2002, p. 133 ; J. L. Buendia Sierra, *Exclusive rights and state monopolies under EC law: Article 86 (formerly Article 90) of the EC Treaty*, *op. cit.*, p. 178 ; C. Prieto, D. Bosco, *Droit européen de la concurrence. Ententes et abus de position dominante*, *op. cit.*, pt 206, p. 192.

automatique de l'abus est en effet incompatible avec la recherche systématique d'un « *lien de cause à effet entre la mesure étatique et l'abus constaté* »[2176].

557. **La confirmation de la jurisprudence *La Crespelle*.** La confirmation par la Cour de justice des nouveaux abus découverts par la jurisprudence antérieure à l'arrêt *Corbeau* s'est prolongée parallèlement aux développements issus de l'arrêt *La Crespelle*[2177]. Ainsi, dans le cadre de l'affaire *GT-Link A/S*[2178], le juge européen a été appelé à se prononcer sur une réglementation danoise qui imposait le paiement de taxes portuaires à la DSB, une entreprise publique propriétaire de plusieurs ports. La Cour a repris à cette occasion « *une lecture moins libérale* »[2179] en cherchant à démontrer la relation directe entre la législation et les prix non équitables qui étaient allégués[2180]. Le montant des taxes était fixé sur la base d'un règlement commun du ministre des Transports danois et ne posait donc pas de réelles difficultés à attester de leur lien de causalité. Dans l'affaire *TNT Traco SpA*[2181], la Cour n'a pas tardé à constater l'incompatibilité de la réglementation italienne imposant aux entreprises postales privées de payer, auprès de l'entreprise publique en situation de monopole, l'affranchissement des courriers qu'elles collectaient. L'arrêt observe notamment que le paiement de la taxe d'affranchissement n'est pas justifié pour financer le service postal universel, ni par la fourniture d'un service particulier à ces entreprises. Il constitue de ce fait un « *prix abusif* »[2182] contraire aux règles de concurrence.

558. **La nécessité d'un équilibre dans l'application de la lecture combinée.** Certes l'arrêt *La Crespelle* a affaibli la progression libérale de la jurisprudence de la Cour. Mais force est de constater que les doutes sur le maintien de la théorie de l'abus automatique s'avèrent vivaces. Nicolas Charbit indique ainsi dans sa thèse que « *la portée de l'arrêt doit être limitée à l'avancée la plus extrême de la théorie de l'abus automatique* »[2183]. L'affaire *Sydhavnens Sten & Grus*[2184] fait expressément état de la complexité pour les juges européens à déterminer le curseur de contrôle des personnes publiques sur la base du droit de la concurrence. En effet, la Cour ne se contente pas d'évaluer si les abus invoqués résultent directement de la réglementation régissant la collecte des déchets de chantier de la région

---

[2176] C. Prieto, D. Bosco, *Droit européen de la concurrence. Ententes et abus de position dominante*, *op. cit.*, pt 206, p. 193. V. égal. conclusions de l'avocat général P. Léger présentées le 21 octobre 1999, aff. C-209/98, EU:C:1999:516, pt 90 ; J.-Y. Chérot, *Droit public économique*, 2e éd., *op. cit.*, p. 133.

[2177] Pour une illustration de l'application, en vain, de la théorie du monopole défaillant et de l'extension de monopole, CJCE, 21 septembre 1999, *Albany*, aff. C-67/96, EU:C:1999:430 ; comm. A. Rigaux, D. Simon, *Europe*, 1999, n° 11, p. 14

[2178] CJCE, 17 juillet 1997, *GT-Link c/ De Danske Statsbaner*, aff. C-242/95, EU:C:1997:376 ; comm. Y. Scaramozzino, *Gaz. Pal.*, 1998, vol. I, p. 415. V. égal. CJCE, 18 juin 1998, *Corsica Ferries*, aff. C-266/96, EU:C:1998:306 ; comm. L. Idot, *Europe*, 1998, n° 8, pp. 18-19 ; R. Le Mestre, *JCP G*, 1999, II, p. 10097 ; M.-A. Hermitte, *JDI*, 1999, pp. 586-587 ; CJCE, 25 octobre 2001, *Ambulanz Glöckner*, aff. C-475/99, *op. cit.* ; comm. L. Idot, *Europe*, 2001, n° 12, pp. 21-23 ; M. Bazex, S. Blazy, *Dr. adm.*, 2002, n° 3.

[2179] Conclusions de l'avocat général P. Léger préc., aff. C-209/98, pt 88.

[2180] Pour une application récente, v. en ce sens CJUE, 27 février 2014, *OSA*, aff. C-351/12, EU:C:2014:110 ; comm. C. Caron, J. Castelain, *Droit de l'immatériel : informatique, médias, communication*, 2014, n° 105, pp. 63-68.

[2181] CJCE, 17 mai 2001, *TNT Traco SpA*, aff. C-340/99, EU:C:2001:281 ; comm. J. Vialens, *Gaz. Pal.*, vol. I, 2002, pp. 177-178.

[2182] N. Charbit, *Le droit de la concurrence et le secteur public*, *op. cit.*, p. 283.

[2183] *Ibid.*, p. 282.

[2184] CJCE, 23 mai 2000, *Sydhavnens Sten & Grus*, aff. C-209/98, EU:C:2000:279 ; comm. L. Idot, M. Pietri, *Europe*, 2000, notes 207 et 218, pp. 16-17 et 20-21.

de Copenhague. La logique de l'arrêt dépasse le cadre comportemental. Les effets non négligeables sur la structure de la concurrence sont relevés expressément dans la décision. Celle-ci précise que « *l'exclusivité a pour effet d'exclure des entreprises pourtant qualifiées désirant entrer sur le marché* »[2185]. Mais la Cour justifie, malgré tout, la constitution d'une position dominante pour répondre à une circonstance locale de défaillance du marché de recyclage. De même, la possibilité d'instaurer un mécanisme moins restrictif ne saurait selon la Cour, satisfaire les objectifs recherchés par les autorités publiques.

559. De la même façon, la perception formaliste de l'arrêt *La Crespelle* n'est pas aussi visible dans l'affaire *Deutsche Post*[2186]. L'opérateur postal allemand avait assimilé, sur le fondement de la législation allemande, du courrier néerlandais comme étant du courrier intérieur. De ce fait, lesdits envois postaux étaient assujettis aux taxes allemandes, ce qui doublait, par conséquent, le coût des plis. Comme le relève habilement l'avocat général, la hausse des tarifs peut être considérée comme une conséquence directe de la législation allemande, en donnant expressément le droit à la Deutsche Post d'agir de la sorte[2187]. La Cour, quant à elle, considère que l'« *attribution à une entité telle que la Deutsche Post du droit de traiter, dans de tels cas, les envois internationaux comme du courrier intérieur crée une situation dans laquelle cette entité peut être amenée, au détriment des utilisateurs des services postaux, à exploiter d'une façon abusive sa position dominante* »[2188]. Malgré le manque de précision regrettable sur la nature exacte de l'abus dans le cas d'espèce[2189], la Cour reprend l'analyse apparue dans l'arrêt *Corbeau*. Elle examine la conformité de la décision *Deutsche Post* avec l'article 106, paragraphe 2, TFUE. En l'occurrence, la forte disparité entre les envois justifie l'imposition intérieure dans le but de préserver l'équilibre du service universel postal.

2. L'affaire de la lignite grecque : la disparition confirmée de la théorie de l'abus automatique

560. **La maladresse initiale du Tribunal de l'Union européenne : l'arrêt *DEI c/ Commission*[2190].** La première décision du Tribunal sur l'application conjointe des articles 102 et 106 du traité illustre[2191], par sa maladresse[2192], la difficulté pour

---

[2185] Pt 79 de l'arrêt.

[2186] CJCE, 10 février 2000, *Deutsche Post*, aff. jtes C-147/97 et C-148/97, EU:C:2000:74 ; comm. L. Idot, *Europe*, 2000, n° 4, p. 19.

[2187] Conclusions de l'avocat général A. La Pergola présentées le 1er juin 1999, aff. jtes C-147/97 et C-148/97, EU:C:1999:270, pt 21.

[2188] Pt 48 de l'arrêt.

[2189] La situation dans le cas d'espèce est particulière ; les différents opérateurs sont en situation de position dominante dans leurs États respectifs. L'avocat général soulève, au point 19 de ses conclusions, plusieurs abus pouvant être attestés dans cette affaire, notamment le refus de fourniture des services ou la discrimination. La disproportion des tarifs est très probable dans la mesure où il n'y a aucune déduction des frais de terminaux engagés dans l'autre État membre.

[2190] Trib. UE, 20 septembre 2012, *DEI c/ Commission*, aff. T-169/08, *op. cit.* ; comm. L. Idot, *Europe*, 2012, n° 11, pp. 34-35.

[2191] Conclusions de l'avocat général M. Wathelet présentées le 5 décembre 2013, aff. C-553/12 P, EU:C:2013:807, pt 41.

[2192] A.-L. Sibony, note sous l'arrêt C-553/12 P, *Concurrences* n° 4-2014, art. n° 69872, p. 132.

les juges européens d'appréhender la démonstration d'un abus lors de l'utilisation de la lecture combinée. Le Tribunal avait été saisi d'un recours en annulation à l'encontre de deux décisions de la Commission par lesquelles celle-ci avait condamné, sur la base des articles 102 et 106 TFUE, le transfert de la quasi-exclusivité de l'exploitation des réserves grecques de lignite à la DEI. À la suite de ce transfert, l'entreprise DEI, ancien opérateur historique, affichait désormais une double position dominante. Elle détenait 85 % du marché de gros de l'électricité mais aussi 97 % du marché grec de lignite. L'affaire abordait donc plus particulièrement le risque d'abus par extension de position dominante.

561. Le recours de la DEI visait, en l'occurrence, les deux décisions de la Commission européenne imposant à la Grèce une nouvelle répartition des réserves de lignite. Ainsi 40 % des réserves devaient être confiées, par appels d'offres, aux concurrents de la DEI. Le recours de cette dernière contestait principalement la motivation de la Commission qui se focalisait essentiellement sur le manque d'égalité des chances des différents opérateurs susceptibles, selon la Commission, de décourager « *tout concurrent potentiel d'investir dans la production et la fourniture d'électricité en Grèce* »[2193]. Or pour le Tribunal une telle motivation est insatisfaisante. L'arrêt marquait à cette occasion un « *coup d'arrêt à la théorie dite de l'abus automatique* »[2194] selon l'expression de la professeure Idot. En effet, d'après le Tribunal, la Commission devait identifier un abus réel ou potentiel de position dominante de la DEI afin d'identifier une pratique anticoncurrentielle. L'extension de la position dominante de l'entreprise nécessitait donc de démontrer la possibilité d'un abus issu directement du transfert des réserves de lignite. Par ailleurs, l'arrêt ajoutait que l'impossibilité pour les concurrents de DEI d'accéder au marché ne pouvait être imputée aux titulaires des droits exclusifs. Une telle situation dépendait en effet uniquement des autorisations publiques et nullement d'une action de la DEI.

562. En pratique, un tel arrêt revient à écarter définitivement les doutes sur l'existence d'abus automatiques. La professeure Sibony a ainsi fortement critiqué la solution du juge européen. Elle souligne qu'imposer à la Commission de fournir les preuves d'un abus de position dominante au sens de l'article 102 TFUE prive d'effectivité la combinaison des articles 102 et 106 TFUE. Par conséquent, l'« *article 106 […] n'aurait plus de portée* »[2195] ni d'effet sur les obligations des États membres de respecter les règles de concurrence lorsqu'ils accordent des droits exclusifs ou des droits spéciaux. La richesse de la lecture combinée consistant à associer plusieurs articles du traité afin de garantir l'effectivité des règles de concurrence serait dissoute. Cependant, la faiblesse de l'arrêt du Tribunal a rapidement été écartée par la Cour de justice.

563. **L'affaire *Commission c/ DEI*[2196] : un nouveau point d'équilibre.** Le pourvoi présenté devant la Cour de justice a donné l'occasion de préciser le mode d'examen à adopter dans un tel contentieux. Sur ce point, la Cour suit la solution

---

2193 Pt 31 de l'arrêt.

2194 L. Idot, note sous l'arrêt, *op. cit.*, p. 34.

2195 A.-L. Sibony, note sous l'arrêt C-553/12 P, *op. cit.*, p. 132.

2196 CJUE, 17 juillet 2014, *Commission c/ DEI*, aff. C-553/12 P, *op. cit.* ; comm. L. Idot, *Europe*, 2014, n° 10, p. 40 ; C. Robin, *RLC*, 2015, n° 42, pp. 42-43 ; S. Roset, *Europe*, 2017, n° 12, p. 42.

proposée par l'avocat général Wathelet. Ce dernier, sur la base de la jurisprudence *Raso e.a*[2197], rappelle que l'abus résulte directement de l'exercice du monopole et de sa capacité à « *fausser à son profit l'égalité des chances entre les différents opérateurs économiques agissant sur le marché* »[2198]. Par conséquent le constat d'une violation des dispositions combinées des articles 102 et 106 TFUE est réalisé « *indépendamment de tout abus effectif* »[2199]. La Cour, dans un attendu pédagogique et précis, souligne[2200] qu'il « *importe seulement que la Commission identifie une conséquence anticoncurrentielle, potentielle ou réelle, susceptible de résulter de la mesure étatique en cause. Une telle violation peut ainsi être constatée lorsque les mesures étatiques en cause affectent la structure du marché en créant des conditions inégales de concurrence entre les entreprises, en permettant à l'entreprise publique ou à l'entreprise à laquelle ont été octroyés des droits spéciaux ou exclusifs de maintenir, par exemple en entravant de nouvelles entrées sur ce dernier, de renforcer ou d'étendre sa position dominante sur un autre marché restreignant ainsi la concurrence, et ce sans qu'il soit requis de prouver l'existence d'une pratique abusive réelle* »[2201]. La solution proposée a pour principal intérêt de garantir l'effectivité des règles de concurrence en confirmant la possibilité, dans le cadre d'une lecture combinée, de se limiter à la preuve d'un abus potentiel[2202]. Ainsi, comme le remarque habilement le professeur Dufau, « *le temps de l'illégalité et le temps du délit sont asynchrones* »[2203].

564. **La fin confirmée de la théorie de l'abus automatique comme résultat de l'approche par les effets.** En dépit des doutes d'une partie de la doctrine sur le retour de la théorie de l'abus automatique avec cet arrêt[2204], une lecture attentive permet précisément de conclure l'inverse. La Cour de justice confirme, au sein du même arrêt, l'analyse amorcée dans l'arrêt *La Crespelle*, mais aussi son approche fondée sur les effets dans le cadre de l'article 102 TFUE[2205]. En effet, cette dernière s'avère incompatible avec l'idée même d'abus automatique. La Cour indique tout d'abord qu'il y a violation des articles 106 et 102 TFUE lorsque la mesure publique « *crée un risque d'abus de position dominante* »[2206]. Elle opère à cette occasion un renvoi vers les effets réels ou potentiels de la mesure sur la concurrence. Une telle analyse, loin d'être innovante, est classique dans le cadre de l'examen des violations de l'article 102 TFUE. À ce titre, la jurisprudence *TeliaSonera Sverige*, précise

---

2197 CJCE, 12 février 1998, *Silvano Raso*, aff. C-163/96, *op. cit.*

2198 Conclusions de l'avocat général M. Wathelet préc., aff. C-553/12 P, pt 51.

2199 *Ibid.*, pt 55.

2200 Ce dernier réaffirme par ailleurs la théorie d'extension de position dominante.

2201 Pt 46 de l'arrêt.

2202 A. Ronzano, note sous l'arrêt C-553/12 P, *Concurrences* n° 4-2014, art. n° 70265.

2203 J. Dufau, « Le "pantouflage" et le droit », *Gaz. Pal.*, 1997, Doctr. 1563, p. 7.

2204 L. Idot, « Abus de position dominante et entreprise publique », *Europe*, comm. n° 10, p. 40.

2205 Cette approche a été entreprise notamment par la Commission européenne, en ce sens Comm. eur., Communication « Orientations sur les priorités retenues par la Commission pour l'application de l'article 82 du traité CE aux pratiques d'éviction abusives des entreprises dominantes », *op. cit.* Sur cette approche, v. en ce sens C. Prieto, Disponible sur https://www.courdecassation.fr/IMG/File/pdf_2007/08-02-2007/08-02-2007_prieto.pdf (consulté le 20/02/2021) ; D. Bosco, « Regards sur la modernisation de l'abus de position dominante », *LPA*, 2008, n° 133, p. 14 ; A. Wachsmann, « Les limites de l'approche actuelle en matière d'abus de position dominante », *Concurrence et consommation*, 2006, n° 146, pp. 3-8.

2206 CJUE, 17 juillet 2014, *Commission c/ DEI*, aff. C-553/12, *op.cit.*, pt 42 de l'arrêt.

que « *l'effet anticoncurrentiel de [la pratique abusive] sur le marché doit exister, mais il ne doit pas être nécessairement concret, étant suffisante la démonstration d'un effet anticoncurrentiel potentiel de nature à évincer les concurrents au moins aussi efficaces que l'entreprise en position dominante* »[2207].

565. Par conséquent, lorsque l'arrêt *DEI* précise qu'il n'est pas nécessaire de démontrer un « *abus réel* »[2208], il permet d'identifier la violation des articles 106 et 102 TFUE sur la base d'un simple abus potentiel. L'arrêt le confirme d'ailleurs en recherchant « *une conséquence anticoncurrentielle, potentielle ou réelle, susceptible de résulter de la mesure étatique en cause* »[2209]. Cette recherche d'un lien de cause à effet entre la mesure étatique et l'abus potentiel écarte donc l'existence d'un abus qui s'appliquerait automatiquement. En l'espèce, le caractère automatique a donc été confondu avec la recherche des effets potentiels de l'abus. De même, cette confusion peut également s'expliquer par les difficultés à saisir l'abus identifié en l'espèce. Celui-ci revêt une nature spécifique qui s'explique par son origine publique. Ainsi, la mesure grecque en cause, en fixant des conditions inégales sur le marché, a affecté durablement la structure de la concurrence sur le marché. Un recours à des appels d'offres aurait ainsi permis d'éviter un tel accaparement des gisements de lignite par un opérateur historique en garantissant une concurrence par les mérites et le dynamisme sur le marché.

Section 2
L'application effective du droit des pratiques anticoncurrentielles aux contrats de la commande publique

566. **La lecture combinée : un mécanisme saisi par le juge administratif.** Le recours à la lecture conjointe des règles de concurrence n'est pas propre à la Cour de justice. Les juridictions administratives usent régulièrement d'un tel mécanisme. La finalité de ce mécanisme, parfaitement intégrée par les juges nationaux, trouve toutefois un cadre d'application plus large en droit national en raison de l'ampleur du contentieux porté devant les juridictions administratives. Or, en intégrant le droit de la concurrence dans son bloc de légalité, le juge administratif confirme la réflexion du juge européen sur les potentielles pratiques anticoncurrentielles suscitées par les personnes publiques[2210].

2207 CJUE, 17 février 2011, *TeliaSonera Sverige*, aff. C-52/09, *op. cit.*, pt 64 ; comm. C. Prieto, J.-C. Roda, *JDI*, 2011, pp. 553-564 ; L. Idot, *Europe*, 2011, n° 4, pp. 21-23 ; V. égal. CJUE, 6 décembre 2012, *AstraZeneca*, aff. C-457/10 P, EU:C:2012:770, pt 112 ; comm. E. Dieny, *JCP E*, 2013, n° 3, pp. 35-37 ; L. Idot, *Europe*, 2013, n° 2, pp. 37-38 ; CJUE, 19 avril 2012, *Tomra*, aff. C-549/10 P, EU:C:2012:221, pt 79 ; ; L. Idot, *Europe*, 2012, n° 6, p. 249 ; A.-L. Sibony, *Concurrences* n° 3-2012, art. n° 48339, pp. 101-104 ; C. Robin, *RLC*, 2012, n° 37, p. 22 ; CJUE, 10 juillet 2014, *Telefónica*, aff. C-295/12 P, EU:C:2014:2062, pt 124 ; comm. L. Idot, *Europe*, n° 10 pp. 37-38 ; A. Dawes, N. Von Lingen, *Concurrences* n° 4-2014, art. n° 69376, pp. 37-43 ; C. Robin, *RLC*, 2015, n° 42, p. 43.

2208 CJUE, 17 juillet 2014, *Commission c/ DEI*, aff. C-553/12 P, *op. cit.*, pt. 46.

2209 *Ibid.*, pt 46.

2210 J. Sirinelli, « Règles de concurrence et actes des personnes publiques en droit administratif et européen », *op. cit.*, p. 6 et s. V. égal. sur cette thématique J. Caillosse, « Personnes publiques et concurrence : quels enjeux théoriques ? », *op. cit.*, pp. 761-768.

567. **Une utilisation logique dans les contrats de la commande publique.** Par ailleurs, ses domaines d'application, nettement plus larges à l'échelle interne, concernent pour une part déterminante le droit de la commande publique. Les droits exclusifs visés par l'article 106, paragraphe 1, TFUE trouvent ainsi un écho déterminant dans les contrats de concessions. Ces derniers génèrent, *de facto*, un monopole sur un secteur géographique déterminé. Par conséquent, l'activité de la Cour de justice, dont la compétence s'avère limitée, se traduit, à l'échelle nationale, par un contrôle des concessions pouvant être assimilées à des pratiques anticoncurrentielles. De la même façon, la mise en concurrence, étape fondamentale de la procédure d'attribution des contrats publics, peut également avoir des effets d'éviction arbitraires sur de nombreux opérateurs économiques. La lecture combinée, qui impose « *aux États membres de ne pas prendre ou maintenir en vigueur des mesures susceptibles d'éliminer l'effet utile* »[2211] des règles de concurrence lors de l'octroi de droits exclusifs, trouve donc pleine application dans le cadre du droit de la commande publique. Ce domaine de recherche conduit nécessairement à offrir une place déterminante au contentieux portant sur les contrats publics et donc au droit interne. Ce dernier fournit de nombreuses illustrations de l'emploi du droit de la concurrence pour prévenir, voire supprimer, les pratiques anticoncurrentielles suscitées par les personnes publiques lors de procédures de passation. Il convient dès lors d'examiner attentivement la consécration par le juge national de la lecture combinée (§ 1) et d'observer la place déterminante du droit de la commande publique dans ce contentieux (§ 2). Enfin, il est nécessaire d'examiner les capacités du droit de la commande publique à intégrer en son sein des mécanismes capables de neutraliser les risques de pratiques anticoncurrentielles suscitées par les acheteurs publics ou autorités concédantes (§ 3).

§ 1. L'extension de la lecture combinée aux contrats de la commande publique

568. L'adhésion du Conseil d'État à la lecture conjointe des règles de concurrence par la décision *FFSA* du 8 novembre 1996[2212], soit deux ans après son refus initial d'intégrer ce mécanisme européen en droit interne[2213], marque une période d'essor du recours au droit de la concurrence dans le cadre du contentieux administratif et notamment à l'encontre des contrats publics (A). La portée de cette consécration a d'ailleurs fait l'objet de nombreuses précisions tant doctrinales que jurisprudentielles (B).

2211 CJCE, 18 juin 1991, *ERT c/ DEP*, aff. C-260/89, *op. cit.*, pt 35.

2212 CE, 8 novembre 1996, *Fédération française des sociétés d'assurance et autres*, n° 122644, *Rec.* p. 441 ; comm. D. Chauvaux, T.-X. Girardot, *AJDA*, 1997, n° 2, pp. 142-151.

2213 CE, 29 juillet 1994, *S.A. Coopérative d'achat mutualiste des instituteurs de France (CAMIF)*, n° 130503, *Rec.* p. 365 ; comm. *CJEG*, 1996, n° 519, pp. 116-121.

A. L'essor rapide de la lecture combinée en droit interne

569. **L'affaire *FFSA* : entre application traditionnelle et extensive de la lecture combinée.** Saisie par la Fédération française des sociétés d'assurance sur la conformité avec les règles européennes de concurrence du transfert, à la caisse nationale d'assurance vieillesse mutuelle agricole, de la gestion du régime complémentaire des chefs d'exploitation agricole, le Conseil d'État affirme pour la première fois son ralliement à la lecture combinée pour sanctionner un droit exclusif accordé par l'État[2214]. La décision n'était sans doute pas insensible à la réponse de la Cour de justice lors de la question préjudicielle du Palais-Royal. Celle-ci confirmait que ladite caisse était, du fait de la nature de son activité, une entreprise au sens de l'article 85 du traité CEE[2215]. Dans un premier temps, le Conseil d'État constate que le décret attaqué du 26 novembre 1990 a pour effet de placer la caisse nationale d'assurance vieillesse mutuelle agricole en position dominante sur une partie substantielle du marché. Dans un second temps, il confirme la portée essentielle de la jurisprudence européenne sur le respect des règles de la concurrence par les États membres. La décision énonce en effet « *que le fait de créer une telle position dominante par l'octroi d'un droit exclusif au sens de l'article 90, paragraphe 1, n'est incompatible avec l'article 86 du traité que si l'entreprise en cause est amenée, par le simple exercice du droit exclusif qui lui a été conféré, à exploiter sa position dominante de façon abusive* ». Les éléments constitutifs de la pratique anticoncurrentielle suscitée par la personne publique sont donc consacrés en droit français. En l'espèce, le recours à l'usage combiné de ces deux articles permet au Conseil d'État d'analyser la compatibilité dudit décret avec les règles européennes de concurrence. Le fait que l'exclusivité n'ait pas de justification est susceptible de fausser la concurrence et constitue, selon la décision, un abus au sens de l'article 106 TFUE.

570. Par conséquent, le juge national assimile le seul transfert illégitime d'une position dominante à un organisme gestionnaire d'un régime de retraite complémentaire, à un abus. La création d'une telle position dominante entrave naturellement la concurrence sur le marché. Cette assimilation permettait aux juges d'éviter de rechercher l'existence d'un éventuel abus effectif au profit d'un abus potentiel. La lecture offerte par le Conseil d'État, dès 1996, était particulièrement bienveillante envers l'émergence de la théorie de l'abus automatique. Il semblait privilégier, par ailleurs, une analyse semblable à l'arrêt *Corbeau* en jugeant que l'absence de justifications d'un tel transfert de position dominante est, en soi, constitutive d'un abus aux règles de concurrence. Une telle démarche, sous l'influence de la jurisprudence européenne, va progressivement se tempérer en se montrant vigilante sur la démonstration d'une pratique abusive.

571. **La décision *Million et Marais* : application aux délégations de service public.** La décision *Million et Marais*[2216], célèbre en raison de l'appréciation par le juge

---

2214 J. Sirinelli, « Règles de concurrence et actes des personnes publiques en droit administratif et européen », *op. cit.*, p. 6.

2215 CJCE, 16 novembre 1995, *FFSA e.a. c/ Ministère de l'Agriculture et de la Pêche*, aff. C-244/94, EU:C:1995:392 ; comm. P. Jacob, *RMUE*, 1995, n° 4, pp. 187-188

2216 CE, Sect., 3 novembre 1997, *Société Million et Marais*, n° 169907, *Rec.* p. 393 ; comm. O. Guézou, *AJDA*, 1998, pp. 247-253.

administratif, pour la première fois, de la validité d'un contrat administratif au regard de l'ordonnance du 1er décembre 1986[2217], contrôle également l'existence d'une violation des règles de la concurrence par l'autorité adjudicatrice[2218]. La société Million et Marais contestait l'attribution d'une concession municipale du service extérieur de pompes funèbres. La durée de la concession, fixée à six ans, contrevenait selon elle à l'interdiction d'exploiter abusivement une position dominante. Dès lors, pour la requérante, l'abus de position dominante du délégataire serait « *automatiquement constitué et résulte[rait] directement du contrat administratif et des actes unilatéraux qui le précèdent* »[2219]. Les conclusions du commissaire du gouvernement (désormais rapporteur public)[2220] Stahl font d'ailleurs expressément référence à la théorie de l'abus automatique. Il évoque notamment l'importance de prévenir que les actes de dévolution d'un service public ont « *eux-mêmes et par principe* » la capacité de placer l'opérateur économique en situation de méconnaître le droit de la concurrence[2221].

572. Tout d'abord, celui-ci relève que l'acte de dévolution d'un service public comporte nécessairement des effets sur la concurrence en réservant à un seul opérateur l'exclusivité d'intervenir sur le marché[2222]. De surcroît, la clause de durée du contrat comporte, en soi, les germes d'un abus de position dominante « *si la durée de la concession excède, sans justification ni motif d'intérêt général, la durée d'amortissement des biens nécessaires à l'exploitation du service* »[2223]. Or, comme le souligne le commissaire du gouvernement, la durée excessive d'une concession peut être sanctionnée sur la base de la loi n° 93-122 du 29 janvier 1993 relative à la prévention de la corruption et à la transparence de la vie économique et des procédures publiques. Mais le droit de la concurrence fournit un moyen supplémentaire pour encadrer la durée des concessions[2224]. En effet, il permet de dépasser le seul cadre

---

2217 Ordonnance n° 86-1243 du 1er décembre 1986 relative à la liberté des prix et de la concurrence. Sur l'application du droit de la concurrence au bloc de légalité, v. en ce sens M. Bazex, « Le droit public de la concurrence », *op. cit.*, p. 781 ; M. Bazex, « La libre concurrence, nouvelle source de l'action administrative », *Gaz. Pal.*, 2001, n° 207, p. 3 ; N. Charbit, *Le droit de la concurrence et le secteur public*, *op. cit.* ; S. Destours, *La soumission des personnes publiques au droit interne de la concurrence*, Paris, Litec, 2000, 587 p. ; D. Katz, *Juge administratif et droit de la concurrence*, Aix-en-Provence, Presses universitaires d'Aix-Marseille, 2004, pt 441 et s. ; G. Clamour, *Intérêt général et concurrence. Essai sur la pérennité du droit public en économie de marché*, *op. cit.*, pt 13 et s., p. 6 et s.

2218 F. Béroujon, « L'impact des règles issues du droit de la consommation », in acte du colloque « Dix ans après la décision *Million et Marais* : et après ? », *JCP A*, 2007, n° 44, pt 22, p. 33 ; S. Nicinski, *Droit public de la concurrence*, *op. cit.*, pp. 56-57 ; C. Cabanes, B. Neveu, *Droit de la concurrence dans les contrats publics*, *op. cit.*, p. 90. V. égal. TA Melun, 13 février 2018, *Société d'exploitation des établissements Depanauto*, n° 1509104, inédit au *Rec.*

2219 S. Nicinski, *Droit public des affaires*, 7e éd., *op. cit.*, p. 66 et s.

2220 Depuis le décret n° 2009-14 du 7 janvier 2009 relatif au rapporteur public des juridictions administratives et au déroulement de l'audience devant ces juridictions, la fonction de commissaire du gouvernement est remplacée par celle de rapporteur public.

2221 J.-H. Stahl, Conclusions sur la décision CE, *Million et Marais*, 3 novembre 1997, *op. cit.*, p. 1228 et s.

2222 *Ibid.*

2223 *Ibid.*, p. 403. V. égal. en ce sens, Comm. eur., Communication interprétative sur les concessions en droit communautaire du 29 avril 2000, *JOCE* n° C 121 du 29 avril 2000, p. 7, pt 3.1.3 ; Cons. conc., déc. n° 00-D-47 du 22 novembre 2000, *op. cit.* V. égal. A. Louvaris, « Les contrats des collectivités territoriales et le droit de la concurrence », *op. cit.*, pt 48 et s., p. 38.

2224 B. Lasserre, « Seize ans après *Million et Marais*. Les riches heures du contrôle de légalité des actes administratifs au regard des règles de concurrence », *op. cit.*, p. 112.

de la loi Sapin, qui se limite au stade de la passation du contrat. La durée d'un contrat public peut être disproportionnée sans résulter nécessairement de corruption ou de favoritisme[2225]. Ce nouveau moyen « *intègre dans le prétoire administratif l'exigence de préservation des structures concurrentielles* »[2226] selon l'expression du professeur Clamour. En l'espèce, le Conseil d'État reprend la proposition des conclusions de J.-H. Stahl. Il conclut ainsi que la durée de la concession n'est pas constitutive d'un abus au sens de l'article 102 TFUE.

B. La portée de la consécration en droit interne

573. **L'internalisation de la lecture combinée.** La décision *Million et Marais* présente l'intérêt de donner les moyens aux juges administratifs de protéger l'effectivité du droit de la concurrence en dépassant l'écran formé par le contrat administratif[2227]. Le professeur Louvaris y voit d'ailleurs la consécration d'une obligation pour le droit de la commande publique de respecter l'ordre public concurrentiel[2228]. Le champ d'application du droit européen de la concurrence étant limité, le droit national de la concurrence joue le rôle de relais dans le maintien des standards offerts par la jurisprudence de la Cour de justice. Il est donc impératif, notamment pour les contrats publics les plus modestes, de conserver une assise solide en droit interne[2229]. Le maintien de l'acquis jurisprudentiel européen nécessitait donc de prendre appui sur l'ordonnance de 1986. C'est justement sur cette base juridique que la décision *Million et Marais* précise que les clauses de la délégation de service public « *ne peuvent légalement avoir pour effet de placer l'entreprise dans une situation où elle contreviendrait aux prescriptions susmentionnées de l'article 8 [de l'ordonnance]* ». Le recours à cette dernière permet au Conseil d'État de combler un vide juridique[2230], vide intrinsèquement lié à l'absence de dispositions analogues à l'article 106 TFUE au sein du droit national. Olivier Guézou ajoute, sur ce point, que la décision *Million et Marais* supplée « *la carence du droit interne de la concurrence [,] qui ne contient aucune disposition susceptible de faire explicitement le lien entre comportements anticoncurrentiels d'entreprises et actes administratifs* »[2231].

2225 De la même façon, Comm. eur., déc. 1999/242/CE du 3 mars 1999, relative à une procédure d'application de l'article 85 du traité CE, *TPS*, aff. IV/36.237, *JOCE* n° L 90 du 2 avril 1999, pp. 6-22. Celle-ci indique que l'attribution d'un droit exclusif pour une durée trop importante est génératrice de restrictions de la concurrence.

2226 G. Clamour, « Qui peut le moins peut le plus... ! Ou la liberté économique de fait des personnes publiques », in acte du colloque « Dix ans après l'arrêt *Million et Marais* : et après ? », *op. cit.*, p. 48.

2227 O. Guézou, « La légalité d'un acte administratif peut être appréciée au regard des dispositions de l'ordonnance du 1er décembre 1986 », *AJDA*, 1998, p. 248 ; O. Guézou, « Million et Tropic : histoires parallèles et vie commune », *op. cit.*, p. 151.

2228 A. Louvaris, « Les contrats des collectivités territoriales et le droit de la concurrence », *op. cit.*, pt 19 et 49, pp. 35 et 38.

2229 Pour une illustration de telles limites dans le contentieux européen, CJUE, 12 décembre 2013, *Ragn-Sells*, aff. C-292/12, EU:C:2013:820 ; comm. S. Roset, *Europe*, 2014, n° 2 p. 44-45 ; CJCE, 25 octobre 2001, *Ambulanz Glöckner*, aff. C-475/99, *op. cit.* ; comm. L. Idot, *Europe*, 2001, n° 12, pp. 21-23 ; M. Bazex, S. Blazy, *Dr. adm.*, 2002, n° 3.

2230 O. Guézou, « La légalité d'un acte administratif peut être appréciée au regard des dispositions de l'ordonnance du 1er décembre 1986 », *op. cit.*, p. 248.

2231 *Ibid.*

574. **Une logique empruntée à l'arrêt *Bodson*.** À l'instar de la Cour de justice dans son arrêt *Bodson*[2232], la jurisprudence *Million et Marais* garantit l'autonomie des contrats publics et refuse de les soumettre aux règles relatives aux ententes et pratiques unilatérales. En effet, l'article 101 TFUE ne saurait s'appliquer à un contrat public. L'acheteur public, en tant qu'autorité publique, ne saurait être assimilé à une entreprise au sens de cet article[2233]. Par conséquent, la Cour confère légitimement l'immunité aux contrats signés par les autorités publiques. Néanmoins, la Cour maintient un cadre d'intervention sur ce type de contrat par l'intermédiaire de l'article 106 TFUE. La plaignante soutenait dans cette affaire que les prix pratiqués par les concessionnaires du service extérieur de pompes funèbres étaient abusifs. La Cour, tout en écartant l'abus en l'espèce, a relevé la possibilité de recourir aux dispositions de l'article 106 TFUE[2234] si l'abus allégué résulte d'une obligation ou d'une clause imposée par la personne publique lors de la signature du contrat[2235]. On peut donc en déduire que la responsabilité de l'abus glisserait du concessionnaire vers l'autorité concédante. La lecture offerte par le Conseil d'État dans la décision *Million et Marais* relève de la même logique. Après avoir rappelé que le contrat de concession ne saurait être soumis aux dispositions des articles 7 et 8 de l'ordonnance de 1986 relative à la liberté des prix et de la concurrence, la décision précise, toutefois, que le contrat ne peut placer le concessionnaire dans une position telle qu'il pourrait abuser de sa position dominante. Les deux solutions proposées, tant par le juge européen que par le juge national, offrent un nouvel écho au droit de la concurrence dans l'opposabilité de ces règles aux acheteurs publics et autorités adjudicatrices[2236].

575. **La consolidation du recours à la lecture combinée en matière de concessions.** Moins de deux mois après la décision *Million et Marais*, le Conseil d'État a réaffirmé[2237], dans sa décision *Ordre des avocats à la cour de Paris*[2238], l'applicabilité du droit de la concurrence aux contrats de la commande publique.

2232 CJCE, 4 mai 1988, *Bodson c/ SA Pompes funèbres des régions libérées*, aff. C-30/87, *op. cit.* ; comm. M.-C. Boutard-Labarde, *JCP G*, 1988, II, 21145 ; Comm. eur., « XVIIIe Rapport annuel sur la politique de concurrence », 1988, pp. 97-101 ; D. Berlin, « Les actes de la puissance publique et le droit de la concurrence », *op. cit.*, p. 273 et s.

2233 Pt 18 de l'arrêt : « *Comme la Commission l'a observé à juste titre, l'article 85 du traité s'applique, d'après ses termes mêmes, aux accords "entre entreprises" ; cette disposition ne vise pas les contrats de concession conclus entre des communes agissant dans leur qualité d'autorités publiques et des entreprises chargées de l'exécution d'un service public.* »

2234 L'arrêt ne fait pas référence à une lecture conjointe de l'article 106 TFUE avec les articles 101 ou 102 du traité.

2235 Pt 33 de l'arrêt.

2236 O. Guézou, « La légalité d'un acte administratif peut être appréciée au regard des dispositions de l'ordonnance du 1er décembre 1986 », *op. cit.*, p. 251.

2237 Selon le professeur Gonzalez, « Utilisations des propriétés publiques au regard du droit de la concurrence », *JurisClasseur Administratif*, fasc. n° 406-22, 2011, pt 66, ladite décision marque la « *réception* » de la théorie de l'abus automatique. Cependant, on ne peut malheureusement suivre cette même conclusion au regard des précédents *FFSA* et *Million et Marais*. Cette analyse est d'ailleurs corroborée dans les conclusions du commissaire du gouvernement J.-D. Combrexelle, dans l'affaire *Ordre des avocats à la cour de Paris*, *CJEG*, 1998, n° 541, pp. 105-117.

2238 CE, 17 décembre 1997, *Ordre des avocats à la cour de Paris*, n° 181611, *Rec.* p. 491 ; comm. *AJDA*, 1998. V. égal. CE, Sect., 22 novembre 2000, *Société L&P Publicité SARL*, n° 223645, *Rec.* p. 525 ; T. conf., 4 mai 2009, *Sté Éditions Jean-Paul Gisserot*, n° 09-03.714, *Rec.* p. 582 ; CE, ord. 5 février 2014, *SAS Allocab*, n° 374524, inédit au *Rec.*

En l'espèce, l'Ordre réclamait l'annulation du décret du 31 mai 1996[2239]. Ce dernier concédait les services de diffusion externe des bases de données juridiques. La rediffusion de ces données faisait l'objet d'une rémunération à la charge des usagers. Or, comme le soulignent les juges dans leur décision, la constitution d'une position dominante par l'intermédiaire d'une concession n'est pas contraire aux règles européennes ou nationales de concurrence. Ils constatent, en outre, l'absence d'abus dans le cas d'espèce, le requérant n'ayant pu démontrer l'existence d'un prix abusif ou disproportionné. La décision suit en ce sens les conclusions de son rapporteur public, lequel soulignait que le décret attaqué « *ne place pas le concessionnaire dans une situation dans laquelle il serait automatiquement et nécessairement amené à abuser d'une position dominante* »[2240]. Ces mêmes conclusions précisent que la jurisprudence *Million et Marais* repose sur « *un principe prétorien directement inspiré de la jurisprudence de la cour relative à l'article 90, paragraphe 2* »[2241]. Ce point corrobore la thèse selon laquelle l'ordonnance de 1986 n'est pas directement appliquée à la concession[2242]. Il s'agit en réalité d'un artifice juridique ou plutôt d'un « *principe d'opposabilité* »[2243] permettant au juge de maintenir l'effet utile des dispositions de l'ordonnance, principe pouvant être résumé au principe de libre concurrence[2244]. Par conséquent « *le droit de la concurrence ne s'applique pas […] aux autorités publiques elles-mêmes mais seulement en tant que ces autorités placent les entreprises en situation de commettre des pratiques anticoncurrentielles ou en tant qu'elles entérinent des pratiques anticoncurrentielles d'entreprises* »[2245]. De telles situations sont particulièrement perceptibles dans les domaines dans lesquels les sphères économiques publiques et privées se rencontrent. La commande publique est, de ce fait, un domaine d'application essentiel du droit de la concurrence.

576. **La confirmation de son application aux marchés publics.** Les concessions et le monopole qu'elles accordent à des opérateurs économiques semblent plus sensibles à la mise en œuvre du droit des pratiques anticoncurrentielles. Néanmoins, les apports de la décision *Million et Marais* s'appliquent également au domaine des marchés publics[2246]. Le Conseil d'État précise notamment, dans sa

---

2239 Décret n° 96-481 du 31 mai 1996 relatif au service public des bases de données juridiques.

2240 J.-D. Combrexelle, conclusions préc., p. 112.

2241 *Ibid.*, p. 110.

2242 O. Guézou, « L'opposabilité du droit interne de la concurrence aux actes administratifs », *AJDA*, 1998, n° 3, p. 247.

2243 *Ibid.*

2244 F. Béroujon, « L'impact des règles issues du droit de la consommation », *op. cit.*, p. 34, pt 31.

2245 F. Lichère, « Règles de concurrence et marchés publics », *op. cit.*, p. 36.

2246 Pour des illustrations en matière de convention et autorisations d'occupation domaniale : CJUE, 14 juillet 2016, *Promoimpresa Srl*, aff. jtes C-458/14 et C-67/15, *op. cit.* ; Cons. conc., avis n° 04-A-19 du 21 octobre 2004, *op. cit.*, pt 18 ; CE, 23 mai 2012, *RATP*, n° 348909, *Rec.* pp. 230-234 ; comm. F. Brenet, *Dr. adm.*, 2012, n° 11, comm. n° 89 ; M. Ubaud-Bergeron, *RJEP*, 2012, n° 701, comm. 49 ; S. Nicinski, *RFDA*, 2012, n° 6, p. 1181 ; S. Ziani, *CMP*, n° 8-9, comm. 258 ; CAA Paris, 6 décembre 2007, *Société Buffet d'Avignon*, n° 06PA01489, inédit au *Rec.* Pour une illustration récente de l'utilisation de la lecture combinée devant le Conseil d'État, CE, 12 juillet 2017, *Société CFTA*, n° 399953, inédit au *Rec.* V. égal. TA Grenoble, 20 novembre 2018, *Société entre chiens et loups*, n° 1604784, inédit au *Rec.* ; conclusions de V. André sur le jugement TA Grenoble, 20 novembre 2018, *Société entre chiens et loups*, *op. cit.* Disponible sur https://alyoda.eu/index.php?option=com_content&view=article&id=2932:police-administrative-situation-d-abus-de-position-dominante-automatique&catid=740&Itemid=662 (consulté le 20/01/2021).

décision *Fédération nationale des géomètres experts*, que les acheteurs publics doivent « *s'assurer, lorsqu'[ils] engagent une procédure de passation d'un marché public, que les règles de libre concurrence sont effectivement respectées* »[2247]. En l'occurrence, la formule employée par le Conseil d'État est plus large que celle utilisée pour les délégations de services publics. Alors que ce sont les clauses de ces dernières qui ne doivent pas amener les délégataires à abuser de leur position dominante, en matière de marchés publics le renvoi aux règles de la concurrence semble concerner principalement les procédures de passation. Ces derniers peuvent en effet être source de pratiques anticoncurrentielles, que ce soit des abus mais aussi des ententes, comme nous le verrons plus précisément dans nos développements.

§ 2. L'application privilégiée du droit de la concurrence aux contrats de la commande publique

577. **Le champ d'application du droit de la concurrence dans les contrats de la commande publique.** Les contrats de la commande publique ont été, dès la consécration de l'opposabilité des règles de concurrence aux personnes publiques par la décision *Million et Marais*, le terrain de prédilection de cette jurisprudence en contentieux administratifs. La doctrine et la jurisprudence administrative analysent fréquemment certaines problématiques propres au droit de la commande publique sous le prisme du droit de la concurrence. En effet, comme le relevait le professeur Drago, dès 1987, ce type de comportements, adoptés directement ou indirectement par les acheteurs publics, ralentit la diffusion de la concurrence dans la commande publique[2248]. Au même titre qu'une disposition légale ou réglementaire amenant nécessairement une entreprise titulaire de droits exclusifs à abuser d'une position dominante ou des entreprises à s'entendre, la mise en œuvre des procédures du droit de la commande publique peut donc mener à des résultats analogues[2249]. Par ailleurs, l'application du droit des pratiques anticoncurrentielles aux autorités publiques dépasse le cadre des seuls abus irrésistibles, inéluctables ou certains[2250]. Elle « *sanctionne toutes situations à risque, que celui-ci soit avéré ou pas, et non seulement des cas où un abus découle de manière nécessaire ou obligée d'une disposition normative* »[2251].

578. L'existence d'une pratique anticoncurrentielle peut se déduire des manquements lors de la mise en concurrence, et plus particulièrement de la rupture dans l'égalité

2247 CE, 28 avril 2003, *Fédération nationale des géomètres experts*, n° 233360, mentionné dans les tables du *Rec.* p. 1082 ; comm. *BJCP*, 2003, n° 29, p. 286 ; TA Grenoble, 20 novembre 2018, *Société entre chiens et loups*, n° 1604784, *op. cit.*

2248 R. Drago, « Marchés publics et concurrence », *op. cit.*, p. 205.

2249 F. Lichère, « Règles de concurrence et marchés publics », *op. cit.*, pt 11, p. 39. S. Nicinski, *Droit public de la concurrence*, *op. cit.*, p. 56.

2250 N. Charbit, « L'entente automatique », *op. cit.*, p. 52 ; D. Brault, *Politique et pratique du droit de la concurrence en France*, *op. cit.*, pt 653, p. 306.

2251 *Ibid.*

d'accès à la commande publique, *alter ego* de l'égalité des chances en droit de la concurrence[2252]. Néanmoins, pour que l'abus soit constitué par l'acheteur public ou l'autorité concédante, il est nécessaire que ce dernier participe, d'une façon ou d'une autre, à la réalisation du comportement anticoncurrentiel, notamment quand « *l'acheteur public ne cherche pas à lutter contre une entente* »[2253] ou un comportement unilatéral. Une telle condition est impérative pour déterminer le lien de causalité entre le comportement anticoncurrentiel et le contrat administratif[2254]. Généralement, les auteurs opèrent une distinction entre les comportements des autorités publiques à l'origine de la pratique anticoncurrentielle des entreprises candidates ou titulaires d'un contrat de la commande publique (A) et les comportements des autorités adjudicatrices susceptibles de valider une pratique anticoncurrentielle (B)[2255]. Le professeur Guézou observe que l'acheteur public ou l'autorité concédante peut donc générer deux types de pratiques anticoncurrentielles, l'une volontaire et l'autre non[2256].

A. Les pratiques anticoncurrentielles engendrées directement par les acheteurs publics et autorités concédantes

579. Les abus ou ententes peuvent directement prendre leur source dans le comportement de l'acheteur public ou de l'autorité concédante. Dans un tel cas de figure, la mesure publique sera à l'initiative de la violation des règles de concurrence, concrétisées, *in fine*, par les entreprises concernées. Ces types de pratiques qui émanent des pouvoirs publics permettent le développement d'abus de position dominante (1) et de collusions (2) au sein des contrats de la commande publique.

1. Les abus de position dominante résultant directement des procédures de passation

580. **Les restrictions de concurrence entre le concessionnaire sortant et les soumissionnaires amplifiées par les autorités concédantes[2257].** Les concessionnaires peuvent bénéficier d'une réglementation ou d'une procédure d'adjudication particulièrement favorable. Les avantages conférés, sans contreparties particulières,

---

2252 V. en ce sens aff. C-202/88, *op. cit.*, pt 51, aff. C-163/96, *op. cit.*, pt 29, ou plus récemment, aff. C-553/12 P, *op. cit.*, pt 24.

2253 O. Guézou, « La légalité d'un acte administratif peut être appréciée au regard des dispositions de l'ordonnance du 1er décembre 1986 », *op. cit.*, p. 255.

2254 *Ibid.*

2255 F. Lichère, « Règles de concurrence et marchés publics », *op. cit.*, pt 6, p. 37 ; S. Destours, « Le droit de la concurrence, source du droit des marchés publics ? », *op. cit.*, p. 49 ; O. Guézou distingue quant à lui l'acte administratif de « *concrétisation de la pratique* » et celui de « *facteur de la pratique* » in « Les comportements anticoncurrentiels dans la passation des marchés publics », *op. cit.*, pp. 509-514 ; L. Richer, F. Lichère, *Droit des contrats administratifs*, 10e éd., *op. cit.*, pt 436 et s., p. 234 et s.

2256 O. Guézou, « Les comportements anticoncurrentiels dans la passation des marchés publics », *op. cit.*, pp. 253-254.

2257 La formule est utilisée par le Conseil d'État dans sa décision du 30 avril 2003, *Syndicat professionnel des exploitants indépendants des réseaux d'eau et d'assainissement*, n° 230804, *Rec.* p. 189.

permettent à ces titulaires de droits exclusifs ou spéciaux d'asseoir leur position dominante et d'écarter les candidats à la reprise des concessions[2258]. En l'occurrence, l'abus a pour seule origine le comportement de l'acheteur public ou, plus généralement, de la législation ou réglementation nationale écartant, *de facto*, la possibilité pour des entreprises de rivaliser avec le concessionnaire sortant[2259]. Plusieurs affaires permettent d'illustrer cette catégorie d'abus. La solution de la décision *Commune d'Houlgate*[2260], fondée sur la rupture d'égalité entre les candidats, aurait parfaitement pu être saisie sur la base de l'analyse proposée par la jurisprudence *Million et Marais* comme le relève Rémy Schwartz[2261]. Au moment des faits, la pratique constante du ministère de l'Intérieur consistait à accorder aux casinos les autorisations d'utilisation des machines à sous seulement après une année d'exploitation. Les candidats à ces concessions devaient donc attendre une année pour obtenir une telle autorisation, à l'exception de l'ancien délégataire, qui n'était quant à lui plus soumis à cette période probatoire. Sous peine d'affecter le bon fonctionnement du service, la commune d'Houlgate refusa, pour ce motif, de retenir un soumissionnaire. La décision du Conseil d'État, favorable au concurrent évincé, illustre l'atteinte à la structure de la concurrence dans le secteur des concessions. La brièveté des délais d'adjudication peut également avantager l'ancien titulaire du contrat, par sa maîtrise du dossier, des coûts du contrat et être ainsi la cause de l'éviction de candidats[2262].

581. De la même façon, les modifications de conventions collectives ou de contrats de travail peuvent altérer significativement le renouvellement des concessionnaires. En effet, l'article L1224-1 du code du travail impose, lors de la vente d'une entreprise[2263], la reprise en l'état des contrats de travail du personnel. Lesdites dispositions sont régulièrement utilisées comme obstacles lors du renouvellement des concessions. L'extension d'une convention collective par le ministre du Travail ne doit pas, de ce fait, étendre le périmètre d'application de ces dispositions au-delà des conditions légales, au risque de « *dissuader les concurrents de présenter leur candidature et [d']aggraver les distorsions de concurrence*

2258 Sur une position dominante créée par un arrêté de police locale instituant un droit exclusif qualifié d'infrastructure essentielle, v. en ce sens TA Grenoble, 20 novembre 2018, *Société entre chiens et loups*, n° 1604784, *op. cit.* ; conclusions de V. André sur le jugement TA Grenoble, 20 novembre 2018, *Société entre chiens et loups*, *op. cit.*

2259 Pour une illustration récente, CJUE, 18 septembre 2019, *Commission c/ Italie*, aff. C-526/17, EU:C:2019:756.

2260 CE, 10 mars 2006, *Commune d'Houlgate et Société d'exploitation du casino d'Houlgate*, n° 264098, *Rec.* p. 138 ; comm. M.-C. Rouault, *RLCT*, 2006, n° 15, pp. 20-23 ; P. Brunet, *Revue des contrats*, 2006, n° 4, pp. 1245-1253 ; J.-P. Jouguelet, *RJEP*, 2007, n° 675, pp. 288-293; P. Brunet, *Contrats, conc., consom.* 2006, n° 7, pp. 25-26 ; B. Plessix, *Dr. adm.*, 2007, n° 25, pp. 1228-1234 ; P. Terneyre, *RFDA*, 2006, n° 3, pp. 633-634 ; G. Eckert, *CMP*, 2006, n° 5, pp. 25-27 ; J.-D. Dreyfus, *AJDA*, 2006, n° 14, pp. 751-753.

2261 R. Schwartz, intervention lors du colloque « Droit public de la concurrence et droit de la concurrence publique », 5 octobre 2006, XIIIe Colloque national de l'AFAC, Ministère de l'Économie, des Finances et de l'Industrie, actes du colloque, p. 89. Disponible à l'adresse suivante : http://studylibfr.com/doc/4868075/droit-public-de-la-concurrence-et-droit-de-la-concurrence (consulté le 18/02/2021) ; J.-F. Sestier, « Le délégataire candidat à sa propre succession », *op. cit.*, pp. 64-65.

2262 Aut. conc., déc. n° 09-D-31 du 30 septembre 2009, Pratiques mises en œuvre dans le secteur de la gestion et de la commercialisation des droits sportifs de la Fédération française de football ; Cons. conc., déc. n° 07-D-13 du 6 avril 2007, *op. cit.*

2263 Ancien article L122-12 du code du travail.

entre les concessionnaires sortants et les soumissionnaires »[2264]. Par conséquent, l'abus potentiel réside dans les restrictions au développement de la concurrence lors de la reprise des concessions.

582. **La substitution d'un marché public par l'attribution d'un droit exclusif permanent.** L'Autorité de la concurrence a eu l'occasion, en outre, d'appliquer la lecture combinée des règles de concurrence dans une affaire portant sur un décret qui confiait un droit exclusif de gestion de prestations sociales interministérielles[2265]. Ce monopole, fixé sans durée déterminée, a permis à l'Autorité d'établir une approche mixte entre, en premier lieu, la théorie de l'extension de position dominante consacrée dans l'affaire *RTT c/ GB-Inno-BM* et, en second lieu, l'approche extensive de l'abus proposée par l'arrêt *Port de Gênes*. L'avis relève que la Mutualité fonction publique (ci-après MFP) dispose, d'ores et déjà, d'une position dominante sur plusieurs prestations analogues. Le décret renforce donc manifestement sa position économique et les risques d'abus. De plus, la constitution d'un tel cadre réglementaire est propice à la perception d'une rémunération non proportionnée[2266]. L'Autorité souligne enfin que « *[l]es tâches de gestion confiées sans mise en concurrence préalable à la MFP présentent toutes les caractéristiques d'un marché public de service [...] tant au regard de leur objet que de leur mode de rémunération* »[2267]. Cette référence aux caractéristiques d'un marché public considérant l'objet des prestations permet de démontrer que le secteur économique en cause est parfaitement capable d'accueillir une compétition régulière. Remplacer la mise en concurrence, caractéristique de la procédure de passation d'un marché public, par le transfert d'un droit exclusif illimité et sans aucune justification est, à ce motif, abusif[2268]. Au regard de cet avis, on peut déduire que le respect du droit des marchés publics contribuerait à garantir l'effectivité du droit de la concurrence[2269]. Le droit des marchés publics n'étant pas une fin en soi, sa mise en œuvre aurait permis, en l'occurrence, d'éviter d'assécher la concurrence sur le marché[2270].

583. **Les prix abusifs imputables à la procédure de passation.** Le recours à des prix « *non équitables* »[2271] permet notamment aux entreprises d'abuser de leur position dominante en exploitant leurs clients[2272]. Les positions dominantes établies

---

[2264] Décision précitée du Conseil d'État du 30 avril 2003, n° 230804. V. égal. Cons. conc., déc. n° 06-MC-02 du 27 juin 2006, *op. cit.*

[2265] Cons. conc., avis n° 03-A-21 du 31 décembre 2003, Position de la Mutualité fonction publique sur le marché des prestations sociales au profit des agents publics, *BOCCRF* n° 4 du 26 avril 2005 ; v. not. le pt 74 de l'avis pour une référence explicite à la lecture combinée.

[2266] Pt 93 de l'avis.

[2267] Pts 139 et 99 de l'avis.

[2268] L'étendue des obligations de transparence auxquelles sont soumis les États membres lors de l'attribution de droits exclusifs fait encore l'objet de doutes. En ce sens, v. la question préjudicielle posée par le Conseil d'État du 30 décembre 2013, *Société Beaudout Père et Fils*, n° 357115, inédit au *Rec.*

[2269] V. en ce sens la Section 2 du chapitre suivant.

[2270] Le Conseil d'État n'a toutefois pas suivi l'avis du Conseil de la concurrence en raison de l'absence d'abus. En ce sens, CE, 16 juin 2004, *Mutuelle générale des services publics*, n° 235176, mentionné dans les tables du *Rec.* p. 986.

[2271] CJCE, 14 février 1978, *United Brands c/ Commission*, aff. C-27/76, *op. cit.*, pt 235 ; comm. P. Delannay, *RTDE*, 1978, pp. 294-302 ; A. Christoyannopoulos, *CDE*, 1978, pp. 617-633 ; P. Orianne, P. Delahaut, *Journal des tribunaux*, 1979, pp. 85-92.

[2272] C. Prieto, D. Bosco, *Droit européen de la concurrence. Ententes et abus de position dominante*, *op. cit.*, pt 1237, p. 908..

dans le cadre de concessions sont également susceptibles d'engendrer ce type de comportements. Or, force est de constater que la fixation de prix non équitables n'est pas nécessairement le fruit d'un comportement du concessionnaire. La Commission européenne observe que les conditions de l'appel d'offres peuvent entraîner « *inévitablement* »[2273] un prix abusif de la part du concessionnaire[2274]. Ainsi, une concession qui établirait une position dominante dans le secteur du service extérieur des pompes funèbres, domaine généralement libéralisé, et instituerait le paiement d'une taxe sur le séjour des corps en chambre mortuaire, peut être analysée comme contraire aux règles de la concurrence[2275]. Ladite taxe n'étant pas autorisée par une disposition législative ou réglementaire, elle pourrait donc révéler l'existence de prix excessifs pour ce service.

584. **La durée excessive du contrat.** La Commission européenne a accepté de contrôler la durée des droits exclusifs comme atteinte potentielle à l'article 106 TFUE dans sa décision du 3 mars 1999 *TPS*[2276]. La durée des marchés publics ou concessions peut naturellement tomber sous l'empire des règles de concurrence, en limitant excessivement l'accès à la commande publique et donc au marché[2277]. La Commission européenne, dans son livre vert sur les partenariats public-privé, intègre ainsi expressément la problématique de la durée des relations contractuelles comme source de pratiques anticoncurrentielles au sens du TFUE[2278]. Elle précise en effet que la durée des contrats « *doit être fixée de manière à ne pas restreindre ou limiter la libre concurrence au-delà de ce qui est nécessaire pour assurer l'amortissement des investissements et une rémunération raisonnable des capitaux investis. Une durée excessive est susceptible d'être censurée sur la base des principes régissant le marché intérieur ou des dispositions du Traité en matière de concurrence* »[2279]. Elle vise, dans ce dernier cas, la lecture combinée des articles 101, 102 et 106 TFUE[2280]. Ce cas a encore récemment été mis en exergue par la Commission dans le cadre du contrôle d'une potentielle violation des articles 106 et 102 TFUE en raison du prolongement de la durée de concessions hydrauliques dans huit États membres[2281]. Tout en écartant l'existence d'une aide d'État, la Commission précise dans sa décision que le prolongement peut cependant être saisi sur la base d'une lecture combinée[2282].

2273 Comm. eur., « Rapport sur la politique de concurrence 2005 », 2007, p. 82.

2274 Comm. eur., Opinion of the European Commission pursuant to Article 15(1) of Council Regulation 1/2003 of 16 December 2002 on the implementation of the rules on competition laid down in Articles 81 and 82 of the EC Treaty and pursuant to Article 10 of the EC Treaty, Vilnius District Court, Case No 2-1068-52/05.

2275 CAA Lyon, 9 mars 2006, *Centre hospitalier de Moulins-Yzeure*, n° 00LY00349, inédit au *Rec*. Le Conseil d'État cassera l'arrêt sur la base de la faiblesse de motivation de l'existence d'un abus, l'existence d'un prix abusif n'étant pas mentionnée dans l'arrêt ; CE, 17 octobre 2008, *Société OGF*, n° 293220, mentionné dans les tables du *Rec*. p. 1014 ; comm. F. Seners, *RJEP*, 2009, n° 661, pp. 12-15.

2276 Comm. eur., déc. 1999/242/CE du 3 mars 1999, relative à une procédure d'application de l'article 85 du traité CE, *TPS*, aff. IV/36.237, *op. cit.*

2277 Comm. eur., Document de travail accompagnant le rapport sur la politique de concurrence 2016, 2017, p. 43.

2278 Comm. eur., Livre vert sur les partenariats public-privé et le droit communautaire des marchés publics et des concessions, *op. cit.*, pt 46.

2279 *Ibid.* La Communication fait référence au principe de proportionnalité. V. en ce sens, Comm. eur., Communication interprétative de la Commission sur les concessions en droit communautaire, *op. cit.*, pt 3.1.3.

2280 *Ibid.*, note 41.

2281 Comm. eur., Document de travail accompagnant le rapport sur la politique de concurrence 2016, *op. cit.*, p. 43.

2282 Comm. eur., déc. (UE) 2017/1592 du 15 mai 2017 concernant la mesure SA.35429 — 2017/C (ex 2013/NN) mise en œuvre par le Portugal relative à la prolongation de l'utilisation des ressources hydrauliques publiques

585. **Les avenants de prolongation de la durée du contrat : l'exemple du plan de relance autoroutier.** Les avenants aux concessions, souvent essentiels à la bonne exécution du service délégué, peuvent constituer des obstacles significatifs au développement de la concurrence. L'extension des services concédés par avenant a ainsi pour effet de priver le service d'une nouvelle mise en concurrence. L'application de la théorie de l'abus par extension d'une position dominante permettrait, dans certains cas de figure, de freiner ce type de comportement. À ce titre, la décision de la Commission européenne du 17 août 2009 relative à l'allongement de la durée des concessions accordées par l'État français aux sociétés concessionnaires d'autoroutes[2283] souligne expressément que les prolongements desdits contrats « *n'incluent pas la réalisation de sections nouvelles, lesquelles ne sont attribuées qu'après mise en concurrence* »[2284]. *A contrario*, la prolongation d'un contrat analogue incluant la gestion de nouveaux services serait similaire à une nouvelle concession[2285]. Pourtant, la lecture de la Commission européenne diverge dans sa décision de 2014 sur la conformité de l'aide apportée par la France lors du plan de relance autoroutier[2286]. En effet dans cette décision, la Commission ne relève pas d'opposition particulière au transfert de sections nouvelles aux sociétés concessionnaires d'autoroutes avec, en prime, le prolongement des concessions pour une durée de deux à six ans. L'Autorité de la concurrence perçoit dans cette mesure « *une attribution sans mise en concurrence* »[2287]. Cette modification des concessions écarte, en pratique, l'émergence de nouveaux opérateurs et génère, à cette occasion, un potentiel abus de position dominante dans le secteur des concessions autoroutières françaises.

586. **Le marché global injustifié dans un secteur faiblement concurrentiel.** Privilégier le marché global, au mépris de l'allotissement, est susceptible de priver l'autorité adjudicatrice des bénéfices résultant de la théorie des enchères[2288] et, également, de favoriser les grands groupes par des effets d'éviction[2289], ces derniers étant les seuls capables de répondre à des appels d'offres d'envergure[2290]. En effet,

---

pour la production hydroélectrique, *JOUE* n° L 243 du 21 septembre 2017, pp. 5-13, pt 9 ; Invitation à présenter des observations en application de l'article 108, paragraphe 2, du traité sur le fonctionnement de l'Union européenne, *JOUE* n° C 117 du 16 avril 2014, pp. 113-124.

2283 Comm. eur., déc. N 362/2009 du 17 août 2009, Allongement de la durée des concessions accordées par l'État français aux sociétés concessionnaires d'autoroutes – Plan de relance de l'économie – volet autoroutier, *JOCE* n° C 264/2009 du 6 novembre 2009, p. 1 et s.

2284 Pt 18 de la décision.

2285 Sur ce point v. la demande de la Commission européenne faite à la République italienne de respecter les dispositions européennes en matière de marchés publics à la suite de la prorogation du contrat de construction et de gestion de l'autoroute A12 Livourne-Civitavecchia, 16 octobre 2014. Disponible sur http://europa.eu/rapid/press-release_MEMO-14-589_fr.htm?locale=fr (consulté le 18/02/2021).

2286 Comm. eur., déc. du 28 octobre 2014, aide d'État SA.2014/N 38271 – France, *Plan de relance autoroutier* , *JOUE* n° C 63 du 20 février 2015, pp. 1-6.

2287 Aut. conc., avis n° 14-A-13 du 17 septembre 2014, *op. cit.*, pt 577.

2288 E. Cohen, M. Mougeot (dir.), *Enchères et gestion publique*, *op. cit.* ; K. Antal-Pomázi, « Public Procurement as Auction. Theoretical Models and Practical Problems », *Public Finance Quarterly*, vol. 57, n° 4, 2012, pp. 381-393.

2289 Communiqué de presse du 5 décembre 2014 du ministre de l'Économie, de l'Industrie et du Numérique et du ministre des Finances et des Comptes publics cité par L. Ayache, C. Michellet, « Les pratiques d'éviction de l'organisateur d'un appel d'offres à l'égard d'entreprises candidates », *Concurrences* n° 2-2015, art. n° 72273, p. 74.

2290 L. Ayache, C. Michellet, « Les pratiques d'éviction de l'organisateur d'un appel d'offres à l'égard d'entreprises candidates », *op. cit.*, p. 75. Pour un rappel des bénéfices de l'allotissement, v. not., Aut. conc., avis

la globalisation du marché limite fortement le nombre d'opérateurs économiques capables de déposer une offre[2291]. L'effet d'éviction dans la détermination des lots a d'ailleurs été expressément souligné par le Conseil de la concurrence (désormais Autorité de la concurrence) dans sa décision du 23 janvier 2003[2292]. De la même façon, le secteur des transports publics urbains illustre parfaitement cette problématique. À cet égard, l'Autorité de la concurrence s'interroge précisément sur le bon sens de confier l'ensemble d'un réseau de transport à une seule entité[2293], alors même que le secteur est frappé par un profond déficit de concurrence en Europe[2294]. Une analyse rapide des choix européens en la matière permet de vérifier l'existence de leviers de concurrence et d'économie de gestion[2295]. La séparation modale des transports d'un même réseau a ainsi offert aux villes de Londres, Copenhague et Helsinki la réduction des coûts de près de 20 % en favorisant la participation d'opérateurs encore inconnus[2296]. Dès lors, le choix de privilégier le marché global, et donc le transfert d'un réseau entier à un opérateur unique en lieu et place d'une segmentation des réseaux entre différentes entreprises, pourrait être analysé comme une violation des articles 106 et 102 TFUE.

587. L'absence de justifications économiques ou de motivation d'intérêt général renforce le caractère critiquable du marché global par la mise à l'écart d'une grande partie des candidats[2297]. Le droit de la concurrence pourrait ainsi intervenir lorsque le transfert global des services de transport pourrait être analysé comme une extension de position dominante dans le sens de la jurisprudence *RTT c/ GB-Inno-BM*. L'entreprise titulaire de la concession du service de métro ne devrait pas, nécessairement, obtenir la gestion des services de bus ou de tramways. De tels services nécessitent moins de capacités techniques et financières et offrent davantage de concurrents potentiels lors de la mise en concurrence.

---

n° 10-A-07 du 17 mars 2010, Demande d'avis du ministre de l'Économie, de l'Industrie et de l'Emploi et du ministre chargé de l'industrie sur le programme national « très haut débit » ; Cons. conc., déc. n° 08-D-29 du 3 décembre 2008, *op. cit.*

2291 Cette thématique est rappelée par le Conseil de la concurrence dans sa décision n° 06-MC-03 du 11 décembre 2006, Demandes de mesures conservatoires dans le secteur du transport maritime entre la Corse et le continent, pt 49 et s. V. sur ce point, TA Bastia, 23 octobre 2006, *Société Corsica Ferries*, n° 061190, 061191, 061220, inédit au *Rec.*

2292 Cons. conc., déc. n° 03-MC-01 du 23 janvier 2003, Saisine et demande de mesures conservatoires présentées par la société TPS.

2293 Aut. conc., avis n° 09-A-55 du 4 novembre 2009 sur le secteur du transport public terrestre de voyageurs.

2294 Cour des comptes, « Les transports publics urbains : Rapport au Président de la République suivi des réponses des administrations et des organismes intéressés », 2005, p. 105 : « *[L]'ouverture aux autres opérateurs européens reste dans la pratique quasi inexistante.* »

2295 W. Roy, « Réglementation, gouvernance et performance des services publics de transport collectif urbain », thèse Université Lyon 2, 2007, 400 p.

2296 Sur l'exemple londonien, v. not. D. Kennedy, « London bus tendering: the impact on the costs », *International Review of Applied Economics*, vol. 9, n° 3, 1995, pp. 305-317 ; L. Baumstark, N. Puccio, W. Roy, C. Ménard, A. Yvrande-Billon, « Risques et avantages de l'allotissement dans les transports publics urbains de voyageurs », *op. cit.* Pour une illustration récente de cette problématique : Aut. conc., avis n° 20-A-08 du 16 septembre 2020 relatif à une saisine d'Île-de-France Mobilités concernant l'ouverture à la concurrence du secteur du transport public de personnes par autobus en Île-de-France.

2297 V., sur cette thématique, Cons. conc., déc. n° 09-D-10 du 27 février 2009, *op. cit.* ; L. Ayache, C. Michellet, « Les pratiques d'éviction de l'organisateur d'un appel d'offres à l'égard d'entreprises candidates », *op. cit.*, p. 75.

2. Les ententes émanant directement des procédures de passation

588. **Les procédures de passation exigeant le regroupement injustifié des différents candidats.** L'organisation d'une entente dans le cadre d'un appel d'offres prend traditionnellement deux formes : un alignement des offres ou le sabotage volontaire de certaines au profit d'une autre. La présentation d'une offre commune est plus marginale au regard des risques accrus de perception de l'entente par les autorités. Dans l'affaire *Préfet des Alpes-Maritimes*[2298], le juge administratif, sur la base du droit de la concurrence, a identifié que l'entente était issue de la procédure de concurrence mise en place par l'acheteur public. Celui-ci, après avoir relevé que l'avis d'appel public à la concurrence mentionnait que « *[l]es entreprises pourront soumissionner soit en entreprise unique soit en groupement solidaire* »[2299] alors même que cette organisation « *peut avoir pour effet de permettre au groupement d'entreprises titulaire du marché de faire obstacle à la fixation du prix par le libre jeu du marché en favorisant la stipulation d'un prix unique, par conséquent, artificiel par rapport aux différents prix que pouvait offrir chaque contractant de l'administration* », juge la procédure contraire non pas aux dispositions du code des marchés publics mais à l'article L. 420-1 du code du commerce. Une telle solution saisit la procédure et le contrat lui-même comme « *étant la cause du comportement anticoncurrentiel des entreprises* »[2300]. Mais elle n'exonère pas les entreprises de leur responsabilité, malgré le rôle tenu par l'acheteur dans la réalisation de la pratique en cause[2301]. Celles-ci peuvent en effet être exclues des procédures de passation en raison d'un tel regroupement et de son but de fausser la concurrence comme le permet l'article 57, paragraphe 4, d), de la directive 2014/24/UE[2302].

589. **Les offres de couverture sollicitées par l'acheteur public.** L'offre de complaisance est une entente fréquemment utilisée par les opérateurs économiques dans le domaine de la commande publique. Or, les opérateurs peuvent recourir à cette méthode sur demande expresse de l'acheteur public. Celle-ci permet en général de contourner l'absence de mise en concurrence ou de corriger les défauts d'une procédure antérieure[2303]. La décision du Conseil de la concurrence (désormais

---

[2298] TA Nice, 9 novembre 1998, *Préfet des Alpes-Maritimes*, n° 981897, inédit au *Rec.* ; comm. S. Destours, « Le droit de la concurrence, source du droit des marchés publics ? », *op. cit.*, p. 50 et s. ; O. Guézou, « Droit des marchés publics et droit de la concurrence », in *Droit des marchés publics*, C. Bréchon-Moulènes (dir.), Paris, Le Moniteur, 2003, p. 14. Pour une solution analogue, TA Rouen, 28 avril 2000, *Entreprise Jean Lefebvre Normandie*, n° 000697, *op. cit.* ; comm. C. Bréchon-Moulènes, *AJDA*, 2000, p. 842.

[2299] Cons. conc., déc. n° 03-D-46 du 30 septembre 2003, Pratiques concernant un marché public de transport occasionnel d'élèves dans le département des Alpes-Maritimes, pt 5, *BOCCRF* n° 16 du 17 décembre 2003. Sur les risques concurrentiels des groupements, v. égal. Cons. conc., avis n° 99-A-16 du 26 octobre 1999, *op. cit.*

[2300] O. Guézou, « Les comportements anticoncurrentiels dans la passation des marchés publics », *op. cit.*, p. 519.

[2301] Cons. conc., déc. n° 99-D-57 du 12 octobre 1999, *op. cit.*

[2302] K. Kuźma, W. Hartung, *Combating Collusion in Public Procurement: Legal Limitations on Joint Bidding*, *op. cit.*, pp. 84-122

[2303] En ce sens v. not. les décisions du 26 mars 1991, n° 91-D-13, Pratiques d'entente relevées à l'occasion de deux marchés de fourniture de matériels et mobiliers scolaires conclus par la commune de Baie-Mahault ; n° 91-D-14, Pratiques d'entente relevées à l'occasion d'un marché de fourniture de matériaux de construction conclu par la commune de Baie-Mahault ; n° 91-D-15 Pratiques d'entente relevées à l'occasion de marchés de travaux d'entretien et de construction conclus par la commune de Baie-Mahault, *BOCCRF* n° 7 du 12 avril 1991, pp. 109 et 110.

Autorité de la concurrence) concernant des marchés d'études pour la voie de contournement ouest de l'agglomération toulousaine relève un double abus[2304]. D'une part, un abus sur le défaut de mise en concurrence effective et donc une violation du droit de la commande publique, l'acheteur public ayant sollicité trois entreprises, en dehors de tout marché public, pour réaliser plusieurs études. Alors même que certaines d'entre elles étaient en cours d'exécution, l'acheteur public encouragea les entreprises engagées à déposer des offres. D'autre part, l'acheteur initie une pratique anticoncurrentielle en validant la collusion desdites entreprises, en leur attribuant les marchés publics, les rencontres régulières entre les candidats et la collectivité ayant d'ailleurs facilité considérablement la mise en place de l'entente. Le rôle actif du pouvoir adjudicateur dans l'élaboration de l'entente conduit l'Autorité de la concurrence à écarter la responsabilité des entreprises. En effet, à l'occasion des décisions relatives à la commune de Baie-Mahault, le Conseil de la concurrence précise que « *l'initiative de ces opérations [offres de couverture] a été le fait de la municipalité ; que, dans ces conditions, il ne saurait, en tout état de cause, être infligé de sanction aux entreprises susmentionnées* »[2305].

590. **La politique d'achat discriminatoire ou l'absence de concurrence effective dans la commande publique.** L'inégalité de traitement entre les soumissionnaires à un contrat public présente, d'un point de vue concurrentiel, les symptômes de l'inégalité des chances, préjudiciables à l'émergence de nouveaux acteurs économiques. Le marché peut être fermé directement par la personne publique dans le but de « *maintenir un équilibre entre les entreprises locales, condui[re] à la sélection systématique des mêmes entreprises déjà localement implantées et à l'attribution d'un lot unique par adjudicataire, entraîna[nt] la publication des résultats et des rabais proposés lors des précédents appels d'offres* »[2306]. Le titulaire sortant d'un marché public peut également être avantagé par la communication d'informations essentielles sur la nouvelle adjudication[2307]. Dans un tel cas de figure, la violation des règles de concurrence résulterait de l'inégalité des chances des autres candidats lors de l'adjudication au profit du soumissionnaire sortant, comme dans le cadre de l'affaire dite de la « lignite grecque »[2308].

591. **La politique tarifaire favorable au développement de comportements collusifs.** La pratique de l'Autorité de la concurrence met également en exergue certaines méthodes employées par les acheteurs publics et susceptibles de faciliter le développement d'ententes. Ainsi une politique de diffusion de « *prix [...] normaux* »[2309] devant être pratiqués sur certains marchés d'entretien et de travaux encourage-t-elle l'alignement généralisé des prix des soumissionnaires, et donc les collusions,

---

2304 Cons. conc., déc. n° 99-D-57 du 12 octobre 1999, *op. cit.*

2305 Cons. conc., déc. n° 91-D-13 du 26 mars 1991, *op. cit.*, p. 3 ; déc. n° 91-D-14 du 26 mars 1991, *op. cit.*, p. 2 ; déc. n° 91-D-15 du 26 mars 1991, *op. cit.*, p. 5. Sur ce point, v. égal. Aut. conc., déc. n° 09-D-18 du 2 juin 2009, *op. cit.*, pt 27.

2306 Cass. com., 12 janvier 1993, *SOGEA*, n° 91-11.623, non publié au *Bull.*

2307 CE, 29 juillet 1998, *Garde des Sceaux, Ministre de la Justice c/ Société « Genicorp »*, n° 177952, mentionné dans les tables du *Rec.* p. 1261 ; CE, 2 juillet 1999, *Société anonyme Bouygues et autres*, n° 206749, *Rec.* p. 266.

2308 CJUE, 17 juillet 2014, *Commission c/ DEI*, aff. C-553/12 P, *op. cit.*.

2309 Cons. conc., avis n° 91-A-07 du 24 septembre 1991 relatif à une série de prix édictée par la ville de Nancy, *BOCCRF* n° 21 du 26 novembre 1991, pp. 323-324.

au mépris d'une fixation autonome des prix[2310]. Elle affecte également la réduction des prix des marchés publics en limitant les efforts des entreprises dans la compression de leurs coûts. De telles méthodes peuvent tout à fait être sanctionnées par le juge administratif sur la base du droit de la concurrence.

B. Les pratiques anticoncurrentielles engendrées indirectement par les acheteurs publics et autorités concédantes

592. Les pratiques anticoncurrentielles dans le cadre de la commande publique ne résultent pas nécessairement d'un comportement actif des acheteurs publics ou des autorités adjudicatrices. La passivité de l'acheteur public peut également amener à la violation des règles de la concurrence, bien que le comportement des entreprises soit lui-même la cause du comportement anticoncurrentiel. Le lien de rattachement de la violation à la personne publique résulte de la participation, certes involontaire, de l'acheteur public dans la réalisation de l'abus qui aurait pu être évité. Une telle contribution, dès lors qu'elle présente un caractère significatif dans la réalisation de l'abus ou de l'entente, permet de sanctionner le comportement public sur la base du droit de la concurrence. Le concours de l'acheteur public ou de l'autorité concédante se caractérise par l'absence de contrôle des risques anticoncurrentiels ou encore par la mise en place de mesures capables d'influencer le développement de comportements unilatéraux (1) ou de collusions (2) lors de commande publique.

1. Les abus de position dominante facilités par la procédure de mise en concurrence

593. **L'approbation par le pouvoir adjudicateur d'une politique de dénigrement.** Le recours au dénigrement des produits ou services de leurs concurrents est régulièrement employé par les entreprises[2311]. Les acheteurs publics ou autorités concédantes, à l'instar des consommateurs, sont les principales cibles de ce type de comportements abusifs. L'affaire *Société Biwater* en est une parfaite illustration[2312]. À l'occasion de plusieurs marchés publics de raccordement de canalisations, un fabricant avait contacté et rencontré plusieurs fois l'autorité adjudicatrice afin de lui signaler que les produits proposés par son principal concurrent ne répondaient pas aux normes françaises. Il proposait également d'ajouter des contraintes techniques supplémentaires au cahier des charges. Ces prises de contact ont conduit des acheteurs publics, lors de plusieurs adjudications, à modifier l'analyse des offres ou encore à interroger les candidats sur l'origine des canalisations proposées sans tenir compte du caractère dénigrant de la démarche. Le pouvoir adjudicateur a

---

2310 *Ibid.*

2311 C. Prieto, D. Bosco, *Droit européen de la concurrence. Ententes et abus de position dominante*, *op. cit.*, pt 1393, p. 1045.

2312 Cons. conc., déc. n° 92-D-62 du 18 novembre 1992, Saisine de la société Biwater, *BOCCRF* n° 1 du 15 janvier 1993, p. 15

donc relayé une potentielle pratique anticoncurrentielle, comme le relève d'ailleurs le professeur Guézou[2313].

594. **Les restrictions par les droits intellectuels de l'ancien titulaire du marché.** L'Autorité de la concurrence, dans le cadre de son avis n° 10-A-22 relatif au tramway de Bordeaux[2314], constate que l'achat de nouvelles rames de tramway par alimentation par le sol est paralysé par les droits de propriété intellectuelle de l'ancien délégataire. Après avoir exposé les solutions envisageables pour le pouvoir adjudicateur, l'Autorité présente des préconisations destinées à « *favoriser l'intensité concurrentielle* »[2315]. Ces dernières se concentrent sur l'importance pour les pouvoirs adjudicateurs de découpler leurs appels d'offres entre les rames et les systèmes d'alimentation, sur l'ouverture la plus large possible de la mise en concurrence et enfin sur la nécessité pour les acheteurs d'obtenir lors du marché initial les « *données assurant l'interopérabilité d'une rame concurrente* »[2316]. À l'inverse, un appel d'offres ne prévoyant pas de telles garanties en matière d'accès aux prochains marchés publics peut potentiellement être saisi par le droit de la concurrence, en raison des risques d'abus de position dominante de l'ancien titulaire du marché.

595. **Les exigences techniques superfétatoires.** Le choix des critères d'attribution d'un marché public est complexe. De trop fortes exigences techniques peuvent, *de facto*, réduire considérablement le nombre d'entreprises capables de déposer une offre, voire favoriser un produit spécifique aux dépens de ses concurrents. Conscient de la difficulté pour les acheteurs publics de déterminer un seuil maximal au-delà duquel la concurrence serait affectée, le Conseil d'État adopte un mode de raisonnement fondé sur l'intérêt des critères techniques[2317]. Celui-ci considère que « *si de telles spécifications ont pour effet de réduire la variété des produits qui y répondent et par suite de limiter la concurrence entre les fournisseurs possibles, elles doivent être justifiées par les nécessités propres au service* »[2318] en cause. Au-delà, des critères techniques trop complexes pourraient être assimilés à une violation des règles de concurrence en raison de l'obligation, en pratique, de passer le marché avec une entreprise en position dominante sur un produit spécifique.

2. Les ententes facilitées par le pouvoir adjudicateur et la réglementation

596. **Les dispositions du code des marchés publics propices au développement de pratiques anticoncurrentielles.** À l'occasion de son avis sur le projet de réforme du code des marchés publics de 2000[2319], l'Autorité de la concurrence a émis une réserve assimilée, à juste titre, à un facteur de risque d'ententes au sein de la

2313 O. Guézou, « Les comportements anticoncurrentiels dans la passation des marchés publics », *op. cit.*, pt 185, p. 175 ; E. Nigri, « Prévenir des situations d'entente », *CMP*, 2016, n° 1, p. 33.

2314 Aut. conc., avis n° 10-A-22 du 19 novembre 2010, *op. cit.*

2315 Aut. conc., avis n° 10-A-22 du 19 novembre 2010, *op. cit.* , pt 120.

2316 *Ibid.* ; D. Gobert, A. Woimant, « Les droits d'exclusivité dans le cadre des marchés exclus de mise en concurrence », *op. cit.* p. 50.

2317 CE, Sect., 3 novembre 1995, *District de l'agglomération nancéienne*, n° 152484, *Rec.* p. 391.

2318 *Ibid.*

2319 Cons. conc., avis n° 00-A-25 du 20 novembre 2000, *op. cit.*

commande publique[2320]. Le professeur Louvaris y voit un rôle de « *contrôleur* »[2321] du droit de la concurrence envers le droit de la commande publique. L'avis souligne, dans un premier temps, qu'il est « *impératif que le droit de la commande publique ne comporte pas de dispositions qui seraient porteuses de distorsions de concurrence ou encourageraient ou faciliteraient des pratiques anticoncurrentielles, c'est-à-dire des ententes ou des abus de position dominante* ». Or, dans un second temps, l'Autorité relève que la communication préalable des besoins et des critères d'attribution est susceptible de « *faciliter la rédaction d'offres de couverture et de rendre, ainsi, plus aisées les ententes visant à la répartition des marchés* ». Un excès de transparence lors des procédures de passation est préjudiciable aux règles de la concurrence, en raison de l'aide qu'il apporte à la formation d'une entente[2322]. De la même façon, l'ouverture publique des offres est un « *puissant facteur d'entente* »[2323] en permettant aux différents membres de collusions de contrôler le respect de l'accord anticoncurrentiel. Ce concours involontaire de la réglementation constitue, de ce fait, une potentielle violation des règles de la concurrence.

597. **La communication des offres concurrentes aux candidats.** La communication des offres ou d'une partie des offres de candidats aux autres concurrents est une illustration classique des ententes facilitées par les acheteurs publics. L'Autorité de la concurrence en fait d'ailleurs régulièrement l'écho. En effet, une telle communication de la part des acheteurs publics, « *outre le fait qu'elle facilite la concertation anticoncurrentielle des soumissionnaires, permet également aux membres de l'entente d'avoir connaissance des offres de "dissidents" et d'évincer ou de tenter d'évincer ceux-ci* »[2324].

598. **Les restrictions réglementaires au contrôle de l'autorité adjudicatrice lors de la mise en concurrence.** Faisant suite à sa décision 92/204/CEE du 5 février 1992[2325] dans laquelle elle condamnait une entente dans le secteur du BTP, entente particulièrement nocive sur les marchés publics, la Commission européenne engagea une procédure en manquement à l'encontre des Pays-Bas[2326]. Elle reprochait la mise en place d'une réglementation nationale « *susceptible de donner l'impression aux parties à l'entente que leurs activités étaient tolérées par les pouvoirs publics* »[2327] en paralysant le pouvoir de contrôle des autorités adjudicatrices à l'occasion de la mise en concurrence. En effet, un arrêté ministériel néerlandais[2328] interdisait

---

2320 N. Charbit, « L'entente automatique », *op. cit.*, p. 49.

2321 A. Louvaris, « Les contrats des collectivités territoriales et le droit de la concurrence », *op. cit.*, pt 47, p. 38.

2322 M. Mougeot, « Enchères, gestion publique et concurrence pour le marché », in *Enchères et gestion publique*, E. Cohen, M. Mougeot (dir.), *op. cit.*, p. 88.

2323 *Ibid.*, p. 48.

2324 Cons. conc., avis n° 96-A-08 du 2 juillet 1996, *op. cit.*, p. 3. Pour une illustration pratique, v. Cons. conc., déc. n° 96-D-25 du 16 avril 1996, Pratiques relevées à l'occasion de la passation de marchés publics dans le secteur des travaux d'électricité dans le département du Gard, *BOCCRF* n° 12 du 27 juillet 1996, p. 370.

2325 Comm. eur., déc. 92/204/CEE du 5 février 1992, *Industrie de la construction aux Pays-Bas*, aff. IV/ 31.572 et 32.571, *op. cit.*

2326 La procédure n'a pas dépassé l'avis motivé à la suite du retrait desdites dispositions.

2327 Comm. eur., « XXIIe Rapport sur la politique de concurrence », 1992, p. 118.

2328 Arrêté ministériel du 2 juin 1986 (Staatscourant n° 118 du 24 juin 1986) édicté « Uniform Aanbestedingsreglement ».

aux pouvoirs adjudicateurs de demander aux soumissionnaires ou aux candidats de renoncer à entraver la conclusion d'un contrat entre un tiers et le pouvoir adjudicateur, à influencer le montant des offres de leurs concurrents, à quitter une entente ou encore à perturber l'exécution des travaux. Malgré l'absence de décision de la Cour dans le cas d'espèce[2329], l'affaire en cause fait expressément état des risques issus des réglementations nationales. La légèreté ou plutôt la négligence dans la rédaction des dispositions influence nécessairement les opérateurs économiques.

599. **Le rejet des signalements de comportements anticoncurrentiels au stade de la mise en concurrence.** Les articles 69 de la directive 2014/24/UE, L. 2152-5 et L. 2152-6 du code de la commande publique attribuent aux acheteurs publics une fonction de filtre des offres anormalement basses[2330]. Le juge leur impose également de garantir un contrôle minimal, notamment quand des violations des règles de concurrence sont avérées. Se fondant, une nouvelle fois, sur les dispositions du code de commerce[2331], le tribunal de Bastia[2332] a ainsi jugé qu'une procédure de passation d'un marché public dans laquelle le pouvoir adjudicateur a refusé d'examiner la plainte d'un candidat sur l'existence d'une entente était contraire à l'article L. 420-1 du code de commerce. Le département avait, en l'espèce, refusé d'éliminer trois offres d'entreprises disposant d'un gérant et d'un personnel communs, malgré l'existence de preuves d'un tel lien dans leurs candidatures[2333]. *A contrario*, ce refus peut être perçu comme une illustration d'une pratique anticoncurrentielle facilitée par les personnes publiques. Une analyse analogue avait été proposée par la Commission européenne lors de l'affaire *République hellénique c/ Commission*[2334]. En l'espèce, la Commission a privé la Grèce d'une partie des subventions prévues au titre du Fonds européen de développement régional (ci-après FEDER) en raison d'une entente qui frappait deux projets financés sans aucune investigation de la part des autorités grecques. En définitive, Eric Nigri précise que ce jugement du tribunal administratif de Bastia illustre l'obligation qui incombe aux acheteurs publics ou autorités concédantes de ne pas placer les opérateurs économiques en situation de « *développer des pratiques anticoncurrentielles ou [d']en favoriser la mise en œuvre et de ne pas entériner volontairement des ententes lors de l'attribution de marchés* »[2335].

600. **L'approbation d'un groupement injustifié.** Le recours au groupement permet principalement aux petites entreprises et à celles de taille intermédiaire de répondre à des appels d'offres conséquents et, ainsi, de surmonter leurs limites financières, techniques et humaines[2336]. Cela étant, un groupement

---

2329 Les Pays-Bas ont rapidement collaboré avec l'exécutif européen.

2330 V. égal. les nouvelles dispositions en matière de collusions au sein de l'article 53 de la directive 2014/24/UE.

2331 TA Nice, 9 novembre 1998, n° 981897, *op. cit.*

2332 TA Bastia, 6 février 2003, *Sarl Autocars Mariani*, n° 0100231, 0100232 et 0100230, inédit au *Rec.* ; comm. S. Palmier, *AJDA*, 2003, n° 14, p. 738 ; R. Roux, *Dr. adm*, comm. 104 ; C. Cabanes, P. Marty, *ACCP*, 2003, n° 23, p. 55.

2333 S. Destours, « Le droit de la concurrence, source du droit des marchés publics ? », *op. cit.*, p. 47.

2334 CJUE, 10 octobre 2012, *République hellénique c/ Commission*, aff. C-497/11 P, EU:C:2012:625, pt 111. Trib. UE, 13 juillet 2011, *République hellénique c/ Commission*, aff. T-81/09, EU:T:2011:366, pt 111 ; comm. F. Kauff-Gazin, *Europe*, 2011, n° 8-9, p. 43.

2335 E. Nigri, « Prévenir des situations d'entente », *op. cit.*, p. 33 et s.

2336 V. *supra* pt 193 et s.

peut masquer une entente dès lors que celui-ci n'est pas justifié au regard de la taille des entreprises ou des marchés publics convoités. Une collectivité publique ne peut donc attribuer régulièrement un marché public à une association regroupant l'essentiel des entreprises d'un secteur. Dans ce cas, l'existence d'une collusion doit être corroborée par le partage des différentes opérations entre ses membres[2337]. Cette solution se distingue de l'affaire *Préfet des Alpes-Maritimes*, dans laquelle le pouvoir adjudicateur n'était pas à l'initiative du regroupement[2338].

§ 3. Le droit de la commande publique comme corollaire du droit des pratiques anticoncurrentielles

601. Précédemment, nos développements ont permis d'illustrer les risques de pratiques anticoncurrentielles lors de la mise en œuvre du droit de la commande publique. Conscient des difficultés potentielles dans ce domaine, le droit de la commande publique s'autonomise progressivement du droit de la concurrence. En effet, celui-ci intègre la prévention de tels risques dans ses dispositions. Ce phénomène récent illustre la concordance des objectifs du droit de la commande publique avec ceux du droit de la concurrence et notamment leur volonté commune de préserver l'ordre public concurrentiel sur le marché. Le droit de la commande publique peut notamment mettre en œuvre d'autres instruments juridiques que ceux du droit de la concurrence (A). De même, la récente consécration du principe de concurrence par les directives « marchés publics »[2339] offre un nouvel outil adapté pour saisir les pratiques anticoncurrentielles issues des contrats de la commande publique ou de leurs procédures d'attribution (B).

A. L'utilisation des principes traditionnels du droit de la commande publique

602. Les principes classiques du droit de la commande publique sont régulièrement utilisés par le juge comme succédanés à l'application du droit de la concurrence aux personnes publiques. Parmi eux, le principe d'égalité est fréquemment employé dans de telles situations (1). Néanmoins, le recours à ces principes demeure limité en comparaison des règles de la concurrence (2).

1. La proximité de la lecture combinée avec le principe d'égalité

603. **Une proximité consacrée par la Cour de justice.** Comme l'observe le professeur Delaunay, « *il n'est pas rare que le juge fasse appel au principe d'égalité pour*

2337 Cons. conc., déc. n° 90-D-26 du 4 septembre 1990, Pratiques relevées à l'occasion d'appels d'offres pour assurer des transports sanitaires à partir du centre hospitalier général de Salon-de-Provence.

2338 TA Nice, 9 novembre 1998, n° 981897, *op. cit.*

2339 V. *supra* pt 113 et s.

trancher une question d'ordre concurrentiel »[2340]. L'affaire dite de la « lignite grecque »[2341] en offre une illustration marquante en rappelant la proximité entre l'application combinée des règles de concurrence et le principe d'égalité. En l'espèce, la Grèce avait confié la quasi-totalité des réserves en lignite à une entreprise publique. Or, pour déterminer l'existence d'un abus, la Cour de justice reprend une nouvelle fois l'approche engagée dans les arrêts République française *c/ France*[2342] et *RTT c/ GB-Inno-BM*[2343]. La Cour y souligne qu'un « *système de concurrence non faussée tel que celui prévu par le traité ne peut être garanti que si l'égalité des chances entre les différents opérateurs économiques est assurée* »[2344]. De plus, la Cour de justice rappelle que si l'inégalité des chances provient d'une mesure étatique faussant la concurrence, il y a violation des dispositions 101 et 106 TFUE[2345]. Le quasi-monopole accordé à l'entreprise DEI écarte toute contestabilité sur le marché et les chances d'accès aux concurrents de l'entreprise publique. Ce moyen suffit à la Cour de justice pour identifier une violation des articles 106 et 102 TFUE.

604. **Le principe d'égalité comme succédané de la lecture combinée.** À l'occasion de la décision *Commune d'Houlgate*, le Conseil d'État a été appelé à se prononcer sur un cas évident de violation du droit de la concurrence par une autorisation administrative. Le choix, en l'espèce, de se fonder sur le principe d'égalité s'explique par sa facilité d'utilisation et par la familiarité des juges avec ce principe[2346]. Ainsi la violation du principe d'égalité a-t-elle été préférée à celle du droit de la concurrence. Dans ses conclusions sur la décision, Didier Casas souligne que le contrôle des contrats administratifs par le juge administratif intègre une « *conception élargie des règles de concurrences* »[2347] tenant notamment à l'égalité d'accès à la commande publique. Il précise en outre que le principe d'égalité d'accès à la commande publique découle de la démarche ouverte par la décision *Million et Marais*[2348]. La démarche suivie par le commissaire du gouvernement (désormais rapporteur public) a pour intérêt de mettre en lumière le lien étroit entre le droit de la concurrence et le principe d'égalité. Ce rapprochement n'est pas expressément repris par le Conseil d'État dans sa décision. Ce dernier se borne en effet à relever l'atteinte excessive au principe d'égalité. Néanmoins, la démarche offerte permet de légitimer l'utilisation du principe d'égalité mais aussi du principe de liberté d'accès à la commande publique pour protéger les opérateurs

---

2340 B. Delaunay, *Droit public de la concurrence*, 2e éd., *op. cit.*, pt 179, p. 116.

2341 CJUE, 17 juillet 2014, *Commission c/ DEI*, aff. C-553/12 P, *op. cit.*

2342 CJCE, 19 mars 1991, *République française c/ Commission*, aff. C-202/88, *op. cit.*, pt 51.

2343 CJCE, 13 décembre 1991, *RTT c/ GB-Inno-BM SA*, aff. C-18/88, *op. cit.*, pt 25.

2344 CJUE, 17 juillet 2014, *Commission c/ DEI*, aff. C-553/12 P, *op. cit.*, pt 43.

2345 Ibid., pt 44 : « *Il s'ensuit que si l'inégalité des chances entre les opérateurs économiques, et donc la concurrence faussée, est le fait d'une mesure étatique, une telle mesure constitue une violation de l'article 86, paragraphe 1, CE, lu en combinaison avec l'article 82 CE […].* » V. égal. CJCE, 22 mai 2003, *Connect Austria*, aff. C-462/99, *op. cit.*, pt 84 ; comm. L. Idot, *Europe*, 2003, n° 7, pp. 20-21.

2346 B. Delaunay, *Droit public de la concurrence*, 2e éd., *op. cit.*, pt 179, p. 116.

2347 D. Casas, « Du fait qu'il est déjà titulaire d'une autorisation de jeu, un candidat à l'attribution de la délégation d'un casino municipal tire-t-il un avantage excessif de sa situation de délégataire sortant ? », *BJCP*, 2006, n° 46, p. 205.

2348 *Ibid.*

économiques des violations des règles de concurrence commises par les personnes publiques[2349]. Ce choix n'est guère étonnant, le professeur Linotte souligne en effet que le principe d'égalité est une « *condition nécessaire de la concurrence* »[2350].

2. L'insuffisance du mécanisme

605. **Le recours aux obligations générales de mise en concurrence.** Le Conseil d'État, à l'occasion de la décision *Keolis*, a fait preuve d'innovation dans le motif du droit de la commande publique utilisé pour écarter l'application de la lecture combinée des règles de concurrence[2351]. La décision précise en effet que les « *impératifs de bonne administration ou les obligations générales de mise en concurrence* » imposent de ne pas donner à une délégation de service public « *un périmètre manifestement excessif ni réunir au sein de la même convention des services qui n'auraient manifestement aucun lien entre eux* ». En l'occurrence, le risque présenté fait directement écho à la théorie de l'extension de la position dominante, sans pour autant la saisir sur la base du droit de la concurrence. Dans ses conclusions, Gilles Pellissier fait référence quant à lui aux « *principes généraux de la commande publique* »[2352], tels que les principes d'égalité et de liberté d'accès à la commande publique. Il souligne habilement qu'une délégation au périmètre trop large aurait pour conséquence d'écarter « *sans raison [...] un certain nombre d'opérateurs spécialisés ou de les contraindre à des regroupements difficiles* »[2353]. Or, le choix du Conseil d'État de faire référence aux obligations générales de mise en concurrence ne paraît pas suffisamment rigoureux. En effet, la difficulté de l'espèce nécessitait l'utilisation du droit de la concurrence, à l'instar de la décision *Million et Marais*. Ce choix conduit à une perte de précision et semble intégrer les objectifs du droit de la concurrence au sein des obligations de mise en concurrence, ce qui n'est pas le cas malgré leurs nombreuses convergences.

606. **L'apport insuffisant des principes traditionnels de la commande publique.** Dimitris Triantafyllou soulignait dès 1996 l'intérêt de recourir au « *droit de la concurrence en lieu et place des principes de la commande publique* »[2354]. En effet, selon lui, de tels principes intègrent essentiellement une dimension libre-échangiste, à l'instar du principe de non-discrimination. Le recours au droit de la concurrence, certes plus complexe, a pour intérêt de mettre en « *évidence des enjeux qui resteraient invisibles dans une approche qui s'attache uniquement* »[2355]

2349 D. Triantafyllou, « Les règles de la concurrence et l'activité étatique y compris les marchés publics », *RTDE*, 1996, n° 1, p. 74. Pour une affaire analogue ayant recours au principe d'égalité, CE, 10 octobre 2012, *Commune de Baie-Mahault*, n° 340647, inédit au *Rec.*

2350 D. Linotte, « Principes d'égalité, de liberté, de commerce et de l'industrie et droit de la concurrence », in *Droit public de la concurrence*, J.-M. Rainaud, R. Cristini (dir.), *op. cit.*, p. 17.

2351 CE, 21 septembre 2016, *Société Keolis*, n° 399656. Mentionné dans les tables du *Rec.* p. 1052. Pour une illustration concernant un avantage concurrentiel accordé à l'ancien titulaire du marché tranché sur le principe d'égalité, v. en ce sens CE, 12 mars 2012, *Dynacité*, n° 354355, *Rec.* pp. 89-91.

2352 G. Pellissier, « L'objet des délégations de service de public peut-il être multiple », *BJCP*, 2016, n° 109, p. 446-447.

2353 *Ibid.*

2354 D. Triantafyllou, « Les règles de la concurrence et l'activité étatique y compris les marchés publics », *op. cit.*, p. 74.

2355 *Ibid.*

au marché intérieur tenant notamment aux impératifs liés à la protection de la structure du marché[2356], voire à son efficience économique. La facilité du recours à des principes fondamentaux de la commande publique a pour conséquence négative de perdre en précision par rapport aux finalités du droit de la concurrence. En outre, sur le plan symbolique, la démarche consistant à recourir directement aux règles de concurrence permet d'encourager la convergence entre de telles règles et le droit de la commande publique. Ce dernier peut ainsi s'imprégner des « *principes essentiels* »[2357] du droit de la concurrence.

B. L'alternative proposée par le principe de concurrence

607. **Un principe confirmé par la directive 2014/24/UE.** La consécration récente du principe de concurrence dans la directive « marchés publics » a donné une nouvelle dimension à ce principe[2358]. L'article 18 de la directive 2014/24/UE interdit aux pouvoirs adjudicateurs de concevoir un marché public « *dans l'intention de le soustraire au champ d'application [...] ou de limiter artificiellement la concurrence* » notamment en favorisant ou défavorisant « *certains opérateurs économiques* ». Le recours au terme « intention » pourrait limiter l'utilisationdu principe aux seules actions délibérées des pouvoirs adjudicateurs et donc écarter toutes applications lors des violations indirectes ou involontaires du principe par les acheteurs publics ou autorités concédantes. Or, la lecture des commentaires de doctrine et des considérants des directives sur la commande publique permet d'assurer une assise plus ambitieuse au principe de concurrence.

608. **Un principe à interpréter largement : une application adaptée aux pratiques anticoncurrentielles.** L'avocat général Stix-Hackl précise que de nombreuses dispositions des directives « marchés publics » assurent l'expression de ce principe et de ses « *objectifs de protection* »[2359] du marché contre le comportement des candidats, mais également des acheteurs publics, dès lors que ces comportements constituent une « *atteinte aux conditions du bon fonctionnement du libre jeu de la concurrence* »[2360]. Elle vise notamment l'ensemble des dispositions relatives à l'ouverture à la concurrence[2361]. À titre d'illustration, la directive 2014/24/UE autorise les pouvoirs adjudicateurs à limiter le nombre de lots accordés à un seul candidat afin de « *préserver la concurrence* »[2362]. De même, lors de la prise

---

2356 *Ibid.*

2357 J.-H. Stahl, Conclusions sur la décision CE, *Million et Marais*, 3 novembre 1997, *op. cit.*, p. 1228.

2358 A. Sánchez-Graells, *Public Procurement and the EU Competition Rules*, 2e éd., *op. cit.*, p. 215 et s. ; A. Sánchez-Graells, « More Competition-Oriented Public Procurement to Foster Social Welfare », *op. cit.*

2359 Conclusions de l'avocat général C. Stix-Hackl présentées le 1er juillet 2004, aff. C-247/02, *op. cit.*, pt 34.

2360 O. Guézou, « Droit de la concurrence et droit des marchés publics : vers une notion transversale de mise en libre concurrence », *op. cit.*, p. 44. V. égal. S. Destours, « Le droit de la concurrence, source du droit des marchés publics ? », *op. cit.*, pp. 52-53.

2361 *Ibid.*, pt 37. L'avocat général mentionne à cette occasion les arrêts CJCE, 12 juillet 2001, *Ordine degli Architetti*, aff. C-399/98, *op. cit.*, pt 75 et CJCE, 27 novembre 2001, *Lombardini et Mantovani*, aff. jtes C-285/99 et C-286/99, *op. cit.*, pt 35.

2362 Directive 2014/24/UE, *op. cit.*, considérant 79.

en compte d'externalités environnementales, les méthodes d'évaluation ne doivent pas occasionner de distorsions de la concurrence[2363].

609. Enfin, la directive « concessions », qui n'a pourtant pas transposé explicitement le principe en son sein, confirme l'approche proposée par l'avocat général Stix-Hackl. Le considérant 52 de la directive précise que la « *durée d'une concession devrait être limitée afin d'éviter le verrouillage du marché et la limitation de la concurrence* »[2364]. Une concession d'une durée excessivement longue, qui, comme nous l'avons vu précédemment, peut être saisie par le droit des pratiques anticoncurrentielles, peut l'être également sur le fondement du principe de concurrence[2365]. L'ensemble de ces dispositions, irriguées par ce même principe, porte l'ambition de garantir la concurrence effective, et ce, malgré les risques d'atteintes lors de la mise en œuvre du droit de la commande publique. Cette démarche est d'ailleurs reprise par la Commission européenne dans son livre vert sur la modernisation de la politique de l'UE en matière de marchés publics de 2011[2366].

610. **Vers une application réduite de la lecture combinée.** L'émergence ces dernières années du principe de concurrence au sein du droit de la commande publique et l'effort de la Cour de justice et du législateur européen en ce sens devraient naturellement réduire les domaines nécessitant l'intervention du droit de la concurrence. Le principe de concurrence devrait offrir un fondement juridique adapté au droit de la commande publique pour se saisir des risques de pratiques anticoncurrentielles occasionnées par les acheteurs publics ou autorités concédantes et pour leur imposer des obligations de protection de la concurrence effective[2367]. Il renforce en outre l'autonomisation du droit de la commande publique pour se saisir de problématiques purement concurrentielles. Face à cette tendance, la lecture combinée des règles de concurrence conserve néanmoins un triple intérêt. Tout d'abord, les méthodes d'analyse offertes par la Cour de justice peuvent être transposées pour interpréter le principe de concurrence et préserver l'ordre public concurrentiel.

611. La lecture combinée peut également conserver toute sa vivacité dans le domaine des concessions. Ce secteur, récemment harmonisé, ne reprend pas l'ensemble des avancées et précisions des directives « marchés publics ». De même, les concessions présentent par nature des risques accrus en matière de concurrence ; l'usage du droit de la concurrence pourrait donc conserver toute son importance. Enfin, la lecture combinée peut servir d'ultime garde-fou face aux limites du principe de concurrence. Ce dernier, comme principe de droit de l'Union, présente les mêmes

---

2363 *Ibid.*, considérant 96.

2364 Directive 2014/23/UE, *op. cit.*, considérant 52.

2365 A. Louvaris, « Les contrats des collectivités territoriales et le droit de la concurrence », *op. cit.*, pt 47, p. 38.

2366 Comm. eur., Livre vert sur la modernisation de la politique de l'UE en matière de marchés publics, « Vers un marché européen des contrats publics plus performant », *op. cit.*, p. 31 : « *L'objectif des règles de passation des marchés publics (une concurrence ouverte et effective) peut être difficile à atteindre en appliquant simplement les règles de procédure prévues par les directives actuelles. Les décisions relatives aux marchés publics qui sont prises sans tenir compte des structures de marché comportent le risque, même si elles sont parfaitement conformes aux règles des directives, que le caractère anticoncurrentiel de ces structures ne se consolide ou ne s'aggrave. Cela vaut tout particulièrement pour les marchés d'un montant très important et pour les secteurs où les pouvoirs publics sont les principaux clients et où la demande privée n'est pas suffisante pour compenser l'incidence des commandes publiques sur le marché.* »

2367 A. Sánchez-Graells, *Public Procurement and the EU Competition Rules*, 2e éd., *op. cit.*, p. 325 et s.

faiblesses juridiques que les principes généraux du droit[2368]. Stéphane Destours s'inquiète notamment d'une lecture autonome de la concurrence par l'utilisation de ce principe en droit de la commande publique[2369]. Ce dernier étant encore récent et peu conceptualisé par la jurisprudence, le droit de la concurrence pourrait ainsi permettre de dépasser les limites de ce principe et offrir une assise pratique plus solide, notamment dans les affaires complexes.

2368 S. Destours, « Le droit de la concurrence, source du droit des marchés publics ? », *op. cit.*, p. 55 ; M. Guibal, « Grandeurs et servitudes de la concurrence », *op. cit.*, p. 3.

2369 S. Destours, « Le droit de la concurrence, source du droit des marchés publics ? », *op. cit.*, p. 56.

Conclusion du Chapitre 1

612. **Un cadre approprié pour la mise en œuvre de lectures combinées.** Le droit de la commande publique offre un domaine juridique approprié pour l'application de la prohibition des pratiques anticoncurrentielles aux personnes publiques. Révélée par le juge européen, la lecture combinée de l'article 106 TFUE avec les articles 101 ou 102 TFUE trouve progressivement sa place au sein du contentieux administratif[2370]. Malgré son application globalement réduite, celle-ci permet de souligner l'étroite relation entre le droit de la concurrence et le droit de la commande publique. Le droit de la concurrence protège en effet l'ouverture du marché des éventuelles atteintes à la concurrence issues des contrats de la commande publique. L'application du droit des pratiques anticoncurrentielles aux personnes publiques offre aux juges nationaux et aux autorités de la concurrence de nouveaux moyens permettant de contrôler les procédures de mise en concurrence et de renforcer, *in fine*, les performances des procédures. Elle permet également de préserver leur finalité commune, à savoir de protéger le bon fonctionnement du marché et la concurrence par les mérites.

613. **La lecture combinée comme source d'influence du droit de la commande publique.** La lecture combinée permet au droit de la commande publique d'entamer une réflexion sur les mécanismes à même de préserver l'ordre public concurrentiel. Le droit de la concurrence embrasse par la même occasion une fonction de guide pour le droit de la commande publique. En effet, malgré le nombre limité de tels abus, force est de constater que les acheteurs publics ou autorités concédantes peuvent être auteurs ou complices de pratiques anticoncurrentielles. Pour ce faire, le juge déploie des dispositifs propres au droit de la commande publique capables de réduire au maximum l'émergence de telles situations, comme l'atteste dernièrement la procédure d'infraction ouverte par la Commission européenne pour le renouvellement de concessions hydroélectriques sans appels d'offres préalables[2371]. Les principes du droit de la commande publique et plus particulièrement ceux d'égalité et de concurrence deviennent par conséquent des outils essentiels qui permettent au droit de la commande publique de lutter contre les risques de comportements anticoncurrentiels induits ou facilités par les personnes publiques. L'objectif est de renforcer la faculté du droit de la commande publique à préserver l'ordre public concurrentiel mais aussi à réduire les zones de confrontations avec le droit de la concurrence. Partant, l'intervention de ce dernier devrait ainsi progressivement se réduire pour ce type de problématiques.

614. **Le droit de la concurrence comme ultime garde-fou du bon fonctionnement du marché.** Néanmoins, certains comportements susceptibles d'échapper

---

2370 La violation supposée des articles 101 et 102 TFUE est régulièrement utilisée dans ce domaine du droit public des affaires. En ce sens, CE, 23 mai 2012, *RATP*, n° 348909, *Rec.* p. 232 ; CAA Paris, 14 avril 2011, *Régie autonome des transports parisiens*, n° 10PA05734, inédit au *Rec.* ; CAA Nantes, 17 janvier 2014, *Société Finist'mer compagnie maritime*, n° 12NT01618, inédit au *Rec.* ; Cons. conc., avis n° 04-A-19 du 21 octobre 2004, *op. cit.*, pt 18.

2371 Comm. eur., communiqué IP/19/1477 du 7 mars 2019, « Concessions en matière d'énergie hydroélectrique : la Commission demande à 8 États membres de se conformer au droit de l'Union ». Il convient de relever que la poursuite initiale était fondée sur la violation des articles 106 et 102 TFUE. Celle-ci, certainement pour des raisons de facilité, a basculé vers la violation des directives « marchés publics » et « concessions ».

à la qualification de pratiques anticoncurrentielles peuvent être saisis par un autre volet du droit de la concurrence, le contrôle des aides d'État. Ainsi, la durée excessive d'un marché public ou d'une concession peut susciter des interrogations en matière de pratiques anticoncurrentielles mais également sur la base de l'article 107 TFUE[2372]. Le droit de la concurrence présente ainsi différents volets capables de purger le droit de la commande publique de ses limites concurrentielles. D'ailleurs, comme le souligne l'Autorité de la concurrence, « *l'efficacité de la commande publique ne peut être assurée qu'à la condition que le marché fonctionne selon les règles de la concurrence* »[2373]. La protection de la structure de concurrence est donc primordiale pour le bon fonctionnement des marchés et du droit de la commande publique.

2372 J.-Y. Chérot, *Droit public économique*, 2e éd., *op. cit.*, pt 502, pp. 728-730.

2373 Cons. conc., avis n° 00-A-25 du 20 novembre 2000, *op. cit.*

Chapitre 2
Le droit de la commande publique saisi par le droit des aides d'État

615. **Le droit des aides d'État comme droit régulateur de l'interventionnisme économique des États membres.** Le traité sur le fonctionnement de l'Union européenne opère une distinction entre les règles de concurrence applicables aux entreprises et celles applicables aux États membres[2374]. Ces dernières visent plus particulièrement à maîtriser les aides accordées par les États membres et les personnes publiques. Le contrôle des aides d'État ambitionne en effet d'offrir à l'Union européenne un espace de concurrence effective[2375]. L'absence de réglementation dans ce domaine ouvrirait nécessairement la voie à des « *atteintes extrêmement sérieuses au libre jeu des forces du marché* »[2376] en intégrant, dans le fonctionnement du marché intérieur, des avantages artificiels hautement préjudiciables[2377]. De telles règles représentent une partie substantielle de l'héritage ordolibéral, lequel cherche à préserver l'économie de marché des privilèges qui peuvent être accordés par les pouvoirs publics à certaines entreprises[2378]. Le droit des aides d'État illustre, par ailleurs, l'existence d'un « *intérêt communautaire* »[2379], en apportant à l'ensemble des entreprises européennes un espace de compétition débarrassé des interventions publiques injustifiées et protecteur de la concurrence par les mérites. Le président Jaeger perçoit dans cet élément fondamental du droit de la concurrence un « *élément central de la régulation de l'intervention des acteurs publics au bénéfice des entreprises* »[2380].

616. **La rencontre inévitable avec le droit de la commande publique.** La dimension économique colossale que représentent les commandes publiques dans l'Union ne peut demeurer éloignée du contrôle des aides d'État[2381]. En effet, comme le relève l'OCDE, l'attribution d'une compensation financière à une entreprise qui gère un

---

2374 TFUE, Titre II, Chapitre 1.

2375 G. Clamour, *Intérêt général et concurrence. Essai sur la pérennité du droit public en économie de marché*, *op. cit.*, pt 238, p. 130.

2376 L. Dubouis, C. Blumann, *Droit matériel de l'Union européenne*, 7e éd., *op. cit.*, pt 1013, p. 675.

2377 C. Prieto, « La culture européenne de concurrence », *op. cit.*, p. 19 ; L. Grard, « Aides d'État – Notion », *JurisClasseur*, fasc. n° 670, 2011, p. 3 ; L. Vogel, *Contrôle des Aides d'État*, Paris, Bruylant, 2017, p. 10.

2378 C. Prieto, « Stratégies mises en œuvre par les entreprises pour exercer une influence sur les décisions », *op. cit.*, pt 7.

2379 G. Clamour, *Intérêt général et concurrence. Essai sur la pérennité du droit public en économie de marché*, *op. cit.*, pt 633 p. 371 ; v. égal. : CJCE, 9 octobre 1984, *Heineken*, aff. jtes C-91/83 et C-127/83, EU:C:1984:307, pt 14 ; CJCE, 14 février 1990, *République française c/ Commission des Communautés européennes*, aff. C-301/87, EU:C:1990:67, pt 17 ; comm. M.-A. Hermitte, *JDI*, 1991, pp. 493-494.

2380 M. Jaeger, « Préface », in *Droit européen des aides d'État*, M. Karpenschif, 2e éd., Bruxelles, Bruylant, 2017, p. VII.

2381 En ce sens, v. nos développements introductifs, pt 1.

service public est une technique de fonctionnement classique des pouvoirs publics[2382]. Or, ces derniers sont systématiquement confrontés à la difficulté de « *calibrer cette compensation* »[2383] afin de ne pas avantager ni désavantager le prestataire concerné. En parallèle, le professeur Kovar explique cette rencontre entre le droit de la commande publique et l'article 107 TFUE par la progression du champ d'application du contrôle des aides d'État[2384]. La Cour rappelle régulièrement la diversité des formes des aides d'État[2385]. Les attributions de marchés publics ou de concessions suscitent naturellement des interrogations sur le bien-fondé des choix économiques des autorités adjudicatrices. La professeure Noguellou observe d'ailleurs qu'il est parfois difficile d'établir une distinction entre une aide et l'achat d'une prestation[2386]. Les achats publics peuvent en effet se révéler être des succédanés d'aides d'État[2387]. Le contrôle de ces dernières étant particulièrement efficace, les personnes publiques cherchent de nouveaux moyens plus discrets et donc naturellement plus complexes pour fournir un avantage économique à certaines entreprises.

617. **La rencontre complexe entre des droits régulateurs de la concurrence.** La proximité entre ces deux matières est perceptible, selon le professeur Hatzopoulos, par la pluralité des points de rencontre qui les unissent[2388]. Ces droits permettent de fixer les limites des actions économiques des personnes publiques[2389]. Ils constituent d'après le professeur Steinicke des « *éléments clés [...] contre les distorsions de concurrence dans le secteur public* »[2390]. Le professeur Hatzopoulos distingue à ce titre deux types de liens entre ces matières. D'une part, un « *lien logique* »[2391]. On le retrouve dans l'acte d'achat lui-même, qui accorde, *de facto*, une contrepartie financière ou économique à un opérateur économique qui traditionnellement prend la forme d'un prix, d'un loyer, ou d'un droit exclusif sur une période limitée par la relation contractuelle. En second lieu, des « *liens formels* »[2392], qui ne renvoient pas aux liens matériels mais principalement à la proximité juridique entre ces deux matières, dont l'apogée a été atteint par la jurisprudence *Altmark*[2393]. Les accointances

---

2382 OCDE, « Table ronde sur la neutralité concurrentielle », 2016, pt 47.

2383 *Ibid.*

2384 R. Kovar, « Les achats publics et l'interdiction des aides d'État », *CMP*, 2004, n° 8-9, p. 5.

2385 À titre d'illustration, CJCE, 10 janvier 2006, *Cassa di Risparmio di Firenze SpA*, aff. C-222/04, EU:C:2006:8, pt 131 ; comm. L. Idot, *Europe*, 2006, n° 91, p. 24 ; J.-Y. Chérot, *Concurrences* n° 2-2006, art. n° 771, pp. 117-119 ; R. Kovar, *Recueil Dalloz*, 2006, pp. 919-924.

2386 R. Noguellou, « Contrats publics et aides d'État », *op. cit.*, p. 448.

2387 E. Wauters, « La concurrence dans les marchés publics : au regard des principes généraux d'égalité de traitement et de transparence », *op. cit.*, p. 6.

2388 V. Hatzopoulos « Public procurement and state aid in national health care systems », in *Health Systems Governance in Europe: The Role of European Union Law and Policy* , E. Mossialos, G. Permanand, R. Baeten (dir.), Cambridge, Cambridge University Press, 2010, p. 383. V. égal. P. W. Jessen, B. O. Gram Mortensen, M. Steinicke, K. E. Sørensen, *Regulating Competition in the EU*, *op. cit.*, p. 596.

2389 M. Kekelekis, K. Neslein, « Public Procurement and State Aid », in *Research handbook on EU public procurement law*, C. Bovis (dir.), *op. cit.*, p. 452

2390 M. Steinicke, « Public Contracts Through Procurement – Can There Still Be State Aid? », *op. cit.*, p. 136 (traduction libre de l'auteur).

2391 V. Hatzopoulos « Public procurement and state aid in national health care systems », *op. cit.*, p. 383 (traduction libre de l'auteur).

2392 *Ibid.*

2393 CJCE, 24 juillet 2003, *Altmark*, aff. C-280/00, *op. cit.* ; comm. O. Duperon, *LPA*, 2003, n° 229, pp. 6-12 ; R. Ballester, *RDUE*, 2003, n° 3, pp. 755-759 ; M. Merola, C. Medina, *CDE*, 2003, pp. 639-694 ; J.-M. Belor-

formelles, à l'inverse des liens logiques, ne sont plus un espace « *d'interférences* »[2394] et d'oppositions liées à la qualification juridique. Elles permettent au contraire d'établir un cadre juridique pacifié, interactif, et riche en compromis.

618. **Des zones de confrontations multiples.** Malgré le nombre restreint de travaux sur la relation entre le droit de la commande publique et le contrôle des aides d'État[2395], une série de problématiques émerge sur la possibilité d'assimiler une commande publique à une aide illégale nonobstant sa conformité au droit de la commande publique. Le contrat devient ainsi le « *vecteur de distribution d'une aide d'État* »[2396]. Le professeur Steinicke explique ce paradoxe par les problématiques concurrentielles distinctes qui animent ces deux matières[2397]. Dans de telles circonstances, la principale difficulté consiste à qualifier cette relation contractuelle d'avantage économique au sens de l'article 107 TFUE et d'élaborer un régime juridique idoine[2398]. Néanmoins, la doctrine et la Commission relèvent que l'article 107 TFUE et le droit de la commande publique ont pour finalité commune « *d'éviter des distorsions de la concurrence* »[2399]. Le contrôle des aides d'État, en écartant les distorsions de la concurrence issues des acheteurs publics, permet de garantir l'efficacité économique du droit de la commande publique contre les inégalités de traitements et les avantages économiques injustifiés. Il préserve en outre la « *neutralité concurrentielle* »[2400] des subventions accordées aux concessionnaires d'un SIEG. Dès lors, le contrôle des aides d'État participe une nouvelle fois à la conservation du bien-être dans l'Union.

---

gey, S. Gervasoni, C. Lambert, *AJDA*, 2003, p. 2155 ; J.-M. Thouvenin, M.-P. Lorieux, *RMCUE*, 2004, pp. 633-641 ; M. Karpenschif, *LPA*, 2004, n° 64, pp. 4-14 ; S. Bracq, *RTDE*, 2004, pp. 33-70 ; C. Prieto, *JDI*, 2004, pp. 628-630 ; G. Parleani, *JCP E*, 2004, pp. 1734-1735 ; A. Sinnaeve, *European State Aid Law Quarterly*, 2003, pp. 351-363.

2394 L. Idot, « Commande publique et droit de la concurrence : Un autre regard », *op. cit.*, p. 53 ; A. Sánchez-Graells, « State Aid and EU Public Procurement: More Interactions, Fuzziers Boundaries », in *Research Handbook on European State Aid Law*, 2nd ed., L. Hancher, J.-J. Piernas López, Cheltenham (dir.), Edward Elgar Publishing, 2021, p.329-330.

2395 A. Doern, « The Interaction between EC Rules on Public Procurement and State Aid », *PPLR*, 2004, n° 3, p. 1 ; S. Chavarochette-Boufferet, « L'interprétation des directives de l'Union sur les marchés publics par la Cour de justice », *op. cit.*, note 472, p. 162.

2396 R. Noguellou, « Contrats publics et aides d'État », *op. cit.*, p. 448.

2397 M. Steinicke, « Public Contracts Through Procurement – Can There Still Be State Aid? », *op. cit.*, p. 136 ; P. W. Jessen, B. O. Gram Mortensen, M. Steinicke, K. E. Sørensen, *Regulating Competition in the EU*, *op. cit.*, p. 597

2398 P. Baistrocchi, « Can the Award of a Public Contract be Deemed to Constitute State Aid? », *ECLR*, vol. 24, n° 10, 2003, pp. 510-517.

2399 H.-J. Priess, M. G. Von Merveldt, « The impact of the EC state aid rules on horizontal policies in public procurement », in *Social and Environmental Policies in EC Procurement Law: New Directives and New Directions*, S. Arrowsmith, P. Kunzlik (dir.), Cambridge, Cambridge University Press, 2009, *op. cit.* (traduction libre de l'auteur), p. 268 ; L. Grard, « Aides d'État. – Notion », *JurisClasseur Concurrence-Consommation*, fasc. n° 670, 2011, p. 268, p. 47 et s. ; Comm. eur., Livre vert sur la modernisation de la politique de l'UE en matière de marchés publics, « Vers un marché européen des contrats publics plus performant », *op. cit.*, p. 4 : « *Le premier [objectif] consiste à rentabiliser les dépenses publiques, en essayant, d'une part part, d'optimiser le résultat des passations de marché (c'est-à-dire d'obtenir le meilleur rapport qualité-prix). Pour y parvenir, il est crucial de susciter la concurrence la plus forte possible pour les marchés publics attribués au sein du marché intérieur. Les soumissionnaires doivent bénéficier de conditions de concurrence équitables et les distorsions de concurrence doivent être évitées* » ; Comm. eur., « XXVIe Rapport annuel sur la politique de concurrence », 1996, pt 173, p. 85 ; Comm. eur., « XXXIIe Rapport annuel sur la politique de concurrence 2001 », 2002, pt 485, p. 133.

2400 OCDE, « Table ronde sur la neutralité concurrentielle », *op. cit.*, pt 17.

619. **Plan du Chapitre 2.** Il convient donc de s'interroger tout d'abord sur l'opportunité juridique de qualifier un marché public, une concession ou l'un des éléments desdits contrats d'aide au sens de l'article 107 TFUE (Section 1). L'observation du contrôle des aides d'État permet cependant de constater que ce dernier offre un mécanisme de présomption de conformité fondé sur le droit de la commande, ce qui limite nécessairement le nombre de marchés publics ou de concessions qui sont conformes à ce droit mais susceptibles d'être qualifiés d'aides d'État (Section 2). Enfin, l'intégration progressive de politiques secondaires dans le droit de la commande publique ouvre de nouvelles interrogations sur l'existence d'avantages économiques susceptibles d'être appréhendés par l'article 107 TFUE, problématique que l'on retrouve principalement avec les exigences environnementales (Section 3).

Section 1
Opportunité juridique de la qualification des contrats de la commande publique en aides d'État

620. Le droit de la commande publique et le contrôle des aides d'État présentent de nombreuses interactions qui illustrent leur porosité respective. Le risque de chevauchement est corroboré par la Commission européenne dans son dernier livre vert sur la modernisation de la politique de l'UE en matière de marchés publics[2401], lequel a ouvert une nouvelle fois le débat sur les relations respectives entre le droit de la commande publique et le contrôle des aides d'État[2402]. La Commission précise à cette occasion « *l'objectif d'une cohérence maximale entre le droit des marchés publics et [...] le contrôle des aides d'État* ». Or, cette difficulté est *a fortiori* perceptible lorsque la commande publique n'est plus utilisée comme un moyen de répondre à un besoin mais comme un outil économique en faveur d'un acteur économique déterminé. Partant, deux éléments démontrent leurs accointances : d'une part, la proximité matérielle de leurs champs d'application respectifs, qui contribue à rendre particulièrement complexe le choix des dispositions de droit primaire à utiliser lors de contentieux (§ 1) ; d'autre part, l'existence dans la pratique de nombreux points de rencontre entre ces deux matières (§ 2).

§ 1. La proximité de leurs champs d'application respectifs

621. Les droits de la commande publique et le contrôle des aides d'État prennent tous deux leur source dans les traités. Leur proximité peut néanmoins entraîner des

---

2401 Comm. eur., Livre vert sur la modernisation de la politique de l'UE en matière de marchés publics, « Vers un marché européen des contrats publics plus performant », *op. cit.*, p. 13.

2402 A. Sánchez-Graells, « Public Procurement and State Aid: Reopening the Debate? », *op. cit.*

risques d'empiétement dans leurs champs d'application respectifs (A). Toutefois, le recours au mécanisme de l'assujettissement cumulatif par la Cour de justice permet de réduire significativement les espaces de tensions existants (B).

A. Les risques d'empiétements matériels

622. **Des droits protecteurs du marché intérieur.** Le marché intérieur demeure la colonne vertébrale commune au droit de la commande publique, transposition en droit dérivé des objectifs du traité en matière de libre circulation des marchandises et des services, et à la réglementation européenne sur les aides d'État, laquelle ambitionne d'écarter les distorsions de la concurrence issues des pouvoirs publics. Leurs dispositions visent solidairement à garantir le bon fonctionnement et l'effectivité de cet espace européen. Le marché intérieur marque également le point de rencontre fondamental de ces deux matières et entraîne nécessairement des difficultés dans la distinction du droit applicable[2403]. En effet, le contentieux européen démontre l'existence de points de friction sur le choix de l'utilisation des articles 107 et suivants TFUE ou de l'article 34 TFUE. La jurisprudence de la Cour de justice, dans le cadre de la libre circulation des marchandises, a eu pour effet d'étendre le spectre d'application de l'article 34 TFUE. Ainsi, l'attendu de principe dégagé par la Cour dans l'arrêt *Dassonville*[2404] peut s'appliquer à des aides publiques en faveur de produits nationaux et, inversement, le contrôle des aides d'État peut venir s'appliquer à des mesures ayant un effet équivalent à des restrictions quantitatives[2405]. Cette situation impose aux juges européens la délicate tâche d'établir un moyen de coordonner efficacement ces dispositions juridiques.

623. **Le recours à la *lex specialis* : l'arrêt *Iannelli c/ Meroni*[2406].** L'affaire *Iannelli c/ Meroni*, dont l'issue intervient deux ans seulement après l'arrêt *Dassonville*, révèle, sur le plan contentieux, la complexité à déterminer les dispositions du traité qui sont applicables. En l'espèce, un système de subventions en Italie permettait aux éditeurs de journaux d'acheter, à prix réduit, le papier produit par les papeteries italiennes. Or, de telles aides n'étaient pas offertes pour le papier importé d'un autre État membre. En l'espèce, les juges étaient donc confrontés à un mécanisme d'aides publiques constitutif, au surplus, d'une entrave aux importations dans le marché intérieur. L'arrêt précise que les dispositions applicables au litige relevant de l'article 34 TFUE ne sauraient faire échec à l'application des dispositions spéciales du traité, à l'instar de l'article 107 TFUE[2407]. La conséquence immédiate de cette solution est de paralyser les risques de parasitisme de l'article 34 TFUE sur l'article 107 TFUE. Elle respecte, de même,

---

2403 F. de Cecco, *State Aid and the European Economic Constitution*, *op. cit.*, p. 38.

2404 CJCE, 11 juillet 1974, *Dassonville*, aff. C-8/74, EU:C:1974:82, pt 5 : « *[A]ttendu que toute réglementation commerciale des États membres susceptible d'entraver directement ou indirectement, actuellement ou potentiellement le commerce intracommunautaire est à considérer comme mesure d'effet équivalant à des restrictions quantitatives* » ; comm. A. Tummers, M. Carpayc-Herve, *Revue de droit intellectuel : l'ingénieur-conseil*, 1974, pp. 297-309 ; L. de Montblanc, *RJC*, 1975, pp. 195-206 ; R. Kovar, *RTDE*, 2014, pp. 859-869 ; F. Spitaleri, *RTDE*, 2014, pp. 871-878.

2405 A. Doern, « The Interaction between EC Rules on Public Procurement and State Aid », *op. cit.*, p. 98.

2406 CJCE, 22 mars 1977, *Iannelli & Volpi SpA c/ Ditta Paolo Meroni*, aff. C-74/76, EU:C:1977:51 ; comm. R. Kovar, *JDI*, 1978, pp. 384-387.

2407 *Ibid.*, pt 9.

la volonté des auteurs du traité de distinguer ces deux opérations comme ayant des traductions procédurales distinctes.

624. **Le développement d'un test de divisibilité**[2408]**.** La reconnaissance du droit des aides d'État comme étant des dispositions spéciales du traité ne marque pas, cependant, l'aboutissement du processus de différenciation recherché par la Cour. Il convient en effet d'établir les critères permettant de distinguer le régime juridique applicable. Pour ce faire, la Cour utilise ce que la doctrine a repris sous la formule de « test de divisibilité ». Elle exige, afin de déterminer si l'article 107 TFUE doit être appliqué, d'examiner si l'objet de l'aide peut être « *appréci[é] isolément* »[2409]. Dans la négative, le seul régime juridique applicable est celui des aides d'État. À l'inverse, si les modalités d'un régime d'aides permettent d'isoler « *des conditions ou éléments qui, bien que faisant partie de ce régime, peuvent être considérés comme n'étant pas nécessaires à la réalisation de son objet ou à son fonctionnement* »[2410], la violation des dispositions du traité en matière de libre circulation des marchandises peut être soulevée.

B. Le recours au mécanisme de l'assujettissement cumulatif

625. **Un mécanisme de protection de l'effectivité de la libre circulation des marchandises.** Le conflit entre ces différentes dispositions du traité comporte également le risque de captation de mesures nationales contraires à la libre circulation des marchandises, par la réglementation sur les aides d'État, et, par conséquent, de l'emploi des dérogations spécifiques prévues par le traité et le droit dérivé. Plus exactement, les progrès mis en place par l'article 34 TFUE pourraient être menacés par l'application de l'article 107, paragraphe 3, TFUE. Celui-ci permet notamment d'autoriser les aides en faveur du développement économique de régions dans lesquelles le niveau de vie est anormalement bas. Pour ce faire, la Cour de justice a établi le mécanisme de l'assujettissement cumulatif et impose, de ce fait, que l'application du régime des aides d'État n'implique pas la violation d'autres articles du traité. L'arrêt *Commission c/ Italie* souligne sur ce point qu'il « *résulte de l'économie générale du traité que cette procédure ne doit jamais aboutir à un résultat qui serait contraire aux dispositions spécifiques du traité* »[2411]. Une telle prohibition concerne également le droit dérivé, dès lors que ce dernier vise à déterminer un régime juridique directement issu du traité. À ce titre, l'application des dispositions sur les aides d'État ne saurait contrarier les directives « marchés publics » ou encore la directive « services »[2412]. Le développement de l'assujettissement

---

2408 La formule de « *severability test* » est employée par J. M. Fernandez Martin et O. Stehmann, in « Product Market Integration versus Regional Cohesion in the Community? », *ELR*, 1991, pp. 216-221 ; A. Doern, « The Interaction between EC Rules on Public Procurement and State Aid », *op. cit.*, p. 3 et s.

2409 Pt 14 de l'arrêt.

2410 *Ibid.*

2411 CJCE, 21 mai 1980, *Commission c/ Italie*, aff. C-73/79, EU:C:1980:129, pt 11. Solution confirmée notamment par CJCE, 15 juin 1993, *Matra SA c/ Commission*, aff. C-225/91, EU:C:1993:239 ; comm. V. Constantinesco, *JDI*, 1994, pp. 471-473 ; M.-C. Bergerès, *Recueil Dalloz*, 1994, pp. 491-493 ; CJCE, 19 septembre 2000, *Allemagne c/ Commission*, aff. C-156/98, EU:C:2000:467.

2412 Directive 2006/123/CE, *op. cit.*

cumulatif revient, pour partie, sur la distinction utilisée initialement par la Cour dans l'affaire *Iannelli c/ Meroni*. La séparation drastique entre les matières est supplantée par une lecture combinée du droit primaire, moyen pragmatique de protéger l'ensemble des dispositions du traité[2413].

626. **Application de l'assujettissement cumulatif aux marchés publics.** L'affaire *Du Pont de Nemours*[2414] illustre, à elle seule, la difficulté d'établir le régime juridique applicable dans ce type de contentieux. En l'espèce, le législateur italien imposait d'attribuer 30 % des marchés publics à des entreprises situées dans le Mezzogiorno. Une telle obligation s'appliquait également aux différents organismes publics. Si la mesure en cause favorisait sans conteste les entreprises du sud de l'Italie, elle discriminait celles des autres régions italiennes et de l'Europe entière. Une telle législation, réservant une partie des marchés publics à des entreprises géographiquement localisées, semblait, au regard du droit des aides d'État, pouvoir bénéficier de la dérogation des aides « *destinées à favoriser le développement économique de régions dans lesquelles le niveau de vie est anormalement bas* »[2415].

627. Pour éviter un tel traitement, le juge européen a utilisé le mécanisme de l'assujettissement cumulatif[2416]. Cette solution est justifiée par son impossibilité d'opérer une véritable distinction entre les régimes juridiques applicables, la libre circulation des marchandises et les aides d'État indivisibles dans ce litige. L'assujettissement cumulatif permettait alors d'offrir une lecture globale de la mesure en cause au regard de l'objectif du marché intérieur qui est d'assurer la « *libre circulation des marchandises [...] dans des conditions normales de concurrence* »[2417]. Dès lors, après avoir constaté l'absence de dérogations prévues à l'article 36 TFUE pour ce type de mesures discriminatoires, la Cour a relevé que la directive portant coordination des procédures de passation des marchés publics de fournitures[2418] « *ne saurait être interprétée en ce sens qu'elle autoriserait l'application d'une législation nationale dont les dispositions violent celles du traité [article 34 TFUE]* »[2419].

2413 Alik Doern soutient habilement que le test de divisibilité est toujours utilisé par la Cour de justice. Pour ce faire, celui-ci avance principalement une utilisation implicite et une volonté d'écarter toute utilisation de l'article 107 TFUE comme mécanisme de contournement de l'article 30 TFUE. En ce sens, A. Doern, « The Interaction between EC Rules on Public Procurement and State Aid », *op. cit.*, pp. 4 et 5. Pour une illustration de l'utilisation combinée de l'assujettissement cumulatif et de la loi spéciale, v. CJCE, 30 janvier 1985, *Commission c/ France*, aff. C-290/83, EU:C:1985:37 ; comm. D. Gadbin, *Revue de droit rural*, 1986, pp. 143-150.

2414 CJCE, 20 mars 1990, *Du Pont de Nemours Italiana c/ USL di Carrara*, aff. C-21/88, EU:C:1990:121 ; comm. P. Terneyre, *Recueil Dalloz*, 1991, Som. pp. 102-103 ; J.-M. Fernandez Martin, O. Stehmann, *ELR*, 1991, pp. 216-243 ; N. Michel, *Les marchés publics dans la jurisprudence européenne : exposé systématique des arrêts et ordonnances de la Cour de justice des Communautés européennes*, *op. cit.*, pp. 8-10. L'incompatibilité de ce mécanisme d'aide en faveur des entreprises du sud de l'Italie fut confirmée par la Cour dans CJCE, 11 juillet 1991, *Laboratori Bruneau Srl c/ Unità sanitaria locale RM/24 di Monterotondo*, aff. C-351/88, EU:C:1991:304 et CJCE, 3 juin 1992, *Commission c/ Italie*, aff. C-360/89, EU:C:1992:235. La solution fut également reprise par la Cour dans une affaire similaire impliquant une circulaire grecque favorisant les produits nationaux lors des achats publics : CJCE, 9 juillet 1991, *Commission c/ Grèce*, aff. C-84/86, non publié au *Rec.*

2415 Article 107, paragraphe 3, TFUE. Sur la base de cette dérogation, le Tribunale Amministrativo Regionale del Friuli Venezia Giulia jugea que la législation en cause était compatible avec le marché intérieur dans son jugement du 31 décembre 1987, n° 394, *Industria farmaceutica lucana et a. v. U.S.L.*, n° 11 Pordenone.

2416 Pt 20 de l'arrêt dans l'affaire C-21/88, *op. cit.*

2417 *Ibid.*

2418 Directive 77/62/CEE, *op. cit.*

2419 Pt 17 de l'arrêt dans l'affaire C-21/88, *op. cit.*

Or, en l'espèce, la législation en cause favorisait un certain nombre d'entreprises en limitant l'accès aux marchandises en provenance d'autres États membres.

§ 2. L'existence de points de convergence récurrents

628. Les implications économiques et financières des marchés publics et concessions conduisent nécessairement à établir une certaine proximité entre le droit de la commande publique et le droit des aides d'État. Deux phénomènes peuvent être isolés. D'une part, une offre proposée par une entreprise à des conditions de compétitivité remarquables peut dissimuler la présence d'une aide illégale (A). D'autre part, ce risque impose d'identifier la capacité de la Commission européenne à se saisir du droit des aides d'État pour sanctionner des dérives liées à des commandes publiques (B).

A. L'application aisée des critères de qualification des aides d'État aux contrats de la commande publique

629. L'article 107 TFUE déclare incompatibles avec le marché intérieur, « *dans la mesure où elles affectent les échanges entre États membres, les aides accordées par les États ou au moyen de ressources d'État sous quelque forme que ce soit qui faussent ou qui menacent de fausser la concurrence en favorisant certaines entreprises ou certaines productions* ». Afin d'établir si la commande publique en cause est constitutive d'une aide d'État, il convient d'identifier les critères imposés par le traité et donc de rechercher son caractère sélectif (1), l'existence d'un avantage économique au moyen de ressources d'État (2) et enfin une affectation des échanges entre les États membres susceptible d'occasionner une distorsion de la concurrence (3).

1. Un caractère sélectif

630. L'identification d'une aide d'État impose l'existence d'un avantage qui se borne à certaines entreprises ou certains secteurs d'activité. À cette occasion, en raison de la rupture d'égalité entre les concurrents actuels ou potentiels réalisée par les pouvoirs publics, la concurrence par les mérites s'avère naturellement menacée. Or, ce critère de la sélectivité ne pose *a priori* aucune difficulté dans le cadre d'un contrat public. Les contrats de la commande publique se caractérisent en effet par leur nature sélective[2420]. Le choix du titulaire du contrat public a justement pour vocation d'écarter les opérateurs économiques les moins susceptibles de répondre efficacement aux besoins de l'acheteur ou de l'autorité concédante. Par conséquent, ce critère ne présente pas de difficulté particulière lors de l'application de l'article 107 TFUE.

2420 A. Sánchez-Graells, « Public Procurement and State Aid: Reopening the Debate? », *op. cit.*, p. 207.

2. Un avantage accordé par l'État ou au moyen de ressources d'État : catégorisation des différentes formes envisageables

631. L'identification d'un avantage économique au sens de l'article 107 TFUE au sein d'un marché public ou d'une concession est manifestement l'étape la plus délicate dans la qualification d'un tel contrat d'aide d'État (a.). En effet, la pratique décisionnelle confirme qu'un tel avantage peut revêtir de nombreuses formes (b.).

a. Une qualification délicate

632. Alors que le lien avec les ressources de l'État est évident[2421], en raison notamment des transferts financiers réalisés, la démonstration d'un avantage est sans nul doute le critère le plus « *controversé* »[2422] et le plus complexe à établir dans ce type d'affaires. En effet, il est essentiel, pour envisager l'existence d'une aide dans une commande publique, de déterminer si l'opérateur économique titulaire du contrat « *reçoit un avantage économique qu'[il] n'aurait pas obtenu dans des conditions normales de marché* »[2423]. De la même façon, il revient à la Cour d'analyser si l'autorité adjudicatrice s'est comportée comme un « *acheteur désintéressé* »[2424]. Le prix ou la compensation étant limités à la seule « *contrepartie du service rendu par la société pour l'exécution de ces contrats* »[2425].

b. Des avantages aux formes multiples

633. Aujourd'hui, le droit européen identifie quatre situations distinctes permettant de confirmer l'existence d'un avantage économique au sein des marchés publics ou des concessions : le surprix (i), l'absence de besoin effectif (ii), la durée excessive du contrat (iii) et enfin la modification du projet de marché public ou concession (iv).

i) Le surprix

634. La présence d'avantages économiques lors d'une commande publique peut revêtir plusieurs formes. Tout d'abord, l'obtention d'un contrat public à un prix supérieur à celui pratiqué sur le marché[2426]. Ce point fut expressément relevé par l'avocat général Jacobs dans ses conclusions sur l'affaire *GEMO*. Il ressort de ces dernières que « *[l]orsque [...] l'État achète des biens ou des services d'une entreprise, il n'y aura aide que si et dans la mesure où le prix payé excède le prix du marché* »[2427]. La preuve que les acheteurs publics ou autorités concédantes se comportent comme des agents économiques normaux se situe en effet dans le

---

2421 N. Tosics, N. Gaál, « Public procurement and State aid control — the issue of economic advantage », *op. cit.*, p. 15.

2422 A. Sánchez-Graells, « Public Procurement and State Aid: Reopening the Debate? », *op. cit.*, p. 207.

2423 CJCE, 11 juillet 1996, *SFEI e.a.*, aff. C-39/94, EU:C:1996:285, pt 60 ; comm. L. Idot, *Europe*, 1996, n° 10, p. 18 ; M.-A. Hermitte, *JDI*, 1997, pp. 609-610.

2424 A. Sánchez-Graells, *Public Procurement and the EU Competition Rules*, 2e éd., *op. cit.*, p. 125, traduction libre de la formule « *disinterested buyer* ».

2425 CE, 26 mars 2008, *Région Réunion*, n° 284412, *Rec.* p. 114 ; comm. G. Eckert, *CMP*, 2008, comm. n° 90.

2426 S. Arrowsmith, *The Law of Public and Utilities Procurement: Regulation in the EU and UK*, 3e éd., vol. 2, *op. cit.*, pt 4-81, p. 306 et s. ; Comm. eur., déc. du 16 novembre 2004, aide d'État N 307/2004 – *United Kingdom – Scotland, Broadband in Scotland – remote and rural areas, JOUE* n° C 126 du 25 mai 2005, pp. 10-13.

2427 Conclusions de l'avocat général F. G. Jacobs présentées le 30 avril 2002, aff. C-126/01, EU:C:2002:273, pt 122.

paiement d'un prix normal de marché[2428]. La Cour de justice souligne, quant à elle, qu'une procédure d'achat ou de vente sera constitutive d'un avantage si elle est accordée dans des « *conditions préférentielles* »[2429].

635. L'attribution d'un marché à un prix supérieur à celui habituellement pratiqué se présente généralement sous deux formes. D'une part, elle peut se matérialiser comme un prix visiblement déconnecté de la réalité du marché[2430]. On retrouvera généralement ce risque dans le cadre des marchés publics. D'autre part, en ce qui concerne les concessions, elle se caractérisera par la surcompensation des obligations de service public[2431] ou la sous-évaluation des redevances[2432]. De tels risques peuvent également apparaître à l'occasion de la signature d'un avenant à un contrat public[2433]. Le professeur Guézou relève qu'un avenant d'une durée trop importante occasionne nécessairement une atteinte à la concurrence, « *la mise en concurrence à laquelle l'acheteur public a procédé est rétroactivement anéantie puisque le marché effectivement exécuté est différent de celui pour lequel la mise en concurrence a eu lieu* »[2434]. On constate d'ailleurs une surveillance accrue de la Commission européenne concernant le prolongement de la durée des concessions[2435]. Cela s'explique principalement par l'absence de remise en concurrence, élément caractéristique de la prolongation de la durée des contrats.

ii) L'absence de besoin effectif

636. La deuxième situation permettant d'identifier un avantage économique est une commande publique qui n'est pas motivée par un besoin effectif de l'acheteur ou de l'autorité concédante[2436]. Ce point, sujet de tension potentielle entre l'article 107

2428 Conclusions de l'avocat général N. Fennelly présentées le 26 novembre 1998, aff. C-251/97, EU:C:1998:572, pt 19. V. égal. sur ce point l'illégalité de l'aide octroyée par la France à l'occasion du rachat à la société Thomson SA d'actions du Crédit lyonnais à un prix surévalué de 30 %, Comm. eur., déc. 98/183/CE du 1er octobre 1997 concernant des mesures d'aides accordées par la France en faveur de Thomson SA-Thomson multimedia, *JOUE* n° L 67 du 7 mars 1998, pp. 31-47.

2429 CJCE, 20 novembre 2003, *Ministre de l'Économie, des Finances et de l'Industrie c/ GEMO SA*, aff. C-126/01, EU:C:2003:622, pt 29 ; comm. P. Arhel, *LPA*, 2004, n° 53 pp. 5-6 ; C. Prieto, *JDI*, 2004, pp. 630-631 ; L. Idot, *Europe*, 2004, n° 1, pp. 23-24.

2430 Comm. eur. « XXVIIIe Rapport sur la politique de concurrence 1998 », 1999, p. 95, à propos de l'affaire C-64/98 (ex NN 95/97), *Ente Istituto Poligrafico e Zecca dello Stato, Italie*.

2431 Comm. eur., déc. du 20 septembre 2018, *Amended Concession Agreement relating to the Istrian Y motorway*, SA.48472, *JOUE* n° C 424 du 23 novembre 2018, pp. 1-6 ; Comm. eur., déc. du 14 juillet 2007, Autriche – Aide d'État C 16/07 (ex NN 55/06) – *Soutien public pour Postbus dans le district de Lienz*, *JOCE* n° C 162 du 14 juillet 2007, p. 19-29 ; Comm. eur., déc. du 19 mars 2015, aide d'État SA.38788 (2015/N), Royaume Uni, *Compensation to Post Office Limited for costs incurred to provide SGEIs 2015-2018*, *JOUE* n° C 188, du 5 juin 2015, pp. 1-6.

2432 Pour une illustration du contrôle du montant de la redevance d'un concessionnaire, Comm. eur., déc. du 25 août 2011, aide d'État C 39/2009 (ex N 385/2009), Latvian Republic, *Public financing of port infrastructure in Ventspils Port*, *JOCE* n° L 319/2011 du 2 décembre 2011, pp. 92-102 ; Comm. eur., décision du 7 août 2014, aide d'État SA.38771 (2014/N), Latvia, *Investment Aid to the Ventspils Free Port Authority – soil stabilisation*, *JOUE* n° C 348 du 3 octobre 2014, p. 25.

2433 CE, 2 juillet 1999, *Société anonyme Bouygues et autres*, n° 206749, *op. cit.*

2434 O. Guézou, « Les comportements anticoncurrentiels dans la passation des marchés publics », *op. cit.*, pt 310, p. 283.

2435 Comm. eur., déc. N 362/2009 du 17 août 2009, Allongement de la durée des concessions accordées par l'État français aux sociétés concessionnaires d'autoroutes – Plan de relance de l'économie – volet autoroutier, *op. cit.* ; Comm. eur., déc. du 28 octobre 2014, aide d'État SA.2014/N 38271, France, *Plan de relance autoroutier*, *op. cit.* ; déc. (UE) 2017/1592 du 15 mai 2017 concernant la mesure SA.35429 — 2017/C (ex 2013/NN), *op. cit.*

2436 L'affaire CJCE, 1er juin 2006, *P & O European Ferries (Vizcaya) SA et Diputación Foral de Vizcaya c/ Commission des Communautés européennes*, aff. jtes C-442/03 P et C-471/03 P, EU:C:2006:356 est développée aux points 657 et s.

TFUE et le droit de la commande publique, fait l'objet de nombreuses précisions dans la section suivante[2437].

iii) La durée excessive du contrat

637. Le troisième type d'avantages économiques est relatif à une durée de contrat excessive, laquelle peut générer selon le Parlement européen des « *restrictions de concurrence* »[2438]. La Commission veille notamment au contrôle de la durée des concessions. Une durée surévaluée, c'est-à-dire trop longue, permet au concessionnaire d'optimiser l'amortissement de ses investissements et prive, par la même occasion, le marché de toute concurrence sur une longue période[2439]. Elle risque nécessairement d'affaiblir la concurrence sur le marché comme le relève le professeur Delaunay[2440].

iv) La modification du projet de contrat initial

638. Enfin, l'analyse du contentieux permet de distinguer une quatrième catégorie d'avantages économiques issue de la commande publique. En effet, selon la Commission européenne, la modification du projet de contrat en cours de négociations peut conduire à s'interroger sur l'existence d'une aide. Ainsi, à l'occasion du contrôle du partenariat public-privé relatif au métro londonien, l'exécutif européen a analysé méticuleusement l'existence d'un avantage économique issu des modifications réalisées au cours de la phase de négociation[2441]. En l'espèce, le projet a été validé en raison des modifications raisonnables faites au contrat initial. *A contrario*, des changements substantiels ou portant sur des éléments majeurs du contrat auraient permis de les qualifier d'avantages économiques. La difficulté à identifier un avantage, en raison de la variété des contrats en cause, demeure très hétérogène comme l'observe la professeure Noguellou. Ainsi, un surprix dans un marché public peut être qualifié sans difficulté d'avantage[2442], tandis qu'un contrat global, avec des modes de rémunération qui dépassent le seul prix, impose des méthodes d'examen nettement plus complexes[2443].

3. Affectation des échanges entre les États membres et distorsion de la concurrence

639. Ces critères, examinés en dernier lieu par la Commission européenne, écartent *de facto* les commandes publiques les plus modestes en raison du seuil *de minimis*

2437 *Ibid.*

2438 Parlement eur., « Contribution to Growth: European Digital Single Market. Delivering improved rights for European citizens and businesses », *op. cit.*, p. 21 (traduction libre de l'auteur).

2439 À titre d'illustration Comm. eur., déc. 24 octobre 2000, aide d'État N 540/2000, France, *Réforme du régime d'exploitation des concessions autoroutières*, *JOCE* n° C 354 du 9 décembre 2000, pp. 19-20.

2440 B. Delaunay, *Droit public de la concurrence*, 2e éd., *op. cit.*, pt 721, p. 375.

2441 Comm. eur., déc. du 2 octobre 2002, aide d'État N 264/2002 – United Kingdom, London Underground Public Private Partnership, *JOCE* n° C 309 du 12 décembre 2002, pp. 1-20. Pour valider de telles modifications qui affectent notamment la valeur des contrats, la Commission juge que celles-ci doivent rester raisonnables. En ce sens, v. pt 103 de la décision ; S. Arrowsmith, *The Law of Public and Utilities Procurement: Regulation in the EU and UK*, 3e éd., vol. 2, *op. cit.*, pt 4-82 à 4-86, pp. 307-312.

2442 S. Chavarochette-Boufferet, « L'interprétation des directives de l'Union sur les marchés publics par la Cour de justice », *op. cit.*, p. 167.

2443 R. Noguellou, « Contrats publics et aides d'État », *op. cit.*, p. 450.

fixé aujourd'hui à 200 000 euros[2444]. Néanmoins, pour certains marchés publics et la plupart des concessions, les montants des contrats laissent peu de doutes sur leurs risques d'affecter le marché intérieur[2445]. De la même façon, les concessions, en ce qu'elles accordent un monopole, sont, pour la majorité d'entre elles, susceptibles d'affecter le commerce entre les États membres. Le droit des aides d'État se caractérise par une « *quasi-présomption d'affectation des échanges* »[2446] en se saisissant de situations nationales ou locales[2447]. En outre, la Commission européenne et la Cour de justice utilisent d'ailleurs le critère du renforcement de la position de l'opérateur sur le marché pour établir un risque de distorsion de la concurrence ou d'affectation des échanges[2448]. Cette méthode est employée principalement pour les concessions, voire les marchés de partenariat, du fait de l'implication d'entreprises dominantes sur le marché. On retrouve ce cas de figure notamment dans les domaines du transport ou du BTP[2449]. Cette politique de généralisation des contrôles des concessions était, jusqu'à maintenant, amplifiée par l'absence d'encadrement de ces contrats à l'échelle européenne. Par conséquent, le contrôle des aides d'État s'avérait être un mécanisme de garantie de la concurrence et supplantait, pour partie, la carence normative dans ce domaine.

B. Le traitement par les acheteurs publics des aides publiques reçues par les candidats à un marché public

640. **Les difficultés initiales dans l'appréhension des aides publiques.** La position à adopter par les acheteurs publics devant des candidatures d'entreprises bénéficiant d'aides publiques a fait l'objet de nombreux débats devant les juges européens et les juges nationaux[2450]. Ainsi, comme le relève l'avocat général Léger à l'occasion de l'affaire *ARGE*[2451], il convient d'opérer la distinction entre les aides légales ou bien

---

2444 Règlement (UE) n° 1407/2013, *op. cit.*, considérant 3 et article 3. Rappelons qu'en matière de SIEG, le seuil *de minimis* est de 500 000 euros.

2445 A. Sánchez-Graells, « Public Procurement and State Aid: Reopening the Debate? », *op. cit.*, p. 207

2446 A. Soloshchenkov, « La notion d'aide d'État : entre rigidité et flexibilité », *RTDE*, 2015, n° 4, p. 772.

2447 N. Petit, *Droit européen de la concurrence*, 2e éd., *op. cit.*, pt 748, p. 338 ; L. Idot, « Entrave et restriction de concurrence », in *Entrave dans le droit du marché intérieur*, L. Azoulai (dir.), Bruxelles, Bruylant, 2011, pp. 172-173 ; J. Baquero Cruz, *Between Competition and Free Movement: The Economic Constitutional Law of the European Community*, *op. cit.*, p. 87 ; M. Malaurie-Vignal, *Droit de la concurrence interne et européen*, 6e éd., *op. cit.*, p. 90 et 294.

2448 Pour une illustration de l'utilisation de ce critère, Comm. eur., déc. du 16 mai 2006 aide d'État N 562/05, Italie, *Proroga della durata della concessione della Società Italiana del Traforo del Monte Bianco (SITMN)*, *JOUE* n° C 90 du 25 avril 2007, pp. 10-16 ; Comm. eur., déc. du 1er septembre 2005, aide d'État N 420/2005, France, *Allongement de la durée des concessions des sociétés d'autoroutes du Tunnel du Mont-Blanc (ATMB) et du Tunnel Maurice Lemaire (TML/APRR)*, *JOUE* n° C 90 du 25 avril 2007, p 4 ; Comm. eur., 28 octobre 2014, aide d'État SA.2014/N 38271, France, *Plan de relance autoroutier*, *op. cit.*, pt 49 et s. Pour une illustration jurisprudentielle récente, CJUE, 14 janvier 2015, *Eventech*, aff. C-518/13, EU:C:2015:9, pt 65 à 67 ; comm. L. Idot, *Europe*, 2015, n° 3 pp. 28-29 ; A. Soloshchenkov, *RTDE*, 2015, pp. 757-775, S. Schrameck, *RLC*, 2015, n° 43, pp. 43-44.

2449 Comm. eur., déc. du 15 mai 2005, aide d'État N 149/2006, Irlande, *Traffic guarantee for M3 Clonee to North of Kells and N7 Limerick Southern Ring Road Phase II*, *JOUE* n° C 207 du 30 août 2006, p. 3.

2450 À titre d'illustration : Higher Regional Court (« *Oberlandesgericht* ») of Düsseldorf, 26 July 2002, Verg 22/02, NZBau 2002, 634 ; CAA Bordeaux, 15 juillet 2008, *Société Merceron TP*, n° 07BX00373, inédit au *Rec.*

2451 Conclusions de l'avocat général P. Léger présentées le 15 juin 2000, aff. C-94/99, *op. cit.*

illégales. Selon lui, la seule attribution d'une aide légale ne peut conduire les autorités adjudicatrices à exclure une candidature. La validité de l'aide au regard de l'article 107 TFUE permet de reconnaître « *aux opérateurs qui en bénéficient le droit d'exercer leur activité au même titre que les autres* »[2452], conformément au principe d'égalité. En revanche, le traitement d'une aide illégale s'avère moins aisé. *A priori*, l'octroi d'une aide non conforme au traité devrait interdire à l'entreprise bénéficiaire de participer à la procédure d'attribution si l'offre proposée est faite à un prix anormalement bas. La Cour de justice a confirmé la position défendue par l'avocat général Léger. Tout d'abord, elle souligne que le principe d'égalité ne s'oppose pas à la participation d'une entreprise bénéficiant d'une aide. Toutefois, en présence d'une offre anormalement basse, les autorités adjudicatrices sont tenues ou, du moins, ont la possibilité de prendre en considération l'existence d'une aide illégale et d'en exclure le soumissionnaire[2453].

641. **L'intégration dans le traitement des offres anormalement basses.** La solution prétorienne a par la suite fait l'objet d'une consécration par le droit dérivé. Depuis la directive 2004/18/CE du 31 mars 2004[2454], le droit européen des marchés publics inclut un mécanisme permettant d'exclure les offres bénéficiant d'une aide illégale[2455]. Selon la professeure Jessen, la précision apportée aux directives « marchés publics » illustre l'influence de l'article 107 TFUE lors de la construction du droit de la commande publique[2456]. Le mécanisme prévu par le droit dérivé est en effet centré sur le respect des principes du contradictoire et de libre concurrence[2457]. Ces derniers imposent d'instituer un droit de réponse pour l'entreprise concernée par la mesure afin de « *garantir une saine concurrence* »[2458]. Les entreprises visées peuvent ainsi démontrer la légalité de l'aide qui leur a été attribuée et écarter les craintes portant sur l'existence d'une offre anormalement basse.

Section 2
Une harmonisation en faveur du droit de la commande publique

642. La possibilité pour la Commission européenne de se saisir de l'article 107 TFUE pour contrôler des marchés publics ou concessions implique une analyse complexe

---

2452 *Ibid.*, pt 103.

2453 CJCE, 7 décembre 2000, *ARGE*, aff. C-94/99, *op. cit.*, pt 29 ; comm. Y. Claisse, *LPA*, 2001, n° 56, pp. 16-20. Confirmée par CJCE, 23 décembre 2009, *CoNISMa*, aff. C-305/08, *op. cit.*, pt 33 ; comm. Y. Claisse, *LPA*, 2001, n° 56, pp. 16-20 ; CJUE, 18 décembre 2014, *Azienda Ospedaliero-Universitaria di Careggi-Firenze*, aff. C-568/13, *op. cit.*, pt 44 ; comm. E. Daniel, *Europe*, 2015, n° 2, pp. 30-31 ; E. Broussy, H. Cassagnabère, C. Ganser, *AJDA*, 2015, p. 334. V. égal., sur ce point, Comm. eur., Orientations sur la participation des soumissionnaires et des produits de pays tiers aux marchés publics de l'UE, *op. cit.*, p. 16.

2454 Directive 2004/18/CE, *op. cit.*

2455 Article 55 de la directive 2004/18/CE. Confirmé par l'article 69 de la directive 2014/24/UE, *op. cit.*

2456 P. W. Jessen, B. O. Gram Mortensen, M. Steinicke, K. E. Sørensen, *Regulating Competition in the EU*, *op. cit.*, p. 597. Cette analyse semble corroborée par l'introduction du considérant 4 au sein de la directive 2014/24/UE, *op. cit.*, et du considérant 7 dans la directive 2014/23/UE, *op. cit.*

2457 CJUE, 18 décembre 2014, *Azienda Ospedaliero-Universitaria di Careggi-Firenze*, aff. C-568/13, *op. cit.*, pt 48.

2458 *Ibid.*

et la prise en compte d'éléments économiques et procéduraux spécifiques. Cette tâche délicate a entraîné l'exécutif européen, puis la Cour de justice, à simplifier radicalement la relation entre l'article 107 TFUE et le droit de la commande publique. Cela se traduit par l'élaboration d'un encadrement des aides d'État spécifique pour les activités relevant du droit de la commande publique[2459]. Cette simplification est passée par l'instauration d'un mécanisme de présomption particulièrement favorable au droit de la commande publique et aux procédures de mise en concurrence (§ 1). La présomption mise en place demeure, néanmoins, réfragable sous certaines conditions (§ 2).

§ 1. Le droit de la commande publique comme centre de gravité de la présomption d'absence d'aides d'État

643. Le développement d'une présomption, voire d'un « *principe général* »[2460] écartant les craintes de l'existence d'une aide d'État lors d'une procédure d'achat public, est passé par deux étapes essentielles : en premier lieu, l'instauration de la présomption dans la pratique de la Commission européenne (A) puis, en second lieu, sa consécration par la jurisprudence (B).

A. Le développement de la présomption dans la pratique de la Commission européenne

644. **La formation de la présomption.** Les critères *Altmark* ont acquis, aujourd'hui, une place déterminante dans la prise en compte des problématiques relatives aux aides d'État lors de la mise en œuvre du droit de la commande publique. Or, la naissance de ce « *lien formel* »[2461] entre ces deux matières est due, en réalité, à la pratique de la Commission européenne particulièrement bienveillante envers la réglementation européenne sur les marchés publics[2462]. Le développement de cette pratique est amorcé, selon Andreas Bartosch[2463], dès 1985 avec l'arrêt *Procureur de la République c/ ADBHU*[2464]. En effet, à l'occasion d'une question préjudicielle, la Cour de justice a été appelée à se prononcer sur la légalité du système de collecte des huiles usagées prévu par la directive du 16 juin 1975[2465], avec les dispositions

---

2459 R. Kovar, « Les achats publics et l'interdiction des aides d'État », *op. cit.*, p. 5.

2460 Conclusions de l'avocat général J. Kokott présentées le 16 décembre 2004, aff. C-283/03, EU:C:2004:820, pt 79.

2461 V. Hatzopoulos « Public procurement and state aid in national health care systems », *op. cit.*, p. 384.

2462 P. E. Hasselgård, « The Use of Tender Procedures to Exclude State Aid: The Situation under the EU 2014 Public Procurement Directives », *European Procurement & Public Private Partnership Law Review*, vol. 12, n° 1, 2017, p. 16.

2463 A. Bartosch, « The Relationship Between Public Procurement and State Aid Surveillance – The Toughest Standard Applies? », *CMLR*, vol. 39, n° 1, 2002, p. 561.

2464 CJCE, 7 février 1985, *Procureur de la République c/ ADBHU*, aff. C-240/83, EU:C:1985:59 ; comm. P. Laurent, , *Gaz. Pal.*, 1986, pp. 740 et 741. V. égal. J. Sirinelli,, *op. cit.*, p. 6.

2465 Directive n° 75-439 du 16 juin 1975 concernant l'élimination des huiles usagées, *JOCE* n° L 194 du 25 juillet 1975.

du traité relatives aux aides d'État. La réglementation européenne en cause permettait au pouvoir public de verser des subventions aux entreprises chargées de leur collecte. Or, malgré une analyse proche de celle proposée dans la jurisprudence *Altmark*, la Cour s'est focalisée exclusivement sur la possibilité d'associer les contreparties à des « *prix* »[2466] sans « *créer de distorsions significatives de concurrence* »[2467]. Par conséquent, la solution ne faisait aucune référence à l'existence ou à l'obligation d'établir, au préalable, une procédure de mise en concurrence effective et non discriminatoire. Ce point était néanmoins évoqué par l'avocat général Lenz dans ses conclusions[2468]. Le recours régulier aux procédures d'appels d'offres et à leurs bénéfices en matière de transparence et de concurrence résulte, quant à lui, de la pratique de la Commission européenne développée à partir de la fin des années 1990.

645. **Le fonctionnement de la présomption.** Le choix de recourir à un mécanisme de présomption permet au droit des aides d'État d'organiser « *sa neutralisation* »[2469] lorsque le contrat public en cause est conforme au droit de la commande publique[2470]. Pour ce faire, la Commission européenne emprunte aux directives « marchés publics » une série de dispositifs portant sur l'instauration de procédures transparentes et inconditionnelles. Deux secteurs sont particulièrement concernés[2471] : les privatisations[2472],

---

2466 Pt 18 de l'arrêt.

2467 Pt 19 de l'arrêt.

2468 Conclusions de l'avocat général C. O. Lenz présentées le 22 novembre 1984, aff. C-240/83 EU:C:1984:357, pt 3 : « *Dans la mesure où cette directive prévoit que les entreprises d'élimination sont soumises à autorisation, on ne voit effectivement pas en quoi la libre prestation des services pourrait en être affectée, tout au moins si – et c'est là l'affaire des États membres chargés de la mise en œuvre – les autorisations sont octroyées en fonction de points de vue exclusivement techniques et sans discrimination au sens de l'article 59 du traité CEE. En tant que la directive prévoit la définition de zones dans lesquelles des entreprises de collecte et d'élimination exercent des droits exclusifs (la France ne connaît apparemment que les droits de collecte exclusifs), l'essentiel est que les entreprises étrangères aient également le droit de participer aux appels d'offres correspondants et qu'il appartient là encore au seul État membre concerné de veiller à une application non discriminatoire de la procédure. Par ailleurs, si, dans ce contexte, nous devons tenir compte du fait que la collecte des huiles usagées est dans le fond une activité locale, qui ne dépasse pas les frontières, il ne faut pas non plus oublier que l'article 5 (c'est là un point que la jurisprudence a fait clairement apparaître) n'autorise aucune exclusivité territoriale absolue, de sorte que les propriétaires et collecteurs d'huiles usagées restent libres d'apporter leurs produits à des entreprises de collecte étrangères.* »

2469 P.-Y. Monjal, « Ne pas appliquer le droit européen de la concurrence c'est encore appliquer le droit de... l'Union : Remarques sur les modalités de neutralisation du droit européen de la concurrence ou le paradoxe du barbier », in *La Constitution, l'Europe et le droit. Mélanges en l'honneur de Jean-Claude Masclet*, Paris, Éd. de la Sorbonne, 2013, p. 747.

2470 G. Karidis, « Le principe de l'opérateur économique privé », *RTDE*, 2003, pp. 389-413.

2471 L'attribution d'une aide couverte par les dispositions de l'article 107, paragraphes 2 et 3, peut ainsi être autorisée si elle emploie une sélection transparente et inconditionnelle entre les entreprises susceptibles d'être candidates. V. en ce sens Comm. eur., « Rapport sur la politique de concurrence 1993 », *op. cit.*, p. 601.

2472 V. en ce sens, Comm. eur., « XXIIIe Rapport sur la politique de concurrence », 1993, p. 276 et s. ; Comm. eur., déc.1999/720/CE du 8 juillet 1999 concernant l'aide d'État mise à exécution par l'Allemagne en faveur de Gröditzer Stahlwerke GmbH et de sa filiale Walzwerk Burg GmbH, *JOCE* n° L 292 du 13 novembre 1999, pp. 27-41, pt 88 : « *La Commission considère en outre que la procédure n'a été ni ouverte, ni transparente mais qu'elle s'est déroulée sur la base de documents qui ne contiennent pas d'appel d'offres ouvert dans le cadre de conditions précises, mais uniquement une invitation à entamer des négociations individuelles sur la base d'engagements pris tant par le vendeur que par l'acquéreur, et qui devaient aboutir dans le cadre d'un processus de négociations se déroulant sur une base qui n'était pas clairement définie* » ; CJCE, 8 mai 2003, *SIM 2 Multimedia c/ Commission*, aff. jtes C-328/99 et C-399/00, EU:C:2003:252 ; CJCE, 28 janvier 2003,

puis les concessions tendant ou non à l'accomplissement d'un service d'intérêt économique général (ci-après SIEG). Cette utilisation de critères procéduraux empruntés au droit de la commande publique donne la possibilité à la Commission d'établir un moyen efficace de présumer l'existence d'une aide d'État[2473]. Celle-ci est présumée exister en l'absence d'un « *appel d'offres ouvert, transparent et inconditionnel* »[2474]. *A contrario*, l'attribution d'un marché public ou d'une concession sur la base d'une telle procédure offre à l'acheteur public ou à l'autorité adjudicatrice la présomption que ce contrat n'est pas une aide d'État[2475].

646. Un contrat public attribué sans cette rigueur procédurale génère indubitablement un doute sur l'existence de conditions économiques « *excessivement favorable[s]* »[2476] pour l'entreprise cocontractante. À titre d'illustration, à l'occasion de la réforme du régime d'exploitation des autoroutes françaises, la Commission européenne a été conduite à se prononcer sur la conformité de l'allongement de la durée de ces contrats avec l'article 107 TFUE[2477]. La décision de l'exécutif européen met en exergue la volonté de la France « *d'organiser une concurrence transparente et non discriminatoire pour l'attribution des nouvelles sections d'autoroutes concédées* »[2478], avant de conclure à la conformité de la nouvelle organisation des concessions autoroutières. L'importance des directives « marchés publics » est affirmée, une nouvelle fois, lors du Conseil européen de Laeken du 13 et 14 décembre 2001, durant lequel la Commission a relevé que le respect des directives et des principes du traité relatifs à la transparence et à l'égalité de traitement « *réduira nettement le risque* »[2479] d'assimiler une procédure de passation à une aide d'État.

647. **Les intérêts du dispositif : une présomption rationnelle et transparente.** La mise en place d'une telle présomption comporte des avantages procéduraux indéniables. Pour autant, des auteurs ont contesté le développement d'une présomption générale pour les contrats de la commande publique à l'instar d'Albert Sánchez-Graells[2480] ou encore de l'avocat général Jacobs[2481]. Ce dernier, adepte de « *l'approche* quid

---

Allemagne c/ Commission, aff. C-334/99, EU:C:2003:55 ; Comm. eur., déc. 1999/720/CE du 8 juillet 1999, *Gröditzer Stahlwerke*, *JOCE* n° L 292 du 13 novembre 1999, pp. 27-41.

2473 A. Bartosch, « The Relationship Between Public Procurement and State Aid Surveillance – The Toughest Standard Applies? », *op. cit.*, p. 557 ; R. Caranta, « Transparence et concurrence », *op. cit.*, p. 168.

2474 Comm. eur., « XXIIIe Rapport sur la politique de concurrence », 1993, p. 277 ; conclusions de l'avocat général D. R.-J. Colomer présentées le 24 janvier 2002, aff. C-334/99, EU:C:2002:41, pt 67 et s.

2475 A. Sánchez-Graells, *Public Procurement and the EU Competition Rules*, 2e éd., *op. cit.*, p. 124 et s. ; du même auteur « Public Procurement and State Aid: Reopening the Debate? », *op. cit.*, p. 208.

2476 S. Arrowsmith, *The Law of Public and Utilities Procurement: Regulation in the EU and UK*, 3e éd., vol. 2, *op. cit.*, p. 305.

2477 Comm. eur., déc. du 24 octobre 2000, aide d'État N 540/2000 – France, Réforme du régime d'exploitation des concessions autoroutières, *op. cit.* Pour une affaire analogue, v. égal. Comm. eur., communiqué IP/18/6785 du 12 décembre 2018, « Aides d'État : la Commission constate l'absence d'aide dans la prolongation, pour un montant de 1,1 milliard d'euros, de la concession de l'aéroport international d'Athènes », disponible sur https://europa.eu/rapid/press-release_IP-18-6785_fr.htm (consulté le 25/02/2021). Décision définitive pas encore publiée.

2478 Comm. eur., déc. du 24 octobre 2000, aide d'État N 540/2000 – France, Réforme du régime d'exploitation des concessions autoroutières, *op. cit.*, pt 7.

2479 Comm. eur., 17 octobre 2001, « Rapport à l'intention du Conseil européen de Laeken – Les services d'intérêt général », n° 13235/01, pts 23, 35 et s.

2480 A. Sánchez-Graells, *Public Procurement and the EU Competition Rules*, 2e éd., *op. cit.*, pp. 127-128.

2481 Conclusions de l'avocat général F. G. Jacobs présentées le 30 avril 2002, aff. C-126/01, *op. cit.* Ce dernier utilise quant à lui la formule d'« *approche aide d'État* », pt 106.

pro quo »[2482], reproche à ladite présomption d'écarter, *in fine*, les apports de la jurisprudence *GEMO* et de réduire le périmètre d'application du contrôle des aides d'État[2483]. Certes, une présomption de ce type restreint la capacité de la Commission européenne à se saisir d'un domaine dans lequel les conditions de l'article 107 TFUE peuvent être réunies. Cependant, cette évolution comporte davantage de bénéfices que d'inconvénients. En effet, les apports procéduraux s'avèrent incontestables. La Commission européenne, en érigeant cette présomption, se libère d'un grand nombre de notifications et apporte aux autorités adjudicatrices et opérateurs économiques une clarification importante[2484]. Le contrôle des aides d'État peut désormais faire l'objet d'un « *recentrage [...] sur les dérives les plus graves* »[2485] et, notamment, se concentrer sur les contrats de la commande publique insuffisamment transparents[2486]. Elle évite également de devoir démontrer systématiquement l'existence d'une surcompensation, dont la preuve est compliquée à établir[2487]. La complexité du droit de la commande publique ne peut en effet supporter les craintes de confrontations avec l'article 107 TFUE. Partant, la sécurité juridique et l'efficience des directives « marchés publics » sont renforcées par ce mécanisme de présomption. Celles-ci bénéficient *de facto* d'un rôle central dans une problématique pourtant propre au droit de la concurrence. La réduction de la capacité de contrôle de la Commission sur la base du droit de la concurrence est compensée, en parallèle, par un renforcement global des contrôles sur la base du droit de la commande publique et plus particulièrement sur le respect des principes de transparence, d'égalité, ainsi que des procédures de passation et de leurs modalités.

648. La proximité créée par cette présomption représente une solution juridiquement et économiquement rationnelle. En effet, la lutte contre les comportements protectionnistes est également l'une des finalités du droit de la commande publique[2488]. La philosophie des directives « marchés publics » et « concessions » repose essentiellement sur les principes de transparence et d'égalité de traitement ayant pour objectif d'instaurer un marché européen de la commande

---

2482 Conclusions de l'avocat général P. Léger, présentées le 14 janvier 2003, secondes conclusions, aff. C-280/00, EU:C:2002:188, pt 75.

2483 V. *supra* pt 629.

2484 Comm. eur., déc. du 20 décembre 2011 relative à l'application de l'article 106, paragraphe 2, du traité sur le fonctionnement de l'Union européenne aux aides d'État sous forme de compensations de service public octroyées à certaines entreprises chargées de la gestion de services d'intérêt économique général, *op. cit.*

2485 C. Prieto, « Chronique de jurisprudence du Tribunal et de la Cour de justice des Communautés européennes », *JDI*, 2002, p. 621.

2486 Comm. eur., déc. 2013/435/UE du 2 mai 2013 concernant l'aide d'État SA.22843 (2012/C) (ex 2012/NN) mise à exécution par la France en faveur de la Société Nationale Corse Méditerranée et la Compagnie Méridionale de Navigation, *JOUE* n° L 220 du 17 août 2013, pp. 20-45 ; comm. J. Barrett, « Does an EU law compliant competitive procurement proceduure preclude State aid? », 2013. Disponible sur https://uksala.org/409/ (consulté le 25/02/2021).

2487 A.-L. Durviaux, *Logique de marché et marché public en droit communautaire. Analyse critique d'un système*, *op. cit.*, p. 73 ; F. Martucci, « Les objectifs politiques de la commande publique en droit de l'Union européenne », *op. cit.*, p. 85.

2488 T. Korske, « A Diligent Businessman's Guide to Defence of State Aid Recovery – Why it will not succeed and why not to worry», *LUP Student* Papers, Lund University, pt 6.3, p. 36. Disponible sur https://lup.lub.lu.se/student-papers/search/publication/4230789 (consulté le 25/02/2021).

publique. Un même « *paradigme de marché* »[2489] irrigue et inspire l'article 107 TFUE et le droit de la commande publique. La concurrence suscitée lors des procédures de mise en concurrence écarte, théoriquement, les risques de prix supérieurs à ceux du marché[2490]. L'argument selon lequel les concessions ne peuvent illustrer « *les seules forces du marché [car elles] n'aboutissent pas à une fourniture satisfaisante de ces services* »[2491] doit être écarté. En effet, la nature monopolistique des concessions n'élude pas toutes considérations de marché, principalement lorsque la gestion du service public est assurée par un opérateur économique sélectionné par l'intermédiaire d'une mise en concurrence. L'existence d'un risque, caractéristique fondamentale des concessions, renvoie nécessairement aux règles traditionnelles du marché dans lequel les incertitudes foisonnent.

649. Le droit européen doit, afin d'assurer son bon fonctionnement, privilégier une approche pragmatique en lieu et place d'un raisonnement conflictuel. La présomption proposée par la Commission européenne s'appuie sur l'efficacité économique des procédures du droit de la commande publique et plus particulièrement sur les avantages économiques qui résultent de la théorie des enchères[2492]. En pratique, l'encadrement strict du droit de la commande publique vise essentiellement à atteindre un prix de marché par l'intermédiaire de la mise en concurrence[2493]. La méthode employée permet également de relever l'intérêt des procédures de passation et de renforcer leur utilisation par les personnes publiques. En outre, l'encadrement récent des concessions, par la directive 2014/23/UE, permet de réduire l'intérêt d'un contrôle sur la base de l'article 107 TFUE. Le contrôle des aides d'État remplaçait, en pratique, l'absence d'harmonisation européenne en la matière. L'efficacité de ce mécanisme de présomption a d'ailleurs été consacrée par la Cour de justice, qui souligne une nouvelle fois son intérêt pratique et sa rigueur juridique.

B. La consécration prétorienne du mécanisme de présomption

650. La consécration de la présomption d'absence d'aide d'État lorsque le droit de la commande publique est utilisé ne peut se résumer au seul arrêt *Altmark* malgré son importance déterminante. Cet arrêt se fonde en effet sur des discussions initialement entamées au sein de la Cour de justice (1.), lesquelles ont permis d'établir un cadre abouti avec la jurisprudence *Altmark* (2.). Ce dernier a d'ailleurs rapidement fait l'objet de précisions essentielles de l'exécutif européen (3.).

2489 F. de Cecco, *State Aid and the European Economic Constitution*, *op. cit.*, p. 163 (traduction libre de l'auteur).

2490 D. Triantafyllou, « L'encadrement communautaire du financement du service public », *RTDE*, 1999, p. 28.

2491 Comm. eur., Communication du 20 septembre 2000, « Les services d'intérêt général en Europe », COM(2000) 580 final, p. 3. V. égal. les conclusions de l'avocat général C. Stix-Hackl présentées le 7 novembre 2002, aff. jtes C-34/01 à C-38/01, EU:C:2002:643, pt 154.

2492 E. Cohen, M. Mougeot (dir.), *Enchères et gestion publique*, *op. cit.* ; A.-L. Durviaux, *Logique de marché et marché public en droit communautaire. Analyse critique d'un système*, *op. cit.*, pt 257 et s., p. 274 et s.

2493 J. Hillger, « The Award of a Public Contract as State Aid within the Meaning of Article 87(1) EC », *PPLR*, 2003, n° 3, p. 116.

1. Les origines de la présomption

651. **La fébrilité des jurisprudences antérieures.** La position de la Cour de justice sur le traitement des compensations de service public a été longue à s'établir, comme l'illustre la jurisprudence en la matière[2494]. La complexité résidait plus particulièrement dans leur qualification d'aide d'État ou, à l'inverse, dans leur soustraction à ce régime juridique. L'arrêt *ADBHU*[2495], dans un esprit novateur, relevait que la compensation d'un service public ne pouvait causer de distorsion à la concurrence si elle se limitait à assurer une stricte contrepartie avec les prestations effectuées. De telles contreparties, assimilables à des prix, échappent donc à la qualification d'aides au sens de l'article 107 TFUE.

652. **L'extension éphémère du régime des aides d'État aux compensations d'une mission de service public.** La discrétion de la jurisprudence *ADBHU* n'a pas permis d'assurer la continuité de la solution proposée par la Cour, d'autant que la position du Tribunal s'est avérée distincte. Ainsi, dans son arrêt *FFSA*[2496], ce dernier a jugé que la compensation du service public de La Poste n'écartait pas, *de facto*, l'application de l'article 107 TFUE. L'aide en question pouvait néanmoins être admise en vertu de l'article 106 TFUE, dès lors qu'elle visait uniquement la compensation d'une mission particulière pour l'accomplissement d'un service économique d'intérêt général[2497], solution que semblait confirmer la Cour de justice à l'occasion du pourvoi dans l'affaire *FFSA*. Celle-ci avait qualifié à son tour la contrepartie d'aide d'État malgré toutefois sa possibilité d'être compatible avec le traité[2498]. La fébrilité de la jurisprudence de la Cour a donné la capacité au Tribunal d'exprimer une nouvelle fois sa position. Ce dernier relevait sans ambiguïté que l'attribution de subventions dans le seul but de compenser une mission de service public « *ne saurait les faire échapper à la qualification d'aides au sens de l'article 92 du traité* »[2499]. Le virage du Tribunal était clairement articulé autour de l'approche *quid pro quo*, dont la logique juridique s'inscrit autour de l'arrêt *GEMO* et non pas de la jurisprudence *ADBHU*.

653. **L'arrêt *Ferring c/ ACOSS* : préambule à la jurisprudence *Altmark*.** La conception extensive de la notion d'aide d'État, portée par la jurisprudence du Tribunal, nécessitait une prise de position claire de la Cour de justice. La réaction est intervenue à l'occasion de l'arrêt *Ferring c/ ACOSS*[2500] relatif au régime français applicable aux grossistes répartiteurs. Les obligations de service public qui leur incombent ont entraîné une compensation par l'intermédiaire d'un allégement

---

2494 J.-P. Colson, P. Idoux, *Droit public économique*, 7e éd., Paris, LGDJ, 2014, p. 285 ; S. Nicinski, *Droit public des affaires*, 7e éd., *op. cit.*, pt 453, p. 259.

2495 CJCE, 7 février 1985, *Procureur de la République c/ ADBHU*, aff. C-240/83, *op. cit.*

2496 TPICE, 27 février 1997, *Fédération française des sociétés d'assurances (FFSA) et autres c/ Commission*, aff. T-106/95, EU:T:1997:23 ; comm. M.-A. Hermitte, *JDI*, 1998, pp. 547-54 ; A. Criscuolo, *RMUE*, 1997, n° 2, pp. 158-161.

2497 *Ibid.*, pt 178.

2498 CJCE, Ordonnance du 25 mars 1998, *FFSA e.a. c/ Commission*, aff. C-174/97 P, EU:C:1998:130, pt 68 et s.

2499 TPICE, 10 mai 2000, *Sociedade Independente de Comunicação SA c/ Commission des Communautés européennes*, aff. T-46/97, EU:T:2000:123, pt 82 ; comm. J.-Y. Chérot, *Europe*, 2000, n° 7, pp. 22-23.

2500 CJCE, 22 novembre 2001, *Ferring SA c/ ACOSS*, aff. C-53/00, EU:C:2001:627 ; comm. L. Idot, *Europe*, 2002, n° 28, p. 23.

fiscal. La solution de la Cour a écarté l'analyse objective de la notion d'aide d'État proposée par le Tribunal. Le choix d'une conception subjective entraîne, *de facto*, la réduction de la notion d'aide d'État[2501]. Ce point de droit semble être influencé, d'une part, par la jurisprudence *ADBHU*, notamment en raison de l'assimilation de la contrepartie à un « prix », puis par les conclusions de l'avocat général Tizzano d'autre part[2502]. Ce dernier démontre habilement que l'établissement de ce type de contrepartie permet de rétablir un équilibre concurrentiel troublé par la mission de service public[2503]. Par conséquent, le dédommagement prévu, sous réserve de proportionnalité entre le surcoût du service public et le montant octroyé, ne saurait être qualifié d'aide au sens de l'article 107 TFUE, car il ne confère aucun avantage à l'entreprise bénéficiaire et demeure, à ce titre, « *économiquement neutre* »[2504]. La Cour, en choisissant de suivre cette « *règle de raison* »[2505], pose la première pierre d'une présomption prétorienne d'absence d'aide d'État. Or, malgré l'apport singulier de cet arrêt sur la notion d'aide et sur le traitement des compensations de service public, la Cour ne reprend pas les analyses de la Commission portant sur le choix d'une procédure transparente, ouverte et inconditionnelle pour identifier l'existence d'un avantage économique[2506].

2. La naissance de la présomption

654. **L'arrêt *Altmark* : entre approche compensatoire et approche *quid pro quo*.** La richesse du raisonnement présenté par l'arrêt *Altmark*[2507] consiste à offrir un compromis entre les approches compensatoire et *quid pro quo*. Elle révèle d'ailleurs « *la résistance de la libre concurrence* » selon la formule du professeur Martucci[2508]. La Cour de justice assied à ce titre l'approche compensatoire qu'elle avait déjà soutenue lors de l'affaire *Ferring* et, plus vigoureusement encore, dans les conclusions de l'avocat général Léger. L'argument essentiel de son interprétation est de présenter l'analogie entre les marchés publics et les concessions de service public. En effet, un marché public est traditionnellement susceptible d'être associé à une aide si le prix offert par l'autorité adjudicatrice est supérieur au prix du marché[2509]. De la même façon, la fourniture d'un service public devrait être

2501 C. Prieto, « Chronique de jurisprudence du Tribunal et de la Cour de justice des Communautés européennes », *JDI*, 2002, pp. 618-621.

2502 Conclusions de l'avocat général A. Tizzano, présentées le 8 mai 2001, aff. C-53/00, EU:C:2001:253.

2503 Pour analogie, Comm. eur., déc. NN 140/98, *RAI SpA*, citée dans Comm. eur., « Rapport sur la politique de concurrence 1998 », *op. cit.*, p. 95.

2504 Pt 61 des conclusions précitées. Pour une illustration récente, v. en ce sens Comm. eur., déc. du 20 septembre 2018, *Amended Concession Agreement relating to the Istrian Y motorway*, SA.35046, *op. cit.*

2505 S. Bracq, « Droit communautaire matériel et qualification juridique : le financement des obligations de service public au cœur de la tourmente (à propos de CJCE 24 juill. 2003, *Altmark Trans GmbH*, aff. C-280/00) », *RTDE*, 2004, n° 1, p. 43.

2506 A. Bartosch, « The Relationship Between Public Procurement and State Aid Surveillance – The Toughest Standard Applies? », *op. cit.*, p. 561.

2507 CJCE, 24 juillet 2003, *Altmark*, aff. C-280/00, *op. cit.*

2508 F. Martucci, « Les objectifs politiques de la commande publique en droit de l'Union européenne », *op. cit.*, p. 85.

2509 Conclusions de l'avocat général P. Léger présentées le 19 mars 2002, aff. C-280/00, EU:C:2002:188, pt 81. Pour une illustration récente du rôle central du prix du marché, v. en ce sens Comm. eur., Guidance on the notion of State aid: « Infrastructure Analytical Grid for Port Infrastructure », 2017, pt 19.

assimilée à une aide d'État uniquement si la compensation accordée outrepasse sa valeur sur le marché et prive le contrat public de sa neutralité économique. Les conclusions sur l'arrêt *Altmark* semblent d'ailleurs fortement inspirées de la théorie de la rémunération, théorie déjà omniprésente dans l'affaire *ADBHU*, et, plus particulièrement, de « *l'assimilation des services publics aux "marchés publics"* »[2510] qui la caractérise. Cela étant, la doctrine du *quid pro quo* assujettit la compensation de service public à une aide, sauf s'il existe un « *lien direct et manifeste de cette nature entre le financement étatique et des obligations clairement définies [par] les contrats de service public passés après des procédures d'adjudication publique* »[2511]. Dès lors « *un seul et même contrat définit les obligations des entreprises chargées des services d'intérêt général en question et la rémunération qu'elles percevront en retour* »[2512] sans imposer la conclusion d'un contrat portant sur la gestion desdits services publics. L'avocat général Jacobs souligne toutefois, dans un souci de transparence, qu'il est nécessaire d'inciter à la mise en place « *de contrats de service public passés après des procédures de marchés publics ouvertes, transparentes et non discriminatoires* »[2513]. Or, l'arrêt *Altmark* donne l'occasion à la Cour de se prononcer définitivement sur ces questions qui divisent la doctrine[2514] et ses propres membres.

655. **L'arrêt *Altmark* : la présomption comme compromis.** Résumer la jurisprudence *Altmark* à la consécration de l'approche compensatoire est un raccourci contestable. En effet, la Cour apporte une solution de compromis entre, d'une part, l'approche compensatoire caractéristique de l'arrêt *Ferring* et, d'autre part, l'approche aide d'État défendue notamment par les avocats généraux Jacobs et Stix-Hackl[2515], qui établit un « *lien formel* »[2516] entre les directives « marchés publics » et le contrôle des aides d'État. En effet, les critères *Altmark* tendent à assimiler la compensation à un prix à l'instar de l'arrêt *ADBHU*, tout en accordant une place déterminante au contrat qui unit l'autorité concédante et le concessionnaire. Ce document contient précisément les obligations de service public et les compensations prévues. La Cour se permet, en outre, de compléter le mécanisme de présomption institué par la Commission européenne en développant les critères nécessaires pour faire échapper une contrepartie pour service public à la qualification d'aide d'État[2517].

2510 D. Triantafyllou, « L'encadrement communautaire du financement du service public », *op. cit.*, p. 28. Celui-ci relève, en outre, que l'application de cette théorie à l'ensemble des services publics serait plus nette si le droit de l'Union imposait systématiquement des procédures de mise en concurrence. Ce point semble plus que jamais d'actualité avec la publication récente de la directive « concessions ».

2511 Conclusions de l'avocat général F. G. Jacobs présentées le 30 avril 2002, aff. C-126/01, *op. cit.*, pt 119.

2512 *Ibid.*

2513 *Ibid.*, pt 129. Pour un usage récent de ce triptyque, v. CJUE, 24 octobre 2013, *Land Burgenland*, aff. jtes C-214/12 P, C-215/12 P et C-223/12 P, EU:C:2013:682, pt 94 ; comm. M. Aubert, E. Broussy, H. Cassagnabère, *AJDA*, 2013, p. 2314 ; L. Idot, *Europe*, 2013, n° 12, p. 44.

2514 M. Nettesheim, « Europäische Beihilfeaufsicht und mitgliedstaatliche Daseinsvorsorge », *EWS*, 2002, p. 253 ; J. Gundel, « Staatliche Ausgleichszahlungen für Dienstleistungen von allgemeinem wirtschaftlichen Interesse: Zum Verhältnis zwischen Art. 86 Abs. 2 EGV und dem EG-Beihilfenrecht », *RIW*, 2002, p. 222.

2515 Conclusions de l'avocat général C. Stix-Hackl présentées le 7 novembre 2002, aff. jtes C-34/01 à C-38/01, *op. cit.*, pt 138 et s.

2516 V. Hatzopoulos « Public procurement and state aid in national health care systems », *op. cit.*, p. 384.

2517 P.-Y. Monjal, « Ne pas appliquer le droit européen de la concurrence c'est encore appliquer le droit de... l'Union : Remarques sur les modalités de neutralisation du droit européen de la concurrence ou le paradoxe

656. **Les accointances entre les critères *Altmark* et les marchés publics.** La première condition fixée par la Cour de justice est de définir distinctement les obligations de service public qui s'imposent à l'entreprise. La détermination de telles obligations peut revêtir de nombreuses formes : une loi, une licence ou encore un contrat public. Ce dernier, par sa souplesse et sa relative simplicité d'utilisation, s'impose naturellement comme le moyen le plus accessible pour remplir ce premier critère. Les paramètres sur lesquels sont fixées les conditions de compensation doivent être, selon le deuxième critère de l'arrêt *Altmark*, objectifs et transparents, afin d'écarter la possibilité de dissimuler un avantage économique à l'entreprise bénéficiaire. La transparence et l'objectivité n'imposent pas, en tant que telles, le recours à une procédure de mise en concurrence. La publicité des critères utilisés pour établir la contrepartie peut être suffisante. Partant, la forme du montage juridique n'impose pas le recours à un marché public. Cela étant, une procédure de mise en concurrence effective semble être un préalable déterminant pour écarter les craintes d'un avantage économique. La sélection de l'entreprise la plus à même de gérer un service public aux coûts les moins élevés est en effet cruciale. Cette condition est d'ailleurs renforcée par le troisième critère *Altmark* relatif à la contrepartie. Celle-ci ne peut dépasser ce qui est nécessaire à l'exécution du service public, sous réserve de prendre en compte des recettes du service et un bénéfice raisonnable. La limite de la doctrine compensatoire, qui écarte toute possibilité de surcompensation, est reprise habilement. Elle impose, en outre, de tenir compte du marché dans lequel l'entreprise se situe en prenant en compte les coûts, les recettes et les bénéfices raisonnables du bénéficiaire.

657. Enfin, la quatrième condition consacre la présomption d'absence d'aide d'État lorsque la sélection de l'entreprise bénéficiaire est effectuée au cours d'une « *procédure de marché public* »[2518]. L'arrêt relève, à ce titre, que la procédure permet une sélection objective de l'entreprise proposant les meilleurs coûts pour l'exécution du service public[2519]. À défaut, la compensation doit être évaluée « *sur la base d'une analyse des coûts qu'une entreprise moyenne, bien gérée et adéquatement équipée en moyens de transport afin de pouvoir satisfaire aux exigences de service public requises, aurait encourus pour exécuter ces obligations, en tenant compte des recettes y relatives ainsi que d'un bénéfice raisonnable pour l'exécution de ces obligations* »[2520]. Selon le professeur de La Rosa, la dernière

---

du barbier », *op. cit.*, p. 745.

2518 Pt 93 de l'arrêt.

2519 Pour une illustration en droit interne, CE, 13 juillet 2012, *Communauté de communes d'Erdre et Gesvres*, n° 347073 : « *Considérant, enfin et en tout état de cause, que la procédure de passation d'une délégation de service public définie par les articles 38 et suivants de la loi du 29 janvier 1993 relative à la prévention de la corruption et à la transparence de la vie économique et des procédures publiques permet la mise en concurrence, dans des conditions transparentes, des offres de plusieurs entreprises en fonction de critères de sélection préalablement définis ; qu'en l'espèce, le montant de la subvention demandée était l'un des critères de sélection et il n'est pas contesté que trois offres recevables ont été présentées et que la société retenue est celle qui avait demandé la subvention la moins importante ; que la procédure mise en œuvre a donc permis de sélectionner le candidat capable de réaliser l'infrastructure au moindre coût pour la collectivité.* »

2520 Pt 93 de l'arrêt. V. égal. Comm. eur., Communication relative à l'application des règles de l'Union européenne en matière d'aides d'État aux compensations octroyées pour la prestation de services d'intérêt économique général, *JOUE* n° 8 du 11 janvier 2011, pp. 4-14.

condition « *conduit à établir un rapport systématique entre le droit des marchés publics et celui des aides d'État, en faisant du [critère] d'attribution établi par les directives un critère central pour apprécier l'existence d'une compensation de service public* »[2521]. Le professeur Martucci ajoute que ce « *standard [est] difficilement opérationnel* »[2522]. Cela s'explique par « *l'environnement concurrentiel* »[2523] qui entoure le droit de la commande publique et par la difficulté de respecter ce dernier critère sans procédures issues du droit de la commande publique[2524]. Les acheteurs publics devraient naturellement privilégier le recours aux procédures concurrentielles prévues par le droit de la commande publique[2525]. Les objectifs de transparence qui sous-tendent l'esprit des critères *Altmark* sont donc étroitement liés à la procédure de marché public, dont la raison d'être demeure l'ouverture à la concurrence[2526].

3. La confirmation de la présomption

658. **La systématisation de la présomption : le « paquet Almunia »[2527].** La Commission européenne par l'intermédiaire du « paquet Almunia »[2528] a confirmé les conditions offertes par la jurisprudence *Altmark* tout en étayant le régime juridique applicable au SIEG. Elle permet ainsi de véhiculer l'usage de la présomption au sein des États membres en renforçant la sécurité juridique[2529]. Par ailleurs, la Commission a adopté un seuil *de minimis* spécifique pour les compensations des SIEG qui est fixé à 500 000 euros par le règlement 360/2012[2530]. De plus, dans sa communication relative à l'application des règles de l'Union européenne en matière d'aides d'État aux compensations octroyées pour la prestation de services d'intérêt

---

2521 S. de La Rosa, *Droit européen de la commande publique*, *op. cit.*, pt 4, p. 7.

2522 F. Martucci, « Les objectifs politiques de la commande publique en droit de l'Union européenne », *op. cit.*, p. 85. Pour une illustration récente, Comm. eur., déc. (UE) 2019/422 du 20 septembre 2018 concernant l'aide d'État SA 36112 (2016/C) (ex 2015/NN), mise à exécution par l'Italie en faveur de l'autorité portuaire de Naples et de Cantieri del Mediterraneo SpA, considérant 134 et s., *JOUE* n° L 78 du 20 mars 2019, pp. 63-92.

2523 M. Steinicke, « Public Contracts Through Procurement – Can There Still Be State Aid? », *op. cit.*, p. 137 (traduction libre de l'auteur).

2524 G. Skovgaard Ølykke, *Abnormally Low Tenders: With an Emphasis on Public Tenderers*, *op. cit.*, p. 344.

2525 F. Martucci, « Les objectifs politiques de la commande publique en droit de l'Union européenne », *op. cit.*, p. 85.

2526 B. Du Marais, « Le droit de la commande publique est-il un droit de la concurrence ? », *op. cit.*, p. 2.

2527 La professeure Noguellou indique que le « paquet Almunia » « *systématise* » la jurisprudence *Altmark*. En ce sens, R. Noguellou, « Contrats publics et aides d'État », *op. cit.*, p. 452.

2528 Comm. eur., Communication relative à l'application des règles de l'Union européenne en matière d'aides d'État aux compensations octroyées pour la prestation de services d'intérêt économique général, *op. cit.* ; règlement (UE) n° 360/2012, *op. cit.* ; Comm. eur., déc. du 20 décembre 2011 relative à l'application de l'article 106, paragraphe 2, du traité sur le fonctionnement de l'Union européenne aux aides d'État sous forme de compensations de service public octroyées à certaines entreprises chargées de la gestion de services d'intérêt économique général, *op. cit.* Sur la naissance du « paquet Almunia », v. en ce sens G. Bruzzone, M. Boccaccio, « Infrastructures and SGEI: the scope of State aid control and its impact on national policies », in *EU State Aid Law: Emerging Trends at National and EU Level*, P. L. Parcu, G. Monti, M. Botta (dir.), Cheltenham, Edward Edgar Publishing, 2020, p. 71 et s.

2529 Pour des illustrations d'utilisations en droit interne : CE, 13 juillet 2012, *Communauté de communes d'Erdre et Gesvres*, n° 347073, *op. cit.* ; comm. E. Glaser, *AJDA*, 2012, p. 1717 ; G. Eckert, *CMP*, 2012, comm. n° 287 ; CAA Nantes, 15 mars 2013, *Société Sodetour*, n° 11NT02594, inédit au *Rec.* ; CAA Marseille, 10 juin 2014, *Société SFR Collectivités*, n° 11MA03639, inédit au *Rec.*

2530 Règlement (UE) n° 360/2012, *op. cit.*, article 2.

économique général, la Commission confirme explicitement que les compensations de service public qui ne remplissent pas les critères *Altmark* sont des aides au sens de l'article 107 TFUE. Ces dernières peuvent uniquement être déclarées compatibles avec le marché intérieur sur la base de l'article 106, paragraphe 2, si l'autorité adjudicatrice « *s'est conformée ou s'engage à se conformer aux règles de l'Union applicables dans le domaine des marchés publics* »[2531]. Le Tribunal, dans son arrêt *M6, TF1 et Canal* + distingue les deux étapes de l'analyse : « *le test Altmark, qui vise à déterminer l'existence d'une aide d'État au sens de l'article 87, paragraphe 1, CE, et le test de l'article 86, paragraphe 2, CE, qui permet d'établir si une mesure constitutive d'une aide d'État peut être considérée comme compatible avec le marché commun* »[2532]. La logique de la jurisprudence *Altmark*, et plus particulièrement son intérêt pour le droit des marchés publics, est donc étendue à l'article 106, paragraphe 2, TFUE. La jurisprudence *Altmark* trouve ainsi une assise nouvelle.

659. **Le développement de la présomption par la Commission.** Le mécanisme institué par la Cour de justice dans cet arrêt a également donné l'occasion à la Commission de préciser les critères utilisés et d'asseoir, par la même occasion, l'importance des procédures des directives « marchés publics ». Elle relève au demeurant que « *sans cette procédure d'appel d'offres préalable, il est difficile de prouver que lesdits "critères Altmark" ont été respectés et, donc, que la compensation n'implique pas d'aide d'État* »[2533]. Ce sentiment est également repris dans la communication relative à l'application des règles de l'Union européenne en matière d'aide d'État aux compensations octroyées pour la prestation de services d'intérêt économique général[2534]. En effet, celle-ci propose, afin d'éviter une surcompensation, de prendre pour référence les « *contrats de service public similaires exécutés dans des conditions de concurrence* »[2535]. La mise en place d'une procédure de marché public ouverte, transparente et inconditionnelle constitue donc le « *moyen le plus simple pour les autorités publiques de respecter la quatrième condition établie par l'arrêt Altmark* »[2536]. La polyvalence des procédures de passation des marchés publics est ici clairement admise par l'exécutif européen.

660. Malgré l'absence de réglementation européenne similaire applicable aux concessions en 2011, de telles procédures représentent une « *méthode appropriée* »[2537] pour sélectionner les offres et fixer une compensation idoine. En l'absence d'une procédure de marché public, la démonstration d'une juste contrepartie nécessite,

---

2531 Comm. eur., Communication « Encadrement de l'Union européenne applicable aux aides d'État sous forme de compensations de service public (2011) », n° 2012C 8/03, *JOUE* n° C 8 du 11 janvier 2012, pp. 15-22, pt 19.

2532 Trib. UE, 1er juillet 2010, *M6, TF1 et Canal + c/ Commission*, aff. jtes T-568/08 et T-573/08, EU:T:2010:272, pt 131 ; comm. F. Picod, *JCP E*, 2010, n° 30-34, p. 1521 ; L. Idot, *Europe*, 2010, n° 10, pp. 31-32 ; C. Kaczmarek, *Concurrences* n° 4-2010, art. n° 33124, pp. 175-178 ; S. Rodrigues, *Concurrences* n° 4-2010, art. n° 32999, pp. 226-228.

2533 Comm. eur., Document de travail des services de la Commission accompagnant le rapport de la Commission sur la politique de concurrence 2008, pt 279, p. 75.

2534 Comm. eur., Communication relative à l'application des règles de l'Union européenne en matière d'aides d'État aux compensations octroyées pour la prestation de services d'intérêt économique général, *op. cit.*

2535 *Ibid.*, pt 61.

2536 *Ibid.*, pt 63.

2537 *Ibid.*, pt 64.

pour les autorités adjudicatrices et la Commission européenne, une évaluation individualisée. Le mécanisme de présomption centré autour des procédures de passation représente, pour la Commission européenne, une vitrine de l'efficacité économique de ces mécanismes de mise en concurrence. La non-utilisation de ces procédures peut, à elle seule, justifier l'ouverture d'une enquête pour contrôler l'existence d'une aide d'État[2538]. Cependant, « *la corrélation entre les règles en matière d'aides d'État et les règles relatives aux marchés publics* »[2539], fondée principalement sur une telle présomption, est limitée par sa nature réfragable. De même, l'ensemble des procédures prévues par le droit européen des marchés publics ne semble pas satisfaire l'approche proconcurrentielle de la jurisprudence *Altmark*, réduisant en partie la symbiose de ces deux matières.

§ 2. Une présomption réfragable

661. La portée de la présomption *Altmark* reste néanmoins limitée par son caractère réfragable. Le droit de la concurrence, par l'intermédiaire du droit des aides d'État, fixe des garde-fous aux autorités adjudicatrices[2540]. L'autonomie du droit des aides d'État lui permet d'assister le droit de la commande publique lorsque le champ d'application de ce dernier apparaît trop limité pour garantir l'ordre public concurrentiel. Deux situations particulières, exposées essentiellement par la Cour de justice, permettent de qualifier un marché public ou une concession d'aide d'État malgré sa compatibilité avec le droit de la commande publique : d'une part, lorsqu'une commande publique ne répond pas au test de l'investisseur privé en économie de marché (A) ; d'autre part, quand la procédure suivie pour sélectionner l'offre d'une entreprise candidate à la gestion d'un service public n'est pas en mesure de garantir une concurrence suffisante (B).

A. L'affaire *P & O European Ferries* : la recherche d'une transaction commerciale normale

662. **La notion de l'investisseur privé en économie de marché.** Le principe -[2541] ou encore critère[2542] - de l'investisseur privé en économie de marché est un test pratiqué par la Commission européenne à l'occasion de ses contrôles sur l'existence d'une aide d'État. Cette méthode d'analyse permet d'apprécier l'existence d'un avantage économique anormal selon les règles classiques de fonctionnement du marché. Elle évalue ainsi la conformité d'un comportement public, par

[2538] V. en ce sens, Comm. eur., déc. 2009/845/CE du 14 juillet 2007 concernant l'aide d'État C 16/07 (ex NN 55/06) accordée par l'Autriche à l'entreprise Postbus dans le district de Lienz, *JOUE* n° C 162 du14 juillet 2007, pp. 19-29, pt 25,

[2539] Comm. eur., Communication, « Réforme des règles de l'UE en matière d'aides d'État applicables aux services d'intérêt économique général », COM(2011) 146 final, 23 mars 2011, pt 4.2.1.

[2540] P. E. Hasselgård, « The Use of Tender Procedures to Exclude State Aid: The Situation under the EU 2014 Public Procurement Directives », *op. cit.*, p. 28.

[2541] L. Vogel, *Contrôle des Aides d'État*, *op. cit.*, pt 45, p. 236.

[2542] S. Nicinski, *Droit public des affaires*, 7e éd., *op. cit.*, pt 462, p. 271 ; L. Idot, note sous arrêt, *Europe*, comm. 469, 2014.

rapport à l'attitude qu'aurait eue un opérateur privé dans une situation similaire. La souplesse de ce modèle d'appréciation permet de l'adapter facilement aux différents domaines économiques, à l'instar de l'investissement, des ventes mobilières et immobilières ou encore des acquisitions. Elle conforte par la même occasion « *une conception extensive de la notion d'aide d'État* »[2543].

663. **L'arrêt *BAI* : un préalable essentiel à la qualification d'une commande publique en aide d'État.** Le contentieux *BAI*[2544] n'est qu'une des nombreuses étapes contentieuses ayant permis, dans la même affaire, d'aboutir aux arrêts *P & O European Ferries*[2545]. En l'espèce, la Commission a dû se prononcer sur la conformité avec l'article 107 TFUE de l'acquisition de bons de voyage par les autorités basques. L'accord concernait 46 500 titres de voyage sur la ligne maritime Bilbao-Portsmouth. Les titres bénéficiaient essentiellement aux personnes à faible revenu. Malgré sa volonté de clôturer rapidement la procédure de contrôle, l'annulation de sa décision par le Tribunal a conduit la Commission à un nouvel examen minutieux de l'acquisition des titres de voyage[2546]. Celle-ci relevait initialement que l'achat faisait l'objet d'un important rabais en raison de la quantité de titres de voyage achetés, remise comparable à celles de transactions commerciales privées. Or, cette argumentation est écartée par le Tribunal. L'arrêt relève, tout d'abord, qu'une « *convention d'achat de bons de voyage ne saurait, du seul fait que les parties s'engagent à des prestations réciproques, être exclue a priori de la notion d'aide d'État* »[2547]. Il ajoute que ce seul élément ne saurait écarter l'existence d'un avantage économique. L'accord réalisé entre le transporteur et la personne publique révèle, nonobstant une réduction tarifaire conséquente, un accroissement important des titres de voyage achetés sans attester d'une « *augmentation des besoins effectifs ressentis par les pouvoirs publics* »[2548]. En outre, la quantité acquise est susceptible de renforcer la position concurrentielle de l'entreprise Ferries Golfo de Vizcaya. Par ailleurs, l'achat est susceptible de restreindre les échanges entre les États membres. Les titres d'achats portaient, en l'espèce, sur une liaison maritime entre deux États membres et présentaient, par conséquent, le risque d'accroître une position dominante sur ce marché[2549].

664. **La première prise en compte du besoin réel de la personne publique.** À la suite de l'annulation de sa décision du 7 juin 1995 par le Tribunal, la Commission a été appelée à contrôler, une seconde fois, la convention d'achat des autorités basques.

2543 L. Grard, « Aides d'État – Notion » *op. cit.*, pt 52, p. 18.

2544 TPICE, 28 janvier 1999, *Bretagne Angleterre Irlande (BAI) c/ Commission des Communautés européennes*, aff. T-14/96, EU:T:1999:12 ; comm. L. Idot, *Europe*, 1999, n° 116, pp. 18-19

2545 TPICE, 5 août 2003, *P & O European Ferries (Vizcaya), SA et Diputación Foral de Vizcaya c/ Commission des Communautés européennes*, aff. jtes T-116/01 et T-118/01, EU:T:2003:217 ; comm. L. Idot, *Europe*, 2003, n° 331, p. 27 ; CJCE, 1er juin 2006, *P & O European Ferries (Vizcaya) SA et Diputación Foral de Vizcaya c/ Commission des Communautés européennes*, aff. jtes C-442/03 P et C-471/03 P, *op. cit.* ; comm. C. Lambert, *RLC*, 2006, n° 8, pp. 52-54

2546 Comm. eur., déc. du 7 juin 1995 portant clôture de la procédure d'examen ouverte au titre de l'article 93, paragraphe 2, du traité CE (aides en faveur de Ferries Golfo de Vizcaya SA), *JOCE* n° C 321 du 1er décembre 1995, pp. 4-5.

2547 Pt 71 de l'arrêt.

2548 Pt 76 de l'arrêt.

2549 Pt 77 de l'arrêt.

L'analyse, fortement inspirée de l'orientation du Tribunal dans l'arrêt *BAI*, reprend l'idée selon laquelle l'accord d'achat ne constitue pas une transaction commerciale normale. Le premier accord d'achat de 1992, jugé illégal par la Commission, comporte en effet un prix d'achat supérieur aux tarifs commerciaux ordinaires. Le second accord, quant à lui, était conclu à des tarifs commerciaux inférieurs aux valeurs du marché. Néanmoins, la hausse du nombre de bons d'achat permettait de maintenir la somme de l'accord initial. La concordance financière entre les deux accords a entraîné la Commission à douter de la véracité des chiffres apportés par l'acheteur public et, plus particulièrement, du nombre de personnes concernées par la mesure. Les éléments apportés par les autorités basques ne permettaient pas, selon la décision du 29 novembre 2000[2550], d'expliquer les variations de la demande. Cette fluctuation dissimulait, en réalité, une aide au fonctionnement en faveur du transporteur. La Commission tire comme conclusion que l'accord d'achat « *ne répondait pas aux véritables impératifs d'ordre social invoqués par les autorités autonomes basques, et ne constitue pas une transaction commerciale normale mais plutôt une aide en faveur de la compagnie maritime* »[2551].

665. **L'intégration du besoin réel par le Tribunal.** À l'occasion de sa seconde saisine sur l'affaire en cause, le Tribunal reprend et développe sa précédente position. Il rappelle qu'une transaction économique normale impose l'existence d'un « *besoin réel* »[2552] des prestations attendues par la personne publique. *A contrario*, l'achat de « *biens et services aux conditions du marché ne suffit pas pour que cette opération constitue une transaction commerciale* »[2553]. Un opérateur privé en économie de marché ne chercherait pas à acquérir des biens ou des services, quels qu'ils soient, sans la nécessité de satisfaire un besoin effectif. L'achat en cause avait ainsi vocation à créer une « *demande artificielle* »[2554]. Le professeur Kovar discerne un élément d'identification de l'aide dans l'examen de la réalité du besoin[2555]. Les prix pratiqués en l'espèce dissimulaient une aide au moyen de considérations sociales. Or, dans les faits, plusieurs éléments corroboraient la position de la Commission. Tout d'abord, l'accord initial proposait un accord financier analogue pour un nombre de bons de voyage deux fois moins important. De surcroît, près de 40 % des titres de voyage n'avaient pas été utilisés. Le nouveau dispositif régional réduisait substantiellement le nombre de destinations proposées pour le limiter à une seule formule de voyage. Ainsi, les transports vers plusieurs villes espagnoles, portugaises et italiennes étaient tous remplacés par la navette Bilbao-Portsmouth. Enfin, l'argument selon lequel l'aide octroyée est compatible avec l'article 107, paragraphe 2, a) est rejeté par le Tribunal. Il souligne que l'aide est attribuée

---

2550 Comm. eur., déc. 2001/247/CE du 29 novembre 2000 relative au régime d'aide appliqué par l'Espagne en faveur de la compagnie maritime Ferries Golfo de Vizcaya [notifiée sous le numéro C(2000) 3931], *JOCE* n° L 89 du 29 mars 2001, pp. 28-36.

2551 Pt 53 de la décision.

2552 Pt 117 de l'arrêt, aff. jtes T-116/01 et T-118/01, *op. cit.*

2553 *Ibid.*

2554 P. Nicolaides, « State Aid, Advantage and Competitive Selection: What Is a Normal Market Transaction? », *European State Aid Law Quartely*, vol. 9, n° 1, 2010, p. 70 (traduction libre de l'auteur).

2555 R. Kovar, « Les achats publics et l'interdiction des aides d'État », *op. cit.*, p. 7. V. égal. N. Tosics, N. Gaál, « Public procurement and State aid control — the issue of economic advantage », *op. cit.*, p. 17.

directement au transporteur maritime. Pour être éligible à cette disposition, l'aide devrait être accordée directement aux personnes physiques, sans prendre en considération le transporteur utilisé. La sélectivité du cas d'espèce, par nature discriminatoire, écarte l'application de cette dérogation.

666. **La confirmation de la présomption de transaction économique normale lors de l'utilisation des procédures des directives « marchés publics ».** L'importance du recours aux procédures de mise en concurrence est soulignée une nouvelle fois par le Tribunal. Il confirme, par ailleurs, la pratique de la Commission selon laquelle le recours à ce type de procédures exclut l'existence d'une aide d'État[2556]. La démonstration que la transaction est économiquement normale « *s'impose d'autant plus dans le cas où, comme en l'espèce, le choix de l'opérateur n'a pas été précédé d'une procédure d'appel d'offres ouvert ayant fait l'objet d'une publicité suffisante* »[2557]. Ce faisant, le Tribunal semble présumer l'absence de transaction économique normale lorsqu'une commande publique n'utilise pas, en guise de méthode de sélection, les procédures prévues par les directives « marchés publics ». Dès lors, les procédures de passation ne se limitent plus à garantir la seule efficacité économique du contrat public. Les avantages de leur utilisation dépassent ainsi le volet tarifaire. Les procédures de mise en concurrence justifient également la nécessité de l'acquisition en écartant le risque de favoritisme et de rupture d'égalité. En effet, l'aléa du résultat de la mise en concurrence réduit considérablement les chances de succès d'une aide d'État déguisée. La concurrence générée permet d'opérer une sélection économiquement neutre. Néanmoins, le risque de procédure de mise en concurrence sur mesure est contrebalancé par la possibilité pour la Commission de contrôler la procédure de mise en concurrence qui est utilisée. Le Tribunal est donc parfaitement conscient de l'existence de cette présomption et de son caractère réfragable. Cette affaire « *historique* »,[2558] selon les termes du professeur Nicolaides, démontre la confirmation du caractère réfragable de ce mécanisme. Le droit des aides d'État peut donc se supplanter au droit de la commande publique afin de préserver l'ordre public concurrentiel si ce dernier n'offre pas les gages suffisant en matière de concurrence.

667. **L'application de la « *logique de marché* »[2559] aux marchés publics : la recherche d'une transaction commerciale normale.** Le pourvoi dans l'affaire *P & O European Ferries* donne l'opportunité à la Cour de justice de se prononcer sur la qualification d'un marché public en aide d'État. Suivant le raisonnement du Tribunal, l'arrêt reprend, malheureusement sans précisions particulières, l'argument selon lequel les bons de voyage ne visaient pas à satisfaire un besoin effectif[2560]. La faiblesse des développements de la Cour sur ce point de droit est, cependant, compensée par la richesse des conclusions de l'avocat général Tizzano. Ses développements s'intéressent plus particulièrement à l'étendue de l'emploi du principe de l'investisseur

---

2556 Pt 118 de l'arrêt, aff. jtes T-116/01 et T-118/01.

2557 *Ibid.*

2558 P. Nicolaides, « State Aid, Advantage and Competitive Selection: What Is a Normal Market Transaction? », *op. cit.*, p. 68.

2559 Formule employée par l'avocat général Tizzano dans ses conclusions présentées le 9 février 2006, aff. jtes C-442/03 P et C-471/03 P, EU:C:2006:91, pt 87.

2560 *Ibid.*, pt 129 et s.

privé lors de l'analyse d'un achat public. Deux approches peuvent être opposées. D'une part, une approche objective, qui se fonde uniquement sur le prix payé par la personne publique afin d'examiner si son comportement est celui d'un investisseur en économie de marché. Cela fait échos au contrôle classique du prix ne correspondant pas à ceux pratiqués sur le marché. Cette approche a pour avantage de fournir une méthode d'examen simplifiée. D'autre part, une approche subjective qui gravite autour de l'utilité, de la nécessité de l'achat[2561].

668. L'avocat général soutient la seconde approche, seule capable selon lui de déterminer si le marché public se place dans une « *logique de marché* »[2562]. Limiter le contrôle au seul critère tarifaire priverait en effet la Commission de l'examen des conditions particulières du contrat telles que les « *délais, [les] conditions et [les] autres circonstances dans lesquels l'acquisition est réalisée* »[2563]. L'identification d'une aide d'État doit porter sur « *l'ensemble* »[2564] des éléments du contrat public, l'objectif étant d'examiner si les conditions contractuelles correspondent à « *celles d'une transaction commerciale normale* »[2565]. Par conséquent, un tel examen conduit nécessairement à observer « *l'équilibre économique du contrat* », comme le relève la professeure Noguellou[2566]. L'aide peut donc prendre de nombreuses formes au sein du contrat sans nécessairement être limitée aux seuls éléments tarifaires.

669. **La complémentarité avec le contrôle des aides d'État : l'exemple des marchés de prestations artistiques ou sportives.** L'examen des conditions de transaction lors d'un contrôle portant sur les aides d'État s'avère particulièrement complexe. *A contrario*, un litige fondé sur les dispositions du droit des marchés publics permet de se focaliser sur l'existence d'une mise en concurrence effective des différents prestataires. Cela laisse présumer l'absence de craintes d'un avantage économique pour le titulaire du contrat public. À titre d'illustration, les contentieux portant sur l'achat de places de spectacle par les personnes publiques se rapprochent singulièrement de l'affaire *P & O European Ferries*[2567]. Ces achats font en droit interne l'objet d'un encadrement législatif particulier[2568]. En effet, ces acquisitions se doublent généralement d'une mission sociale de la

---

2561 La notion de « besoin » utilisée dans les arrêts n'est pas synonyme de celle employée en droit des marchés publics. En l'espèce, « besoin » renvoie à l'idée de la nécessité de l'acquisition, de son utilité pour la personne publique. Le terme « besoin », lorsqu'il est employé en droit des marchés publics, renvoie quant à lui à l'objet du contrat, à sa matière.

2562 Pt 86 des conclusions.

2563 Pt 87 des conclusions.

2564 *Ibid.*

2565 Pt 72 de l'arrêt dans l'affaire T-14/96.

2566 R. Noguellou, « Contrats publics et aides d'État », *op. cit.*, p. 449.

2567 V. en ce sens, CE, 28 janvier 2013, *Département du Rhône*, n° 356670, mentionné aux tables du *Rec.* p. 901 ; CAA Lyon, 15 décembre 2011, n° 11LY00578, *Association des contribuables actifs du Lyonnais*, inédit au *Rec.*

2568 L'article D113-6 du code du sport détermine un seuil maximal des contrats de prestation de services sportifs : « *Le montant maximum des sommes versées par les collectivités territoriales ou leurs groupements à une société mentionnée à l'article L. 122-1 en exécution de contrats de prestation de services, ou de toute convention dont l'objet n'entre pas dans le cadre des missions d'intérêt général mentionnées à l'article L. 113-2, est fixé à 30 % du total des produits du compte de résultat de l'année précédente de la société dans la limite de 1,6 million d'euros par saison sportive.* »

collectivité dans le but d'encourager la pratique sportive ou artistique. La prestation en cause bénéficie le plus souvent à un opérateur sportif ou artistique particulier. Cette situation se complexifie néanmoins avec la prise en compte de l'intérêt suscité localement par un club sportif et sur le contrôle de celui-ci afin d'analyser l'existence d'un besoin de la collectivité au sens du droit des marchés publics. La présence d'un attachement local particulier peut ainsi justifier, selon le Conseil d'État, l'impossibilité pour le pouvoir adjudicateur de réaliser une mise en concurrence[2569].

670. Néanmoins, si dans de telles circonstances l'absence de concurrence ne peut entraîner l'annulation des contrats sur la base du droit des marchés publics, un contrôle sur la base du critère du besoin effectif, au sens de l'article 107 TFUE, peut être judicieux, voire complémentaire. Il fait ainsi office d'ultime garde-fou de la concurrence. La Commission européenne considère, en effet, lors d'un contrôle portant sur l'existence d'une aide d'État, que les recours contentieux nationaux portant sur le droit de la commande publique ne sont pas « *un élément de nature à prouver l'effectivité de la concurrence dans le cadre de la procédure de passation* »[2570]. Cette situation peut se présenter lorsque la procédure n'a pas été suffisamment ouverte, transparente et inconditionnelle, et bénéficie à un seul opérateur sans justification particulière. De même, l'existence d'une attente réelle des populations concernées par la mesure sociale est un critère pertinent, à l'instar de l'arrêt *P & O European Ferries*. Ce type d'affaires illustre, une nouvelle fois, le caractère complémentaire du droit des aides d'État et du droit des marchés publics en dépit des risques de confrontations.

B. Les procédures d'achat public insuffisamment ouvertes à la concurrence

671. **Les limites posées par la jurisprudence *Altmark*.** Loin de se limiter à consacrer une présomption favorable aux contrats respectant le droit des marchés publics, la formulation employée par la Cour ne se distingue pas par sa limpidité. La doctrine relève régulièrement les difficultés à dégager de la pratique une réponse définitive[2571]. Le quatrième critère *Altmark*, relatif au mode de désignation des entreprises chargées de la gestion d'un service public, favorise essentiellement la sélection de l'entreprise « *capable de fournir ces services au moindre coût pour la collectivité* »[2572] par l'intermédiaire d'une procédure de marchés publics. L'expression utilisée par les juges semble poser une double obligation pour bénéficier de la jurisprudence *Altmark*. Il convient tout d'abord de recourir à une procédure prévue par le droit des marchés publics ; procédure dont l'emploi doit ensuite permettre de sélectionner l'offre la moins onéreuse pour la personne publique. Dans le cas

---

2569 CE, 28 janvier 2013, *Département du Rhône*, n° 356670, *op. cit.*

2570 Comm. eur., déc. 2013/435/UE du 2 mai 2013, *Société Nationale Corse Méditerranée et la Compagnie Méridionale de Navigation*, *op. cit.*, pt 173.

2571 M. Kekelekis, K. Neslein, « Public Procurement and State Aid », *op. cit.*, p. 470 et s.

2572 CJCE, 24 juillet 2003, *Altmark*, aff. C-280/00, *op. cit.*, pt 93. Sur ce point, v. G. Bruzzone, M. Boccaccio, « Infrastructures and SGEI: the scope of State aid control and its impact on national policies », *op. cit.*, pp. 84-85.

contraire, la personne publique devra prouver que la contrepartie proposée à l'opérateur économique repose sur une analyse minutieuse « *des coûts qu'une entreprise moyenne, bien gérée et adéquatement équipée [...] aurait encourus pour exécuter ces obligations, en tenant compte des recettes y relatives ainsi que d'un bénéfice raisonnable pour l'exécution de ces obligations* ». La Commission européenne s'avère d'ailleurs très vigilante lors de l'examen de cette condition. Ainsi, à l'occasion de sa décision *Dublin Bus et Irish Bus*[2573], elle écarte, en raison de son caractère subjectif, la faculté pour l'autorité adjudicatrice de tenir compte des besoins de financement propres de l'entreprise chargée du SIEG pour déterminer le montant de la compensation[2574].

672. La conséquence directe est de permettre de qualifier une subvention d'aide au sens de l'article 107 TFUE alors même que celle-ci avait été annoncée initialement lors de la procédure de mise en concurrence[2575]. Cette information préalable ne saurait en effet écarter sa capacité à fausser la concurrence[2576]. L'objectif de cette rigueur européenne est double selon le professeur Nicolaides : éviter le développement de distorsions de la concurrence et préserver les finances publiques[2577]. Par conséquent, les exigences en matière de transparence, éminemment présentes dans les critères *Altmark*, paraissent exclure certaines procédures pourtant prévues par le droit des marchés publics. L'arrêt reste néanmoins peu détaillé sur les procédures valables et celles insuffisantes pour opérer une sélection des candidats. Une telle lecture écarte nécessairement la solution la plus simple, qui consisterait à consacrer une présomption généralisée à l'ensemble des procédures présentes au sein du droit de la commande publique. Une analyse au cas par cas permet cependant d'éviter une « *perte de précision lors de l'évaluation spécifique sur les aides d'État* » et de garantir l'effectivité de l'article 107 TFUE[2578].

673. **L'approche restrictive de la Commission européenne.** Le manque de clarté du quatrième critère *Altmark* a fait l'objet de précisions essentielles par la Commission européenne. Ainsi, dans une communication de 2012[2579], celle-ci observe qu'une partie des procédures de passation n'est pas suffisamment transparente au sens de l'arrêt *Altmark*. Ce faisant, leur utilisation impose aux autorités adjudicatrices de démontrer que les contreparties proposées tiennent compte des coûts d'une entreprise moyenne, des recettes du service et d'un bénéfice raisonnable. Un pan entier des contrats portant sur la délégation d'un service public, pourtant conclus en conformité

2573 Comm. eur., déc. (UE) 2015/635 du 15 octobre 2014 concernant l'aide d'État SA.20580 (C 31/07) (ex NN 17/07), mise à exécution par l'Irlande en faveur des compagnies d'autobus de Córas Iompair Éireann (Dublin Bus et Irish Bus), *JOUE* n° L 104 du 23 avril 2015, pp. 17-49.

2574 *Ibid.*, pts 179-181.

2575 R. Noguellou, « Contrats publics et aides d'État », *op. cit.*, p. 452. Celle-ci apporte une interprétation contraire de celle proposée par la jurisprudence administrative récente. CAA Bordeaux, 17 juin 2014, *M. R*, n° 13BX00563, inédit au *Rec.*

2576 *Ibid.*

2577 P. Nicolaides, « State Aid, Advantage and Competitive Selection: What Is a Normal Market Transaction? », *op. cit.*, p. 65 et s.

2578 M. Steinicke, « Public Contracts Through Procurement – Can There Still Be State Aid? », *op. cit.*, p. 159 (traduction libre de l'auteur).

2579 Comm. eur., Communication relative à l'application des règles de l'Union européenne en matière d'aides d'État aux compensations octroyées pour la prestation de services d'intérêt économique général, *op. cit.*

avec les règles européennes sur les marchés publics, échappe ainsi au mécanisme de présomption. La décision de la Commission du 3 mai 2003 souligne d'ailleurs qu'une procédure « *soumise que partiellement aux directives "marchés publics" et dans laquelle les autorités publiques ont gardé une marge d'appréciation dans le choix final du délégataire. Dans une telle situation il n'est pas possible de conclure automatiquement que le résultat atteint équivaut au prix du marché du point de vue des aides d'Etat*»[2580]. La Commission a récemment confirmé son analyse à propos d'une procédure négociée avec publication préalable. Elle indique qu'il convient « *tout d'abord de rappeler qu'une telle procédure ne peut garantir une concurrence effective que sous réserve d'une appréciation au cas par cas. En effet, elle confère une large marge d'appréciation au pouvoir adjudicateur et peut restreindre la participation des opérateurs intéressés* »[2581]. L'effort de simplification de la présomption posée par la pratique de la Commission, puis par les juges européens, n'engendre donc pas une présomption universelle propre à toutes les commandes publiques, et ce, malgré leur conformité avec les directives « marchés publics ».

674. **L'inéligibilité de certaines procédures de passation au mécanisme de présomption.** La communication de la Commission du 11 janvier 2012 se concentre particulièrement sur les « *procédure[s] de marché public ouverte[s], transparente[s] et non discriminatoire[s]* »[2582]. Elle privilégie à cette occasion la procédure de l'appel d'offres ouvert, voire restreint, si des raisons valables sont invoquées[2583]. Ce choix d'une présomption réduite aux seuls appels d'offres a d'ailleurs été confirmé par la Commission dans sa communication de 2016 relative à la notion d'aide d'État[2584]. Derrière cette formule, la Commission souhaite que la procédure établie soit véritablement « *concurrentielle* »[2585] afin d'exprimer le prix du marché et de sélectionner l'offre la plus pertinente[2586]. La souplesse accordée

---

2580 Comm. eur., déc. du 30 septembre 2009, n° 331/2009, *Compensation de charges pour une Délégation de Service Public (DSP) pour l'établissement et l'exploitation d'un réseau de communications électroniques à très haut débit dans le Département des Hauts-de-Seine, JOCE* n°256 du 23 septembre 2010, pp 1-2. V. égal. Comm. eur., Communication relative à l'application des règles de l'Union européenne en matière d'aides d'État aux compensations octroyées pour la prestation de services d'intérêt économique général, *op. cit.*, pt 66 : « *En ce qui concerne les caractéristiques de l'appel d'offres, une procédure ouverte conforme aux règles existant en matière de marchés publics est certainement acceptable mais une procédure restreinte peut aussi satisfaire à la quatrième condition établie par l'arrêt Altmark, sauf si l'on empêche les opérateurs intéressés de soumissionner sans raison valable. Par ailleurs, un dialogue compétitif ou une procédure négociée avec publication confèrent une large marge d'appréciation au pouvoir adjudicateur et peuvent restreindre la participation des opérateurs intéressés. Ils ne peuvent donc être considérés comme suffisants pour satisfaire à la quatrième condition établie par l'arrêt Altmark que dans des cas exceptionnels. La procédure négociée sans publication d'un avis de marché ne peut garantir la sélection d'un candidat capable de fournir ces services au moindre coût pour la collectivité.* »

2581 Comm. eur., déc. 2013/435/UE du 2 mai 2013, *Société Nationale Corse Méditerranée et la Compagnie Méridionale de Navigation, op. cit.*, pt 170. V. également A. Sánchez-Graells, « State Aid and EU Public Procurement: More Interactions, Fuzziers Boundaries », *op. cit.*, spé. p.338-340.

2582 Comm. eur., Communication relative à l'application des règles de l'Union européenne en matière d'aides d'État aux compensations octroyées pour la prestation de services d'intérêt économique général, *op. cit.*, pt 63.

2583 *Ibid.*, pt 66.

2584 Comm. eur., Communication relative à la notion d'« aide d'État » visée à l'article 107, paragraphe 1, du traité sur le fonctionnement de l'Union européenne, *op. cit.*, pt 89.

2585 *Ibid.*, note 146.

2586 S. Chavarochette-Boufferet, « L'interprétation des directives de l'Union sur les marchés publics par la Cour de justice », *op. cit.*, p. 181 ; C. Bovis, « Financing Services of General Interest in the EU: How do Public

au dialogue compétitif ou encore à la procédure négociée, pourtant plébiscitée par les acteurs de la commande publique et, paradoxalement, par la Commission européenne elle-même[2587], est néanmoins peu appréciée dans l'application des critères *Altmark*[2588]. L'exécutif européen précise qu'il existe des « *cas exceptionnels* »[2589] durant lesquels de telles procédures pourront répondre au quatrième critère *Altmark*. Ces circonstances exceptionnelles peuvent être satisfaites lorsque les procédures négociées sont ouvertes. Ainsi, la publicité n'est pas suffisante pour écarter toutes craintes concernant l'existence d'un avantage économique, comme le relève la Commission européenne dans sa décision *Kimberly-Clark*[2590].

675. À titre d'illustration, la procédure négociée ouverte sur laquelle était fondée l'attribution des liaisons maritimes entre la Corse et Marseille pour la période 2007-2013 ne présentait pas une mise en concurrence suffisante[2591]. La Commission relève dans sa décision que la seule offre concurrente « *n'a pas été évaluée au regard de ses mérites propres (critères d'attribution) mais sur le fondement d'un critère de sélection, en l'espèce la capacité du candidat à opérer dès le 1er juillet 2007. La procédure n'a donc pas permis à l'OTC de comparer plusieurs offres pour retenir la plus avantageuse économiquement* »[2592]. Un tel constat, auquel il convient d'ajouter le délai très faible entre l'octroi de la délégation de service public et la date de mise en œuvre du service, a conduit la Commission à considérer que la procédure, en l'espèce, ne permettait pas de garantir une concurrence effective.

676. **Le partenariat d'innovation : naissance de nouvelles interrogations.** Le partenariat d'innovation, nouvelle procédure introduite par les récentes directives « marchés publics »[2593], concentre aujourd'hui les craintes de certains auteurs sur l'incompatibilité de cette procédure avec le quatrième critère de la jurisprudence *Altmark*[2594]. Albert Sánchez-Graells perçoit dans celle-ci un risque important « *de générer des distorsions (potentielles) de concurrence et d'être le parfait instrument pour contourner les règles régissant les aides d'État liées à la R&D* »[2595]. De telles craintes s'expliquent, selon lui, par la faible concurrence mobilisée durant cette procédure et par la possibilité pour les acheteurs publics

Procurement and State Aids Interact to Demarcate between Market Forces and Protection », *ELJ*, vol. n° 11, n° 1, 2005, p. 99.

2587 Comm. eur., Livre vert sur la modernisation de la politique de l'UE en matière de marchés publics, « Vers un marché européen des contrats publics plus performant », *op. cit.*, p. 15.

2588 Pour exemples de la validation d'une procédure négociée ouverte, Comm. eur., déc. du 16 mai 2005, aide d'État N 149/2006, Irlande, *Traffic guarantee for M3 Clonee to North of Kells and N7 Limerick Southern Ring Road Phase II*, *op. cit.*

2589 Comm. eur., Communication relative à l'application des règles de l'Union européenne en matière d'aides d'État aux compensations octroyées pour la prestation de services d'intérêt économique général, *op. cit.*, pt 66.

2590 Comm. eur., déc. 2002/14/CE du 12 juillet 2000 concernant l'aide d'État mise à exécution par la France en faveur de Scott Paper SA/Kimberly-Clark, *JOCE* n° L 12 du 15 janvier 2002, pp. 1-32, pt 140.

2591 Comm. eur., déc. 2013/435/UE du 2 mai 2013, *Société Nationale Corse Méditerranée et la Compagnie Méridionale de Navigation*, *op. cit.*

2592 *Ibid.*, pt 172.

2593 Directive 2014/24/UE, *op. cit.*, article 31 ; directive 2014/25/UE, *op. cit.*, article 49.

2594 A. Sánchez-Graells, « Public Procurement and State Aid: Reopening the Debate? », *op. cit.*, p. 209 et s. ; P. E. Hasselgård, « The Use of Tender Procedures to Exclude State Aid: The Situation under the EU 2014 Public Procurement Directives », *op. cit.*, pp. 23-24.

2595 A. Sánchez-Graells, « Public Procurement and State Aid: Reopening the Debate? », *op. cit.*, p. 210 (traduction libre de l'auteur).

d'utiliser aisément cet outil pour financer certaines activités sans les contraintes de l'article 107 TFUE[2596]. Pernille Edh Hasselgård s'interroge quant à elle sur la trop grande souplesse de cette procédure et l'incertitude du résultat final pour l'acheteur[2597]. Une telle souplesse rend crédible la possibilité pour la Commission de reprendre son contrôle utilisé dans le cadre de la procédure négociée ou du dialogue compétitif et d'écarter par la même occasion le partenariat d'innovation du bénéfice de la jurisprudence *Altmark*. Pour autant, cette procédure présente certaines garanties notables en matière de concurrence[2598]. Le caractère « *hybride* »[2599] de cette procédure, en raison de sa proximité avec la procédure concurrentielle avec négociation et le dialogue compétitif[2600], se caractérise notamment par son étroite vigilance dans la prévention des risques de distorsions de la concurrence.

677. Les directives « marchés publics » rappellent ainsi l'importance des principes fondamentaux du droit de la commande publique lors de la mise en œuvre du partenariat d'innovation. Tout d'abord, le principe d'égalité, qui précise que les acheteurs publics « *assurent l'égalité de traitement de tous les soumissionnaires. À cette fin, ils ne donnent pas, de manière discriminatoire, d'information susceptible d'avantager certains soumissionnaires par rapport à d'autres* »[2601]. Puis, le principe de concurrence, lorsque la directive souligne que ces mêmes acheteurs « *ne devraient pas recourir aux partenariats d'innovation de manière à empêcher, à restreindre ou à fausser la concurrence. Dans certains cas, la mise en place de partenariats d'innovation avec plusieurs partenaires pourrait permettre d'éviter de tels effets* »[2602]. Une telle vigilance pourrait ainsi apaiser les craintes de la Commission européenne sur une hypothétique violation de l'article 107 TFUE.

678. De la même façon, l'objet très restreint de cette procédure, à savoir « *lorsque le besoin de développer un produit, un service ou des travaux innovants et d'acquérir ultérieurement des fournitures, services ou travaux qui en résultent, ne peut être satisfait par des solutions déjà disponibles sur le marché* »[2603], pourrait également participer à faire bénéficier cette procédure de la présomption d'absence d'aide d'État. Cela étant, deux éléments encouragent à écarter toutes démarches précipitées de la Commission européenne. Cette dernière, ainsi que la doctrine, ne dispose pas encore de suffisamment de recul pour évaluer l'impact concurrentiel du partenariat d'innovation. Partant, les prochaines années devraient s'avérer décisives pour mieux comprendre l'utilisation de cette procédure par les acheteurs publics et ses effets sur le marché. De la même façon, faire bénéficier l'ensemble des marchés publics réalisés sur la base d'un partenariat d'innovation de la présomption d'absence d'aides d'État, alors même que les contrats réalisés

---

2596 *Ibid.*

2597 P. E. Hasselgård, « The Use of Tender Procedures to Exclude State Aid: The Situation under the EU 2014 Public Procurement Directives », *op. cit.*, pp. 23-24.

2598 C. Mialot, T. Poulard, « Le partenariat d'innovation : retours d'expérience », *Cahiers de droit de l'entreprise*, 2016, n°6, pp. 29-33.

2599 S. de La Rosa, *Droit européen de la commande publique*, *op. cit.*, pt 422, p. 356.

2600 *Ibid.*

2601 Directive 2014/24/UE, *op. cit.*, article 31 ; directive 2014/24/UE, *op. cit.*, article 49.

2602 Directive 2014/24/UE, *op. cit.*, considérant 49.

2603 Directive 2014/24/UE, *op. cit.*, considérant 49 ; directive 2014/25/UE, *op. cit.*, considérant 59.

par l'intermédiaire d'un dialogue compétitif n'en bénéficient pas, peut sembler contradictoire en raison de leur proximité. Il convient donc, à l'heure actuelle, de privilégier un contrôle au cas par cas des marchés réalisés sur la base d'une telle procédure, afin de conserver l'ultime protection offerte par l'article 107 TFUE. Puis, en fonction des résultats de la pratique décisionnelle, de s'interroger sur une progressive extension de la présomption *Altmark* à l'ensemble des procédures du droit de la commande publique.

679. **Vers une présomption étendue à l'ensemble des procédures du droit de la commande publique.** Malgré « *l'absence d'harmonisation et de convergence* » entre le droit de la commande publique et le droit des aides d'État relevée par le professeur Steinicke[2604], plusieurs éléments permettent de rester optimiste sur leur rapprochement progressif. La professeure Noguellou doute du maintien des solutions proposées ces dernières années par la Commission européenne[2605]. L'innovation récente que constitue la directive « concessions » permet d'offrir, selon elle, de nouvelles garanties procédurales pour de tels contrats. Le choix d'offrir aux autorités adjudicatrices la liberté d'« *organiser la procédure* »[2606] de passation pour les concessions est limité en effet par le respect des principes fondamentaux du droit de la commande publique. L'article 3 de la directive 2014/23/UE consacre dans le droit dérivé les principes d'égalité de traitement et de transparence. Il précise également que « *la procédure d'attribution d'une concession, y compris l'estimation de sa valeur, ne peut être conçue avec l'intention de la soustraire au champ d'application de la présente directive ou de favoriser ou défavoriser indûment certains opérateurs économiques ou certains travaux, fournitures ou services* ». Dès lors, un éventuel avantage d'un candidat pourrait, au même titre qu'en matière de marchés publics, être saisi directement par l'intermédiaire des principes du droit de la commande publique. En outre, il est peu probable, voire paradoxal, qu'une procédure puisse être suffisante pour démontrer que l'offre est économiquement la plus avantageuse ou présente un avantage économique global tout en ne répondant pas au prix du marché au sens du droit des aides d'État[2607], l'efficacité économique de l'achat public étant l'un des objectifs essentiels du droit de la commande publique. Cela étant, en dépit des apports de la directive « concessions », la Commission ne semble pas, pour l'instant, modifier sa démarche traditionnelle consistant à accorder une présomption automatique aux seuls appels d'offres[2608].

2604 M. Steinicke, « Public Contracts Through Procurement – Can There Still Be State Aid? », *op. cit.*, p. 143 (traduction libre de l'auteur).

2605 R. Noguellou, « Contrats publics et aides d'État », *op. cit.*, p. 454.

2606 Directive 2014/23/UE, *op. cit.*, article 30, paragraphe 1.

2607 M. Steinicke, « Public Contracts Through Procurement – Can There Still Be State Aid? », *op. cit.*, pp. 153 et 154 ; M. Kekelekis, K. Neslein, « Public Procurement and State Aid », *op. cit.*, p. 470 ; S. Santamoto, « Advantage in the context of services of general economic interest under *Altmark* », in *EU Competition Law*, vol. IV, *State Aid*, Deventer, Claeys & Casteels, 2008, p. 379 et s.

2608 Comm. eur., Communication relative à la notion d'« aide d'État » visée à l'article 107, paragraphe 1, du traité sur le fonctionnement de l'Union européenne *op. cit.*, pt 89 : « *Lorsque la vente et l'achat d'actifs, de biens et de services [ou d'autres opérations comparables] sont effectués à l'issue d'une procédure d'appel d'offres concurrentielle, transparente, non discriminatoire et inconditionnelle, conformément aux principes du TFUE relatifs aux marchés publics (voir points 90 à 94), il peut être présumé que ces opérations sont conformes aux conditions du marché, pour autant qu'il soit fait usage de critères appropriés pour la sélection de l'acheteur ou du vendeur, comme précisé aux points 95 et 96.* »

680. Or, pour le professeur de La Rosa, les apports de la directive « concessions » devraient conduire les acheteurs publics à se tourner vers le modèle de la procédure concurrentielle avec négociation afin de respecter de tels principes[2609]. Cette procédure, « *héritière de l'ancienne procédure négociée avec publication d'un avis de marché* »[2610], devrait fournir des gages supplémentaires à la Commission européenne lors d'un éventuel contrôle sur la base de l'article 107 TFUE. La procédure mise en place impose « *de respecter tout au long de la procédure les exigences qui découlent des principes d'égalité et de transparence* »[2611]. En effet, dans le cadre de telles procédures avec mise en concurrence, la théorie de l'équivalence des revenus indique que le résultat de la procédure demeure comparable, quelle que soit la procédure mise en place[2612], les candidats ayant, en dépit des nombreux tours de négociation, un prix minimal qu'ils ne dépasseront pas.

681. Le caractère central de la mise en concurrence est d'ailleurs expressément souligné par la Commission européenne dans ses lignes directrices sur le haut débit de 2013. Elle y indique que « *la mise en concurrence permet de réduire les coûts budgétaires et de minimiser l'aide d'État potentielle et, simultanément, réduit le caractère sélectif de l'aide dans la mesure où le choix du bénéficiaire n'est pas connu à l'avance* »[2613]. D'ailleurs, à l'occasion de l'examen d'une éventuelle aide d'État, la Commission a déjà validé l'efficacité concurrentielle de procédures complexes à l'instar du dialogue compétitif[2614]. Néanmoins, nous rejoignons l'analyse du professeur Steinicke concernant l'importance pour les pouvoirs adjudicateurs d'écarter les procédures de passation offrant un pouvoir discrétionnaire trop large lors des négociations sous peine d'un contrôle approfondi de la Commission sur la présence d'un avantage économique[2615]. La Commission européenne semble particulièrement attentive aux « *éléments discrétionnaires* »[2616] et aux risques de favoriser un candidat. Selon le professeur

---

2609 S. de La Rosa, *Droit européen de la commande publique*, *op. cit.*, pt 461, p. 383.

2610 S. Braconnier, « Nouvelles directives marchés publics et concessions – Petite révolution et grandes évolutions », *op. cit.*, pt 83.

2611 S. de La Rosa, *Droit européen de la commande publique*, *op. cit.*, pt 461, p. 383.

2612 M. Steinicke, « Public Contracts Through Procurement – Can There Still Be State Aid? », *op. cit.*, p. 159. Sur cette théorie, v. P. Klemperer, *Auctions: Theory and Pratice*, Princeton, Princeton University Press, 2004, 264 p. ; W. Vickrey, « Counterspeculation, Auctions, and Competitive Sealed Tenders», *The Journal of Finance*, vol. 16, n° 1, 1961, pp. 8-37.

2613 Comm. eur., Lignes directrices de l'UE pour l'application des règles relatives aux aides d'État dans le cadre du déploiement rapide des réseaux de communication à haut débit, *JOUE* n° C 25 du 26 janvier 2013, pp. 1-26, pt 78.

2614 Comm. eur., déc. du 30 mai 2007, aide d'État N 46/07, Royaume-Uni, *Welsh Public Sector Network Scheme*, *JOUE* n° C 157 du 10 juillet 2007, pp. 1-6. Une décision plus ambiguë avait été prise en matière du dialogue compétitif ; en ce sens déc. du 16 mai 2005, aide d'État N 149/2006, Irlande, *Traffic guarantee for M3 Clonee to North of Kells and N7 Limerick Southern Ring Road Phase II*, *op. cit.*

2615 M. Steinicke, « Public Contracts Through Procurement – Can There Still Be State Aid? », *op. cit.*, p. 143 et 160. Sur la même thématique, N. Tosics, N. Gaál, « Public procurement and State aid control — the issue of economic advantage », *op. cit.*, p. 18.

2616 Comm. eur., déc. du 30 janvier 2002, aide d'État N 525/2001, Irlande, *Cluster incubator scheme*, *JOUE* n° C 136 du 3 juin 2005, p. 45, pt 3.3.2 (traduction libre de l'auteur) : « *However, since there is in the present case a qualitative assessment of each project, a discretionary element is introduced in the selection of the developers and the awarding of the grant. As a result, this tendering process may selectively favour certain firms by granting them aid and may distort competition* » ; Comm. eur., déc. 2013/435/UE du 2 mai 2013, *Société Nationale Corse Méditerranée et la Compagnie Méridionale de Navigation*, *op. cit.*, pt 170 : « *La procédure utilisée en l'espèce et prévue en droit français pour l'attribution de délégations*

Nicolaides, « *l'élément fondamental* »[2617] pour la Commission européenne est l'absence de possibilité de discriminer les candidats. Partant, le choix de la procédure doit impérativement être guidé par la recherche du « *moindre coût* »[2618]. Les procédures insuffisamment concurrentielles devraient, dès lors, en raison de la pression grandissante des principes fondamentaux de la commande publique, se réduire significativement.

Section 3
La conciliation des politiques horizontales du droit de la commande publique avec le contrôle des aides d'État

682. **Le développement progressif des politiques horizontales lors des commandes publiques.** Depuis plusieurs années, sous l'influence du droit européen[2619], le droit de la commande publique établit de nouveaux points de rencontre avec des politiques horizontales, telles que les politiques environnementales ou sociales[2620]. Cela peut s'expliquer, d'une part, par le périmètre économique extraordinaire que représentent les achats publics dans le marché intérieur. D'autre part, ce domaine demeure l'un des derniers bastions de l'interventionnisme étatique dans la sphère économique et donc un espace privilégié d'instrumentalisations potentielles[2621]. Les politiques horizontales, appelées également politiques secondaires ou collatérales dans leur version anglo-saxonne, peuvent être définies, dans le cadre de l'Union européenne, comme les domaines soutenus par les autorités européennes et nationales et revêtant une importance particulière dans les politiques publiques[2622].

---

de service public est une procédure négociée avec publication préalable au regard du droit européen de la commande publique. Il convient tout d'abord de rappeler qu'une telle procédure ne peut garantir une concurrence effective que sous réserve d'une appréciation au cas par cas. En effet, elle confère une large marge d'appréciation au pouvoir adjudicateur et peut restreindre la participation des opérateurs intéressés ».

2617 P. Nicolaides, « State Aid, Advantage and Competitive Selection: What Is a Normal Market Transaction? », p. 168 (traduction libre de l'auteur).

2618 Pt 93 de l'arrêt CJCE, 24 juillet 2003, *Altmark*, aff. C-280/00, *op. cit.*

2619 F. Lichère, « L'influence du droit communautaire sur le droit des contrats publics », *op. cit.*, p. 967.

2620 L. Driguez, *Droit social et droit de la concurrence*, *op. cit.*, pt 8, pp. 11-12 ; F. Llorens, « La commande publique en quête d'efficacité », *op. cit.*, pp. 222- 225 ; P. Idoux, « La commande publique au service du développement durable », in *La commande publique, un levier pour l'action publique ?*, E. Muller (dir.), *op. cit.*, pp. 108-112 ; P. Reis, « Marchés publics et ordre concurrentiel : ordre concurrentiel et logiques sociale et environnementale dans la passation des marchés publics », *op. cit.*, pp. 146-166.

2621 Conclusions de l'avocat général V. Trstenjak présentées le 4 juin 2008, aff. C-324/07, EU:C:2008:317, pt 81 ; N. Hatziz, « The legality of SME development policies under EC procurement law », in *Social and Environmental Policies in EC Procurement Law: New Directives and New Directions*, S. Arrowsmith, P. Kunzlik (dir.), *op. cit.*, p. 367; F. Lichère, « L'influence du droit communautaire sur le droit des contrats publics », *op. cit.*, p. 967 ; C. Bovis, *Public Procurement in the European Union*, *op. cit.*, p. 240.

2622 Adaptation de la définition proposée par la professeure Arrowsmith., *The Law of Public and Utilities Procurement*, 2e éd., *op. cit.*, 1547 p.

L'OCDE propose une définition précise des politiques horizontales. Selon elle, leurs « *"objectifs secondaires" regroupent divers objectifs tels qu'une croissance verte durable, le développement de petites et moyennes entreprises, l'innovation, l'instauration de normes de conduite responsable des entreprises ou des objectifs plus vastes en matière de politique industrielle, que les pouvoirs publics s'efforcent de plus en plus d'atteindre, outre les objectifs principaux, en ayant recours à la passation de marchés publics comme instrument d'action* »[2623].

683. **La distinction entre les politiques primaires et secondaires.** Les politiques secondaires se distinguent des « *politiques primaires* »[2624], qui sont nécessaires au fonctionnement et à l'existence même des pouvoirs publics. La mise en œuvre de politiques secondaires n'est pas une nécessité pour ces derniers, elle est en réalité le fruit de politiques publiques volontaristes. L'insertion de ces objectifs dans le droit de la commande publique vise principalement la préservation de l'environnement et l'insertion sociale afin de corriger les « imperfections du marché »[2625]. La professeure Durviaux et Françoise Navez perçoivent dans les politiques secondaires, une opportunité « *d'intégrer des considérations "autres que strictement économiques"* »[2626]. Or, l'intégration de politiques horizontales dans les directives « marchés publics » et « concessions » conduit une partie de la doctrine à s'interroger sur la conciliation de ces dernières, avec les règles relatives aux aides d'État[2627]. De telles politiques préférentielles, favorables à une partie limitée des opérateurs économiques, soulèvent en effet de nombreuses interrogations sur l'existence ou non d'un avantage économique conféré par les acheteurs publics ou autorités adjudicatrices[2628]. Malgré ce risque de confrontations évident entre le contrôle des aides d'État et les politiques horizontales poursuivies par le droit de la commande publique, les deux semblent pourtant pouvoir se concilier en raison des exigences des traités (§ 1) et des impératifs de protection de concurrence résultant de l'article 107 TFUE (§ 2).

§ 1. Le respect des exigences des traités

684. Le développement, ces dernières années, de la prise en compte d'éléments extra-économiques par le droit de la commande publique pose nécessairement des interrogations sur leur conciliation avec le droit des aides d'État. De telles politiques pourraient en effet servir à favoriser certaines entreprises, voire s'avérer

2623 OCDE, « Recommandation du Conseil de l'OCDE sur les marchés publics », *op. cit.*, pt I, p. 6.

2624 A. Doern, « The Interaction between EC Rules on Public Procurement and State Aid », *op. cit.*, pt 3.1, p. 9 (traduction libre de l'auteur).

2625 A.-L. Durviaux, *Logique de marché et marché public en droit communautaire. Analyse critique d'un système*, *op. cit.*, pt 246, p. 267.

2626 A.-L. Durviaux, F. Navez, « Marchés publics et paradigme concurrentiel : état du droit », *op. cit.*,

2627 A.-L. Durviaux, *Logique de marché et marché public en droit communautaire. Analyse critique d'un système*, *op. cit.*, p. 249 ; P. E. Hasselgård, « The Use of Tender Procedures to Exclude State Aid: The Situation under the EU 2014 Public Procurement Directives », *op. cit.*, p. 17 et s.

2628 H.-J. Priess, M. G. Von Merveldt, « The impact of the EC state aid rules on horizontal policies in public procurement », *op. cit.*, p. 249 ; J.-Y. Chérot, *Droit public économique*, 2e éd., *op. cit.*, pt 504, pp. 733-734 ; P. E. Hasselgård, « The Use of Tender Procedures to Exclude State Aid: The Situation under the EU 2014 Public Procurement Directives », *op. cit.*, p. 17 et s.

vectrices de comportements protectionnistes. Or, il convient d'examiner les différentes catégories de politiques horizontales existantes (A) avant de démontrer que l'effort demandé au droit de la commande publique répond bien aux exigences du droit primaire (B).

A. La catégorisation des politiques horizontales intégrées au droit de la commande publique

685. Afin d'appréhender les différentes politiques horizontales présentes au sein du droit de la commande publique, il importe, au préalable, de les catégoriser en fonction de leurs finalités et effets sur le marché. Ce travail, déjà réalisé par la professeure Arrowsmith (1), sera précisé dans le cadre de cette étude (2).

1. Modèle de la professeure Arrowsmith

686. La classification des différentes politiques secondaires intégrées au droit de la commande publique n'est pas chose aisée. La taxinomie retenue dépend nécessairement de la finalité recherchée. Ainsi, la professeure Arrowsmith distingue trois catégories[2629]. Tout d'abord existent les « *politiques qui se limitent aux exigences et conditions générales et qui dépassent la conformité légale* »[2630]. On retrouve ces politiques dans le domaine de la lutte contre les discriminations liées au handicap, au genre, voire les discriminations ethniques dans les pays anglo-saxons[2631]. La deuxième catégorie regroupe « *les politiques confinées à l'exécution du marché pouvant dépasser le seul cadre de l'exécution* »[2632]. Selon elle, cette catégorie peut inclure des exigences particulières sur les conditions de travail, une exécution par un personnel particulier ou encore une interdiction de se fournir auprès de certaines entreprises[2633]. Enfin, la dernière strate regroupe « *les mécanismes en faveur des politiques horizontales* »[2634] et se compose donc de la majorité des dispositions juridiques présentant un risque en termes de cohérence avec le contrôle des aides d'État, telles que les critères d'attribution environnementaux et sociaux ou encore des politiques favorables à la participation des petites et moyennes entreprises.

2. Modèle retenu

687. **La nécessité d'un modèle concurrentiel.** En raison de l'angle concurrentiel de cette étude, la catégorisation retenue s'écarte substantiellement de celle proposée par la professeure Arrowsmith. Elle vise notamment à prendre en compte

---

2629 S. Arrowsmith, « A taxonomy of horizontal policies in public procurement », in *Social and Environmental Policies in EC Procurement Law: New Directives and New Directions*, S. Arrowsmith, P. Kunzlik (dir.), *op. cit.*, pp. 109-145.

2630 *Ibid.*, (traduction libre de l'auteur).

2631 D. Sabbagh, « La tentation de l'opacité : le juge américain et l'*affirmative action* dans l'enseignement supérieur », *Pouvoirs*, 2004, n° 111, p. 5.

2632 S. Arrowsmith, « A taxonomy of horizontal policies in public procurement », *op.cit.*, p. 109-145.

2633 Ce mécanisme est utilisé notamment aux États-Unis afin d'interdire au cocontractant d'une personne publique de se fournir auprès d'entreprises situées dans des États faisant l'objet d'un embargo commercial.

2634 S. Arrowsmith, « A taxonomy of horizontal policies in public procurement », *op. cit.*, p. 128 et s.

les problématiques relatives à la concurrence effective et à la compétition sur le marché. Par conséquent, un nouveau triptyque sera préféré aux catégories proposées par la professeure Arrowsmith.

688. **Première catégorie : les politiques horizontales fondées sur l'exemplarité de la commande publique.** Il convient de distinguer une première catégorie de politiques horizontales, laquelle poursuit un objectif d'exemplarité de la commande publique. Celle-ci contient l'ensemble des mécanismes inclus dans le droit de la commande publique et permettant de respecter la réglementation existante en matière d'environnement[2635], de droit du travail[2636] ou encore de cotisations sociales[2637]. Cette catégorie regroupe également l'ensemble des mesures propres à la commande publique et soucieuses de l'exemplarité morale et professionnelle de ses partenaires économiques. On pense notamment aux différents motifs d'exclusion obligatoires ou facultatifs prévus par l'article 57 de la directive 2014/24/UE. Ainsi les entreprises condamnées pour leur participation à une organisation criminelle, terroriste, pour fraude, blanchissement d'argent, corruption ou pour travail d'enfants sont écartées de l'accès à la commande publique. Ce système protège indubitablement l'image de l'acheteur public. La compatibilité de ces procédures avec le principe d'égalité et l'absence de sélection au sens de l'article 107 TFUE ne permet pas de les assujettir à la qualification d'aides d'État.

689. **Deuxième catégorie : les politiques horizontales proconcurrentielles.** La deuxième catégorie de politiques horizontales inclut les mesures proconcurrentielles sur les marchés de la commande publique. Celle-ci regroupe notamment les politiques favorables à la participation des petites et moyennes entreprises (PME). L'allotissement est, sur ce point, la solution la plus régulièrement proposée par la doctrine afin d'accroître la participation aux procédures de passation[2638]. Elle correspond également à une application concrète d'une politique industrielle de la Commission européenne, comme en témoignent ses écrits préparatoires lors de la réforme des directives « marchés publics »[2639]. Plus modestement, l'aide peut se limiter à une politique d'assistance administrative en faveur de ces catégories d'entreprises, ayant pour but de les accompagner dans la préparation de leurs offres, ou encore d'encourager les autorités adjudicatrices à suivre des politiques analogues[2640]. L'objectif affiché de renforcer la concurrence au travers de politiques en faveur des PME ne peut donc sérieusement justifier l'identification d'une aide

---

2635 Directive 2014/24/UE, *op. cit.*, article 70.

2636 *Ibid.*, considérant 39.

2637 *Ibid.*, articles 57 et 70.

2638 S. Braconnier, « PME et marchés publics : quelques réflexions sur les régimes préférentiels existant à l'étranger », *op. cit.*, p. 45 ; S. Saussier, « L'accès des PME aux marchés publics : une analyse économique », *op. cit.*, pp. 341-360 ; J.-P. Betbèze, C. Saint-Étienne, « Une stratégie PME pour la France : favoriser l'essor des gazelles entreprises moyennes en forte croissance », *op. cit.*; S. Braconnier, « Nouvelles directives marchés publics et concessions – Petite révolution et grandes évolutions », *op. cit.*, pt 78, p. 15 ; A. Sánchez-Graells, *Public Procurement and the EU Competition Rules*, 2e éd., *op. cit.*

2639 Comm. eur., Livre vert sur la modernisation de la politique de l'UE en matière de marchés publics, « Vers un marché européen des contrats publics plus performant », *op. cit.*, pp. 28-31.

2640 S. Arrowsmith, *The Law of Public and Utilities Procurement*, 2e éd., *op. cit.*, p. 1225 et s. Pour une illustration européenne de cette politique, Comm. eur., « Code européen des bonnes pratiques facilitant l'accès des PME aux marchés publics », *op. cit.*

d'État. Ce type de mécanismes cherche, en réalité, à rétablir un accès équilibré aux marchés publics. Le secteur se caractérise en effet par sa relative fermeture aux opérateurs économiques les plus modestes[2641]. Partant, l'allotissement ou les obligations en matière de sous-traitance ne visent pas à sélectionner certains opérateurs, mais à diversifier les partenaires économiques des autorités adjudicatrices. D'ailleurs, ces politiques ne permettent pas d'écarter des candidats en raison de leur dimension. La hausse de la concurrence et ses effets substantiels sur la réduction des prix renforcent donc l'égalité d'accès à la commande publique. De tels mécanismes volontaristes ne peuvent ainsi être qualifiés d'aides d'État en n'opérant, une nouvelle fois, aucune sélectivité individuelle ou sectorielle. De plus, le principe d'égalité permet à l'ensemble des entreprises européennes de bénéficier de la politique en matière d'allotissement ou de sous-traitance. Ces politiques ne sont donc pas génératrices d'une distorsion de concurrence, mais participent à l'effacement des distorsions existantes.

690. **Troisième catégorie : les politiques horizontales susceptibles d'assécher la concurrence.** La nocivité de ces politiques sur la compétition génère un risque de distorsions de concurrence pouvant, à juste titre, constituer un avantage économique au sens de l'article 107 TFUE. À l'inverse de la deuxième catégorie, ces politiques secondaires ne visent pas à dynamiser la concurrence et l'accès aux marchés. Elles peuvent, d'une part, favoriser un produit déterminé en raison de certaines qualités. On retrouve ce mécanisme lors de l'utilisation de critères de sélection environnementaux[2642]. D'autre part, la réduction de la concurrence peut résulter non pas des qualités intrinsèques du produit, mais de celles de l'opérateur économique candidat. Tel est le cas, principalement, lors de l'utilisation de critères d'attribution sociaux[2643] ou encore dans le cadre des marchés publics réservés[2644]. De la même façon, une trop grande souplesse dans les procédures d'attribution, liée notamment au développement de la négociation, est susceptible de générer des interrogations sur l'existence de distorsions à la concurrence[2645]. Par conséquent, ces dernières mesures présentent un risque important de qualification d'aides d'État[2646] justifiant une analyse plus détaillée de leurs mécanismes de fonctionnement.

2641 En France, pour l'année 2012, l'Observatoire économique de l'achat public souligne l'étroite corrélation entre la dimension des entreprises et la disparité économique entre le nombre de contrats signés ainsi que leurs montants. Il en ressort que 57,7 % des marchés publics sont conclus avec des PME. Néanmoins, ces marchés ne représentent que 27,6 % du montant total des marchés attribués.

2642 Directive 2014/24/UE, *op. cit.*, article 67.

2643 *Ibid.*

2644 *Ibid.*, article 20.

2645 A. Sánchez-Graells, « Public Procurement and State Aid: Reopening the Debate? », *op. cit.*, p. 208 et s.

2646 Comm. eur., Livre vert sur la modernisation de la politique de l'UE en matière de marchés publics, « Vers un marché européen des contrats publics plus performant », *op. cit.*, p. 43 : « *Le recours à des critères d'attribution autres que le prix le plus bas ou l'offre économiquement la plus avantageuse et à des critères non liés à l'objet du marché risque de séparer l'application des règles européennes sur les marchés publics de celle des règles européennes sur les aides d'État, en ce sens que l'attribution de marchés sur la base de critères autres que des critères économiques pourrait constituer une aide et poser potentiellement problème du point de vue des règles européennes sur les aides d'État.* » ; H.-J. Priess, M. G. Von Merveldt, « The impact of the EC state aid rules on horizontal policies in public procurement », *op. cit.*, p. 249.

B. Une orientation exigée par le droit primaire

691. **Des politiques horizontales conformes aux objectifs de l'Union européenne.** Les deux politiques horizontales majeures du droit de la commande publique, que sont la protection de l'environnement et l'emploi social, répondent aux objectifs poursuivis par l'Union européenne. Les objectifs de l'Union européenne, visés depuis le traité de Lisbonne par l'article 3 du TUE, poursuivent notamment « *le développement durable de l'Europe* » ainsi qu'un « *niveau élevé de protection et d'amélioration de la qualité de l'environnement* ». Les multiples références à la problématique environnementale soulignent l'importance grandissante de ce domaine dans le droit primaire. En parallèle du modèle économique européen fondé sur une économie sociale de marché hautement compétitive, qui « *tend au plein emploi et au progrès social* »[2647], l'Union doit combattre « *l'exclusion sociale* »[2648]. Or, ces deux objectifs s'inscrivent dans une démarche plus large, qui est celle du marché intérieur et finalement du bien-être dans l'Union. En effet, la nature économique du marché intérieur n'écarte pas *de facto* la poursuite d'objectifs extra-économiques. Ces derniers permettent d'assurer une direction clarifiée et complète lors de la construction du marché européen. Cette démarche est donc en parfaite harmonie avec le droit de la commande publique, bras armé du marché intérieur dans l'ouverture des marchés publics et concessions à la concurrence européenne, dans sa recherche d'un équilibre entre efficacité économique et protection de l'environnement ou de certaines catégories d'actifs.

692. **La combinaison entre objectifs économiques et extra-économiques : l'exemple de la libre circulation des marchandises et l'environnement.** La proximité entre les politiques horizontales prévues par le droit de la commande publique, et plus particulièrement la protection de l'environnement et la gestion de la problématique environnementale au sein de la libre circulation des marchandises, a été relevée par Anja Wiesbrock[2649], ainsi que par la directive 2014/24/UE[2650]. En effet, dans le cadre de ces deux politiques, la protection d'objectifs extra-économiques rencontre des politiques qui sont à l'origine purement économiques. La libre circulation des marchandises a, pendant plusieurs décennies, cherché à concilier ses objectifs directeurs avec la protection de l'environnement[2651]. L'apogée de cette recherche a

---

[2647] Article 3 TUE.

[2648] *Ibid.*

[2649] A. Wiesbrock, « An Obligation for Sustainable Procurement? Gauging the Potential Impact of Article 11 TFEU on Public Contracting in the EU », *op. cit.*, p. 131 et s.

[2650] Le considérant 41 de la directive reprend la substance de l'article 36 TFUE : « *Aucune disposition de la présente directive ne devrait empêcher d'imposer ou d'appliquer des mesures nécessaires à la protection de l'ordre public, de la moralité et de la sécurité publiques, de la santé, de la vie humaine et animale ou à la préservation des végétaux ou d'autres mesures environnementales, en particulier dans l'optique du développement durable, à condition que ces mesures soient conformes au traité sur le fonctionnement de l'Union européenne.* » De même, le considérant 2 de cette même directive précise que « *[l]es marchés publics jouent un rôle essentiel dans la stratégie Europe 2020, exposée dans la communication de la Commission du 3 mars 2010 intitulée "Europe 2020, une stratégie pour une croissance intelligente, durable et inclusive" (ci-après dénommée "Stratégie Europe 2020 pour une croissance intelligente, durable et inclusive"), dans la mesure où ils constituent l'un des instruments fondés sur le marché à utiliser pour parvenir à une croissance intelligente, durable et inclusive, tout en garantissant l'utilisation optimale des fonds publics* ».

[2651] V. Bridoux, « Les frontières vertes : la libre circulation des marchandises à l'épreuve des restrictions environnementales », in *État(s) des Frontières*, E. Pataut (dir.), Paris, Pedone, 2017, pp. 163-183.

été atteint lors de la consécration, par la Cour de justice, d'une exigence impérative d'intérêt général de protection de l'environnement, lors des arrêts *ADBHU*[2652] et *Bouteilles danoises*[2653]. La Cour de justice, lorsqu'elle est appelée à se prononcer sur une telle affaire, est contrainte de « *se livrer à un exercice difficile et périlleux de conciliation et de recherche d'un équilibre entre ces objectifs qui ont tous deux une valeur fondamentale* »[2654] par l'intermédiaire d'un contrôle de proportionnalité complexe[2655]. Par conséquent, l'objectif de libre circulation ne saurait primer sur l'objectif environnemental, comme en témoigne le récent contentieux sur les certificats verts[2656].

693. **Les exigences relatives au principe d'intégration environnementale.** Selon Anja Wiesbrock, l'article 11 TFUE pose un « *principe d'intégration environnementale* »[2657] en imposant au législateur européen d'intégrer « *dans la définition et la mise en œuvre des politiques et actions de l'Union* »[2658] les exigences de la protection de l'environnement. Elle précise que la politique horizontale du droit de la commande publique en faveur de l'environnement prend sa source dans cette disposition du traité[2659]. L'article 11 TFUE impose une prise en compte effective des exigences environnementales dans toutes les matières, « *en particulier lorsqu'elles n'interviennent pas à titre principal pour répondre à des préoccupations environnementales* »[2660]. L'article 37 de la Charte des droits fondamentaux impose également d'intégrer la protection de l'environnement dans les politiques de l'Union. La récente refonte des directives « marchés publics » le confirme. En effet, le considérant 91 de la directive 2014/24/UE fait expressément référence à cette disposition[2661]. Il argumente à ce titre que la directive « *précise comment les*

2652 CJCE, 7 février 1985, *Procureur de la République c/ ADBHU*, aff. C-240/83, *op. cit.* ; comm. P. Laurent, *Gaz. Pal.*, 1986, pp. 740-741.

2653 CJCE, 20 septembre 1988, *Commission c/ Danemark*, aff. C-302/86, EU:C:1988:421 ; comm. N. de Sadeleer, *RMUE*, n° 2, 1995, pp. 87-119 ; B. Jadot, *CDE*, 1990, pp. 408-442.

2654 Conclusions de l'avocat général Y. Bot présentées le 8 mai 2013, aff. jtes C-204/12 à C-208/12, EU:C:2013:294, pt 3.

2655 V. Bridoux, « Les frontières vertes : la libre circulation des marchandises à l'épreuve des restrictions environnementales », *op. cit.*, p. 178 et s. ; D. Simon, « Le contrôle de proportionnalité exercé par la Cour de justice des Communautés européennes », *LPA*, 2009, n° 46, pp. 17-25.

2656 CJUE, 1er juillet 2014, *Ålands Vindkraft*, aff. C-573/12, EU:C:2014:2037 ; comm. S. Rodrigues (dir.), *CDE*, 2015, n° 2-3, pp. 686-774 ; M. Lopez Escudero, « Régimes nationaux d'aide à l'énergie verte face à libre circulation des marchandises dans l'Union européenne » , *RAE*, 2014, pp. 593-602 ; CJUE, 11 septembre 2014, *Essent Belgium NV*, aff. jtes C-204/12 à C-208/12, EU:C:2014:2192 ; comm. S. Rodrigues (dir.), *CDE*, 2015, n° 2-3, pp. 686-774 ; J. Kröger, *JEEPL*, 2013, vol. 10, pp. 378-393 ; CJUE, 29 septembre 2016, *Essent Belgium NV*, aff. C-492/14, EU:C:2016:732 ; comm. V. Bruck, *Europe*, 2016, n° 11 pp. 25-26 ; A.-L. Sibony, *RTDE*, 2017, n° 4, pp. 845-84.

2657 A. Wiesbrock, « An Obligation for Sustainable Procurement? Gauging the Potential Impact of Article 11 TFEU on Public Contracting in the EU », *op. cit.*, p. 106 (traduction libre de l'auteur). Sur ce point v. égal. P. Thieffry, *Traité de droit européen de l'environnement*, 3e éd., Bruxelles, Bruylant, 2015, p. 160 ; P. Thieffry, *Manuel de droit européen de l'environnement*, 2e éd., Bruxelles, Bruylant, 2017, p. 67 et s. ; R. Romi, *Droit international et européen de l'environnement*, 3e éd., Paris, LGDJ, 2017, pt 15, p. 40.

2658 Article 11 TFUE.

2659 A. Wiesbrock, « An Obligation for Sustainable Procurement? Gauging the Potential Impact of Article 11 TFEU on Public Contracting in the EU », *op. cit.*, p. 106 et s.

2660 P. Thieffry, *Traité de droit européen de l'environnement*, 3e éd., *op. cit.*, p. 160.

2661 Avant cette référence explicite, la doctrine supposait que l'article 11 TFUE s'appliquait tout particulièrement au droit des marchés publics. Sur ce point P. Kunzlik, « International Procurement Regimes and the Scope for

pouvoirs adjudicateurs peuvent contribuer à la protection de l'environnement et à la promotion du développement durable tout en garantissant la possibilité d'obtenir pour leurs marchés le meilleur rapport qualité/prix »[2662]. Cette disposition permet, d'une part, de montrer l'équilibre recherché entre l'objectif de préservation des deniers publics et ceux de l'environnement. D'autre part, l'importance de l'achat public dans le PIB européen en fait un « *outil puissant »*[2663] pour offrir des avancées substantielles en matière de développement durable et d'éco-innovation. Partant, l'article 11 TFUE, qui trouve un écho particulier dans les directives « marchés publics »[2664], explique la croissance de la problématique environnementale en droit de la commande publique[2665].

694. **Les exigences relatives au principe d'intégration sociale.** L'article 9 TFUE comprend, au même titre que l'article 11 TFUE, une disposition relative à l'intégration dans les politiques européennes des exigences liées « *à la promotion d'un niveau d'emploi élevé, à la garantie d'une protection sociale adéquate, à la lutte contre l'exclusion sociale* ». Pour reprendre la formule d'Anja Wiesbrock, l'article 9 consacre un principe d'intégration sociale. À l'inverse de l'article 11 TFUE, auquel les directives « marchés publics » se réfèrent explicitement ; l'article 9 TFUE n'est quant à lui pas visé. Toutefois, la professeure Dero-Bugny voit dans cette disposition le fondement textuel par lequel la politique sociale rejoint le droit de la commande publique[2666]. Ce processus est également confirmé par la Cour de justice dans son arrêt *Azienda Sanitaria Locale*. Elle y reconnaît l'utilisation d'une exigence impérative d'intérêt général, d'atteinte grave à l'équilibre financier du système de sécurité sociale, pour autoriser, sur les fondements des articles 49 et 56 TFUE, l'attribution directe d'un accord-cadre à des organismes de bénévolat conventionnés malgré l'absence de toute publicité[2667]. Par ailleurs, le professeur Martucci souligne habilement que l'article 3, paragraphe 3, du TUE consacre la construction d'une « *économie sociale de marché hautement compétitive* » comme objectif de l'Union européenne[2668]. Or, la formule employée permet de concilier la concurrence effective et les considérations sociales. Elle démontre une nouvelle fois que le droit économique, que ce soit dans le cadre du droit de la commande publique ou dans celui du droit de la concurrence, poursuit des finalités de bien-être collectif qui permettent de dépasser les seuls éléments économiques.

695. **Des exigences à combiner avec les objectifs traditionnels du droit de la commande publique.** L'existence d'une exigence d'intégration au sein du traité

the Inclusion of Environmental Factors in Public Procurement », *OECD Journal on Budgeting*, vol. 3, n° 4, 2004, pp. 117, 122, 129 et 132.

2662 Une disposition analogue est présente dans la directive 2015/25/UE, *op. cit.*, considérant 96.

2663 A. Wiesbrock, « An Obligation for Sustainable Procurement? Gauging the Potential Impact of Article 11 TFEU on Public Contracting in the EU », *op. cit.*, p. 106 (traduction libre de l'auteur).

2664 V. la proposition de directive du Parlement européen et du Conseil sur la passation des marchés publics, COM(2011) 896 final, 20 décembre 2011.

2665 A. Wiesbrock, « An Obligation for Sustainable Procurement? Gauging the Potential Impact of Article 11 TFEU on Public Contracting in the EU », *op. cit.*, p. 107.

2666 D. Dero-Bugny, « Marchés publics et concessions. Principes fondamentaux des traités », *op. cit.*, pt 18.

2667 CJUE, 11 décembre 2014, *Azienda sanitaria locale n. 5 « Spezzino »*, aff. C-113/13, *op. cit.*

2668 F. Martucci, « Les objectifs politiques de la commande publique en droit de l'Union européenne », *op. cit.*, pp. 86-87.

conduit la doctrine à s'interroger sur le positionnement des exigences environnementales et sociales présentes en droit de la commande publique, sur l'objectif d'efficacité économique. Pour le professeur Lafferty, en cas de conflit avec les objectifs économiques, les exigences d'intégration doivent systématiquement l'emporter. Toutefois, la lecture des articles 9 et 11 TFUE ne laisse pas supposer une telle interprétation[2669]. L'intégration de telles politiques secondaires vise à les diffuser au sein du droit de l'Union, mais cela ne doit pas se faire aux dépens des objectifs spécifiques des directives sectorielles. Comme le remarque Nele Dhondt, une mise en balance au cas par cas est plus adaptée[2670]. La procédure d'attribution devra, en parallèle, systématiquement respecter les principes fondamentaux de la commande publique.

696. **L'application de la théorie de l'assujettissement cumulatif aux politiques horizontales.** Nos propos lors de la première section de ce chapitre ont souligné l'emploi par le juge européen de la théorie de l'assujettissement cumulatif, afin de garantir l'effectivité des politiques européennes menacées par la mise en œuvre de l'article 107 TFUE. En effet, l'application du droit des aides d'État ne doit pas impliquer la violation d'autres dispositions du traité. Or, malgré l'absence de jurisprudence explicite sur le sujet, Anja Wiesbrock souligne que la théorie de l'assujettissement cumulatif s'applique parfaitement aux politiques horizontales du droit de la commande publique et fait donc obstacle à un blocage de la part de l'article 107 TFUE. Sans revenir sur l'analyse de cette théorie[2671], il convient d'indiquer que l'effectivité des articles 3 TUE, 9 et 11 TFUE et 37 de la Charte des droits fondamentaux ne saurait être affectée par la qualification d'aide d'État d'un marché public usant de critères environnementaux ou sociaux. Dès lors, l'application de l'article 107 TFUE aux achats publics se limite à ceux qui ne répondent pas aux critères de la jurisprudence *Altmark* ou qui ne visent pas à répondre à un besoin réel. Il convient cependant de s'interroger sur l'impact concurrentiel de tels critères environnementaux, notamment au regard de la protection offerte par le droit des aides d'État.

§ 2. Le respect des impératifs de concurrence de l'article 107 TFUE

697. En dépit de la théorie de l'assujettissement cumulatif, il est opportun d'examiner l'impact concurrentiel des politiques horizontales et notamment le risque d'avantager

---

2669 W. M. Lafferty, « From Environmental Protection to Sustainable Development: the Challenge of Decoupling through Sectoral Integration », in *Governance for Sustainable Development: The Challenge of Adapting Form to Function*, W. M. Lafferty (dir.), Cheltenham, Edward Elgar Publishing, 2004, pp. 24-32.

2670 N. Dhondt, *Integration of Environmental Protection into Other EC Policies: Legal Theory and Practice*, Amsterdam, Europa Law Publishing, 2003, p. 478 ; A. Wiesbrock, « An Obligation for Sustainable Procurement? Gauging the Potential Impact of Article 11 TFEU on Public Contracting in the EU », *op. cit.*, p. 114 ; S. Kingston, *Greening EU Competition Law and Policy*, Cambridge, Cambridge University Press, 2011, p. 116 et s. Pour une illustration récente de cette mise en balance, CJUE, 17 novembre 2015, *RegioPost*, aff. C-115/14, EU:C:2015:760 ; comm. M. Rocca, *JDE*, 2016, n° 226, pp. 57-58 ; S. Cazet, *Europe*, 2016, n° 1, p. 21 ; S. Robin-Olivier, in *Jurisprudence de la CJUE 2015*, *op. cit.*, pp. 339-343. D. Dero-Bugny, A. Perrin, in *Jurisprudence de la CJUE 2015*, *op. cit.*, pp. 671-673.

2671 V. en ce sens la Section 1 de ce chapitre.

certaines entreprises, certains produits ou services en particulier. Deux éléments imposent un tel examen. Tout d'abord, la théorie de l'assujettissement cumulatif n'a pas, pour l'instant, encore été appliquée aux marchés publics qui mettent en œuvre une politique horizontale. De plus, la pratique décisionnelle de la Commission européenne permet d'observer qu'elle contrôle, sur la base de l'article 107 TFUE, certaines commandes publiques qui mettent en œuvre des politiques horizontales[2672]. Or l'utilisation des contrats de la commande publique comme instrument pour l'exécution de politiques publiqueséveille , *de facto*, des craintes sur l'existence d'un avantage au sens de l'article 107 TFUE (A). Toutefois, cette discorde est apaisée par un nouvel équilibre fondé sur l'exorbitance juridique du droit de la commande publique (B).

A. Un risque théorique de fausser la concurrence

698. **Des critères non économiques : la crainte d'un prix non représentatif du marché.** La sélection d'une entreprise sur la base de critères environnementaux ou sociaux présente pour originalité de ne plus se concentrer exclusivement sur des considérations économiques et financières. Or, c'est justement à ce niveau que se cristallisent les craintes quant à l'existence d'une aide d'État. En effet, comme le soulignent nos précédents développements[2673], la Commission qualifie une commande publique d'aide illégale lorsque son prix d'achat est supérieur au prix normal du marché. Le choix d'un adjudicataire ou d'un concessionnaire sur la base de considérations non économiques s'accompagne, la plupart du temps, par une hausse des prix par rapport à une procédure d'attribution fondée exclusivement sur le critère du prix. Ce surprix et la poursuite de politiques horizontales seraient, vraisemblablement, au centre des difficultés lors de l'utilisation du test de l'opérateur privé en situation de marché[2674]. D'ailleurs, dans son arrêt *Espagne c/ Commission*, la Cour de justice opère une distinction entre les obligations de l'État en tant qu'actionnaire et celles qu'il assume dans le cadre de l'exercice de la puissance publique[2675]. Par conséquent, de telles considérations brouillent nécessairement l'équilibre proposé jusqu'alors par la Commission en matière d'aides d'État[2676]. De même, l'utilisation de critères extra-économiques pourrait compromettre la « *neutralité concurrentielle* »[2677] de la commande publique.

699. **L'existence d'un avantage au sens de l'article 107 TFUE.** Plusieurs éléments laissent à penser que l'utilisation de tels critères pourrait les assimiler à un avantage économique au sens de l'article 107 TFUE, nonobstant les conclusions contraires de l'avocat général Lenz dans l'affaire *Du Pont de Nemours*. Ce dernier doutait que l'avantage attribué à des opérateurs d'une région particulière soit qualifié

2672 Pour une illustration récente Comm. eur., déc. du 24 octobre 2016, aide d'État SA.45694, Portugal, *Programme for Clean Buses in urban areas*, *JOUE* n° C 68 du 3 mars 2017, pp. 1-6.

2673 En ce sens, v. la Section 2.

2674 H.-J. Priess, M. G. Von Merveldt, « The impact of the EC state aid rules on horizontal policies in public procurement », *op. cit.*, p. 258.

2675 CJCE, 14 septembre 1994, *Espagne c/ Commission*, aff. jtes C-278/92, C-279/92 et C-280/92, EU:C:1994:325, pt 22.

2676 *Ibid.*

2677 A. Sánchez-Graells, « Public Procurement and State Aid: Reopening the Debate? », *op. cit.*, p. 206 (traduction libre de l'auteur).

comme une aide d'État. Selon l'avocat général Lenz, la pratique en cause, dont la proximité avec la discrimination positive est criante, ne peut constituer une aide en raison de l'incapacité à déterminer son montant et de l'impossibilité de démontrer la hausse des prix[2678]. Néanmoins, l'extensivité de la notion d'aide d'État laisse supposer le contraire[2679]. Tout d'abord, la sélectivité de l'aide tient à ce que ces critères ciblent les opérateurs économiques fournissant certaines marchandises ou des services ou travaux particuliers, ou capables de les fournir dans certaines conditions. En limitant le périmètre de la concurrence aux seules entreprises susceptibles de remporter le marché, les autorités adjudicatrices se comportent nécessairement comme un régulateur dont l'action n'est pas neutre sur le marché. Cette action vise au contraire à influencer les opérateurs économiques dans un sens précis. Leurs comportements favorisent certaines entreprises en leur offrant de nouveaux débouchés à un prix d'achat supérieur aux autres solutions disponibles sur le marché. L'avantage économique pourrait ainsi se situer, *in fine*, dans la différence des prix pratiqués.

700. Or, une partie de la doctrine souligne que l'article 107 TFUE se présente comme l'ultime garde-fou des distorsions à la concurrence, qui résultent notamment de l'absence de relation entre l'objet du contrat et le critère utilisé lors de la procédure de passation[2680]. Cette disposition pourrait, à ce titre, être utilisée en cas « *d'impact négatif sur la concurrence* »[2681]. Selon la professeure Arrowsmith, ce cas de figure s'est présenté devant le juge européen à l'occasion des contentieux *Du Pont de Nemours* et *P & O European Ferries*[2682]. Par ailleurs, cette différence de traitement au sein même des activités économiques est susceptible d'être contestée sur la base de l'égalité de traitement. L'avocat général Tesauro souligne à ce titre que « *fixer des règles différentes pour des situations analogues ne se traduit pas seulement par une inégalité devant la loi, mais entraîne de surcroît inévitablement des distorsions de concurrence absolument inconciliables avec la philosophie qui sous-tend le marché commun* »[2683].

B. Une concurrence préservée et stimulée

701. La relative mésentente entre le contrôle des aides d'État et la prise en compte d'éléments extra-économiques par le droit de la commande publique dissimule un esprit

---

2678 Conclusions de l'avocat général C. O. Lenz présentées le 28 novembre 1989, aff. C-21/88, EU:C:1989:600, pt 58.

2679 CJCE, 27 juin 2000, *Commission c/ Portugal*, aff. C-404/97, EU:C:2000:345, pt 44 ; comm. L. Idot, *Europe*, 2000, note n° 268, p. 21.

2680 A. Bartosch, « The Relationship Between Public Procurement and State Aid Surveillance – The Toughest Standard Applies? », *op. cit.*, p. 572 ; A. Martin-Ehlers, « Die Unzulässigkeit vergabefremder Kriterien », *WuW*, 1999, p. 686 et s. ; F. Rittner, « Die "sozialen Belange" i. S. der EG-Kommission und das inländische Vergaberecht », EuZW, 1999, pp. 205-209.

2681 A. Bartosch, « The Relationship Between Public Procurement and State Aid Surveillance – The Toughest Standard Applies? », *op. cit.*, p. 572, (traduction libre de l'auteur).

2682 S. Arrowsmith, *The Law of Public and Utilities Procurement*, 2e éd., *op. cit.*, pt 19.38, p. 1268. Il convient de rappeler que l'affaire *Du Pont de Nemours* n'a pas donné l'occasion à la Cour de justice de se prononcer sur l'article 107 TFUE ; celle-ci a préféré trancher le litige sur la base de la libre circulation. En ce sens v. *supra* pt 621 et s.

2683 Conclusions de l'avocat général G. Tesauro présentées le 23 janvier 1991, aff. C-63/89, EU:C:1991:25.

de cohésion mutuel. En effet, l'objectif de concurrence effective, commun à ces deux matières, fait l'objet d'une protection particulière, nonobstant le recours à des considérations non économiques (1). Cette cohésion impose de revoir l'emploi du test de l'opérateur économique en situation de marché en présence d'éléments extra-économiques (2).

1. Le maintien d'une concurrence efficace

702. Le recours à des critères d'attribution environnementaux ou sociaux n'est pas incompatible avec la concurrence effective. Il permet de rechercher une concurrence efficace sur le marché (a) comme en témoigne d'ailleurs l'évolution de la notion d'offre économiquement la plus avantageuse (b).

a. L'existence d'une concurrence efficace lors de l'utilisation de critères d'attribution non économiques

703. **Le recours prétorien à la concurrence efficace : l'arrêt *Metro*.** Le contrôle des commandes publiques concernant la base de la réglementation sur les aides d'État se focalise essentiellement sur les prix pratiqués. Cela fait écho à l'objectif principal du droit de la commande publique, qui est de « *garantir une utilisation optimale des deniers publics* »[2684]. On retrouve cette idée dans la formule d'« *offre économiquement la plus avantageuse* »[2685] ou dans celle de l'« *avantage économique global* »[2686], proposées par le droit de la commande publique. Néanmoins, la concurrence tarifaire, initialement suivie par le droit de la commande publique, n'est plus adaptée lorsque sont intégrées au processus de sélection des considérations environnementales ou sociales. Ces dernières font appel à la notion de concurrence efficace telle que rappelée par la Cour de justice dans son arrêt *Metro*[2687]. Celle-ci intègre à son raisonnement juridique des « *objectifs extra-concurrentiels* »[2688] et favorables à la satisfaction de l'intérêt général. Les professeurs Bosco et Prieto relèvent à cette occasion que « *la politique européenne de concurrence n'est qu'un instrument au service de l'efficacité économique des autres politiques. Elle doit être bien articulée avec les autres dispositions du traité tant pour la qualification de restrictions qui capturent le bien-être collectif que pour la qualification des gains d'efficacité susceptibles de compenser des effets anticoncurrentiels* »[2689].

704. La prise en compte de critères qualitatifs, tels que la santé publique, le développement durable, la protection des petits opérateurs économiques ou encore la lutte contre l'exclusion, permet de satisfaire le bien-être des consommateurs, finalité

2684 Directive 2014/24/UE, *op. cit.*, considérant 63.

2685 *Ibid.*, article 67.

2686 Directive 2014/23/UE, *op. cit.*, article 41.

2687 CJCE, 25 octobre 1977, *Metro SB-Großmärkte GmbH & Co. KG c/ Commission des Communautés européennes*, aff. C-26/76, *op. cit.*, pt 20 et s. ; comm. A. Frignani, *CDE*, 1978, pp. 461-479.

2688 L. Vogel, « Intérêt général et concurrence : la guerre ou la paix ? », *op. cit.*, pt 4, p. 668.

2689 C. Prieto, D. Bosco, *Droit européen de la concurrence. Ententes et abus de position dominante*, *op. cit.*, pt 645, pp. 540-541. Sur ce point V. égal. A. Pirovano, « Progrès économique ou progrès social (Ou les contradictions du droit de la concurrence) », *Recueil Dalloz*, 1980, p. 145 ; du même auteur, « Droit de la concurrence et progrès social (après la loi NRE du 15 mai 2001) », *Recueil Dalloz*, 2002, p. 62.

du droit de la concurrence[2690]. Le professeur Vogel observe par ailleurs que de telles finalités ne sont « *pas étrangères au droit de la concurrence* »[2691]. La Cour de justice précise qu'en matière de biens de consommation durables, la concurrence efficace « *admet que la nature et l'intensité de la concurrence puissent varier en fonction des produits ou services en cause et de la structure économique des marchés sectoriels concernés* »[2692].

705. **Une concurrence extratarifaire.** La Cour de justice précise également que pour les secteurs dont l'orientation porte manifestement sur des objectifs qualitatifs, l'existence d'une concurrence efficace n'exige pas une concurrence par les prix[2693]. La présentation pragmatique de la Cour de justice autorise, de ce fait, à restreindre pour partie la concurrence afin de satisfaire des objectifs d'intérêt général, sous réserve que les atteintes proposées soient « *indispensables à la réalisation de ces objectifs et n'aboutissent pas à éliminer la concurrence pour une partie substantielle du marché commun* »[2694]. Ce mécanisme est employé expressément par la Commission européenne dans ses lignes directrices concernant l'application de l'article 81, paragraphe 3, du traité[2695] et permet, selon le professeur Petit, d'intégrer la protection de l'environnement dans les gains d'efficacité pris en compte par le droit de la concurrence[2696]. Le professeur Kovar écrit à ce propos que le seuil de concurrence minimale à garantir « *s'apprécie concrètement par rapport à un marché donné* »[2697]. Or, en l'occurrence, l'attribution des marchés publics usant de critères sociétaux reste le fruit d'une libre concurrence[2698]. Une telle analyse est désormais suivie par la Commission européenne, comme en atteste sa récente communication sur la notion d'« aide d'État » visée à l'article 107 TFUE. Elle insiste sur l'importance d'utiliser des critères permettant « *une procédure d'appel d'offres effectivement concurrentielle qui aboutisse à ce que l'adjudicataire perçoive un bénéfice normal, sans plus. Concrètement, cela implique le recours à des appels d'offres qui attribuent un poids important à la composante "prix" de l'offre, ou qui sont autrement susceptibles de laisser la concurrence s'exprimer (comme, par exemple, certains achats par appel d'offres assortis de critères*

2690 C. Prieto, « La culture européenne de concurrence », *op. cit.*, pt 25 ; C.-D. Ehlermann, L. L. Laudati, « The objectives of competition », in *European Competition Law and Policy Annual 1997: Objectives of Competition Policy*, C.-D. Ehlermann, L. L. Laudati (dir.), *op. cit.*, p. 608.

2691 L. Vogel, « Intérêt général et concurrence : la guerre ou la paix ? », *op. cit.*, pt 4, p. 668. V. égal. C. Blumann, « Quelques variations sur le thème du service public en droit de l'Union européenne », in *Le droit administratif : permanences et convergences. Mélanges en l'honneur de Jean-François Lachaume*, Paris, Dalloz, 2007, pp. 45-69.

2692 CJCE, 25 octobre 1977, aff. C-26/76, *op. cit.*, pt 20.

2693 *Ibid.*, pt 21.

2694 *Ibid.*

2695 Comm. eur., déc. 2000/475/CE du 24 janvier 1999, *CECED*, aff. IV.F.1/36.718, *op. cit.*, pt 55 et s., pt 42. Pour une illustration contentieuse, Comm. eur., déc. du 24 janvier 1999, relative à une procédure d'application de l'article 81 du traité CE et de l'article 53 de l'accord EEE, aff. IV.F.1/36.718 – *CECED*, *JOCE* n° L 187 du 26 juillet 2000, pp. 47-54.

2696 N. Petit, *Droit européen de la concurrence*, 2e éd., *op. cit.*, pt 801, p. 355.

2697 R. Kovar, « Brevets, savoir-faire et interdiction des ententes. Introduction. Éléments constitutifs de l'interdiction », , *JurisClasseur Brevets*, fasc. n° 4820, 2019, pt. 54.

2698 H.-J. Priess, M. G. Von Merveldt, « The impact of the EC state aid rules on horizontal policies in public procurement », *op. cit.*, p. 268 ; R. Romi, *Droit international et européen de l'environnement*, 2e éd., Paris, Montchrestien, 2013, pt 200, p. 302.

d'attribution suffisamment précis) »[2699]. Par ailleurs, le recours à des critères secondaires peut également permettre de renforcer l'efficacité économique de la commande publique en raison d'une rentabilité accrue et des capacités d'innovation du secteur[2700].

706. **Une concurrence déplacée.** Dans le cadre de l'intégration de politiques secondaires au sein des critères d'attribution, il convient d'opérer une distinction en fonction des critères utilisés. Les critères environnementaux affectent la concurrence en limitant le nombre d'opérateurs économiques qui participeront à la compétition. Cela étant, la concurrence est maintenue, elle se déplace seulement d'une concurrence économique à une concurrence qualitative dans laquelle participe, sans distinction, l'ensemble des opérateurs capables de répondre aux besoins. La concurrence, certes réduite par une nouvelle délimitation du marché en cause, reste toutefois active sur ce marché, conformément à l'arrêt *Metro*. Les critères sociaux, tels que l'insertion professionnelle, n'ont quant à eux pas le même effet sur la concurrence. Ces derniers imposent aux entreprises d'adapter les conditions dans lesquelles seront exécutés les marchés publics[2701]. Or, ce type d'adaptation et leurs coûts financiers et administratifs peuvent impacter la participation des PME[2702]. Par conséquent, la jurisprudence *Metro* doit une nouvelle fois être utilisée. La concurrence sera limitée aux entreprises capables de répondre aux clauses de responsabilité sociale. L'usage régulier de critères de ce type devrait, à terme, fournir les incitations nécessaires aux entreprises pour s'adapter à cette nouvelle demande. Les études existantes sur l'application de politiques sociales dans les marchés publics démontrent de réels effets sur la lutte contre l'exclusion ainsi que sur l'équilibre global des prix[2703]. Cela illustre la capacité du droit de la commande publique et du droit de la concurrence à intégrer en leur sein des politiques publiques tout en préservant, en parallèle, la concurrence par les mérites et ses bénéfices.

b. L'évolution de l'offre économiquement la plus avantageuse

707. **Le résultat d'une évolution de la politique européenne.** La dernière réforme européenne du droit de la commande publique confirme l'inflexion de cette matière vers des objectifs extra-économiques. Initialement focalisé « *vers des*

2699 Comm. eur., Communication relative à la notion d'« aide d'État » visée à l'article 107, paragraphe 1, du traité sur le fonctionnement de l'Union européenne *op. cit.*, pt 96. Sur ce point, v. égal. Comm. eur., Communication relative à des marchés publics pour un environnement meilleur, COM(2008) 400 final, 15 juillet 2008, pt 1.3, p. 4.

2700 Comm. eur., Communication relative à des marchés publics pour un environnement meilleur, *op. cit.*, pt 1.1, p. 3 ; PriceWaterhouseCoopers, « Collection of Statistical Information on Green Public Procurement in the EU, Report on data collection results », 2009, 110 p. Disponible sur http://ec.europa.eu/environment/gpp/pdf/statistical_information.pdf (consulté le 25/02/2021) ; R. Pierrard, « Results of the European calculation », in *Buying into the environment: Assessing framework, potential and status quo of eco-procurement in Europe*, C. Erdminger (dir.), Earthscan, London, 2002.

2701 L. Dubin, « Le mieux-disant social, une vieille idée à l'épreuve du droit communautaire », *AJDA*, 2002, n° 6, pp. 493-499.

2702 Comm. eur., « Acheter social – Un guide sur les appels d'offres publics avec clauses de responsabilité sociale », 2010, p. 14.

2703 A. Erridge, R. Fee, S. Hennigan, « Pilot Project on Utilising the Unemployed in Public Contracts: Case Study », Ulster University at Jordanstown, septembre 2005, cité par C. McCrudden, *Buying Social Justice: Equality, Government Procurement, & Legal Change*, Oxford, Oxford University Press 2007, p. 608.

préoccupations concurrentielles »[2704], à l'image de la solution proposée dans l'arrêt *Universale-Bau* refusant la possibilité de prendre en compte des « *considérations autres qu'économiques »*[2705], le droit européen de la commande publique traduit les mutations juridiques récentes portées notamment par le traité de Lisbonne. La politique européenne en matière d'environnement n'est pas étrangère à cette évolution. L'application de la Stratégie Europe 2020[2706], déjà à l'origine d'une redéfinition du périmètre normatif des aides d'État relatives au développement durable[2707], s'inscrit depuis 2002 dans l'évolution du droit de la commande publique[2708].

708. **L'amendement de la notion d'offre économiquement la plus avantageuse.** La principale innovation des nouvelles directives « marchés publics » est précisément de découpler la notion de l'offre économiquement la plus avantageuse des seules considérations économiques. Désormais, la notion de valeur est relative. Certes, la concurrence par les prix reste le principe lors de cette évaluation. Mais, celle-ci peut désormais tenir compte des éléments qualitatifs, à l'instar de critères sociaux ou environnementaux, afin de garantir une concurrence multidimensionnelle,[2709] sous réserve, néanmoins, que les critères extra-économiques soient liés à l'objet du marché[2710]. *De facto*, la notion d'offre économiquement la plus avantageuse renvoie vers la sélection de la meilleure offre en fonction des critères d'attribution proposés[2711]. La directive « concessions » confirme également la possibilité d'utiliser lesdits critères mais fait référence, quant à elle, à la notion d'« *avantage économique global »*[2712]. Toutefois, la différence terminologique ne semble pas affecter la proximité conceptuelle de ces deux notions[2713].

709. **La consécration du coût du cycle de vie.** Lors de nos précédents développements, notre étude a permis de souligner que le coût du cycle de vie entre dans

---

2704 S. Braconnier, « Nouvelles directives marchés publics et concessions – Petite révolution et grandes évolutions », *op. cit.*, pt 6.

2705 CJCE, 12 décembre 2002, *Universale-Bau e.a.*, aff. C-470/99, *op. cit.*, pt 52.

2706 Comm. eur., Communication « Europe 2020 – Une stratégie pour une croissance intelligente, durable et inclusive », *op. cit.*

2707 Comm. eur., Lignes directrices concernant les aides d'État à la protection de l'environnement et à l'énergie pour la période 2014-2020, *JOUE* n° C 200 du 28 juin 2014, pp. 1-55.

2708 Décision n° 1600/2002/CE du Parlement européen et du Conseil du 22 juillet 2002 établissant le sixième programme d'action communautaire pour l'environnement, *JOCE* n° L 242 du 10 septembre 2002, pp. 1-15, article 3.6 : « *[P]romouvoir une politique de marchés publics tenant compte des aspects environnementaux, qui permette de prendre les caractéristiques environnementales en considération et d'intégrer les préoccupations relatives au cycle de vie environnemental, y compris la phase de production, dans les procédures d'achat tout en étant conforme aux règles communautaires en matière de concurrence et au fonctionnement du marché intérieur, assortie d'orientations sur les meilleures pratiques en la matière et engageant un processus d'évaluation du caractère écologique de la politique d'approvisionnement des institutions communautaires* » ; Comm. eur., Livre vert sur la modernisation de la politique de l'UE en matière de marchés publics, « Vers un marché européen des contrats publics plus performant », *op. cit.*, pt 2.1, p. 15.

2709 F. Naegelen, « L'attribution des marchés en fonction de l'offre économiquement la plus avantageuse », *Économie & prévision*, 1998, n° 132-133, p. 103.

2710 L'article 67 de la directive 2014/24/UE consacre en droit dérivé les apports prétoriens portés notamment dans l'arrêt CJCE, 17 septembre 2002, *Concordia Bus Finland*, aff. C-513/99, *op. cit.*

2711 M. Jacob, P. Pasquier, P. Ravenel, *L'offre économiquement la plus avantageuse*, 2e éd., Paris, Le Moniteur, 2011, p. 11.

2712 Directive 2014/23/UE, *op. cit.*, article 41.

2713 G. Eckert, « La passation du contrat », *JurisClasseur Contrats et marchés publics*, fasc. n° 420, 2018, pt 15.

une démarche d'efficience économique[2714]. Or, les marchés publics comportant des exigences environnementales aspirent également à bénéficier de ce raisonnement. De tels marchés peuvent en effet combiner efficacité énergétique et économique[2715]. La directive du 25 octobre 2012 relative à l'efficacité énergétique en fait expressément état. Elle établit un lien direct entre les économies budgétaires et le recours à « *des mesures d'efficacité énergétique* »[2716] permettant d'établir un « *rapport coût-efficacité* »[2717]. La directive illustre d'ailleurs l'adéquation entre les exigences environnementales et les obligations de concurrence. Pour ce faire, elle impose aux organismes publics de veiller à ce que leurs achats soient à haute performance énergétique, tout en veillant en parallèle à « *un niveau de concurrence suffisant* »[2718]. Les innovations apportées à l'offre économiquement la plus avantageuse sont au nombre des apports de la directive 2012/27/UE. Cette dernière souligne ainsi la symbiose possible entre les objectifs environnementaux et ceux de préservation de la concurrence sur le marché.

2. L'amendement du test de l'opérateur privé en économie de marché

710. **La naissance d'une nouvelle problématique.** La prise en considération de politiques secondaires dans le cadre du droit de la commande publique oblige, selon certains auteurs[2719], à une adaptation du test de l'investisseur privé en économie de marché. En effet, ce modèle, mis en place par la Commission européenne, vise à contrôler l'existence d'un avantage économique sur la base de considérations micro-économiques. Cette méthode comparative, transposant les réflexes et raisonnements d'un opérateur privé au comportement d'une personne publique, atteint rapidement ses limites avec l'intégration de politiques horizontales. Le passage d'une concurrence qualitative, en lieu et place d'une concurrence exclusivement tarifaire, ne suffit pas à conjuguer de telles politiques avec le contrôle des aides d'État. L'alternative consiste alors en une refonte globale, ou du moins une adaptation exceptionnelle, de ce test, dès lors qu'il existe un désaccord entre ce dernier et les politiques secondaires utilisées.

711. **Tentative de compatibilité du test avec les politiques horizontales.** La recherche d'une compatibilité entre le test de l'investisseur privé en situation de marché et les politiques secondaires suppose, tout d'abord, d'écarter l'idée selon laquelle les critères d'attribution utilisés permettent systématiquement de sélectionner l'offre « *macro économiquement la plus avantageuse* »[2720]. La caractéristique de l'opérateur

---

[2714] V. *supra* pt 236 et s.

[2715] A. Wiesbrock, « An Obligation for Sustainable Procurement? Gauging the Potential Impact of Article 11 TFEU on Public Contracting in the EU », *op. cit.*, p. 123 ; OCDE, « Going Green: Best Practices for Sustainable Procurement », 2015, p. 20.

[2716] Directive 2012/27/UE du Parlement européen et du Conseil du 25 octobre 2012 relative à l'efficacité énergétique, modifiant les directives 2009/125/CE et 2010/30/UE et abrogeant les directives 2004/8/CE et 2006/32/CE, *JOUE* n° L 315 du 14 novembre 2012, pp. 1-56, considérant 21.

[2717] *Ibid.*

[2718] *Ibid.*, article 6.

[2719] A. Doern, « The Interaction between EC Rules on Public Procurement and State Aid », *op. cit.*, p. 107 et s. ; H.-J. Priess, M. G. Von Merveldt, « The impact of the EC state aid rules on horizontal policies in public procurement », *op. cit.*, p. 260 et s.

[2720] F. Dieu, « Les considérations sociales et environnementales dans la nouvelle directive Marchés du 26 février 2014 », *op. cit.*, p. 326.

privé consiste le plus souvent à se limiter à ses seuls intérêts particuliers et non pas à l'intérêt général, comme le font les politiques publiques traditionnelles[2721]. Il convient, par conséquent, de rechercher des éléments susceptibles de rattacher lesdites politiques secondaires à celle d'un comportement économique plausible. Ainsi, l'argument de l'investisseur à long terme est envisageable. Sa transposition dans le domaine des aides d'État autorise une personne publique à supporter un prix d'achat d'actions à un cours supérieur[2722], ou à supporter des pertes à court terme[2723], sous réserve d'une rentabilité prévisible dans l'avenir. Une approche extensive permettrait de percevoir, dans l'utilisation de critères environnementaux ou sociaux, des investissements à long terme prétendant à la réduction des externalités négatives liées notamment à la pollution ou plus simplement à la réduction des dépenses énergétiques. De la même façon, le recours à des travailleurs exclus du marché du travail diminue, *de facto*, leur coût pour l'assistance publique[2724]. Par ailleurs, l'achat responsable ne peut être cantonné à la sphère publique. Les consommateurs, soucieux également des critères qualitatifs des produits et des services, s'orientent ces dernières années vers un nouveau type de consommation. L'utilisation de labels écologiques et de labels de commerce équitable répond, initialement, à une demande privée en faveur d'un achat responsable et équilibré sur les plans économiques et sociaux[2725]. L'arrêt *Commission c/ Pays-Bas* du 10 mai 2012 marque ainsi l'adoption, par une partie des acheteurs publics, des habitudes de consommation d'origines privées[2726]. Néanmoins, dans cette dernière affaire, afin d'éviter une violation de l'égalité entre les opérateurs économiques, la Cour de justice veilleà ce que les acheteurs publics respectent une obligation d'équivalence[2727].

712. La Commission européenne, en outre, n'est pas fermée à la prise en compte de considérations commerciales particulières. Ainsi, elle autorise la vente d'une entreprise publique sous des conditions particulières relatives à sa localisation, à son approvisionnement, au maintien de l'emploi et à son prix en tenant compte de « *la poursuite du modèle de production de la société* »[2728]. La Commission valide ainsi l'impossibilité de chiffrer l'effet du modèle économique suivi par l'entreprise

---

2721 S. Arrowsmith, *The Law of Public and Utilities Procurement*, 2e éd., *op. cit.*, p. 1268 ; P. E. Hasselgård, « The Use of Tender Procedures to Exclude State Aid: The Situation under the EU 2014 Public Procurement Directives », *op. cit.*, *op. cit.*, p. 27 ; M. Cisneros, *The Role of EU State Aid Law in Promoting a Pro-innovation Policy: A Review from the Perspective of University-Industry R&D Cooperation*, Mortsel, Intersentia, 2014, p. 48.

2722 CJCE, 24 octobre 1996, *Allemagne e.a. c/ Commission*, aff. jtes C-329/93, C-62/95 et C-63/95, EU:C:1996:394 ; comm. D. Ritleng, *Europe*, comm. n° 445, 1996, p. 7.

2723 CJCE, 21 mars 1991, *Italie c/ Commission*, aff. C-303/88, EU:C:1991:136, pt 21 ; comm. A. Carnelutti, *Gaz. Pal.*, 1992, I Jur., pp. 202-203 ; TPICE, 21 janvier 1999, *Neue Maxhütte Stahlwerke et Lech-Stahlwerke c/ Commission*, aff. jtes T-129/95, T-2/96 et T-97/96, EU:T:1999:7, pt 109 ; comm. L. Idot, *Europe*, 1999, n° 116, pp. 18-19.

2724 A. Doern, « The Interaction between EC Rules on Public Procurement and State Aid », *op. cit.*, p. 11.

2725 Observatoire de l'achat responsable, « Comprendre l'achat responsable : Guide à l'usage des TPE-PME », 2012, 68 p.

2726 CJUE, 10 mai 2012, *Commission c/ Pays-Bas*, aff. C-368/10, *op. cit.* ; comm. M. Meister, *Europe*, 2012, n° 7, p. 277.

2727 F. Martucci, « Les objectifs politiques de la commande publique en droit de l'Union européenne », *op. cit.*, pp. 83-84.

2728 Comm. eur., décision 2000/628/CE du 11 avril 2000 concernant les aides accordées par l'Italie à la Centrale del Latte di Roma [notifiée sous le numéro C(2000) 1173], *JOCE* n° L 265 du 19 octobre 2000, pp. 15-28, considérant 91.

fondé sur un service public. Dès lors, le test de l'opérateur privé économique en situation de marché ouvre plusieurs voies susceptibles d'être employées par les achats publics au moyen de critères d'attribution extra-économiques. Le recours systématique à ce modèle affiche cependant certaines limites.

713. **L'inapplication du test aux politiques horizontales : vers un nouvel *Altmark*.** La solution consistant à ne pas appliquer le test aux politiques horizontales se justifierait par les caractéristiques macro-économiques du marché pertinent. Comme le précise la professeure Arrowsmith, la modification apportée pourrait être analogue à celle de l'arrêt *Altmark*[2729]. En l'espèce, la Commission pourrait rejeter l'application du test sous réserve de certaines garanties sur le maintien de la concurrence. La comparaison avec l'arrêt *Altmark* n'est pas fortuite, elle s'appuie sur plusieurs éléments communs.

714. D'une part, la présomption accordée aux concessions dans l'arrêt *Altmark* est fondée sur la nature particulière de l'activité en cause. Les contraintes de l'exécution d'un service public dépassent, par nature, celles de l'exercice d'une activité économique classique. Elle explique, au surplus, la dérogation partielle aux règles de concurrence accordée par l'article 106 TFUE aux entreprises chargées de la gestion de services d'intérêt économique général[2730]. Le périmètre de la dérogation s'entend en fonction des missions d'intérêt général non rentables qui incombent auxdites entreprises. Elles se fondent notamment sur des critères qualitatifs, d'égalité et de solidarité[2731]. Les critères secondaires dans les marchés publics et concessions répondent également à des considérations extra-économiques comme la santé publique, la protection de l'environnement ou encore la lutte contre l'exclusion.

715. D'autre part, l'arrêt *Altmark* garantit l'effectivité de la concurrence en imposant l'utilisation d'une procédure de sélection transparente, ouverte et inconditionnelle. Or, en l'espèce, le recours à des critères non économiques ne fait pas obstacle à l'utilisation de ce type de procédures, la mise en concurrence étant maintenue. La Commission européenne suit le même raisonnement dans sa décision de 2016 relative au programme portugais de bus propres dans les zones urbaines[2732]. Elle souligne, afin d'écarter les craintes d'effets délétères sur la concurrence, que le système de subventions est géré de manière « *équitable, ouverte et transparente en raison des critères de l'appel d'offres s'appliquant à l'ensemble des transporteurs urbains de passagers* »[2733], qu'ils soient publics ou privés. Pour valider l'opération, la Commission européenne soulève comme second argument l'application du droit de la commande publique aux bénéficiaires de l'aide[2734]. Ce dernier point montre une nouvelle fois que l'exécutif européen, lors du contrôle des aides d'État, considère le droit de la commande publique comme un garant essentiel de la concurrence.

[2729] S. Arrowsmith, *The Law of Public and Utilities Procurement*, 2e éd., *op. cit.*, p. 1269.
[2730] C. Gavalda, B. Lecourt, G. Parleani, *Droit des affaires de l'Union européenne*, 7e éd., *op. cit.*, pt 937, p. 553.
[2731] Comm. eur., Communication « Les services d'intérêt général en Europe », 2000, *op. cit.*
[2732] Comm. eur., déc. du 24 octobre 2016, aide d'État SA.45694, Portugal, *Programme for Clean Buses in urban area*, *op. cit.*
[2733] *Ibid.*, pt 69 (traduction libre de l'auteur).
[2734] *Ibid.*

Conclusion du Chapitre 2

716. **Une rencontre inévitable.** Le droit des aides d'État et le droit européen de la commande publique ont pour trait commun d'être des droits expansionnistes. Le périmètre de contrôle des aides d'État s'est progressivement étendu par l'interprétation extensive de la notion d'avantage économique. Le droit de la commande publique régule, quant à lui, un pan colossal de l'économie européenne et un champ d'activité quasiment illimité. La croissance mutuelle de ces deux matières devait naturellement conduire à des rencontres, voire à des confrontations. Le choc tant redouté n'a toutefois pas eu lieu, nonobstant la persistance de certaines tensions.

717. **Une rencontre bénéfique.** La solution de concorde apportée par la Commission européenne, puis consacrée par la Cour de justice dans son emblématique arrêt *Altmark*, apporte un climat de cohésion et de coopération entre ces deux matières dont l'objectif de concurrence par les mérites présente une étroite proximité. En dépit de leur complexité, les limites fixées par la jurisprudence *BAI* en ce qui concerne la prise en compte d'un besoin réel permettent de garantir le respect de l'ordre public concurrentiel. En prévenant les risques de distorsions de la concurrence générés par les acheteurs publics, elle assure ainsi les bénéfices en termes de bien-être collectif. Le domaine des aides d'État s'illustre très certainement comme la zone de convergence la plus aboutie avec le droit de la commande publique. Il fournit à ce titre un espace d'échanges réciproques qui est bénéfique à ces deux matières.

718. **Une convergence progressive.** La consécration par la jurisprudence *Altmark* d'une présomption d'absence d'aide d'État, fondée sur la mise en œuvre d'une procédure de marché public, caractérise très certainement la convergence la plus aboutie entre le droit de la commande publique et le droit de la concurrence. Cela étant, cette convergence se limite aux procédures de la commande publique permettant de refléter une transaction commerciale normale et d'obtenir une mobilisation suffisante de la concurrence[2735]. De ce fait, la Commission européenne n'offre pas le bénéfice de la dernière condition de la jurisprudence *Altmark* à l'ensemble des procédures prévues par les directives « marchés publics »[2736]. En sont ainsi exclus les procédures négociées et le dialogue compétitif, ce qui témoigne de la volonté de l'exécutif européen de conserver sa faculté de contrôler l'existence d'une aide d'État dans le cadre de contrats publics réalisés sur la base de telles procédures. L'introduction récente du partenariat d'innovation dans le but de compléter les procédures à la disposition des acheteurs publics fait également écho à

2735 G. Bruzzone, M. Boccaccio, « Infrastructures and SGEI: the scope of State aid control and its impact on national policies », *op. cit.*, note 71, pp. 87-88.

2736 CJCE, 24 juillet 2003, *Altmark*, aff. C-280/00, *op. cit.*, pt 93 : « *Quatrièmement, lorsque le choix de l'entreprise à charger de l'exécution d'obligations de service public, dans un cas concret, n'est pas effectué dans le cadre d'une procédure de marché public permettant de sélectionner le candidat capable de fournir ces services au moindre coût pour la collectivité, le niveau de la compensation nécessaire doit être déterminé sur la base d'une analyse des coûts qu'une entreprise moyenne, bien gérée et adéquatement équipée en moyens de transport afin de pouvoir satisfaire aux exigences de service public requises, aurait encourus pour exécuter ces obligations, en tenant compte des recettes y relatives ainsi que d'un bénéfice raisonnable pour l'exécution de ces obligations.* »

ces interrogations. Même si le contrôle au cas par cas de la Commission semble aujourd'hui encore nécessaire pour garantir l'effectivité, tant de l'article 107 TFUE que du droit de la commande publique, l'extension progressive de la jurisprudence *Altmark* à l'ensemble des procédures du droit de la commande publique s'avère évidente pour renforcer la convergence entre ces deux matières. Le développement des garanties concurrentielles au sein du droit de la commande publique devrait grandement encourager une telle extension.

719. **Le droit des aides d'État comme source d'évolution du droit de la commande publique.** Une nouvelle fois, le droit de la concurrence, par l'intermédiaire du droit des aides d'État, intervient comme ultime recours contre les limites concurrentielles du droit de la commande publique. Il appréhende à cet effet les distorsions de la concurrence sur lesquelles le droit de la commande publique n'a pas ou peu d'emprise. La technicité du contrôle des aides d'État permet au droit de la concurrence de saisir d'innombrables comportements, y compris ceux des acheteurs publics et autorités concédantes. Le droit des aides d'État influence également les évolutions du droit de la commande publique, telles que l'encadrement de la durée des concessions pour lesquelles on applique le principe de proportionnalité[2737] ou encore le principe d'égalité[2738]. La directive « concessions » fait d'ailleurs explicitement référence à de tels risques de « *verrouillage du marché et [de] limitation de la concurrence* »[2739] pour justifier un encadrement précis de la durée de tels contrats par son article 18[2740]. Partant, le droit de la commande emprunte progressivement des réflexes permettant d'écarter les risques de contradictions avec l'article 107 TFUE. Ces risques, déjà faibles en pratique, devraient progressivement se faire de plus en plus discrets. Leur prise en compte par le droit de la commande publique symbolise en outre la convergence entre le droit des aides d'État et le droit de la commande publique, afin de préserver l'ordre public concurrentiel.

720. **Politiques horizontales et article 107 TFUE : une conciliation en faveur de l'intérêt général.** Le développement rapide des politiques horizontales au sein du droit de la commande publique et l'utilisation de critères extra-économiques lors de procédures de mise en concurrence donnent lieu à de vifs débats sur le maintien de l'efficacité de la commande publique. Durant ces débats s'opposent, d'une part, les auteurs néolibéraux soucieux de garantir la neutralité concurrentielle du droit de la commande publique[2741] et, d'autre part, les auteurs souhaitant pleinement transposer, au sein du droit de la commande publique, les politiques publiques poursuivies par les traités européens[2742]. L'arbitrage semble confié par les auteurs

---

2737 Comm. eur., Communication interprétative de la Commission sur les concessions en droit communautaire, *op. cit.*, pt 3.1.3.

2738 CE, 10 octobre 2012, *Commune de Baie-Mahault*, n° 340647, *op. cit.*

2739 Directive 2014/23/UE, *op. cit.*, considérant 52.

2740 Le droit souple apportait déjà des précisions analogues sur la durée des concessions. En ce sens, Comm. eur., Livre vert sur les partenariats public-privé et le droit communautaire des marchés publics et des concessions, *op. cit.*, pt 46.

2741 A. Sánchez-Graells, « Public Procurement and State Aid: Reopening the Debate? », *op. cit.*, p. 206.

2742 H.-J. Priess, M. G. Von Merveldt, « The impact of the EC state aid rules on horizontal policies in public procurement », *op. cit.*, p. 249 ; J.-Y. Chérot, *Droit public économique*, 2e éd., *op. cit.*, pt 504, pp. 733-734.

à l'article 107 TFUE, et à sa capacité à identifier d'éventuels avantages économiques. Ce conflit, déjà rencontré par le droit de la concurrence, s'est rapidement soldé par une mise en cohérence entre ce dernier et les politiques horizontales poursuivies[2743], également palpable dans le cadre du contrôle des aides d'État[2744]. Le droit de la concurrence, dont la finalité demeure d'assurer le bien-être dans l'Union, ne saurait en effet s'opposer à des mécanismes de marché poursuivant la satisfaction de l'intérêt général[2745]. Cette finalité partagée par le droit de la commande publique et l'article 107 TFUE se retrouve une nouvelle fois dans le cadre des commandes publiques qui présentent des critères extra-économiques. L'analyse de la jurisprudence européenne et de la pratique décisionnelle de la Commission souligne la faculté d'accorder de tels mécanismes avec l'article 107 TFUE, en raison notamment du maintien d'une concurrence praticable et du déplacement d'une concurrence purement tarifaire vers une concurrence qualitative, laquelle contribue également au bien-être du consommateur.

2743 C. Prieto, D. Bosco, *Droit européen de la concurrence. Ententes et abus de position dominante*, *op. cit.*, pt 645, pp. 540-541. Sur ce point v. égal. A. Pirovano, « Progrès économique ou progrès social (Ou les contradictions du droit de la concurrence) » *op. cit.*, p. 145 ; du même auteur, « Droit de la concurrence et progrès social (après la loi NRE du 15 mai 2001) », *op. cit.*, p. 62.

2744 L. Idot, « Droit de la concurrence et protection de l'environnement », *Concurrences* n° 3-2012, art. n° 48128.

2745 CJUE, 17 février 2011, *TeliaSonera Sverige*, aff. C-52/09, *op. cit.*, pt 22.

Conclusion du Titre I

721. **L'assurance d'une effectivité réciproque : le rôle protecteur du droit de la concurrence.** Nos précédents développements ont permis de mettre en évidence la fonction protectrice du droit de la concurrence. L'encadrement du droit de la commande publique vise deux finalités. Il s'agit tout d'abord de préserver l'effet utile des règles de concurrence. Les acheteurs publics et autorités concédantes peuvent en effet mettre en œuvre ou encourager l'émergence de comportements anticoncurrentiels potentiellement compatibles avec le droit de la commande publique. Le droit de la concurrence a ainsi développé des mécanismes capables de saisir de tels comportements des personnes publiques, à l'image de la lecture combinée des articles 106 et 101 ou 102 TFUE. De la même façon, le contrôle des aides d'État s'adapte parfaitement à la technicité des règles de la commande publique afin d'écarter les avantages économiques injustifiés revêtant la forme de commandes publiques. Ensuite, le droit de la concurrence, en écartant de telles pratiques ou distorsions de la concurrence, protège le droit de la commande publique contre ses propres lacunes et faiblesses. Il préserve à cette occasion l'efficience économique du droit de la commande publique qui est menacée par de telles distorsions et pratiques restrictives de concurrence.

722. **Le droit de la commande publique : une autonomie relative.** L'intervention du droit de la concurrence dans le champ du droit de la commande publique suscite deux observations. Le droit de la commande publique, malgré un intérêt évident pour la protection de l'ordre public concurrentiel, présente toujours des lacunes, des faiblesses qu'il peine à corriger. De telles limites supposent la nécessité d'une intervention extérieure et plus particulièrement celle du droit de la concurrence, pour garantir les objectifs concurrentiels du droit de la commande publique. Partant, il existe une certaine dépendance du droit de la commande publique à l'égard du droit de la concurrence pour assurer ses fonctions régulatrices.

723. **Le droit de la commande publique : une autonomie croissante.** L'introduction progressive des règles de concurrence dans le champ d'application du droit de la commande publique et les potentielles contradictions entre celles-ci encouragent le droit de la commande publique à développer ses propres mécanismes de protection afin de corriger les possibles atteintes à la concurrence des acheteurs publics ou autorités concédantes. De tels mécanismes permettent *a priori* au droit de la commande publique de renforcer son autonomie. Celui-ci dépend toutefois des notions et concepts empruntés au droit de la concurrence. Une interprétation divergente ouvrirait nécessairement la voie à une intervention du droit de la concurrence. Ces mécanismes permettent en outre au droit de la commande publique de préserver la concurrence par les mérites et de se prémunir contre d'éventuelles distorsions ou pratiques anticoncurrentielles dont il serait à l'origine. À cette fin, les principes fondamentaux de la commande publique apparaissent aujourd'hui comme des outils suffisamment souples et adaptés pour garantir la concurrence effective sur le marché, et ainsi réduire la nécessité d'intervention du droit de la concurrence. En parallèle, le droit de la concurrence, par l'intermédiaire de la présomption de conformité avec l'article 107 TFUE consacrée par l'arrêt *Altmark*,

reconnaît explicitement la faculté du droit de la commande publique à réguler efficacement le marché[2746].

724. **La nécessité de renforcer les interactions entre les juges des contrats de la commande publique et l'Autorité de la concurrence.** À l'échelle européenne, le monopole juridictionnel de la Cour de justice présente l'avantage de placer entre les mêmes mains les contentieux relatifs au droit de la concurrence et ceux relatifs au droit de la commande publique. En droit français, la dualité des ordres de juridiction présente l'inconvénient de distinguer le contentieux des contrats de la commande publique sous l'empire essentiellement du droit administratif, du contentieux de la concurrence confié à l'Autorité de la concurrence et relevant de l'ordre judiciaire[2747]. Malgré cette séparation, le code de commerce prévoit des mécanismes de communication entre l'Autorité de la concurrence, les administrations mais aussi les juridictions. Ainsi, l'article L. 462-3 dudit code permet aux juges judiciaires et administratifs de saisir l'Autorité pour avis sur des pratiques anticoncurrentielles « *relevées dans les affaires dont elles sont saisies* »[2748]. La pratique décisionnelle reconnaît la faculté du Conseil d'État de saisir l'Autorité de la concurrence pour avis lors d'un recours contre un acte réglementaire ou un arrêté ministériel[2749]. De la même façon, les acheteurs publics ou autorités concédantes peuvent saisir l'Autorité de la concurrence « *sur toute question concernant la concurrence* »[2750]. De tels mécanismes permettent d'offrir un espace de convergence important entre le droit de la commande publique et le droit de la concurrence[2751]. Cette faculté de saisine permet de connaître la position de l'Autorité de la concurrence sur les bonnes pratiques à mettre en œuvre. Cet instrument demeure malgré tout assez peu utilisé nonobstant les nombreuses problématiques sur la mise en concurrence. Le juge administratif, mais aussi les acheteurs publics ou autorités concédantes, devrait par conséquent utiliser plus largement cet outil. De la même façon, les dispositions du code de commerce devraient élargir la faculté pour le juge administratif de consulter l'Autorité de la concurrence. En effet, même si le modèle allemand qui rattache les marchés publics fédéraux au Bundeskartellamt ne semble ni adapté, ni nécessaire en France[2752], renforcer la possibilité pour le juge de la commande publique d'interroger l'Autorité de la concurrence semble souhaitable. Un tel effort permettrait de lutter efficacement contre les distorsions de la concurrence issues de la commande publique mais également de veiller

---

2746 V. *supra* Partie II, Titre I, Chapitre 2, Section 2.

2747 Cons. const. déc. n° 86-224 DC du 23 janvier 1987, *Loi transférant à la juridiction judiciaire le contentieux des décisions du Conseil de la concurrence.*

2748 Sur ce point, v. égal. l'article 12 de l'ordonnance n° 2017-303 du 9 mars 2017 relative aux actions en dommages et intérêts du fait des pratiques anticoncurrentielles, *JORF* no 0059 du 10 mars 2017.

2749 Aut. conc., *Guide d'évaluation de l'impact concurrentiel de projets de textes normatifs*, Paris, La Documentation française, 2012, pt 27. À titre d'illustration, Cons. conc., avis n° 01-A-18 du 28 décembre 2001, Pratiques de l'INSEE concernant les conditions de commercialisation des informations issues du répertoire SIRENE ; avis n° 07-A-08 du 27 juillet 2007, Demande du Conseil d'État à propos des tarifs de vente du gaz naturel en distribution publique de Gaz de France.

2750 Article L. 462-4 du code de commerce.

2751 Pour des illustrations récentes, Aut. conc., avis n° 16-A-05 du 15 février 2016, *op. cit.* ; avis n° 10-A-22 du 19 novembre 2010, *op. cit.*

2752 Sur ce point, v. L. Idot, « Commande publique et droit de la concurrence : Un autre regard », *op. cit.*, pt 4, p. 53 et s.

à la sécurité juridique en facilitant la convergence entre ces deux matières. En outre, celaréduirait nécessairement les risques de confrontations potentielles.

725. **L'assurance d'une effectivité réciproque : le rôle protecteur du droit de la commande publique.** L'opposabilité des règles de concurrence au droit de la commande publique, notamment pour contrer de potentielles pratiques anticoncurrentielles encouragées par celui-ci, n'est pas étrangère au développement au sein du droit de la commande publique de mécanismes à même de lutter contre de telles menaces pour la concurrence. La pression exercée par le droit de la concurrence impose au droit de la commande publique d'évoluer et de développer des moyens permettant d'assurer la protection de la concurrence effective. Ce dernier dépasse d'ailleurs le champ d'application du droit de la concurrence et régule des domaines dans lesquels celui-ci s'avère silencieux, tels que les candidatures des personnes publiques lors des procédures de mise en concurrence. À cette occasion, le droit de la commande publique complète l'action du droit de la concurrence en utilisant des réflexes empruntés à celui-ci. Il régule ainsi le marché afin d'éviter toutes contradictions avec le droit de la concurrence, toujours avec la finalité de préserver l'ordre public concurrentiel et les bénéfices de la concurrence par les mérites.

TITRE II

LE DROIT DE LA CONCURRENCE SUPPLÉÉ PAR LE DROIT DE LA COMMANDE PUBLIQUE

726. **Le droit de la commande publique comme support du droit de la concurrence.** Nos précédents propos ont permis de mettre en évidence la fonction régulatrice du droit de la commande publique[2753]. Celle-ci permet d'établir des bases concurrentielles solides au bénéfice des contrats de la commande publique. Le droit de la commande publique, en tant que droit spécial de la concurrence, intervient précisément pour établir un cadre adapté à ce marché spécifique et artificiel[2754]. En parallèle, le droit de la concurrence fournit un encadrement décisif pour éviter toutes distorsions ou pratiques anticoncurrentielles pourtant conformes au droit de la commande publique. Ce dernier peut quant à lui intervenir pour « *remédier au manque, au défaut* »[2755] ou encore aux limites du champ d'application du droit de la concurrence. En dépit de son large spectre, le droit de la concurrence peut en effet s'avérer incapable de saisir des distorsions de concurrence qui se manifestent à l'occasion des achats publics. Or, dans de telles circonstances, le droit de la commande publique peut intervenir comme relais ou plus exactement comme gardien de l'ordre public concurrentiel, en tempérant ou en écartant les risques de distorsions de la concurrence[2756]. Par la même occasion, le droit de la commande publique exprime son autonomie en proposant des solutions idoines afin de préserver le bon fonctionnement du marché. Cela permet d'illustrer une nouvelle fois la proximité intellectuelle entre le droit de la commande publique et le droit de la concurrence.

727. **Le rôle déterminant du principe de concurrence.** Le professeur Guézou a observé la faculté du droit de la commande publique à préserver l'ordre public concurrentiel dans des domaines qui se caractérisent par l'inopposabilité du droit de la concurrence[2757]. Pour ce faire, le droit de la commande publique use principalement du principe de concurrence, lequel dispose d'un espace d'expression significatif « *chaque fois que le mécanisme de l'opposabilité du droit des pratiques*

2753 V. *supra* pt 28 et 49 et s.

2754 V. *supra* pt 236.

2755 *Dictionnaire de l'Académie française*, 9e éd., *op. cit.*, définition de « suppléer ».

2756 Dans le même sens, A. Sánchez-Graells, « Public Procurement: An overview of EU and national case law », *op. cit.*, p. 8.

2757 O. Guézou, « Droit de la concurrence et droit des marchés publics : vers une notion transversale de mise en libre concurrence », *op. cit.*, p. 53. Dans le même sens, J.-F. Brisson, *Les fondements juridiques du droit des marchés publics*, *op. cit.*, p. 193.

anticoncurrentielles ne peut jouer »[2758]. Par la même occasion, la souplesse des principes généraux du droit permet au droit de la commande publique de dépasser les limites des règles écrites du droit de la concurrence[2759]. L'objectif pour le droit de la commande publique est simple, il s'agit de s'assurer que la concurrence par les mérites soit bien garantie pour les marchés publics et concessions.

728. **Une manifestation de la convergence entre le droit de la commande publique et le droit de la concurrence.** Dans ses conclusions sur l'avis *Société Jean-Louis Bernard Consultants*, Catherine Bergeal rappelle que l'opposabilité du droit de la concurrence aux acheteurs publics est à l'origine d'une « *nouvelle articulation* »[2760] entre ces deux matières. Celle-ci « *oblige à redéfinir les rapports de deux droits qu'on analysait jusqu'à présent comme séparés* »[2761]. Dans un premier temps, celui de « *l'incertitude* »[2762], le droit de la commande publique a exprimé une posture qui s'est attardée principalement sur la candidature des personnes publiques afin de réduire les risques de distorsions de concurrence. Or, comme le précise le professeur Roux, le droit de la concurrence n'interdit en aucune façon de telles candidatures[2763]. Dès lors, l'encadrement offert est en réalité traduit du seul droit de la commande publique. Dans un second temps, le droit de la commande publique a exprimé son indépendance à travers sa capacité à offrir un encadrement concurrentiel purement autonome. Il consacre à ce titre de nouveaux mécanismes spécifiques, tels que la coopération public-public, laquelle offre un habile compromis entre la concurrence sur le marché et la protection des libertés des acheteurs publics ou autorités concédantes. En outre, les interrogations récentes de la directive « marchés publics » sur la puissance d'achat public témoignent de la capacité du droit de la commande publique à s'emparer d'une problématique à laquelle le droit de la concurrence n'offre que des réponses limitées. Partant, à l'occasion de ce second temps, le droit de la commande publique exprime manifestement une fonction régulatrice complémentaire du droit de la concurrence.

729. **Une fonction régulatrice du droit de la commande publique.** L'origine extrajuridique de la régulation explique en grande partie la difficulté pour le droit à offrir une définition précise de cette notion, comme l'observe le professeur Sée dans sa thèse de doctorat[2764]. Cela s'accompagne d'une absence de consensus de la doctrine juridique sur la ou les définitions à offrir à la régulation[2765]. Le Conseil d'État relevait déjà dans un rapport public de 2001 que le « *concept de régulation ne se laisse pas*

2758 *Ibid.*, p. 54. Sur le même point, v. égal. S. Destours, « Le droit de la concurrence, source du droit des marchés publics ? », *op. cit.*, p. 53.

2759 *Ibid.*

2760 Conclusions de C. Bergeal sur l'avis CE du 8 novembre 2000, *Société Jean-Louis Bernard Consultants*, *op. cit.*

2761 *Ibid.*

2762 *Ibid.*

2763 C. Roux, « La personne publique candidate à la commande publique », *AJDA*, 2013, n° 15, p. 853.

2764 A. Sée, « La régulation du marché en droit administratif : étude critique », *op. cit.*, pt 12 et s., p. 18 et s.

2765 S. Braconnier, *Droit public de l'économie*, 2e éd., *op. cit.*, pt 193, pp. 112-113 ; J.-B. Auby, « Régulations et droit administratif », in *Études en l'honneur de Gérard Timsit*,Bruxelles, Bruylant, 2005, pp. 210-217 ; M. Bazex, B. du Marais, « Introduction », in *Dictionnaire des régulations 2016*, M. Bazex, G. Eckert, R. Lanneau, C. Le Berre, B. du Marais, A. Sée (dir.), *op. cit.*, p. 2 ; A. Sée, « La régulation du marché en droit administratif : étude critique », *op. cit.*, pts 41-44, pp. 33-35 et pt 65 et s. , p. 47 et s. ; L. Richer, « La régulation et les collectivités territoriales : l'exemple de l'électricité », *CJEG*, 2004, p. 109.

aisément définir »[2766]. Le débat est également influencé notamment par la lecture anglo-saxonne s'attachant à une fonction de gestion des services collectifs, voire à une fonction de réglementation[2767]. Notre étude retient quant à elle la définition proposée par les professeurs Bazex et du Marais. Cette dernière se concentre sur l'association classique entre la régulation et la concurrence[2768]. Ils définissent ainsi la régulation comme « *toute intervention publique dans une économie ouverte destinée à favoriser le bon fonctionnement du marché ou, de manière plus générale, l'ordre public économique* »[2769]. La professeure Frison-Roche souligne quant à elle que la régulation a pour fonction l'ouverture ou le maintien de la concurrence sur les marchés[2770]. De même, le professeur Cornu précise que la régulation a pour finalité le « *bon fonctionnement d'un marché ouvert à la concurrence mais non abandonn[é] à elle* »[2771] alors que la professeure Nicinski y voit un moyen de préserver les « *libertés économiques afin que le marché puisse produire tous les effets que l'on attend* »[2772]. Or, dans le cadre de son rôle de support du droit de la concurrence, le droit de la commande publique apparaît comme un garant de l'objectif de concurrence effective sur le marché[2773]. Le professeur Israël précise que ce phénomène résulte de l'intégration du droit de la concurrence dans le droit public[2774]. Deux domaines du droit de la commande publique illustrent précisément cette fonction.

730. **Plan du Titre II.** La régulation du droit de la commande publique se concentre principalement à ce jour sur les interventions des opérateurs publics et parapublics sur le marché (Chapitre 1). Plus récemment, le droit de la commande publique a fourni les prémices de la régulation de la puissance d'achat, laquelle devrait très certainement se développer ces prochaines années au regard des nombreuses problématiques concurrentielles soulevées (Chapitre 2).

2766 CE, *Rapport public 2001. Jurisprudence et avis de 2000 – Les autorités administratives indépendantes*, Paris, La Documentation française, 2001, p. 279.

2767 D. Helm, « British Utility Regulation: Theory, Practice, and Reform », *Oxford Review of Economic Policy*, vol. 10, n° 3, 1994, p. 17-39.

2768 S. Braconnier, *Droit public de l'économie*, 2e éd., *op. cit.*, pt 193, pp. 112-113. V. égal. F. Zivy, « Réguler la concurrence : un principe particulièrement nécessaire à notre temps », *RLC*, 2015, n° 42, p. 115 ; P. Choné, « Droit de la concurrence et régulation sectorielle. Entre *ex ante* et *ex post* », in *Les engagements dans les systèmes de régulation*, M.-A. Frison-Roche (dir.), Paris, Dalloz, 2006, p. 49 ; G. Dezobry, F. Fontaine, « Régulation et droit la concurrence. Regards croisés sur la décision *Deutsche Telekom* », *Revue Lamy de l'immatériel*, 2008, n° 41, p. 17 ; A. Gosset-Grainville, « Le droit de la concurrence peut-il jouer un rôle d'interrégulateur ? », in *Les risques de régulation*, M.-A Frison-Roche (dir.), Paris, Presses de Sciences Po et Dalloz, 2000, p. 151 ; M. Medjnah, *Les rapports entre autorités de régulation en matière de concurrence*, Paris, L'Harmattan, 2013, 889 p. ; S. Naugès, « L'articulation entre droit commun de la concurrence et droit de la régulation sectorielle », *AJDA*, 2007, p. 672 ; A. Perrot, « Les frontières entre régulation sectorielle et politique de la concurrence », *Revue française d'économie*, 2002, vol. 16, n° 4, p. 81 ; P. Choné, « L'articulation des politiques de concurrence et de régulation sectorielle », in *Politiques de la concurrence*, D. Encaoua, R. Guesnerie, Paris, La Documentation française, 2006, p. 209 ; T. Pez, « Régulateurs sectoriels et Autorité de la concurrence », *RDP*, 2014, p. 358 ; B. Thiry, « Analyse de la performance de la régulation économique », in *Droit et économie : interférences et interactions. Études en l'honneur du professeur Michel Bazex*, *op. cit.*, p. 355 et s.

2769 M. Bazex, B. du Marais, « Introduction », in *Dictionnaire des régulations 2016*, M. Bazex, G. Eckert, R. Laneau, C. Le Berre, B. du Marais, A. Sée (dir.), *op. cit.*, p. 2

2770 M.-A. Frison-Roche, « La victoire du citoyen-client », *Revue Sociétal*, 2000, n° 30, pp. 49-54.

2771 G. Cornu, « Régulation », in *Vocabulaire juridique*, Paris, PUF, 2018, p. 887.

2772 S. Nicinski, *Droit public des affaires*, 7e éd., *op. cit.*, pt 17, p. 25.

2773 V. *supra* pt 151 et s.

2774 J.-J. Israël, « Avant-propos », in *Droit et Marché*, S. Dormont, T. Perroud (dir.), *op. cit.*, p. X.

Chapitre 1
La régulation des interventions des opérateurs publics et parapublics par le droit de la commande publique

« Que des avantages inégaux soient donnés à des égaux et des avantages dissemblables à des semblables, cela est contre nature et rien de ce qui est contre nature n'est bon. »

ARISTOTE

731. **La nécessité de préserver l'objectif de concurrence effective.** À l'occasion de notre première partie, l'étude du rôle de support du droit de la commande publique envers le droit de la concurrence nous a permis de souligner la fonction déterminante de l'objectif de concurrence effective. Ce soutien prend une forme particulière lorsque le domaine en cause ne permet pas au droit de la concurrence de s'exprimer directement, ou de corriger l'ensemble des difficultés. Ainsi, la participation des personnes publiques aux procédures de mise en concurrence et l'encadrement de la coopération public-public sont de parfaites illustrations de l'implication directe du droit de la commande publique dans des aspects de régulation concurrentielle, alors que ces problématiques échappent substantiellement au droit de la concurrence.

732. Dans ces domaines, le droit de la commande publique se positionne comme un droit spécial de la concurrence en se saisissant des logiques et mécanismes propres au droit de la concurrence. La professeure Nicinski observe que, dans de telles circonstances, « *le droit de la commande publique et le droit de la concurrence se mêlent et finissent par engendrer la confusion* »[2775]. Or, en réalité, le droit de la commande publique s'exprime de façon autonome et s'inspire, tout naturellement, du droit de la concurrence pour garantir une concurrence libre et non faussée. Il en résulte une utilisation croissante du principe de concurrence en droit de la commande publique, pour faire face à ces nouvelles problématiques concurrentielles. Ce principe s'exprime tout particulièrement dans le contentieux portant sur les candidatures publiques lors de procédures de mise en concurrence et la coopération public-public[2776].

2775 S. Nicinski, « L'administration doit-elle être encadrée lorsqu'elle contracte avec un opérateur économique ? », in *Mélanges en l'honneur du Professeur Laurent Richer. À propos des contrats des personnes publiques*, Paris, LGDJ, 2013, p. 422. V. égal., sur ce point, B. Delaunay, *Droit public de la concurrence*, 2e éd., *op. cit.*, pt 134, pp. 89-90.

2776 J.-F. Brisson, *Les fondements juridiques du droit des marchés publics*, *op. cit.*, p. 190 et s.

733. **Choix sémantiques du chapitre.** Le choix de se référer dans ce chapitre à la notion d'opérateur et non pas à celle d'entreprise, nonobstant une proximité évidente entre les deux formules, permet de recourir, comme nous le verrons par la suite, à la terminologie habituelle du droit de la commande publique. Par ailleurs, l'utilisation du terme « parapublic », dont l'usage est aujourd'hui croissant[2777], permet de gagner en précision. En effet, lorsqu'une personne publique, et notamment une collectivité territoriale, est candidate à une procédure de mise en concurrence, nous la qualifions sans surprise d'opérateur public. Or, à l'instar des professeurs Braconnier et Devès, lorsque nous faisons référence à des entités mixtes contrôlées par une personne publique mais néanmoins dotées d'une personnalité morale de droit privé, à l'image des sociétés publiques locales[2778], la référence à la notion d'opérateur parapublic semble plus appropriée pour mettre en lumière leurs spécificités[2779]. Cette notion permet également de souligner les particularités de telles entités, dont les problématiques concurrentielles diffèrent de celles générées par les opérateurs publics. La notion d'intervention renvoie, quant à elle, selon la définition proposée par le *Trésor de la langue française*, à l'« *[a]ction d'intervenir dans une affaire (où d'autres personnes sont concernées)* »[2780]. La définition proposée met immédiatement en évidence la distinction entre les personnes ayant un rôle primaire sur les marchés et celles n'ayant qu'un rôle secondaire, rôles offerts respectivement aux entreprises, qui sont traditionnellement admises comme opérateurs de référence sur le marché, et aux personnes publiques et parapubliques souhaitant progressivement intervenir. L'Académie française définit, quant à elle, l'intervention comme le fait d'« *user de ses moyens, de sa force, de son autorité pour jouer dans une affaire un rôle actif ou déterminant* »[2781]. Notre démarche montre justement l'utilisation par les personnes publiques et parapubliques de leurs moyens matériels, financiers et humains afin de poursuivre leurs activités sur le secteur marchand.

734. Dans ce chapitre, deux interventions de natures distinctes sont identifiées. Il s'agit, d'une part, du dépôt d'une candidature lors d'une procédure de mise en concurrence et donc de l'intervention dans le processus qui consiste à obtenir un marché public ou une concession, hypothèse désormais classique pour les personnes publiques. Il s'agit, d'autre part, des interventions des entités dites « *in house* », lesquelles présentent un double intérêt, tenant à ce que leurs interventions dans le secteur public permettent d'exclure les règles de mise en concurrence et à ce que ces mêmes entités peuvent également, sous certaines conditions, exercer une activité commerciale, intervenant de ce fait sur le marché traditionnel. Ainsi, dans cette situation, le droit

---

2777 À titre d'illustration, S. Braconnier, *Droit public de l'économie*, 2e éd., *op. cit.*, pt 647 et s., p. 323 et s. ; S. Braconnier, « La typologie des contrats publics d'affaires face à l'évolution du champ d'application des nouvelles directives », *op. cit.* ; C. Devès, « Sociétés publiques locales (SPL) et sociétés publiques locales d'aménagement (SPLA) », *JurisClasseur Administratif*, fasc. n° 163, 2017, pt 216.

2778 Article L. 1531-1 du CGCT.

2779 S. Braconnier, *Droit public de l'économie*, 2e éd., *op. cit.*, pt 647 et s., p. 323 et s. ; S. Braconnier, « La typologie des contrats publics d'affaires face à l'évolution du champ d'application des nouvelles directives », *op. cit.* ; C. Devès, « Sociétés publiques locales (SPL) et sociétés publiques locales d'aménagement (SPLA) », *op. cit.*, pt 216.

2780 *Trésor de la langue française*, *op. cit.*, définition d'« intervention ».

2781 *Dictionnaire de l'Académie française* 9e éd., *op. cit.*, définition d'« intervenir ».

de la commande publique organise les critères pour écarter sa propre application, critères élaborés dans le but de préserver la concurrence effective sur le marché.

735. **La crainte de risques pour la concurrence.** La présence d'opérateurs publics et parapublics sur le marché soulève inévitablement deux interrogations. La première consiste à déterminer si leur présence est en soi anticoncurrentielle, en affectant ou en menaçant d'affecter les parts de marché des opérateurs privés ou encore si cette participation est faite au mépris de l'égale concurrence sur le marché[2782]. Cette question, régulièrement traitée par la Cour de justice dans le cadre de la coopération public-public, fait cependant l'objet d'un faible contentieux concernant les candidatures des personnes publiques[2783]. Ensuite, nous pouvons naturellement nous interroger sur le fait de savoir si la coopération public-public est susceptible d'occasionner des distorsions de la concurrence en raison de la réduction de la contestabilité du marché. Ces deux problématiques ouvrent un vif débat entre la flexibilité offerte aux acheteurs publics et l'objectif d'une concurrence effective[2784]. Or, dans les faits, on constate que le droit de la commande publique prend ses responsabilités en cherchant à préserver l'ordre public concurrentiel en construisant un véritable « *contrôle concurrentiel* »[2785]. L'encadrement des candidatures publiques et la délimitation de la quasi-régie entrent directement dans cet exercice de régulation de la concurrence par le droit de la commande publique. Celle-ci permet en outre de réduire significativement les risques d'exposition des personnes publiques et parapubliques au droit de la concurrence et plus particulièrement au spectre du contrôle des aides d'État.

736. **Précisions sur l'axe de recherche du chapitre.** L'orientation de ce chapitre n'a pas vocation à alimenter le traditionnel débat entre une supposée plus grande efficacité de la mise en régie ou de la délégation à des opérateurs privés[2786]. Elle s'intéresse en revanche à l'impact concurrentiel des candidatures publiques et à la coopération public-public, qui, à certaines occasions, peuvent être sources de distorsions de la concurrence. Ainsi, comme le remarquent habilement Grith Skovgaard Ølykke et Cecilie Fanøe Andersen, de tels risques sont souvent soulignés mais ils ne sont jamais analysés avec précision par la doctrine[2787]. Ce chapitre ne vise pas

---

2782 S. Nicinski, *Droit public de la concurrence*, *op. cit.*, pt 41, pp. 41-42.

2783 R. Noguellou, « Participation d'une entité publique à un appel d'offres », *RDI*, 2015, p. 531.

2784 G. Skovgaard Ølykke, C. Fanøe Andersen, « A State Aid Perspective on Certain Elements of Article 12 of the New Public Sector Directive on In-House Provision », *PPLR*, 2015, n° 1, pp. 1-15 ; K. Weltzien, « Avoiding the Procurement Rules by Awarding Contracts to an In-House Entity: The Scope of the Procurement Directives in the Classical Sector », *PPLR*, 2005, n° 5, pp. 237-255 ; F. Avarkioti, « The application of EU public procurement rules to "in-house" arrangements », *PPLR*, 2007, n° 16, pp. 22-35 ; T. Kaarresalo, « Procuring in-house: the impact of the EC procurement regime », *PPLR*, 2008, n° 17, pp. 242-254 ; R. Cavallo Perin, D. Casalini, « Control over in-house providing organisations », *PPLR*, 2009, n° 14, pp. 227-240 ; S. Treumer, « In-House Providing in Denmark », in *The In-House Providing in European Law*, M. Comba, S. Treumer (dir.), Copenhague, DJOF Publishing, 2010, pp. 165-185 ; J. Wiggen, « Public procurement rules and cooperation between public sector entities: the limits of the in-house doctrine under EU procurement law », *PPLR*, 2011, n°20, pp. 158-159.

2785 L. Rapp, P. Terneyre (dir.), *Le Lamy, droit public des affaires*, 2018, *op. cit.*, pt 465, p. 250.

2786 Sur ce point v. not. H. Vérin, « Évaluation des avantages du recours à l'entreprise dans les grands travaux de l'État (XVIIIe siècle) », *Politique et management public*, 1989, vol. 7, n° 1, p. 60 ; Vauban, « Premier Mémoire sur Toulon », *op. cit.* ; F. Bottini, « Modèle, contre-modèle, anti-modèle ? À propos du phénomène d'"économicisation du droit" parti des États-Unis », *op. cit.*, pp. 30-31.

2787 G. Skovgaard Ølykke, C. Fanøe Andersen, « A State Aid Perspective on Certain Elements of Article 12 of the New Public Sector Directive on In-House Provision », *op. cit.*, p. 3.

à fournir une étude exhaustive mais à présenter quelques éléments de réponse, notamment dans la gestion par le droit de la commande publique de ces problématiques complexes.

737. **Plan du Chapitre 1.** Il convient dans un premier temps d'analyser la pluralité des interventions des opérateurs publics et parapublics (Section 1), puis, dans un second temps, d'observer l'encadrement concurrentiel proposé par le droit de la commande publique lors de telles interventions (Section 2).

Section 1
La pluralité des interventions publiques et parapubliques : entre application et exclusion des règles de mise en concurrence

738. Les interventions des personnes publiques et parapubliques se caractérisent par leur hétérogénéité. En effet, celles-ci peuvent prendre la forme d'une offre commerciale classique, proposant des biens ou services à des acheteurs publics ou à des consommateurs traditionnels et participant de ce fait à la concurrence sur le marché. D'autres interventions ont quant à elles pour effet de réduire la contestabilité des marchés à l'instar des activités bénéficiant de l'exclusion de mise en concurrence. Partant, il convient de distinguer les candidatures publiques lors des procédures de mise en concurrence qui sont source de concurrence effective sur le marché (§ 1) de la coopération public-public qui réduit la pression concurrentielle sur les marchés (§ 2).

§ 1. Les candidatures publiques lors des procédures de mise en concurrence : une source de concurrence effective

739. La faculté pour les personnes publiques de candidater aux procédures de mise en concurrence est encadrée avec attention par le droit de la commande publique. Néanmoins, les sources européennes et nationales diffèrent dans la souplesse accordée auxdites personnes publiques (A.). Le principal résultat de cet encadrement s'articule autour de la notion d'opérateur économique, qui s'adapte à cette problématique spécifique (B.).

A. La flexibilité et la vigilance de l'encadrement des candidatures publiques

740. **La conformité avec le principe de neutralité des traités européens.** Dans sa thèse de doctorat, le professeur Roux s'est longuement interrogé sur la « *signification*

de l'article 345 TFUE »[2788], duquel découle le principe de neutralité du droit de l'Union européenne en matière de réglementation de la propriété[2789]. La rencontre entre ledit principe et le principe de non-discrimination impose selon lui de garantir une égalité stricte entre les entreprises publiques et privées. Par conséquent, il perçoit dans cette disposition la source des libertés d'interventions économiques des personnes publiques[2790]. La jurisprudence européenne veille d'ailleurs à garantir la liberté pour les États membres « *d'entreprendre, directement ou indirectement, des activités économiques au même titre que des entreprises privées* »[2791]. La directive « concessions » fait d'ailleurs directement référence à cet article du traité en ce qui concerne la liberté des États membres en matière de réglementation de propriété[2792]. Or, lorsqu'une personne publique est candidate à une procédure de mise en concurrence, elle use tout naturellement de sa liberté de proposer une activité économique. En effet, la jurisprudence *FENIN* rappelle qu'une activité économique consiste à « *offrir des biens ou des services sur un marché donné* »[2793]. Une offre publique entre sans difficulté dans la définition proposée par la jurisprudence européenne.

741. La Cour de justice, à l'image de ses arrêts *CoNISMa* et *Azienda Ospedaliero-Universitaria,* souligne la liberté pour les États membres « *d'habiliter ou non certaines catégories d'opérateurs économiques à fournir certaines prestations. Ils [les États membres] peuvent réglementer les activités des entités, telles que les universités et les instituts de recherche, qui ne poursuivent pas un but lucratif et dont l'objet est orienté principalement vers l'enseignement et la recherche. Notamment, ils peuvent autoriser ou ne pas autoriser de telles entités à opérer sur le marché en fonction de la circonstance que l'activité en question est compatible ou non avec leurs objectifs institutionnels et statutaires* »[2794]. Cette position est partagée par la jurisprudence administrative[2795], laquelle rappelle régulièrement qu'« *[a]ucun texte ni aucun principe n'interdit, en raison de sa nature, à une personne publique, de se porter candidate à l'attribution d'un marché public ou d'un contrat de délégation de service public* »[2796].

2788 C. Roux, *Propriété publique et droit de l'Union européenne*, Paris, LGDJ, 2015, pt 60, p. 43.

2789 P. Dibout, Commentaire de l'article 222, in *Traité instituant la CEE : commentaire article par article*, V. Constantinesco, J.-P. Jacqué, R. Kovar, D. Simon (dir.), Paris, Economica, 1992, p. 1389.

2790 C. Roux, *Propriété publique et droit de l'Union européenne*, *op. cit.*, pt 60, p. 43. V. égal. A. Sée, « La régulation du marché en droit administratif : étude critique », *op. cit.*, pt 1129, p. 583.

2791 Trib. UE, 11 septembre 2012, *Corsica Ferries*, aff. T-565/08, EU:T:2012:415, pt 77 ; comm. L. Idot, *Europe*, 2012, n° 11, pp. 39-40 ; M. Aubert, E. Broussy, H. Cassagnabère, *AJDA*, 2012, pp. 2272-2274 ; J. Derenne, *Concurrences* n° 4-2012, n° 49473, pp. 136-137 ; L. Grard, *RTDE*, 2013, p. 370.

2792 Directive 2014/23/UE, *op. cit.*, considérants 7 et 24, et article 2, paragraphe 2. V. égal. CJUE, 3 octobre 2019, *Irgita*, aff. C-285/18, EU:C:2019:829, pt 48.

2793 TPICE, 4 mars 2003, *FENIN*, aff. T-319/99, *op. cit.*, pt 36.

2794 CJUE, 18 décembre 2014, *Azienda Ospedaliero-Universitaria di Careggi-Firenze*, aff. C-568/13, *op. cit.*, pt 36 ; comm. E. Daniel, *Europe*, 2015, n° 2, pp. 30-31 ; E. Broussy, H. Cassagnabère, C. Ganser, *AJDA*, 2015, p. 334 ; CJCE, 23 décembre 2009, *CoNISMa*, aff. C-305/08, *op. cit.*, pt 48 ; CJUE, 21 décembre 2016, *Region Hannover*, aff. C-51/15, EU:C:2016:985, pt 54 ; comm. D. Simon, *Europe*, 2017, n° 2, p. 23.

2795 Dans ses conclusions sur l'avis *Société Jean-Louis Bernard Consultants*, Catherine Bergeal observe que cette participation des personnes publiques est « *compatible, ensuite, avec la jurisprudence de la Cour de justice des Communautés européennes qui admet qu'une personne publique puisse prolonger son activité de service public par une activité commerciale pour atteindre une meilleure efficacité* », *Recueil Lebon*, 2000, p. 499.

2796 CE, avis du 8 novembre 2000, *Société Jean-Louis Bernard Consultants*, n° 222208, *Rec.* pp. 493-494 ; comm. M. Guyomar, P. Collin, *AJDA*, 2000, p. 987 ; M. Degoffe, J.-D. Dreyfus, *CJEG*, 2001, n° 2, p. 58.

742. **Les particularités de la jurisprudence administrative.** Les règles européennes encadrant la candidature des personnes publiques présentent une souplesse qui n'est pas totalement suivie par le Conseil d'État, notamment dans son arrêt *Armor SNC*[2797]. Le professeur Eckert observe que le droit français diffère du droit européen en autorisant les candidatures de personnes publiques que sous réserve qu'une « *telle candidature [...] répond[e] à un tel intérêt public, c'est-à-dire si elle constitue le prolongement d'une mission de service public dont la collectivité ou l'établissement public de coopération a la charge, dans le but notamment d'amortir des équipements, de valoriser les moyens dont dispose le service ou d'assurer son équilibre financier, et sous réserve qu'elle ne compromette pas l'exercice de cette mission* »[2798]. Or, identifier un intérêt public dans l'amortissement ou la valorisation des équipements utilisés pour le service public n'est pas sans rappeler l'arrêt *Corbeau* et sa recherche d'un « *équilibre économique du service d'intérêt économique général* »[2799]. La rigidité historique du Conseil d'État sur cette problématique[2800] diffère de l'approche offerte par la Cour de justice. Cette dernière, certainement afin de garantir une certaine autonomie des États membres sur la question, se limite à préciser que les États membres peuvent autoriser ou refuser de telles interventions sur le marché « *en fonction de la circonstance que l'activité en question est compatible ou non avec leurs objectifs institutionnels et statutaires* »[2801].

B. L'adaptation de la notion d'opérateur économique

743. **La notion d'opérateur économique : signe d'autonomisation du droit de la commande publique sur le droit de la concurrence.** Les directives « marchés publics » et « concessions » ont confirmé la portée élargie de la notion d'opérateur économique[2802]. Une telle liberté est offerte aux personnes publiques depuis la directive 92/50/CEE[2803]. Désormais, l'article 2, paragraphe 10, de la directive 2014/24/UE précise que la notion d'opérateur économique embrasse également les « *entité[s] publique[s], ou tout groupement de ces personnes et/ou entités* », qui offrent la « *réalisation de travaux et/ou d'ouvrages, la fourniture de produits*

2797 CE, Ass., 30 décembre 2014, *Société Armor SNC*, n° 355563, *Rec.* pp. 433-435 ; comm. J. Lessi, L. Dutheillet de Lamothe, *AJDA*, 2015, p. 449 ; M. Dreifuss, *CP-ACCP*, 2015, n° 152, p. 70 ; F. Brenet, *Dr. adm.*, 2015, n° 4, comm. n° 27 ; H. Pauliat, *JCPA*, 2015, p. 2030 ; L. de Fournoux, *CMP*, 2015, n° 2, comm. n° 36 ; CE, 14 juin 2019, *Société Armor SNC*, n° 411444, *Rec.* p. 188 ; comm. J.-M. Pastor, *AJDA*, 2019, p. 1255.

2798 G. Eckert, « Candidature des personnes publiques : le rappel des règles européennes », *CMP*, 2015, n° 2, p. 49.

2799 CJCE, 19 mai 1993, *Corbeau*, aff. C-320/91, *op. cit.*, pt 21.

2800 V. not. CE, 29 mars 1901, *Casanova*, n° 94580, *Rec.* p. 333 ; CE, 30 mai 1930, *Chambre syndicale du commerce en détail de Nevers*, n° 06781, *Rec.* p. 538. Pour une plus ample analyse, v. en ce sens G. Quiot, « Le Conseil d'État et les conditions juridiques de la prise en charge d'activités économiques par les personnes publiques », in *Pour un droit économique de l'environnement. Mélanges en l'honneur de Gilles J. Martin*, Paris, Éditions Frison-Roche, 2013, pp. 617-662.

2801 CJUE, 18 décembre 2014, *Azienda Ospedaliero-Universitaria di Careggi-Firenze*, aff. C-568/13, *op. cit.*, pt 36 et s. ; B. Asso, « Inégalité compensatrice et droit de la concurrence », in *Droit public de la concurrence*, J.-M. Rainaud, R. Cristini (dir.), *op. cit.*, p. 22 ; M. Bazex, « La concurrence réglée : secteur public et privé », in *Droit public de la concurrence*, J.-M. Rainaud, R. Cristini (dir.), *op. cit.*, p. 237.

2802 Les directives explicitent davantage les dispositions de la directive 2004/18/CE en la matière et plus particulièrement son article 1, paragraphe 8.

2803 Directive 92/50/CEE, *op. cit.*, article 1.

ou la prestation de services sur le marché ». La directive ajoute que « la seule circonstance que les deux parties à un accord sont elles-mêmes des pouvoirs publics n'exclut pas en soi l'application des règles relatives à la passation des marchés publics »[2804]. Le droit de la commande publique conserve toute sa vigueur, sous réserve néanmoins des exclusions prévues par ses soins, à l'instar de la coopération public-public.

744. La définition proposée de l'opérateur économique présente *a priori* une ressemblance évidente avec le droit de la concurrence lorsque ce dernier définit les notions d'entreprise et d'activité économique. Cette proximité a permis à une partie de la doctrine d'élaborer ce que la professeure Nicinski appelle la théorie de l'assimilation[2805], thèse selon laquelle la notion d'entreprise proposée par le droit de la concurrence intègre également celle d'opérateur économique du droit de la commande publique, en raison de leurs objectifs communs[2806]. Cette démarche présente l'intérêt de simplifier la conceptualisation de cette notion en s'appuyant sur l'expérience du droit de la concurrence[2807]. Sur ce point précis, l'avocat général Mazàk souligne qu'« *il ne fait pas de doute que la législation en matière de concurrence et la réglementation qui garantit une concurrence loyale dans les procédures de passation sont liées* »[2808]. La proximité entre ces deux matières est une nouvelle fois palpable. Toutefois, la différence sémantique expressément employée par le législateur européen laisse peu de doutes sur la viabilité de cette thèse, plus pratique que réaliste. En effet, la Cour de justice, à l'occasion de son arrêt *CoNISMa*, penche définitivement vers la thèse de la non-assimilation[2809].

745. **La consécration de la thèse de la non-assimilation.** Selon la professeure Nicinski, la thèse de la non-assimilation repose sur la volonté de limiter la portée des notions du droit de la concurrence et de ne pas « *l'étendre au-delà de ses frontières naturelles* »[2810]. Nous rejoignons plutôt l'analyse proposée par l'avocat général Mazàk Dans ses conclusions sur l'arrêt *CoNISMa*, ilsouligne, tout d'abord, la proximité évidente entre ces deux matières et l'inspiration évidente du droit de la concurrence, puis[2811] la nécessité d'offrir une souplesse supplémentaire au droit de la commande publique. La position de l'avocat général est confirmée par la Cour de justice dans sa décision[2812]. En l'espèce, la Cour devait se prononcer sur la possibilité pour un groupement public composé d'universités et d'administrations étatiques de participer à une procédure d'adjudication. La législation nationale en cause réservait la participation aux adjudications publiques aux seuls professionnels et excluait les entités dont la finalité principale n'était pas lucrative. Cependant, la notion d'opérateur économique ne contraint pas les candidats

---

2804 Directive 2014/24/UE, *op. cit.*, considérant 31.

2805 S. Nicinski, *Droit public des affaires*, 7e éd., *op. cit.*, pt 609, p. 357.

2806 *Ibid.*

2807 Conclusions de l'avocat général J. Kokott présentées le 15 juin 2006, aff. C-220/05, EU:C:2006:410, pt 50 ; P. Thieffry, « Les services sociaux d'intérêt général sont-ils des entreprises ? », *AJDA*, 2007, p. 1331.

2808 Conclusions de l'avocat général J. Mazák présentées le 3 septembre 2009, aff. C-305/08, *op. cit.*, pt 29.

2809 S. Nicinski, *Droit public des affaires.* 7e éd., *op. cit.*, pt 619, p. 362.

2810 *Ibid.*

2811 V. égal., sur ce point, A.-L. Durviaux, « Chronique. Droit européen des marchés et autres contrats publics – La notion d'opérateur économique », *CP-ACCP*, 2010, n°96, p. 11.

2812 CJCE, 23 décembre 2009, *CoNISMa*, aff. C-305/08, *op. cit.*.

potentiels à être systématiquement actifs sur le marché ; une présence occasionnelle sur celui-ci permet d'être qualifié d'opérateur économique[2813]. Les juges européens se prononcent donc en faveur d'une interprétation large de la notion d'opérateur économique. Ils précisent à cet effet que le droit dérivé « *n'a pas entendu limiter la notion d'"opérateur économique qui offre des services sur le marché" aux seuls opérateurs qui sont dotés d'une organisation d'entreprise, ni introduire des conditions particulières susceptibles d'établir une limitation, en amont, de l'accès aux appels d'offres fondée sur la forme juridique et l'organisation interne des opérateurs économiques* »[2814]. Partant, le droit dérivé permet à de telles entités publiques de participer à des procédures de mise en concurrence malgré une finalité lucrative secondaire, et s'oppose par conséquent à toutes réglementations nationales contraires.

746. **L'interprétation extensive de la notion d'opérateur économique comme conséquence du principe de concurrence.** L'extension progressive des catégories de personnes, notamment publiques, admises à participer aux procédures de mise en concurrence, résulte notamment du principe de concurrence[2815]. Celui-ci intervient activement dans le cadre de la problématique des offres émanant des personnes publiques. En effet, comme l'indique la Cour de justice, en raison de l'objectif de concurrence effective du droit de la commande publique, « *il est de l'intérêt du droit communautaire que soit assurée la participation la plus large possible de soumissionnaires à un appel d'offres* »[2816] afin d'assurer des bénéfices pour le marché intérieur mais surtout pour préserver l'efficience de la procédure d'achat[2817]. L'élargissement de la catégorie des entités susceptibles de proposer des offres étend *de facto* la concurrence sur le marché[2818]. Catherine Bergeal observe d'ailleurs, dans ses conclusions sur la décision *Compagnie méditerranéenne d'exploitation des services d'eau*[2819], le paradoxe qui a consisté pendant de nombreuses années à utiliser le principe de concurrence pour éliminer une candidature publique et réduire la concurrence disponible[2820]. De plus, comme nous le verrons dans la suite de nos propos, ledit principe intervient afin d'assurer que les candidatures publiques ne distordent pas la concurrence et encadre strictement leurs participations. Ce rôle dynamique du principe de concurrence rejoint la démarche poursuivie par la Cour de justice avec les principes d'égalité de traitement et de transparence.

2813 *Ibid.*, pt 42. V. égal. CJUE, 6 octobre 2015, *Consorci Sanitari del Maresme*, aff. C-203/14, EU:C:2015:664, pt 34 ; comm. A.-L. Durviaux, *CP-ACCP*, 2015, n° 160, p. 10 ; S. Safia, *Europe*, 2015, n° 12, p. 21 ; R. Noguellou, *RDI*, 2015, p. 531 et s. ; E. Broussy, H. Cassagnabère, C. Ganser, *AJDA*, 2015, p. 2257.

2814 CJCE, 23 décembre 2009, *CoNISMa*, aff. C-305/08, *op. cit.*, pt 35.

2815 P. Flamme, M.-A. Flamme, C. Dardenne, *Les marchés publics européens et belges. L'irrésistible européanisation du droit de la commande publique*, 2e éd., *op. cit.*, note 39 et pt 19, pp. 31-32 ; J.-F. Brisson, *Les fondements juridiques du droit des marchés publics*, *op. cit.*, p. 190 ; J.-F. Brisson, « Les offres du secteur public marchand », *op. cit.*, p. 155.

2816 CJCE, 23 décembre 2009, *CoNISMa*, aff. C-305/08, *op. cit.*, pt 37.

2817 *Ibid.*

2818 G. Eckert, « Candidature des personnes publiques : le rappel des règles européennes », *op. cit.*, pp. 49-50.

2819 CE, 16 octobre 2000, *Compagnie méditerranéenne d'exploitation des services d'eau*, n° 212054, *Rec.* p. 423.

2820 Conclusions de Catherine Bergeal du 16 octobre 2000 sur l'arrêt *Compagnie méditerranéenne d'exploitation des services d'eau*, *BJCP*, 2001, n° 15, p. 105 et s.

747. L'interprétation extensive de la notion d'opérateur économique comme conséquence des principes d'égalité de traitement et de transparence. Comme l'observe la professeure Noguellou, la souplesse accordée par le droit européen, que ce soit par l'intermédiaire de l'interprétation extensive de la Cour de justice ou *a posteriori* par le droit dérivé, permet également d'assurer l'effectivité des règles générales du traité[2821]. En effet, dès son arrêt *CoNISMa*, la Cour de justice a signalé qu'une interprétation extensive de la notion d'opérateur économique permet d'étendre les règles de mise en concurrence et de garantir ainsi la portée des principes d'égalité de traitement et de transparence. *A contrario*, l'absence d'interprétation extensive pourrait avoir pour effet de soustraire les contrats entre acheteurs publics et organismes n'ayant pas, à titre principal, de finalité lucrative au droit de la commande publique et à ses principes fondamentaux[2822]. Dès lors, l'utilisation par le juge européen du principe d'égalité n'a pas pour fonction première de préserver l'accès de la commande publique aux personnes publiques mais plutôt de protéger l'effectivité du droit de la commande publique. Nous rejoignons d'ailleurs l'analyse de la professeure Noguellou, laquelle souligne la situation paradoxale du droit européen, partagé entre la méfiance envers les risques d'exclusion des règles de mise en concurrence, comme en atteste d'ailleurs cet arrêt, et l'extension, en parallèle, de la coopération public-public par la jurisprudence et le législateur européen[2823]. Les entreprises privées sont donc directement visées comme les principales bénéficiaires de cette jurisprudence. Néanmoins, le principe d'égalité de traitement pourrait également être utilisé comme fondement de l'égalité de concurrence entre les opérateurs, qu'ils soient privés ou non.

§ 2. La taxinomie de la coopération public-public : une source d'exclusion des règles de mise en concurrence

748. **La notion européenne de coopération public-public.** La notion de coopération public-public – et les différentes formes de cette exception – comporte des distinctions terminologiques parfois peu limpides. Elle regroupe cependant une série de montages spécifiques qui ont pour trait commun de permettre aux acheteurs publics ou autorités concédantes d'écarter les règles de la commande publique, dont notamment les obligations de mise en concurrence. La coopération public-public

---

2821 R. Noguellou, « Participation d'une entité publique à un appel d'offres », *op. cit.*, p. 531.

2822 CJCE, 23 septembre 2009, *CoNISMa*, aff. C-305/08, *op. cit.*, p. 43 : « *Il convient d'ajouter qu'une interprétation restrictive de la notion d'"opérateur économique" aurait pour conséquence que les contrats conclus entre des pouvoirs adjudicateurs et des organismes qui n'agissent pas principalement dans un but lucratif ne seraient pas considérés comme des "marchés publics", qu'ils pourraient être passés de gré à gré et qu'ils échapperaient ainsi aux règles communautaires en matière d'égalité de traitement et de transparence, contrairement à la finalité de ces règles.* » Sur ce point v. égal. CJUE, 18 décembre 2014, *Azienda Ospedaliero-Universitaria di Careggi-Firenze*, aff. C-568/13, *op. cit.*, pt 34 ; S. de La Rosa, *Droit européen de la commande publique*, *op. cit.*, pt 159, p. 151.

2823 R. Noguellou, « Participation d'une entité publique à un appel d'offres », *op. cit.*, p. 531.

est souvent mentionnée comme les contrats de prestations intégrées[2824], contrats « *in house* », « *contrats maison* »[2825] ou encore la « *quasi-régie* »[2826]. Il est nécessaire, afin de saisir largement les exceptions offertes par la quasi-régie et la coopération horizontale entre des personnes publiques[2827], d'utiliser la formule fédératrice de coopération public-public empruntée au droit de l'Union. En effet, le considérant 31 de la directive 2014/24/UE précise « *qu'aucune coopération public-public ainsi exclue n'entraîne de distorsion de concurrence à l'égard des opérateurs économiques privés dans la mesure où cela place un prestataire de services privé dans une situation privilégiée par rapport à ses concurrents* ». La Commission européenne, à différentes occasions, interprète également la coopération public-public comme correspondant à l'ensemble des exceptions prévues à l'article 12 de ladite directive. On retrouve un tel usage au sein de son livre vert sur les marchés publics de 2011. Ainsi, elle distingue au sein de la coopération public-public[2828], d'une part, la coopération en « *interne* »[2829], avec l'hypothèse de la quasi-régie et, d'autre part, la coopération horizontale, avec l'hypothèse consacrée par l'arrêt dit « Ville de Hambourg »[2830]. Ce schéma est repris et précisé par l'exécutif européen dans son document de travail concernant l'application du droit de l'Union européenne sur les marchés publics aux relations entre pouvoirs adjudicateurs (« coopération public-public »)[2831]. La doctrine le confirme et use également de la notion de coopération public-public au sens large, comme peuvent en témoigner notamment les professeurs de La Rosa[2832] et Delaunay[2833].

749. **La nécessité d'un examen concurrentiel.** La coopération public-public, en tant qu'exception au droit de la commande publique et dispositif organisé par celui-ci, est une solution de compromis entre la liberté des acheteurs publics et le maintien d'une concurrence effective sur le marché[2834]. Néanmoins, cette solution présente plusieurs angles morts concurrentiels nonobstant la « *consolidation* »[2835] récente de la jurisprudence par les directives de 2014. Tout d'abord,

---

2824 S. Braconnier, *Précis du droit de la commande publique*, *op. cit.*, p. 100.

2825 B. Delaunay, *Droit public de la concurrence*, 2e éd., *op. cit.*, pt 733 et s., p. 79 et s.

2826 L. Rapp, « Quasi-régie, quasi-régime », *AJDA*, 2010, n° 11, p. 588.

2827 Il s'agit de l'hypothèse offerte par l'arrêt CJCE, 9 juin 2009, *Commission c/ Allemagne*, aff. C-480/06, *op. cit.* ; comm. D. Simon, *Europe*, 2009, n° 307, pp. 23-24 ; J.-D. Dreyfus, S. Rodrigues, *AJDA*, 2009, pp. 1717-1721 ; E. Broussy, F. Donnat, *AJDA*, 2009, pp. 1540-1542 ; B. Pirker, *RDUE*, 2009, n° 3, pp. 570-574 ; H. Hoepffner, *CMP*, 2009, comm. n° 226 ; R. Noguellou, *RDI*, 2009, n° 9, p. 469 et s.

2828 Comm. eur., Livre vert sur les marchés publics sur la modernisation de la politique de l'UE en matière de marchés publics Vers un marché européen des contrats publics plus performant, *op. cit.*, p. 22.

2829 *Ibid.*

2830 CJCE, 9 juin 2009, *Commission c/ Allemagne*, aff. C-480/06, *op. cit.*

2831 Comm. eur., Document de travail concernant l'application du droit de l'Union européenne sur les marchés publics aux relations entre pouvoirs adjudicateurs (« coopération public-public »), SEC (2011) 1169 final, 4 octobre 2011, 26 p.

2832 S. de La Rosa, *Droit européen de la commande publique*, *op. cit.*, pt 264 et s., p. 240 et s.

2833 B. Delaunay, *Droit public de la concurrence*, 2e éd., *op. cit.*, pt 769 et s., p. 392 et s. Pour une illustration dans la doctrine anglo-saxonne, v. en ce sens J. Wiggen, « Public procurement rules and cooperation between public sector entities: the limits of the in-house doctrine under EU procurement law », *op. cit.*, pp. 157-172.

2834 Plus largement, G. Eckert, « La coopération public-public, entre espoirs et inquiétudes », in *Mélanges en l'honneur du Professeur Laurent Richer. À propos des contrats des personnes publiques*, *op. cit.*, p. 617.

2835 F. Brenet, « L'exception de "coopération" entre entités appartenant au secteur public dans les nouvelles directives », *AJDA*, 2014, n° 15, p. 849.

la coopération public-public est susceptible de fausser ou de menacer de fausser la concurrence sur le marché en instaurant des avantages économiques incompatibles avec l'article 107 TFUE. Puis, elle peut occasionner des distorsions sur le marché en réduisant la pression concurrentielle. Les nombreuses zones d'ombre concurrentielles de l'exception imposent de réaliser une analyse fouillée de la méthode proposée par le droit de la commande publique, et plus précisément par la jurisprudence de la Cour de justice, pour encadrer cette exception et ainsi préserver la dynamique concurrentielle du marché. La compréhension des potentiels effets concurrentiels de la coopération public-public nécessite, en amont, d'exposer les différentes formes d'interventions envisageables pour les acheteurs publics et autorités concédantes. La Cour de justice, dans son arrêt *Ordine degli Ingegneri della Provincia di Lecce* distingue à ce titre deux exceptions à l'application des règles en matière de marchés publics[2836] : la coopération verticale ou institutionnalisée (A) et la coopération horizontale (B).

A. La coopération verticale ou institutionnalisée

750. La coopération verticale se subdivise en plusieurs catégories distinctes mais familières, que sont tout d'abord l'exception traditionnelle de la coopération verticale descendante (1), puis les coopérations verticales ascendantes et indirectes (2) et, enfin, les différentes formes de coopérations verticales collectives (3).

1. La coopération verticale descendante

751. **L'arrêt *Teckal* : consécration du contrat maison.** La Cour de justice, par l'intermédiaire de sa jurisprudence *Teckal*[2837], reconnaît pour la première fois la possibilité pour les acheteurs publics de ne pas appliquer les dispositions du droit des marchés publics lorsque la fourniture de produits ou des prestations de services est confiée à une entité, dotée de sa propre personnalité juridique[2838], dans laquelle ils détiennent des participations. En l'espèce, la commune de Viano avait confié la gestion d'un service de chauffage communal à un groupement détenu par plusieurs communes, doté d'une personnalité juridique propre et de l'autonomie de gestion. Toutefois, cette gestion du service avait été confiée sans aucune procédure de mise en concurrence préalable. La Cour de justice était donc appelée à se prononcer sur l'applicabilité des dispositions du droit de la commande publique.

752. Or, malgré les conclusions contraires de l'avocat général, point sur lequel nous reviendrons précisément par la suite, la Cour de justice consacre l'hypothèse de la coopération verticale descendante, par l'intermédiaire des deux premiers critères de l'exception. Elle précise en effet que le contrat avec cette entité peut échapper aux règles sur les marchés publics si le pouvoir adjudicateur « *exerce*

2836 CJUE, 19 décembre 2012, *Ordine degli Ingegneri della Provincia di Lecce e.a*, aff. C-159/11, *op. cit.*, pts 31-34. V. égal. CJUE, 21 décembre 2016, *Region Hannover*, aff. C-51/15, *op. cit.*, pt 30.

2837 CJCE, 18 novembre 1999, *Teckal*, aff. C-107/98, EU:C:1999:562 ; comm. F. Kauff-Gazin, *Europe*, 2000, n° 1, p. 22 ; B. Brenet, *AJDA*, 2000, pp. 784-786 ; J. Falle, *PPLR*, 2014, pp. NA123-NA132.

2838 Notons que la personnalité juridique est une condition du recours préalable à la coopération public-public verticale selon l'article 12, paragraphe 1, de la directive 2014/24/UE.

sur la personne en cause un contrôle analogue à celui qu'elle exerce sur ses propres services »[2839] et que l'entité « *réalise l'essentiel de son activité avec la ou les collectivités qui la détiennent »*[2840]. Concernant, la prise en compte de ces critères cumulatifs, Élise Mouriesse observe dans sa thèse que la Cour de justice « *a enclenché la conceptualisation de la quasi-régie »*[2841]. Cette première étape, sans être pleinement satisfaisante, pose les fondations de l'exception. Au surplus, le deuxième critère a fait l'objet de développements lors de la refonte des directives « marchés publics ». Désormais le droit européen précise que le critère de « l'essentiel de l'activité » doit représenter au moins 80 % de l'activité de l'entité exercée pour le compte des personnes morales qui la contrôlent[2842]. Par conséquent, les 20 % restants peuvent être réalisés sur le marché concurrentiel. En dépit de la rigidité du recours aux seuils, ces derniers présentent des intérêts substantiels lors de l'analyse concurrentielle[2843].

753. **L'arrêt *Stadt Halle* : refus de participations privées au capital de l'entité contrôlée.** La jurisprudence de la Cour de justice a eu l'occasion de préciser lors de son arrêt *Stadt Halle*[2844] la portée du critère du contrôle analogue et de fixer une troisième condition à la coopération verticale. En l'espèce, la Cour était interrogée sur la possibilité pour une entité mixte de bénéficier de l'exception « *in house* » alors même que 25 % de son capital était détenu par une société privée. Dans l'affirmative, le contrôle analogue aurait été assoupli et aurait permis à des structures, du type société d'économie mixte, de bénéficier de l'exception. En dépit du contrôle effectif de l'acheteur public, en raison de ses 75 % de parts des votes, la Cour de justice bloque avec fermeté l'ouverture de l'exception à de telles entités. Elle souligne que la condition du contrôle analogue « *exclut »*[2845] la « *participation, fût-elle minoritaire, d'une entreprise privée dans le capital »*[2846]. En d'autres mots, le critère du contrôle analogue, pour être rempli, suppose un capital 100 % public.

754. **La clarification du troisième critère par les directives « marchés publics ».** Sans briser l'élan de la jurisprudence *Stadt Halle*, les nouvelles directives « marchés publics » et « concessions » apportent une exception à l'interdiction des capitaux privés. L'article 12, paragraphe 1, c) de la directive 2014/24/UE précise en effet que l'entité contrôlée ne peut comporter de capitaux privés « *à l'exception des formes de participation de capitaux privés sans capacité de contrôle ou de blocage requises par les dispositions législatives nationales, conformément aux traités, qui ne permettent pas d'exercer une influence décisive sur la personne*

2839 Pt 50 de l'arrêt.

2840 *Ibid.*

2841 E. Mouriesse, *La quasi-régie en droit public français*, *op. cit.*, p. 13.

2842 Directive 2014/24/UE, *op. cit.*, article 12 et considérant 32 ; directive 2014/25/UE, *op. cit.*, article 28 ; directive 2014/23/UE, *op. cit.*, article 17 et considérant 46.

2843 V. en ce sens section suivante.

2844 CJCE, 11 janvier 2005, *Stadt Halle et RPL Lochau*, aff. C-26/03, *op. cit.* ; comm. G. Marchegiani, *RMCUE*, 2006, pp. 47-57 ; C. Boiteau, *JCP G*, 2005, I, p. 145 ; E. Meisse, *Europe*, 2005, n° 3, p. 20 ; B. Kotschy, *RDUE*, 2005, n° 4, pp. 845-853 ; B. du Marais, *Concurrences* n° 2-2005, art. n° 1033, pp. 143-144 ; J.-M. Belorgey, S. Gervasoni, C. Lambert, *AJDA*, 2005, pp. 1113-1114.

2845 Pt 49 de l'arrêt.

2846 *Ibid.*

morale contrôlée ». Or, cette précision apporte une exception très limitée et ne saurait être interprétée comme une brèche à la jurisprudence *Stadt Halle*[2847]. La directive 2014/24/UE présente cet aménagement comme une prise en compte des spécificités des organismes publics à adhésion obligatoire, à l'instar des « *organisations chargées de la gestion ou de l'exécution de certains services publics* »[2848] pour lesquelles la participation d'opérateurs privés est imposée par la législation nationale[2849]. À ce titre, les sociétés d'économie mixte ne semblent pas pouvoir bénéficier de l'exception[2850].

2. La coopération verticale ascendante et la coopération indirecte

755. **L'ouverture progressive vers la coopération verticale ascendante.** La coopération verticale ascendante, ou encore « *verticale inversée* »[2851], abordée initialement par la Commission européenne dans sa communication de 2011 relative à la coopération public-public[2852], a été consacrée par les directives de 2014. La logique proposée reprend, sans surprise, celle de la coopération verticale descendante. L'article 12, paragraphe 2, précise que l'exception en cause « *s'applique également lorsqu'une personne morale contrôlée qui est un pouvoir adjudicateur attribue un marché au pouvoir adjudicateur qui la contrôle, ou à une autre personne morale contrôlée par le même pouvoir adjudicateur* » sous réserve toutefois que l'autorité contrôlante ne comporte pas de capitaux privés qui ne soient pas requis par la loi. Par conséquent, les trois critères traditionnels s'appliquent également dans cette situation.

756. **La consécration de la coopération indirecte.** En dépit du refus initial de la Cour de justice d'ouvrir la coopération public-public aux relations « *descendante[s] en cascade* »[2853], le législateur européen a consacré explicitement cette nouvelle hypothèse au sein des directives de 2014. L'article 12, paragraphe 1, assimile à un contrôle analogue le contrôle « *exercé par une autre personne morale, qui est elle-même contrôlée de la même manière par le pouvoir adjudicateur* ». Or, c'est justement le caractère indirect dudit contrôle qui avait poussé la Cour de justice à refuser d'étendre l'exception au contrôle en cascade lors de son arrêt *Carbotermo*[2854]. En l'espèce, la commune de Busto Arsizio avait directement attribué un marché à AGESP, entité détenue à 99,98 % par AGESP Holding, elle-même détenue par la commune. Or, selon la Cour, la présence d'un intermédiaire a pour effet « *d'affaiblir*

2847 Directive 2014/24/UE, *op. cit.*, considérant 32.

2848 *Ibid.*

2849 *Ibid.*

2850 Ministère de l'économie et des finances, Direction des affaires juridiques, Fiche technique « Les contrats conclus entre entités appartenant au secteur public », 2019, p. 4. Sur ce point, v. égal. R. Noguellou, « Le nouveau champ d'application du droit des marchés publics », *AJDA*, 2015, n° 32, pp. 1789-1794. Pour un avis contraire, S. de La Rosa, *Droit européen de la commande publique*, *op. cit.*, pt 285, p. 258.

2851 L. Levain, M. Prats-Denoix, « Les relations in house à l'aune des nouvelles directives européennes », *JCP E*, 2015, n° 16, p. 32.

2852 Comm. eur., Document de travail concernant l'application du droit de l'Union européenne sur les marchés publics aux relations entre pouvoirs adjudicateurs (« coopération public-public »), *op. cit.*, p. 13.

2853 Ministère de l'économie et des finances, Direction des affaires juridiques, Fiche technique « Les contrats conclus entre entités appartenant au secteur public », *op. cit.*, p. 11.

2854 CJCE, 11 mai 2006, *Carbotermo*, aff. C-340/04, *op. cit.* ; comm. E. Meisse, *Europe*, *2006*, n° 7, pp. 19-20 ; A.-L. Durviaux, *Administration publique*, 2006, pp. 108-118.

le contrôle éventuellement exercé par le pouvoir adjudicateur sur une société par actions du simple fait de participer à son capital »[2855]. L'évolution proposée a pour effet de faciliter le développement de mécanismes de filialisation au sein des personnes publiques. Néanmoins, Lionel Levain et Mathieu Prats-Denoix observent que ce processus est dépendant des futures interprétations offertes par la Cour de justice[2856]. La démarche restrictive de l'arrêt *Carbotermo* pourrait être reprise afin de limiter la coopération indirecte à un seul intermédiaire.

3. La coopération verticale collective

757. **L'interprétation libérale de la Cour de justice.** La fermeté de la Cour de justice sur l'absence de capitaux privés s'oppose à la souplesse qu'elle accorde en ce qui concerne le contrôle conjoint de plusieurs acheteurs publics. La Cour facilite la collaboration de plusieurs acheteurs publics pour constituer une entité dédiée. La jurisprudence a ainsi progressivement étayé la possibilité de recourir au contrôle conjoint dans de telles circonstances. Pour ce faire, l'arrêt *Carbotermo* souligne que la détention du capital par plusieurs personnes publiques permet de satisfaire les conditions du contrôle analogue[2857]. Une première série de décisions a développé cette analyse. Ainsi, à l'occasion de l'arrêt *Asemfo*[2858], dans lequel l'État espagnol détenait 99 % du capital de l'entité, le 1 % restant étant détenu par quatre communautés autonomes, la Cour a identifié un contrôle analogue des communautés en se fondant notamment sur les dispositions réglementaires encadrant l'entité en cause. Celles-ci imposaient à cette entité de réaliser les commandes des personnes publiques détentrices de son capital. Elles lui interdisaient en parallèle de fixer librement ses prix lors de ses interventions pour ses détenteurs. Cet arrêt a été rapidement confirmé par la jurisprudence *Coditel Brabant*[2859]. En l'espèce, plusieurs collectivités étaient affiliées dans une société coopérative intercommunale dont la fonction était la satisfaction des intérêts de ses détenteurs et dont le conseil d'administration était composé de représentants des collectivités. Ces derniers maîtrisaient les objectifs stratégiques et la politique tarifaire de la coopérative. Par conséquent, l'absence d'une marge d'autonomie suffisante de la société coopérative a permis de démontrer la présence d'un contrôle analogue des collectivités. La Cour a précisé en outre qu'il n'est pas nécessaire que toutes les autorités contrôlent individuellement l'entité. Le contrôle doit être « *effectif, mais il n'est pas indispensable qu'il soit individuel* »[2860]. La nécessité d'un tel contrôle aurait eu pour effet de limiter significativement le bénéfice de la coopération public-public verticale collective[2861].

2855 *Ibid.*, pt 39.

2856 L. Levain, M. Prats-Denoix, « Les relations in house à l'aune des nouvelles directives européennes », *op. cit.*, p. 36.

2857 CJCE, 11 mai 2006, *Carbotermo*, aff. C-340/04, *op. cit.*, pt 37.

2858 CJCE, 19 avril 2007, *Asemfo*, aff. C-295/05, EU:C:2007:227

2859 CJCE, 13 novembre 2008, *Coditel Brabant SA*, aff. C-324/07, EU:C:2008:621 ; comm. E. Broussy, F. Donnat, C. Lambert, *AJDA*, 2008, pp. 2336-2337, A.-L. Durviaux, N. Thirion, *Journal des tribunaux*, 2009, pp. 178-180 ; J.-M. Wolter, *Journal des tribunaux*, 2009, n° 156, pp. 48-49.

2860 *Ibid.*, pt 46.

2861 *Ibid.*, pt 47.

758. **La confirmation prétorienne : l'arrêt *Econord*.** L'analyse engagée par ces deux arrêts a été poursuivie plus récemment par la jurisprudence *Econord SpA*[2862]. Elle confirme la position proposée dans l'arrêt *Asemfo* en matière de participation minoritaire. Dans cette affaire, la Comune di Varese avait créé l'ASPEM, entité chargée du service de propreté urbaine. L'objet du service avait été ensuite étendu, à la suite de l'introduction de 36 communes dans le capital d'ASPEM. La Comune di Varese avait conservé 173 467 actions d'une valeur d'un euro chacune. Les 36 communes restantes se partagèrent quant à elles 318 actions. Plusieurs de ces collectivités signèrent un pacte d'actionnaires afin de désigner un conseiller d'administration commun. Pour identifier le contrôle analogue, la Cour de justice reprend l'analyse proposée dans son arrêt *Sea*[2863]. Ainsi, « *si une autorité publique devient associée minoritaire d'une société par actions à capital entièrement public en vue de lui attribuer la gestion d'un service public, le contrôle que les autorités publiques associées au sein de cette société exercent sur celle-ci peut être qualifié d'analogue au contrôle qu'elles exercent sur leurs propres services lorsqu'il est exercé conjointement par ces autorités* »[2864]. La Cour précise néanmoins que le contrôle analogue conjoint ne saurait « *reposer sur le seul pouvoir de contrôle de l'autorité publique détenant une participation majoritaire* »[2865] sous peine d'ouvrir une « *voie au contournement de l'application des règles du droit de l'Union en matière de marchés publics ou de concessions de services* »[2866]. La Cour insiste donc, afin de démontrer le contrôle analogue, sur la participation au capital et, également, sur la participation aux organes de direction. L'élément fondamental est la démonstration d'un contrôle effectif de la part des acheteurs publics présents au capital. La professeure Nicinski observe à ce titre que « *le caractère ultra minoritaire, voire symbolique, d'une participation au capital n'est pas une circonstance rédhibitoire* »[2867]. La professeure Durviaux relève quant à elle que « *la combinaison de ces deux éléments suffit à établir l'existence du contrôle analogue* »[2868]. La souplesse accordée s'oppose ainsi à la lecture plus précise mais complexe qui a été proposée par l'avocat général Cruz Villalón[2869]. Elle a également pour mérite d'offrir une « *réponse équilibrée* »[2870] entre la nécessité d'un contrôle effectif et la capacité des pouvoirs adjudicateurs de se réunir[2871].

2862 CJUE, 29 novembre 2012, *Econord SpA*, aff. jtes C-182/11 et C-183/11, EU:C:2012:758 ; comm. M. Aubert, E. Broussy, H. Cassagnabère, *AJDA*, 2013, pp. 338-340 ; T. Bombois, C. Dubois, *JDE*, 2013, n° 196, pp. 53-55 ; A.-L. Durviaux, *RTDE*, 2013, p. 341.

2863 CJCE, 10 septembre 2009, *Sea*, aff. C-573/07, EU:C:2009:532, pt 63 ; comm. D. Simon, *Europe*, 2009, n° 413, pp. 24-26 ; R. Sermier, D. Epaud, *Dr. adm.*, 2009, pp. 2227-2230 ; M. Aubert, E. Broussy, F. Donnat, *AJDA*, 2009, pp. 2286-2287.

2864 CJUE, 29 novembre 2012, *Econord Spa*, aff. jointes C-182/11 et C-183/11, *op. cit.*, pt 29.

2865 *Ibid.*, pt 30.

2866 *Ibid.*, pt 31.

2867 S. Nicinski, *Droit public des affaires*, 7e éd., *op. cit.*, pt 1054 p. 629.

2868 A.-L. Durviaux, Chroniques « Droit européen des marchés et contrats publics (1er janvier 2012 – 31 décembre 2012) », *RTDE*, 2013, n° 2, p. 346

2869 Conclusions de l'avocat général P. Cruz Villalón présentées le 19 juillet 2012, aff. jtes C-182/11 et C-183/11, EU:C:2012:494, pt 64 : « *Afin d'évaluer ce "poids relatif" des collectivités publiques concernées [collectivités ayant une participation minoritaire, voire symbolique], des critères tels que le budget de la collectivité publique, sa population ou ses besoins en relation avec le service géré par la société visée peuvent être utilisés.* »

2870 S. de La Rosa, *Droit européen de la commande publique*, *op. cit.*, pt 279, p. 253.

2871 Pour une application notable de cette jurisprudence, CE, 6 novembre 2013, *Commune de Marsannay-la-Côte*, n° 365079, *Rec.* pp. 261-267 ; comm. E. Déléage, *BJCL*, 2014, n° 1, p. 25 ; F. Brenet, *Dr. adm.*, 2014, n° 1, comm. n° 4.

759. **Les précisions du législateur européen.** La consécration de la coopération public-public par les directives « marchés publics » et « concessions » a donné l'occasion au législateur européen de s'exprimer sur les conditions nécessaires à l'effectivité du contrôle conjoint. Tout d'abord, l'article 12, paragraphe 3, de la directive 2014/24/UE précise que les organes décisionnels de la personne morale doivent être composés de représentants de tous les pouvoirs adjudicateurs. Néanmoins, nous retrouvons dans ce texte la flexibilité de l'arrêt *Econord* puisqu'un même représentant peut représenter plusieurs pouvoirs adjudicateurs. De plus, les objectifs stratégiques et décisions importantes de l'entité sont déterminés conjointement par ces pouvoirs adjudicateurs. Enfin, l'entité « *in house* » ne peut poursuivre d'objectifs contraires à ceux qui la contrôlent.

B. La coopération horizontale ou non institutionnalisée[2872]

760. La construction de la coopération public-public ne s'est pas limitée aux mécanismes institutionnalisés ; le pragmatisme de la Cour de justice en la matière l'a conduite à développer cette exclusion des règles de concurrence à travers l'arrêt *Commission c/ Allemagne* (1) et à établir des critères spécifiques pour la coopération horizontale (2).

1. L'arrêt *Commission c/ Allemagne* : second acte de la coopération public-public

761. **La consécration d'une nouvelle exception.** La jurisprudence *Commission c/ Allemagne*[2873] marque, selon le professeur de La Rosa, « *l'extension de la logique du* in house »[2874] vers un second type de coopération public-public. Celle-ci ne fait plus référence à une entité juridique distincte qui serait contrôlée par l'ensemble des pouvoirs adjudicateurs. La Cour de justice a adopté une nouvelle grille d'analyse à la suite des conclusions de l'avocat général Mazák. Ces dernières avaient démontré l'impossibilité de transposer au cas d'espèce la condition du contrôle analogue[2875]. Janicke Wiggen souligne qu'une telle extension de la coopération public-public conduit à s'interroger sur la confrontation entre la liberté pour les personnes publiques d'organiser leurs services et l'objectif d'ouverture à la concurrence[2876]. En l'espèce, plusieurs arrondissements allemands signèrent en 1995 un contrat avec la ville d'Hambourg portant sur l'élimination des déchets et plus particulièrement sur l'utilisation dès 1999 d'une installation de valorisation

---

2872 La terminologie utilisée reprend celle de la Commission européenne dans son document de travail concernant l'application du droit de l'Union européenne sur les marchés publics aux relations entre pouvoirs adjudicateurs (« coopération public-public »), *op. cit.*, p. 13.

2873 CJCE, 9 juin 2009, *Commission c/ Allemagne*, aff. C-480/06, *op. cit.*

2874 S. de La Rosa, *Droit européen de la commande publique*, *op. cit.*, pt 280, p. 254. Sur ce point G. Eckert, « La coopération public-public, entre espoirs et inquiétudes », *op. cit.*, p. 623 et s.

2875 Conclusions de l'avocat général J. Mazák présentées le 19 février 2009, aff. C-480/06, EU:C:2009:102, pts 27-34.

2876 J. Wiggen, « Public procurement rules and cooperation between public sector entities: the limits of the in-house doctrine under EU procurement law », *op. cit.*, p. 158.

thermique. Le contrat en cause réservait une partie des capacités du centre aux arrondissements et organisait les conditions tarifaires sur une durée de vingt ans. Or, seulement cinq ans après la signature du contrat, les parties décidèrent de sa prolongation, sans toutefois organiser de procédure de mise en concurrence. Malgré l'opposition de la Commission européenne sur la légalité de l'opération, l'Allemagne opposa l'absence d'affectation du marché. En effet, le contrat portait uniquement sur une mission de service public commune et n'entrait pas dans le périmètre du droit des marchés publics.

762. La Cour de justice relève dans un premier temps que le critère du contrôle analogue, nécessaire à la coopération verticale, n'est pas satisfait en l'espèce pour les quatre arrondissements présents au contrat. Elle écarte par conséquent le recours à l'exception de coopération verticale. Toutefois, elle remarque, dans un second temps, que le contrat « *instaure une coopération entre collectivités locales ayant pour objet d'assurer la mise en œuvre d'une mission de service public qui est commune à ces dernières, à savoir l'élimination de déchets* »[2877]. L'arrêt souligne également que le contrat litigieux est le fruit d'une « *démarche [...] intercommunale* »[2878] portant sur leur mission de gestion des déchets. L'effort de mutualisation d'un tel projet est d'ailleurs mis en exergue par l'arrêt. Il indique que le service est exploité dans « *les conditions économiques les plus favorables grâce aux apports en déchets des Landkreise voisins* »[2879]. En l'espèce, l'effectivité de l'opération dépendait nécessairement d'un projet collectif. La Cour fait en outre l'analogie entre un tel montage et le contrôle conjoint dans la coopération public-public verticale[2880]. La comparaison reste néanmoins limitée puisque ce nouveau mécanisme ne saurait imposer la création d'une entité spécifique, à l'instar d'un organisme de droit public chargé d'accomplir la mission d'intérêt général, alors que la coopération public-public verticale suppose l'existence d'un opérateur économique doté d'une personnalité juridique propre[2881].

2. Présentation des critères

763. Le dynamisme de la coopération horizontale repose sur une série de critères inédits permettant aux acheteurs publics et autorités concédantes d'échapper aux obligations de mise en concurrence. Ces derniers sont exposés méthodiquement dans l'arrêt *Ordine degli Ingegneri della Provincia di Lecce*[2882]. La codification récente des critères par les directives « commande publique » a d'ailleurs contribué à simplifier les critères de qualification[2883].

764. **La présence exclusive de pouvoirs adjudicateurs.** Tout d'abord, la coopération doit consister en une collaboration entre entités publiques. Sur ce point, l'avocat

---

[2877] Pt 37 de l'arrêt dans l'affaire C-480/06, préc.
[2878] *Ibid.*, pt 38.
[2879] *Ibid.*
[2880] *Ibid.*, pt 45.
[2881] *Ibid.*, pt 47.
[2882] CJUE, 19 décembre 2012, *Ordine degli Ingegneri della Provincia di Lecce e.a*, aff. C-159/11, *op. cit.*
[2883] F. Martucci, « Les concessions entre entités dans le secteur public : la codification de la jurisprudence relative aux coopérations public-public », in *L'encadrement des concessions par le droit européen de la commande publique*, S. de La Rosa (dir.), *op. cit.*, pp. 49-71 ; S. de La Rosa, *Droit européen de la commande publique*, *op. cit.*, pt 291, p. 262.

général Mengozzi estime que la formule « *entités publiques* » doit être appréciée de manière « *fonctionnelle* »[2884]. Dès lors, une personne morale de droit privé pourrait être qualifiée d'entité publique à l'instar des sociétés à capital intégralement public[2885]. La réforme des directives « marchés publics » clarifie ce point, en accordant le bénéfice de la coopération horizontale exclusivement aux pouvoirs adjudicateurs[2886], tandis que la directive « concessions » en fait bénéficier non seulement les pouvoirs adjudicateurs mais également les entités adjudicatrices[2887]. La précision sémantique apportée par le droit dérivé diffère également de l'arrêt *Commission c/ Allemagne*. Ce dernier excluait toute participation d'une partie privée à la coopération. Désormais la notion de pouvoirs adjudicateurs devient centrale. Elle a pour mérite de clarifier le périmètre d'application de ce volet de l'exception en se fondant sur une notion traditionnelle du droit de la commande publique.

765. **La présence de services publics communs aux pouvoirs adjudicateurs.** Ce critère, sur lequel s'étend peu la jurisprudence *Commission c/ Allemagne*, a été progressivement étayé. L'arrêt de principe impose que la coopération en cause ait pour objet « *la mise en œuvre d'une mission de service public qui est commune* »[2888]. Ladite formule a été remplacée, par le législateur européen, par celle de « *services publics dont ils doivent assurer la prestation* »[2889]. La Commission européenne caractérise ce critère par « *opposition à un marché public normal* »[2890]. Selon son document de travail relatif à la coopération public-public, cette condition ne suppose pas une participation équivalente dans la mission, mais la poursuite d'un « *objectif commun* »[2891] qui permet aux pouvoirs adjudicateurs d'envisager la mutualisation de leurs services. Or, pour visualiser la nuance, il est nécessaire d'observer une réelle coopération entre les pouvoirs adjudicateurs ou encore qu'il « *existe une complémentarité spécifique entre les tâches* »[2892]. L'ensemble des pouvoirs adjudicateurs doivent être investis dans la mission de service public commune. À l'inverse, si cette dernière est juste exécutée pour le compte d'un pouvoir adjudicateur par un autre pouvoir adjudicateur moyennant rémunération, l'opération sera vraisemblablement qualifiée de marché public. Ce point ne suppose pas pour autant l'interdiction de transferts financiers entre les pouvoirs adjudicateurs[2893].

766. **Une intervention accessoire sur le marché concurrentiel.** Les directives, au même titre que pour la coopération verticale, intègrent un seuil d'affectation

---

2884 Conclusions de l'avocat général P. Mengozzi présentées le 23 janvier 2014, aff. C-15/13, EU:C:2014:23, pt 55.

2885 *Ibid.*

2886 Article 12, paragraphe 4, de la directive 2014/24/UE, *op. cit.* La directive confirme la position présentée par la Commission européenne dans son document de travail concernant l'application du droit de l'Union européenne sur les marchés publics aux relations entre pouvoirs adjudicateurs (« coopération public-public »), *op. cit.*, p. 14.

2887 Article 17, paragraphe 4, de la directive 2014/23/UE, *op. cit.*

2888 Pt 47 de l'arrêt précité, aff. C-480/06. V. égal. CJUE, 19 décembre 2012, *Ordine degli Ingegneri della Provincia di Lecce e.a*, aff. C-159/11, *op. cit.*, pt 34.

2889 Article 12, paragraphe 4, a), de la directive 2014/24/UE, *op. cit.*

2890 Comm. eur., Document de travail concernant l'application du droit de l'Union européenne sur les marchés publics aux relations entre pouvoirs adjudicateurs (« coopération public-public »), *op. cit.*, p. 14.

2891 *Ibid.*

2892 Conclusions de l'avocat général P. Mengozzi, aff. C-15/13, *op. cit.*, pt 59.

2893 Comm. eur., Document de travail concernant l'application du droit de l'Union européenne sur les marchés publics aux relations entre pouvoirs adjudicateurs (« coopération public-public »), *op. cit.*, p. 15.

du marché. En effet, l'exception fondée sur la coopération horizontale impose aux pouvoirs adjudicateurs de réaliser moins de 20 % des activités concernées sur le marché concurrentiel[2894]. Un tel seuil a, outre des impératifs concurrentiels évidents, le mérite de limiter ce type de montage aux coopérations effectives fondées sur un intérêt public commun aux acheteurs publics.

767. **Une coopération fondée sur des considérations d'intérêt public.** Depuis sa création, la coopération horizontale doit être guidée par « *des considérations et des exigences propres à la poursuite d'objectifs d'intérêt public* »[2895]. L'article 12 de la directive 2014/24/UE confirme l'importance de ce critère pour être en présence d'une coopération horizontale. Elle souligne qu'une telle coopération ne doit obéir « *qu'à des considérations d'intérêt public* »[2896]. La Commission européenne se fonde sur ce critère pour limiter les transferts financiers entre les pouvoirs adjudicateurs présents dans la coopération horizontale. Les transferts autorisés doivent ainsi se limiter exclusivement « *au remboursement des frais réellement encourus pour les travaux/services/fournitures* »[2897]. Les transferts autres que ceux indiqués présentent par conséquent le risque d'entraîner une requalification de la relation en marché public.

Section 2
La compatibilité organisée des interventions publiques et parapubliques sur le marché avec l'ordre public concurrentiel

768. Nos précédents développements ont permis d'exposer la démarche offerte par le droit de la commande publique afin d'organiser une exception à l'application des règles de la commande publique. Cette exception présente l'intérêt d'être encadrée et régulée par le seul droit de la commande publique et ne saurait en aucun cas être transposée au droit de la concurrence[2898]. Alors que la consécration de la coopération public-public aurait pu être interprétée comme un signe d'éloignement du droit de la commande publique avec l'objectif de concurrence effective, en raison de la réduction des contrats ouverts à la concurrence, la réalité est pourtant tout autre.

2894 Article 12, paragraphe 4, c), directive 2014/24/UE, *op. cit.*, et article 17, paragraphe 4, c), directive 2014/23/UE, *op. cit.*

2895 Pt 47 de l'arrêt précité, aff. C-480/06,

2896 Article 12, paragraphe 4, b), de la directive 2014/24/UE. Pour une illustration récente, v. en ce sens CJUE, 28 mai 2020, *Informatikgesellschaft für Software-Entwicklung (ISE) mbH*, aff. C-796/18, EU:C:2020:395 ; comm. T. Vaseux, *JCP A*, 2020, n° 35, p. 2228.

2897 Comm. eur., Document de travail concernant l'application du droit de l'Union européenne sur les marchés publics aux relations entre pouvoirs adjudicateurs (« coopération public-public »), *op. cit.*, p. 15.

2898 G. Eckert, « Contrats entre personnes publiques et droit de la concurrence », *AJDA*, 2013, n° 15, p. 852. La confusion entre droit de la concurrence et droit de la mise en concurrence occasionne encore des méprises regrettables. À titre d'illustration A.-C. Bezzina, « Plaidoyer en faveur de la relation in house. À propos des évolutions récentes de la jurisprudence européenne », *RUE*, n° 574, 2014, p. 43.

Le professeur Roux souligne que l'encadrement mis en place s'articule justement autour du principe de concurrence et témoigne à ce titre « *des liens étroits entre le droit de la commande publique et le droit de la concurrence* »[2899]. Le professeur Karpenschif ajoute que ledit principe permet de garantir l'égale concurrence lors de l'intervention d'opérateurs publics mais également parapublics[2900]. Cette structuration est d'autant plus nécessaire que dans le cadre de la coopération public-public « *l'autonomie économique du prestataire n'est pas totalement annihilée* »[2901].

769. De même, l'Autorité de concurrence attache peu d'importance aux différentes conditions d'exploitation d'un service, qu'il soit privé, public ou parapublic. L'élément essentiel pour préserver le « *bon fonctionnement de la concurrence* »[2902] consiste à éviter qu'un tel opérateur « *bénéficie pour son développement de facilités que les autres ne pourraient obtenir et d'une ampleur telle qu'elles lui permettent de fausser le jeu de la concurrence, sauf à ce qu'elles soient justifiées par des considérations d'intérêt général* »[2903], risque également reconnu par le considérant 31 de la directive 2014/24/UE[2904]. Une telle situation impose au droit de la concurrence de conserver son rôle de sentinelle afin de protéger, d'une part, la concurrence libre et non faussée et, d'autre part, comme le rapporte le professeur Eckert, les pouvoirs adjudicateurs contre leurs propres choix inefficaces économiquement[2905]. Néanmoins, les risques de violation des règles de concurrence par la coopération public-public, souvent soulignés, sont difficilement appréhendés par la doctrine et les praticiens[2906]. Il convient de ce fait de relever que la protection de l'ordre public concurrentiel dans le domaine de la coopération public-public, mais également des candidatures de personnes publiques, fait l'objet d'un encadrement rigoureux de la part du droit de la commande publique (§ 1). Toutefois, cette protection apparaît à certaines occasions, encore perfectible (§ 2).

§ 1. Un encadrement rigoureux

770. La coopération public-public est une mécanique organisée avec soin par la jurisprudence et le législateur européen. L'encadrement existant présente une rigueur évidente

---

2899 C. Roux, « La personne publique, candidate à la commande publique », *op. cit.*, p. 853.

2900 M. Karpenschif, « L'égale concurrence et les entreprises publiques locales », *JCP A*, 2013, n° 1-2, p. 27 et s.

2901 E. Mouriesse, *La quasi-régie en droit public français*, *op. cit.*, pt 252, p. 187. V. égal. sur ce point A.-C. Bezzina, « Plaidoyer en faveur de la relation in house. À propos des évolutions récentes de la jurisprudence européenne », *op. cit.*, p. 43 ; v. égal. B. Delaunay, *Droit public de la concurrence*, 2e éd., *op. cit.*, pt 750, pp. 385-386.

2902 Cons. conc., avis n° 96-A-12 du 17 septembre 1996, Conditions de concurrence prévalant dans le système bancaire français ; Cons. conc., avis n° 99-A-21 du 8 décembre 1999, Demande d'avis de l'Union des syndicats de l'industrie routière française concernant l'intervention des parcs départementaux de l'équipement dans le secteur de la production d'émulsions de bitume et des travaux routiers, *BOCCRF* n° 4 du 31 mars 2000.

2903 *Ibid.*

2904 « *Il convient de veiller à ce qu'aucune coopération public-public ainsi exclue n'entraîne de distorsion de concurrence à l'égard des opérateurs économiques privés dans la mesure où cela place un prestataire de services privé dans une situation privilégiée par rapport à ses concurrents.* »

2905 G. Eckert, « Contrats entre personnes publiques et droit de la concurrence », *op. cit.*, p. 852.

2906 E. Mouriesse, *La quasi-régie en droit public français*, *op. cit.*, pp. 642-643, p. 417 ; A. Sánchez-Graells, *Public Procurement and the EU Competition Rules*, 2e éd., *op. cit.*, p. 269 ; G. Skovgaard Ølykke, C. Fanøe Andersen, « A State Aid Perspective on Certain Elements of Article 12 of the New Public Sector Directive on In-House Provision », *op. cit.*, p. 1.

en raison de la stabilité de sa logique intellectuelle[2907]. Anne-Charlène Bezzina perçoit dans cet encadrement une « *sortie contrôlée* »[2908] des règles de mise en concurrence. En effet, la démarche entreprise par le juge poursuit une dimension libérale à double titre. En premier lieu, elle offre une souplesse bénéfique pour les acheteurs publics afin d'organiser avec efficacité leurs services (A). En second lieu, la liberté accordée aux acheteurs publics est contrebalancée par les critères de la coopération public-public mais également par l'encadrement des candidatures publiques. La combinaison de critères stricts permet objectivement de limiter les effets concurrentiels de tels montages (B).

A. La défense de la libre administration des acheteurs publics et autorités concédantes

771. **La coopération public-public : exception fondée sur la libre administration.** La logique initiale de la coopération public-public reposait sur l'absence de « *rencontre de deux volontés distinctes* »[2909]. L'absence d'autonomie de l'entité contrôlée ne permettait pas d'envisager l'application des directives « marchés publics » nonobstant sa qualification de tiers doté de la personnalité juridique[2910], logique présentant une certaine proximité intellectuelle avec l'unité économique en droit de la concurrence[2911]. Cependant, le fondement de la coopération public-public a progressivement glissé vers la protection de la libre administration des acheteurs publics et autorités concédantes, comme en atteste notamment l'article 2, paragraphe 1, de la directive 2014/23/UE[2912]. Deux dispositions du droit primaire consacrent, en parallèle, ledit principe : l'article 345 TFUE, comme souligné

2907 Pour une définition courante de la notion de rigueur, v. *Grand Dictionnaire encyclopédique Larousse*, tome 9, 1985, p. 9013.

2908 A.-C. Bezzina, « Plaidoyer en faveur de la relation in house. À propos des évolutions récentes de la jurisprudence européenne », *op. cit.*, p. 43.

2909 B. Delaunay, *Droit public de la concurrence*, 2e éd., *op. cit.*, pt 747, p. 384.

2910 Une telle démarche est perceptible dès l'arrêt *BFI Holding* et notamment dans les conclusions de l'avocat général A. La Pergola présentées le 19 février 1998, aff. C-360/96, EU:C:1998:71, pt 38. Le professeur Richer parle de la théorie du « non-contrat », in L. Richer, *L'Europe des marchés publics. Marchés publics et concessions en droit communautaire*, *op. cit.*, pt 327, p. 113 ; H. Hoepffner, *Droit des contrats administratifs*, Paris, Dalloz, 2016, pt 234, p. 200.

2911 K. Kuźma, W. Hartung, *Combating Collusion in Public Procurement: Legal Limitations on Joint Bidding*, *op. cit.*, pp. 84-121.

2912 « *La présente directive reconnaît le principe de libre administration par les autorités nationales, régionales et locales, conformément au droit national et de l'Union. Ces autorités sont libres de décider du mode de gestion qu'elles jugent le plus approprié pour l'exécution de travaux ou la prestation de services, pour assurer notamment un niveau élevé de qualité, de sécurité et d'accessibilité, l'égalité de traitement et la promotion de l'accès universel et des droits des usagers en matière de services publics. Les autorités peuvent choisir d'exécuter leurs missions d'intérêt public en utilisant leurs propres ressources ou en coopération avec d'autres autorités, ou de déléguer ces missions à des opérateurs économiques.* » En ce sens, v. F. Martucci, « Les concessions entre entités dans le secteur public : la codification de la jurisprudence relative aux coopérations public-public », *op. cit.*, p. 52 ; B. Delaunay, *Droit public de la concurrence*, 2e éd., *op. cit.*, pt 747, p. 384 ; S. Platon, S. Martin, « L'exception de coopération entre autorités publiques en droit européen de la commande publique », *AJDA*, 2012, pp. 1138 et 1139. V. égal. J.-C. Boual, C. Zadra-Veil, « L'internalisation des missions de service public : l'Union européenne et les organisations publiques locales », in *L'internalisation des missions d'intérêt général par les organisations publiques. Réalités d'aujourd'hui et perspectives*, P. Bance (dir.), Mont-Saint-Aignan, Presses universitaires de Rouen et du Havre, 2015, p. 48.

précédemment[2913], et le protocole 26 sur les services d'intérêt général, dans lequel est reconnu « *le rôle essentiel et le large pouvoir discrétionnaire des autorités nationales, régionales et locales pour fournir, faire exécuter et organiser les services d'intérêt économique général* ». Anne-Charlène Bezzina perçoit dans ce protocole le fondement juridique majeur de la coopération public-public[2914]. En effet, cette disposition permet aux acheteurs publics et autorités concédantes de « *récupérer un espace de liberté* »[2915] en leur accordant la souplesse nécessaire pour l'exercice de leurs missions. Au surplus, le professeur Platon s'interroge sur l'obligation pour les États membres de reconnaître les hypothèses de la coopération public-public au regard de l'article 10, paragraphe 1, de la Charte européenne de l'autonomie locale[2916], charte ratifiée par l'ensemble des États membres[2917].

772. **Une justification confirmée par le droit de la commande publique.** Le professeur Dreyfus observe que cette liberté d'administration a été utilisée, dès l'arrêt *Stadt Halle*, pour construire l'exception de la coopération public-public. L'arrêt souligne qu'une « *autorité publique, qui est un pouvoir adjudicateur, a la possibilité d'accomplir les tâches d'intérêt public qui lui incombent par ses propres moyens, administratifs, techniques et autres, sans être obligée de faire appel à des entités externes n'appartenant pas à ses services* »[2918]. Le considérant 31 de la directive 2014/24/UE confirme la position de la jurisprudence européenne. Il indique que l'encadrement établi « *ne devrait toutefois pas interférer avec la liberté des pouvoirs publics d'exercer les missions de service public qui leur sont confiées en utilisant leurs propres ressources, ce qui inclut la possibilité de coopérer avec d'autres pouvoirs publics* »[2919]. Par conséquent, la liberté pour les acheteurs publics de définir leurs moyens de gestion résulte directement du principe de libre administration. La liberté ou souplesse accordée leur permet notamment d'utiliser des « *arrangements […] pour assurer l'accomplissement de leurs missions de service public* »[2920].

773. **Une troisième voie pour les acheteurs publics et autorités concédantes.** Depuis des siècles, les autorités publiques sont confrontées à un éternel dilemme entre la mise en régie de leurs activités et services et l'externalisation à des opérateurs privés. La coopération public-public leur offre une nouvelle alternative pour

---

2913 C. Roux, *Propriété publique et droit de l'Union européenne*, *op. cit.*, pt 67 et s., p. 49 et s. ; G. Skovgaard Ølykke, C. Fanøe Andersen, « A State Aid Perspective on Certain Elements of Article 12 of the New Public Sector Directive on In-House Provision », *op. cit.*, p. 1.

2914 A.-C. Bezzina, « Plaidoyer en faveur de la relation in house. À propos des évolutions récentes de la jurisprudence européenne », *op. cit.*, p. 42. Sur ce point, v. égal. J.-C. Boual, C. Zadra-Veil, « L'internalisation des missions de service public : l'Union européenne et les organisations publiques locales », *op. cit.*, p. 58.

2915 *Ibid.*

2916 Charte européenne de l'autonomie locale, article 10, paragraphe 1 : « *Les collectivités locales ont le droit, dans l'exercice de leurs compétences, de coopérer et, dans le cadre de la loi, de s'associer avec d'autres collectivités locales pour la réalisation de tâches d'intérêt commun.* »

2917 S. Platon, S. Martin, « L'exception de coopération entre autorités publiques en droit européen de la commande publique », *op. cit.*, p. 1139.

2918 CJCE, 11 janvier 2005, *Stadt Halle et RPL Lochau*, aff. C-26/03, *op. cit.*, pt 48. V. égal. CJCE, 10 septembre 2009, *Sea*, aff. C-573/07, *op. cit.*, pt 57.

2919 V. égal. directive 2014/23/UE, *op. cit.*, considérant 45.

2920 Comm. eur., Document de travail concernant l'application du droit de l'Union européenne sur les marchés publics aux relations entre pouvoirs adjudicateurs (« coopération public-public »), *op. cit.*, p. 3.

accomplir efficacement leurs missions[2921]. Elle présente notamment l'avantage d'une action rapide[2922] et renforce l'expérience des acheteurs publics et autorités concédantes sur le marché[2923]. La professeure Nicinski constate que la coopération public-public permet « *d'externaliser certaines opérations tout en profitant de la souplesse d'une gestion privée et [en] conservant un entier contrôle sur la structure chargée de les porter* »[2924] alors que le professeur Terneyre perçoit dans cette alternative un outil permettant d'allier l'« *efficacité du privé avec les valeurs du public* »[2925] et ainsi d'« *introduire le management d'entreprise dans la gestion publique locale* »[2926]. La logique de la coopération public-public, proche de la régie, comme en témoigne la formule « quasi-régie » adoptée en droit interne[2927], offre une solution intermédiaire ou « *hybride* » selon la formule du professeur Rapp[2928]. La souplesse offerte permet aux acheteurs publics de sélectionner le montage idoine pour leurs projets et, partant, de renforcer l'efficacité de l'action publique. La jurisprudence *Irgita* reprend d'ailleurs l'argument de l'efficacité économique du service pour justifier le recours à un tel montage[2929]. L'Autorité de la concurrence perçoit d'ailleurs la coopération public-public comme un « *facteur pro-concurrentiel* »[2930] en raison de l'amélioration des offres disponibles sur le marché. Toutefois, pour tirer un avantage économique de ce mécanisme, il importe pour les acheteurs publics et autorités concédantes d'établir systématiquement une comparaison préalable entre les différents montages possibles afin de ne pas

---

2921 S. Platon, S. Martin, « L'exception de coopération entre autorités publiques en droit européen de la commande publique », *op. cit.*, p. 1139 ; E. Mouriesse, *La quasi-régie en droit public français*, *op. cit.*, pp. 402-403. Selon le professeur Richer, la coopération public-public n'est pas fondée sur un intérêt économique mais sur un intérêt politique en préservant la liberté de gestion des acheteurs publics. En ce sens, L. Richer, « Les contrats entre entités du secteur public », *CP-ACCP*, 2014, n° 143, p. 31 ; B. Delaunay, *Droit public de la concurrence*, 2e éd., *op. cit.*, pt 751, p. 386 ; A. Sée, « La régulation du marché en droit administratif : étude critique », *op. cit.*, pts 1130-1131, p. 584 ; G. Eckert, « La coopération public-public, entre espoirs et inquiétudes », *op. cit.*, p. 629.

2922 J. Mézard, Rapport n° 429 sur la proposition de loi pour le développement des sociétés publiques locales, Commission des lois du Sénat, 2008-2009, p. 1.

2923 Comm. eur., Communication interprétative de la Commission concernant l'application du droit communautaire des marchés publics et des concessions aux partenariats public-privé institutionnalisés (PPPI), *JOUE* n° C 91 du 12 avril 2008, pp. 4-9.

2924 S. Nicinski, « Les sociétés publiques locales et le droit de la concurrence », *RFDA*, 2012, p. 1136. Dans le même sens, P. Flamme, M.-A. Flamme, C. Dardenne, *Les marchés publics européens et belges. L'irrésistible européanisation du droit de la commande publique*, 2e éd., *op. cit.*, pt 26, p. 46.

2925 P. Terneyre, « Les sociétés publiques locales », *JCP A*, 2011, n° 51-52, p. 24.

2926 *Ibid.*

2927 Le terme « quasi-régie », d'abord doctrinal, a été officialisé par la Commission de néologie, Vocabulaire de l'économie et des finances (liste de termes, expressions et définitions adoptés), *JORF* n° 0269 du 19 novembre 2008, Texte n° 97.

2928 L. Rapp, « Quasi-régie, quasi-régime », *op. cit.*, p. 588 et s.

2929 CJUE, 3 octobre 2019, *Irgita*, aff. C-285/18, *op. cit.*, pt 50 : « *Au vu des considérations qui précèdent, il convient de répondre à la troisième question, sous a), que l'article 12, paragraphe 1, de la directive 2014/24 doit être interprété en ce sens qu'il ne s'oppose pas à une règle nationale par laquelle un État membre subordonne la conclusion d'une opération interne, notamment à la condition que la passation d'un marché public ne permette pas de garantir la qualité des services réalisés, leur accessibilité ou leur continuité, tant que le choix exprimé en faveur d'un mode de prestation de services en particulier, et effectué à un stade antérieur à celui de la passation de marché public, respecte les principes d'égalité de traitement, de non-discrimination, de reconnaissance mutuelle, de proportionnalité et de transparence.* »

2930 Aut. conc., avis n° 11-A-18 du 24 novembre 2011, Création des sociétés publiques locales (SPL), pt 23 ; comm. P. Neveu, *JCP A*, 2012, n° 6, pp. 19-21 ; D.-A. Camous, V. Cuny, *RJEP*, 2012, n° 698, pp. 17-21.

favoriser l'« *esprit de famille* » sur l'efficacité économique comme l'observent les professeurs Llorens et Soler-Couteaux[2931]. Le professeur Brenet s'inquiète à ce titre de l'« *instrumentalisation* »[2932] de la coopération public-public « *dans le seul but de contourner les règles de mise en concurrence, sans sérieusement s'interroger sur la pertinence de leur choix et sans notamment l'éprouver en termes de rationalité économique* »[2933]. Par ailleurs, l'effectivité de l'exception impose en parallèle de limiter les risques de nuisance des entités « *in house* » sur le marché concurrentiel.

B. La prévention des distorsions de la concurrence issues de la coopération public-public et des candidatures des personnes publiques

774. **La responsabilisation concurrentielle du droit de la commande publique.** L'ouverture d'une exception à l'obligation de mise en concurrence de cette dimension peut, au premier abord, surprendre par les effets potentiels sur la concurrence effective. En effet, en réduisant le champ d'application de la mise en concurrence, le droit de la commande publique limite de surcroît les opportunités économiques des opérateurs privés sur le marché. Le professeur Devès note que la réduction des règles de mise en concurrence suppose en parallèle un encadrement juridique strict[2934]. Or, fonder un tel mécanisme sur la libre administration n'est *a priori* pas suffisant au regard de l'impact substantiel sur la concurrence. Le droit de la commande publique, en tant que droit spécial de la concurrence, manifeste une nouvelle fois la logique concurrentielle qui l'anime en encadrant soigneusement la coopération public-public afin d'éviter de fausser la concurrence. Deux solutions étaient envisageables : soit limiter les prestations intégrées à certains domaines, soit limiter les capacités d'action de ces entités sur le marché. La Cour puis le législateur européen ont suivi la seconde alternative en recherchant « *un équilibre entre la liberté des États membres d'organiser leurs secteurs publics et les objectifs du marché commun d'ouverture du marché et d'égalité de la concurrence* »[2935]. Cet équilibre se traduit selon le professeur Rapp par un « *régime bridé* »[2936]. Ce dernier limite le champ économique offert à l'entité « *in house* » ou à défaut, restreint manifestement les activités des coopérations horizontales sur le marché concurrentiel. Albert Sánchez-Graells ajoute sur ce point que les critères établis par la Cour de justice visent notamment à prévenir toutes distorsions de concurrence de telles

---

2931 F. Llorens, P. Soler-Couteaux, « Coopération public-public et droit communautaire : quelles perspectives ? », *CMP*, 2011, n° 12, repère 11.

2932 F. Brenet, « L'exception de "coopération" entre entités appartenant au secteur public dans les nouvelles directives », *op. cit.*, p. 852.

2933 *Ibid.*

2934 C. Devès, « Le "*in house*" toujours en chantier », *CMP*, n° 4, p. 9. V. égal. G. Marcou « Les modes de gestion des services publics locaux en Allemagne et l'ouverture à la concurrence », *RFDA*, 1995, p. 462 ; H. Wollmann, G. Marcou, *The Provision of Public Services in Europe: Between State, Local Government and Market*, Cheltenham, Edward Edgar Publishing, 2010, 288 p. ; C. Iannello, « La réforme des services publics locaux à caractère économique en Italie », *RFDA*, 2012, n° 3, p. 573.

2935 J. Wiggen, « Public procurement rules and cooperation between public sector entities: the limits of the in-house doctrine under EU procurement law », *op. cit.*, p. 158 (traduction libre de l'auteur).

2936 L. Rapp, « Quasi-régie, quasi-régime », *op. cit.*, p. 593.

entités[2937]. De même, nous rejoignons la position défendue par Élise Mouriesse dans sa thèse. Celle-ci précise que les différentes conditions posées pour bénéficier de la quasi-régie ont pour effet de rendre compatible le principe de libre gestion des personnes publiques avec les principes de concurrence et de transparence[2938].

775. **Entre craintes initiales et emploi du principe de concurrence lors de la construction de l'exception « *in house* ».** La consécration d'une exception à la mise en concurrence par la Cour de justice n'a pas été faite sans difficulté. Dès l'arrêt *Teckal*, une partie des juges européens, et plus particulièrement l'avocat général Cosmas, a alerté la Cour de justice sur les risques de distorsions de la coopération public-public. Une telle démarche n'est pas sans rappeler celle du commissaire du gouvernement (désormais rapporteur public) Braibant dans ses conclusions sur la décision *Unipain*[2939]. Ce dernier, se prononçant sur un domaine voisin, celui de l'autoprestation, remarquait que « *la généralisation de ce procédé pourrait, à la limite, mettre en cause l'existence même du secteur privé, dans les domaines où l'État constitue le client exclusif ou dominant, il peut en effet se substituer à ses fournisseurs, sans nationalisation, pour leur interdire d'atteindre une taille conforme aux exigences de la concurrence* »[2940]. Or, dans le cadre de l'arrêt *Teckal*, l'avocat général, dans ses conclusions, s'inquiète de la naissance d'une telle exception, car « *cela permettrait d'éluder les règles au mépris de l'objectif – consistant à assurer l'existence d'une concurrence libre et non faussée – que le législateur communautaire poursuit en coordonnant les procédures de passation des marchés publics de fournitures* »[2941]. Pour Albert Sánchez-Graells, la démarche suivie par l'avocat général est fondée sur le principe de concurrence[2942]. Nous pouvons entendre une telle analyse, mais il convient cependant d'ajouter que l'encadrement minutieux de la jurisprudence européenne vise également à maintenir l'effectivité de ce principe de la commande publique en muselant l'action de l'entité « *in house* » sur le marché concurrentiel[2943]. La Cour de justice propose plus exactement un compromis entre le principe de libre administration et celui de concurrence.

776. **Le critère de l'essentiel de l'activité.** Dès l'origine de la coopération public-public, la Cour a imposé, pour bénéficier de l'exception, que l'entité dédiée réalise l'essentiel de son activité avec le ou les pouvoirs adjudicateurs qui la contrôlent. Un tel critère permet de garantir un contrôle effectif du pouvoir adjudicateur[2944], mais aussi de limiter substantiellement les risques sur le marché traditionnel. À ce titre, l'avocat général Léger souligne dans ses conclusions sur l'arrêt *ARGE* que cette « *quasi-exclusivité* »[2945] a pour objectif de borner les prestations fournies

---

2937 A. Sánchez-Graells, *Public Procurement and the EU Competition Rules*, 2e éd., *op. cit.*, p. 267.
2938 E. Mouriesse, *La quasi-régie en droit public français*, *op. cit.*, p. 403.
2939 CE, 29 avril 1970, *Unipain*, n° 77935, *Rec.* p. 280 ; comm. J. Waline, *RDP*, 1970, p. 1423.
2940 G. Braibant, *AJDA*, 1970, p. 430 et s.
2941 Conclusions de l'avocat général G. Cosmas présentées le 1er juillet 1999, aff. C-107/98, EU:C:1999:344, pt 65.
2942 A. Sánchez-Graells, *Public Procurement and the EU Competition Rules*, 2e éd., *op. cit.*, p. 265 et s.
2943 D. Casas, « Les personnes publiques et les règles de concurrence : vers l'égale concurrence ? », *op. cit.*, p. 21.
2944 J. Martin, « Les prestations "in house" et les marchés publics », mémoire Université Paris 2 Panthéon-Assas, 2002, p. 39. C.-A. Dubreuil, *Droit des contrats administratifs*, *op. cit.*, pt 182, p. 83.
2945 Conclusions de l'avocat général P. Léger présentées le 15 juin 2000, aff. C-94/99, *op. cit.*, pt 74.

aux seules « *fins publiques* »[2946] et par conséquent à « *l'isoler du marché* »[2947]. En effet, le rapport de propriété mis en place conduit à écarter la nécessité d'une « *concurrence qui n'a, en ce cas, plus lieu d'être* »[2948]. Ainsi, c'est une nouvelle fois sur le fondement du principe de concurrence que la Cour de justice refuse de comptabiliser l'activité faite pour une collectivité qui ne contrôle pas l'entité, mais qui est pourtant imposée par le pouvoir adjudicateur contrôleur[2949]. Dans une telle situation l'entité n'a « *pas de vocation de marché prédominante* »[2950]. Pour l'avocat général Campos Sánchez-Bordona, il est nécessaire de s'attarder sur la distinction forte qui existe entre les activités « *marginales* » et les missions « *essentielles* » des entités « *in house* »[2951]. Alors que dans le cadre de ses activités marginales, l'entité « *opère sur le marché et peut entrer en concurrence, sur un pied d'égalité, avec le reste des opérateurs économiques* », dans le cadre de ses activités essentielles, elle bénéficie d'une protection de son activité[2952]. Cela confirme les positions du professeur Martin selon lesquelles le critère de l'activité essentielle exclut *de facto* toute entité ayant vocation à exercer des « *activités commerciales* »[2953]. L'importance dudit critère a été une nouvelle fois perceptible lors de sa consécration par les directives européennes. En dépit du projet initial de fixer un seuil de 90 %[2954] et des craintes de détermination d'un seuil[2955], le législateur européen a retenu finalement un seuil de 80 %[2956]. Ce dernier, moins restrictif, semble selon le professeur Dreyfus plus proche de la démarche jurisprudentielle initiale[2957].

777. **L'absence de capitaux privés : la fermeté révélatrice du droit de la commande publique.** En dépit d'une ouverture par les directives « marchés publics » et « concessions » de la coopération public-public aux capitaux privés, limitée à certaines situations exceptionnelles, le principe directeur de cette exception demeure confirmé. L'avocat général Kokott observe que l'exigence imposée par

---

2946 *Ibid.*

2947 A. Sánchez-Graells, *Public Procurement and the EU Competition Rules*, 2e éd., *op. cit.*, pp. 268-269 (traduction libre de l'auteur).

2948 Conclusions, aff. C-94/99, *op. cit.*, pt 76.

2949 CJUE, 8 décembre 2016, *Undis Servizi*, aff. C-553/15, EU:C:2016:935, pt 33 ; comm. E. Daniel, *Europe*, 2017, n° 2, p. 24.

2950 Comm. eur., Document de travail concernant l'application du droit de l'Union européenne sur les marchés publics aux relations entre pouvoirs adjudicateurs (« coopération public-public »), *op. cit.*, p. 16.

2951 Conclusions de l'avocat général M. Campos Sánchez-Bordona présentées le 27 avril 2017, aff. C-567/15, EU:C:2017:319, pt 75 ; comm. L. Durviaux, *RTDE*, 2018, pp. 381-385.

2952 *Ibid.*

2953 J. Martin, « Les prestations "in house" et les marchés publics », *op. cit.*, p. 39.

2954 Proposition de directive du Parlement européen et du Conseil sur l'attribution de contrats de concession, 2011/0437, article 15. Ce chiffre de 90 % avait déjà été jugé satisfaisant par la Cour de justice dans son arrêt du 19 avril 2007, *Asemfo*, aff. C-295/05, *op. cit,* pt 63.

2955 L'avocat général Stix-Hackl s'inquiète au pt 93 de ses conclusions sur l'arrêt *Stadt Halle*, aff. C-26/03, *op. cit.*, d'un seuil fixe. Une telle rigidité « *ne permet pas la prise en compte d'éléments qualitatifs* ».

2956 Avant la consécration de l'exception dans les directives, le critère de l'activité essentielle devait être interprété au cas par cas. V. sur ce point K. Weltzien, « Avoiding the Procurement Rules by Awarding Contracts to an In-House Entity: The Scope of the Procurement Directives in the Classical Sector », *op. cit.*, p. 249.

2957 J.-D. Dreyfus, « Resserrement des conditions de recours au contrat *in house* », *AJDA*, 2013, n° 3, p. 180. V. égal. J.-C. Boual, C. Zadra-Veil, « L'internalisation des missions de service public : l'Union européenne et les organisations publiques locales », *op. cit.*, p. 51.

l'arrêt *Stadt Halle* est une « *condition plus stricte que, par exemple, en droit de la concurrence* »[2958]. En effet, le droit de la commande publique, en organisant une telle exception, poursuit deux objectifs à travers ce critère : tout d'abord, la protection de la concurrence par les mérites en évitant de favoriser un opérateur privé présent au capital de l'entité dédiée, puis le maintien de l'effectivité du droit de la commande publique, en limitant significativement le périmètre de l'exception. Cette combinaison explique la rigidité de la jurisprudence sur ce point précis. Cette dernière rappelle régulièrement que ladite condition a pour finalité d'éviter toute distorsion de concurrence entre les opérateurs privés en évitant d'accorder un « *avantage* »[2959] à un opérateur en particulier. L'arrêt *Stadt Halle* indique d'ailleurs que « l'attribution d'un marché public à une entreprise d'économie mixte sans appel à la concurrence porterait atteinte à l'objectif de concurrence libre et non faussée et au principe d'égalité de traitement des intéressés visé à la directive 92/50, dans la mesure où, notamment, une telle procédure offrirait à une entreprise privée présente dans le capital de cette entreprise un avantage par rapport à ses concurrents»[2960]. Cette solution est partagée par le législateur européen. Le considérant 31 de la directive 2014/24/UE relève à ce titre qu'il « *convient de veiller à ce qu'aucune coopération public-public ainsi exclue n'entraîne de distorsion de concurrence à l'égard des opérateurs économiques privés dans la mesure où cela place un prestataire de services privé dans une situation privilégiée par rapport à ses concurrents* ». La Cour poursuit la même finalité lorsqu'elle impose le critère de l'intérêt public pour la coopération horizontale. Ainsi, la privatisation de 49 % du capital d'une entité « *in house* » après l'attribution d'un contrat sans mise en concurrence est considérée par la Commission européenne comme restrictive pour la concurrence, économiquement inefficace et source de distorsions sur le marché[2961]. Enfin, le juge européen, dans son arrêt *Sea*, souligne

---

2958 Conclusions de l'avocat général Kokott, présentées le 1er mars 2005, aff. C-458/03, EU:C:2005:123, pt 52. V. égal. K. Weltzien, « Avoiding the Procurement Rules by Awarding Contracts to an In-House Entity: The Scope of the Procurement Directives in the Classical Sector », *op. cit.*, p. 249 et s. ; A. Sánchez-Graells, *Public Procurement and the EU Competition Rules*, 2e éd., *op. cit.*, pp. 266-267 ; D. Castro-Villacañas Pérez, « La doctrina *in house providing* y el derecho de defensa de la competencia. Algunos comentarios sobre el caso Tragsa », in *Anuario de la Competencia 2006*, L. Cases (dir.), Madrid, Marcial Pons, 2007, p. 356.

2959 CJCE, 11 janvier 2005, *Stadt Halle et RPL Lochau*, aff. C-26/03, *op. cit.*, pt 51. V. égal. les conclusions de l'avocat général Geelhoed présentées le 21 avril 2005, aff. C-29/04, EU:C:2005:247, pt 44, dans lesquelles on trouve, une nouvelle fois, la trace du principe de concurrence : « *Dans cette affaire, une des raisons pour laquelle la Cour a jugé de la sorte est le fait que l'attribution d'un marché public à une entreprise d'économie mixte sans appel à la concurrence porterait atteinte à l'objectif de concurrence libre et non faussée et au principe d'égalité de traitement des intéressés visé à la directive 92/50, dans la mesure où, notamment, une telle procédure offrirait à une entreprise privée présente dans le capital de cette entreprise un avantage par rapport à ses concurrents.* »

2960 CJCE, 11 janvier 2005, *Stadt Halle et RPL Lochau*, aff. C-26/03, *op. cit.*, pt 50. V. égal. CJCE, 9 juin 2009, *Commission c/ Allemagne*, aff. C-480/06, *op. cit.*, pt 47 ; comm. J.-D. Dreyfus, S. Rodrigues, *AJDA*, 2009, pp. 1717-1721 ; E. Broussy, F. Donnat, C. Lambert, *AJDA*, 2009, pp. 1540-1542 ; D. Simon, *Europe*, 2009, n° 8-9, pp. 23-24 ; B. Pirker, *RDUE*, 2009, n° 3, pp. 570-574 ; A. Santamaría Dacal, *RJEP*, 2009, n° 670, pp. 24-25 ; A. Chaminade, *JCP G*, 2010, n° 363, pp. 662-664.

2961 Comm. eur., communiqué IP/03/486 du 3 avril 2003, « Marchés publics : la Commission européenne demande à l'Italie et à l'Autriche de respecter le droit communautaire », http://europa.eu/rapid/press-release_IP-03-486_fr.htm?locale=FR (consulté le 20/02/2021). V. égal. G. Skovgaard Ølykke, C. Fanøe Andersen, « A State Aid Perspective on Certain Elements of Article 12 of the New Public Sector Directive on In-House Provision », *op. cit.*, p. 1.

que de telles modifications postérieures provoquent le « *changement d'une condition fondamentale du marché qui nécessiterait une mise en concurrence* »[2962] et justifient la « *position inflexible* »[2963] du droit de la commande publique dans le maintien d'un tel critère.

778. **La prévention des aides d'État lors de candidatures de personnes publiques : le recours aux offres anormalement basses.** Outre son intérêt en matière d'ouverture des appels d'offres aux candidatures de personnes publiques, la jurisprudence *CoNISMa* et ses confirmations ultérieures écartent explicitement les craintes d'aides d'État dans le cadre de candidatures publiques[2964]. La Cour de justice use alors du contrôle des offres anormalement basses, outil étudié précédemment[2965]. Ce mécanisme garantit une proportionnalité entre les risques inhérents à de telles candidatures et la nécessité d'offrir une concurrence effective pour les acheteurs publics. Une nouvelle fois, le droit de la commande publique offre un instrument de prévention des distorsions de la concurrence et complète naturellement la réglementation proposée par le droit de la concurrence. Un tel encadrement, le seul offert par le droit européen de la commande publique, nécessite cependant de recourir une nouvelle fois à la logique offerte par le droit de la concurrence, comme le précise régulièrement le Conseil d'État[2966].

779. **La poursuite d'une égale concurrence entre les opérateurs économiques.** Nos précédents propos ont permis de souligner le glissement progressif de la jurisprudence française d'une non-concurrence des opérateurs publics vers une égale concurrence. Ce long processus vers une « *abolition des privilèges* »[2967], selon la formule du professeur Jégouzo, bénéficie naturellement de l'influence européenne et de la flexibilité offerte par la Cour de justice en faveur des candidatures publiques, celle-ci ayant rapidement eu recours au principe d'égalité de traitement pour admettre des candidatures de personnes publiques[2968]. Le professeur Linotte précise à ce titre que l'« *égalité des divers acteurs est une condition de la saine concurrence* »[2969]. Didier Casas perçoit dans cette quête d'égale concurrence

---

2962 CJCE, 10 septembre 2009, *Sea*, aff. C-573/07, *op. cit.*, pt 53 ; Comm. eur., Document de travail concernant l'application du droit de l'Union européenne sur les marchés publics aux relations entre pouvoirs adjudicateurs (« coopération public-public »), *op. cit.*, p. 9.

2963 A. Brown, H. Smith, « Application of the Procurement Directives to Contracts Awarded by Public Bodies to Subsidiaries and the Scope of the Remedies Directive: A Note on Case C-26/03, Stadt Halle », *PPLR*, 2005, n° 3, p. NA75 (traduction libre de l'auteur).

2964 CJCE, 23 septembre 2009, *CoNISMa*, aff. C-305/08, *op. cit.*, pt 33 : « *Il convient également de rappeler à cet égard les obligations et les possibilités dont dispose un pouvoir adjudicateur, en vertu de l'article 55, paragraphe 3, de la directive 2004/18, en cas d'offres anormalement basses du fait de l'obtention par un soumissionnaire d'une aide d'État. La Cour a d'ailleurs reconnu que, dans certaines circonstances particulières, le pouvoir adjudicateur a l'obligation, ou à tout le moins la possibilité, de prendre en considération l'existence de subventions, et notamment d'aides non conformes au traité, afin, le cas échéant, d'exclure les soumissionnaires qui en bénéficient (voir, en ce sens, arrêt du 7 décembre 2000, ARGE, C-94/99, Rec. p. I -11037, point 29).* » V. égal. CJUE, 18 décembre 2014, *Azienda Ospedaliero-Universitaria di Careggi-Firenze*, aff. C-568/13, *op. cit.*, pt 45 et s.

2965 V. *supra* pt 273 et s.

2966 V. not. CE, Ass., 30 décembre 2014, *Société Armor SNC*, n° 355563, *op. cit.*

2967 Y. Jégouzo, « Égalité des sociétés du secteur public et du secteur privé », *Revue des sociétés*, 1970, p. 415.

2968 CJCE, 21 mars 1991, *Italie c/ Commission*, aff. C-303/88, *op. cit.*, pt 20 ; comm. A. Carnelutti, *Gaz. Pal.*, 1992, I Jur., pp. 202-203 ; CJCE, 7 décembre 2000, *ARGE*, aff. C-94/99, *op. cit.*, pt 29.

2969 D. Linotte, « Principes d'égalité, de liberté, de commerce et de l'industrie et droit de la concurrence », *op. cit.*, p. 18.

l'influence directe du droit de la concurrence sur le droit de la commande publique. Il parle à cette occasion de « *conception moderne des règles de concurrence* »[2970]. Outre la diversification des candidatures, l'équilibre recherché par la jurisprudence, qu'elle soit française ou européenne, consiste, par l'intermédiaire du principe de concurrence, voire du droit de la concurrence lui-même, à écarter les distorsions inhérentes à la participation de personnes publiques. Ainsi, la nature publique d'un opérateur économique n'entraîne pas *de facto* un avantage concurrentiel[2971]. La recherche d'une telle égalité économique permet d'encourager le droit de la commande publique à prévenir la formation de biais anticoncurrentiels et de rechercher des mécanismes correctifs préservant la concurrence effective sur le marché. Or, malgré leur efficacité, les mécanismes mis en place peuvent encore être perfectionnés.

§ 2. Un encadrement perfectible

780. Nos précédents développements ont souligné l'importance, tant pour la Cour de justice que pour le législateur européen, de concilier la coopération public-public et les candidatures publiques avec le maintien d'une concurrence effective. Le droit de la commande publique, par l'usage notamment du principe de concurrence, démontre une nouvelle fois la logique concurrentielle qui irrigue cette matière. Celui-ci devient l'outil de contrôle le plus adapté pour les acheteurs publics et autorités concédantes pour garantir la concurrence[2972]. Or, en dépit des efforts du droit de la commande publique pour prévenir les distorsions de la concurrence, plusieurs zones d'ombre subsistent. Ainsi, la coopération public-public encadre une exception pour la seule application du droit de la commande publique, exception qui ne saurait être transposée au droit de la concurrence. Ce dernier conserve alors tout son dynamisme, ce qui entraîne le risque de confrontations potentielles avec le régime juridique de la coopération public-public[2973].

781. De la même façon, les candidatures des personnes publiques impliquent inévitablement des risques de distorsions de la concurrence. Rappelons la position du Conseil de la concurrence (désormais Autorité de la concurrence) sur la question des candidatures publiques, lequel signale que « *le bon fonctionnement de la concurrence sur un marché n'implique pas nécessairement que tous les opérateurs se trouvent dans des conditions d'exploitation identiques. Il suppose toutefois qu'aucun opérateur ne bénéficie pour son développement de facilités que les autres*

2970 D. Casas, « Les personnes publiques et les règles de concurrence : vers l'égale concurrence ? », *op. cit.*, pp. 19-21.

2971 Pour une illustration sur l'absence d'avantage du bénéfice du statut de la fonction publique, v. en ce sens Cons. conc., avis n° 96-A-10 du 25 juin 1996, Demande d'avis de l'Association française des banques concernant le fonctionnement des services financiers de La Poste au regard du droit de la concurrence, *BOCCRF* n° 14 du 3 septembre 1996, pp. 444-456

2972 S. Destours, « Le droit de la concurrence, source du droit des marchés publics ? », *op. cit.*, p. 52 ; O. Guézou, « Droit de la concurrence et droit des marchés publics : vers une notion transversale de mise en libre concurrence », *op. cit.*, p. 44.

2973 E. Mouriesse, *La quasi-régie en droit public français*, *op. cit.*, pt 611, p. 397 ; A.-C. Bezzina, « Plaidoyer en faveur de la relation in house. À propos des évolutions récentes de la jurisprudence européenne », *op. cit.*, p. 43.

ne pourraient obtenir et d'une ampleur telle qu'elles lui permettent de fausser le jeu de la concurrence, sauf à ce qu'elles soient justifiées par des considérations d'intérêt général »[2974]. Ces craintes de distorsions conduisent naturellement le droit de la commande publique à développer des réflexes pour protéger l'ordre public concurrentiel. À cette fin, il utilise le principe de concurrence pour préserver l'égale concurrence sur le marché[2975]. Le droit de la commande publique peut également compter sur le secours du droit de la concurrence afin de proposer des solutions capables de « *neutraliser les avantages et inconvénients qui découlent de leur statut [public]* »[2976]. Le droit de la commande publique peut alors « *emprunter le corpus juridique* »[2977] du droit de la concurrence. Parmi les craintes de distorsions de la concurrence éventuelles, deux nous paraissent particulièrement crédibles[2978] : les aides d'État (A) et les financements croisés (B).

A. Les aides d'État et la coopération public-public

782. La possibilité de qualifier d'aides d'État au sens de l'article 107 TFUE des financements publics octroyés à des entités contrôlées est régulièrement mise en évidence par la doctrine européenne. Ce risque est d'ailleurs souligné par la Commission notamment dans son document de travail sur la coopération public-public[2979]. Elle y précise que l'exception de mise en concurrence offerte par le droit de la commande publique est « *sans préjudice des règles de l'Union européenne en matière de concurrence et d'aides d'État* »[2980]. Or, pour appliquer le droit de la concurrence et plus particulièrement le droit des aides d'État à de telles entités, il est impératif de les qualifier préalablement d'entreprises (1) puis d'identifier un possible avantage au sens de l'article 107 TFUE (2).

1. Les entités dédiées comme entreprises au sens du droit de la concurrence

783. **La nécessité d'une entreprise comme bénéficiaire d'un avantage économique.** L'article 107 TFUE vise les aides qui faussent ou menacent de fausser la concurrence en favorisant certaines entreprises ou certaines productions. La pratique décisionnelle de la Commission européenne rappelle régulièrement la nécessité d'être

2974 Cons. conc., avis n° 99-A-21 du 8 décembre 1999, *op. cit.*, Citant l'avis n° 96-A-12 du 17 septembre 1996.

2975 M. Karpenschif, « L'égale concurrence et les entreprises publiques locales », *op. cit.*, p. 28 ; S. Destours, « Le droit de la concurrence, source du droit des marchés publics ? », *op. cit.*, p. 52.

2976 B. Delaunay, *Droit public de la concurrence*, 2e éd., *op. cit.*, pts 273-274, pp. 158-160.

2977 C. Roux, « La personne publique, candidate à la commande publique », *op. cit.*, p. 855.

2978 Élise Mouriesse relève la nécessité de s'interroger sur les risques d'ententes entre plusieurs entités *in house*. Toutefois, l'encouragement de stratégies de groupes pour les acheteurs publics semble plutôt embrasser la logique des accords intragroupes sans autonomie suffisante des entités dédiées. En ce sens, E. Mouriesse, *La quasi-régie en droit public français*, *op. cit.*, pt 646, p. 418 ; H. Hoepffner, *Droit des contrats administratifs*, *op. cit.*, pt 238, p. 203.

2979 Pour une illustration plus récente, Comm. eur., Livre vert sur la modernisation de la politique de l'UE en matière de marchés publics, « Vers un marché européen des contrats publics plus performant », *op. cit.*, p. 23.

2980 Comm. eur., Document de travail concernant l'application du droit de l'Union européenne sur les marchés publics aux relations entre pouvoirs adjudicateurs (« coopération public-public »), *op. cit.*, p. 4. V. égal. CE, *Étude annuelle 2015 – L'action économique des personnes publiques*, Paris, La Documentation française, 2015, p. 167.

en présence d'une entreprise pour utiliser ces dispositions. Ainsi, sa communication relative à la notion « d'aide d'État » visée à l'article 107, paragraphe 1, du TFUE en fait expressément état. Elle souligne que « *[l]es règles en matière d'aides d'État ne s'appliquent que lorsque le bénéficiaire d'une mesure est une "entreprise"* »[2981]. C'est à ce titre que la Commission a refusé de qualifier d'aides d'État des subventions d'équilibre en faveur de la Caisse de retraite de la RATP, car cette dernière « *ne constitue pas une entreprise au sens du droit communautaire de la concurrence* »[2982].

784. **La qualification des entités dédiées comme entreprises.** La notion d'entreprise est mentionnée à plusieurs reprises dans les articles du traité portant sur la concurrence, sans pour autant être définie par le droit primaire. Cette notion, fondamentale tant pour les règles relatives aux pratiques anticoncurrentielles des entreprises que pour celles sur les États membres, a été étayée par la jurisprudence. Dans un premier temps, la Cour de justice a qualifié d'entreprise « *une organisation unitaire d'éléments personnels, matériels et immatériels, rattachée à un sujet juridiquement autonome, et poursuivant d'une façon durable un but économique déterminé* »[2983]. L'arrêt *Höfner* précise quant à lui la portée de la notion d'entreprise. Il définit comme entreprise « *toute entité exerçant une activité économique, indépendamment du statut juridique de cette entité et de son mode de financement* »[2984]. La Cour a ajouté que cette qualification ne suppose pas « *la rentabilité de cette activité* »[2985]. Désormais, la notion d'activité économique devient centrale pour qualifier une entité d'entreprise au sens du droit de la concurrence. Malgré les difficultés à conceptualiser cette notion[2986], l'activité économique consiste à « *offrir des biens ou des services sur un marché donné* »[2987]. Dès lors, une telle offre repose sur des propositions de « *prestations fournies normalement contre rémunération* »[2988], voire contre une « *contrepartie économique* »[2989]. Au vu des critères de qualification offerts par la jurisprudence, la doctrine identifie naturellement, dans les entités contrôlées, des entreprises au sens du droit de la concurrence[2990].

2981 Comm. eur., Communication relative à la notion d'« aide d'État » visée à l'article 107, paragraphe 1, du traité sur le fonctionnement de l'Union européenne, *op. cit.*, pt 6.

2982 Comm. eur., déc. 2009/945/CE du 13 juillet 2009, concernant la réforme du mode de financement du régime de retraite de la RATP [aide d'État C 42/07 (ex N 428/06)] que la France envisage de mettre à exécution en faveur de la RATP, *JOUE* n° L 327 du 12 décembre 2009, pp. 21-36, considérant 152.

2983 CJCE, 13 juillet 1962, *Mannesmann AG c/ Haute Autorité*, aff. C-19/61, EU:C:1962:31 ; comm. R. Lapenna, *Rivista di diritto europeo*, 1962, pp. 316-317.

2984 CJCE, 23 avril 1991, *Höfner*, aff. C-41/90, *op. cit.*, pt 21 ; comm. M.-A. Hermitte, *JDI*, 1992, pp. 467-470 ; A. Carnelutti, *Gaz. Pal.*, 1992, I Jur., pp. 200-201.

2985 CJUE, 19 décembre 2012, *Mitteldeutsche Flughafen et Flughafen Leipzig-Halle c/ Commission*, aff. C-288/11 P, EU:C:2012:821, pt 50 ; comm. L. Idot, *Europe*, 2013, n° 2, p. 42 ; L. Grard, *RTDE*, 2013, p. 371 ; M. Aubert, E. Broussy, H. Cassagnabère, *AJDA*, 2013, pp. 1163-1164.

2986 E. Bernard, « "L'activité économique", un critère d'applicabilité du droit de la concurrence rebelle à la conceptualisation », *RIDE*, 2009, n° 3, pp. 353-385.

2987 TPICE, 4 mars 2003, *FENIN*, aff. T-319/99, *op. cit.*, pt 36.

2988 CJCE, 27 septembre 1988, *Humbel et Edel*, aff. C-263/86, EU:C:1988:451, pt 15 ; comm. L. Cartou, *Recueil Dalloz Sirey*, 1989, p. 225 ; M.-C. Boutard-Labarde, *JDI*, 1989, pp. 421-422.

2989 *Ibid.*, pt 17.

2990 S. Nicinski, « Les sociétés publiques locales et le droit de la concurrence », *op. cit.*, p 1137 ; E. Mouriesse, *La quasi-régie en droit public français*, *op. cit.*, p. 415 et s. ; G. Skovgaard Ølykke, C. Fanøe Andersen, « A State Aid Perspective on Certain Elements of Article 12 of the New Public Sector Directive on In-House

785. En effet, l'argumentation selon laquelle il n'y a pas d'activité économique lorsque l'entité en cause ne vise qu'à répondre aux besoins des personnes publiques qui la contrôlent est systématiquement rejetée par le juge européen[2991]. Sur ce point, la professeure Idot observe qu'une activité est économique « *soit parce qu'elle est susceptible d'être exercée par une entreprise privée, soit parce qu'elle se trouve en concurrence avec une activité comparable exercée d'ores et déjà par des entreprises* »[2992]. Or, les activités des entités contrôlées sont réalisées en dépit d'une concurrence privée sur le marché. La jurisprudence perçoit dans « *le fait qu'une activité puisse être exercée par une entreprise privée* »[2993] un « *indice [...] permettant de qualifier l'activité en cause d'activité [économique]* »[2994]. La faculté des entités contrôlées d'exercer 20 % de leur activité sur le marché traditionnel illustre d'ailleurs la nature évidemment économique de ces activités, les conduisant à proposer des biens et surtout des services sur le marché. Ce raisonnement a conduit l'Autorité de la concurrence à signaler que les sociétés publiques locales sont susceptibles d'être qualifiées d'entreprises et donc d'être soumises aux règles de la concurrence[2995]. De même, la Commission européenne a confirmé une telle analyse à l'occasion de sa communication relative à la notion « d'aide d'État » en visant explicitement les situations de quasi-régie[2996].

786. **Une qualification consacrée par le droit souple.** La communication de la Commission européenne relative à la notion « d'aide d'État » apporte des éclaircissements significatifs sur la possibilité de qualifier les entités « *in house* » d'entreprises au sens du droit de la concurrence. Elle affirme plus précisément que « *[l]a décision d'une autorité publique de ne pas permettre à des tiers de fournir un service donné (par exemple, parce qu'elle souhaite le fournir elle-même) ne signifie pas qu'aucune activité économique n'est exercée. En dépit d'une telle fermeture du marché, il est possible de conclure à l'existence d'une activité économique lorsque d'autres opérateurs sont désireux et capables de fournir le service en question sur le marché concerné. Plus généralement, le fait qu'un service donné soit fourni par l'autorité elle-même n'a aucune incidence sur la nature économique de l'activité* »[2997]. Ce faisant, une présomption d'activité économique est retenue lorsque l'activité en cause est réalisée sur un marché

Provision », *op. cit.*, p. 3 ; conclusions de l'avocat général L. Geelhoed, présentées le 28 septembre 2006, aff. C-295/05, EU:C:2006:619, pt 68.

2991 CJCE, 22 décembre 2008, *British Aggregates c/ Commission*, C-487/06 P, EU:C:2008:757, pts 84 et 85 ; comm. L. Idot, *Europe*, 2009, n° 2, p. 39 ; J.-Y. Chérot, *Concurrences* n° 1-2009, art. n° 23586, p. 153 ; A. Maitrepierre, *RLC*, 2009, n° 1, pp. 181-182 ; Trib. UE, 15 décembre 2016, *Royaume d'Espagne c/ Commission*, aff. T-808/14, EU:T:2016:734, pt 59 ; comm. L. Idot, *Europe*, 2017, n° 2, pp. 32-33.

2992 L. Idot, « La notion d'entreprise en droit de la concurrence, révélateur de l'ordre concurrentiel », in *L'ordre concurrentiel. Mélanges en l'honneur d'Antoine Pirovano*, *op. cit.*, p. 528, pt 14.

2993 CJCE, 24 octobre 2002, *Aéroports de Paris c/ Commission*, aff. C-82/01 P, EU:C:2002:617, pt 82 ; comm. N. Falcone, *RDUE*, 2002, n° 4, pp. 857-859 ; J.-Y. Chérot, *AJDA*, 2003, pp. 437-442.

2994 *Ibid.*

2995 Aut. conc., avis n° 11-A-18 du 24 novembre 2011, *op. cit.* ; v. en ce sens DGCCRF, déc. du 2 mai 2016, Pratiques anticoncurrentielles relevées dans le secteur des services funéraires à Albi, dans le secteur des transports sanitaires des centres hospitaliers de Châteaubriant et de Pouancé et dans le secteur du déménagement de particuliers en Isère.

2996 Comm. eur., Communication relative à la notion d'« aide d'État » visée à l'article 107, paragraphe 1, du traité sur le fonctionnement de l'Union européenne, *op. cit.*, pt 14.

2997 *Ibid.*

contestable. Par conséquent, peu d'activités des entités contrôlées pourront échapper à la qualification d'activité économique. Pour ce faire, il faudrait que l'activité concernée se situe hors du marché et à l'abri de toutes velléités commerciales de la part des opérateurs économiques tiers.

2. La coopération public-public comme source d'avantages éventuels au sens de l'article 107 TFUE

787. **Entre concurrence résiduelle et concurrence effective sur le marché.** L'encadrement strict de la coopération public-public par le droit de la commande publique limite substantiellement l'accès au marché pour les entités contrôlées. Cela étant, sur la base des apports de la jurisprudence *Sea*[2998], la Commission européenne distingue les entités « *in house* » des entreprises classiques, par l'absence de « *vocation de marché prédominante* »[2999]. En effet, l'entité ne peut opérer sur le marché concurrentiel qu'à titre « *accessoire* »[3000]. Seulement 20 % de son activité peut donc être réalisée au profit de tiers et entrer en concurrence avec d'autres opérateurs économiques. La coopération public-public adopte sur ce point une logique pragmatique. En effet, l'entité, forte d'une activité régulière avec les acheteurs publics présents à son capital, peut générer des surcapacités pouvant faire l'objet d'une activité économique classique[3001]. Toutefois, cette surcapacité doit être inhérente à l'activité principale et ne doit pas avoir pour finalité l'accès au marché traditionnel. Ce motif expliquait notamment le seuil de participation sur le marché fixé à 10 % dans la proposition initiale des institutions européennes[3002]. Ce seuil, fixé finalement à 20 %, garantit d'une part, l'effectivité économique de la coopération public-public et, d'autre part, dynamise la concurrence sur le marché.

788. **La garantie illimitée : le précédent des établissements publics industriels et commerciaux.** Le contentieux portant sur la qualification des garanties illimitées en aides d'État mérite de s'attarder quelque peu sur la position de la jurisprudence. En effet, dans le cadre de l'affaire relative à La Poste, la Cour de justice a précisé que de telles garanties accordées aux établissements publics industriels et commerciaux (ci-après EPIC) sont susceptibles d'être contraires à l'article 107 TFUE. La Cour, dans un premier temps, observe qu'un faisceau d'indices « *sérieux, précis et concordants* »[3003] permet de démontrer qu'il existe

---

2998 Pts 66 et 79 de l'arrêt précité dans l'affaire C-573/07.

2999 Comm. eur., Document de travail concernant l'application du droit de l'Union européenne sur les marchés publics aux relations entre pouvoirs adjudicateurs (« coopération public-public »), *op. cit.*, p. 16.

3000 Pts 79 de l'arrêt précité dans l'affaire C-573/07 ; Comm. eur., Document de travail concernant l'application du droit de l'Union européenne sur les marchés publics aux relations entre pouvoirs adjudicateurs (« coopération public-public »), *op. cit.*, p. 16.

3001 K. Weltzien, « Avoiding the Procurement Rules by Awarding Contracts to an In-House Entity: The Scope of the Procurement Directives in the Classical Sector », *op. cit.*, p. 249.

3002 En ce sens, v. l'article 15 de la proposition de directive du Parlement européen et du Conseil sur l'attribution de contrats de concession, *op. cit.*, et l'article 11 de la proposition de directive du Parlement européen et du Conseil sur la passation des marchés publics, 2011/0438 (COD). Ce chiffre confirmait celui de la Cour de justice dans son arrêt *Asemfo*, aff. C-295/05, *op. cit.*, et représentait « *l'essentiel de l'activité* » de l'entité (pt 63 de l'arrêt).

3003 CJUE, 3 avril 2014, *République française c/ Commission*, aff. C-559/12 P, EU:C:2014:217, pt 65 ; comm. A. Farache, *RLDA*, 2014, n° 93, pp. 51-52 ; L. Idot, *Europe*, 2014, n° 6, p. 34 ; P. Bourdon, *Revue de l'Union européenne*, 2015, n° 591, pp. 523-528 ; J.-M. Pastor, *AJDA*, 2014, p. 767.

une obligation en droit interne « *de couvrir les pertes d'un EPIC défaillant et donc, conformément à la jurisprudence constante, un risque économique suffisamment concret de charges grevant le budget étatique* »[3004]. Une telle garantie constitue un avantage économique du fait de l'exclusion de toutes possibilités de faillite ou d'insolvabilité et facilite nécessairement les conditions de financement de tels établissements[3005].

789. La Cour de justice ajoute en second lieu qu'il « *existe une présomption simple selon laquelle l'octroi d'une garantie implicite et illimitée de l'État en faveur d'une entreprise qui n'est pas soumise aux procédures ordinaires de redressement et de liquidation a pour conséquence une amélioration de sa position financière par un allégement des charges qui, normalement, grèvent son budget* »[3006]. La jurisprudence européenne a cependant rapidement restreint la portée de son arrêt dit « La Poste ». Le Tribunal, en effet, « *adresse un sévère rappel à l'ordre [à] la Commission* »[3007] en lui imposant le soin de démontrer l'existence d'un avantage économique réel[3008]. Plus concrètement, la Commission européenne doit pouvoir attester que la garantie illimitée est appréciée comme un avantage par les fournisseurs de l'EPIC en cause, que ces derniers le répercutent sur les prix et enfin que la baisse des prix est imputable à cette situation financière[3009]. Plus récemment, dans son arrêt *IFP Énergies nouvelles*, le juge européen a souligné que la présomption d'existence d'un avantage ne pouvait être renversée « *que dans la mesure où il est démontré que, compte tenu du contexte économique et juridique dans lequel s'insère la garantie rattachée au statut de l'EPIC concerné, ce dernier n'a pas obtenu dans le passé et, selon toute plausibilité, n'obtiendra pas dans l'avenir un quelconque avantage économique réel de cette garantie* »[3010].

790. **La garantie illimitée accordée à l'entité contrôlée.** La faculté pour la Commission européenne et le juge de qualifier une entité contrôlée d'entreprise au sens de l'article 107 TFUE ouvre naturellement la voie à une transposition de la problématique des EPIC vers la coopération public-public. Dans sa thèse de doctorat, Élise Mouriesse invite la doctrine à transposer le raisonnement proposé par la Cour de justice dans son arrêt dit « La Poste » et ainsi éviter de reproduire les mêmes erreurs qu'en matière d'EPIC[3011]. Il incombe donc à la personne publique contrôlante de limiter les garanties accordées à celles qu'un investisseur privé en situation

---

3004 *Ibid.*

3005 *Ibid.*, pt 97. V. égal. Communication de la Commission sur l'application des articles 87 et 88 du traité CE aux aides d'État sous forme de garanties, *op. cit.*, § 2.2 et s. ; Aut. conc., avis n° 20-A-08 du 16 septembre 2020, *op. cit.*, pt 54.

3006 CJUE, 3 avril 2014, *République française c/ Commission*, aff. C-559/12 P, *op. cit.*, pt 98.

3007 A. Ronzano, Alerte du 26 mai 2016, *Concurrences* n° 3-2016, art. n° 81091.

3008 Trib. UE, 26 mai 2016, *République française et IFP Énergies nouvelles c/ Commission européenne*, aff. jtes T-479/11 et T-157/12, EU:T:2016:320, pt 99 et 141 ; comm. J. Derenne, *Concurrences* n° 3-2016, art. n° 80218, pp. 134-135.

3009 *Ibid.*, pt 98.

3010 CJUE, 19 septembre 2018, *IFP Énergies nouvelles*, aff. C-438/16 P, EU:C:2018:737, pt 117 ; comm. L. Idot, *Europe*, 2011, n° 11, p. 29 ; M. Lahouazi, *RDUE*, 2018, n° 4, pp. 290-296 ; S. Brameret, *RLC*, 2019, n° 79, pp. 36-38.

3011 E. Mouriesse, *La quasi-régie en droit public français*, *op. cit.*, note 99, p. 471. V. égal. P. Lignières, *Les cautionnements et garanties d'emprunt donnés par les collectivités locales*, Paris, Litec, 1994, pp. 101-103.

de marché serait capable d'octroyer[3012]. De plus, la garantie accordée ne saurait occasionner une rupture d'égalité sur le marché en avantageant la position de l'entité vis-à-vis de ses fournisseurs, voire de ses clients, par rapport à ses concurrents sur la partie concurrentielle de son activité. Le professeur Rapp souligne également que la relation entre les acheteurs publics ou autorités concédantes et leurs entités dédiées sont assujetties aux obligations de la directive 2006/111/CE du 16 novembre 2006 relative à la transparence des relations financières entre les États membres et les entreprises publiques ainsi qu'à la transparence financière dans certaines entreprises[3013]. Il est donc nécessaire pour les acheteurs publics de prendre les mesures adaptées pour garantir l'effectivité de ces dispositions.

791. **L'obligation de respecter les critères *Altmark*.** Le positionnement des entités en quasi-régie vis-à-vis de la jurisprudence *Altmark* fait nécessairement l'objet de discussions sur la portée à donner à l'exception « *in house* » et au test *Altmark* en particulier[3014]. Plusieurs auteurs se sont interrogés sur une éventuelle contamination, voire éviction, de la jurisprudence *Altmark* lorsque le service d'intérêt économique général en cause est délégué à une entité dédiée[3015]. La Commission et une partie de la doctrine tranchent préventivement les discussions en distinguant, une nouvelle fois, l'exception propre au droit de la commande publique de l'application du droit de la concurrence[3016]. La jurisprudence *Altmark* s'applique en effet, car l'entité gérant le service demeure une entreprise au sens du droit de la concurrence[3017]. L'exécutif européen invite donc logiquement les acheteurs publics à respecter les conditions de l'arrêt *Altmark* même lorsque le service est délégué à une telle entité[3018]. À défaut, la compensation versée pourra être qualifiée d'avantage en raison du surprix offert, comme le confirme d'ailleurs l'Autorité de la concurrence[3019].

792. **Les difficultés spécifiques tenant à la dernière condition du test *Altmark*.** Comme nous l'avons souligné lors du précédent chapitre, le dernier critère de la jurisprudence

---

3012 L. Rapp, « Le financement des SPL », *RFDA*, 2012, n° 6, p. 1109 et s. ; E. Mouriesse, *La quasi-régie en droit public français*, *op. cit.*, pt 672, pp. 437-438.

3013 L. Rapp, « Le financement des SPL », *op. cit.*, p. 1109 et s. ; directive 2006/111/CE de la Commission du 16 novembre 2006 relative à la transparence des relations financières entre les États membres et les entreprises publiques ainsi qu'à la transparence financière dans certaines entreprises, *JOUE* n° L 318 du 17 novembre 2006, pp. 17-25.

3014 V. nos développements en ce sens, *supra* Partie II, Titre I, Chapitre 2, Section 2.

3015 À propos de la relation SIEG et concessions, S. Rodrigues, « La nouvelle directive concessions et les services d'intérêt (économique) général : la fin d'un vieux couple ? », in *L'encadrement des concessions par le droit européen de la commande publique*, S. de La Rosa (dir.), *op. cit.*, pp. 173-192.

3016 Comm. eur., Document de travail concernant l'application du droit de l'Union européenne sur les marchés publics aux relations entre pouvoirs adjudicateurs (« coopération public-public »), *op. cit.*, pt 44. V. égal. F. Olivier, J.-L. Lesquins, « Nouvelles directives européennes, in house et aides d'État », *CMP*, 2014, n° 8-9, p. 12 ; S. Dyens, « La SPL face au paquet Almunia : une relation complexe », *AJCT*, 2012, n° 11, p. 536 ; G. Eckert, « Contrats entre personnes publiques et droit de la concurrence », *op. cit.*, p. 852 ; A.-C. Bezzina, « Plaidoyer en faveur de la relation in house. À propos des évolutions récentes de la jurisprudence européenne », *op. cit.*, p. 46 ; G. Skovgaard Ølykke, C. Fanøe Andersen, « A State Aid Perspective on Certain Elements of Article 12 of the New Public Sector Directive on In-House Provision », *op. cit.*, p. 7 ; L. Rapp, « Le financement des SPL », *op. cit.*, p. 1109.

3017 Comm. eur., Document de travail concernant l'application du droit de l'Union européenne sur les marchés publics aux relations entre pouvoirs adjudicateurs (« coopération public-public »), *op. cit.*, pt 44. Dans le même sens, G. Eckert, « La coopération public-public, entre espoirs et inquiétudes », *op. cit.*, p. 629.

3018 Comm. eur., Document de travail concernant l'application du droit de l'Union européenne sur les marchés publics aux relations entre pouvoirs adjudicateurs (« coopération public-public »), *op. cit.*, pt 44.

3019 Aut. conc., avis n° 11-A-18 du 24 novembre 2011, *op. cit.*, pt 85.

Altmark consacre une présomption d'absence d'aide d'État lorsque la compensation a été réalisée dans le cadre d'une mise en concurrence conformément au droit des marchés publics. Or, lorsque le service est concédé à une entité dédiée, aucune procédure de mise en concurrence n'est réalisée. Le professeur Eckert remarque que ce système propre au droit de la commande publique peut donc s'avérer préjudiciable d'un point de vue du droit de la concurrence[3020]. En effet, cette condition étant absente, il convient de vérifier, comme l'exige la jurisprudence *Altmark*, si le montant de la compensation est « *déterminé sur la base d'une analyse des coûts qu'une entreprise moyenne, bien gérée et adéquatement équipée en moyens de transport afin de pouvoir satisfaire aux exigences de service public requises, aurait encourus pour exécuter ces obligations, en tenant compte des recettes y relatives ainsi que d'un bénéfice raisonnable pour l'exécution de ces obligations* »[3021]. L'Autorité de la concurrence s'inquiète à ce titre des difficultés pour les collectivités territoriales à répondre à cette exigence[3022]. Cela peut s'expliquer par l'incapacité matérielle d'exercer un tel examen[3023], voire tout simplement par la méconnaissance des risques inhérents à la quasi-régie. Dans de telles circonstances, un contrôle classique de conformité avec l'article 107 TFUE sera nécessaire en tenant compte de la nature des compensations, des prestations, de leur mode de calcul, de leur durée et enfin des modalités de récupération en cas de surcompensation[3024]. Une telle vigilance est justifiée par la capacité, certes réduite, de ces entités à concurrencer les entreprises traditionnelles et à bénéficier à ce titre d'un avantage lors de la gestion d'une mission de service public[3025].

793. **La limitation de la durée des contrats.** Nous rejoignons la position soulevée par le professeur Devès dans son étude sur la coopération public-public[3026]. Celui-ci observe l'importance de transposer les logiques concurrentielles classiques de la commande publique aux contrats avec les entités parapubliques. En effet, un contrat d'une durée exorbitante ou disproportionnée ouvrirait naturellement le risque d'une qualification en aide d'État[3027]. L'exclusion des règles de mise en concurrence n'est donc pas définitive, mais s'attache à la durée même du contrat. Une telle exclusion suppose donc une confirmation régulière, matérialisée par la signature d'un nouveau contrat avec l'entité « *in house* ».

B. Les risques de subventions croisées

794. **La notion de subvention croisée.** Parmi les nombreuses catégories d'abus de position dominante, les subventions croisées tiennent une place particulière puisqu'elles concernent particulièrement les « *opérateurs publics, dès lors qu'ils*

3020 G. Eckert, « Contrats entre personnes publiques et droit de la concurrence », *op. cit.*, p. 852.

3021 CJCE, 24 juillet 2003, *Altmark*, aff. C-280/00, *op. cit.*, pt 93.

3022 Aut. conc., avis nº 11-A-18 du 24 novembre 2011, *op. cit.*, pt 85. V. égal. CE, *Étude annuelle 2015 – L'action économique des personnes publiques*, *op. cit.*, p. 167.

3023 Aut. conc., avis nº 11-A-18 du 24 novembre 2011, *op. cit.*, pt 85

3024 S. Dyens, « La SPL face au paquet Almunia : une relation complexe », *op. cit.*, p. 538.

3025 C. Roux, « La personne publique candidate à la commande publique », *op. cit.*, p. 853 et s.

3026 C. Devès, « Le "*in house*" toujours en chantier », *op. cit.*, p. 12.

3027 V. *supra* pt 632.

détiennent une position dominante sur le marché concerné ou sur un marché connexe »[3028]. La Commission européenne définit plus exactement la subvention croisée comme « *la technique par laquelle une entreprise fait supporter ou impute tout ou partie des coûts de son activité sur un marché géographique ou un marché de produits donné à son activité sur un autre marché géographique ou marché de produits* »[3029]. Cette pratique peut être réalisée par une personne publique utilisant les avantages matériels, humains ou les excédents financiers d'un service public dont elle a la charge, ou encore par un concessionnaire employant ses compensations de service public pour obtenir des marchés publics ou d'autres concessions sur le marché[3030].

795. **Un risque évident de distorsions de la concurrence et d'abus de position dominante.** Les subventions croisées représentent, selon le professeur Roux, le principal risque de distorsion de la concurrence des candidatures de personnes publiques[3031]. À titre d'illustration, si un service public « *établissait des prix de cession des droits de reproduction des données dans des conditions discriminatoires ou imputait, dans le prix de revient de ses propres ouvrages, un coût correspondant inférieur à la redevance perçue auprès des opérateurs privés avec lesquels il est en concurrence, il pourrait être conclu à l'existence d'une entrave au jeu de la concurrence* »[3032]. Dans le cadre de la quasi-régie, les risques de subventions croisées interviennent lorsque l'entité dédiée réalise une stratégie tarifaire agressive dans le cadre de son activité réalisée sur le marché traditionnel, stratégie qui est financée par les gains réalisés sur les marchés confiés à l'entité sans mise en concurrence. Plus concrètement, les subventions croisées vont permettre à l'entité « *in house* » de proposer des prestations artificiellement ultra-compétitives sur le marché. La concurrence sera nécessairement faussée puisque la compétitivité de l'offre en cause ne reposera pas sur son efficacité économique et ses mérites mais sur le monopole dont elle bénéficie sur un marché connexe. Concrètement, une subvention croisée permet à l'opérateur public de distordre la concurrence sur un marché géographique ou sectoriel par l'intermédiaire de prix abusivement bas[3033].

3028 Aut. conc., avis n° 14-A-10 du 31 juillet 2014, Situation de la concurrence dans le secteur de l'accompagnement à l'international, pt 57. V. égal. Cons. conc., déc. n° 00-D-50 du 5 mars 2001, Pratiques mises en œuvre par la société Française des jeux dans les secteurs de la maintenance informatique et du mobilier de comptoir, *BOCCRF* n° 6 du 24 avril 2001.

3029 Comm. eur., Communication sur l'application des règles de concurrence au secteur postal et sur l'évaluation de certaines mesures d'État relatives aux services postaux, *JOCE* n° C 39 du 6 février 1998, pp. 2-18, pt 3.

3030 C. Roux, « La personne publique candidate à la commande publique », *op. cit.*, p. 853 et s. ; C. Prieto, D. Bosco, *Droit européen de la concurrence. Ententes et abus de position dominante*, *op. cit.*, pt 1277, p. 939.

3031 C. Roux, « La personne publique candidate à la commande publique », *op. cit.*, p. 855 ; A.-L. Durviaux, *Logique de marché et marché public en droit communautaire. Analyse critique d'un système*, *op. cit.*, p. 190 ; P. Flamme, M.-A. Flamme, C. Dardenne, *Les marchés publics européens et belges. L'irrésistible européanisation du droit de la commande publique*, 2e éd., *op. cit.*, pt 19, pp. 31-32.

3032 Cons. conc., avis n° 01-A-05 du 26 avril 2001, Demande d'avis du Gouvernement concernant le projet de loi sur la société de l'information. V. égal. : Aut. conc., avis n° 20-A-08 du 16 septembre 2020, *op. cit.*, pt 49 et s.

3033 Aut. conc., *Guide d'évaluation de l'impact concurrentiel de projets de textes normatifs*, *op. cit.*, 2012, pt 74 ; Cons. conc., déc. n° 00-D-47 du 22 novembre 2000, *op. cit.* ; avis n° 03-A-12 du 15 juillet 2003, Demande d'avis du tribunal de commerce de Versailles concernant une plainte déposée par la SA Usines Merger à l'encontre des sociétés Giat Industries, Gitech SA, Foc Transmissions et CMD, *BOCCRF* n° 4 du 26 avril 2005 ; Comm. eur., Communication « Orientations sur les priorités retenues par la Commission pour l'application de l'article 82 du traité CE aux pratiques d'éviction abusives des entreprises dominantes », *op. cit.*, pt 63 et note 39.

796. **L'affaire *Deutsche Post* : illustration en droit européen.** À l'occasion de la décision *Deutsche Post*[3034], la Commission européenne a précisé les conditions d'application de l'article 102 TFUE aux subventions croisées. En l'espèce, un concurrent de l'entreprise Deutsche Post reprochait à cette dernière d'utiliser les recettes de ses activités sous monopole public pour financer les pertes dans ses activités de transport de colis, domaine ouvert à la concurrence d'autres prestataires. La Commission a rappelé tout d'abord la nécessité d'identifier une activité dont les produits n'arrivent pas à couvrir ses coûts incrémentaux. Puis, de rechercher en parallèle une activité dont les produits excédentaires pourraient financer les activités déficitaires et ainsi permettre d'identifier d'éventuelles subventions croisées. Pour ce faire, elle distingue les coûts additionnels propres au service de colis des coûts fixes communs de Deutsche Post[3035]. Or, pour financer une telle activité, l'entreprise danoise a accordé des rabais de fidélité à des entreprises de vente par correspondance à la condition d'être le transporteur exclusif de colis. Après examen attentif, l'exécutif européen a constaté que les recettes dans le service du colis ont été inférieures à ses coûts incrémentaux. Dès lors, la viabilité économique de l'activité commerciale dépendait financièrement de l'activité monopolistique. Le maintien d'une telle activité s'avérait donc « *contraire aux intérêts économiques de l'entreprise* »[3036] et avait pour conséquence d'empêcher l'accès à des entreprises capables de fournir efficacement le service en cause. Par la suite, la jurisprudence européenne a précisé les conditions d'application du test *Akzo*[3037] lors de remises de fidélité réalisées dans le cadre d'un monopole public[3038]. La Cour précise à ce titre que le comportement en cause « *ne saurait être qualifi[é] de pratique d'éviction abusive au seul motif que le prix appliqué par l'entreprise occupant une position dominante à un seul client se situe à un niveau inférieur aux coûts totaux moyens imputés à l'activité concernée, mais supérieur aux coûts incrémentaux moyens afférents à celle-ci* »[3039]. En effet, dans de telles circonstances, les prix pratiqués couvrent l'essentiel des coûts imputables pour fournir la prestation. Cela permet à un concurrent aussi efficace de concurrencer les tarifs appliqués « *sans encourir des pertes insupportables à long terme* »[3040].

797. **Le contrôle des risques de subventions croisées lors des offres de personnes publiques.** L'arrêt *Commune de Quiévrechain* illustre la difficulté de contrôler la présence de subventions croisées dans le cadre d'offres de personnes publiques

---

3034 Comm. eur., déc. 2001/354/CE du 20 mars 2001 relative à une procédure d'application de l'article 82 du traité CE, *Deutsche Post AG*, aff. COMP/35.141, *JOCE* n° L 125 du 5 mai 2001, pp. 27-44. V. égal. Aut. conc., avis n° 20-A-08 du 16 septembre 2020, *op. cit.*

3035 *Ibid.*, considérant 7.

3036 *Ibid.*, considérant 36.

3037 V. *supra* pts 288-290.

3038 CJUE, 27 mars 2012, *Post Danmark*, aff. C-209/10, *op. cit.* ; comm. F. Picod, *JCP G*, 2012, n° 15, p. 740 ; L. Idot, *Europe*, 2012, n° 5, p. 196.

3039 *Ibid.*, pt 37.

3040 *Ibid.*, pt 38. Pour une illustration en droit interne, Cons. conc., déc. n° 04-D-79 du 23 décembre 2004, Pratiques mises en œuvre par la Régie départementale des passages d'eau de la Vendée (RDPEV), *BOCCRF* n° 3 du 31 mars 2005.

ou d'entités « *in house* »[3041]. En l'espèce, l'approbation d'une offre publique, dont le prix était inférieur de 37 % à celui de son concurrent, a été jugée contraire au principe de concurrence en raison de la « *péréquation générale des coûts* » réalisée par l'établissement public. La cour administrative de Douai reconnaît en l'espèce que le prix ne correspondait pas « *à l'ensemble des coûts directs et indirects concourant à la formation du prix de la prestation objet du contrat* »[3042]. Ce raisonnement a été confirmé récemment par le Conseil d'État ; celui-ci indique que les acheteurs publics doivent s'assurer en analysant l'ensemble des documents nécessaires que le prix intègre l'ensemble des coûts « *afin que ne soient pas faussées les conditions de la concurrence* »[3043]. La Commission européenne souligne expressément l'existence d'un tel risque dans sa communication portant sur les lignes directrices interprétatives concernant le règlement (CE) n° 1370/2007 relatif aux services publics de transport de voyageurs par chemin de fer et par route[3044]. De la même façon, l'Autorité de la concurrence, dans son avis relatif au secteur de l'accompagnement à l'international, rappelle que cet abus vise la « *pratique de subventions croisées entre une activité sous monopole confiée à l'opérateur en cause et une activité concurrentielle exercée par le même opérateur ou une filiale de ce dernier* »[3045]. Pour mesurer l'effet délétère sur la concurrence, il est nécessaire d'examiner la durée, la pérennité et l'importance des subventions octroyées afin d'identifier les risques d'élimination durable de concurrents sur le marché[3046].

798. **La nécessité d'une séparation comptable.** Le principal moyen d'écarter les risques de subventions croisées réside, comme le soulignait dès 1994 le Conseil de la concurrence[3047], dans la mise en place d'une comptabilité analytique distincte entre les activités réalisées sur le marché et celles réalisées dans le cadre de l'activité de service public[3048]. La séparation comptable des personnes publiques actives sur un marché concurrentiel est d'ailleurs encadrée strictement par la directive 2006/111/CE[3049]. Cette séparation, d'une part, permet aux personnes publiques

3041 CAA Douai, 16 novembre 2006, *Commune de Quiévrechain*, n° 05DA00341, inédit au *Rec.* ; comm. G. Clamour, *RLC*, 2007, n° 12, pp. 70-72.

3042 *Ibid.* V. égal. CE, 14 juin 2019, *Société Armor SNC*, n° 411444, *op. cit.* ; CAA Marseille, 11 janvier 2021, *Société Eveha*, n° 19MA00013, inédit au *Rec.*

3043 CE, 14 juin 2019, *Société Armor SNC*, n° 411444, *op. cit.*

3044 Comm. eur., Communication sur des lignes directrices interprétatives concernant le règlement (CE) n° 1370/2007 relatif aux services publics de transport de voyageurs par chemin de fer et par route, *JOUE* n° C 92 du 29 mars 2014, pp. 1-21, pt 2.4.4. V. annexe n° 2.

3045 Aut. conc., avis n° 14-A-10 du 31 juillet 2014, *op. cit.*, pt 60. V. égal. Cons. conc., avis n° 01-A-18 du 28 décembre 2001, *op. cit.* ; CE, 29 juillet 2002, *Société Cegedim*, n° 200886, *Rec.* p. 280 ; comm. S. Nicinski, *AJDA*, 2002, p. 1072 ; M. Bazex, S. Blazy, *Dr. adm.*, 2002, p. 13 ; G. Gonzalez, *Recueil Dalloz*, 2003, n° 13, p. 901 ; P. Delvolvé, « Conseil d'État et Conseil de la concurrence », *op. cit.*, p. 346.

3046 *Ibid.*

3047 Cons. conc., avis n° 94-A-15 du 10 mai 1994, Demande d'avis sur les problèmes soulevés par la diversification des activités d'E.D.F. et de G.D.F. au regard de la concurrence, *BOCCRF* n° 19 du 20 octobre 1994, pp. 373-376.

3048 G. Skovgaard Ølykke, C. Fanøe Andersen, « A State Aid Perspective on Certain Elements of Article 12 of the New Public Sector Directive on In-House Provision », *op. cit.*, p. 8 ; Aut. conc., *Guide d'évaluation de l'impact concurrentiel de projets de textes normatifs*, *op. cit.*, pt 73 et s. ; M. Fehling, « Problems of cross-subsidisation », in *The Changing Legal Framework for Services of General Interest in Europe: Between Competition and Solidarity*, M. Krajewski, U. Neergaard, J. van de Gronden (dir.), La Haye, Asser Press, 2009, p. 135.

3049 Directive 2006/111/CE de la Commission du 16 novembre 2006 relative à la transparence des relations financières entre les États membres et les entreprises publiques ainsi qu'à la transparence financière dans certaines entreprises, *op. cit.*

et entités dédiées de proposer des offres concurrentielles en distinguant les coûts de l'opération et, d'autre part, les protège contre les risques contentieux portant sur la violation des règles de concurrence[3050]. Elle permet de surcroît de mesurer la proportionnalité des compensations de service public accordées[3051]. Une compensation excessive, outre les risques en matière d'aides d'État, peut favoriser le développement de subventions croisées[3052]. Le Conseil de la concurrence (désormais Autorité de la concurrence) souligne dans son avis relatif à la politique éditoriale du Service hydrographique et océanographique de la Marine l'intérêt d'une comptabilité analytique pour contrôler la tarification des personnes publiques lorsqu'elles proposent un bien ou un service sur le marché[3053]. En pratique, comme le relèvent Frédérique Olivier et Jean-Louis Lesquins[3054], la séparation comptable peut s'avérer complexe, car l'activité est généralement la même, qu'elle soit réalisée sur le marché commercial ou non, et les coûts exposés seront généralement directement intégrés dans l'activité principale alors qu'un partage proportionné des coûts paraît plus opportun[3055]. Par conséquent, une offre qui écarte une partie des coûts fixes réduira naturellement les prix pouvant être proposés. Les coûts liés à l'activité commerciale résiduelle pourront ainsi se limiter aux coûts incrémentaux[3056]. Or, afin de dépasser les complexités inhérentes à la séparation comptable, il est préférable, comme le proposent les professeurs Prieto et Bosco, de reprendre les modèles mis en place par la Cour de justice et la Commission européenne lors de l'examen des prix prédateurs et donc de prendre appui sur le droit de la concurrence[3057].

799. **Le droit de la commande publique comme réceptacle des exigences du droit de la concurrence : l'avis *Jean-Louis Bernard Consultants*.** Le Conseil d'État, dans son avis *Société Jean-Louis Bernard Consultants*, intègre les exigences propres au droit de la concurrence et plus particulièrement celles relatives à l'égale concurrence dans les procédures d'attribution de la commande publique[3058]. L'avis impose alors aux acheteurs publics que les attributions de marchés publics

---

3050 Aut. conc., *Guide d'évaluation de l'impact concurrentiel de projets de textes normatifs*, *op. cit.*, pt 75 ; Cons. conc., avis n° 99-A-11 du 9 juin 1999, Demande d'avis de la Chambre professionnelle des transporteurs routiers de l'Isère sur la situation créée par l'octroi d'une aide financière à une régie départementale de transport par un conseil général, *BOCCRF* n° 8 du 30 avril 1999 ; S. Nicinski, *Droit public des affaires*, 7e éd., *op. cit.*, pt 766, p. 444.

3051 F. Olivier, J.-L. Lesquins, « Nouvelles directives européennes, in house et aides d'État », *op. cit.*, p. 13.

3052 Cons. conc., avis n° 08-A-13 du 10 juillet 2008, Saisine du syndicat professionnel UniCiné portant sur l'intervention des collectivités locales dans le domaine des salles de cinéma, pt 33, *BOCCRF* n° 8 du 10 octobre 2008, pp. 781-785.

3053 Cons. conc., avis n° 97-A-10 du 25 février 1997, Demande d'avis présentée par le Groupement des éditions et de la presse nautiques portant sur des questions de concurrence soulevées par la politique éditoriale du Service hydrographique et océanographique de la Marine, *BOCCRF* n° 19 du 18 novembre 1997.

3054 F. Olivier, J.-L. Lesquins, « Nouvelles directives européennes, in house et aides d'État », *op. cit.*, p. 13.

3055 *Ibid.*

3056 *Ibid.* Pour une analyse détaillée de la construction des coûts, v. ARCEP, *La Lettre de l'Autorité*, 2008, n° 59, 24 p. ; Z. Chen, P. Rey, « Competitive Cross-Subsidization », Working Paper, Toulouse School of Economics, 2016, 64 p.

3057 C. Prieto, D. Bosco, *Droit européen de la concurrence. Ententes et abus de position dominante*, *op. cit.*, pt 1277, p. 939 ; F. Olivier, J.-L. Lesquins, « Nouvelles directives européennes, in house et aides d'État », *op. cit.*, p. 14.

3058 CE, avis du 8 novembre 2000, *Société Jean-Louis Bernard Consultants*, n° 222208, *op. cit.* ; comm. M. Guyomar, P. Collin, *AJDA*, 2000, p. 987 ; M. Degoffe, J.-D. Dreyfus, *CJEG*, 2001, n° 2, p. 58.

ou de concessions soient établies sur la base d'offres réalisées « *en prenant en compte l'ensemble des coûts directs et indirects concourant à la formation du prix de la prestation objet du contrat* ». Ainsi, une offre d'une personne publique ne doit pas bénéficier « *d'un avantage découlant des ressources ou des moyens qui lui sont attribués au titre de sa mission de service public et enfin qu'il puisse, si nécessaire, en justifier par ses documents comptables ou tout autre moyen d'information approprié* ». Même si la Cour de justice vise directement « *les principes généraux de libre concurrence, de non-discrimination et de proportionnalité* »[3059], cette dernière, à l'inverse du Conseil d'État, n'apporte aucune précision sur la gestion concrète de cette problématique[3060]. Nous partageons la logique proposée par le Conseil d'État qui consiste à soumettre *a posteriori* de telles candidatures au principe de concurrence pour écarter les offres bénéficiant de subventions croisées. Le professeur Clamour reconnaît dans cette étape une obligation positive pour la personne publique candidate de justifier son prix[3061], obligation qui trouve son fondement dans ce même principe de concurrence. La cour administrative d'appel de Douai en fait expressément état en doutant de la véracité économique d'une offre d'un établissement public sur le fondement du « *principe de liberté de la concurrence* »[3062]. En effet, le bénéfice dudit principe pour les personnes publiques ne saurait induire, en parallèle, que leurs offres bénéficient de subventions croisées[3063].

800. Dans sa décision *Armor SNC*, le Conseil d'État confirme qu'une telle candidature ne doit pas fausser la concurrence notamment en raison de subventions croisées[3064]. Or, à cet égard, nous rejoignons les conclusions du rapporteur public Dacosta sur l'arrêt *Armor SNC*[3065]. Selon lui, la protection de la concurrence effective et l'encadrement des candidatures publiques découlent conjointement du droit de la concurrence, lequel prohibe les abus de position dominante, ainsi que du droit de la commande publique et plus particulièrement des principes d'égalité mais également du principe de concurrence[3066]. Ce dernier impose une

---

3059 CJUE, 18 décembre 2014, *Azienda Ospedaliero-Universitaria di Careggi-Firenze*, aff. C-568/13, *op. cit.*, pt 51.

3060 G. Eckert, « Candidature des personnes publiques : le rappel des règles européennes », *op. cit.*, p. 49.

3061 G. Clamour, « Obligation positive et présomption réfragable, ou comment le juge administratif assure l'effet utile du principe d'égale concurrence entre opérateur public et opérateur privé », *RLC*, 2006, n° 7, p. 36.

3062 CAA Douai, 9 juin 2005, *Société Compagnie générale des eaux*, n° 03DA00269, inédit au *Rec.* ; comm. G. Clamour, *RLC*, 2006, n° 7, pp. 34-36. V. égal. S. Destours, « Le droit de la concurrence, source du droit des marchés publics ? », *op. cit.*, p. 52.

3063 Conclusions de C. Bergeal sur l'avis CE du 8 novembre 2000, *Société Jean-Louis Bernard Consultants*, *op. cit.* V. égal. CE, 16 octobre 2000, *Compagnie méditerranéenne d'exploitation des services d'eau*, n° 212054, *op. cit.*

3064 CE, Ass., 30 décembre 2014, *Société Armor SNC*, n° 355563, *op. cit.* V. égal. CE, Ass., 31 mai 2006, *Ordre des avocats au barreau de Paris*, n° 275531, *Rec.* pp. 272-274 ; comm. C. Landais, F. Lenica, *AJDA*, 2006, p. 1592 ; M. Bazex, *Dr. adm.*, 2006, p. 21 ; V. Renaudie, *Gaz. Pal.*, 2006, p. 3962 ; B. Plessix, *JCP G*, 2006, I, n° 170, p. 1754. V. égal. Conclusions de C. Bergeal sur l'avis *Société Jean-Louis Bernard Consultants*, *Rec.* 2000, p. 499 ; CE, *Étude annuelle 2015 – L'action économique des personnes publiques*, *op. cit.*, p. 246.

3065 Conclusions de B. Dacosta sur la décision *Armor SNC*, *Rec.* 2015, n° 5, p. 435 et s.

3066 Ce principe est utilisé par Catherine Bergeal dans ses conclusions sur l'avis CE du 8 novembre 2000, *Société Jean-Louis Bernard Consultants*, *op. cit.*, p. 498 et s., et par la Cour administrative de Douai dans son arrêt du 9 juin 2005, *Société Compagnie générale des eaux*, n° 03DA00269, *op. cit.* ; comm. G. Clamour, *RLC*, 2006, n° 7, pp. 34-36 ; O. Mesmin, *JCP A*, 2005, n° 1633, p. 4 ; S. Palmier C. Cabannes, *CP-ACCP*, 2005, n° 50, p. 71. Pour une analyse comparable, v. C. Roux, « La personne publique candidate

concurrence égale et effective entre les candidatures qu'elles soient publiques ou privées. Une double « *obligation positive* »[3067] est alors imposée par le principe de concurrence : d'une part l'acheteur public doit solliciter les documents permettant de justifier les tarifications proposées dès lors qu'un « *écart [...] significatif* »[3068] est observé entre l'offre publique et celles des opérateurs économiques classiques et, d'autre part, la personne publique attributaire du marché public doit fournir les documents permettant de démontrer les modalités de fixation de son offre lorsqu'elles lui sont demandées[3069]. À ce titre, Catherine Bergeal observe que « *le respect de l'égalité des conditions de concurrence doit se juger sur pièces, c'est-à-dire sur offres* »[3070].

801. **Une concurrence publique relative : efficience de l'encadrement du droit de la commande publique.** Une nouvelle fois, le droit de la commande publique prévient les risques de distorsions de la concurrence résultant de subventions croisées, que ce soit pour les collectivités, les établissements publics ou les entités dédiées. En effet, le droit français de la commande publique se caractérise par une « *spécificité* »[3071], précédemment abordée, consistant à associer la candidature des collectivités ou établissements publics à la satisfaction d'un intérêt public tenant notamment à l'amortissement ou à la valorisation des équipements et des ressources utilisées pour le service public et ainsi à maintenir l'équilibre financier de celui-ci[3072]. Un tel encadrement laisse donc peu d'emprise sur le marché concurrentiel, lequel ne peut prendre qu'une dimension accessoire à la mission de service public.

802. De la même façon, en obligeant les entités dédiées à consacrer plus de 80 % de leurs activités à l'exécution de missions confiées par les pouvoirs adjudicateurs qui les contrôlent, le droit de la commande publique réduit *de facto* l'intérêt de ces entités pour le marché traditionnel et leur appétence à développer des stratégies

à la commande publique », *op. cit.*, p. 853. Le Conseil d'État semble favoriser le principe d'égalité ; en ce sens : CE, *Rapport public 2002. Jurisprudence et avis de 2001 – Collectivités publiques et concurrence*, *op. cit.*, p. 265.

3067 G. Clamour, « Obligation positive et présomption réfragable, ou comment le juge administratif assure l'effet utile du principe d'égale concurrence entre opérateur public et opérateur privé », *op. cit.*, p. 36.

3068 CAA Marseille, 11 janvier 2010, *Agence Averous et Simay*, n° 07MA02180, inédit au *Rec.* ; comm. S. Nicinski, M. Lombard, E. Glaser, *AJDA*, 2011, p. 649.

3069 CAA Douai, 9 juin 2005, *Société Compagnie générale des eaux*, n° 03DA00269, *op. cit.* ; TA Lille, ord., 5 juillet 2001, *Société Saur France*, n° 0102663, inédit au *Rec.* ; comm. M. Degoffe, *RD imm.*, 2002, p. 69. V. égal. G. Clamour, *Intérêt général et concurrence. Essai sur la pérennité du droit public en économie de marché*, *op. cit.*, pt 9004 et s. ; G. Clamour, « Obligation positive et présomption réfragable, ou comment le juge administratif assure l'effet utile du principe d'égale concurrence entre opérateur public et opérateur privé », *op. cit.*, p. 35. V. égal. les conclusions de Catherine Bergeal sur la décision *Compagnie méditerranéenne d'exploitation des services d'eau*, *op. cit.*, p. 105.

3070 Conclusions de Catherine Bergeal sur la décision *Compagnie méditerranéenne d'exploitation des services d'eau*, *op. cit.*, p. 105 et s.

3071 L. de Fournoux, « Candidature publique à la commande publique : la fin d'un malentendu ? », *CMP*, 2015, n° 2, p. 46.

3072 Rappelons que ce critère, confirmé par le Conseil d'État dans sa décision *Société Armor SNC*, avait fait l'objet de nombreuses discussions à la suite de sa décision du 10 juillet 2009, *Département de l'Aisne*, n° 324156, mentionné au *Rec.* pp. 829 et 841 ; comm. G. Marson, *Dr. adm.*, 2009, n° 10, p. 30 ; G. Clamour, *RFDA*, 2010, n° 1, p. 146 ; J.-D. Dreyfus, *AJDA*, 2009, p. 2006 ; M. Seno, *Gaz. Pal.*, 2009, n° 339, p. 36 ; CE, 14 juin 2019, *Société Armor SNC*, n° 411444, *op. cit.*

d'éviction pour conforter ou développer leurs parts de marché. À l'inverse, un comportement agressif sur le marché pourrait leur faire perdre le bénéfice de l'exception prévue par la coopération public-public. Les entités sont donc naturellement contraintes de limiter leurs ambitions commerciales. La professeure Nicinski rappelle à ce titre que la quasi-régie cherche à segmenter les marchés et à instituer des « *zones de micro-monopoles* »[3073]. Néanmoins, le seuil des 80 % laisse malgré tout une marge d'action substantielle sur le marché, notamment pour les entités les plus importantes, comme s'en inquiètent Grith Skovgaard Ølykke et Cecilie Fanøe Andersen[3074]. Dans un rapport d'information de 2014, l'Assemblée nationale se préoccupe également de la puissance financière de certains *Stadtwerke* allemands, lesquels peuvent prétendre réaliser jusqu'à 800 millions d'euros de chiffre d'affaires sur le marché commercial en raison de leur puissance financière[3075]. Partant, l'encadrement de l'exception « *in house* » réduit les risques mais ne saurait les écarter définitivement[3076]. De tels chiffres révèlent d'autant plus l'importance qui s'attache à l'utilisation des outils mis en place par le droit de la commande publique pour éviter tous risques de subventions croisées et par conséquent toutes distorsions de la concurrence[3077].

3073 S. Nicinski, « Les sociétés publiques locales et le droit de la concurrence », *op. cit.*, p. 1138 ; A.-C. Bezzina, « Plaidoyer en faveur de la relation in house. À propos des évolutions récentes de la jurisprudence européenne », *op. cit.*, p. 47 et s.

3074 G. Skovgaard Ølykke, C. Fanøe Andersen, « A State Aid Perspective on Certain Elements of Article 12 of the New Public Sector Directive on In-House Provision », *op. cit.*, p. 4.

3075 Assemblée nationale, Rapport d'information n° 1768 sur la réforme européenne des concessions : directive du Parlement européen et du Conseil sur l'attribution de contrats de concession, 2014, p. 30. Sur ce point, v. égal. M. Karpenschif, « L'égale concurrence et les entreprises publiques locales », *op. cit.*, p. 30.

3076 F. Olivier, J.-L. Lesquins, « Nouvelles directives européennes, in house et aides d'État », *op. cit.*, p. 13.

3077 Dans le même sens, A. Sée, « La régulation du marché en droit administratif : étude critique », *op. cit.*, pt 1144 et s., p. 591 et s.

Conclusion du Chapitre 1

803. **Le droit de la commande publique comme source d'innovation sur le marché.** Le droit de la commande publique a pour spécificité de réguler un marché artificiel. Afin d'assurer le dynamisme de celui-ci, il convient de mettre en place des outils permettant de garantir une concurrence effective. Or, l'encadrement des candidatures publiques donne l'occasion au droit de la commande publique de s'assurer une concurrence élargie sur le marché, une utilisation rationnelle des ressources publiques, mais aussi de générer de nouvelles sources d'efficience économique pour les acheteurs publics et autorités concédantes. De la même façon, la gestion de la coopération public-public permet d'offrir des formes alternatives d'opérateurs économiques capables de répondre aux besoins publics. *De facto* la concurrence sur le marché est étendue. Elle fournit en parallèle des outils particulièrement souples pour les acheteurs publics. La coopération public-public dynamise en outre l'offre présente lors des commandes publiques mais aussi sur l'ensemble du marché en raison des capacités pour ces entités d'exercer une partie de leur activité sur le marché traditionnel.

804. **Un équilibre concurrentiel sur le marché consacré par le droit de la commande publique.** Il y a plusieurs années, Didier Casas écrivait que « *l'enjeu pour le droit de la concurrence réside davantage, aujourd'hui, dans une régulation efficace des relations entre les personnes publiques et privées intervenant sur les mêmes marchés. Cette approche renouvelée de la concurrence exige que les personnes publiques, lorsqu'elles font du commerce, soient considérées comme des opérateurs économiques banals, pouvant démontrer qu'elles sont dans une situation d'égalité par rapport à leurs concurrents privés* »[3078]. Or, en pratique, cet enjeu n'est pas systématiquement poursuivi par le droit de la concurrence mais s'avère véritablement intégré au sein du droit de la commande publique. Ce dernier agit, une nouvelle fois, comme un droit spécial de la concurrence. L'ordre public concurrentiel sert, comme nous l'avons vu tout au long de ce chapitre, de point d'équilibre entre, d'une part, les libertés offertes aux personnes publiques et d'autre part, le maintien d'une concurrence non faussée[3079], équilibre dont la finalité demeure de garantir la concurrence par les mérites sur l'ensemble des marchés. En effet, comme le rappelle le Conseil d'État, « *l'égale concurrence reste une notion qui ne se vérifie pas aisément et qui est dès lors davantage de l'objectif que de la réalité objective* »[3080]. Il en résulte pour le droit de la commande publique une adaptation progressive afin d'élaborer un cadre juridique toujours plus enclin à l'égale concurrence entre les opérateurs publics et privés et capable de préserver la concurrence libre et non faussée.

805. **L'importance d'une vigilance accrue des acheteurs publics et autorités concédantes.** L'encadrement des candidatures publiques et de la coopération public-public s'articule autour d'un mécanisme focalisé sur le respect des principes

3078 D. Casas, « Les personnes publiques et les règles de concurrence : vers l'égale concurrence ? », *op. cit.*, p. 22.
3079 J.-F. Brisson, « Les offres du secteur public marchand », *op. cit.*, p. 161.
3080 CE, *Rapport public 2002. Jurisprudence et avis de 2001 – Collectivités publiques et concurrence*, *op. cit.*, p. 265.

d'égalité de traitement et d'accès à la commande publique. Or, ce mécanisme s'avère fragilisé si les acheteurs publics ou autorités concédantes font fi de l'équilibre concurrentiel poursuivi. Ils doivent impérativement rechercher la solution la plus économiquement efficace pour répondre à leurs besoins. La coopération public-public ne peut en effet apparaître comme la solution systématiquement requise mais doit en amont faire l'objet d'une réflexion pour comparer les différentes alternatives existantes. Cette rationalité économique doit guider les décideurs publics afin de leur permettre de tirer les avantages offerts par le droit de la commande publique.

806. **L'utilisation ponctuelle du droit de la concurrence.** Si les règles de concurrence restent silencieuses sur les candidatures publiques et la coopération public-public, le droit de la concurrence appréhende néanmoins ces formes d'interventions sur le marché. En effet, le droit de la commande publique n'exclut pas l'intervention du droit de la concurrence. Ainsi, l'exception à la mise en concurrence dont bénéficie la coopération public-public est circonscrite au champ d'application du droit de la commande publique. Partant, le droit de la concurrence peut saisir précisément de telles hypothèses, à travers le contrôle des aides d'État et la prohibition des subventions croisées. Les jurisprudences *Altmark* et « La Poste » conservent ainsi toute leur vigueur pour assister le droit de la commande publique dans la préservation de la concurrence par les mérites, lorsque ce dernier ne saisit pas certaines distorsions issues de la coopération public-public ou des candidatures publiques.

La centralisation des achats publics : une problématique voisine de la coopération public-public. La centralisation des achats publics et la coopération public-public présentent plusieurs points communs. Tout d'abord, ce sont des outils récemment mis en avant par le droit européen et plus particulièrement le droit dérivé. Par ailleurs, ils partagent la faculté d'exclure l'obligation de mise en concurrence lorsqu'ils sont utilisés. Cela entraîne naturellement des questions complexes sur l'ouverture du marché et plus particulièrement sur l'existence de potentielles distorsions de la concurrence. Or, au même titre que la quasi-régie ou les candidatures publiques, le droit de la commande publique, conscient des risques pour la concurrence, développe des outils permettant de réguler progressivement ce mécanisme. Il complète une nouvelle fois avec efficacité les règles du droit de la concurrence en dépit des craintes de confrontations avec celui-ci.

Chapitre 2
La régulation progressive de la puissance d'achat par le droit de la commande publique

807. **Une nouvelle problématique consacrée par les directives « marchés publics ».** La puissance d'achat suscite depuis plusieurs années un intérêt croissant des institutions européennes, des autorités de concurrence nationales[3081], des organisations internationales mais également des chercheurs, comme en atteste la récente thèse d'Ignacio Herrera Anchustegui[3082]. Ce sujet, longtemps ignoré par la doctrine européenne et faiblement étudié, y compris à l'étranger[3083], probablement en raison d'une concentration des acheteurs nettement plus faible que celle des vendeurs[3084], présente un paradoxe qui intéresse nécessairement notre étude. En effet, la puissance d'achat peut générer des gains économiques significatifs pour les acheteurs usant de leur pouvoir de marché. Toutefois, subsistent en parallèle plusieurs risques d'atteintes à la concurrence consécutifs à l'utilisation de ce pouvoir. Depuis les directives 2014/24/UE et 2014/25/UE[3085], le droit de la commande publique fait expressément état d'un tel paradoxe, en renforçant significativement la centralisation des achats publics tout en appelant à « *surveiller attentivement* »[3086] les risques de distorsions de concurrence. Le traitement de la puissance d'achat se caractérise néanmoins par « *un manque de consensus dans la littérature économique* »[3087] en raison de ses effets concurrentiels « *ambigus* »[3088]. Cela explique

---

3081 Pour une illustration récente de l'Autorité de la concurrence, v. l'examen des propositions d'engagements des centrales d'achat dans la grande distribution. Disponible sur https://www.autoritedelaconcurrence.fr/fr/communiques-de-presse/centrales-dachat-lautorite-examine-des-propositions-dengagements (consulté le 23/02/2021).

3082 I. Herrera Anchustegui, *Buyer Power in EU Competition Law*, *op. cit.*.

3083 J. Perani, « Le pouvoir de monopsone : une analyse économique de la télévision par câble », thèse Université Paris 2 Panthéon-Assas, 1999, p. 12 ; OCDE, Rapport du Comité d'experts sur les pratiques commerciales restrictives, in *Puissance d'achat. Le pouvoir économique exercé par les acheteurs ayant une position dominante*, 1981, p. 40 ; OCDE, « Monopsony and Buyer Power », 2008, p. 111 ; R. D. Blair, D. L. Kaserman, *Law and Economics of Vertical Integration and Control*, New York, Academic Press, 1983, p. 114 ; OCDE, *Puissance d'achat. Le pouvoir économique exercé par les acheteurs ayant une position dominante*, *op. cit.*, p. 37.

3084 J. Perani, « Le pouvoir de monopsone : une analyse économique de la télévision par câble », *op. cit.*, p. 187 ; J. Jacobson, « Monopsony 2013: Still Not Truly Symmetric », *The Antitrust Source*, vol. 13, n° 2, 2013, 11 p.

3085 Le droit dérivé reprend notamment les modifications proposées par la Commission européenne dans son livre vert de 2011 sur la modernisation de la politique de l'UE en matière de marchés publics, « Vers un marché européen des contrats publics plus performant », *op. cit.* ; v. not. question n° 35, p. 25.

3086 Directive 2014/24/UE, *op. cit.*, considérant 59 ; directive 2014/25/UE, *op. cit.*, considérant 70.

3087 I. Herrera Anchustegui, *Buyer Power in EU Competition Law*, *op. cit.*, pt 180, p. 76 (traduction libre de l'auteur).

3088 *Ibid.*, pt 3, p. 4 (traduction libre de l'auteur). V. égal. OCDE, *Puissance d'achat. Le pouvoir économique exercé par les acheteurs ayant une position dominante*, *op. cit.*, pp. 11, 27 ; E. Pfister, « Puissance d'achat et politique de concurrence », *Concurrences* n° 1-2009, art. n° 23264, p. 36.

les difficultés pour le législateur européen et les institutions à établir des règles uniformes en la matière.

808. **Puissance d'achat, monopsone, pouvoir de négociation : précisions terminologiques.** Il convient, avant tout, de s'interroger sur les définitions-cadres de ce chapitre. En effet, les problématiques concurrentielles relatives à l'achat gravitent autour de notions essentielles. Parmi les définitions existantes, celles proposées par l'OCDE semblent être les plus adaptées à ce sujet de recherche. En effet, elles distinguent trois éléments intrinsèquement liés : la puissance d'achat, le monopsone et le pouvoir de négociation. La puissance d'achat ou encore le « *pouvoir de l'acheteur concerne la manière dont les entreprises en aval peuvent influencer les conditions d'échange avec les fournisseurs en amont* »[3089]. Une telle situation « *existe lorsqu'une entreprise ou un groupe d'entreprises, soit parce qu'il détient une position dominante en tant qu'acheteur d'un produit ou service, soit parce qu'il dispose d'avantages sur le plan de la stratégie commerciale ou d'un pouvoir de marchandage par suite à sa taille ou d'autres caractéristiques, est à même d'obtenir d'un fournisseur des conditions plus favorables que celles qui sont offertes aux autres acheteurs* »[3090]. La puissance d'achat présente l'intérêt de regrouper en son sein plusieurs comportements distincts, à savoir le monopsone et le pouvoir de négociation[3091]. Partant il s'agit d'un « *terme générique* »[3092] réunissant différentes réalités.

809. Par ailleurs, un « *acheteur bénéficie d'un pouvoir de monopsone s'il peut, avec profit, ramener le prix payé sous les niveaux concurrentiels en limitant la demande* »[3093]. Le monopsone se caractérise donc sur le marché par la présence d'un unique acheteur[3094], voire d'un nombre très limité d'acheteurs dans le cas d'un oligopsone. Dès lors, « *le monopsone est à la demande ce que le monopole est à l'offre* »[3095]. Le pouvoir de négociation embrasse quant à lui une réalité

3089 OCDE, « Monopsony and Buyer Power », *op. cit.*, p. 79.

3090 OCDE, *Puissance d'achat. Le pouvoir économique exercé par les acheteurs ayant une position dominante*, *op. cit.*, p. 10.

3091 OCDE, « Monopsony and Buyer Power », *op. cit.*, p. 79 ; I. Herrera Anchustegui, *Buyer Power in EU Competition Law*, *op. cit.*, pt 53, p. 27 ; Z. Chen, « Buyer Power: Economic Theory and Antitrust Policy », in *Research in Law and Economics*, vol. 22, R. O. Zerbe, J. B. Kirkwood (dir.), Bingley, Emerald Group Publishing Limited, 2007, p. 19 ; Bundeskartellamt, « Summary of the Final Report of the Sector Inquiry into the Food Retail Sector », 2014, 27 p. Cette distinction n'est pas toujours jugée pertinente ; v. en ce sens P. C. Carstensen, « Buyer Power and the Horizontal Merger Guidelines: Minor Progress on an Important Issue », *University of Pennsylvania Journal of Business Law*, vol. 14, n° 3, 2012, p. 788. Les professeurs Prieto et Bosco distinguent également le pouvoir de monopsone du pouvoir de négociation ; en ce sens : C. Prieto, D. Bosco, *Droit européen de la concurrence. Ententes et abus de position dominante*, *op. cit.*, pt 304, p. 300.

3092 I. Herrera Anchustegui, *Buyer Power in EU Competition Law*, *op. cit.*, pt 53, p. 27 (traduction libre de l'auteur).

3093 OCDE, « Monopsony and Buyer Power », *op. cit.*, p. 79 .

3094 J. Perani, « Le pouvoir de monopsone : une analyse économique de la télévision par câble », *op. cit.*, p. 12 ; I. Herrera Anchustegui, *Buyer Power in EU Competition Law*, *op. cit.*, pt 67, p. 31 ; P. Bezbakh, S. Gherardi (dir.), *Dictionnaire de l'économie*, Paris, Larousse, 2011, p. 462 ; J. P. Quirk, *Intermediate Microeconomics*, Chicago, Science Research Associates, 1987, pp. 358-362 ; R. H. Frank, A. J. Glass, *Microeconomics and Behavior*, 4e éd., New York, McGraw-Hill, 1999, pp. 503-508 ; H. R. Varian, *Intermediate Microeconomics: A Modern Approach*, New York, W.W. Norton & Co. 2006, p. 471 et s. ; B. Douglas Bernheim, M. D. Whinston, *Microeconomics*, New York, McGraw-Hill Irwin, 2008, pp. 648-652 ; R.-S. Pindyck, D.-L. Rubinfeld, *Microeconomics*, Upper Saddle River, Pearson Prentice Hall, 2009, p. 373 et s.

3095 J. Perani, « Le pouvoir de monopsone : une analyse économique de la télévision par câble », *op. cit.*, p. 187. V. égal. J. Jacobson, « Monopsony 2013: Still Not Truly Symmetric », *op. cit.*, pp. 1 et 4 ; I. Herrera Anchuste-

bien différente. Il fait « *référence à la marge de manœuvre dont l'acheteur dispose pour négocier avec ses fournisseurs […]. Le pouvoir de négociation est exercé uniquement lorsqu'en son absence les fournisseurs exerceraient un pouvoir de marché. Il s'agit d'un contre-pouvoir* »[3096]. L'objectif pour l'acheteur est alors de « *s'approprier le surplus du fournisseur* »[3097] en raison de sa « *capacité de menacer de façon crédible d'imposer un coût d'opportunité – sous forme de préjudice ou de manque à gagner – si aucune concession ne lui est accordée* »[3098].

810. **Les limites du droit de la concurrence dans la saisine du pouvoir d'acheteur.** Les nombreuses distorsions de la concurrence inhérentes à la puissance d'achat échappent fréquemment au droit de la concurrence en raison soit de leurs effets limités sur le marché[3099], soit du refus de la Cour de justice, depuis l'arrêt *FENIN*[3100], d'admettre certaines activités d'achats publics comme des activités économiques[3101]. L'usage de la puissance économique par les acheteurs et les distorsions qu'elle occasionne sont insuffisamment saisis par les articles 101 et 102 TFUE malgré les craintes initiales de l'École de Fribourg et de Franz Böhm en particulier[3102]. Dès lors, le droit de la concurrence dans son ensemble apparaît limité pour réguler de tels comportements[3103]. Les conditions nécessaires pour qualifier une entente ou un abus de position dominante sont en effet très complexes à établir dans le cadre de l'utilisation d'un tel pouvoir. Le maintien de l'ordre public concurrentiel nécessite alors l'intervention d'autres branches du droit.

811. **Le droit de la commande publique au cœur des interrogations sur la puissance d'achat.** Alors que les directives « marchés publics » ont récemment consacré l'existence de craintes concernant la puissance d'achat, le droit européen a parallèlement renforcé les dispositifs permettant aux acheteurs publics de centraliser leurs achats et, par conséquent, d'obtenir des réductions des prix proposés en utilisant leur puissance d'achat[3104]. Plusieurs chiffres démontrent l'engouement

gui, *Buyer Power in EU Competition Law*, *op. cit.*, pt 5, p. 4 ; I. Herrera Anchustegui, A. Sánchez-Graells, « Impact of public procurement aggregation on competition. Risks, rationale and justification for the rules in Directive 2014/24 », *op. cit.*, p. 8. Le professeur Inderst a d'ailleurs constaté une complémentarité entre le monopole et la puissance d'achat. Une entreprise dotée d'une telle puissance sera généralement encouragée à accroître sa domination sur le marché de la vente. Sur ce point, R. Inderst, « Leveraging Buyer Power », *International Journal of Industrial Organization*, vol. 25, n° 5, 2007, pp. 908-924.

3096 OCDE, « Monopsony and Buyer Power », *op. cit.*, p. 79.

3097 *Ibid.*, p. 85.

3098 *Ibid.* Sur ce point, v. égal. J. Kirkwood, « Buyer Power and Exclusionary Conduct: Should Brooke Group Set the Standards for Buyer-Induced Price Discrimination and Predatory Bidding? », *Antitrust Law Journal*, vol. 72, 2005, p. 637.

3099 J. Kirkwood, « Buyer Power and Exclusionary Conduct: Should Brooke Group Set the Standards for Buyer-Induced Price Discrimination and Predatory Bidding? », *op. cit.*, pt 949, p. 407.

3100 CJCE, 11 juillet 2006, *FENIN*, aff. C-205/03 P, *op. cit.*

3101 B. Heuninckx, « Aggregated procurement under Directive 2014/24/EU: lessons from the defence sector », *op. cit.*, pp. 191-192.

3102 J. Walther, « Prométhée enchaîné ou la puissance maîtrisée. Le "lien génétique" entre droit privé et concurrence dans l'œuvre de Franz Böhm (1895-1977) », *op. cit.*, p. 123.

3103 J.-C. Roda, *Droit de la concurrence*, *op. cit.*, pp. 82-83.

3104 Comm. eur., Communication « Faire des marchés publics un outil efficace au service de l'Europe », *op. cit.*, p. 7 et 14 ; I. Herrera Anchustegui, A. Sánchez-Graells, « Impact of public procurement aggregation on competition. Risks, rationale and justification for the rules in Directive 2014/24 », *op. cit.*, p. 14 ; B. Heuninckx, « Aggregated procurement under Directive 2014/24/EU: lessons from the defence sector », *op. cit.*, p. 189 ; I. Herrera Anchustegui, « Centralizing public procurement and competitiveness in Directive 2014/24 », *op. cit.*, p. 2 ;

des acheteurs publics pour la centralisation des achats. L'Inspection des finances relève ainsi que, durant la période 2008-2015, la croissance annuelle des achats centralisés par l'Union des groupements d'achats publics (ci-après UGAP) a été de 11 %[3105]. La Commission européenne observe, quant à elle, qu'en 2012 près de 6 % des achats publics européens étaient réalisés par l'intermédiaire d'une centrale d'achat, contre 3 % seulement en 2006[3106]. Ce chiffre dépasse d'ailleurs les 10 % dans plusieurs États membres, à l'instar du Royaume-Uni et du Danemark. Un tel processus de centralisation s'accompagne nécessairement de craintes de distorsions de la concurrence en raison de ses effets sur la structure du marché, alors que le droit de la commande publique poursuit lui-même un objectif de concurrence effective.

812. **Plan du Chapitre 2.** Dès lors, l'intérêt de s'interroger sur l'impact concurrentiel de ce processus de centralisation, lequel devrait vraisemblablement s'amplifier ces prochaines années, puis d'analyser l'encadrement actuel et futur proposé par le droit de la commande publique. Les limites du droit de la concurrence à encadrer la puissance d'achat (Section I) confèrent au droit de la commande publique un espace privilégié pour saisir de telles problématiques (Section 2).

Section 1
Le difficile encadrement de la puissance d'achat par le droit de la concurrence

813. À l'inverse des monopoles et abus de position dominante, les problématiques inhérentes aux pouvoirs de marché du côté de la demande demeurent méconnues et peu abordées malgré le « *[n]ouvel intérêt [...] pour la puissance d'achat* »[3107] de ces dernières années. Ce contraste entre ces deux types de pouvoirs de marché s'explique notamment par la diversité des effets économiques de la puissance d'achat (§ 1). Celle-ci peut occasionner des distorsions de la concurrence mais également présenter des effets bénéfiques pour cette dernière. En raison des difficultés qui existent pour établir l'impact réel de la puissance d'achat sur le marché, le droit de la concurrence peine à encadrer de tels comportements (§ 2).

A. Sánchez-Graells, *Public Procurement and the EU Competition Rules*, 2e éd., *op. cit.*, p. 46. Le recours à la centralisation des achats publics est régulièrement encouragé ; v. en ce sens : Cour des comptes, « La mutualisation des moyens départementaux de la sécurité civile », *op. cit.*, p. 59 ; Inspection des finances, « Revues de dépenses – La fonction achats des collectivités territoriales », *op. cit.*, pp. 9-11.

3105 Inspection des finances, « Revues de dépenses – La fonction achats des collectivités territoriales », *op. cit.*, p. 11. Le chiffre d'affaires de l'UGAP a progressé de 300 % de 2005 à 2015. En ce sens, F. Llorens, « La commande publique en quête d'efficacité », *op. cit.*, p. 218.

3106 Comm. eur., « Annual Public Procurement Implementation Review », SWD(2012) 342 final, 9 octobre 2012, p. 26.

3107 C. Prieto, D. Bosco, *Droit européen de la concurrence. Ententes et abus de position dominante*, *op. cit.*, pt 304, p. 300.

§ 1. La diversité des effets de la puissance d'achat sur la concurrence

814. La doctrine, tant économique et juridique peine à démontrer les effets concrets de la puissance d'achat sur la concurrence[3108], notamment en raison de la distinction entre monopsone et pouvoir de négociation, dont les effets divergent substantiellement. Les travaux de l'OCDE sur le sujet illustrent ainsi l'extrême diversité des effets sur la concurrence qui sont imputables à la puissance d'achat. Cela étant, certains effets, qu'ils soient négatifs (A.) ou positifs (B.), semblent obtenir un consensus de la doctrine.

A. Les effets négatifs

815. **Des manifestations distinctes de la puissance d'achat.** Le monopsone et le pouvoir de négociation font tous deux usage d'une puissance d'achat. Ils poursuivent tous deux l'objectif d'une réduction des prix d'achat[3109]. Comme le souligne le professeur Noll, le fournisseur doté d'une « *rente supraconcurrentielle* »[3110] devra la transférer en tout ou partie à son acheteur[3111]. Un monopsone ou un oligopsone obtient une baisse des prix auprès de ses fournisseurs en réduisant la demande et donc la quantité de produits disponibles sur le marché aval. Un tel comportement génère nécessairement des distorsions de la concurrence en raison de l'« *extrême dépendance* »[3112] qui en découle[3113]. À l'inverse, le pouvoir de négociation ne réduit pas la demande, car il emploie uniquement ses capacités de négociation afin de faire fléchir les tarifs de vente[3114]. Les distorsions propres au monopsone ne sont donc pas transposables au pouvoir de négociation, puisque l'on assiste dans cette dernière configuration à une hausse globale des produits achetés sur le marché[3115].

816. **La réduction de la demande consécutive à l'utilisation d'un pouvoir de monopsone.** Alors que les mécanismes utilisés par le pouvoir de négociation n'ont pas pour effet de réduire la demande, les monopsones ou oligopsones obtiennent des réductions des prix de la part des fournisseurs en diminuant celle-ci. Leur prépondérance sur le marché induit mécaniquement une inefficience allocative

---

3108 J.-C. Roda, *Droit de la concurrence*, *op. cit.*, p. 81.

3109 C. Prieto, D. Bosco, *Droit européen de la concurrence. Ententes et abus de position dominante*, *op. cit.*, pp. 300-301.

3110 R. G. Noll, « "Buyer Power" and Economic Policy », *Antitrust Law Journal*, vol. 72, n° 2, 2005, p. 592 (traduction libre de l'auteur).

3111 *Ibid.* V. égal. OCDE, « Monopsony and Buyer Power », *op. cit.*, p. 86.

3112 OCDE, *Puissance d'achat. Le pouvoir économique exercé par les acheteurs ayant une position dominante*, *op. cit.*, p. 32.

3113 OCDE, « Monopsony and Buyer Power », *op. cit.*, pp. 79 et 85 ; E. Pfister, « Puissance d'achat et politique de concurrence », *op. cit.*, p. 35.

3114 *Ibid* ; I. Herrera Anchustegui, *Buyer Power in EU Competition Law*, *op. cit.*, pt 102, p. 47 ; C. Doyle, R. Inderst, « Some Economics on the Treatment of Buyer Power in Antitrust », *ECLR*, vol. 28, n° 3, 2007, p. 212 ; R. Inderst, « Compte rendu de la table ronde », in OCDE, « Monopsony and Buyer Power », *op. cit.*, p. 315.

3115 I. Herrera Anchustegui, *Buyer Power in EU Competition Law*, *op. cit.*, pt 102, p. 47.

et donc une « *perte pour le bien-être* »[3116] en réduisant les quantités de produits disponibles « *en dessous du niveau concurrentiel* »[3117]. Cette situation est décrite par la Commission européenne dans sa décision *Sovion/Südfleisch*, dans laquelle elle précise : « *In any event, a merger that leads to increased buyer power is liable to significantly impede effective competition only under specific circumstances, in particular where it is likely to lead to a reduction in output of the final products or the foreclosure of competitors of the merged entity*[3118]. » Jonathan Jacobson souligne que l'atteinte à la concurrence est décuplée lorsque le monopsone détient, en parallèle, des parts de marché substantielles, voire domine le marché en aval[3119]. De même, comme le relève le professeur Chen, la retenue de la demande dans une situation de monopsone peut générer des pertes sèches pour les fournisseurs en réduisant la production globale et les ventes pour ces derniers[3120]. À l'inverse, la quantité achetée peut être fixée non pas à un niveau concurrentiel mais à un équilibre, permettant de maximiser les profits du fournisseur et de l'acheteur. On retrouve une telle situation avec le monopole bilatéral dans lequel sont présents un monopole et un monopsone[3121]. Cette situation est donc exclusive au monopsone. Elle ne trouve pas d'équivalent dans le pouvoir de négociation, en raison de l'absence d'action sur la demande[3122]. Dans une telle situation, la demande croît en raison de l'augmentation des commandes et de la possibilité pour les fournisseurs de trouver des acheteurs alternatifs et complémentaires.

817. **L'absence de répartition des bénéfices avec le consommateur.** Ce point, régulièrement discuté et dont les résultats demeurent encore hypothétiques, soulève plusieurs craintes[3123]. Déjà, en 1981, l'OCDE doutait des répercussions des économies réalisées sur le consommateur[3124]. En effet, le recours à la puissance d'achat, lorsqu'il ne réduit pas les prix pour les consommateurs, exclut la possibilité d'accroître le bien-être du consommateur[3125]. Le recours à ce pouvoir de marché vise alors uniquement à maximiser le profit de ces seules entreprises. Il n'y

---

3116 J. Perani, « Le pouvoir de monopsone : une analyse économique de la télévision par câble », *op. cit.*, pp. 12 et 13(traduction libre de l'auteur).

3117 *Ibid.* (traduction libre de l'auteur) V. égal. R. D. Blair, J. L. Harrison, *Monopsony in Law and Economics*, Cambridge, Cambridge University Press, 2010, pp. 45, 48, 107-112, 116, 166, 186, 225 ; J. Perani, « Le pouvoir de monopsone : une analyse économique de la télévision par câble », *op. cit.*, p. 189 ; J. Jacobson, « Monopsony 2013: Still Not Truly Symmetric », *op. cit.*, pp. 2-4 ; G. J. Werden, « Monopsony and the Sherman Act: Consumer Welfare in a New Light », Working Paper, 2007, p. 25. Disponible sur https://papers.ssrn.com/sol3/papers.cfm?abstract_id=975992 (consulté le 20/02/2021) ; I. Herrera Anchustegui, *Buyer Power in EU Competition Law*, *op. cit.*, pt 69, p. 32 ; OCDE, « Monopsony and Buyer Power », *op. cit.*, p. 145 ; Z. Chen, « Buyer Power: Economic Theory and Antitrust Policy », *op. cit.*, p. 22 ; J. Kirkwood, « Collusion to Control a Powerful Customer: Amazon, E-Books, and Antitrust Policy », *University of Miami Law Review*, vol. 69, n° 1, 2014, p. 7.

3118 Comm. eur., Decision of 21/12/2005 declaring a concentration to be compatible with the common market (Case No COMP/M.3968 – *Sovion/Südfleisch*) pt 40.

3119 J. Jacobson, « Monopsony 2013: Still Not Truly Symmetric », *op. cit.*, p. 3.

3120 Z. Chen, « Buyer Power: Economic Theory and Antitrust Policy », *op. cit.*, p. 22.

3121 A. L. Bowley, « Bilateral Monopoly », *Econ. J.*, vol. 38, n° 152, 1928, p. 651

3122 I. Herrera Anchustegui, *Buyer Power in EU Competition Law*, *op. cit.*, pt 765, p. 327.

3123 L'OCDE souligne l'absence de réelles études sur le sujet ; en ce sens : OCDE, « Monopsony and Buyer Power », *op. cit.*, p. 111.

3124 OCDE, *Puissance d'achat. Le pouvoir économique exercé par les acheteurs ayant une position dominante*, *op. cit.*, p. 47.

3125 I. Herrera Anchustegui, *Buyer Power in EU Competition Law*, *op. cit.*, pt 69, p. 32.

a donc aucune certitude dans la répercussion des gains obtenus chez le consommateur final. Les professeurs Blair et Harrison soutiennent que, dans le cadre d'un monopsone, la réduction des prix accordée par les fournisseurs ne bénéficie pas aux consommateurs[3126]. Ce risque est également présent, selon Ignacio Herrera Anchustegui, dans le cadre du pouvoir de négociation lorsque l'acheteur détient un pouvoir de marché sur le marché aval[3127]. De même, selon Étienne Pfister, la réduction des quantités achetées génère nécessairement une hausse des prix pour les consommateurs. La répercussion sur les prix dépendra notamment de la position du monopsoneur sur le marché aval. En effet, si ce dernier est concurrentiel l'acheteur sera encouragé à faire bénéficier les clients de la baisse des prix[3128].

818. **Le verrouillage des marchés par contrat d'exclusivité.** Une entreprise dotée d'une puissance d'achat peut aboutir à verrouiller le marché en raison de ses contrats d'approvisionnement[3129]. Ce raisonnement, généralement appliqué aux relations entre entreprises dominantes et leurs acheteurs[3130], peut aisément être transposé aux relations entre entreprises dominantes et leurs fournisseurs[3131]. Alors que la pratique est contrôlée par la Cour de justice dans le cadre d'une position dominante classique[3132], celle-ci est rarement abordée dans le cadre de la puissance

---

3126 R. D. Blair, J. L. Harrison, *Monopsony in Law and Economics*, *op. cit.*, p. 47. V. égal. J. B. Kirkwood, « The Fundamental Goal of Antitrust: Protecting Consumers, Not Increasing Efficiency », *Notre Dame Law Review*, vol. 84, n° 1, 2008, p. 191 ; P. C. Carstensen, « Buyer Cartels Versus Buying Groups: Legal Distinctions, Competitive Realities, and Antitrust Policy », *William & Mary Business Law Review*, vol. 1, n° 1, 2010, p. 21 ; J. K. Kirkwood, « The Essence of Antitrust: Protecting Consumers and Small Suppliers from Anticompetitive Conduct », *Fordham Law Review*, vol. 81, n° 5, 2013, p. 2425.

3127 I. Herrera Anchustegui, *Buyer Power in EU Competition Law*, *op. cit.*, pt 138, p. 59.

3128 G. J. Werden, « Monopsony and the Sherman Act: Consumer Welfare in a New Light », *op. cit.*, p. 5 ; OCDE, *Puissance d'achat. Le pouvoir économique exercé par les acheteurs ayant une position dominante*, *op. cit.*, p. 47.

3129 À titre d'illustration, Trib. UE, 9 septembre 2010, *Tomra Systems ASA*, aff. T-155/06, EU:T:2010:370, pts 42, 238-246 ; comm. L. Idot, *Europe*, 2010, n° 11, pp. 23-24 ; A.-L. Sibony, *Concurrences* n° 4-2010, art. n° 33186, pp. 123-125 ; L. Idot, *Revue des contrats*, 2011, pp. 117-121 ; M. Trabucchi, *Gaz. Pal.*, 2011, n° 42-43, pp. 25-26 ; R. Galante, *RDUE*, 2011, n° 1, pp. 149-156 ; CJUE, 6 septembre 2017, *Intel Corporation Inc.*, aff. C-413/14 P, EU:C:2017:632, pt 137 ; comm. D. Dittert, *Revue des affaires européennes*, 2017, pp. 583-588 ; L. Idot, *Concurrences* n° 1-2018, art. n° 86053, pp. 15-22 ; M. Cardon, *RTDE*, 2018, n° 1, pp. 115-142.

3130 À titre d'illustration, Trib. UE, 25 juin 2010, *Imperial Chemical Industries*, aff. T-66/01, EU:T:2010:255, pt 315 : « *Il résulte d'une jurisprudence constante que, pour une entreprise se trouvant en position dominante sur un marché, le fait de lier – fût-ce à leur demande – des acheteurs par une obligation ou une promesse de s'approvisionner pour la totalité ou pour une part considérable de leurs besoins exclusivement auprès de ladite entreprise constitue une exploitation abusive d'une position dominante au sens de l'article 82 CE, soit que l'obligation en question soit stipulée sans plus, soit qu'elle trouve sa contrepartie dans l'octroi de rabais. Il en est de même lorsque ladite entreprise, sans lier les acheteurs par une obligation formelle, applique, soit en vertu d'accords passés avec ces acheteurs, soit unilatéralement, un système de rabais de fidélité, c'est-à-dire de remises liées à la condition que le client – quel que soit par ailleurs le montant, considérable ou minime, de ses achats – s'approvisionne exclusivement pour la totalité ou pour une partie importante de ses besoins auprès de l'entreprise en position dominante (arrêt Hoffmann-Laroche/Commission, point 216 supra, point 89). En effet, les engagements d'approvisionnement exclusif de cette nature, avec ou sans la contrepartie de rabais ou l'octroi de rabais de fidélité en vue d'inciter l'acheteur à s'approvisionner exclusivement auprès de l'entreprise en position dominante, sont incompatibles avec l'objectif d'une concurrence non faussée dans le marché commun parce qu'ils ne reposent pas sur une prestation économique justifiant cette charge ou cet avantage, mais tendent à enlever à l'acheteur, ou à restreindre à son égard, la possibilité de choix en ce qui concerne ses sources d'approvisionnement et à barrer l'accès du marché aux autres producteurs (arrêt Hoffmann-Laroche/Commission, point 216 supra, point 90).* »

3131 I. Herrera Anchustegui, *Buyer Power in EU Competition Law*, *op. cit.*, pt 507, p. 222

3132 C. Prieto, D. Bosco, *Droit européen de la concurrence. Ententes et abus de position dominante*, *op. cit.*, pt 1334 et s., p. 987 et s.

d'achat. Néanmoins, la thèse d'Ignacio Herrera Anchustegui propose de transposer le raisonnement de la jurisprudence européenne en matière d'obligations d'achats exclusifs aux obligations de ventes exclusives. De cette manière, la puissance d'achat pourrait être saisie sur la base de l'article 102 TFUE[3133]. Cela permet en outre d'assurer une certaine sécurité juridique sur le marché[3134]. Cette démonstration n'est d'ailleurs pas inconnue du droit européen, la Commission européenne s'est déjà prononcée sur des comportements d'acheteurs « *qui s'écartent d'une concurrence normale* »[3135] en raison d'obligations d'achats exclusifs dans le secteur du diamant. L'accord en cause liait l'entreprise De Beers, en position dominante, à son principal concurrent Alrosa. Il prévoyait des achats de « *quantités substantielles de diamants bruts* » par De Beers auprès de son concurrent. La Commission relève qu'un tel accord « *éliminerait une source alternative et indépendante d'approvisionnement pour les clients potentiels* »[3136]. Cette analyse est corroborée par le Tribunal, lequel confirme que « *le fait, pour De Beers, de se réserver la totalité de la production d'Alrosa exportée hors de la CEI, même avec l'accord de cette dernière, peut constituer un abus dans le cadre de leurs relations* »[3137].

819. Les conclusions de l'avocat général Kokott lors du pourvoi confirment la faculté d'appliquer l'article 102 TFUE à la puissance d'achat en précisant qu'il y a « *lieu de craindre un tel abus lorsqu'une entreprise en position dominante achète toute la production d'une autre qui opère sur le même marché, car cet autre producteur se trouve ainsi dispensé de mettre en place son propre système de distribution et de livrer concurrence à l'entreprise dominante. Une telle situation peut avoir des conséquences dommageables pour la structure du marché et, en fin de compte, pour le consommateur également* »[3138]. La mise en place d'un accord d'exclusivité peut également correspondre à une étape préalable ;la concurrence étant éliminée, l'acheteur en situation de monopsone pourra ensuite exploiter ses fournisseurs[3139].

820. **Les prix d'achat prédateurs et les monopsones : l'exemple américain.** Alors que le droit de la concurrence européen demeure très discret en situation de monopsone, le droit de la concurrence américain s'est, à de rares occasions, prononcé pour une transposition des règles en matière d'abus de position dominante aux entreprises en situation de monopsone[3140]. Le juge Thomas précise à ce titre que les « *prix prédateurs et les offres prédatrices sont analytiquement similaires. Cette similitude résulte du lien théorique entre monopole et monopsone. Le monopole et le monopsone sont des distorsions symétriques de la concurrence du point de vue*

3133 I. Herrera Anchustegui, *Buyer Power in EU Competition Law*, *op. cit.*, pt 507, p. 222.

3134 *Ibid.*

3135 Comm. eur., déc. 2006/520/CE du 22 février 2006 relative à une procédure d'application de l'article 82 du traité CE et de l'article 54 de l'accord EEE, *De Beers*, aff. COMP/B-2/38.381, *JOUE* n° L 205 du 27 juillet 2006, pp. 24-25, pt 30.

3136 *Ibid.*, pt 31.

3137 TPICE, 11 juillet 2007, *Alrosa c/ Commission*, aff. T-170/06, EU:T:2007:220, pt 127 ; comm. P. Arhel, *LPA*, 2007, n° 221, pp. 9-13 ; C. Prieto, *Revue des contrats*, 2007, pp. 1176-1178.

3138 Conclusions de l'avocat général J. Kokott présentées le 17 septembre 2009, aff. C-441/07 P, EU:C:2009:555, pt 122.

3139 I. Herrera Anchustegui, *Buyer Power in EU Competition Law*, *op. cit.*, pt 707, p. 301.

3140 Sur les affinités originelles entre le Sherman Act et les monopsones, v. en ce sens G. J. Werden, « Monopsony and the Sherman Act: Consumer Welfare in a New Light », *op. cit.*, p. 8 ; J. M. Jacobson, G. J. Dorman, « Joint Purchasing, Monopsony, and Antitrust », *Antitrust Bulletin*, vol. 36, n° 1, 1991, p. 40.

économique »[3141]. La Cour suprême a ainsi été conduite à étendre les critères du prix prédateur comme prévu par la jurisprudence *Brooke Group LTD*[3142], à des prix d'achat prédateurs dans le secteur du bois. En l'espèce, l'entreprise Weyerhaeuser avait acheté des troncs d'arbres à un prix supraconcurrentiel conduisant plusieurs scieries concurrentes au dépôt de bilan, en raison de l'impossibilité de se fournir en matières premières. La Cour suprême se fonde sur la proximité structurelle entre le monopole et le monopsone pour transposer les critères de l'arrêt *Brooke Group LTD* aux prix d'achat, après avoir précisé qu'un tel prix pouvait, à de rares occasions, avoir les caractéristiques d'un prix prédateur du fait des pertes à court terme et des perspectives de récupérations futures[3143]. En dépit des facteurs proconcurrentiels de la pratique, la Cour suprême consacre selon le professeur Raynouard *« tout le développement des analyses relatives aux monopsones »*[3144]. Pour ce faire, il est nécessaire que les prix d'achat occasionnent *« des pertes sur le marché aval en fixant ses prix à un niveau qui ne couvre pas ses coûts »*[3145]. Partant, les profits des concurrents seront réduits, pris en tenaille entre la hausse des prix sur le marché amont et la baisse des prix sur le marché aval. Il faudra également démontrer par ailleurs la faculté de récupération pour l'entreprise prédatrice. Or, en pratique, de telles conditions peuvent s'avérer complexes à réunir dans le cadre de la puissance d'achat[3146].

821. **Les prix d'achat prédateurs et les monopsones : le cas européen.** En faisant usage de leur pouvoir d'acheteur sous la forme d'un prix prédateur, les entreprises en situation de monopsone ou d'oligopsone restreignent substantiellement la concurrence en excluant du marché les acheteurs qui ne sont pas à même de répondre à la hausse brutale des prix ou qui doivent augmenter substantiellement leurs prix[3147]. La Cour de justice souligne d'ailleurs dans son arrêt *Akzo* qu'une *« entreprise dominante n'a, en effet, aucun intérêt à pratiquer de tels prix, si ce n'est celui d'éliminer ses concurrents pour pouvoir, ensuite, relever ses prix en tirant profit de sa situation monopolistique, puisque chaque vente entraîne pour elle une perte, à savoir la totalité des coûts fixes (c'est-à-dire de ceux qui restent constants quelles que soient les quantités produites), et une partie, au moins, des coûts variables afférents à l'unité produite »*[3148]. Les professeurs Blair et Lopatka

---

3141 C. Thomas, Opinion majoritaire délivrée le 28 novembre 2006 dans l'affaire *Weyerhaeuser Co. v. Ross-Simmons Hardwood Lumber* n° 05-381 (traduction libre de l'auteur).

3142 Cour suprême des États-Unis, 21 juin 1993, *Brooke Group LTD v. Brown & Williamson Tobacco Corp*, 509 U.S. 209 (1993)..

3143 Cour suprême des États-Unis, 20 février 2007, *Weyerhaeuser Co. v. United States Fish and Wildlife Service*, n° 05-381 ; comm. A. Raynouard, S. Néron, *LPA*, 2008, n° 212, pp. 10-22 ; I. Luc, *RLC*, 2007, n° 13, pp. 87-96.

3144 A. Raynouard, S. Néron, « Chronique de la Cour suprême des États-Unis d'Amérique n° 3 », *LPA*, 2008, n° 212, pp. 10-22. Sur ce point, v. H. Hovenkamp, « The Law of Exclusionary Pricing », *Competition Policy International*, vol. 2, n° 1, 2006, p. 21; S. C. Salop, « Anticompetitive Overbuying by Power Buyers », *Antitrust Law Journal*, vol. 72, n° 2, 2005, p. 669.

3145 I. Luc, « Un bilan de l'activité de la Cour Suprême américaine en droit de la concurrence pour l'année 2007 », *RLC*, 2007, n° 13, p. 118.

3146 Fenwick & West LLP, « Supreme Court Decides Predatory Bidding Case », 2007, p. 1. Disponible sur https://www.fenwick.com/FenwickDocuments/Antitrust_02-21-07.pdf (consulté le 20/02/2021).

3147 I. Herrera Anchustegui, *Buyer Power in EU Competition Law*, *op. cit.*, pt 481, p. 210.

3148 CJCE, 3 juillet 1991, *Akzo*, aff. C-62/86, *op. cit.*, pt 71 ; comm.; C. Bolze, *RTD com.*, 1992, pp. 310-313 ; L. Vogel, *Contrats, conc., consom.*, 1991, n° 11, pp. 11-12.

observent que de telles pratiques affectent durablement la structure future du marché en réduisant l'intérêt pour les entreprises à y entrer[3149]. Or, l'article 102 TFUE a pour fonction essentielle de sanctionner les effets d'éviction des entreprises en position dominante, comme peuvent en attester la jurisprudence *British Airways*[3150] et les « Orientations sur les priorités retenues par la Commission pour l'application de l'article 82 du traité CE » sur les pratiques d'éviction abusives des entreprises dominantes[3151].

822. **Abus d'exploitation par la puissance d'achat.** Cet abus, souvent mis en exergue par la doctrine mais faiblement saisi par la pratique décisionnelle[3152], permet d'appréhender un aspect essentiel de la puissance d'achat et du monopsone en particulier. Si un tel abus apparaît comme central pour les rédacteurs du traité[3153], sa caractérisation reste difficile[3154] en dépit de la formulation de l'article 102 TFUE[3155]. La jurisprudence *General Motors* consacre explicitement la faculté pour une entreprise en position dominante de commettre un abus par exploitation tarifaire. Elle précise que l'« *on ne saurait exclure la possibilité, de la part du détenteur de la position d'exclusivité ci-dessus décrite, d'une exploitation abusive du marché, par la détermination du prix – en ce qui concerne une prestation qu'il est seul en mesure de fournir* »[3156]. Elle ajoute qu'un « *tel abus pourrait consister, notamment, dans la perception d'un prix exagéré par rapport à la valeur économique de la prestation fournie* »[3157]. Or, afin de déterminer « *si le détenteur de cette position a utilisé les possibilités qui en découlent pour obtenir des avantages de transactions qu'il n'aurait pas obtenus en cas*

3149 R. D. Blair, J. E. Lopatka, « Predatory Buying and the Antitrust Laws », *Utah Law Review*, n° 2, 2008, p. 467.

3150 CJCE, 15 mars 2007, *British Airways*, aff. C-95/04 P, *op. cit.*, pt 68 : « *Il en résulte que, pour juger de l'éventuel caractère abusif, dans le chef d'une entreprise en position dominante, d'un système de rabais ou de primes qui ne constituent ni des rabais ou primes de quantité ni des rabais ou primes de fidélité au sens de l'arrêt Hoffmann-La Roche/Commission, précité, il convient, d'abord, de vérifier si ces rabais ou primes peuvent produire un effet d'éviction, c'est-à-dire s'ils sont à même, d'une part, de rendre plus difficile, voire impossible, l'accès au marché pour les concurrents de l'entreprise en position dominante et, d'autre part, de rendre plus difficile, voire impossible, pour ses cocontractants, le choix entre plusieurs sources d'approvisionnement ou partenaires commerciaux* » ; comm. L. Idot, *Europe*, 2007, n° 142, p. 19 ; P. Arhel, *LPA*, 2007, n° 101, pp. 16-17 ; C. Prieto, *JDI*, 2007, pp. 659-662 ; C. Robin, *RLC*, 2007, n° 12, pp. 28-29 ;.

3151 Comm. eur., Communication « Orientations sur les priorités retenues par la Commission pour l'application de l'article 82 du traité CE aux pratiques d'éviction abusives des entreprises dominantes », *op. cit.*, pt 20 : « *La Commission interviendra normalement en vertu de l'article 82 lorsque, sur la base de preuves solides et convaincantes, le comportement abusif présumé risque de produire une éviction anticoncurrentielle.* »

3152 M. Motta, A. de Streel, « Excessive Pricing in Competition Law: Never say Never? », in Swedish Competition Authority, « The Pros and Cons of High Prices », 2007, p. 16 ; A. Jones, B. Sufrin, *EU Competition Law: Text, Cases, and Materials*, 4e éd., *op. cit.*, p. 538 ; I. Herrera Anchustegui, *Buyer Power in EU Competition Law*, *op. cit.*, pt 710, p. 303.

3153 C. Prieto, D. Bosco, *Droit européen de la concurrence. Ententes et abus de position dominante*, *op. cit.*, pt 304, p. 908. R. Joliet, *Monopolization and Abuse of Dominant Positions. A Comparative Study of the American and European Approaches to the Control of Economic Power*, *op. cit.*, p. 681 et s.

3154 C. Prieto, D. Bosco, *Droit européen de la concurrence. Ententes et abus de position dominante*, *op. cit.*, pt 304, p. 909.

3155 « *Ces pratiques abusives peuvent notamment consister à : a) imposer de façon directe ou indirecte des prix d'achat ou de vente ou d'autres conditions de transaction non équitables […].* »

3156 CJCE, 13 octobre 1975, aff. C-26/75, *General Motors*, *op. cit.*, pt 11 ; comm. R. Kovar, V. Constantinesco, A. Huet, *JDI*, 1977, pp. 210-216 ; P. Delannay, *Journal des tribunaux*, 1977, pp. 337-341.

3157 *Ibid.*, pt 12.

de concurrence praticable et suffisamment efficace »[3158], la Cour de justice adopte un test permettant d'identifier l'existence d'un abus d'exploitation. Pour ce faire, il importe de l'examiner « *en comparant le prix de vente du produit en cause à son prix de revient, comparaison d'où se dégagerait l'importance de la marge bénéficiaire* »[3159] afin de déterminer « *s'il existe une disproportion excessive entre le coût effectivement supporté et le prix effectivement réclamé et, dans l'affirmative, d'examiner s'il y a imposition d'un prix inéquitable, soit au niveau absolu, soit par comparaison avec les produits concurrents* »[3160].

823. Une telle situation peut sans difficulté être transposée du monopole au monopsone. En effet, le monopsone est à la poursuite de prix infraconcurrentiels, les prix excessivement bas étant représentatifs d'une telle situation de marché[3161]. Selon Robert O'Donoghue et Jorge Padilla, il y a exploitation lorsque le prix payé est en deçà d'un prix concurrentiel[3162]. Cette situation est donc applicable à l'ensemble des pouvoirs d'achat, qu'ils soient ou non réalisés dans le cadre d'un monopsone dès lors qu'une position dominante est démontrée. L'exploitation économique par l'acheteur peut notamment entraîner des départs sur le marché. Ces derniers affectent nécessairement le bien-être du consommateur, car ils ne sont pas inhérents à une inefficience des entreprises mais à la situation d'exploitation dont ils sont l'objet[3163].

824. **Le « *waterbed effect* ».** Le principe dit des « *vases communicants* »[3164], plus connu sous son appellation anglaise « *waterbed effect* », désigne un « *effet indirect* »[3165] propre aux pouvoirs d'acheteurs. En effet, lorsqu'une entreprise use d'un tel pouvoir pour réduire les prix proposés par ses fournisseurs, ces derniers, notamment lorsque le prix obtenu est infraconcurrentiel, peuvent chercher à récupérer leurs pertes auprès des petits et moyens acheteurs et affecter par conséquent la concurrence effective[3166]. Une enquête sectorielle de la Competition Commission

---

3158 CJCE, 14 février 1978, *United Brands*, aff. C-27/76, EU:C:1978:22, pt. 249.

3159 *Ibid.*, pt 251

3160 *Ibid.*, pt 252

3161 I. Herrera Anchustegui, *Buyer Power in EU Competition Law*, *op. cit.*, pt 710, p. 303.

3162 R. O'Donoghue, A. J. Padilla, *The Law and Economics of Article 82 EC*, 2e éd., Oxford, Hart Publishing, 2013, p. 841. Sur ce point v. I. Herrera Anchustegui, *Buyer Power in EU Competition Law*, *op. cit.*, pt 707, p. 301 ; A. R. Martín-Laborda, « Exploitative Prices in European Competition Law », Universidad Carlos III de Madrid, Working Paper. Disponible sur https://papers.ssrn.com/sol3/papers.cfm?abstract_id=2660956 (consulté le 20/02/2021). Pour une affaire soulignant de tels risques, v. en ce sens Comm. eur., déc. du 21 décembre 2005 *Sovion/Südfleisch*, *op. cit.*, pt 44.

3163 I. Herrera Anchustegui, *Buyer Power in EU Competition Law*, *op. cit.*, pt 707, p 301.

3164 OCDE, « Monopsony and Buyer Power », *op. cit.*, p. 80 et s.

3165 I. Herrera Anchustegui, *Buyer Power in EU Competition Law*, *op. cit.*, pt 149, p. 63 (traduction libre de l'auteur).

3166 C. Freytag, « La puissance d'achat en droit européen de la concurrence : contextes européen, français et allemand », thèse Université Paris 10 et Université d'Hambourg, 2014, p. 14 ; E. Pfister, « Puissance d'achat et politique de concurrence », *op. cit.*, p. 37 ; R. Inderst, N. Mazzarotto, « Buyer Power: Sources, Consequences and Policy Responses », in *ABA Antitrust Section Handbook. Issues in Competition Law and Policy*, W. D. Collins, J. Angland (dir.), Chicago, ABA Section of Antitrust Law, 2006 ; P. W. Dobson, R. Inderst, « Differential Buyer Power and the Waterbed Effect: Do Strong Buyers Benefit or Harm Consumers? », *ECLR*, vol. 28, n° 7, 2007, p. 393 et s. ; P. W. Dobson, « Exploiting Buyer Power: Lessons from the British Grocery Trade », *Antitrust Law Journal*, vol. 72, n° 2, 2005, p. 561 ; R. Inderst, « Compte rendu de la table ronde », in OCDE, « Monopsony and Buyer Power », *op. cit.*, p. 317 et s.

a mis en exergue le recours à un effet *waterbed* pour 7 % des fournisseurs de la grande distribution[3167]. Un tel phénomène semble d'ailleurs renforcé si les acheteurs dotés d'une puissance d'achat ont bâti leur envergure par l'intermédiaire de mécanismes de rabais sur les fournitures[3168]. L'OCDE constate que dans une telle situation lesdits acheteurs peuvent être « *pouss[és] à relever leurs prix en raison de la hausse de leurs coûts marginaux* »[3169]. Toutefois, celle-ci tempère sa position en soulignant qu'une telle élévation des prix n'est pas automatique[3170] ; l'entreprise pourra décider en effet de réduire ses marges pour rester compétitive pour les consommateurs[3171]. Il n'en demeure pas moins que la compétition sera nécessairement plus complexe à maintenir, en raison des écarts dans les conditions de concurrence, les petits acheteurs étant naturellement plus sensibles à de telles situations[3172].

825. **L'effet spirale.** « *L'effet spirale* »[3173], corollaire de l'effet des vases communicants[3174], a récemment été mis en évidence par l'Autorité de la concurrence à l'occasion de son avis n° 15-A-06 du 31 mars 2015 relatif au rapprochement des centrales d'achat et de référencement dans le secteur de la grande distribution[3175]. Il s'agit d'un « *risque d'éviction de distributeurs du fait de leur petite taille* »[3176]. Les rabais obtenus sur les fournitures entraînent *de facto* une capacité pour l'entreprise de réduire les prix de distribution, baisse des prix qui sera impossible pour les concurrents qui ne disposent pas d'une puissance d'achat. Cette problématique, propre au pouvoir de négociation et donc particulièrement palpable dans le secteur de la grande distribution, explique la vigilance récente des autorités de concurrence. Un « effet spirale » qui résulte de l'assèchement de la concurrence peut notamment entraîner une hausse des prix sur le long terme, comme l'observe la Commission européenne dans sa décision *Carrefour/Promodes*[3177].

826. **La perte de capacités d'investissement des fournisseurs.** Parmi les critiques négatives formulées à l'égard de la puissance d'achat, la baisse des capacités d'investissement, et donc finalement d'innovation, est souvent relevée. En effet,

---

[3167] Chiffres cités par Aut. conc., avis n° 15-A-06 du 31 mars 2015, Rapprochement des centrales d'achat et de référencement dans le secteur de la grande distribution, pt 191.

[3168] P. W. Dobson, R. Inderst, « Differential Buyer Power and the Waterbed Effect: Do Strong Buyers Benefit or Harm Consumers? », *op. cit.*, p. 398.

[3169] OCDE, « Monopsony and Buyer Power », *op. cit.*, p. 112.

[3170] *Ibid.*

[3171] P. W. Dobson, R. Inderst, « Differential Buyer Power and the Waterbed Effect: Do Strong Buyers Benefit or Harm Consumers? », *op. cit.*, p. 394.

[3172] P. C. Carstensen, « Buyer power, competition policy, and antitrust: the competitive effects of discrimination among suppliers », *The Antitrust Bulletin*, vol. 53, n° 2, 2008, p. 271 ; J. K. Kirkwood, « The Essence of Antitrust: Protecting Consumers and Small Suppliers from Anticompetitive Conduct », *op. cit.*, p. 2425.

[3173] C. Freytag, « La puissance d'achat en droit européen de la concurrence : contextes européen, français et allemand », *op. cit.*, pp. 13-14.

[3174] Aut. conc., avis n° 15-A-06 du 31 mars 2015, *op. cit.*, note 72, p. 57.

[3175] *Ibid.*, pt 188 et s. V. aussi, Comm. eur., Lignes directrices sur l'applicabilité de l'article 101 du traité sur le fonctionnement de l'Union européenne aux accords de coopération horizontale, *op. cit.*, pt 203 ; Bundeskartellamt, Rapport du 18 septembre 2008, pp. 3 et 4.

[3176] *Ibid.*, pt 189. V. égal. Bundeskartellamt, « Summary of the Final Report of the Sector Inquiry into the Food Retail Sector », *op. cit.*

[3177] Comm. eur., déc. du 25 janvier 2000, *Carrefour/Promodes*, aff. COMP/M.1684, *JOCE* n° C 164 du 14 juin 2000, pp. 5-6, pt 87.

en raison de la baisse des prix d'achat et notamment de la marge bénéficiaire réduite des fournisseurs, ces derniers sont contraints de restreindre en conséquence leurs investissements. Les travaux des professeurs Battigalli, Fumagalli et Polo ont établi un parallèle entre l'accroissement de la puissance d'achat et la capacité d'investir[3178]. Cette position a été confortée par une partie de la doctrine mais également par le Conseil de la concurrence (désormais Autorité de la concurrence) dans son avis du 4 février 2000 relatif à un projet de réforme de la régulation des relations commerciales[3179]. Néanmoins, ce point fait encore l'objet de débats, comme en témoigne la prise de position de la Direction des affaires juridiques devant l'OCDE en parlant d'« *effets ambigus de la puissance d'achat sur l'investissement des offreurs* »[3180].

B. Les effets positifs

827. **Puissance d'achat et contre-pouvoir de marché : vers un équilibre concurrentiel.** Théorisé par le professeur Galbraith[3181], le concept de contre-pouvoir illustre la capacité des acheteurs à s'organiser lors du processus d'achat afin d'affronter le pouvoir de marché du fournisseur. La concentration économique, qu'elle soit réalisée par l'intermédiaire d'une simple mutualisation des achats ou par un processus de concentration des différents acheteurs, permet de contrebalancer le pouvoir de marché du côté de l'offre[3182]. En effet, le niveau de dépendance, à l'origine unilatérale, devient progressivement réciproque et permet d'atteindre un équilibre concurrentiel sur les tarifs pratiqués, à l'instar du monopole bilatéral[3183]. Dès lors, l'efficience économique n'est pas due à l'atomicité de la concurrence, mais à une neutralisation complète des pouvoirs de marché réciproques. De plus, l'existence d'un pouvoir de marché des vendeurs va naturellement encourager

---

3178 P. Battigalli, C. Fumagalli, M. Polo, « Buyer power and quality improvements », *Research in Economics*, vol. 61, n° 2, 2007, pp. 45-61. V. égal. OCDE, « Monopsony and Buyer Power », *op. cit.*, p. 116.

3179 Cons. conc., n° 00-A-02 du 4 février 2000, Demande d'avis sur un projet de réforme de l'ordonnance du 1er décembre 1986, p. 3; I. Herrera Anchustegui, *Buyer Power in EU Competition Law*, *op. cit.*, pt 711, p. 304 ; I. Herrera Anchustegui, A. Sánchez-Graells, « Impact of public procurement aggregation on competition. Risks, rationale and justification for the rules in Directive 2014/24 », *op. cit.*, p. 10 ; I. Herrera Anchustegui, « Centralizing public procurement and competitiveness in Directive 2014/24 », *op. cit.*, p. 16 ; Z. Chen, « Monopoly and Product Diversity: The Role of Retailer Countervailing Power », *Carleton Economic Papers* n° 04-19, 2004, 25 p ; E. Pfister, « Puissance d'achat et politique de concurrence », *op. cit.*, p. 41 ; J. Faull, A. Nikpay, *The EC Law of Competition*, Oxford University Press, 1999, pt 6.328.

3180 Direction des affaires juridiques, contribution française à l'OCDE, in OCDE, « Monopsony and Buyer Power », *op. cit.*, p. 161.

3181 J. K. Galbraith, *American Capitalism: The Concept of Countervailing Power*, *op. cit.*

3182 *Ibid.* OCDE, *Puissance d'achat. Le pouvoir économique exercé par les acheteurs ayant une position dominante*, *op. cit.*, pp. 55 et 123 ; contribution turque citée par la Direction des affaires juridiques, contribution française à l'OCDE, in OCDE, « Monopsony and Buyer Power », *op. cit.*, p. 322.

3183 Sur le monopole bilatéral, A. L. Bowley, « Bilateral Monopoly », *op. cit.*, pp. 651-658 ; J. Lacroix, « Essai de généralisation de la théorie du monopole bilatéral », *Revue économique*, 1951, n° 2, pp. 219-226 ; A. Garapin, M. Hollard, S. Robin, B. Ruffieux, « L'inefficacité d'une chaîne de monopoles : une étude expérimentale en situation de négociation répétée », *Économie & prévisions*, 2000, n° 145, pp. 1-18 ; W. Fellner, « Price and Wages Under Bilateral Monopoly », *The Quarterly Journal of Economics*, vol. 61, n° 4, 1947, pp. 503-532 ; J. W. Friedman, « Bilateral Monopoly », in *The New Palgrave: Dictionary of Economics*, New York, McMillan, vol. 2, 1987, pp. 242-243 ; D. L. Harnett, L. L. Cummings, « Bilateral Monopoly Bargaining: An International Study », in *Contributions to Experimental Economics*, vol. 3, 1972.

le développement d'une puissance d'achat parallèle, par l'intermédiaire d'un processus de concentration.

828. **Un danger relatif pour les fournisseurs : une dépendance réciproque.** L'hypothèse selon laquelle les acheteurs dotés d'une puissance d'achat étrangleraient économiquement leurs fournisseurs doit être nuancée. En effet, comme le précise l'OCDE en 2009, les acheteurs, même dotés d'une puissance d'achat, n'ont pas d'intérêt à mettre la survie de leurs fournisseurs en péril[3184]. L'affaiblissement de la concurrence sur le marché pourrait notamment entraîner un renchérissement des prix en raison d'une concentration sur le marché des fournitures. Ce constat paraît naturel lorsque l'acheteur est satisfait des produits qui lui sont fournis. Un tel argument est soulevé également dans la jurisprudence européenne. Ainsi, à l'occasion de l'affaire *FENIN*[3185], l'avocat général Maduro a précisé qu'« *une entreprise en position de monopsone n'a pas intérêt à exercer une pression telle sur ses fournisseurs qu'ils seraient contraints de sortir du marché amont* »[3186]. Toutefois, cette possibilité ne peut être généralisée. Certes la disparition d'un fournisseur peut assécher le marché local, néanmoins la concurrence européenne et internationale offre de nouvelles perspectives aux entreprises pour trouver des fournisseurs toujours plus compétitifs.

829. **La réduction potentielle des prix en aval.** Nos précédents développements ont souligné les doutes d'une partie de la doctrine sur le partage avec les consommateurs des économies générées par l'utilisation de la puissance de marché. Or, plusieurs enquêtes sectorielles se positionnent sur une rétrocession aux consommateurs de 60 % du montant des rabais obtenus auprès des fournisseurs, en raison notamment d'une baisse des coûts de transaction et des économies d'échelle qui en résultent[3187]. Sur ce point, il est important de distinguer le monopsone du pouvoir de négociation. Ce dernier, en situation de concurrence sur le marché, obtient des rabais sans réduire la quantité d'intrants disponibles sur le marché. Par conséquent, l'offre devrait progresser et mécaniquement réduire les prix pour

---

3184 OCDE, « Monopsony and Buyer Power », *op. cit.*, p. 114. V. égal. F. Scherer, D. Ross, *Industrial Market Structure and Economic Performance* 3e éd., Boston, Houghton Mifflin , 1990, p. 517 ; R. G. Noll, « "Buyer Power" and Economic Policy », *op. cit.*, p. 589 ; S. Robin, « Le monopole bilatéral : une approche expérimentale de l'attention à l'autre et de l'information incomplète », thèse Université de Grenoble 2, 1997.

3185 CJCE, 11 juillet 2006, *FENIN*, aff. C-205/03 P, *op. cit.*

3186 Conclusions de l'avocat général M. Poiares Maduro présentées le 10 novembre 2005, aff. C-205/03 P, EU:C:2005:666, pt 66.

3187 Comm. eur., Livre vert sur le développement des marchés publics électroniques dans l'UE, *op. cit.*, p. 4 ; Sénat, Rapport d'information, « Passer de la défiance à la confiance : pour une commande publique plus favorable aux PME », *op. cit.*, p. 103 et s. ; D. Besanko, J.-P. Dubé, S. Gupta, « Own-Brand and Cross-Brand Retail Pass-Through », *Marketing Science*, vol. 24, n° 1, 2004, pp. 123-137 ; K. Pauwels, « How retailer and competitor decisions drive the long-term effectiveness of manufacturer promotions for fast moving consumer goods », *Journal of Retailing*, vol. 83, n° 3, 2007, pp. 297-308 ; E. Pfister, « Puissance d'achat et politique de concurrence », *op. cit.*, p. 36 ; A. Taillefait, « Coordination, groupement de commandes et centrales d'achats », *JurisClasseur Contrats et marchés publics*, fasc. n° 50, 2017, pt 1 ; Rép. min. n° 1146, *JOAN* 9 octobre 1989, p. 1410 ; Rép. min. n° 66023, *JOAN* 12 novembre 2001, p. 6474 ; comm. *CMP*, 2002, n° 26, p. 3 ; *Rev. Trésor*, 2002, n° 2, p. 149. Sur la baisse des coûts de transaction générés par la puissance d'achat, v. en ce sens : J. Chard, G. Duhs, J. Houlden, « Body Beautiful or Vile Bodies? Central Purchasing in the UK », *PPLR*, 2008, n° 2, p. NA26 ; Bundeskartellamt, « Summary of the Final Report of the Sector Inquiry into the Food Retail Sector », *op. cit.*, p. 10 ; A. Vaquero García, « Compras agregadas y eficiencia económica », in *Compra conjunta y demanda agregada en la contratación del sector público: un análisis jurídico y económico*, P. Valcárcel Fernández (dir.), Cizur Menor, Thomson-Aranzadi, 2016, pp. 211-215

les consommateurs[3188]. Ce mécanisme est explicitement reconnu par la Cour de justice dans ses arrêts *Intel* et *Michelin*[3189]. En raison de la concurrence dans la vente de produits au détail, les entreprises acheteuses ont peu d'intérêt à ne pas réduire les prix sur le marché aval. Partant, comme l'observe Jérôme Perani dans sa thèse de doctorat, il y a nécessairement un accroissement du bien-être collectif[3190].

830. On retrouve également ce mécanisme dans le cadre du pouvoir de monopsone, lorsqu'il est uniquement fait usage du pouvoir de négociation. Ce dernier peut s'avérer plus aisé à mettre en œuvre que le pouvoir de monopsone, lequel implique de réduire la quantité des achats effectués. En effet, le monopsone peut notamment faire face à une concurrence active sur le marché aval. Or, comme le souligne l'OCDE, la répartition de la baisse de prix dépendra principalement du degré de concurrence sur le marché aval[3191]. Plus la concurrence est active, plus les bénéfices pour le consommateur seront grands. Cela s'explique par la nécessité pour l'entreprise en situation de monopsone d'être compétitive sur le marché du commerce de détail[3192]. De même, l'efficience économique de la puissance d'achat peut être générée par une « *intégration verticale, complète ou partielle, [des] fournisseurs* »[3193] par les acheteurs. Ces nombreuses situations conduisent la jurisprudence européenne à montrer peu d'inquiétude pour le monopsone en raison de son « *danger faible pour la concurrence car il n'a pas forcément de conséquence sur le marché aval* »[3194].

831. **Un élément de la libre concurrence.** L'autre élément essentiel qui justifie entre autres l'absence de réelles régulations des rabais accordés est l'impératif de concurrence duquel résulte la liberté des prix, notamment ceux issus de négociations commerciales. Ainsi, réglementer ce pouvoir reviendrait à intervenir dans les « *relations commerciales*

3188 Contribution britannique citée par Direction des affaires juridiques, in OCDE, « Monopsony and Buyer Power », *op. cit.*, p. 323.

3189 Trib. UE, 12 juin 2014, *Intel*, aff. T-286/09, *op. cit.*, pt 75 : « *Premièrement, les systèmes de rabais quantitatifs (ci-après les "rabais de quantité"), liés exclusivement au volume des achats effectués auprès d'une entreprise en position dominante, sont généralement considérés ne pas avoir un effet de forclusion interdit par l'article 82 CE. Si l'augmentation de la quantité fournie se traduit par un coût inférieur pour le fournisseur, celui-ci est, en effet, en droit de faire bénéficier son client de cette réduction par le biais d'un tarif plus favorable. Les rabais de quantité sont donc censés refléter des gains d'efficience et des économies d'échelle réalisées par l'entreprise en position dominante* » ; comm. L. Idot, *Europe*, 2014, n° 8-9, p. 29 ; TPICE, 30 septembre 2003, *Michelin*, aff. T-203/01, EU:T:2003:250, pt 58 ; comm. C. Prieto, *JDI*, 2004, pp. 622-623 ; P. Arhel, *LPA*, 2004, n° 22, pp. 7-9.

3190 J. Perani, « Le pouvoir de monopsone : une analyse économique de la télévision par câble », *op. cit.*, p. 13 ; OCDE, *Puissance d'achat. Le pouvoir économique exercé par les acheteurs ayant une position dominante*, *op. cit.*, p. 101 ; OCDE, « Monopsony and Buyer Power », *op. cit.*, p. 113 ; Direction des affaires juridiques, contribution française à l'OCDE, in OCDE, « Monopsony and Buyer Power », *op. cit.*, p. 173.

3191 OCDE, *Puissance d'achat. Le pouvoir économique exercé par les acheteurs ayant une position dominante*, *op. cit.*, p. 47 ; contribution finlandaise citée par Direction des affaires juridiques, in OCDE, « Monopsony and Buyer Power », *op. cit.*, p. 319.

3192 J. Jacobson, « Monopsony 2013: Still Not Truly Symmetric », *op. cit.*, p. 6.

3193 J. Perani, « Le pouvoir de monopsone : une analyse économique de la télévision par câble », *op. cit.*, p. 13. Sur ce point v. égal. M. K. Perry, « Vertical Integration: The Monopsony Case », *American Economics Review*, vol. 68, n°4, 1978, pp. 561-570 ; R. D. Blair, D. L. Kaserman, *Law and Economics of Vertical Integration and Control op. cit.* ; N. Petit, *Droit européen de la concurrence*, 2e éd., *op. cit.*, pt 937, p. 404.

3194 Conclusions de l'avocat général M. Poiares Maduro présentées le 10 novembre 2005, aff. C-205/03 P, *op. cit.*, pt 66.

bilatérales entre fournisseurs et acheteurs »[3195]. À ce titre, l'OCDE rappelle régulièrement que les rabais accordés par les fournisseurs demeurent « *un moyen de concurrence acceptable* »[3196]. Par ailleurs, l'usage de la puissance d'achat permet d'alerter les fournisseurs de la perspective de contrats importants sur le marché[3197]. Cela a pour effet de dynamiser la concurrence présente et d'encourager l'entrée sur le marché de nouveaux fournisseurs[3198]. Ignacio Herrera Anchustegui souligne en outre que de tels contrats peuvent être source d'efficience en encourageant le développement de nouvelles techniques ou d'innovations[3199]. En effet, en parallèle de l'obtention de tels contrats, les fournisseurs habituels, déjà confrontés à l'usage du pouvoir de négociation d'une entreprise, peuvent être encouragés à innover et à investir[3200]. Ils pourront ainsi proposer des produits nouveaux et par conséquent plus onéreux à la vente. L'investissement sur les lignes de production permettrait d'accroître la compétitivité globale de l'entreprise et de renforcer *in fine* sa marge bénéficiaire. La pression de la puissance d'achat, en tant que « *facteur d'intensité concurrentielle* »[3201], peut donc encourager la compétition sur le marché au regard de la perspective des contrats à obtenir. Partant, la Direction des affaires juridiques dans sa contribution à l'OCDE refuse une réglementation stricte de la puissance d'achat en raison des augmentations de prix que cela occasionnerait pour les consommateurs et donc de « *l'efficience économique* » générée[3202]. La seule limite étant la constitution d'une puissance d'achat artificielle fondée sur une pratique collusive[3203].

832. **L'effet « anti-*waterbed* ».** Alors que l'effet *waterbed* est souvent évoqué comme l'un des risques majeurs de la puissance d'achat en termes de conditions de concurrence, les professeurs Dobson et Inderst ont constaté l'existence dans certaines circonstances d'un « *effet "anti-waterbed"* »[3204]. Sans ignorer pour autant l'existence de l'effet « vases communicants » sur les conditions de concurrence, ils relèvent que les concurrents sur le marché d'un détaillant doté d'une puissance d'achat peuvent également bénéficier des rabais qui lui sont accordés. En effet, il y a une corrélation lorsqu'une « *partie du coût des rabais supplémentaires est*

3195 Délégation slovène à l'OCDE, citée par la Direction des affaires juridiques, contribution française à l'OCDE, in OCDE, « Monopsony and Buyer Power », *op. cit.*, p. 318.

3196 OCDE, *Puissance d'achat. Le pouvoir économique exercé par les acheteurs ayant une position dominante*, *op. cit.*, p. 102.

3197 *Ibid.*

3198 *Ibid.*

3199 I. Herrera Anchustegui, *Buyer Power in EU Competition Law*, *op. cit.*, pt 491, p. 214. V. égal. E. Østerud, Identifying Exclusionary Abuses by Dominant Undertakings under EU Competition Law: The Spectrum of Tests, Alphen aan den Rijn, Kluwer, 2010, p. 63 ; V. Rose, D. Bailey (dir.), *Bellamy & Child: European Union Law of Competition*, 7e éd., *op. cit.*, pt 7.081 ; R. Inderst, « Leveraging Buyer Power », *op. cit.* ; R. Inderst, N. Mazzarotto, « Buyer Power in Distribution », in *Issues in Competition Law and Policy*, vol. 3, W. D. Collins (dir.), Chicago, ABA Section of Antitrust Law, 2008, pp. 1953-1978 ; R. Inderst, C. Wey, « Buyer Power and Supplier Incentives », European *Economic Review*, vol. 51, n° 3, 2007, pp. 647-667 ; OCDE, « Monopsony and Buyer Power », *op. cit.*, p. 116.

3200 G. J. Werden, « Monopsony and the Sherman Act: Consumer Welfare in a New Light », *op. cit.*, p. 7.

3201 Direction des affaires juridiques, contribution française à l'OCDE, in OCDE, « Monopsony and Buyer Power », *op. cit.*, p. 172.

3202 *Ibid.*

3203 *Ibid.*

3204 P. W. Dobson, R. Inderst, « Differential Buyer Power and the Waterbed Effect: Do Strong Buyers Benefit or Harm Consumers? », *op. cit.*, p. 399 (traduction libre de l'auteur). V. égal. I. Herrera Anchustegui, *Buyer Power in EU Competition Law*, *op. cit.*, pt 149, p. 63.

constituée par les marges désormais réduites que le fournisseur tire de ses relations commerciales avec le premier détaillant »[3205]. En d'autres termes, les marges réalisées avec l'acheteur dominant lui permettent de financer de nouveaux rabais auprès de la concurrence. Les professeurs Dobson et Inderst parlent au demeurant d'un effet « *moi aussi* »[3206] en faveur des concurrents lors des négociations notamment lorsque le rabais initial est connu des autres acheteurs.

833. Une autre hypothèse est identifiée par ces deux auteurs. Afin de pallier les déséquilibres de concurrence entre les acheteurs, les fournisseurs peuvent proposer aux acheteurs secondaires des offres attractives et ainsi les maintenir sur le marché[3207]. L'examen attentif des décisions de la Commission européenne semble nous offrir une illustration pertinente, avec la décision du 25 novembre 1998 *Enso/Stora*. En l'espèce, il s'agissait de la concentration de deux fabricants de cartons pour l'emballage de liquides intervenant sur un marché dans lequel l'entreprise Tetra Pak détenait entre 60 et 80 % des parts de marché de l'achat. Les deux acheteurs restants, Elopak et SIG Combibloc, détenaient les 20 à 40 % de parts de marché restantes sur l'achat de tels produits. La Commission relève qu'il « *faut également tenir compte du fait que les parties auront tout intérêt à ce que ces deux sociétés demeurent des acteurs importants sur le marché, afin de ne pas devenir complètement dépendantes de Tetra Pak* »[3208]. Dès lors, « *pour cette raison même, la puissance d'achat compensatrice de Tetra Pak se répercutera également, dans une certaine mesure, sur Elopak et SIG Combibloc* »[3209].

834. **Le monopsone distancé par le pouvoir de négociation.** Il ressort de notre analyse des effets négatifs de la puissance d'achat que les situations conflictuelles se cristallisent essentiellement autour du pouvoir de monopsone. Or, en pratique, la rencontre des monopsones est rarissime[3210]. Les craintes concernant ce phénomène doivent par conséquent être tempérées. Au demeurant, des entreprises en situation de monopsone ou d'oligopsone peuvent préférer recourir à leur pouvoir de négociation plutôt qu'à leurs pouvoirs de monopsone, lesquels sont « *rendus moins profitables et plus difficiles à mettre en œuvre* »[3211]. Il en résulte une réduction significative des effets anticoncurrentiels, lesquels découlent principalement de l'usage du pouvoir de monopsone.

3205 P. W. Dobson, R. Inderst, « Differential Buyer Power and the Waterbed Effect: Do Strong Buyers Benefit or Harm Consumers? », *op. cit.*, p. 399 (traduction libre de l'auteur).

3206 *Ibid.*

3207 *Ibid.*

3208 Comm. eur., déc. 1999/641/CE du 25 novembre 1998, *Enso/*Stora, aff. IV/M.1225, *JOCE* n° L 254 du 29 septembre 1999, pp. 9-21, pt 96.

3209 *Ibid.*

3210 J. Perani, « Le pouvoir de monopsone : une analyse économique de la télévision par câble », *op. cit.*, p. 187 ; J. Jacobson, « Monopsony 2013: Still Not Truly Symmetric », *op. cit.*, pp. 9-10 ; E. Pfister, « Puissance d'achat et politique de concurrence », *op. cit.*, p. 39 ; I. Herrera Anchustegui, *Buyer Power in EU Competition Law*, *op. cit.*, pt 87, p. 41 ; D. Carlton, M. Israel, M. Coleman, « Buyer Power in Merger Review », in *The Oxford Handbook of International Antitrust Economics*, vol.1, R. D. Blair, D. D. Sokol (dir.), Oxford, Oxford University Press, 2015, p. 531 ; I. Herrera Anchustegui, « Centralizing public procurement and competitiveness in Directive 2014/24 », *op. cit.*, pp. 15-16 ; Direction des affaires juridiques, contribution française à l'OCDE, in OCDE, « Monopsony and Buyer Power », *op. cit.*, p. 167.

3211 Direction des affaires juridiques, contribution française à l'OCDE, in OCDE, « Monopsony and Buyer Power », *op. cit.*, p. 172. V. égal. I. Herrera Anchustegui, *Buyer Power in EU Competition Law*, *op. cit.*, pt 89, p. 42.

§ 2. Les limites du droit de la concurrence à saisir la puissance d'achat

835. Les liens entre la puissance d'achat et le droit de la concurrence ne sont pas homogènes[3212]. Le professeur Roda a encore récemment rappelé « *l'inefficacité* »[3213] du droit de la concurrence à saisir une telle problématique. En fonction des domaines concernés, le droit de la concurrence est plus ou moins enclin à appréhender cette situation, même si les abus des acheteurs peuvent en théorie être saisis par celui-ci[3214]. À l'occasion des contrôles des concentrations, le droit de la concurrence examine avec soin l'existence d'une puissance d'achat (A), alors qu'en matière de pratiques anticoncurrentielles, le droit de la concurrence apparaît nettement plus discret devant la puissance d'achat (B).

A. La saisie indirecte de la puissance d'achat par le contrôle des concentrations

836. Le contrôle des concentrations s'intéresse doublement à la puissance d'achat. D'une part, celle-ci peut générer un pouvoir de marché capable de compenser le pouvoir économique détenu par la nouvelle entité faisant l'objet de la procédure de concentration. On parle à cette occasion de puissance d'achat compensatrice, laquelle intervient comme un outil de maintien de la concurrence effective (1). D'autre part, la puissance d'achat constituée à la suite d'une concentration peut également faire l'objet d'un contrôle en raison des craintes pour la concurrence effective (2).

1. La puissance d'achat compensatrice comme source de bénéfices pour la concurrence effective

837. **Intérêt de la puissance d'achat compensatrice en droit des concentrations.** L'intérêt du droit des concentrations pour la puissance d'achat se manifeste à travers la notion de puissance d'achat compensatrice employée par la Commission européenne dans ses *lignes directrices sur l'appréciation des concentrations horizontales et non horizontales*[3215]. À l'occasion de l'examen d'une concentration, celle-ci se focalise ainsi sur l'existence d'une éventuelle puissance d'achat susceptible de compenser le renforcement d'une position dominante issue de la concentration contrôlée[3216]. En effet, « *[l]es pressions concurrentielles sur un fournisseur*

[3212] C. Freytag, « La puissance d'achat en droit européen de la concurrence : contextes européen, français et allemand », *op. cit.*, p. 252.

[3213] J.-C. Roda, *Droit de la concurrence*, *op. cit.*, pp. 82-83.

[3214] D. Zimmer (dir.), *The Goals of Competition* Law, *op. cit.*, p. 492.

[3215] Comm. eur., Lignes directrices sur l'appréciation des concentrations horizontales au regard du règlement du Conseil relatif au contrôle des concentrations entre entreprises, *op. cit.*, pt 64 et s. ; Comm. eur., Lignes directrices sur l'appréciation des concentrations non horizontales au regard du règlement du Conseil relatif au contrôle des concentrations entre entreprises, *op. cit.*, pts 76 et 114.

[3216] Pour des illustrations de puissance d'achat compensatrice : Comm. eur., déc. 1999/641/CE du 25 novembre 1998, *Enso/*Stora, aff. IV/M.1225, *op. cit.*, pts 89, 90 et 91 ; déc. 2001/769/CE du 6 décembre 2000, *Framatome/ Siemens/Cogéma/JV*, aff. COMP/M.1940, *JOCE* n° L 289 du 6 novembre 2001, pp. 8-34 ; déc. du 27 mars 2001, *Outokumpu/Norzink*, aff. COMP/M.2348, *JOCE* n° C 175 du 20 juin 2001, pp. 12-13 ; déc. du 20 juin 2001,

peuvent être exercées non seulement par les concurrents mais aussi par les clients »[3217]. L'achat peut devenir un « *facteur d'intensité concurrentielle* »[3218]. Le professeur Berlin ajoute à ce titre que la puissance d'achat peut s'avérer aussi forte que celle des concurrents[3219], notamment dans le cadre « *d'une puissance d'achat considérable* »[3220]. En conséquence, la nouvelle entité née de la concentration pourrait se trouver dans l'incapacité d'exercer des comportements indépendants et *in fine* d'utiliser sa puissance économique sur le marché[3221]. En effet, le pouvoir de marché du vendeur peut être neutralisé par la puissance d'achat[3222]. À cet égard, il convient de souligner la pertinence de la définition de la puissance d'achat offerte par la Commission européenne dans le cadre du droit des concentrations, laquelle correspond au « *pouvoir de négociation qu'un acheteur détient à l'égard d'un vendeur dans ses pourparlers commerciaux, en raison de sa taille, de son importance commerciale pour le vendeur en question et de sa capacité à s'approvisionner auprès d'autres fournisseurs* »[3223]. La détermination d'une puissance d'achat compensatrice suppose d'examiner la proportion des ventes réalisées avec un opérateur spécifique, de la comparer avec la totalité des ventes réalisées et ainsi déterminer l'existence ou non d'une « *part prépondérante* » des ventes avec ledit opérateur[3224].

838. **L'exercice de la puissance d'achat compensatrice.** Une nouvelle fois, ce sont les lignes directrices de la Commission sur l'appréciation des concentrations horizontales qui exposent les différentes formes d'exercice de la puissance d'achat compensatrice. Plusieurs situations distinctes sont observées. Tout d'abord, le pouvoir de marché du fournisseur peut être contrecarré par la faculté de l'acheteur de « *menacer, de façon crédible, de recourir dans un délai raisonnable à d'autres sources d'approvisionnement* »[3225]. Cette faculté de changer de fournisseur

---

MAN/Auwärter, aff. COMP/M.2201, *JOCE* n° L 116 du 3 mai 2002, pp. 35-51 ; déc. du 25 février 2002, *Nestlé/Schöller*, aff. COMP/M.2640, *JOCE* n° 155 du 29 juin 2002, pp. 15-16 ; déc. du 31 janvier 2003, *Solutia*, aff. COMP/M.3060, *JOCE* n° C 78, du 1er janvier 2003, pp. 6-7.

3217 Comm. eur., Lignes directrices sur l'appréciation des concentrations horizontales au regard du règlement du Conseil relatif au contrôle des concentrations entre entreprises, *op. cit.*, pt 64.

3218 E. Pfister, « Puissance d'achat et politique de concurrence », *op. cit.*, p. 37.

3219 D. Berlin, *Contrôle des concentrations*, Bruxelles, Éditions de l'Université de Bruxelles, 2009, pt 638, p. 474.

3220 Comm. eur., déc. du 17 juillet 2000, *PIRELLI/BICC*, aff. COMP/M.1882, *JOUE* n° L 70 du 14 mars 2003, pp. 35-50, pt 77 (traduction libre de l'auteur). Sur l'importance pour la Commission de réaliser un contrôle attentif de la puissance d'achat compensatrice, v. en ce sens, TPICE, 10 mars 1992, *SIV e.a.*, aff. jtes T-68/89, T-77/89 et T-78/89, *op. cit.*

3221 I. Herrera Anchustegui, *Buyer Power in EU Competition Law*, *op. cit.*, pt 683, p. 474.

3222 *Ibid.* OCDE, « Monopsony and Buyer Power », *op. cit.*, p. 47 ; *European Competition Network*, « Activities in the Food Sector», 2012, pt 78 ; Comm. eur., déc. 98/327/EC du 11 septembre 1997, *The Coca Cola Company/Carlsberg A/S*, aff. IV/M.833, *JOCE* n° L 145 du 15 mai 1998, pp. 41-62.

3223 Comm. eur., Lignes directrices sur l'appréciation des concentrations horizontales au regard du règlement du Conseil relatif au contrôle des concentrations entre entreprises, *op. cit.*, pt 64.

3224 G. Arnoux, « Le droit européen de la concurrence et l'industrie de la défense », thèse Université Paris 1 Panthéon-Sorbonne, 2011, p. 255. À titre d'illustration, dans sa décision *Rewe/Meinl*, la part de chiffre d'affaires réalisée avec un seul client permettant de dégager une puissance d'achat compensatrice a été fixée à 22 %. En ce sens, Comm. eur., déc. 1999/674/CE du 3 février 1999, *Rewe/Meinl*, aff. IV/M.1221, *JOCE* n° L 274 du 23 octobre 1999, pp. 1-22, pt 101.

3225 Comm. eur., Lignes directrices sur l'appréciation des concentrations horizontales au regard du règlement du Conseil relatif au contrôle des concentrations entre entreprises, *op. cit.*, pt 65 ; Trib. UE, 6 juillet 2010, *Ryanair Holdings*, aff. T-342/07, *op. cit.*, pt 12 ; Comm. eur., déc. 2004/237/CE du 17 octobre 2001, *CVC/Lenzing*,

est d'ailleurs mise en avant par Ignacio Herrera Anchustegui comme l'une des caractéristiques essentielles de la puissance d'achat[3226]. Par ailleurs, la puissance d'achat compensatrice peut se matérialiser par la capacité d'un acheteur à s'intégrer verticalement sur le marché, voire à « *encourager le développement ou l'entrée de concurrents sur le marché en amont* »[3227] notamment en informant ces derniers de sa volonté de leur transmettre les commandes. Enfin, la puissance d'achat compensatrice est également identifiable lorsque l'acheteur en cause refuse de s'approvisionner auprès d'un autre fournisseur ou décide de reporter ses achats[3228].

839. **L'effectivité de la puissance d'achat compensatrice.** Pour qu'elle soit intégrée dans le contrôle de la concentration, la Commission européenne exige que la puissance d'achat soit réellement compensatrice. À cette fin, elle écarte les hypothèses dans lesquelles la puissance d'achat se « *limite à mettre un segment particulier de la clientèle [...] à l'abri de hausses sensibles des prix ou de conditions moins favorables à l'issue de l'opération [de concentration]* »[3229]. De même, il est impératif que la puissance d'achat demeure effective à la suite de la concentration, cette dernière pouvant en effet en diminuer l'efficience[3230]. En pratique, une telle puissance d'achat compensatrice est jugée « *crédible* »[3231] lorsqu'elle concerne de gros clients et par conséquent de grosses entreprises[3232].

840. **L'exercice de la puissance d'achat compensatrice : l'exemple du droit de la commande publique.** Les secteurs de la défense et ceux liés aux achats régaliens sont particulièrement réceptifs à la puissance d'achat compensatrice, comme le souligne le professeur Spector[3233]. Gillian Arnoux constate ainsi dans sa thèse de doctorat que dans le secteur des industries militaires la puissance d'achat public permet de réduire les craintes de distorsions et de comportements indépendants consécutifs à la consolidation du marché[3234]. Cela se confirme notamment lorsque le secteur n'a pas pris

---

aff. COMP/M.2187, *JOUE* n° L 82 du 19 mars 2004, pp. 20-73, pt 222 ; déc. du 4 mars 2008, *Cookson/Foseco*, aff. COMP/M.4961, *JOUE* n° C 127 du 24 mai 2008, p. 2, pts 39 et 47.

3226 I. Herrera Anchustegui, *Buyer Power in EU Competition Law*, *op. cit.*, pt 102, p. 47.

3227 Comm. eur., Lignes directrices sur l'appréciation des concentrations horizontales au regard du règlement du Conseil relatif au contrôle des concentrations entre entreprises, *op. cit.*, pt 65. Pour une illustration pratique, Comm. eur., déc. 1999/641/CE du 25 novembre 1998, *Enso/*Stora, aff. IV/M.1225, *op. cit.*, pts 89, 90 et 91.

3228 *Ibid.*

3229 *Ibid.*, pt 67. Pour des illustrations dans la pratique décisionnelle de la Comm. eur., déc. 2002/156/CE du 31 janvier 2001, *SCA/Metsä Tissue*, aff. COMP/M.2097, *JOCE* n° L 57 du 27 février 2002, pp. 1-33, pt 88 ; déc. 1999/641/CE du 25 novembre 1998, *Enso/*Stora, aff. IV/M.1225, *op. cit.*, pts 84-97.

3230 *Ibid.* À titre d'illustration, Comm. eur., déc. 2007/164/CE du 19 juillet 2006, *Omya/J. M. Huber PCC*, aff. COMP/M.3796, *JOUE* n° L 72 du 13 mars 2007, pp. 24-28, pts 17-23.

3231 TPICE, 9 juillet 2007, *Sun Chemical Group BV et autres*, aff. T-882/06, EU:T:2007:203, pt 210 ; comm. F. de Bure, *RLC*, 2008, n° 14, pp. 14-15.

3232 Comm. eur., Lignes directrices sur l'appréciation des concentrations horizontales au regard du règlement du Conseil relatif au contrôle des concentrations entre entreprises, *op. cit.*, pt 65. Pour nuancer ce propos, Comm. eur., déc. 2004/237/CE du 17 octobre 2001, *CVC/Lenzing*, aff. COMP/M.2187, *op. cit.*, pt 223 ; déc. 2006/896/CE du 26 octobre 2004, *Continental/Phœnix*, aff. COMP/M.3436, *JOUE* n° L 353 du 13 décembre 2006, pp. 7-11, pt 29.

3233 D. Spector, « Addressing buyer power in merger control », *Concurrences* n° 3-2008, art. n° 20371, p. 35 et s.

3234 G. Arnoux, « Le droit européen de la concurrence et l'industrie de la défense », *op. cit.*, p. 246. Pour des illustrations, Comm. eur., du 29 juillet 1996, *Thomson-CSF/Finmeccanica/Elettronica*, aff. IV/M.767, *JOCE* n° C 201 du 11 juillet 1996, p. 3, pt 15 ; déc. du 27 janvier 1998, *Matra BAe Dynamics/DASA/LFK*, aff. IV/M.945, *JOCE* n° C 385 du 19 novembre 1997, pp. 16-17, pt 26 ; déc. du 28 avril 1999, *Matra/Aerospatiale*, aff. IV/M.1309, *JOCE* n°C 133 du 13 mai 1999, p. 5 pt 39. La notion de « puissance d'achat public » est utilisée dans le rapport d'Élisabeth Dufourcq au ministre du Travail, de l'Emploi et de la

la forme d'un monopole bilatéral. En effet, dans de telles circonstances, l'acheteur public peut continuer à bénéficier de la concurrence sur le marché amont et à user de sa puissance d'achat[3235]. Or, les achats publics constituent selon la Commission européenne des « *contre-pouvoirs puissants dans le cas où une entreprise voudrait s'affranchir du jeu concurrentiel* »[3236] en raison d'une « *influence déterminante sur le marché dans de nombreux secteurs économiques* »[3237]. Cette dernière observe dans son rapport sur la politique de concurrence de 1991 qu'une position dominante susceptible d'être renforcée par une concentration peut être tempérée par la forte capacité de négociation des autorités adjudicatrices et des procédures de mise en concurrence[3238]. L'encadrement par le droit de la commande publique « *limit[e] les possibilités de comportement parallèle délibéré de la part des fournisseurs et empêch[e] la création ou le renforcement d'une position dominante oligopolistique* »[3239]. La décision *Alcatel/AEG Kabel* affirme également l'importance du droit de la commande publique dans l'émergence d'un « *environnement concurrentiel* »[3240] en raison des procédures mises en place mais surtout de la faculté offerte aux pouvoirs adjudicateurs de négocier directement avec les opérateurs[3241]. Une telle liberté permet de « *réduire la possibilité d'un parallélisme conscient des fournisseurs* »[3242]. De plus, les marchés publics de défense sont quant à eux un « *contrepoids décisifs* »[3243], comme en témoigne notamment la décision *Finmeccanica/BAES Avionics & Communications*[3244].

2. La puissance d'achat comme source de risques pour la concurrence effective

841. **Le contrôle du renforcement de la puissance d'achat sur le marché.** Alors que la puissance d'achat compensatrice est régulièrement contrôlée par la Commission européenne lors des procédures de concentrations, les risques issus de la puissance d'achat en tant que telle sont moins mis en évidence lors des

---

Cohésion sociale, « Rapport préliminaire sur la prise en compte des exigences et des critères sociaux dans les marchés publics », 2005, p. 33.

3235 C. Vilmart, « Contrôle français des concentrations », *JurisClasseur Concurrence-Consommation*, fasc. n° 400, 2013, pt 207 ; Lettre min. éco. C2007-22, 14 mai 2007, aux conseils de la société Colas, relative à une concentration dans le secteur de la pose et de la maintenance de voies ferrées.

3236 Comm. eur., déc. du 24 mars 1995, *CGI/Dassault*, aff. IV/M.571, *JOCE* n° C 51 du 2 mars 1995, pp. 3-5, pt 19.

3237 Comm. eur., « XVIIIe Rapport sur la politique de concurrence », *op. cit.*, pp. 113 et 300.

3238 Comm. eur., « Rapport annuel sur la politique de concurrence », 1991, p. 408. V. égal., à propos des marchés publics dans le secteur ferroviaire, en ce sens Comm. eur., « XIXe Rapport sur la politique de concurrence », 1989, pp. 179 et 321.

3239 *Ibid.*

3240 Comm. eur., déc. du 18 décembre 1991, *Alcatel/AEG*, aff. M.165, pt.26, *JOCE JOCE* n° C 6 du 10 janvier 1992, p. 23.

3241 Comm. eur., déc. du 28 avril 1999, *Matra/Aerospatiale*, aff. IV/M.1309, *op. cit.*, pt 39 : « *[L]es marchés militaires sont caractérisés par le fort pouvoir de négociation des clients, les ministères de la défense, qui, formulant généralement les spécifications et assurant le financement des programmes, réduisent fortement la possibilité pour les producteurs d'exercer leur pouvoir de marché. Il est donc nécessaire de tenir compte en particulier de la position du principal client des parties à la concentration [...].* »

3242 Comm. eur., déc. du 18 décembre 1991, *Alcatel/AEG*, aff. M.165, *op.cit.*, pt. 20 (traduction libre de l'auteur).

3243 G. Arnoux, « Le droit européen de la concurrence et l'industrie de la défense », *op. cit.*, pp. 252 et 254.

3244 Comm. eur., déc. du 14 mars 2005, *Finmeccanica/BAES Avionics & Communications*, aff. COMP/M.3649, *JOUE* n° C 38 du 14 mars 2005, pp. 3-4, pt 29 : « *Même si Finmeccanica était en position d'empêcher ou de nier l'accès à un maître d'œuvre à un système avionique essentiel, il est peu probable que le ministère britannique de la Défense donne à Finmeccanica l'opportunité de le faire.* (traduction libre de l'auteur).

procédures de contrôles. Pour autant, l'article 2, paragraphe 2, b) du règlement (CE) n° 139/2004 précise que l'appréciation des concentrations par la Commission européenne tient compte notamment de « *la position sur le marché des entreprises concernées et de leur puissance économique et financière, des possibilités de choix des fournisseurs et des utilisateurs* »[3245]. En effet, lorsque l'opération en cause a pour conséquence d'accroître substantiellement une puissance d'achat, la concurrence effective sur le marché peut être affectée notamment pour les fournisseurs[3246]. Les lignes directrices de la Commission relatives aux concentrations horizontales font expressément état de ces craintes d'effets anticoncurrentiels et de l'importance de les appréhender au stade de la concentration[3247]. Cela explique que le renforcement de la puissance d'achat soit saisi par la pratique décisionnelle de la Commission européenne, comme en atteste la décision *Sovion/Südfleisch*[3248] ou plus récemment la décision *Neste/Demeter*[3249].

B. La saisie limitée de la puissance d'achat par le droit des pratiques anticoncurrentielles

842. Le droit des pratiques anticoncurrentielles n'ignore pas la puissance d'achat, celle-ci présente en effet des conséquences multiples sur le marché. Alors que l'article 101 TFUE permet de saisir les dérives liées aux collusions construites dans le but d'élaborer une puissance de marché (1), la jurisprudence paraît néanmoins nettement plus timide pour envisager une sanction sur la base de l'article 102 TFUE (2).

1. La puissance d'achat et les ententes

843. **Existence d'un marché en cause.** Avant de s'interroger sur les éventuelles restrictions de la concurrence consécutives à un accord d'achat, il importe de rappeler que le marché de l'achat doit être distingué du marché de vente, il est donc constitutif d'un marché pertinent à part entière[3250]. La Commission européenne reconnaît une telle analyse dans ses lignes directrices sur l'applicabilité de l'article 101 du traité sur le fonctionnement de l'Union européenne aux accords de coopération horizontale[3251]. En effet, elle indique qu'un accord d'achat est susceptible d'affecter

---

3245 Règlement (CE) n° 139/2004 du Conseil du 20 janvier 2004 relatif au contrôle des concentrations entre entreprises, *op. cit.*, article 2.

3246 D. Berlin, « Contrôle des concentrations – Exercice du contrôle : procédure et substance », *JurisClasseur Sociétés Traité*, fasc. n° 1490, 2018, pt 161.

3247 Comm. eur., Lignes directrices sur l'applicabilité de l'article 101 du traité sur le fonctionnement de l'Union européenne aux accords de coopération horizontale, *op. cit.*, pts 61 à 63.

3248 Comm. eur., déc. du 21 décembre 2005, *Sovion/Südfleisch*, aff. COMP/M.3968, *JOUE* n° C 124 du 25 mai 2006, pp. 33-34.

3249 Comm. eur., déc. du 20 juillet 2017, *Neste/Demeter Animal Fats and Proteins*, aff. M.8823, *JOUE* n° C 425 du 26 novembre 2018, pp. 1-2, pts 50 à 53.

3250 C. Prieto, D. Bosco, *Droit européen de la concurrence. Ententes et abus de position dominante*, *op. cit.*, pt, p. 613.

3251 Comm. eur., Lignes directrices sur l'applicabilité de l'article 101 du traité sur le fonctionnement de l'Union européenne aux accords de coopération horizontale, *op. cit.*, pts 197 à 199. Sur ce point v. égal. Comm. eur., déc. 1999/674/CE du 3 février 1999, *Rewe/Meinl*, aff. IV/M.1221, *op. cit.*, pt 76.

deux marchés en cause, le marché d'achat auprès des fournisseurs et le marché de vente au détail[3252]. Partant, il importe d'appliquer aux marchés d'achat les principes de base contenus dans la communication sur la définition du marché en cause[3253].

844. **La construction d'une puissance d'achat artificielle.** À défaut de jouir d'une puissance d'achat individuelle, des entreprises peuvent dépasser leurs dimensions limitées par l'intermédiaire d'accords dont l'« *objet est de créer une puissance d'achat* »[3254]. Ces derniers permettent aux entreprises concernées de bénéficier des économies consécutives à l'emploi d'une telle puissance[3255], voire de rivaliser avec d'importants acheteurs présents sur le marché et ainsi d'enrayer l'effet « vases communicants ». Ce mécanisme est donc particulièrement tentant pour les PME[3256]. Une nouvelle fois, la double nature de la puissance économique est perceptible. En effet, de tels accords « *visent généralement à créer une puissance d'achat susceptible de conduire à une baisse des prix ou à une amélioration de la qualité des produits ou des services pour les consommateurs* »[3257], mais cette « *puissance d'achat peut aussi, dans certains cas, poser des problèmes de concurrence* »[3258]. À ce titre, le Tribunal de l'Union européenne rappelle que si l'exercice de ce pouvoir, potentiellement efficace économiquement, « *peut être justifié par les particularités du produit et du marché en cause, il [n'en] reste pas moins que l'exercice de ces droits dans un contexte juridique et économique spécifique peut entraîner une telle restriction [de la concurrence]* »[3259]. La puissance d'achat instituée par l'accord peut également être contrebalancée par le pouvoir de marché parallèle, comme l'illustre l'affaire *UER*[3260]. En effet, dans cette affaire, la Commission européenne a observé la présence de multiples groupes de négociation rassemblant de petits opérateurs lors de l'acquisition des droits de l'Eurovision dont la finalité était systématiquement d'améliorer les conditions d'achat[3261].

845. **Les risques concurrentiels des accords d'achat soulevés par le droit souple.** La Commission européenne, dans ses lignes directrices sur l'applicabilité de l'article 101 du traité sur le fonctionnement de l'Union européenne aux accords de coopération horizontale, émet de nombreuses craintes de restrictions de la concurrence susceptibles d'être engendrées par des accords d'achat. Elle reprend, sans réels développements, les craintes étudiées lors de nos précédents propos, dont notamment une hausse des prix,

---

3252 *Ibid.*, pt 197.

3253 *Ibid.*, pt 198. V. *supra* pt 322 et s.

3254 C. Prieto, D. Bosco, *Droit européen de la concurrence. Ententes et abus de position dominante*, *op. cit.*, pt 763, p. 613.

3255 N. Petit, *Droit européen de la concurrence*, 2e éd., *op. cit.*, pt 1896, p. 738.

3256 F. Moreau, « Restrictions horizontales de concurrence », in *Rép. Communautaire Dalloz*, 2010, p. 2.

3257 Comm. eur., Lignes directrices sur l'applicabilité de l'article 101 du traité sur le fonctionnement de l'Union européenne aux accords de coopération horizontale, *op. cit.*, pt 194.

3258 *Ibid.*

3259 TPICE, 8 octobre 2002, *M6*, aff. jtes, T-185/00, T-216/00, T-299/00, T-300/00, EU:T:2002:242, pt 64 ; CJCE, 6 octobre 1982, *Coditel*, aff. C-262/81, EU:C:1982:334, pts 15 à 17 ; comm. V. Korah, *Copyright in Free and Competitive Markets*, 1986, pp. 53-56.

3260 Comm. eur., déc. 93/403/CEE du 11 juin 1993, *UER/Système de l'Eurovision*, aff. IV/32.150, *JOCE* n° 179 du 22 juillet 1993, pp. 23-37. V. égal., Comm. eur., Lignes directrices sur l'applicabilité de l'article 101 du traité sur le fonctionnement de l'Union européenne aux accords de coopération horizontale, *op. cit.*, pt 209.

3261 Comm. eur., déc. 93/403/CEE du 11 juin 1993, *UER/Système de l'Eurovision*, aff. IV/32.150, *op. cit.*, considérant 59 et s.

une baisse de la production ou de l'innovation et enfin les risques d'éviction anticoncurrentielle d'acheteurs concurrents[3262]. À ce titre, elle souligne qu'une « *puissance d'achat est susceptible d'être anticoncurrentielle lorsqu'un accord d'achat groupé porte sur une partie du volume total d'un marché d'achat de produits suffisamment importante pour que l'accès au marché puisse être fermé aux acheteurs concurrents* »[3263]. Par ailleurs, la puissance d'achat issue de tels accords engendre généralement des risques concurrentiels spécifiques. En effet, les entreprises liées par un accord d'achat peuvent être conduites à réduire l'intensité de leur concurrence sur le marché aval[3264]. Dans une telle configuration, l'intérêt pour les acheteurs de partager la baisse des prix obtenue avec les consommateurs s'avère réduit[3265]. L'accès pour les concurrents au marché amont peut d'ailleurs être également affecté par l'accord si « *les fournisseurs sont en nombre limité et si des obstacles empêchent l'entrée du côté de l'offre sur le marché en amont* »[3266], ou encore si les accords d'achat groupés « *sont utilisés pour parvenir à une entente déguisée, c'est-à-dire à des pratiques interdites telles que la fixation des prix, la limitation de la production ou la répartition des marchés* »[3267]. À défaut, l'accord d'achat pourra contenir des effets restrictifs pour la concurrence[3268]. Ainsi, comme l'affirmait le juge Posner, « *les ententes d'acheteurs dont le but est de forcer que les prix facturés par les fournisseurs aux membres de l'entente soient au-dessous du niveau concurrentiel sont illégales en soi. Tout comme un cartel de vendeurs permet de facturer des prix de monopole, un cartel d'acheteurs permet de facturer des prix de monopsone* »[3269].

846. L'intérêt du droit européen de la concurrence pour les accords d'achat est également palpable dans le cadre du règlement (UE) n° 330/2010 relatif aux accords verticaux[3270]. Les professeurs Prieto et Bosco observent que le seuil de 30 % de parts de marché des fournisseurs et acheteurs, au-dessus duquel le bénéfice de l'exemption par catégorie n'est plus possible, s'explique « *par la nécessité de prendre en compte la puissance d'achat qui s'est considérablement développée*

[3262] Comm. eur., Lignes directrices sur l'applicabilité de l'article 101 du traité sur le fonctionnement de l'Union européenne aux accords de coopération horizontale, *op. cit.*, pts 200 et 202.

[3263] *Ibid.*, pt 210.

[3264] *Ibid.*, pt 201.

[3265] *Ibid.*

[3266] *Ibid.*, pt 203.

[3267] Comm. eur., Lignes directrices sur l'applicabilité de l'article 101 du traité sur le fonctionnement de l'Union européenne aux accords de coopération horizontale, *op. cit.*, pt 205.

[3268] *Ibid.*, pt 207. Pour une illustration, v. CJCE, 4 juin 2009, *T-Mobile Netherlands BV e.a.*, aff. C-8/08, *op. cit.*, pt 37 ; comm. M. Debroux, *Concurrences* n° 2-2009, art. n° 26001, pp. 101-102 ; E. Broussy, F. Donnat, C. Lambert, *AJDA*, 2009, p. 1539 ; L. Idot, *Europe*, 2009, n° 323, pp. 33-34 ; TPICE, 13 décembre 2006, *Fédération nationale de la coopération bétail et viande e.a (FNCBV)*, aff. jtes T-217/03 et T-245/03, EU:T:2006:391 ; comm. C. Robin, *RLC*, 2007, n° 11, pp. 24-25 ; E. Barbier de La Serre, *RLC*, 2007, n° 11, pp. 79-80 ; L. Idot, *Europe*, 2007, n° 65, pp. 21-22.

[3269] J. Posner, in *Vogel v. Am. Soc. of Appraisers*, 744 F.2^d 598, 601 (7th Cir. 1984) (traduction libre de l'auteur) La formule « *équilibre concurrentiel* » est également utilisée pour la puissance d'achat générée lors de certains accords d'achat. En ce sens, Comm. eur., Lignes directrices sur l'applicabilité de l'article 81 du traité CE aux accords de coopération horizontale, *JOCE* n° C 3 du 6 janvier 2001, pp. 2-30 , pt 126.

[3270] Règlement (UE) n° 330/2010 de la Commission du 20 avril 2010 concernant l'application de l'article 101, paragraphe 3, du traité sur le fonctionnement de l'Union européenne à des catégories d'accords verticaux et de pratiques concertées, *JOUE* n° L 102 du 23 avril 2010, pp. 1-7. Sur les difficultés propres à ce type d'accords d'achats verticaux.

du fait de fusion[s] et acquisitions dans le secteur de la grande distribution »[3271]. En revanche, en matière d'accord d'achat horizontal, malgré l'absence de règlement d'exemption par catégorie spécifique, la Commission européenne indique que s'« *il est peu probable qu'un pouvoir de marché existe si les parties à l'accord d'achat groupé détiennent une part de marché cumulée n'excédant pas 15 % tant sur le ou les marchés d'achat que sur le ou les marchés de vente [...], il est probable que les conditions visées à l'article 101, paragraphe 3, seront remplies* »[3272].

2. La puissance d'achat et les abus de position dominante

847. Le droit de la concurrence n'offre pas un traitement homogène de la puissance d'achat. Alors que celle-ci entre traditionnellement dans le champ d'application de l'article 102 TFUE (a), l'application concrète de cet article à de telles hypothèses s'avère en pratique encore limitée (b).

a. La puissance d'achat comme type d'abus de position dominante

848. **La puissance d'achat compensatrice comme facteur d'appréciation de la position dominante.** La puissance d'achat présente un double intérêt pour l'article 102 TFUE, en pouvant être saisie lors de la qualification de la position dominante puis lors de l'identification d'un abus. À l'occasion de la qualification de la position dominante, elle permet d'atténuer l'existence d'un pouvoir de marché au niveau de l'offre. Le Tribunal rappelle dans l'affaire dite « Verre plat italien » l'importance de contrôler l'existence d'une potentielle puissance compensatrice capable de « neutraliser »[3273] le pouvoir économique des producteurs. La Commission européenne, dans ses « Orientations sur les priorités retenues par la Commission pour l'application de l'article 82 du traité CE aux pratiques d'éviction abusives des entreprises dominantes », s'applique à rappeler l'importance de l'examen de la puissance d'achat compensatrice à ce stade[3274]. Elle insiste sur la faculté pour les concurrents mais également pour les clients d'exercer une pression concurrentielle, logique conforme à celle employée en droit des concentrations. La puissance d'achat compensatrice peut ainsi empêcher une entreprise détenant une part de marché élevée d'être à même d'exercer un comportement indépendant vis-à-vis de ses clients[3275].

3271 C. Prieto, D. Bosco, *Droit européen de la concurrence. Ententes et abus de position dominante*, *op. cit.*, pt 837, p. 648. Ces derniers soulèvent des doutes sur l'efficacité du mécanisme, pt 839, p. 649.

3272 Comm. eur., Lignes directrices sur l'applicabilité de l'article 101 du traité sur le fonctionnement de l'Union européenne aux accords de coopération horizontale, *op. cit.*, pt 208. L'ancienne formulation de la Comm. eur. dans ses lignes directrices de 2001 sur les accords de coopération horizontale était : « *On peut supposer qu'il y a puissance d'achat lorsqu'un accord d'achat porte sur une partie suffisamment importante du volume total d'un marché d'achat de produits [...]* » (pt 126).

3273 TPICE, 10 mars 1992, *SIV e.a.*, aff. jtes T-68/89, T-77/89 et T-78/89, *op. cit.*, pt 366 ; comm. M.-A. Hermitte, *JDI*, 1993, pp. 458-460. Pour des illustrations de contrôles de l'existence d'une puissance d'achat compensatrice dans le cadre de l'article 102 TFUE : Trib. UE, 13 décembre 2018, *Slovak Telekom, a.s.*, aff. T-851/14, EU:T:2018:929, pt 26 ; Trib. UE, 12 décembre 2018, *Servier e.a.*, aff. T-691/14, EU:T:2018:922, pt 1597 ; Trib. UE, 17 décembre 2009, *Solvay SA*, aff. T-57/01, EU:T:2009:519, pt 272 ; TPICE, 14 décembre 2005, *General Electric Company*, aff. T-210/01, EU:T:2005:456, pt 274 et s.

3274 Comm. eur., Communication « Orientations sur les priorités retenues par la Commission pour l'application de l'article 82 du traité CE aux pratiques d'éviction abusives des entreprises dominantes », *op. cit.*, pt 18.

3275 *Ibid.*

849. **L'application de l'article 102 TFUE à la puissance d'achat.** L'arrêt *British Airways* du Tribunal consacre explicitement la possibilité pour le juge européen d'utiliser l'article 102 TFUE à l'encontre d'une position dominante sur le marché des achats. Dans un premier temps, l'arrêt reprend la définition prétorienne de la position dominante consacrée dans l'arrêt *Hoffmann-Laroche* et plus particulièrement la possibilité pour l'entreprise dominante « *de comportements indépendamments dans une mesure appréciable vis-à-vis de ses concurrents, de ses clients et, finalement, des consommateurs* »[3276]. L'arrêt ajoute toutefois que cette faculté de comportement indépendant s'applique également à « ses prestataires de services »[3277] et finalement à l'ensemble de ses fournisseurs. Dans un second temps, l'arrêt poursuit son analyse en précisant que l'article 102 TFUE s'applique « *tant aux entreprises dont la position dominante éventuelle est constatée, comme en l'espèce, par rapport à leurs fournisseurs qu'à celles qui sont susceptibles d'être dans la même position vis-à-vis de leurs clients* »[3278]. En l'espèce, British Airways détenait une position dominante sur le marché britannique d'achat de services d'agences de voyages aériens. Ces dernières lui fournissaient des prestations visant à promouvoir les services de transport aérien, à assister les voyageurs dans le choix des prestations des compagnies, en réalisant des fonctions administratives et enfin en encaissant puis reversant l'argent des voyageurs auxdites compagnies. Or, pour établir la position dominante de British Airways, le Tribunal s'est fondé sur les 39,7 % à 46,3 % de parts de marché dans le transport aérien traité par le règlement bancaire pour le Royaume-Uni, contre 5,3 % pour le premier concurrent. L'arrêt constate en outre que ces agences de voyages « *dépendent pour une partie substantielle des recettes qu'[elles] perçoivent de BA en contrepartie de leurs services d'agences de voyages aériens* »[3279]. La professeure Prieto rappelle qu'en l'espèce British Airways « *pouvait ainsi s'extraire d'une véritable concurrence et adopter un comportement indépendant par rapport aux autres opérateurs économiques* »[3280]. L'avocat général Kokott précise dans cette même affaire que le « *comportement commercial de l'entreprise en position dominante ne doit pas distordre la concurrence sur un marché situé en amont ou en aval, donc la concurrence entre fournisseurs ou entre acheteurs de cette entreprise* »[3281].

850. **La dominance sur le marché d'achat.** Ainsi que le soutient Ignacio Herrera Anchustegui, nous considérons souhaitable de reprendre la méthodologie de qualification traditionnelle de la position dominante, y compris lorsque celle-ci s'exerce

---

3276 CJCE, 13 février 1979, *Hoffmann-La Roche c/ Commission*, aff. C-85/76, *op. cit.*, pt 38.

3277 TPICE, 17 décembre 2003, *British Airways*, aff. T-219/99, EU:T:2003:343, pt 91 ; comm. P. Arhel, *LPA*, 2004, n° 53, pp. 13-15 ; C. Prieto, *JDI*, 2004, pp. 623-624.

3278 *Ibid.*, pt 101. Cette solution n'est pas surprenante à l'aune des lignes directrices de la Commission concernant l'application des règles de concurrence de la Communauté au secteur des télécommunications, *JOCE* n° 233 du 6 septembre 1991, pp. 2-26, pts 116-118.

3279 *Ibid.*, pt 216.

3280 C. Prieto, « Chronique de jurisprudence du Tribunal et de la Cour de justice des Communautés européennes », *JDI*, 2004, n° 2, p. 624.

3281 Conclusions de l'avocat général J. Kokott présentées le 23 février 2006, aff. C-95/04, *op. cit.*, pt 123. Une lecture *a contrario* de l'arrêt *FENIN* confirme la faculté d'utiliser l'article 102 TFUE à l'encontre d'un acheteur à la condition que celui-ci soit qualifié d'entreprise. En ce sens I. Herrera Anchustegui, *Buyer Power in EU Competition Law*, *op. cit.*, pt 972 et s., p. 416 et s. ; Comm. eur., déc. du 26 août 1999, *FENIN/SNS*, aff. IV.F.1./36.834, pt 12.

sur le marché de l'achat[3282]. La présomption réfragable de position dominante, posée par l'arrêt *Akzo* lorsque les parts de marché dépassent 50 %, permet d'établir un pouvoir de marché[3283]. Il convient en outre d'employer la présomption additionnelle proposée par la Commission européenne d'absence de position dominante fixée à 40 % des parts de marché[3284]. Dès lors, dans le cadre des achats, l'examen de la position dominante dépendra *in fine* de la structure du marché et des risques sur la concurrence effective[3285].

b. L'exclusion raisonnée de la puissance d'achat public du champ d'application de l'article 102 TFUE

851. **La puissance d'achat public comme activité extra-économique.** En dépit des capacités du droit de la concurrence à saisir les abus des puissances d'achat, son champ d'application comporte néanmoins des limites, en excluant de contrôler la puissance d'achat public. En effet, pour envisager l'application de l'article 102 TFUE aux acheteurs publics abusant de leur pouvoir d'achat, il convient en amont de les qualifier d'entreprises au sens du droit de la concurrence. Alors qu'initialement la jurisprudence de la Cour de justice se fondait sur la poursuite « *d'une façon durable [d']un but économique déterminé* »[3286], celle-ci s'est concentrée par la suite sur la présence d'une activité économique[3287], comme en atteste l'arrêt *Höfner*, dans lequel la Cour affirme que « *la notion d'entreprise comprend toute entité exerçant une activité économique, indépendamment du statut juridique de cette entité et de son mode de financement* »[3288]. Or, l'activité économique consiste « *à offrir des biens [ou] services sur un marché* »[3289]. La Cour de justice consacre à cette occasion une « *interprétation extensive* » de la notion d'entreprise selon

---

3282 I. Herrera Anchustegui, *Buyer Power in EU Competition Law*, *op. cit.*, pt 391 à 394, pp. 169 à 171.

3283 CJCE, 3 juillet 1991, *Akzo*, aff. C-62/86, *op. cit.*, pt 60.

3284 Comm. eur., Communication « Orientations sur les priorités retenues par la Commission pour l'application de l'article 82 du traité CE aux pratiques d'éviction abusives des entreprises dominantes », *op. cit.*, pt 14. Rappelons que dans l'affaire *British Airways*, *op. cit.*, les parts de marché de l'acheteur étaient inférieures à ce seuil avec 39,7 %.

3285 I. Herrera Anchustegui, *Buyer Power in EU Competition Law*, *op. cit.*, pt 401, p. 173.

3286 CJCE, 13 juillet 1962, *Mannesmann AG c/ Haute Autorité*, aff. C-19/61, *op. cit.*

3287 Sur la notion d'activité économique en droit de la concurrence, v. en ce sens E. Bernard, « "L'activité économique", un critère d'applicabilité du droit de la concurrence rebelle à la conceptualisation », *op. cit.*

3288 CJCE, 23 avril 1991, *Höfner*, aff. C-41/90, *op. cit.*, pt 21.

3289 CJCE, 16 juin 1987, *Commission c/ Italie*, aff. C-118/85, EU:C:1987:283, pt 7 ; comm. M.-C. Boutard-Labarde, *JCP G*, 1988, II, 20943. V. en ce sens : CJCE, 18 juin 1998, *Commission c/ Italie*, aff. C-35/96, *op. cit.*, pt 36 ; comm. L. Idot, *Europe*, 1998, n° 288, pp. 17-18 ; P. Arhel, *LPA*, 1998, n° 139, pp. 24-25 ; C. Nourissat, *LPA*, 1999, n° 148, pp. 28-31 ; S. Poillot-Peruzzetto, *RTD com.*, 1998, pp. 984-986 ; TPICE, 30 mars 2000, *Consiglio Nazionale degli Spedizionieri Doganali c/ Commission*, aff. T-513/93, EU :T:2000:91, pt 36 ; TPICE, 4 mars 2003, *FENIN*, aff. T-319/99, *op. cit.*, pt 18 ; comm. S. Poillot-Peruzzetto, *Contrats, conc., consom.* 2003, n° 93, pp. 23-24 ; N. Petit, *RDE*, 2003, n° 2, pp. 515-518 ; CJCE, 10 janvier 2006, *Cassa di Risparmio di Firenze SpA*, aff. C-222/04, *op. cit.*, pt 108 ; comm. L. Idot, *Europe*, 2006, n° 3, p. 24 ; J.-Y. Chérot, *Concurrences* n° 2-2006, art. n° 771, pp. 117-119 ; CJUE, 19 décembre 2012, *Mitteldeutsche Flughafen et Flughafen Leipzig-Halle c/ Commission*, aff. C-288/11 P, *op. cit.*, pt 50 ; comm. L. Idot, *Europe*, 2013, n° 2, p. 42 ; M. Aubert, E. Broussy, H. Cassagnabère, *AJDA*, 2013, pp. 1163-1164 ; CJUE, 27 juin 2017, *Congregación de Escuelas Pías Provincia Betania*, C- 74/16, EU :C:2017:496, pt 45 ; comm. D. Berlin, *JCP G.*, 2017, n° 29, p. 1417 ; L. Idot, *Europe*, 2017, n° 8, pp. 27-28 ; CJUE, 6 novembre 2018, *Scuola Elementare Maria Montessori Srl*, aff. jtes C-622/16 P à C-624/16 P, EU :C:2018:873, pt 104 ; comm. T. Jaeger, *Europäische Zeitschrift für Wirtschaftsrecht*, 2019, pp. 194-200.

Stéphane Rodrigues[3290]. Cette « *approche fonctionnelle* »[3291] ouvre les portes d'une extension de la notion d'entreprise aux personnes publiques, voire aux acheteurs publics. À l'occasion de l'arrêt *FENIN*, le juge européen a été invité à trancher cette délicate question de la qualification de l'achat public d'activité économique. En l'espèce, une association de fournisseurs de produits sanitaires hospitaliers accusait les organismes gérant le système national de santé espagnol d'abus de position dominante lors de leurs achats passés et plus particulièrement en raison des importants retards de paiement des acheteurs publics. Le Tribunal, en dépit des risques concurrentiels suscités par le comportement en cause, a refusé d'identifier une activité économique. Il juge en effet « *qu'une entité [qui] achète un produit, quand bien même elle le ferait en grande quantité, non pas pour offrir des biens ou des services dans le cadre d'une activité économique, mais pour en faire usage dans le cadre d'une autre activité, par exemple une activité de nature purement sociale, [...] n'agit pas en tant qu'entreprise du seul fait de sa qualité d'acheteur sur un marché. S'il est exact qu'une telle entité peut exercer un pouvoir économique très important, lequel pourrait donner lieu, le cas échéant, à une situation de monopsone, il n'en reste pas moins que, dans la mesure où l'activité pour l'exercice de laquelle elle achète ces produits n'est pas de nature économique, elle n'agit pas en tant qu'entreprise au sens des règles communautaires en matière de concurrence* »[3292].

852. **L'arrêt *FENIN* : la protection de l'autonomie du droit de la commande publique.** En qualifiant les achats publics d'activités économiques au sens du droit de la concurrence, la Cour de justice prenait le risque de soumettre le droit de la commande publique au droit de la concurrence et finalement de faire du droit de la commande publique un droit secondaire. Ainsi, comme l'observe l'avocat général Poiares Maduro, dans une telle situation « *les règles relatives aux marchés publics verraient leur effet utile réduit* »[3293]. Or, la solution offerte par le juge européen préserve l'autonomie du droit de la commande publique par rapport au droit de la concurrence[3294]. En effet, la notion d'activité économique n'intègre pas « *l'activité d'achat en tant que telle* »[3295]. Cette précision logique exclut de la qualification d'activité économique les consommateurs classiques, mais également les acheteurs publics lorsqu'ils s'approvisionnent pour leurs besoins propres. La professeure Bernard souligne que la Cour de justice opère à cette occasion une distinction entre la « *simple intervention sur le marché* »[3296] et l'« *utilisation*

[3290] S. Rodrigues, « Services publics et services d'intérêt économique général dans la communauté européenne : éléments de droit comparé et analyse du droit communautaire », thèse Université Paris 1 Panthéon-Sorbonne, 1999, p. 619 et s.

[3291] *Ibid.*, p. 650 ; N. Petit, *Droit européen de la concurrence*, 2e éd., *op. cit.*, pt 208, p. 118.

[3292] TPICE, 4 mars 2003, *FENIN*, aff. T-319/99, *op. cit.*, pt 37.

[3293] Conclusions de l'avocat général M. Poiares Maduro présentées le 10 novembre 2005, aff. C-205/03 P, *op. cit.*, pt 65.

[3294] E. Berkani, « Droit de la concurrence et commande publique : État des lieux d'un vieux couple », *op. cit.*, pt 36 et s., p. 63 et s.

[3295] TPICE, 4 mars 2003, *FENIN*, aff. T-319/99, *op. cit.*, pt 36 ; CJCE, 11 juillet 2006, *FENIN*, aff. C-205/03 P, *op. cit.*, pt 25.

[3296] E. Bernard, « "L'activité économique", un critère d'applicabilité du droit de la concurrence rebelle à la conceptualisation », *op. cit.*, p. 365.

ultérieure du produit acheté »[3297] permettant d'identifier une activité économique. La professeure Durviaux relève quant à elle que dans de telles circonstances l'acheteur public ne se comporte pas comme un « *offreur économique* »[3298] mais use de son « *libre choix de [...] demandeur final* »[3299].

853. Ainsi, même lorsque l'achat public vise à s'approvisionner pour fournir par la suite un service relevant d'une activité exclusivement sociale, la qualification d'activité économique sera impossible[3300]. Albert Sánchez-Graells soutient dans sa thèse qu'une telle solution a pour effet d'associer l'achat public à « *une activité auxiliaire de la personne publique* »[3301]. Partant, cela se justifie par la nature non économique de l'activité principale[3302] La Cour refuse à cette occasion de dissocier l'activité d'achat du produit de l'utilisation postérieure[3303], solution confirmée par la suite à l'occasion de l'arrêt *Selex Sistemi*[3304]. La plupart des achats des collectivités et de l'État peuvent donc échapper au droit de la concurrence malgré leur puissance sur le marché des achats[3305]. De la même façon, les marchés exclusifs dans lesquels les États membres sont en situation d'oligopsone[3306], voire de monopsone, échappent aux règles de concurrence. La solution proposée par la Cour de justice place finalement le droit de la commande publique en première ligne dans la gestion de la puissance d'achat public.

854. **Une exclusion limitée à certains achats publics.** La jurisprudence *FENIN* tempère néanmoins la portée de sa solution. Ainsi, un achat réalisé dans le cadre d'un service d'intérêt économique général (ci-après SIEG) pourrait entrer dans le champ d'application du droit de la commande publique mais également du droit de la concurrence, car cette activité est « *exercée dans des conditions de marché* »[3307].

3297 *Ibid.* Dans le même sens, S. Chavarochette-Boufferet, « L'interprétation des directives de l'Union sur les marchés publics par la Cour de justice », *op. cit.*, note 558, p. 191.

3298 A.-L. Durviaux, *Logique de marché et marché public en droit communautaire. Analyse critique d'un système*, *op. cit.*, pt 344, pp. 357-360. V. égal. O. Guézou, « Les comportements anticoncurrentiels dans la passation des marchés publics », *op. cit.*, pt 119, pp. 118-119 ;

3299 *Ibid.*

3300 TPICE, 4 mars 2003, *FENIN*, aff. T-319/99, *op. cit.*, pt 38 et s. Pour une illustration récente relative à un système national de retraite, v. en ce sens, CJUE, 22 octobre 2015, *EasyPay*, aff. C-185/14, EU:C:2015:716, pt 40 ; comm. A.-L. Mosbrucker, *Europe*, 2015, n° 12, p. 41 ; A. Sánchez-Graells, I. Herrera Anchustegui, *ECLR*, 2016, pp. 93-98 ; R. Vuitton, *Concurrences* n° 1-2016, art. n° 77884, pp. 159-160.

3301 A. Sánchez-Graells, *Public Procurement and the EU Competition Rules*, 2e éd., *op. cit.*, p. 170 (traduction libre de l'auteur).

3302 Conclusions de l'avocat général M. Poiares Maduro présentées le 10 novembre 2005, aff. C-205/03 P, *op. cit.*, pt 66.

3303 CJCE, 11 juillet 2006, *FENIN*, aff. C-205/03 P, *op. cit.*, pt 26.

3304 CJCE, 26 mars 2009, *Selex Sistemi*, aff. C-113/07 P, EU:C:2009:191, pt 102 ; comm. E. Broussy, F. Donnat, C. Lambert, *AJDA*, 2009, pp. 988-989 ; A.-L. Sibony, *Concurrences* n° 2-2009, art. n° 26025, p. 117 ; J.-P. Kovar, *Concurrences* n° 2-2009, art. n° 26095, pp. 212-213 ; L. Idot, Europe, n° 5, pp. 23-25 ; L. Potvin-Solis, *RMCUE*, 2009, pp. 464-471.

3305 TPICE, 12 décembre 2006, *Selex Sistemi*, aff. T-155/04, EU:T:2006:387, pt 68 ; comm. B. Cheynel, *RLDA*, 2007, n° 12, p. 52 ; J. Philippe, T. Janssens, *Gaz. Pal.*, 2007, n° 94-95, I Jur., pp. 16-17 ; P. Kovar, *Concurrences* n° 1-2007, art. n° 12914, pp. 168-170 ; C. Prieto, *JDI*, 2007, pp. 668-671 ; L. Arcelin, *RLC*, 2007, n° 11, pp. 21-24 ; L. Idot, *Europe*, 2007, n° 2, pp. 24-25.

3306 V. *supra* pt 160 et s.

3307 Conclusions de l'avocat général M. Poiares Maduro présentées le 10 novembre 2005, aff. C-205/03 P, *op. cit.*, pts 13 et 28 ; TPICE, 4 mars 2003, *FENIN*, aff. T-319/99, *op. cit.*, pt 36 : « *Il convient dès lors de considérer que le caractère économique ou non de l'utilisation ultérieure du produit acheté détermine nécessairement*

En effet, dans de telles circonstances, « *l'organisme en cause intervient comme un opérateur sur le marché* »[3308]. Le professeur Bazex souligne cette ambiguïté lorsqu'un acheteur public fournit en parallèle des biens ou services marchands. En effet, les achats publics peuvent permettre à l'acheteur public de satisfaire ses propres besoins mais aussi, de manière limitée, de proposer des biens ou services sur le marché[3309]. Dès lors, dans un cas de figure comme celui de la quasi-régie, le mécanisme de la dissociation peut s'avérer complexe à mettre en œuvre. La prédominance d'une activité réalisée pour le compte d'une autorité publique pourrait justement faire prévaloir l'absence d'activité économique lors de l'activité d'achat de telles entités. En parallèle, le traitement des centrales d'achat demeure complexe avec la jurisprudence *FENIN*.

855. **L'impossible application de l'arrêt *FENIN* aux centrales d'achat.** En dépit de son intérêt pour les acheteurs publics, la jurisprudence *FENIN* ne peut faire l'objet d'une transposition aux centrales d'achat. À l'inverse du cas d'espèce, les achats réalisés par une centrale d'achat sont destinés à être cédés à des tiers, sans relation hiérarchique ou organique avec ces derniers[3310]. Cette cession, finalement proche de la fonction de grossiste, peut parfaitement revêtir une nature commerciale. Deux lectures s'opposent sur le traitement à appliquer à de telles entités. Tout d'abord, une lecture fonctionnaliste identifie une offre de biens ou services dans les activités des centrales d'achat. La professeure Prieto relève à cette occasion que ce critère de l'offre de biens et services prévaut désormais sur les autres critères[3311]. Puis, une lecture finaliste se fonde sur l'utilisation finale des produits achetés afin d'entraîner une application élargie de l'arrêt *FENIN*. Baudouin Heuninckx souligne que la cession immédiate faite aux acheteurs publics sans marge bénéficiaire renforce la thèse finaliste[3312]. Or, ce dernier argument paraît limité au regard de la jurisprudence européenne. Celle-ci écarte systématiquement l'argument de l'absence de caractère lucratif pour écarter la présence d'une activité économique « *dès lors que cette offre se trouve en concurrence avec celle d'opérateurs poursuivant un tel but* »[3313]. Partant, la Cour de justice favorise une

---

le caractère de l'activité d'achat » ; A.-L. Durviaux, *Logique de marché et marché public en droit communautaire. Analyse critique d'un système*, *op. cit.*, pt 344, p. 359 ; C. Munro, « Competition Law and Public Procurement: Two Sides of the Same Coin? », *op. cit.*, p. 4 ; A. Sánchez-Graells, *Public Procurement and the EU Competition Rules*, 2e éd., *op. cit.*, p. 166 ; J. Skilbeck, « Just When is a Public Body an "Undertaking"? Fenin and Better Care Compared », *PPLR*, 2003, n° 4, p. NA75 ; K. P. Lasok, « When is an Undertaking not an Undertaking? », *ECLR*, 2004, n° 25, p. 383 ; R. Kreisbeerger, *PPLR*, 2006, n° 6, p. NA214.

3308 L. Vogel, « Interview : la Cour de cassation, juge de la concurrence », *Contrats, conc., consom.* 1993, n° 2, p. 1.

3309 M. Bazex, « Le Conseil de la concurrence et les marchés publics », *op. cit.*, p. 103 et s. V. égal. E. Bernard, « "L'activité économique", un critère d'applicabilité du droit de la concurrence rebelle à la conceptualisation », *op. cit.*, p. 365 et s. ; S. Nicinski, *Droit public des affaires*, 7e éd., *op. cit.*, pt 600, pp. 352-353 ; I. Herrera Anchustegui, *Buyer Power in EU Competition Law*, *op. cit.*, pt 975, p. 417.

3310 Rappelons que, dans l'arrêt *FENIN*, les poursuites visaient trois ministères et d'autres organismes gérant directement le service national de santé.

3311 C. Prieto, « Chronique de jurisprudence du Tribunal et de la Cour de justice des Communautés européennes », *JDI*, 2007, p. 670.

3312 B. Heuninckx, « Aggregated procurement under Directive 2014/24/EU: lessons from the defence sector », *op. cit.*, note 26, p. 193.

3313 CJCE, 10 janvier 2006, *Cassa di Risparmio di Firenze SpA*, aff. C-222/04, *op. cit.*, pt 123 ; comm. L. Idot, *Europe*, 2006, n° 3, p. 24 ; J.-Y. Chérot, *Concurrences* n° 2-2006, art. n° 771, pp. 117-119 ; R. Kovar, *Recueil Dalloz*, 2006, pp. 919-924 ; L. Arcelin, *LPA*, 2007, n° 99-100, pp. 21-27 ; Trib. UE, 12 septembre 2013,

démarche comparative. C'est justement cette dernière réserve qui permet d'entraîner la qualification d'activité économique des centrales d'achats publics puisque certaines entreprises privées sont présentes sur le marché, comme en atteste d'ailleurs l'avis n° 96-A-13 du 17 décembre 1996 du Conseil de la concurrence (désormais Autorité de la concurrence) à propos du contentieux entre l'UGAP et la CAMIF[3314]. Le Conseil d'État a également, sans grande précision, soumis l'UGAP aux articles 102 et 106 TFUE et l'a par conséquent qualifiée d'entreprise au sens des règles européennes de concurrence[3315]. La portée de la jurisprudence *FENIN* semble de plus se limiter à la seule activité d'achat du gestionnaire du service de nature extra-économique et ne saurait être transposée à des acheteurs intermédiaires[3316]. En effet, la Cour de justice vise expressément « *l'activité d'achat des entités gestionnaires du SNS [système national de santé]* »[3317].

Section 2
La saisie de la puissance d'achat par le droit de la commande publique

856. La problématique de la puissance d'achat, loin de se limiter au seul droit de la concurrence, est également présente au sein du droit de la commande publique. Ce dernier se retrouve nécessairement en première ligne pour prévenir les distorsions de concurrence liées aux activités d'achat des acheteurs publics, en raison du champ d'application réduit du droit de la concurrence depuis l'arrêt *FENIN*. Or, comme le soulignent les professeurs Saussier et Tirole, la puissance d'achat crée en droit de la commande publique des situations paradoxales, tant bénéfiques que discutables pour la concurrence[3318]. Tout d'abord, le droit de la commande publique encourage les acheteurs publics à centraliser leurs achats afin de bénéficier des gains économiques issus de la puissance d'achat (§ 1). Cette fonction correspond logiquement aux attentes en matière d'efficacité de l'achat public. Puis, le droit de la commande publique s'interroge désormais sur les moyens permettant de limiter les distorsions de concurrence inhérentes à l'utilisation de la puissance d'achat (§ 2). Cette problématique nouvelle fait finalement écho aux craintes signalées précédemment par le droit de la concurrence.

République fédérale d'Allemagne c/ Commission, aff. T-347/09, EU:T:2013:418, pt 43 ; comm. B. Cheynel, *RLC*, 2013, n° 37, pp. 45-47 ; L. Idot, *Europe*, 2013, n° 11, pp. 42-43.

3314 Cons. conc., avis n° 96-A-13 du 17 décembre 1996, Demande d'avis de la cour d'appel de Paris au sujet de l'activité de l'Union des Groupements d'Achats Publics (U.G.A.P.) V. égal. CA Paris, 13 janvier 1998, *UGAP c/ CAMIF* ; comm. S. Grandvuillemin, *JCP G*, 1998, II, 10217, pp. 2276-2280. Pour un raisonnement analogue, v. I. Herrera Anchustegui, A. Sánchez-Graells, « Impact of public procurement aggregation on competition. Risks, rationale and justification for the rules in Directive 2014/24 », *op. cit.*, pp. 16-20 ; B. Heuninckx, « Aggregated procurement under Directive 2014/24/EU: lessons from the defence sector », *op. cit.*, p. 207 et s.

3315 CE, 27 juillet 2001, *CAMIF*, n° 218067, *Rec.* pp. 402-406 ; comm. C. Bergeal, *BJCP*, 2001, n° 19, pp. 497-508.

3316 C. Prieto, D. Bosco, *Droit européen de la concurrence. Ententes et abus de position dominante*, *op. cit.*, pt 437, p. 387.

3317 CJCE, 11 juillet 2006, *FENIN*, aff. C-205/03 P, *op. cit.*, pt 26.

3318 S. Saussier, J. Tirole, « Renforcer l'efficacité de la commande publique », *op. cit.*, p. 11.

§ 1. Les manifestations de la puissance d'achat au sein du droit de la commande publique

857. L'intérêt économique de la puissance d'achat ne se limite pas aux seuls opérateurs privés, celle-ci devient un « moyen » d'assurer l'efficacité de la commande publique selon le professeur Llorens[3319]. Le professeur Braconnier souligne quant à lui que les nouvelles directives « *comporte[nt] toute une série de dispositions facilitant la mutualisation des achats* »[3320] avec, entre autres, l'absence de procédures de publicité et de mise en concurrence lorsqu'un acheteur public souhaite se fournir auprès de centrales d'achat. Dès lors, ces dernières années illustrent le crédit accordé à la puissance d'achat par le droit de la commande publique (A) et l'importance pour celui-ci de promouvoir le développement d'une telle puissance chez les acheteurs publics par l'intermédiaire d'outils adaptés (B).

A. Des bénéfices reconnus par le droit de la commande publique

858. Les bénéfices économiques du recours aux centrales d'achat, achats groupés ou encore contrats-cadres sont consacrés en droit européen depuis les directives 2004/18, 2004/17 et 2009/81/CE. Celles-ci mettent en avant l'intérêt pour l'acheteur public d'user de sa puissance économique ou de celle d'un tiers. La directive 2004/18/CE indique à cet effet que les « *volumes achetés [permettent] d'élargir la concurrence et d'améliorer l'efficacité de la commande publique* »[3321]. De la même façon, la directive 2014/24/UE confirme dans son considérant 59 une telle approche. Cependant, les bienfaits desdits mécanismes sont désormais précisés comme moyens pour les acheteurs publics « *d'obtenir des économies d'échelle, notamment une réduction des prix et des frais de transaction, et d'améliorer et de professionnaliser la gestion de la passation de marchés. Cette concentration des achats peut se faire en jouant soit sur le nombre de pouvoirs adjudicateurs concernés, soit sur le volume et la valeur des achats dans le temps* »[3322]. Or, de tels bénéfices semblent se confirmer dans la pratique.

859. **Une source d'efficacité économique.** La récente étude lancée par la Commission européenne intitulée « SMEs' access to public procurement markets and aggregation of demand in the EU » présente l'intérêt d'illustrer concrètement les avantages pour les acheteurs publics d'utiliser leur puissance d'achat[3323]. En effet, deux éléments permettent d'expliquer les réductions tarifaires. D'une part, l'usage

---

3319 F. Llorens, « La commande publique en quête d'efficacité », *op. cit.*, p. 218.

3320 S. Braconnier, « Nouvelles directives marchés publics et concessions – Petite révolution et grandes évolutions », *op. cit.*, pt 73. Sur ce point, v. égal. B. Heuninckx, « Aggregated procurement under Directive 2014/24/EU: lessons from the defence sector », *op. cit.*, p. 189.

3321 Directive 2004/18/CE, *op. cit.*, considérant 15 ; directive 2004/17/CE, *op. cit.*, considérant 23. Dans le même sens, v. directive 2009/81/CE, considérant 23.

3322 Directive, 2014/24/UE, *op. cit.*, considérant 59 et directive 2014/25/UE, *op. cit.*, considérant 70. Dans le même sens, v. le considérant 69 de la directive 2014/24/UE et le considérant 78 de la directive 2014/25/UE.

3323 PriceWaterhouseCoopers, Ecorys, ICF GHK, « SMEs' access to public procurement markets and aggregation of demand in the EU », étude commandée par la Commission européenne, 2014, 170 p.

de la puissance d'achat permet en soi, au regard des perspectives commerciales et des volumes qui se dessinent pour l'entreprise attributaire, d'encourager les opérateurs économiques à présenter des offres compétitives et donc à réduire leurs marges[3324]. Il augmente ainsi le nombre de candidatures déposées. D'autre part, la réduction tarifaire peut être extérieure à tout sacrifice sur la marge bénéficiaire, en répercutant les économies d'échelle sur le prix de l'offre proposée et en assurant *de facto* l'efficacité économique de la procédure d'achat[3325]. En effet, deux types d'économies d'échelle sont à distinguer. Tout d'abord, il s'agit des économies issues de la réduction des frais de passation des marchés publics en raison d'une procédure unique[3326], les coûts de passation étant en moyenne quatre fois moins élevés lors de l'utilisation d'une centrale d'achat ou d'un accord-cadre que lors d'un marché public classique[3327]. La professeure Karjalainen ajoute que la mutualisation des marchés publics, et notamment le recours à une centrale d'achat, permet en moyenne de conclure un marché six fois plus rapidement[3328]. Les acheteurs publics bénéficient directement des économies d'échelle[3329]. Ces dernières

---

3324 I. Herrera Anchustegui, A. Sánchez-Graells, « Impact of public procurement aggregation on competition. Risks, rationale and justification for the rules in Directive 2014/24 », *op. cit.*, pp. 3 et 4 ; J. Chard, G. Duhs, J. Houlden, « Body Beautiful or Vile Bodies? Central Purchasing in the UK », *op. cit.*, p. NA 26; C. Risvig Hamer, « Regular purchases and aggregated procurement: the changes in the new Public Procurement Directive regarding framework agreements, dynamic purchasing systems and central purchasing bodies », *PPLR*, 2014, n° 4, p. 201; National Audit Office, « A review of collaborative procurement across the public sector », 2010, p. 6.

3325 Inspection des finances, « Revues de dépenses – La fonction achats des collectivités territoriales », *op. cit.*, p. 9 ; PriceWaterhouseCoopers, Ecorys, ICF GHK, « SMEs' access to public procurement markets and aggregation of demand in the EU », *op. cit.*, p. 7 et 131 et s. ; Cour des comptes, « La mutualisation des moyens départementaux de la sécurité civile », *op. cit.*, p. 34 ; Cour des comptes européenne, Rapport spécial n° 09/2018 : « Les partenariats public-privé dans l'UE : de multiples insuffisances et des avantages limités », *op. cit.*, pt 28, p. 27 ; I. Herrera Anchustegui, A. Sánchez-Graells, « Impact of public procurement aggregation on competition. Risks, rationale and justification for the rules in Directive 2014/24 », *op. cit.*, pp. 1 et 5 ; S. Saussier, J. Tirole, « Renforcer l'efficacité de la commande publique », *op. cit.*, p. 11 ; B. Heuninckx, « Aggregated procurement under Directive 2014/24/EU: lessons from the defence sector », *op. cit.*, p. 189 ; J. Chard, G. Duhs, J. Houlden, « Body Beautiful or Vile Bodies? Central Purchasing in the UK », *op. cit.*, pp. NA26-NA34 ; Y. Simonnet, « Centrales d'achat, en quête de précisions », *op. cit.*, pp. 34-36; K. Karjalainen, *Challenges of Purchasing Centralization: Empirical Evidence from Public Procurement*, Helsinki School of Economics, 2009, p. 4 ; S. Braconnier, *Précis du droit de la commande publique*, *op. cit.*, p. 211 ; P. Flamme, M.-A. Flamme, C. Dardenne, *Les marchés publics européens et belges. L'irrésistible européanisation du droit de la commande publique*, 2e éd., *op. cit.*, pt 263, pp. 348-349 ; France Silver Éco, Resah, « Guide de mutualisation des achats publics dans le domaine de la Silver économie », 2016, p. 5 ; U. Arnold, « Organization of global sourcing: ways towards an optimal degree of centralization», *European Journal of Purchaising & Supply Management*, Vol. 5, n° 3-4, 1999, pp. 167-174 ; W. Faes, P. Matthyssens, K. Vandenbempt, « The Pursuit of Global Purchasing Synergy », *Industrial Marketing Management*, vol. 29, n° 6, 2000, pp. 539-553 ; J. Nollet, M. Beaulieu, « Should an organisation join a purchasing group? », *Supply Chain Management Review*, vol. 10, n° 1, 2005, pp. 11-17.

3326 Un marché public mutualisé implique, en moyenne, 30 jours de travail pour un agent contre 22 jours pour les marchés classiques. Le regroupement permet, finalement, de réduire substantiellement le coût horaire par marché à 6 jours de travail en moyenne. Un accord-cadre implique quant à lui 8 jours de travail pour un agent et reste donc plus efficient. En ce sens, PriceWaterhouseCoopers, Ecorys, ICF GHK, « SMEs' access to public procurement markets and aggregation of demand in the EU », *op. cit.*, p. 131 et s.

3327 PriceWaterhouseCoopers, Ecorys, ICF GHK, « SMEs' access to public procurement markets and aggregation of demand in the EU », *op. cit.*, p. 137 et s.

3328 K. Karjalainen, *Challenges of Purchasing Centralization: Empirical Evidence from Public Procurement*, *op. cit.*, p. 35.

3329 Le National Audit Office a précisé que les trois quarts des fournisseurs interrogés laissent les économies d'échelle obtenues aux acheteurs publics. En ce sens, National Audit Office, « A review of collaborative procurement across the public sector », *op. cit.*, p. 7.

peuvent avoir pour origine la baisse des coûts logistiques et de manutention issue de l'achat centralisé. Les différentes études et analyses sur le sujet s'accordent sur une économie allant de 20 à 30 % en moyenne, voire 50 % dans certains secteurs[3330], comme en attestent régulièrement l'Inspection des finances ou encore la Cour des comptes[3331].

860. Ainsi que nous l'avons mis en évidence dans notre première partie[3332], l'efficacité économique du droit de la commande publique dépasse la seule question tarifaire. Or, la centralisation des achats publics embrasse également des bénéfices autres que ceux purement financiers. Ainsi, la qualité est pour 90 % des acheteurs publics un argument en faveur de la centralisation[3333] ; 81 % d'entre eux jugent d'ailleurs qu'un tel procédé leur a permis d'améliorer la qualité de leurs achats[3334]. La centralisation présente également, comme le signalent explicitement les directives « marchés publics »[3335], l'avantage de professionnaliser la commande publique[3336], d'accroître l'offre de produits durables,[3337] et par conséquent d'assurer son efficacité économique. Les professeurs Saussier et Tirole encouragent quant à eux la centralisation des achats publics afin de renforcer « *l'expertise* »[3338] et l'ingénierie d'achat[3339].

861. **L'intensification de la concurrence.** La centralisation des achats publics soulève de nombreuses questions complexes en matière de concurrence effective, sur lesquelles il est nécessaire de s'interroger. Néanmoins, si l'on s'attarde plus

3330 Des écarts encore plus importants, voire parfois à la hausse, sont relevés par le National Audit Office dans son étude, « A review of collaborative procurement across the public sector », *op. cit.*, p. 6.

3331 Inspection des finances, « Revues de dépenses – La fonction achats des collectivités territoriales », *op. cit.*, p. 12 ; Cour des comptes, « Les achats hospitaliers. Communication à la commission des affaires sociales et à la mission d'évaluation et de contrôle des lois de financement de la sécurité sociale de l'Assemblée nationale », *op. cit.*, p. 49 ; Cour des comptes, « La mutualisation des moyens départementaux de la sécurité civile », *op. cit.*, pp. 33-39. V. égal. M.-C. Folzer, B. Koebel, A. Marcantoni, « La centralisation et la mutualisation des achats », in *La commande publique, un levier pour l'action publique ?*, E. Muller (dir.), *op. cit.*, p. 65.

3332 V. *supra* Partie I, Titre I, Chapitre 2, Section 2.

3333 PriceWaterhouseCoopers, Ecorys, ICF GHK, « SMEs' access to public procurement markets and aggregation of demand in the EU », *op. cit.*, p. 151. V. égal. A. Taillefait, « Coordination, groupement de commandes et centrales d'achats », *op. cit.*, pt 10.

3334 *Ibid.*, pt 152.

3335 Directive 2014/24/UE, *op. cit.*, considérant 59 ; directive 2014/25/UE, *op. cit.*, considérant 70.

3336 *Ibid.*, M.-C. Folzer, B. Koebel, A. Marcantoni, « La centralisation et la mutualisation des achats », *op. cit.*, p. 61 ; I. Herrera Anchustegui, « Centralizing public procurement and competitiveness in Directive 2014/24 », *op. cit.*, p. 14; I. Herrera Anchustegui, A. Sánchez-Graells, « Impact of public procurement aggregation on competition. Risks, rationale and justification for the rules in Directive 2014/24 », *op. cit.*, p. 6.

3337 Sur ce point précis, v. E. Strömbäck, « The Role of Buyer Power in Public Procurement Auctions: An Empirical Analysis », Umeå University, 2015, 33 p. Disponible sur https://www.diva-portal.org/smash/get/diva2:849656/FULLTEXT01.pdf (consulté le 20/02/2021).

3338 S. Saussier, J. Tirole, « Renforcer l'efficacité de la commande publique », *op. cit.*, p. 11. Sur le même point v. I. Herrera Anchustegui, A. Sánchez-Graells, « Impact of public procurement aggregation on competition. Risks, rationale and justification for the rules in Directive 2014/24 », *op. cit.*, p. 6 ; Inspection des finances, « Revues de dépenses – La fonction achats des collectivités territoriales », *op. cit.*, p. 11 ; PriceWaterhouseCoopers, Ecorys, ICF GHK, « SMEs' access to public procurement markets and aggregation of demand in the EU », *op. cit.*, pp. 168-169.

3339 Cette solution est a été reprise récemment par la Commission européenne ; en ce sens, Recommandation (UE) 2017/1805 du 3 octobre 2017 sur la professionnalisation de la passation des marchés publics, « Concevoir une architecture pour la professionnalisation de la passation des marchés publics », *JOUE* nº L 259 du 7 octobre 2017, pp. 28-31, recommandation 1, pt 2.

spécifiquement sur le niveau de compétition rencontré dans ce type d'hypothèse, on constate le renforcement significatif de la concurrence effective[3340]. La doctrine explique généralement ce phénomène par l'opportunité substantielle qui est offerte aux opérateurs économiques de se voir attribuer un marché d'une grosse dimension[3341]. En parallèle, la réduction naturelle du nombre de marchés publics disponibles assèche les occasions de remporter un marché. L'intérêt pour les marchés publics restants est nécessairement renforcé et entraîne une réduction globale des prix. L'accroissement de la compétition est d'ailleurs démontré dans le cadre de la vaste étude engagée par la Commission européenne en 2014. Ainsi, l'utilisation d'une centrale d'achat augmente la concurrence dans 86 % des achats effectués et constitue dès lors un « *outil concurrentiel sur le marché européen de la commande publique* »[3342]. Un tel engouement est également observé dans le cadre des accords-cadres, dont la catégorie représente aujourd'hui les marchés publics les plus concurrentiels de la commande publique[3343]. L'Inspection des finances signale également le rôle actif de la visibilité de tels contrats dans l'accroissement de la concurrence[3344].

B. La pluralité des outils de massification des achats mis à la disposition des acheteurs publics

862. Le droit de la commande publique offre plusieurs techniques permettant aux acheteurs publics de bénéficier des avantages de la puissance d'achat[3345]. Celles-ci peuvent d'ailleurs intégrer une participation plus ou moins forte des acheteurs publics, l'esprit des directives « marchés publics » étant d'offrir à ces derniers une liberté dans le choix des mécanismes qui permettent des achats groupés[3346]. Trois méthodes peuvent ainsi être utilisées : le marché conjoint (1), l'accord-cadre (2), ou plus généralement, le recours à une centrale d'achat (3).

1. Le marché conjoint

863. **Une alternative séduisante aux centrales d'achat.** En dépit d'un renforcement des dispositifs de centralisation des achats publics, la directive 2014/24/UE confirme l'intérêt du droit de la commande publique à proposer une alternative aux acheteurs publics. Le considérant 71 de ladite directive souligne l'importance

---

3340 Office of Fair Trading, « Assessing the Impact of Public Sector Procurement on Competition », 2004, pt 1.26.

3341 I. Herrera Anchustegui, « Centralizing public procurement and competitiveness in Directive 2014/24 », *op. cit.*, p. 16 ; E. Strömbäck, « The Role of Buyer Power in Public Procurement Auctions: An Empirical Analysis », *op. cit.*, pp. 3-4.

3342 PriceWaterhouseCoopers, Ecorys, ICF GHK, « SMEs' access to public procurement markets and aggregation of demand in the EU », *op. cit.*, p. 150 (traduction libre de l'auteur). En France, la moyenne des candidatures présentées dans de tels contrats est de 4 avec une médiane de 11,1. En Allemagne, la moyenne est de 5 pour une médiane de 11,4.

3343 *Ibid.*, p. 144 et s. La première étape des accords-cadres atteint en moyenne 11,4 candidats dans l'Union européenne et dépasse allégrement les 20 dans certains États membres.

3344 Inspection des finances, « Revues de dépenses – La fonction achats des collectivités territoriales », *op. cit.*, annexe IV.

3345 N. Ricci, « Les achats centralisés et groupés », *op. cit.*, pp. 48-51.

3346 Directive 2014/24/UE, *op. cit.*, considérant 8 ; directive 2014/25/UE, *op. cit.*, considérant 10.

d'une telle technique de passation, notamment pour les projets innovants lorsque plusieurs acheteurs expriment un besoin nouveau. La directive offre alors une large souplesse aux acheteurs publics. La passation conjointe peut en effet revêtir de nombreuses formes, « *depuis la passation coordonnée de marchés, en passant par la préparation de spécifications techniques communes pour des travaux, fournitures ou services qui seront acquis par un certain nombre de pouvoirs adjudicateurs, chacun d'entre eux menant sa propre procédure de passation de marché, jusqu'aux cas où les pouvoirs adjudicateurs concernés mènent conjointement une procédure de passation de marché, soit en agissant ensemble soit en confiant à l'un d'entre eux la gestion de la procédure au nom de l'ensemble des pouvoirs adjudicateurs* »[3347].

864. **Les modalités procédurales.** L'article 38 de la directive 2014/24/UE organise le recours aux marchés publics conjoints[3348]. De tels marchés n'imposent pas un nombre minimal ou maximal d'acheteurs publics. Le droit national offre davantage de précisions sur les groupements de commandes, même si le droit de l'Union aborde également la faculté de désigner un acheteur menant la procédure pour le compte de tous les autres. Ainsi, en vertu de l'article L2113-7 du code de la commande publique, une convention organise les règles de fonctionnement au sein du groupe. Par ailleurs, la faculté de responsabilité solidaire présente également un avantage indéniable et évite de faire peser des risques trop importants sur l'acheteur meneur. Enfin, comme le relève le professeur Braconnier, le principal progrès des nouvelles directives « marchés publics » demeure l'assouplissement du mécanisme lorsque les acheteurs publics proviennent d'États membres distincts[3349], comme le prévoit désormais l'article 39, paragraphe 4[3350]. L'objectif est à cet égard de renforcer la coopération transfrontalière des acheteurs publics et une nouvelle fois de bénéficier des nombreuses perspectives disponibles sur le marché intérieur[3351].

2. Les accords-cadres

865. L'article 33, paragraphe 1, de la directive 2014/24/UE définit l'accord-cadre comme un « *accord conclu entre un ou plusieurs pouvoirs adjudicateurs et un ou plusieurs opérateurs économiques ayant pour objet d'établir les conditions régissant les marchés à passer au cours d'une période donnée, notamment en ce qui concerne les prix et, le cas échéant, les quantités envisagées* ». L'intérêt de l'accord-cadre est double, et tient à la souplesse offerte aux opérateurs et acheteurs publics présents dans l'accord ainsi qu'à la durée pouvant atteindre quatre ans pour les pouvoirs adjudicateurs et huit pour les entités adjudicatrices[3352]. Dès lors, si l'accord-cadre est conclu avec plusieurs opérateurs économiques,

---

3347 Directive 2014/24/UE, *op. cit.*, considérant 71 ; directive 2014/25/UE, *op. cit.*, considérant 80.

3348 V. égal. l'article 56 de la directive 2014/25/UE, *op. cit.*

3349 S. Braconnier, « L'ordonnance du 23 juillet 2015 sur les marchés publics. Simplification et ambitions contrariées », *JCP G*, 2015, n° 40, pt 44.

3350 Directive 2014/24/UE, *op. cit.*, considérant 39 ; directive 2014/25/UE, *op. cit.*, considérant 57.

3351 Comm. eur., Communication « Faire des marchés publics un outil efficace au service de l'Europe », *op. cit.*, p. 14 et s.

3352 Il existe toutefois certaines exceptions. En ce sens directive 2014/24/UE, *op. cit.*, article 33 ; directive 2014/25/UE, *op. cit.*, article 51.

certaines procédures sont envisageables. Celui-ci peut tout d'abord être conclu sans remise en concurrence, selon les clauses et conditions initiales lorsqu'il prévoit les conditions de fourniture des travaux, services ou produits concernés et les conditions objectives permettant de déterminer quel opérateur économique sera chargé de l'exécution. Par ailleurs, lorsque l'accord-cadre définit toutes les conditions régissant la fourniture de travaux, biens ou services, une alternative est envisageable, avec une partie remise en concurrence entre les opérateurs parties à l'accord et une autre partie sans remise en concurrence. Cette faculté doit être préalablement indiquée dans les documents de marché. La décision d'utiliser une remise en concurrence ou non doit néanmoins être prise sur la base de critères objectifs prévus dans le document de marché de l'accord-cadre. Enfin, ce dernier peut être exécuté sur la base d'une remise en concurrence des opérateurs parties lorsque l'accord ne définit pas toutes les conditions régissant la fourniture des travaux, services ou biens en cause.

866. **L'accord-cadre comme outil de puissance d'achat.** Le droit de la commande publique offre avec l'accord-cadre un outil d'une grande souplesse au bénéfice des acheteurs publics. Il embrasse également la problématique de la puissance d'achat. Le chapitre II des directives « marchés publics » classe d'ailleurs cette technique d'achat comme instrument pour les marchés « agrégés » et entre, à ce titre, systématiquement dans les composantes du droit de la commande publique analysées lors de travaux sur la puissance d'achat des acheteurs publics[3353]. L'accord-cadre permet notamment à plusieurs acheteurs publics de regrouper leur demande sur un marché en particulier, afin de bénéficier d'un effet levier en raison des « *volumes achetés* »[3354]. Cet outil offre à cette occasion une « *technique de passation de marché efficace* »[3355] et un moyen « *d'accroître la concurrence* »[3356]. Le bénéfice des accords-cadres conclus par des centrales d'achat poursuit également cette logique d'efficience.

3. Les centrales d'achats publics[3357]

867. **La notion de centrale d'achats publics.** À l'inverse des autres techniques évoquées, l'achat centralisé suppose l'intervention dans le processus d'achat d'une tierce personne de droit privé ou public[3358], dont la fonction est justement de centraliser les demandes publiques afin d'obtenir un « *effet de masse sur les prix* »[3359].

3353 À titre d'illustration, PriceWaterhouseCoopers, Ecorys, ICF GHK, « SMEs' access to public procurement markets and aggregation of demand in the EU », *op. cit.* ; I. Herrera Anchustegui, « Centralizing public procurement and competitiveness in Directive 2014/24 », *op. cit.*

3354 Directive 2014/24/UE, *op. cit.*, considérant 69 ; directive 2014/25/UE, *op. cit.*, considérant 78 ; M. Grimandi, « La recherche de performance dans les procédures d'attribution des contrats de la commande publique », *op. cit.*, pp. 57-58.

3355 Directive 2014/24/UE, *op. cit.*, considérant 60 ; directive 2014/25/UE, *op. cit.*, considérant 71.

3356 Directive 2014/24/UE, *op. cit.*, considérant 69 ; directive 2014/25/UE, *op. cit.*, considérant 78.

3357 La formule « *centrale d'achats publics* » est empruntée au professeur Taillefait ; v. en ce sens A. Taillefait, « Coordination, groupement de commandes et centrales d'achats », *op. cit.*, pt 66 et s.

3358 Sur ce point, T. Rouveyran, A. Stratula, « Quels organismes peuvent être qualifiés de centrale d'achat ? », *CP-ACCP*, 2014, n° 149, pp. 30-34.

3359 S. de La Rosa, *Droit européen de la commande publique*, *op. cit.*, pt 440, p. 368. V. égal. A. Taillefait, « Coordination, groupement de commandes et centrales d'achats », *op. cit.*, pt 10.

La directive 2014/24/UE définit la centrale d'achat comme « *un pouvoir adjudicateur qui réalise des activités d'achat centralisées et éventuellement des activités d'achat auxiliaires* »[3360], alors que la directive 2014/25/UE embrasse également les entités adjudicatrices dans la définition qu'elle propose[3361]. La directive 2009/81/CE offre quant à elle une portée large à cette définition puisqu'elle intègre les pouvoirs adjudicateurs, entités adjudicatrices mais également les organismes publics européens[3362]. Dès lors, la création d'une telle entité ne nécessite pas de forme difficile à établir ; un acheteur public peut aisément s'ériger en centrale d'achat[3363]. Thomas Rouveyran et Aliona Stratula relèvent d'ailleurs l'hétérogénéité de la forme juridique des centrales d'achat, qu'elles soient de nature privée avec la forme d'une association[3364], d'un groupement d'intérêt économique, d'une société publique locale ou société d'économie mixte, ou de nature publique avec l'établissement public, le groupement d'intérêt public, voire le groupement européen de collectivités territoriales[3365]. Il faudra néanmoins que l'entité en cause réalise l'une des activités prévues par les directives « marchés publics » pour pouvoir bénéficier d'une telle qualification. Ces activités peuvent d'ailleurs être fournies ou non en contrepartie d'une rémunération de la part des autres acheteurs publics[3366]. Les directives opèrent à ce titre une distinction entre les activités d'achat centralisées et celles auxiliaires. Alors que les premières sont permanentes[3367], les secondes se limitent à un « *appui* »[3368] ponctuel aux activités d'achat. Or, en pratique, le rôle des centrales d'achat a été accru à l'occasion de la refonte des directives « marchés publics ». Désormais, celles-ci « *opèrent de deux manières différentes* »[3369], techniques qu'il convient de préciser.

868. **Acquisition directement auprès de la centrale d'achat.** La première méthode permettant d'utiliser une centrale d'achat consiste à s'approvisionner directement auprès d'elle. Dans ce cas, les centrales d'achat se comportent comme « *grossistes en achetant, stockant et revendant* »[3370]. Cette faculté, prévue par l'article 37, paragraphe 1 de la directive 2014/24/UE[3371], permet finalement d'employer directement les centrales d'achat comme fournisseurs. L'avantage majeur du mécanisme réside dans l'article 37, paragraphe 2, qui organise la dispense des règles de mise

[3360] Directive 2014/24/UE, *op. cit.*, article 2, paragraphe 16.

[3361] Directive 2014/25/UE, *op. cit.*, article 2, paragraphe 12.

[3362] Directive 2009/81/CE, *op. cit.*, article 1, paragraphe 18.

[3363] T. Rouveyran, A. Stratula, « Quels organismes peuvent être qualifiés de centrale d'achat ? », *op. cit.*, p. 31.

[3364] Cette forme peut cependant présenter de nombreuses limites réglementaires, voire être génératrice d'insécurité juridique. En ce sens, Cour des comptes, Référé n° S2019-0508 du 13 mars 2019, *Centrale d'achat Cap'Oise Hauts-de-France*. La recommandation n° 1 précise notamment : « *Recommandation n° 1 : (direction des affaires juridiques, ministère de l'économie et des finances ; direction générale des collectivités locales, ministère de l'intérieur) préciser, par voie réglementaire, les modalités de constitution, par des collectivités territoriales, de centrales locales d'achat public en privilégiant le recours aux personnes morales de droit public (établissements publics locaux administratifs par exemple) [.]* »

[3365] T. Rouveyran, A. Stratula, « Quels organismes peuvent être qualifiés de centrale d'achat ? », *op. cit.*, pp. 31-34.

[3366] Directive 2014/24/UE, *op. cit.*, considérant 69 ; directive 2014/25/UE, *op. cit.*, considérant 78.

[3367] Directive 2014/24/UE, *op. cit.*, article 2, paragraphe 14 ; directive 2014/25/UE, *op. cit.*, article 2, paragraphe 10.

[3368] Directive 2014/24/UE, *op. cit.*, article 2, paragraphe 15 ; directive 2014/25/UE, *op. cit.*, article 2, paragraphe 11.

[3369] Directive 2014/24/UE, *op. cit.*, considérant 69 ; directive 2014/25/UE, *op. cit.*, considérant 78.

[3370] *Ibid.*

[3371] V. égal. directive 2014/25/UE, *op. cit.*, article 55.

en concurrence pour les acheteurs publics s'approvisionnant auprès d'une centrale d'achat[3372]. Le professeur Braconnier souligne à ce titre la proximité évidente entre ce mécanisme et l'exception prévue pour la coopération public-public[3373]. En effet, la « *solution intermédiaire* »[3374] qui est proposée permet d'user des compétences d'une personne morale tierce sans mise en concurrence, tout en ne respectant pas nécessairement les conditions de la coopération public-public. L'acheteur public demeure néanmoins juridiquement responsable des éléments dont « *il se charge lui-même* »[3375], à l'instar de l'attribution d'un marché dans le cadre d'un système d'acquisition dynamique mis en place par une centrale d'achat, la remise en concurrence en vertu d'un accord-cadre conclu par une centrale d'achat ou encore pour le choix de l'opérateur économique partie à l'accord-cadre qui exécutera une tâche donnée en vertu dudit accord conclu par une centrale d'achat.

869. **La centrale d'achat comme intermédiaire.** Le second dispositif permettant de bénéficier des qualités des centrales d'achat correspond à la possibilité pour la centrale d'achat de revêtir le rôle d'intermédiaire dans le processus d'achat[3376]. Ce « *rôle traditionnel* »[3377] de la centrale d'achat, qui lui est habituellement attribué sous l'empire de la directive 2004/18/CE[3378] mais aussi de la directive 2009/81/CE[3379]. À ce titre, l'article 37, paragraphe 1, de la directive 2014/24/UE prévoit plusieurs situations dans lesquelles une centrale d'achat tient le rôle d'intermédiaire dans la procédure d'achat. Ainsi, les acheteurs publics peuvent acquérir des travaux, fournitures ou services par l'intermédiaire de marchés attribués par une centrale d'achat. Ces marchés publics seront réalisés « *sur instructions des pouvoirs adjudicateurs [ou entités adjudicatrices] concernés, en leur nom et pour leur compte* »[3380]. Par ailleurs, les acheteurs publics peuvent réaliser des acquisitions par le biais de systèmes d'acquisition dynamique établis par une centrale d'achat ou encore par la voie d'un accord-cadre conclu par l'une d'elles. Une nouvelle fois, l'utilisation de tels services bénéficie d'une dispense de mise en concurrence. Les directives « marchés publics » prévoient en outre la possibilité pour les États membres de systématiser le recours à de tels mécanismes sur certains marchés. Les conséquences seraient considérables dans la construction et le développement des centrales d'achat. Il y a donc fort à parier que la puissance économique de ces dernières s'accroîtra progressivement ces prochaines années.

[3372] S. de La Rosa, *Droit européen de la commande publique*, *op. cit.*, pt 440, p. 369.

[3373] S. Braconnier, *Précis du droit de la commande publique*, 2019, 6e éd., *op. cit.*, p. 210.

[3374] I. Herrera Anchustegui, A. Sánchez-Graells, « Impact of public procurement aggregation on competition. Risks, rationale and justification for the rules in Directive 2014/24 », *op. cit.*, p. 17 (traduction libre de l'auteur). V. égal. A. Sánchez-Graells, *Public Procurement and the EU Competition Rules*, 2e éd., *op. cit.*, chapitre 6.

[3375] Directive 2014/24/UE, *op. cit.*, article 37, paragraphe 2 ; directive 2014/25/UE, *op. cit.*, article 55.

[3376] Directive 2014/24/UE, *op. cit.*, considérant 69 ; directive 2014/25/UE, *op. cit.*, considérant 78.

[3377] I. Herrera Anchustegui, « Centralizing public procurement and competitiveness in Directive 2014/24 », *op. cit.*, p. 10 (traduction libre de l'auteur).

[3378] Directive 2004/18/CE, *op. cit.*, article 1, paragraphe 10.

[3379] Directive, 2009/81/CE, *op. cit.*, article 10 et considérant 23. Sur cette dernière directive, v. B. Heuninckx, *The Law of Collaborative Defence Procurement in the European Union*, Cambridge, Cambridge University Press, 2017, p. 69

[3380] Directive 2004/18/CE, *op. cit.*, considérant 69.

§ 2. La limitation par le droit de la commande publique des distorsions de la concurrence de la puissance d'achat

870. Alors que le droit de la commande publique a pendant plusieurs années mis l'accent exclusivement sur les avantages de la mutualisation et de la centralisation des achats publics, et semblait jusqu'à récemment totalement désarmé pour contrôler les distorsions consécutives à la massification des achats publics[3381], ce dernier, probablement en raison de l'influence d'une partie de la doctrine tant économique que juridique et des travaux de l'OCDE, tempère désormais les avantages de ces mécanismes de massification. Ce rôle est d'autant plus stratégique du fait de la limitation apportée au champ d'application du droit de la concurrence par la jurisprudence *FENIN*[3382]. Dorénavant, le droit de la commande publique reconnaît l'existence d'aspects négatifs dans le recours à de tels procédés (A). Or, même si les directives « marchés publics » restent encore vagues sur les solutions à mettre à œuvre, le droit de la commande publique offre un encadrement concurrentiel permettant de contenir, en partie, les dérives de la puissance d'achat (B).

A. La consécration des risques de distorsions de la concurrence par la puissance d'achat public

871. **La pluralité des distorsions relevées.** Le droit de la commande publique n'est pas à un paradoxe près. Après avoir fortement encouragé les acheteurs publics à recourir à la mutualisation ou à la centralisation des achats[3383], les directives « marchés publics » précisent désormais que ces mécanismes ne sont pas dénués de toutes critiques en raison notamment de leurs effets sur la concurrence. Le considérant 59 de la directive 2014/24/UE affirme désormais qu'il « *faudrait cependant surveiller attentivement le regroupement et la centralisation des achats pour éviter une concentration excessive du pouvoir d'achat et le risque de collusion et pour préserver la transparence et la concurrence, ainsi que les possibilités d'accès au marché pour les petites et moyennes entreprises* »[3384]. La formule, malheureusement fourre-tout, demeure avare de précisions et de recommandations permettant de prévenir de tels risques. Elle présente néanmoins l'avantage de constituer le premier avertissement du droit de la commande publique sur cette problématique.

872. **Le considérant 59 de la directive 2014/24/UE : une double finalité[3385].** La structure du texte aborde deux éléments distincts. D'une part, l'attention requise a pour finalité d'éviter le développement d'une concentration excessive sur le marché.

3381 E. Berkani, « Droit de la concurrence et commande publique : État des lieux d'un vieux couple », *op. cit.*, pt 41, p. 64.

3382 B. Heuninckx, « Aggregated procurement under Directive 2014/24/EU: lessons from the defence sector », *op. cit.*, pp. 191-192.

3383 S. Braconnier, « Nouvelles directives marchés publics et concessions – Petite révolution et grandes évolutions », *op. cit.*, pt 73.

3384 Directive 2014/24/UE, *op. cit.*, considérant 59 et directive 2014/25/UE, *op. cit.*, considérant 70.

3385 Cela s'applique de la même façon au considérant 70 de la directive 2014/25/UE, dont la teneur est identique.

L'objectif est très certainement de prévenir la mise en place d'une position dominante d'une centrale d'achat[3386]. La démarche poursuivie semble donc embrasser une optique structuraliste de la concurrence. En parallèle, ce pouvoir de marché de l'acheteur peut engendrer le développement de comportements collusifs de la part des fournisseurs. D'autre part, la directive insiste sur l'importance de « préserver » la transparence, la concurrence et l'accessibilité des marchés publics pour les PME. L'objectif de cette partie du texte est visiblement de maintenir la concurrence effective en conservant un espace de contestation des marchés pour les opérateurs économiques. Une nouvelle fois, ce sont les principes de la commande publique qui vont permettre d'écarter les risques relevés dans cette disposition.

873. **La puissance d'achat public et l'accroissement du risque de collusions**. À l'occasion de nos développements antérieurs, nous avons souligné les liens entre le choix des procédures de mise en concurrence et le développement parallèle de comportements collusifs des candidats[3387]. Alors que la puissance d'achat est parfois brandie comme contre-pouvoir aux ententes, le droit des marchés publics suppose désormais la situation inverse[3388]. Ce risque, certes nouveau dans les directives européennes, est souligné dès 1981 par l'OCDE. Celle-ci met en garde les acheteurs publics usant de leur pouvoir d'achat en raison du risque de développement de collusions notamment de la part des PME, dont l'accès au marché pourrait être restreint par le volume des marchés publics en cause. L'importance stratégique de ces marchés pour les entreprises contribue d'ailleurs à accroître les risques de collusion[3389]. Celles-ci peuvent donc être tentées de s'organiser collectivement pour obtenir des parts de marché[3390]. Ce risque, tout à fait crédible, peut cependant être tempéré par la faculté offerte aux entreprises de soumettre une offre groupée[3391]. Un tel mécanisme devrait réduire, en partie, l'émergence de pratiques anticoncurrentielles. Or, malgré la souplesse du droit de la commande publique dans ce domaine, celui-ci ne peut entièrement écarter les risques d'ententes des opérateurs économiques. Albert Sánchez-Graells et Ignacio Herrera Anchustegui précisent que le droit de la commande publique peut être à l'origine de ces risques de collusion. En effet, les critères de sélection facilitent la mise en place de pratiques anticoncurrentielles pour les entreprises *a priori* incapables de remporter

---

3386 G. Skovgaard Ølykke, *Abnormally Low Tenders: With an Emphasis on Public Tenderers*, *op. cit.*, p. 253 ; M. Motta, *Competition Policy: Theory and Practice*, *op. cit.*, pp. 121-122.

3387 V. *supra* pt 259 et s.

3388 Directive 2014/24/UE, *op. cit.*, considérant 59 et directive 2014/25/UE, *op. cit.*, considérant 70 : « *Il faudrait cependant surveiller attentivement le regroupement et la centralisation des achats pour éviter une concentration excessive du pouvoir d'achat et le risque de collusion [...].* »

3389 OCDE, « Collusion and Corruption in Public Procurement », *op. cit.*, p. 24.

3390 OCDE, *Puissance d'achat. Le pouvoir économique exercé par les acheteurs ayant une position dominante*, *op. cit.*, pp. 38-39. Sur le même point, v. A. Sánchez-Graells, « Distortions of Competition Generated by the Public (Power) Buyer: A Perceived Gap in EC Competition Law and Proposals to Bridge It », *op. cit.*, pp. 7-13 ; A. Sánchez-Graells, « Prevention and Deterrence of Bid Rigging: A Look from the New EU Directive on Public Procurement », *op. cit.*, p. 10 ; I. Herrera Anchustegui, « Centralizing public procurement and competitiveness in Directive 2014/24 », *op. cit.*, p. 16 ; M. Fana, G. Piga, « SME's and public contracts. A EU based perspective », in *The Applied Law and Economics of Public Procurement*, G. Piga, S. Treumer (dir.), Abingdon-on-Thames, Routledge, 2013, p. 283.

3391 V. *supra* pt 193.

le marché par leurs seuls mérites[3392]. De la même façon, la régularité des achats publics mutualisés ou centralisés accroît la prévisibilité, et facilite par conséquent la mise en place d'ententes[3393].

874. **La réduction d'accès au marché pour les PME : des risques de monopolisation des fournisseurs.** Les craintes relatives à l'assèchement de la concurrence disponible sur le marché, et plus particulièrement le faible accès aux marchés publics pour les PME, sont régulièrement alléguées comme risque majeur de la mutualisation et de la centralisation des achats publics, que ce soit dans le cadre du considérant 59 de la directive « marchés publics »[3394] ou des études sur la question[3395]. En effet, la concentration des achats réduit *de facto* l'accessibilité des PME en raison des volumes demandés et de l'incapacité structurelle des PME à y répondre[3396]. De telles entreprises sont naturellement plus exposées à la généralisation de la centralisation des achats. La fréquence réduite des appels d'offres consécutifs à la centralisation peut également écarter durablement les PME du marché et entraîner une baisse de la concurrence effective[3397]. Or, même si les règles de concurrence n'ont pas pour objet de protéger les concurrents les moins efficaces[3398], le développement d'une concurrence effective passe par une participation active des PME, comme en témoigne expressément le considérant 2 des directives « marchés publics ». Par conséquent, une perte d'accessibilité des marchés pour les PME va à l'encontre de l'objectif de concurrence effective poursuivi par le droit de la commande publique, de ses orientations globales en faveur de cette catégorie d'entreprises[3399], voire du maintien d'un tissu économique dans les territoires[3400].

875. Albert Sánchez-Graells, Ignacio Herrera Anchustegui et le professeur Trybus redoutent une affectation durable de la structure du marché et surtout l'émergence

---

3392 I. Herrera Anchustegui, A. Sánchez-Graells, « Impact of public procurement aggregation on competition. Risks, rationale and justification for the rules in Directive 2014/24 », *op. cit.*, p. 11 et s. V. égal. A. Sánchez-Graells, *Public Procurement and the EU Competition Rules*, 2e éd., *op. cit.*, p. 483.

3393 *Ibid.*

3394 Directive 2014/24/UE, *op. cit.*, considérant 59 et directive 2014/25/UE, *op. cit.*, considérant 70 : « *Il faudrait cependant surveiller attentivement le regroupement et la centralisation des achats […] pour préserver la transparence et la concurrence, ainsi que les possibilités d'accès au marché pour les petites et moyennes entreprises.* »

3395 V. not. I. Herrera Anchustegui, A. Sánchez-Graells, « Impact of public procurement aggregation on competition. Risks, rationale and justification for the rules in Directive 2014/24 », *op. cit.*, p. 9.

3396 *Ibid.*, p. 14 ; B. Heuninckx, « Aggregated procurement under Directive 2014/24/EU: lessons from the defence sector », *op. cit.*, p. 193 et s. ; M.-C. Folzer, B. Koebel, A. Marcantoni, « La centralisation et la mutualisation des achats », *op. cit.*, p. 64 ; N. Caldwell, H. Walker, C. Harland, L. Knight, J. Zhen, T. Wakeley « Promoting Competitive Markets: The Role of Public Procurement », *op. cit.*, ch. 16.

3397 B. Heuninckx, « Aggregated procurement under Directive 2014/24/EU: lessons from the defence sector », *op. cit.*, p. 193 et s. ; K. Karjalainen, *Challenges of Purchasing Centralization: Empirical Evidence from Public Procurement*, *op. cit.*, p. 15 ; National Public Procurement Policy Unit, « Public Sector Aggregation, Guidance Note General 1 », 2017, p. 6.

3398 J. Chard, G. Duhs, J. Houlden, « Body Beautiful or Vile Bodies? Central Purchasing in the UK », *op. cit.*, pp. NA26-NA34.

3399 V. *supra*, Partie I, Titre I, Chapitre 1, Section 2.

3400 Cette problématique est abordée plus largement par l'OCDE hors domaine de la commande publique ; en ce sens : OCDE, *Puissance d'achat. Le pouvoir économique exercé par les acheteurs ayant une position dominante*, *op. cit.*, p. 51. V. égal. OCDE, « Recommandation du Conseil sur les Principes applicables à la gouvernance publique des partenariats public-privé », *op. cit.*, recommandation n° 9.

de comportements unilatéraux avec tous les effets délétères sur l'innovation qui en découlent[3401]. Un tel constat a d'ailleurs été fait par la Cour des comptes à propos d'un fournisseur de services d'incendie et de secours devenant « *incontournable* »[3402] pour une centrale d'achat, mais également par la Cour des comptes européenne dans son rapport spécial sur les partenariats public-privé. Cette dernière s'alarme de la faible concurrence pour ce type de contrats en raison de leur envergure. Elle indique que « *[d]ans le cas de marchés d'un montant très élevé, les opérateurs capables de proposer tous les produits ou services recherchés sont peu nombreux (parfois il n'y en a qu'un seul), ce qui peut placer le pouvoir adjudicateur dans une position de dépendance* »[3403]. Or, l'émergence progressive d'une puissance de marché peut limiter la concurrence à plusieurs fournisseurs et accroître les prix pour les acheteurs publics[3404]. Cela peut en outre réduire les innovations, comme le suggèrent James Chard, Gustaf Duhs et John Houlden, en raison d'une réduction de la concurrence effective sur le marché[3405]. Le développement progressif d'un marché oligopolistique est également susceptible de faciliter grandement, comme nous l'avons précédemment démontré, la recrudescence des comportements collusifs de la part des quelques candidats qui demeurent sur le marché[3406].

876. **Le développement d'un *waterbed effect*.** L'utilisation de la puissance d'achat par le droit de la commande publique est susceptible d'insuffler un effet *waterbed* sur d'autres marchés périphériques. Cela peut se traduire par différentes situations. Tout d'abord, par une hausse des prix des offres pour les acheteurs publics ou privés qui ne bénéficient pas d'un pouvoir de négociation[3407]. Ainsi, des marchés couramment mutualisés ou centralisés, à l'instar des fournitures, pourraient s'avérer plus coûteux pour des collectivités souhaitant s'approvisionner directement sur le marché. De plus, dans le cadre de marchés exclusifs comme les marchés militaires[3408] ou les marchés à dominance publique, les fournisseurs pourraient avoir tendance

---

3401 I. Herrera Anchustegui, A. Sánchez-Graells, « Impact of public procurement aggregation on competition. Risks, rationale and justification for the rules in Directive 2014/24 », *op. cit.*, p. 10 ; M. Trybus, *European Union Law and Defence Integration*, Oxford, Hart Publishing, 2005, pp. 229-248 ; Inspection des finances, « Revues de dépenses – La fonction achats des collectivités territoriales », *op. cit.*, p. 12 ; J. Chard, G. Duhs, J. Houlden, « Body Beautiful or Vile Bodies? Central Purchasing in the UK », *op. cit.*, p. NA29 ; P. Dobson, « The Welfare Consequences of the Exercise of Buyer Power », Office of Fair Trading, 1998, Research Paper No. 16, 55 p.

3402 Cour des comptes, « La mutualisation des moyens départementaux de la sécurité civile », *op. cit.*, p. 34.

3403 Cour des comptes européenne, Rapport spécial n° 09/2018 : « Les partenariats public-privé dans l'UE : de multiples insuffisances et des avantages limités », *op. cit.*, pt 28, p. 27. Ce constat est d'ailleurs partagé par la Cour des comptes dans « Les partenariats public-privé des collectivités territoriales : des risques à maîtriser », *op. cit.*, pp. 162-165. Sur la même thématique, v. égal. OCDE, « Recommandation du Conseil sur les Principes applicables à la gouvernance publique des partenariats public-privé », *op. cit.*, recommandation n° 9.

3404 I. Herrera Anchustegui, A. Sánchez-Graells, « Impact of public procurement aggregation on competition. Risks, rationale and justification for the rules in Directive 2014/24 », *op. cit.*, p. 10.

3405 J. Chard, G. Duhs, J. Houlden, « Body Beautiful or Vile Bodies? Central Purchasing in the UK », *op. cit.*, pp. NA26-NA34.

3406 V. *supra*, Partie I, Titre I, Chapitre 2, Section 3.

3407 A. Sánchez-Graells, « Distortions of Competition Generated by the Public (Power) Buyer: A Perceived Gap in EC Competition Law and Proposals to Bridge It », *op. cit.*, pp. 9-10 ; I. Herrera Anchustegui, A. Sánchez-Graells, « Impact of public procurement aggregation on competition. Risks, rationale and justification for the rules in Directive 2014/24 », *op. cit.*, p. 10.

3408 V. *supra*, pt 160.

à accroître leurs prix sur les applications civiles de leur matériel afin d'amortir les réductions accordées aux acheteurs publics[3409]. Albert Sánchez-Graells invite ainsi à ne surtout pas isoler la demande, mais à systématiquement l'envisager plus globalement afin de prévenir toutes restrictions sur le marché privé[3410].

877. **La concentration excessive de la puissance d'achat des centrales d'achats publics.** Lors de la première section de cette analyse sur la puissance d'achat, nous avons souligné que les craintes sur la concurrence se concentraient essentiellement sur les abus des monopsones, voire des oligopsones. Les directives « marchés publics » relayent explicitement ces risques en indiquant qu'il « *faudrait cependant surveiller attentivement le regroupement et la centralisation des achats pour éviter une concentration excessive du pouvoir d'achat* »[3411]. Alors que de telles craintes peuvent *a priori* apparaître prématurées ou démesurées, deux éléments permettent de justifier la mise en garde européenne. Tout d'abord, l'encouragement de ces dernières années du droit dérivé, de la Commission européenne[3412] ou encore des juridictions financières à recourir à des mécanismes d'achats mutualisés ou centralisés[3413]. Par ailleurs, la construction d'un marché intérieur des centrales d'achat afin d'accroître l'efficacité de la commande publique contribue à l'émergence de centrales d'achat européennes[3414], voire de centrales d'achat spécialisées.

B. L'encadrement prometteur de la puissance d'achat par le droit de la commande publique

878. Les risques de dérives issues de la puissance d'achat sont multiples et complexes à saisir notamment lorsque ces dernières ne se sont pas encore manifestées. Néanmoins, les dispositions du droit de la commande publique offrent plusieurs mécanismes permettant de préserver la concurrence effective d'un monopsone ou oligopsone des acheteurs publics ou de centrales d'achats publics. Pour ce faire, le droit de la commande publique prévoit une gestion pragmatique de la puissance d'achat (1), en dépit de perspectives d'évolutions souhaitables (2).

1. Une appréciation pragmatique de la puissance d'achat par le droit de la commande publique

879. **L'absence de mise en concurrence des centrales d'achat : une dispense critiquée.** Comme précisé précédemment, l'une des particularités des centrales d'achat

---

3409 I. Herrera Anchustegui, A. Sánchez-Graells, « Impact of public procurement aggregation on competition. Risks, rationale and justification for the rules in Directive 2014/24 », *op. cit.*, p. 6 et s.

3410 A. Sánchez-Graells, *Public Procurement and the EU Competition Rules*, 2e éd., *op. cit.*, pp. 69-72.

3411 Directive 2014/24/UE, *op. cit.*, considérant 59 et directive 2014/25/UE, *op. cit.*, considérant 70.

3412 Comm. eur., Livre vert sur la modernisation de la politique de l'UE en matière de marchés publics, « Vers un marché européen des contrats publics plus performant », *op. cit.*, pp. 24-25 ; PriceWaterhouseCoopers, Ecorys, ICF GHK, « SMEs' access to public procurement markets and aggregation of demand in the EU », *op. cit.*

3413 Cour des comptes, « Les achats hospitaliers. Communication à la commission des affaires sociales et à la mission d'évaluation et de contrôle des lois de financement de la sécurité sociale de l'Assemblée nationale », *op. cit.* ; Cour des comptes, « La mutualisation des moyens départementaux de la sécurité civile », *op. cit.*

3414 Directive 2014/24/UE, *op. cit.*, considérant 73 et article 39, paragraphe 2 ; directive 2014/25/UE, *op. cit.*, considérant 82 et article 57, paragraphe 2. V. en ce sens, Y. Simonnet, « Centrales d'achat, en quête de précisions », in *Le droit de la commande publique*, G. Clamour (dir.), Paris, LexisNexis, 2016, p. 71.

en droit de la commande publique est l'absence d'obligations de mise en concurrence lorsque les acheteurs publics décident de recourir à leurs compétences[3415]. En effet, comme le soutient le professeur de La Rosa, les obligations de mise en concurrence et de publicité sont « *présumées respectées en amont, à savoir pour les marchés que la centrale d'achat a antérieurement conclus pour se procurer les biens qu'elle propose ultérieurement aux collectivités* »[3416]. Cette « *dispense* »[3417] interroge, voire préoccupe, une partie de la doctrine en raison de son impact sur la concurrence. En effet, des risques de distorsions consécutives à cette absence de publicité et de mise en concurrence peuvent émerger en amenant progressivement les centrales d'achat à devenir des régulateurs du marché, ou même des points de passage obligés pour les entreprises qui souhaitent accéder au marché[3418]. Or, pour Albert Sánchez-Graells et Ignacio Herrera Anchustegui, accorder un tel rôle aux centrales d'achat, sans mise en concurrence préalable, ne semble guère compatible avec le principe de concurrence[3419]. La dispense accordée par le droit de la commande publique aux obligations de publicité de mise en concurrence ne saurait être interprétée comme une exemption aux principes fondamentaux de la commande publique, comme le souligne la professeure Arrowsmith ou encore Baudouin Heuninckx[3420]. La Cour de justice rappelle régulièrement l'importance d'appliquer les principes de la commande publique à l'ensemble des contrats publics qui échappent aux directives européennes, en raison de leur champ d'application matériel ou encore des seuils européens[3421].

3415 Directive 2014/24/UE, *op. cit.*, article 37, paragraphe 2 ; directive 2014/25/UE, *op. cit.*, article 55, paragraphe 2 ; directive 2009/81/CE, *op. cit.*, article 10, paragraphe 2.

3416 S. de La Rosa, *Droit européen de la commande publique*, *op. cit.*, pt 440, p. 369. Dans le même sens, P. Flamme, M.-A. Flamme, C. Dardenne, *Les marchés publics européens et belges. L'irrésistible européanisation du droit de la commande publique*, 2e éd., *op. cit.*, pt 262, p. 348 ; P. Thiel, V. Dor, *Le nouveau régime des marchés publics. Principales innovations introduites par les lois des 15 et 16* juillet *2006*, Bruxelles, Kluwer, 2007, p. 63 et s. Concernant le droit dérivé, v. aussi directive 2014/24/UE, *op. cit.*, article 37 et considérant 70 ; directive 2014/25/UE, *op. cit.*, article 55 et considérant 79. Pour une récente illustration des défauts de respect de la réglementation relative au droit de la commande publique par une centrale d'achats publics, v. Cour des comptes, Référé n° S2019-0508, *Centrale d'achat Cap'Oise Hauts-de-France*.

3417 S. Braconnier, *Précis du droit de la commande publique*, 2019, 6e éd., *op. cit.*, 210 ; H. Hoepffner, *Droit des contrats administratifs*, *op. cit.*, pt 297, p. 251.

3418 À propos des risques sur la concurrence inhérents aux « *gatekeepers* », v. en ce sens : G. Arnoux, « Le droit européen de la concurrence et l'industrie de la défense », *op. cit.*, p. 413; I. Herrera Anchustegui, *Buyer Power in EU Competition Law*, *op. cit.*, pt 448, p. 193 ; D. Spector, « Addressing buyer power in merger control », *op. cit.*, p. 35 ; E. Pfister, « Puissance d'achat et politique de concurrence », *op. cit.*, p. 35 ; Comm. eur., déc. du 15 juillet 2005, *Procter & Gamble/Gillette*, aff. COMP/M.3732, *op. cit.*, pt 125.

3419 I. Herrera Anchustegui, A. Sánchez-Graells, « Impact of public procurement aggregation on competition. Risks, rationale and justification for the rules in Directive 2014/24 », *op. cit.*, p. 17 et s.

3420 S. Arrowsmith, *The Law of Public and Utilities Procurement: Regulation in the EU and UK*, 3e éd., vol. 1, *op. cit.*, pt 5.43, p. 375; B. Heuninckx, « Aggregated procurement under Directive 2014/24/EU: lessons from the defence sector », *op. cit.*, pp. 203-204.

3421 CJCE, 7 décembre 2000, *Telaustria*, aff. C-324/98, *op. cit.*, pt 60 ; CJCE, 13 octobre 2005, *Parking Brixen*, aff. C-458/03, *op. cit.*, pts 49-50 ; CJCE, 6 avril 2006, *ANAV*, aff. C-410/04, EU:C:2006:237, pt 22 ; comm. E. Meisse, *Europe*, 2006, n° 6, p. 14 ; B. du Marais, *Concurrences* n° 3-2006, art. n° 1667, pp. 163-164 ; CJCE, 18 décembre 2007, *Asociación Profesional de Empresas de Reparto y Manipulado de Correspondencia c/ Administración General del Estado*, aff. C-220/06, EU:C:2007:815, pts 73-74 ; comm. L. Idot, *Europe*, 2008, n° 2, pp. 22-23 ; E. Broussy, *AJDA*, 2008, pp. 248-249 ; D. Piazzoni, *RLC*, 2008, n° 15, pp. 60-64 ; G. Calley, *LPA*, 2008, n° 88-89, pp. 11-18 ; F. Donnat, *RJEP*, 2008, p. 14-15 ; CJCE, 15 octobre 2009, *Acoset SpA*, aff. C-196/08, *op. cit.*, pts 49-50.

880. **L'absence de mise en concurrence des centrales d'achat : une dispense conforme au droit primaire.** En dépit de leur portée effective, les principes de la commande publique ne sauraient contredire les dispositions des directives « marchés publics » qui excluent certains domaines de la mise en concurrence. Il faudrait que la Cour de justice juge incompatible l'article 37, paragraphe 2, de la directive 2014/24/UE avec le traité et notamment avec les libertés de circulation. Or, le Tribunal, dans son arrêt *Allemagne c/ Commission*, a précisé que les principes de transparence et d'égalité de traitement ne sauraient faire échec à une dérogation aux règles de publicité dans le cadre d'une procédure négociée, dès lors que celle-ci est prévue par le droit dérivé. Il indique plus particulièrement que « *lorsqu'une dérogation aux directives marchés publics est expressément autorisée, que les conditions de cette dérogation sont remplies et qu'une procédure négociée sans publication préalable d'un avis d'adjudication est donc justifiée, alors il ne saurait exister d'obligation de publicité. Dès lors, les principes qui découlent du traité CE ne sauraient imposer une obligation de publicité, lorsque les directives prévoient expressément une dérogation, sinon cette dérogation serait inutile* »[3422]. La solution reprend en substance les conclusions de l'avocat général Jacobs sur l'arrêt *Commission c/ Italie*[3423]. Ce dernier soulignait que les « *principes qui découlent du traité ne sauraient imposer une obligation de publicité, même lorsque les directives prévoient expressément une dérogation* »[3424]. Dans le cadre de ses conclusions sur l'arrêt *Coname*, l'avocat général Stix-Hackl reprend une telle interprétation. Elle insiste sur la faculté pour le droit dérivé, mais également pour le droit primaire, d'exclure la nécessité d'une procédure de passation[3425]. La mise en avant par l'article 18 de la directive 2014/24/UE des principes de concurrence et de proportionnalité ne permet pas actuellement de faire échec aux mécanismes spécifiques de dispense de mise en concurrence. Ces exclusions viennent précisément tempérer la portée desdits principes.

881. **L'absence de mise en concurrence des centrales d'achat : une dispense nécessaire.** La dispense de mise en concurrence des centrales d'achats publics repose sur deux éléments. Elle s'explique, d'une part, par l'existence d'une mise en concurrence réalisée en amont par la centrale d'achat, laquelle respecte les principes fondamentaux de la commande publique, comme le rappelle le professeur Taillefait[3426]. Cette mise en concurrence antérieure devrait, *a priori*, offrir des garanties en termes de rationalité économique de l'achat. D'autre part, les directives « marchés publics »

3422 Trib. UE, 20 mai 2010, *Allemagne c/ Commission*, aff. T-258/06, EU:T:2010:214, pt 141 ; comm. A. Bouveresse, *Europe*, 2010, n°7, pp. 20-21.

3423 Conclusions de l'avocat général F. G. Jacobs présentées le 2 juin 2005, aff. C-525/03, EU:C:2005:343, pts 47-48.

3424 *Ibid.*

3425 Conclusions de l'avocat général C. Stix-Hackl présentées le 12 avril 2005, aff. C-231/03, EU:C:2005:212, pt 39 : « *Mais, même si un marché donné remplit en principe toutes les conditions requises pour l'application d'une des directives, la passation concrète du marché pourrait néanmoins être exclue de la directive en question. Ainsi en l'espèce, outre l'une des dérogations expressément prévues dans les directives, par exemple à l'article 13 de la directive secteurs spéciaux, l'une des autres dérogations non écrites introduites par la Cour pourrait s'appliquer, telle la dérogation, interprétée dans l'arrêt Stadt Halle et RPL Lochau, établie dans l'arrêt Teckal pour les marchés dits "quasi in house". Si tel était le cas, c'est à nouveau le droit primaire qui s'appliquerait.* »

3426 A. Taillefait, « Coordination, groupement de commandes et centrales d'achats », *op. cit.*, pt 88.

envisagent la puissance d'achat comme une source d'efficience économique pour les acheteurs publics. Or, imposer une mise en concurrence aux centrales d'achat, puis une seconde aux acheteurs publics lors du choix de la centrale d'achat, réduit nécessairement les gains d'efficacité de la centralisation des achats[3427]. En effet, le recours aux centrales d'achat présente l'atout majeur de réduire les coûts de passation. Imposer une mise en concurrence augmenterait les coûts d'achat auprès des centrales d'achat, la durée de la procédure et réduirait automatiquement l'intérêt des acheteurs pour ce type de mécanismes, comme le souligne d'ailleurs Catherine Bergeal[3428]. Or, à l'heure actuelle, la centralisation des achats est encore loin d'atteindre les 10 % à l'échelle européenne[3429]. En guise de comparaison, 20 % des achats et investissements d'équipements militaires sont réalisés sur la base de coopération entre acheteurs publics[3430]. Partant, il convient d'éviter une réaction régulatrice trop précoce susceptible de figer, voire de réduire, le recours aux centrales d'achat.

882. **Une dispense justifiée par l'article 106, paragraphe 2, TFUE.** À l'occasion de la décision *CAMIF*, du 27 juillet 2001[3431], dans laquelle la coopérative contestait la réglementation qui permettait, voire imposait, le recours à l'UGAP pour certaines catégories d'achats sans procédure de mise en concurrence, le Conseil d'État a rejeté la demande en se fondant sur l'article 90 du traité CE (désormais 106 TFUE). Ainsi, la décision commence naturellement par qualifier l'activité de centralisation des achats publics et celle d'assistance technique aux acheteurs publics de SIEG[3432], afin de faire entrer la réglementation en cause dans le champ d'application de l'article 106 TFUE[3433]. En dépit de la marge d'appréciation accordée aux États membres pour qualifier des services de SIEG, celle-ci peut s'avérer plus délicate lorsqu'un service similaire est fourni sur le marché[3434]. Néanmoins, cet obstacle peut être écarté si le marché n'est pas capable de fournir un service « *avec le niveau de qualité ou [de] prix* »[3435] satisfaisant, argument qui a permis de justifier

---

3427 S. Braconnier, *Précis du droit de la commande publique*, *op. cit.*, p. 211.

3428 C. Bergeal, « Les achats des collectivités publiques à l'UGAP peuvent-ils être dispensés de toute publicité et mise en concurrence ? », *BJCP*, 2001, n° 19, p. 497-511.

3429 V. en ce sens les chiffres présentés dans l'introduction à ce chapitre.

3430 European Defense Agency, Defence Data 2006-2016. Disponible sur https://www.eda.europa.eu/info-hub/publications/publication-details/pub/defence-data-2006-2016 (consulté le 20/02/2021); B. Heuninckx, « Aggregated procurement under Directive 2014/24/EU: lessons from the defence sector », *op. cit.*, p. 189.

3431 CE, 27 juillet 2001, *CAMIF*, n° 218067, *op. cit.* Solution confirmée par la suite : en ce sens CE, 24 septembre 2003, *CAMIF*, n° 240604, *Rec.* pp. 704 et 860 ; comm. D. Piveteau, *BJCP*, 2004, n° 32, pp. 14-17.

3432 *Ibid.* Sur la qualification de SIEG d'une plate-forme centrale de passation de marchés publics en ligne, v. en ce sens Trib. UE, 28 septembre 2017, *Aanbestedingskalender e.a.*, aff. T-138/15, EU:T:2017:675 ; comm. A. Sánchez-Graells, *e-Competitions*, septembre 2017, art. n° 88456 ; CJUE, 7 novembre 2019, *Aanbestedingskalender e.a.*, aff. C-687/17 P, EU:C:2019:932 ; comm. A. Sánchez-Graells, *e-Competitions*, novembre 2019, art. n° 92512 ; A. Ronzano, *Concurrences* n° 1-2020, art. n° 92294.

3433 Sur la notion de SIEG, v. en ce sens S. Rodrigues, « Services publics et services d'intérêt économique général dans la communauté européenne : éléments de droit comparé et analyse du droit communautaire », *op. cit.*

3434 Comm. eur., « Guide relatif à l'application aux services d'intérêt économique général, et en particulier aux services sociaux d'intérêt général, des règles de l'Union européenne en matière d'aides d'État, de "marchés publics" et de "marché intérieur" », SWD(2013) 53 final/2, 24 avril 2013, pt 11, p. 25. V. égal. TPICE, 12 février 2008, *BUPA*, aff. T-289/03, EU:T:2008:29, pt 267 ; comm. S. Rodrigues, *Concurrences* n° 2-2008, art. n° 16695, pp. 178-180 ; L. Driguez, *Europe* 2008, n° 4, pp. 24-26.

3435 Comm. eur., « Guide relatif à l'application aux services d'intérêt économique général, et en particulier aux services sociaux d'intérêt général, des règles de l'Union européenne en matière d'aides d'État, de "marchés publics" et de "marché intérieur" », *op. cit.*, pt 11, p. 25.

la création de centrales d'achat par les acheteurs publics selon la décision du Conseil d'État *CAMIF* du 24 septembre 2003[3436]. L'article 106 TFUE précise en outre que les entreprises chargées d'un tel service « *sont soumises aux règles des traités, notamment aux règles de concurrence, dans les limites où l'application de ces règles ne fait pas échec à l'accomplissement en droit ou en fait de la mission particulière qui leur a été impartie. Le développement des échanges ne doit pas être affecté dans une mesure contraire à l'intérêt de l'Union* ». Or, dans ces mêmes décisions, le Conseil d'État souligne que pour la plupart des activités fournies par l'UGAP, les acheteurs publics peuvent librement s'adresser à d'autres fournisseurs et n'affectent pas par conséquent les règles de concurrence.

2. Une appréciation perfectible de la puissance d'achat par le droit de la commande publique

883. **La dispense de mise en concurrence des centrales d'achat : une solution temporaire.** Parmi les innovations majeures du droit de la commande publique en faveur des centrales d'achat, l'article 39 de la directive 2014/24/UE libéralise l'accès aux centrales d'achat y compris lorsque celles-ci sont situées dans un autre État membre. Cette même directive justifie l'intérêt d'un accès effectif aux centrales d'achat transfrontalières en permettant aux acheteurs publics de « *tirer le meilleur parti possible du potentiel du marché intérieur en termes d'économies d'échelle et de partage des gains et des risques* »[3437]. Un tel fonctionnement peut, sur le long terme, faire émerger des centrales d'achat de niveau européen[3438], axe visiblement encouragé par le droit dérivé. Par conséquent, la concurrence entre les centrales d'achat serait progressivement développée à l'échelle européenne et offrirait des avantages concurrentiels certains, comme l'observent les professeurs Saussier et Tirole[3439]. En parallèle, un processus de spécialisation des centrales d'achat pourrait se dessiner[3440]. Ainsi, le marché des achats centralisés devrait progressivement se consolider au profit d'oligopsones, voire de monopsones[3441]. Or, c'est justement ce processus qui génère des craintes chez une partie de la doctrine, craintes illustrées dans le considérant 59 de la directive « marchés publics » au regard du potentiel pouvoir de marché des centrales d'achat[3442].

3436 CE, 24 septembre 2003, *CAMIF*, n° 240604, *op. cit.* V. égal. sur ce point S. Nicinski, *Droit public des affaires*, 7e éd., *op. cit.*, pt 256, p. 152. Des critiques sont portées à ce raisonnement juridique ; en ce sens : I. Herrera Anchustegui, A. Sánchez-Graells, « Impact of public procurement aggregation on competition. Risks, rationale and justification for the rules in Directive 2014/24 », *op. cit.*, p. 19.

3437 Directive 2014/24/UE, *op. cit.*, considérant 73 ; directive 2014/25/UE, *op. cit.*, considérant 82.

3438 B. Heuninckx, « Aggregated procurement under Directive 2014/24/EU: lessons from the defence sector », *op. cit.*, pp. 195-196.

3439 S. Saussier, J. Tirole, « Renforcer l'efficacité de la commande publique », *op. cit.*, p. 12 ; I. Herrera Anchustegui, A. Sánchez-Graells, « Impact of public procurement aggregation on competition. Risks, rationale and justification for the rules in Directive 2014/24 », *op. cit.*, p. 17; Cour des comptes, « Les achats hospitaliers. Communication à la commission des affaires sociales et à la mission d'évaluation et de contrôle des lois de financement de la sécurité sociale de l'Assemblée nationale », *op. cit.*, p. 44.

3440 La spécialisation de l'UGAP dans les fournitures de mobilier scolaire a ainsi été soulignée par le Conseil de la concurrence ; en ce sens Cons. conc., avis n° 96-A-13 du 17 décembre 1996, *op. cit.*

3441 I. Herrera Anchustegui, A. Sánchez-Graells, « Impact of public procurement aggregation on competition. Risks, rationale and justification for the rules in Directive 2014/24 », *op. cit.*, p. 1.

3442 *Ibid.*, p. 9 ; I. Herrera Anchustegui, A. Sánchez-Graells, « Impact of public procurement aggregation on competition. Risks, rationale and justification for the rules in Directive 2014/24 », *op. cit.*, pp. 17-19 ; M. Trybus, *European Union Law and Defence Integration*, *op. cit.*, pp. 229-248.

884. Toutefois, il est impératif que le marché de la centralisation des commandes publiques gagne en maturité avant d'envisager une régulation concurrentielle prématurée, voire contre-productive. En effet, le cadre établi par les directives ambitionne, pour l'instant, de dynamiser le recours à la puissance d'achat afin de renforcer l'efficacité de la commande publique. Le considérant 59 résonne donc comme un avertissement, voire une ébauche des futures évolutions du droit de la commande publique. Aujourd'hui, le législateur européen semble privilégier l'efficacité économique à la régulation concurrentielle en maintenant cette dispense de mise en concurrence. Or, à l'instar des professeurs Tirole et Saussier, nous pouvons regretter que l'article 37 de la directive « marchés publics » dépasse la seule dispense de mise en concurrence en offrant la possibilité aux États membres d'établir un recours obligatoire aux centrales d'achat ou à plusieurs d'entre elles pour certains marchés malgré le besoin de flexibilité des acheteurs publics[3443].

885. **La nécessité d'une future mise en concurrence.** Le choix du législateur européen de favoriser la centralisation des achats publics à la mise en concurrence résulte très certainement d'un bilan coût-avantage en faveur de l'efficacité économique, voire d'un raisonnement pragmatique cherchant à encourager le recours à la mutualisation. La dispense accordée ne peut cependant se justifier sur le long terme et devenir une dérogation définitive aux principes de la commande publique, dès lors que le recours aux centrales d'achat sera suffisamment entré dans les usages des acheteurs publics. En effet, celle-ci ne pourra se justifier que sur la présomption de concurrence efficace issue de la procédure d'achat réalisée par la centrale d'achat. Or, une fois le marché arrivé à maturité, il semble souhaitable de revenir sur la dispense de mise en concurrence. Cela permettrait de renforcer la compétition au sein des centrales d'achat européennes et de générer *in fine* de nouvelles sources d'efficience économique et de réduire le développement d'un pouvoir de marché desdites centrales d'achat. Par conséquent, il serait envisageable d'imposer une mise en concurrence pour les marchés entre acheteurs publics et centrales d'achat notamment lors d'achats de fournitures directement auprès de ces dernières, tout en levant les obligations de mise en concurrence entre les centrales d'achats publics et leurs fournisseurs.

886. **Une conciliation délicate sur le long terme avec le principe de concurrence et le droit de la concurrence.** Même si nous jugeons prématuré, voire contre-productif, d'appliquer dès aujourd'hui le principe de concurrence pour faire échec à la dispense de concurrence des centrales d'achat, ledit principe ne peut demeurer définitivement à l'écart de cette problématique, comme le relève d'ailleurs la professeure Arrowsmith[3444]. Il convient de rappeler à cet effet que le principe de concurrence prévu à l'article 18, paragraphe 1, de la directive 2014/24/UE interdit aux acheteurs publics de « *limiter artificiellement la concurrence* » en favorisant ou en défavorisant « *indûment certains opérateurs économiques* ». Or, l'existence d'une faveur accordée aux centrales d'achat est aujourd'hui débattue. Des auteurs comme Baudouin Heuninckx n'identifient pas d'intention de favoriser les centrales

---

[3443] S. Saussier, J. Tirole, « Renforcer l'efficacité de la commande publique », *op. cit.*, p. 12.

[3444] S. Arrowsmith, *The Law of Public and Utilities Procurement: Regulation in the EU and UK*, 2e éd., vol. 1, *op. cit.*, pt 5.43, p. 375.

d'achat dans la dispense de mise en concurrence[3445]. Néanmoins, la qualité d'opérateur économique ne présente guère de doute au regard de l'offre de services ou de fournitures proposée aux acheteurs publics, comme en attestent notamment les définitions proposées par l'article 2 de la directive « marchés publics ». L'analogie avec la notion d'entreprise utilisée en droit de la concurrence s'avère utile. En effet, la cour d'appel de Paris qualifie depuis 1998 l'Union des groupements d'achats publics (ci-après UGAP), centrale d'achat ayant la forme d'un établissement public industriel et commercial, d'entreprise active sur le marché des fournitures publiques[3446]. Elle confirme par la même occasion la solution proposée par le Conseil de la concurrence (désormais Autorité de la concurrence) dans son avis du 17 décembre 1997[3447].

887. Par conséquent, si la dispense de mise en concurrence est maintenue durablement, celle-ci pourrait être, à terme, jugée incompatible avec le principe de concurrence même si cette solution nous paraît peu satisfaisante en raison de l'exception expressément posée par le droit dérivé. Plusieurs auteurs recommandent toutefois d'effectuer une lecture combinée du principe de concurrence et du principe de proportionnalité, afin d'examiner si les effets négatifs pour la concurrence ne l'emportent pas sur les effets bénéfiques pour l'acheteur public[3448]. Il nous apparaît préférable dans ce cas de recourir au contrôle de la nécessité et de la proportionnalité des restrictions de concurrence sur la base de l'article 106, paragraphe 2, TFUE si, à l'instar de la décision *CAMIF*[3449], la qualification de SIEG est retenue[3450], pour identifier une restriction de concurrence[3451]. Une autre hypothèse conduit à examiner une possible violation combinée des articles 106 et 102 TFUE[3452]. Or, malgré le refus du Conseil d'État dans

---

3445 B. Heuninckx, « Aggregated procurement under Directive 2014/24/EU: lessons from the defence sector », *op. cit.*, p. 192.

3446 CA Paris, 13 janvier 1998, *UGAP c/ CAMIF*, n° 93/09481, *op. cit.*. ; G. Clamour, *Intérêt général et concurrence. Essai sur la pérennité du droit public en économie de marché*, *op. cit.*, p. 507 et s.

3447 Cons. conc., avis n° 96-A-13 du 17 décembre 1996, *op. cit.*

3448 I. Herrera Anchustegui, A. Sánchez-Graells, « Impact of public procurement aggregation on competition. Risks, rationale and justification for the rules in Directive 2014/24 », *op. cit.*, pp. 17-18 ; B. Heuninckx, « Aggregated procurement under Directive 2014/24/EU: lessons from the defence sector », *op. cit.*, p. 215. Sur le contrôle de proportionnalité en droit européen, v. en ce sens D. Simon, « Le contrôle de proportionnalité exercé par la Cour de justice des Communautés européennes », *op. cit.*

3449 CE, 27 juillet 2001, *CAMIF*, n° 218067, *op. cit.*

3450 Comm. eur., « Guide relatif à l'application aux services d'intérêt économique général, et en particulier aux services sociaux d'intérêt général, des règles de l'Union européenne en matière d'aides d'État, de "marchés publics" et de "marché intérieur" », *op. cit.*, pt 40, p. 38 ; Comm. eur., Livre vert sur les services d'intérêt général, COM(2003) 270 final, 24 mai 2003, pt 29 ; Sénat, Rapport d'information n° 82, « Les services d'intérêt général en Europe », 2000, p. 18 ; C. Gavalda, B. Lecourt, G. Parleani, *Droit des affaires de l'Union européenne*, 7e éd., *op. cit.*, pt 942, p. 556 ; L. Idot, « Les SIEG et les règles de concurrence », in *Les services d'intérêt économique général et l'Union européenne*, in J.-V. Louis, S. Rodrigues (dir.), Bruxelles, Bruylant, 2006, pt 27, p. 56 ; F. Berrod, « Monopoles publics », *JurisClasseur Europe Traité*, fasc. n° 1510, 2012, pt 80.

3451 I. Herrera Anchustegui, A. Sánchez-Graells, « Impact of public procurement aggregation on competition. Risks, rationale and justification for the rules in Directive 2014/24 », *op. cit.*, p. 19 et s. Sur le contrôle réalisé par la Cour à cette occasion, v. en ce sens S. Rodrigues, « Services publics et services d'intérêt économique général dans la communauté européenne : éléments de droit comparé et analyse du droit communautaire », *op. cit.*, pp. 701-719 ; J. Sirinelli, « Règles de concurrence applicables au secteur public », *JurisClasseur Europe Traité*, 2014, fasc. n° 1500, pts 207-201.

3452 Rappelons qu'une position dominante de l'UGAP sur certains segments a déjà été établie ; en ce sens Cons. conc., avis n° 96-A-13 du 17 décembre 1996, *op. cit.* V. égal. CA Paris, 1re ch., 13 janvier 1998, *UGAP c/ CAMIF*, *op. cit.*

sa décision *CAMIF* de constater une telle violation[3453], les dispenses offertes aux centrales d'achats publics ne pourront se prolonger durablement, dans la mesure où elles ne seront plus impératives pour assurer les fonctions des centrales d'achat. Ce point est corroboré par la présence d'opérateurs privés sur le marché dans l'affaire *UGAP c/ CAMIF*[3454], le marché s'étant progressivement développé et adapté aux demandes de centralisation des achats. De même, le maintien dans le temps d'une telle dispense pourrait affecter excessivement les échanges en raison de la puissance économique offerte à ces entités si « *les échanges intracommunautaires dans le secteur concerné en deviennent pratiquement inexistants* »[3455]. L'érection d'un effet frontière entre les centrales d'achats publics des différents États membres pourrait ainsi affaiblir « *l'intérêt de la Communauté [pour le] respect des règles de concurrence et [...] la préservation de l'unité du marché commun* »[3456], intérêt défendu explicitement par l'article 106, paragraphe 2, TFUE.

888. **Les règles de concurrence et les articles 37, paragraphe 1, aliéna 3, et 39, paragraphe 2 : une conciliation impossible.** La volonté européenne d'ouvrir le marché européen des fournitures publiques centralisées répond au désir de développer le marché et de renforcer l'efficacité économique des centrales d'achat. Cependant, en dépit de cette ouverture à la concurrence transfrontalière, l'article 37, paragraphe 1, alinéa 3, de la directive 2014/24/UE permet aux États membres de « *prévoir que certains marchés doivent être passés en recourant à des centrales d'achat ou à une ou plusieurs centrales d'achat spécifiques* ». Cette limite rappelle celle prévue à l'article 39, paragraphe 2, laquelle permet d'écarter l'accès aux centrales d'achat transfrontalières pour les activités d'achat auxiliaires. Ces dérogations interrogent en limitant considérablement la souplesse d'un accès élargi aux centrales d'achat d'autres États membres. Albert Sánchez-Graells et Ignacio Herrera Anchustegui doutent d'ailleurs de la compatibilité de ces dispositions avec le principe de concurrence[3457]. En effet, ces dispositions renforcent un effet frontière par l'élaboration de centrales d'achat de niveau national en lieu et place d'une réelle concurrence européenne[3458].

889. Par ailleurs, en figeant le développement des centrales d'achat au niveau national, la directive limite nécessairement la naissance de nouvelles économies d'échelle. Un tel choix laisse également perplexe sur sa compatibilité avec le principe

---

3453 CE, 27 juillet 2001, *CAMIF*, n° 218067, *op. cit.*

3454 Cons. conc., avis n° 96-A-13 du 17 décembre 1996, *op. cit.* V. égal. CA Paris, 13 janvier 1998, *UGAP c/ CAMIF*, *op. cit.*

3455 Conclusions de l'avocat général G. Cosmas présentées le 26 novembre 1996, aff. jtes C-157/94 à C-160/94, EU:C:1996:449, pt 126 ; comm. S. Rodrigues, « Services publics et services d'intérêt économique général dans la communauté européenne : éléments de droit comparé et analyse du droit communautaire », *op. cit.*, pp. 714-719.

3456 CJCE, 19 mars 1991, *République française c/ Commission*, aff. C-202/88, *op. cit.*, pt 12 ; CJCE, 23 octobre 1997, *Commission c/ Pays-Bas*, aff. C-157/94, EU:C:1997:499, pt 28 ; comm. R. Kovar, *Europe*, 1997, n° 12, pp. 3-6 ; C. Berr, *JDI*, 1998, pp. 501-502 ; CJCE, 21 septembre 1999, *Albany*, aff. C-67/96, *op. cit.*, pt 52 ; Trib. UE, 1er juillet 2010, *M6, TF1 et Canal + c/ Commission*, aff. jtes T-568/08 et T-573/08, *op. cit.*, pt 137.

3457 I. Herrera Anchustegui, A. Sánchez-Graells, « Impact of public procurement aggregation on competition. Risks, rationale and justification for the rules in Directive 2014/24 », *op. cit.*, pp. 17-18.

3458 I. Herrera Anchustegui, « Centralizing public procurement and competitiveness in Directive 2014/24 », *op. cit.*, pp. 14 et 20.

de proportionnalité, et tout simplement avec les articles 106 et 102 TFUE, selon la démarche proposée dans le paragraphe précédent. Alors que les distorsions issues de la dispense de mise en concurrence sont contrebalancées par une compétition renforcée sur le marché, de telles mesures offertes aux États membres ne peuvent être justifiées. Elles affectent nécessairement la structure du marché ainsi que les libertés de circulation, sans réelles contreparties économiques ou justifications concurrentielles. La Cour des comptes et les professeurs Saussier et Tirole ont souligné à ce titre l'importance d'une concurrence accrue entre les centrales d'achat, afin d'augmenter l'efficacité de la commande publique mais aussi de dynamiser les sources d'approvisionnement[3459]. Ce choix réducteur est manifestement à contre-courant avec de telles recommandations et devrait être amendé par le législateur européen.

890. **La nécessité d'intensifier la dématérialisation des achats publics.** La concentration excessive des fournisseurs des centrales d'achats publics présente un risque évident d'assèchement de la concurrence, en raison des masses de fournitures demandées. L'OCDE souligne à propos des partenariats public-privé l'importance de préserver « *un marché fonctionnel* » afin d'inciter de nouveaux opérateurs économiques à candidater[3460]. Or, une nouvelle fois, les deux victimes potentielles sont les PME et la concurrence effective. Afin de prévenir ce phénomène, la directive rappelle l'importance de maintenir la présence des PME dans les systèmes d'acquisition dynamique « *à grande échelle, comme ceux mis en place par une centrale d'achat* »[3461]. Pour ce faire, elle invite les acheteurs publics, ou à défaut les centrales d'achat, à organiser le système en catégories « *de produits, travaux ou services définies de manière objective* »[3462] pouvant inclure notamment la « *taille maximale autorisée des marchés spécifiques à attribuer [...] ou une zone géographique précise dans laquelle les marchés spécifiques doivent être exécutés* »[3463]. Les professeurs Saussier et Tirole relèvent à ce titre que l'expérience coréenne avec le Public Procurement Service, regroupant près de 30 milliards d'achats publics et 90 % des marchés publics de fournitures[3464], combine efficacité économique et structure de marché concurrentielle[3465]. En effet, les PME bénéficient de plus de 66 % du montant des marchés publics gérés par le système.

891. La Commission européenne souligne d'ailleurs l'importance d'encourager de tels opérateurs à « *se convertir à la pratique des marchés publics*

3459 Cour des comptes, « Les achats hospitaliers. Communication à la commission des affaires sociales et à la mission d'évaluation et de contrôle des lois de financement de la sécurité sociale de l'Assemblée nationale », *op. cit.*, p. 44 et 83 ; S. Saussier, J. Tirole, « Renforcer l'efficacité de la commande publique », *op. cit.*, p. 11. V. égal. B. Heuninckx, « Aggregated procurement under Directive 2014/24/EU: lessons from the defence sector », *op. cit.*, p. 195.

3460 OCDE, « Recommandation du Conseil sur les Principes applicables à la gouvernance publique des partenariats public-privé », *op. cit.*, recommandation n° 9.

3461 Directive 2014/24/UE, *op. cit.*, considérant 66. V. égal. le considérant 72 ; directive 2014/25/UE, *op. cit.*, considérant 75. V. égal. le considérant 63.

3462 *Ibid.*

3463 *Ibid.*

3464 Comm. eur., Livre vert sur le développement des marchés publics électroniques dans l'UE, *op. cit.*, p. 3.

3465 S. Saussier, J. Tirole, « Renforcer l'efficacité de la commande publique », *op. cit.*, p. 11.

électroniques »[3466], de les aider et former à ce bouleversement progressif des techniques pour conserver une structure de marché concurrentielle et ainsi écarter certaines craintes liées à la centralisation des achats publics[3467]. La transparence offerte par les plateformes centralisées renforce significativement l'accès à la commande publique, en raison d'une baisse des coûts de passation et d'un accès à l'information amélioré.[3468] La Commission européenne relevait d'ailleurs dès 2012 l'augmentation globale de la concurrence lors de l'utilisation de marchés dématérialisés[3469]. Cela explique notamment la généralisation des procédures de dématérialisation par les directives « marchés publics »[3470]. Partant, la participation effective des PME au processus d'achat des centrales d'achat représente l'un des moyens de prévention majeurs des distorsions de la concurrence issues de la centralisation.

892. **La coopération public-public : ultime compromis à l'absence de mise en concurrence[3471].** La possible évolution du droit de la commande publique vers une fin de la dispense de mise en concurrence des centrales d'achat n'efface pas pour autant les solutions alternatives pouvant être utilisées par les acheteurs publics afin de bénéficier des avantages de la mutualisation tout en réduisant les distorsions de la concurrence. La coopération public-public et l'équilibre qu'elle propose entre la liberté de gestion des acheteurs publics et les risques de distorsions de la concurrence offrent également un compromis satisfaisant dans le cadre de la puissance d'achat[3472]. En effet, une centrale d'achat qui respecte les critères cumulatifs de la coopération public-public pourrait tout à fait bénéficier de l'exemption prévue par le droit de la commande publique et exclure de ce fait la nécessité d'une mise en concurrence préalable dans l'éventualité où le législateur européen reviendrait sur le mécanisme existant.

3466 Comm. eur., Livre vert sur le développement des marchés publics électroniques dans l'UE, *op. cit.*, p. 18.

3467 *Ibid.*, p. 11 ; Sénat, Rapport d'information, « Passer de la défiance à la confiance : pour une commande publique plus favorable aux PME », *op. cit.*, p. 67 et s. ; K. Karjalainen, *Challenges of Purchasing Centralization: Empirical Evidence from Public Procurement*, *op. cit.*, p. 15 ; F. Laboubier, A. Ramos, « La dématérialisation à l'aune de la réforme de la commande publique », *CP-ACCP*, 2016, n° 167, p. 20 ; L. Blind, « La dématérialisation dans les marchés publics : une source d'inquiétude pour les PME ? », *CP-ACCP*, 2018, n° 188, pp. 29-32.

3468 Comm. eur., Livre vert sur le développement des marchés publics électroniques dans l'UE, *op. cit.*, p. 4 ; Sénat, Rapport d'information, « Passer de la défiance à la confiance : pour une commande publique plus favorable aux PME », *op. cit.*, pp. 101-103, Comité économique et social européen, Avis du Comité économique et social européen sur la « Communication de la Commission au Parlement européen, au Conseil, au Comité économique et social européen et au Comité des régions sur la passation électronique "de bout en bout" des marchés publics comme moyen de modernisation de l'administration publique », COM(2013) 453 final ; PriceWaterhouseCoopers, Ecorys, ICF GHK, « SMEs' access to public procurement markets and aggregation of demand in the EU », *op. cit.*, p. 8 M. Amilhat, « Les enjeux de la dématérialisation des marchés publics », *op. cit.*, p. 61 ; B. Koebel, « Dématérialisation des marchés publics et accès des entreprises à la commande publique », *op. cit.*, p. 52.

3469 Comm. eur., Communication « Une stratégie pour la passation électronique des marchés publics », COM(2012) 179 final, 20 avril 2012, p. 4.

3470 S. Braconnier, *Précis du droit de la commande publique*, *op. cit.*, p. 318 ; S. Braconnier, « Nouvelles directives marchés publics et concessions – Petite révolution et grandes évolutions », *op. cit.*, pt 15 et 86 ; R. Bickerstaff, « E-procurement under the new EU procurement Directives », *PPLR*, 2014, n° 3, pp. 134-147 ; B. Koebel, « Marchés publics et dématérialisation : le coup d'accélérateur », *JCP A*, 2018, n° 41, pp. 5-7.

3471 La définition retenue de la coopération public-public est précisée dans nos précédents développements ; en ce sens Partie II, Titre II, Chapitre 1, Section 1, § 2.

3472 B. Heuninckx, « Aggregated procurement under Directive 2014/24/EU: lessons from the defence sector », *op. cit.*, p. 205 et s.

La souplesse offerte par la coopération public-public permet notamment aux acheteurs publics de détenir collectivement une centrale d'achat et d'ainsi bénéficier de ses services. Ce système a pour mérite d'écarter la faculté pour les centrales d'achat d'interférer substantiellement sur le marché privé tout en maintenant leur accessibilité[3473].

[3473] Il est possible d'imaginer un transfert de compétence plus large afin d'entrer dans l'exclusion prévue par la jurisprudence *Region Hannover*. En ce sens, CJUE, 21 décembre 2016, *Region Hannover*, aff. C-51/15, *op. cit.*, pt 55 ; comm. D. Simon, *Europe*, 2017, n° 2, p. 23. La Cour de justice précise en effet que « *l'article 1er, paragraphe 2, sous a), de la directive 2004/18 doit être interprété en ce sens que ne constitue pas un marché public un accord passé entre deux collectivités territoriales, tel celui en cause au principal, sur la base duquel celles-ci adoptent un règlement statutaire portant création d'un syndicat de collectivités, personne morale de droit public, et transférant à cette nouvelle entité publique certaines compétences dont ces collectivités étaient investies jusqu'alors et qui sont désormais propres à ce syndicat de collectivités, toutefois, un tel transfert de compétences concernant l'accomplissement de missions publiques n'existe que s'il porte, à la fois, sur les responsabilités liées à la compétence transférée et sur les pouvoirs qui sont le corollaire de celle-ci, de sorte que l'autorité publique nouvellement compétente dispose d'une autonomie décisionnelle et financière, ce qu'il appartient à la juridiction de renvoi de vérifier.* »

Conclusion du Chapitre 2

893. **La puissance d'achat : une nouvelle prise de conscience du droit de la commande publique.** La puissance d'achat, qu'elle soit de nature privée ou publique, se caractérise désormais par sa modernité, voire son irrésistibilité. En dépit des discussions difficilement surmontables sur la solution à offrir aux problématiques de la puissance d'achat public, l'ordre public concurrentiel semble aujourd'hui préservé par l'étroite combinaison entre le droit de la concurrence et le droit de la commande publique, ce dernier ayant pleinement intégré les bénéfices de la centralisation des achats mais aussi les limites concurrentielles de cet outil. À ce titre, la récente mention dans les directives « marchés publics » des distorsions de concurrence issues de la puissance d'achat public soulève un premier avertissement souhaitable. Ainsi, comme pour la coopération public-public, le droit de la commande publique déploie une fonction régulatrice en matière de puissance d'achat. Cela s'explique notamment par les limites du droit de la concurrence[3474]. Cette prise de conscience du droit de la commande publique ne doit toutefois pas se borner à un simple avertissement mais donner lieu à une véritable prise en compte par les acteurs de la commande publique, la puissance d'achat public étant aujourd'hui encore « *insuffisamment recensée* »[3475] et « *mesurée* »[3476]. Dès lors, les acteurs de la commande publique doivent poursuivre cette réflexion afin d'offrir, à l'avenir, un cadre juridique toujours plus adapté à cette problématique.

894. **Une prise de conscience à confirmer avec les acteurs de la commande publique.** Cet intérêt pour la puissance d'achat public doit encore toutefois faire l'objet d'une réflexion d'ensemble des acteurs de la commande publique. Tout d'abord, l'acheteur public lui-même, afin de rechercher systématiquement le moyen le plus opportun d'assurer son bien-être. Dans cette intention, il doit s'interroger sur l'intérêt ou non d'une centralisation des achats publics et sur les moyens qui semblent les plus adaptés pour répondre à ses besoins dans des conditions de marché optimales. Il est par conséquent au cœur de ce devoir de vigilance. De la même façon, les juridictions doivent saisir cette problématique en tenant compte notamment des principes de concurrence et de proportionnalité, de l'objectif de concurrence effective mais aussi des articles 106 et 102 du traité[3477]. Le recours à la centralisation des achats publics devrait alors systématiquement être écarté lorsqu'il n'est pas capable de répondre suffisamment correctement aux besoins des acheteurs publics. Les juridictions peuvent ainsi délimiter et offrir un encadrement adapté à la centralisation des achats publics par l'intermédiaire notamment des principes de la commande publique et du principe de proportionnalité[3478].

[3474] C. Freytag, « La puissance d'achat en droit européen de la concurrence : contextes européen, français et allemand », *op. cit.*, p. 252.

[3475] E. Dufourcq, « Rapport préliminaire sur la prise en compte des exigences et des critères sociaux dans les marchés publics », *op. cit.*, p. 12.

[3476] *Ibid.*

[3477] V. *supra*, Partie II, Titre I, Chapitre 1.

[3478] I. Herrera Anchustegui, A. Sánchez-Graells, « Impact of public procurement aggregation on competition. Risks, rationale and justification for the rules in Directive 2014/24 », *op. cit.*, pp. 17-18 ; B. Heuninckx, « Aggregated procurement under Directive 2014/24/EU: lessons from the defence sector », *op. cit.*, p. 215.

De la même façon, les juridictions financières, à l'occasion de leurs contrôles de gestion, doivent confirmer et maintenir leur attention particulière pour cette problématique en insistant sur les bénéfices et les inconvénients de la puissance d'achat public. Ce rôle de surveillance s'avère essentiel pour obtenir des illustrations concrètes et le recul nécessaire à l'examen de ce mécanisme.

895. **La nécessité d'une doctrine européenne sur la puissance d'achat public.** La doctrine a également une fonction d'analyse essentielle, qu'elle soit juridique ou économique. Les études empiriques s'avèrent d'un intérêt capital pour comprendre l'étendue des problématiques liées à la puissance d'achat. Ignacio Herrera Anchustegui rappelle ainsi l'importance d'une doctrine européenne claire en matière de puissance d'achat[3479]. Or, sa thèse de doctorat est certainement l'une des pierres fondatrices de cette doctrine en droit de la concurrence. En effet, à l'issue des études globales, des études sectorielles pourront ensuite voir le jour. Il semble d'ailleurs plus opportun d'analyser cette problématique secteur par secteur. C'est pourquoi il importe de tenir compte des avis des opérateurs économiques, candidats ou potentiels candidats aux appels d'offres notamment sur la question de l'accès au marché. Le fruit de ces réflexions devra par conséquent nourrir une analyse globale et les futures innovations apportées au droit de la commande publique. L'idéal serait toutefois que l'exécutif européen présente une communication afin de clarifier sa position sur la puissance d'achat public. L'objectif d'un tel document consisterait à rappeler les avantages mais aussi les limites de la centralisation des achats publics et ainsi à poser des premières recommandations salvatrices.

896. Enfin, s'il ne faut pas sous-estimer les distorsions de concurrence issues de la puissance d'achat public, il ne faut pas non plus les surestimer. L'Inspection des finances relève à ce titre que de nombreux marchés publics excluent *de facto* toute possibilité de centralisation en raison d'une dimension locale prédominante à l'instar des marchés de services comme ceux relatifs aux prestations de nettoyage[3480].

3479 I. Herrera Anchustegui, *Buyer Power in EU Competition Law*, *op. cit.*, pt 1328 et s., p. 565 et s.

3480 Inspection des finances, « Revues de dépenses – La fonction achats des collectivités territoriales », *op. cit.*, p. 12.

Conclusion du Titre II

897. **Une responsabilisation accrue du droit de la commande publique.** L'intérêt du droit de la commande publique pour les questions inhérentes à la concurrence ne cesse d'être confirmé. La complexité et les enjeux des candidatures publiques lors des procédures de mise en concurrence révèlent la rigueur du droit de la commande publique dans la gestion de telles problématiques. Ce dernier dépasse les interrogations purement théoriques pour faire preuve d'un réalisme saisissant. La consécration de l'exception « *in house* » met en évidence ce pragmatisme du droit de la commande publique mais également sa vigilance dans la protection de l'ordre public concurrentiel et donc des bénéfices d'une concurrence libre et non faussée. Il revêt efficacement sa fonction de droit spécial de la concurrence. De la même façon, en dépit des incertitudes économiques de la puissance d'achat, le droit de la commande publique se confronte réellement à la question, en abordant les aspects tant positifs que négatifs pour la concurrence de cette technique d'achat.

898. **La coopération public-public et les centrales d'achats publics : des problématiques analogues.** Nos précédents développements dans ce titre ont permis de mettre en évidence la proximité des problématiques liées à la coopération public-public et aux centrales d'achats publics et ainsi de justifier l'intérêt de se concentrer sur celles-ci. En effet, ces deux mécanismes sont actuellement mis en évidence par le droit de la commande publique européen. Les dernières directives « marchés publics » et « concessions » consacrent ainsi la jurisprudence de la Cour de justice relative à la quasi-régie, et l'étendent à de nouvelles catégories de montages. L'ambition est tout d'abord d'offrir un cadre lisible aux acheteurs publics et autorités concédantes et de garantir par la même occasion la sécurité juridique[3481], puis de leur offrir la souplesse nécessaire pour la réalisation de leurs missions. En parallèle, le législateur a également fortement encouragé le développement de la centralisation des achats publics en faisant appel à des centrales d'achat. L'objectif consiste à générer de l'efficience économique en se fondant sur un effet de masse. Or, dans les deux cas, les impératifs de protection de la concurrence effective apparaissent comme centraux. Les critères de la coopération public-public ambitionnent justement d'éviter toute distorsion de la concurrence. De la même façon, le législateur européen s'interroge désormais sur les risques concurrentiels de la centralisation des achats publics et notamment sur les effets délétères sur la structure du marché. Dans les deux hypothèses, le droit de la commande publique demeure en quête d'un compromis favorable à l'ordre public concurrentiel.

899. **Le droit de la concurrence comme ultime rempart.** La coopération public-public et les centrales d'achats publics présentent en outre une similitude en droit de la commande publique : celle d'exclure les règles de mise en concurrence, soit au profit de l'entité contrôlée par l'acheteur public, soit au profit de la centrale d'achat. Dans les deux cas, l'exclusion de la mise en concurrence est prévue et encadrée

---

[3481] Comm. eur., Livre vert sur la modernisation de la politique de l'UE en matière de marchés publics, « Vers un marché européen des contrats publics plus performant », *op. cit.*, p. 22.

par le droit de la commande publique. Néanmoins, de telles exclusions demeurent limitées au seul droit de la commande publique et ne sauraient être étendues au droit de la concurrence. Ce dernier peut, dans des conditions certes réduites, s'appliquer malgré l'exclusion prévue par le droit de la commande publique. Dès lors, les règles relatives aux aides d'État peuvent tout à fait intervenir et contraindre une entité en situation de quasi-régie. De même, le droit de la concurrence s'applique pleinement aux centrales d'achats coupables d'un comportement anticoncurrentiel. Une nouvelle fois, ces deux matières démontrent leur capacité à se compléter. Le droit de la commande publique s'illustre dans sa capacité à saisir des problématiques complexes en matière de concurrence et à proposer des solutions adaptées à la préservation du bon fonctionnement du marché.

900. **Une convergence à confirmer : une autonomie à relativiser.** Le rapprochement évident entre le droit de la commande publique et le droit de la concurrence soulève cependant la problématique d'une autonomisation trop importante du droit de la commande publique, par rapport au droit de la concurrence. Ce risque, régulièrement soulevé, implique que le droit de la commande publique et plus particulièrement le juge observent « *une stricte orthodoxie dans le maniement des concepts de la concurrence* »[3482] et en viennent systématiquement à « *se placer dans un même cadre conceptuel, à utiliser les mêmes critères, à donner aux notions le même sens que celui que retient le Conseil de la concurrence et, derrière lui, la [c]our d'appel de Paris et la Cour de cassation* »[3483]. Stéphane Destours relève à cette occasion des craintes de « *babelisation* »[3484] des concepts de concurrence notamment par l'intermédiaire du principe de concurrence[3485]. Nous rejoignons l'intérêt porté à ces concepts et réflexes empruntés au droit de la concurrence, mais nous ne partageons pas à l'heure actuelle ces craintes. En effet, le droit de la commande publique et la jurisprudence qui en découle sont aujourd'hui soucieux de préserver les équilibres concurrentiels sur le marché. L'utilisation du principe de concurrence peut d'ailleurs quasi systématiquement s'appuyer sur une logique déjà mise en œuvre par le droit de la concurrence ou une autorité de concurrence. De la même façon, en cas de difficulté, la Cour de justice pourra trancher sur cette opposition. Elle revêt l'avantage d'être à la fois juge de la concurrence et juge de la commande publique ; son rôle devrait, sur de telles problématiques, s'avérer d'une importance majeure pour harmoniser notamment l'interprétation des règles de la commande publique et de ses principes fondamentaux.

3482 Conclusions du commissaire du gouvernement J.-H. Stahl sur la décision CE, 26 mars 1999, *Société Eda*, n° 202260, *Rec.* p. 433.

3483 Conclusions du commissaire du gouvernement J.-H. Stahl sur la décision CE, 3 novembre 1997, *Million et Marais*, n° 169907, *Rec.* p. 1235.

3484 S. Destours, « Le droit de la concurrence, source du droit des marchés publics ? », *op. cit.*, note 82, p. 57.

3485 *Ibid.*, pp. 56-57 ; J.-M. Maillot, *La théorie administrativiste des principes généraux du droit : continuité et modernité*, Paris, Dalloz, 2003, pt 754. Le premier auteur fonde notamment ses craintes sur la décision CE, 30 avril 2003, *Syndicat professionnel des exploitants indépendants des réseaux d'eau et d'assainissement*, n° 230804, *op. cit.* ; comm. F. Donnat, D. Casas, *AJDA*, 2003, p. 1150 ; M. Bazex, S. Blazy, *Dr. adm.*, 2003, comm. n° 123 ; L. Richer, CP-*ACCP*, 2003, n° 24, p. 71 ; P.-H. Antonmattei, S. Destours, *Dr. soc.*, 2003, p. 999. V. égal. F. Riem, « Droits de la concurrence et ordre concurrentiel », *op. cit.*, p. 638 et s.

Conclusion de la Partie II

901. **Une quête de convergence.** Il y a plusieurs années, à l'occasion d'une journée d'étude de l'Association française des avocats-conseils des collectivités locales (ci-après AFAC), les participants se sont interrogés sur la possibilité pour le droit de la commande publique de se fondre dans le droit de la concurrence[3486]. Les confrontations existantes entre ces deux matières démontrent, néanmoins, l'existence de leur individualité. Plusieurs domaines attestent de rencontres parfois délicates. Le droit de la concurrence peut ainsi corriger la direction prise par le droit de la commande publique en raison de ses lacunes à préserver la concurrence par les mérites. À l'inverse, le droit de la commande publique peut, dans des domaines qui se caractérisent par la discrétion du droit de la concurrence, intervenir pour proposer un encadrement, voire un début de synthèse des moyens permettant de limiter les distorsions de la concurrence. La régulation de la puissance d'achat en fait état puisque le droit de la commande publique, tout en rappelant les bénéfices des centrales d'achat, alerte sur les risques pour la concurrence en s'inspirant des analyses structuralistes proposées par le droit de la concurrence[3487]. Une centralisation excessive du marché peut en effet encourager le développement d'ententes, voire générer des pratiques unilatérales[3488].

902. Le droit de la commande publique complète et affine à cette occasion la réflexion globale sur la concurrence. De surcroît, il dépasse le raisonnement du droit de la concurrence pour offrir des mécanismes qui lui sont propres. Les exemples de la régulation des candidatures publiques et de l'exception « *in house* » sont emblématiques. Devant l'emprise très limitée du droit de la concurrence sur de telles problématiques, le droit de la commande publique réalise une régulation remarquable en raison de son analyse minutieuse de l'impact sur le marché. Les conclusions des avocats généraux de la Cour de justice témoignent d'ailleurs de l'intensité des débats lors de la consécration de la coopération public-public. L'encadrement dont font l'objet les candidatures publiques illustre également la recherche d'un compromis entre l'égalité de traitement et l'accès au marché. Or, dans tous les cas, le droit de la commande fait preuve d'une démarche protectrice de l'ordre public concurrentiel. Le professeur Lichère précise que l'utilisation progressive des principes du droit de la commande publique permet à ce dernier de réduire sa dépendance au droit de la concurrence tout en usant d'outils capables de protéger le bon fonctionnement du marché[3489].

903. **Des confrontations limitées.** En dépit d'un large spectre d'oppositions théoriques entre le droit de la concurrence et le droit de la commande publique, les oppositions constatées s'avèrent très limitées en pratique. Le professeur Martucci l'explique par la fonction préventive du droit de la commande publique[3490], qui a

---

3486 Interrogation citée par E. Berkani, « Droit de la concurrence et commande publique : État des lieux d'un vieux couple », *op. cit.*, pt 3, p. 58.

3487 V. *supra*, Partie I, Titre I, Chapitre 1, Section 1.

3488 En ce sens, considérant 59 de la directive 2014/24/UE, *op. cit.*

3489 F. Lichère, « Règles de concurrence et marchés publics », *op. cit.*, pt 17.

3490 F. Martucci, « Les objectifs politiques de la commande publique en droit de l'Union européenne », *op. cit.*, p. 78.

pour finalité d'éviter que les acheteurs publics ou autorités concédantes ne faussent la concurrence[3491]. L'interdépendance entre ces deux matières et leur recherche croissante de convergence devraient, sur le long terme, contribuer à réduire les espaces de confrontations encore existants.

904. **Des confrontations émergentes.** Les efforts du droit de la commande publique mais également du droit de la concurrence pour établir des points de convergence solides n'ont toutefois pas écarté les risques de confrontations futures. En effet, le perfectionnement de ces deux matières et l'évolution rapide des procédures de passation sont naturellement à l'origine de nouvelles problématiques concurrentielles. Les craintes récentes de l'Assemblée nationale quant à la concurrence de puissants *Stadtwerke* allemands bénéficiant de l'exception « *in house* » sur le marché allemand doivent faire l'objet d'un suivi attentif[3492]. Des financements croisés dans ce domaine pourraient également engendrer des distorsions de la concurrence évitables. Le renforcement des montages susceptibles de bénéficier de la coopération public-public doit également faire l'objet d'une attention particulière notamment en ce qui a trait à leur mise en œuvre, voire à leur impact concret sur le marché ou certains marchés spécifiques. En raison de leur caractère récent, ces évolutions n'offrent pas suffisamment de données pour de telles analyses. La prochaine décennie devrait en offrir de nombreux nouveaux exemples.

905. Par ailleurs, les incitations du droit européen de recourir à la centralisation des achats, voire à développer le recours à des centrales d'achat transfrontalières, sont susceptibles à terme de modifier grandement la structure du marché et les équilibres en son sein. La place des PME, sujette à un intérêt durable des institutions européennes, pourrait s'avérer perturbée. Il est salutaire que le droit européen et les juridictions financières soulignent d'ores et déjà l'existence de tels risques. Il convient cependant que ces inquiétudes fassent l'objet d'une réflexion et d'une analyse constantes. La doctrine juridique, mais également économique, dispose dès lors d'un rôle essentiel pour prêter l'attention due à de tels questionnements. Les propositions faites à l'occasion du chapitre sur la puissance d'achat public peuvent d'ailleurs apporter une amorce de réflexion pour gérer cette problématique si complexe[3493].

906. **L'importance d'une jurisprudence abondante sur le principe de concurrence.** La récente consécration par le législateur européen, dans l'article 18 de la directive 2014/24/UE, du principe de concurrence comme principe fondamental de la commande publique, confirme le dynamisme des questions portant sur la concurrence au sein du droit de la commande publique[3494]. Cela confirme par ailleurs la volonté de ce droit de se munir d'outils en mesure de lutter contre les distorsions de concurrence en son sein. Dans nos développements antérieurs, l'utilité croissante du principe de concurrence a été illustrée, que ce soit pour se prémunir des

---

3491 *Ibid.*

3492 Assemblée nationale, Rapport d'information n° 1768 sur la réforme européenne des concessions : directive du Parlement européen et du Conseil sur l'attribution de contrats de concession, *op. cit.*, p. 30. V. égal. M. Karpenschif, « L'égale concurrence et les entreprises publiques locales », *op. cit.*, p. 30.

3493 En ce sens v. Chapitre 2, Section 2, B, 2 et Conclusion.

3494 Sur la consécration de ce principe dans l'article 18 de la directive 2014/24/UE, v. en ce sens A. Sánchez-Graells, « More Competition-Oriented Public Procurement to Foster Social Welfare », *op. cit.*

pratiques anticoncurrentielles encouragées par les acheteurs publics, mais aussi lors de la gestion des candidatures des personnes publiques aux procédures de mise en concurrence, de la mise en œuvre des critères de la coopération public-public ou encore lors de l'encadrement de la puissance d'achat public. Il convient toutefois d'observer attentivement l'utilisation de ce principe par la Cour de justice. Le juge européen, mais également national, doit utiliser au maximum ce principe, ainsi que les autres principes fondamentaux de la commande publique, pour garantir l'effectivité des règles de la commande publique et préserver le marché des distorsions potentielles.

CONCLUSION GÉNÉRALE

908. L'étude proposée a permis de mettre en lumière les différents types d'interactions entre le droit de la commande publique et le droit de la concurrence, que ce soit dans le cadre de leurs complémentarités affichées ou de leurs oppositions potentielles. Systématiquement, le produit de ces rencontres consiste en la recherche d'une concurrence effective sur les marchés. Cette recherche constitue à ce titre une véritable dynamique commune de ces deux matières en faveur de l'ordre public concurrentiel, dont la finalité est de garantir le bien-être dans l'Union (§ 1). Par ailleurs, afin de renforcer de telles complémentarités, cette étude a suggéré plusieurs pistes de réflexions ou de réformes potentielles qu'il convient de rappeler (§ 2).

§ 1. Un enrichissement réciproque en faveur de l'ordre public concurrentiel

909. **Une quête de concurrence : des ambitions distinctes.** Le droit de la commande publique et le droit de la concurrence partagent un même engouement pour la concurrence effective. Cela se manifeste tout au long de leurs actions respectives. En effet, la fonction première du droit de la concurrence demeure de veiller sur la concurrence libre et non faussée, qui est menacée par les pratiques anticoncurrentielles des entreprises et les distorsions des États membres. Si le droit de la commande publique se concentre également sur la concurrence effective, son ambition s'avère intéressée puisque la concurrence apparaît comme le préalable nécessaire à l'efficacité de la commande publique. Séverine Chavarochette-Boufferet souligne à ce titre que la concurrence est un « *référentiel inhérent à l'adjudication des marchés publics* »[3495]. Cela étant, l'intérêt du droit de la commande publique pour la concurrence a progressivement dépassé la seule efficacité des procédures de mise en concurrence.

910. **Une quête de concurrence : des ambitions communes en faveur du bien-être dans l'Union.** L'opposabilité du droit de la concurrence aux contrats publics de la commande publique a eu pour effet de faire naître un nouvel intérêt pour la concurrence au sein du droit de la commande publique. Le professeur Brisson établit d'ailleurs un lien entre la décision *Million et Marais* et la consécration du principe de la concurrence en droit interne[3496]. Le droit de la commande publique embrasse désormais pleinement sa fonction régulatrice du marché de la commande publique pour garantir et préserver les bénéfices de la concurrence par

---

[3495] S. Chavarochette-Boufferet, « L'interprétation des directives de l'Union sur les marchés publics par la Cour de justice », *op. cit.*, p. 196.

[3496] J.-F. Brisson, *Les fondements juridiques du droit des marchés publics*, *op. cit.*, p. 190.

les mérites, dont notamment la réduction des prix, la hausse de la qualité ou encore la compétitivité. Les craintes de confrontations avec le droit de la concurrence ont eu concrètement pour effet de responsabiliser le droit de la commande publique, mais aussi les acheteurs publics et autorités concédantes. Afin d'éviter l'affront d'une annulation de contrats pour une violation des règles de concurrence, et *in fine*, une sujétion à celles-ci, le droit de la commande publique a progressivement renforcé son action de lutte contre les pratiques anticoncurrentielles et les distorsions de la concurrence qui sont encouragées par les acheteurs publics ou les autorités concédantes. Il a alors progressivement intégré des réflexes concurrentiels lui permettant de s'affirmer comme un droit spécial de la concurrence. La consécration récente par le législateur européen du principe de concurrence témoigne, à lui seul, de cette orientation du droit de la commande publique[3497]. Un tel principe complète l'encadrement offert par les autres principes fondamentaux de la commande publique et offre un mécanisme idoine pour lutter contre les distorsions de la concurrence issues de la mise en œuvre du droit de la commande publique.

911. **Une interdépendance guidée par la concurrence libre et non faussée.** Le droit de la concurrence présente l'intérêt de régner sur un vaste champ d'application et d'organiser avec soin le marché afin d'y garantir la concurrence par les mérites. Pour ce faire, il régule le comportement des entreprises mais également celui des personnes publiques en général. Son action demeure large, mais vise systématiquement à défendre la structure concurrentielle des marchés, l'efficacité économique et à sanctionner les pratiques anticoncurrentielles faussant ou menaçant de fausser la concurrence. Le droit de la commande publique a pour fonction de réguler un vaste marché approchant les 20 % du PIB de l'Union européenne. À cette occasion, il reprend et confirme les objectifs du droit de la concurrence en préservant la structure concurrentielle des marchés, leur efficacité économique, et s'efforce de prévenir les pratiques anticoncurrentielles dans ce secteur. De la même façon, les objectifs du droit de la commande publique, tenant notamment à une mobilisation de la concurrence ou encore à l'efficacité de la commande publique, dépendent de l'action du droit de la concurrence. Ce dernier, en s'adaptant aux spécificités économiques et procédurales de la commande publique, parvient à défendre efficacement ce secteur et à assurer *in fine* le bon fonctionnement du droit de la commande publique. Ces deux matières présentent donc une interdépendance certaine leur permettant de garantir l'ordre public concurrentiel sur l'ensemble du marché.

912. **Un perfectionnement mutuel guidé par l'ordre public concurrentiel.** La pression exercée par le droit de la concurrence sur le droit de la commande publique, que ce soit dans le cadre de l'application des articles 101 et 102 TFUE aux acheteurs publics, du contrôle des aides d'État ou encore de la participation des personnes publiques aux procédures de mise en concurrence, n'a pas eu pour effet de renforcer les divergences et tensions entre ces deux matières. Au contraire, les confrontations existantes ont rapidement laissé place à des réflexions profondes. Elias Berkani observe d'ailleurs un « *enrichissement [...] réciproque* »[3498] entre

3497 V. *supra*, pts 113-119.

3498 E. Berkani, « Droit de la concurrence et commande publique : État des lieux d'un vieux couple », *op. cit.*, pt 67, p. 67.

le droit de la concurrence et le droit de la commande publique. L'ordre public concurrentiel constitue en effet leur terrain d'entente, leur priorité commune. Il permet au droit de la commande publique et au droit de la concurrence de surmonter l'ensemble des défis issus de leur rencontre mais surtout de garantir une concurrence effective sur le marché. Ainsi, à titre d'illustration, le droit de la concurrence, par l'intermédiaire de sa jurisprudence *Altmark*[3499], a consacré une présomption d'absence d'aides d'État pour les contrats respectant le droit de la commande publique. Il affirme à cette occasion la fonction concurrentielle du droit de la commande publique. En outre, il réduit significativement les risques d'oppositions futures puisque le droit de la commande publique devient expressément une garantie de respect de l'ordre public concurrentiel et donc de bon fonctionnement du marché.

913. Le droit de la commande publique entreprend également un rapprochement avec le droit de la concurrence par deux moyens distincts. D'une part, il adapte et utilise ses dispositions pour prévenir et lutter contre les distorsions de la concurrence réalisées dans le cadre de la commande publique. À cette occasion, les principes de la commande publique lui permettent de se prémunir efficacement contre la violation combinée de l'article 106 TFUE avec les articles 101 ou 102 TFUE, ou encore contre la concurrence déloyale de certaines candidatures publiques ou parapubliques. D'autre part, le droit de la commande publique confirme sa mue concurrentielle en régulant avec précision des domaines dans lesquels le droit de la concurrence ne dispose que d'une faible portée. Il dispose en effet d'un champ d'application lui permettant de saisir les spécificités des acheteurs publics et autorités concédantes[3500]. La régulation des candidatures publiques ou parapubliques le démontre, avec la technicité dont fait preuve le droit de la commande publique pour réguler leurs interventions sur le marché. De la même façon, la puissance d'achat public semble désormais s'affirmer comme une nouvelle problématique concurrentielle saisie par le droit de la commande publique. Dès lors, le droit de la commande publique et le droit de la concurrence s'affirment comme des matières complémentaires et interdépendantes, dont l'axe directeur est de préserver l'ordre public concurrentiel sur le marché intérieur.

914. **Une proximité soutenue par les politiques horizontales.** Plus étonnant est de constater que les objectifs extra-économiques de l'Union européenne peuvent également nourrir le rapprochement entre le droit de la concurrence et le droit de la commande publique. L'efficience économique fait l'objet, dans ces deux matières, d'une lecture pragmatique, en vue d'y intégrer des critères qualitatifs. Il est alors possible d'identifier, au sein du droit européen, l'existence d'une pluralité d'efficiences dont la finalité est systématiquement de préserver le bien-être dans l'Union[3501]. Une telle interprétation peut tout à fait reposer sur l'objectif de réalisation par l'Union européenne d'une « *économie sociale de marché* »

3499 CJCE, 24 juillet 2003, *Altmark*, aff. C-280/00, *op. cit.*

3500 E. Berkani, « Droit de la concurrence et commande publique : État des lieux d'un vieux couple », *op. cit.*, pt 67, p. 67.

3501 V. *supra*, Partie I, Titre I, Chapitre 2, Conclusion.

comme le relève le professeur Martucci[3502]. Le droit de la concurrence et le droit de la commande publique bénéficient de cette flexibilité qui leur permet d'atteindre les objectifs des politiques publiques européennes tout en garantissant, en parallèle, la protection de la concurrence par les mérites[3503]. La possibilité pour les acheteurs publics d'utiliser des critères extra-économiques en est la preuve, en conjuguant les politiques horizontales et la concurrence, et témoigne que la concurrence dans ces deux matières n'est pas nécessairement une fin en soi, mais s'avère être un outil essentiel au service du bien-être de l'Union.

915. **Une convergence à confirmer.** En 1987, le professeur Drago concluait son article « Marchés publics et concurrence » sur une question existentielle pour le droit de la commande publique, s'interrogeant sur la faculté de la commande publique à parvenir à une situation de concurrence pure et parfaite[3504]. La difficulté à transposer un modèle théorique à ce domaine complexifie nécessairement la tâche, de même que les spécificités des marchés fonctionnant par enchères. Néanmoins, sans atteindre pour autant la concurrence pure et parfaite, le droit de la commande publique doit proposer des moyens permettant d'approcher un tel résultat. Les récentes directives « marchés publics » et « concessions » tendent ainsi vers le développement de la concurrence effective sur le marché. Les résultats encore décevants sur l'achèvement du marché intérieur attestent de l'importance de cette problématique[3505]. À ce titre, le droit de la commande publique modifie les procédures existantes, en crée de nouvelles[3506], accentue des mécanismes permettant d'offrir aux acheteurs publics de nouvelles alternatives et sources d'efficiences économiques à l'instar de la coopération public-public ou encore de la centralisation des achats publics. Or, l'ensemble de ces innovations peut s'avérer être de futures sources de distorsions de la concurrence et donc de conflits potentiels avec les règles de concurrence. Même si notre étude a permis de démontrer la convergence grandissante entre le droit de la commande publique et le droit de la concurrence, il importe pour ces deux matières de rester toujours attentives à la protection de l'ordre public concurrentiel lors de leurs prochaines rencontres.

§ 2. Une convergence perfectible : de nombreuses propositions de réformes

916. **Étoffer la base juridique des directives « commande publique ».** Bien que les interactions entre le droit de la commande publique et le droit de la concurrence soient déjà nombreuses, cette étude a permis d'identifier de nombreuses pistes

---

3502 F. Martucci, « Les objectifs politiques de la commande publique en droit de l'Union européenne », *op. cit.*, pp. 86 et 87.

3503 CJCE, 25 octobre 1977, *Metro SB-Großmärkte GmbH & Co. KG c/ Commission des Communautés européennes*, aff. C-26/76, *op. cit.*, pt 20.

3504 R. Drago, « Marchés publics et concurrence », *op. cit.*, p. 207. V. égal. N. Caldwell, H. Walker, C. Harland, L. Knight, J. Zhen, T. Wakeley, « Promoting Competitive Markets: The Role of Public Procurement », *op. cit.*, p. 317.

3505 V. *supra*, pt 5 et s.

3506 L'article 31 de la directive 2014/24/UE instaure à ce titre le partenariat d'innovation.

de réformes et de réflexions futures sur cette thématique, dans le but de renforcer la convergence entre ces deux matières. Ainsi, l'intérêt du droit de la commande publique pour une lecture structuraliste du marché, comme l'atteste notamment son objectif de concurrence effective, devrait faire l'objet d'une consécration plus symbolique dans le droit dérivé. Certes, les directives « commande publique » rappellent à plusieurs occasions leurs liens avec l'achèvement du marché intérieur et l'objectif d'ouverture à la concurrence. Cependant, les dispositions du protocole n° 27 sur le marché intérieur et la concurrence pourraient rejoindre la liste des articles du traité qui servent de base juridique auxdites directives[3507]. Cela aurait pour mérite de rappeler l'importance de la concurrence effective en droit de la commande publique et de confirmer sa parenté avec le droit de la concurrence[3508].

917. **Développer la convergence des notions clés.** À l'occasion de cette étude, nous avons souligné à plusieurs reprises la proximité entre certaines notions clés du droit de la commande publique et du droit de la concurrence. Il importe qu'une telle proximité soit reconnue expressément par le législateur européen, national, ou encore la Cour de justice. Ces derniers devraient systématiquement privilégier la convergence entre le droit de la commande publique et le droit de la concurrence. Il est donc opportun de favoriser l'intégration entre ces deux matières en consacrant la proximité entre leurs notions clés. De ce fait, les notions d'entreprise et d'opérateur économique pourraient faire l'objet d'une réelle convergence, ne serait-ce que dans les considérants des directives. Une telle solution pourrait également s'appliquer à l'offre anormalement basse et à la prédation. L'objectif de ce rapprochement n'est bien évidemment pas de fusionner ces notions - celles-ci présentent des spécificités essentielles expliquant leur autonomie, voire leurs différences -, mais plutôt de rappeler la nécessité d'une convergence vers les notions du droit de la concurrence et ainsi d'éviter des oppositions non justifiées. Le droit de la concurrence dispose en effet d'une maturité précieuse pour se prémunir contre des conflits avec le droit de la commande publique. Stéphane Destours relève de surcroît qu'une telle convergence permettrait de renforcer la sécurité juridique en cas de difficultés[3509].

918. **Garantir la liberté des acheteurs publics et autorités concédantes.** Le droit de la commande publique doit servir d'outil à la disposition des acheteurs publics et autorités concédantes pour répondre efficacement à leurs besoins, tout en assurant l'absence de corruption et les garanties d'égalité et d'accès nécessaires. Un verrouillage trop étroit de leur liberté affecterait la philosophie même du droit de la commande publique. La récente consécration de la coopération public-public au sein du droit dérivé s'inscrit manifestement dans cette optique, consistant à proposer une large palette de solutions à destination des acteurs publics. Cela étant, à l'instar des professeurs Tirole et Saussier, nous regrettons que l'article 37 de la directive 2014/24/UE autorise les États membres à imposer

3507 Dans le même sens, J.-F. Brisson, *Les fondements juridiques du droit des marchés publics*, *op. cit.*, p. 191.

3508 Sur le choix de la base juridique en droit européen, v. CJUE, 12 février 2015, *Parlement européen c/ Conseil de l'Union européenne*, aff. C-48/14, EU:C:2015:91, pt 29 et s. ; comm. M. Valérie, *Europe*, 2015, n° 4, pp. 13-14.

3509 S. Destours, « Le droit de la concurrence, source du droit des marchés publics ? », *op. cit.*, note 82, p. 57.

le recours à la centralisation des achats ou le recours à certaines centrales d'achat spécifiques[3510]. En effet, il importe de garantir aux acheteurs publics une certaine flexibilité, laquelle pourra d'ailleurs s'avérer bénéfique à terme pour la protection de la structure du marché[3511]. De la même façon, le débat actuel sur la possibilité d'utiliser des objectifs secondaires dans la commande publique doit une nouvelle fois se concentrer sur la liberté pour l'acheteur de déterminer ses besoins mais surtout sur la garantie d'une mise en concurrence effective. Celle-ci sert en effet de garde-fou à la préservation de l'ordre public concurrentiel. Elle doit constituer à ce titre l'ambition prioritaire du droit de la commande publique. Il est en effet inopportun d'uniformiser ou de standardiser les besoins des acheteurs publics, sans leur offrir les moyens d'utiliser toutes les capacités du marché.

919. **Accroître la dématérialisation des achats publics : des bénéfices multiples.** La recherche d'une structure de marché dynamique illustre la proximité philosophique entre le droit de la commande publique et le droit de la concurrence. Une telle structure de marché présente deux intérêts majeurs. En premier lieu, elle renforce la concurrence effective sur celui-ci et permet de renforcer l'efficacité économique en raison de la compétition accrue. En second lieu, elle permet de lutter contre le développement de pratiques anticoncurrentielles. La dynamique concurrentielle sur le marché apparaît comme le moyen le plus efficace pour lutter contre de telles pratiques. En effet, une poignée d'opérateurs peuvent plus aisément s'entendre qu'une dizaine ou une vingtaine. La dématérialisation des procédures de passation entre pleinement dans cette réflexion, facilitant grandement l'accès aux appels d'offres et réduisant par la même occasion les difficultés inhérentes à l'effet frontière[3512]. Elle permet de mobiliser les opérateurs économiques d'autres régions, voire d'autres États membres[3513]. Cette démarche entre également dans le processus de simplification des procédures[3514]. Ce dynamisme concurrentiel permet *in fine* de renforcer l'efficacité économique et notamment de réduire les prix des commandes publiques[3515].

920. Pour arriver à un tel résultat, il convient au préalable de renforcer significativement le passage à la dématérialisation des procédures de passation tout en proposant, par ailleurs, les moyens nécessaires pour informer, voire former, les opérateurs économiques désireux de saisir cette opportunité de croissance. À l'échelle française, les guides « très pratiques » pour accompagner les acheteurs et les entreprises dans la dématérialisation des marchés publics vont assurément dans

---

3510 S. Saussier, J. Tirole, « Renforcer l'efficacité de la commande publique », *op. cit.*, p. 12.

3511 *Ibid.*

3512 V. *supra*, pts 883-884.

3513 Comm. eur., Livre vert sur le développement des marchés publics électroniques dans l'UE, *op. cit.*, p. 14.

3514 Comm. eur., Livre vert sur la modernisation de la politique de l'UE en matière de marchés publics, « Vers un marché européen des contrats publics plus performant », *op. cit.*, p. 13. V. égal., OCDE, « Recommandation du Conseil de l'OCDE sur les marchés publics », *op. cit.*, pt IV ; S. Braconnier, « Nouvelles directives marchés publics et concessions – Petite révolution et grandes évolutions », *op. cit.*, pt 19 et 86.

3515 Comm. eur., Livre vert sur le développement des marchés publics électroniques dans l'UE, *op. cit.*, p. 6. V. égal. Comm. eur., Communication « Faire des marchés publics un outil efficace au service de l'Europe », *op. cit.*, p. 6 ; V. Eiró, « E-procurement: The Portuguese Experience », *op. cit.*

le bon sens[3516]. Il convient cependant d'interroger régulièrement les acteurs de la commande publique pour perfectionner les mécanismes existants. Cela pourrait s'accompagner de publicité ciblée sur les documents mis à la disposition des opérateurs économiques. De même, il est essentiel de réaliser un suivi attentif de ces mécanismes et de prêter attention aux propositions et ressentis des opérateurs économiques actifs ou non afin d'adapter rapidement les procédures. L'objectif directeur de la dématérialisation des achats publics doit demeurer l'accès à la commande publique.

921. La dématérialisation s'avère par ailleurs un outil essentiel pour réduire les risques de distorsions de la concurrence résultant de l'utilisation croissante de la centralisation des achats publics. Les centrales d'achats publics, en raison de leur puissance économique sur le marché, peuvent affecter durablement la structure de ce dernier. Il convient par conséquent que ces acteurs mobilisent pleinement le marché par l'intermédiaire de la dématérialisation et usent de l'allotissement pour renforcer l'accès aux achats publics, maintenir une structure de marché dynamique, fluidifier les procédures de passation mais également se prémunir contre les pratiques restrictives de concurrence. L'émergence de monopoles bilatéraux pourrait sur le long terme estomper les avantages économiques de la centralisation des achats publics et affecter durablement la structure des marchés.

922. **Encourager la réparation des acheteurs publics victimes de comportements anticoncurrentiels.** La directive 2014/104/UE a récemment mis en évidence l'intérêt du droit de la concurrence pour la mise en œuvre privée. Celle-ci entre parfaitement dans un « *système efficace de sanction des infractions au droit de la concurrence* »[3517]. Au cours de notre analyse, nous avons relevé la vulnérabilité des acheteurs publics à l'égard des pratiques anticoncurrentielles. Les marchés publics sont en effet une cible privilégiée des ententes en raison de la facilité pour les entreprises de truquer des marchés fonctionnant sur la base d'enchères. Les contribuables et usagers demeurent *in fine* les principales victimes de tels agissements. Partant il est impératif que les personnes publiques subissant des pratiques anticoncurrentielles demandent systématiquement réparation aux entreprises qui violent les règles de concurrence. Cela permet de prolonger la sanction prise lors de la mise en œuvre publique du droit de la concurrence mais aussi de prévenir le développement de telles pratiques dans le secteur de la commande publique. Du reste, au regard des surprix payés par les acheteurs publics, les dommages et intérêts potentiels représentent des sommes non négligeables. Plusieurs solutions sont envisageables pour encourager la réparation des acheteurs publics à l'échelle nationale. Une obligation de demander réparation pourrait tout d'abord être imposée aux acheteurs publics. Ils pourraient être accompagnés dans cette tâche par l'Autorité de la concurrence, ou encore la DGCCRF[3518]. Le recours

---

3516 Direction des affaires juridiques, Guide < très pratique > : « De la dématérialisation des marchés publics pour les acheteurs », 2020, 58 p., https://www.economie.gouv.fr/files/files/directions_services/daj/marches_publics/dematerialisation/Guide_A_DEF28052020.pdf et Guide < très pratique > : « De la dématérialisation des marchés publics pour les opérateurs économiques », 49 p., https://www.economie.gouv.fr/files/files/directions_services/daj/marches_publics/dematerialisation/Guide_OE_DEF28052020.pdf.

3517 Directive 2014/104/UE, *op. cit.*, considérant 5.

3518 V. *supra*, pt 494.

à des clauses qui prévoient des dommages et intérêts forfaitaires en cas de violation du droit de la concurrence par l'entreprise cocontractante pourrait, comme en Allemagne, faciliter cette démarche[3519]. De même, la reprise du modèle japonais pourrait encourager les contribuables ou les associations de contribuables à demander réparation pour le compte de collectivités victimes de ces pratiques. Le mécanisme japonais présente à l'heure actuelle des résultats intéressants, pouvant selon nous aisément être repris dans le droit français[3520].

923. **Développer de nouveaux outils de droit souple.** L'action de la Commission européenne en droit économique se caractérise par un recours abondant au droit souple. Le droit de la concurrence constitue d'ailleurs un domaine dans lequel ce dernier demeure très utilisé[3521]. De la même façon, cette étude est alimentée par de nombreux livres verts relatifs au droit de la commande publique. Nous pouvons toutefois regretter que la Commission européenne ne se soit pas encore saisie de certains points de convergence entre le droit de la commande publique et le droit de la concurrence. Les travaux de l'OCDE sont quant à eux nettement plus fertiles sur le sujet. Elle a rapidement souligné la complémentarité entre ces deux matières, notamment dans le but de protéger les acheteurs publics des pratiques anticoncurrentielles. Or, à l'heure actuelle, la Commission européenne ne dispose encore d'aucun équivalent en droit de l'Union. Pour autant, des lignes directrices ou communications pourraient réellement aider les acheteurs publics et autorités concédantes à se prémunir contre les pratiques anticoncurrentielles. Plusieurs comportements qui engendrent des problématiques complexes pourraient également faire l'objet d'un tel accompagnement de la part de l'exécutif européen. Ainsi, l'examen des offres anormalement basses pourrait faire l'objet de précisions[3522]. De même, les conséquences de la jurisprudence *« Ecoservice projektai » UAB*[3523] devraient faire l'objet d'une réflexion globale de la part de l'exécutif européen dans l'hypothèse notamment d'adapter le droit européen de la commande publique, voire dans l'idéal de corriger l'inflexion malheureuse amorcée par la Cour de justice. La puissance d'achat public, qui suscite des craintes de distorsions de la concurrence, devrait également faire l'objet de développements attentifs de la part de la Commission européenne, dans le but de concilier l'efficacité économique de la centralisation des achats et le maintien d'une concurrence effective sur le marché.

3519 V. *supra*, pt 489.

3520 V. *supra*, pt 495. V. égal. annexe n° 1.

3521 H. A. Cosma, R. Whish, « Soft Law in the Field of EU Competition Policy », *EBLR*, vol. 14, n° 1, 2003, p. 25 ; M. Cini, « The Soft Law Approach: Commission Rule-Making in the EU's State Aid Regime », *Journal of European Public Policy* , vol. 8, n° 2, 2001, pp. 192-207 ; F. Terpan, « Soft Law in the European Union—The Changing Nature of EU Law », *ELJ*, vol. 21, n° 1, 2015, pp. 68-96 ; M. Blauberger, « Of "Good" and "Bad" Subsidies: European State Aid Control through Soft and Hard Law »,*West European Politics*, vol. 32, n° 4, 2009, pp. 719-737.

3522 V. *supra*, Partie I, Titre I, Chapitre 3, Section 2.

3523 CJUE, 17 mai 2018, *« Ecoservice projektai » UAB*, aff. C-531/16, *op. cit.* V. égal. Aut. conc., déc. n° 20-D-19 du 25 novembre 2020, *op. cit.*

ANNEXES

1 – Tableau relatif aux dommages-interêts recouvrés par des résidents japonais pour des ententes visant les marchés publics

2 – Commission européenne, Communication sur des lignes directrices interprétatives concernant le règlement (CE) n° 1370/2007 relatif aux services publics de transport de voyageurs par chemin de fer et par route, *JOUE* n° C 92 du 29 mars 2014, pp. 1-21 (extrait)

ANNEXE 1

Tableau relatif aux dommages-intérêts recouvrés par des résidents japonais pour des ententes visant les marchés publics

(source : S. Vande Walle, Private Antitrust Litigation in the European Union and Japan, op. cit., *p. 110)*

Local Government	Final Recovery (without interest)
Niigata Prefecture	Claim rejected
Ageo City	Claim rejected
Kyoto City	1,831,200,000 yen
Iwaki City	1,127,700,000 yen
Osaka City	708,602,160 yen
Tokyo Metropolis	9,777,583,350 yen
Kobe City	1,637,700,000 yen
Yokohama City	3,017,900,000 yen
Amagasaki City	335,780,000 yen
Fukuoka City	2,088,016,000 yen
Machida City	1,286,470,000 yen
Yonago City	1,140,720,000 yen
Toyosaka City	48,925,000 yen
Atami City	Claim rejected

ANNEXE 2

Commission européenne, Communication sur des lignes directrices interprétatives concernant le règlement (CE) no 1370/2007 relatif aux services publics de transport de voyageurs par chemin de fer et par route, JOUE n° C 92 du 29 mars 2014, pp. 1-21 (extrait)

2.4.4. Article 4, paragraphes 1 et 2, et annexe — Empêcher que la compensation perçue pour une obligation de service public ne serve de subvention croisée soutenant des activités commerciales

Lorsque le prestataire d'un service public exerce également des activités commerciales, il faut veiller à ce que la compensation qu'il perçoit pour assurer ce service public ne serve pas à renforcer sa position concurrentielle dans le cadre de ses activités commerciales. Aussi l'annexe fixe-t-elle des règles destinées à éviter que les recettes provenant de services publics ne servent de subventions croisées profitant à des activités commerciales. Ces règles portent essentiellement sur la séparation comptable entre les deux types d'activités (service public et activités commerciales) et l'utilisation d'une bonne méthode de répartition des coûts tenant compte des coûts réels de la prestation du service public.

Selon l'article 4, paragraphes 1 et 2, en combinaison avec les règles énoncées dans l'annexe, les coûts et recettes afférents, d'une part, aux prestations de services effectuées dans le cadre de chaque contrat de service public attribué à une entreprise de transport et à des activités commerciales doivent être correctement répartis entre les deux types d'activités. Ce dispositif a pour but de permettre une surveillance efficace des compensations de service public et des subventions croisées éventuelles entre les deux activités. L'adéquation des mesures de répartition des coûts et de cloisonnement entre l'obligation de service public et les activités commerciales joue un rôle essentiel à cet égard. Par exemple, lorsque des moyens de transport (comme du matériel roulant ferroviaire ou des autobus) ou d'autres actifs ou services nécessaires à l'obligation de service public (bureaux, personnel, gares, etc.) sont utilisés à la fois pour le service public et les activités commerciales, les coûts afférents à chaque élément doivent être répartis entre les deux types d'activités en fonction de leur poids relatif dans le total des prestations de transport fournies par l'entreprise de transport.

Si, par exemple, le service public et les activités commerciales d'une même entreprise de transport ont fait usage de services en gare mais que la totalité du coût de ces services a été affectée aux seules activités de service public, cela constituerait une subvention croisée incompatible avec le règlement (CE) n° 1370/2007. La directive 2012/34/CE du Parlement européen et du Conseil du mercredi 21 novembre 2012 établissant un espace ferroviaire unique européen fixe également des obligations spécifiques en matière de séparation comptable des entreprises ferroviaires.

Chaque contrat de service public devrait comprendre des règles spécifiques en matière de compensation et donner lieu à des écritures comptables distinctes. Autrement dit, si la même entreprise a signé plusieurs contrats de service public, les comptes publics des entreprises de transport devraient indiquer à quel contrat de service public correspond telle compensation de service public. À la demande écrite de la Commission, ces documents doivent être mis à disposition conformément à l'article 6, paragraphe 2, du règlement (CE) n° 1370/2007.

BIBLIOGRAPHIE

Dictionnaires et traités commentés

BAZEX (M.), ECKERT (G.), LANNEAU (R.), LE BERRE (C.), DU MARAIS (B.), SÉE (A.) (dir.), *Dictionnaire des régulations 2016*, Paris, LexisNexis, 2015, 664 p.

BEZBAKH (P.), GHERARDI (S.) (dir.), *Dictionnaire de l'économie*, Paris, Larousse, 2011, 655 p.

COQUELIN (C.), GUILLAUMIN (G.-U.), *Dictionnaire de l'économie politique*, tome I, 3e éd., Paris, Librairie de Guillaumin et Cie, 1864, p.

DEGRYSE (C.), *Dictionnaire de l'Union européenne*, 4e éd., Bruxelles, Larcier, 2011, 1149 p.

GUINCHARD (S.), DEBARD (T.), *Lexique des termes juridiques*, 26e éd., Paris, Dalloz, 2018 1150 p.

MELLONI (M.), *Dictionnaire européen de la concurrence*, Bruxelles, Larcier, 2018, 238 p.

PRIOLLAUD (F.-X.), SIRITZKY (D.), *Le traité de Lisbonne. Textes et commentaire article par article des nouveaux traités européens (TUE-TFUE)*, Paris, La Documentation française, 2008, 523 p.

WAELBROECK (M.), FRIGNANI (A.), *Commentaire J. Mégret. Le droit de la CE*, tome 4, *Concurrence*, 2e éd., Bruxelles, Éditions de l'Université de Bruxelles, 1997, 1098 p.

Ouvrages généraux ou spécialisés, manuels et traités

ADAM (F.), FERRAND (O.), RIOUX (R.), *Finances publiques*, 4e éd., Paris, Presses de Sciences Po et Dalloz, 2018, 646 p.

ARROWSMITH (S.), LINARELLI (J.), WALLACE (D.), *Regulating Public Procurement: National and International Perspectives*, Alphen aan den Rijn, Wolters Kluwer, 2000, 856 p.

ARROWSMITH (S.), *The Law of Public and Utilities Procurement: Regulation in the EU and UK*, vol. 1, 3e éd., Londres, Sweet & Maxwell/Thomson Reuters, 2014, 1449 p.

ARROWSMITH (S.), *The Law of Public and Utilities Procurement: Regulation in the EU and UK*, vol. 2, 3e éd., Londres, Sweet & Maxwell/Thomson Reuters, 2018, 1238 p.

ARROWSMITH (S.), ANDERSON (R. D.) (dir.), *The WTO Regime on Government Procurement: Challenge and Reform*, Cambridge, Cambridge University Press, 2011, 896 p.

ARROWSMITH (S.), KUNZLIK (P.) (dir.), *Social and Environmental Policies in EC Procurement Law: New Directives and New Directions*, Cambridge, Cambridge University Press, 2009, 550 p.

AUDIER (S.), *Le colloque Lippmann : aux origines du néo-libéralisme. Précédé de Penser le « néo-libéralisme »*, 2e éd. revue et augmentée, Lormont, Le Bord de l'eau, 2012, 495 p.

BAILEY (D.), JOHN (L. E.) (dir.), *Bellamy & Child: European Union Law Competition*, 8e éd., Oxford, Oxford University Press, 2018, 1604 p.

BAQUERO CRUZ (J.), *Between Competition and Free Movement: The Economic Constitutional Law of the European Community*, Cambridge, Hart Publishing, 2002, 204 p.

BELLIS (J.-F.), *Droit européen de la concurrence*, 2e éd., Bruxelles, Bruylant, 2017, 332 p.

BERLIN (D.), *Contrôle des concentrations*, Bruxelles, Éditions de l'Université de Bruxelles, 2009, 597 p.

BEZANÇON (X.), COSSALTER (P.), CUCCHIARINI (C.), FOURNIER de LAURIÈRE (J.), *Guide de la commande publique*, 4e éd. Paris, Le Moniteur, 2017, 360 p.

BENCHENDIKH (F.), *Droit de la commande publique*, Paris, Dalloz, 2019, 458 p.

BILGER (J.), *La pensée économique libérale dans l'Allemagne contemporaine*, Paris, LGDJ, 1964, 318 p.

BISHOP (S.), WALKER (M.), *The Economics of EC Competition Law: Concepts, Application and Measurement*, Londres, Sweet & Maxwell, 2002, 636 p.

BIZAGUET (A.), *Les petites et moyennes entreprises*, Paris, PUF, 1991, 127 p.

BLASSELLE (R.), *Traité de droit européen de la concurrence*, tome I, Paris, Publisud, 2002, 644 p.

BLASSELLE (R.), *Traité de droit européen de la concurrence*, tome II A, Paris, Publisud, 2005, 557 p.

BLASSELLE (R.), *Traité de droit européen de la concurrence*, tome II B, Paris, Publisud, 2005, 663 p.

BLASSELLE (R.), *Traité de droit européen de la concurrence*, tome III, Paris, Publisud, 2008, 543 p.

BÖHM (F.), *Die Ordnung der Wirtschaft als Geschichtliche Aufgabe und rechtsschöpferiche Leistung*, Stuttgart, Kohlhammer, 1937, 189 p.

BORK (R. H.), *The Antitrust Paradox: A Policy at War With Itself*, New York, Basic Books, 1978, 462 p.

BORK (R. H.), *The Antitrust Paradox: A Policy at War With Itself*, 2e éd., New York, The Free Press, 1993, 479 p.

BOUTAYEB (C.), *Droit matériel de l'Union européenne*, 3e éd., Paris, LGDJ, 2014, 400 p.

BOUTAYEB (C.), *Droit matériel de l'Union européenne*, 5e éd., Paris, LGDJ, 2019, 578 p.

BOUTHEVILLAIN (C.), DUFRÉNOT (G.), FROUTÉ (P.), PAUL (L.), *Les politiques budgétaires dans la crise*, Louvain-la-Neuve, De Boeck, 2013, 353 p.

BOVIS (C. H.), *EU Public Procurement Law*, 2e éd., Cheltenham, Edward Elgar Publishing, 2012, 521 p.

BOVIS (C.), *The Liberalisation of Public Procurement and its Effects on the Common Market*, Abingdon-on-Thames, Routledge, 2019, 304 p.

BLAIR (R. D.), HARRISON (J. L.), *Monopsony in Law and Economics*, Cambridge, Cambridge University Press, 2010, 262 p.

BLAIR (R. D.), KASERMAN (D. L.), *Law and Economics of Vertical Integration and Control*, New York, Academic Press, 1983, 211 p.

BLUM (F.), LOGUE (A.), *State Monopolies Under EC Law*, Chichester, Wiley, 1998, 350 p.

BRACONNIER (S.), *Droit public de l'économie*, 2e éd., Paris, PUF, 2017, 480 p.

BRACONNIER (S.), *Précis du droit de la commande publique*, 6e éd., Paris, Le Moniteur, 2019, 496 p.

BRAULT (D.), *Politique et pratique du droit de la concurrence en France*, Paris, LGDJ, 2004, 776 p.

BRISSON (J.-F.), *Les fondements juridiques du droit des marchés publics*, Paris, Groupe Imprimerie Nationale, 2005, 451 p.

BUENDIA SIERRA (J. L.), Exclusive rights and state monopolies under EC law: Article 86 (formerly Article 90) of the EC Treaty, Oxford, Oxford University Press, 1999, 478 p.

BURST (J.-J.), KOVAR (R.), *Droit de la concurrence*, Paris, Economica, 1981, 405 p.

CABANES (C.), NEVEU (B.), *Droit de la concurrence dans les contrats publics*, Paris, Le Moniteur, 2008, 356 p.

CALKINS (S.), KOVACIC (W. E.), GELLHORN (E.), *Antitrust Law and Economics in a Nutshell*, 5e éd., St. Paul, West Publishing Company, 2004, 667 p.

CHÉROT (J.-Y.), *Droit public économique*, Paris, Economica, 2002, 712 p

CHÉROT (J.-Y.), *Droit public économique*, 2e éd., Paris, Economica, 2007, 1032 p.

COLSON (J.-P.), IDOUX (P.), *Droit public économique*, 7e éd., Paris, LGDJ, 2014, 800 p.

COMBE (E.), *Économie et politique de la concurrence*, Paris, Dalloz, 2005, 480 p.

COMBE (E.), *La politique de la concurrence*, 3e éd., Paris, La Découverte, 2016, 128 p.

COMMUN (P.), *Les Ordolibéraux. Histoire d'un libéralisme à l'allemande*, Paris, Les Belles Lettres, 2016, 418 p.

CRAIG (R. W.), *Procurement Law for Construction and Engineering: Works and Services*, Hoboken, Wiley-Blackwell, 1999, 944 p.

DECOCQ (A.), DECOCQ (G.), *Droit de la concurrence. Droit interne et droit de l'Union européenne*, 8e éd., Paris, LGDJ, 2018, 602 p.

DELAUNAY (B.), *Droit public de la concurrence*, 2e éd., Paris, LGDJ, 2018, 550 p.

DOMAT (J.), *Les quatre livres du droit public*, Université de Caen, Centre de philosophie politique et juridique, 1989, 587 p.

DONY (M.), *Aides d'État*, Bruxelles, Larcier, 2019, 443 p.

DUBOUIS (L.), BLUMANN (C.), *Droit matériel de l'Union européenne*, 7e éd., Paris, LGDJ, 2015, 880 p.

DUBREUIL (C.-A.), *Droit des contrats administratifs*, Paris, PUF, 2018, 497 p.

DU MARAIS (B.), *Droit public de la régulation économique*, Paris, Presses de Sciences Po et Dalloz, 2004, 601 p.

EHLERMANN (C.-D.), LAUDATI (L. L.) (dir.), *European Competition Law and Policy Annual 1997: Objectives of Competition Policy*, Oxford, Hart Publishing, 1998, 616 p.

EUCKEN (W.), *Grundsätze der Wirtschaftspolitik*, Bern, Tübingen, 1952, 396 p,

EUCKEN (W.), *Die Grundlagen der Nationalökonomie*, e éd., Berlin, Springer, 1950, 279 p.

FAULL (J.), NIKPAY (A.), *The EC Law of Competition*, Oxford, Oxford University Press, 1999, 961 p.

FAULL (J.), NIKPAY (A.), *The EC Law of Competition*, 2e éd., Oxford, Oxford University Press, 2007, 2016 p.

FLAMME (P.), FLAMME (M.-A.), DARDENNE (C.), *Les marchés publics européens et belges. L'irrésistible européanisation du droit de la commande publique*, 2e éd., Bruxelles, Larcier, 2009, 362 p.

FRANK (R. H.), *Microeconomics and Behavior*, 4e éd., New York, McGraw-Hill, 1999, 640 p.

FRIER (P.-L.), PETIT (J.), *Droit administratif*, 12e éd., Paris, LGDJ, 2018, 733 p.

GAVALDA (C.), LECOURT (B.), PARLEANI (G.), *Droit des affaires de l'Union européenne*, 8e éd., Paris, LexisNexis, 2019, 656 p.

GLAIS (M.), *Économie industrielle : les stratégies concurrentielles des firmes*, Paris, Litec, 1992, 578 p.

GLAIS (M.), LAURENT (P.), *Traité d'économie et de droit de la concurrence*, Paris, PUF, 1983, 544 p.

GODIVEAU (G.), LECLERC (S.), *Droit du marché intérieur de l'Union européenne*, Issy-les-Moulineaux, Gualino, 2016, 576 p.

GUÉZOU (O.), *Traité de contentieux de la commande publique*, 2e éd., Paris, Le Moniteur, 2018, 878 p.

HEBLY (J. M.), European Public Procurement: Legislative History of the 'Utilities' Directive 2004/17/EC, Wolters Kluwer, 2008, 1749 p.

HEUNINCKX (B.), *The Law of Collaborative Defence Procurement in the European Union*, Cambridge, Cambridge University Press, 2016, 252 p.

HOEPFFNER (H.), *Droit des contrats administratifs*, Paris, Dalloz, 2016, 624 p.

JACOB (M.), RAVENEL (P.), FOURCADE (J.-P.), PASQUIER-DESVIGNES (A.), *L'offre économiquement la plus avantageuse*, Paris, Le Moniteur, 2007, 272 p.

JONES (A.), SUFRIN (B.), *EU Competition Law: Text, Cases, and Materials*, 4th, Oxford, Oxford University Press, 2011, 1331 p.

JESSEN (P. W.), MORTENSEN GRAM (B. O.), STEINICKE (M.), SØRENSEN (K. E.), *Regulating Competition in the EU*, Alphen aan den Rijn, Wolters Kluwer, 2016, 656 p.

KARPENSCHIF (M.), *Droit européen des aides d'État*, 2e éd., Bruxelles, Bruylant, 2017, 514 p.

KENNY (M.), *The Transformation of Public and Private in EC Competition Law*, Berne, Stämpfli Verlag, 2002, 332 p.

KIRAT (T.), BAYON (D.), *Les marchés publics de la défense : Droit du contrat public, pratique administrative et enjeux économiques*, Bruxelles, Bruylant, 2006, 130 p.

KIRAT (T.), *Économie du droit*, Paris, La Découverte, 2012, 125 p.

KORNHAUSER (L.), L'analyse économique du droit. Fondements juridiques de l'analyse économique du droit, Paris, Michel Houdiard Éditeur, 2010, 199 p.

LAJOYE (C.), *Droit des marchés publics*, 5e et 6e éd., Paris, Gualino, 2012 et 2017, 480 et 624 p.

LA ROSA (S. de), *Droit européen de la commande publique*, Bruxelles, Bruylant, 2017, 472 p.

LAUBADÈRE (A. de), MODERNE (F.), DELVOLVÉ (P.), *Traité des contrats administratifs*, 2 vol., Paris, LGDJ, 1984, 1124 p.

LECAILLON (J.-D.), LE PAGE (J.-M.), *Économie politique contemporaine*, 5e éd., Louvain, De Boeck, 2018, 464 p.

LEYSSAC (C. L. de), PARLEANI (C.), *Droit du marché*, Paris, PUF, 2002, 1033 p.

LINDITCH (F.) (dir.), *Guide de l'achat public*, Paris, LexisNexis, 2013, 1084 p.

LINDITCH (L.), *Le droit des marchés publics*, 7e éd., Paris, Dalloz, 2016, 130 p.

LIPPMANN (W.), *La cité libre*, Paris, Librairie de Médicis, 1938, 461 p.

MACKAAY (E.), ROUSSEAU (S.), *Analyse économique du droit*, 2e éd., Paris, Dalloz, 2008, 728 p.

MAINGUY (D.), DEPINCÉ (M.), *Droit de la concurrence*, 2e éd., Paris, LexisNexis, 2015, 395 p.

MALAURIE-VIGNAL (M.), *Droit de la concurrence interne et européen*, 6e éd., Paris, Sirey, 2014, 366 p.

MASON (E.), *Economic Concentration and the Monopoly Problem*, Cambridge, Harvard University Press, 1957, 427 p.

MCCRUDDEN (C.), *Buying Social Justice: Equality, Government Procurement, & Legal Change*, Oxford, Oxford University Press 2007, 680 p.

MESTRE (J.-L.), *Introduction historique au droit administratif français*, Paris, PUF, 1985, 294 p.

MODERNE (F.), *La sous-traitance des marchés publics : essai sur une institution hybride*, Paris, Dalloz, 1995, 283 p.

MONNIER (F.), *Les marchés de travaux publics dans la généralité de Paris au XVIIIe siècle*, Paris, LGDJ, 1984, 435 p.

MOMMSEN (T.), *Le droit public romain*, tome IV, Paris, Diffusion de Boccard, 1896, 477 p.

MOTTA (M.), *Competition Policy: Theory and Practice*, Cambridge, Cambridge University Press, 2004, 642 p.

MULLER (J.-C.), *De la concurrence : un essai de démythification*, Paris, Éditions Cujas, 1969, 309 p.

NICINSKI (S.), *Droit public de la concurrence*, Paris, LGDJ, 2005, 230 p.

NICINSKI (S.), *Droit public des affaires*, 7e éd., Paris, LGDJ, 2019, 880 p.

O'DONOGHUE (R.), PADILLA (A. J.), *The Law and Economics of Article 82 EC*, 2e éd., Oxford, Hart Publishing, 2013, 752 p.

PEACOCK (A.), WILLGERODT (H.) (dir.), *Germany's Social Market Economy: Origins and Evolution*, Londres, Macmillan, 1989, 292 p.

PETIT (N.), *Oligopoles, collusion tacite et droit communautaire de la concurrence*, Bruxelles, Bruylant, 2008, 685 p.

PETIT (N.), *Droit européen de la concurrence*, 2e éd., Issy-les-Moulineaux, LGDJ, 2018, 881 p.

PORTUESE (A.), *Le principe d'efficience économique dans la jurisprudence européenne*, Paris, Publibook, 2014, 562 p.

POSNER (R. A.), *Antitrust Law: An Economic Perspective*, 2e éd., Chicago, University of Chicago Press, 2001, 304 p.

PRIETO (C.), BOSCO (D.), *Droit européen de la concurrence. Ententes et abus de position dominante*, Bruxelles, Bruylant, 2013, 1522 p.

RAPP (L.), TERNEYRE (P.) (dir.), *Le Lamy, droit public des affaires*, Paris, Wolters Kluwer, 2018, 2500 p.

RICHER (L.), *L'Europe des marchés publics. Marchés publics et concessions en droit communautaire*, Paris, LGDJ, 2009, 400 p.

RICHER (L.), LICHÈRE (F.), *Droit des contrats administratifs*, 10e éd., Issy-les-Moulineaux, LGDJ, 2016, 778 p.

RICHER (L.), CANTILLON (G.), *Achat public et économie des territoires*, Issy-les-Moulineaux, LGDJ, 2017, 168 p.

RODA (J.-C.), *Droit de la concurrence*, Paris, Dalloz, 2019, 229 p.

RÖPKE (W.), *La crise de notre temps*, Genève, Éditions de la Baconnière, 1945, 327 p.

ROSE (V.), BAILEY (D.) (dir.), *Bellamy & Child: European Union Law of Competition*, 7e éd., Oxford, Oxford University Press, 2013, 1431 p.

SAUTER (W.), SCHEPEL (H.), *State and Market in European Union Law: The Public and Private Spheres of the Internal Market before the EU Courts*, Cambridge, Cambridge University Press, 2009, 270 p.

SCHIESSER (P.), CANTILLON (G.), *L'achat public durable*, Paris, Le Moniteur, 2007, 255 p.

SERRA (Y.), *La non-concurrence en matière commerciale, sociale et civile. Droit interne et communautaire*, Paris, Dalloz, 1991, 337 p.

SOUTY (F.), *Les collectivités locales et le droit de la concurrence. Efficacité économique, réglementation et services publics locaux*, Paris, Dexia éditions, 2005 512 p.

STEINER (M.), *Economics in Antitrust Policy: Freedom to Compete vs. Freedom to Contract*, Boca Raton, Dissertation.com, 2007, 200 p.

STIRN (B.), *Vers un droit public européen*, 2e éd., Paris, LGDJ, 2015, 158 p.

SYMCHOWICZ (N.), PROOT (P.), *Partenariats public-privé et montages contractuels complexes*, 3e éd., Paris, Le Moniteur, 2012, 628 p.

SZYSZCZAK (E.), DAVIES (J.), ANDENÆS (M.), BEKKEDAL (T.), *Developments in Services of General Interest*, La Haye, Springer, 2011, 266 p.

TIROLE (J.), *Économie du bien commun*, Paris, PUF, 2016, 550 p.

TREPTE (P.), *Regulating Procurement: Understanding the Ends and Means of Public Procurement Regulation*, Oxford, Oxford University Press, 2004, 428 p.

TRYBUS (M.), *European Defense Procurement Law: International and National Procurement Systems as Models for a Liberalised Defense Procurement Market in Europe*, Alphen aan den Rijn, Kluwer Law International, 1999, 312 p.

UBAUD-BERGERON (M.), *Droit des contrats administratifs*, 2e éd., Paris, LexisNexis, 2017, 515 p.

VALLINDAS (G.), *Droit européen des concentrations*, Bruxelles, Bruylant, 2017, 509 p.

VANDAMME (J.), GUERRIN (M.), *La réglementation de la concurrence dans la C.E.E.*, Paris, PUF, 1974, 230 p.

VAN DEN BERGH (R.), CAMESASCA (P.), *European Competition Law and Economics: A Comparative Perspective*, 2e éd., London, Sweet & Maxwell, 2006, 464 p.

VAN DOORN (F.), *The Law and Economics of Buyer Power in EU Competition Policy*, The Hague, Eleven International Publishing, 2015, 230 p.

VAN ROMPUY (B.), *Economic Efficiency: The Sole Concern of Modern Antitrust Policy? Non-efficiency Considerations under Article 101 TFEU*, Alphen aan den Rijn, Wolters Kluwer, 2012, 473 p.

VAUBAN, « Premier Mémoire sur Toulon », in *Histoire des divers agrandissements et des fortifications de la ville de Toulon, accompagnée d'un Mémoire inédit du maréchal de Vauban*, O. TEISSIER, Paris, J. Dumaine, 1873, 153 p.

VOGEL (L.), *Droit de la concurrence et concentration économique : étude comparative*, Paris, Economica, 1988, 434 p.

VOGEL (L.), *Traité de droit commercial*, 18e éd., tome 1, vol. 1 : *Commerçants, Tribunaux de commerce, Fonds de commerce, Propriété industrielle, Concurrence*, Paris, LGDJ, 2001, 905 p.

VOGEL (L.), *Droit européen des affaires*, 2e éd., Paris, Dalloz, 2019, 1028 p.

VOGEL (L.), *Traité de droit économique*, tome 1, *Droit de la concurrence – Droits européen et français*, 2e éd., Paris, Bruylant, 2018, 1061 p.

VOGEL (L.), *Contrôle des Aides d'État*, Paris, Bruylant, 2017, 473 p.

VOLLE (V.), *Prédation et Prédateurs*, Paris, Economica, 2008, 242 p.

WEISHAAR (S. E.), *Cartels, Competition and Public Procurement: Law and Economics Approaches to Bid Rigging*, Cheltenham, Edward Elgar, 2013, 330 p.

WILLIAMS-ELEGBE (S.), *Fighting Corruption in Public Procurement: A Comparative Analysis of Disqualification or Debarment Measures*, Oxford, Hart Publishing, 2012, 306 p.

WOLLMANN (H.), MARCOU (G.), *The Provision of Public Services in Europe: Between State, Local Government and Market*, Cheltenham, Edward Edgar, 2010, 288 p.

Ouvrages collectifs et mélanges

Livre Brun. Les criminels de guerre et nazis en Allemagne occidentale, Dresde, Éditions Zeit im Bild, Conseil national du front national de l'Allemagne démocratique, centre de documentation des archives nationales de la R.D.A., 1965, 410 p.

Études dédiées à Alex Weill, Paris, Dalloz-Litec, 1983, 601 p.

Mélanges en hommage à Michel Waelbroeck, Bruxelles, Bruylant, 1999, 1739 p.

Philosophie du droit et droit économique. Quel dialogue ? Mélanges en l'honneur de Gérard Farjat, Paris, Éditions Frison-Roche, 1999, 587 p.

Au carrefour des droits. Mélanges en l'honneur de Louis Dubouis, Paris, Dalloz, 2002, 901 p.

L'ordre concurrentiel. Mélanges en l'honneur d'Antoine Pirovano, Paris, Éditions Frison-Roche, 2003, 688 p.

Les dynamiques du droit européen en début du siècle. Études en l'honneur de Jean-Claude Gautron, Paris, Pedone, 2004, 823 p.

Droit et économie : interférences et interactions. Études en l'honneur du professeur Michel Bazex, Paris, Litec, 2009, 368 p.

Les métamorphoses du droit. Hommage à Jean-Marie Rainaud, Paris, L'Harmattan, 2009, 463 p.

De Rome à Lisbonne : les juridictions de l'Union européenne à la croisée des chemins. Mélanges en l'honneur de Paolo Mengozzi, Bruxelles, Bruylant, 2013, 635 p.

Mélanges en l'honneur du Professeur Laurent Richer. À propos des contrats des personnes publiques, Paris, LGDJ, 2013, 738 p.

L'identité du droit de l'Union européenne : Mélanges en l'honneur de Claude Blumann, Bruxelles, Bruylant, 2015, 830 p.

ALBERT (N.) (dir.), *Performance et droit administratif*, Paris, LexisNexis Litec, 2010, 307 p.

AUBY (J.-B.), DUTHEIL de la ROCHÈRE (J.), *Droit administratif européen*, Bruxelles, Bruylant, 2007, 1122 p.

AUBY (J.-B.), IDOUX (P.) (dir.), *Le Gouvernement économique européen*, Bruxelles, Bruylant, 2017, 421 p.

AZOULAI (L.) (dir.), *Entrave dans le droit du marché intérieur*, Bruxelles, Bruylant, 2011, 362 p.

BEHAR-TOUCHAIS (M.), CHARBIT (N.), AMARO (R.) (dir.), *À quoi sert la concurrence ?*, Paris, Concurrences, 2014, 748 p.

BERLIN (D.), MARTUCCI (F.), PICOD (F.) (dir.), *La fraude et le droit de l'Union européenne*, Bruxelles, Bruylant, 2017, 255 p.

BERRY (E.), GANTSCHNIG (D.), GATTI (L.), LAUBA (A.), MAUBLANC (J.-V.), VEILLON (D.) (dir.), *L'ordre public*, Poitiers, Presses universitaires juridiques, 2019, 304 p.

BOVIS (C.) (dir.), *Research Handbook on EU Public Procurement Law*, Cheltenham, Edward Elgar Publishing, 2016, 642 p.

CABUY (Y.), DEREAU (G.), DOR (V.), THIEL (P.), VASTMANS (M.), MAEREVOET (M.), PAIVA (I.), *Le nouveau droit des marchés publics en Belgique : de l'article à la pratique*, Bruxelles, Larcier, 2013, 1250 p.

CANIVET (G.) (dir.), *La modernisation du droit de la concurrence*, Paris, LGDJ, 2006, 486 p.

CHAPUT (Y.) (dir.), *Les PME et le droit de la concurrence : analyse critique, comparative et prospective*, Paris, LexisNexis, Litec, 2009, 409 p.

CHARDIGNY (C.), *Contrats et marchés publics de défense*, 2e éd., Bruxelles, Bruylant, 2013, 393 p.

COHEN (E.), MOUGEOT (M.) (dir.), *Enchères et gestion publique*, Paris, La Documentation française, 2001, 287 p.

COMMUN (P.) (dir.), *L'ordolibéralisme allemand : aux sources de l'économie sociale de marché*, Cergy-Pontoise, CIRAC, 2003, 274 p.

DIMITRI (N.), PIGA (G.), SPAGNOLO (G.) (dir.), *Handbook of Procurement*, Cambridge, Cambridge University Press, 2006, 562 p.

DORMONT (S.), PERROUD (T.) (dir.), *Droit et Marché*, Issy-les-Moulineaux, LGDJ, 2015, 286 p.

DREXL (J.), IDOT (L.), MONÉGER (J.) (dir.), *Economic Theory and Competition Law*, Cheltenham, Edward Elgar Publishing, 2009, 269 p.

DREXL (J.), KERBER (W.), PODSZUN (R.) (dir.), *Competition Policy and the Economic Approach: Foundations and Limitations*, Cheltenham, Edward Elgar Publishing, 2011, 349 p.

GAVALDA (C.) (dir.), *La sous-traitance de marchés de travaux et de services*, Paris, Economica, 1978, 243 p.

HALONEN (K.-M.), CARANTA (R.), SÁNCHEZ-GRAELLS (A.) (dir.), *Transparency in EU Procurements: Disclosure Within Public Procurement and During Contract Execution*, Edward Elgar Publishing, 2019, 352 p.

JACQUEMIN (J.) (dir.), *L'entreprise et son pouvoir de marché*, Louvain, Librairie universitaire, 1967, 240 p.

KUŹMA (K.), HARTUNG (W.), *Combating Collusion in Public Procurement: Legal Limitations on Joint Bidding*, Edward Elgar Publishing, 2020, 304 p.

LAGET-ANNAMAYER (A.) (dir.), *L'ordre public économique*, Paris, LGDJ, 2018, 404 p.

LA ROSA (S. de) (dir.), *L'encadrement des concessions par le droit européen de la commande publique*, Paris, Société de législation comparée, 2014, 220 p.

LICHÈRE (F.) (dir.), *Le nouveau droit des marchés publics*, Lyon, L'Hermès, 2004, 212 p.

LOUIS (J.-V.), RODRIGUES (S.) (dir.), *Les services d'intérêt économique général et l'Union européenne*, Bruxelles, Bruylant, 2006, 450 p.

PARCU (P. L.), MONTI (G.), BOTTA (M.) (dir.), *EU State Aid Law: Emerging Trends at National and EU Level*, Cheltenham, Edward Edgar Publishing, 2020, 264 p.

PIGA (G.), TATRAI (T.) (dir.), *Law and Economics of Public Procurement Reforms*, Abingdon-on-Thames, Routledge, 2018, 274 p.

MARIQUE (Y.), WAUTERS (K.) (dir.), *EU Directive 2014/24 on Public Procurement: A new turn for competition in public markets?*, Bruxelles, Larcier, 2016, 230 p.

MULLER (E.) (dir.), *La commande publique, un levier pour l'action publique ?*, Paris, Dalloz, 2018, 228 p.

NEMO (P.), PETITOT (J.) (dir.), *Histoire du libéralisme en Europe*, Paris, PUF, 2006, 1427 p.

NOGUELLOU (R.), STELKENS (U.) (dir.), *Droit comparé des contrats publics*, Bruxelles, Bruylant, 2010, 1012 p.

RABAULT (H.) (dir.), *L'ordolibéralisme, aux origines de l'École de Fribourg-en-Brisgau*, Paris, L'Harmattan, 2016, 260 p.

RAINAUD (J.-M.), CRISTINI (R.) (dir.), *Droit public de la concurrence*, Paris, Economica, 1987, 288 p.

RENDERS (D.) (dir.), *Principes élémentaires du droit des marchés publics*, Bruxelles, Larcier, 2018, 132 p.

SCHWEITZER (S.), FLOURY (L.) (dir.), *Droit et Économie. Des divergences aux convergences*, Paris, Dalloz, 2019, 214 p.

THAI (K. V.), PIGA (G.) (dir.), *The Economics of Public Procurement*, New York, Palgrave, 2007, 267 p.

ZIMMER (D.) (dir.), *The Goals of Competition Law*, Cheltenham, Edward Elgar, 2012, 512 p.

Articles, contributions

ADDA (J.), AMARO (R.), LABORDE (J.-F.), Réparation du dommage causé par les ententes devant le juge administratif. Enseignements théoriques et pratiques tirés de l'étude du contentieux », *AJDA*, 2019, pp. 320-329.

ALANDARI (E.), « Le droit économique de la France. Au carrefour des droits » in *Au carrefour des droits. Mélanges en l'honneur de Louis Dubouis*, Paris, Dalloz, 2002, pp. 231-250.

ALBANO (G. L.), « Preventing Collusion in Procurement », in *Handbook of Procurement*, N. DIMITRI, G. PIGA, G. SPAGNOLO (dir.), Cambridge, Cambridge University Press, 2006, pp. 347-380.

ALEXANDERSSON (G.), HULTÉN (S.), « Predatory Bidding in Competitive Tenders: A Swedish Case Study », *European Journal of Law and Economics*, vol. 22, 2006, pp. 73-94.

ALLAIRE (F.), « L'accès des petites et moyennes entreprises à la commande publique », in *La commande publique, un levier pour l'action publique ?*, E. MULLER (dir.), Bruxelles, Dalloz, 2018, pp. 139-154.

AMIEL-DONAT (J.), « La sous-traitance des marchés publics », *RMCUE*, 1993, n° 373, pp. 881-884.

AMILHAT (M.), « Les enjeux de la dématérialisation des marchés publics », *CMP*, 2014, n° 6, pp. 60-62.

ANDERSON (R. D.), KOVACIC (W. E.), « Competition Policy and International Trade Liberalisation: Essential Complements to Ensure Good Performance in Public Procurement Markets », *PPLR*, 2009, n° 2, pp. 67-101.

ANDERSON (R. D.), KOVACIC (W. E.), MÜLLER (A. C.), « Promoting Competition and Deterring Corruption in Public Procurement Markets: Synergies with Trade Liberalisation », *PPLR*, 2017, n° 2, pp. 77-97.

ANTAL-POMÁZI (K.), « Public Procurement as Auction. Theoretical Models and Practical Problems », *Public Finance Quarterly*, vol. 57, n° 4, 2012, pp. 381-393.

AREEDA (P.), T. TURNER (D. F.), « Predatory Pricing and Related Practices under Section II of the Sherman Act », *Harvard Law Review*, vol. 88, n° 4, 1975, pp. 697-733.

ARROWSMITH (S.), « A taxonomy of horizontal policies in public procurement », in *Social and Environmental Policies in EC Procurement Law: New Directives and New Directions*, S. ARROWSMITH, p. KUNZLIK (dir.), Cambridge University Press, 2009, pp. 108-146.

ARROWSMITH (S.), « The Purpose of the EU Procurement Directives: Ends, Means and the Implications for National Regulatory Space for Commercial and Horizontal Procurement Policies », in *Cambridge Yearbook of European Legal Studies*, vol. 14, 2012, pp. 1-47.

AUTIN (J.-L.), « Personnes publiques et concurrence », *Cahiers de droit de l'entreprise*, 1994, n° 3, pp. 4.

AVARKIOTI (F.), « The application of EU public procurement rules to "in-house" arrangements », *PPLR*, 2007, n° 16, pp. 22-35.

AVENEL (E.), MUIZON (G. de). DALEY (N.), « Position dominante collective : Dépasser les critères *Airtours* en matière de contrôle *a posteriori* des pratiques anticoncurrentielles », *Concurrences* n° 4-2011, art. n° 39884, pp. 41-50.

AYACHE (L.), MICHELLET (C.), « Les pratiques d'éviction de l'organisateur d'un appel d'offres à l'égard d'entreprises candidates », *Concurrences* n° 2-2015, art. n° 72273, pp. 69-78.

AZOULAY (L.), « L'ordre concurrentiel et le droit communautaire », in *L'ordre concurrentiel. Mélanges en l'honneur d'Antoine Pirovano*, Paris, Éditions Frison-Roche, 2003, pp. 277-310.

BAISTROCCHI (P.), « Can the Award of a Public Contract be Deemed to Constitute State Aid? », *ECLR*, vol. 24, n° 10, 2003, pp. 510-517.

BARTOSCH (A.), « The Relationship Between Public Procurement and State Aid Surveillance – The Toughest Standard Applies? », *CMLR*, vol. 39, n° 1, 2002, pp. 551-576.

BASEDOW (J.), « La concurrence est-elle menacée en Europe ? », *Recueil Dalloz*, 2008, pp. 272-276.

BATTIGALLI (P.), FUMAGALLI (C.), POLO (M.), « Buyer power and quality improvements », *Research in Economics*, vol. 61, n° 2, 2007, pp. 45-61.

BAZEX (M.), « La concurrence réglée : secteur public et privé », in *Droit public de la concurrence*, J.-M. RAINAUD, R. CRISTINI (dir.), Paris Economica, 1987, pp. 231-254.

BAZEX (M.), « Problématique générale de l'intervention des opérateurs publics dans une économie de concurrence », Intervention au colloque Secteur public et concurrence, *LPA*, 1988, n° spéc. 100, pp. 5-13.

BAZEX (M.), « Le Conseil de la concurrence et les marchés publics », *AJDA*, 1994, numéro spécial, pp. 101-116.

BAZEX (M.), « Le droit public de la concurrence », *RFDA*, 1998, pp. 781-800.

BAZEX (M.), « Les droits de la concurrence : l'exemple des marchés publics », *Contrats, conc., consom.* 2006, n° 11, pp. 1-2.

BAZEX (M.), « Les modalités de la prise en considération de l'intérêt général non économique par l'autorité de la concurrence », *Dr. adm.*, 2006, n° 10, pp. 19-21.

BAZEX (M.), « L'accès des PME à la commande publique : une analyse juridique », in *Les PME et le droit de la concurrence : analyse critique, comparative et prospective*, CHAPUT (Y.) (dir.), Paris, LexisNexis, Litec, 2009, pp. 307-340.

BÉJOT (J.), « Les conditions d'application du droit de la concurrence aux contrats publics », *ACCP*, 2010, n° 99, pp. 30-33.

BECKER (R.), « Les PME face au droit de la concurrence », actes du colloque du 22 juin 2011, *RLC*, 2011, n° 29, pp. 146-181.

BERGEAL (C.), « Les achats des collectivités publiques à l'UGAP peuvent-ils être dispensés de toute publicité et mise en concurrence ? », *BJCP*, 2001, n° 19, pp. 497-511.

BERKANI (E.), « Droit de la concurrence et commande publique : État des lieux d'un vieux couple », *Concurrences* n° 1-2007, art. n° 13045, pp. 58-67.

BERLIN (D.), « Les actes de la puissance publique et le droit de la concurrence », *AJDA*, 1995, n° 4, pp. 259-273.

BERNARD (E.), « "L'activité économique", un critère d'applicabilité du droit de la concurrence rebelle à la conceptualisation », *RIDE*, 2009, n° 3, pp. 353-385.

BERTIN (C.), LE NOAN (E.), « Faut-il sauver le bien-être du consommateur ? », *Concurrences* n° 1-2019, art. n° 88866, pp. 2-5.

BEZZINA (A.-C.), « Plaidoyer en faveur de la relation in house. À propos des évolutions récentes de la jurisprudence européenne », *RUE*, n° 574, 2014, pp. 39-51.

BICKERSTAFF (R.), « E-procurement under the new EU procurement Directives », *PPLR*, 2014, n° 3, pp. 134-147.

BIEN (F.), WELZENBACH (M.), « Allemagne : Le Tribunal régional de Potsdam déclare nulle la clause, contenue dans les conditions d'attribution d'un marché public, qui stipule des dommages et intérêts forfaitaires à hauteur de 15 % du montant du marché en cas de violation des règles du droit de la concurrence, tandis que le Tribunal régional de Berlin, dans une affaire similaire, fonde le calcul des dommages et intérêts sur une telle clause », *Concurrences* n° 2-2016, art. n° 79529, pp. 220-223.

BIENAYMÉ (A.), « La finalité économique de la réglementation sur la concurrence », in Atelier de réflexion sur la concurrence du 16 mars 1995, *Rev. conc. cons.*, 1995, n° 5, pp. 41-55.

BINET (L.), « Les ententes anticoncurrentielles dans les appels d'offres publics », *CP-ACCP*, 2010, n° 99, pp. 33-37.

BLAIR (R. D.), LOPATKA (J. E.), « Predatory Buying and the Antitrust Laws », *Utah Law Review*, n° 2, 2008, pp. 415-469.

BLIND (L.), « La dématérialisation dans les marchés publics : une source d'inquiétude pour les PME ? », *CP-ACCP*, 2018, n° 188, pp. 29-32.

BLUM (F.), « De Sacchi à Franzén en passant par la Crespelle : la jurisprudence récente de l'article 90 », *Gaz. Pal.*, 1999, n° 192-194, pp. 1031-1043.

BLUMANN (C.), « Quelques variations sur le thème du service public en droit de l'Union européenne », in *Le droit administratif : permanences et convergences. Mélanges en l'honneur de Jean-François Lachaume*, Paris, Dalloz, 2007, pp. 45-69.

BÖHM (F.), « Kartellauflösung und Konzernentflechtung: Spezialist enaufgabe oder Schicksalsfrage? », *Süddeutsche Juristen-Zeitung*, vol. 2, 1947, pp. 495-505.

BÖHM (F.), EUCKEN (W.), GROSSMANN-DOERTH (H.), *The Ordo Manifesto of 1936*, in *Germany's Social Market Economy: Origins and Evolution*, A. PEACOCK, A. WILLGERODT (dir.), Londres, Palgrave Macmillan, 1989, pp. 15-26.

BONASSIES (P.), « L'influence des concepts communautaires sur le droit français », in *Droit public de la concurrence*, J.-M. RAINAUD, R. CRISTINI (dir.), Paris Economica, 1987, pp. 105-115.

BONASSIES (P.), « Les fondements du droit communautaire de la concurrence : la théorie de la concurrence-moyen », in *Études dédiées à Alex Weill*, Paris, Dalloz-Litec, 1983, pp. 51-67.

BORCHTCH (A.), « Champ d'application *ratione temporis* du "Paquet Almunia" de la Commission européenne dans le domaine des aides d'État attribuées aux entreprises chargées de la gestion de SIEG », *CMP*, 2013, n° 6, pp. 8-11.

BOSCO (D.), « Regards sur la modernisation de l'abus de position dominante », *LPA*, 2018, n° 133, pp. 14-38.

BOUTARD-LABARDE (M.-C.), « PME et droit de la concurrence », *LPA*, 1995, n° 152, pp. 40-46.

BOUTARD-LABARDE (M.-C.), BUREAU (D.), « La détermination du marché pertinent », *RJDA*, 1993, n° 11, pp. 743-753.

BOY (L.), « L'ordre concurrentiel : essai de définition d'un concept », in *L'ordre concurrentiel. Mélanges en l'honneur d'Antoine Pirovano*, Paris, Éditions Frison-Roche, 2003, pp. 23-56.

BOY (L.), « L'abus de pouvoir de marché : contrôle de la domination ou protection de la concurrence ? », *RIDE*, 2005, n° 1, pp. 27-50.

BOWLEY (A. L.), « Bilateral Monopoly », *Econ. J.*, vol. 38, n° 152, 1928, pp. 651-658.

BRACONNIER (S.), « PME et marchés publics : quelques réflexions sur les régimes préférentiels existant à l'étranger », *CP-ACCP*, 2008, n° 77, pp. 45-47.

BRACONNIER (S.), « Performance et procédures d'attribution des contrats publics », in *Performance et droit administratif*, N. ALBERT (dir.), Paris, Lexis Nexis Litec, 2010, pp. 155-165.

BRACONNIER (S.), « La typologie des contrats publics d'affaires face à l'évolution du champ d'application des nouvelles directives », *AJDA*, 2014, n° 14, pp. 832-840.

BRACONNIER (S.), « Nouvelles directives marchés publics et concessions – Petite révolution et grandes évolutions », *JurisClasseur Contrats et marchés publics*, fasc. n° 1, 2014, 29 p.

BRACONNIER (S.), « Quelle théorie des sanctions dans le domaine de la régulation économique ? », *RDP*, 2014, n° 2, pp. 261-275.

BRACONNIER (S.), « L'ordonnance du 23 juillet 2015 sur les marchés publics. Simplification et ambitions contrariées », *JCP G*, 2015, n° 40, pp. 1747-1756.

BRACQ (S.), « Droit communautaire matériel et qualification juridique : le financement des obligations de service public au cœur de la tourmente (à propos de CJCE 24 juill. 2003, *Altmark Trans GmbH*, aff. C-280/00) », *RTDE*, 2004, n° 1, pp. 33-70.

BRAULT (D.), « Service public et position dominante : peut-il y avoir abus ? », *LPA*, 2004, n° 239, pp. 36-40.

BRENET (F.), « L'exception de "coopération" entre entités appartenant au secteur public dans les nouvelles directives », *AJDA*, 2014, n° 15, pp. 848-852.

BRIDOUX (V.), « Quelles sont les actions ouvertes à la personne publique victime de la part de son cocontractant de pratiques anti-concurrentielles constitutives d'un dol ayant vicié son consentement ? », *BJCL*, 2020, n° 9, pp. 644-649.

BRIDOUX (V.), « La hausse des prix résultant d'une pratique anticoncurrentielle permet-elle à la personne publique qui l'a subie de demander une indemnisation alors même qu'elle n'a aucune relation contractuelle avec l'un des membres de l'entente ? », *BJCL*, 2020, n° 12, pp. 910-914.

BRIDOUX (V.), « La décision *France AgriMer* : Entre retrait précipité du droit de la concurrence et émancipation forcée du droit de la commande publique », *Concurrences* n° 2-2021, art. n° 99692, www.concurrences.com.

BRISSON (J.-F.), « Les offres du secteur public marchand », in *Le nouveau droit des marchés publics*, F. LICHÈRE (dir.), Lyon, L'Hermès, 2004, pp. 148-170.

BROSSAY (M.-A.), DE BAECKE (P.), « L'acheteur public : prévenir, détecter et gérer les pratiques anticoncurrentielles », *ACCP*, 2010, n° 99, pp. 41-44.

BROWN (S.), « APEC Developments. Non-Binding Principles of Value for Money and Open and Effective Competition », *PPLR*,vol. 8, n° 1, 1999, pp. CS16-CS19.

BROWN (A.), SMITH (H.), « Application of the Procurement Directives to Contracts Awarded by Public Bodies to Subsidiaries and the Scope of the Remedies Directive: A Note on Case C-26/03, Stadt Halle », *PPLR*, 2005, n° 3, pp. NA72-NA77.

BURGI (M.), « Small and Medium-Sized Enterprises and Procurement Law – European Legal Framework and German Experiences », *PPLR*, 2007, n° 4, pp. 284-294.

CABANES (C.), NEVEU (X.), « L'action du pouvoir adjudicateur en réparation de son préjudice né d'une entente anticoncurrentielle », *CP-ACCP*, 2017, n° 182, pp. 67-74.

CAILLAUD (B.), « Ententes et capture dans l'attribution des marchés publics », in *Enchères et gestion publique*, E. COHEN, M. MOUGEOT (dir.), Paris, La Documentation française, 2001, pp. 215-244.

CAILLOSSE (J.), « Personnes publiques et concurrence : quels enjeux théoriques ? », *AJDA*, 2016, n° 14, pp. 761-768.

CALDWELL (N.), WALKER (H.), HARLAND (C.), KNIGHT (L.), ZHEN (J.), « Promoting Competitive Markets: The Role of Public Procurement », in *Challenges in Public Procurement: An international Perspective*, K. V. THAI (dir.), Boca Raton PrAcademics Press, 2005, pp. 314-333.

CAMUS (A.), « L'ordre public concurrentiel », in *L'ordre public économique*, A. LAGET-ANNAMAYER (dir.), Paris, LGDJ, 2018, pp. 263-280.

CARANTA (R.), « Transparence et concurrence », in *Droit comparé des contrats publics*, R. NOGUELLOU, U. STELKENS (dir.), Bruxelles, Bruylant, 2010, pp. 145-172.

CASAS (D.), « Les personnes publiques et les règles de concurrence : vers l'égale concurrence ? », *Cahiers de la fonction publique*, 2001, n° 4, pp. 14-22.

CASSIA (P.), « Contrats publics et principe communautaire d'égalité de traitement », *RTDE*, 2002, pp. 413-449.

CATTIER (R.), « Subventionner un service public délégué », *AJDA*, 2014, n° 23, pp. 1305-1310.

CAVALLO PERIN (R.), CASALINI (D.), « Control over in-house providing organisations », *PPLR*, 2009, n° 14, pp. 227-240.

CHAPUT (F.), « L'autonomie de la filiale en droit des pratiques anticoncurrentielles », *Contrats, conc., consom.* 2010, n° 1, pp. 11-15.

CHARBIT (N.), « L'entente automatique », *Concurrences* n° 2-2006, art. n° 811, pp. 44-60.

CHARD (J.), DUHS (G.), HOULDEN (J.), « Body Beautiful or Vile Bodies? Central Purchasing in the UK », *PPLR*, 2008, n° 2, pp. NA26-NA34.

CHEN (Z.), « Monopoly and Product Diversity: The Role of Retailer Countervailing Power », *Carleton Economic Papers* n° 04-19, 2004, 25 p.

CHEN (Z.), « Buyer Power: Economic Theory and Antitrust Policy », in *Research in Law and Economics*, vol. 22, R. O. ZERBE, J. B. KIRKWOOD (dir.), Bingley, Emerald Group Publishing Limited, 2007, pp. 17-40.

CHÉROT (J.-Y.), « Le droit communautaire de la concurrence fonde-t-il un ordre concurrentiel ? Essai sur la notion d'entreprise et d'activité économique dans la jurisprudence de la Cour », in *L'ordre concurrentiel. Mélanges en l'honneur d'Antoine Pirovano*, Paris, Éditions Frison-Roche, 2003, pp. 563-577.

CHÉROT (J.-Y.), « Politique des PME, aides d'État et politique de concurrence », in *Les PME et le droit de la concurrence : analyse critique, comparative et prospective*, Y. CHAPUT (dir.), Paris, LexisNexis, Litec, 2009, pp. 271-306.

CHEVALLIER (J.), « État et ordre concurrentiel. Rapport introductif », in *L'ordre concurrentiel. Mélanges en l'honneur d'Antoine Pirovano*, Paris, Éditions Frison-Roche, 2003, pp. 59-72.

CHONÉ-GRIMALDI (A.-S.), GODIVEAU (G.), « L'entreprise, interface des rapports entre l'Union européenne et les États membres : le droit antitrust », *RJC*, 2014, n° 6, pp. 456-468.

CLAMOUR (G.), « Obligation positive et présomption réfragable, ou comment le juge administratif assure l'effet utile du principe d'égale concurrence entre opérateur public et opérateur privé », *RLC*, 2006, n° 7, pp. 34-36.

CLAMOUR (G.), « Qui peut le moins peut le plus... ! Ou la liberté économique de fait des personnes publiques », in acte du colloque « Dix ans après l'arrêt *Million et Marais* : et après ? », *JCP A*, 2007, n° 44, pp. 48-56.

CLAMOUR (G.), « Le nouveau droit des concessions », *Dr. adm.*, 2016, n° 3, pp. 13-21.

CLAMOUR (G.), DESTOURS (S.), PODLINSKI (A.), « Droit de la concurrence – Droit de la concurrence publique », *JurisClasseur Collectivités territoriales*, fasc. n° 571, 2018, 70 p.

COMBE (E.), « La concurrence : Quelques pistes pour sortir des idées reçues », in *À quoi sert la concurrence ?*, M. BEHAR-TOUCHAIS, N. CHARBIT, R. AMARO (dir.), Paris, Concurrences, 2014, pp. 49-54.

COMMUNIER (J.-M.), « Le principe de transparence : réflexions sur sa qualification et sa portée », in *Le droit de l'Union européenne en principes. Liber amicorum en l'honneur de Jean Raux*, Rennes, Éditions Apogée, 2006, pp. 261-284.

CONSTANTINESCO (L.-J.), « La constitution économique de la République fédérale allemande », *Revue économique*, vol. 11, n° 2, 1960, pp. 266-290.

COSMA (H. A.), WHISH (R.), « Soft Law in the Field of EU Competition Policy », *EBLR*, vol. 14, n° 1, 2003, pp. 25-56.

COSMOVICI (P.-M.), « La concurrence en droit national et en droit communautaire », *RIDC*, 1993, vol. 45, n° 2, pp. 395-409.

COSSALTER (P.), « Le coût du cycle de vie, nouveau Graal des acheteurs publics ? », *CMP*, 2014, n° 6, pp. 44-47.

CRAMTON (P.), SCHWARTZ (J.), « Collusive Bidding: Lessons from the FCC Spectrum Auctions », *Journal of Regulatory Economics*, vol. 17, 2000, pp. 229-252.

CROZET (M.), TRIONFETTI (F.), « Effets-frontières entre les pays de l'Union européenne : le poids des politiques d'achats publics », *Économie internationale*, 2002/1-2 (n° 89-90), pp. 189-208.

DASKALOVA (V.), « Consumer Welfare in EU Competition Law: What Is It (Not) About? », *CLR*, vol. 11, n° 1, 2015, pp. 133-162.

DELAUNAY (B.), in « La reconfiguration des rapports entre sphères publique et privée (Les dimensions de la sphère publique en droit de la concurrence, Caen, 3 octobre 2014) », *Concurrences* n° 1-2015, art. n° 71640, www.concurrences.com.

DELAUNAY (B.), « Le contentieux de la réparation des pratiques anticoncurrentielles », *AJDA*, 2016, pp. 781-789.

DELLA CANANEA (G.), « La liberté de concurrence dans l'Union européenne : Une tradition constitutionnelle commune ? », *Le Gouvernement économique européen*, in J.-B. AUBY, p. IDOUX (dir.), Bruxelles, Bruylant, 2017, pp. 131-156.

DELVOLVÉ (P.), « Conseil d'État et Conseil de la concurrence », in *Le dialogue des juges. Mélanges en l'honneur du président Bruno Genevois*, Paris, Dalloz, 2009, p. 329-350.

DELVOLVÉ (P.), « Les libertés économiques », *RFDA*, 2017, n° 1, pp. 33-41.

DENORD (F.), « Néo-libéralisme et "économie sociale de marché" : les origines intellectuelles de la politique européenne de la concurrence (1930-1950) », *Histoire, économie & société*, 2008, n° 1, pp. 23-33.

DEROUDILLE (A.), « La notion d'unité économique en droit de l'Union européenne », *RDUE*, 2016, n° 3-4, pp. 555-578.

DESTOURS (S.), « Le droit de la concurrence, source du droit des marchés publics ? », in *Le nouveau droit des marchés publics*, F. LICHÈRE (dir.), Lyon, L'Hermès, 2004, pp. 39-60.

DESTOURS (S.), « Pas d'abus automatique de position dominante… faute d'automaticité », *RLC*, 2014, n° 23, pp. 51-76.

DERO-BUGNY (D.), « Marchés publics et concessions. Principes fondamentaux des traités », *JurisClasseur Europe Traité*, fasc. n° 1050, 2015, 37 p.

DEVÈS (C.), « Le "*in house*" toujours en chantier », *CMP*, 2013, n° 4, pp. 7-12.

DEVÈS (C.), « Sociétés publiques locales (SPL) et sociétés publiques locales d'aménagement (SPLA) », *JurisClasseur Administratif*, fasc. n° 163, 2017, 47 p.

DIEU (F.), « Les considérations sociales et environnementales dans la nouvelle directive Marchés du 26 février 2014 », *BJCP*, 2014, n° 96, pp. 326-335.

DJOUDI (J.), « La sous-traitance dans le contexte européen », *Recueil Dalloz Sirey*, 1992, pp. 215-230.

DOERN (A.), « The Interaction between EC Rules on Public Procurement and State Aid », *PPLR*, n° 3, 2004, pp. 97-129.

DOUAT (E.), « Le contrôle des marchés publics par le juge financier », in *Le nouveau droit des marchés publics*, F. LICHÈRE (dir.), Lyon, L'Hermès, 2004, pp. 117-128.

DOYLE (C.), INDERST (R.), « Some Economics on the Treatment of Buyer Power in Antitrust », *ECLR*, vol. 28, n° 3, 2007, pp. 210-219.

DRAGO (R.), « Marchés publics et concurrence », in *Droit public de la concurrence*, J.-M. RAINAUD, R. CRISTINI (dir.), Paris, Economica, 1987, pp. 197-208.

DREXL (J.), « La Constitution économique européenne – L'actualité du modèle ordolibéral », *RIDE*, 2011, n° 4, pp. 419-454.

DREYFUS (J.-D.), « La neutralité de la réglementation des marchés publics doit être garantie », *AJDA*, 2007, n° 29, pp. 1593-1603.

DREYFUS (J.-D.), « Resserrement des conditions de recours au contrat *in house* », *AJDA*, 2013, n° 3, pp. 178-181.

DUBIN (L.), « Le mieux-disant social, une vieille idée à l'épreuve du droit communautaire », *AJDA*, 2002, n° 6, pp. 493-499.

DU MARAIS (B.), « Le droit de la commande publique est-il un droit de la concurrence ? », *Gaz. Pal.*, 2007, n° 84-86, pp. 2-6.

DURVIAUX (A.-L.), « La passation des marchés publics dans la directive 2014/24/UE : amplification et réduction », in *EU Directive 2014/24 on Public Procurement. A new turn for competition in public markets?*, Y. MARIQUE, K. WAUTERS (dir.), Bruxelles, Larcier, 2016, pp. 41-78.

DURVIAUX (A.-L.), NAVEZ (F.), « Marchés publics et paradigme concurrentiel : état du droit », *Marchés publics & économie sociale. Les dossiers d'ASBL actualités*, 2006, n° 2, pp. 15-66.

DYENS (S.), « La SPL face au paquet Almunia : une relation complexe » *AJCT*, 2012, n° 11, pp. 535-539.

ECKERT (G.), « Contrats entre personnes publiques et droit de la concurrence », *AJDA*, 2013, n° 15, pp. 849-852.

ECKERT (G.), « La coopération public-public, entre espoirs et inquiétudes », in *Mélanges en l'honneur du Professeur Laurent Richer. À propos des contrats des personnes publiques*, Paris, LGDJ, 2013, pp. 617-632.

ECKERT (G.), « La directive sur l'attribution de contrats de concession ou l'affermissement du droit de la commande publique » *RJEP*, 2014, n° 722, pp. 3-12.

ECKERT (G.), « Candidature des personnes publiques : le rappel des règles européennes », *CMP*, 2015, n° 2, pp. 47-50.

Ehlermann (C.-D.), « The Contribution of EC Competition Rules to the Single Market », *CMLR*, vol. 29, 1992, pp. 257-282.

EIRÓ (V.), « E-procurement: The Portuguese Experience », *PPLR*, 2016, n° 1, pp. NA5-NA17.

EUCKEN (W.), BÖHM (F.), GROSSMANN-DOERTH (H.), « Unsere Aufgabe », in *Ordnung der Wirtschaft*, Stuttgart-Berlin, W. Kohlhammer, 1937, pp. VII-XXI.

EUCKEN (W.), « Die Wettbewerbsordnung und ihre Verwirklichung », *ORDO*, vol. 2, 1949, pp. 1-99.

EVANS (D. S.), PADILLA (J.), « Excessive Prices: Using Economics to Define Administrative Legal Rules », *Journal of Competition Law and Economics*, vol. 1, n° 1, 2005, pp. 97-122.

FAES (W.), MATTHYSSENS (P.), VANDENBEMPT (K.), « The Pursuit of Global Purchasing Synergy », *Industrial Marketing Management*, vol. 29, n° 6, 2000, pp. 539-553.

FANA (M.), PIGA (G.), « SME's and public contracts. A EU based perspective », in *The Applied Law and Economics of Public Procurement*, G. PIGA, S. TREUMER (dir.), Abingdon-on-Thames, Routledge, 2013, pp. 283-299.

FOLZER (M.-C.), KOEBEL (B.), MARCANTONI (A.), « La centralisation et la mutualisation des achats », in *La commande publique, un levier pour l'action publique ?*, E. MULLER (dir.), Paris, Dalloz, 2018, pp. 61-70.

FOURNOUX (L. de), « Candidature publique à la commande publique : la fin d'un malentendu ? », *CMP*, 2015, n° 2, pp. 44-47.

FRÉGET (O.), « Le respect de la concurrence libre et non faussée est-il une finalité ou un moyen ? », *Concurrences* n° 3-2016, art. n° 80007, www.concurrences.com.

FROEB (L. M.), KOYAK (R.), WERDEN (G. J.), « What is the effect of bid-rigging on prices? », *Economics Letters*, vol. 42, n° 4, 1993, pp. 419-423.

GACHES (P.), « Les PME face au droit de la concurrence », actes du colloque du 22 juin 2011, *RLC*, 2011, n° 29, pp. 146-181.

GAUDEMET (Y.), « Conflit de compétence et droit de la concurrence. Sur une équivoque », in *Nouveaux juges, nouveaux pouvoirs ? Mélanges en l'honneur de Roger Perrot*, Paris, Dalloz, 1996, pp. 121-129.

GAUDEMET (Y.), « L'achat de biens et services par les collectivités publiques », in Colloque « Pouvoirs publics et concurrence : L'achat de biens et services par les collectivités publiques » (3e table ronde – Paris, 7 mai 2010), *Concurrences* n° 3-2010, art. n° 32296, www.concurrences.com, pp. 35-36.

GEORGOPOULOS (A.), « Defence Procurement and EU Law », *ELR*, vol. 30, n° 4, 2005, pp. 559-572.

GIVORD (L.), SCAILLIEREZ (A.), « L'allotissement et les nouvelles directives européennes », *CP-ACCP*, 2015, n° 155, pp. 55-58.

GLAIS (M.), « Définition du marché de référence dans le droit de la concurrence », *Rev. internationale de la conc.*, 1993, n° 171, pp. 30-45.

GLAIS (M.), « Les fondements d'une politique de la concurrence », *Cahiers français*, 2003, n° 313, pp. 20-27.

GOBERT (D.), WOIMANT (A.), « Les droits d'exclusivité dans le cadre des marchés exclus de mise en concurrence », *CP-ACCP*, 2013, n° 128, pp. 47-50.

GOLDEN (J.), « Abnormally Low Tenders in Public Sector Procurement », Society of the Construction Law, Belfast, 2013, pp. 1-21.

GRARD (L.), « Les dimensions de la sphère publique en droit de la concurrence. Conclusions », *RJC*, 2015, n° 1, pp. 114-118.

GRIMANDI (M.), « La recherche de performance dans les procédures d'attribution des contrats de la commande publique », in *La performance en droit public et science politique*, J.-E. GICQUEL (dir.), 2019, pp. 43-60.

GUELLIER (P.), « Les modalités de détermination de la durée initiale des conventions de DSP », *CP-ACCP*, 2012, n° 127, pp. 66-69.

GUÉZOU (O.), « L'opposabilité du droit interne de la concurrence aux actes administratifs », *AJDA*, 1998, n° 3, pp. 247-253.

GUÉZOU (O.), « Droit de la concurrence et droit des marchés publics : vers une notion transversale de mise en libre concurrence », *CP-ACCP*, 2003, n° 20, pp. 43-47.

GUÉZOU (O.), « Droit de la concurrence et contrats publics – Contentieux administratif et pratiques anticoncurrentielles », in *Contrats publics. Mélanges en l'honneur du Professeur Michel Guibal*, tome 1, Université Montpellier 1, 2006, pp. 107-140.

GUÉZOU (O.), « Million et Tropic : histoires parallèles et vie commune », in *Droit et économie : interférences et interactions. Études en l'honneur du professeur Michel Bazex*, Litec, 2009, pp. 147-162

GUÉZOU (O.), « Contrats publics et politique de la concurrence », *RFDA*, 2014, n° 4, pp. 632-640.

GUÉZOU (O.), « Contrats publics et régulation concurrentielle », in *Dictionnaire des régulations 2016*, M. BAZEX, G. ECKERT, R. LANNEAU, C. LE BERRE, B. DU MARAIS, A. SÉE (dir.), Paris, LexisNexis, 2015, pp. 218-227.

GUIBAL (M.), « Grandeurs et servitudes de la concurrence », *CP-ACCP*, 2003, n° 20, p. 1.

GUILLERMIN (G.), HEN (C.), « Le droit communautaire des marchés publics », *RMCUE*, n° 373, 1993, pp. 852-863.

GUILLERMIN (G.), « L'ouverture des marchés publics européens et les petites et moyennes entreprises », *RMCUE*, 1993, n° 373, pp. 871-895.

GUINARD (D.), « De l'effectivité du droit de la concurrence dans le droit de la commande publique. Regard récent sur la sélection des candidats par les pouvoirs adjudicateurs », *CMP*, 2011, n° 2, pp. 13-17.

HABERBUSH (K. L.), « Limiting the Government's Exposure to Bid Rigging Schemes: A Critical Look at the Sealed Bidding Regime », *PCLJ*, vol. 30, n° 1, 2000, pp. 97-122.

HASSELGÅRD (P. E.), « The Use of Tender Procedures to Exclude State Aid: The Situation under the EU 2014 Public Procurement Directives », *European Procurement & Public Private Partnership Law Review*, vol. 12, n° 1, 2017, pp. 16-28.

HATZOPOULOS (V.), « Public procurement and state aid in national health care systems », in *Health Systems Governance in Europe: The Role of European Union Law and Policy*, E. MOSSIALOS, G. PERMANAND, R. BAETEN (dir.), Cambridge University Press, 2010, pp. 378-418.

HAUDEVILLE (B.), « La finalité de la politique de la concurrence, promouvoir l'efficacité ou l'équité ? », *Rev. conc. cons.*, 1995, n° 85, pp. 46-53.

HAWK (B.-E.), « Un tour d'horizon du droit et de la politique de concurrence », *Cahiers de droit de l'entreprise*, 1992, n° 5, pp. 1-10.

HERRERA ANCHUSTEGUI (I.), SÁNCHEZ-GRAELLS (A.), « Impact of public procurement aggregation on competition. Risks, rationale and justification for the rules in Directive 2014/24 », *University of Leicester School of Law Research Paper* n° 14, 2014, 27 p.

HERRERA ANCHUSTEGUI (I.), « Centralizing public procurement and competitiveness in Directive 2014/24 », University of Bergen, 2015, 25 p.

HERZ (B.), VARELA-IRIMIA (X.-L.), « Border Effects in European Public Procurement », *MPRA Paper* n° 80138, 2017, 45 p.

HEUNINCKX (B.), « Defence Procurement: The Most Effective Way to Grant Illegal State Aid and Get Away With it … Or is it? », *CMLR*, vol. 46, n° 1, 2009, pp. 191-211.

HEUNINCKX (B.), « The EU Defence and Security Procurement Directive: Trick or Treat? », *PPLR*, 2011, n° 1, pp. 9-28.

HEUNINCKX (B.), « Security of Supply and Offsets in Defence Procurement: What's New in the EU? », *PPLR*, 2014, n° 2, pp. 33-49.

HEUNINCKX (B.), « Aggregated procurement under Directive 2014/24/EU: lessons from the defence sector », *PPLR*, 2018, n° 5, pp. 189-216.

HILLGER (J.), « The Award of a Public Contract as State Aid within the Meaning of Article 87(1) EC », *PPLR*, 2003, n° 3, pp. 109-130.

HOEPFFNER (H.), « La nouvelle directive Concessions : sécuriser le cadre juridique des concessions et préserver la liberté des concédants : une conciliation impossible ? », *Europe*, 2014, n° 6, pp. 9-16.

HOEPFFNER (H.), « La nouvelle directive Marchés publics : simple consolidation des acquis ou véritable modernisation ? », *Europe*, 2014, n° 5, pp. 5-13.

HOVENKAMP (H.), « Antitrust in 2018: The Meaning of Consumer Welfare Now », *Penn Wharton Public Policy Initiative Issue Brief*, vol. 6, n° 8, 2018, 7 p.

IANNELLO (C.), « La réforme des services publics locaux à caractère économique en Italie », *RFDA*, 2012, n° 3, pp. 573-579.

IDOT (L.), « La liberté de concurrence en France », *LPA*, 2000, n° 59, pp. 4-13.

IDOT (L.), « Les SIEG et les règles de concurrence », in *Les services d'intérêt économique général et l'Union européenne*, J.-V. LOUIS, S. RODRIGUES (dir.), Bruxelles, Bruylant, 2006, pp. 39-64.

IDOT (L.), « L'intérêt général : limite ou pierre angulaire du droit de la concurrence », *JDE*, 2007, n° 142, pp. 225-231.

IDOT (L.), « Commande publique et droit de la concurrence : Un autre regard », *Concurrences* n° 1-2008, art. n° 15216, pp. 52-63.

IDOT (L.), « Droit de la concurrence et protection de l'environnement », *Concurrences* n° 3-2012, art. n° 48128, www.concurrences.com.

IDOT (L.), « La distinction droit public-droit privé a-t-elle une pertinence en droit de la concurrence ? », *RJC*, 2014, n° 6, pp.434-443

IDOT (L.), « Coup d'arrêt à la théorie dite de l'abus automatique », *Europe*, 2014, n° 10, p. 40.

IDOT (L.), « Abus de position dominante et octroi de droits exclusifs », *Europe*, 2012, n° 11, pp. 34-35.

IDOUX (P.), « Les considérations sociales et environnementales », *RFDA*, 2016, n° 2, p. 260.

IORDACHE (L.), « The Single Market and EU Competition Law – Two Pillars of the European Union », *Global Economic Observer*, vol. 2, n° 1, 2014 pp. 117-128.

JACOBSON (J.), « Monopsony 2013: Still Not Truly Symmetric », *The Antitrust Source*, vol. 13, n° 2, 2013, 11 p.

JACOBSON (J. M.), DORMAN (G. J.), « Joint Purchasing, Monopsony, and Antitrust », *Antitrust Bulletin*, vol. 36, n° 1, 1991, pp. 10-17.

JÉGOUZO (Y.), « L'égalité : aspect de droit public (égalité des sociétés du secteur public et du secteur privé) », *Revue des sociétés*, 1989, p. 411.

JENNY (F.), « Pratiques verticales, restrictives, concurrence et efficience » *JCP E*, 1989, n° 4, pp. 5-10.

JENNY (F.), « Droit européen de la concurrence et efficience économique », *RE*, 1993, n° 63, pp. 193-206.

KAARRESALO (T.), « Procuring in-house: the impact of the EC procurement regime », *PPLR*, 2008, n° 17, pp. 242-254.

KALFLÈCHE (G.), SORBARA (J.-G.), « Les compensations de service public du Paquet Almunia, une obscure clarté », *Europe*, 2012, n° 6, pp. 4-9.

KARJALAINEN (K.), KEMPPAINEN (K.), « The involvement of small- and medium-sized enterprises in public procurement: Impact of resource perceptions, electronic systems and enterprise size », *Journal of Purchasing & Supply Management*, vol. 14, n° 4, 2008, pp. 230-240.

KARPENSCHIF (M.), « Du paquet Monti/Kroes au paquet Almunia : le financement des SIEG simplifié et sécurisé ? », *JCP A*, 2012, n° 1, pp. 46-52.

KARPENSCHIF (M.), « Financement des SIEG : le "paquet Almunia" entre continuité et innovations », *RLDA*, 2012, n° 71, pp. 66-67.

KARPENSCHIF (M.), « L'égale concurrence et les entreprises publiques locales », *JCP A*, 2013, n° 1-2, pp. 27-33.

KEKELEKIS (M.), NESLEIN (K.), « Public Procurement and State Aid », in *Research Handbook on EU Public Procurement Law*, C. BOVIS (dir.) Cheltenham, Edward Elgar Publishing, 2016, pp. 232-256.

KENNEDY (D.), « London bus tendering: the impact on the costs », *International Review of Applied Economics*, vol. 9, n°3, 1995, pp. 305-317.

KIRAT (T.), « Les marchés publics de la défense et concurrence : quelles perspectives pour un marché européen des équipements de défense ? », in *La modernisation du droit de la concurrence*, G. CANIVET (dir.), Paris, LGDJ, 2006, pp. 439-451.

KIRAT (T.), MARTY (F.), VIDAL (L.), « Au croisement de l'économie de la réglementation et du droit comparé : l'efficacité de la réglementation des marchés publics en France et aux États-Unis », in *Droit comparé des contrats publics*, R. NOGUELLOU, U. STELKENS (dir.) Bruxelles, Bruylant, 2007, pp. 231-262.

KIRKWOOD (J. K.), « The Fundamental Goal of Antitrust: Protecting Consumers, Not Increasing Efficiency », *Notre Dame Law Review*, vol. 84, n° 1, 2008, pp. 191-244.

KIRKWOOD (J. K.), « The Essence of Antitrust: Protecting Consumers and Small Suppliers from Anticompetitive Conduct », *Fordham Law Review*, vol. 81, n° 5, 2013, pp. 2425-2469.

KIRKWOOD (J. K.), « Collusion to Control a Powerful Customer: Amazon, E-Books, and Antitrust Policy », *University of Miami Law Review*, vol. 69, n° 1, 2014, pp. 1-64.

KLEMPERER (P. D.), « Competition Policy in Auctions and "Bidding Markets" », in *Handbook of Antitrust Economics*, P. BUCCIROSSI (dir.), Cambridge, MIT Press, 2008, pp. 584-597.

KOEBEL (B.), « Dématérialisation des marchés publics et accès des entreprises à la commande publique », *CMP*, 2018, n° 12, p. 52.

KOEBEL (B.), « Marchés publics et dématérialisation : le coup d'accélérateur », *JCP A*, 2018, n°41, pp. 5-7.

KOENIG (C.), WETZEL (J.), « The relevance of EC state aid control for PPP infrastructure funding », *European Public Private Partnership Law Review*, vol. 2, n° 1, 2007, pp. 5-11.

KONSTADAKOPOULOS (D.), « The Linked Oligopoly Concept in the Single European Market: Recent Evidence from Public Procurement », *PPLR*, 1995, n°5, pp. 213-234.

KOVACIC (W. E.), « Bidding Rings and the Design of Anti-Collusive Measures for Auctions and Procurements », in *Handbook of Procurement*, N. DIMITRI, G. PIGA, G. SPAGNOLO (dir.), Cambridge, Cambridge University Press, 2006, pp. 381-411.

KOVAR (R.), « La "peau de chagrin" ou comment le droit communautaire opère la réduction des monopoles publics », *Europe*, 1992, n°7, pp. 1-4.

KOVAR (R.), « La Cour de justice et les entreprises chargées de la gestion d'un service d'intérêt économique général. Un pas dans le bon sens vers une dérégulation réglée », *Europe*, 1994, n°7-8, pp. 1-5.

KOVAR (R.), « Les achats publics et l'interdiction des aides d'État », *CMP*, 2004, n°8-9, pp. 5-9.

KUNZLIK (P.), « International Procurement Regimes and the Scope for the Inclusion of Environmental Factors in Public Procurement », *OECD Journal on Budgeting*, vol. 3, n° 4, 2004, spec. pp. 107-116.

KUNZLIK (P.), « Neoliberalism and the European Public Procurement Regime », *Cambridge Yearbook of European Legal Studies*, vol. 15, Cambridge, Cambridge University Press, 2013, pp. 253-356.

KUNZLIK (P.), « The 2014 Public Procurement Package – One-step forward and two back for Green and Social Procurement? », in *EU Directive 2014/24 on Public Procurement: A new turn for competition in public markets?*, Y. MARIQUE, K. WAUTERS (dir.), Bruxelles, Larcier, 2016, pp. 139-196.

LABETOULE (A.), LE CADET (S.), BARDOUX (A.), « Panorama des principales nouveautés de la réforme du droit des marchés publics : ce qu'il faut retenir », *JCP A*, 2016, n° 20, pp. 29-37.

LABOUBIER (F.), RAMOS (A.), « La dématérialisation à l'aune de la réforme de la commande publique », *CP-ACCP*, 2016, n° 167, pp. 20-24.

LAFFITTE (O.), « Centrales d'achats : un levier incontournable d'efficacité de la commande publique », *CP-ACCP*, 2014, n° 149, pp. 26-30.

LA LAURENCIE (J.-P. de), « Quelle place pour le droit de la concurrence dans le *Small Business Act* français et communautaire ? », in *Les PME et le droit de la concurrence : analyse critique, comparative et prospective*, Y. CHAPUT (dir.), Paris, LexisNexis, Litec, 2009, pp. 211-255.

LALLEMENT (R.), WISNIA-WEIL (V.), « Concurrence et innovation : quelles politiques pour favoriser le développement des entreprises ? », *Horizons stratégiques*, 2007/2, n° 4, pp. 156-175.

LANNEAU (R.), « Rapport : Le Conseil d'Analyse économique propose 10 mesures visant à renforcer l'efficacité de la commande publique », *Concurrences* n° 3-2015, art. n° 75250, pp. 186-189.

LANZAC (P. de), DEZOBRY (G.), « Ententes et marchés publics : La problématique des offres distinctes adressées par une société mère et sa filiale non autonome », *Concurrences* n° 1-2012, art. n° 41511, www.concurrences.com.

LARAIA (S.), « "Bidding Market" Defence in Competition Investigation », *CLJ*, 2006, n° 2, pp. 16-32.

LA ROSA (S. de), « La place de la négociation dans la conclusion des contrats de commande publique », *AJ Contrats d'affaires – Concurrence – Distribution*, 2016, pp. 323-326.

LA ROSA (S. de), « L'influence grandissante des principes fondamentaux de la commande publique. À propos de l'arrêt Borta UAB », *Revue des affaires européennes*, 2017, n° 2, pp. 343-351.

La ROSA (S. de), « Les principes fondamentaux de la commande publique devant la Cour de justice : le développement d'un contentieux de "seconde génération" », *La commande publique, un levier pour l'action publique ?*, E. Muller (dir.), Paris, Dalloz, 2018, pp. 160-175..

LASSERRE (B.), « Le droit de la concurrence, une chance pour les collectivités publiques », *CP-ACCP*, 2010, n° 99, p. 3.

LASSERRE (B.), « Les PME face au droit de la concurrence », actes du colloque du 22 juin 2011, *RLC*, 2011, n° 29, pp. 146-181.

LASSERRE (B.), « Seize ans après *Million et Marais*. Les riches heures du contrôle de légalité des actes administratifs au regard des règles de concurrence », *AJDA*, 2014, n° 2, pp. 110-112.

LE CHATELIER (G.), « Quelques réflexions sur le droit européen et les contrats publics », *CP-ACCP*, 2003, n° 27, pp. 146-181.

LESTIENNE (M.), MARLIER (P.), « Les commandes publiques, instruments de la politique économique ? », *Courrier hebdomadaire du CRISP*, 1980/11-12 (n° 876-877).

LEVAIN (L.), PRATS-DENOIX (M.), « Les relations in house à l'aune des nouvelles directives européennes », *JCP E*, 2015, n° 16, pp. 31-37.

LEVASSEUR (C.), « Entente ou abus de position dominante collective ? », *Rev. conc. cons.*, 2002, n° 126, pp. 11-15.

LEVENSTEIN (M. C.), SUSLOW (V. Y.), « What Determines Cartel Success? », *Journal of Economic Literature*, vol. 44, n° 1, 2006, pp. 43-95.

LÉVÊQUE (F.), « Caractéristiques des PME et droit de la concurrence : le regard de l'économiste », in *Les PME et le droit de la concurrence : analyse critique, comparative et prospective*, Y. CHAPUT (dir.), Paris, LexisNexis, Litec, 2009, pp. 19-46.

LEYSSAC (C. L. de), « PME et règles de protection du marché : le regard du juriste », *Les PME et le droit de la concurrence : analyse critique, comparative et prospective*, in Y. CHAPUT (dir.), Paris, LexisNexis, Litec, 2009, pp. 47-70.

LEYSSAC (C. L. de), « Concurrence, compétition, régulation », in *À quoi sert la concurrence ?*, M. BEHAR-TOUCHAIS, N. CHARBIT, R. AMARO (dir.), Paris, Concurrences, 2014, pp. 69-74.

LICHÈRE (F.), « L'influence du droit communautaire sur le droit des contrats publics », in *Droit administratif européen*, J.-B. AUBY, J. DUTHEIL de la ROCHÈRE, Bruxelles, Bruylant, 2007, pp. 945-968.

LICHÈRE (F.), « Règles de concurrence et marchés publics », *JCP A*, 2007, n° 44, pp. 36-42.

LICHÈRE (F.), « L'accès des PME dans la Directive 2014/24/UE », in *EU Directive 2014/24 on Public Procurement. A new turn for competition in public markets?*, Y. MARIQUE, K. WAUTERS (dir.), Bruxelles, Larcier, 2016, pp. 109-120.

LINDITCH (L.), « Le projet de directives marchés et les nouvelles procédures de passation : procédure concurrentielle et partenariat d'innovation. Seconde partie : les partenariats d'innovation », *JCP A*, 2012, n° 34, pp. 30-32.

LINDITCH (F.), « Ententes et marchés publics », *Jurisclasseur Contrats et marchés publics*, fasc. n° 36, 2016, 47 p.

LINOTTE (D.), « Principes d'égalité, de liberté, de commerce et de l'industrie et droit de la concurrence », in *Droit public de la concurrence*, J.-M. RAINAUD, R. CRISTINI (dir.), Paris, Economica, 1987, pp. 9-20.

LINOTTE (D.), « Existe-t-il un principe général du droit de la libre concurrence », *AJDA*, 2005, n° 28, pp. 1549-1553.

LLORENS (F.), SOLER-COUTEAUX (P.), « Coopération public-public et droit communautaire : quelles perspectives ? », *CMP*, 2011, n° 12, pp. 1-2.

LOUVARIS (A.), « Les contrats des collectivités territoriales et le droit de la concurrence », *CMP*, 2007, n° 5, pp. 33-40.

LOWE (P.), « La lutte contre les cartels et la politique de clémence », in « Politique de clémence et lutte contre les cartels (Forum de concurrence européen) », *Concurrences* n° 3-2006, art. n° 1557, pp. 73-84.

MADDALON (P.), « Concurrence et marché pertinent », in *Le rôle politique de la Cour de justice de l'Union européenne*, L. CLÉMENT-WILZ, Bruxelles, Bruylant, 2018, pp. 227-231.

MADILL (J.), MEXIS (A.), « Consumer at the heart of EU competition policy », *Competition Policy Newsletter*, n° 1, 2009, pp. 27-28.

MADSEN (P. T.), « Re-opening the Debate on the Lack of Impact of EU tenders on the Openness of Public Procurement », *PPLR*, 2002, n° 5, pp. 265-281.

MANIATIS (C. G.), « Operationalization of the Concept of Just Price in the Byzantine Legal, Economic and Political System », *Byzantion*, vol. 71, n° 1, 2001, pp. 131-193.

MANSON (S.), « Domaine public et concurrence », *RDP*, 1999, pp. 1543-1557.

MARCOU (G.), « Les modes de gestion des services publics locaux en Allemagne et l'ouverture à la concurrence », *RFDA*, 1995, pp. 462-496.

MARCOU (G.), « L'ordre public économique aujourd'hui. Un essai de redéfinition », in *Annales de la régulation 2009*, T. REVET, L. VIDAL (dir.), Paris, Éditions de l'IRJS, 2009, pp. 79-103.

MARCOU (G.), « L'apparition du droit du marché et l'ordre public économique », in *Droit et Marché*, S. DORMONT, T. PERROUD (dir.), Paris, LGDJ, 2015, pp. 5-20.

MARIQUE (Y.), « Changes during performance. A case for revising the extension of competition », *EU Directive 2014/24 on Public Procurement: A new turn for competition in public markets?*, in Y. MARIQUE, K. WAUTERS (dir.), Bruxelles, Larcier, 2016, pp. 197-224.

MARTUCCI (F.), « Constitution économique et concurrence : En quête d'une matrice constitutionnelle du droit de la concurrence », *RJC*, 2014, n° 6, pp. 444-455.

MARTUCCI (F.), « Les concessions entre entités dans le secteur public : la codification de la jurisprudence relative aux coopérations public-public », in *L'encadrement des concessions par le droit européen de la commande publique*, S. de LA ROSA (dir.), Paris, Société de législation comparée, 2014, pp. 49-71.

MARTUCCI (F.), « Les objectifs politiques de la commande publique en droit de l'Union européenne », in *La commande publique, un levier pour l'action publique ?*, E. Muller (dir.), Paris, Dalloz, 2018, pp. 73-88.

MARTY (F.), « Incertitudes économiques et insécurité juridique : la notion de position dominante collective dans les politiques de concurrence européennes », Document de travail de l'OFCE, 2007, n° 20, 31 p.

MARTY (F.), « Le critère du bien-être du consommateur comme objectif exclusif de la politique de concurrence. Une mise en perspective sur la base de l'histoire de l'antitrust américain », *RIDE*, 2014, n° 4, pp. 471-497.

MAUBLANC (J.-V.), « L'ordre public économique », in *L'ordre public*, E. BERRY, D. GANTSCHNIG, L. GATTI, A. LAUBA, J.-V. MAUBLANC, D. VEILLON (dir.), Poitiers, Presses universitaires juridiques, 2019, pp. 253-282.

MAUGÜÉ (C.), « La portée de l'obligation de transparence dans les contrats publics », in *Mouvement du droit public : du droit administratif au droit constitutionnel, du droit français aux autres droits : Mélanges en l'honneur de Franck Moderne*, D. de BÉCHILLON, P. CAMBOT, H. CHARLES, J.-Y. CHÉROT (dir.), Paris, Dalloz, 2004, pp. 609-626.

MCAFEE (R. P.), MCMILLAN (J.), « Bidding Rings », *American Economic Review*, vol. 82, n° 3, 1992, pp. 579-599.

MEGAY (E. N.), « Anti-Pluralist Liberalism: The German Neoliberals », *Political Science Quarterly*, vol. 85, n° 3, 1970, pp. 422-442.

MÉNÉMÉNIS (A.), « L'avis Fondation Jean Moulin et la commande publique : poursuite de la réflexion », *CP-ACCP*, 2004, n° 36, pp. 65-67.

MIALOT (C.), POULARD (C.), « Le partenariat d'innovation : retours d'expérience », *Cahiers de droit de l'entreprise*, 2016, n° 6, pp. 29-33.

MIKSCH (L.), « Walter Eucken », *Kyklos*, vol. 4, n° 4, 1950, pp. 279-290.

MILLER (R. A.), « Economy, Efficiency and Effectiveness in Government Procurement », *Brooklyn Law Review*, vol. 42, 1975, spé. pp. 215-233.

MIYAGIWA (K.), «Oligopoly and Discriminatory Government Procurement Policy », *American Economic Review*, vol. 81, n° 5, 1991, pp. 1320-1328.

MONGOUACHON (C.), « L'ordolibéralisme : Contexte historique et contenu dogmatique », *Concurrences* n° 4-2011, art. n° 38770, pp. 70-78.

MONGOUACHON (C.), « Les débats sur la Constitution économique en Allemagne », *RFDC*, n° 90, 2012, pp. 303-337.

MONGOUACHON (C.), « Ordolibéralisme versus néolibéralisme : antagonismes idéologiques et conséquences pratiques en droit européen de la concurrence », in *Droit et Marché*, S. DORMONT, T. PERROUD (dir.), Paris, LGDJ, 2015, pp. 21-44.

MONGOUACHON (C.), « L'ordolibéralisme. Contexte historique et contenu dogmatique », in *L'ordolibéralisme, aux origines de l'École de Fribourg-en-Brisgau*, H. RABAULT (dir.), Paris, L'Harmattan, 2016, pp. 29-50.

MONGOUACHON (C.), « Pour une concurrence régulée : l'apport de Leonhard Miksch », in *L'ordolibéralisme, aux origines de l'École de Fribourg-en-Brisgau*, H. RABAULT (dir.), Paris, L'Harmattan, 2016, pp. 161-189.

MONJAL (P.-Y.), « Ne pas appliquer le droit européen de la concurrence c'est encore appliquer le droit de... l'Union : Remarques sur les modalités de neutralisation du droit européen de la concurrence ou le paradoxe du barbier », in *La Constitution, l'Europe et le droit. Mélanges en l'honneur de Jean-Claude Masclet*, Paris, Éd. de la Sorbonne, 2013, pp. 743-804.

MOREAU (P.), « Pour une meilleure efficacité des achats publics : la notion d'offre excessive », *JCP A*, 2015, n° 45, pp. 25-30.

MOUGEOT (M.), NAEGELEN (F.), « La libéralisation des marchés publics en 1992 », *REI*, 1990, vol. 52, n° 1, pp. 52-68.

MOUGEOT (M.), NAEGELEN (F.), « Éléments d'analyse théorique de l'ouverture des marchés publics », Ministère de la Recherche et de la Technologie Ministère de la Recherche et de la Technologie, 1991, , pp. 61-80.

MOUGEOT (M.), NAEGELEN (F.), « L'ouverture des marchés publics dans la Communauté Économique Européenne », *Politiques et management public*, 1992, vol. 10, n° 2, pp. 61-80.

MOUGEOT (M.), NAEGELEN (F.), « Marchés publics et théorie économique : un guide de l'acheteur », *Revue d'économie politique*, vol. 107, n° 1, 1997, pp. 1-29.

MOUY (N.), « L'utilisation des concepts économiques de l'analyse concurrentielle par le juge administratif », *JCP A*, 2007, n° 44, pp. 65-68.

MUNRO (C.), « Competition Law and Public Procurement: Two Sides of the Same Coin? », *PPLR*, 2006, n° 6, pp. 352-374.

NAEGELEN (F.), « L'attribution des marchés en fonction de l'offre économiquement la plus avantageuse », *Économie & prévision*, 1998, n° 132-133, pp. 103-120.

NASSE (P.), « Concurrence et PME : Protection de la concurrence ou protection des PME », in « PME et pratiques prohibées en-deçà du seuil de dominance (Deuxième journée franco-allemande de la concurrence, Bonn, 22 septembre 2006) », *Concurrences* n° 2-2007, art. n° 13609, pp. 68-72.

NAUGÈS (S.), RISSER (S.), « Les échanges d'informations proconcurrentiels dans le cadre de la commande publique : Le nécessaire arbitrage entre intérêt public et droit de la concurrence », in « Existe-t-il des échanges d'informations pro-concurrentiels ? », *Concurrences* n° 3-2013, art. n° 53052, www.concurrences.com.

NICOLAIDES (P.), « State Aid, Advantage and Competitive Selection: What Is a Normal Market Transaction? », *European State Aid Law Quartely*, vol. 9, n° 1, 2010, pp. 65-78.

NICINSKI (S.), « Les évolutions du droit administratif de la concurrence », *AJDA*, 2004, pp. 751-760.

NICINSKI (S.), « Les sociétés publiques locales et le droit de la concurrence », *RFDA*, 2012, pp. 1135-1139.

NICINSKI (S.), « L'administration doit-elle être encadrée lorsqu'elle contracte avec un opérateur économique ? », in *Mélanges en l'honneur du Professeur Laurent Richer. À propos des contrats des personnes publiques*, Paris, LGDJ, 2013, pp. 421-435.

NICINSKI (S.), « Opérateurs historiques et pratique anticoncurrentielle », *AJDA*, 2017, n° 21, pp. 1211-1212.

NICINSKI (S.), « La garantie implicite de l'État du fait du statut d'EPIC », *AJDA*, 2018, n° 44, pp. 2484-2485.

NICINSKI (S.), « Les droits exclusifs », *RFDA*, 2018, n° 3, pp. 479-486.

NIGRI (E.), « Prévenir des situations d'entente », *CMP*, 2016, n° 1, pp. 33-36.

NOËL (M.), MINAIRE (G.), « Coopération entre personnes publiques et prestations de services : une frontière ténue », *CP-ACCP*, 2013, n° 136, pp. 70-74.

NOGUELLOU (R.), « Participation d'une entité publique à un appel d'offres », *RDI*, 2015, pp. 531-532.

NOGUELLOU (R.), « Le nouveau champ d'application du droit des marchés publics », *AJDA*, 2015, n° 32, pp. 1789-1794.

NOGUELLOU (R.), « Contrats publics et aides d'État » in *L'identité du droit de l'Union européenne : Mélanges en l'honneur de Claude Blumann*, Bruxelles, Bruylant, 2015, pp. 448-461.

NOGUELLOU (R.), « L'attribution des autorisations domaniales : feu l'arrêt Jean-Bouin… », *AJDA*, 2016, n° 38, pp. 2176-2179.

NOLLET (J.), BEAULIEU (M.), « Should an organisation join a purchasing group? », *Supply Chain Management Review*, vol. 10, n° 1, 2005, pp. 11-17.

O'BRIEN (G.), « Les dispositions communautaires visant à faciliter l'accès des PME aux marchés publics », *RMCUE*, 1993, n° 373, pp. 869-876.

OLIVIER (F.), LESQUINS (J.-L.), « Nouvelles directives européennes, in house et aides d'État », *CMP*, 2014, n° 8-9, pp. 7-14.

PARRET (L.), « The Multiple Personalities of EU Competition Law: Time for a Comprehensive Debate on its Objectives » in *The Goals of Competition Law*, D. ZIMMER (dir.), Cheltenham, Edward Elgar, 2012, pp. 61-84.

PELLISSIER (G.), « L'objet des délégations de service de public peut-il être multiple », *BJCP*, 2016, n° 109, pp. 444-451.

PERROT (A.), BLONDE (V.), « La politique de la concurrence et les intérêts stratégiques de l'Union européenne », *Concurrences* n° 3-2019, art. n° 91095, pp. 2-4.

PEZ (T.), « L'ordre public économique », *Les Nouveaux Cahiers du Conseil constitutionnel*, 2015, n° 49, pp. 43-57.

PFISTER (E.), « Puissance d'achat et politique de concurrence », *Concurrences* n° 1-2009, art. n° 23264, pp. 34-41.

PFISTER (E.), « Les PME face au droit de la concurrence », actes du colloque du 22 juin 2011, *RLC*, 2011, n° 29, pp. 146-181.

PICOD (F.), « Le statut du droit de la concurrence dans le marché intérieur en vertu des nouveaux traités », in *De Rome à Lisbonne : les juridictions de l'Union européenne à la croisée des chemins. Mélanges en l'honneur de Paolo Mengozzi*, M. TERESA D'ALESSIO, V. KRONENBERGER, V. PLACCO (dir.), Bruxelles, Bruylant, 2013, pp. 407-422.

PILAT (D.), « Concurrence, productivité et efficience », *Revue économique*, 1996, n° 27, pp. 121-164.

PIROVANO (A.), « L'expansion de l'ordre concurrentiel dans les pays de l'Union européenne », in *L'Algérie en mutation : les instruments du passage à l'économie de marché*, R. CHARVIN, A. GUESMI (dir.), Paris, L'Harmattan, 2001, pp. 123-142.

PÎRVU (D.), BÂLDAN (C.), « Access to the EU Public Procurement Market: Are There Disparities Based on the Origin of Economic Operators? », *Journal of Economic Issues*, vol. 47, n° 3, 2013, pp. 765-780.

PLATON (S.), MARTIN (S.), « L'exception de coopération entre autorités publiques en droit européen de la commande publique », *AJDA*, 2012, pp. 1138-1145.

PRÉBISSY-SCHNALL (C.), « Efficacité de la commande publique et offre anormalement basse », *Contrats, conc., consom.* 2011, n° 4, pp. 31-32.

PRIESS (H.-J.), VON MERVELDT (M.G.), « The impact of the EC state aid rules on horizontal policies in public procurement », in *Social and Environmental Policies in EC Procurement Law: New Directives and New Directions*, S. ARROWSMITH, P. KUNZLIK (dir.), Cambridge, Cambridge University Press, 2009, pp. 249-270.

PRIETO (C.), « La culture européenne de concurrence », *Droit 21*, 2002, ER 007, 43 p.

PRIETO (C.), « Pouvoir de marché et liberté des entreprises, les fondements de la politique de concurrence », *Recueil Dalloz*, 2006, n° 23, pp. 1603-1610.

PRIETO (C.), « Les PME face au droit de la concurrence », actes du colloque du 22 juin 2011, *RLC*, 2011, n° 29, pp. 146-181.

PRIETO (C.), « Droit européen de la concurrence : Champ d'application », *JurisClasseur Europe Traité*, fasc. n° 1400, 2014, 36 p.

PRIETO (C.), « Les rescrits fiscaux sous l'emprise de la prohibition des aides d'État », *Concurrences* n° 2-2017, art. n° 84013, www.concurrences.com.

PRIETO (C.), « Mise en œuvre des articles 101 et 102 TFUE dans la sphère privée », *JurisClasseur Europe Traité*, fasc. n° 1455, 2015, 34 p.

PRIETO (C.), « Stratégies mises en œuvre par les entreprises pour exercer une influence sur les décisions », in Colloque « Les méthodes de l'Union européenne », 8-9 novembre 2018, actes à paraître, Université de Rennes 1, 16 p.

PUTMAN (E.), « Droit de la concurrence et ordre concurrentiel », in *L'ordre concurrentiel. Mélanges en l'honneur d'Antoine Pirovano*, Paris, Éditions Frison-Roche, 2003, pp. 515-522.

QUESADA (E. de), « Competition and Transparency in Public Procurement Markets », *PPLR*, 2014, n° 5, pp. 229-244.

QUIOT (G.), « Ordre concurrentiel et service public », in *L'ordre concurrentiel. Mélanges en l'honneur d'Antoine Pirovano*, Paris, Éditions Frison-Roche, 2003, pp. 73-108.

QUIOT (G.), « Le Conseil d'État et les conditions juridiques de la prise en charge d'activités économiques par les personnes publiques », in *Pour un droit économique de l'environnement. Mélanges en l'honneur de Gilles J. Martin*, Paris, Éditions Frison-Roche, 2013, pp. 617-662.

RABAULT (H.), « La constitution économique de la France », *RFDC*, n° 44, 2000, pp. 707-745.

RABAULT (H.), « L'idée de "constitution économique" chez Walter Eucken », in *L'ordolibéralisme, aux origines de l'École de Fribourg-en-Brisgau*, H. RABAULT (dir.), Paris, L'Harmattan, 2016, pp. 51-95.

RABAULT (H.), « La notion de Constitution économique : éléments d'introduction », *Politeia*, 2018, n° 34, pp. 207-235.

RAPP (L.), « Quasi-régie, quasi-régime », *AJDA*, 2010, n° 11, pp. 588-595.

RAPP (L.), « Le financement des SPL », *RFDA*, 2012, n° 6, pp. 1107-1116.

RAYNAUD (F.), FOMBEUR (P.), « Les personnes publiques, lorsqu'elles décident de contracter, sont soumises aux obligations de concurrence issues du droit communautaire », *AJDA*, 1998, pp. 780-800.

REIS (P.), « Marchés publics et ordre concurrentiel : ordre concurrentiel et logiques sociale et environnementale dans la passation des marchés publics », in *L'ordre concurrentiel. Mélanges en l'honneur d'Antoine Pirovano*, Paris, Éditions Frison-Roche, 2003, pp. 145-166.

REIS (P.), « Ordre public économique et pouvoirs privés économiques : le droit de la concurrence cœur de l'ordre public économique », *RIDE*, 2019, n° 1, pp. 11-22.

RICCI (N.), « Les achats centralisés et groupés », *CP-ACCP*, 2015, n° 158, pp. 48-51.

RICHER (L.), « La concurrence concurrencée : à propos de la directive 2014/24 du 26 février 2014 », *CMP*, 2015, n° 2, pp. 7-11.

RICHER (L.), « Droit des marchés publics et droit de la concurrence : un objectif, deux systèmes», *CP-ACCP*, 2010, n° 99, pp. 26-30.

RIEM (F.), « Droits de la concurrence et ordre concurrentiel », in *L'ordre concurrentiel. Mélanges en l'honneur d'Antoine Pirovano*, Paris, Éditions Frison-Roche, 2003, pp. 635-660.

RIETER (H.), SCHMOLZ (M.), « The ideas of German ordo-liberalism 1939–45: pointing the way to a new economic order », *The European Journal of the History of Economic Thought*, vol. 1, n° 1, 1993, pp. 87-114.

RIPERT (G.), « L'ordre économique et la liberté contractuelle », in *Recueil d'études sur les sources du droit en l'honneur de François Gény*, tome 2, Paris, Sirey, 1977, pp. 352-353.

RISVIG HAMER (C.), « Regular purchases and aggregated procurement: the changes in the new Public Procurement Directive regarding framework agreements, dynamic purchasing systems and central purchasing bodies », *PPLR*, 2014, n° 4, pp. 201-211.

RODRIGUES (S.), « La nouvelle directive concessions et les services d'intérêt (économique) général : la fin d'un vieux couple ? », in *L'encadrement des concessions par le droit européen de la commande publique*, S. de LA ROSA (dir.), Paris, Société de législation comparée, 2014, pp. 173-192.

ROUVEYRAN (T.), STRATULA (A.), « Quels organismes peuvent être qualifiés de centrale d'achat ? », *CP-ACCP*, 2014, n° 149, pp. 30-34.

ROUX (C.), « La personne publique, candidate à la commande publique », *AJDA*, 2013, n° 15, pp. 853-856.

SAINT-ALARY-HOUIN (C.), « Le groupement européen d'intérêt économique. Instrument de coopération dans les marchés de travaux », *RMCUE*, 1993, n° 373, pp. 884-890.

SALAH (M.), « Les transformations de l'ordre public économique, vers un ordre public régulatoire », in *Philosophie du droit et droit économique. Quel dialogue ? Mélanges en l'honneur de Gérard Farjat*, Paris, Éditions Frison-Roche, 1999, pp. 261-290.

SALETTE (G.), « L'ouverture des marchés publics européens aux PME : aspect économique », *RMCUE*, 1993, n° 373, pp. 851-901.

SÁNCHEZ-GRAELLS (A.), « Distortions of Competition Generated by the Public (Power) Buyer: A Perceived Gap in EC Competition Law and Proposals to Bridge It », *Working Paper CCLP (L)* 23, University of Oxford, 2009, 73 p.

SÁNCHEZ-GRAELLS (A.), « More Competition-Oriented Public Procurement to Foster Social Welfare », présenté lors de l'International Public Procurement Conference, Séoul, 26-28 août 2010, 30 p.

SÁNCHEZ-GRAELLS (A.), « Public procurement: An overview of EU and national case law », *e-Competitions*, mai 2014, art. n° 40647, www.concurrences.com.

SÁNCHEZ-GRAELLS (A.), « Bringing the "Market Economy Agent" Principle to Full Power », *ECLR*, vol. 33, 2012, pp. 35-39.

SÁNCHEZ-GRAELLS (A.), « Public Procurement and State Aid: Reopening the Debate? », *PPLR*, 2012, n° 6, pp. 205-212

SÁNCHEZ-GRAELLS (A.), « The difficult balance between transparency and competition in public procurement: Some recent trends in the case law of the European Courts and a look at the new Directives », *University of Leicester School of Law Research Paper* n° 13-11, , 2013, 25 p.

SÁNCHEZ-GRAELLS (A.), « Prevention and Deterrence of Bid Rigging: A Look from the New EU Directive on Public Procurement », in *Integrity and Efficiency in Sustainable Public Contracts: Balancing Corruption Concerns in Public Procurement Internationally*, G. RACCA, C. YUKINS (dir.), Bruxelles, Bruylant, 2014, pp. 171-198.

SÁNCHEZ-GRAELLS (A.), « Public Procurement: A 2015 Updated Overview of EU and National Case Law», Working Paper, 2015, 11 p.

SÁNCHEZ-GRAELLS (A.), « Public Procurement and Competition: Some Challenges Arising from Recent Developments in EU Public Procurement Law », in *Research Handbook on EU Public Procurement Law*, C. BOVIS (dir.), Cheltenham, Edward Elgar Publishing, 2016, pp. 423-451.

SÁNCHEZ-GRAELLS (A.), « Truly Competitive Public Procurement as a Europe 2020 Lever: What Role for the Principle of Competition in Moderating Horizontal Policies? », *European Public Law*, vol. 22, n° 2, 2016, pp. 377-394.

SÁNCHEZ-GRAELLS (A.), « 'Screening for Cartels' in Public Procurement: Cheating at Solitaire to Sell Fool's Gold? », *Journal of European Competition Law and Practice*, vol. 10, n° 4, 2019, pp. 199-211.

SÁNCHEZ-GRAELLS (A.), « State aid and EU Public Procurement: More Interactions, Fuzziers Boundaries », in *Research Handbook on European State Aid Law*, 2nd ed., L. HANCHER, J.-J. PIERNAS LOPEZ, Cheltenham, Edward Elgar Publishing, 2021, pp. 329-346.

SANTAMOTO (S.), « Advantage in the context of services of general economic interest under *Altmark* », in *EU Competition Law*, vol. IV, *State Aid*, L. FLYNN (dir.), 2e éd., Deventer, Claeys & Casteels, 2008 pp. 289-354.

SAUSSIER (S.), « L'accès des PME aux marchés publics : une analyse économique », in *Les PME et le droit de la concurrence : analyse critique, comparative et prospective*, Y. CHAPUT (dir.), Paris, LexisNexis, Litec, 2009, pp. 341-360.

SAUSSIER (S.), TRAN (P. T.), « L'efficacité des contrats de partenariat en France : une première évaluation quantitative, *REI*, 2012/4, n° 140, pp. 81-110.

SAUSSIER (S.), STAROPOLI (C.), YVRANDE-BILLON (A.), « Public-Private Agreements, Institutions, and Competition: When Economic Theory Meets Facts », *Review of Industrial Organization*, vol. 35, n° 1-2, 2009, pp. 1-18.

SAUSSIER (S.), TIROLE (J.), « Renforcer l'efficacité de la commande publique », *Les notes du conseil d'analyse économique*, 2015, n° 22, 12 p.

SAUVÉ (J.-M.), « La concurrence, composante de l'intérêt général », in *À quoi sert la concurrence ?*, M. BEHAR-TOUCHAIS, N. CHARBIT, R. AMARO (dir.), Paris, Concurrences, 2014, pp. 685-700.

SCANVIC (F.), « L'allotissement au cœur de la commande publique », *CP-ACCP*, 2006, n° 58, pp. 47-60.

SCHAUB (A.), « La politique européenne de concurrence : objectifs et règles », *LPA*, 2001, n° 220, pp. 11-20.

SCHEPEL (H.), « The Public/Private Divide in Secondary Community Law: A Footnote to the European Economic Constitution », in *Cambridge Yearbook of European Legal Studies*, vol. 8, 2017, pp. 259-272.

SCHUTTER (O. de), « Réalisme juridique, institutionnalisme et Ordoliberalen. Une contribution à l'histoire intellectuelle des rapports entre le droit et l'économie », *Annales d'études européennes de l'Université catholique de Louvain, 1998-1999*, Bruxelles, Bruylant, 1999, pp. 3-27.

SELINDY (V.), « La participation à des marchés publics par des entreprises groupées », *CP-ACCP*, 2003, n° 20, pp. 47-51.

SESTIER (J.-F.), « Le délégataire candidat à sa propre succession », *CP-ACCP*, 2009, n° 88, pp. 62-65.

SIMONNET (Y.), « Centrales d'achat, en quête de précisions », *CMP*, 2015, n° 10, pp. 34-36.

SIMONIN (L.), « Ordolibéralisme et intégration européenne », *Revue d'Allemagne et des Pays de langue allemande*, vol. 33, 2001, pp. 65-88.

SIRINELLI (J.), « Règles de concurrence et actes des personnes publiques en droit administratif et européen », *RJEP*, 2014, pp. 5-12.

SKILBECK (J.), « Just When is a Public Body an "Undertaking"? Fenin and Better Care Compared », *PPLR*, 2003, n° 4, pp. NA75-NA77.

SKOVGAARD ØLYKKE (G.), FANØE ANDERSEN (C.), « A State Aid Perspective on Certain Elements of Article 12 of the New Public Sector Directive on In-House Provision », *PPLR*, 2015, n° 1 pp. 1-15.

SKRZYPACZ (A.), HOPENHAYN (H.), « Tacit Collusion in Repeated Auctions », *Journal of Economic Theory*, vol. 114, n° 1, 2004, pp. 153-169.

SMITH (P.), MAYSTON (D.), « Measuring Efficiency in the Public Sector », *Omega, The International Journal of Management Science*, vol. 15, n° 3, 1987, pp. 181-189.

SOLOSHCHENKOV (A.), « La notion d'aide d'État : entre rigidité et flexibilité », *RTDE*, 2015, n° 4, pp. 757-776.

SPECTOR (D.), « Addressing buyer power in merger control », *Concurrences* n° 3-2008, art. n° 20371, pp. 34-39.

STEFAN (O.), VAN WAEYENBERGE (A.), « L'évolution du droit européen de la concurrence : défis et transformation de la méthode communautaire », *Cah. dr. eur.* 2013, n° 2, pp. 395-443.

STEINER (V.), WALPEN (B.), « L'apport de l'ordolibéralisme au renouveau libéral, puis son éclipse », *Carnets de bord*, n° 11, 2006, pp. 94-104.

STEINICKE (M.), « Public Contracts Through Procurement – Can There Still Be State Aid? », in *The Pros and Cons of Competition in/by the Public Sector*, Swedish Competition Authority, 2009, pp. 136-162.

STIRN (B.), « Droit public et droit de la concurrence », in *Le droit de l'entreprise dans ses relations externes à la fin du XXe siècle. Mélanges en l'honneur de Claude Champaud*, Dalloz, 1997, pp. 555-569.

STIRN (B.), « L'idée de concurrence dans le contentieux administratif : La pluralité des sources », *Concurrence et Consommation*, 2000, n° 116, pp. 8-10.

STREIT (M.), MUSSLER (W.), « The Economic Constitution of the European Community: From "Rome" to "Maastricht" », *ELJ*, vol. 1, n° 1, 1995, pp. 5-30.

STUYCK (J.), « Libre circulation et concurrence : les deux piliers du marché commun », in *Mélanges en hommage à Michel Waelbroeck*, vol. II, Bruxelles, Bruylant, 1999, pp. 1477-1498.

SUEUR (J.-J.), « La notion de constitution économique », in *Les métamorphoses du droit. Hommage à Jean-Marie Rainaud*, L'Harmattan, 2009, pp. 397-423.

SZILÁGYI (P.), « Bidding Markets and Competition Law in the European Union and the United Kingdom – Part 1 », *ECLR*, vol. 29, n° 1, 2008, pp. 16-32.

TAILLEFAIT (A.), « Coordination, groupement de commandes et centrales d'achats », *JurisClasseur Contrats et marchés publics*, fasc. n° 50, 2017, 37 p.

TERNEYRE (P.), « Les sociétés publiques locales », *JCP A*, 2011, n° 51-52, pp. 24-27.

TOSICS (N.), GAÁL (N.), « Public procurement and State aid control — the issue of economic advantage », *Competition Policy Newsletter*, 2007, n° 3, pp. 15-18.

TREUMER (S.), « In-House Providing in Denmark », in *The In-House Providing in European Law*, M. COMBA, S. TREUMER (dir.), Copenhague, DJOF Publishing, 2010, pp. 165-185.

TRIANTAFYLLOU (D.), « Les règles de la concurrence et l'activité étatique y compris les marchés publics », *RTDE*, 1996, n° 1, pp. 57-76.

TRIANTAFYLLOU (D.), « L'encadrement communautaire du financement du service public », *RTDE*, 1999, n° 1, pp. 21-41.

TRYBUS (M.), « Defence Procurement: The New Public Sector Directive and Beyond », *PPLR*, 2004, n° 4, pp. 198-210.

TRYBUS (M.), « Public Contracts in European Union Internal Market Law: Foundations and Requirements », in *Droit comparé des contrats publics*, R. NOGUELLOU, U. STELKENS (dir.), Bruxelles, Bruylant, 2010, pp. 81-124.

TRYBUS (M.), « European Union Law and Public Procurement », University of Birmingham, *Institute of European Law Working Papers* n° 05/2017, 20 p.

UTERWEDDE (H.), « L'ordolibéralisme, un compromis allemand », *Alternative économique*, 2012, n° 54, pp. 54-55.

ULFF-MØLLER NIELSEN (J.), GOTTLIEB HANSEN (L.), « The EU Public Procurement Regime – Does It Work? », *Intereconomics*, vol. 36, n° 5, 2001, p. 255-263.

UTTLEY (M. R. H.), HARTLEY (K.), « Public Procurement in the Single European Market: Policy and Prospects », *European Business Review*, vol. 94, n° 2, 1994, pp. 3-7

VAUTROT-SCHWARZ (C.), « La publicité et la mise en concurrence dans la délivrance des titres d'occupation domaniale », *AJDA*, 2009, n° 11, pp. 568-575.

VAUTROT-SCHWARZ (C.), « L'ordre public économique », in *L'ordre public*, C.-A. DUBREUIL (dir.), Paris, Éditions Cujas, 2012, pp. 187-199.

VEDDER (H.), « Competition Law and Consumer Protection: How Competition Law can be Used to Protect Consumers even Better – or Not? », *EBLR*, vol. 17, n° 1, 2006, pp. 83-93.

VERLOREN VAN THEMAAT (P.), « Competition and Planning in the EEC and Members States », *CMLR*, vol. 7, n° 3, 1970, pp. 311-322.

VILA (J.-B.), « Recherches sur le rôle de l'amortissement pour rationaliser la rémunération du cocontractant. Cas des délégations de services publics et des partenariats public-privé », *CMP*, 2010, n° 5, pp. 6-15.

VOGEL (L.), « Peut-on échapper au droit de la concurrence grâce à la règle *de minimis* ? » in « Accords *de minimis* : Faut-il les sanctionner ? », *Concurrences* n° 1-2013, art. n° 50246, www.concurrences.com.

VOGEL (L.), « À quoi sert la concurrence pour les entreprises ? », in *À quoi sert la concurrence ?*, M. BEHAR-TOUCHAIS, N. CHARBIT, R. AMARO (dir.), Paris, Concurrences, 2014, pp. 247-252.

VOGEL (L.), « Intérêt général et concurrence : la guerre ou la paix ? » in *L'intérêt général. Mélanges en l'honneur de Didier Truchet*, Paris, Dalloz, 2015, pp. 667-678.

WARLOUZET (L.), « La France, la construction européenne et les limites de la conversion à la "libre concurrence" (1945-1992) », *Parlement[s], Revue d'histoire politique*, 2007, n° 3, pp. 25-37.

WARLOUZET (L.), « La politique de la concurrence en Europe : enjeux idéologiques », Working Paper, 2014, 14 p.

WALTHER (J.), « Prométhée enchaîné ou la puissance maîtrisée. Le “lien génétique” entre droit privé et concurrence dans l'œuvre de Franz Böhm (1895-1977) », in *L'ordolibéralisme, aux origines de l'École de Fribourg-en-Brisgau*, H. RABAULT (dir.), Paris, L'Harmattan, 2016, pp. 95-126.

WAUTERS (K.), « A New Generation of Public Procurement Directives: Background, Objectives and Results », *EU Directive 2014/24 on Public Procurement: A new turn for competition in public markets?*, Y. MARIQUE, K. WAUTERS (dir.), Bruxelles, Larcier, 2016, pp. 7-41.

WEISHAAR (S. E.), « Procurement Reforms and Bid Rigging: Mixed Blessings or our Happily Ever After? » in *State aid and public procurement in the European Union*, S. SCHOENMAEKERS, W. DEVROE, N. PHILIPSEN (dir.), Mortsel, Intersentia, 2014, pp. 101-114.

WEISHAAR (S. E.), « Bid rigging: tensions between competition law and public procurement law », Working Paper présenté à la conférence Academisch Genootschap Aanbesteden, Amsterdam, Pays-Bas, 18 juin 2014, 16 p.

WEISZ (J.-D.), « Aux fondements du modèle économique allemand : l'ordolibéralisme, l'économie de marché et la légitimation de l'activité économique de l'État en Allemagne », in *L'État en Allemagne. La République fédérale après la réunification*, A.-M. LE GLOANNEC (dir.), Paris, Presses de Sciences Po, 2001, 460 p.

WELTZIEN (K.), « Avoiding the Procurement Rules by Awarding Contracts to an In-House Entity: The Scope of the Procurement Directives in the Classical Sector », *PPLR*, 2005, n° 5, pp. 237-255.

WERDEN (G. J.), « Monopsony and the Sherman Act: Consumer Welfare in a New Light », Working Paper, 2007, disponible sur SSRN : https://papers.ssrn.com/sol3/papers.cfm?abstract_id=975992.

WESS (F.), « The Law of Public Procurement in EFTA and the EEC: The Legal Framework and its Implementation », *Yearbook of European Law*, vol. 7, n° 1, 1987, pp. 59-111.

WIESBROCK (A.), « An Obligation for Sustainable Procurement? Gauging the Potential Impact of Article 11 TFEU on Public Contracting in the EU », *Legal Issues of Economic Integration*, vol. 40, n° 2, 2013, pp. 105-132.

WIGGEN (J.), « Public procurement rules and cooperation between public sector entities: the limits of the in-house doctrine under EU procurement law », *PPLR*, 2011, n° 5, pp. 157-172.

WILLIAMSON (O. E.), « Franchise bidding for natural monopoly—in general and with respect to CATV », *Bell Journal of Economics*, vol. 7, n° 1, 1976, pp. 73-104.

WINTER (J. A.), « Public procurement in the ECC », *CMLR*, vol. 28, n° 4, 1991, pp. 741-789.

WISE (M.), « Droit et politique de la concurrence dans l'Union européenne », *Revue de l'OCDE sur le droit et la politique de la concurrence*, vol. 9, n° 1, 2007, pp. 7-98.

ZIMMER (D.), « The Basic Goal of Competition Law: To Protect the Opposite Side of the Market », in *The Goals of Competition Law*, D. ZIMMER (dir.), Cheltenham, Edward Elgar, 2012, pp. 486-501.

Allocutions

KROES (N.), « Concurrence, politique de la concurrence et consommateurs », discours prononcé lors de l'Assemblée générale du Bureau européen des unions de consommateurs, Bruxelles, 16 novembre 2006, DG Concurrence.

KROES (N.), « Consumers at the heart of EU competition policy », BEUC, Strasbourg, 22 avril 2008

LOWE (P.), « Consumer Welfare and Efficiency – New Guiding Principles of Competition Policy? », Munich, 13th International Conference on Competition and 14th European Competition Day, 27 mars 2007.

MONTI (M.), « Competition for Consumers' Benefit », Amsterdam, 22 octobre 2004.

VAN MIERT (K.), « Role of Competition in Modern Economies », Danish Competition Council, 10 novembre 1997.

VAN MIERT (K.), « Les enjeux économiques, sociaux et politiques de la concurrence en Europe », discours, Arlon, 1997, DG Concurrence.

VESTAGER (M.), « Fixer des priorités dans l'Antitrust », discours, CGLC, Bruxelles, le 1er février 2016, DG Concurrence.

VESTAGER (M.), « Protéger les consommateurs de l'exploitation », discours prononcé lors de la conférence Chillin'Competition, Bruxelles, 21 novembre 2016, DG Concurrence.

VESTAGER (M.), « Un marché qui fonctionne pour les consommateurs », discours devant le Forum international sur le droit de la concurrence de l'UE, Bruxelles, le 12 mars 2018, DG Concurrence.

Rapports institutionnels, de juridictions, d'autorités administratives et d'organisations internationales, lignes directrices et orientations

Agence française anticorruption, « Guide de l'achat public. Maîtriser le risque de corruption dans le cycle de l'achat public », 2020, 159 p.

Ashurst, « Study on the conditions of claims for damages in case of infringement of EC competition rules », préparée par D. WAELBROECK, D. SLATER et G. EVEN-SHOSHAN, Étude commandée par la Commission européenne, 2004, 150 p.

Assemblée nationale, Assemblée nationale, Rapport d'information n° 1768 sur la réforme européenne des concessions : directive du Parlement européen et du Conseil sur l'attribution de contrats de concession, 2014, 85 p.

Aut. conc., « Rapport annuel 2009 – Études thématiques : Concurrence et contrat », 2010, 84 p.

Aut. conc., « Rapport annuel 2009 – Études thématiques : Les échanges d'informations », 2010, 56 p.

Aut. conc., « Rapport annuel 2010 – Pratique de l'Autorité de la concurrence », 2010, 178 p.

Aut. conc., « 25 ans », 2012, 64 p.

Aut. conc., *Guide d'évaluation de l'impact concurrentiel de projets de textes normatifs*, Paris, La Documentation française, 2012, 89 p.

Aut. conc., « Rapport annuel 2013 – Étude thématique : les marchés locaux », 2014, pp. 57-102.

Aut. conc., « Rapport annuel 2013 – Pratique de l'Autorité de la concurrence », 2014, pp. 103-218.

Autorité belge de la concurrence, « Collusion dans les marchés publics. Guide pour les acheteurs chargés des marchés publics », 2016, 34 p.

Bundeskartellamt, « Summary of the Final Report of the Sector Inquiry into the Food Retail Sector », 2014, 27 p.

CNUCED, « Politique de concurrence et marchés publics », 27 avril 2012, 21 p.

CNUCED, « L'utilité de la politique de la concurrence pour les consommateurs », 29 avril 2014, 19 p.

Cons. conc., « Rapport annuel 2001 – Études thématiques : Le marché pertinent », 2002, 76 p.

Conseil d'État, *Rapport public 2002. Jurisprudence et avis de 2001 – Collectivités publiques et concurrence*, Paris, La Documentation française 2002, 465 p., pp. 215-390.

Conseil d'État, *Rapport public 2008. Jurisprudence et avis de 2007 – Le contrat, mode d'action publique et de production de normes*, 2008, 398 p., pp. 15-286.

Conseil d'État, *Étude annuelle 2015 – L'action économique des personnes publiques*, Paris, La Documentation française, 2015, 266 p.

Comm. eur., Communication de la Commission, du 27 mai 1970, concernant les accords d'importance mineure qui ne sont pas visés par les dispositions de l'article 85 paragraphe 1 du traité instituant la C.E.E., *JOCE* n° C 64 du 2 juin 1970, pp. 1-2.

Comm. eur., Communication de la Commission, du 19 décembre 1977, concernant les accords d'importance mineure qui ne sont pas visés par les dispositions de l'article 85 paragraphe 1 du traité instituant la Communauté économique européenne, *JOCE* n° C 313 du 29 décembre 1977, pp. 3-4.

Comm. eur., Communication de la Commission, du 3 septembre 1986, concernant les accords d'importance mineure qui ne sont pas visés par les dispositions de l'article 85 paragraphe 1 du traité instituant la Communauté économique européenne, *JOCE* n° C 231 du 12 septembre 1986, pp. 2-4.

Comm. eur., « Deuxième Rapport sur la mise en œuvre du Livre blanc sur l'achèvement du marché intérieur », 18 mai 1987, 64 p.

Comm. eur., Communication sur les Aspects sociaux et régionaux des marchés publics, COM(89) 400, adoptée par la Commission le 22 septembre 1989, *JOCE* n° C 311 du 12 décembre 1989, pp. 7-20.

Comm. eur., Communication du 7 août 1989, « Le développement de la sous-traitance dans la Communauté », 1989, COM(89) 402 final, 22 p.

Comm. eur., « PME et concurrence », 1991, 59 p.

Comm. eur., Communication du 17 janvier 1992, « Vers un marché européen de la sous-traitance », SEC(91) 1286 final, 12 p.

Comm. eur., Communication « Encadrement communautaire des aides aux petites et moyennes entreprises », *JOCE* n° C 213 du 19 août 1992, pp. 2-9.

Comm. eur., « PME et concurrence. Un guide pratique », 1993, 55 p.

Comm. eur., Livre blanc « Croissance, compétitivité, emploi. Les défis et les pistes pour entrer dans le XXIe siècle », 1994, 184 p.

Comm. eur., « Livre vert sur les marchés publics dans l'Union européenne : Pistes de réflexion pour l'avenir », 1996, 76 p.

Comm. eur., Communication de la Commission, « Encadrement communautaire des aides d'État aux petites et moyennes entreprises », *JOCE* n° C 213 du 19 août 1992, pp. 2-9.

Comm. eur., Communication de la Commission, « Encadrement communautaire des aides d'État aux petites et moyennes entreprises », *JOCE*, n° C 213 du 23 juillet 1996, pp. 4-9.

Comm. eur., Communication « Participation des groupements européens d'intérêt économique (GEIE) aux marchés publics et à des programmes financés par des fonds publics », *JOCE* n° C 285 du 20 septembre 1997, pp. 17-24.

Comm. eur., Communication de la Commission sur la définition du marché en cause aux fins du droit communautaire de la concurrence, *JOCE* n° C 372 du 9 décembre 1997, pp. 5–13.

Comm. eur., Communication du 11 mars 1998, « Les marchés publics dans l'Union européenne », COM(1998) 143 final, 38 p.

Comm. eur., Communication interprétative de la Commission sur les concessions en droit communautaire, *JOCE* n° C 121 du 29 avril 2000, pp. 2-13.

Comm. eur., 17 octobre 2001, « Rapport à l'intention du Conseil européen de Laeken – Les services d'intérêt général », n° 13235/01, 24 p.

Comm. eur., Recommandation du 6 mai 2003 concernant la définition des micro, petites et moyennes entreprises, *JOUE* n° L 124 du 20 mai 2003, pp. 36-41.

Comm. eur., communiqué IP/04/149 du 3 février 2004, « Marchés publics : les dispositions communautaires permettent aux contribuables de réaliser de fortes économies, mais des gains plus importants sont encore possibles ».

Comm. eur., Lignes directrices sur l'appréciation des concentrations horizontales au regard du règlement du Conseil relatif au contrôle des concentrations entre entreprises, *JOUE* n° C 31 du 5 février 2004, pp. 5-18.

Comm. eur., Lignes directrices concernant l'application de l'article 81, paragraphe 3, du traité, *JOUE* n° C 101 du 27 avril 2004, pp. 97-118.

Comm. eur., Lignes directrices relatives à la notion d'affectation du commerce figurant aux articles 81 et 82 du traité, *JOUE* n° C 101 du 27 avril 2004, pp. 81-96.

Comm. eur., Livre vert sur les partenariats public-privé et le droit communautaire des marchés publics et des concessions, COM(2004) 327 final, 30 avril 2004, 23 p.

Comm. eur., Livre vert « Les marchés publics de la défense », COM(2004) 608 final, 23 septembre 2004, 13 p.

Comm. eur., Lignes directrices concernant les aides d'État visant à promouvoir les investissements en capital-investissement dans les petites et moyennes entreprises, *JOUE* n° C 194 du 18 août 2006, pp. 2-21.

Comm. eur., Communication interprétative relative au droit communautaire applicable aux passations de marchés non soumises ou partiellement soumises aux directives « marchés publics », *JOUE* n° C 179 du 1er août 2006, pp. 2-7.

Comm. eur., Communication sur l'immunité d'amendes et la réduction de leur montant dans les affaires portant sur des ententes, *JOUE* n° C 298 du 8 décembre 2006, pp. 17-22.

Comm. eur., Lignes directrices pour le calcul des amendes infligées en application de l'article 23, paragraphe 2, sous a), du règlement (CE) n° 1/2003, *JOUE* n° C 210 du 1er septembre 2006, pp. 2-5.

Comm. eur., Communication de la Commission sur l'application des articles 87 et 88 du traité CE aux aides d'État sous forme de garanties, *JOUE* n° C 155 du 20 juin 2008, pp. 10-22.

Comm. eur., Rectificatif à la communication de la Commission sur l'application des articles 87 et 88 du traité CE aux aides d'État sous forme de garanties, *JOUE* n° C 244 du 25 septembre 2008, p. 32.

Comm. eur., Communication de la Commission au Parlement européen, au Conseil, Comité économique et social européen et au Comité des régions – « Think Small First » : Priorité aux PME – Un « Small Business Act » pour l'Europe, COM(2008) 394 final, 25 juin 2008, 26 p.

Comm. eur., « Code européen des bonnes pratiques facilitant l'accès des PME aux marchés publics », 2008, 24 p.

Comm. eur., Communication relative à des marchés publics pour un environnement meilleur, COM(2008) 400 final, 15 juillet 2008, 13 p.

Comm. eur., Communication « Orientations sur les priorités retenues par la Commission pour l'application de l'article 82 du traité CE aux pratiques d'éviction abusives des entreprises dominantes », *JOUE* n° C 45 du 24 février 2009, pp. 7-20.

Comm. eur., Recommandation 29 juin 2009 concernant des mesures visant à améliorer le fonctionnement du marché unique (2009/524/CE), *JOUE* n° L 176 du 7 juillet 2009, pp. 17-26.

Comm. eur., « Handbook on Community state aid rules for SMEs, including temporary state aid measures to support access to finance in the current financial and economic crisis », 2009, 42 p.

Comm. eur., Lignes directrices sur les restrictions verticales, *JOUE* n° C 130 du 19 mai 2010, pp. 1-46.

Comm. eur., Livre vert de la Commission européenne du 18 octobre 2010 sur le développement des marchés publics électroniques dans l'UE, COM(2010) 571 final, 26 p.

Comm. eur., Communication « Europe 2020 – Une stratégie pour une croissance intelligente, durable et inclusive », COM(2010) 2020 final, 3 mars 2010, 38 p.

Comm. eur., « Acheter social – Un guide sur les appels d'offres publics avec clauses de responsabilité sociale », 2010, 56 p.

Comm. eur., Communication, « Réexamen du "Small Business Act" pour l'Europe », COM(2011) 078 final, 23 février 2011, 26 p.

Comm. eur., Document de travail concernant l'application du droit de l'Union européenne sur les marchés publics aux relations entre pouvoirs adjudicateurs (« coopération public-public »), SEC (2011) 1169 final, 4 octobre 2011, 26 p.

Comm. eur., Livre vert sur la modernisation de la politique de l'UE en matière de marchés publics, « Vers un marché européen des contrats publics plus performant », COM(2011) 15 final, 27 janvier 2011, 59 p.

Comm. eur., Communication relative à l'application des règles de l'Union européenne en matière d'aides d'État aux compensations octroyées pour la prestation de services d'intérêt économique général, *JOUE* n° C 8 du 11 janvier 2012, pp. 4-14.

Comm. eur., « Rapport de la Commission au Parlement européen et au Conseil sur la transposition de la directive 2009/81/CE relative aux marchés publics dans les domaines de la défense et de la sécurité », COM(2012) 565 final, 11 p.

Comm. eur., « Annual Public Procurement Implementation Review », SWD(2012) 342 final, 9 octobre 2012, 47 p.

Comm. eur., Lignes directrices de l'UE pour l'application des règles relatives aux aides d'État dans le cadre du déploiement rapide des réseaux de communication à haut débit, *JOUE* n° C 25 du 26 janvier 2013, pp. 1-26.

Comm. eur., Lignes directrices relatives aux aides d'État visant à promouvoir les investissements en faveur du financement des risques, *JOUE* n° C 19 du 22 janvier 2014, pp. 4-34.

Comm. eur., Communication sur des lignes directrices interprétatives concernant le règlement (CE) n° 1370/2007 relatif aux services publics de transport de voyageurs par chemin de fer et par route, *JOUE* n° C 92 du 29 mars 2014, pp. 1-21.

Comm. eur., Communication concernant les accords d'importance mineure qui ne restreignent pas sensiblement le jeu de la concurrence au sens de l'article 101, paragraphe 1, du traité sur le fonctionnement de l'Union européenne (communication *de minimis*), *JOUE* n° C 291 du 30 août 2014, pp. 1-4.

Comm. eur., « Results of the public consultation on the TOP10 most burdensome legislative acts for SMEs », 2015, 22 p.

Comm. eur., Communication « Upgrading the Single Market: more opportunities for people and business », COM(2015) 550 final, 28 octobre 2015, 23 p.

Comm. eur., Communication « Améliorer le marché unique : de nouvelles opportunités pour les citoyens et les entreprises », COM(2015) 550 final, 27 p.

Comm. eur., Communication relative à la notion d'« aide d'État » visée à l'article 107, paragraphe 1, du traité sur le fonctionnement de l'Union européenne, *JOUE* n° C 262 du 19 juillet 2016, pp. 1-50.

Comm. eur., Communication, « Faire des marchés publics un outil efficace au service de l'Europe », COM(2017) 572 final, 18 p.

Comm. eur., Guidance on the notion of State aid: « Infrastructure Analytical Grid for Port Infrastructure », 2017, 10 p.

Comm. eur., « Measurement of impact of cross-border penetration in public procurement », 2017, 180 p.

Comm. eur., communiqué IP/17/3543 du 3 octobre 2017, « Accroître l'impact des investissements publics grâce à des marchés publics efficients et professionnels », 2 p.

Comm. eur., Recommandation (UE) 2017/1805 du 3 octobre 2017 sur la professionnalisation de la passation des marchés publics, « Concevoir une architecture pour la professionnalisation de la passation des marchés publics », *JOUE* n° L 259 du 7 octobre 2017, pp. 28-31.

Comm. eur., European Anti Fraud Office (OLAF), « Fraud in Public Procurement. A collection of Red Flags and Best Practises », ref. 20/12/2017, 82 p.

Comm. eur., Reflection Paper « Towards a Sustainable Europe by 2030 », 2019, 132 p.

Comm. eur., Communication conjointe au Parlement européen, au Conseil européen et au Conseil sur les relations UE-Chine – Une vision stratégique, JOIN(2019) 5 final, 13 p.

Comm. eur., « Orientations sur la participation des soumissionnaires et des produits de pays tiers aux marchés publics de l'UE », C(2019) 5494 final, 29 p.

Comm. eur., « Communication sur les outils de lutte contre la collusion dans les marchés publics et orientations sur la manière d'appliquer le motif d'exclusion y relatif », *JOUE* n°C 91 du 18 mars 2021, pp.1-28.

Cour des comptes, « Les transports publics urbains : Rapport au Président de la République suivi des réponses des administrations et des organismes intéressés », 2005, 253 p.

Cour des comptes, « La mutualisation des moyens départementaux de la sécurité civile », 2013, 66 p.

Cour des comptes, « Les partenariats public-privé des collectivités territoriales : des risques à maîtriser », in « Rapport annuel de 2015 », tome I, pp. 147-217.

Cour des comptes, « Les achats hospitaliers. Communication à la commission des affaires sociales et à la mission d'évaluation et de contrôle des lois de financement de la sécurité sociale de l'Assemblée nationale », 2017, 127 p.

Cour des comptes européenne, Rapport spécial n° 10/2015 : « Les problèmes liés aux marchés publics dans le cadre des dépenses de cohésion de l'UE nécessitent des efforts supplémentaires », 2015, 68 p.

Cour des comptes européenne, Rapport spécial n° 17/2016 : « Les institutions de l'UE peuvent faire davantage pour faciliter l'accès à leurs marchés publics », 2016, 83 p.

Cour des comptes européenne, Rapport spécial n° 09/2018 : « Les partenariats public-privé dans l'UE : de multiples insuffisances et des avantages limités », 2018, 91 p.

DGCCRF, « Commande publique. L'action civile en réparation des victimes de pratiques anticoncurrentielles », *Journal des Maires*, mars 2008, pp. 64-65

DGCCRF, Communication « Veiller à la concurrence dans la commande publique », 2015, 12 p.

European Defence Agency, « Guidelines Facilitating SMEs' Access to the Defence Market », 2015, 12 p.

Inspection des finances, « Revues de dépenses – La fonction achats des collectivités territoriales », 2016, 464 p.

National Audit Office, « A review of collaborative procurement across the public sector », 2010, 22 p.

Observatoire économique de la commande publique, « Étude sur la sous-traitance dans les marchés publics », 2020, 80 p.

OCDE, *Puissance d'achat. Le pouvoir économique exercé par les acheteurs ayant une position dominante*, 1981, 201 p.

OCDE, « General Cartel Bans : Criteria for Exemption for Small and Medium-sized Enterprises », 1996, 65 p.

OCDE, « Les ententes injustifiables. Troisième rapport sur la mise en œuvre de la recommandation de 1998 », 2005, 63 p.

OCDE, « Predatory Foreclosure », 2004 280 p.

OCDE, « Public Procurement. The Role of Competition Authorities in Promoting Competition », 2007, 213 p.

OCDE, Lignes directrices pour la lutte contre les soumissions concertées dans les marchés publics, « Pour une dépense optimisée des fonds publics par les gouvernements », 2009, 18 p.

OCDE, « Monopsony and Buyer Power », 2008, 328 p.

OCDE, « Collusion and Corruption in Public Procurement », 2010, 507 p.

OCDE, Competition Committee, « Competition and Procurement. Keys Findings », 2011, 156 p.

OCDE, « Recommandation du Conseil sur les Principes applicables à la gouvernance publique des partenariats public-privé », (2012)86, 18 p.

OCDE, « Recommandation du Conseil de l'OCDE sur les marchés publics », 2015, 16 p.

OCDE, « Going Green: Best Practices for Sustainable Procurement », 2015, 75 p.

OCDE, « Lutte contre les soumissions concertées dans les marchés publics », Rapport sur l'implémentation de la Recommandation de l'OCDE », 2016, 63 p.

OCDE, « Table ronde sur la neutralité concurrentielle », 2016, 44 p.

OCDE, Réformes économiques *Objectif croissance* « Rapport intermédiaire », 2018, 120 p.

Office of Fair Trading, « Assessing the Impact of Public Sector Procurement on Competition », 2004, 224 p.

Parlement eur., « Les marchés publics dans la Communauté européenne », Dossiers d'Études et de Documentation, 1991, 50 p.

Parlement eur., Résolution du Parlement européen sur le Livre vert sur les marchés publics de défense (2005/2030(INI)), *JOUE* n° C 280E du 18 novembre 2006, 5 p.

Parlement eur., Résolution du 12 mai 2011 sur le réexamen du Small Business Act, P7_TA(2011)0235, 7 p.

Parlement eur., Rapport du 27 juin 2018 sur le paquet relatif à la stratégie en matière de passation des marchés publics, 2017/2278(INI), 36 p.

Parlement eur., « Contribution to Growth: European Digital Single Market. Delivering improved rights for European citizens and businesses », 2019, 59 p.

Premier Ministre et ministre de l'Économie et des Finances, « Rapport au Président de la République relatif à l'ordonnance n° 2017-303 du 9 mars 2017 relative aux actions en dommages et intérêts du fait des pratiques anticoncurrentielles », NOR : JUSC1636691P, *JORF* n° 0059 du 10 mars 2017, texte n° 28, 6 p.

Premier Ministre et ministre de l'Économie et des Finances, Rapport au Président de la République relatif à l'ordonnance n° 2018-1074 du 26 novembre 2018 portant partie législative du code de la commande publique, NOR : ECOM1818593P, *JORF* n° 0281 du 5 décembre 2018, texte n° 19, 4 p.

PriceWaterhouseCoopers, « Collection of Statistical Information on Green Public Procurement in the EU, Report on data collection results », 2009, 110 p.

PriceWaterhouseCoopers, Ecorys, ICF GHK, « SMEs' access to public procurement markets and aggregation of demand in the EU », étude commandée par la Commission européenne, 2014, 170 p.

Sénat, Rapport d'information de M. Martial Bourquin, fait au nom de la MCI sur la commande publique, « Passer de la défiance à la confiance : pour une commande publique plus favorable aux PME », n° 82, tome I, 2015, 217 p.

Swedish Competition Authority, *The Pros and Cons of Competition in/by the Public Sector*, 2009, 166 p.

Swedish Competition Authority, « Abnormally low tenders: pricing strategies and efficient assessment by contracting authorities and courts/the complaints board », 2015, 125 p.

Rapports de la Commission européenne sur la politique de concurrence

Ier Rapport sur la politique de concurrence, 1972, 214 p.
IIe Rapport sur la politique de concurrence, 1973, 191 p.
IIIe Rapport sur la politique de concurrence, 1974, 138 p.
IVe Rapport sur la politique de concurrence, 1975, 142 p.
Ve Rapport sur la politique de concurrence, 1976, 148 p.
VIe Rapport sur la politique de concurrence, 1977, 196 p.
VIIe Rapport sur la politique de concurrence, 1978, 258 p.
VIIIe Rapport sur la politique de concurrence, 1979, 273 p.
IXe Rapport sur la politique de concurrence, 1980, 209 p.
Xe Rapport sur la politique de concurrence, 1981, 209 p.
XIe Rapport sur la politique de concurrence, 1982, 194 p.
XIIe Rapport sur la politique de concurrence, 1983, 2 p.
XIIIe Rapport sur la politique de concurrence, 1984, 292 p.
XIVe Rapport sur la politique de concurrence, 1985, 248 p.
XVe Rapport sur la politique de concurrence, 1986, 161 p.
XVIe Rapport sur la politique de concurrence, 1987, 308 p.
XVIIe Rapport sur la politique de concurrence, 1988, 346 p.
XVIIIe Rapport sur la politique de concurrence, 1989, 298 p.
XIXe Rapport sur la politique de concurrence, 1990, 321 p.
XXe Rapport sur la politique de concurrence, 1991, 399 p.
XXIe Rapport sur la politique de concurrence, 1992, 500 p.
XXIIe Rapport sur la politique de concurrence, 1993, 565 p.
XXIIIe Rapport sur la politique de concurrence, 1994, 637 p.
XXIVe Rapport sur la politique de concurrence, 1995, 724 p.
XXVe Rapport sur la politique de concurrence, 1996, 381 p.
XXVIe Rapport sur la politique de concurrence, 1997, 434 p.
XXVIIe Rapport sur la politique de concurrence, 1998, 110 p.
XXVIIIe Rapport sur la politique de concurrence, 1999, 446 p.
XXIXe Rapport sur la politique de concurrence, 2000, 429 p.
XXXe Rapport sur la politique de concurrence, 2001, 401 p.
XXXIe Rapport sur la politique de concurrence, 2002, 424 p.
XXXIIe Rapport sur la politique de concurrence, 2003, 379 p.
XXXIIIe Rapport sur la politique de concurrence, 2004, 349 p.
Rapport sur la politique de concurrence 2004, 2005, 224 p.
Rapport sur la politique de concurrence 2005, 2007, 228 p.

Rapport sur la politique de concurrence 2006, 2007, 155 p.
Rapport sur la politique de concurrence 2007, 2008, 175 p.
Rapport sur la politique de concurrence 2008, 2009, 124 p.
Rapport sur la politique de concurrence 2009, 2010, 215 p.
Rapport sur la politique de concurrence 2010, 2011, 47 p.
Rapport sur la politique de concurrence 2011, 2012, 28 p.
Rapport sur la politique de concurrence 2012, 2013, 22 p.
Rapport sur la politique de concurrence 2013, 2014, 25 p.
Rapport sur la politique de concurrence 2014, 2015, 22 p.
Rapport sur la politique de concurrence 2015, 2016, 22 p.
Rapport sur la politique de concurrence 2016, 2017, 22 p.
Rapport sur la politique de concurrence 2017, 2018, 28 p.
Rapport sur la politique de concurrence 2018, 2019, 32 p.

Rapports pour des institutions européennes ou des États membres

ATKINS (W. S.), « The "Cost of Non-Europe" in Public Sector Procurement », *Research on the « Cost of Non-Europe »*, vol. 5, EEC, 1988, 273 p.

BAUMSTARK (L.), PUCCIO (N.), ROY (W.), MÉNARD (C.), YVRANDE-BILLON (A.), Risques et avantages de l'allotissement dans les transports publics urbains de voyageurs, Rapport n° 06 MT E007, 2007, 186 p.

BETBÈZE (J.-B.), SAINT-ÉTIENNE (C.), « Une stratégie PME pour la France : favoriser l'essor des gazelles, entreprises moyennes en forte croissance », Conseil d'analyse économique, Rapport n° 61, 2016, 166 p.

GHK and Technopolis, « Evaluation of SMEs' Access to Public Procurement Market in the EU », 2014, 119 p.

SCHMITT (B.), « Defence procurement in the European Union: The current debate », Paris, EU Institute for Security Studies, 2005, 59 p.

STOLÉRU (L.), « L'accès des PME aux marchés publics », Rapport au président de la République, 2007, 32 p.

Thèses, monographies

ALMEIDA DO AMARAL (M.), « Analysis of the Principle of Administrative Efficiency Applied to Public Procurement in Brazil », George Washington University, 2011, 51 p.

ARNOUX (G.), « Le droit européen de la concurrence et l'industrie de la défense », thèse Université Paris 1 Panthéon-Sorbonne, 2011, 615 p.

BIDAUD (L.), *La délimitation du marché pertinent en droit français de la concurrence*, Paris, Litec, 2001, 700 p.

BLANCHARD (M.), « L'égalité de traitement entre entreprises en droit communautaire de la concurrence », thèse Université Paris 2 Panthéon-Assas, 2004, 662 p.

BOUSTANY (P.), « La notion de marché en droit européen de la concurrence », thèse Université Paris 2 Panthéon-Assas, 2004, 526 p.

CANTILLON (G.), « Concurrence et objectifs de politiques publiques en droit des marchés publics : le droit des marchés publics et la régulation », thèse Université Paris 1 Panthéon-Sorbonne, 2015, 466 p.

CAYREL (J.), « Une évaluation des effets de l'allotissement sur les coûts d'exploitation dans le secteur des transports publics urbains », master Université Paris 1 Panthéon-Sorbonne, 2006, 76 p.

CHARBIT (N.), *Le droit de la concurrence et le secteur public*, Paris, L'Harmattan, 2002, 530 p.

CHAVAROCHETTE-BOUFFERET (S.), « L'interprétation des directives de l'Union sur les marchés publics par la Cour de justice », thèse Université Paris 1 Panthéon-Sorbonne, 2013, 676 p.

CLAMOUR (G.), *Intérêt général et concurrence. Essai sur la pérennité du droit public en économie de marché*, Paris, Dalloz, 2006, 1044 p.

DE CECCO (F.), *State Aid and the European Economic Constitution*, Cambridge, Hart Publishing, 2013, 188 p.

DUSSART (M.-L.), *Constitution et économie*, Paris, Dalloz, 2015, 379 p.

DURVIAUX (A.-L.), *Logique de marché et marché public en droit communautaire. Analyse critique d'un système*, Bruxelles, Larcier, 2006, 612 p.

ENGELHARD (D.), « Le marché pertinent en droit de la concurrence », thèse Université Paris 10 Nanterre, 1998, 251 p.

FARJAT (G.), *L'ordre public économique*, Paris, LGDJ, 1963, 543 p.

FÈVRE (R.), « L'ordolibéralisme (1932-1950) : une économie politique du pouvoir », thèse Université de Lausanne et Université Paris 1 Panthéon-Sorbonne, 2017, 470 p.

FOURATI (S.), « La mise en concurrence dans les marchés publics : essai de comparaison des droits français et tunisien », thèse Université Paris 2, 2006, 441 p.

FREYTAG (C.), « La puissance d'achat en droit européen de la concurrence : contextes européen, français et allemand », thèse Université Paris 10 et Université d'Hambourg, 2014, 339 p.

GODIVEAU (G.), « Droit de la libre concurrence : la nouvelle approche de l'Union européenne », thèse Université Bordeaux 4, 2006, 755 p.

GUÉZOU (O.), « Les comportements anticoncurrentiels dans la passation des marchés publics », thèse Université Paris 10, 1998, 729 p.

HASQUENOPH (I.), « Contrats publics et concurrence », thèse Université Paris 1 Panthéon-Sorbonne, 2019, 673 p.

HERRERA ANCHUSTEGUI (I.), *Buyer Power in EU Competition Law*, Concurrences, 2017, 652 p.

KALFLÈCHE (G.), « Des marchés publics à la commande publique : l'évolution du droit des marchés publics », thèse Université Paris 2, 2004, 971 p.

KARJALAINEN (K.), *Challenges of Purchasing Centralization: Empirical Evidence from Public Procurement*, Helsinki School of Economics, 2009, 178 p.

KATZ (D.), *Juge administratif et droit de la concurrence*, Aix-en-Provence, Presses universitaires d'Aix-Marseille, 2004, 473 p.

LAGUERRE (A.), *Concurrence dans les marchés publics*, Paris, Berger-Levrault, 1989, 152 p.

VINCENT-LEGOUX (M.-C.), *L'ordre public. Étude de droit comparé interne*, Paris, PUF, 2001, 558 p.

LINOTTE (D.), « Recherches sur la notion d'intérêt général en droit administratif français », thèse Université Bordeaux I, 1975, 451 p.

LOUIS (J.-M.), « Le principe d'égalité en droit des affaires », thèse Université Paris 1 Panthéon-Sorbonne, 1998, 508 p.

MADDALON (P.), *La notion de marché dans la jurisprudence de la Cour de justice des Communautés européennes*, Paris, LGDJ, 2007, 396 p.

MARTIN (J.), « Les prestations "in house" et les marchés publics », mémoire Université Paris 2 Panthéon-Assas, 2002, 126 p.

MEGREMIS (A.), « Abnormally Low Tenders: Objectifying Detection », thèse Delf University of Technology, 2013, 128 p.

MICHEL (N.), *Les marchés publics dans la jurisprudence européenne : exposé systématique des arrêts et ordonnances de la Cour de justice des Communautés européennes*, Éditions universitaires Fribourg, 1995, 88 p.

MONGOUACHON (C.), *Abus de position dominante et secteur public. L'application par les autorités de concurrence du droit des abus de position dominante*, Bruxelles, Bruylant, 2012, 804 p.

MONNIER-SCHLUMBERGER (C.), « De la détection à la sanction des cartels : une évaluation économique de la politique antitrust communautaire », Université Paris 1 Panthéon-Sorbonne, 2009, 307 p.

MOORE (J.), « Discretion and Manipulation in Public Procurement: Evidence from France », thèse Université Paris 1 Panthéon-Sorbonne, 2013, 223 p.

MOURIESSE (E.), *La quasi-régie en droit public français*, Paris, Mare & Martin, 2017, 754 p.

NOSSEREAU (M.), « L'appréhension des petites et moyennes entreprises par le droit communautaire des affaires », thèse Université Paris 2, 1999, 702 p.

PERANI (J.), « Le pouvoir de monopsone : une analyse économique de la télévision par câble », thèse Université Paris 2 Panthéon-Assas, 1999, 509 p.

PERNIAUX (J.), « PME, marchés publics et principe de concurrence à l'aune de la nouvelle réforme européenne : le renforcement de l'accès, de la participation et du poids des petites et moyennes entreprises dans la passation des marchés publics », mémoire Université catholique de Louvain, 2015, 102 p.

PIECHUCKA (J.), « Essays in competition policy and public procurement », thèse Université Paris 1 Panthéon-Sorbonne, 2018, 179 p.

REIS (P.), *La concurrence et les marchés publics*, Paris, Atelier national de reproduction des thèses, 1999, 447 p.

RIEM (F.), *La notion de transparence dans le droit de la concurrence*, Paris, L'Harmattan, 2002, 502 p.

ROBIN-OLIVIER (S.), *Le principe d'égalité en droit communautaire. Étude à partir des libertés économiques*, Aix-en-Provence, Presses universitaires d'Aix-Marseille, 1999, 552 p.

RODA (J.-C.), *La clémence en droit de la concurrence. Étude comparative des droits américains et européens*, Aix-en-Provence, Presses universitaires d'Aix-Marseille, 2008, 573 p.

RODRIGUES (S.), « Services publics et services d'intérêt économique général dans la communauté européenne : éléments de droit comparé et analyse du droit communautaire », thèse Université Paris 1 Panthéon-Sorbonne, 1999, 852 p.

ROUX (C.), *Propriété publique et droit de l'Union européenne*, Paris, LGDJ, 2015, 862 p.

SABIRAU-PEREZ (M.-A.), *Secteur public et concurrence*, Perpignan, Presses universitaires de Perpignan, 1998, 520 p.

SAGE (E.), « La concurrence par comparaison (Yardstick Competition) théorie et application. Une proposition pour le secteur de l'eau en France », thèse Université Paris 9 Paris-Dauphine, 1999, 431 p.

SÁNCHEZ-GRAELLS (A.), *Public Procurement and the EU Competition Rules*, 2e éd., Oxford, Hart Publishing, 2015, 540 p.

SIBONY (A.-L.), *Le juge et le raisonnement économique en droit de la concurrence*, Paris, LGDJ, 2008, 883 p.

SIRINELLI (J.), « Les transformations du droit administratif par le droit communautaire : une contribution à l'étude du droit administratif européen », thèse Université Paris 2 Panthéon-Assas, 2009, 720 p.

SKOVGAARD ØLYKKE (G.), *Abnormally Low Tenders: With an Emphasis on Public Tenderers*, Copenhague, DJØF Publishing, 2010, 394 p.

STRÖMBÄCK (E.), « The Role of Buyer Power in Public Procurement Auctions: An Empirical Analysis », Umeå University, 2015, 33 p.

SVENTURATO (J.), « La notion de commande publique », mémoire Université Paris 2 Panthéon-Assas, 2003,75 p.

VANDE WALLE (S.), *Private Antitrust Litigation in the European Union and Japan*, Apeldoorn, Maklu, 2013, 355 p.

VILA (J.-B.), « Recherches sur la notion d'amortissement en matière de contrats administratifs », thèse Université Toulouse Capitole 1, 2009, 477 p.

WAUTERS (E.), « La concurrence dans les marchés publics : au regard des principes généraux d'égalité de traitement et de transparence », master Université catholique de Louvain, 2014, 83 p.

ZEVOUNOU (L.), *Les usages de la notion de concurrence en droit*, Paris, LGDJ, 2012, 466 p.

Table de la jurisprudence citée

N. B. Les décisions sont citées par ordre chronologique, de la plus ancienne à la plus récente. (Les renvois correspondent aux numéros de paragraphes.)

Jurisprudence européenne

Cour de justice de l'Union européenne

CJCE, 17 juillet 1959, *S.A.F.E.*, aff. C-42/58, EU:C:1959:20 : **104**.

CJCE, 13 juillet 1962, *Mannesmann AG c/ Haute Autorité*, aff. C-19/61, EU:C:1962:31 : **784, 852**.

CJCE, 13 juillet 1966, *Consten et Grundig*, aff. jtes C-56/64 et C-58/64, EU:C:1966:41 : **395**.

CJCE, 29 février 1968, *Parke*, aff. C-24/67, EU:C:1968:11 : **481**.

CJCE, 9 juillet 1969, *Völk*, aff. C-5/69, EU:C:1969:35 : **173, 325, 347**.

CJCE, 25 novembre 1971, *Béguelin Import*, aff. C-22/71, EU:C:1971:113 : **387, 389**.

CJCE, 14 juillet 1972, *Imperial Chemicals Industries*, aff. C-48/69, EU:C:1972:70 : **392**.

CJCE, 21 février 1973, *Continental Can*, aff. C-6/72, EU:C:1973:22 : **324**.

CJCE, 6 mars 1974, *Istituto Chemioterapico Italiano S.p.A.* aff. jtes C-6/73 et 7/73, EU:C:1974:18 : **468**.

CJCE, 30 avril 1974, *Giuseppe Sacchi*, aff. C-155/73, EU:C:1974:40 : **523**, **524**.

CJCE, 11 juillet 1974, *Dassonville*, aff. C-8/74, EU:C:1974:82 : **622**.

CJCE, 31 octobre 1974, *Centrafarm BV*, aff. C-15/74, EU:C:1974:114 : **389, 393**.

CJCE, 13 novembre 1975, *General Motors*, aff. C-26/75, EU:C:1975:150 : **461, 823**.

CJCE, 16 décembre 1975, *Suiker Unie e.a.*, aff. jtes C-40 à C-48, 50, C-54 à C-56, C-111, C-113 et C-114/73, EU:C:1975:174 : **142, 395 , 420**.

CJCE, 22 mars 1977, *Iannelli & Volpi SpA c/ Ditta Paolo Meroni*, aff. C-74/76, EU:C:1977:51 : **623**.

CJCE, 19 octobre 1977, *Ruckdeschel e.a.*, aff. C-117/76, EU:C:1977:160 : **107**.

CJCE, 25 octobre 1977, *Metro SB-Großmärkte GmbH & Co. KG c/ Commission des Communautés européennes*, aff. C-26/76, EU:C:1977:167 : **145, 703, 704, 705, 914**.

CJCE, 16 novembre 1977, *INNO c/ ATAB*, aff. C-13/77, EU:C:1977:185 : **532**.

CJCE, 14 février 1978, *United Brands c/ Commission*, aff. C-27/76, EU:C:1978:22 : **324, 325, 462, 583, 823**.

CJCE, 13 février 1979, *Hoffmann-La Roche c/ Commission*, aff. C-85/76, EU:C:1979:36 : **145, 324, 850**.

CJCE, 18 mars 1980, *Valsabbia*, aff. C-154/78, EU:C:1980:81 : **113**.

CJCE, 21 mai 1980, *Commission c/ Italie*, aff. C-73/79, EU:C:1980:129 : **625**.

CJCE, 3 juin 1992, *Commission c/ Italie*, aff. C-360/89, EU:C:1992:235 : **626**.

CJCE, 19 mai 1993, *Corbeau*, aff. C-320/91, EU:C:1993:198 : **550, 742**.

CJCE, 15 juin 1993, *Matra SA c/ Commission*, aff. C-225/91, EU:C:1993:239 : **625**.

CJCE, 22 juin 1993, *Commission c/ Danemark*, aff. C-243/89, EU:C:1993:257 : **106, 107, 108, 154**.

CJCE, 27 octobre 1993, *Lagauche*, aff. jtes C-46/90 et C-93/91, EU:C:1993:852 : **104**.

CJCE, 17 novembre 1993, *Meng*, aff. C-2/91, EU:C:1993:885 : **515, 533**.

CJCE, 24 novembre 1993, *Keck et Mithouard*, aff. jtes C-267/91 et C-268/91, EU:C:1993:905 : **554**.

CJCE, 14 janvier 1994, *SAT Fluggesellschaft c/ Eurocontrol*, aff. C-364/92, EU:C:1994:7 : **516**.

CJCE, 14 septembre 1994, *Espagne c/ Commission*, aff. jtes C-278/92, C-279/92 et C-280/92, EU:C:1994:325 : **698**.

CJCE, 5 octobre 1994, *Centre d'insémination de la Crespelle c/ Coopérative de la Mayenne*, aff. C-323/93, EU:C:1994:368 : **554, 555**.

CJCE, 15 décembre 1994, *DLG*, aff. C-250/92, EU:C:1994:413 : **533**.

CJCE, 6 avril 1995, *RTE et ITP*, aff. jtes C-241/91 P et C-242/91 P, EU:C:1995:98 : **481**.

CJCE, 16 novembre 1995, *FFSA e.a. c/ Ministère de l'Agriculture et de la Pêche*, aff. C-244/94, EU:C:1995:392 : **569**.

CJCE, 14 décembre 1995, *Banchero*, aff. C-387/93, EU:C:1995:439 : **540**.

CJCE, 25 mars 1996, *SPO e.a.*, aff. C-137/95 P, EU:C:1996:130 : **436**.

CJCE, 25 avril 1996, *Commission c/ Belgique*, aff. C-87/94, EU:C:1996:161 : **106, 108, 109, 360**.

CJCE, 11 juillet 1996, *SFEI e.a.*, aff. C-39/94, EU:C:1996:285 : **632**.

CJCE, 24 octobre 1996, *Allemagne e.a. c/ Commission*, aff. jtes C-329/93, C-62/95 et C-63/95, EU:C:1996:394 : **711**.

CJCE, 14 novembre 1996, *Tetra Pak International SA*, aff. C-333/94 P, EU:C:1996:436 : **281, 289**.

CJCE, 18 mars 1997, *Diego Calì & Figli Srl*, aff. C-343/95, EU:C:1997:160 : **516**.

CJCE, 17 juillet 1997, *GT-Link c/ De Danske Statsbaner*, aff. C-242/95, EU:C:1997:376 : **557**.

CJCE, 16 octobre 1997, *Hera SpA*, aff. C-304/96, EU:C:1997:496 : **293**.

CJCE, 23 octobre 1997, *Commission c/ Pays-Bas*, aff. C-157/94, EU:C:1997:499 : **888**.

CJCE, 11 décembre 1997, *Job Centre*, aff. C-55/96, EU:C:1997:603 : **540**.

CJCE, 12 février 1998, *Silvano Raso*, aff. C-163/96, EU:C:1998:54 : **543, 563, 578**.

CJCE, Ordonnance du 25 mars 1998, *FFSA e.a. c/ Commission*, aff. C-174/97 P, EU:C:1998:130 : **652**.

CJCE, 28 mai 1998, *John Deere*, aff. C-7/95 P, EU:C:1998:256 : **420.**

CJCE, 18 juin 1998, *Commission c/ Italie*, aff. C-35/96, EU:C:1998:303 : **530, 852**.

CJCE, 18 juin 1998, *Corsica Ferries*, aff. C-266/96, EU:C:1998:306 : **557**.

CJCE, 10 novembre 1998, *BFI Holding*, aff. C-360/96, EU:C:1998:525 : **233.**.

CJCE, 26 novembre 1998, *Bronner*, aff. C-7/97, EU:C:1998:569 : **484**.

CJCE, 1er juin 1999, *Eco Swiss*, aff. C-126/97, EU:C:1999:269 : **371**.

CJUE, 11 juillet 2013, *Commission européenne c/ Stichting Administratiekantoor Portielje* et Gosselin Group NV, aff. C-440/11 P, EU:C:2013:514 : **437**.

CJUE, 18 juillet 2013, *The Dow Chemical*, aff. C-499/11 P, EU:C:2013:482 : **434**.

CJUE, 18 juillet 2013, *Consiglio nazionale dei geologi*, aff. C-136/12, EU:C:2013:489 : **533**.

CJUE, 26 septembre 2013, *France c/ Commission*, aff. C-115/12 P, EU:C:2013:596 : **233**.

CJUE, 26 septembre 2013, *The Dow Chemical Company*, aff. C-179/12 P, EU:C:2013:605 : **391**.

CJUE, 10 octobre 2013, *Manova*, aff. C-336/12, EU:C:2013:647 : **102, 109, 153**.

CJCE, 24 octobre 2013, *Kone e.a.*, aff. C-510/11 P, EU:C:2013:696 : **437**.

CJUE, 24 octobre 2013, *Land Burgenland*, aff. jtes C-214/12 P, C-215/12 P et C-223/12 P, EU:C:2013:682 : **654**.

CJUE, 26 novembre 2013, *Gascogne*, aff. C-40/12 P, EU:C:2013:768 : **434**.

CJUE, 5 décembre 2013, *Nordecon AS*, aff. C-561/12, EU:C:2013:793 : **109, 360**.

CJUE, 12 décembre 2013, *Ragn-Sells*, aff. C-292/12, EU:C:2013:820 : **573**.

CJUE, 27 février 2014, *OSA*, aff. C-351/12, EU:C:2014:110 : **557**.

CJUE, 3 avril 2014, *République française c/ Commission*, C-559/12 P, EU:C:2014:217 : **788, 789**.

CJUE, 8 mai 2014, *Technische Universität Hamburg-Harburg*, aff. C-15/13, EU:C:2014:303 : **152**.

CJUE, 1er juillet 2014, *Ålands Vindkraft*, aff. C-573/12, EU:C:2014:2037 : **692**.

CJUE, 10 juillet 2014, *Impresa Pizzarotti*, aff. C-213/13, EU:C:2014:2067 : **102, 110**.

CJUE, 10 juillet 2014, *Telefónica*, aff. C-295/12 P, EU:C:2014:2062 : **564**.

CJUE, 17 juillet 2014, *Commission c/ DEI*, aff. C-553/12 P, EU:C:2014:2083 : **65, 515, 518, 563, 564, 565, 578, 590, 603**.

CJUE, 4 septembre 2014, *API*, aff. jtes C-184/13 à C-187/13, C-194/13, C-195/13 et C-208/13, EU:C:2014:2147 : **533**.

CJUE, 11 septembre 2014, *Essent Belgium NV*, aff. jtes C-204/12 à C-208/12, EU:C:2014:2192 : **692**.

CJUE, 11 décembre 2014, *Azienda sanitaria locale n. 5 « Spezzino »*, aff. C-113/13, EU:C:2014:2440 : **109, 153, 694**.

CJUE, 18 décembre 2014, *Azienda Ospedaliero-Universitaria di Careggi-Firenze*, aff. C-568/13, EU:C:2014:2466 : **113, 640, 641, 741, 742, 747, 778, 799**.

CJUE, 14 janvier 2015, *Eventech*, aff. C-518/13, EU:C:2015:9 : **639**.

CJUE, 12 février 2015, *Parlement européen c/ Conseil de l'Union européenne*, aff. C-48/14, EU:C:2015:91 : **916**.

CJUE, 12 mars 2015, *eVigilo Ltd*, aff. C-538/13, EU:C:2015:166 : **154**.

CJUE, 5 mars 2015, *Versalis SpA*, aff. jtes C-93/13 P et C-123/13 P, EU:C:2015:150 : **390**.

CJUE, 19 mars 2015, *Dole Food Company*, aff. C-286/13 P, EU:C:2015:184 : **420**.

CJUE, 16 avril 2015, *Enterprise Focused Solutions*, aff. C-278/14, EU:C:2015:228 : **107, 109**.

CJUE, 23 avril 2015, *LG Display Co. Ltd*, aff. C-227/14 P, EU:C:2015:258 : **322**.

CJUE, 24 juin 2015, *Fresh Del Monte Produce*, aff. jtes C-293/13 P et C-294/13 P, EU:C:2015:416 : **391**.

Tribunal

TPICE, 10 juillet 1991, *ITP*, aff. T-76/89, EU:T:1991:41 : **481**.

TPICE, 17 décembre 1991, *Enichem Anic*, aff. T-6/89, EU:T:1991:74 : **433**.

TPICE, 10 mars 1992, *SIV e.a.*, aff. jtes T-68/89, T-77/89 et T-78/89, EU:T:1992:38 : **470, 838, 849**.

TPICE, 19 mai 1994, *Air France c/ Commission*, aff. T-2/93, EU:T:1995:55 : **328**.

TPICE, 6 octobre 1994, *Tetra Pak c/ Commission*, aff. T-83/91, EU:T:1994:246 : **323**.

TPICE, 21 février 1995, *SPO e.a.*, aff. T-29/92, EU:T:1995:34 : **423, 436**.

TPICE, 27 février 1997, *Fédération française des sociétés d'assurances (FFSA) et autres c/ Commission*, aff. T-106/95, EU:T:1997:23 : **652**.

TPICE, 21 janvier 1999, *Neue Maxhütte Stahlwerke et Lech-Stahlwerke c/ Commission*, aff. jtes T-129/95, T-2/96 et T-97/96, EU:T:1999:7 : **711**.

TPICE, 28 janvier 1999, *Bretagne Angleterre Irlande (BAI) c/ Commission des Communautés européennes*, aff. T-14/96, EU:T:1999:12 : **663, 668**.

TPICE, 11 mars 1999, *Thyssen Stahl AG*, aff. T-141/94, EU:T:1999:48 : **421**.

TPICE, 25 mars 1999, *Gencor*, aff. T-102/96, EU:T:1999:65 : **471, 474**.

TPICE, 7 octobre 1999, *Irish Sugar plc*, aff. T-228/97, EU:T:1999:246 : **145, 469, 470**.

TPICE, 30 mars 2000, *Consiglio Nazionale degli Spedizionieri Doganali c/ Commission*, aff. T-513/93, EU:T:2000:91: **852**.

TPICE, 10 mai 2000, *Sociedade Independente de Comunicação SA c/ Commission des Communautés européennes*, aff. T-46/97, EU:T:2000:123 : **652**.

TPICE, 26 février 2002, *Esedra SPRL*, aff. T-169/00, EU:T:2002:40 : **154**.

TPICE, 6 juin 2002, *Airtours*, aff. T-342/99, EU:T:2002:146 : **220, 471**.

TPICE, 8 octobre 2002, *M6*, aff. jtes T-185/00, T-216/00, T-299/00, T-300/00, EU:T:2002:242 : **845**.

TPICE, 22 octobre 2002, *Schneider Electric SA*, aff. T-310/01, EU:T:2002:254 : **220**.

TPICE, 25 octobre 2002, *Tetra Laval BV*, aff. T-5/02, EU:T:2002:26 : **220**.

TPICE, 20 novembre 2002, *Lagardère*, aff. T-251/00, EU:T:2002:278 : **220**.

TPICE, 25 février 2003, *Renco SpA*, aff. T-4/01, EU:T:2003:37 : **298, 299.**

TPICE, 17 décembre 2003, *British Airways*, aff. T-219/99, EU:T:2003:343 : **850**.

TPICE, 30 septembre 2003, *Atlantic Container Line AB*, aff. T-191/98, EU:T:2003:245 : **215**.

TPICE, 30 septembre 2003, *Michelin*, aff. T-203/01, EU:T:2003:250 : **830**.

TPICE, 4 mars 2003, *FENIN*, aff. T-319/99, EU:T:2003:50 : **516, 740, 784, 852, 853, 854, 855**.

TPICE, 5 août 2003, *P & O European Ferries (Vizcaya), SA et Diputación Foral de Vizcaya c/ Commission des Communautés européennes*, aff. jtes T-116/01 et T-118/01, EU:T:2003:217 : **663, 665, 666**.

TPICE, 26 janvier 2005, *Piau*, aff. T-193/02, EU:T:2005:22 : **469, 472**.

TPICE, 6 juillet 2005, *TQ3 Travel Solutions Belgium SA*, aff. T-148/04, EU:T:2005:274 : **298**.

TPICE, 14 décembre 2005, *General Electric Company*, aff. T-210/01, EU:T:2005:456 : **849**.

TPICE, 12 décembre 2006, *Selex Sistemi*, aff. T-155/04, EU:T:2006:387 : **854**.

Jurisprudence administrative

Conseil d'État / Tribunal des conflits

Cours administratives d'appel

Tribunaux administratifs

TA de Nice, 9 novembre 1998, *Préfet des Alpes-Maritimes*, n° 981897, inédit au *Rec.* : **588, 600**.

TA Rouen, 28 avril 2000, *Entreprise Jean Lefebvre Normandie*, n° 000697, inédit au *Rec.* : **270, 588**.

TA Lille, 5 juillet 2001, *Société Saur France*, n° 0102663, inédit au *Rec.* : **800**.

TA Bastia, 6 février 2003, *Sarl Autocars Mariani*, n° 0100231, 0100232 et 0100230, inédit au *Rec.* : **599**.

TA Bastia, 23 octobre 2006, *Société Corsica Ferries*, n° 061190, 061191 et 061220, inédit au *Rec.* : **586**.

TA Lille, 25 janvier 2011, *Société Nouvelle SAEE*, n° 0800408, inédit au *Rec.* : **231**.

TA Paris, 31 mai 2016, *SNCF Mobilité*, n° 1104965/3-3, inédit au *Rec.* : **493**.

TA Grenoble, 3 mars 2017, *Société Millet Paysage environnement*, n° 1700852, inédit au *Rec.* : **269**.

TA Grenoble, 3 mars 2017, *Société Tarvel*, n° 1700948, inédit au *Rec.* : **269**.

TA Caen, 9 mars 2017, *Département de l'Orne*, n° 1500227, inédit au *Rec. :* **496**.

TA Melun, 13 février 2018, *Société d'exploitation des établissements Depanauto*, n° 1509104, inédit au *Rec.* : **571**.

TA Grenoble, 20 novembre 2018, *Société entre chiens et loups*, n° 1604784, inédit au *Rec.* : **576, 577, 580**.

TA Paris, 29 juillet 2019, *Région Île-de-France*, n° 1710118/4-1, inédit au *Rec.* : **493**.

Jurisprudence judicaire

Cour de cassation

Cass. com., 8 décembre 1992, no 90-20.258, 90-20.271, 90-20.273, 90-20.282, 90-20.286, 90-20.287, 90-20.306, 90-20.314, 90-20.350, 90-20.351, 90-20.352 *BOCCRF* n° 22 du 18 décembre 1992, p. 379 : **330, 333**.

Cass. com., 12 janvier 1993, *SOGEA*, n° 91-11.623, *BOCCRF* n° 3 du 13 février 1993, p. 37 : **590**.

Cass. com., 24 mars 1998, n° 96-14.845, *BOCCRF* n° 7 du 2 mai 1998, p. 192 : **354, 366**.

Cass. com., 3 mai 2000, n° 98-18.602, *Bull.* 2000 IV n° 92, p. 82 : **482**.

Cass. com., 13 juillet 2004, n° 03-11.280, 03-11.430, 03-11.431, 03-11.433, 03-11.492, 03-11.512, 03-11.513, 03-11.516, 03-11.517, 03-11.618, *Bull.* 2004 IV n° 163, p. 175 : **335**.

Cass. com., 13 octobre 2009, n° 08-18.224, *BOCCRF* n° 10 du 13 novembre 2009 : **429, 440**.

Cass. com., 28 mai 2013, n° 12-18.195, 12-18.410, 12-18.577, inédit : **497**.

Cass. com., 27 janvier 2021, n° S 18-16.279 : **493**.

Cour d'appel de Paris

CA Paris, 14 décembre 1989, *BOCCRF* n° 27 du 22 décembre 1989, p. 325 : **93, 342**.

CA Paris, 19 septembre 1990, *Société Herlicq et autres*, *BOCCRF* n° 21 du 26 septembre 1990 : **330**.

CA Paris, 20 novembre 1992, *BOCCRF* n° 1 du 15 janvier 1993, p. 5 : **399**.

CA Paris, 31 octobre 1994, *UGAP c/ CAMIF*, RG 1993/09481, inédit au *Bull.* : **330**.

CA Paris, 2 juillet 1996, *BOCCRF* n° 13 du 20 août 1996, p. 405 : **363, 367, 368**.

CA Paris, 13 janvier 1998, *UGAP c/ CAMIF*, inédit au *Bull.* : **330, 856, 887, 888**.

CA Paris, 29 juin 1998, *BOCCRF* n° 4 du 16 juillet 1998 : **482, 483, 484**.

CA Paris, 18 janvier 2000, *Chaillan Frères*, *BOCCRF* n° 3 du 7 mars 2000 : **422**.

CA Paris, 14 novembre 2000, *Syndicats des exploitants indépendants des réseaux d'eau et d'assainissement*, *BOCCRF* n° 14 du 30 décembre 2000 : **282**.

CA Paris, 18 décembre 2001, *SA Bajus Transports e.a.*, RG 2001/09043, *BOCCRF* n° 3 du 26 février 2002 : **401**.

CA Paris, 30 avril 2002, RG 2001/20113, NOR : ECOC0200165X, *BOCCRF* n° 10 du 24 juin 2002 : **353, 363, 365**.

CA Paris, 14 janvier 2003, *SA Bouygues et autres*, NOR : ECOC0300016X, *BOCCRF* n° 2 du 27 février 2003 : **330, 333, 335**.

CA Paris, 18 novembre 2003, RG 2003/04154, NOR : ECOC0300442x, *BOCCRF* n° 2 du 12 mars 2004 : **363, 364, 365, 368, 398, 401**.

CA Paris, 24 mai 2005, *Imagin*, *BOCCRF* n° 8 du 20 septembre 2005 : **422**.

CA Paris, 24 juin 2008, RG 2006/06913, *BOCCRF n°4* du 8 avril 2009 : **366, 429, 446**.

CA Paris, 3 juillet 2008, RG 2007/10671, inédit au *Bull.* : **440**.

Conclusions

N. B. Les conclusions sont citées par ordre chronologique, des plus anciennes aux plus récentes.

Conclusions européennes

Conclusions de l'avocat général C. Stix-Hackl présentées le 12 avril 2005, aff. C-231/03, EU:C:2005:212 : **881**.

Conclusions de l'avocat général L. Geelhoed présentées le 21 avril 2005, aff. C-29/04, EU:C:2005:247 : **777**.

Conclusions de l'avocat général F. G. Jacobs présentées le 2 juin 2005, aff. C-525/03, EU:C:2005:343 : **881**.

Conclusions de l'avocat général M. Poiares Maduro présentées le 10 novembre 2005, aff. C-205/03 P, EU:C:2005:666 : **826, 831, 853, 854, 855**.

Conclusions de l'avocat général Tizzano présentées le 9 février 2006, aff. jtes C-442/03 P et C-471/03 P, EU:C:2006:91 : **667, 668**.

Conclusions de l'avocat général J. Kokott présentées le 23 février 2006, aff. C-95/04 P, EU:C:2006:133 : **114, 143, 145, 850**.

Conclusions de l'avocat général J. Kokott présentées le 15 juin 2006, aff. C-220/05, EU:C:2006:410 : **744**.

Conclusions de l'avocat général L. Geelhoed, présentées le 28 septembre 2006, aff. C-295/05, EU:C:2006:619 : **784**.

Conclusions de l'avocat général D. R.-J. Colomer présentées le 27 novembre 2007, aff. jtes C-147/06 et C-148/06, EU:C:2007:711 : **113, 117, 298**.

Conclusions de l'avocat général J. Kokott, présentées le 13 mars 2008, aff. C-454/06, EU:C:2008:167 : **117**.

Conclusions de l'avocat général P. Maduro présentées le 24 avril 2008, aff. C-347/06, EU:C:2008:245 : **373**.

Conclusions de l'avocat général V. Trstenjak présentées le 4 juin 2008, aff. C-324/07, EU:C:2008:317 : **682**.

Conclusions de l'avocat général V. Trstenjak présentées le 4 septembre 2008, aff. C-209/07, EU:C:2008:467 : **394**.

Conclusions de l'avocat général M. Poiares Maduro présentées le 8 octobre 2008, aff. C-213/07, EU:C:2008:544 : **154**.

Conclusions de l'avocat général M. Poiares Maduro présentées le 17 décembre 2008, aff. C-250/07, EU:C:2008:734 : **154**.

Conclusions de l'avocat général J. Mazák présentées le 10 février 2009, aff. C-538/07, EU:C:2009:71 : **272**.

Conclusions de l'avocat général J. Mazák présentées le 19 février 2009, aff. C-480/06, EU:C:2009:102 : **761**.

Conclusions de l'avocat général Y. Bot présentées le 26 mars 2009, aff. jtes C-125/07 P, C-133/07 P, C-135/07 P et C-137/07 P, EU:C:2009:192 : **328**.

Conclusions de l'avocat général Y. Bot présentées le 2 avril 2009, aff. jtes C-322/07 P, C-327/07 P et C-338/07 P, EU:C:2009:216 : **82**.

Conclusions de l'avocat général J. Mazák présentées le 3 septembre 2009, aff. C-305/08, EU:C:2009:512 : **117, 744**.

Conclusions de l'avocat général J. Kokott présentées le 17 septembre 2009, aff. C-441/07 P, EU:C:2009:555 : **820**.

Conclusions de l'avocat général Y. Bot présentées le 26 octobre 2010, aff. C-352/09 P, EU:C:2010:635 : **208**.

Conclusions des juridictions administratives

Table des décisions citées

N. B. Les décisions sont citées par ordre chronologique, de la plus ancienne à la plus récente. (Les renvois correspondent aux numéros de paragraphes.)

Décisions de la Commission européenne

Décision 1999/641/CE du 25 novembre 1998, *Enso/Stora*, aff. IV/M.1225, *JOCE*, n° L 254 du 29 septembre 1999, pp. 9-21 : **834, 838, 839, 840**.

Décision 2000/475/CE du 24 janvier 1999, *CECED*, aff. IV.F.1/36.718, *JOCE* n° L 187 du 26 juillet 2000, pp. 47-54 : **214, 705**.

Décision 1999/674/CE du 3 février 1999, *Rewe/Meinl*, aff. IV/M.1221, *JOCE* n° L 274 du 23 octobre 1999, pp. 1-22 : **837, 844**.

Décision 1999/242/CE du 3 mars 1999, relative à une procédure d'application de l'article 85 du traité CE, *TPS*, aff. IV/36.237, *JOCE*, n° L 90 du 2 avril 1999, pp. 6-22 : **572, 584**.

Décision du 28 avril 1999, *Matra/Aerospatiale*, aff. IV/M.1309, *JOCE* n° C 133 du 13 mai 1999, pp.5 : **841**.

Décision 1999/573/CE du 20 mai 1999, *Cégétel + 4*, aff. IV/36.592, *JOCE* n° L 218 du 18 août 1999, pp. 14-23 : **211**.

Décision 2000/536/CE du 2 juin 1999 relative à l'aide d'État octroyée par l'Italie à Seleco SpA, *JOCE* n° L 227 du 7 septembre 2000, pp. 24-40 : **645**.

Décision 1999/720/CE du 8 juillet 1999, *Gröditzer Stahlwerke*, *JOCE* n° L 292 du 13 novembre 1999, pp. 27-41 : **645**.

Décision du 26 août 1999, *FENIN/SNS*, aff. IV.F.1./36.834 : **850**. Disponible sur https://ec.europa.eu/competition/antitrust/cases/dec_docs/36834/36834_8_6.pdf.

Décision du 25 janvier 2000, *Carrefour/Promodes*, aff. COMP/M.1684, *JOCE* n° C 164 du 14 juin 2000, pp. 5-6 : **826**.

Décision 2000/628/CE du 11 avril 2000 concernant les aides accordées par l'Italie à la Centrale del Latte di Roma [notifiée sous le numéro C(2000) 1173], *JOCE* n° L 265 du 19 octobre 2000, pp. 15-28 : **712**.

Décision 2002/14/CE du 12 juillet 2000 concernant l'aide d'État mise à exécution par la France en faveur de Scott Paper SA/Kimberly-Clark, *JOCE* n° L 12 du 15 janvier 2002, pp. 1-32 : **674**.

Décision du 17 juillet 2000, *PIRELLI/BICC*, aff. COMP/M.1882, *JOCE* n° L 70 du 14 mars 2003, pp. 35-50 : **838**.

Décision du 24 octobre 2000, aide d'État N 540/2000, France, *Réforme du régime d'exploitation des concessions autoroutières*, *JOCE* n° C 354 du 9 décembre 2000, pp. 19-20 : **637, 646**.

Décision 2001/247/CE du 29 novembre 2000 relative au régime d'aide appliqué par l'Espagne en faveur de la compagnie maritime Ferries Golfo de Vizcaya [notifiée sous le numéro C(2000) 3931], *JOCE* n° L 89 du 29 mars 2001, pp. 28-36 : **664**.

Décision 2001/769/CE du 6 décembre 2000, *Framatome/Siemens/Cogéma/JV*, aff. COMP/M.1940, *JOCE* n° L 289 du 6 novembre 2001, pp. 8-34 : **838**.

Décision 2002/156/CE du 31 janvier 2001, *SCA/Metsä Tissue*, aff. COMP/M.2097, *JOCE* n° L 57 du 27 février 2002, pp. 1-33 : **840**.

Décision du 21 décembre 2000, *Consorzio Risposta*, aff. COMP/37.721, *JOCE* n° L 63 du 3 mars 2001, pp. 59-66 : **539**.

Décision 2001/354/CE du 20 mars 2001 relative à une procédure d'application de l'article 82 du traité CE, *Deutsche Post AG*, aff. COMP/35.141, *JOCE* n° L 125 du 5 mai 2001, pp. 27-44 : **796**.

Décision du 21 février 2007, *Ascenseurs et escaliers mécaniques*, aff. COMP/E-1/38.823, *JOUE* n° C 75 du 26 mars 2008. p. 19-24 : **343, 378-380, 437**.

Décision du 30 mai 2007, aide d'État N 46/07, Royaume-Uni, *Welsh Public Sector Network Scheme*, *JOUE* n° C 157 du 10 juillet 2007, p. 3 : **681**.

Décision du 4 mars 2008, *Cookson/Foseco*, aff. COMP/M.4961, *JOUE* n° C 127 du 24 mai 2008, p. 2 : **839**.

Décision du 11 mars 2008, *Services de déménagements internationaux*, aff. COMP/38.543, *JOUE*, n° C 188 du 11 août 2009, pp. 16-18 : **423, 429, 437, 446**.

Décision du 14 juillet 2007 concernant l'aide d'État C 16/07 (ex NN 55/06) accordée par l'Autriche à l'entreprise Postbus dans le district de Lienz, *JOUE* n° C 162 du 14 juillet 2007, pp. 19-29-: **636, 660**.

Décision du 17 décembre 2008, *KLM/Martinair*, aff. COMP/M.5141, *JOUE* n° C 51 du 4 mars 2009, pp. 4-8 : **328**.

Décision déc. du 28 janvier 2009 relative à une procédure d'application de l'article 81 du traité et de l'article 53 de l'accord EEE, *Marine hoses*, aff. COMP/39.406, *JOUE* n° C 168 du 21 juillet 2009, pp. 6-8 : **381**.

Décision 2009/945/CE du 13 juillet 2009, concernant la réforme du mode de financement du régime de retraite de la RATP [aide d'État C 42/07 (ex N 428/06)] que la France envisage de mettre à exécution en faveur de la RATP, *JOUE* n° L 327 du 12 décembre 2009, pp. 21-36 : **783**.

Décision du 25 décembre 2009, aide d'État C 39/2009 (ex N 385/2009), Latvian Republic, *Public financing of port infrastructure in Ventspils Port*, *JOUE* n° L 319 du 2 décembre 2011, pp. 92-102 : **635**.

Décision du du 8 juillet 2009, *E.ON/GDF*, aff. COMP/39.401, *JOUE* n° C 248 du 16 octobre 2009, pp. 5-6 : **434**.

Décision N 362/2009 du 17 août 2009, Allongement de la durée des concessions accordées par l'État français aux sociétés concessionnaires d'autoroutes – Plan de relance de l'économie – volet autoroutier, *JOUE* n° C 264 du 6 novembre 2009, pp. 1-3 : **585, 635**.

Décision du 20 décembre 2011 relative à l'application de l'article 106, paragraphe 2, du traité sur le fonctionnement de l'Union européenne aux aides d'État sous forme de compensations de service public octroyées à certaines entreprises chargées de la gestion de services d'intérêt économique général, *JOUE* n° L 7 du 11 janvier 2012, pp. 3-10 : **36, 647, 658**.

Décision 2013/435/UE du 2 mai 2013 concernant l'aide d'État SA.22843 (2012/C) (ex 2012/NN) mise à exécution par la France en faveur de la Société Nationale Corse Méditerranée et la Compagnie Méridionale de Navigation, *JOUE* n° L 220 du 17 août 2013, pp. 20-45 : **647, 670, 673, 675, 681**.

Décision 7 août 2014, aide d'État SA.38771 (2014/N), Latvia, *Investment Aid to the Ventspils Free Port Authority – soil stabilisation*, *JOUE* n° C 348 du 3 octobre 2014, p. 25 : **635**.

Décision (UE) 2015/635 du 15 octobre 2014 concernant l'aide d'État SA.20580 (C 31/07) (ex NN 17/07), mise à exécution par l'Irlande en faveur des compagnies d'autobus de Córas Iompair Éireann (Dublin Bus et Irish Bus), *JOUE* n° L 104 du 23 avril 2015, pp. 17-49 : **671**.

Décision du 28 octobre 2014, aide d'État SA.2014/N 38271, France, *Plan de relance autoroutier*, *JOUE* n° C 63 du 20 février 2015, pp. 1-6 : **585, 635, 639**.

Décisions de l'Autorité de la concurrence

Cons. conc., déc. n° 01-D-31 du 5 juin 2001, Pratiques relevées lors de la passation de marchés d'électrification rurale et d'éclairage public en Vendée, *BOCCRF* n° 10 du 24 juillet 2001 : **422, 423**.

Cons. conc., déc. n° 01-D-59 du 25 septembre 2001, Pratiques relevées lors de marchés de travaux routiers dans le département du Gard, *BOCCRF* n° 16 du 30 octobre 2001 : **425**.

Cons. conc., déc. n° 01-D-66 du 10 octobre 2001, Pratiques mises en œuvre par la société France Télécom à l'occasion d'une offre sur mesure conclue en 1998, *BOCCRF* n° 1 du 21 janvier 2002 : **336**.

Cons. conc., déc. n° 01-D-67 du 19 octobre 2001, Pratiques relevées à l'occasion de la passation de marchés publics de travaux routiers dans le département des Bouches-du-Rhône, *BOCCRF* n° 1 du 21 janvier 2002 : **345, 363**.

Cons. conc., déc. n° 01-D-77 du 27 novembre 2001, Secteur du transport scolaire dans le département de l'Indre, *BOCCRF* n° 4 du 28 février 2002 : **428**.

Cons. conc., avis n° 01-A-18 du 28 décembre 2001, Pratiques de l'INSEE concernant les conditions de commercialisation des informations issues du répertoire SIRENE : **724, 797**.

Cons. conc., déc. n° 02-D-18 du 13 mars 2002, Pratiques de l'État et de l'Association pour les fouilles archéologiques nationales lors de la passation du marché des fouilles archéologiques préventives du chantier de modification de la route départementale Le Canet-Perpignan, *BOCCRF* n° 8 du 27 mai 2002 : **463**.

Cons. conc., déc. n° 02-D-44 du 11 juillet 2002, Situation de la concurrence dans les secteurs de l'eau potable et de l'assainissement, notamment en ce qui concerne la mise en commun des moyens pour répondre à des appels à concurrence, *BOCCRF* n° 14 du 30 septembre 2002 : **473, 474, 475, 476**.

Cons. conc., déc. n° 02-D-48 du 29 juillet 2002, Pratiques relevées sur des marchés de VRD dans les arrondissements de Cambrai, Valenciennes et Avesnes sur Helpe, *BOCCRF* n° 14 du 30 septembre 2002 : **363, 442, 445**.

Cons. conc., déc. n° 02-D-67 du 7 novembre 2002, Saisine des sociétés Jean Chapelle et Semavem à l'encontre des sociétés Darty, Caprofem et certains de leurs fournisseurs, *BOCCRF* n° 3 du 28 février 2003 : **391**.

Cons. conc., déc. n° 03-D-01 du 14 janvier 2003, Comportement de sociétés du groupe L'Air liquide dans le secteur des gaz médicaux, *BOCCRF* n° 12 du 8 octobre 2003 : **352, 398, 399, 400, 401, 411, 412**.

Cons. conc., déc. n° 03-MC-01 du 23 janvier 2003, Saisine et demande de mesures conservatoires présentées par la société TPS : **586**.

Cons. conc., déc., n° 03-D-07 du 4 février 2003, Pratiques relevées lors de la passation de marchés d'achat de panneaux de signalisation routière verticale par des collectivités locales, *BOCCRF* n° 7 du 16 juin 2003 : **364, 398, 399, 400, 401, 405**.

Cons. conc., déc. 03-D-10 du 20 février 2003, Pratiques constatées lors d'un appel d'offres lancé par le Port autonome de Marseille, *BOCCRF* n° 7 du 16 juin 2003 : **422**.

Cons. conc., avis n° 03-A-02 du 18 mars 2003, Conditions propres à assurer le libre jeu de la concurrence entre les candidats lors d'une procédure de délégation de service public, *BOCCRF* n° 7 du 16 juin 2003 : **399, 401, 425**.

Cons. conc., déc. n° 03-D-18 du 10 avril 2003, Saisine de la société GLEM, *BOCCRF* n° 12 du 8 octobre 2003 : **462**.

Cons. conc., déc. n° 03-D-19 du 15 avril 2003, Pratiques relevées sur le marché des granulats dans le département de l'Ardèche, *BOCCRF* n° 12 du 8 octobre 2003 : **451**.

Cons. conc., déc. n° 03-D-21 du 18 avril 2003, Pratiques mises en œuvre dans le secteur des enrobés bitumineux de la région Rhône-Alpes, *BOCCRF* n° 12 du 8 octobre 2003 : **422, 439**.

Cons. conc., avis n° 03-A-12 du 15 juillet 2003, Demande d'avis du tribunal de commerce de Versailles concernant une plainte déposée par la SA Usines Merger à l'encontre des sociétés Giat Industries, Gitech SA, Foc Transmissions et CMD, *BOCCRF* n° 4 du 26 avril 2005 : **795**.

Cons. conc., avis n° 03-A-14 du 25 juillet 2003, Demande d'avis présentée par la fédération du bâtiment et des travaux publics de Haute-Savoie sur un bordereau de prix unitaires dans le cadre de la passation de marchés d'eau et d'assainissement de la Haute-Savoie, *BOCCRF* n° 4 du 26 avril 2005 : **365, 422, 423**.

Cons. conc., déc. n° 03-D-46 du 30 septembre 2003, Pratiques concernant un marché public de transport occasionnel d'élèves dans le département des Alpes-Maritimes, *BOCCRF* n° 16 du 17 décembre 2003 : **588**.

Cons. conc., déc. n° 03-D-47 du 22 octobre 2003, Pratiques mises en œuvre par les ambulanciers de montagne du département des Vosges, *BOCCRF* n° 16 du 17 décembre 2003 : **429**.

Cons. conc., déc. n° 03-D-54 du 28 novembre 2003, Pratiques relevées sur le marché des énergies renouvelables, *BOCCRF* n° 1 du 13 février 2004 : **439**.

Cons. conc., déc. n° 03-D-55 du 4 décembre 2003, Marché public passé par le district urbain du pays de Montbéliard pour la réfection de la pelouse d'un stade de football, *BOCCRF* n° 1 du 13 février 2004 : **422**.

Cons. conc., déc. n° 03-D-61 du 17 décembre 2003, Pratiques mises en œuvre sur le marché de la fourniture et de la location de chariots à déchets au CHU de Nantes, *BOCCRF* n° 1 du 13 février 2004 : **480**.

Cons. conc., avis n° 03-A-21 du 31 décembre 2003, Position de la Mutualité Fonction Publique sur le marché des prestations sociales au profit des agents publics, *BOCCRF* n° 4 du 26 avril 2005 : **582**.

Cons. conc., déc. n° 04-D-03 du 18 février 2004, Pratiques relevées lors d'un appel d'offres lancé par la direction régionale des douanes à Marseille pour la mise en conformité électrique de la cité de la Joliette, *BOCCRF* n° 5 du 4 mai 2004 : **363**.

Cons. conc., déc. n° 04-D-08 du 30 mars 2004, Marché de travaux d'assainissement de la commune de Pontacq, *BOCCRF* n° 9 du 8 novembre 2004 : **429**.

Cons. conc., déc. n° 04-D-25 du 23 juin 2004, Pratiques mises en œuvre dans le domaine des honoraires d'architecte dans les marchés de maîtrise d'œuvre en Aquitaine, *BOCCRF* n° 9 du 8 novembre 2004 : **448**.

Cons. conc., déc. n° 04-D-30 du 7 juillet 2004, Marchés publics de transport scolaire en Haute-Corse, *BOCCRF* n° 9 du 8 novembre 2004 : **401**.

Cons. conc., déc. n° 04-D-42 du 4 août 2004, Pratiques mises en œuvre dans le cadre du marché de la restauration de la flèche de la cathédrale de Tréguier, *BOCCRF* n° 10 du 9 décembre 2004 : **422**.

Cons. conc., déc. n° 04-D-43 du 8 septembre 2004, Attribution de marchés publics organisés par la commune de Grasse dans le secteur des transports scolaires et périscolaires, *BOCCRF* n° 10 du 9 décembre 2004 : **427**.

Décisions de la Direction générale de la concurrence, de la consommation et de la répression des fraudes

INDEX ALPHABÉTIQUE

(Les renvois correspondent aux numéros de paragraphes.)

D

E

G

I

L

M

O

P

Table des matières

www.ingramcontent.com/pod-product-compliance
Lightning Source LLC
LaVergne TN
LVHW010630051026
849532LV00001B/16
* 9 7 9 1 0 9 4 2 0 1 4 5 9 *